英国史

（修订版）

国别史系列

THE HISTORY OF
ENGLAND

阎照祥 著

人民出版社

石阵：阿维伯利
的巨石阵，约营造
于公元前 1800 年。

铜艺术品：公元 1 世纪初
由克尔特人打制的铜盾牌。

教堂壁画：肯特郡卢林斯通
的原罗马居民村基督教教堂壁画。

比德：8 世纪的英国史学家比德在修道院写作的情景。（壁画）

哈德良长城：英格兰北方的哈德良长城，全长73英里，修建于公元122—128年。

撒克逊人的圣劳伦斯教堂，在今瓦特郡的布拉福德。

诺曼征服：在 1066 年的哈斯廷斯战役中，英格兰国王哈罗德在诺曼征服者手中殒命。（壁画）

圣婴：大卫王及其乐师（公元 8 世纪一部祈祷书上的插图）。

《末日审判书》——1086 年土地调查记录。

"无地王"约翰：在王属森林中行猎的"无地王"约翰。他在位时的著名事件是"自由大宪章"的诞生。（壁画）

兴建于 1230—1260 年的威尔士大教堂。

英法百年战争：在 1346 年的克雷西战役中，英国人战胜法军。（油画）

瓦特·泰勒起义爆发于 1381 年夏，很快被镇压。（油画）

英法百年战争：1415年，英王亨利五世率领英军，在阿让库尔重创法军。（油画）

亨利三世。

西班牙"无敌舰队"：西班牙舰队素有"无敌"之称，却于1588年7月败于英国舰队。（壁画）

都铎王朝前期北安普顿侯爵建造于沃里克郡的庄园。

查理一世。（油画）

审判查理一世：1649 年 1 月 30 日，查理一世经审判被处死。（油画）

"复辟"：1660 年，流亡 11 年的查理二世登上英国王位，斯图亚特王朝复辟。（油画）

1746 年 4 月 16 日，以"詹姆士分子"为核心的叛军惨败。（油画）

托德莫登：19 世纪的一个典型的工业区。

1834 年的一场大火将议会大厦吞噬；尔后，新的议会大厦拔地而起。

祖鲁战争：1879 年，武器落后而斗志高昂的非洲祖鲁人怒歼英国殖民侵略者。（油画）

20 世纪 30 年代经济萧条之际，首都伦敦大剧院仍然熙熙攘攘。（油画）

台球运动：20 世纪后期，英国失去了体育强国的地位，但某些展现绅士风范的运动仍为英国人所钟爱。

温莎大火：1992 年温莎宫大火使许多珍藏品化为灰烬，王室声誉跌入低谷。

女王伊丽莎白二世：
女王伊丽莎白品行端庄，
统而不治，仍能得到多数
英国人的拥戴。

再版前言

不觉间，10 年倏忽。其间《英国史》曾被加印，但不敷需求，市面久已断供，网络上千寻不得，修订和再版的任务提上日程。

根据责任编辑和读者们的建议，这次再版，适当做了修改，增添了一些内容。它们主要是：

1. 为解释英国中古时期司法制度变迁的多样性，在第三章中增加了"神判法的实施及其终结"的内容。

2. 为使读者较多地理解英国地方管理体制，第四章中增加了"治安法官起源"一节，旨在揭示，一国地方秩序的维持，并非取决于行政开支的增加、官僚队伍的膨胀及薪酬的丰厚。

3. 第八章增添内容有两处：一是 18 世纪前后英国贵族和乡绅欧陆游学的历史，二是苏格兰启蒙思想家大卫·休谟和亚当·斯密等人在当时思想变革中的杰出作用。前一史实表明，一国统治阶级文化素养的提升，会强化该群体的社会治理能力和水准；教育进步是社会发展的要素。后一事件揭示，社会经济的变革往往会与思想变革同步，并受到先进思想的促进。18—19 世纪，地处北疆人口稀少的苏格兰涌现出了诸如瓦特、麦克斯韦和亚当·斯密等世界级文化科学巨人，其影响力持续存在，绝非偶然。

4. 第九章增加了"近代体育的萌生和发展"，展示了英国近代体育活动的群众性、地方性特色，以及拳击、划艇、赛马和板球等是如何成为大众性体育竞赛项目的，并由此肯定了英国在世界近现代体育事业中的卓越贡献。

5. 第十章增加了"牛津运动和宗教信仰自由"一节，从中可以看出，英国宗教自由的发展步伐也是快慢交替，并非一蹴而就。

6. 在最后一章里，笔者补充了 21 世纪以来的英国政治史内容，包括"工党的失势和保守党的复出"、"君主制：未曾奏响的挽曲"。

7. 附录中的"大事年表"等也做了修改。

　　笔者在撰写该序言时，适逢我国"两会"召开之际。从新闻中得知：这次"两会"，不封路、不用警车引道、不摆花、降低餐饮规格……对此颇有感慨。笔者记得，不少国家的政府和议会奉行节俭，已历多年，即便是高官要员，也不敢违逆纳税人的意向，过分铺张。还记得，1994 年 11 月的一天下午，我在伦敦詹姆士王家公园的长椅上小憩，忽见英国外交大臣赫德带一随员，信步走过，是前往议会大厦开会的。他笑着向游人致意，游人坐着回应，无须起立。平民和高官之间如此的平等关系，在岛国已是平常。笔者还想到，不同的国家间，会有差异。社会主义国家出现官本位的现象，其原因值得反思；而所谓西方资本主义国家也有一些值得借鉴的经验。

　　这次再版修订，增幅约为 10%，不算太大。惋惜的是，书稿虽经修改，仍有不少缺憾。对各时段的事件、人物的评述还有疏漏。尤其是不列颠现当代的内容多属政治史方面，而社会生活、科学技术和教育文化发展方面的篇幅则明显不足。笔者有年，当继续研读，好在以后适当增补。

　　恩请读者对书中的谬误、不当和疏漏之处，批评指正。

2013 年 4 月

目 录

前　言

多年来笔者结识了许多学友。他们不少是历史专业的本科生，希望在学习世界史或在准备报考研究生时，能有一册简明扼要、贯通古今的英国史读本；有的是外语系或中文系的学子，渴望在学习英国语言和文学时，对不列颠历史沿革能有大致的了解；有的是准备负笈英伦的留学生和访问学者，想预先领略该国历史文化的真实内涵，以备将来能与矜持自重的英国人交流；还有一些朋友是研究人员或英国历史文化的业余爱好者，希望拥有一册文图并茂的英国通史专著……

出于一贯的热心，我尽力向他们介绍自己所熟知的几种英国史作。可他们或嫌篇幅过长，或嫌观点陈旧，或认为内容过专，不能使他们纵览英国史梗概。而一些外文版的英国史作，或部头过大，或不易寻觅。况且一些朋友受阅读文字的限制，没有充裕的时间去读那些英文史籍。鉴此，我渐渐萌发了撰写一册简明英国史的念头。人民出版社乔还田主任和杨美艳女士的精心策划、及时建议和认真审阅，则使此书的问世最终成为可能。

我作为本书的作者，谨向读者介绍一下这本书的特点：

首先，我为了缩短篇幅和激发读者的兴趣，尽量在"简明"上下了些工夫。先写了一个40余万字的初稿，再加以删减，最后保留了眼下的篇幅。

其次，在体裁格式上，我受到宋人袁枢《通鉴纪事本末》的启发，试图运用"讲故事"的办法，注重讲清时代更替、政治沿革和重大事件的原委。同时，又借鉴国外一些简明史的写法，有意补写了一些多年来常被国内有关史作忽略的社会文化史方面的内容，以图增加历史的厚度、真实感和可读性。其中的数十幅插图和地图，则有利于读者获取一些直观印象。

再次，是尽量顾及本书的学术性。既注意吸收国内外研究成果，又尽量就一些问题提出自己的见解。以往，我们曾受极"左"观念的影响，对所谓西方资产阶级政治和文化常常过于敏感，习惯于"矫枉过正"，对英国某些历史现象，或"立足于批判"，或做简单武断的阐述。事实证明有些做法是有悖于历史主义精神和科学原则的。英国历史上难免会有不少问题，但它更向世界展现了其独特的政治、经济和科学文化的宝贵财富，并且其中许多成就都是经过了时间的检验和公众认定的，我们有必要从中借鉴经验。还有一些问题涉及英国重大历史事件的评判，如光荣革命性质的两重性、空想社会主义的影响、宪章运动失败的原因、现实主义文学的起点和评价、两党制的形成和作用等，笔者也力图提出自己看法，以便向读者和同行讨教。对于英国一些众说纷纭的历史疑案，如"巨石之谜"、莎士比亚的身世等，因本人尚缺乏研究和定见，便把主要流行观点列上，请读者们辨正。

笔者原本从事世界近代史的教学和研究，其中英国近现代史则是自己多年教学和研修的重点。目下自己独立撰写一册英国通史，虽属简明之类，难免越轨之嫌。幸而自己出版过几册时间跨度较大的英国专门史，搜集了一些英国通史的资料。更重要的是，笔者深知自己在学业方面的局限性，真诚渴盼读者和同行专家的批评指教，以备将来此书重印和再版时及时改正。

本书写作过程中，得到诸多师友的真诚帮助。这里，我不再一一介绍列举各位的大名了。但他们对我的关心、勉励和支持，我将终生铭记。

阎照祥

2001 年 4 月 8 日于开封

第一章

史前时期和罗马统治

（远古至公元 5 世纪中叶）

一、史前不列颠

英国国土主体位于欧洲大陆西边的大不列颠岛上。东濒北海，西临大西洋，南与欧洲大陆有英吉利海峡和多佛尔海峡的一水之隔，其史前的发展自然不在欧陆发展的主线上。英国的全称是"大不列颠及北爱尔兰联合王国"，简称"联合王国"。它主要由大不列颠岛上的英格兰、威尔士、苏格兰以及爱尔兰北部和周围的众多小岛组成。由于其中英格兰人口最多，经济最发达，又是首都伦敦所在地，所以人们常常以"英格兰"来代表整个英国。而且，由于不列颠岛是联合王国的主体部分，所以"不列颠"除是英国的地理名称之外，又是英国的代称。

英国是个面积不大的岛国，其地形地貌缺少鲜明的对比和反差。最高的山峰是苏格兰高地的本尼维斯山，海拔 1343 米。最长的河流是发源于威尔士中部、注入大西洋布里斯托尔湾的塞文河，全长 354 公里，流域约 11 300 平方公里。最大的湖泊是北爱尔兰的劳尼湖，计 394 平方公里。肯特郡的多佛尔，是距离欧洲大陆法国的最近点，只有 50 公里。[1]

根据地质学家的看法，当人类已经出现时，不列颠岛还不是一个游离于欧洲大陆的孤岛，而是与之毗连。它什么时候与大陆分离的？难以准确回答。有的学者认为，在十分久远的年月里，一直延续到大约 1 万年前的后冰川纪，它与欧洲大陆的最后连接处曾经是横跨现今北海南部浅处的一片沼泽地带，或者是一片尚未沉入水中的大陆架地区。[2] 少量原始猎人虽然可以设法从大陆抵达不列颠，但由于条件的限制，大批的人口迁徙却难以成功；深入腹地定居更非易事，因为不列颠的自然环境比较复杂。东南部低地多土丘、河谷和平原，气候温暖干燥，植被茂密，适于居住和耕作，入侵者可以立足。而中部和西北多山地、沼泽，交通不便，气候较为寒冷潮湿，不易吸引外来者。这种地理特点决定了不列颠岛以后的人口分布和经济生活特点。

谁是最早的"不列颠人"？这是一个大致上解决了的问题。根据地质学家的考察，人类从大陆来到不列颠，大约是在 25 万年之前。而考古学家在泰晤士河谷发现的最早的人骨化石被称作"斯旺斯孔布人"（Swanscombe Man）。斯旺斯孔布人处于直立猿人到早期智人的过渡阶段，即处于新石器时代和旧石器时代的交接点——中石器时期。

在北海陆沉之前，整个北欧旧石器和中石器时代的野蛮人在技艺、生活方式、身高体型上是大体相同的。不列颠岛上的斯旺斯孔布人体现了早期北欧人的许多特点。

如同 17 世纪思想家托马斯·霍布士所推想的那样，旧石器时代人们的生活是"孤独、贫穷、困难、愚昧和短命的"。能活到 40 岁的堪称高寿。居民平均生命大约 25 岁。多数儿童夭折。在游猎社会，不列颠人烟稀少。他们住在洞穴之内，难免会食不果腹，遭受病魔的戕害，天气寒冷时则迁徙到南部。

大约一万年前，气候突然变暖，全新世到来。考古学家在不列颠发现的最早的新石器，是在大约 5500—6000 年前使用的。不列颠新石器时代即开始于此时。岛上的人口继续从欧洲大陆得到补充。新来者带来了农耕技术和驯养牲口的知识，狩猎在居民谋生方式中退居到次要地位。陶器和磨光石斧被使用了。宗教祭祀成为生活内容。这时出现的妇女雕像，丰满富态，神情欢

---

[1]　*Britain 2000, The Official Yearbook of the United Kindom*, National Statistics, 1999, p. 3.

[2]　根据地质学家的观点，不列颠与大陆的分离大约发生在 9000 年前。

愉，可能是用于原始宗教或巫术的目的，也可能是人们表达自己对大地女神的崇拜。[1] 在泰晤士河南边，村落建筑、牲畜围栏和谷仓出现了，农耕定居生活慢慢确定下来。而在北部和西部高地，村落遗址很难见到，估计那里的居民还是以游牧为生。由于食品匮乏，食人之风犹存。

大致在公元前 2000—前 600 年间，不列颠进入青铜时代。有关这一时期的考古发现主要有：

"陶盆文化"，是一批头形较圆的人在公元前 2000—前 1200 年创造的，主要分布在英格兰南部的苏塞克斯、林肯郡和泰晤士河流域。"陶盆人"居住在圆形或长方形的木草屋内，拥有粮窖，懂得耕作、施肥和豢养牲畜。

"威塞克斯文化"，公元前 2000—前 1600 年出现在英格兰南部。其中一些大墓里不仅有青铜匕首、青铜斧，还有多种金器、琥珀饰品，表明墓主曾经占据着统治地位。当时埋葬单个人的坟墓显著增加，说明那时的人们比以前较为注重等级。

很可能，此时不列颠青铜冶炼技艺是一些"渴求土地的农民"从大陆带入的。他们被泛称为"克尔特人"，分为布立吞、高特尔、比尔格等部落。不列颠的名称就是来自布立吞部族。从此时的遗址中，发现克尔特人善于经营农业，使用木犁翻地，种植小麦和大麦。他们的耕作方法一直沿用到铁器时代，但畜牧业仍占重要地位。

自公元前 1200 年起，历经数百年青铜器时代中后期。金属加工技术提高。出现了青铜盾牌、镰刀、剃刀、手镯等。爱尔兰的黄金制品流向其他地方，造型纹饰与欧陆的制品近似，说明当时有着文化交流。泰晤士河流域渐渐成为武器制造中心，武器种类增多。村庄用壕沟圈围起来，说明当时战争的进攻和防御水平提高了。居民社会可能已进入军事民主阶段了。

谁是不列颠铁器时代缔造者？欧洲学者大多认为不列颠最早的铁器是从欧洲中部传来的，其形制显然受到了奥地利、希腊等地的影响。但英国考古界有人认为，此时的铁器并非全是从外界传入的；不列颠土著居民有的已经掌握了冶铁技术。铁器的出现同时加强了人们对敌人和自然的征服能力。居住条件和农耕技术相应提高。不列颠南部流通着熟铁条货币。其价值按照轻重分等，至少有 6 种单位。此外，还有大陆流入的金币、银币和青铜币。货币使用说明当

---

[1] Lloyd & Jennifer Laing, *The Origins of Britain*, Routledge, 1980, p. 89.

时有了商业。

可见，不列颠的史前史的层次丰富多彩，犹如它的地貌千姿百态。然而，历史是件无缝的天衣。不列颠的石器时代、铜器时代和铁器时代并非是截然分明的，用燧石、青铜和铁等材料制成的工具往往会同时存在很久。后人只能大致地划分出它们的时期和阶段。

铁器使用加快了国家的出现。不列颠南部的克尔特人建立了若干小国。由于最后一批（大约在公元前 2 世纪末至公元前 75 年之间）进入不列颠的布立吞部落被称为比尔盖人，所以当时的诸王国又被称作“比尔盖王国”。比尔盖人与西欧北部的高卢人有着血缘关系和从属关系。

20 世纪的学者试图运用自己的才智去估算史前史各个时代的居民人数。在旧石器时代，居民大约在 250—5000 人之间；中石器即狩猎时代，3000—20 000 人；新石器时代的人口在 10 000—40 000 人之间；在青铜器时代，最多也不会超过 10 万人；铁器时代，人口在 50 000—500 000 人之间。当然，这些都是推测。

二、巨石之谜

新石器后期，即大约在公元前 3000—前 1000 年间，不列颠出现了一种特殊的建筑工程——“斯通亨治”(Stonehenge)，又可译为“巨石群”、“巨石圆阵”，称为“巨石文化”、“石林文化”。根据巨石的组合排列形状，分为“巨石林”和“巨石圈”两类。现今英国有巨石林遗迹 80 处，巨石圈多达 900 处。巨石林大多建在河流附近，相对集中在索尔兹伯里的埃文河畔、泰晤士河畔的门第普斯、约克郡的里彭河谷、爱尔兰的伯因河谷和因弗内斯郡的莫里湾一带。这些石林大多呈同心多圆形，入口多寡不等，直径或长或短。仅有一个入口的石林其入口方向不定，直径在 10.6—305 米之间。而拥有多个入口的石林大多朝着西北、正南和正东，中心或许有坟墓遗址，侧面入口处有两块门石，外圆入口处 30 米之外有巨石一块，其上端有的正好对着仲夏太阳升起的位置。在数圈石头之外，筑有土埂，土埂外有壕沟。具有多处入口的石林的直径在 365—

石 林

518 米之间，其中最著名的遗迹是阿维伯里石林。

应该说，将所有的石头遗迹都称作"巨石文化"是有失笼统的。因为有的石林或石圈是用较小的石块砌成。但石块重量达几吨、十几吨的比比皆是。最重的竟有 50 余吨。大概是从 20 多公里之外，甚至更远的地方运来的。有些遗址的坚硬青石竟然是来自 200 多公里之外的威尔士的封布罗克郡。最令人叹为观止的是：这些工程不仅要用数十块重达 40—50 吨的巨石围成圆圈，而且在每两块巨石的顶端，还要横架上一块沉重的石条，成为"门"字形。

文明社会开始以来，人们难免会反反复复地思考着有关这些石头遗迹的一系列问题。

首先，这种"巨石文化"源于何处？答案似乎比较一致。考古学家经过多方考察，认为它起源于地中海，经过马耳他、撒丁和巴利阿里群岛，绕过西班牙和葡萄牙的沿海区域，横贯法兰西中部，到达布里塔尼，向北发展，经苏格兰而散及不列颠岛的康沃尔至奥克尼岛之间的广阔地带。

其次，它们是为了什么目的修造的？最早建成的石林可能是为了测量时间和季节转换。另外，根据石林出现的路线，后世学者发现它们可能与远古宗教传播的路线相符，因此可能是宗教行为。另外，从石林工程的规模来看，它也可能属于贵族的墓葬，因为如此宏伟和壮丽的建筑绝非为普通人建造的。

这样的回答依然不太令人满意。因为它又引起了一个似乎更重要的疑案：

测量时间的巨石阵：远处巨石的顶端正好与日出的位置重合

在 4000—5000 年前的新石器时代，按照目前所知的人类历史发展的脉络来看，那时的不列颠最早也不过处在原始部落联盟的社会阶段，还不可能有阶级社会，哪来的贵族？可是，若是没有贵族和阶级划分，当时人们又依靠什么样的社会劳动组织，来修筑数目如此之多、规模如此之大的"巨石阵"？难道当时能有什么类型的行政组织和政治权力？

有的学者用逆向推理的方式做了解释：当时之所以能够修建如此规模的工程，是"由于政治权力——至少在一段时间内——集中在一个人手里，一个唯一能够为修建这种工程创造并保持必要的条件的人手里"。另有学者反驳道：在没有个人集权的情况下，宗教的力量也可以达到权力强制的目的。

与以上问题密切相关的、使人感到迷惘的问题还有：那时的人们靠什么样的劳动器具和技术，来搬运和吊装那些巨大石块？若干年前，英国广播公司做了一个试验后得出结论：100 人合作运送一块 5—7 吨的石块，一日移动一英里；而一块数十吨的巨石移动一英里则需要 700 人的通力合作。这样算来，一座典型的巨石阵竟然需要 150 万个劳动日。[1] 而当时的不列颠正处在史前的原始社会，能有多少人参加此类工程？

---

[1]　C. Roberts & D. Roberts, *A History of England*, *Prehistory to 1714*, Prentice-Hall, Inc. , Englewood, N. J., 1980, pp. 11–13.

有的学者从中世纪大教堂的建筑得到启发，设想不列颠的巨石阵或许是某种形式的宗教仪式场所，是人们在漫长的岁月中慢慢地修建起来的，不需要在短期内驱使成千上万的人通过汗流浃背的高强度劳动来完成。有的学者认为巨石阵也可能是胜利者强迫大群战俘，通过残酷的、有组织的艰苦劳作在较短时间内堆砌而成的大坟丘。当然，这也是一家之言。

这些默默无言的巨石，是史前不列颠人树立的无字丰碑，我们很难把它们解读清楚。所以，后人对巨石文化的迷惘和争论还会继续下去。

但人们却永远不会怀疑不列颠先民伟大的创造能力。

三、罗马行省

公元前 55 年 8 月末的一个夜晚，1 万名装备精良的罗马兵，在恺撒的率领下，乘坐 80 艘船只由布伦附近出发，抵达多佛港。次日凌晨，他们看见了陡峭的灰白色悬崖，发现了严阵以待的守备部队。为避开敌人的锋头，他下令北向绕行。布立吞人立即移师迎敌。随即发生了激战。组织严密的罗马军团获胜。

罗马帝国杰出政治家和大将朱利斯·恺撒进兵不列颠的原因是多方面的。他垂涎于不列颠的金、银、锡、铅、粮食和奴隶，极想把这片岛屿变成帝国的一个行省，为自己再添新功。恰巧，在此之前，恺撒率领重兵进攻高卢人时，不列颠的布立吞人曾经出兵襄助，使这位好战的统帅轻易找到了进兵不列颠的借口。

然而，胜利只是暂时的。布立吞人用求和拖延时间。很快，一场暴风雨致使罗马军的后援部队中途返回，入侵者立即身处险境。恺撒权衡了情势，被迫带着战俘返回大陆。

翌年，恺撒又带领 5 个军团和一些骑兵，乘 800 艘船只再度赶来。布立吞人不敢应战，进攻者顺利登陆。不料，风暴再次捉弄了好战者。恺撒正要带兵深入，得到了船只毁坏的消息，只得折回修理。时来运转的布立吞人得到了鼓舞。他们在卡土维拉尼国王卡西维拉努斯的领导下，使用战车和骑兵灵活作战，使入侵者进退两难。一个月后，大陆传来了高卢人起义的消息。恺撒再次与布立吞人言和，率军无功而归。

现在看来，恺撒进兵是一次里程碑式的事件。正是自这两次入侵时起，英格兰开始了文字记载的历史。恺撒本人也是一位记载不列颠社会情况的最重要的作家。他写道：妻子们由"10—12个一群"的不同辈分的男人所共有。足见当时的"国家"仍然具有原始部落群的特征。此后，布立吞人与罗马人的联系增强了，商业贸易逐渐扩大。拉丁文明对不列颠的渗透在继续着。公元1世纪前期，继任卡土维拉尼王国君主库诺比林努斯①为不列颠南部的霸主，自称"不列颠之王"。他鼓励大陆人来不列颠通商侨居，与罗马皇帝奥古斯都和提比略保持着友好关系。是时，伦敦城在泰晤士河北岸建立。

公元42年，卡利古拉皇帝遇刺，克劳狄登上罗马帝位，帝国局面稳定，征服不列颠的计划重新提出。翌年，克劳狄亲自统领重兵5万征伐不列颠，经过激战得到成功。以后10多年里，布立吞人屡屡反抗。60年又爆发了波迪卡女王领导的起义。起义坚持一年余，一度扫荡伦敦城。千万罗马人死难。②罗马总督集结重兵残酷镇压了起义者。许多村庄成为废墟。波迪卡服毒自杀。

而后，罗马统治者对布立吞人实行军事管制。整个不列颠被分割管理，先后划分为若干行省——公元97年为两个省，284年为4个省，369年5个省。罗马驻军在公元100年时仍有5个军团；以后减至3个军团，4万人。罗马化居民连同罗马官吏和驻军约占所有居民的5%。统治者通过征收货币和实物，将政府财政负担强加于不列颠居民。渐渐又招募不列颠人入伍，减少罗马官吏常驻不列颠的人数，利用各地的上层人物帮助管理行政事务。

本来，罗马人就擅长于大工程的营造，眼下则把此种才能用来巩固他们的统治。为了军事目的修建的大型工程有多种。一是用来输送军队、传运信息和货物的"罗马大道"。这是一套系统的公路网，路面宽阔，路基坚实，辅于坚固的桥梁。其中有3条是以伦敦为中心向外辐射的干线，分别通向约克及其北部，切斯特和卡莱尔，格罗斯特、威尔士及西南地区。大道上每隔8—15英里设有驿站。

---

① 即在莎士比亚戏剧中出现的名字"辛白林"。

② 据塔西佗的记载，死难人数为70 000人，似嫌夸大。而且，这时的"罗马人"实际上是个泛称，意指罗马化的居民。早期罗马军队也是由大量的其他国籍或部落的人所组成，如高卢人、西班牙人、多瑙河省份及莱茵河地区的人，以后又有不列颠人加入。真正意大利籍的兵民很少。

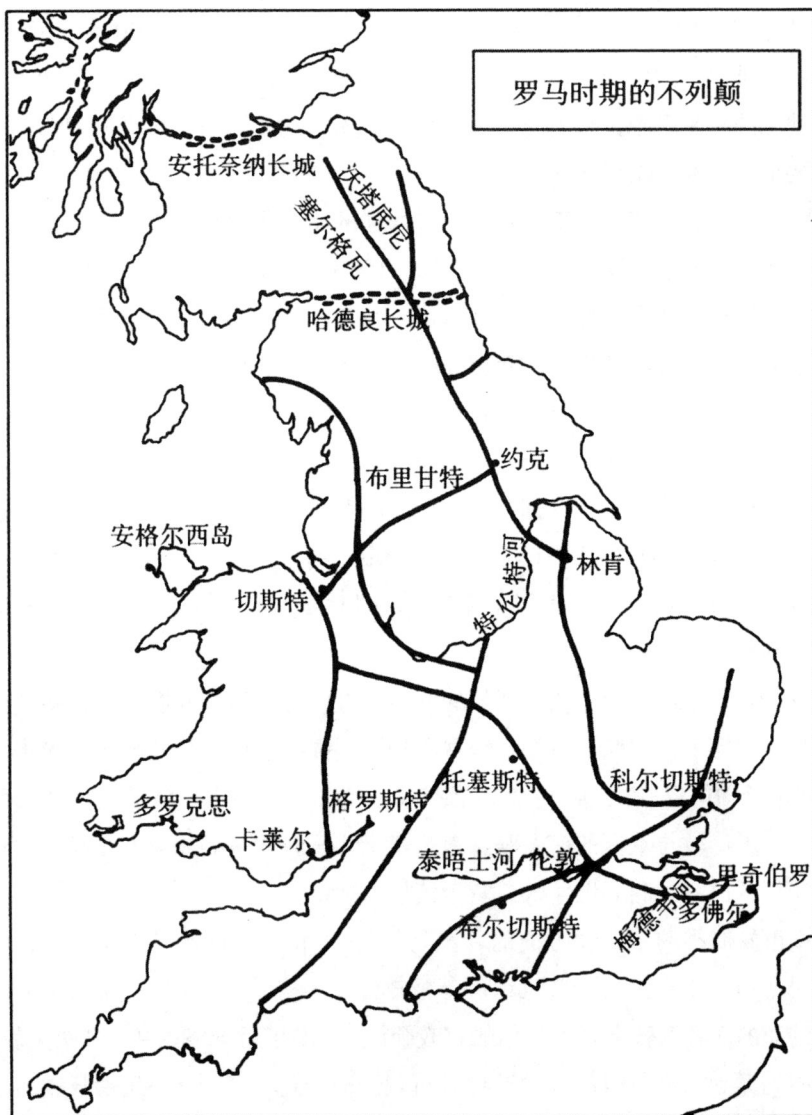

罗马时期的不列颠

再一种是用做军事屏障的"罗马长城"。其中一条叫"哈德良长城",修建于122—128年,连接泰恩河口和索尔威湾;约长120公里,高4.5米,底宽3米,顶宽2米余,用石块筑成。大墙两侧各有一条深沟。全线共有17座要塞,每座要塞由300—600名士兵守卫。另有炮台、烽火台多处。20年后,罗马军队又向北方推进,在福斯—克莱德地峡砌起一道60公里的长墙,称"安托奈纳长城"。它比哈德良长城厚得多，目的是为了阻止苏格兰地区的皮克特人南下。两道"长城"耗费了上百万个劳动日，修成后又需要 9500 名士兵驻守，必然会加重民众的负担。城墙两侧的居民都憎恨不已。大道和长城固然可以用作陆地上的军事设施，却无法抵御海盗的袭击。鉴此，东南部沿海到西部切斯特的要地，也要筑城设防。

军事防备的主客观因素还导致兵民居住的相对集中和城市的修建。一类城市是由罗马军队的退伍军人在公元 50—160 年间建立的"殖民城"，共 4 个，即科尔切斯特、林肯、格罗斯特和约克。每个殖民城都设有类似于罗马元老院的议事会，由拥有财产权的成年公民选举产生。各市每年选举 4 名执政官，其中 2 人主要掌管公共建筑与公众娱乐。

罗马不列颠时代的维鲁拉米乌鲁是个显得例外的城市，它最早获得了一个自治特许权，其中上层居民拥有某种程度的罗马公民权。伦敦城是罗马政权的所在地，约有 15 000 人[①]，稍后也在自治市之列。

帝国政府还强使各地建立部落都城，同时要求克尔特上层人士迁居其中，以便控制和利用。

罗马人的建筑才能还在不列颠的城市建设中得到较好的展现。许多城市认真规划，有庙宇、讲坛、市场、公共剧场、园圃、浴场、公共厕所、给水系统和寒季供热中心。其水准之高一直到 18 世纪都未能超出。城镇是消费场所和贸易中心，伦敦与欧洲的商业联系最为广泛。一些奢侈品如亚麻织品、香料首饰玻璃等，由意大利等地输入。货币流量增加。

城市发展推动了文化方面的"罗马化"。尽管乡民依然讲克尔特语，但多数市民使用拉丁语。公元 2 世纪，基督教传入英格兰。314 年，来自伦敦、林肯和约克的 3 名主教出席了阿尔的宗教会议，30 多年后英格兰共有 4 个主教区，足见不列颠皈依基督教的人数已比较可观。375 年以后，不列颠基督教为社会上层所接受。但由于当时的教堂均属小型——最大的希尔切斯特教堂仅能容纳 60 人，看来多数本土居民仍然不信仰基督教。

罗马时期的城市与乡村是互相依存的。农业依然是经济的主要来源。当时

---

　　① 对此时伦敦人口最高的估算是 30 000 人。关于罗马时代不列颠的人口的估算，更是人言言殊，保守的估计是在 50 万至 100 万之间。M. E. 琼斯则认为在 30 万—400 万之间。见 C. J. Arnold, *Roman Britain to Saxon England*, Croom Helm, 1984, pp.244–245. 二战后英国有的学者最高的估算达 400 万—600 万人，甚至大大高出中古后期英格兰的人口。

有大量的由定居移民组成的村庄，他们曾经排干和开垦了英格兰中部的沼泽地。带有铁头的先进犁具的出现，说明耕作水平强于以往。由于罗马人的征服，不列颠的土地所有制发生了大的变化，出现了私人大地产和称为"维拉"（Villa）的庄园。罗马地主把地产出租给无地者和少地者，或者由奴隶和隶农耕种。总的看来，不列颠虽然被外来者统治多年，但宗主国的奴隶制始终未能生根。

手工制造业的水平有所发展。不列颠粗呢绒闻名欧陆。金属制品、陶器的产量明显增多。

英国绝大多数有关史籍都不介绍罗马统治下的政权机构设置。因为在多数英国史学家的心目中，罗马不列颠的历史属于罗马帝国史，而非英国史。在公元前1世纪至公元4世纪，不列颠的行政机构也像那时意大利的政权一样，向着中央集权的专制方向发展。而且，这个帝国中央政府之下的地方政权也行使着与其他罗马行省一样的权力，忍受着与其他地区类似的苦难，其衰败也出自相同的原因。

罗马时期不列颠的衰败既有本土的原因，又受外部大环境的影响。在异族所建立的军事管制和社会等级制之下，乡镇经济生活的繁荣时期颇为短暂。罗马化的富有阶层因重税和生活奢靡而穷困潦倒。商业因货币贬值和政府盘剥而凋敝。政府财政因冗员增加入不敷出。军队内讧时起，互相劫掠。火灾、疾病驱使市民外逃。一个个辉煌的城市衰落了，许多剧场、广场毁坏后无力重建。巨宅阔院成了鼠雀的窝巢。吴罗赞特广场在公元300年左右烧成废墟。费罗拉米恩的剧场成了采石场。当然，罗马不列颠的内部衰败是缓慢的，不像外部因素那样来得突然和明显。

在许多史学家看来，多种外部因素是罗马军队撤出不列颠的重要因素。罗马帝国的衰落最终导致了罗马在不列颠统治的瓦解。197年，罗马驻不列颠总督格罗狄斯·阿尔比努斯为追逐罗马帝位，带领不列颠的大部分军队挺进高卢，造成防务空虚，北方部族攻破了哈德里长城，四下打劫。撒克逊海盗的袭击使罗马当局穷于应付。4世纪中叶，罗马皇帝认识到不列颠海防的重要性，任命撒克森·肖尔公爵指挥海港驻军，但他对付不列颠内地部族骚扰却无能为力。367年，皮克特人、苏格兰人，以及北海对岸的撒克逊人和法兰克人同时进兵英格兰。肖尔公爵殒命，游牧部落蜂拥而入，到处留下废墟。383年，不列颠驻军统领马格努·马克西姆为争夺帝位，带领不列颠的大部分军队匆匆赶

巴思温泉浴场（始建于罗马统治时期）

到高卢。罗马帝国在哈德里长城的防务从此放弃。马克西姆死后，部分不列颠军人重返英格兰，400 年，罗马政府为了抵御哥特人对意大利的进攻，下令再从不列颠撤兵，驻守帝国首都。以后数年里，不列颠出现了 3 名拥兵自立的僭主，罗马对这块遥远行省的统治已经瓦解。410 年，自顾不暇的罗马皇帝写信给不列颠部族的首领，命令他们实行自保。罗马人在不列颠的统治结束了。

第二章

盎格鲁—撒克逊时期

（5世纪中叶—1066年）

一、蛮族入侵

英国历史发展的一个突出特点，是从罗马征服到诺曼征服后的一千多年里，一再出现较大规模的民族融合。伊比里亚人、克尔特人、罗马人、盎格鲁—撒克逊人、丹麦人和诺曼人先后融入英国民族群体之中。而5世纪北欧部族的入侵，是标志着英国文明史开始的一个重大事件，它较大地改变了不列颠居民的成分。英格兰和英吉利成了不列颠的代称，实际是从"盎格鲁"演变而来。"英格兰"意为"盎格鲁人的土地"（Angle-land）。至今英国人还常以"盎格鲁—撒克逊人"自称。

早在公元287年，北欧海盗就开始骚扰不列颠沿海。429年，他们深入内地，少量武士开始滞留下来。但大规模入侵尚未开始。

北欧原始部族的大规模侵入开始于449—450年。早期的编年史作家，如威尔士僧侣伯特·吉尔达斯和诺森伯兰学者比德，记载了撒克逊人前来不列颠的情形。那时，不列颠国王沃尔蒂格恩模仿罗马的惯用做法，想从海外招募雇佣军，以防范苏格兰人和皮克特人。不料引狼入室。成批的野蛮人，在其首领亨吉斯特和霍萨的带领下，乘船源源而来。他们主要沿着泰晤士河、亨博河和瓦士河溯流而上，用刀剑换取奖赏。亨吉斯特和霍萨兄弟是居住在日德兰半岛北部朱特人的首领，他们所获取的土地就是以后的肯特王国。

其他接踵而来的还有盎格利人、撒克逊人、佛里西安人和斯瓦本人等，但以盎格利人、撒克逊人和朱特人最多。他们都属于北欧日耳曼人的分支。匈奴人的东进所引起的民族大迁徙以及人口增长的压力，是他们被迫进入不列颠的原因。出于习惯，他们还被泛称为"盎格鲁—撒克逊人"、"盎格利人"或"撒克逊人"。

盎格鲁—撒克逊人对不列颠的征服是陆续进行的，他们一拨拨地来到英格兰，犹如断断续续的溪流，早期编年史记载了这种情形：

489年，两个头领，即塞尔迪克与其子西恩利克，乘坐5条船抵达不列颠，在塞尔迪克港登陆，当日与布立吞人交战。

501年，波特同二子比尔达、迈格拉，乘坐2条船来到不列颠，杀死一个青年贵族。

508年，塞尔达和西恩利克杀死了一位名叫纳坦里奥德的英吉利国王，有5000人跟随着他。

514年，西撒克逊人斯图夫和威特加乘坐3条船来到不列颠，在塞尔迪克港与布立吞人交战，并将他们赶走……①

异族入侵前后达一个多世纪，屡遭顽强抵抗。公元6世纪初的某一年，不列颠人在巴登山战役中重创外来者，暂时阻止住了他们的西进。由于攻掠和迁徙密切结合，原有的不列颠人有的被杀戮，有的逃亡威尔士、苏格兰、爱尔兰和欧洲大陆，留下来的逐渐与入侵者融合同化。引人入胜的亚瑟王的传奇故事可能就是来源于不列颠人的反抗斗争。

入侵破坏了过去几百年间培育的罗马文化。基督教也难同昔比。罗马大道有利于入侵者调兵遣将，却无人养护。城市衰落，庄宅荒弃，失去土地者被迫向山区退却。货币成了装饰品而非交换媒介。许多地名被更换。

在征战和定居过程中，英格兰出现了许多"王国"，包括若干布立吞人王国。"国家"和部落同时存在，它们为争夺地盘和霸权互相讨伐，其寿命之短促犹如过眼烟云。诸国林立的局面维持了数百年，至今仍无足够的资料来说明

---

① F. M. Stenton, *Anglo-Saxon England, c. 550—1087*, Oxford: The Clarendon Press, 1947, pp. 20—21.

7 世纪之前所有王国的兴衰过程。唯有地盘较大历时较久的强国才能长期流传史册。

盎格鲁—撒克逊人来前，正处在原始社会末期，氏族公社制度尚未解体，部落首领仍由民众大会选出。而后，因他们可以依仗职权和军功侵吞公产，便逐渐破坏了氏族内部的平等关系。加速了私有财产的积聚和贫富的分化，原来公有制的基础渐渐动摇。因那时战争频仍，对指挥和组织才能的要求越来越高，个别军事首领的个人素质得到充分发挥，其权力一再扩充，最终获取了国王的特权和称号。而先前追随首领的侍从爱将，先是演变为氏族贵族，当首领成为国王时他们则顺理成章地成为封建贵族，被称为"贵人"、"哥塞特"或"塞恩"。

盎格鲁—撒克逊人先用暴力改变了不列颠社会，大陆传教士后用基督教潜移默化地改造着他们的心灵。基督教传入英格兰有赖于中世纪罗马教皇制奠基人格列高利的努力。传说他在首次听到盎格利人还不是基督教徒时，就决心使他们皈依教廷，成为名副其实的"天使"。[①] 公元 597 年，他派遣圣·奥古斯丁率领 40 人到肯特王国传教，受到王室殷勤接待。国王艾塞伯特（560—616 年在位）已娶信仰基督教的高卢公主为王后，目下主动接受洗礼，赞助他们在坎特伯雷建立了教堂。奥古斯丁任首届坎特伯雷大主教。艾塞伯特还利用其霸主地位并通过婚姻关系，劝说他国君主皈依基督教。[②] 各国君主的宗教信仰变化对英格兰社会产生了示范作用，许多居民成为基督教徒。教堂和修道院陆续建立起来。663 年，教会要员在约克郡的惠特比集会，就克尔特基督教徒[③]与隶属于教廷的基督教徒之间关于复活节日期的分歧举行讨论和表决。结果后者的意见得到认可。惠特比会议的意义不容低估，英格兰在全国统一实现之前就先实现了教会的统一，有助于以后统一国家的形成。

在传播基督教方面，小亚细亚人塔苏斯·西奥多的作用也很突出。他自 669 年起，连续 20 余年担任坎特伯雷大主教，足迹遍及各地。672 年，他在赫伯特召开了全英格兰宗教大会，制定了教会管理章约、神职人员的职责和道德规范。尤其重要的是，他还把英格兰划分为若干主教区，由专职主教主持。

---

① 在西语中，"盎格利人"（Angle）和"天使"（Angel）谐音。

② D. Fisher, *The Anglo–Saxon Age, c.440—1042*, Longman, 1983, pp. 67–68.

③ 一些克尔特人早在罗马统治时就信奉基督教，他们在盎格鲁—撒克逊人入侵后没有改变信仰，并自有一套修道制度。

735 年，鉴于教民的增加，罗马教廷又任命了约克大主教。经过一个多世纪，英格兰形成了包括两个大主教区、10 余个主教区和许多基层教区的宗教管理体系，初步定下了以后一千多年英格兰教区的格局。

盎格鲁—撒克逊人的征服还加速了封建制的产生。罗马人撤离后，流行于东南英格兰的奴隶制瓦解。尔后的北欧入侵者处在原始社会瓦解阶段，与布立吞人发展水平相当，所以他们建立的一些小国，都是从衰老的原始社会母体中脱胎而来。虽有阶级对立，但不普遍。氏族军事贵族一时未失王室亲兵的特色，封建领有制的建立需要一个过程。

社会另一阶层是人数最多的"刻尔"，即享有人身自由的农人。他们生活在农村公社中，除集体使用林地、牧场、池塘外，每户分得一些份地。份地耕种纳入公社的"两圃制"①耕作系统，即所有耕地按春种、秋种或休耕分为两部分，各刻尔的份地条田散布在称作"敞田"的大田中，按照计划集体耕作，收获后按照份地的条田数额分配成果。份地可供刻尔长期占有和时代相传，但不得任意转让、出售和误耕。可见，封建国家诞生初年的刻尔份地制，是一种从土地公有制向封建土地私有制转化过程中特有的土地占有形式。刻尔要交纳捐贡，根据份地多寡出工服役，参加民军履行军职。

英格兰曾有少量奴隶，他们本是罪犯和战俘，眼下多是家奴。以后由于教会和民众的谴责，奴隶使用近乎绝迹。

封建国家的产生促进封建土地所有制的发展。各国君主常常根据军功大小，将掠获的土地赐予军事贵族，甚至通过文书形式处理封赐土地的手续。所赐土地为"册地"，以别于按照传统方式获取的刻尔份地。册地领有人对所获土地享有较充分的所有权。国王赐予教会和修道院的土地所有权也属于封建领有性质。接受国王赐地的军事贵族"哥塞特"转变为土地贵族后，改称"塞恩"。塞恩将土地分给农户，坐享地租，并能在领主法庭中对他们行使司法特权。塞恩不必陪住宫廷，其生活费用和武器装备全靠领地收入操办。于是，封建义务和土地占有密切结合，国王与塞恩的关系变成了封君—封臣关系。这也是封建骑士制的萌芽。

为塞恩耕种土地的农奴，是由丧失份地的刻尔转化而来。8—10 世纪中

---

① 有的学者认为，盎格鲁—撒克逊时代，英国仅有"两圃制"。"三圃制"是诺曼征服后由大陆引入不列颠的。

叶，农村公社继续瓦解，自由农的份地减少，生活难以维持，被迫投靠塞恩或教会，寻求强者的保护。委身之后，农民变成丧失自由的农奴，改称"维兰"。维兰不得随意离开份地，必须为主人服劳役并承担其他封建义务。各国王室通过法律手段，将失去份地流离失所的农民拘押，然后为他们指定领主，这就加快了自由农民农奴化的进程。教会、修道院占有的土地相当可观。10—11 世纪，肯特郡的教会占有全郡 1/3 的土地。自由农民在全国人口中所占的比例很低。军事贵族领主化和广大自由农民的农奴化，标志着英国封建制度的初步形成。

二、争霸和统一

盎格鲁—撒克逊时代是英格兰国家产生和统一国家形成的时期，君主制和国家发展均呈现出若干阶段。

5 世纪中叶到 7 世纪末属于早期，英格兰从原始社会向阶级社会过渡。众多小国与原始部落犬牙交错，面积颇小，寿命长短不等。它们为保卫和扩充疆域混战不已。有的国君尚未脱净部落首领特色。

诸国混战大约延续了一二百年，能够幸存的多是较大的王国。肯特王国首先脱颖而出。到了 650 年，英格兰共有 10 个国家，即北部的伯尼西亚和德伊勒，中部的麦西亚、赫威赛和林赛，靠近东海岸的肯特、东盎格利亚和艾塞克斯，南部的威塞克斯和苏塞克斯。

名气较次的伯尼西亚地处亨伯河流域，首见记载的国王是艾达（547 年即位）。其邻国德伊勒第一个见于记载的国王是艾尔莱，统治时期为 560—588/590 年。伯尼西亚国王艾特尔弗里思在位（593—616 年）时，就曾与德伊勒合并为诺森伯利亚王国。641 年两小国又各立国王，7 世纪末两国再次合并为诺森伯利亚。

赫威赛的版图大约在目前的伍斯特郡、格洛斯特郡和沃里克郡的西南部。577 年后，其南半部被西撒克逊人侵占，北半部由来自东面的盎格鲁人定居。7 世纪初，全境由麦西亚托管，而它的国名却一直保留到 9 世纪麦西亚王国的崩溃为止。林赛原来是盎格鲁人的移民地，疆域为现在林肯郡的一部分，建成王国后长期接受麦西亚的庇护。名义上，两小国长期存在，实际上它们在当时的政治和军事斗争中，始终未能发挥主导性作用。故而一位16世纪的史学家将7世纪至870年称为"七国时代"，以后沿用至今。

七国为扩充疆域和争夺霸权征战不止。肯特国王艾塞伯特先成霸主，但因国土狭小，霸业难以久存，632年被诺森伯利亚取代。

而后诺森伯利亚的两代君主艾德温和奥斯威称雄数十年，被尊为英吉利的"最高统治者"。但由于地理位置不利——各个方向都容易受到邻国和皮克特人的进攻，以及国力不强等，它的霸主地位受到威胁。

8世纪是麦西亚王国的黄金时代。艾塞尔巴德和奥发先后在位共80年，他们的3个继承人将霸业延续到9世纪20年代。其中奥发（757—796年在位）的影响波及欧洲大陆。他即位不久就吞并了肯特王国，血腥镇压境内和周围弱国的反抗，然后建立单一制的王国，其疆域是现在约克郡以南的大部分英格兰地区。[1] 他为了与欧洲大陆的君主平起平坐，与罗马皇帝查理大帝联姻；796年签订了贸易条约，加强商业往来，提高了他在海峡两边的声威。他与罗马教廷保持友好关系，允许教皇加强对英格兰教会的控制，并在利奇菲尔德建立大主教座堂。他的突出成就是制造流行不列颠的新币，上有他的名字和"英格兰国王"的称号。

825—829年间，各国为争夺霸权再次较量，威塞克斯国王艾格伯特得操胜券，被各国尊为"全英格兰的国王"。

英格兰列国君主互竞雄长达二百年，杀伐不断，民众深受其害。但长远看来，还有积极的一面。某国霸主地位确立后，可以凭借其威慑力制服异己，这在一定时间内会相对减少各国间的军事摩擦，发展经济交流。有的国王还发行全不列颠流通的货币，组织调动较多的人力物力兴建军事工程和公共设施。麦西亚国王奥发就以他的一道长达70英里的长城而闻名于世。它是从爱尔兰至布里斯托尔的一道防线，是为防御克尔特人而动用了大量的人力物力建成的，是盎格鲁—撒克逊时代最宏大的工程。

当英格兰诸国向着统一的方向蹒跚而行时，北欧斯堪的纳维亚半岛的上丹麦人，仿效数百年前盎格鲁—撒克逊部族的做法，进犯不列颠。这些人比起当

---

[1] D. Fisher, *The Anglo–Saxon Age*, *c.440—1042*, Longman, 1983.

年的撒克逊海盗来，更为骁勇善战，能乘坐着一种"长船"① 在波涛汹涌的大海上任意颠簸。8 世纪以来，他们曾经会同挪威人、瑞典人攻打君士坦丁堡，骚扰地中海沿岸各国，其中一股海盗奔向不列颠群岛。789 年夏季的一天，3 艘海盗船在多尔切斯特海港靠岸，挑起衅端；4 年后，另一股丹麦舰队骤然来临，洗劫了诺森伯利亚的一个富裕的修道院，带走珍宝、留下尸体后呼啸而去。就这样，一场场残酷的斗争开始了，以后折磨和蹂躏英格兰达 250 年之久。

起初，丹麦海盗劫掠英格兰的一个特色，是把富足的教会和修道院作为首选对象。如在 9 世纪前期，爱奥拿岛遭难 3 回，爱尔兰基德尔的一个修道院被洗劫了十余次。几十年后，他们对草木葳蕤、"地上树上结满果实"的不列颠岛有了感情，把家眷带来，安家立业；于是更重视攻城略地，定居移民，抢夺牲畜和农具。867 年他们包围并攻克了约克城，终止了盎格鲁—撒克逊人在诺森伯利亚王国的统治。10 年后，又进兵麦西亚王国，占领其大部。于是，这支成分复杂的北欧"野蛮人大军"发生了深刻的变化，一部分先由长船海盗变成陆战士兵，再由士兵转变为以稼穑为主的自耕农。在这里，还应指出他们行为的另一方面：比起几百年前的盎格鲁—撒克逊人来，由于他们纪律性强，目标和行动容易一致，心理上的恐惧感要少些，所以就不那么凶残地屠杀原有的居民；他们在语言上和英格兰人差别不大，易于同失去了田产的英格兰人建立和谐关系。他们体格强壮，富于活力，有助于改进岛上居民的素质。他们个人主义意识强烈，既自信又善于协作，所以不但会影响英格兰人的性格和文化，还潜移默化地影响以后英格兰的政治事务。另外，他们习惯于使用"十二进位制"，这也在以后英国的社会生活中留下了深刻的痕迹。可在当时，上述这些还不被当地人所看重，他们面对的首要问题是如何解除丹麦人的军事威胁。

英格兰人为抵御入侵者付出了沉重的代价。尽管各王国经常协同作战屡创战绩，却未能遏制丹麦人的攻势。公元 871 年，具有杰出才能的阿尔弗列德登上威塞克斯王位（871—899 年在位）。经过多方努力和准备，他于 876 年 5 月率领各地民军，在爱丁顿与丹麦人激战，取得战略性胜利，迫使敌酋签订和约，退居北方"丹麦区"。丹麦区主要在英格兰东北部的里斯特郡、约克郡、诺丁汉郡、林肯郡的广大地区。后来这里实行"丹麦法"。南部 4 国由阿尔弗

① "长船"（Viking ship）又译为"海盗船"，后世发现的这种船只约为 76 英尺长、17.5 英尺宽，中部吃水却不足 3 英尺。

列德统一治理。886 年他进驻伦敦，成为除"丹麦区"外所有英格兰人的公认领袖。[1]

为了战胜丹麦人，阿尔弗列德一方面加强陆上武装力量，如兴建堡垒、扩充骑兵，实行民军轮番作战制等；另一方面建造军舰、发展海军，主动追击拦截海盗船舰。他不仅是优秀的军事家和政治家，还是一位难得的历史学家和法律建设者。他亲自撰写史籍，主持制定法典，发展文化教育，铸造货币，发展经济，把国家治理得井然有序。892 年，一支丹麦大军进犯英格兰，阿尔弗列德给予迎头痛击。在反抗丹麦人入侵的斗争中，英格兰大体上结束了列国纷争的局面。鉴于阿尔弗列德伟大的历史作用，他被英格兰人尊称为"阿尔弗列德大王"。

阿尔弗列德死后，几代继任者征伐不止，不但于 10 世纪中叶收复了部分失地，还迫使威尔士人和苏格兰人称臣。威塞克斯国王成了不列颠的统治者，英吉利国家统一终于形成。

三、晚期撒克逊王国

英格兰在 10 世纪的统一带有明显局限性，阿尔弗列德及其继承者对丹麦占领区的认可，使英格兰人仅仅拥有半壁江山。980 年丹麦人大举进犯英格兰，几乎整个英格兰都被蹂躏，迫使愚钝无知、刚愎自用的国王艾特尔雷德二世（978—1016 年在位）大批屠杀移民，引起丹麦人的再度侵犯。战败后，国王于 991 年支付巨额赔偿金，换取暂时的和平，此为第一次缴纳"丹麦金"的开始。以后英格兰王国必须定期征收和奉送"丹麦金"。992—994 年间，年度支付额约在 2 万—2.2 万英镑之间。

起初，丹麦金系靠临时税收获得。后来，丹麦人从对手的妥协中尝到甜头，要求对方按时加量奉送，丹麦金就成为固定的国税。997 年以后，他们连连劫掠康沃尔、德文、西萨默塞特、南威尔士和威塞克斯、肯特、苏塞克斯等

① D. Fisher, *The Anglo–Saxon Age*, c.440–1042, pp. 229–231.

地。艾特尔雷德二世用增加贡金的办法来委曲求全。1002 年增加到 24 000 英镑；1007 年达 30 000 英镑；1012 年为 48 000 英镑。[①] 丹麦金首先加重了刻尔的负担。1013 年，丹麦国王之子斯威因抵达不列颠，赢得"丹麦法区"的拥戴，他率领重兵西进南侵，英王只好携家眷逃往诺曼底。

艾特尔雷德二世在位时，英格兰社会经济体制发生较大变化。首先，战争引起动乱和饥荒，部分民众流离失所，离开份地。其次，部分刻尔因欠税被罚款，其份地被迫转让或被王室没收。再次，是教堂、修道院依势兼并土地。还有，丹麦金作为官方收取的国税为时不长，后来全部委托地方领主征集，这就不仅会使领主多征捐税，还有利于他们加强对农民的控制，加速了封建依附农制向农奴制的转变。部分刻尔沦为农奴。但居于社会最底层的仍然是前撒克逊时代居民的后裔，完全没有人身自由。上层贵族惧怕社会动荡，对国王的蛮干心存疑虑；当艾特尔雷德二世流亡时，他们竟推选斯威因为英王。

1016 年，斯威因逝世，其子克努特兴兵再犯英国，艾特尔雷德二世的儿子艾德曼德奋力应战，不久殒命，王位空虚。贤人会议推举克努特为英格兰国王（1016—1035 年在位）。克努特用刀剑得到了英国王位，在位初年正值血勇年华，注重铁腕控制和镇压。1020 年，他回丹麦继承王位，成为两国共主。英国成了撒克逊—丹麦王国的一部分。1027 年他又远征苏格兰，取得苏格兰 3 个王国的承认。为此，后世有的史学家认为，只是到了此时，英格兰才同"丹麦法区"融合为一体；从这种意义上看，克努特应该是"真正统一英国的第一位统治者"。[②] 一些史籍还称他为"克努特大帝"。

克努特归来后，展露政治家才能，处事宽容。他允准教会征收什一税，给修道院大量捐助；用赏赐赢得了教会和修道院的支持，再通过教会的说教，取得民众的承认。他自视为统一的实现者和法律的制定者，注意利用贤人会议处理要事。同时还编撰了法典，强化社会治理。他作为征服者领袖的难得之处，是注意缓解英格兰人和丹麦移民的对立情绪，允许盎格鲁—撒克逊文和丹麦文并用。他组成了一个作为国王顾问官的权力核心团体，其中多数是斯堪的纳维亚裔大贵族，可诸如戈德温、里奥弗利克等英裔显贵也在政府中扮演了重要角色。他较为大胆地在地方上任用英裔贵族，但特意强调各地高级官吏应该由国

---

① 关于"丹麦金"，英国有的学者指出，起初，它纯粹是用做支付丹麦人的贡金；可后来成为国王收益的一部分，用来豢养了一支雇佣军。

② C. Roberts & D. Roberts, *A History of England, Prehistory to 1714*, p. 68.

王任命。他把英国分为 4 个伯爵区，由丹麦权贵和靠近宫廷的英格兰贵族治理，戈德温又在其列。

克努特意欲建立海上强国，扩大在欧洲的影响，但中年夭亡。其嫡子哈迪克努特因事滞留在丹麦，尚且年幼，徒有英格兰国王的名义，只好由其庶兄、克努特的私生子哈罗德任英格兰的摄政。哈罗德大权在握，操纵贤人会议于 1037 年获取王位，将哈迪克努特的母亲放逐。1040 年，哈罗德亡故，哈迪克努特终于得到王权。他为了筹集雇佣军军饷征收附加税，激起兵变。诺森伯利亚的艾德伍尔夫起兵后，控诉伯爵戈德温等人谋害艾特尔雷德二世的幼子阿尔弗列德。哈迪克努特为了改变形象，邀请艾特尔雷德二世的长子爱德华从诺曼底归国，并把他作为自己的继承人。1042 年，年仅 24 岁的哈迪克努特无嗣而亡，性格懦弱的信士爱德华即位。丹麦人在英国的统治结束。

11 世纪以来，英国贵族在几十年的王位变换过程中俯仰浮沉，个别羽毛丰满者若有机可乘，就会扯起叛旗，觊觎王位。最典型的如威塞克斯伯爵戈德温，其家族的领地居全国之首，收益不亚于王室；家族要员担任了十几个郡的郡守，具有割据称雄的实力。1045 年他将女儿嫁给爱德华国王，成为国内最显赫的人物。爱德华意欲削减戈氏势力，便竭力安插来自诺曼底的亲信。1051 年，戈德温父子和朋党反对国王亲诺曼底的做法，强硬对抗，爱德华下令将他们放逐。

1052 年戈德温带领儿子斯威因和哈罗德集结了大股兵力，围困国王驻跸的城堡，威逼他交出亲随和卫队。

勤王大军从各地赶来，斡旋游说，使爱德华免于羞辱。面对重兵威胁，叛军军心动摇。值此关键时刻，虔诚荏弱的国王竟认为大动干戈对国家不利，在大贵族的调解下与叛军互换人质，不战而退。仅有的惩罚是召开贤人会议，谴责戈德温父子，令戈氏家族主要成员在数日内离开英格兰。面对尴尬局面，戈德温宣誓忠于国王，王亲贵族笑颜说合，爱德华归还了戈德温家族的领地和官职。1053 年戈德温死去，其子哈罗德继承伯爵爵位后，又为他的 3 个兄弟斯蒂格、吉尔斯和利奥弗温取得伯爵称号，家族势力超过以往。1063 年他和兄弟斯蒂格征服了威尔士，尾大不掉的情势已属昭然。1066 年，爱德华国王临死时，据说曾指定哈罗德为王储。但在更早的时候，还答应将王位传给诺曼底公爵威廉。这又为以后的动荡和征服埋下了隐患。

四、贤人会议和郡区制

盎格鲁—撒克逊时代中后期的王权，向着强大的方向演变，拥有军权，财产权和财政权，立法司法和行政特权，等等，但在不同程度上受到种种制约。

其一，是受到法律的限制。英吉利人是在原始社会解体时直接进入封建社会的，公众的民主意识仍然残留着，长期被公认的习惯法有着深厚久远的影响，对国王和王室有着强韧的约束力。不少君主在重大场合，一再表示维护遵守法律。个别违反习惯法的国王还受到惩处。"七国时代"开始后，许多王国都制定法典，如《艾塞伯特法典》、《伊尼法典》，等，内容大多是重申已有的习惯法，一经公布，对国王均有制约作用。

其二，是受教会限制。基督教早期传播者来自文明程度较高的欧洲大陆，多是信仰虔诚、知识丰富的学者，受到罗马教廷的委任，善于借上帝名义，引导芸芸众生，协助国王治邦安国。而且，坎特伯雷大主教和约克大主教的活动和影响不受国界限制。他们可直接规劝国王服从教规，勤政爱民。坎特伯雷大主教不仅利用各种宗教活动影响和约束王权，还借用加冕礼向大众和国王展示他作为上帝和教廷使者的威仪。国王为使自己的权力合法化神圣化，也乐意借用神权的庇护。

其三，是受贤人会议的限制。贤人会议是王国中央政府的重要机构，其起源可以追溯到欧洲大陆日耳曼人条顿部落的"马克大会"或民众大会。盎格鲁—撒克逊人在不列颠立足后，人口增加，阶级出现，氏族关系瓦解，旧式的民众大会已不敷需要。贤人会议逐渐产生。

贤人会议由国王主持召开，人数不等。参加会议的"智者"和"贤者"是高级教士、世俗贵族、国王近臣和地方官员。据记载：在934年的温彻斯特贤人会议中，有大主教和主教19人，修道院院长4人，威尔士贵族4人，以及若干地方官员和59个塞恩。可见，就成分来看，贤人会议的参加者几乎都是僧俗两界贵族，它实际上是贵族会议。

"七国时代"之后，贤人会议的会期、会址和规模形形色色。召开过贤人会议的地点起码有60多个。圣诞节、复活节、显圣节等宗教节日是理想的集

贤人会议（中间持剑者为国王）

会时间。

贤人会议职权范围广泛。一是参与国家税收、外交、防务和分封等重大决策活动，选举、废黜国王。二是行使司法权。贤人会议作为群体性贵族机构，是国家最高法庭，能审理各种讼案，包括涉关王室和达官显贵的要案和地方法庭的疑难案件。[1] 由于贤人会议的判决是集体行为，任何人不得更改。三是为国王提供信息。

贤人会议是盎格鲁—撒克逊时代的一种特有的中央机构，它既是国王的助手，又是王权的制约者。贤人会议存在的意义，是它保留了群体表决、多数认可的原则，将民主遗风演化为一种新型的民主制，对以后英国政治制度的发展产生了深远影响。

贤人会议职权虽重，但它不是常设性机构，其作用有局限性。国王在处理日常事务时，必须依赖一些专职的宫廷官吏，如总监、仆役长、司膳官、司厩官、典礼官和宫廷神甫等。其中常常在国王左右的内务总管负责保管国王的礼服、珍宝首饰、钱币，以后演变为主管宫廷收支的要员。宫廷神甫文化素养高，能用拉丁文为国王起草诏谕，是国王不可或缺的臂膀。

同以后各代相比较，盎格鲁—撒克逊时期地方管理体制变化较大。前期史料缺乏，中期各国疆域屡屡变化，管理方式形形色色。直到晚期，以郡、区、

---

① D. Fisher, *The Anglo–Saxon Age c.440–1042*, Longman, 1983.

乡3级管理为主、城镇为辅的地方管理制度才基本形成。

郡区制是先自下而上地出现，再定为行政管理体制自上而下地实行的。5—6世纪小国出现时，先有村的设置，但人数不多，居民不甚集中。村长称"里夫"。若干村邑组成为"百户区"。百户区是王室为征收税捐、摊派徭役、征召民军、强化地方治安和司法管理而设置的，形成时间也不易确定。

与郡区相关的是郡守的出现，郡制未定型之前，各地统治者一度称"方伯"。他们多是王室宗亲，地位类似于封建诸侯和地方总督，权力可继承。平时除代管王室领地外，主要负责地方治安，征召民军，主持地方法庭，并可从地方法庭和自治市的贸易税中提取1/3的收益。

郡政府每年开会两次。出席者有中上层教士、塞恩和各类土地所有者。它除贯彻国王旨谕、管理治安和公务外，还负责征税，行使司法职能，是地方的二审机关。

各郡划分为诸多百户区。数目以居民多寡而定。11世纪中叶，康沃尔郡有140个百户区，艾塞克斯郡仅有20个。百户区设有百户长和百户会议。百户长由郡守任命。百户区定期开会，其成员构成和职能与郡会议类似，但偏重于处理民事讼案和维护治安。

村庄是在农村公社的基础上演变而来的社会基层组织。村长由百户长指定或由村民推举，负责村务，诸如处理邻里纠纷，缉捕盗贼等。

自治市独立于郡区制之外，也是地方一级的政府单位，但其自治程度比郡大些。全国大小自治市几十个。有的是军营所在地，大多是商品产地和造币点。各城市以伦敦居首，1042年约有1.2万名居民。约克、温彻斯特和林肯次之，市民均在5000以上。除坎特伯雷、沃塞斯特等主教所在地属于教会外，全国9成城市属于国王，税收的2/3上缴国库。各市政权组织是市政会，每年召开数次，其职能类似郡区会议。大城市划分为若干市区，设有区会议和法庭。各城、区会议成员大多由市民推选，但常被贵族富豪控制。

郡区制出现和形成于英格兰封建国家产生形成的过程之中，是盎格鲁—撒克逊时代留下的一笔丰厚政治遗产。它在当时所形成的半自治特色，以及中央和地方从属关系的确定，不仅利于地方管理和较广泛的公众参与，还确定了以后英国地方管理体制的基本态势，有助于遏制封建分裂和地方割据。

五、下层居民生活

北欧人初到不列颠时，岛上的景象明显区别于诺曼王朝建立之前。森林、荒原、沼泽地很多。如那时位于萨塞克斯和肯特边界的安德里兹瓦尔德森林，竟有30英里长20英里宽。其他地方森林灌木丛也很多，杂草横生，禽兽出没。为此，那时北欧移民居住点所取的名字，不少带有"森林"、"丛林"（"wood"、"wald"、"wold"）之类的词尾。说明它们距森林很近，或就在丛林乱树之间。其中不仅有猛兽出入，还是强人、罪犯的藏匿和拦劫之处。入侵者为了站稳脚跟，除用武力夺取布立吞人的财产，对反抗者实行报复，还要挖沟排水，清除杂草树丛，营造村落，开荒种地。所以，后代史学家认为，新来下层移民为了生存，在同大自然的斗争中所付出的精力和血汗，并不亚于他们同克尔特人、丹麦人的武装斗争中所付出的代价。而原有居民因异族入侵所遭受的烧杀抢掠和颠沛流离，则肯定甚于北欧入侵者和移民。

盎格鲁—撒克逊时期各种战争不仅引起社会动荡、居民伤亡和流动，致使食品运送和供应发生困难，还伴随着人口流动出现了灾荒和流行病。曾在不列颠岛大量传播死亡的瘟疫（黑死病）很可能就是由丹麦入侵者携带过来的。根据学者比德的记载：病毒蔓延时，死亡率最高的是人口相对集中的修道院。7世纪后半期诺森伯利亚的没落主要就是由于瘟疫传播结果。学者们还认为，当时灾荒和疾病所导致的人口锐减要超过战争中的死亡人数。

战争、灾害和疾病是黎民的三大杀手。许多人过早走完了人生道路。根据考古学家对发掘后的古墓的研究得知，盎格鲁—撒克逊时期死者的年龄大多都很低，早夭的儿童和婴儿占了很高比例；其中许多是佝偻病、结核病和关节炎患者。能活到45岁的人极少。医疗技术是原始的。祷告、巫术是绝望者经常使用的手段。肮脏污秽的生存环境使流行病有恃无恐。正是由于上述多种原因。600多年中英格兰的人口增长极其缓慢。直到"诺曼征服"前，估计不超过150万人。

森林为他们的农耕生活设置了困难，但为他们提供了做饭取暖的燃料、制造工具和建造房舍的原料。根据考古学家的发现和分析可知，不仅一般农舍是用木头茅草搭建的，甚至宫殿、礼拜堂、城墙等，多用木料建成。当时建筑物的遗址显示，盎格鲁—撒克逊时代的建筑水平，远远不能同罗马人占领时代相比。普通居民的住宅大多简陋狭小，地面下陷，阴冷潮湿。幸亏英格兰各地的柴草取之不尽，使他们得以度过阴霾的寒冬。

早期乡村居民的土地占有和使用方式各种各样，他们用牛和带铁尖的步犁翻地，播种大麦、小麦和燕麦。许多农户、牧人养育绵羊、猪和少量的山羊，获取乳、肉和羊毛。后来他们演变成为"刻尔"，邻里之间互相协作，在"敞田"上集体劳作，根据各自份地条田的多寡分配农产品，支付贡赋劳役等。[①]但这种标志着封建主义产生的刻尔份地制，并非各地通行的土地占有形式。在封建割据时代，各地村民的土地占有量和占有形式不同，所承担的封建义务也不一样。所以，用一幅单色的"敞田制"耕作画面，去刻画不列颠各地的农业生产场面，是有失准确的。实际上，在不同时期，英格兰东南地区的土地占有方式和乡村生活有别于其他落后地带。甚至到了 10 世纪中叶，由于自然条件、生产力发展水平、历史因素，以及丹麦占领区的存在，各地农民的土地占有和使用仍然有着不容忽视的差别。例如，前肯特王国成了威塞克斯王国的一个郡时，当地的农民就比麦西亚王国，甚至比本王国其他各郡的农民拥有较多的财产；自由农民的土地允许分割继承，还可以使用奴隶。而在丹麦占领区，农民的经济情况和土地使用情况就更加复杂，更加多样化。

农民终年劳作，辛苦疲累，渴盼忙中偷闲。他们皈依基督教的一个好处，是每 7 天能有一个礼拜日，放松一下过度疲劳的筋骨。按照当时教会的规定，他们还可以在圣诞节和主显节之际歇息 14 日，在复活节来时歇息 14 日；其他可以休息庆贺的宗教节假日还有基督胜魔日、圣彼得纪念日、圣保罗纪念日、圣母升天日和万圣节。可实际上，即便是普天同庆的圣诞节，他们还必须照料牲畜家禽，为富人当差服役。其他节日多值农忙季节，如 8 月 15 日的圣母升天日，恰逢一年最忙的时刻，他们怎能按照教会的恩准，去喜庆 4 天呢？

普通农民的生活有张有弛，有饱有饥，有乐有愁。风调雨顺时生活勉勉强强，灾害年月难以度日。冬季雨雪交加时，许多牲畜因缺少饲料和厩舍而瘦弱多病，被大量宰杀。歉收后的冬天是穷人的关口，到了春季就更感艰辛了。

在社会最底层的是为数不多的奴隶。奴隶也分有等级。有的在宫廷劳动，

---

①　C. Roberts & D. Roberts, *A History of England*, *Prehistory to 1714*, pp. 54–56.

有的是富人家内奴仆。在肯特的法律中，提到一种脱籍奴，是离开了主人的奴隶：他们获得了自由，却缺少生计，颠沛流离，受到歧视和防范。

在盎格鲁—撒克逊时代，手工业者和小商贩仅在居民中占了很小的比例。居住在城镇里的商贩或坐摊售货，或四处兜售。远方的商人、小贩也时常出现在市场上。按照《伊尼法典》的规定，这些人必须当着证人的面才能做生意。而按照《阿尔弗列德法典》的规定，他们必须在一次民众大会中，把与之结伴而来的伙伴带到国王管事面前，申报人数，并要求他们对自己的行为承担全部责任。

手工业者种类总是多于商人。北欧入侵者刚到英格兰时，就有一些武士本身就是工匠——金匠、铁匠、青铜匠、陶工、造船匠、皮匠、木匠、石匠等。他们带来了胸针和其他装饰品，展示他们的手艺。5—7世纪，肯特王国"五金匠"的首饰多是镀金的，还镶有彩色晶石和青色玻璃，镶有珐琅，刻有花纹，光彩夺目，形式古奇。技术高超的五金匠能制作珍玩和殉葬品。铁匠有的会打造农具，有的擅长锻造兵器。铁匠人数较多，他们有较多的主顾。一些铁匠群居"铁匠村"，协同打造沉重的战斧或其他用具。多数皮匠以制鞋为主，能制造马鞍辔头的被称做制革匠。有的工匠一专多能，如兼做木底鞋的鞋匠会干木工活，石匠、造船匠和车轮匠都会使用木工工具，被泛称为"木匠"。在各种工匠里，最受后世学者赞许的是制磨匠。他们是英格兰最早的木制机械装备——水车——的发明者，能承接磨房和推磨水道的修建工程，是早期的土木工程师和机械工程师，往往和铅管匠一道兜揽生意。[①]

在下层百姓中，有一个容易被忽略的群体——下级教士。他们尽管不参加体力劳动，但衣食恶劣。如乡村教士被贵族视为家内奴仆。有的虽然成为宗教活动的主持者或参与者，但他所在的教堂是由贵族富人出资建造的；若是失去主人的宠信，可能会失去教职，像吟游诗人那样四处流浪。尽管有的教士能在地方上出人头地，甚至到宫廷供职，可这样的幸运者毕竟是凤毛麟角。

征服者和被征服者都不乏尚武精神。"撒克逊人"的原意就是"带长刀的人"。征服者获得统治权以后，欺凌土著人和下层人，被征服者竭力反抗。并且在他们各自的内部，男人们也常常逞勇格斗，制造凶杀案件，策划血亲复仇。各国

---

① 约翰·克拉潘：《简明不列颠经济史——从最早时期到750年》，上海译文出版社1980年版，第92—99页。

统治者为了减少命案，保护贵族和惩罚下层百姓，颁布法令，规定了颇具等级特色的"偿命金"。如在杀人案中，受害人若是贵族，犯人需交纳 1200 先令的偿命金；普通自由人为 200 先令；农奴仅为 30—60 先令。[①]

在漫长的岁月里，成分复杂的盎格鲁—撒克逊人经历着世间生活的酸甜苦辣，感受着易被后人遗忘的喜怒哀乐。

六、文学和史学

盎格鲁—撒克逊文学是英国文学的源头。当时诗歌和散文所使用的语言，多是典型的古英语。古英语流行于 5—12 世纪，分为 4 种方言：诺森伯利亚方言、麦西亚方言、西撒克逊方言和肯特方言。各种方言中都有许多外来词，后人读起来较费解，颇像阅读外语。它们记载在手抄本里，因种类不同，辗转流传，难免会遗漏散佚，破损和改动。

最早的诗歌作品是一些箴言诗和英雄史诗的片段，创作于遥远的多神教时代。诗歌中提到的诸神名字在以后英语中留下了清晰的痕迹：星期二是专司地下阴暗的索尔日，星期三是战神窝丹日，星期四是雷神索尔日，星期五是女神弗雷亚日。甚至复活节也是由春天的女神奥斯特拉演变而来的。

在现存盎格鲁—撒克逊前期的诗歌里，"英雄史诗"和宗教题材占了很大的分量。由此我们可以联想到当时蛮族武力征服和基督教传播的情景。而长篇史诗《贝奥武甫》反映了盎格鲁—撒克逊时期英语文学的最高成就，最早用欧洲地方语言写成，见于大约公元 1000 年留存下来的孤本手稿，约有 3000行。讲述 6 世纪初发生的事件。其有关故事可能是 6 世纪由盎格鲁人口头传诵，700—750 年间在英格兰被人撰写成篇。诗中的英雄和情节都与英国无关，但我们可从中窥测到那时日耳曼部落间的社会风貌。

《贝奥武甫》的故事来源于一种宗教文化[②]，分为两部分。是讲一个名叫

---

① 当时 1 只绵羊的价格约为 1 先令。

② 安德鲁·桑德斯：《牛津英国简明文学史》（上、下册），人民文学出版社 2000 年版，第 31 页。

格伦威尔的妖怪，连续 12 年经常骚扰丹麦国王赫罗斯加的一座华美的酒宴厅——"鹿庭"，抢走并吞噬赫罗斯加的战士。青年勇士贝奥武甫率扈从赶来营救，国王对其勇气表示赞赏，设宴款待。夜晚，贝奥武甫与格伦威尔搏斗，获胜后又在湖底洞穴里同格伦威尔的海妖母亲搏斗。第二部分里，贝奥武甫当了国王，平安治理国家 50 年，可到了晚年，他还得同一条火龙以命相搏，杀死火龙。史诗以贝奥武甫的葬礼和一首挽歌结束。

《贝奥武甫》不仅是一个单纯的故事，它蕴藏着象征的、宗教的含义。而且，故事中还介绍了宫廷情景。诸如讲究礼节，饮酒欢庆，交换礼物，以及诗人周旋于勇士之间，等等。其庄严场面可使后人领悟到早期贵族武士的行为。

同当时所有的诗歌一样，《贝奥武甫》诗句较长，是用头韵诗体写成的，不押韵，词汇丰富，总用一些不同的形容词描写同一事物；而且其中新的基督教信仰和英雄品德糅合在一起，但诗中的社会准则属于较早的异教时代。

另一首短诗《莫儿登》也是无名氏的作品，写成于 10 世纪末，它也再现了古老的武士时代的社会准则。其中不乏这样的诗句：

思想得要坚强；情感，更激烈。

当我们体力日渐衰退，勇气得要更大。[1]

为此，现代学者评价说："乔叟作品问世之前，没有比这更坚强有力的英语创作；在《力士参孙》之前，没有与此媲美的英雄气概。"

那时基督教传统诗歌的作者姓名和身世几乎都无法考察。有的诗人留下了名字，却不知道他们到底有什么作品。留下名字的两名诗人中只有琴塞武甫的几首诗可以考究出来。佚名作品中质量特佳的有 3 首，是关于圣经题材或圣徒传记的宗教诗。其中《创世纪乙本》对撒旦性格和地狱的描绘具有高超的水准；《十字架之梦》是古英语诗作中最富于想象力的作品；《朱迪思》则是盎格鲁—撒克逊诗歌中最激动人心的故事，在情节和人物性格描写上属当时最高水平。

比较起来，盎格鲁—撒克逊时期散文的作者留下名字的较多。最早的知名的散文作者是舍博恩的主教奥德赫姆（？—709 年），他用优美的拉丁文写过女贞的赞美诗。最伟大的学者、"英吉利学问之父"比德的散文也在其中占一席之地。

维尼拉布尔·比德（672/673—735 年）是盎格鲁—撒克逊时代最卓越的

---

[1]　艾弗·埃文斯:《英国文学简史》，人民文学出版社 1984 年版，第 5 页。

学者和历史学家。他出生于诺森伯利亚的韦尔河畔，7 岁进入修道院。不久转入贾鲁修道院，在这生活到终年。

贾鲁修道院拥有丰富的基督教典籍和异教的古典作品，又有附属学校。比德在此受到了良好的修道院教育，精通希腊文、拉丁文，精心研究了圣经和柏拉图、亚里士多德、西塞罗等人的著作。他曾任附属学校的主持，为修士授课。

比德一生勤勉，笔耕不辍，著述多达数十种。大部分是对《圣经》阐释，还有不少历史、天文、音乐、哲学、文法修辞、算术、医药的作品，可以用作修道院学生的教材。但比德最杰出的成就是在历史研究方面，而用拉丁文写成的《英吉利教会史》是他的代表史作。

《英吉利教会史》是以罗马天主教会在不列颠的布教为主要内容，主要记载自 597 年奥古斯丁来不列颠传教，到基督教在岛上各国奠定了较稳定地位的 731 年为止，前后一百多年。这段历史大多距离比德不远，其中有些是他所亲身经历。就材料来看，他不仅利用了现有成果和罗马教廷提供的珍贵资料，还在当地努力收集了一些口头和文字资料。所以，书中对 664 年惠拉比宗教会议的描述，以及当时不列颠的社会经济状况和阶级结构、各国国王对从征贵族的封赐介绍等，都具有较高的可信度和无与伦比的史学价值。比德的历史著作为后人研究盎格鲁—撒克逊前期的历史提供了最宝贵的蓝本，并确立了他的"英国历史之父"的崇高地位。当然，《英吉利教会史》中记载了许多被后人视为荒诞的宗教奇迹，但这些也是他当时亲自耳闻的，同样给后人透露出一些研究当时世风民俗的有用信息。[①]

在盎格鲁—撒克逊时代人数不多的学者队伍里，阿尔弗列德大王的地位也格外突出。他不但具有追求知识的强烈兴趣和传播知识的能力，而且还是一位国王和战略家，对文化教育的推动作用也是他人无法相比的。阿尔弗列德不仅兴办学校，组织指导学者从事研究和翻译，还亲自翻译了比德的《宗教史》、编译了奥罗西斯的《世界史》。另外，阿尔弗列德还授意学者写作《盎格鲁—撒克逊编年史》。可惜这些史作有的没完成，有的陆续散佚了。

---

① 比德：《英吉利教会史》，商务印书馆 1996 年版，第 2—9 页。

第三章

诺曼—安茹时期

（1066 年—1216 年）

一、诺曼征服

1066 年，英格兰国王爱德华病故。大陆诺曼底公爵与爱德华血缘关系较近，又有允许他继承英格兰王位的许诺，慨然要求继承英格兰王位。但因其是私生子，被贤人会议拒绝，而推举戈德温家族的哈罗德为国王，是为哈罗德二世。这就给威廉入侵英国提供了借口。罗马教皇纵容威廉夺取英王宝座。经过半年的准备，威廉率 7000 精兵渡海西征。

威廉夺取英国王冠，还有所谓道义上的理由。1064 年，哈罗德曾在一次乘船巡视时被大风刮到英吉利海峡对面，被垂涎于人质赎金的蓬蒂尼伯爵扣留。威廉大公及时斡旋，迫使蓬蒂尼放弃了赎金。威廉对哈罗德盛情款待，实是将其软禁，一直到哈罗德立誓支持威廉继承英国王位为止。1066 年初，哈罗德获得王冠，成了"发假誓者"，引起骑士界和教会的非议。

威廉入侵英格兰的主要原因是为了扩张掠夺。诺曼底公国较早地形成了一种以层层分封为基础的军事体制，这有利于实现他的愿望。这年彗星出现，征服者认为是采取重大行动的吉兆。

英王哈罗德二世本是一位卓越的将军。可他即位不久，其胞弟托斯蒂格怀着嫉恨心理[①]，面见克努特的继承人、挪威国王哈德拉达，介绍了不列颠岛防御上的缺点，煽动他去夺取英格兰王位。1066 年 9 月，挪威国王和托斯蒂格率领一支庞大舰队，在英格兰东北部登陆，击败艾德温伯爵和莫卡伯爵的军队。哈罗德两面受敌，形势严峻。

同年 5 月，哈罗德二世就已开始调集舰队和地面部队，抵御威廉的侵略。可目下北方事急，他必须先去迎战挪威军队。他在几天内，率军到达约克，迅即发动进攻，取得了决定性的胜利。哈德拉达和托斯蒂格身亡。很快，南方传来惊人消息："私生子威廉"已于 28 日，在帕文西兵不血刃地登陆了。

随即，哈罗德领着在斯坦福桥战役中损失惨重的近卫军，日夜兼程赶回伦敦，4 日疾行 200 英里。他尽快在伦敦集结了所能征召到的兵力，向帕文西进军。10 月 14 日与威廉的骑兵和弓箭手在哈斯廷斯展开激战。

哈罗德的兵力可能在 8000 人以上，但多是手持盾牌和剑矛的民军步兵，缺乏很好的组织训练；入侵者直接参加作战的仅 6000 余人，却是以骑兵为主，配有弓箭手，冲锋时凌厉迅猛，能远距离杀伤敌人。经过一天厮杀，哈罗德及其卫队全部战死，民军溃败，诺曼军大获全胜。入侵者随即扩大战果，深入英格兰内地，攻占丹佛尔港和坎特伯雷，再沿着泰晤士河西进，先在伦敦周围残杀反抗者，制造了满目疮痍的荒凉地带，迫使伦敦不战而降。[②]

而后，他带领军队北上，讨伐艾德温伯爵和莫卡伯爵领导的抵抗者。直到 1071 年镇压了赫里沃德的反抗时，诺曼人的军事征服才告一段落。各地村镇惨遭洗劫，满眼凄凉。逃亡者进入山谷密林，在饥寒交迫中死去，有的卖身为奴。英格兰人最后一次被异族征服。

迫于威势的贤人会议拥戴威廉为国王。当年圣诞节，威廉在威斯敏斯特加冕，称威廉一世，史称"征服者威廉"。地跨海峡的盎格鲁—诺曼王国产生。

1075 年，撒克逊首领沃索夫纠集诺曼底反对派骑士，在英格兰中部和威尔士边界发动大规模叛乱，威廉一世从诺曼底赶来。英格兰民众接受了 9 年的异族统治，已眷恋于安定生活，现在支持国王平叛。叛军溃败后，沃索夫被处决。至此，英格兰彻底归顺。

---

① 1063 年哈罗德和托斯蒂格征服了威尔士。可稍后哈罗德屈从反叛的诺森伯利亚的要求，将托斯蒂格的伯爵领地给了麦西亚家族的莫卡。于是托斯蒂格成了他不共戴天的仇人。

② F. Barlow, *The Feudal Kingdom of England 1042–1216*, Longman, 1983, pp. 82–88.

哈罗德国王在哈斯廷斯战役中殒命

暴力征服造成了社会语言的分化。以后长时期内，上层统治者讲法语，下层民众说英语。许多相同的概念有着不同的表达，语言的差异就是阶级的差异。宫廷重要文件多用拉丁文和法文写成，直到 1259 年，即亨利三世在位时，英语才逐渐地在上层政治领域有了一席之地。

傲慢的诺曼人占领了不列颠，不屑于接受战败者的生活方式和文化，反而影响英格兰人的文化取向。法兰西文化渐渐得到上层撒克逊人的认可，他们把自己的儿子送到法国修道院接受教育，学习法语，宛如罗马时代的上流布立吞人主动学习拉丁文。

为了强化中央王权，威廉一世还加强对地方郡区的改造和利用，重用郡守，取消前朝多数伯爵领。新封的十几个伯爵有爵号无伯爵封地，不得干预地方政务。郡长职权得到扩充，可以全面管理政务，很快全部由诺曼男爵担任。郡长职务不得世袭，随时可被国王撤换。为保证国税征收和监督地方，还委派各类专员巡查各地。

威廉一世还对民军、贵族私人军队和城堡加以利用和限制。他下令拆除了原撒克逊多数贵族的城堡，若干年后仅有两家原英格兰贵族的城堡得以保存。而诺曼贵族的新建城堡却散布各处。截至 1100 年，有 500 个城堡分布在英格兰各地的要冲。其中包括俯视泰晤士河的温莎堡和伦敦塔。[1] 诺曼人骑兵以这

---

① C. Roberts & D. Roberts, *A History of England*, *Prehistory to 1714*, p. 78.

些城堡为中心，防守威慑着周围地区。威廉对诺曼贵族的私兵和城堡，同样严加监视。宣布所有城堡归国王所有，而建造它们的贵族名义上只是"管理人"。对于原有民军，威廉加以重组和利用。1068—1075年间，先后有几家伯爵兴兵作乱，均被国王征调民军平定。

征服者利用苛刻的法律规定保护诺曼征服者，维持地方秩序。威廉在英国即位之初，宣布保留前国王有关土地和其他方面的可资利用的法律条文，并参照盎格鲁—撒克逊法律，编写一部成文法，作为各级法庭办案的依据。他考虑到英吉利人的敌意以及诺曼征服者人数过少[1]，便在原有十户联保制的基础上专门规定：一旦出现命案，要求案发区尽快交出凶手，提供真实证据，以证实被害者不是诺曼人，或死者是诺曼人却并非被英吉利人所害，否则重罚该地全体英吉利人，并选一人偿命。

除以上措施外，威廉还严格控制教会，有意削弱其独立性，抗拒罗马教廷对英格兰高级教职的任命权。威廉征服英国前曾获教皇支持，即位初年对教廷留些情面；1070年，权力巩固，他先立教皇特使兰弗朗克为坎特伯雷大主教，而后数年高级职位全部改为诺曼人充任。5年后，教皇格雷格利七世颁布敕令，宣布唯有教皇有权任命主教、制定教会法规、决定教区划分，并有权废除皇帝国王。威廉一世便规定：未经国王赞同，教皇一切命令不能在英国生效；教徒不得私自接受教皇函令；未经国王许可，教会法庭不可审判男爵和政府官员，不得解除他们的教籍或施以刑罚。威廉一世最果敢的举措是宣布教会法庭和世俗法庭分离，世俗官员不再参加教会的审判工作。这促进了独立的教会法的成长。

二、封建制发展

多年前，诺曼底已形成了较为完善的封建分封制。"诺曼征服"导入了新的政治军事体制，开创了封建制的兴盛期。威廉一世在其新国土上尽快推行封

---

[1] 当时英格兰人约150万，诺曼统治者仅1万人左右。

建主义土地分封制。来自安茹、布列塔尼等地的武士得到了与自己地位和军功相称的封地。而原盎格鲁—撒克逊各级数千名大小贵族，多在征服过程中死亡，侥幸未死的大多逃至大陆或苏格兰。

在盎格鲁—撒克逊中后期，英国封建领有制已有所发展，部分塞恩已成为高级僧俗贵族的附庸。而诺曼人又在军事征服的基础上，将"古英国"的政治遗产与诺曼底的封建领主租地制加以结合和调整，取缔了原有贵族体制中的塞恩阶层，代之以骑士为贵族底层的领有制。

威廉没收了全国一半的耕地，先将其中的 1/6 和大部分森林留作王室领地。王室领地本是王室用度和军事开支的主要来源，威廉一世按照他在诺曼底的做法，设专职人员管理。对农民剥削明显超过以前。如在巴恩比，8 个自由人本来交纳 13.5 先令的地租，威廉时期增至 30 英镑。以后各君主为了赏赐臣下，显示恩宠，争取军役回报，不断把土地分封出去，王室领地逐渐减少。

除了地租、对封臣所征收的继承金、盾牌金等收益之外，王室还可以通过征收国税来满足不断扩大的公共需要。为此，盎格鲁—撒克逊时期的"丹麦金"照样征收，尽管现在根本不需再向丹麦人缴纳。1188 年理查德国王开始征收 1/10 的动产税。另外，国王还可以偶尔向直属于王室管辖的城市征收任意税。亨利二世时期的一次城镇任意税就达 5000 英镑。

其余耕地按照诺曼底制度一次次地实行分封，使任何大贵族都没有连成一片的土地，却可能与王室领地和亲王贵族的领地为邻，从而保证了王室对贵族的监视。国王直属封臣共 1400 人。其中 180 人为高级封臣。高级封臣包括 150 名世俗贵族和 30 名教会贵族。教会贵族等级森严，名分清晰。世俗高级贵族是 12 名获地最多的伯爵或大男爵（great baron），其余为男爵（baron）。[1] 高级贵族多是威廉亲属、原诺曼底宠幸和军事要员。他们的封地共占全国耕地面积的大半。国王直属封臣仿效上述做法，留下部分采邑作为亲辖领地，其余分给下级封臣。

大贵族得到领地后，可以在自己的家臣、部下和扈从中进行再分封。截至 1086 年，多数大贵族将自己至少一半的田产分给下属。所有直属封臣必须根据自己领地的大小向国王提供骑士和装备。大男爵提供 40—60 名骑士，中下级男爵提供 10—40 名。其余 1200 人各有一块采邑，承担一名骑士的义务。高

---

① A. B. Adams, *Constitutional History of England*, London, 1984, p. 56.

级骑士也是国王直属封臣，军事义务在所难免。坎特伯雷大主教、温彻斯特主教、林肯主教和伍斯特修道院院长的地产，与大男爵地产不差上下，分别提供60名骑士。其他中下级教士的份地和军事义务多少不等。凭此，威廉一世组织起一支大约5000—7000人的骑士军队。

除了军事义务外，威廉一世还要求所有封建领主在王室庆典时根据采邑（即封地）多寡缴纳礼金；领地更换继承人时缴纳继承税；领地继承人未成年时接受国王的监护，其领地收入全归王室；若领主死后无嗣，其领地全部归国王，等等。就这样，威廉一世迅速建立起以封建骑士领有制为核心的封君—封臣体制。

随着封建主义等级制的发展，英国的大庄园渐渐增加，民众贫富差别加大。1085年，威廉一世为了稳定王室收益，决心了解贵族的财富占有情况。翌年他派出专员到各地普查，将调查结果详细记录在《土地调查清册》中。把许多原来自由或半自由的人列入了土地清册中的维兰（即农奴）一栏，为此英国人民称这次调查土地的清册为"末日审判书"。《土地调查清册》使威廉明了其封臣的收入，也为后人了解当时社会阶级结构和收入情况提供了重要数据。

1086年英国阶级结构[①]

阶级阶层	人　数	百分比
贵族	9271	3.5
自由人	35 513	12.0
农奴	197 408	69.5
奴隶	26 362	9.0
市民	7968	3.2
其他	5296	1.8
总计	281 818	100.0

注：以上的奴隶很快演变为地位接近农奴的"茅舍农"。

根据统计和后人研究结果可知，当时全英土地年收入为73 000英镑，王室获12 600英镑，约占17%；大约100家主教、修道院长及教会执事等共得19 200英镑；约170户世俗贵族及其封臣的收入为35 400英镑，占49%。同

---

① 转引自 John Scott, *The Upper Classes*: *Property and Privilege*, Macmillan, 1982, p. 16。

前朝相比，土地集中程度明显增强，威廉作为诺曼王朝的奠基者，毕生不懈地加强王权。1086 年 8 月 1 日，他在索尔兹伯里召开效忠宣誓会，要求英国所有领主对他行臣服礼，保证永远效忠，反对他的敌人。此举载入史册，称"索尔兹伯里誓约"。

"末日土地调查"和"索尔兹伯里誓约"的重要意义，是突破了欧洲大陆

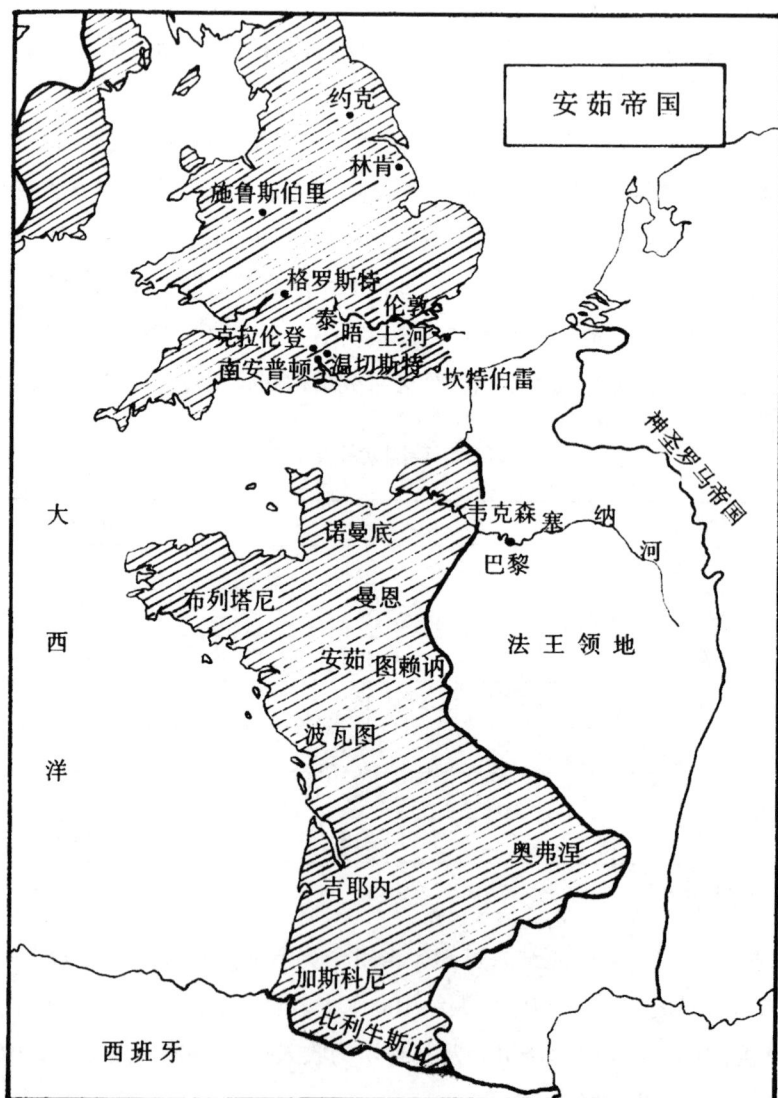

式的封建等级体制中的层次间隔，使国王获得了对各级封臣的财产和人身支配权，增强了英国的"国王附庸的附庸也是国王的附庸"的封建领有制特色。

1086 年底，威廉一世回到诺曼底，为领土最后一次率军作战。1087 年秋 11 月，威廉一世受重伤去世。

三、二元王国

征服者威廉既是英格兰国王，还是诺曼底的大公。他的国土分布在英吉利海峡两侧，形成盎格鲁—诺曼底二元王国。

威廉一世自始就明了治理两地的艰巨和复杂性。他离开诺曼底时，委托王后玛蒂尔达行使摄政权，管理故乡臣民，防备斯堪的纳维亚人侵袭和法兰西人的觊觎；并不时来往于两地之间，镇压反抗。

就经济价值来看，英格兰是他主要的收入来源。王室财产和完善的财政机构，给他提供了巨大的款项。所以，他宁愿费时数年制服英吉利人。1071 年，威廉对英格兰的控制趋于完备，便在尔后 13 年里把主要精力集中在大陆战争和外交上。法兰西国王、安茹大公和佛兰德大公都妒忌他在英格兰的成功，总想乘他离开时蚕食诺曼底。威廉的长子、头脑简单的罗伯特成了可被利用的工具。他在 1078 年就卷入一系列的阴谋之中。还在一次战斗中，亲手将父王刺伤。

威廉一世逝世之前，就认为罗伯特无力统治整个王国，便把公爵封号和故土留给长子罗伯特，把王冠和英格兰留给次子威廉·鲁夫斯（即威廉二世，1087—1100 年在位）。这样安排的弊端，是把王国最高统治权一分为二，使贵族面临着如何对两个主子效忠的问题。其中诺曼籍贵族在海峡两边都有地产，却很难对两个敌对主子同时效忠。他们为保全在欧洲大陆的权益，大多支持罗伯特，反抗威廉二世。而且，威廉面红口吃，生活方式怪诞，即位后故意使主教职位空缺，以攫取教区收益，为教士所不齿。1088 年，王叔奥都纠集一些大贵族叛乱，要拥戴罗伯特为王。英格兰出现了分裂。

面对严峻局势，威廉二世依靠一些王室大贵族、主教以及人数众多的中下级贵族，调兵平定各地叛乱，打退了罗伯特的海上舰队。

自 1089 年起，威廉二世有意扶植了一些诺曼新贵族。1095 年，不列颠北方贵族叛乱，威尔士人东进北上，均被王军击退。同时，他穿梭于海峡之间，兼顾两边事务，并将曼恩并入王国版图。1096 年，罗伯特要参加教皇乌尔班二世所倡导的十字军东征，急需军费，竟然把诺曼底典当给鲁夫斯，使国王真正成为英格兰和诺曼底的最高统治者。区区 10 年光景，威廉二世在各条战线上屡操胜券，其威势比其父王来有过之而无不及。

1100 年 8 月 2 日，威廉二世在新森林中被蒂雷尔射死。这是偶然事故还是蓄意暗杀，成了历史之谜。王弟亨利很快被一伙贵族拥戴为王，是为亨利一世，5 日隆重加冕。他发布宪章，声称将按照旧制征收赋税，制造上等钱币，恢复信士爱德华时期的法度，不再盘剥教会。可事后证明这仅是敷衍之词。

此时，亨利一世（1100—1135 年在位）正值盛年，刚柔相济，文化素养超过两个胞兄。他登基不久，拥戴罗伯特的贵族在海峡两边发起叛乱。英格兰叛军以蒙哥马利伯爵为首，厉兵秣马。王军发动强攻，将之平定。反叛贵族的庄园归入王室领地。亨利深知叛乱祸根远在欧陆，他处理好英吉利时务后，于 1105 年率精兵挺进诺曼底。翌年 9 月，两军在坦什布雷决战，王军全胜，罗伯特被俘，在牢狱中度过了 28 年。撒克逊人则认为坦什布雷的胜利消除了他们的亡国之辱。

1106 年他从长兄手中夺取了诺曼底，一人同时治理两国。29 年里约有一半时间不在英格兰。

鉴于大贵族屡次叛乱的教训，亨利一世在加快中央政府机构建设的同时，注意提拔重用一些出身平平，但忠诚可靠的"新人"，改变贵族成分。他们多在地方政府中行使行政、司法特权，是支持王权、遏制旧贵族的力量。一些旧贵族则明显失势。

亨利一世为加强对贵族的监督和中央对地方的管理，还对郡区加以改造，挑选忠于王室的小贵族担任郡守，削弱大贵族在地方上的势力。同时，还常让郡守调换任区，防止他们结党营私，尾大不掉。他还指令王室法官在巡回审判时，检查郡守工作；发现玩忽职守者，即由法官代行其职责。亨利将北部边远地区划为 5 个国王直辖区，并委任军政长官专司镇守。

亨利一世的擢新抑旧措施收到了良好效果。从 1102 年至亨利统治末期，英格兰保持了 30 余年的和平局面。随着岁月流逝，撒克逊人渐渐不把亨利一世及其继承人看做异邦征服者。不列颠已开始吸收同化诺曼人。英格兰—诺曼底王国的"跨海而治"形势空前好转。

1120 年，王储落海丧生。① 亨利一世只好将王位传给公主玛蒂尔达，可大贵族不愿裙下称臣。亨利两次召集贵族训话，命令他们郑重宣誓，保证支持公主，但未能免除疑虑牢骚。亨利一世还把玛蒂尔达嫁给安茹伯爵，企图以此稳定英格兰与诺曼底的关系。但这种安排展示出一个由安茹人统治整个帝国的前景，贵族们更加不满。

1135 年 12 月 1 日，亨利一世去世。玛蒂尔达正在安茹，未及时获讯。威廉一世的外孙斯蒂芬迅速渡过英吉利海峡，在贵族拥戴下尽快登基加冕。

然而，斯蒂芬缺少驾驭权贵的魄力。1139 年圣诞节，亨利一世的私生子、艾利主教尼杰尔在康沃尔兴兵造反。苏格兰国王兴兵南侵。② 玛蒂尔达来伦敦索取王冠。斯蒂芬没有趁机将她羁押。玛蒂尔达留居英格兰，四处纠集支持者反抗"僭主"。1041 年内战爆发。斯蒂芬在林肯战役中被俘，英格兰由玛蒂尔达统治。不到一年，众多贵族难以忍受女王的傲慢，上层集团发生分化，内战重起。不列颠经历了一场更漫长的战乱，经济凋敝，民不聊生，纲纪荡然无存。1048 年，玛蒂尔达返回欧陆。斯蒂芬虽保住了王位，但与世俗贵族的合作关系破裂，集权君主制不复存在。多数贵族恢复了法律裁判权，拥兵自重。王室岁入明显减少，中央和地方的行政机构被严重削弱。斯蒂芬在王位上勉强支撑了 10 余年，鲜有作为。历史上把这段历史称为"大动乱"。

1153 年 1 月，玛蒂尔达的儿子亨利凭着他在欧洲大陆的军事实力和战果来到英格兰，索取本应归属其母的王权。斯蒂芬无心迎战，主动收亨利为义子。翌年，斯蒂芬去世，诺曼王朝终结；安茹王朝建立，又称金雀花王朝。

安茹帝国疆域辽阔。亨利二世从母亲手里继承了诺曼底，从父亲手里继承了安茹、曼恩、布列塔尼，通过与妻子爱琳娜女大公的婚配合并了阿奎丹、波瓦图和加斯科尼。他在欧洲大陆的领地不少于法兰西国王，加上不列颠的领土，势力格外强大。

亨利二世即位后立意革故鼎新，强化君主集权统治，遏制贵族权势。中小贵族和民众渴望加强中央政权，实现社会安定。鉴此，亨利二世下令拆除所有

---

① 亨利一世子女多达 23 名，但合法婚生者仅有 1 子 1 女。

② F. Barlow, *The Feudal Kingdom of England 1042–1216*, p. 217.

擅自建造的城堡，勒令贵族补交欠税，镇压抗税或骚动的领主。另外，他还收回内战中大贵族侵占的王室地产，恢复中小贵族的封地，倚重王室和王亲大贵族掌权辅政；并有意延揽社会政治精英，逐步提拔，使之成为当朝新贵。1168—1187 年间担任宰相的卢西和格兰威尔均属此类典型。

军事上，亨利二世取消了由威廉一世创建的封建骑士军队，实行雇佣军制度，改组民军，以适应海峡两边作战需要。王国有骑士数千人，每年仅有 40 天役期，无法满足亨利在大陆上长期作战的需要。所以，自 1159 年起，他下令征收代役税，取消封臣原有的骑士职责，并用此款招募雇佣军。1181 年颁布《军事敕令》，规定各类臣民均要准备武器，以备国王征召。军事改革削弱了封建制度的基础，减轻了国王对贵族封臣的依赖。

作为安茹王朝的首位君主，亨利二世是一位典型的多国之主。他除任英格兰国王外，又是诺曼底公爵、阿奎丹公爵和安茹伯爵，并通过婚姻关系拥有曼恩、布列塔尼、波瓦图和加斯科尼等地区。其帝国从苏格兰延伸到比利牛斯山，疆域之广袤在西欧诸国中首屈一指。治理这样一个强邻窥伺、兵衅屡起的帝国，要求亨利二世把大部分精力放在欧洲大陆。亨利二世在位 35 年，起码有 22 年是在大陆度过的，亨利二世统治其领土的任务格外艰巨，常骑马奔波各地，德威兼施，维持臣民对他的忠诚，直到去世。

在英国历史上，亨利二世的儿子理查德一世是一个不安分的人物，生性好战，15 岁（1173 年）就为争夺王位继承权发动叛乱反对父王。1189 年，理查德与法王菲利浦合兵打败了亨利二世。老国王悲愤而逝，他高兴地继承了王位（1189—1199 年在位）。

理查德即位前，已经举起了十字军东征的旗帜。以后在位 10 年，仅有 6 个月在英格兰，无政绩可言；但东征时勇猛过人，被称为"狮王"。东征使理查德疏于王权行使，1190 年他立他大弟弟的儿子、布列塔尼的王子约瑟为王位继承人，其幼弟爱尔兰公爵约翰背弃诺言，带兵骚扰英格兰。1192 年理查德在回师途中，成了奥地利人的俘虏，英格兰为赎他花费了 10 万英镑。在此稍前，约翰又在法兰西制造阴谋，听说王兄被俘，就到英格兰挑动叛乱。1194 年理查德被释放回国，约翰赧颜求饶，得到宽恕。翌年约瑟被俘，他终于成了王兄的继承人。1199 年理查德逝世，约翰即位。

1202 年臣服于法王的约瑟为夺回王位兴兵侵入诺曼底，夺取许多城池。约翰率兵鏖战，俘获约瑟和叛乱贵族。约翰为斩草除根，令将亲侄阉割。约瑟痛苦致死。法王恼羞成怒，宣布没收约翰在法国的领地，激起大规模战争。翌年，约翰惨败，诺曼底、安茹、曼恩和波瓦图等领地相继丢失。[①]贵族利益受到空前严重的伤害。跨海而治的局面结束了。昔日的诺曼底征服者现在彻底失去了异地的采邑，只得把英格兰看做自己的仅有祖国，集中精力处理不列颠的内部事务。英国因此摆脱了沉重负担和危险纠葛，把注意力和财力集中在国内事务上，使诺曼底贵族加快了英国化过程。英国上层阶级的利益认同感和民族意识无形中增强。所以，从长远的观点来看，两地分离对英国相对独立的发展，以及以后英吉利民族的形成，不无积极意义。英国历代国王依然保留了"安茹国王"、"诺曼底大公"等称号，甚至以法国国王的名义自诩。英国上层的这种复仇心理，最终导致了"百年战争"的发生。

四、国王和教会

在盎格鲁—撒克逊时代，由于英格兰是个岛国，距罗马较远，使教廷难以严格控制不列颠教会。故而，英国教会不必像大陆多数国家那样，向罗马缴纳可观的贡捐。而且，由于教会与英格兰君主的联系相当密切，主教与教皇和国王的双重从属关系得到发展，渐渐萌发了英格兰教会相对独立于罗马教廷的理论。这种理论认为：君主是上帝的使者，不仅掌管政务，还拥有保护、领导所在国家教会的职责和特权。这是事实的一方面。

另一方面，5—11世纪还是基督教征服欧洲的时代，各国统治阶级都在不同程度上接受罗马教廷的领导。其中意大利人努力摆脱了阿拉伯人和伊斯兰教的影响，异教的寺庙转归基督教徒使用；法兰西成了拉丁教会最富有的领土，国王们一再把土地、岁收大量赠予主教。类似情况也在不列颠出现。其中肯特国王虔诚地听奥古斯丁传教，帮他设立了坎特伯雷大主教教堂；诺森伯利亚国王奥斯瓦尔德把东海岸外的林迪斯发尼岛赐予修道会；等等。直到11世纪中叶，爱德华国王还因对宗教的虔诚和对教会的关切，被称为"忏悔者"。

---

① F. Barlow, *The Feudal Kingdom of England 1042—1216*, p. 372.

"诺曼征服"发生时，欧洲仍然处在"信仰的时代"，教会势力无处不在。以后数百年，王权与教权的斗争、妥协交替出现，影响着英国社会政治生活。

当英国国王与教会合作或对之加以控制时，常常会面对着他与坎特伯雷大主教的关系问题。坎特伯雷大主教地位显赫。他作为公认的全英格兰首席大主教和最大的大主教区的管辖人，不仅在坎特伯雷拥有兼做教座的大教堂，还在伦敦设有办公处。他不但是不列颠宗教界领袖，还利用其与教廷的特殊关系，在政界发挥突出作用。正因如此，坎特伯雷大主教与国王的关系往往反映了教权与王权的关系。这种关系可能相当密切，也会相当敏感。在神权相对强大时，两者之间的矛盾和斗争有时会比较紧张和引人注目。诺曼—安茹时期，坎特伯雷大主教与国王的摩擦和斗争一再说明了该问题的两个方面。

威廉一世本来就是宗教改革者。他对英格兰的征服得到了教皇的全力支持，抵达不列颠后，他一面用暴力改造着英格兰世俗社会，一面制服着保守的撒克逊教会。部分主教、大修道院长和其他高级教职改由诺曼底人担任。

1073年以来，教皇格列高利七世及其后任对教会实行全面改革，旨在扩大教廷权力。他们坚持认为，教会领导权应该归属教士，处在教皇监督之下；而国王只是俗界人士，应该服从配合教会。教会是专门的独立机构，有自己的统治者和法律，因此，所谓"国王是国家教俗首脑"的说法是有问题和不合时宜的。在这样的大环境下，威廉一世加快英格兰教会诺曼化的进程，又运用种种手段来防止政教分裂。教会在兰弗兰克的领导下同国王密切合作，共同对付贵族和民众。兰弗兰克的行为准则是，既要维护教皇超国界的崇高权威，又尽可能使英国教会保持相对独立。大致看来，威廉一世与坎特伯雷大主教的关系比较和谐。

威廉二世时则是另一种情况。他是同性恋者，终生未娶，并对宗教流露疑念，侵夺教会权益。高级教职空缺时，他有意拖延任命期，收入悉入国库。[1]基于这种情况，再因当时史籍由教士编写，威廉二世的形象被丑化。那时最著名的教会人物之一是诺曼血统的弗兰巴德，他是王室牧师兼首席顾问官，一度担任宰相。他主管王室财务时，增加税收，勒索贵族和教会。威廉二世去世后，亨利一世立即把他当做前王不得人心政策的替罪羊。

---

[1] A. Pool, *The Oxford History of England, From Domesday Book to Magna Carta 1087–1216*, Oxford University Press, 1964, pp. 171–172.

亨利一世在位时，关于教界授职权问题仍未解决。1104—1106 年间，亨利与坎特伯雷大主教安塞姆为此事一再争吵，直到双方达成妥协：国王放弃圣职授予权，而大主教接受教皇任命后再向国王行臣服礼。而后亨利一世地位巩固，照样对教会严加控制，一些高级教职重新空缺，其中坎特伯雷大主教空缺 5 年，收入悉归王室。

斯蒂芬在位时，长期不能摆脱政治困境，被迫向教会让步。教会权势炙手可热。

坎特伯雷大主教与王权的斗争在亨利二世时期达到顶峰。斗争的核心是国王与教会的关系问题。托马斯·贝克特成了最引人注目的教会代表。

贝克特是 12 世纪英国政界和宗教界的显要人物。他于 1154 年任坎特伯雷大主教的首席执事，后升为宰相，在政界充分显示才能，获国王信任。1162 年，他接任坎特伯雷大主教，一改奢靡豪华的生活习惯，对国事和宗教的看法也相应改变。亨利二世实现控制教会的企图，受到他的抵制。

贝克特敢就任职权问题向国王发难，不是偶然的。当时罗马教会的改革运动方兴未艾，并对英国教会产生影响。改革的要点是，自由选举神职人员，教产不可侵犯，教士可向罗马教廷提出申诉，神职人员不受世俗法庭的审判。诺曼征服以来，教士因犯罪被判刑的事例极少，教士犯罪后总由教会法庭审讯，量刑较世俗法庭为轻。亨利二世执意掌握教职任命权，反对主教享有法律特权。贝克特了解亨利的意图，提醒他此举可能引起恶果；亨利针锋相对，声称当时教士犯罪者甚多，原因就在于教会刑罚失之过宽。贝克特毫不让步，要严格遵循当时西欧惯例，全面接受罗马教廷的法律和纲领。

贝克特敢于向王权挑战，还同当时英格兰教会的发展态势有关。诺曼人初到时，原教会机构受到摧残，但由于教会人员的迅速更换、高层神职人员地位的加强以及宗教机构财产的增加，刺激越来越多的人进入教会和修道院，致使修道院和修行布道的人数与时俱增。1046 年，英格兰总共有 48 座修道院，850 名修士修女。1154 年修道院增加到 805 座，修士修女达 5000 名。英国教会机构和人员的增添，有助于扩大教会活动和激发民众的宗教热情。这无疑成了教会挑战对抗王权的社会基础，并刺激有作为的君主抵制教权的膨胀。

1164 年，亨利二世强行颁布《克雷伦登法规》，重申英格兰以前的法规。但贝克特被"大会议"召去解释其行为时，公然否定国王权威，将自己置于教皇和上帝保护之下，公开向王权宣战。亨利要传唤贝克特。他潜逃到大陆

坎特伯雷大主教贝克特遇难

上避难数年，在法兰西受到国王路易七世的庇护，在意大利参与高级教会人士的会议，在罗马得到教皇亚历山大的礼遇。回到英格兰后，他决心使教会集团独立于以国王为代表的国家政权之外。

1169 年末至 1170 年夏，亨利两次召见贝克特，达成表面上和解。可亨利为贬抑他，趁贝克特不在英格兰时，于 6 月 14 日，在一批主教的簇拥下，安排约克大主教主持了仪式，为王子亨利加冕，以保证他顺利继承王位。贝克特认为这侵犯了他的特权，极为不满。①

贝克特返回英格兰，接受狂热的信徒对他的欢呼。修士们在坎特伯雷像谒见天使一样对他行礼。可他竟在布道时宣称，"我是来和你们同死的"，号召神职人员以身殉教。接着，他革除那些参加加冕活动的教士。高级教士赶到诺曼底觐见国王，不无夸大地告发贝克特在宗教界煽动暴乱，企图"拽下年轻国王头上的王冠"。

亨利听到这个消息顿时暴怒，叫道："真是养了一群蠢货和懦夫，竟无一个人肯为我向这个捣乱的教士复仇！"4 名骑士听到国王抱怨后，擅自渡过海峡，于 1170 年 12 月 29 日赶到坎特伯雷，与贝克特争吵一番，用剑把他刺死。

事情传出，亨利极其震惊。那时，哪个国王敢公开向教会挑战？眼下杀害上帝的重要仆人，引起了普遍愤懑。许多人感到恐怖，尊贝克特为殉教者。甚至认为，贝克特已成为圣者。朝拜者络绎不绝。

面对巨大压力，亨利禁食 3 日以示赎罪，下令逮捕凶手，派密使至教皇处开脱自己；宣布废除《克雷伦登法规》。他多次到贝克特的墓地公开忏悔，光着上身，忍受教士们的象征性鞭笞。1172 年，他与教皇亚历山大三世在比较宽容的条件下得到和解。翌年，教廷追赐贝克特为圣徒。

---

① F. Barlow, *The Feudal Kingdom of England 1042–1216*, p. 301.

实质上，亨利二世的让步大多是表面性的。其后，他还是一步步地实施了《克雷伦登法规》的基本原则。从另一方面来看，贝克特的血也没有白流。由此到 16 世纪宗教改革，教会始终保持了独立于王权的宗教法庭系统和直接向罗马教廷上诉的权利。

12 世纪末至 13 世纪初，主教和王权再度蜜月。1193 年，曾任王室管家和索尔兹伯里主教的休伯特·瓦尔特当选为坎特伯雷大主教；翌年任首席政法官。因"狮心王"理查热衷于十字军东征和大陆事务，休伯特几乎成为英格兰的最高统治者。

五、政治制度改革

威廉一世在位期间更新政制的重大举措之一，是将贤人会议改造为"大会议"。

大会议大致形成于 11 世纪 70 年代。它虽然也像贤人会议那样是以教俗贵族和王室官员为主体的，但又体现着严格的封君—封臣关系。它主要是依照王命召开，成员几乎是清一色的诺曼贵族和王室官员。而且，会议召开时，国王作为最高领主，总是态度威严，出言即如法律；教俗贵族唯唯诺诺，行礼如仪。发言时，征服者的语言——法语——取代了英语。

它的形式和职能也有别于贤人会议。贤人会议行动一致，而大会议自始就存在着一个类似常设性的核心机构——小会议。大会议作为中央政府最大的政治机构，每年召开 3 次，会址相对固定。大会议的主要职责是：作为国家最高司法机构，处理王室与贵族之间的利益冲突；作为议事咨询机构和立法机构，提出建议，协助国王和王室制定政策和法律；作为中央行政机构，处理各类事务。以上 3 项职责中，最经常性的事务是司法。司法工作中最主要的内容是审理贵族之间的地产讼案。

小会议由王室要员和国王亲信组成，人数较少，其开会时间、地点和内容都不固定。在职能上和大会议似无区别，也是王室法庭，兼理行政、咨询、司法和立法事宜。但因小会议经常召开，其成员常伺国王左右，实际上是一种御前会议。可它在国王离开不列颠时接受王命管辖处理政府事务。所以小会议又被视为大会议的核心组织和常设机构。因小会议中个别人作用突出，以及它分化出专业行政机构文书署和财政署等，它同侧重于司法工作的大会议比较，又呈现出偏重行政管理的趋势。

当时中央政府和王室依然混为一体，王室官员多由小会议成员兼任，渐渐成为世袭性私产，限制了国王选择官员的自由，导致官员素质和工作效率下降，促使亨利一世革除弊端，选择才具较高的人代掌王权。亨利离开英格兰时，由王后和王储共同摄权。小会议一分为二，一部分跟随亨利去诺曼底，其余留在英格兰，成为代理政府的主体，辅佐王后和太子管理政务。1118年王后病故，两年后太子罹难，中央政府出现较大的权力空缺。王室宠信的罗杰脱颖而出，在亨利特许下代行王权。亨利返回英国时，他依然统领百官，总理政事，扮演宰相角色。宰相一职大约保留了一个世纪，直到13世纪初年。1203—1205年，约翰丧失了诺曼底及大陆其他领地，从此留居英格兰，宰相没有存在的必要。1234年，金雀花王朝重臣塞奇雷弗因冒犯亨利三世被罢免，宰相一职从此废弃。

此时和以后相当长时间里，英国中央政府部门中仍然保留了中古特色：其一，王室廷臣和政府官吏没有区别，各级官吏仅向国王负责。其二，当时中央办事机构数目很少，权限不明，相互重叠，某部门可以同时拥有行政、司法、财政和军事等多项权力，也有可能与其他机构在不同程度上分享这些权力。

亨利一世的政治创制不限于上层机关。为加强中央对地方的管理，他还对传统郡区加以改造。他改变过去任命大贵族为郡守的做法，有意挑选忠于王室的小贵族取而代之。

亨利二世重建国家政权时，屡次外出巡视，发现了司法方面的许多问题。12世纪中叶的各地民事案件多被教俗贵族私家法庭所包揽。郡法庭、百户区法庭多被贵族控制，这不仅使政府司法收益大量流失，更使司法无正义可言。在刑事案件和财产诉讼中，盎格鲁—撒克逊时代的"立誓免罪法"和"神命裁判法"仍在流行。诺曼王朝建立以来又引进了诺曼底野蛮荒诞的判案惯例——决斗判决法。为此教俗贵族专门豢养了狠士杀手，代其出庭肉搏。下层百姓望而生畏，尽量避开司法纠纷，隐忍冤情。

复杂的国内外条件迫使亨利二世着重解决英格兰的政治管理问题。作为多国之主，他需要制定相对划一、切实可行的行政司法制度，以利于代行王权的宰相和其他官员管理国务。

亨利二世改革的重点是司法改革。亨利二世即位初年诏示全国：从此王国只通行一种法律，即由御前会议制定和由王室法庭颁布实施的法律。这即是英国独具特色的普通法的起源。为此亨利二世在历史上被看成为英国习惯法的奠基人。自1163年起，为了削弱领主法庭的权限，他宣布：凡自由民缴纳一定费用者，可把自己的案件从领主法庭转移到王室法庭，这样可使当事人避免仲裁法和宣誓法的错判，使教俗贵族法庭作用大减。1178年他指定5名小议会的成员组成中央常设法院。法院常驻威斯敏斯特，随时受理来自各地的投诉。此事被不少学者视为英国高等法院的产生。

巡回审判制也是王室法院扩大司法管辖权、提高判案质量的重要措施之一。其渊源可溯至诺曼王朝前期。亨利二世即位后经常派遣法官赴各郡开庭审案。1166年颁布《克拉伦登法令》，标志着巡回审判成为制度。巡回法庭的工作使案件审理趋于公正，减少了判案谬误，并促进了另一制度——陪审团制的产生和推广。[1] 这是亨利二世法制改革的又一重要方面。

陪审团的起源，可以追溯到盎格鲁—撒克逊时代的"公正昭雪法"。威廉一世来英后，把法兰克和洛林王朝后期的陪审团制引入英国，规定每个法庭应设陪审团，其中诺曼人和英格兰人各半。陪审员多从农村中产阶级和城市平民中挑选。亨利二世时期的陪审团人数相对固定——总是由12名表现良好、了解民情的人组成。陪审团一身多职，既是起诉人、证人，又是法律执行人。其工作程序是：集体起誓后向法庭检举地方犯罪分子；被控告者尽快出席受审；审理时，陪审团成员当众陈述案情，提供证据，接着就被告是否有罪作出判决；最后由钦命法官根据法律量刑定罪。因陪审团判案比较公正可信，受到当事人的欢迎。1215年以后，因教士不再参加与神判有关的宗教活动，神判法被废弃，决斗法的使用率大大降低。

在法律意义上，陪审团制所体现的原则也是双重性的。一方面，亨利二世根据"国王是正义之源"的法律原则，规定唯有国王有权组织陪审团，不准私人法庭仿效；另一方面，由于案件要由12名"正直者"秉公审理，这实际上又体现了"法律来源于人民而非由国王臆断"的正义原则。为此，学界公认陪审团制是英国司法制度的核心，它展现了英国普通法系与欧洲大陆的以罗马法

---

① W. S. Houldsworth, *The History of English Law*, Boston, 1922, pp. 71–72.

为基础的法律系统的一项主要区别。亨利二世司法改革的意义还在于：它使原来相对独立的地方法庭和私人法庭逐步纳入国王司法体系，实现了司法的中央集权化；将诺曼征服后英国法律的两大类别[1]融为一体，促进了全国较统一的法律制度——普通法的形成。

亨利指令王室法庭永驻威斯敏斯特教堂，确定伦敦为国都。根据诺曼王朝行政管理的经验和教训，他注重从中小贵族中挑选中央和地方官员。

亨利二世改革在英国历史上占有重要地位，它达到了巩固中央集权制的目的，并对后世产生重大影响。

六、神判法及其终结

神判法又称"上帝裁决"，是中古时期司法机构试图通过神的意志，来裁决嫌疑人是否有罪的司法程序和决断方式。

早在盎格鲁—撒克逊时期，英国就有采用神判法的案例，其源头是在欧洲大陆。欧陆的神判可溯至6世纪早期，即法兰克人的沸水神判，随后传到其他日耳曼部落，再传入英格兰。980年，即艾特尔雷德在位时，火判法和水判法已较为流行，并被称为"重要判决"。其中火判法为具有自由身份的人所设置，水判法用之于农奴和乡下人。[2] 而且，当时规定由主教们监督神判法的实施。在那种情况下，上帝既是法官，又是陪审者。

神判法能被长期实施，是因为它具有两项功能。一是惩罚功能：通过剧烈痛苦的方式，惩罚犯罪者，造成震慑和警示效果。神判法以令人苦痛的方式，旨在发现被隐蔽的事实真相。以下一段关于热铁神判法的文字尽显被告的极度痛苦。

法官用一副钳子夹来烧红的铁块，将之放在被告（用树叶覆盖着）的手上。然后被告当用双手捧着烧红的热铁块，慢慢地走上8圈。再后法官将摩擦其双

---

[1]　即盎格鲁—撒萨克逊时代遗留下来的刑事习惯法和诺曼人的封建民事财产法。

[2]　Walter Clifford Meller, *A Knight's Life in the Days of Chivalry*, Kessinger Publishing, 2005, p. 116.

手上的谷粒，当后者未对在伤口上的摩擦表现出迟疑，并且伤口上没有创面时，当日结束时他将被宣告无罪。[①]

多数神判法，毫无"无罪推定"或"验明正身"的含义。其中沸水神判法即便是无辜者也要遭受撕心裂肺的疼痛，实际上全无事后无恙的可能。

神判法实施的原因，是当时英国一般不能采用刑罚逼供。加上原告提供的根据不能被有效证实，被告又不肯认供，尤其是一些引发民愤或重大损失的杀人、抢劫、情事、财物毁损、恶性事端等，若不将求助神明作为最后补救手段，则难以结案。固然，悬案不决也可暂时应付，但不能屡屡如此，否则积案过多，显得法官无能，受到原告抱怨，遭到国王、官员和民众的谴责。这样一来，神判法势在必行。

神判法的种类，难易详述，起码有如下多种。

吞食食品，如圣餐枣饼、面包、干奶酪等。据说当某人是伪证者时，致使伪证者在恐惧和紧张的情况下口腔喉咙干燥，造成咽喉堵塞，难以下咽，导致败诉。哈罗德[②]的父亲肯特伯爵就曾被控告犯有弑弟罪，被迫吞咽此类食物。他大呼一声"假如我有罪将会被面包堵塞咽喉！"登时倒地而亡。后世分析其死因，是禁食过久导致食道萎缩粘连，吞咽困难。

冷水浸泡法。被告被绳索紧紧捆绑，由神职人员沉入 7 英尺深的水下。若不上浮，即被宣布其无罪。否则是为罪责所困，不被上帝所接纳，判为败诉。

沸水判法，实验者必须从滚水中迅速抓取出石块，手臂却不得被烫伤，若被烫伤，须在规定时间内痊愈，否则被视为败诉。

最流行的是热铁神判法，试验者手持烧热的铁块或铁圈，走过规定距离，然后将他被烫过的手和胳膊用布包扎，3 日后解开，若是完好无伤，该人被视为无辜。若伤口糜烂，则是有罪，将被施以重罚，甚至处死。其财产被国王没收，地产归还原有领主。[③] 若为轻罪，则判支付罚金或缴纳部分财产、驱逐出境或流放。

与热铁神判法类似的验证法，还有多种，如被告将一只手伸入烧热的铁质手套，倘若无伤，视为无罪。还有一种是嫌疑人须从火焰上走过，腿脚不被烧

[①]　Ariel Glucklich, *Sacred Pain: Hurting the Body for the Sake of the Soul*, Oxford University Press, 2001, p. 19.

[②]　即以后成为"诺曼征服"的丧国之君哈罗德国王。

[③]　Fred E. Haynes, *Criminology*, Cambridge University Press, 1994, p. 211.

伤者视为胜诉。再一种类似的神判法，是当事人从 9 个烧红的犁头上越过，无恙者无罪。另一种做法是让被告蒙眼，从火红的煤块上走过，然后把烧伤的伤口包扎起来。三天后查看伤口，愈合了无罪，溃烂者败诉。这种验证注定对被告不利。[①]

与热铁神判法相反的是冷冻神判法，是让被告在冰雪天气，穿很少的衣服，长时间忍受冷空气的侵蚀，冻到全身僵硬、大脑迟钝、讲话吃力。若能活命即被视为无罪。

其他不常用的，还有饥饿判法、干渴判法、渡海判法等和十字架判法。其中渡海判法是要求当事人在大风之际冒险乘船出海，接受生死考验。而十字架判法是使两个当事人面对十字架张开双臂挺直站立，直到其中一人站立不住，即为败诉。

神判法无疑属于迷信行径，愚昧、荒诞、残忍、武断，事先未能刨根问底，仓促处理案件，容易酿成冤情。只是由于它属于宗教事件，由教堂神父参与，多在教会中举行，并赋予庄重的礼仪形式，有了郑重宣誓，得到宗教会议的准许，方有实施的可能。

神判法盛行时，原告提出的各类神判的要求容易得到法庭的支持，被告却难以拒绝。若原告善良无辜，往往不会提出辅助审判的要求。倒有一些恶迹昭彰的被告，唯恐法庭判决对自己不利，尽力要求实施神判法，企图借助侥幸，改变败诉的命运。

除司法决斗之外，诸多神判法的再一不合理之处，是它们在多数情况下，只验证被告而不验证原告，违背了司法中立、司法独立的精神。这等于不承认原告具有遭诬陷的可能，并将司法人员与原告置于同席之地。

被告在神判法面前的处境是如此凶险，有的便钻法律程序的空子，在程序之外曲意打点，花钱收买法官、教士和证人，最易于化险为夷。于是，验证前的贿赂屡见不鲜。如在热铁神判中，受贿的执法者设法降低铁块的温度，使之轻易通过验证。

所谓阅读是被告躲避灾难的办法之一。识字且记忆力优秀者具有莫大优势。他只要将规定的某首赞美诗背诵下来，便可获得赦免。为此，基督教世界流行的第 51 首赞美诗被称为"脖颈赞美诗"，它使一些人保住了脖颈上的

---

① 凯林·法林顿：《刑罚的历史》，希望出版社 2003 年版，第 22 页。

头颅。① 文盲和记忆力差者望洋兴叹。

神判法弊端如此之多，易被后人嗤之以鼻。若是全面考虑当时的情况，还不应漠视其存在的依据和相对合理之处。

其一，其实施具有理论根据。神判法以基督教信条为信条，试图借助于上帝的"正义判决"，在善恶正误之间得到公平的求证。而且，在神判法履行之前，未武断地、先入为主地确定是非，没有使被告或原告不加区别地承受恶名。而且，它避免了武断的认定。

其二，神判法归属于司法体系，并受司法程体制的制约。除有关司法人员和神职人员的照章操作，业外人士不得随意滥用。这使社会上的权势人物不得使用酷刑，刑讯农奴和敌对者，客观上维护了司法制度。另外，对被验证者也有严格要求。即某人将要经受神判法检验之前，需根据神职人员的要求，节食3日，再在公众面前郑重宣誓，申明自己无罪，情愿根据法律，接受上帝的仲裁。② 这也在形式上展现了司法事务和案件审理的神圣性和严肃性。

其三，从实施效果来看，在某些弊端较少的地方，由于审判法以其严酷性张扬着警示作用，也使一些顽徒无赖望而生畏，不敢轻易以身试法。

但在另一方面，因神判法弊端种种，长期遭受非议。最响亮的非议来自君主和教会。

威廉二世是公然指责神判法的公正性的英国君主。他宣称：上帝不是公正的判官，因其习惯于保护那些显然有罪的人。他还发现，总是那些地位低下的人容易在审判法中失利。他质疑道：既然上帝无所不察，为何还使当事人在经受痛苦之后才能给予决断？③

后人分析，威廉二世很可能是一位无神论者。他不赞成上帝的权力大于王权。他坚信向圣徒祈祷全然无用，反对神判法。④ 在一次案件审理中，他目睹多名形迹可疑的被告全部通过热铁判法，便嘲笑神明懵懂失察，但未实行司法改革。

英国司法制度改革方面成效卓著的君主是亨利二世。他极力将案件审理权

---

① 凯林·法林顿：《刑罚的历史》，第 22 页。

② Derek Baker, ed., *England in the Early Middle Ages*, Hutchinson, 1966, p. 233.

③ James Q. Whitman, *The Origin of Reasonable and Doubt: Theological Roots of the Criminal Trial*, pp.66–67, 70.

④ Michael Evans, *Death of Kings: Royal Death in Medieval England*, Continuum International Publishing Group, p 40. John Hostettler, *A History of Criminal Justice in England and Wales*, p.20.

从领主那里收回，推行司法令状制度，使诉讼人到国王的法庭起诉，并支持国王法庭和巡回法庭采用陪审团审理案件，一步步取消了封建贵族的司法特权，剥夺教会神职人员对法律事务的干预，使神判法渐渐遁形，为英格兰司法体系注入了理性因素。陪审团由知情乡邻组成，对双方品行和基本情况有较多的了解，可以作出较正确的评判。当一方得到陪审团全体 12 人的支持时，必胜无疑。起初，陪审团主要用于民事和刑事案件。在刑事案件审理中，陪审团提出的证据要由王室司法机构或巡回法庭的审核。上级机构在复审案件时，召唤 12 位或 24 位自由人，履行忠诚宣誓后，接受司法官的质询，据实禀报有关事实。由于他们通常是提供一些不利于犯罪一方之证据的证人，其行为作用和效果显然要强于过去的神判法。这种履行公诉和调查的陪审团，是后世陪审制的先驱机构。①

多数神职人员不是神判法的参加者，他们对神判法的残忍和荒谬不满，有时在宗教会议上严词指责，逐步形成对神判法实施的压力。

广大民众不乏判断能力，深知神判法的荒谬严酷，虽然不敢当场指责，却私下嘲笑非议，对执行者形成无形压力。12 世纪以来，包括英国在内的西欧诸国，开始兴建大学，并设立了法学专业，在不同程度上倡导和传播着法治思想和理性意识，呼吁官方和教会废除神判法。法学者人数虽少，但他们影响往往要超过民众。

神判法还受到教皇的鄙视和质疑。1215 年的第四届拉特兰宗教会议上，教皇英诺森三世作用突出，他不仅主持会议、力主废除神判法，还依靠自己的威望，得到与会者的响应。

此后，使用"血腥判决"的案件在英国逐步减少。1219 年，即亨利三世在位初年，王室法庭指令法官寻找新方式去调整司法审判，在普通法的基础上取代着神判法。② 可见，普通法的兴起和发展是削弱和终结神判法的关键因素。

总体看来，诺曼征服后的最初几代君主虽有非议，但对司法改革无动于衷。司法评论全是学者的事。而亨利二世无愧为伟大的法律和制度改革家。他设计了对全国各阶层实行统一法度的王家法律系统，以代替诸多贵族领主法

---

① Wallace D. Loh, *Social Research in the Judicial Process*: *Cases*, *Reading*, *and Text*, New York: Russel Sage Foundation, 1984, p.354.

② James Q. Whitman, *The Origin of Reasonable and Doubt*: *Theological Roots of the Criminal Trial*, p.127.

庭。他强化了"国王秩序"的法律观念，把所有重要的刑事案件划归王家法庭审理，并将这种做法推广到英格兰所有地区。

七、《大宪章》

在中世纪英国，国王和贵族之间维系着一种双向契约关系。此关系受法律习俗的承认和保护，体现出权力的分割和制约。多数情况下，两者能够互相依赖配合。国王尽意重用贵族，使之参与王国政务，而贵族朝臣积极有效的政务活动，又反过来加强了国王的封建特权。

约翰即位时，英格兰正忍受着通货膨胀的折磨，政府支出激增，约翰为增加政府财力和筹集军费，于1199—1215年间将世俗贵族的兵役免除税提高了16倍，并提高封建继承税。凡不能及时如数缴纳者，即被没收封地或处以重罚。贵族尽量把经济损失转嫁到给维兰，致使民怨沸腾。1209—1211年，他从教会掠夺了2.8万英镑。城市市民也被课以重税。约翰还在欧洲大陆战争中失败，最后丧失诺曼底。1209年，他因坎特伯雷大主教的任命得罪罗马教廷，教皇英纳森将其革除教门。

终于，约翰认识到藐视教皇会使自己多方树敌，便向教会求情，答应将英格兰当做教皇采邑称臣纳贡。为此，国民要多纳捐税，顿时怨声四起。1214年，约翰率军征讨诺曼底，再创败绩，民众大哗。翌年4—5月，一批大贵族以约翰未能保护封臣和王国利益为由，发动大规模叛乱。当男爵队伍与王军作战时，市民为叛军助威。王军一败涂地，伦敦洞开城门迎接叛军之师，这场贵族叛乱具备了民众起义的性质，为以后贵族乃至进步势力反对王权提供了范例。

1215年6月15日，约翰和大贵族相聚于泰晤士河畔的兰尼米德草地，贵族代表向他呈递了一份文件。由约翰和25名贵族签署生效。这即是著名的《大宪章》。[①]

---

① F. Barlow, *The Feudal Kingdom of England 1042–1216*, p. 423.

《大宪章》共 63 条款，主要是重申王国贵族的封建权利和防止国王侵夺这些权利。所表达的内容有：

第一，宣布了国王不可擅自征税的原则，强调：除传统捐税贡赋外，任何赋税的征收都须得到"全国人民的一致同意"。这实指当时以大贵族为核心的大会议的同意。《大宪章》中关于不许对商人任意征税的规定，已突破了以往贵族反抗王权的狭隘性，有助于他们与市民的联合。其他关于遗产税、未成年继承人的财产监护权、领主遗孀的嫁妆等，都作了规定。

第二，是关于国民的权利。其中比较重要的有：

被协商权。文件在有关立法、征税的多项条文中，都有"应与全国人民普遍协商"或征得"全国一致同意"的字样。其中第 14 款专门规定：为得到全国普遍认可，国王应在规定的时间和地点召集教俗两界大贵族和有关人员协商。召集令需载明召集理由，于 40 天前及时发出。

享有人身自由的权利。《大宪章》声明：若不经"合法裁决和本国法律的审判，不得将任何人逮捕监禁、不得剥夺其财产、不得宣布其不受法律保护、不得处死、不得施加任何折磨，也不得命我等群起而攻之和肆行讨伐"。

监督国王和反抗政府暴政的权利。第 61 款规定，为保证《大宪章》的实行，应成立一个有 25 名男爵组成的常设委员会监督国王和大臣的行为。若委员会发现政府有违章行为，应当要求国王在 40 天内尽快改正，否则委员会可号召全国人民使用一切手段，包括发动战争夺取国王城堡财产，逼迫国王改过。此款首次提出建立专门委员会以行使对王国政府的监督权，表明英国贵族希望借助一种常设机构，采用和平的而非公开叛变的方式获取政治上的成功；而暴力手段仅是一种迫不得已的最后手段。

就内容和性质而言，因《大宪章》多数条款是重申国王的权限范围和贵族的封建权利，并且是在封建时代的鼎盛时期颁布的，所以它不过是一个典型的封建法文献。其中所说的人民，主要是指大主教、主教、修道院长老、伯爵和男爵等，以及以他们为主体的大会议；所谓自由，是指封建贵族的自由，因为当时为数众多的维兰仍处于农奴地位。尽管如此，《大宪章》的意义仍然是深远的。首先，它通过颁布成文法的方式，比较含蓄地申明和体现了法律至上和王权有限的宪法精神，却把一般性封建原则明确具体地写进条款之中；以后随着岁月流逝，人们渐渐忽略了许多原文，可法律至上、王在法下的法则却被久久铭记。再则，该文件所规定的一些封建原则往往被后人赋予新内

《大宪章》文卷

容，并根据政治需要另作解释。另外，还通过向国王宣告国民有被协商权的原则，明确规定国王必须召开有若干贵族组成的会议，这为数十年后议会的产生铺垫了一块沉稳基石，为数百年后新兴资产阶级参与议会斗争提供了法律依据。

《大宪章》颁布后，约翰企图将之废除，为此引发了内战。翌年10月约翰病死，内战结束。教俗贵族总结以往教训，迫使新君亨利三世再三颁布和确认《大宪章》。到了中世纪末期，《大宪章》先后又被确认多次。资产阶级革命开始后，它又成为议会权利的一个法律根据。

八、威尔士、爱尔兰和苏格兰

　　中世纪的不列颠群岛始终没有形成统一的国家。英格兰和威尔士、爱尔兰、苏格兰之间的关系时好时坏，屡屡出现征服、反抗和屈服。

　　与英格兰接壤的威尔士多是山地丘陵，给入侵者造成了困难。威廉一世在位末年，派兵占领威尔士北部；但因补给困难，1094 年被迫离开。南方则是另外一种情况。诺曼贵族先在英格兰和威尔士交界处驻军防守，再借地利之便向西北方向推进，就近蚕食许多低地良田，逐步建立城堡村镇。到了亨利一世在位末期，南威尔士实际上成了英格兰—诺曼王国的一个行省。驻守在那里的诺曼贵族则成了所谓的"边疆贵族"。1135 年威尔士人借英格兰王位交替之际，兴兵造反，收复大部分领土，并产生了自己的民族领袖——北方的欧文·格威尼德和南部的里斯·阿普·格鲁菲德。亨利二世即位后，难以忍受二王自立山头，亲率大军讨伐，迫使欧文宣誓臣服。格鲁菲德曾宣誓效忠，但又屡屡反悔。1165 年，他与英军果敢对抗，亨利二世只好从英格兰、诺曼底、安茹和佛兰芒等地募集大批兵力，讨伐造反者。可是，英军行进时，阴雨连绵，到处泥泞不堪，骑士无法作战，迫使他们退兵希鲁兹伯里。北方欧文借机将边界扩展到迪河①。格鲁菲德占领了卡迪根。英军在威尔士失利后，于1170 年转而进兵爱尔兰。

　　8 世纪末，斯堪的纳维亚人侵入爱尔兰，掠夺土地，建立了都柏林等城镇。1001 年，南部氏族首领布赖恩急剧扩张，占领了爱尔兰大部。1014 年他为了统一爱尔兰，在都柏林附近的克伦塔夫击败北欧人及其附属国，可自己也不幸战死，爱尔兰统一事业付诸东流，而后百余年陷于割据动乱。1141 年，伦斯特国王德莫特·麦克莫罗为树立自己的权威，将该国北部的 17 个反叛首领或杀死或刺瞎双目。1153 年德莫特诱拐布赖夫尼·蒂尔南的妻子，两个小国结下深仇。1166 年，蒂尔南联合伦斯特的反叛者，将德莫特逐出爱尔兰。1167 年德莫特带领一群盎格鲁—诺曼人重返伦斯特。这时，亨利二世正在大

---

　　① 在北威尔士和英格兰之间，长 70 公里，河口附近是一片沼泽地。

陆，无力远顾，便责令威尔士边疆贵族、诺曼人彭布罗克伯爵前去爱尔兰弹压。彭布罗克不仅靠德莫特的协助，率兵 1200 人，于 1170 年占领伦斯特，攻克都柏林，还娶了他的女儿，堂而皇之地成了伦斯特王国的王位继承人。翌年，德莫特病死，彭布罗克即位。

亨利二世大怒，率领 500 名骑士和 4000 弓箭手亲征爱尔兰。彭布罗克见势不妙，匆匆退位。入侵者大肆掠夺爱尔兰土地。亨利二世的亲信休·拉西在爱尔兰东部攫取了 50 万英亩土地；菲茨杰拉德家族占领了爱尔兰西南部的芒斯特王国，驱逐国王麦克卡思；约翰·德·库西在厄尔斯特扩展地盘。到了 12世纪末，盎格鲁—诺曼人凭借先进武器和诸多城堡要塞，统治着爱尔兰 2/3 的领土，强制推行封建土地制度，爱尔兰农民沦为农奴。但他们仍讲本族语言，与征服者分居。①

苏格兰的情况略显特殊。比起威尔士来，它离英格兰政治重心更远，领土宽阔，军事上有回旋余地，实力超过爱尔兰。1005 年，苏格兰地方首领马尔科姆杀死国王肯尼斯三世，称马尔科姆二世（1005—1034 年在位）。大约在1016—1018 年，他在卡雷姆战役中击败诺森伯利亚军队，保卫了国土，将边界南移。马尔科姆死后，苏格兰局面失控。1040 年，肯尼斯三世的孙子麦克佩斯崛起，杀死其堂兄邓肯一世，自立为苏格兰国王。到了 50 年代，邓肯一世的儿子马尔科姆依靠英格兰的支持杀麦克佩斯，夺回王位，称三世（1058—1093 年在位）。②1072 年，马尔科姆承认英王威廉一世的宗主地位，却不认真履行封臣义务，在一次南侵时被英格兰军队杀死。

1066 年诺曼征服时，毗邻的许多诺森伯利亚人来此避难，他们带去了南国的语言、文化和基督教，加快了苏格兰的英格兰化。诺森伯利亚国王的妹妹玛格丽特与马尔科姆三世成婚，她帮助国王改造宫廷和教会。1124 年，他们的幼子戴维一世成为苏格兰国王。他支持其侄女、神圣罗马帝国皇后为亨利一世的继承人。斯蒂芬夺取了王位后，他于 1136 年兴兵南下，迫使斯蒂芬割让坎伯兰。两年后他又乘英格兰发生动乱，出兵拓土，被英军打败。戴维一世统治后期苏格兰致力于苏格兰的发展，初步建立了中央政府，铸造了第一批苏格兰货币，修建了许多城堡，后来在这些城堡周围形成了一批城市，如爱丁堡、

① C. Roberts & D. Roberts, *A History of England, Prehistory to 1714*, p. 116.
② 以上历史情节在莎士比亚的剧作《麦克白》中再现，但做了不少更改。

斯特灵、贝里克等。他还招募英格兰多种人才，引进英格兰封建关系，促使克尔特的部落土地租佃制转化为封建分封制，但名义上苏格兰土地全部归国王所有。国王用伯爵和塞恩等封号代替旧的等级制。

1153 年，戴维一世去世，王位传于 11 岁的长孙马尔科姆四世。几年后亨利二世迫使他臣服，并以亨廷顿伯爵领地为交换条件，要他退出了其先辈所获得的诺森伯兰郡和坎布里亚郡。1165 年，马尔科姆的王权被胞弟雄狮威廉夺去，并丧失性命。新王威廉一世（1165—1214 年在位）性情倔犟，不愿向英王称臣。1173 年他参加亨利的儿子发动的叛乱，企图夺回诺森伯兰。1174 年在阿尼克被俘，囚于诺曼底的法莱西。在承认英格兰国王为其领主之后获释。以后，他的对外政策比较灵活。1189 年将 10 000 马克交予正在筹措十字军东征军费的理查德一世，换回了苏格兰的独立地位和一些失地。1209 年，他与英格兰关系紧张，约翰国王派重兵震慑，威廉投降。而后，苏格兰支付了 15 万英镑，并以两个女儿为人质，才将他换回。在国内，他为了巩固自己的统治，建立了一个规模不大但颇有效率的中央行政机构，并在各地设立了一些自治市。他在晚年曾为王位继承问题困扰，所幸老年得子。1214 年 12 月，其子亚历山大二世即位，统治苏格兰达 35 年。

亚历山大二世实行稳健政策，对内继续加强君主专制政体，坚决镇压贵族反叛。对外尽力与英格兰保持和平。1215 年英格兰诸侯联合反对约翰国王时，他站在叛军一边，希望得到他所要求的英格兰北部的领土。1217 年叛乱失败后，他向亨利三世效忠，主动与英国宫廷联姻，于 1221 年娶了亨利三世的妹妹。1237 年，他与亨利缔结了重要的"约克和约"，放弃了对英格兰的领土的要求，换回了一些领地。自此，苏格兰的边界大致稳定在现今的位置。

第四章

中古鼎盛时期

（12 世纪—14 世纪）

一、贵族和骑士

在中世纪英国，世俗贵族主要是指军事贵族（aristocracy），而广义的贵族（nobility）则包括大贵族和众多骑士。"骑士"（knights）也是一个涵义不甚确定的术语。广义的"骑士"常将伯爵、男爵等高级贵族笼统包括在内。所以，若要了解中世纪英格兰的贵族体制，还须了解当时的骑士制度。

不列颠的骑士制度（chivalry）主要是诺曼征服之后在英国生根的一种贵族制度。根据欧洲贵族间通行的长子继承制，贵族长子拥有优先成为骑士的资格；次子和幼子（王族例外）只可以承受有限的财产，担任骑士的随侍，除非立下战功获得新的领地和封号，才能成为骑士。

12—14 世纪的英国是典型的等级制社会，所有的人都可以在整个社会的金字塔上找到自己的位置。

在金字塔的顶端屹立着国王，他每年有数万英镑收入。国王下面是十几名伯爵，年度收入在 1000—2000 英镑之间。其次是人数稍多的男爵，年度收入在 500—1000 英镑之间。① 再下是为数较多的骑士，年收入从 20—100 英镑不等。国王、伯爵和男爵的地位明显高于骑士。可骑士又可以轻视其他民众，以小贵族自诩。还有一些地主乡绅，没有骑士的身份，生活水准和骑士接近。

各级贵族的主要收入来自于地产。有的贵族为扩大收入，努力拓展耕地面积，开辟处女地，侵占公有地。尽管有时会被处罚，但因罚款常低于实际收益，一些贵族还是乐此不疲。

农业收入并非贵族地主唯一的来源。他们还可从磨房、鱼塘的管理中得到可观进项。有的贵族还经国王授权管理市场、税卡、渡口码头、盐池，其收益除部分上缴国库外，余额归己。替王室管理森林、城堡和其他不动产名义上是一种义务，实际上收入不菲。贵族的再一收入是来自司法方面。某贵族从国王那里得到大宗土地，就同时得到领地上的司法特权和相关收益。

各级贵族的收入同其他居民的收入形成很大的反差。一位熟练的行会技工一年能挣 5 英镑。非熟练工匠约挣 2.5 英镑。洗衣妇仅挣 1 英镑。

各家贵族的开支相当巨大。除向宫廷缴纳捐税、招待宾客和支付随从薪酬之外，还尽力维持庄园的排场。各庄园都有一个颇大的府第，使唤着 40—80 名仆役。其中有总管、账房、秘书、厨师、驭手、随从、女仆等等，同样划分为不同的等级。平时，主人虽然不必事事躬亲，但过问家中要事，参与土地经营。贵妇是主人最尽心的帮手，当主人因会议、战事外出时，她亲自主事。

出于安全防护的需要，许多大贵族建有与自己等级地位相称的城堡。12—14 世纪的贵族城堡用坚硬的石块砌成厚厚的高墙。墙外有宽而深的壕沟。墙上有数个瞭望塔和一个门楼。门楼下的通道设有狭窄通道和吊桥，以造成一夫当关、万夫莫开之势。墙内上端有专门通道，供士兵巡逻和发射箭弩。城堡内有教堂、起居室、卧室、库房和厨房等一应生活设施。

在 13 世纪，英国骑士大约在 500—1000 名之间，数目大大低于前朝。多数骑士或从骑士家庭拥有 150—350 英亩的领地，宽敞的住处，使唤着二三十名家人，但没有城堡和豪华的府第。亨利二世自 1159 年征收代役税，取消了封臣原有的骑士职责后，许多骑士为保持武士本色，常常驱犬狩猎，纵马比武。

---

① 美国学者西德尼·佩因特估计：1180—1210 年间每名骑士的年平均收入大约在 10—20 英镑。各级贵族的年平均收入约为 115 英镑。当时英国物价波动较大，学者们所掌握的数据有较大的差异。

贵族好战尚武的习性源于他们自幼所受的骑士教育。某贵族子弟要想成为一名骑士，自七八岁起就被送到比自己家庭高一级的封建贵族家中充当仆童，接受上流礼仪教育，偶尔观摩骑士训练和比武，然后为侍从教育阶段。到了12—14岁，则侍候领主，形影不离，继续学习贵族礼仪，照料主人日常生活。年龄再大些，在比武场和疆场上观摩、锻炼，学习使用各种武器和战斗技能。中世纪骑士教育的目的，是培养具有征战能力和尚武品质的封建卫士。骑士教育的特点是重视军事能力的训练，忽视文化知识的传授，许多骑士目不识丁。

当"见习骑士"学习生涯结束时，要参加宣誓仪式和授衔仪式。授衔的仪式颇为程式化。被授衔者在颈上挂着一把剑，走到神坛前。神父解开剑来祝福一番，又重新挂在他的颈上。领主再发出一连串的质问，被授衔人必须按照习惯回答。然后，骑士和淑女们帮助他穿上骑士盛装，包括锁子铠、胸甲、臂饰、剑及马刺。

得到金马刺意即得到骑士的名衔。领主傲然站立，亲吻他的双颊，用剑背在他的颈或背上敲击数下，作为他能够忍辱负重的象征。新武士接受了枪、盔，然后分发礼品予见礼者，设宴款待友人。以后，他就有权参加比武大会。骑士比武是从法兰西引进的军事习俗，12世纪末至13世纪盛行于英格兰。最初只是自发地在地方上举行。1179年，被骑士誉为楷模的英王理查德正式承认了骑士比武大会的合法性，并规定凡骑士比武大会必须经国王的特许方可召开，每个参加者必须根据自身级别事先向王室交纳"入场费"；比武大会必须在固定的场地举行。国王如此规定：一是借此扩大财政收入；二是为了促使武士加强军事训练，提高军事技能；三是借此对贵族加以管理和控制，使他们忠于王室。

比武大会短仅一日，长至一周，最精彩的活动是马上竞技，两骑对面厮杀，以搏胜负。胜者可接受裁判官和淑女们的奖品。比赛结束之后，活命的骑士和观战的贵族们就一起参加黄昏时的歌舞宴会。

骑士比武得胜后，发誓忠于君主和领主，保护教会、弱者和妇女，维护地方和平，打击异教徒，勇敢无畏，宽宏大度，等等。所有这些构成所谓的骑士精神。

但在现实生活中，多数骑士的行为都不能达到"誓言中的境界"。倒有许多骑士表现出露骨的凶狠好斗，欺凌弱小，贪生怕死，忘恩负义，在行为上表现出多面性。在封建纷争和十字军东征中，英格兰骑士和欧洲他国骑士一道，将村镇夷为平地，把生灵化作涂炭，灭绝万家，弃尸千里，将残暴发挥到了极致。

骑士精神的核心是勇敢杀敌，建功立业，但在中古战场上，死伤最多的却是步兵，他们多是地位低下的维兰。一名骑士即使身经百战，也会由于敌方骑士的"英雄惜英雄"而得以保留生命。如在 1119 年的一次有 900 名骑士参加的战役中，仅有 3 人殒命。原因之一是他们为铁甲严密包裹，成为"移动的城堡"，不容易为对手所伤害；再是他们考虑到伤亡过重会引起严重的复仇，宁愿用战俘换取高额赎金。

骑士们在战场上表现平平，战场之外却威风八面。他们常常为了无关紧要的理由拔剑私斗。正因如此，凡是骑士群居的地方，总是格杀不断。骑士精神的另一个副产品，是所谓的"英雄爱美人"。他们本身素质会导致对情欲的放纵、见异思迁和对婚姻的厌倦，并在社会上造成不良影响。

纵观之，英国骑士制度作为封建主义贵族制度的伴随物，始于 10 世纪，发展于 12—13 世纪，13—14 世纪进入"黄金阶段"，而后受到"百年战争"和"玫瑰战争"打击而逐渐萎缩。

二、庄园和新农业

直到 14 世纪黑死病和农民起义之前，英国农业社会的封建主义性质没有变化。农村庄园仍是乡村经济和政治生活的基本单位。

中古英国的庄园和村庄并非一体。在东盎格利和肯特郡的大部分村庄里，不少农民已是自由人，同庄园脱离了关系。在康沃尔、湖区、威尔士边界和奔宁山区等地广人稀的乡间，个体农户和小村落甚多，也难以组成封建庄园。甚至在庄园制比较流行的英格兰中部和南部，村庄和庄园也并非完全一体。例如，在 1279 年的沃利克郡，大约有一半的村庄和庄园"一对一"地吻合着的。其他村庄通常有二三个庄园。一个村庄约有 300 个居民。有鳞次栉比粗糙简陋的农家小屋，有鹤立鸡群豪华宽敞的"庄园宅邸"（manor house），有一座教堂。"庄园宅邸"是庄园主或其管家的住所和封建领地的管理中心，也是乡村公众生活的中心，宅邸中的大厅是庄园主的会议厅和佃户集会的场所。12 世纪时，大厅设在二层楼上，周围有壕沟保护。庄园周围是大片的农田、草场、荒地和树林。

许多村庄在庄园的基础上形成了"庄园制"（manorialism）。庄园制是一种政治、经济和社会制度。在这种制度下，农民依附于土地和领主。庄园主是庄园头目。他把一部分领地租给自由承租人，换取后者的租金、兵役或其他劳务，在自由承租人下面是农奴和奴隶。

各庄园都设有"领主法庭"（manorial court）。它是由庄园主的总管或管家主持。庄园各种吏员，如作为总监工的庄园管理员和看护庄稼、维护治安的村警等，也在这里得到任命。领主法庭可对村民行使司法权。佃户若有违法行为，由该法庭审判，审判后根据情势处以罚金。罚金是庄园主的一项收入来源。佃户间进行的土地交易都要在领主法庭登记。

在领主法庭上，村民可以就敞田和草地管理等问题发表意见，但只有庄园主拥有裁决权。佃农从庄园主那里得到了条田，就必须服从庄园主，并以实际行动在领主法庭上显示出对庄园主的忠诚。庄园中的农户分为不同种类。自由农居于最上层，约占村民的 1/7，他们只需向庄园主交纳少量租金。其余村民都是农奴，不得擅自离开庄园，不得私自婚娶；若是犯有轻罪，必须听从领主法庭的处罚。

在庄园里，甚至农奴也因份地的多寡分为不同的等级。家产殷实的农奴大约领有 30 英亩的条田。其次为 15 英亩、5 英亩不等。农奴依据土地的多寡向庄园主交纳地租和服劳役。农奴去世后，可以将地产传给长子或次子。处于庄园最底层的茅舍农没有土地，靠打工为生。

同任何文明国度的农业社会一样，中世纪英国的庄园既有它平静规律的生活画面，也会因生产力的发展而导致生产关系的变化，并逐渐改变着它的原有的面貌。

中世纪人口的变化也会引起农业水平的提高。历史学家对 1086—1300 年间人口的估计颇有差异，但都认为其间英国的人口起码增添了一倍。除了英国这时极少出现大规模传染病以外，重要原因之一是农业经营方式的改进提高了社会生产力，改善了食品生产和供应。反过来，人口增长刺激农产品价格上涨，成为人们改进耕作技术的诱因。1190—1203 年，英格兰每夸脱小麦的价格由 1 先令 9 便士提高到 3.5 先令；犍牛由 4 先令增加到 7 先令；绵羊售价提

中古庄园生活

高了 1 倍。1210 年起,20 年里小麦价格先是略有下跌,很快又攀升到 6 先令。[①]

导致农业生产力提高的一个重要原因,是在 11 世纪,从大陆塞纳河和莱茵河流域引进了农田耕作的三圃制,逐渐取代了传统的两圃制。过去流行两圃制时,每年有一半土地处于休耕状态。现在春秋两次播种 2/3 的土地,休耕地减少到 1/3,农作物播种面积增加,在技术条件和土地肥力不变的情况下,播种地增加了 1/3,农产品也有相应的增加。另外,三圃制的实行还有利于减少农田犁耕的亩数,可以节省畜力和人力。例如,一块 30 英亩的敞田,在两圃制下 15 英亩犁耕一次然后播种,另外 15 英亩休闲地至少犁耕二次,总共要犁耕 45 英亩。而在三圃制下,同一块田地,有 20 英亩犁耕一次,10 英亩休闲地犁耕两次,总共只犁耕 40 英亩。当然,三圃制的普及需要一个过程,直到 1300 年它才比较流行。一些地区受土壤、气候和技术条件的限制,继续保留了两圃制。还有,一些比较发达的农业地区,如东盎格利和肯特等地,休耕地本来就少,农民通过种植豆科作物和增加肥料来保持和提高土地肥力,不需改变耕作体系。

农业技术也有所改进。一项引人注目的变化是农民用马犁田。过去,因马蹄容易磨损,马匹限于货物搬运和狩猎。12 世纪初,发明了马蹄铁和皮革牵引颈圈,人们开始用马拉车、耙地、耕田。四轮马车开始取代了小型的两轮车。马匹犁田的效率也比牛耕提高了 50% 以上。

动力资源扩大的一个事例是水磨使用的扩展和风磨的使用。1185 年,约克郡的威德利建成了第一座风磨,以后渐渐流行于东部英国。

同一时期人们对林地、湿地的垦殖是增加农产品产量的又一有效方法。根据数百年前遗留下来的田地分布图,可以看出,在古老农田的边缘地带,出现了新开辟的圈围地,上面写着"从前的灌木丛生荒地",可以用作牧地和耕地。甚至一些王室森林也被农人强行围占。在英格兰东部的费恩,人们用筑圩排水的办法,将 125 平方公里的临海沼泽地改造为良田。

在农业生产水平提高的同时,地租形式和农村生产关系也在潜移默化地改变着。20 世纪的研究成果证实,到了 13 世纪末,在英格兰多数地产上,货币地租已经取代了劳役地租。例如,根据有关的计量调查可知,各个地区的劳役在地租中所占的比例不超过 40%,有的地方不足 10%。劳役地租转变为货币

---

① C. Roberts & D. Roberts, *A History of England*, *Prehistory to 1714*, p. 99.

一是可以避免过去农人在领主庄园劳作时的怠工现象，二是地租形式转换时要经过认真的折算，这又刺激着商业经济的发展。

地租形式的变化，使一些维兰原有的封建依附性弱化，统治阶级渐渐地不把他们当做奴隶看待。政府在 1252 年颁布的有关武器管理的诏令中，允许维兰携带武器，"保卫国家"；这实为维兰地位变化的一项法律依据。维兰同庄园主关系也有所变化。过去，他们必须为庄园主无代价地定期服役，现在演化为"在庄园主的请求之下"，不定期地帮忙。即农忙季节帮助做些季节性的工作，如割草、收获、剪羊毛等。有的庄园主不为"帮忙者"提供膳食，但不少维兰在为主人劳作时可以得到免费的，甚至比较丰盛的饮食。一个维兰可以用支付工资的办法雇佣另一个维兰来替他工作。诸多事实表明，传统的具有农奴身份的维兰已开始演变为半自由人。农奴和自由农之间的界限渐渐模糊了。这在自由农和维兰人数众多并混居在一起的地方最为明显。一个维兰与一个自由民结成亲家，或者一个地主的儿子和管家的女儿结婚，他们子女的后代的社会地位就不容易认定了。当然，在某些全部使用维兰劳动的庄园中，庄园主就容易维持原有的封建关系。[①] 这些庄园通常有着面积较大的保有地。维兰使用了这些保有地，就必须为庄园主服劳役、履行义务和交纳地租。亨利三世在位时，有些维兰的儿子每年交纳一两只鸡，就可以外出谋生。当然，仍然有一些维兰因外逃被捉回，再被领主法庭审判的事件。这些逃亡者大多属于维兰中较低的阶层。

面对维兰地位的变化，有些庄园主力图行使特权申明传统的法权，但常常大题小作，不了了之。1247 年，在一个居民都是维兰身份的小俄格布恩镇的贝克庄园中，全体维兰因为没有替修道院洗涤羊群，而被判处 6 先令 8 便士的罚金。当时，这笔罚金仅相当于 1.5 夸脱小麦的代价，并且由许多维兰家庭共同负担。再如，米德尔塞克斯的一个维兰交付了 13 先令 4 便士，就可以成为自由民。

对旧的封建关系而言，与货币地租有着类似瓦解作用的是土地交易。13 世纪，在英格兰中部实行敞田制的村庄中，土地的出售与买进、出租和交换以及对份地的分割和合并等交易渐渐活跃起来。庄园领主用购进或交换长条地的办法，把他的保有地合并一起。这就为他以后继续扩充土地准备了条件。不完

---

① 约翰·克拉潘：《简明不列颠经济史——从最早时期到 750 年》，上海译文出版社 1980 年版，第 140 页。

全自由的佃农得到庄园主的许可也可以交换土地。这都在潜移默化地动撼着封建主义的基础。

14 世纪以来，英国封建主义庄园经济已到了鼎盛期，并开始显露颓势。只要社会发生大的动荡或受到某种大的刺激，它的基础就会动摇。

三、城镇自治和行会

当人们努力开辟土地和改进农业耕作方式时，养羊业在各地发展起来。早在 11 世纪，英国羊毛就在本国出口中占有较大比例。12 世纪佛兰德、佛罗伦萨等地毛织品加工业的繁荣，增加了对英国羊毛的需求量。许多地方、不同阶级都从事养羊业。1225 年，威尔特郡的一个居民区，半数以上的佃农拥有羊群。有的地方，几个村庄或庄园联合起来分类管理羊群。牧羊人具有自由身份。羊的增减有账可查。温彻斯特主教的一些庄园里饲养了 29 000 只羊，林肯主教的庄园饲养了 3400 只。一般小农户拥有土地不多，也想从养羊业中获取收益。如在 1275 年的沃林福德的斯文科姆，有 10 个维兰佃户，平均每户只有 8 英亩可耕地，却拥有在公有地上自由放牧的 50 只羊；对他们来说，牧业的重要性不亚于务农。

养羊业的发展推动着羊毛出口。1194 年，英国出口羊毛达 5 万袋，相当于 600 余万只羊的产毛量。同时，英国羊毛加工业也已起步，每年生产了 12 000 匹呢布。1300 年，英国羊毛出口达 28 万英镑，约占全国出口总值的 93%。伦敦、纽卡斯尔、南安普顿、波士顿、布里斯托尔和荷兰的多特里奇特、勃艮第的布吕赫等，都成了英国羊毛的集散地。一袋羊毛在英格兰只值 4 英镑，运到佛兰德卖 12 英镑，利润高达 200%。为此，一个商人在其窗户上刻上了这样的句子：

> 我将永远赞美上帝，
>
> 是绵羊使我衣食无虑。①

---

① C. Roberts & D. Roberts, *A History of England, Prehistory to 1714*, p. 100.

养羊业促进了商业发展。一些大地主从小农那里收集羊毛，大宗输出国外，还出现了专门从事国际贸易的中介商人。12世纪，伦敦"汉萨区"的日耳曼商人控制着羊毛贸易。13世纪转入来自意大利的为教廷征收宗教税的商人手中；他们为了扩大营业额，甚至同英国人预先签订大宗商品合同。外商的介入促使英国人参加激烈竞争。1273年，他们在本国羊毛出口中，控制了1/3的额度。

除了羊毛业外，其他商品的出口量也多超过以往。英格兰的粮食、布匹、铁、铅、锡、煤炭运往佛兰德、佛兰芒和西班牙、地中海的许多口岸。并从塞纳河流域和莱茵河流域进口大量的生活必需品。13世纪初，英国每年从加斯科尼进口20 000吨葡萄酒。

英国的国内贸易远远超过国际贸易。怀特岛西北部港口雅茅斯鲱鱼、约克郡斯卡伯勒的鳕鱼售往全国各地。格罗塞特郡迪恩森林的铁制农具在乡村出售。北部诺森伯兰郡的煤炭率先用于金属锻造、烧石灰、造酒。以后许多地方开采煤炭，使用范围渐渐扩大。商品流通促使人们制造更多更好的运载工具。公路、运河和海港附近成为贸易市场和交易中心。乡村集市类型不一。其中"周集"通常在星期六；年集短则一周，长达一个月。城镇虽然有终年开业的市场和商店，有时还另有集市。英国最大的年集，是在亨廷顿的圣艾甫斯和史密斯费尔德的圣巴斯豪劳姆。届时各地英商和外商来此做生意。12—13世纪，几代国王相继颁发了2500个市场特许状，得到可观收入。

随着岁月流逝，定期乡村集市贸易渐渐地让位于常年开张的城市商店经营。这种变化，是商品经济扩展的结果，又归因于当时城市的发展。

城市发展有个渐变过程。11世纪末，英格兰许多城市仍带有农业特色。它们的土地分属附近的一些庄园，还拥有休闲地、草地、森林等。居民在城外，甚至城中领有土地，向所属庄园履行义务。

12世纪是英国城市发展的繁荣时期。旧城市得以扩建，新城市接踵而起，城镇人口逐渐增加。13世纪，英国共有大小城镇100余个。其中最大的城市伦敦约有30 000人；约克10 000居民；布里斯托尔8000人；考文垂6000人；诺里奇5000人。到了1400年，伦敦有50 000人左右，其他城市人口均有不同程度的增加，但城市居民仍然不到全国人口的20%。

城市人口的增加源于两个渠道：原有居民的繁衍生息和乡村居民的补充。那时，一个农奴逃离庄园1年后未遭拘捕，可自动成为自由民。他们入城后，做工，经商，成为市民。

各城市里，伦敦以其遥遥领先的人口和工商业中心的地位，稳居于全国城市之首。诺曼征服时，它幸免于战火，而后继续扩充。12 世纪中叶，城中有 10 多个修道院、100 多个基层教区，街道纵横，商旅辐辏，精明的犹太人也有自己的社区。

城市有着不同于农村的管理问题。一些老城率先设立法庭和事务所，由王室任命的专职"里夫"主持，并负责收缴租税、罚金、杂费。市民渐渐对盛气凌人的钦命官吏产生反感，宁愿自行选举官员。

1129 年，贝弗利首先获得了自治特许状，成为英国第一个自治市。但由于该市较小，地处北方约克郡，影响不大。

亨利一世在位时，伦敦市民每年向王室缴纳 300 英镑税金，从王室得到自治特许状，自行选举市长和市政官，得到了自行管理城市的特权，但被亨利二世收回。

王室出尔反尔，迫使伦敦人为争取自治权而继续努力。斯蒂芬在位时，他们曾自发建立了公社，但只存在一年。1191 年他们再次建立公社，又被官方解散。所幸以后理查德一世和约翰王急需钱财，被迫允准伦敦等城市自行收税和自行选举官员，以换取它们的税收支持，这使它们迈出了城市自治的关键一步。1193 年他们选出了市长，并于 1216 年确立了每年改选一次市长的制度。①为了协助市长工作，市民还选出了一个 24 人的市政议会。伦敦的做法影响了其他城市。截至 1216 年，已经有 10 多个城市自行选举市长。

随着城市人口增加和工商业发展，居民从业情况复杂化。在较大城市，行业多达几十种，不同行业之间和行业内部，竞争渐渐激烈。为了维护本行业利益和避免恶性竞争，一些行业自发建立"基尔特"即行会。

各个基尔特的职权有着不同的规定。如伦敦"面包基尔特"，不仅规定了面包型号、分量和成分等，还规定做白面包的不许做黑面包等。大处观之，基尔特主要是制定商务规章，监督市面贸易、度量衡、商品质量和价格，保护和控制本地商业，联合抵制外来竞争，反对个人垄断、抢购倾销和囤积居奇等不正当商业行为，在本会从业者之间提倡救助。在各种规定中，最引人注目的是维护本会的商业垄断和禁止外来商人随意经商的条文。例如，在 13 世纪，莱

---

① 爱德华一世在位时，伦敦每年改选市长的做法被迫中断。

斯特的毛纺业基尔特规定：唯有基尔特成员可以在那里大宗买卖羊毛。当时南安普顿的商人基尔特则规定："任何人不准携带货物进入南安普顿叫卖，除非他是本城商人基尔特的成员，或是本城市民。"

附带指出，英国最早出现的基尔特是属于俱乐部、联谊会和宗教性质的，如11世纪温切斯特的骑士基尔特。它们的组织方式和规约先被商人借鉴。1129年出现了"小贩基尔特"。[1]

最初基尔特是自发成立的。如1066年建立的多佛尔同业公会。而后王室为经济目的颁发特许状，并对其加以控制。据记载，牛津郡的贝福德最早获得了建立商人基尔特的特许状。

商人基尔特不同于负责地方自治的市政机构，因为有些市民不一定是基尔特会员，而参加了某基尔特的商人也不一定就是该市市民。一个人可以参加一个或几个基尔特。到了13世纪，英格兰的大部分城镇和苏格兰的部分城镇建立了基尔特。而且苏格兰的商人基尔特具有发展成为市政机构的趋势。

商人基尔特曾兴盛一时，13世纪其优势被行业繁多的手工业基尔特——织工基尔特、洗毛工基尔特、制革工基尔特、金匠基尔特、缝纫师基尔特等——所代替。其中以织工基尔特人数最多。各类工匠基尔特都有工薪待遇的规定。如羊毛打包工每天可获1便士和一些饮食；洗毛工每天得1.5便士，但伙食自理。

另外，还出现了跨越行业的工匠师傅基尔特和学徒基尔特。这类基尔特首先出现于伦敦，它们分别对佣工制和学徒年限等作了具体规定。14世纪，伦敦的基尔特多达一百多个。

当时和以后很长时期内，由于英国人口流动和城市人口变化，基尔特的成员在各城市里均占少数。就技术水平来看，参加基尔特的工匠和未参加基尔特者不仅没有大的区别，有些基尔特的成员反而显得墨守成规。

久而久之，基尔特的团体利益可能与地方政府的利益发生冲突。大约在1200年，伦敦自治机构就为某些原因而对4个基尔特的成员施加压力，要求他们成为本市市民，否则就得放弃他们的行业特权，只能向城市居民出售产品，等等。1256年亨利三世在发给诺里奇的特许状中规定，不得认可"对城

---

[1] 约翰·克拉潘：《简明不列颠经济史——从最早时期到750年》，上海译文出版社1980年版，第179页。

市有害"的基尔特，不得成立当地居民所反对的基尔特等，也是事出有因。①

尽管有一些矛盾和问题，但中世纪英国工商业基尔特的出现和发展，有利于提高城市自治程度和管理水平，有利于当地工商业的发展，却是没有疑义的。

四、教会和教堂建筑

在12—14世纪，英国教区设置无显著变化。如在13世纪，全英格兰依然划分为两个大主教区，下设19个主教区和40个分主教区，除了中部英格兰之外，各地分主教区和郡区划分大致相符。主教区之下共辖9500个基层教区（perishes）。其中大约500个基层教区分布在城市。伦敦就有120多个。

13世纪教界人士达40 000人。其中修道院、教会和云游僧约16 500—17 000人②，修女7000人；另有15 000名修士修女在医院工作或隐居他处。

由于经济地位的差别，所有教士也划分为不同的等级。高级教士不仅享受什一税和其他宗教收益，还兼有大地主的身份，拥有许多庄园和牧场，获取地租和商业利益。坎特伯雷大主教、约克大主教、温切斯特主教、伊利主教和达拉姆主教等人的财富足以与大贵族相比。其次是教区长，他们若能独享所在基层教区的全部什一税，或兼领两三个基层教区的职位，其经济地位大略和骑士相等；若其收益要被当地修道院、教会分享，用于豢养教会各色人员，其经济地位就下降了许多。基层教区牧师的年收入虽然不过4英镑，还是比普通农夫强了不少。他们之下的祭司等教士，经济水平与普通百姓无异。

1221年和1224年，不列颠先后出现了两个较激进的宗教派别——多明各修会和方济各修会。它们有的来自大陆，受新教派思想的熏陶，不少人是行乞四方的托钵僧，厌恶高层教士的豪富奢靡，针锋相对地宣传清贫和简朴，提倡"像尘世中过往香客和流浪者那样乞食，虔诚而谦卑地侍奉上帝"。但他们的游

---

① 约翰·克拉潘:《简明不列颠经济史——从最早时期到750年》，上海译文出版社1980年版，第182页。

② 一说有13 600人。

说未能使多数人理解，而后，也入乡随俗，在他们群居的城市置办了房产。

那时，教会的最大问题是教士愚昧无知。坎特伯雷大主教配卡姆在 1291 年叹道："教士的混沌无知使人们堕入谬误的深渊。"他们在教堂和修道院里，"像学舌的鹦鹉一样"读经讲道，却未必理解那些拉丁语经文。在教堂之外，他们不顾圣诫，酗酒、偷猎、姘居、成婚、生育子女，又劝说教民以善行赎罪，主动把地产转让教会。土地流入教会影响到国家的税收，为此，政府于 1279 年和 1290 年两次颁布《永久管业权法令》，限制教会攫取土地，使这种用花言巧语获取地产的行为有所收敛。

中世纪的英国，个人和家庭生活的重大事件都被基督教会的宗教仪式所包容。出生、婚配和死亡都必须履行宗教仪式。周末几乎人人去教堂，听牧师传经讲道。他们虽然听不懂拉丁语经文的含义，却本能地表现出谦恭、虔诚、驯服和理解，甚至主动反省自己的言行，沉痛忏悔。而教会正是利用他们的这种心态，借助于宗教象征物和世代相传的礼器，借助于墓地、圣殿、圣徒遗物与十字架，以及教堂的宗教仪式，对教徒施加影响。

在各种宗教设施中，对教民最有震慑力、吸引力的是宏大的教堂。教堂尖顶能唤起教民对上帝的崇敬和遐想；教堂大厅使讲经牧师的声音更加悦耳动听。基督教会正是通过教堂修筑，耗费着社会的巨大财富，充分张扬着当时的建筑艺术，为后世留下了宝贵的艺术财富。

英国教堂建设的高潮是在诺曼征服之后出现的。诺曼人用武力征服了英格兰人后，为便于治理这块新国土，就用"圣经"和教义抚平他们心头的创伤，而修建高耸入云的教堂则成了必要。据记载，仅在一个世纪之内，英国就修建了 97 所大教堂。若是加上各地星罗棋布的教区教堂，教堂数量就大得惊人。尚在农业社会的英格兰百姓所耗费的代价，委实是过于巨大的了。

11 世纪后期至 14 世纪前期，英国的教堂建筑风格有所变化。其中 1200 年之前建成的教堂虽属于哥特式风格，可因它们具有明显的诺曼时代特色，留下了以往建筑式样的痕迹，而自成体系。

英国的诺曼底式的建筑既体现了罗马式建筑的格调，又是法国建筑的变形。堂顶通常是木质的，用厚石墩之上的圆拱和厚壁支撑着。如果建筑物巨大的穹隆是石料的，负重墙壁的厚度就会有 8—10 英尺。好在这些建筑大多分散在偏僻地带的修道院，它们很少用复杂的艺术雕塑来修饰外部，所以费工不多。若是在人口聚集的地带建筑大教堂，则会将新旧建筑技术结合起来，规模相当宏大，装饰也复杂得多。例如闻名遐迩的林肯大教堂在 1185 年的大地震中损害后，重建为哥特式建筑，两个钟塔非常高大，正面的雕饰精细华丽。矗立在威尔河畔的达勒姆大教堂，其前身是一座 10 世纪石造建筑，1093 年诺曼底主教来此任职后，将之拆毁，役使当地将近两万人的居民，修复新教堂。这项工作进行了一百年，1195 年竣工。其巍峨的中堂是典型的诺曼底式，在未经雕饰的柱冠上承载着由许多圆拱组成的双排拱廊。同以往修建的教堂相比，达勒姆大教堂的技术起码有两处创新。一是在穹棱上装上肋材，以分担穹顶的重量；二是将横拱改为尖形，将斜拱改为圆形，使教堂内部增添美感。[①]

公元 1175 年，诺曼底风格的教堂还在英国兴建着，典型的哥特式建筑已经开始在不列颠立足了。总体来看，英吉利哥特式大教堂的平面图依然保留了罗马式的长方形会堂：一个长长的中堂，里端有神殿以及半圆形厅室，高高地坐落在两条通道之间，其上是由墙、柱支撑的屋顶。中堂和通道被一个"袖廊"所贯穿，使平面构成一个十字的形状。大教堂的建筑面积大多有一万或数万平方英尺，而且几乎都是面朝东方——耶路撒冷的方向。

英国在 12 世纪末继续引入法兰西的哥特式建筑艺术并非偶然。亨利二世的即位使安茹帝国的疆域空前广袤，英国简直成了半个法国。所以，诺曼底建筑风格自然会影响到不列颠。海峡对面的大教堂采用尖拱不久，英国人就立即效法，但又执拗地保持着岛国特色。其中索尔兹伯里大教堂、诺里奇大教堂等，均有一个尖阁，高度适中，形状优雅。教堂内部，拱形圆顶高度低于法国大教堂的相关高度。英国哥特式教堂的东端呈方圆形，这是盎格鲁—撒克逊艺术的流露。还有，英国大教堂的长度超过大陆的大教堂，但不如它们巍峨高大。如威斯敏斯特大教堂长达 511 英尺，比亚眠大教堂的长度多 76 英尺，可其高度却比后者少了 37 英尺。这或许归因于英国人的保守心态吧。

这时英国也有近似于大陆哥特式的教堂建筑。譬如索尔兹伯里教堂。它仅用 25 年建成，却打破了不列颠教堂混合几种风格的惯例。它像法兰西的教堂那样，用设计的统一、面积与线条的和谐、袖廊塔和尖顶的宏伟、圣母堂圆穹的优美以及窗扉的美观，弥补了中堂矮塌和圆顶偏低所导致的缺憾。再如诺曼人隐修院院长西米恩奠基的伊利教堂，虽然还有木质穹顶，但木料所体现的生气与温暖，却是石头建筑物所缺少的。

---

① 杜兰：《世界文明史·信仰时代》下册，东方出版社 1999 年版，第 1213 页。

索尔兹伯里大教堂

　　除上面提及的教堂之外，同时建成的还有林肯大教堂、格罗塞特大教堂、坎特伯雷大教堂、威尔斯大教堂等。但它们都不如威斯敏斯特教堂著名。亨利三世为了表达他对忏悔者爱德华的崇敬之情，25 年里征集了 75 万英镑，在伦敦中心重建了反映哥特式建筑最高成就的威斯敏斯特大教堂。这座教堂在亨利三世死后继续修建，总共花费了多少钱财就很难考究了。

　　同远古的石林一样，中世纪英格兰的大教堂也给后人留下了些许问题。一则：大教堂修建的费用从何而来？名义上，这一笔笔的巨资主要是主教辖区积攒的资金，实际上却是通过征收什一税和其他宗教税，年年月月从普通教民手中搜刮而来的。好在那时的教民十分温顺，在奉献自己的财富时没有被掠夺的感受。其余经费是国王、贵族、社区、基尔特、基层教区和个人的捐赠。

　　再一个问题：是谁设计了这些大教堂？现代人们会立即想到学识渊博的建筑师。答案不错。可那时的教堂设计人并没有建筑师的头衔，常被称为"监工"或"石匠"。这些称号显示了他们的出身。实际上，他们不仅设计了教堂，还以监工和技术人员的身份，监督了施工的部分或全部过程。当然，从事教堂雕刻、装饰、粉刷等工作的多是精细的艺术家，待遇会比普通工匠好一些，但工作强度却是相同的。

进入 14 世纪后，英国教堂修建转入低潮。黑死病和百年战争几乎耗尽了英国的财富。不仅新的建筑难以奠基，许多 12、13 世纪开始建造的教堂也无法竣工了。教堂修建转为冷落的另一原因，是哥特式建筑的表达风格已经没有继续发挥的余地，人们对于教堂的修建，就像宣泄过度的情感一样，变得索然无味。直到文艺复兴的时代，"巴洛克"和"罗可可"风格风靡西欧后，英国的建筑艺术才有了新发展。

五、大学的早期发展

许多年来，不列颠居民的教育是由家庭、教会和学校共同承担的。家庭教育除了聘请老师在家里教育子弟外，中上层阶级还流行一种"委托教育"。即当男孩子 7 岁左右时，送到别人家里去教养，这一是为了加强家族间的友谊，再是为了避免家长对孩子的过度溺爱。这种家庭教育是中古时期封建骑士教育的组成部分，因为，许多骑士的早期教育也是采取委托教育的方式进行的。

比较而言，教会学校的作用最为突出。教会学校是由大教堂的教士管理，由地位较低的教士任教。纪律森严，体罚是教训学生的必要手段。当时温彻斯特的一所教会学校曾以一首短诗威慑学生：

欲学则来之，

不学则去之，

此外惟有受鞭笞。[①]

那时，由于对封建道德和宗教教育的过度重视，科学文化知识被放在次要地位。除了用大量时间讲授圣经和圣徒的说教，起初还开设文法学、修辞学、逻辑学，进而讲授数学、几何、音乐和天文学。

教会学校和封建骑士教育无法满足社会多方面要求，11—12 世纪出现了

---

① 杜兰：《世界文明史·信仰时代》下册，东方出版社 1999 年版，第 1274 页。

"城市学校"，即适应新兴市民阶层的需要而在城镇兴办的世俗学校。11 世纪以来，许多城市获得了自治权，拥有相对独立的市政管理机关。城市中的工商人士需要受过实际训练的雇员，不满于宗教教育，便成立了世俗学校，校中教员收取学生家长交付的学费。

若以后来的教育体系和标准衡量，英国最早开办的世俗学校多属初等和中等教育。而 12—13 世纪牛津大学、剑桥大学的出现则标志着英格兰高等教育的萌芽。

英国第一所大学——牛津大学——的所在地牛津，是 10 世纪的一个由牲口市场发展起来的城市。克努特父子统治英国时期，这里就有学塾，而后演变为世俗学校，开设了非宗教内容的课程。载入史册的第一位牛津教师是来自诺曼底的西奥巴尔都斯·斯塔姆朋西斯，其受业弟子约有百名。1133 年，一位来自巴黎的神学家罗伯特·普伦曾在此讲授神学。但肯定这时仍无大学出现。牛津率先发展学校教育，还因它是当时许多重要国事会议召开的地点，国王多次驻跸于此。

牛津大学创建的年代不易确定。一种意见认为是在 1167 年。那时亨利二世与法国国王发生冲突，英格兰学生不得进入巴黎大学。英国王室号召本国学者归国，创立牛津大学。13 世纪时，一些多明各会和方济各会的修士来此任教，教学力量加强。在牛津进行科学实验和讲学的罗杰·培根（约 1214—1294 年）就是当时著名的方济各会学者之一。培根作为当时西欧哲学唯名论的著名代表，曾因讲学和科学实验而被关押在巴黎达 10 年之久，到牛津后继续宣传科学思想，抨击宗教和社会的腐败。他对以后的科学发展做出了可贵的预测，预言以后人们会有眼镜、放大镜和望远镜，车、舟离开人力畜力照样行驶，并在欧洲最早研制出火药。1278 年又因"巫术嫌疑"被捕，在修道院里关押了 14 年。

牛津大学建立初年，以巴黎大学为楷模，设神学、法律、医学、人文艺术和亚里士多德的著作研习。1209 年，较为乐观的估计是有 3000 名教师和学生。

学生年龄多在 14—21 岁之间，来自不同的阶层。他们大多是在教区学校和文法学校完成早期学业，进大学是为了学习神学等知识，以便以后成为牧师、主教、医生、律师和僧侣。那时，学生不必交纳固定的学费，只需直接向授课的老师呈递"学资"。学校没有公寓，学生须租赁民舍。他们还合伙租用大厅或教堂作为课堂。学生形形色色，穷学生贫困潦倒，衣食无着，常为别人抄书打杂，换取微酬，贴补生活。而后教会和慈善者对贫困学生提供膳宿，主要帮助文学硕士或学士，以便他们继续攻读更高的学位。牛津大学的第一个学院——默顿学院，建立于 1274 年。[①] 到 1280 年，它共资助了 4 名硕士。该校对神学学生的资助力量最大。早在 1249 年，达勒姆的威廉就设置了专项基金，赞助 10 多名学人研究神学。

当时学生没有固定的学期和考试，但必须背诵课文和参加课堂辩论。有时，辩论十分激烈，气氛格外活跃，犹如骑士们的比武大会。

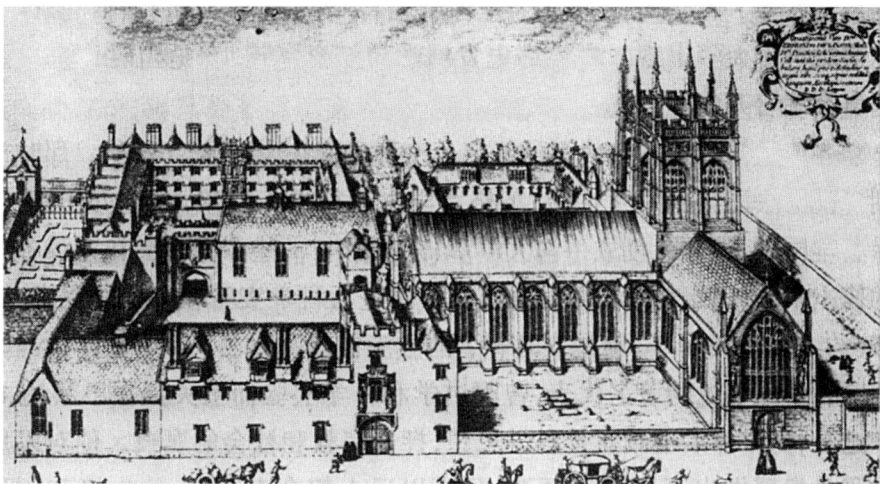

牛津大学默顿学院

那时，普通学生获取文学硕士学位大约要用 6 年时间，人文艺术需要 7 年。若要争取神学博士学位，得再费 8 年。多数学生受不了长期煎熬，半道离开学校。

牛津大学的学院本是穷学生免费居住的地方。渐渐地，它们变成了讲堂；老师和学生都住在里面。到了 13 世纪末期，这些讲堂就成了大学组织上和教学上的实体——学院。学院管理采取自治方式，类似当时的工商业行会。牛津学校之所以被称为"大学"（universitates），就是因为它是一个由老师和学生组成的"联合体"。

---

① F. E. Halliday, *A Concise History of England, From Stonehenge to the Atomic Age*, Thomas & Hudson, London, 1974, p. 55.

富家子弟不仅能操办书籍文具，还有舒适的住房和漂亮服饰。但学习状态分为几种。懒生百无聊赖，游游荡荡，常在饭馆酒肆里打发时日；常向家里要钱。"长期生"是指那些不但荒废学业，还乐不思蜀、故意延期获取学位者。愚笨的学生连住六七年，却懵懵懂懂，所学无几。好学生则认真读书听课，具有明确目标和理想的人。最叫人生厌的一些学生，招摇闹市，惹是生非，调戏妇女，耍弄市民。1296 年，牛津的一次暴动，造成了 3000 英镑的损失。1354 年的一天，几名学生饮酒滋事，和市民打架，引起大规模殴斗。骚乱延续数日，学生失败，死亡 63 人。[①] 那时候，学生和市民之间，俗人和僧侣之间，一旦发生骚乱，圣玛利亚教堂就敲钟召集学生，圣马丁教堂则鸣钟召集市民。

剑桥大学的历史可以上溯到 1209 年。一日，牛津市的一个妇女被害，风传凶手是大学里的人。作为报复，市民突袭了一栋学生宿舍，拘捕了几名学生，2 人得到国王同意后被绞死。师生惊骇，停课抗议市民的暴行。据可能被夸大的说法是，有 3000 名学生和一些老师离开了牛津，其中一部分到了剑桥，开设讲座，剑桥大学的历史自此开始。而牛津大学因此停办 5 年，教会一再抗议。此事惊动了教廷，教皇授权林肯郡主教或其代表拥有对学生的司法权，实际上成了该校校长；为此牛津大学获得了自治特权。

1284 年，伊利主教鲍尔塞姆仿效牛津大学的办学模式，在剑桥创建了该校第一所学院——彼得豪斯学院。到了 1318 年，教皇约翰二十二世正式认可该校为大学。但在一段时间里，当牛津大学成为欧洲一所著名大学的时候，剑桥还是一个地方性大学。[②]

在英格兰，民法不在大学里教授，而在伦敦的林肯学院、格雷学院、内寺、中寺等四所法学院。这些地方在 12、13 世纪，原是法学教师居住以及开馆授徒的地方，后来演变成了法学院。一些年轻人来到这里，参加专门训练，学习法律、案例和审判程序，探讨胜诉奥妙，再从政府里获得从业许可，成为律师。这 4 所法律学校又被称为"法律协会"，并因为在培养人才方面和牛津大学、剑桥大学作用相同，被称为英格兰的"第三大学"。

直到 13 世纪中叶，牛津大学和剑桥大学都处在幼年时期，它们的组织管理、教学内容和方法，都有明显缺陷。但它们有着比社会上其他的许多机构都

---

① 事后牛津市长、警官和诸多市民每年举行一次宗教默哀仪式，以表示对此事的遗憾和歉意。此惯例延续到 1825 年。

② 因 14 世纪动乱，剑桥大学的档案被毁，所以后世对剑桥大学早期的历史不甚了解。

要强韧的生命力，不论社会安定、动荡，总能沿着自己的轨道行进，陆陆续续地培养人才：最初多是宗教界人物，以后有政治家，后来还有许多学者和科学家。

中古英国人的可贵之处，是他们不仅建立了这两所大学，并授予其自治特权，并在以后漫长的岁月里，将它们较为妥善地保护下来，使之得到发展。

六、议会的产生

约翰王逝世后，其子亨利三世（1216—1272 年在位）即位。因其年幼，政府权力由大贵族马歇尔和德布尔代掌，大会议连年未开。多数贵族被排斥于权力之外，牢骚怨恨，形成贵族反对派，甚至与王军对垒。1127 年，亨利亲政，继续重用少数宠臣，尤其偏爱法国贵族，除非征税时才召开大会议。大贵族难以忍受，于 1234 年再举叛旗。王军虽获小胜，但在不久召开的大会议上，众多贵族依靠群体力量，迫使亨利三世罢免罗杰斯等人，允准贵族反对派进入小会议。[1]

以后大贵族与亨利一再较量。1236 年，他们操纵大会议制定《默顿法规》，明确规定了立法、司法和维护土地所有权等事项。这是继《大宪章》后的又一成文法。1242 年，大会议否决了亨利为进行对法战争而征收新税的要求，就外交政策反复讨论。两年后，亨利为征税再次召开大会议，教俗贵族再次回绝，并推举一组法官起草政府改革文件，要求由他们选出 4 名"自由维护人"参加小会议；提出不论国王是否同意，只要他们坚持，必须召开大会议；呼吁国王保证贵族的参政权，由他们选举代表充任大法官、掌玺大臣等重要官职。

随着大会议政治性能的扩充以及贵族实力的增长，人们越来越多地称大会议为"议会"。英文"议会"（parliament）一词的最早使用可溯至 1081 年甚至更早，它是从拉丁文 parliamentum、法文 parler 等几种西方语言转化而来。原指普通人之间的谈话和协商，以及市民会议或公民集会。后来用指政要或者他

---

[1] R. Butt, *A History of Parliament, The Middle Ages*, Constable, London, 1989, p. 77.

们的代表之间的谈判、辩论和会议。1236年，"议会"一词见于官方文件。翌年，政界人士则把大会议的全体会议称作议会。

大会议向议会的名称演变还伴随着其成分的变化。13世纪中叶，平民代表——乡村骑士和城市平民——先后进入议会。

平民代表跻身议会的主要原因，在于英国工商业的发展和社会阶级结构的变化。13世纪前期，乡村家庭手工业已在东南地区形成规模。采矿业、冶金业迅速发展，国内外贸易明显强于以往。英国商人浪迹海外，牟取厚利。首都伦敦成为全国经济贸易中心。中小城市多达百余，其中部分城市获得了自治权。它们颁布行会和市政法规，自行征税和选举市政官员。伴随着财富的积聚，一些具有市政管理才干和政治欲望的上层市民，要求参加国家高层政治活动的愿望日趋强烈。

商品经济的发展冲击着农村封建主义庄园经济。不少地主允许农民以货币地租代替传统的劳役地租。部分维兰成为自由民。居于贵族阶级底层的骑士自亨利三世军事改革后，可用免役税代替以往跟随国王征伐厮杀的"血税"，目下他们有更多时间和精力参加农牧业或工商业经营，其社会属性和经济利益逐渐与城市平民接近，并开始向新兴资产阶级转化。

城市市民经济实力的发展还使他们所缴纳的财产税在国家岁入中占据重要分额。1221—1257年，中央政府征收的9次骑士免役税只有2.8万镑，可1225年一次征收城市平民的财产税即达5.8万镑。城市中产阶级经济实力的变化，使国王朝臣对他们刮目相看。大贵族为了扩大对抗王权的基础，注意寻求他们的支持。亨利三世在位前期，也多次使用平民代表估产征税，考察地方官员。

首先进入议会的平民代表是乡村骑士。1254年初，亨利正在大陆率军平叛时，摄政的王后和康沃尔伯爵召开议会，言明国王急需军费。教俗贵族同意缴税，但又说他们的承诺只对自己负责，不代表普通教士和平民。为避免抗税事件，两位摄政通知各郡选派两名代表参加同年4月的议会扩大会议。通知强调：两名骑士均应选举产生，有权代表郡内所有居民决定税额。通知还要求郡长做好说服工作，保证所选代表按时莅会；于是，此届议会成了骑士参加议会的起点。

但是，1254年召集骑士代表与会的作法并未成为定制。1258年的牛津议会仍然只有教俗大贵族参加。这次议会又是在亨利三世急需金钱的情况下召开的——亨利三世正为其幼子争取西西里王位，要向罗马教廷缴纳14万马克的贡礼。以西门·孟福尔为首的贵族集结众多军队，迫使国王召开牛津大会。6月1日，24人委员会向议会提出了内容激进的《牛津条例》，重申《大宪章》基本原则，并规定：成立以大贵族为主体的15人委员会参与国事管理，国王、大臣和地方官员必须依照该委员会意见治理国家；议会每年召开3次，届时国家所有重大事宜由其解决；每郡选出4名骑士，监督地方官工作，调查民情。《牛津条例》是继《大宪章》之后的又一重要的政治和法律文献，首次提出了定期召开议会的原则。

1262年，亨利三世下令取消《牛津条例》等成文法，激起许多贵族聚集在孟福尔周围，组织新的反抗活动。1264年5月，贵族军队擒获亨利和王子爱德华，以西门为首的贵族集团成了英格兰统治者。他们依靠9人委员会管理国家，借用国王名义控制贵族，但地位始终不够巩固。于是孟福尔又寻求平民支持。

1265年1月，孟福尔在伦敦召开议会。这次除通知部分贵族和各郡骑士代表外，还首次要求各市选派两名市民代表参加。为此，一些学者把它视为英国议会产生的标志。可当时不少贵族因它不是由国王亲自召集而视为非法，准备随时支持王室。1265年6月王子爱德华逃出囹圄，纠集保王势力打败孟福尔，重新恢复王权。[1] 以后数年，亨利渐渐将实权交付爱德华，自己退居威斯敏斯特颐养天年。1272年老国王病故，爱德华即位，称一世。

爱德华是英国第一位认识到议会重要作用的国王，在位35年中共召开52次议会，会址多在威斯敏斯特。1295年秋季的议会里，出席者达400名，包括91名宗教界人士、50名伯爵和男爵、63名骑士和172名城市代表。他们分别代表着社会上的三个重要阶层：教士、贵族和平民，此届议会被称为"模范议会"。

从13世纪晚期至14世纪初，议会三个阶层的代表数额由不稳定趋于相对稳定。高级教士中，多数修道院长陆续退出议会，爱德华三世时减至20余人。2名大主教和19名主教成为宗教界固定代表。13世纪初，议会中世俗贵族稳定在80—100人左右。"西门议会"以后的半个多世纪里，平民代表始终是早期议会中最不稳定的群体。在爱德华一世召开的52届议会中，骑士仅出席12

---

[1]　B. Wilkinson, *The Latter Middle Ages in England, 1216–1485*, Longman, 1982, p. 79.

爱德华一世时期的议会

届，市民出席 11 届。出席时也常因位卑言轻而作用微小。爱德华二世即位时，政局动荡，国王和世俗贵族关系常显紧张。大贵族于 1310 年迫使爱德华二世同意成立贵族立法团，负责制定政府改革法令。为提高其权威性，立法团自 1311 年起有意吸收平民代表参加。国王为加强王权，扩大政府基础，抑制贵族势力，也乐意召集平民代表出席议会。从 1313 年到 1325 年，只有两届议会没有平民代表。[①] 英国议会经过 100 余年的漫长岁月，大致走完了萌芽、产生和形成的历程。

七、治安法官的起源

在 12—13 世纪，英国司法和地方管理制度发展的一个亮点，是治安法官

---

① May Mckisack, *The Fourteenth Century 1307–1399*, Oxford: The Clarendon Press, 1959, p. 182.

的萌芽和早期发展，若干非专业人员得以履行地方管理职责。究其原因，是专职司法机构和人员的出现，逐步削减了原有地方官员的职能和权势，以前的百户区作为地方行政单位渐渐消失，代之以教区。曾经作为郡守助手协理地方治安事宜的治安员，演变为职责相对独立的"治安法官"（Justice of Peace）。当然如此演变，是一个较为漫长的过程。

在相当程度上，治安法官的出现借助了宫廷的名义，秉承了君主的旨意。早在盎格鲁—撒克逊时期，国王的安全被认为至关重要。国王为一国之主，其自身的安危关系到整个王国的命运，故须尽力维护。而后，君主的安全被抽象化，国与君联系起来，并提升到至高无上的地位，凡违反者属叛逆罪，处以重刑。王国内的各级官吏均负有维护王国安全稳定的职责。

1195 年理查德一世任命若干年龄超过 15 岁的骑士，并要他们宣誓维护王国和平。为此，宫廷首席大臣、坎特伯雷大主教华尔特颁发公告，要求所有治安法官依照旧制郑重起誓，将为王国安定而逮捕违法乱纪者。此举被视作英国治安法官名号产生的标志。[①]

1215 年，《大宪章》问世。其中第 18 款允许各郡选派两名法官和 4 名骑士，每年 4 次出席郡法庭。由此为各地治安法官的出现提供了法律依据。[②]

而后，又有相关法律或指令公布。到了 1264 年，英格兰各郡均有国王任命的具有骑士身份治安法官一人，负责追捕犯罪嫌疑人。治安法官兼有地方军酋和警官的身份。

1330 年，爱德华三世签署法规，授权治安法官受理案件或陪审团的申诉状、临时羁押犯罪嫌疑人以待交付巡回法庭审判。自此，英格兰治安法官通常由兼任上院议长的大法官任命。治安法官在维护地方安全的同时，主要以"无薪者"的身份，介入地方司法事宜。1360 年，再度颁布法令，要求每郡任命 3—4 名显要的、知晓法律者为治安法官。重申治安法官的职责不仅包括追捕和监禁犯罪者，还以国王诉讼的名义聆听和裁决本郡中所有的犯罪案件。此法令明确规定了当事人在其所在郡的季度会议上的司法职责。从此，治安法官成为一

---

① Dudley Medley, *A Student's Manual of English Constitutional History*, Blackwell, 2007, p.422. Charls Beard, C., *The Office of Justice of the Peace in England in Its Origin and Development*, New York, 1909, p. 17.

② 两年后，重新颁布《大宪章》，法官和骑士参加郡法庭减为每年一次。亨利三世在位时，改为不定期出席。A. L. Brown, *The Governance of Later Medieval England 1272—1461*, Stanford University Press, 1989, p. 120.

种长久性的地方管理职务。①

威尔士的治安法官则由驻守当地的英吉利军事贵族通过会议选定。

治安法官职守的发展和完善是一个漫长的过程，并一直延续到近代。爱德华一世时期，各地治安法官渐渐在地方法庭中推选，当选者多是当地家境殷实的骑士。爱德华三世在位初期，王室和威斯敏斯特的法官们在司法实践中认识到：在调查案件时，他们必须尽可能地依靠各地较有声望的地主，以便有效地逮捕犯罪嫌疑人，并将之交付审判。这些显赫的地方精英即是治安法官的合适人选。② 自亨利二世允许骑士通过缴纳代役捐、豁免了军务之后，一些前军人在依旧领有骑士称号的同时，专务产业经营，成为体面悠闲的地方乡绅（gen-try）。他们在地方上拥有较高威望和实力，易于成为各地权势的获得者。1412 年，曾在王室法庭供职的亨利·斯特兰奇维斯担任北里定（North Reading）治安法官，以后连任达 30 年之久。他借此扩大了家族威望，并为儿子詹姆斯当选议员和就任议会下院议长准备了必要条件。③ 渐渐地，治安法官一职为多人关注，竞争现象一再出现。1439 年，王室专门规定了治安法官财产资格：郡中凡任此职者，每年需有 20 英镑的地产收入或其他不动产收入。至此，治安法官演变成为一种显示社会经济地位的荣誉职位。一些地位显赫的贵族也积极参加郡会议，支持亲友，并借此将经济拮据的下层人士排斥在外。④ 有些治安法官是在郡会议上或议会中任命的。如此之下，家境较好、社会关系强韧的骑士或乡绅近水楼台获得此职位。14 世纪至 15 世纪初，治安法官及其助手授薪现象一再出现，薪额多寡不一。有的郡规定了薪金额度或付酬工时上限。以后到了都铎王朝，治安法官无禄成为定制。

根据工作需要，治安法官配有若干助手，协理各类工作。在基层教区，由乡尉维持地方治安。而乡尉因管辖范围的差别而分为百户区的高级乡尉和教区

---

① J. Tanner, *Tudor Constitutional Documents*, *A. D. 1485–1603*, *with a Historical Commentary*, Cambridge University Press, 1922, p. 453.

② A. L. Brown, *The Governance of Later Medieval England 1272–1461*, p. 116.

③ John Roskell, *Parliament and Politics in Late Medieval England*, Vol.2, The Hambledon Press, 1981, p. 281.

④ Brown, A. L., *The Governance of Later Medieval England 1272–1461*, Stanford University Press, 1989, p. 127.

乡尉。[1] 与乡尉地位大致平行的还有济贫监察吏，负责土地测量、公路和桥梁维修等的巡查吏，以及教堂执事。基层官吏和陪审团成员均由教区年度会议推选。[2] 各种乡吏都是不领取薪金的"自愿者"。

与郡区相比，拥有自治权的城镇在管理体制上差别较大，却又有共同点。各市镇都有两个作为最高权力机构的议事会：规模较小的参事会（Council of aldermen）和规模较大的通事会（Common-councilors）。它们协同颁布法规，管理市政财产，贯彻中央政府法令。两种议事会多是常设性机构，可循规补充成员。各市镇行政事务由市长主管。市长可另组班底，亦可借助参事成员一道理事。市长本身可任治安法官，主持季度会议。在市长和参事之下，有各色杂役，它们均由两种会议正式选任，有时则由当地全体选民推选。在城镇选举中，少数富有的参事常能起到支配作用。

英国治安法官职位的出现有着重要的社会价值和政治意义。事实证明，正因为他们能连续数百年较好地行使地方治安管理和司法权力，并且总是以骑士和乡绅为任职主体，这就为乡绅的崛起，乃至英国社会结构的变化与资产阶级的起源，准备了积极的条件。而在中古晚期，各地治安法官在推行实施普通法方面也起到了一定作用。

英格兰的政治体制不限于本地。爱尔兰作为它的属地，在行政和司法管理上自始就仿照英制。而且，因其地区居民的民族成分有别，距离英国政治中心稍远，被征服后纠纷屡起，治安管理尤显重要。爱德华一世在位初年，英吉利治安管理体制随即移植爱尔兰。都柏林郡和沿海一带已设有"国王之安宁"的守护者与和平的维持人。与他们的英吉利同行不同的是，爱尔兰的治安法官及其属下可从中央政府财政署支取薪金。爱德华二世即位后的第二年，《温切斯特法令》送至爱尔兰，据此各郡任命两名骑士，会同郡守维持治安。爱尔兰地方管理体制逐渐英吉利化。1311—1312 年的两起案件证实了此点。

其一事关国王爱尔兰劳斯郡王室领地。那里杂人出没，屡生纠葛，宫廷首席大臣约翰·沃根专门派出一支武装部队前来守卫该地，遭到非议。有人断言：因当地军人增加，安分守己者反而要承受更多的骚扰。王室开支亦会增

---

[1] Penry Williams, *The Later Tudors, England 1547–1603*, Oxford University Press, 2002, p. 154. 大的教区包括几个村落，可设几个乡尉。

[2] Norman Pounds, *A History of the English Parish: The Culture of Religion from Augustine to Victoria*, Cambridge University Press, 2000, p. 194.

加，故非长久之计。鉴此，有人提出，摒弃派兵驻守的下策，依靠当地的力量强化治安。沃根接到通知，尽快任命当地的两个富家兄弟——尼古拉·维尔登和米罗·维尔登——管理当地治安。他们一如英格兰的早期同行，都是以国王的名义专门任命的，并且都是当地的军事头领，负责带领地方武装，襄助郡守维护地方安保事务。他们与职业军官的重要区别，是具有"自愿效忠者"的身份，不能领取薪金。

其二是关于王室从科克郡格伦诺教会提取收益受阻之事。此前，该教会已因爱尔兰前任司库理查德·巴福德负债，而被国王将其宗教收益收回。于此，科克郡郡守和其他官员未能及时呈报约克·沃根监管教堂财政，触发上怨。英吉利宫廷下令科克的治安官约翰·巴瑞与郡守一道，动用各类力量，进入教会，将其收益完全收回，交王室支配。[1]

这两件事表明，爱尔兰治安法官体制已经由此缘起，不同的是这里的治安管理具有更多的武力强制性质，而司法职守显得薄弱。所以，他们主要是"治安官"而非"治安法官"。而且，当地教会在英国教会已经推出民事诉讼审理之际，依然享有司法特权。例如，1337年，都柏林大主教亚历山大·比克诺依旧被授权惩罚任何动乱分子和违法法令者。[2] 这种情势一直延续到中古时期终结。

英国的治安法官体制不仅完善了地方管理体制，还强化了英国的"廉价政府"特色。

八、立法和征服

在英国历史上，爱德华一世（1272—1307年在位）曾被列入伟人之列。赞美者说他身材魁伟，性格倔犟，敏于思考，手段灵活，口吃而不失为善辩；他还是勇猛的武士，法律的制造者，弱者权利的维护者，在位期间使英国成

---

[1] Robin Frame, *Ireland and Britain, 1170–1450,* Hambledon, 2003, p. 301.

[2] Robin Frame, *Ireland and Britain, 1170–1450,* Hambledon, 2003, p. 304.

文法和议会得到良好发展。另有评价者说他狂妄自大、无法无天，生性残暴：
"当他走投无路时，他答应你一切，但他一旦脱离困境，马上自食其言……他
认为他的权力是没有什么法律界限的。"[1]

爱德华在位期间，尤其重视立法工作。促使一系列成文法令或在议会通
过，或由常设咨议会[2]颁布实施。为此他被称为"英国的查士丁尼"。

当时，普通法已在英国发展。爱德华本人直接参与议会和咨议会的立法工
作，创下了"王在议会"和"王在咨议会"的重要宪法惯例。从而使成文法具
有不可替代的权威性，并且继续推动了普通法的发展。

爱德华把成文法用做加强中央司法权力的工具，是要达到 3 个目的：削弱
贵族法庭立法特权，确定封建关系和建立良好的地方政府。

那时英国法律体系混乱，司法制度尚未统一。多年的异族入侵和统治给英
国带来了不同的习惯法，致使法律体系多样化。与法律多样化并存的是司法
管辖权的多元性，全国大致上有三种司法权。一是由郡法庭、百户区法庭和
村镇法庭行使的公共司法权：公共法庭主要受理民事刑事案件，带有明显的地
域性，其权限范围与国家行政区划相吻合。二是由领主法庭和庄园法庭行使的
封建司法权：封建贵族司法权的分布极不规则，其分布根据某贵族庄园的分布
情况而定。三是由财务署、御前会议行使的国王司法权，主要限于直接涉及有
关国王利益的诉讼和有关国王直属封臣的案件。此外，还有市镇法庭、教会法
庭和形形色色的特许法庭。随着封建制的发展，一些地方法庭也被大贵族所控
制，立法公正颇受影响。

爱德华即位之前，法学家约翰·布雷克顿已经撰写了《论英国法律和习惯》
一书，系统论述了英国法律体系，声称王国所有司法审判权源于国王，国王是
司法正义的基础。爱德华根据布雷克顿提出的法律准则，于 1274 年派遣法官
到各地查验各类特许法庭的法律性文字依据，倘若某领主没有国王颁发的特许
状，就立即取消其司法特权。1278 年，爱德华为了限制贵族司法权，在《格
洛斯特法令》中强调，各种法庭只有在得到国王司法权的认可之后，才有权行
使自己的司法权。法令颁布后，受到一些大贵族的抵制，爱德华稍做让步。他

---

[1] 安东尼亚·弗雷泽：《历代英王生平》，湖北人民出版社 1985 年版，第 73 页。

[2] 咨议会（the Council，也可译"政务会"）的前身是作为御前会议的"小会议"，存在于 13—15 世纪，
可被视为大会议的核心组织和不可或缺的常设性政府机构，其职能范围包括行政管理、咨询、立法和司法
等多项内容。

在 1290 年又颁布《特许令状法令》说明，如果某贵族因时间久远等原因无法出示文字依据，只要证明其法庭在理查德一世即位前拥有司法特权，就可以得到国王文件的正式认可。这样，贵族司法特权虽继续存在，但作用大减。

爱德华还使用成文法去整饬封建秩序。自亨利二世下令征收免役税以取消骑士军事职责以来，由于军事费用增加和骑士领地的分割，免役税不易征收，组建骑士部队尤其困难。爱德华针对现实，于 1285 年利用咨议会颁布《温切斯特法令》，宣布所有拥有年收入达到 15 英镑的地产者，不论其地产是否属于封建性质，必须置办战马和骑士所需要的装备。1290 年又颁布《威斯敏斯特三号法令》，宣布：以后任何人不得以分封的方式出卖转移领地。倘若乙得到了甲的地产，并得到甲的许可，可以将地产转赐予丙，丙则直接向甲履行义务。这一法令的后果在于：一、因英国所有封地最初均由国王封赐，这一规定实际上加强了国王对大地产的控制；二、加速了农民分化，使自由佃户的数量迅速增加。

为了加强地方政府的管理和控制，爱德华于 1274 年派官员巡查地方政府，调查官员们贪污腐败的情形。为了惩戒玩忽职守者，他先后颁布《威斯敏斯特一号法令》（1275 年）、《格洛斯特法令》（1278 年）和《威斯敏斯特二号法令》（1285 年）等一系列文件。[①]

1289 年任命一个特别司法委员会调查处罚各类贪赃枉法行为，寻找地方官员们敲诈勒索的证据。许多法官因行为不端被撤换。这些做法，最大限度地增加了王室权力和收入。

地方治安问题也引起爱德华的重视。他任命了一些乡绅去维持地方治安，负责捕获地方犯罪分子。这些义务供职者成了地方法官的先驱。在《温切斯特法令》中，爱德华还要求，百户法庭必须在 40 日内将本地的凶杀犯、抢劫犯捕获并交法庭审理，否则处以罚金。经过多方努力，英国社会秩序有所改观。

爱德华在采取重要立法行动时，不仅得到了其顾问罗伯特·伯恩内尔的指导，还争取到了咨议会和议会的同意，这种做法无疑会强化成文法的作用，对以后英国法律制度的发展起了示范作用。

爱德华一世在军事上的作为，同他的立法工作一样突出。对威尔士、加斯科涅和苏格兰的征服，是他的几次较大的行动。

---

① C. Roberts & D. Roberts, *A History of England, Prehistory to 1714*, p. 152.

对威尔士的征服起因于当地诸侯卢埃林的反叛。早在 1158 年卢埃林就自立为霸主，接受威尔士诸侯的效忠。1262 年反抗驻守在南部的英格兰贵族，并与反对亨利三世的西门·孟福尔结成同盟。孟福尔被杀后，他在 1267 年与英王签订《蒙哥马利协定》，承认其宗主地位，每年缴纳 3000 马克的贡金，亨利三世则确认他为威尔士亲王和斯诺登勋爵，成了所有酋长们的君主。爱德华即位后，他渐渐开始对抗，拒绝缴纳贡金，边疆贵族为私利而妥协，英格兰和威尔士接壤地区处于混乱状态。

1277 年爱德华一世带领骑兵 800 人、步兵 1500 人和 370 名弓弩手进入威尔士，重创叛军，迫使他们投降。卢埃林失去了他在斯诺登和安格尔西以外的土地，但保留了他的威尔士亲王的头衔。

5 年后，威尔士人在卢埃林胞弟戴维的领导下再举叛旗，争取民族独立。为彻底征服威尔士，爱德华动用了 750 名骑士、8000 名步兵和 1000 名弓弩手，经过一些挫折，在比尔思附近的战役中杀死卢埃林。戴维被捕后拒绝投降，被数马分尸。

而后，爱德华采取有效措施加强统治。一是在 1284 年颁布威尔士条例，按照英格兰的方式将这个地区划分为几个郡，由王室直接派郡守治理。二是建立一批城堡，成大圆圈状，注视着斯诺登的群山，震慑着威尔士人。1301 年，他把威尔士亲王这个称号赐给自己的儿子，即未来的爱德华二世。以后，英王的继承人都被赐予这个称号。

由于征服和镇守威尔士，爱德华一世把英格兰弄得民穷财乏。征税时屡次受到议会责难，无奈之下他就敲诈勒索犹太人。犹太人忍受不了盘剥，难免牢

威慑威尔士人的哈勒契堡

骚，他下令将所有犹太人驱逐出不列颠，并洗劫他们的财产。爱德华还就教会自由和司法问题与坎特伯雷大主教激烈争吵。1297 年温切尔西大主教拒绝了让教士纳税的要求，他便撤销了对教士的法律保护。

在此稍前，他还同法王腓力浦四世发生冲突。由于婚姻关系，爱德华在大陆上领有加斯科涅，并为此向法王表示效忠。1294 年，法王召爱德华去巴黎议事，爱德华作为封臣却拒绝前往。腓力浦下令夺取加斯科涅，爱德华兴兵前去收复。可是，国人多年为战事所累，目下反对征税，骑士不愿去加斯科涅服役。爱德华无法扩大战事，便通过谈判解决争端。几年后他重新承认腓力浦四世为宗主。

英格兰与苏格兰的战争同样是因爱德华的征服野心引起的。本来，苏格兰在亚历山大三世（1249—1286 年在位）的统治下，社会安定繁荣。不料在 1286 年，亚历山大因坐骑坠落悬崖而死，留下一个 6 岁的孙女玛格丽特，也在 4 年后夭亡。爱德华让 16 岁的约翰·巴利奥尔得到王位继承权，虽然引起苏格兰贵族的争议，也算比较合理，可他还利用巴利奥尔的懦弱去建立他在苏格兰至高无上的权威，1294 年他与法国开战时，禁止苏格兰船只出海，促使苏格兰人与法国结成同盟。威尔士人也利用爱德华在法国的困境，在 1295 年冬天叛乱，很快被镇压。

1296 年春天，爱德华大举进攻苏格兰。3 月攻陷并洗劫了贝里克，4 月在邓巴击溃了苏格兰主力军，贵族们纷纷投降。英军大张旗鼓地穿越苏格兰，搜索劫掠，从斯康尼教堂中运走了宝物"命运之石"。巴利奥尔仓皇逃走。

种种暴行伤害了苏格兰人的感情。翌年，他们在威廉·华莱士的领导下，以深山老林为基地开展游击战，又在斯特灵桥重创英军。1298 年，爱德华组织了一个空前庞大的军队——其中雇佣骑兵 2400 人，包括威尔士弓弩手在内的步兵 10 500 人，于 7 月 22 日发起了福尔柯克战役。苏格兰人使用大刀长矛，经受不了英军的如雨箭矢和骑兵冲锋，彻底失败。华莱士逃走后，苏格兰人继续反抗，1301—1305 年，英军 4 次讨伐无果。1307 年，风烛残年的爱德华又亲率大军深入苏格兰，讨伐擅自登基称王的罗伯特·布鲁斯，病死在征途中。

爱德华一世用战火结束了苏格兰的和平岁月，也破坏了苏格兰和英格兰的良好关系。以后，两国矛盾和隔阂延续了两个半世纪。

第五章

战争和危机

（14 世纪初—1485 年）

一、百年战争（前期）

　　新君爱德华二世（1307—1327 年在位）行为怪僻，性格懦弱。他即位仅一个月，就封赐他的"恋夫"加夫斯通为康沃尔伯爵。1308 年初，他去巴黎迎娶法兰西公主伊莎贝拉，又指定加夫斯通为摄政大臣。使权贵们憎恨不已。1311 年，他们在大贵族托马斯·兰开斯特领导下，组成委员会，强迫爱德华将加夫斯通放逐。加夫斯通被护送到国外，不久就允许他回国。贵族们将他私下处决。

　　稍后，苏格兰国王罗伯特·布鲁斯为摆脱英格兰的控制，兴兵南下骚扰。爱德华为缓解贵族们的怨恨，率领 25 000 官兵北征，1314 年 6 月 24 日，在班诺克本河畔，英军被布鲁斯的 9000 名长矛兵击败。苏格兰实际上实现了独立。[①] 爱德华落荒逃归，以后几年里成了兰开斯特手中的傀儡，英国又遇到

---

① 1327 年爱德华三世即位后，再次对苏格兰用兵失败。1328 年缔结《北安普顿条约》，英国正式承认苏格兰为独立国家。

历史上最大的灾荒，苏格兰人一再南下劫掠，英格兰混乱可怖。

1318 年情况好转。爱德华在贵族咨议会的控制下，试图挑动他们互相争斗。他宠信德斯彭斯父子，兰开斯特便将他们放逐。爱德华依靠部分贵族的支持，1322 年处死兰开斯特，引起王后伊莎贝拉的不满。1326 年，她在情夫莫蒂默的支持下，结成贵族反对派，于翌年 9 月带领雇佣军侵入英格兰，处决德斯彭斯父子和国王其他亲信，废黜夫君，让 15 岁的儿子即位。爱德华二世惨死。

爱德华三世（1327—1377 年在位）也是一位雄心勃勃的国王。他在父王与贵族的激烈斗争中长大，即位初年容忍母后和莫蒂默操纵朝政。1330 年 10 月，他在一些大贵族的支持下，处死莫蒂默，将母后长期监禁，从此牢牢把握君权治理英国。

爱德华三世不仅善于用明智、宽容的政策笼络名门贵族，还用战争激发尚武精神，把贵族从国内的互相倾轧引向对外战争，促进他们的团结，唤起对王室的忠诚。而英国贵族和骑士们既未忘怀他们在诺曼底等地的大片领地，又想借对法战争，摆脱当时社会和政治混乱局面、建功立业、劫掠财富。

这场断断续续进行了许多年（1337—1453 年）的英法之战被称为"百年战争"。其基本原因是两国统治者争夺领地。14 世纪初，英国仍占据法国南部加斯科涅地区，成为法国政治统一的障碍。而不列颠贵族意欲巩固英国在佛兰德地区的地位，保证本国商人在羊毛贸易中的利益。1328 年，法国占领佛兰德，爱德华下令禁止本国羊毛出口，迫使佛兰德人支持英国的反法政策。

英法战争的发生还同苏格兰问题相关。1333 年，爱德华率兵包围贝里克，在哈里顿山击溃了苏格兰人。布鲁斯的支持者逃到大陆，得到法国王室的援助。但在英格兰激起仇恨。于是爱德华三世把战争矛头转向了法国。

王位继承问题也为英国人入侵法国提供了借口。1328 年，法国卡佩王朝绝嗣。其支裔瓦卢瓦家族的菲利浦六世即位。爱德华三世以法王腓力浦四世外孙的资格，向法王挑战，触发旷日持久的战争。

菲利浦六世看到战争不可避免，就先于 1337 年 5 月 24 日下令法军占领基恩。11 月，爱德华三世率军进攻法国，战争开始。

1340 年 6 月，两国海军在斯勒伊斯激战 9 小时，法国舰队惨败，制海权落人英国人手中，大批士兵和武器运到法国。加上佛兰德人的支援，爱德华的军队达到 20 000 人，但在进攻图尔内时，法军殊死抵抗。战争一旦转为持久战，就不利于长驱直入的英国军队。爱德华没有足够的议会拨款来支撑这场战争。1342 年，教皇出面调停，双方停战。

1346 年春季，议会基本满足了国王的军费需求。经过认真组织，7 月中旬爱德华带领大批英军在诺曼底顺利登陆。法国军队一时难以调集足够兵员阻挡英格兰人。入侵者一路烧杀，抵达卢恩和巴黎附近。以后法国军队源源而至。双方多次会战，法军失败。英军异乡作战，困苦不堪，但他们善用长弓，迅速发射利箭，能射穿 200 码以外法国雇佣军坚硬的盔甲；并在自己阵地上埋下锐利的木桩，尖头朝着敌方，使冲锋的骑兵人仰马翻。长弓和木桩的使用使英军屡次以少胜多，结束了骑兵长达 500 年的优势。其中最激烈的战役是克雷西战役，英军箭发如雨，仅以数十人伤亡的代价，换来了歼灭法国步骑兵 4000 余人的辉煌胜利。随即，爱德华调兵北上，直奔围攻距离英国最近的加来，11 个月以后，孤立无援的守军投降。[①] 攻陷加来后，法国政局动荡，1350 年菲利浦六世亡故，其子约翰二世即位，权势一时不稳，加上黑死病折磨和两国财政困难，战争停顿下来。

克雷西战役

---

① 该地由英国人占领到 1558 年，是英国商品的重要集散地。但是，英国长期占领加来的不利之处，是使英国统治者久久不忘他们在大陆的利益，还必须动用相当人力物力用于防守。

1356 年战端重起，英国王位继承人、黑甲太子爱德华率领 7000 名贵族家兵，从波尔多向法国中部发动袭击，起初在约翰二世优势兵力的追击下，从下卢瓦河转向西南，9 月 17—19 日，双方在普瓦捷以东会战。英军利用星期日休战，借助有利地形加固了阵地，法军骑兵盲目冲锋，深陷沼泽，多被射死。约翰二世被俘，恳求宽恕。根据 1360 年布勒丁尼和约，法国支付 50 万英镑的巨款赎回国王。爱德华三世重申了对法国王位的继承权，扩大了英国在法国卢瓦河西南的领地，不必再向法王行臣服礼。

此后，法国不愿割地赔款，拒绝履行条约。1369 年战争又起。英格兰军队在加来登陆，向波尔多推进，法国一方面组织抗战，一方面通过外交手段向当地领主行贿，逐渐收复了 1360 年失去的领土。1374 年末，加斯科涅的英军缴械投降，英国在大陆的领地几乎丧失殆尽，仅剩下加来、波尔多和一些城堡。1377 年爱德华三世去世，黑甲太子的长子理查德二世即位，议会不愿提供足够军费，两国由于内部纷争开始议和，终于在 1396 年缔结了 20 年的停战协定。前期百年战争结束。①

数十年的对外战争，使法国疮痍满目，却加强了英国贵族实力。他们豢养了私人军队，在实战中得到锻炼，渐渐不把王权放在眼内。多亏王叔、冈特的约翰公爵全力襄助，理查德二世方能勉强在位，但贵族的两极分化却无法避免。1386 年约翰公爵出国，以格洛斯特、阿伦德尔和沃里克为首的反对派贵族加强了他们在咨议会和议会的势力，1388 年，他们全面抨击宫廷事务，几个国王近臣以叛逆罪被处死。为此这届议会历史上称为"无情议会"。所幸约翰公爵归国，从中调和斡旋，国王和贵族保持了 6 年的友好关系。1394 年，他迎娶了法国公主伊莎贝拉，伤害了反法贵族的感情。同时，他在爱尔兰、威尔士和柴郡征募大量私人军队，以便镇压贵族叛乱。1397 年，他突然逮捕格洛斯特、阿伦德尔、沃里克等人，将他们流放或处死。其中约翰公爵的儿子亨利·博林布鲁克被判流放 10 年。

1399 年 2 月，约翰公爵亡故，国王失去了最忠诚的支持者，却违反常情将博林布鲁克的放逐改为终身监禁，并剥夺爵位和领地的继承权。理查德的做法使贵族们人人自危。

---

① Desmond Seward, *The Hundred Years War: The English in France, 1337–1453*, Atheneum, 1978, p. 138.

同年 5 月，理查德前往爱尔兰，博林布鲁克突然率兵入侵英格兰，把贵族团结到他的周围。8 月，理查德投降，9 月 30 日被迫让位于博林布鲁克，后者登基称亨利四世，开启了兰开斯特王朝的历史。金雀花王朝寿终正寝。[①]

二、议会的发展

13 世纪中后期，议会是一个多等级联合会议。因他们利益不同，加上礼仪限制，议事时总是站、坐有别。稍后，一些修道院院长和中下级教士陆续退出，自行组成"教士会议"。其余大主教、主教和大修道院院长等，与世俗大贵族联合组成贵族院。多数骑士缴纳了免役税，脱离了军务，并且同一般工商业者利益接近，社会地位渐渐趋于平等，宁肯一道聚会。1332 年贵族和平民首次分院议事，这虽属偶然之举，亦可将其看作两院制出现的一个环节。1341年，议会又因要事辩论。一些官僚指控大主教斯特拉福理财不善，未能尽力筹集对法战争的军费，要求立案审判。斯特拉福当即辩解：根据古法旧制，唯有贵族有资格审判他，其他人不得参与。在场贵族一致赞成。他们退出壁画大厅，到白厅聚合。同年，国王正式免除了下级教士参加议会的义务。两院制终于形成。

两院分开后 30 多年，下院工作由协商会议代表主持。1376 年在贤明会议上，平民代表首先集体起誓要对外严守议会秘密，以防国王贵族刁难干扰；继而推选骑士代表彼得·马克为下院总发言人（Speaker），觐见国王和贵族，禀报下院讨论情况和要求。而后这种作法成为制度后，彼得被公认为英国历史上的首任议长。上院则推选大法官主持该院会议。议会两院形成时，上院地位明显重要。

14—15 世纪是英国议会发展的重要时期，议会组织形态、工作程序及规则基本形成，并一再得到成文法的认定。例如 1330 年、1362 年和 1376 年的议会成文法都申明至少每年召开一次议会，必要时可以多开。1300—1340 年

---

① 理查德送到庞特弗拉克城堡监禁，4 个月后神秘地死去。

共召开 58 届议会。其中 1311 年、1314 年、1328 年和 1331 年各召开 3—4 届。

14 世纪中叶，英格兰共置郡 37 个，每郡选派骑士议员两名。可以选派议员城市的资格来源不尽相同，但多数是通过购买国王特许自治状而获得的。当时，全国议会城市共 140 多个，通常出席议会的市民代表仅 150 人左右。15 世纪自治市数目增加，下院议员人数相应增长。议会召开地点相当固定。自爱德华三世即位起，除 3 届议会是在其他城市召开外，其余多次均在威斯敏斯特教堂大厅。

历经多年发展，议会逐渐具备了几种职能。

一是司法请愿，即代表民众向国王呈递请愿书，申诉各类法庭在司法审判中遇到的疑难问题。议会两院制确立后，下院享有优先请愿权。请愿分为个人请愿和公共请愿。请愿书提交议会后即为议案。议会委员会由咨议会和上院议员组成，负责审议审判厅和议会书记官提交的全部议案。14 世纪六七十年代，委员会可对涉关请愿的议案实行修改，并可对个人请愿拥有反对权。15 世纪，越来越多的请愿书呈交给"议会中的下院"。

二是决定征税。1297 年，爱德华一世因对外战争而急需征税，遭到议会反对后，被迫允许以后"未经王国普遍同意"不得征税。1337 年起，爱德华三世陷于长期对法战争，需要巨额军费。议会借机约束王权，力求扩大控制征税的能力。1340 年议会法案规定："非经议会中高级教士、伯爵、男爵和平民的普遍同意，国王不得征收任何赋税。"1339 年和 1344 年，议会两次拒绝支付国王所要求的款项。1348 年又强调："以后没有议会的授予和同意，国王陛下的宫廷会议不可征收任何赋税，不得征收其他任何种类的捐税。"

议会两院中，下院议员人数较多，由选举产生，自认为更有资格代表全国人民，因而在征税上要求拥有更多的发言权和决定权。1380 年，上院首先同意国王 16 万镑补助金，下院认为数额过大，减去 6 万镑，并规定了征税种类和总额。到了 14 世纪 90 年代，议会通过的税案上已不再有"经上、下两院批准"的提法，而改为"征得上院同意，由下院批准"。14 世纪中叶，议会还获得了对政府财政的监督权。到了 15 世纪，每个国王在夺取和维持王权时，都重视议会配合。

三是制定法律。13 世纪中叶到 14 世纪前期，国王和政府习惯上只把郡、市代表视为民众请愿者、而非立法者。国家制定新法之权几乎全被国王及其常设咨议会以及议会上院所把持。爱德华一世即位不久，一些贵族议员强烈要求参与立法活动。1332 年，议会还通过一项重要法令，规定：凡属重大立法事宜，均需得到国王和议会中教士、贵族和平民的赞同。此后议会开幕时总是郑重宣布：立法是议会召开的主要目的。但在 14 世纪末，下院议员仍被视为各地派往议会的请愿者，他们只能偶尔作为次要角色参与上院贵族所把持的立法活动。

15 世纪以来，因商品经济发展和经济活动的扩大，经济立法事宜终于提上议会工作日程。1461 年 12 月 9 日，下院首次正式提出的一个有关商业贸易的议案，得到国王爱德华四世的重视，他特意邀请下院议员来到上院，与贵族议员和大法官共议此案。此举为以后下院参与社会经济立法开了先例。

立法权的扩充有类似之处。直到 14 世纪末，议会法案起首部分的格式化用语总是这样表述：法律是根据下院的请愿，经上院同意，由国王在议会中制定的。可在 1404 年，亨利四世宣布：没有"全国各等级"的同意，任何人不得更改法规。下院在立法中不仅有创议权，而且与上院共享同意权。

四是监督、弹劾行政官员。具体做法是：由下院作为原告对渎职官员提出控告，再由上院做出判决。1308 年，上院首次通过议会、并以人民的名义弹劾爱德华二世宠臣加夫斯通。1336 年"贤明议会"上，议会弹劾国王宠臣拉蒂默和尼维尔，指控他们犯有多种罪行，处以罚款并剥夺官职。10 年后，议会又弹劾宫廷大臣萨福克伯爵，一批官员被清洗。1388 年 2 月，两院又起诉理查德二世（1377—1399 年在位）的近臣德拉波尔等人，以叛逆罪处以极刑，一些曾与"弹劾派"对抗过的保王派议员也被逐出议会。历史上，这次议会得到了"无情议会"绰号。

14 世纪英国议会不只弹劾大臣，还两次废黜国君。1327 年，议会借国王滞留国外之机，举行会议指出：爱德华重用奸佞，屡铸大错，实属无能。全体议员一致同意将其废黜，立其长子，即以后的爱德华三世为国王。第二次弹劾行动是在 1399 年，议会宣布了金雀花末代国王理查德二世的退位声明，列举其多条罪状，上院再以最高法庭名义宣布废黜理查德二世。上述两次废黜国王的行动都是在王位更替或改朝换代的关键时刻发生的，由于个别权贵对议会的控制，决定当时议会弹劾大臣、废黜国王的行动都不是完全主动的。

由于中古时期英国议会始终不是常设性政府机构，其职能和作用发挥总是被限制在一定范围内，并多次成为国王和权贵的工具。

而且，王权衰落虽然会导致贵族势力暂时膨胀，却难以形成少数政要长期控制政府的寡头体制。某一贵族头领通过战争或政变方式登上王位后，同样不能恣意妄为。15世纪前半期，经议会提名、由大贵族和个别非贵族高级官员组成的咨议会几乎包揽了全部的中央行政权，但他们有意抵制个人专断。1422年国王不满周岁，护国公格罗斯特公爵以王叔身份要求出任摄政王，被议会拒绝。1429年，议会干脆取消格罗斯特的护国公称号，仅保留首席大臣名分。以后直到15世纪六七十年代，议会一再重申对王位继承问题的干预权。

大贵族控制议会的局面维持到15世纪中叶，尔后由于"玫瑰战争"进行，贵族火并空前激烈，使许多贵族殒命，幸存者中又有一些曾与国王或与得势贵族对抗冲突而被褫夺爵禄。久而久之，上院元气大伤，规模缩小。

15世纪中叶，即亨利六世在位年间，议会两院通过法案的"三读"程序形成。立法议案分为私议案和公议案两种。前者源于私人请愿书，内容仅仅涉关个人、集团或地方利益，公议案多由下院书记员按照法规格式和术语拟就，经两院充分讨论后方经国王批准生效。两院讨论过程分几个步骤："一读"时提出议案名目，列入议程；"二读"时讨论议案基本内容，必要时任命专门委员会根据辩论中的意见加以修改；"三读"时对送返本院的议案进行表决。

下院作用增强之时，议员的辩论自由和议会开会时免遭逮捕等特权渐渐得到承认。如在1397年，议员托马斯·哈克塞因为在议会中提出一项批评国王及其廷臣的议案而被判以重罪，并被没收全部财产。许多议员愤愤不平。亨利四世即位不久，议会两院分别通过决议，宣称：政府以叛国罪随意拘捕议员的行径侵犯了议员的权利，应予以撤销。1401年亨利四世接受下院请求，恢复了哈克塞的名誉，退还其财产。大约在15世纪30年代，国王、公众社会和法律都相信议员享有自由议事和在开会期间免遭逮捕的特权，尽管这些权利的确立是在近代。

15世纪英国议会的重要进展是制定了若干选举法规。第一个选举法于1406年颁布，它规定：郡长必须按照正当的选举程序组织选举，选举应当是完全自由的，选民不应受外界压力的影响。而后又做出补充规定，授权大法官监督各郡选举，对违反选举法的郡长处以重罚或监禁，1429年的选举法明确规定了郡选民的财产资格：凡年收入达40先令的土地持有人拥有选举权。1432年又申明选举人必须在参选郡中居住或在该郡拥有地产。至于被选举权，1445年法规宣布：各郡竞选议员者的社会地位必须在骑士之上，当选骑士应有20英镑以上的年收入。

三、黑死病和社会动荡

百年战争白热化时，黑死病袭击英格兰。这场瘟疫源起于中亚，1347年由十字军带回欧洲，从意大利蔓延到西欧，1348年8月，由来自加来的难民带来，先在多塞特郡的港口登陆，翌年流行不列颠。战火连年的英法战争加快了疾病的传播。黑死病又在1361年、1368年、1375年、1390年几度流行。

这种瘟疫可能是淋巴腺鼠疫和肺病。黑老鼠和跳蚤成为病毒携带者。患者症状可怕：身上起满小脓疱，腋下或腹沟突发硬结，敷药手术毫无效果；高烧，神志昏迷。恰巧，英国的气候虽然适合植物的生长，但又多雨潮湿，居民易患哮喘、肺痨和风湿等病症，容易感染恶性病毒。医生找不到病源，只能用放血、清肠、清洗住处和身体等方法折腾一通。个别医生和教士恐怕传染，拒绝治疗病人。

黑死病导致人口锐减，死人之多超过历史上任何流行病或战祸。据不完全统计。约克、林肯主教区的僧侣死亡率是44%，艾塞斯特、温切斯特、诺里奇和伊利主教区的教士大约死了一半。布里斯托尔的人口死亡率大约在35%—40%之间。从1348年米迦勒节（9月19日）至1349年米迦勒节，法纳姆百户区的10个村庄里，起码有740人殒命，其中185人是户主；一年后又死了101人；1350—1351年间又有58人死亡。至于全国的人口死亡率，当时不可能有比较全面的统计。但根据英国学者J. C. 罗素的分析：1348—1350年间，即在黑死病第一次流行时，人口损失大约为20%；而加上以后历次人口的损失，人口死亡率高达50%。[①] 英格兰的人口总数在黑死病流行之前可能已有400余万，到了这一世纪末，降至250万左右。

黑死病使不列颠人体验到了地狱般的阴森。人口集中的城市、学校和教堂，死亡率较高。主教被死神戮于教堂之中，感恩仪式停止举行，一年之内坎

---

① Mav Mckisack, *The Fourteenth Century 1307–1399*, Oxford, The Clarendon Press, 1959, pp. 220, 289, 331–333.

可怕的灾难——黑死病

特伯雷大主教职位 3 次易主，最短者任职 6 天。一件首饰换了几个工匠，最后还是半成品。案件尚未开审，原告及被告即双双死去。新伉俪蜜月未尽含泪永别，鳏夫寡妇再婚后又成永诀。教堂废而不用，尸体无人掩埋。原来已经开工的教堂被迫停建。

黑死病扰乱了原有的社会秩序，犯罪率高于往常。一些村镇庄园经历了黑死病洗劫，人口锐减，百业凋敝，成了强人无赖的出没场所。各地治安管理松弛，退伍士兵和无业游民四处游荡，谋财害命。普通百姓接受了官方建议，外出时携带兵刃护身，某些官吏面对死神的造访，心头有了世界末日的感觉，抓紧收贿勒索。

遭受这场瘟疫打击最重的是生活条件恶劣的下层人。那时公共卫生水准不高。制革厂、猪栏、厕所的污臭味污染着空气，多数人从井里和沟渠里取水。居民很少洗澡洗衣，污秽生活使疾病传播起来格外迅速。著名的库克斯汉庄园，12 名维兰在一年里全部亡故。大片耕地搁荒。僧侣只好放弃了对庄园的管理。

劳动力很快变得极为短缺，庄园主被迫大幅度提高工薪来招募劳役工。14世纪末雇工的报酬提高了一倍。

1349 年夏天，正当瘟疫肆虐之际，爱德华颁布条例，严令各类劳工必须接受黑死病之前报酬标准，违者重罚。1351 年 2 月，又允准议会颁布"劳工法令"，要求雇工每年必须宣誓两次，接受旧的薪酬，否则戴足枷示众数日后监禁，甚至在违抗者额头烙印。但因劳力紧缺，以及维兰们逃跑和联合抵制，雇主们难以严格实行此类法令。有些地方的维兰不再遵守农奴义务服役的惯例。所以，以后颁布的多数法令，均无实效。黑死病竟然成了封建农奴制的杀手。

另外，贵族领主还借助传统说教维护自身特权和"天然的秩序"。黑死病过后流传的《为政之鉴》重申正统观念：任何人不得以任何武力胁迫领主；佃户遇到难处时应当向"高贵、尊敬与公正的领主"祈求帮助。

黑死病来临之际，农业灾害频繁。歉收导致食品供不应求，物价大幅度波动。但总的看来，工资增加的幅度低于物价的上升率。

在人口锐减的情况下，国王为了维持宫廷开支和支付雇佣官兵的薪俸，多次召开议会，要求征收高额赋税。如在1371—1381年加收直接税，并穿插征收补助税。1377年开始征人头税，年满14岁以上者均须缴纳14便士。尽管人头税税额不大，可它不分收入多寡一律收敛，对穷人不利。由于普遍的抗议，两年后人头税额调整，从最低收雇工4便士，到最高收伯爵的4英镑不等。但总额仅2000英镑，难以弥补财政亏空，便于1380年11月下令征收第三次人头税。税额改为凡年满15岁者，一律缴纳1先令。这在全国引起极大不满。农民起义很快爆发。

起义的先声是各地的抗税斗争。1381年5月30日，艾塞克斯郡弗宾镇的面包师托马斯呼吁人们不缴人头税。稍后肯特郡的抗税行动演变为武装起义。6月7日，起义者推选瓦特·泰勒（？—1381年）为首领。几日后，起义农民焚毁了庄园主可据以起诉的文件和记录，先后攻占了坎特伯雷、伦敦桥。12日，在伦敦的一个广场上，一位叫约翰·波尔的头领引用《圣经》中的故事，对起义军和民众激愤地讲道：假如不是篡夺的结果，那么贵族的特权来自何处？又发问说：

当亚当耕种、夏娃纺织时，

谁会是绅士？

迅即，波尔的话广为流传，号召民众挑战不平等的阶级压迫。12日下午，义军冲进了马夏尔西监狱释放犯人。翌日进入市中心，捣毁兰开斯特公爵的宅邸。然后抵达伦敦塔外，使躲避在塔楼内的国王、王室要员和宫廷官员格外恐慌。这时，农民起义波及英格兰大部分地区。

6月14日，即在约定面见国王之前，起义军提出了"迈尔恩德纲领"，要求：废除农奴制和劳役制；承租人每英亩只交4便士地租；全国各地自由买卖。当天，起义者进入伦敦塔，处死首席大臣萨德伯里等人，迫使理查德二世口头答应"迈尔恩德纲领"上的所有条件。部分农民以为大功告成，离开义军。

15日，理查德二世带领禁卫军在史密斯菲尔德会见起义军。瓦特·泰勒代表农民提出新的纲领，除坚持废除农奴制、领主特权，减免赋税外，还要求没收教会和修道院的土地。这反映了少地维兰和雇工们获取土地的愿望。然而，当泰勒和国王谈判时，突然发生了战斗，泰勒身受重伤，被部下抬到圣巴托罗缪医院。农民队伍被驱散。11天后，伦敦市长突然到医院将他拖出斩首。在此稍前，国王已经诏令贵族骑士率领家兵，在各地剿灭反抗者。义军许多领导人，包括约翰·波尔等，都被处死。

1381年瓦特·泰勒为首的农民暴动是英国历史上一次大规模的农民起义。它具有明显的反封建性质，加速了农奴制的崩溃。但起义军反对一般领主，而不反对王权，其领袖轻信国王，仓促谈判，惨遭杀害。而且，起义来得急，败得快，其领导者缺乏明确目标，未能联合各地的反封建力量共同斗争，最终被封建主军队各个击破。

起义虽然失败了，但没有影响以后有利于农民的经济因素的发展。1389—1390年，议会放弃了压低雇工工资的做法，指示地方法官和城市当局按照食品价格予以调整。这种情况一直维持到15世纪。如在考文垂，1430年左右熟练工人的日工资通常是4—5便士，非熟练工人的日薪是3便士。1445年议会恢复了最高工资限额政策，但实际工资稳定在一个较高的水平上，而以后几年里，生活必需品的价格相对要低些。

四、威克利夫和罗拉德派

14世纪的宗教危机产生的原因相当复杂。最深刻的根源是教会对财富的过度占有激起了社会的不满。按照惯例，教会和修道院不必像俗人那样照章缴税，而只需根据其头目的议决，"自愿"将他们收入的1/10捐献给政府。教会代表除能出席上院和在政府担任要职外，还可以参加由坎特伯雷大主教和约克大主教召开的会议，决定与宗教或教士有关的所有问题，对教会的佃户拥有完全的司法权力。使国王和贵族最感不满的是，英国教会每年向教廷缴纳巨额宗教税。自 1378 年以来，罗马教廷严重分裂，互相敌对的两任教皇分别驻在罗马和法国的阿维农，降低了天主教会的权威。而英国教会受制于负责征收宗教税的法国红衣大主教，使大量财富流入法国，这又使英国统治者担心加强对手的实力。

此外，英国人颇为反感的是，许多教士不但不认真地履行职责，还生活糜烂荒唐，霸占大量地产，偏好美食荡妇。本来，游方行乞的托钵僧能够忍耐清苦生活，可现在贪婪懒惰，不顾教规，饮酒食肉。所有这些成为威克利夫反教权主义激进思想产生的背景。

14 世纪 20 年代以来，英国反教会势力在国王支持下采取行动。1333 年，爱德华三世拒绝执行 1213 年以来一直履行着的允诺，不再向教皇缴纳贡物。1351 年颁布《圣职候补人遴选法》，试图终止教皇对英国神职人员及其薪俸的控制。两年后，又通过《王权侵害罪法》，禁止教会将国王裁定过的案件向教皇申诉。

终于，英国思想界发出了改革的呼声。1371 年，高级教士威克姆被免去了大法官的职位，随即议会就教会税收问题展开激烈讨论，甚至提出了没收教会财产的动议。爱德华三世为加强王权，支持这些做法。

在英国乃至欧洲历史上，约翰·威克利夫（1324—1384 年）被视为宗教改革的先驱。他出生于约克郡农户家庭，在牛津大学潜心研究神学，1372 年获得博士学位。1374 年担任拉特沃思教区长。兼任牛津大学神学教授。因支持爱德华三世抵制教皇，曾受国王派遣，赴布鲁日与教皇代表就英格兰缴纳教廷赋税以及圣职任免等重大问题谈判。

威克利夫是位果敢的神学思想家，出于对本国反抗罗马教廷行为的理解和支持，他历时多年，撰写了《论神权》4 卷、《论政权》和许多有关形而上学、神学和逻辑学的论文。他的著作多用拉丁文写成，语句晦涩，包含着激进思想。

威克利夫在著作中特意声明：人所行使的权力直接来自上帝，只有上帝是万众的主宰。人们可直接向上帝表示忠顺，恰如每个英国子民对国王效忠，而无须经过任何中介。假如教会非要介入，则应予以拒绝。如某人犯有不可饶恕的重罪，其权力就难以恰当地行使。只有正义者才有资格获得真正的权力，哪怕正义者的这种权力一时得不到承认。在理论阐述的基础上，威克利夫无畏地提出：天主教会既然有罪就应该主动放弃财产，使社会民众减少不必要的开支，安居乐业。那么，怎样剥夺教会的权力呢？答案是由国家特别是由国王执行。

威克利夫的设想刚刚提出，就受到国内外教会的攻击。教皇格列高利十一世连续发布50份诏谕，批评他的带有明显政治目的的宗教观点，要求英格兰政府将他逮捕，官方不予理睬，但英国教会却不许他在牛津大学教课讲道，并禁止他到别处宣传自己的观点。威克利夫闭门著述，系统批判教会的宗教信仰和不当行为。其一，在教会组织方面，认为教皇和教廷的设置缺乏《圣经》上的依据，并从宗教上流行的得救预定论出发，提出应由注定要被上帝搭救的人们组成"无形"教会，取消权势无所不在的天主教会。

其二，抨击教会长期宣传的"变体论"，即所谓圣餐礼上所用的面饼和酒果能变成耶稣的肉和血的教义。为此，他用尖刻的言词嘲弄教会的愚昧和欺诈，从教皇到普通教士无一得免。

其三，主张以《圣经》作为信仰的唯一源泉，不分贵贱僧俗，人人可拥有一本《圣经》。这是威克利夫反教权主义思想的核心。他根据当时《圣经》都是使用拉丁文抄写和宣讲的事实，于1380—1381年间，在牛津大学女王学院将《圣经》翻译成英文。并筹备"穷修道会"，想通过它将《圣经》的真谛传播到民间。《圣经》有两种译本。其中一种文笔通俗流畅，便于下层人理解。此外，他还主张：教会应当放弃财产，教士应离开修道院，娶妻生子。尽管威克利夫的学说未曾触及世俗贵族和王权，没有谴责农奴制，却对那些以祷告为国王服务的"第一等级"和教会等级制度以严厉抨击，客观上也冲击了封建等级君主制和社会等级制。

威克利夫反教权主义的主张，主要代表着包括骑士和市民在内的中产阶级利益，反映了民众建立廉洁教会的要求，得到了一些人的认可，一向对教皇怀有抵触情绪的英国上层也曾予以支持。如在1377年2月，坎特伯雷大主教和伦敦主教曾将他传到圣保罗教堂听审，但由于兰开斯特公爵亲自陪同前往，致使会场混乱，难以控制。威克利夫在支持者的保护下，安全退席。后来在1393年，英国制定了《王权侵害罪法》，申明教皇权不得逾越王权。议会还提议褫夺温切斯特主教的财富，向教会征收50万英镑的捐税。但总的看来，由于时代的限制，英国国王和贵族官僚，都不敢直接得罪罗马教皇，不敢向教廷提出挑战性政策，当然，有很多的教会人士，根本不理解威克利夫的宗教思想，或本能地抱敌视态度。

威克利夫的宣传和官方对他的庇护，使他的思想首先得到牛津大学同事的认可。1380 年，一些威克利夫的信徒在尼古拉斯·赫里福德的倡导下，组成宣传小组，以后他们到英国其他地方活动，导致"罗拉德派"的形成。1381年以前，他们反映下层社会要求，呼吁把土地交给农民村社并废除农奴制。罗拉德派的宣传促成了瓦特·泰勒农民起义的发生。该派传教者约翰·波尔是起义骨干人物。

1381 年起义失败后，罗拉德派的活动并未停止。当时一位教会学者不无夸张地说："他们像发芽的植物一样迅速滋长，遍及全国……当你在路上行走，每遇到两个人，就有一个是威克利夫的信徒。"①1382 年 5 月，牛津大学的校长、著名的罗拉德派成员罗伯特·里戈计划邀请尼古拉斯·赫里福德等人在圣弗里德威德教堂布道。他事先接到坎特伯雷大主教命令，要校方严格执行教会禁令，不得宣传威克利夫的观点。里戈立即反驳道：牛津大学的学者拥有自己的学术特权，任何主教或大主教都无权干预他们的行动。1384 年威克利夫逝世后埋葬在拉特沃思教区。牛津大学的学人依然宣传他的学说，甚至在理查德二世的宫廷中也会出现罗拉德派的身影。除了牛津大学的学院派之外，罗拉德派还有另外两支。一是包括低级教士在内的下层民众；二是以乡村士绅为主体的中产阶级。

1399 年兰开斯特王朝的建立是罗拉德派命运的转折点。亨利四世把该派视为异端，予以镇压。1401 年，英国首次颁布用火刑处决异端分子的法令，罗拉德派领袖之一索特雷被活活烧死。1406 年，威尔士亲王在向国王亨利四世报告时称：罗拉德派的宣传以及他们对教会财产的攻击，威胁了整个社会的现有机构。1411 年，威克利夫的学说在其发源地牛津遭到诛灭。罗拉德派的活动停止。亨利五世即位后，更加严厉镇压罗拉德派。1428 年林肯主教竟将他们的遗骨投入斯威夫特河。

然而，威克利夫的改革思想和罗拉德派的活动为以后英国的宗教改革作了舆论准备。都铎王朝建立后，罗拉德派开始复兴。随着宗教改革运动的兴起，

---

① 威尔·杜兰：《世界文明史·宗教改革》上卷，东方出版社 1999 年版，第 155 页。

它逐渐与新教合流。

五、民族文学的兴起

　　威克利夫和罗拉德派的反教权主义的活动，以及他们将拉丁文的《圣经》翻译成英语的做法，已在某种程度上启发着英国人的民族意识。而乔叟的文学创作不仅起着启发英国人民族意识的作用，还促使着中古英语向早期现代英语过渡。所以，不仅乔叟文学在英国文学史看具有里程碑的作用，他还是英国民族文学的奠基人。

　　杰弗里·乔叟（1342—1400年）所处的时代正值中古英语发展的晚期。[①]在乔叟的青少年时期，英国语言的阶级性分化依然存在。上层阶级和宫廷都使用法语，成百上千的法文词注入英文里，法律界的术语，多半为法文；拉丁文依然主宰着宗教界和教育界，同时官方文书也还使用着拉丁文，但广大下层民众说英语。百年战争开始后，统治阶级内部的仇法情绪上升，直接影响到国人语言的使用。1362年，英语被宣布为法律上和法庭中的通用语。1363年，上院大法官在议会开幕式上用英语致辞，为此开了重要先例。以后民间开始用英语起草诸如遗嘱之类的文件，从此法语的地位下降，英语作用提高。到了15世纪，特别在英国人失去了他们在法国的属地后，英语战胜法语的速度明显加快了。

　　在乔叟成名的前后，用中古英语写成的诗歌已经在传诵着。其中最著名的是威廉·朗格兰（1330—1400年）[②]的头韵诗《耕夫皮尔斯的幻想》。这是一部包括各种宗教主题的寓言诗，曾经两次修改，所以流行3种不同的稿本。其主要成就是它把教堂语言和概念转化为俗人能够理解的形象和比喻。诗篇从诗人在莫尔文山的一场梦幻开始，通过一系列错综复杂连续不断的场景，描绘出14世纪社会生活的各个方面；其中有财富的肮脏龌龊和政府的腐败无能。作者

---

　　① 一般认为中古英语时期是在1150—1500年，当时流行5种方言：北部方言、中西部方言、中东部方言、西南方言和东南方言，而以伦敦、牛津、剑桥为中心的中东部方言渐渐成为标准语。

　　② 朗格兰的生平不详，他可能出生于伍斯特郡的山区，精通神学和正统教义。

指出唯一的拯救人类的办法是虔诚地信奉耶稣基督。作者通过其中的人物之口，阐发着人生哲理：

> 享受了一切富贵，
>
> 方知真理是宝。……
>
> 口吐真言，
>
> 待人谦恭，
>
> 即为奉行福音之道。

朗格兰诗风粗俗，比喻晦涩，情调暗淡，掺杂一些废话，乔叟似乎不太喜欢。

此外，还有一个手抄孤本保存了用西北方言写的 4 首诗：《珍珠》、《洁净》、《忍耐》和《高文爵士和绿衣骑士》。它们语言风格相近，可能是一组系列性作品。其中《珍珠》是一首宗教诗，描写一个父亲失去了他的女儿后所发出的梦幻般的呓语，诗句中充满着圣徒启示录的热情和魅力。《高文爵士和绿衣骑士》堪称英国中世纪文学中最精美的诗体传奇，讲述一个骑士向亚瑟的骑士们挑战；他在自己的头颅被砍落之后，犹能将它拾起，骑马驰去，并提醒对手：一年后重新较量。

上述诗歌不乏特色，却未必比得上乔叟一人的成就。纵观英国文学史，乔叟无疑是莎士比亚之前最杰出的作家和诗人。他出生于伦敦的一个富商家庭。早年所受教育的情况不详，但从他精通英语、法语、拉丁语和意大利语的情况来推测，可知他曾经接受过很好的教育。乔叟 15 岁进入宫廷，有幸成为爱德华的儿媳阿尔斯特伯爵夫人的近侍。两年后以军人身份到法国作战，被俘后由国王赎回。后来，他还担任过海关官员、外交官、治安法官等职务，得到过爱德华三世、理查德二世和亨利四世的信任和帮助。乔叟一生的有利之处，是他地位较高，不需要靠谋取圣职作为谋生的手段；他又不是一名贵族，能客观地观察人生，了解下层社会，撰写大量的优秀作品，而不会沦为一个专写骑士爱情的庸俗诗人。

乔叟的诗歌除借鉴了英国诗歌的成就之外，还深受意大利文艺复兴前期著名作家但丁和薄伽丘等人以及法国中世纪文学的影响，他尤其擅长描写宫廷爱情的细腻情调，形成独特风格。

乔叟的第一部重要作品《悼念公爵夫人》写成于 1369 年，这是他借用梦幻形式，为兰开斯特公爵·冈特的约翰的前妻布兰西所写的悼念诗。全诗

1300 行，采用第一人称叙事和抒发感情，显得格外真切，有利于在宫廷朗诵。而且，这首诗还展现了他运用中古英语表现日常会话的技巧，和在宫廷诗歌的基础上塑造现实人物形象的功力。

长达 2000 行的《声誉之宫》是乔叟在 70 年代的得意之作。它同样运用了梦幻的形式，显示了作者写作技巧的进步——运用 8 音节双韵体诗，体现出轻松、愉快和略带讽刺的笔调。它主题暧昧，却又包含着一个严肃的寓意：声誉和世间万物一样，变幻莫测，转眼即逝。

14 世纪 80 年代是乔叟的多产时期，《百鸟会议》、《贤淑妇女的传说》、《特罗伊拉斯和克莱西达》等接连而出。其中《特罗伊拉斯和克莱西达》是一部从希腊特洛亚战争的古典主题脱胎而来的诗体小说，讲的是特罗伊拉斯对克莱西达的真挚爱情以及后者的见异思迁。整个故事贯穿着宿命感，体现了一种中世纪宫廷爱情的基调。后世评论家认为这是他最佳的诗作。乔叟在其作品中常常故意采取中性人的立场，为此被认为是"诗人当中最不以自我为中心的人"。[①]

乔叟一生创作的最高成就，是他在晚年未能完成的长诗《坎特伯雷故事集》。该诗叙述了一伙性格各异的香客，从伦敦骑马前往坎特伯雷城，乔叟对他们的刻画入木三分，例如，其中这样揭露赦罪僧：

> 这赦罪僧披一头蜡样的黄发，
> 丝丝垂肩，却也像亚麻一样光滑。
> 他的一只玻璃杯里装着些猪骨，
> 每逢遇到乡间穷牧师，
> 就凭借这些"圣物"施展骗术。
> 他一日之间骗取的钱物，
> 超过那牧师两个月的薪俸。[②]

这些香客轮流讲了许多故事，各个故事之间用短小的戏剧性场面串联着，点缀着香客们的谈话、吵嘴和对人生的看法，具有讽刺和幽默感，使整部诗篇生动活泼。而且，故事中的人物包括各种身份的男女，其中的故事展露着中世纪英国社会的风土人情、喜怒哀乐，在内容上超出了中世纪文学的范围，成为英国现实主义的第一部杰作。

---

① 安德鲁·桑德斯：《牛津英国简明文学史》，人民文学出版社 2000 年版，第 95 页。
② 阿萨·勃里格斯：《英国社会史》，中国人民大学出版社 1991 年版，第 118—119 页。

也许是因为它的艺术价值，1476 年，威廉·卡克斯顿①在威斯敏斯特创办了第一个印刷所后，《坎特伯雷故事集》和乔叟的一些诗歌成为第一批印刷品之一。

很难用简洁的文字概括乔叟在写作主题、题材、风格、笔调和见解的多样性，以及他在作品中对人生哲学的重要问题所做的严肃而宽容的讨论，但我们可以看到，乔叟在世时，其诗才已受到普遍推崇和赞赏，其作品成为中古英语文学的高峰，对后世影响久远。他去世后，成为第一个安葬在威斯敏斯特教堂的诗人。15 世纪的英国文学在他的巨大身影之下显得暗淡无光。他的作品的模仿者侥幸登上文坛之后，得到的多是倒彩。

乔叟身后暂时没有文坛高手的出现，但并不意味着新生的英国民族文学的倒退。不列颠文学水准的提高需要更宽广的社会基础，而当时一些容易被忽略的文化现象恰恰成为英国文学再发展的必要条件。

一是世俗化戏剧的发展。11 世纪以来，英国教士就常在诸如复活节之类的节日里上演情节简单的宗教剧，大多取材于某些圣者经受磨难的事迹。13 世纪教会在这种演出上投入了颇大的精力。到了 14 世纪中期，他们惊骇地发现，戏剧不再是他们的专利了。城市基尔特成员也开始模仿教士们的做派，公开登台演出戏剧。演员们带着道具，坐着带轮子的"舞台车"在大街、广场、客栈之庭院巡回演出。他们用英语台词取代了拉丁语唱白。长篇的圣经故事或通俗的杂剧代替了短小的宗教说教剧。在宗教假日期间，尤其在"基督戏剧节"，约克、剑桥和伦敦等地的基尔特在各地上演成套的圣经故事剧。②1382 年又出现了一种宗教故事剧的变体——"道德剧"。就这样，英国戏剧迈出了世俗化的步伐。

二是文法学校的普遍建立。1382 年，威克姆③在威斯敏斯特建立了一所文法学校，该校部分学生是贵族官僚子弟。自此，这所威斯敏斯特中学就成了英国私立"公学"的起源。1440 年亨利六世在伊顿建立了另一所文法学校——

---

① 卡克斯顿（约 1422—1491 年）是英国第一个印刷业者，1470—1472 年在科隆学习印刷技术，并在国外创办了一个印刷所。他虽是英国印刷事业的先驱者，但在技术上缺乏创新，没有出版过特别精美的图书。他作为翻译者和出版家，对英国文学的贡献不容低估，一生翻译了 24 种书，出版的各类书籍约有100 种。

② C. Roberts & D. Roberts, *A Histoty of England, Prehistory to 1714*. p.210.

③ 威克姆（1324—1404 年）是英国主教和政治家，牛津大学的温彻斯特学院和新立学院的创建者。他出身贫寒，14 世纪 60 年代成为爱德华三世最为信赖的助手，1367 年任温彻斯特主教。

伊顿公学。以后，贵族，平民和城市基尔特群起效仿，集资建学。到了 15 世纪末，英国大约有 300—400 所文法学校。

世俗戏剧的发展和文法中学的普遍建立，是显示中世纪晚期英国民族文化发展的重要因素。这些文化发展于英国诗歌文学的低潮之际，却孕育着一个新的民族文化高潮。

六、社会结构的嬗变

在战争、疫疠、灾荒和动乱的交织之下，英国封建社会加快了发展步伐，农奴制解体，资本主义迅速发展，社会阶级结构有别于以往。

14 世纪以来，英国封建社会已经越过鼎盛期开始衰落，商品货币关系稳步发展并深入农村。20 世纪初，英国学者考察了 1334—1342 年间的 521 份直属于国王的世俗土地持有人死后的财产报告，发现在黑死病之前，货币地租已在各地占据了优势，在小骑士的领地上尤其突出。各地教会地产的情况大致相同。

货币地租的发展与庄园的瓦解、农奴制的衰亡是同步的。随着许多庄园的领主采用了新的地租形式，原庄园结构渐趋解体。大批维兰摆脱了劳役制束缚，成了自由持有农或公簿持有农（copyholder）。

14 世纪黑死病发生之后，由于人口迁徙和减少，有些庄园的土地无人耕作而抛荒。虽然，有些封建主会采用强制性办法，继续盘剥农奴，如恢复劳役税，根据法令以压低工资等，但这毕竟不是长久之计。大约从 14 世纪 70 年代起，一些僧俗领主，陆续把他们庄园上的领主自营地划分成小块，直接出租给个体农民；或整个出租给村庄，然后村民将之分成小块耕种，或由单个的富裕农民经营。封建领主放弃了劳役制后，地产管理方法也改变了：大多是把相近的若干庄园组成一个管理区，派专人收取租税。

一些农奴离开了原来的庄园和领主后，租种到了更好的、条件更优裕的土地。有的农民得到了无主的土地，自然不是农奴了。又有一些领主见旧的剥削方式获利不多，主动释放农奴，来换取一笔赎金。还有一部分迁居城市，成为商人或手工业者。

当然,直到 14 世纪,还有一些农民被庄园法庭认作是维兰的后代,不具备自由人的身份,但这种人的数目越来越少。以后英国农奴制经过农民起义冲击和资本主义经济的阉割,到了 15 世纪末年,基本上消亡了。

14—15 世纪英国资本主义经济的特点是毛纺织业继续蓬勃发展,成为不列颠最重要的手工业部门。而毛纺织业发展的特点是它深入农村。肯特郡、牛津郡、格洛斯特郡、兰开郡和约克郡的许多乡村,都成了毛纺织业的基地。乡村毛纺织业发展的有利之处,一是使部分农民在纺线织呢时,兼顾农田管理。他们从商人那里领取羊毛,纺成毛线。呢绒商从他们手里收走毛线并支付工资后,再散发给在家中的织工,织成粗呢。以后经过漂洗、精制等工序,制成合格的呢绒。二是一些农民成了独立经营的小手工业者后,其生产相对自由,可以避免城市同业行会的束缚。而且,由于他们的产品是为了投入市场,赚取利润,其生产行为显然是资本主义性质的。

就技术而言,15 世纪羊毛漂洗机和起绒机的发明和推广,提高了毛纺织业的效率。

到了 15 世纪,英国羊毛出口下降,平均每年只有一万余袋;但呢绒出口上升,1450—1475 年间每年约为 6 万—7 万匹。[1] 英国商人在不断寻求政府支持的情况下,尽力对抗着汉萨同盟的商人,终于成为国内呢绒的主要出口人。

不列颠的另一项重要工业是造船业,技术水平一再提高。1300 年,载重 30 "桶"[2] 的大船已经取代了方帆单桅的运货小艇。稍后,又造出了载重量 200 多桶的大型海船。15 世纪后期,此类大船已经很普遍。亨利五世的船队里,"伦敦塔圣灵"达 760 吨,"伦敦塔耶稣"1000 吨;其他 7 艘船为 400—600 吨不等。即便如此,造船业的主要变革还不是船越造越大,而是帆、桅等设备的改进。先进的大船有三四个高大的桅杆,分为张挂方帆的主桅、前桅和挂三角帆的后桅。具有这种设备的船,若能熟练地掌握帆桁,可以顺利地逆风航行,转向相当灵活。

同毛纺织业和造船业相比较,采矿、金属冶炼变化不大。冶铁技术改进不大,照旧使用木炭和水力鼓风,所以英国需要从大陆进口铁矿和铁。锡产量有

---

① J. L. Bolton, *The Medieval English Economy 1150–1500*, London, 1980, pp. 293–294.

② 是指装水和啤酒的大木桶,容量约为 250 加仑。

升有降。由于人口减少和经费紧缺，教堂修筑不如以往，建筑业也受到一定的影响。不列颠多数工业部门的快速发展，还有待于新的社会条件的激励。

英国商业，特别是对外贸易仍然保持了较好的发展势头。14世纪，不列颠羊毛大量输往安特卫普、乌特勒支等地，香料、染料、呢绒运往威尼斯和热那亚。伦敦外商大约每年从大陆输入两万桶葡萄酒，再由英商转卖到国内各地。威尼斯商人主要向英国输出金、银、珠宝、丝绸、天鹅绒、金丝锦、地毯、玻璃和各类小装饰品。其他还有西班牙的腰带、刀剑，意大利的甲胄，科隆和里昂的丝绒，莱茵的玻璃等。在羊毛等商品的出口问题上，英国商人一再与外商发生利益冲突。外商希望自由贸易，直接到英格兰各地采购羊毛。不列颠商人则希望尽量多地控制出口额。英国王室也把羊毛出口当做政治和外交武器，利用大陆佛兰德等地工商业者对英国羊毛的需求心理，拉拢他们反对法国。

对外贸易和竞争激发了英国人民族主义和重商主义意识。这两种意识的结合又孕育出扩张主义精神。1436年一位关心贸易发展的主教在其《英格兰政策小述》中坦言：

珍视贸易，保有舰队，

我们将是海峡的征服者。[①]

理由是：只有这样，才能使所有的外国人都安分守己。这首韵文诗是英国最早的、富于远见和战略意义的重商主义呼号，盼望建立一支强大的、具有保护和征服作用的海峡舰队。

14、15世纪英国农奴制的解体和资本主义工商业经济的发展，不断改变着该国的阶级结构。具有封建依附性质的农民在乡村居民中的比例逐渐减少。城市居民在国内居民中的比例也高于过去。成分复杂的平民和中产阶级实力增长更快。但因当时的英国还是典型的农业社会，他们在人口中所占的比例还不高。

在英国中世纪后期和近代前期，所谓"平民阶级"和"中产阶级"一样，都是比较笼统而又经常使用的概念，它们的成分都相当复杂。在14、15世纪，平民阶级的中上层亦被视为中产阶级，其中包括家产殷实的骑士、地主、商人、手工场师傅和工场主、为数不多的律师和官吏等。

---

① 约翰·克拉潘：《简明不列颠经济史——从最早时期到1750年》，上海译文出版社1980年版，第247页。

商人也是中产阶级中的新星。他们的经济实力明显增强，政治生活中渐渐与贵族发生联系或分享秋色。1376 年，伦敦富商彼得·德·拉·迈尔爵士任玛奇伯爵的管家，借机聚敛财富。1376—1380 年间，另一位伦敦商人理查德·莱昂斯在国内政治事务中发挥重要作用。1377 年 10 月，巨商威廉·沃尔沃思和约翰·费尔珀特为政府提供大宗军费，在社会上格外引人注目。伦敦食品商领袖尼古拉·博莱姆伯里与理查德二世过从甚密，1388 年解囊资助宫廷。

在 1376 年"贤良议会"上，下院平民议员显示出空前的主动性和勇气，他们提出议案，受理请愿书，抨击廷臣和政府。在各郡法庭中，多由贵族的管家控制会场，其中大多是家道小康的乡绅、郡骑士和社会地位类似的平民地主。

地方各类活动不仅扩大了中产阶级各阶层的影响，还加强了他们的联系，其中有的人地位上升。还有少数骑士在战争中频频得手，成为巨富。例如莱尔家族，通过一系列的成功婚姻，由骑士等级上升为大贵族。托马斯·道格沃思爵士于 1347 年从其俘虏手中得到 4900 英镑赎金，身价百倍。同年约翰·哈勒斯顿爵士在对法战争中得到 1583 英镑财富。他们的财力已不亚于多数贵族的水准。[1] 甚至在战争时，仍有一些乡绅忙于经营地产，积极参与地方政府的行政事务，扩大社会影响。与此形成鲜明对照的是许多旧贵族血胤中断、家道中落或迅速衰败。而许多商人的地位上升，靠的是牺牲大地产者。大量事实证明，英国社会具有明显的开放性特点。随着社会各等级的交汇融合，它们之间的差距已经缩小，英国封建等级制的框架已在重新构筑。

王权同中间阶级的主动结合加快了英国中间阶级上升的速度。爱德华一世登基伊始就利用中间阶层遏制"傲慢而骚乱的贵族和贪婪的教会"。但整个看来，中产阶级是在中世纪后期进入国家权力上层的。如 1439—1504 年间，包括少部分贵族的爵位提升，共增添了 68 个贵族封号。其中 47 个是新封贵族。一些新兴地主进入大贵族行列。在 14 世纪末至 15 世纪前期的政治舞台中，托马斯·乔叟显得相当活跃。他的祖父是商人，其父是杰出的作家和诗人杰弗里·乔叟。他先是冈特的约翰的亲近，后任理查德三世、亨利四世和亨利五世的司膳官和沃灵福德王家城堡的总管，1402—1429 年间先后 9 次任牛津郡的议员，多次任下院议长和政务会成员。兰开斯特王朝的政治新星之一是出身下

---

[1] B. Wilkinson, *The Latter Middle Ages in England, 1216–1485*, p. 201.

层的克伦威尔，他在 1455 年去世时留下了年收入达 2263 英镑的家产。约克王朝建立初年，爱德华四世将大片没收而来的大宗地产赏给威廉·奥斯汀斯，使他成为英格兰中部一个颇有影响的王权支持者，并在理查德死前成为朝廷中的头面人物。

中产阶级经济和政治实力的发展，不仅导致地方政府管理和自治能力的加强，还致使中央和地方政府的关系发生变化。不少富家豪门控制了地方政府的职位，他们或自任某职，或指定副手代行职权，家族权势炙手可热。为此亨利六世时期的学者约翰·福特斯丘爵士指出：对国王而言，国内一些地区的情况已是如此不妙，王室官职任命权已经受到地方势力的严重威胁。同时，中产阶级还将实力的触角伸到中央部门中，据统计，中古晚期英国中央政府中由国王直接任命的文官总共不过 1500 人，其中骑士、乡绅、约曼农和贵族随侍者在 250—300 人之间，而且大多位居要津。① 中产阶级在政治上的扩展改变了原有的社会等级秩序。

英国中世纪社会阶级结构的变化特点，是表现为一种中间阶级的渐进性的突破。以后到了近现代，这种类似的现象又一再出现。

七、百年战争（后期）

在封建时代，一些重大事件的发生通常取决于君主个人意志和能力。1399 年以来，兰开斯特王朝的创立人亨利四世（1399—1413 年在位），一直忍受着贵族叛乱和疾病的困扰。而且，每当他要求征税时，都要遭受议会的盘诘和折磨。甚至他的长子也敢于利用他政治上的弱点，在咨议会中以反对派的核心人物出现。所以，亨利四世在天时和人和、精力和财力都显欠缺的情况下，没有能力发动对外战事。

从法国方面来看，因为查理六世（1380—1422 年在位）是英王理查德二

---

① J. R. Lander, *The Limitations of English Monarchy in the Later Middle Age*, University of Toronto Press, 1989, p. 21.

世的女婿，目下亨利四世篡夺了理查德的王位，自然和他对立。但是，由于查理六世多年患疯癫症，周期性发作，终生未愈，致使王权衰微，勃艮第公爵和奥尔良公爵公开争夺权力，法国也没有余力对付英国。英法战争的硝烟似乎已经消散殆尽。

新君亨利五世（1413—1422 年在位）即位伊始，就决意对法国采取断然行动；他为了营造有利的国际环境，在准备战争期间，先用外交手段争取到了与勃艮第公爵无畏者约翰达成秘密协议，使之保持中立[①]；并企图断绝法国的海上援助，表现出在中世纪国王里少见的对制海权的认识。在国内，他善于赢得豪门巨富的赞助和议会的拨款，激发举国一致的民族情感。在战略上，他的主要目的不在于战役的胜利，而是注重于有步骤地夺取法国北部的大城市和军事要塞，用作英国长期作战的大本营。他的这些素质在一定程度上决定了英国对法战争的结果。

1415 年 8 月 11 日，11 000 名英国骑士和弓箭手乘船向法国进发，3 日后在塞纳河口顺利登陆。然后，亨利围困哈夫勒尔，迫使守军于 9 月 22 日投降。此时已是秋天，不适于长途跋涉进攻巴黎。亨利决定直奔加来，引诱法军实行决战。10 月 25 日，两国军队在阿让库尔短兵相接，英军弓箭手在一个关隘地段奋力射杀法国骑兵，竟以一比三的人数劣势和 400 人的轻微代价，大败敌军。法国损失 10 000 人。1 位公爵、7 名伯爵、120 名男爵和 1500 个骑士被俘。1416 年神圣罗马帝国皇帝吉斯蒙德前来签订《坎特伯雷条约》，亨利的威望如日中天。此后，英军进行长期艰苦的攻坚战，占领了诺曼底。

1417 年 8 月初，亨利五世再次带兵进攻法国，在诺曼底登陆后扩大战果，重点围困卢恩。城内居民吃尽了粮食、马匹、狗、猫、鼠等。为节省食品，老弱妇孺被赶到城外活活饿死。总计有 50 000 鲁昂人死于饥饿。1419 年 1 月该城陷落后，亨利索取 30 万克朗的赔款。1419 年，英军进犯巴黎，翌年迫使精神失常的查理六世签订《特鲁瓦和约》，接受了屈辱的条款：将女儿嫁给亨利，并公开宣布太子不是亲子，却承认亨利为其王位继承人和法国摄政。这项协议实际上使法国分成由亨利五世、勃艮第公爵、王太子分管的三部分。尔后，亨利回到了阔别了 3 年半的英国，权势到了登峰造极的地步。

1422 年 8 月，亨利五世患痢疾身亡，不满周岁的婴儿亨利六世（1422—

---

① 皮埃尔·米盖尔：《法国史》，商务印书馆 1985 年版，第 120 页。

百年战争后期的英王属地

1471 年在位）即位，英国在法国的领地交给护国公、王叔贝德福德公爵管理，另一个叔叔格罗斯特公爵也成为护国公。10 月，查理六世去世，亨利六世又成为名义上的法国国王，可法国太子立即宣布为查理七世。

1423 年初，格罗斯特公爵竟与前来避难的勃艮第大公爵的妻子杰奎琳成婚；而她是低地国家的继承人，致使英国和勃艮第的关系破裂。同时，布列塔尼公爵也疏远英国，接近法王，于 1425 年获得了对英作战的最高指挥权。以后几年里，两国交战不分胜负，战争形势变化。

1427 年，贝德福德的军队侵入卢瓦尔河流域。翌年 10 月起长期围困奥尔良。值此关键时刻，一位具有强烈爱国热情和号召力的少女——"圣女贞德"挽救了法国。她前往宫廷面见查理七世，说上帝叫她来协助国王杀敌。法国上层先是视为荒诞，几个月后才给她配备了盔甲、马匹和旗帜，让她带法军解救奥尔良。贞德进入该城后，多次率兵出击，英军一败涂地，终于撤退。1429

年 5 月法国军民举行奥尔良祝捷大会，法国人重新燃起希望之火，英国人失去了自信心。7 月 14 日，贞德的军队进入兰斯。两日后查理七世加冕，从而使《特鲁瓦和约》失去意义。1430 年 5 月贞德深入敌后杀敌，因与部下失散被俘，后因勃艮第人的出卖，1431 年 5 月 30 日在火刑柱上焚死。贞德的牺牲激发了法国人的民族感情，当年 12 月，刚好 10 岁的亨利六世在巴黎加冕时，整个法兰西都抱反对态度。

以后，形势继续朝着不利于英国的方面转化。1435 年，勃艮第彻底与查理结盟，英国失去了最后的同盟者。同年 9 月，贝德福德公爵在与法国媾和时突然死去，接替他的是若干低能的将领，不能很好地发挥英国的战术优势。相反，法国军队却能施用巧计突然袭击，后来又率先使用了当时最先进的攻城炮，向英军阵地发射石弹，攻陷了座座城堡。1449 年 11 月，查理进入鲁昂，继而控制了整个诺曼底，并趁英格兰贵族钩心斗角时频频告捷。

英国失去诺曼底的消息传到不列颠，1450 年肯特郡发生了由约克派骑士杰克·凯德领导的武装起义。不胜苛捐杂税之苦的乡绅、小业主、商人和农民积极参加。凯德发表宣言，要求撤销国王的几名近臣，召回正直守法却受排挤而回到威尔士边界的约克公爵理查德，并宣布他为王位继承人。6 月 18 日，起义军击败政府军队。7 月 3 日进入伦敦，处决财政大臣法因斯。但他们的劫掠行径为伦敦市民所不齿，很快就被赶出城外。一周后，凯德被俘死去，起义军溃散。由于这场起义是在约克派贵族的挑动下发起的，所以又被视为玫瑰战争的先声。[1]

1453 年 10 月，守卫波尔多的英军缴械投降，至此，英格兰在阿基坦的统治彻底结束。英国失去了除加来要塞以外的所有在大陆的领地。[2]

百年战争始终是在法国境内进行的，法国为此付出了沉重的代价，西南部法国首当其冲。许多城市遭到英军蹂躏，满目疮痍。诺曼底、皮卡尔迪等地，人口大约丧失了三分之一，有的教区空无一人，土地荒芜。巴黎空房处处，狐狼出没，30 万居民中有 8 万是乞丐。

英国人在百年战争中曾几度感受到胜利的狂欢，并能对征服者肆意劫掠，但同样也付出了许多生命和钱财，最后仅剩下加来一地，以后英国为防守这个

---

① B. Wilkinson, *The Latter Middle Ages in England, 1216–1485*, pp. 262–263.

② Desmond Seward, *The Hundred Years War: The English in France, 1337–1453*, p. 262.

桥头堡，耗费了议会的大量拨款，最终还是在 1558 年被法国收复。百年战争后，英国统治阶级在大陆扩张无望，便彻底放弃了经略领地的打算。这反而有助于英国人在不列颠岛的独立发展和独立民族意识的加强。

八、玫瑰战争

英法停战协定签订不久，英国两大贵族集团——以红玫瑰为标记的兰开斯特家族和以白玫瑰为标记的约克家族——为争夺王位鏖战 30 年，史称"玫瑰战争"。

战争发生并非偶然。1422 年亨利五世去世后，国家缺少了一位强有力的君主。贵族们的关系在分配权力时失衡。主要权力落入兰开斯特显贵手中，他们利用亨利六世的年幼、软弱和愚笨，滥用权力。几十年里，贵族带领私兵横行霸道。法制不得伸张，赋税格外沉重。

约克家族的首领约克公爵也是爱德华三世的孙子，才能过人，军功卓然，却遭到猜忌和压制。作为报复，他们对 1399 年亨利四世篡位夺权的合法性质疑，声称应将"错了的事情"纠正过来。

正因两派的首领都是爱德华三世的后裔，都拥有登上王位的资格，决定了玫瑰战争的残酷性和长期性。

顺便指出：在 14、15 世纪，英国王室过多地封赐了公爵、侯爵等高级爵位和领地，抬高了部分贵族的地位。例如，早在 1337 年，爱德华三世把康沃尔郡升为公国，将公爵爵号授予年方 7 岁的"黑太子"爱德华。为突出公爵特殊地位，以后多年里除女王配偶和王子外，其他王亲均不许称王，最高可获公爵爵位。随后，爱德华三世及其继承人又先后建立了兰开斯特公国（1351 年）、克拉伦斯公国（1362 年）、约克公国和格洛斯特公国（1385 年）、赫里福德公国（1397 年）、贝德福德公国（1413 年）和萨默塞特公国（1443 年）等。[①] 英国侯爵的领地和封号最早出现于 1385 年。15 世纪前期确定了它在贵族爵位中

---

① M. Mckisack, *The Fourteenth Century 1307–1399*, p. 185.

的第二级地位后，颇为贵族重视。1444年萨福克伯爵促使亨利六世与法王查理七世的侄女、15岁的玛格丽特结婚，国王出于感激，给萨福克追加了一块侯爵领地。公国和侯爵领地的领有人都是王室宗亲，他们得到高级爵位后，在贵族中鹤立鸡群，威势不凡，为以后争夺王权、扰乱朝纲、制造战乱埋下了隐患。

两大家族以外的非王亲贵族，从前途和利益着想，必须选择一个靠山。渐渐地，他们在派别斗争中显露出倾向。大致而言，约克派得到了中部、南方贵族和骑士的支持，兰开斯特则尽力拉拢北方武士；但在各自的势力范围内又都有敌对者，形成犬牙交错的局势。

约克家族公然挑战的原因，除了血统上的根据和借助战争失败的形势，还因兰开斯特家族的衰败和治国无能，亨利六世一贯受王后玛格丽特和王亲的支配，引起反对派贵族的愤懑。国王和玛格丽特在英法矛盾极为尖锐的时刻缔结姻缘，使英国丧失了大片领地。1450年2月，约克派在议会弹劾顾问大臣萨福克侯爵，指控他贪污腐化，丧权辱国，要求判处死刑。亨利六世执意庇护宠臣，宣布改为放逐。可是，载运萨福克的船只在英吉利海峡遭到拦截，侯爵被杀。半年后，在法国被打败的萨默塞特公爵博福特回国，填补了萨福克的空白，宫廷派获得了一位领袖。这时，被贬任爱尔兰总督的约克公爵理查德擅自离任回国，决心与对手决一雌雄。由于这两位公爵都有继承王位的希望，他们的争斗就更加激烈了。1452年，约克公爵率军向伦敦进发，萨默塞特公爵率重兵堵截。僵持之下，约克公爵同意解散军队，但要求萨默塞特公爵解释丢失诺曼底的原因。然而当他觐见国王时，突然被宫廷派逮捕，只是在约克公爵起誓永不反抗"国王的任何臣民"时方被释放。

1453年是英国人深感屈辱的一年。"百年战争"以英国失败结束，亨利政府责无旁贷。不列颠贵族永远失去了他们在大陆的利益，心怀怨恨。大批退伍军人无所事事，游荡乡里，惹是生非，成为两大贵族集团收编利用的对象。国王1453年以后神智失常。贵族集团拥立约克公爵理查为摄政，局势暂得安定。可当年11月，王后终于生了一个王子；一年后国王恢复神志。约克则失去了继承王位的资格，1455年2月又停止行使摄政权。以玛格丽特王后、萨默塞特公爵、白金汉公爵为首的兰开斯特集团重新抬头。实力膨胀的约克家族决意用武力保卫自己，并试图夺取王权。

5月22日，双方在圣奥尔本斯首次开战。约克派的军队由约克公爵和儿子沃里克伯爵，以及诺福克公爵、索尔兹伯里伯爵、施鲁斯伯里伯爵和斯坦利爵士等带领，兵力超过王军数倍，轻易取得胜利。萨默塞特公爵、诺森伯兰伯爵和克里福德勋爵殒命，尸体遗弃街头，无人掩埋。白金汉公爵和萨默塞特公爵的儿子多塞特伯爵受伤。玛格丽特带着王子进入附近的修道院避难。亨利六世被箭擦伤后到一家商店里包扎，约克公爵赶去，下跪表示忠诚。

尔后休战 4 年。约克派暂时控制了国王，兰开斯特派重整队伍，举国上下笼罩着备战气氛。1459 年战端重起，10 月 12 日，约克派军队在伍斯特的卢德福桥的遭遇战中大败。沃里克伯爵逃到法国重整军队，翌年 7 月归国后在北安普顿的决定性战役中击败兰开斯特军队。亨利六世成为人质，被迫答应占据王位至死，以后由约克公爵即位。胜利者重新以国王的名义统治英国。

可是，性格倔犟的玛格丽特王后决意维护儿子的王位继承权，她在北英格兰和威尔士聚集重兵，12 月攻打奥克菲尔德，杀死约克公爵。三个约克派贵族的首级悬挂在约克城门之上。两大家族水火难容。1461 年 2 月，兰开斯特军在南下伦敦时，在第二次圣奥尔本斯战役中大败沃里克伯爵军队。在此稍前，约克公爵的长子爱德华在莫蒂默斯可罗斯先夺胜筹，并最早进入伦敦。3 月 4 日，小约克公爵一反父亲的尊王做法，要求立即得到王位，称爱德华四世。随后他率军南下，扫荡残敌。在 3 月 29 日的陶顿大会战中，双方集结了 10 万人①，厮杀良久。约克军以沉重的代价取得胜利，玛格丽特逃往苏格兰。

1460—1461 年间，老一代的贵族很多战死或负伤，新一代爵位继承者多是血气方刚、争强好胜、观念有别的年轻人。他们怀着为父兄复仇的信念，一再违背不杀贵族战俘的传统。可每一次报复都掩埋下了复仇的种子，致使这场内战空前残酷。

从陶顿战争的结局来看，英国红玫瑰似乎要永远枯萎了。可坚韧不拔的玛格丽特卷土重来。苏格兰和法国王室多年承受过英国国王的压力，目下他们为英格兰的分裂和虚弱而庆幸，愿支持玛格丽特领导兰开斯特的事业。而她一向不关心英吉利民族的利益，作为交易，将贝里克卖给苏格兰，以两万利佛尔的代价把加来抵押给法王路易十一，并极力争取勃艮第的支持。1462 年，她率军在英格兰登陆，降服了北方的班伯格、阿尼克和邓斯顿伯格 3 座城池。冬天，爱德华派沃里克伯爵率重兵，用大炮猛轰敌阵，3 座城堡相继陷落。

---

① 其中约克派 4 万人，兰开斯特派 6 万人。后世有的学者认为此数被夸大了。

爱德华四世为了稳定新建立的约克王朝，饶恕了兰开斯特派的一些贵族俘虏，达成和议后归还了他们的领地，有的还担任了军政要职。多谋善战的拉尔夫·珀西爵士甚至受命防守两座城堡。对于居功自傲的约克派贵族，如沃里克伯爵等人，则有意加以限制。可是，玫瑰战争已经磨炼了部分大贵族的叛逆性格，他们一旦得势或失势都会重举叛旗。1463 年，玛格丽特带着苏格兰和法国生力军卷土重来，珀西主动打开了班伯格的城门，阿尼克城则被心怀不满的约克派军官格雷爵士出卖。玛格丽特带着亨利六世包围了另一座城堡。

爱德华四世带兵镇压。火炮把几座城堡炸成废墟。玫瑰战争前期结束。玛格丽特带王子仓皇逃往法国，一度断粮 5 日。亨利六世隐居修道院，从此未和王后重逢。爱德华四世放弃宽容政策。

玫瑰战争后期的厮杀是由约克家族内讧引起的。贵族沃里克伯爵一伙在内政外交上与爱德华四世屡有分歧，在朝廷中越来越不受重视。1468 年，沃里克伯爵和克拉伦斯公爵在北方打起叛旗，7 月，在埃季科特击败王军。爱德华为防止全军覆灭，遣散余部，只身面见沃里克伯爵。后者反复权衡，将他释放。1469 年 10 月，爱德华四世返驾京城，重新得势，两个叛酋逃亡法国，与路易十一和玛格丽特和解结盟。1470 年 9 月，沃里克伯爵再次进入英格兰，以正统派搭救亨利六世的名义，得到兰开斯特派贵族的响应。爱德华四世在约克猝不及防，仓皇南遁，险些成了俘虏。毫无复辟愿望的亨利六世走出伦敦塔，稀里糊涂地再践王位。爱德华逃往尼德兰求援，1471 年 3 月回国后，巧妙用兵，彻底打败沃里克伯爵，生俘玛格丽特。不久，亨利六世被处死。爱德华稳居王位。

以后 10 余年里，爱德华四世为加强王权和增加王室岁入，没收敌对贵族的地产，扩大王室领地；还通过勒索方式，迫使官宦贵族和富商平民"自愿捐赠"，充实国库。作为变相回报，他吸收平民进入宫廷咨议会，扩大咨议会权力，使之与旧贵族和议会抗衡。[1]

1483 年 4 月，爱德华病死。12 岁的爱德华五世即位，由其叔父格罗斯特公爵理查德摄政。同年 10 月，理查德代侄而立，称三世。爱德华五世及其幼弟遇难。约克家族众叛亲离。英国贵族阶级无法忍受连年的动乱，他们把希望寄托在兰开斯特家族的亨利·都铎身上。1485 年 8 月 22 日，亨利在法国和约

① B. Wilkinson, *The Latter Middle Ages in England, 1216–1485*, pp. 295–296.

克降兵降将的帮助下，在博斯沃斯荒原战役中，击毙理查德。玫瑰战争结束。都铎王朝建立。

玫瑰战争使英国的贵族世家互相残杀，损失惨重。据统计，仅男爵及其以上的贵族死于刀兵者就有 60 余人，骑士之类的中小封建主多以千计，封建家兵和雇佣兵大约死亡了 8 万—10 万人。可见，这场战争的规模在不列颠历史上是空前的。

第六章

都铎王朝

（1485 年—1603 年）

一、过渡时期

都铎王朝是英国资本主义的胎动时期，也是从封建社会向资本主义社会过渡的时代。其间，不列颠社会经过多年发展，封建主义特点渐渐弱化，资本主义近代社会的特征越来越明显。为此，国外有些学者把都铎王朝的建立视为该国近代史的开端。

中古后期，英格兰的人口因疫疠和战争的折磨，长期在低谷中徘徊，1485年只有 220 万人。16 世纪增长速度越来越快，1600 年接近 400 万人。

都铎时期英国社会的变化是多方面的。资本主义经济较快发展，资本主义生产方式已在工农业生产中占主导地位。手工工场的规模和水平稳步上升，毛纺织业成为获利丰厚的"民族工业"。仅在 1470—1510 年间，英国的毛呢出口就由每年 3 万匹增加到 9 万匹。1486 年，达拉姆的矿井首次采用水力抽水机排水，许多因水患而停采的矿井重新被利用，深井开采技术普遍推广。1490—1510 年间康沃尔郡和德文郡的矿业产值提高一倍。煤产量在 16 世纪末超过欧洲各国产量之和。资本集中趋势已经出现，有的矿业公司的资本高达数万英镑。造船业逐渐居于欧洲前列。大船主威廉·卡宁吉拥有 3000 吨的船舶,常常使用上百名木工造船。亨利八世在位前期,世界上最大的军舰"长驱"号下水,它上下 7 层,重达 1500 吨。建筑业经过长期停滞,1480—1540 年出现了教堂修建热潮。宗教改革后,贵族乡绅竞相修建府邸和乡间别墅,以后数百年里式样别致的庄园点缀着乡间风景。

商业发展空前迅速。个别富商的资产达 10 万英镑。英商控制了本国毛织品出口的一半。16 世纪初较大的乡村集市多达 350 多个。其中最大的是英格兰东部的斯陶尔布里奇集贸市场,每年 8 月 24 日至 9 月 29 日集会,为时 5 周。届时国内外商人云集该地。为数更多的周末市场也在货物交流方面发挥着重要作用。泰晤士河、乌斯河、塞文河和特伦特河 4 个水系的货物运输,不仅改善了国外贸易,还有助于内外贸易的沟通。1524 年城市人口仍然不超过全国人口的 10%,却拥有全国财富的 15%。16 世纪初,伦敦的人口大约在 6 万—8 万左右,以后其规模、人口、财富、贸易和权力同步发展,速度空前,17 世纪居民达 30 万人,成为西北欧最大的城市和贸易中心。

与前朝君主相比,都铎君主能主动维护英国资产阶级的利益。如亨利七世时,实行奖励出口、增加关税政策,规定英国货物必须由英国船只装运;鼓励海外探险,开辟新的市场。

在城市里,资本主义的发展使贫富分化加剧。据估算,伦敦 4% 的居民拥有全城 80% 的财富;下层 75% 的居民却只有 5% 的财产。在考文垂,11 个居民占有全城 44% 的产业,另有 50% 的居民一贫如洗。

英国资本主义早期发展的一个突出特点是商品经济迅速渗透乡村,资本主义农牧场顺应而生。毛纺织业的发展提高了对羊毛的需求量,圈地运动随之而起。城市和工业人口的增长,粮价的上涨,使圈地加快实施。圈地出现和流行的直接原因是利益驱动。岛国温和多雨的天气适宜牧草生长。过去众多农夫耕种的农田,被圈围起来后,只要一两个牧人和几条牧羊狗的协助,就能饲养庞大的羊群,获取更多的收益,一些地产者何乐而不为?圈地开始于中世纪,15 世纪末成为常见的现象。

圈地运动会破坏封建领主土地占有制和农民份地制,使世世代代束缚在土地上的农人突然成为无地的游民,从而影响到农业经营方式和政府的税收。早在 16 世纪初,空想社会主义的鼻祖托马斯·莫尔就在其《乌托邦》里发出了"羊吃人"的惊呼。现在看来,莫尔的惋叹虽有远见,但不无过分之处。因为:

其一，当时英格兰的圈地尚属早期，而且仅发生在英格兰中部和东部的一些地方。被圈占的土地里，不少是公有地和未被开垦的林地。南部和西北部一些传统农业区和林区则没有出现圈地活动。甚至到了16世纪末，英格兰所有发生圈地的20个郡中，被圈占的土地仅占所有可耕地的一小部分。如圈地水平较低的约克、林肯、艾塞克斯、什罗普、格罗斯特、剑桥和赫里福德等7个郡，被圈占的土地不超过1%—2%。另有7个郡（诺福克、诺丁汉、沃里克、米都尔塞克斯、莱斯特、拉特兰、伯克）的圈地额在2%—7%之间。圈地程度最高的北安普顿和亨廷登，被圈占的土地也不超过可耕地的13%。[①]

其二，英国一些农民早就有参与手工业经营的传统，一些农民失去其全部或部分土地后，能靠手工业谋生。如在亨利七世时期的考文垂和诺里奇，1/3的人口从事毛织业。还有一些农民成了专职的或兼职的屠夫、缝纫师、制革工、鞋匠、面包师、商贩、酿酒工、制帽工，等等。一些较大的乡镇里，非农业的行当多达百种，中型的乡镇也有几十种之多。乡村工商业者的生活一般不太富裕，但也能果腹蔽体。乡村资本主义工商业发展的一个长处，是它能摆脱行会制度的束缚，潜移默化地削弱着城市基尔特的势力和影响。

与圈地并行的是"换田"和地产贸易。[②]所谓"换田"，是一些农户将自己在"敞田制"下所拥有的一些分散的条田，与邻人交换，尽量使其耕地相对集中，连成大片，以便于耕种和管理。这种做法有利于提高农民的生产积极性，加强了农民的土地私有意识。他们在交换条田时，常常会出现被交换的土地价值不够对等的情况，便以现金作为补偿。这种变相的土地交易行为刺激了土地贸易的扩大。

都铎时期的英国尚处在农业时代。农业人口占全国人口的9/10。但资本主义因素的发展已引起社会阶级结构的变化，主要表现在封建旧贵族的衰落、资产阶级工商业者队伍的扩充、乡绅新贵族的崛起和农民的两极分化。

都铎王朝早期，不列颠社会的阶级变化尚不明显。对土地占有的多寡依然是划分社会等级的主要标准。其中身为大地主的世俗大贵族，是指可以接到出席上院诏令的公、侯、伯、子、男，共50余人。他们的年收入平均1000英镑，最富的白金汉公爵达6000英镑。另外，国王占有全国土地的5%，教

① C. Roberts & D. Roberts, *A History of England*, *Prehistory to 1714*, p. 218.
② 一些年里，这些具有同圈地同样资本主义性质的经济行为，常被国内学界忽略。英国当代学者指出：在都铎时代，通过换田和土地贸易所导致的土地兼并和因此所引发的社会问题，要多于圈地。

会占有全国土地的 20%以上。国王、主教和大主教、大修道院长也是地产富足的大地主。

大贵族之下是乡绅(gentry) 阶层,包括骑士(knights)、从骑士(esquires)、绅士（gentlemen) 3 个等级。1500 年,乡绅的 3 个等级分别为 500 人、800 人和 5000 人。骑士年均收入约为 200 英镑。从骑士原为骑士的幼子和次子,年收入约为 80 英镑。绅士最初是用来称呼从骑士的次子和幼子,年收入为 10—20 英镑。

16 世纪英国世俗大贵族的衰落和乡绅的崛起,是英国社会阶级结构变化的主要内容。旧贵族衰落的主要标志是他们庄园的减少。1558 年 12 月,63 户大贵族尚且占有 3390 个庄园,平均每户占有 54 个。1602 年,57 户大贵族共占有庄园 2220 个,平均每户 39 个。[①]

多数旧贵族没落的原因是多方面的,如土地经营方式陈旧,"价格革命"引起货币贬值等。而生活腐化是许多旧贵族家道中落的重要原因。

生活腐化和产业管理的不善致使旧贵族入不敷出,变卖产业。一些家境良好的乡绅借机压价,购买良田。据统计,1561—1640 年,7 个郡的 2500 多个庄园中,旧贵族的占有率由 13.1%降至 6%,而乡绅地主的庄园占有率却由 67.1%上升到 80.5%。

英国封建地产的再分配早在中世纪后期就已经开始。亨利七世时期对旧贵族的镇压,是自上而下的大规模劫掠封建地产的重要启动。亨利八世在位期间对所没收的修道院土地的出售,使宗教改革变成了一桩巨大的商业买卖。贵族、乡绅、自耕农和商人一同卷入土地投资的旋涡。

由王室出售的教会土地绝大部分转入社会中间阶层,特别是乡绅阶级。一些接近王室的商人和廷臣,以及担任地方治安法官的乡绅率先买到被没收的教会土地。律师、商人等中产阶级长期对教会特权不满,也利用这一致富良机。土地转手使地主和商人站到拥护宗教改革和支持都铎王朝的立场上,在较短时间内扩大了乡绅阶级的队伍。

伊丽莎白在位时,王室财政短绌,也效法父王出售地产。与前朝相比较,拥护宗教改革的乡绅颇能得到君主的青睐和王权的惠顾。都铎时期的国王和权贵出于对旧贵族的猜疑和对权势的维护,以及对乡绅的宠爱信任,总是排斥贵

[①] L. Stone, *The Crisis of The Aristocracy, 1558–1640*, Oxford University Press, 1967, p. 335.

族世家，笼络乡绅。亨利七世在位末年，在宫廷中任职的乡绅已有 93 名，16
世纪 20 年代增加到 148 人。地方上的情况大同小异。

乡绅是一个不同于旧贵族的上升阶级，其发展趋势和我国有关著作所描写
的新贵族的情况相似。但是，我们并不因为两者的相似就简单地划上等号，或
断言他们完全都是以后资产阶级革命中的反封建力量。乡绅的作用也不是可以
简单而言的。乡绅的主体部分是属于上升的阶级势力，并在以后革命中发挥了
重要作用。

在乡绅之下的是家境小康的约曼农（yeomen），即自耕农。他们大多是
14、15 世纪非贵族出身的小地主的后代，获得自由权较早，目下大约拥有
一二百英亩的农场。约曼农之下是从事体力劳动的自由小农（husbandmen）[①]，
大约拥有 10—30 英亩的土地；年收入相当于约曼农的 1/10。居于社会底层的
是人数较多的茅舍农和雇工。

1485—1603 年间英国社会结构的演变，逐渐导致上层建筑的变化，并在
很大程度上决定着都铎君主制的最基本特征。由于这一变化尚未到成熟地步，
从而使都铎社会中的封建特征和资本主义特征错综复杂地拥挤在一起，变成一
个既有封建主义又有资本主义的社会。而且，此时新兴资产阶级还不够强大，
在国内他们需要强大的王权制服贵族的分离势力，消弭动乱，建立统一的民族
国家，镇压下层阶级的反抗，在海外支持殖民扩张，与列强抗衡争霸，维护他
们的利益。可见，英国此时的专制君主制度，是王权与新兴资产阶级利益的微
妙结合物，是英吉利民族国家在其初建时所需要的。

二、专制君主制的确立

亨利七世（1485—1509 年在位）是在多灾多难的岁月里成长起来的。他
是一个遗腹子，父亲里士满伯爵被约克派掳去并惨死在狱中时，母亲只有 13
岁。他在青少年时期就饱经磨难，曾流亡国外 10 多年，风险生活使他养成了

---

① 一种说法是，他们是百年战争中英国弓箭手的后裔。

一个开国君王所应具备的谨慎、敏锐、隐忍、果决的性格，处事严厉无情而富于责任心，能坚定不移地建立新王朝。

亨利七世是在血肉横飞的战场上得到王冠的，所以，他的即位，得到了渴盼和平的臣民的拥戴，又被看重血统的人们称作王位篡夺者。亨利父母的婚姻有悖教规，议会曾专门规定其后代不可继承王位。亨利七世为自己的名分所困扰，又担心前朝的内战动乱再次出现，便用婚姻来弥补缺憾。1486年初，他迎娶爱德华四世之女伊丽莎白为王后，并以红白两种玫瑰为族徽；这既把玫瑰战争中势不两立的两大家族联合起来，又增添了都铎王朝的合法性。不久，国王得子取名阿瑟。王子3岁时，亨利就通过外交斡旋，使他与西班牙阿拉贡王室的公主凯瑟琳订婚，旨在争取欧洲强国的承认和支持。1501年10月，阿瑟与凯瑟琳完婚。5个月后一病不起。两年刚过，亨利七世又将14岁的公主玛格丽特嫁给苏格兰国王詹姆斯四世，暂时绥靖了英格兰北方边陲。1509年，亨利七世病危，临终前要18岁的太子亨利与比他年长5岁半的寡嫂成婚，以求保住英国与西班牙的联盟。

罗马教廷的支持也不可或缺。教皇英诺森根据亨利七世的意愿威严宣布：凡对这一合法的王位继承者提出怀疑和挑战者，将被逐出教门。

亨利七世以冷酷的心态，果断镇压王位觊觎者和潜在的敌人。博斯沃斯战火刚熄，他就把爱德华四世的侄子、年仅10岁的沃里克伯爵关进伦敦塔，数年后被秘密处死。1486—1487年镇压了约克族的叛乱。1491年，冒名顶替者沃贝克声称他是被囚禁在伦敦塔中的王子理查，在英国敌国和英格兰约克派贵族支持下，3次入侵英格兰，发动大规模叛乱，直到1497年沃贝克才被抓获。结果，约克家族男嗣断绝，都铎江山稳若磐石。不列颠彻底摆脱了中世纪的混乱状态。

继后亨利八世虽然不必像先王那样大肆杀戮，却未掉以轻心。1521年，他将安分守己的白金汉公爵处死。1539年和1547年，他先后将潜在的王位争夺者埃格斯特侯爵和萨里伯爵送上断头台，杜绝了约克王朝复辟的可能。另外，他一直委派郡督监视各地贵族。在爱德华六世、玛利和伊丽莎白统治时期，郡督在各地治安法官的协同之下拆除封建城堡，解散贵族亲兵，收缴武器，维护各地秩序，社会治安明显有别于以往。

都铎王朝的君主们还不拘出身门第，努力罗织人才。亨利七世所重用的大臣几乎都是平民。16世纪几位权臣，都出身于乡绅平民家庭。其他如培根、达德利、罗素、霍华德和西蒙等，都是凭仗劳绩、军功和经济实力而迅速崛起的新封贵族。都铎君主起用中等阶级新贵的做法，改变了政府和议会的阶级结构，扩大了王权的社会基础。

稳定充实的财政收入是不列颠封建政府存在的必要条件。他上台不久，就获得了海关岁入、法庭罚金等封建经济特权。镇压贵族叛乱时没收了一些敌对分子的领地和财产，使王室领地大约增加了60%，其中大部分是亨利七世在位时所得。15世纪80年代，王室领地年收入大约为10 000英镑，亨利七世在位晚期增至40 000余英镑。同一时期关税年度收入由32 000英镑增加到约42 000英镑。比较固定的收入使国王在财政上大大改观。而且亨利七世还力求避免对外战争，努力减少军事开支。亨利七世还采用多种罚款方式收罗钱财。其中对违犯禁养家兵门客法者的处罚最重。牛津伯爵为此被罚10 000英镑。其他如官吏任职不佳，商人走私，农人触犯王室森林法，等等，俱被加以重罚。他即位初年，岁入平均5万余英镑，在位末年增加到142 000英镑，有了可观的节余。

雄厚的经济实力使国王不需过于依靠议会拨款，因而也不必经常召开议会。亨利七世在位前半期共召开6届议会，大约两年一届；后半期12年只召开一届议会。

亨利七世作为开国君主，在宗教问题上进退有度。他"从教士中选拔大臣，从大臣中任命主教"，这就一方面安抚了宗教界上层人物，同时又不露声色地改组和控制了教会。为此有的学者认为，早在亨利七世时期，"英国君主实际上已逐渐成为政教合一的集权者"，国王在宗教界的地位已经提高。亨利七世的这些做法，为亨利八世以后继续加强王权、进行宗教改革奠定了基础。

都铎王朝的君主们为加强专制君主制做了一贯的努力。其中亨利七世、亨利八世和伊丽莎白都是颇有作为的镇国雄主。他们承先启后，一再扩充王权，使都铎王朝历经3代118年，始终保持了专制君主制的特色。

英吉利民族意识的增长是都铎王朝的君主们建立专制君主制的有利因素。15世纪以来，由于欧洲文艺复兴和宗教改革运动的影响，英国民族意识空前高涨。1500年左右的一些文学作品已流露出坚定的民族认同意识。并强烈地表现在"英国是一个主权王国"、"英国是一个帝国"的提法上。

1513—1514年，英国两艘新船分别命名为"亨利皇帝"号和"玛丽皇帝"号。在外交场合中，英国上层人士也有意声明英国是一个帝国而非二流王国；都铎国王本是亚瑟王的后裔，有权继承先辈遗产重建帝国。实际上，当时英国人所说的"帝国"，并非指国土辽阔、国威显赫和由皇帝治理的大国，而是指独立自主的民族国家。随后亨利八世自上而下发起的宗教改革运动，使王权迅速膨胀，空前强大，以后国王无论是在理论上还是在实践中均被僧俗两界奉为国家最高首脑。神权与王权抗衡的双重社会结构，终于被神权从属于王权的一元社会所代替。英国成为一个真正独立的主权国家，国王的权力和特权充分得到保证。到了16世纪中期，英格兰人已经能够明白无疑地表达他们的民族认同意识。其中约翰·艾尔默在一封信里写道：

> 英格兰人啊！倘若你们知晓，你们的生活是多么富足，你们的山川地域是多么丰饶，你们就会俯身拜倒在上帝面前，感谢他的恩典，使你们有幸生而成为英格兰人，而不是法国的农夫，不是意大利人，也不是德意志人。[①]

更重要的是，当时英国正处在历史发展的转折点上，专政王权和独立民族意识的结合，有助于保护和激发英国人努力加强自身实力和国力，从事积极的海外贸易和扩张，迅速改变着他们的国家的形象。

三、亨利八世和沃尔西

亨利八世即位，英国人看到了希望。他体格健壮，聪颖过人，通晓多种外文，熟知神学和音乐，善于骑射和写作，礼贤下士，对黎民百姓和蔼可亲。可随着时间推移，他的长处都走向反面：肥胖臃肿，体弱多病，刚愎自用，冷酷无情，轻诺寡信，贪财好利。若其意志受人阻挠，他将施以处罚和死刑。亨利八世富于特色的性格，给他的执政年月留下了传奇色彩。

亨利即位时，恰值欧洲近代国家体系诞生之际。法兰西逐渐结束了分裂状态，人口国力明显超过宿敌英国。其他一些强邻，如西班牙和尼德兰，或与英国缔结了秦晋之好，或通过谈判和贸易成为友邦。英国有意成为大国均势的砝码，参与欧洲政治，施加影响，有时会卷入战争。由于火炮用于战争，英国传

---

① 阿萨·勃里格斯：《英国社会史》，中国人民大学出版社1991年版，第121页。

统作战方法失灵了，若要在欧洲保持强国地位，必须经过重大改革来强化自身。少年多谋的亨利深知内政外交的分量，提拔林肯教长托马斯·沃尔西协理国事和外交事务，自己则沉湎于体育和音乐。沃尔西具有治国才能，善于讨好国王，掌权 14 年，成了英国最后一名权倾朝野的中世纪式的高级教士；甚至被谑称为"英国第二王"。

亨利八世

1513 年，英国发动了一场对法战争，沃尔西尽力筹划，得到体面的贡金与和平，被提拔为约克大主教。翌年任枢机主教和大法官。3 年后兼任罗马教廷特别代表。随着地位的攀升，沃尔西聚敛了大量的财富，年度收入是国内最富贵族的 10 倍。他的汉普顿府邸，豪华程度不亚于王宫；家内仆从竟有千人。其私生子尚未成年就兼任 11 项圣职，领取大笔干薪。在宗教事务上，沃尔西不顾民众对罗马教廷的不满，力主保持现状。他连续 12 年担任国务大臣，只开过一届议会，引起了上流社会的反感。他有着小人得志的通病：大权在握时盛气凌人。激起贵族的仇视。

1520 年，亨利在沃尔西的陪同下，与王后凯瑟琳的侄子、神圣罗马帝国皇帝查理五世签订军事条约，商定翌年秋天两国将各出动 4 万军队进攻法国；并保证互相忠诚，不与法国王室联姻。1523 年亨利八世似乎就要践约，他的大队人马深入法国腹地，行进到距巴黎 50 英里处，但在耗费了大量资金后，却因军费枯竭而与法王秘密缔和。在此稍前，他向议会提出了一笔 80 万英镑的军费拨款，被议会减至 1/7。正巧又传来了查理五世大胜法军、俘获法王弗朗西斯的消息。亨利和沃尔西竟然不顾难堪，立即要求所有年收入在 50 英镑以上者，各捐 1/6 的财产，充作军费，支持政府把反法战争进行到底。提议遭到强烈反对。沃尔西见风使舵，谋求和平，重弹均势老调。

在此前后，亨利八世遇到了离婚难题，最终使沃尔西失去了国王的宠信。这时，亨利已与寡嫂凯瑟琳夫妻多年，但在生育大事上总不顺心。1510 年夏天，王后首次临盆，产一死胎；以后多次生育，仅有一女玛丽幸存。随着凯瑟琳人老色衰，亨利贵为一国之君，难免会有婚外恋。1518 年他与伊丽莎白相好，生了个男孩，被封为里奇蒙伯爵。1525年迷恋上了玛丽·博林。大约在此前后，亨利越来越多地被继承人问题所困扰。凯瑟琳年已四十，似无生育能力，而英国自12世纪的玛蒂尔达偶然上台之后，再无女性践祚的先例，又不能让私生子里奇蒙继承王位。仅在几十年前，英国曾因王位争夺而陷入玫瑰战争，将来会不会重演噩梦？英国多数贵族也担心玛丽即位。小公主两岁时就与出生不久的法国王子缔结了婚约，将来她成为女王，不列颠会不会再次出现内战？假如她嫁往法国，英格兰会不会成为新一代法王的嫁妆和领地？亨利八世考虑了王朝的前途，决定利用沃尔西的有利身份，尽快促成他与凯瑟琳离婚。

1527年5月，一场经过认真编排的悲喜剧终于上演。沃尔西以教皇特使的身份秘密召集了宗教会议，随即传讯亨利出庭，正色告诉他与王兄寡妻结婚，触犯了禁止近亲结婚的宗教法。亨利一本正经地辩解说他们的婚事曾经得到教皇许可。凯瑟琳坚持说：自己虽同王兄阿瑟同居7个月，可从无房事，所以不妨碍再婚。过了些天，亨利显露本意，主动告诉王后说：他们本来就没有合法地结过婚。

下一步，是让沃尔西以特使的身份，从教皇那里为他获取婚姻无效的敕令。这又谈何容易？这年查理五世洗劫了罗马，教皇克莱门特七世成了他的俘虏。而查理有许多理由憎恨英王，怎会支持亨利休掉他的姑母？7月29日，查理告知其驻伦敦的大使，说他已"建议"教皇否决了亨利的要求。

当沃尔西就英法结盟和离婚事宜前往欧洲时，亨利又和安妮·博林爱得如火如荼，使离婚案上增添了一个结婚问题。沃尔西事后才知道了事情的全部，立即意识到了他的失宠，诺福克等人已开始取代他的地位。奉命处理此案的教皇使节、红衣主教坎佩基奥抵达英格兰后，利用种种借口迟迟不作裁决。这或许是沃尔西消极怠工的证明。亨利决心立安妮·博林为王后。

1529年5月末，身为教皇代表的沃尔西和坎佩基奥终于开庭，听取亨利的诉讼。凯瑟琳拒绝出庭，直接向罗马申诉。6月21日，国王和王后双双出庭，场景哀婉动人。凯瑟琳跪拜王夫，哭诉自己的一贯忠贞，发誓自己与亨利结婚时仍然是纯洁处女，哀求亨利不要遗弃她。亨利无法辩解，只说他这样做，全是为了君主制和国家，请她不要向罗马上诉。凯瑟琳挥泪离开法庭。费希尔主教挺身为王后辩护。亨利要求宣判。坎佩基奥借故拖延。恰巧这时，英法联军在意大利失利。本来犹豫不决的教皇，现在必须仰望查理的鼻息；在离婚案上，他当然要支持凯瑟琳。

特使法庭关闭之际，正是沃尔西倒霉之时。他虽然为此尽了力，却因为无奈的拖延，使亨利抱怨。亨利还为外交政策的失败而气急败坏。他们背叛了查理五世而与法国结盟，违背了英国的根本利益，招惹了整个英国的反对。目下惩治沃尔西既可以减少民众的怨气，又能借机获取大宗财富。10月9日，国王法庭指控他犯有侵害王权罪，革除了他的除约克大主教之外的所有职务，大部分财产将转归国王。诺福克公爵成了首席大臣，托马斯·莫尔任御前大臣。

沃尔西未因降职一蹶不振。他定期访问教区，修缮教堂，排解纠纷，逐渐得到了人们的谅解。可情势略显好转，他又野心膨胀，偷偷与外国王室通信，要求教皇采取措施，"必要时动员军队"，将英王驱逐出教。他没想到自己始终处于对手的监督之下，消息很容易被间谍得到，报告国王时又被夸大。1530年11月4日，他再次被捕，被控犯有叛国罪，当月含恨死去。

亨利和朝臣明了，由教皇批准离婚的道路已被堵塞，必须另辟蹊径。他听取克兰默博士的建议，把离婚是否合法这个问题从宗教法庭撤回，派信使分送欧洲各大学去研究表决。那时大学已经受了人文主义的洗礼，几乎异口同声地宣称亨利有理，谴责教皇不该违反近亲不得通婚这一重要法律。大学的支持使亨利获取了勇气，决心采取特殊措施反对罗马的教廷和英格兰的教会。而因此获功的克兰默很快被任命为坎特伯雷大主教，成为亨利进行宗教改革的又一臂膀。

四、宗教改革

亨利八世与罗马教廷的决裂，是英国宗教改革的前奏。表面看来，此事带有强烈的君主个性色彩。是因教皇拒绝批准亨利与凯瑟琳的离婚要求引起的，而亨利敢于蔑视教廷、执意改革，是担心都铎王朝断嗣和盼子心切。实际上，这场运动有着深厚的社会历史原因和政治背景。

从王权发展趋势来看，亨利八世时代的宗教改革是出于政治需要而客观地提上政治日程的。

就国际范围而言，以教皇为最高首脑的罗马天主教教廷，是一个体系严整、权势煊赫的国际性宗教组织。长期以来，教皇被奉为上帝在人间的最高代表，国王只是上帝的仆从。教廷有权向天主教世界的各国君主发号施令，摊派捐税。各国君主则向教皇称臣纳贡。稍有违抗会被革除教籍，甚至被重兵讨伐，夺去王冠。另外教会还拥有避难权来抵制国王的法律和特权，有的教士可以领取几份俸禄而尸位素餐。正因如此，中世纪欧洲教权强大时，许多君主国还不是完整意义上的主权国家，各国王权也难在政治上获得至高无上的地位。

就国内来看，英国教会作为国际天主教会体系的组成部分，也是约束限制王权的重要力量。经济方面，教会占有全国大约五分之一的土地，有权向全国民众征收什一税和其他多种捐献，总收入远远超过王室。政治上，高中级教士能担任政府许多重要官职。甚至在宫廷会议和议会上院中，高级教士都占成员的一半以上。在司法和文化教育领域，宗教势力无孔不入。教会可自设法庭，并按照教会法审理有关案件，而教士犯罪时却能拒绝接受世俗法庭的审判。那时学校几乎全由教会经办，各类出版物须经教会审查。多年来，英国分设为两个大主教区，下设19个主教区和多以千计的小教区，教堂和修道院比比皆是。倘若触犯教规，轻则罚款监禁，重则处以极刑。整个看来，在英国都铎政府统治前期，天主教会是除贵族之外的又一支能与王权抗衡的重要力量；鉴于亨利七世时期的王权扩充仅限于世俗领域之内，为了牢固树立国王在世间的绝对权威，就必须摧毁掌握神权的天主教会。

英国宗教生活的种种积弊为人们所不齿。各级教区中，虽然不乏善举，但僧侣纳妾、宿娼、通奸、酗酒等案件层出不穷，勒索、欺诈教民的现象屡禁不已。一些修道院变成了污秽淫荡的娼寮，丑闻劣迹不绝于耳。有的修道院竟假造圣徒遗骨作为药物出售，图财害命；或将许多臭靴子、烂皮带、旧衣服冒充圣徒遗物，换取教民的捐赠。

正直果敢者对教会的贪婪腐败深恶痛绝，他们对圣餐和其他无谓的宗教仪式质疑，继而宣传改革。但教会凭借上帝名义，对异端的镇压无所不用其极。据不完全统计，仅在1506—1521年间，教会所审理的异端案件，多达342起。其中9人被判处火刑。

1515年，伦敦成衣商理查德·亨尼奋起反对教会征税，追随的有市民，还有下院议员。他们把抗议的矛头对准伦敦主教。亨尼被捕后悬梁身亡，这是自杀还是他杀，成了不解之谜。这段宗教改革的前奏虽然戛然而止，但1521年以来，牛津大学年轻一代的叛逆者，已在传播着德国宗教革命的消息。剑桥大学已涌现出较多的异端分子。虽然他们有的害怕迫害而移居大陆，可又在国外印刷了大量的反天主教的小册子，偷运到国内。1525 年，伦敦出现了一个叫"基督兄弟会"的团体，四下散发路德派和其他反天主教派的宣传品，传播英语本《圣经》。沃尔西越查越多。剑桥的威廉·廷德尔最为果敢，他在科伦，将伊拉斯谟编定的希腊文《新约》译成英文本，又根据路德的思想加上一篇充满火药味的序言，再到新教徒的居住中心沃尔姆斯，一次印了 6000 册，运入英格兰。以后源源不绝。亨利八世试图采取折中办法，由国家制定一种权威性的英文译本，来防止多种版本的谬传。

事实表明，英国实行宗教改革的时机已经到来。

英国宗教改革始于 1529 年"改革议会"的召开，此届议会历时 7 年，有 8 次会议。在首次改革议会上，它通过颁布《遗嘱验证法案》、《丧葬费法案》和《兼领圣职法案》，限制教会勒索死者及其家属财产，褫夺他们以教皇许可为由兼领圣俸的特权。上院主教和修道院长虽然反对，但在国王压力下被迫从命。

亨利在利用议会进行宗教改革时，表现出十足的专断和狡黠。他利用下院制约上院，利用上院世俗贵族抵制教会贵族。当上院教会贵族发生分歧，或一致抵制下院时，他果断地行使王权加以裁决。

翌年冬，国王在最高法院的代言人以侵害王权罪起诉整个教会，最后判教会缴纳 11.8 万镑的巨额罚款。[①] 亨利八世乘胜扩大战果，要教会召开专门会议，正式承认他是教会最高首脑，是教会"仅有的保护者，唯一的和最高的主人"。在 1530 年议会上，托马斯·克伦威尔崭露头角，他主持议会和政府事务，颁布了一系列否定教廷、压制教会的法令。

1532 年春，下院向国王呈递《控诉主教书》，谴责教会滥用司法特权，漠视王权。教士会议讨论良久，终于递交一份被称为"教士的屈服"的文件，表示：教会未经国王允准不再制定新的法官律令；现有教会法律要经国王任命的委员会修订；委员会所认可的法律需经国王同意方能生效。至此，亨利八世实已成为王国最高立法者。此次议会还禁止本国高级教士将其任职第一年的部分俸禄送缴教廷。可亨利为换取教皇批准他的离婚要求，暂将此案束之高阁。翌年 3 月 20 日，亨利与已经怀孕的安妮秘密结婚，9 月伊丽莎白公主诞生。

---

① D. G. Newcombe, *Henry VIII and the English Reformation*, London & New York, 1995, p. 44.

亨利冒着重婚罪的危险，不顾欧洲舆论与安妮结合，却又得到了一个女儿，登时失望恼怒。很快，他爱上了凯瑟琳王后的女侍简·西摩。

在不久前开幕的第四次改革会议上，议会通过《上诉法案》宣布："英国是一个帝国，已被全世界承认，英国由一个至高无上的国王统治，国王拥有相应的至高无上的尊严和财产。"此案是宗教改革中最重要的文件之一，它对亨利八世的专制君主地位作了明确的法律表述，标志着英国在司法领域内正式与罗马断绝关系。

1534年是宗教改革的关键时刻，改革会议召开两次。年末，议会在《至尊法案》中郑重宣告："亨利八世是英格兰天主教会的最高领袖，地位仅次于上帝；安妮是他的妻子，女儿伊丽莎白公主是他们的继承人。"还宣称亨利"是英国唯一的最高首脑"，拥有决定一切宗教事务的权力和权威，可派随员巡视并纠正各种弊端。这已暗示着国王要对修道院实施更沉重的打击。至此，罗马在不列颠的特权已被彻底粉碎，英国与罗马教廷彻底决裂，安立甘国教的最高统治地位已在英国牢牢确立。

反对者仍在对峙着，谴责国王及其宗教措施的呼声不绝于耳。亨利以血腥镇压加以回击，千百人被处以绞刑、剖胸和肢解。德能高超的罗彻斯特主教费希尔和担任国务大臣的空想社会主义思想家托马斯·莫尔拒绝效忠宣誓，1535年均被处死。

改革还穿插着亨利婚姻和家庭的纠葛。1536年1月7日，凯瑟琳病死。就在前王后下葬之日，安妮生下了个死胎，亨利再次失望。于是，他指责安妮招蜂引蝶，莫须有地提出了5个奸夫的名单，其中一人竟是安妮的兄弟。安妮等人拒不招认，照样判处死刑。就在5月17日杀害5大臣之际，大主教克兰默受命宣布：亨利与安妮的婚姻无效，伊丽莎白公主为私生子。

5月30日简·西摩与亨利成婚，6月4日就被封为王后。简乃爱德华三世的后裔，与亨利有4代之内的血亲关系，按常规不应结婚，可亨利让克兰默更改教规。翌年10月12日，简通过剖腹产手术生下了未来的爱德华六世，很快离世。

在改革初年，亨利仍有同教廷妥协的念头。1536年，久受亨利栽培的雷金纳德·波尔被教皇任命为红衣主教后，发表文章攻击亨利攫取宗教大权，实行独裁，并说亨利与简的婚姻实属乱伦。波尔特将此文寄一份给英王。亨利怒火中烧，妥协念头完全打消。为报复教廷，他批准克伦威尔扩大改革范围，解散英国修道院，把它们的财产统统没收。

克伦威尔在统揽权力方面，丝毫不亚于沃尔西。他除了负责内政、外交、枢密院、星室法庭和教会，还统领着特务情报机构。亨利想扩充海军，增加宫廷花费，加强政府机构，处处需要大笔金钱。可由于国税和宗教税双管齐下，百姓已经到了不堪重负的地步；而没收修道院的财产，是最好的谋财之道。亨利的这一主张，得到了世俗贵族和工商业者的支持。克伦威尔执行起来大刀阔斧。

早在 1535 年，克伦威尔就已派遣视察团分赴全国各地，调查罗织修道院劣迹秽行。诸如买卖教职、出售赎罪券、诱奸民妇、滥施刑律等等，俱成为国王进攻修道院的证据。1536 年 2—4 月改革议会的最后一次会议召开，会上通过议案，宣布关闭 370 余所年收入不足 200 英镑的小修道院，遣散僧侣修女 2000 余人。其余 186 所大中型修道院于 1538—1540 年间陆续查封。改革期间，总计封闭男女修道院 718 所，遣散僧侣修女 8000 余人。修道院资产全部没收，大批修道士被迫还俗。修道院的大量浮财地产，多半由国王转让出售。其中少量由贵族获得，大部分被乡绅、富商或其他新贵买走。亨利八世凭空获利 142 万英镑。

天主教多年的统治和影响决定改革不会一帆风顺。克伦威尔一伙的劫掠和残暴行径激起了众怒。因关闭修道院而失业的方外人士有 12 000 人。许多地方发生民变和起义。东北一带的叛乱多达 6 万人。北方部分小贵族，集结 9 000 人攻打约克，要求恢复玛丽的名分。爱尔兰人站在叛乱的前列。亨利采用军队镇压和分化瓦解等方式，于 1537 年春季安抚各地。

亨利有了外财，花起来大手大脚。他将海军战舰由 5 艘扩充到 25 艘，配置了重炮、先进的帆具。英格兰皇家海军的建设，由此开始。1544 年 7 月，他不顾体弱多病，率兵 42 000 人进攻法国，遇到顽强抵抗，翌年被迫达成和议。[①] 英格兰耗费了 200 万英镑的军费，一无所获。同时，英格兰对苏格兰的战争用了 100 万英镑。亨利从修道院夺来的财富迅速告罄，便增收各类捐税、举借贷款、实行通货膨胀政策和改铸劣质钱币来弥补财政亏空。

即便如此，亨利八世时代英国宗教改革对于该国政治制度发展有着多方面的意义。

---

① James A. Willianson, *The Tudor Age*, Longman, 1979, pp. 177–180.

其一，使王权在较短时期内膨胀，变得空前强大。英国少了教会这一制衡力量，使国王无论是在理论上和还是在实践中均被僧俗两界奉为国家最高首脑。神权与王权抗衡的双重社会结构被神权从属于王权的一元社会所代替。

其二，使英国成为一个真正独立的主权国家。相应之下，国王和议会的关系也发生了明显变化。改革期间议会两院积极而又被动地配合，成为国王的得力工具，其中上院教会贵族成分发生重要变化，高级教士的数量大大削减，上院总体实力远非昔比；为此一些史学家把英国贵族院的这种嬗变称为"上院的衰落"。而且，由于亨利八世在没收修道院大宗财产后财政力量大大加强，就不必像前朝君主那样依赖议会，议会召开的次数减少。

其三，亨利还用搜刮之资赏赐宠臣亲近，迅速扶植起一个新贵阶层。他们基于经济利害关系，成了都铎王朝的有力支持者，坚决反对天主教会复辟。

修道院的解体，还有助于人口的增加。一些僧侣离开了修道院，增加了就业和生育人口。宗教改革还大大减轻了人们对宗教的敬畏和恐惧心理，逐渐变换了对人生和死亡的观念。1536 年夏天，克伦威尔下令用英语讲解主祷文和《圣经》。一些路德派教士被请来讲道。克兰默用优美英文写成的《基督教徒守则》于翌年问世，新教观念普及英国，英格兰通过自上而下的改革演变为一个新教国家。

简·西摩去世后，亨利当了两年的鳏夫。为了增强反对两个天主教国家的力量，他指令克伦威尔与信奉新教的德意志北部的诸侯国克勒弗公国谈判，迎娶年已 30 的安娜公主。亨利一见新娘子就大失所望。她相貌丑陋，不会讲英语。二人没有成为实际上的夫妻。亨利怪罪克伦威尔办事不力，他的政敌则借机进谗。1540 年 6 月，他被政敌指控为叛国者和信奉异端邪说罪被捕，未加审讯即行宣判，7 月 28 日处决。

亨利此时已与姿色过人的凯瑟琳·霍华德如胶似漆，他们于克伦威尔归天之日步入教堂。然而，新王后春心荡漾，不满于老亨利体衰无能，与几个老情人关系暧昧。1442 年 2 月 13 日，凯瑟琳上了断头台。

1543 年 7 月，亨利八世缔结了第六次姻缘。年过三旬的凯瑟琳·帕尔是个结过两次婚的寡妇，贤淑温和，颇有学识。她与亨利相伴 3 年，尽心照料国王和 3 个孩子，缓和了亨利与伊丽莎白的关系。这对他们二人和整个王室来说，是格外难得的。

五、议会新变化

都铎时期议会的发展程度明显超过以往。

比较突出的是"王在议会"原则的萌芽和发展。这一宪政观念萌发于中古晚期，但在大多情况下，因王权常常凌驾于议会之上，国王和议会还是两个彼此分离的政治实体。大约自 16 世纪二三十年代起，尤其自宗教改革以来，历代君主都不否认"王在议会"的政治现实和必要性。在各种政治文件中，明确表述国王和上下两院三位一体共同组成议会的，是 1534 年的《限制任教职者支付首年薪俸法案》，它宣布此案"由现届议会中的最高统治者国王、教俗两界贵族和平民共同行使权力制定"[①]。这等于声明英国立法权属于议会中的国王和两院。

爱德华六世和玛丽女王时期，英国议会"三位一体"原则依然得到承认。伊丽莎白在位时，王权上升到空前高度，女王与两院的关系有别于以往。但"王在议会"的宪法精神未变。最明确的表述是女王要臣塞西尔的一段话："上院贵族是议会的组成部分之一，代表全国平民的郡邑下院议员也是议会的成员。女王陛下亦然。这三者构成可以立法的议会机构。"

当然，都铎年间"王在议会"的含义，主要是就宪法意义和国王的实际立法作用而言，却并非意味着国王可以参加议会辩论和立法活动。某国王若要前往议院，主要去上院履行开幕和闭幕仪式，并在闭幕会议上允准或否决议会呈递的法案。都铎年间历代国王不在会期之时驾临议会的惯例的形成，有助于保持两院议员活动的相对独立性和行为自由，还为以后英国"君王不可为非"和"议会至上"的宪法原则的形成提供了先决条件。

"王在议会"三位一体并非意味着三者的地位和权力相等，而是由国王居主导地位。国王拥有议会召集权、休会权、解散权和议会法案批准权，可以通过册封贵族、发放贵族集会召令、增设或取缔选区等方式决定和改变两院的成

---

① G. Elton, *The Tudor Constitution*, *Documents and Commentary*, Cambridge University Press, 1960, p. 358.

分。由于这些权力均属独占性特权，所以国王可根据政府财政状况和政治需要，选择有利时机召集、解散议会。

都铎年间专制王权的扩充、宗教改革的进行以及"议会至上"的萌芽和"王在议会"原则的形成，不仅提高了议会的地位，扩大了它的特权，还改变了两院的成分、关系和作用，显露出上院的衰落和下院权力的增强。

都铎王朝前期，上院变化不止一端。其一是议员成分出现较大变动，教俗贵族的比例倒了过来。亨利七世的首届议会中，教会贵族49人，世俗贵族降至29人，约为1.7∶1。宗教改革之后，31个大修道院院长于1540年退出，贵族院仅余2名大主教和19名主教。以后主教人数添了5名，教会贵族达到26人，仅能在贵族院扮演次要角色。同时，亨利七世和亨利八世增封了40余名新贵族，虽有自然减员，到都铎晚期上院世俗贵族仍然达到59人，超出教会贵族许多。

其二是世俗贵族得到了完整意义上的议会出席权，凡拥有公、侯、伯、子、男爵号之一者，均可出席议会上院活动。说明这一惯例形成的事例，是1536年发往加来的召集令状，上面写道："各位世俗贵族都应收到议会召集令状，这是制度。"由于贵族爵位可以世袭，出席议会就成了他们按照长子继承制代代相传的政治特权。

下院成分的变化更加明显。表现为骑士议员和其他平民议员比例的变化和议员总数的增加。1510年，下院来自37个郡的骑士代表仍为74名，而来自100多个城镇选邑的议员计222名，下院议员总数为296名。亨利八世时增设了38个选邑和两个郡选区。以后在爱德华六世、玛丽一世和伊丽莎白女王在位期间分别增设34、25和62个议席。到了1601年都铎王朝最后一届议会中，下院议员多达462名。骑士议员的仅有的变化，是威尔士的12个郡各选派一名议员；加上英格兰增设蒙默斯郡和柴郡，下院骑士议员由74人增加到90人。[1] 未领骑士称号的乡绅和市民代表渐渐成为下院议员的主体。

随着议会内部议员成分的变化，上、下两院之间的人数由15世纪末的1∶2，变成伊丽莎白女王晚年的1∶5.5。

都铎年间议会发展的再一方面，是上院立法能力的削弱和下院立法能力的增强。

---

① D. Loades, *Power in Tudor England*, Macmillan, 1997, p. 84.

　　两院地位变化的关键时期是在 16 世纪 20 年代之后。亨利八世的宗教改革政策，剥夺了大修道院院长的上院立法特权，加上对高级圣职人员连连更换调整，这就不仅使上院教会贵族实力大减，还使世俗贵族慑于君威而在议会活动中变得相对温顺随和，主动配合政府。尤其是在 16 世纪后期，伊丽莎白女王政府的议案总能在上院顺利通过。玛丽女王时期，由上院创议的议案已经降至议案总数的 1/4。伊丽莎白在位后半期，上院提案已不到议会提案总数的 1/5。

　　说明下院地位提高的事实主要有两个方面——立法职能的加强和议员特权增长。主要表现在议会多数议案应由下院创议，而有关社会经济立法和财政拨款的议案则必须先由下院提出和决定。下院政治特权的增强则包括：一、下院议员在议会的自由发言和在议事期间免遭法院逮捕的特权一再得到声张和体现。1512 年，下院议员斯特罗德因在议会中维护矿工利益遭到锡矿法庭逮捕，议会立即要求撤除判决，并郑重宣告："本届和未来议会中的任何议员，若因在议会发言而受审，所作判决概属无效。"[1]1523 年托马斯·莫尔的首次就职议长的演说强调了言论自由。以后下院议员为维护和确立自由发言权，以及在会期和会期前后一定时间之内免遭逮捕的特权，一再奋起抗争。大约在 16 世纪中叶，基本确立了议员在议事期间以及会期前后各 40 天之内免遭法庭逮捕的特权，这对以后议会工作的正常运行都有重要意义。二、下院获得了对本院议员的单独处分权。下院议长地位和作用也不断提高，被认为是国王和下院的共同仆从。

　　下院立法职能的增强和政治地位的提高，有助于加强议员们的参与意识、阶级认同感和政治独立观念，促使他们更加积极地从事议会辩论和立法活动，对于 17 世纪英国议会政治的发展有着重要的作用。

六、教派冲突和权力更换

　　比较而言，英国在 16 世纪欧洲宗教改革的激流中是最幸运的。它避免了

---

[1]　F. W. Maitland, *The Constitutional History of England*, Cambridge University Press, 1926, pp. 241–242.

德、法等国出现的宗教战争，在专制主义的政治土壤里培育了民族主义精神，以后破土而出时，化成了一股狂热的创造力量。

即便如此，后人还是对当时的宗教矛盾和血腥行为留下了深刻印象。亨利八世在位后期，上流社会中就有几位国务大臣、一位贤明的主教、许多修道院长被判处死刑。其他罗马天主教派和加尔文派因散布异端邪说被处以火刑者甚多；仅在其最后统治的 8 年中，被烧死的人就有 26 个。

爱德华六世即位时不到 10 岁，孱弱多病，缺少主见。所以，谁能控制他谁就是实际上的统治者。他的老师克兰默是一个著名的新教徒，不赞成以酷刑处罚异端。可爱德华却不许信奉天主教的姐姐去做弥撒。枢密院选任他的新教派的舅父爱德华·西摩为首席摄政，后者被封为萨默塞特公爵。

在英国贵族中，萨默塞特公爵是一个谨慎正直之士，克兰默大主教是一位机智的精神上的领导者。他们坚持国王为教会首脑，英语为礼拜语言，批评圣餐者，取消了宗教迫害法规，使路德教义、加尔文教义并行不列颠，再洗礼教徒和唯一神教徒渡过海峡前来英国。伦敦出现了反对偶像崇拜的风潮。十字架、圣像俱被销毁，染色玻璃和各种雕像统统撤除。教堂墙壁一律刷成白色，中世纪的奢华繁琐为朴素淡雅所取代。改革派的举措遭到伦敦主教邦纳和温切斯特主教加德纳的抨击。大主教将二人送进监狱。1548 年，克兰默主持编写的《祈祷书》问世，他不把此书提交教士会议，而把它交给议会审议。议会把它视作法典，通令全国教堂统一使用。加德纳获赦后反对议会的宗教立法权，再次被投入牢狱。

萨默塞特在动荡中趔趄行进，首先捅娄子的是他的胞弟托马斯·西摩。此人是海军上将，不满于既得地位，敛聚钱财购置军火，图谋夺权。沃里克伯爵和南安普顿伯爵及时告发，议会两院对他严加谴责，1549 年 3 月被判处死刑。萨默塞特想加以救护，未能成功，名声扫地。恰巧这时发生了两起威胁政权的叛乱。其中西部暴乱是因抗议英语祈祷书引起的，被罗素勋爵镇压。中部和东南部的大规模农民暴动主要是反对圈地运动，由小地主罗伯特·凯特领导，起义者多达 16 000 人，反对地主提高地租。8 月，沃里克伯爵雇佣德国火枪手大开杀戒，3500 名农民丧命。事后萨默塞特有意宽大叛乱者，对立派贵族指责他包庇罪犯，聚敛财货。10 月，他被捕入狱。1550 年重返枢密院，大权已落入沃里克伯爵手中。

沃里克伯爵是个典型的政治投机者。他倾向于旧教，可为了对付政敌和获取高位，又不惜对新教派系暂时让步。他希望对法国用兵，可英国正值宗教纷争和经济紊乱，国力显然不敌，便于 1550 年把布伦送给法王亨利二世，换取屈辱的和平。一下子，沃里克名声败落，政府群龙无首，各种教派加紧活动。无神论者也斗胆出面，说所谓地狱，"只是一种意识上的痛苦和绝望"，而基督和圣子是祸害和骗子。新教徒中的激进分子，在萨默塞特的许可下，对旧教派挖苦排斥。沃里克见风使舵，提名新教徒担任主教，并在全国清理旧教遗迹。英国顿时成了新教徒的天下，天主教成为异端，与无神论分子一道遭到镇压。1552 年，克兰默发表了他的《祈祷书》第二册，否认圣肉实在论，废止临终涂油礼。甚至连第一册《祈祷书》的"过时之处"，也被重新改过。议会肯定了新教的斗争成果，于《再度一统法案》中规定：人人要按时做礼拜；礼拜仪式严格遵循祈祷书规定，屡次违反者处以死刑。不到两年，沃里克谋足了政治资本，被爱德华六世封为诺森伯兰公爵。他立即诬陷萨默塞特犯有密谋罪，将他处死。但英国新教徒的前途，取决于爱德华的寿命能有多久。

1553 年仲夏，爱德华的生命进入尾声。先是痰中带血，继而两腿臃肿，全身出疹子，头发指甲脱落，于 7 月 6 日去世，仅 15 岁。次日早晨，沃里克为了身家性命，带兵逮捕玛丽公主。玛丽及时躲避。沃里克立即采用威胁利诱手段，迫使枢密院宣布亨利八世的外甥女简·格雷郡主为国王。简听到此消息后当即昏厥，醒来后恳求沃里克不要逼她登基。可她的家庭深知情势不可逆转，恳请她顾及亲人。7 月 9 日，简极不情愿地登上了王位。

玛丽在爱德华晏驾之际，逃往萨福克。简登基的次日，她也被宣布为英国女王。北方贵族首先归顺，勤王大军拥戴着她向伦敦推进。沃里克率士兵拒绝效力，仓皇逃往法国，但很快被捕。枢密院宣布效忠玛丽，在位 10 日的简虽然无辜，也被打入牢狱。

玛丽即位时 37 岁，历尽沧桑，憔悴多病。她在孤苦伶仃的岁月里，坚持自己的天主教信仰，在政治斗争的夹缝中得到了幸存，目下初登大宝也能显露出大度和宽让。几位拒不接受新教而身陷囹圄者，如加德纳和邦纳等，被立即释放；对于新教代表人物、被迫登基的简和沃里克之流，也主张一律黜免。8月 13 日，她宣布宗教信仰可以"不加限制"，甚至举行一场公开辩论，企图说服新教徒归顺正统，不料会上两派攻击谩骂，是是非非不可开交，只好草草结束。不久，邦纳大主教在教堂为天主教辩护时，一把匕首突然飞向他，多亏抢救及时而幸免一死。是时，被软禁的克兰默仍然拒不改悔，伦敦主教德利公然宣称他与伊丽莎白都是私生子。

　　当时的政治局势也使她左右为难。保守派力图恢复旧制，可英国世俗贵族中，几乎都从宗教改革中分享到修道院的地产。若要对他们清算，他们随时会拥立赞成新教的伊丽莎白。缺乏经验的玛丽试图将宗教和政治分开，为了神圣的信仰想热情接待教皇特使波尔，但马上得到告诫，劝她在时机尚未成熟时稍安勿躁。

　　1553 年 10 月，新议会开幕，宣布撤销以往视玛丽为"非婚生子"的法案，但拒绝考虑退还修道院的财产，拒绝恢复教皇在英国的权威。无奈之下，玛丽借用王权起用天主教徒。1554 年 3 月 4 日，通告全国恢复天主教信仰。这实际上等于置新教于非法。新旧教派势力的消长，给英国带来动荡。

　　玛丽同样面临婚姻和生育的难题——如果她不能生个王储，伊丽莎白就会继承王位。经过一段踌躇，她选择了比他小 10 岁的西班牙国王菲利浦二世。骚乱四处发生。怀亚特领导着一支 7000 人的队伍直逼伦敦，口号是："不让英国沦为西班牙的附庸！"最后叛军被镇压，怀亚特落入天牢。经过了这场风波，近臣、罗马帝国皇帝和驻英使节，都批评她施惠过宽。面对残酷的政治和宗教压力，玛丽无法再表达过多的怜悯。在保守派的劝说下，1554 年 2 月 12 日，仅有 17 岁的简被判处死刑。至此，玛丽一改宽仁厚道的做法。开始在以后的几年里实行宗教压迫，并为此获得了"血腥玛丽"的绰号。同年 7 月，她与菲利浦成婚。

　　同年 10 月，红衣主教雷金纳德·波尔归国，受到隆重的欢迎。教皇的权威重被树起。宗教法庭在各地重建起来，教士又在各教区征收什一税。神像在教堂里复位。男女修道院经过整修后再次开张。书刊检查权从政府交还给教会。古老的宗教仪式重新得到张扬。英语《圣经》被投入烈火。英国经历了 20 年的改革，天主教势力重新抬头。

　　进入 1555 年后，天主教复辟演变为赤裸裸的恐怖。1 月 22 日，主教法庭逮捕了 6 位新教教士，格洛斯特主教等 4 人被判处火刑。同年 10 月 16 日，克兰默的朋友休·拉蒂默以叛逆罪被判处火刑。他在火刑柱上留下了一句不朽的名言："今天我们将在英格兰燃烧一支这样的蜡烛，我相信，它是永远不会熄灭的。"[①] 翌年 3 月，80 岁的第一届新教大主教克兰默在被焚死前的一刻，凛然

---

　　①　F. E. Halliday, *A Concise History of England, From Stonehenge to the Atomic Age*, p. 96.

高呼："至于谈到教皇，我十分鄙夷他，因为他是基督的敌人，基督的叛徒!"克兰默二人的死亡，标志着宗教迫害的高潮。在玛丽统治的最后4年，约有300人被害；其中50名是妇女。[①]因躲避迫害逃亡大陆的难以计数。玛丽的残暴和殉道者惨烈的死亡激发了新教徒的斗志，甚至一些天主教徒，也对他们的信仰发生怀疑。玛丽寝食不安，唯恐遭人暗杀。

在这样的环境中，玛丽产生了怀孕的错觉。1555年夏天，她以为自己有了身孕，经御医检查方知是一场误会。1558年初，她又以为自己怀孕了，甚至预期有难产的可能，可最后断定又是非分之想。失望使她以泪洗面，日益虚弱。

婚姻还加强了英国与西班牙的盟国关系，促使她投入对法国的战争。1588年元月，法国军队占领英国在欧洲的最后一块属地加来。百年战争以来，英国人为驻守它付出了巨大的努力，一旦丧失，全国一片骂声。女王的威信降到了最低点。

初秋，玛丽染上了疟疾，昏昏欲睡，但理智清晰。她在生命的最后时刻，为了都铎王室的未来而牺牲了自己对天主教的偏爱；11月6日，将王位传给伊丽莎白。17日凌晨离开人世。

用宏观的眼光来看，1547—1558年的教派冲突和权力更换，不过是都铎王朝发展中的插曲。历史总是一再地出现曲折和后退，尽管它不会改变行进的方向。

七、伊丽莎白女王

伊丽莎白是在欢呼声中登上王位的，饱经沧桑的英国人渴盼着治国明主。她在其45年的统治中，满足了国民愿望，成为英国最伟大的君主之一，以至于她荣登大宝的日子——11月17日——在她身后仍被当作节日庆祝。

伊丽莎白是在惊险动荡中长大成人的。她两岁8个月就永远告别了母亲，

---

① C. Roberts & D. Roberts, *A History of England, Prehistory to 1714*, p. 282.

伊丽莎白女王

蒙受私生子的耻辱。爱德华六世虚居王位时，她面对可怕的猜疑。玛丽为王时，她曾被关押流放，饱受惊吓和折磨。即便如此，她还是领受了文艺复兴的成果，接受了优良教育，掌握多种语言，能写善辩，熟谙歌舞，通晓天文学和神学。

伊丽莎白刚刚君临天下，就面临着许多问题：与法国的战争，与苏格兰和西班牙紧张的关系，局势混乱，法纪松弛，财政拮据，物价腾贵；尤其棘手的是国内尖锐的宗教派别矛盾。这堆难题即便是一位须眉帝王也会望而却步，何况一位年轻女王。

宗教问题首先得到了解决。伊丽莎白在 1559 年促使议会通过了《至上权力与划一性法案》，即"至尊法令"，确立英国圣公教为国教，女王成了最高宗教首脑；强调教会和国家是统一体。玛丽女王为确立天主教所颁布的法律统统被废除。原由克兰默编写的《祈祷书》第二部稍做修订后重新使用。圣徒偶像、圣坛和染色玻璃，统统被撤除。

伊丽莎白之所以首战告捷，是因她知人善用，身边聚集了一批最能干的新教徒，又能恰当地控制和利用议会。她最初任命的有坎特伯雷大主教马修·帕克、掌玺大臣尼古拉斯·培根、一流学者阿夏姆等，但最杰出的是威廉·塞西尔（1520—1598 年）。塞西尔毕业于剑桥大学，学识渊博，是坚定的新教徒，1548 年进入议会，曾任萨默塞特公爵和爱德华六世的秘书，玛丽女王在位时受到排挤，伊丽莎白一即位就任命他为自己的秘书和国务大臣。她处事稳健，富于远见，勤于职守，坚持原则，前后效命 40 年，是伊丽莎白理想的股肱之臣。她的另一长处，是在歧视女性的社会中，以其童贞处女的身份驾驭上流男性，既能亲若师友，又能褒贬自如，德威并加。

然而，她还无法从根本上解决宗教难题。1570 年，教皇庇护二世宣布将伊丽莎白逐出教会，并下令废除她的王位。10 年后教皇格列高里八世明令：暗杀英国女王不算犯罪。有的天主教徒阳奉阴违，私下举行旧式仪式。有的教徒宁愿支付罚金也不参加国教礼拜。1574—1585 年，西班牙属地尼德兰的杜亚学院，派出数百名毕业生到英格兰传教。他们会集英格兰的天主教徒强硬派，串乡过城，秘密集会，散发宣传品。一个耶稣会士甚至被派到爱丁堡，劝说苏格兰天主教徒入侵英国。1581 年，许多天主教徒相信，西班牙军队即将进入不列颠搭救他们。

根据密探的报告，政府抓获了传教士的头领甘比安，禁于伦敦塔。甘比安不服，仍要同新派神学家辩论。伊丽莎白答应了他的要求，辩论时允许公众参加，但历时数小时未分胜负。最后还是以颠覆政府罪判处绞刑。杜亚学院的僧侣共有 98 人遭受极刑。到了伊丽莎白在位后期，虽然还有少数天主教徒非法活动，但已属荒山鸟鸣，无碍大局了。

伊丽莎白及其政府对付天主教徒时，效果比较明显，可她在那些显得较弱的清教徒面前，却很难获取胜利。这是因为，天主教徒是没落封建主义的支持者，而清教徒却代表着奋发向上的资本主义势力。清教徒属于新教的左翼，其中坚分子是在玛丽在位时流亡国外的宗教极端分子，以及剑桥大学的激进学者。代表人物是加尔文教派的神学教授托马斯·卡特列特。"清教徒"的名号最初使用于 16 世纪 60 年代初。源于他们力图清除各种罗马天主教式的信仰和礼拜方式。清教徒行动坚定果敢但不乏偏激。他们承认伊丽莎白是英国国教的最高领袖，但又在组织和理论上主张教会民主，要求肃清教会的旧教残余，取缔凌驾于教民之上的等级制，代之以教民大会产生的"长老会"。这是要取消女王宗教权力的最关键部分。1563 年，清教徒牧师拒绝执行宗教会议的条例，坚持用日内瓦式的黑色法衣来取代色彩鲜丽的弥撒祭袍。60 年代英国下院的400 余名议员里，大约有 100 名清教徒，辩论时言辞激烈。伊丽莎白尽管会在反对天主教的斗争中借助他们的力量，却又一贯地把他们排除在政府和教会之外。

几年后，清教徒的活动加强。1570 年，卡特列特发表系列性讲座，攻击教会。他被免除教职后，到各地散发小册子，继续攻击主教制，要求引进长老会管理体制。[1]1572 年他们在万兹沃斯城建立了第一个清教徒教区。伦敦许多市民和部分下院议员成为清教徒。大批工商业者和流亡伦敦的尼德兰加尔文信

---

① Patrick Collinson, *The Elizabathan Puritan Movemont*, Clarendon Press, Oxford, 1991, pp. 112, 116.

徒，纷纷攻击主教制和相关礼仪。女王下令主教们加以阻止，引起各地清教徒的反抗。清教徒不仅召开地方会议还举行全国性代表大会。东南部清教徒的活动尤其活跃，形成了一种富于政治色彩的清教徒运动。1581 年，卡特列特的学生罗伯特·布朗作为"独立派"或"分离派"的主要发言人，在诺里奇市建立了独立的组织，召开本派的宗教大会，发表论文，声称根据《圣经》的精义，任何基督教派均有权自行集会礼拜。还可自定教义，自选领袖，建立独立的教会，与国教会分离。政府驱逐布朗派分子，他们流亡到荷兰。1586 年议会选举时，清教徒对敌对的候选人实行攻击。议会开幕后，清教派议员约翰·彭利指责主教滥用职权，要求改革教会。安东尼·柯伯提出议案，敦促废除主教体制，用长老会的组织改组英国国教。女王下令议会不得讨论此项议案，彼得·温特沃思傲然质问议员发言自由究竟何在。4 名议员发言支持。伊丽莎白将 5 人关入伦敦塔。

然而，16 世纪后期清教徒的活动此伏彼起，政府虽能压制迫害他们，却始终无法遏制清教运动。清教运动延续到了斯图亚特王朝，在詹姆士一世和查理一世时期形成燎原大火。

国外问题同样很棘手，主要威胁来自北方。法国派兵支持具有法国血统的苏格兰太后玛丽·吉兹，该国新教贵族集合反天主教力量，奋起迎战太后和法国军队。远远观战的伊丽莎白明白了，如果法国势力控制苏格兰，接着就可能夺取她的王位。她很想借机出兵，可缺少足够的军费，只好令舰队封锁拦截法国援兵；把武器和给养悄悄运入苏格兰，武装新教斗士；派善于演讲的煽动者潜入北方，宣传鼓动；派小股部队支持新教徒。这些似乎不起眼的办法起着事半功倍的作用。恰巧，吉兹太后去世，英格兰特使及时抵达苏格兰首都爱丁堡，于 1560 年缔结了《利思条约》，新教徒在苏格兰获得了合法地位。英国安抚了北方宿敌，可以集中力量对付欧陆大国。

伊丽莎白即位不久也遇到婚姻难题。它实际上是个重大政治问题，牵涉到王位能否顺利传递，决定着国家安全，使官宦和黎民百姓萦萦于怀。议会两院恳求女王成婚生子。伊丽莎白却显露出执著而谨慎的性格。倘若她顺应某些人的建议，与国内新教派贵族派成婚，或许会突然加强某个家族的势力，引起求婚者的竞争乃至互相残杀，她的权威就会削弱，不列颠会出现新的动乱。国外的求婚也使她处于两难之地。丹麦、分兰、瑞典等国的大使都表达了本国君主或王亲的爱慕之情。她花了很长的时间去考虑法王查理九世的联姻建议，以至于法国大使埋怨道:"开天辟地只用了 6 天,可她已经过了 80 天还没有打定主意。"她的姐夫、西班牙国王菲利浦二世在她即位时就正式向她求婚。若答应了他,他就可以得到一个强大的盟国,将来有可能使英国成为西班牙的附庸,容易卷入他国的政策和欧洲大陆的争斗。于是,她决心独居一生而又不流露真意,同时利用处女身份若即若离地吸引着求婚者,拉拢着易变的同盟者,反对敌手。[①]

英格兰和苏格兰的关系再次把民族问题、亲戚关系和王位继承问题纠集在一起。1661 年以来,苏格兰由亨利七世的曾外孙女、玛丽·斯图亚特女王统治着。按照世系,她该是英格兰王位的第二继承人。她幼年在法国宫廷长大,1558 年与法王亨利二世的太子弗兰西斯结婚;翌年亨利二世卒,她成为法兰西王后。1560 年弗兰西斯夭亡,她 18 岁成了寡妇。她回到苏格兰时,苏格兰臣民已改信新教,把她看作信奉异教的外国女王。在性格上,美貌绝伦的玛丽多情善变,缺乏谨慎和安分,加上曲折的经历和政治纠葛,使她一生充满着悲剧、惊险和痛苦。1565 年,她同生性狠毒的美男子达恩利结婚。一年后生下儿子詹姆士(未来的苏格兰和英格兰国王)时,二人已势不两立。1567 年 2 月,达恩利被人扼死。3 个月后,她被杀害丈夫的博斯韦尔勋爵诱奸,竟以身相许,使本国贵族侧目。1567 年,他们将博斯韦尔监禁致死。玛丽先被囚禁,再被废黜,她一岁的儿子被封为詹姆士一世。翌年,她反抗失败逃到英格兰,自投伊丽莎白的罗网。

在英格兰,手无寸铁的玛丽却对伊丽莎白构成巨大威胁。由于南国的天主教徒们认为伊丽莎白是私生女,玛丽无形中还拥有法律上的优势。这使英格兰统治集团对她深怀敌意,既不承认她是伊丽莎白的继承人,又要设法防范。渐渐地,西班牙的间谍混入英国,以她的名义挑唆天主教徒,组织叛乱。欧洲这个唯一统一的新教国家存在着被颠覆的威胁。伊丽莎白面临着被暗杀的可能。

英国政府当即采取了严厉措施。塞西尔的助手沃尔辛厄姆四处追捕西班牙间谍和本国阴谋分子。伊丽莎白的表兄亨斯特对玛丽严加看管。北方叛军缺少统一行动计划,在山区盲目流窜,后逃到苏格兰避难。天主教徒在英国颠覆伊丽莎白政权的第一幕仓促收场。

玛丽在塔特伯里镇的监狱里熬过了 18 年的寂寞岁月,铁窗生活使她的健

---

① J.E.尼尔:《女王伊丽莎白一世传》,商务印书馆 1992 年版,第 80—81 页。

康大受损害。为了离开图圄，她先是上诉，后又进行密谋活动。1586 年她谋杀伊丽莎白的计划败露。伊丽莎白终于相信了大臣和议会的告诫：只要玛丽在世，她的地位就会受到极大的威胁，但还是怕承担杀害王室成员的恶名。1587 年 2 月 7 日，她根据议会的请求，签署了玛丽的死刑判决书。次日，玛丽被送上了断头台。[①] 街上燃起了庆祝的焰火。

截至 1587 年，伊丽莎白大致上度过了她统治的前期。主要任务是依靠朝野支持，抵御天主教势力和新教左翼的颠覆和反抗，实现宗教改革的第二阶段，巩固新教国家政权。值得赞赏的是，伊丽莎白在完成既定的历史任务时，措施得当，游刃有余，能在不发生严重流血的情况下，维护社会的安定。这与欧洲某些国家的做法形成了鲜明对比。德国宗教战争中，大约 1/4 的人丧生。而伊丽莎白女王采取了不同方式，更有力地维护了民族的团结和国家统一。

八、外贸、拓殖与海战

都铎时期的英国商人向海外推销商品时，遇到了汉撒同盟商人挑战和排挤。汉撒商人关键时刻曾支持爱德华四世夺取王位，故在 1474 年的《乌特勒支条约》里，赢得了比不列颠商人还优惠的关税特权。他们出口呢布时，只需交纳相当于英国商人 85.7% 的关税。而外国其他商人在英国外销呢布，则比汉撒商人多交 1.7 倍的关税。16 世纪中叶之前，英国方面一再与他们发生争执，由于受到条约有效期的限制，加上亨利八世曾借用他们的商船对法作战，难以取消其商业特权，英商满腹牢骚。

16 世纪，英国生活必需品价格大幅度上升。统计数字表明，小麦、干酪、蛋类、青鱼等 12 种物价指数，以 1491—1500 年为 100，1531—1540 年上升到 165；1541—1550 年达到 226；1551—1560 年为 365；1593—1602 年达到 551。其间面包价格也提高将近 6 倍。物价上涨的原因，一是由于钱币质量过次，尤其是在亨利八世时期，官方铸造的金币银币中杂质越来越多，致使英国呢布削

---

① James A. Willianson, *The Tudor Age*, pp. 357–369.

价卖出。这虽然对部分从事倾销的商人暂时有利，却损伤了英商在尼德兰的信用，致使呢布积压，出口困难。

物价上升的再一原因是城乡人口的增多，加大了对商品的需求。15 世纪末，英格兰人口 200 多万，1600 年增加到 400 多万。发展最快的城市是贸易中心伦敦。1520 年，伦敦人口大约 7 万，1600 年超过 20 万，比国内第二大城市诺里奇的人口多了十几倍。都市人口的增加刺激着商品经济发展。对商业贸易提出了更高的要求。

都铎政府经受着财政压力和国人抱怨，无奈向富商借贷。商人呼吁政府取消汉撒商人的特权。爱德华六世在位时，政府无求于外商，于 1552 年宣布：汉撒商人所具有的自由和特权无效；限制他们做中介贸易；不允许他们损害英国的利益；鉴于英商实际上未在汉撒的城市取得同样的优惠，甚至屡受限制，汉撒商人的自由和特权应被剥夺，仅保留与别国商人相同的贸易权利。这项判决公布后不久，玛丽女王打算与德国王子联姻，为改善关系而恢复汉撒特权。英国商人在大陆处处受到排挤，对外贸易再入低谷。

伊丽莎白一即位，就执行重商主义政策。她亲自致函卢卑克议会，要求兑现爱德华六世时的判决。英国商人一致支持政府，1560 年汉撒商人特权名存实亡。[①] 只因女王权力尚不巩固，暂时允许他们保留少量特权，但决不许他们从事转口贸易。英商在汉撒同盟各城市得到了对等的权利。汉撒商人陆续离开了英国。

在商业发展的同时，西班牙、葡萄牙探险家成功发财的消息传到不列颠，英国商人和少数国民的投机冒险心理增强，强烈要求开发新市场和殖民地。个别英国人冒险西航，试图发现新航路和黄金。远航失利后他们把精力用来发展国际贸易。一些有眼光有野心的商人相继组建了股份贸易公司。1555 年，英国第一家股份贸易公司——"莫斯科公司"问世。60 年代，英国商人恢复了对波罗的海的贸易，于 1579 年组建了"大陆公司"。有些商人把经营转向地中海，于 1581 年组建了"土耳其公司"，后来改名为"黎凡特公司"。1583 年该公司派遣拉尔夫·菲奇经陆路到达印度、缅甸、暹罗和马来亚，归来后向国人讲述各种神奇见闻和他们所经历的千辛万苦。鉴于陆地旅行复杂周折，英国人试图绕过好望角，挑战葡萄牙人在南大西洋的势力。1591—1601 年英国冒险

---

① James A. Williamson, *The Tudor Age*, pp. 256–257.

家组织了 3 次探险活动，遭受了沉重损失。1592 年派出的 3 艘海船，仅有一个海员生还。即便如此，国人的冒险精神有增无减。

还有一些投机商和亡命分子，从市场转向海盗掠夺。他们驾驶海盗船，疾行于惊涛骇浪之上，在大海上劫掠商船财富。并将攫获的部分财宝献予女王，得到赞赏和激励。1562—1563 年，出身于普利茅斯商人家庭的约翰·霍金斯（1531—1595 年）从西非捕捉了 400 名黑人，运往海地，同时运去了英国的手工业产品。英国的大西洋三角奴隶贸易由此开始。[1]1564 年他第二次航行，同行者有弗兰西·德雷克。伊丽莎白女王为获暴利，亲自投资入股。1567—1569 年霍金斯第三次领船队远行时，女王派遣两艘战舰护航。他们在几内亚海岸捕获黑人后，扬帆抵达西印度群岛，大肆劫掠。后因飓风和缺乏淡水到墨西哥的一个港湾避难，遭到西班牙舰队的袭击。霍金斯、德雷克拼死逃命。

英国船队遭受袭击的消息传到伦敦，舆论大哗，议会提议实行军事报复，挫败西班牙人对新大陆殖民和贸易的垄断。女王命令将西班牙的一些船只拦截，获取大量白银。1577 年德雷克作环球旅行，掠夺南美海岸的西班牙殖民地，袭击西班牙在欧洲的港口，被称为"海洋大盗"。德雷克还要求政府对西班牙宣战。

在 16 世纪英国人殖民者的行列里，博览群书的乡绅汉弗莱·吉尔伯特最有远见。他在 1576 年发表《谈从西北抵达中国和西印度群岛》一书，激励国人到远方寻找财富和领土。还有的人认为不列颠人口过多，应到美洲等地开发定居，疏散失业者。1578 年，吉尔伯特得到了女王的特许状，率领一批冒险家和船队几次远航。1583 年以女王的名义占领纽芬兰。1585 年又在美洲大陆附近的罗阿诺克岛建立了一块殖民地，取名"弗吉尼亚"，意为伊丽莎白的"处女之地"。[2]

面对英国人的挑衅，西班牙准备与英国开战。1587 年玛丽·斯图亚特被处死。西班牙国王菲利浦二世立即宣布苏格兰国王詹姆士六世为异教徒，将来不得继承英国王位。他本人则想推翻伊丽莎白，在英国恢复天主教。西班牙西部港口战船集结，准备海上进攻。英国方面先发制人，于 1587 年 4 月 9 日，由德雷克带领英国舰队偷袭加地斯港，重创西班牙军舰 30 艘。致使西班牙对

---

① F. E. Halliday, *A Concise History of England, From Stonehenge to the Atomic Age*, p. 99.

② James A. Williamson, *The Tudor Age*, pp. 353–356.

英国的海战延迟了一年。

1588 年夏，双方大致做好了海战准备。西班牙"无敌舰队"共有 130 艘船只，其中战舰和武装商船 60 余只，配有 2500 门大炮，各类官兵近 3 万人，由萨多尼亚公爵统率；计划沿着英吉利海峡北上，先去运载尼德兰的 16 000 名远征军，再到英格兰南部沿海登陆。西班牙舰队的特点是其短射程重炮的火力凶猛，适宜近战。弱点是装备陈旧，军需供应差，非战斗人员过多，军官腐败。

英国的战船数量低于对方——只有 34 艘军舰，必须依靠武装商船的襄助，出航海员仅 6000 人。但英国舰队指挥官霍金斯等人海战经验丰富，精干水手多于对方。最关键的是，英方船上的火炮可以远距离杀伤对手，行进时既快又稳，适合拦截和追击，使对方无招架之力。

7 月 19 日傍晚，英国舰队在利泽德岬角海域迎战西班牙舰队。一连 9 日，英方军舰一再利用上风头和炮火优势，与西班牙舰队保持有利距离，打打停停，不断击沉敌舰。28 日，英国舰队发动进攻。先令 8 艘装满炸药的船只，驶向抛锚的西班牙船队，爆炸后燃起熊熊烈火。英国炮舰随即开火，射穿敌舰，西班牙人惊慌绝望，8000 人伤亡，余者夺路逃走。2 日后少部分船只逃到北海停泊。一些战舰触礁沉没。最后只有 54 艘船只和 1 万人绕过苏格兰和爱尔兰，返回西班牙。

这次海战，英国以数十人的轻微代价，歼灭西班牙无敌舰队，取得了海战史上罕见的胜利，稳稳控制了制海权。英国民众兴高采烈地传诵着庆祝胜利和歌颂女王的民谣：

> 我们神圣的女王建立的丰功伟业，
>
> 放射出万道光芒的太阳神啊，
>
> 已三十次越过了黄道十二宫。[①]

海战还向西方各国宣告：英国的海军是世界上最强大的，英国成了世界上头等强国。它抵御了自罗马时代以来最强大的帝国的进攻，激发了英国人的民族精神，为以后发展大不列颠帝国奠定了基础。

1589 年，理查德·黑克卢伊特的巨著《重要远航录——英国的航海和发现》问世，产生颇大影响。其中写道：英格兰民族"在探索世界各个角落的

---

① J.E. 尼尔：《女王伊丽莎白一世传》，商务印书馆 1992 年版，第 326 页。

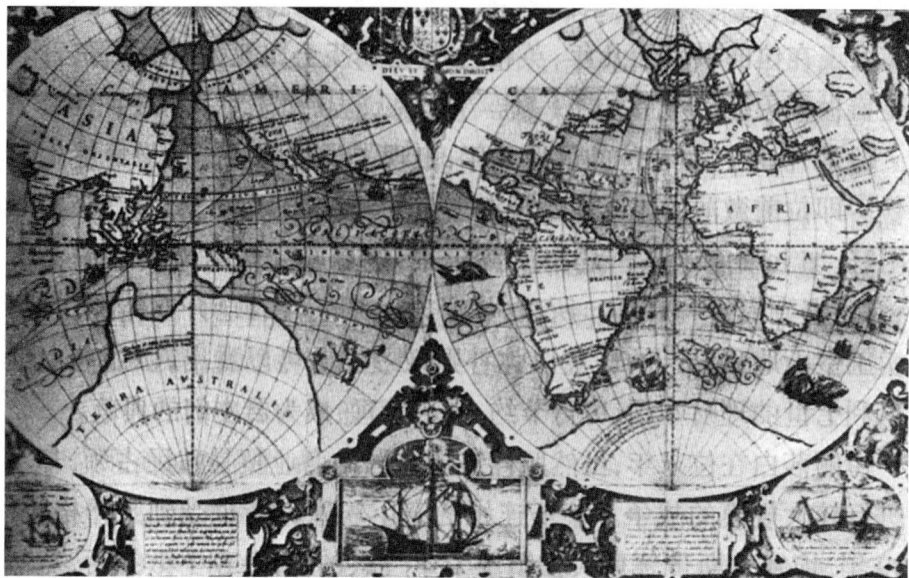

1580 年前后由德拉克和卡文迪什绘制的世界地图

活动中，在多次环球航行方面，胜过任何国家和民族"。① 英国人的冒险精神超过以往任何时期。被女王垂青的一些青年贵族，在世界各地打击西班牙、葡萄牙和法国的力量，袭击加地斯和亚速尔群岛，闯入加勒比海和低地国家，支持新教胡格诺教徒反抗迫害。1600 年 12 月，伦敦大商人组建了"东印度公司"，一年后，该公司击败了在印度的葡萄牙人，从印度莫卧尔帝国获得了贸易特权。以后它成为英国历史上资本最雄厚的股份贸易公司和殖民组织。

英国战胜西班牙无敌舰队，又是伊丽莎白女王政权稳定发展的转折点。1889 年诗人斯宾塞发表了他的寓言诗《仙女王》，称伊丽莎白为"光荣的女王"。其他文人廷臣也极尽颂扬赞美之能事。伊丽莎白为国民所景仰。女王在位的最后十几年，英格兰出现了莎士比亚、培根等著名作家，也是盛世的象征。

但是，伊丽莎白在位的最后几年，出现了通货膨胀。所幸她终生比较节俭。即位前微薄的年金使她没有多余的开销；成为女王之后，头些年财政困窘，加上政府未从宫廷中游离出来，她以君主的名义要求议会拨款时，常常遇

---

① 温斯顿·丘吉尔：《英语国家史略》上册，新华出版社 1985 年版，第 557 页。

到周折和麻烦。所以，她必须密切关注自己开支情况；目下则变卖王室土地和自己的珠宝以弥补财政亏空。可以看出，伊丽莎白继承了亨利七世的理财本领，厉行节约，悉心管理，成为君主们的典范。

伊丽莎白在位末年，虽然照样支持本国的商业贸易殖民占领，却不轻易进行较大规模的战争。甚至连她的宠臣埃塞克斯也受到了严格控制。1599 年，埃塞克斯带领重兵去镇压爱尔兰人的反抗，创下败绩后，竟然违抗女王旨谕，返回伦敦，立即被软禁。他又策划阴谋，准备发动叛乱，逮捕伊丽莎白。事败后被斩首示众。

1603 年 3 月 24 日，伊丽莎白逝世。按照事先的安排，苏格兰国王詹姆士六世兼领英格兰的王权，称詹姆士一世。英国进入了新朝代。

九、莫尔、莎士比亚和培根

都铎王朝是英才辈出的时代，政治思想、哲学和文学都达到了新的水准。之所以如此，是因为，都铎时期的人们不仅沐浴了欧洲文艺复兴的春风雨露，还遇到了一个相对太平的盛世。

作家、思想家和政治家托马斯·莫尔（1477—1535 年）在英国和世界文化史上都占有重要地位。他出身于伦敦法官家庭，聪颖早慧，曾在牛津大学学习法律，毕业后进入伦敦律师界。大约此时与荷兰人文主义者爱拉斯谟友情深切并受其影响。他 26 岁当选为下院议员。一日亨利七世向议会勒索一笔巨额拨款时，莫尔直言冲撞，他的父亲因此被关进伦敦塔。亨利七世死后不久，莫尔成为伦敦代理执行官，得到亨利八世的赏识，出入宫廷，有时被委以重任。1517 年，伦敦工匠为反对汉撒商人的贸易特权举行暴动，失败后有 400 余人将被判处死刑。莫尔闻讯后与伦敦商业中心的代表同向亨利八世求情，从而避免了一场大屠杀。1523 年，莫尔任下院议长；5 年后任大法官，1529 年成为地位显赫的枢密大臣。

后人大多不了解他在文学和历史学上的杰出成就。实际上，他留下了 200 多首拉丁文讽刺诗。其中许多诗句飘洒俊逸、诗意粗犷豪放，言简意赅，风趣

盎然。例如他在颂扬都铎王朝建立的短诗《玫瑰战争》里写道:

　　白玫瑰红玫瑰挨着生长,

　　他们开始竞相争夺王冠。

　　啊,红白玫瑰融成一片,

　　休战,花儿朵朵吐芳香。[①]

莫尔留下来的历史著作只有一部——《理查德三世的历史》。这部带有文学色彩的史书写于 1513—1518 年,没有完成,而且直到莫尔去世后才被发表。它基于人道主义立场,谴责了理查德的奸诈狠毒,揭露了暴政。

　　莫尔最重要的作品,是他在 1516 年用拉丁文写成的《乌托邦》。这是空想社会主义的第一部杰出著作。

　　《乌托邦》是用对话的形式写的,分为两卷。第一卷特别揭露了圈地运动所造成的"羊吃人"的社会现实,以及社会中的贫富对立。第二卷里,莫尔通过描述葡萄牙人希施拉德在一个异邦的见闻,栩栩如生地介绍了乌托邦人民的美满生活。那里没有邪恶势力;所有公民在食、衣、住、教育、政治、战争和宗教等方面的活动中,享有充分的平等,一夫一妻制受到严格保护;全体公民都信仰善良公正的上帝,上帝统治着人们的现世,并在来世给人们以奖赏或惩罚。乌托邦的公民都住在城市,不分男女轮流参加农业或手工业的义务劳动,并有充分的机会学习科学文化,寄生现象完全绝迹。人们对产品实行按需分配。该书带有禁欲主义和平均主义色彩。

　　《乌托邦》在比利时首次出版后就遐迩皆知,被译为多种文字。它涉及刑法、婚姻、女权、教育、宗教等许多方面,是近代空想社会主义的开山之作。此外,莫尔还发表了其他许多著作,如 1522 年写的《沉思录》、1526 年的《波美拉尼亚人书》、1529—1533 年《关于异端的对话》和《驳斥廷得尔的回答》等,表达了他在宗教问题上的保守主义态度,这正是他人生悲剧的原因所在。

　　20 年代末,他在亨利八世离婚问题上坚持异议,以后又在宗教问题上与国王尖锐对立,于 1532 年离职。两年后,他被诬陷入狱,1535 年被处死示众。400 年后,他被追谥为圣徒。

　　莫尔去世之后,英国思想界一时没有黄钟大吕式人物。但到了 16 世纪后期,基督教神学家理查德·胡克(1553/1554—1600 年)的影响却相当出众。

---

　　① 转引自奥西诺夫斯基:《托马斯·莫尔传》,商务印书馆 1990 年版,第 39 页。

胡克于 1568 年进入牛津大学圣体学院，以后博览群书，坚信安立甘国教教义。1585 年，他任伦敦坦普尔教堂牧师，明确反对天主教教义。自 1591 年起，他在深入研究的基础上，撰写《论教会体制的法则》，1594—1597 年出版了前 5 卷。其中，他捍卫英格兰圣公会，抨击天主教会和清教徒，指出，安立甘宗的传统是由《圣经》、教会和理性三要素密切结合而成，既不是像天主教那样把《圣经》和教会传统等量齐观，也不是像清教徒那样仅以《圣经》为唯一权威。胡克认为：如果经文含义明确，经文则为绝对权威；若无意义明确的经文，则以借鉴教会传统为明智；倘若经文和教会传统都不适应新情况，则应服从理性。关于宗教与政府的关系，他主张政教合一。胡克以其著作的重大影响被后世视为安立甘宗神学的创立人。他的宪政思想长期影响着国家政治生活。

都铎年间文学的发展丝毫不亚于政治思想上的成就。诗歌、散文和戏剧都进入了空前的繁荣时期，并且出现了莎士比亚这个诗、文、剧兼优的千古伟人。

就诗歌体裁来看，重要的是出现了具有正式韵律的十四行抒情诗。这一独特的诗体于 13 世纪起源于意大利。16 世纪前期由英国商人兼外交家詹姆士·怀亚特（1503—1542 年）和霍华德引进不列颠。新诗体加速了都铎时期抒情诗的发展，而都铎王朝后期则是十四行诗最流行的时期。这种诗体要求：每 4 句各有独立的韵式，最后则是一个押韵的对句。对句必须像希腊警句诗那样简洁有力地把前 3 个 4 句的效果归纳起来，因而具有颇大的难度。伊丽莎白时期的十四行诗的典型

莎士比亚

用法像彼特拉克[①] 那样，写成一系列互相衔接的爱情诗。以后十四行诗的题材逐渐扩展，各类问题都可以通过它来表述。

纵观英国文学史，最优秀的十四行诗组应该归到莎士比亚名下，而且他的十四行诗最容易引起卷帙浩繁的争论，但无人不赞赏其中的深邃思想和精美文

---

① 彼特拉克（1304—1374 年），佛罗伦萨学者、诗人、人文主义者、新思想的促进者。其思想和著作体现了新的艺术和道德观点。他于 1351 年开始写新诗，创造了现代抒情诗的形式和语言。

采。例如，在他最深刻的一首刻画爱情的诗篇里，包含了大量的哲理：

　　　　把精力消耗在耻辱的沙漠里，

　　　　就是色欲在行动；而在行动前，

　　　　色欲赌假咒、嗜血、好杀、满身是

　　　　罪恶、凶残、粗野、不可靠、走极端；

　　　　欢乐尚未央，马上就感觉无味：

　　　　毫不讲理地追求；可是一到手，

　　　　又毫不讲理地厌恶，像是专为

　　　　引上钩者发狂而设下的饵诱；

　　　　在追求时疯狂，占有时也疯狂；

　　　　不管已有、现有、未有，全不放松；

　　　　感受时，幸福；感受完，马上遭殃；

　　　　事前，巴望着的欢乐；事后，一场梦。

　　　　这一切人所共知；但谁也不知怎样

　　　　逃避这个引人下地狱的天堂。①

　　有趣的是，莎士比亚在世时，并没有赢得 16 世纪最佳诗人的桂冠。一段时期内，英国人曾将爱德蒙·斯宾塞（1552—1599 年）当作英国最伟大的诗人。斯宾塞的代表作是长篇寓言诗《仙女王》，它"给英国和英语带来了荣耀"，对后代诗人产生了巨大影响。他的富于感性描写的风格和九行诗节，为浪漫主义诗人拜伦和雪莱钦佩和模仿。斯宾塞的另一首牧歌诗《四月》名义上是歌颂牧羊女伊丽莎，实际上是指伊丽莎白女王。其中用了许多古英语词，说明他像乔叟一样继承了古代英语诗歌的传统。

　　与莎士比亚同代或稍后的诗人还有塞缪尔·丹尼尔（1562—1619 年）、约翰·邓恩（1572—1631 年）等，他们的诗歌各具特色，但成就无法与莎士比亚和斯宾塞相比。在诗坛上，沙翁以几首叙事长诗、154 首十四行诗而稳居顶峰。但他主要的事业和成就是剧作。

　　比起中古后期，作为综合表演艺术的戏剧在都铎时期有了长足发展。最突出的特点是戏剧内容和演出实体的世俗化。"宗教神秘剧"和"道德剧"虽然

① 转引自艾弗·埃文斯：《英国文学简史》，人民文学出版社 1984 年版，第 27—28 页。

还在继续上演，但有关爱情、民事、历史的题材越来越多。由大陆传来的喜剧和悲剧逐渐占领着大城市的剧场。1550年上演的《葛顿大妈的缝衣针》是英国现存的第一出喜剧。尼古拉斯·尤德尔编写的、1553年上演的喜剧《吹牛的道埃斯特》，刻画了栩栩如生的人物，有着机警幽默的对白。比较而言，英国悲剧的发展显得滞后，因为悲剧具有更多的内涵和难度。

16世纪后期的罗伯特·格林（1558—1592年）、托马斯·基德（1558—1594年）、马洛（1564—1593年）等人已成为公众津津乐道的剧作家。格林善于迎合公众口味，他的第一部成功的英语浪漫喜剧是《僧人培根与僧人邦洛》（1594年）；而他1598年的《詹姆士四世》则成了莎士比亚的《皆大欢喜》和《仲夏夜之梦》的先导。基德的《西班牙悲剧》开当时复仇悲剧的风气之先，其中对主人公性格的刻画，为莎士比亚对哈姆雷特心理的研究创造了典范。马洛和莎士比亚同岁，英年早逝，但出名早。他创作的《帖木儿》（1587年）和《浮士德博士》是英国早期悲剧的代表作；《爱德华二世》、《巴黎大屠杀》和《马尔他岛的犹太人》等剧作反映出他惊人的想象力和渊博的学识，奠定了戏剧中心理分析的基础，为莎士比亚和后世剧作家开辟了道路。

莎士比亚的戏剧创作，全面继承了前人的优点，吸收了当代剧作家的精华。既能充分发掘和利用历史题材，又注意反映社会人情和心理。例如，他的《亨利六世》三部曲、《理查德三世》、《理查德二世》、《亨利四世》两部曲和《亨利五世》，都是以霍林西德的《英格兰和苏格兰编年史》为主要素材，尽量反映当时英国对抗西班牙的民族主义情绪。还有几部剧作取材于其他的历史著作。

莎士比亚在1595—1602年间写了不少喜剧，如《仲夏夜之梦》、《威尼斯商人》、《无事生非》、《皆大欢喜》、《温莎的风流娘儿们》和《第十二夜》。在戏剧的结尾，几乎所有人物都功德圆满，幸福康乐，或得到应有的赏罚。

通常认为，莎士比亚最出色的是他的4大悲剧——《哈姆雷特》、《奥塞罗》、《李尔王》和《麦克白》。其中《哈姆雷特》首推第一，具有不朽的舞台生命力。后3部剧作都有引人入胜的情节，精美的对白和震撼人心的力量。另外一部著名的悲剧《罗密欧和朱丽叶》中的对白深刻动人，情节感人肺腑。

莎士比亚晚年的3个戏剧《特洛伊罗斯与克瑞西达》、《终成眷属》和《一报还一报》，被评论家称为"阴暗喜剧"或"问题剧"，它们的共同特点是对人生的一些价值标准质疑和讽刺，而且暴露人物心理的阴暗面较多，甚至表现出变态的感情。这些剧作到了现代受到评论家的重视。莎士比亚一生留下了 38 部剧作。

细心的读者会发现，上面谈到了莎翁的作品，却未介绍他的身世。这一是他的情况已是众所周知，如出身于英格兰的斯特拉福镇的一位不识字的手套商家庭，曾在本地文法学校读书，婚后到伦敦，成了一名演员和剧作家，30 岁蜚声剧坛，而后是英国戏剧界的泰斗，晚年故于家乡，等等。再是因为上述情况又被认为是"一种值得怀疑的传统说法"。这种怀疑开始于 18 世纪 80 年代，直到最近不久，还有人认为，莎士比亚可能是伊丽莎白时期的一位朝臣——牛津伯爵爱德华·德维尔。理由是，经过长期研究，始终没有发现证明他身世的诸如手稿、信件、日记或其他任何出自莎士比亚本人的文件，而且如果他的情况如上所述，他没有接受过高等教育，阅历不广，就不可能在如此复杂的作品中融入那么多的有关王室、宫廷、政治和外国的知识。德维尔逝世于 1604 年。6 年后亨利·皮查克在他的《地道绅士》一书中，把他列为头一个最伟大的诗人，却只字未提莎士比亚。所以，也可能"莎士比亚"只是德维尔的笔名，而德维尔使用笔名是出于自身安全的考虑。再一理由是：德维尔的家族徽章上有一只狮子摇动长矛的图案(shaker spear)，这又可能是"莎士比亚"(Shakerspear)笔名的由来。当然，质疑者还有更多的理由，这里不做介绍了。但莎翁是世界历史上伟大的诗人和剧作家，却是没有疑义的。

都铎时代再一位伟大学者弗兰西斯·培根（1561—1626 年）是一个跨朝代的人物。作为一名哲学家和语言大师，培根第一部重要著作《随笔》发表于 1597 年；而他又是在 1584 年进入议会并开始了政治生涯的。不妨把他当做都铎时期的名人。可在另一方面，培根还是詹姆士时代的法官、朝臣和政治家，主要活动是在斯图亚特前期。他的不少著作，如《伟大的复兴》、《新工具》和乌托邦小说《新大西岛》等，多是发表在斯图亚特王朝。

培根在英国和世界上经久不衰的名气，主要的来自他的科学哲学作品。他的未能完成的鸿篇巨制《伟大的复兴》，包括《序言》、《新工具》、《自然史和实验史概论》和《科学推进

培 根

论》。其中回顾了科学发展史，介绍了当代知识结构及情况。其中《新工具》是培根的代表作。主题是倡导实验调查的科学方法。对此，培根指出，了解世界的前提是认真地观察世界；若要得出科学的结论，就必须首先收集事实资料，再加以科学的归纳推理，从中总结出一般普遍的规律。这种科学推理办法即是归纳法，其中许多细节被以后诸多科学家所遵循。培根所表达的基本思想对科学实验和观察产生了重大的影响。

由于时代和个人阅历的限制，培根也有着弱点。他虽然是科学的指路人，但本身却不是科学家，对当代国内外一些重要发明都缺乏了解，甚至对本国发现了血液循环和心脏功能的伟大医学家威廉·哈维（1578—1657 年）不屑一顾，甚至拒绝接受哥白尼的日心说。即便如此，人们并不否认培根的伟大。他虽然置身于宗教社会之中，却通过丰富的著述展现出来他的符合现实和科学的世界观，并用这些精辟的思想和"知识就是力量"的名言激励着人们去进行科学探索。

第七章

革命世纪

（1603 年—1688 年）

一、发展、冲突和殖民

---

17 世纪前期的英国依然是一个较小的农业国。领土只有英格兰、威尔士和一些岛屿。全国四五百万人口中，约 1/7 住在城镇。然而，因该国的农奴制度早已解体，资本主义经济在封建社会内部逐渐成长。

16 世纪以来，英国手工工场迅速发展。其中呢绒业在工业部门占据了颇大比重。在广大农村，分散的资本主义性质的毛织加工业手工工场很为流行，城镇则出现了较大规模的手工工场。新兴工业部门有造纸、火药、玻璃、军工、制糖等。旧工业发展最快的是采矿业和冶炼业。16 世纪以来，由于通风排水设备的采用，煤产量迅速提高。1551—1661 年增加了 10 多倍，年产量 300 万吨，占当时欧洲煤产量的一半以上。同时期铁产量则大约增加了 4 倍。[①]

英国资本主义的发展，是同市场和对外贸易的扩大紧密联系在一起的。15

[①]　Barry Coward, *The Stuart Age 1603–1714*, Longman, 1980, p. 17.

世纪新航路开辟以后，国际贸易中心逐渐从地中海转移到大西洋，使英国获得了地处世界贸易要冲的优越条件。16 世纪末和 17 世纪初，若干享有专卖权的特许公司相继成立。这些兼营海盗掠夺的大公司一般都拥有较多的股份和资本。金融业生机勃勃。伦敦的居民在 1600—1650 年间增加了一倍，成为英国金融中心和欧洲最大城市。

对外贸易发展加速了原始资本积累，促进了农业资本主义改造过程——圈地运动。进入 17 世纪后，随着工业人口的增加，粮食和其他农产品需求率的提高，引起农产品价格的一再上涨，又给圈地运动以新的刺激。圈地运动主要在英国东部、中部和南部进行。

圈地给农民带来了深重的灾难。许多农民四处流浪。而英国政府为了保证税收和兵源，陆续颁布不少禁止圈地的法令，但收效甚微。它为了防止农民反抗，缓和与贵族集团的矛盾，还颁布了严酷法令，惩办无辜流民。农民走投无路，起来反对政府迫害和圈地运动。

经济发展改变了社会阶级关系。一些乡绅依靠资本主义经营方式聚敛财富，成为新贵。不少大商人把从破产贵族那里买来的土地交给他人经营，兼享资本主义地租，同样跻身于新贵集团。新贵族在经济利益上与资产阶级利益一致。前者反对政府征收"骑士捐"和其他封建性赋税，后者对政府贸易专卖制深感不满。经济利益的一致导致政治上的接近。乡绅新贵和资产阶级由衷地结成了同盟关系。

资产阶级也包括两个阶层。伦敦城区和各郡的几百名大商人、大工场主和高利贷者组成上层，他们是王室专利政策的受惠者，是地方包税商和王室债权人，同旧贵族联系密切，以后成为革命中的保守集团。资产阶级下层是为数较多的中小工商业者，其经营受到行会制度和政府垄断政策的限制，在国内外市场上受到专利公司排挤，因而反对封建特权制度。但因当时英国工业还处在手工工场阶段，资产阶级势力还较为薄弱，没有能力单独发动大规模的政治运动，不得不和乡绅新贵共同反对王权。

英国农民的基本群众是自耕农，也包括两部分，即自由持有农和公簿持有农。自由持有农早就是自耕农，对领主的封建义务较轻，能自由支配世袭份地。公簿持有农从农奴转化而来，除向地主交纳地租外，还忍受着名目繁多的封建剥削；他们占当时农民的大多数，受圈地运动的伤害最大，不少沦为茅舍农、雇农和乞丐。广大农民同地主存在着尖锐的矛盾，要求把世袭的份地变成自己固定的财产。他们还与乡绅贵族有矛盾，反对圈地。

在社会变革的激流中，宗教问题同样引人注目。资产阶级越来越感到国教的腐败。繁琐复杂的宗教仪式浪费了他们用于赚钱的宝贵时间，各类宗教开支耗费了他们的钱财。更重要的是，安立甘国教教会是专制制度的支柱。资产阶级和新贵族联合起来，他们以加尔文教为武器，开展反国教的清教运动，要求废除主教制，抛弃偶像崇拜，简化宗教仪式，建立较民主的宗教组织。

清教徒和清教运动虽然没有受到政府的大规模迫害，但他们的活动还是屡被视为非法，若是有人报告或被特务监视，会被处以罚款。一些清教徒、天主教徒或其他异端分子，为了寻求宗教自由离开英国。一些失去土地的农民、谋生困难的学徒，也到海外寻找生路。

斯图亚特王朝建立不久，理查德·黑克卢伊特的《论西方拓殖》一书引起公众兴趣。其中谈到了英国所面临的人口和资源问题，启发人民离开僵化陈旧的生活环境，到海外寻找和创造新天地。还有人断言殖民活动可以减轻英国的贫困状态和犯罪活动。商人则希望获取廉价原料，开拓市场。

大洋彼岸的弗吉尼亚是英国人的首选之地。1606 年，一批投机商得到国王特许，组建了弗吉尼亚公司，经营移民事宜。翌年 5 月，数百名英国移民西渡，在弗吉尼亚海岸切萨皮克湾的詹姆士敦定居下来。翌年春天，衣食短缺，疾病流行，约一半人死去。幸存者披荆斩棘，勉强站稳脚跟。军事冒险家约翰·史密斯成为这块小殖民地的首领。不久，有人在新开辟的田地上种了烟草，收成可观。那时，欧洲烟民增加，需求扩大。弗吉尼亚烟叶的利润让许多人开眼，烟草种植园陆续出现，当地经济渐渐繁荣。庄园主、雇工和个体农场主互相依存。人们需要起码的社会管理，地方自治机构应运而生。

已经移居荷兰的清教徒也对他们的生活不够满意。特别在 1616 年以后，荷兰面临着同西班牙开战的危险，部分英裔清教徒忐忑不安。他们同弗吉尼亚公司谈判，并辗转得到了英王的特许。1620 年 9 月，35 个清教徒离开荷兰，与来自英国西部的 66 名冒险者会合，乘坐 180 吨的"五月花号"扬帆西进。经过 70 多天的搏斗，他们于同年 12 月在美洲海岸的科得角湾建立了普利茅斯城。大约六七年光景，这些天涯来客为生存制定了法令法规，建立了普利茅斯殖民地。1630 年，多塞特的清教徒在反对派贵族的援助下，争取到了王室的特许，兴建了"新英格兰马萨诸塞海湾公司"，千余人在温斯罗普的带领下到达北美的查尔斯河畔，建立了又一块殖民地；即后来波士顿的前身。除了弗吉尼亚外，马萨诸塞、康涅狄克和其他陆续建立的殖民地，被称为"新英格兰"。它们在贸易、农业、造船和航海活动等方面建立了密切的联系，联合对付毗邻的西班牙、荷兰等国的殖民地。1640 年，英国在这里的移民共有 14 000 人。10 年后增加到 48 000 人。[1]

英国内战前，詹姆士一世及其枢密院打算派遣远征军，到美洲殖民地维护其权威。随后不久，英国陷于内战和政局动荡，远征计划束之高阁，英属北美殖民地得到了 20 年自由发展的机会。

总的看来，英国人的殖民活动超出了北美洲东部，前来新大陆的移民并不限于清教徒。1623 年，乡绅托马斯·沃纳率众抵达西印度群岛的圣克里斯托弗岛，建立了该地区的第一块英属殖民地。大约 20 年后，巴巴多斯、尼维斯、蒙特塞拉特和安提瓜等也被英国移民所控制。这些岛屿的经济价值不亚于北美殖民地。英国人根据当地自然条件，建立甘蔗种植园，与先来的西班牙人殊死争斗。

17 世纪前期的另一次拓殖活动是由巴尔的摩男爵乔治·卡尔弗（1580—1632 年）领导的。此人是天主教徒，曾任下院议员。1621 年他就派人西渡纽芬兰殖民。4 年后他放弃议会席位，专务殖民活动。1628 年带领全家族和一些天主教徒来到马里兰。卡尔弗去世后，其子查理继续以英王的名义继续在此从事殖民活动。他把采邑制引入新大陆，承认英国国教为正教，为此在 1661 年被任命为马里兰总督。

稍后，许多穷人作为"契约奴"被输往新大陆。从 1654 年到 1685 年，仅布里斯托尔就输出 10 000 名契约奴。主要是运往西印度群岛和弗吉尼亚。光荣革命前，弗吉尼亚居民中，白奴占了 1/6。

仅仅几十年光景，大约 10 万英国人在新大陆落地生根。这次具有独特历史意义的民族迁徙，起源于国内的社会矛盾和部分人力图改变命运的心理，先是创建了英属殖民地，又无意之间孕育了未来的美利坚合众国。

---

[1]　Barry Coward, *The Stuart Age 1603–1714*, p. 24.

二、国王和议会

　　1603 年，詹姆士六世遵照伊丽莎白女王逝世之前的安排，南下继承英格兰王位，称詹姆士一世，斯图亚特王朝开始。

　　詹姆士是一个充满矛盾的人物。他在加尔文派的严格教育下成长起来，但始终不喜欢该教派。他被称为"基督教世界最聪明的傻瓜"，一生多有论著发表，但新到英格兰后，面对不同的国情，却要按照其"苏格兰习惯"行事。他宣扬"君权神授说"，强调君权来自上帝，议会权力来自国王；他到英格兰不久，亲自撰写了一本题为《神权》的著作，遭到反对派议员的敌视和抗议。他迫害清教徒，动用火刑，引起民众的强烈反感。他在外交上乖张失措，与奉行天主教的西班牙王室联姻，引起国内反天主教势力的讥讽和愤懑。

　　詹姆士作为安立甘国教的首脑，还于 1604 年重新实行伊丽莎白时期所制订的反天主教法令，对进入天主教学校者处以 1000 英镑的罚金，禁止天主教传教；凡拖欠债务的天主教徒，其动产收归王室。天主教极端派决意报复。1605 年，罗伯特·凯茨比、盖伊·福克思等人聚议，计划挖掘地道，通到议院的地下室，放置大量火药，在 11 月 5 日议会开会之际，把国王、王后、王储和议员统统炸死，立即煽动天主教徒乱中夺权。为了扩大事态，凯茨比又吸收一些人入伙。其中一人是议员蒙蒂格尔勋爵的亲戚。此人奉劝蒙蒂格尔不要莅临议会开幕式。蒙蒂格尔将情况报告政府，"火药阴谋案"被及时发现。11 月 4 日夜，议会地下室遭到搜查，福克斯当场被捕，密谋者或因拒捕被杀，或交付审判后处以极刑。[①] 詹姆士借机树立形象，宣称自己敢于同议员们共赴大难。1606 年 1 月，议会定 11 月 5 日为公众感恩日，又被称为"福克斯节"。届时清教徒放焰火、游行，以示庆祝。

　　詹姆士一世的再一重大举措，是针对《圣经》版本纷杂、内容各异的情况，组织牛津大学、剑桥大学和威斯敏斯特的大批学者，花费几年时间，在尽量不带倾向性的情况下重新翻译《圣经》。1609 年，钦定英文《圣经》问世。两年

---

① 　G. M. Treveyan, *England under the Stuarts*. Methuen, 1980, pp. 87–93.

后大量发行，流传国内外，在焕发新教精神和凝聚民族感情方面起到了不容低估的作用。

但是，詹姆士长期被财政问题所困扰。当时，政府名义上仍然从属于王室，开支要从国王的国库中支取。民众和议会认为，王室领地和海关收入已能维持政府开支，除紧急情况外不再拨款。伊丽莎白在位后期，精打细算渡过了财政难关，逝世时将宫廷债务减少到 10 万英镑。可詹姆士却无法适应这一传统。况且政府机构日趋庞杂，各项开支明显增多，加上通货膨胀，王室地产收入和经议会认可的关税收入实已减少。1606 年宫廷债务攀升到 60 万英镑，迫使国王出售专卖权和王室森林，平衡政府开支。但收支仍不相抵。急切之下，他迎合中产阶级的虚荣心理，指示亲信卖官鬻爵，加快封赐爵位。

詹姆士一世对骑士爵位的增封既早又快。他即位不久，就利用加冕之机，命令所有拥有 40 英镑年收入者前来祝贺，接受骑士封号，违者处以罚金。同时他还迎合中产阶级的虚荣心理，收费封赐爵士。仅 4 个月不列颠就增加了 906 名骑士。全国骑士总数陡然增加了 2 倍多。

1611 年，詹姆士开始设立和封赐地位较高的从男爵，使一些家道富足的乡绅放弃追求骑士名号。4 年后，政府财政仍然紧张，加大了出售骑士爵号的幅度。由 1610 年的每年 31 名增加到 1615—1619 年间的平均每年 120 名。

上院贵族的增封同时进行。詹姆士一世初来英格兰时，上院共有 5 级贵族 50 多人，可他当年就加封了 10 余名。上院贵族爵位的出售是在他即位后第三年开始的。上院世俗贵族的人数激增。1628 年新议会开会时上院世俗贵族达到 128 名，是斯图亚特王朝初建时的两倍多。而且，自 1616 年以来，王室佞臣白金汉公爵滥用职权，连续多年公开出售爵位，售价高底依照品级和与当事人的关系远近而定。少则五六千英镑，多则一两万英镑。部分现金成了他的回扣。[①]

上述做法导致英国各级贵族人数的骤然膨胀。许多律师、商人、金融家、乡绅获取爵位，成为新贵。骑士、上院世俗贵族的猛增和从男爵的增设，还使各级贵族身价降低，使旧贵族牢骚怨恨。爵位扩展给政府和个人带来了一定的经济利益，但毕竟不能根本解决政府的财政困难，却打乱了原有的封建等级秩序和贵族体制，降低了王室威信。

---

① L. Stone, *The Crisis of The Aristocracy, 1558–1640*, Oxford University Press, 1967, pp. 40–60.

詹姆士一世财政收支不能相抵，只好按照传统，召开议会，要求批准加增新税。1604 年，詹姆士一世的首届议会召开。他要求的拨款仅有一部分获得批准。议员们着重讨论议会特权问题。下院专门起草了一份文件，申明议员享有选举、言论自由以及在议会开会期间免遭逮捕的权利，并批评了国王的内外政策。詹姆士无法忍受，于 1611 年解散议会。

1614 年，新议会召开。反对派议员继续批评政府，当年 6 月就被解散。以后几年里，政府采用多种方式聚敛钱财，财政困难无减。1621 年詹姆士一世再次召开议会，要求高额拨款，议会仅批准了 15 万英镑，并以国王对西班牙开战为条件。同时，议会一再行使弹劾职能，指控国王宠臣。著名哲学家弗兰西斯·培根被发现有贪污罪，迫使国王将其免职，处以巨额罚款。时隔不久，詹姆士又要求拨款 90 万英镑，议会仅以 7 万英镑敷衍。

1625 年春，詹姆士一世去世，其子查理一世即位。新君很快与法国公主完婚，民众普遍不满。他指令白金汉公爵主持外交事务，后者奉行亲法政策，引起新教徒的敌视。他纵容国教教会迫害清教徒，致使反国教情绪比日而上。同年 6 月，新议会开幕，会上废除了国王可以终身征收关税的特权，规定以后每年就国王征收关税问题表决一次，同时对政府政策和白金汉公爵提出批评。国王恼羞成怒，下令解散议会，但由于政府军队仍在对西班牙作战，迫切需要军费，查理只好于 1626 年初再次召开议会。

查理一世敦促议会在 3 日之内拨款，否则要被解散。下院毫不畏惧，坚决要求罢免白金汉公爵，交付法庭审判。国王下令逮捕反对派领袖伊里奥特和迪格斯。查理的行径促使议会走得更远，爱德华·柯克爵士、约翰·伊里奥特爵士和约翰·皮姆等人成为反对派领袖。

议会解散后，柯克、皮姆和伊里奥特等人鼓动民众抗捐抗税，迫使国王于 1628 年 3 月召开第三届议会。议会借机扩大政治成果。他们起草了《权利请愿书》，援引大量史实说明英国人民自古就拥有各种权利，谴责国王侵犯民权，违反国家法度，并规定：今后未经议会同意，不得强迫人民承担贡物、贷款、捐税和其他类似负担；非根据国家法律和法庭判决，不得逮捕关押任何人或剥夺其财产；不得根据军事戒严令任意逮捕公民；等等。为了换取议会拨款，查理一世于 7 月 28 日忍痛签署了《权利请愿书》，但无意履行议会要求，不久下令议会休会。休会期间，白金汉公爵遇刺。次年 1 月，议会复会，但很快就被解散。伊里奥特和其他一些骨干分子被捕。英国步入长达 11 年的无议会时期。

其间，政府推广实行专卖制，增加关税，将船税扩大到内地。查理一世想以此获得每年20万英镑的固定收入，使他永远不必召开议会。1630年，政府颁布命令，对所有未出席国王加冕式的骑士罚款，加深了中小地主的不满。宫廷还重提以前王室森林的所有权，要求使用者补缴重税。此等土地目前多在大贵族之手，有的已经经营了多年，查理一世得罪了他们，加速了贵族分化。对清教徒的迫害变本加厉。坎特伯雷大主教劳德依仗星室法庭对各种出版物严加审查，清教徒作家被处以枷刑、烙刑和割耳刑。教会强制实行严格的宗教仪式，凡未到教会做礼拜者被法庭传讯并给予罚款。

1636—1638年，政府把宗教迫害扩大到苏格兰，引起反抗。他们集会宣布取消祈祷书和主教制。查理一世发兵镇压，可出师不利。1639年，王军战败求和。苏格兰起义成了革命爆发的导火线。查理一世为了筹集军费，于1640年召开议会。一些反对派议员重新当选。他们继续抨击国王宠臣斯特拉福德和政府暴政，反对重新对苏格兰开战。国王无奈，立即解散议会。因这届议会只存在3个星期，史称"短期议会"。同年8月，苏格兰军队又发动进攻，英格兰军队节节败退。

全国各地纷纷要求召集议会，查理一世进退维谷，宣布重新举行大选。皮姆和汉普顿周游全国劝导人们选举清教徒。11月3日，新议会开幕，"短期议会"的议员多半重新当选。这次议会一直保留到1653年4月，史称"长期议会"。长期议会的召开标志着革命的开始。

三、内战烈火

长期议会显示了空前的革命性。它逮捕了斯特拉福德伯爵和劳德大主教，以叛国罪交付审讯。其间有人提出疑义：斯特拉福德的行为是得到国王批准的，他又是政府要员，怎可被指控叛国？为扫除法律障碍，下院通过一项特殊法律——"褫夺公权法"，斯特拉福德以"企图推翻英格兰和爱尔兰古老法律"的罪名被宣布为叛国。1941年4月21日，下院以204票对59票通过了对斯特拉福德的死刑判决书。查理一世设法营救斯特拉福德，却无济于事。

激怒的伦敦市民聚集威斯敏斯特宫附近，胁迫上院贵族和国王通过了判决书。5 月 12 日，在 20 万人的围观之下，斯特拉福德伯爵身首异处。[1] 革命推向高潮。

议会借机扩大成果，连续通过几项重要法令。其一是《三年法案》，5 月 9 日迫使国王签署，规定以后至少 3 年召开一届议会；未经议会同意，国王不得过早解散或终止其会议。国王还被迫撤销星室法庭，取消专卖制，明令：非经议会允许的征税均属无效。

另外，议会还通过了不准扩大征收船税的法令，关于限制国王对使用王室林地者罚款的法令，以及不准强迫接受骑士称号和对骑士任意罚款的法令等。[2] 这批法令的通过对于反对封建主义统治和扩大资本主义法权，有着重要意义。

随着革命的深入，议会内部矛盾逐渐明朗化。夏季，下院强行通过了废除主教制的议案，但它在上院遭到否决。此后不久，爱尔兰人揭竿而起，要求摆脱殖民统治。清教徒和王党势力一致主张镇压爱尔兰天主教徒，但都怕对方借机组织和控制军队，在击败爱尔兰人之后再用来镇压政敌。在此关键时刻，皮姆和汉普顿等人提出一份重要文件——《大抗议书》，要求限制主教权力，引起保守势力的强烈反对。下院表决时，相当一部分议员认为抗议书对王权限制过多，结果仅以微少多数通过。这表明绝大多数都根据自己的阶级利益和政治立场作出了选择，议会即将一分为二。

1642 年 1 月 4 日，查理一世率卫队闯入下院，要以叛国罪逮捕皮姆等人。他们事先得到消息，前往伦敦商业区躲避。国王离开下院时，一些议员以"特权！""特权！"的呼声抗议。

消息传开后，伦敦市民聚集在王宫外示威，国王匆忙逃离伦敦，去外省征集军队，内战爆发。王党议员纷纷脱离议会，投效王军。查理于 8 月 22 日在诺丁汉宣布讨伐议会。议会成为反对派议员的独占场所和革命领导机构。

查理一世始终没有明令解散同他作战的议会，而是宣布威斯敏斯特的议会已不再是自由的议院，并号召从那里赶出或逃出的议员组建对立的议会。这一号召得到了响应。1644 年 1 月 22 日，王党议会在牛津开会时，83 名上院议员

---

[1]　G. M. Treveyan, *England under the Stuarts*, pp. 202–203.

[2]　Turner, *The Conflict of English Constitution in Nineteenth Century 1603–1689*, Cambridge University Press, 1960, pp. 96–99.

和 175 名下院议员参加。这些上院贵族，宫廷官吏、下院议员陆续投靠到国王方后，被称为"骑士党"。保王议会作为国王的附庸，实际作用很小。保王势力主要依靠英格兰东北和西北等落后地区的支持。

其余议员组成革命议会。他们得到东南、中部和沿海城市的支持，这里资本主义经济比较发达。革命议会的主体是清教徒议员，他们得到信奉新教的农民和市民的支持，称"圆颅党"。革命前的清教运动中，已出现了长老派和独立派两个派别。这种情况很快在议会中反映出来。内战初期，议会上层人物多是家世显赫、崇尚长老派教义的大贵族。议会军总司令艾塞克斯伯爵，高级将领曼彻斯特勋爵、贝德福德伯爵等，都是著名的长老派教义信奉者，他们控制了革命军的领导权，难免同独立派议员发生分歧。

议会尽管占据了人口稠密、经济发达的东南部各郡和伦敦，能利用原有政府机构征收赋税，比主要以王室收入和大贵族捐款为军费来源的王党势力有着明显优势，但在第一次内战的初期阶段（1642—1644 年），议会军却屡屡失败。由长老派组成的议会右翼态度暧昧，盼望能在国王作出让步的条件下与其言和。部分主战派态度游移，希望先打后和。由于军事和政治形势的激化，领导权才由主战派掌握。同时，王军由多谋善断的将军拉尔夫·霍雷顿爵士、鲁珀特王子指挥，在内战初期屡操胜券。

1644 年 7 月，由费尔法克斯、曼彻斯特、克伦威尔所领导的议会军，依靠苏格兰军队的协助，在马斯顿荒原战役中，展开了内战中规模最大、最激烈残酷的战役，双方共死亡 4000 人。[1] 但因议会军编制混乱，缺乏训练和统一指挥，致使王军逃逸。另一支由塞克斯伯爵指挥的议会军在西南地区被王军击溃。

战争洗礼使独立派领袖奥利弗·克伦威尔（1599—1658 年）显露头角。他 29 岁当选为议员，内战中显示出杰出的军事才能，注意从信仰清教的自耕农中招募军士和提拔指挥官。克伦威尔军队纪律严明，战斗力强，屡屡创捷，被称为"铁军"。

内战初期暴露出来的问题要求改组军队。在 1644 年 11 月的军事会议上，克伦威尔指责曼彻斯特伯爵贻误战机，后者辩护说："如果我们把国王打败 99 次，他仍然是我国王，在他之后，他的子孙也仍然是国王。但是，如果国王打

---

[1]　G. M. Treveyan, *England under the Stuarts*, p. 247.

败我们一次，我们将被统统绞死，我们的子孙将成为奴隶。"长老派贵族的保守主义态度，激起了广大民众的反感，自发斗争形成高潮。仅在西南各郡以农民为主体的"棒民"，就有 10 万人之多。

1644 年 12 月，克伦威尔警告议会：如果不重组军队，议会军就会失去民众支持，使议会缔结屈辱性的和平。议会解除了曼彻斯特伯爵和埃塞克斯伯爵等人的军职。费尔法克斯、克伦威尔被任命为议会"新模范军"正、副司令，克伦威尔拥有实际上的指挥权。

"新模范军"主要由自耕农和手工业者组成，纪律严明，装备精良，士气旺盛。1645 年 6 月 14 日，它在纳斯比荒原打败王军，使内战形势明显有利于议会。1646 年 6 月攻占王军的大本营牛津，查理窜逃苏格兰，被苏格兰人扣押。不久，议会军以重金换回国王，第一次内战胜利结束。

内战期间，议会成为国家最高权力机关。由若干委员会分掌行政、立法、司法、宗教、军事和财政大权。旧的政府机构如枢密院、星室法庭等被废除，上院实力削弱，下院地位明显增强。

自 1643 年起，议会开始没收国王和王党分子的土地，拍卖后用作军费或补充财政。1646 年宣布废除骑士领有制，取消地主对国王的封建义务，使他们获得了对土地的全权支配。议会的土地政策动摇了封建主义的根基。

但是议会并未满足农民的要求。拍卖的土地落入资产阶级和乡绅贵族手中，公簿持有农的封建义务依然存在。圈地运动继续扩大，什一税照旧征收，生活必需品价格上涨，军队抢劫事件屡屡发生，社会动荡不已。

随着内战结束，议会与军队内部长老派和独立派的斗争也开始激化。长老派指使议会与国王妥协，进行复位谈判。他们唯恐遭到军队的抵制，便于 1647 年 2 月操纵下院通过决议，规定除留少量骑兵负责各地防卫外，其余军队悉数解散。决议激起普遍的愤怒，各团队选出士兵，推举代表，组成"士兵鼓动者会议"，要求补发欠饷，不得解散军队。5 月末，议会又通过决议，禁止士兵集会，并宣布解散军队的期限，遭到下层官兵的抵制。值此关键时刻，议会组织伦敦等地的民军，勾结王党要对抗议士兵加以镇压。克伦威尔和一些高级将领这时却拒绝了解散令，并将国王严加监禁，制止长老派与国王谈判妥协。克伦威尔还惧怕士兵群众朝前走得更远，于 6 月初组织了一个由高级军官为核心的军队会议，以保证他在军队中的领导权。7 月中旬，士兵要求移驻伦敦，被克伦威尔制止。他建议军队拟订一个与国王谈判的要点，但被查理一世

拒绝。长老派借机扩充势力。迫于压力，克伦威尔于 8 月率军进入首都。[1] 部分长老派议员仓皇逃走，议会实权落入独立派手中。

政治形势的变化，使军队内部平等派与独立派之间的矛盾变得尖锐起来。平等派是革命军队中涌现出来的一个民主主义派别，代表小资产阶级的利益和

---

① G. M. Treveyan, *England under the Stuarts*, p. 266.

观点，反对社会等级特权，主张政治平等，在士兵和人民群众中得到普遍支持。该派领袖约翰·李尔本（1618—1657年）来自乡绅家庭，内战中参加议会军，官至上校，1645年因军队承认"庄严同盟和圣约"被迫脱离军队。翌年，他发表取消君主制、上院、什一税等言论，再度入狱。在狱中撰文论证：立法权源于人民，则只能由人民所选出的机构来行使；英国人民不论贫富，应同样享有选举权。在1647年写的政治小册子《约翰的呼声》中，他指责议会和从前的国王一样，也是专制者。

独立派与平等派的分歧是国家政体形式和选举权问题。独立派主张保留国王和贵族院，根据财产资格选举新议会。而平等派提出"人民公约"，要求撤销一切特权，实行成年男子普选制，建立一院议会制。而后，两派激烈争论，平等派发言人坚持天赋权利说，要求建立人民共和国，而克伦威尔、爱尔顿等高级军官坚持君主制不得放弃，认为规定选举权的财产限制可以保证社会秩序和个人财产不受侵犯，激起士兵的反对。11月15日，众多平等派士兵把人民公约中的条文贴在军帽上，举行武装示威。但由于这次行动缺乏良好的组织，参加者遭到野蛮镇压，领导人被捕判刑。11月底，军队会议被解散，代之以清一色的由军官组成的会议，平等派的斗争以失败告终。

两派的激烈斗争给王党势力以可乘之机。从1647年起，身陷囹圄的查理一世设法与苏格兰封建主秘密联系，企图借助北方乡民的支持，恢复王权。11月11日夜里，他潜逃到怀特岛，策划新的行动。

消息传开，平等派散发宣传品，抨击独立派的妥协政策。克伦威尔同长老派和苏格兰封建主的谈判也不顺利，态度逐渐变化。1648年2月起，王党在各地叛乱，渐渐波及全国。7月，苏格兰军队进入英格兰北部，形势严峻。

独立派面临威胁，迫切要求平等派的支持。在同年4月29日的军队会议上，独立派同意战后实施人民公约，协力打败王党。两派的重新联合保证了第二次内战的胜利。各地王党叛乱均被平定。8月中旬，议会军在普雷斯顿战役中击溃苏格兰军，占领苏格兰首都爱丁堡。第二次内战结束。

第二次内战期间，议会中的长老派议员继续派遣代表同查理谈判，要他在接受了他们的条件后复位。士兵和社会下层人士为此不满。他们呈递请愿书和抗议书，要求审判和惩处国王，议会不仅不予理睬，反而通过了解散议会的决议。12月初，军队将查理羁押在赫斯特堡后进入伦敦。6日，普莱德上校带领军队包围议会，逮捕和驱散了140多名长老派议员。此事被称作"普莱德清洗"，清洗后的长期议会被称作"残余议会"。

起初，"残余议会"的下院开会时经常不足 60 人。以后有所增补，最多时仍不过 125 人。议员的分配也不合理。其首要工作，是于 1649 年 1 月 2 日，向上院提出了审判国王的决议，理由是他犯了"叛国罪、挑起内战罪、破坏法律罪和英国人民自由罪"。这时的上院仅有十几名议员。贵族们接到文本后，一致否决了下院议案。

顿时，下院的局势严峻：上院否决了他们的议案，意味着放弃审判国王；而不审判国王他们的安全就难以保障。在独立派军官的支持和民众的推动下，下院于 1 月 4 日通过一项著名决议："凡议会下院制定后颁布的法令仍应具有法律之效力，全国人民亦当遵照执行。"[1]

决议公布后，下院获得了行动自由。2 日后，议会又通过了《成立最高法庭议案》，责令组成一个包括议员、法学家、将军和其他资产阶级代表，多达 150 人的法庭。法庭由布雷德肖主持，仅有 60 人出席。20 日，法庭开始工作，

处死查理一世

[1] J. P. Kenyon (ed.), *The Tudor Constitutional History, Documents and Commentary*. Cambridge University Press, 1978, p. 324.

查理一世被带上被告席。30 日，在白厅外的广场上和成千上万人的围观下，查理一世被推上了断头台。

处决国王后，议会又通过决议，宣布废除"无用而又危险的上院"，实行一院制；次日通过了废除君主制的决议，5 月 19 日正式宣布英国为共和国。英国政体发生变化。

四、护国政体

共和国建立后，原来君主制下的各类谏议和行政机构，如枢密院、财政部和海军部等化为乌有。为保证有效处理政府各类事务，议会批准成立 41 人的国务会议，负责组织国家武装部队和主持内外事务，其行动对议会负责。但因该机构中有 31 人是议员，而且当时议会开会时出席人数总是极少，就使国务会议极易得到议会多数的支持，甚至支配议会活动。

为保护工商业，议会于 1650 年公布了《扩大商船队和奖励英国航海法案》（简称《航海法案》），规定：非经英国政府允许，外商不得与英国殖民地通商。次年，又补充规定欧洲以外地区的商品必须由英国商船运入，欧洲货物须用英国船只或原商品出产国的船只运入英国商港和殖民地。残余议会还把较大精力用在土地立法方面，多次出售王室和教会土地，限定购买者必须在半年内交清相当于土地年收入 10 倍的款项，使这些土地多被贵族地主、军官和大资产阶级买走。对于下层阶级利益，议会不屑一顾，什一税和消费税照常征收。

政治方面，共和国面临着多方面的攻击。王党分子准备卷土重来；长老派推波助澜；平等派出版《人民公约》谴责政府专横行为；掘土派发表宣言阐述空想社会主义纲领；爱尔兰人揭竿而起，反抗殖民统治。

掘土派又称"真正的平等派"。其领袖是空想社会主义思想家杰拉尔德·温斯坦里（1609—1652 年）。他出身于商人家庭，曾在伦敦学生意。30 多岁时其布店破产后，撰写了《新正义法典》，提出了掘土派的纲领；以后又发表《真正的平等》、《自由法典》等论著，对资产阶级和新贵族窃取人民革命果实的行为加以揭露，提出了"真正自由的共和国"的方案：私有制被彻底消灭，土地成为人民的共有资产，劳动果实归大众所有。温斯坦里同莫尔的不同之处，在于不仅否定了私有制，肯定了公有制的必要性，而且力图将自己的学说付诸实践。1649 年春，他带领一些贫穷农民在萨里郡的圣乔治山，占领了一些公有地和荒地，集体开垦耕种。温斯坦里的号召和行动得到广泛响应，引起地主和政府的恐慌。政府派军队将他们驱散，地主们破坏了他们的农田。1650 年初，掘土派活动停止。

大约同时，李尔本也发动了平等派起义。原因是内战结束后，独立派无意实现人民公约。1649 年 5 月 1 日，平等派发表新的人民公约，主张：除了仆役和接受救济金者外，凡年满 21 岁的男子均应有选举权；议会实行一院制，每年改选一次；法律面前人人平等；保障宗教信仰和出版自由；等等。

1649 年 8 月，李尔本发表了题为《弹劾克伦威尔及其女婿爱尔顿的叛国行为》的小册子，批评政府背信弃义，号召学徒和店员为实现人民公约而斗争。不久，伦敦支持平等派的士兵和手工业者也举行示威。西南诸郡和一些城镇发生了由该派领导的农民和士兵起义。克伦威尔镇压了这些起义，平等派运动失败。

为了摆脱政治危机，议会任命克伦威尔为远征军司令，扬帆西进，对无辜的爱尔兰人大加杀戮。

英国对爱尔兰的征服和占领由来已久。都铎王朝时期开始了大规模的土地掠夺。大批信仰天主教的爱尔兰人民不仅失去了土地，还忍受宗教歧视。殖民主义统治致使民族矛盾格外尖锐。

1641 年秋，爱尔兰北部的厄尔斯特民众举起天主教的旗帜，发动反英起义。起义迅即波及全岛。长期议会为筹集镇压爱尔兰起义的军费，尽快发行多达 250 万英亩的爱尔兰土地券，资产者和贵族踊跃购买。内战开始后，进兵爱尔兰的计划被搁置下来。不久前抵押爱尔兰的所得现款用作内战军费。1649 年，克伦威尔镇压了平等派之后，亲率大军在都柏林登陆，开始了大约 3 年的侵略爱尔兰的战争。克伦威尔军队的野蛮行径给爱尔兰人民带来了沉重灾难，大批无辜的爱尔兰人被杀戮，有的流亡海外。战后，爱尔兰人口减少一半，2/3 的土地被侵占。许多军官、士兵、贵族、乡绅、商人和金融家、官吏一道掠夺土地，资产阶级新贵演变成为爱尔兰大地主，并在以后很长时间里成为英国保守势力的支柱。

与此同时，独立派还以凌厉手段镇压了苏格兰上层集团发动的叛乱。苏格兰议会贵族大多属于新教长老派。他们担心革命会激发苏格兰农民起义，动摇他们的统治，便于内战末期加入王党阵营。1650 年，他们拥戴威尔士亲王查理为王，进兵英格兰北疆。议会从爱尔兰召回克伦威尔，任命他为讨伐苏格兰叛乱的统帅。英军在苏格兰作战近两年，取得胜利。1652 年 2 月，即战争尚在进行时，英国议会通过了所谓"苏格兰法案"，没收了当地大贵族和王党分子的土地。1654 年，苏格兰合并于英国，原有议会取消。苏格兰上层仅在伦敦议会得到 30 个席位。

这两次战争，其中尤其是对爱尔兰的战争，使一支革命军队蜕变成为凶神恶煞的侵略军，使一批军官变成了土地寡头。他们担心斯图亚特王朝复辟，更怕下层阶级掀起新的革命，一意要维护既得利益。于是，就盼望建立强有力的军事独裁政权。

克伦威尔巧妙地利用了对议会不满的情绪。1652 年 8 月 2 日，他指使一些军官向议会请愿，要求实行改革。残余议会无法抵制，只好借故讨论新宪法俄延时日。翌年 4 月 19 日，一批军官和议员在白厅聚会，召集人克伦威尔带领 30 名火枪手赶到下院，臭骂一通，下令拿开象征议长权威的权标，把议长莱塞尔拉下座席。然后他走向文书官，夺过议会新方案，锁门而去。

当天下午，国务会议正在开会，克伦威尔前去说："请注意，议会已经被解散了。"国务会议的活动立即终止。

克伦威尔渴望成为独裁者，但不敢戴上王冠。为了稳定时局，他在 1653 年 5 月和他的军官委员会秘密协商，决定从各郡独立派教区中挑选 140 来名"敬畏上帝的忠诚正直者"，组成"英格兰共和国议会"。此届议会以军官为主体。其中 5 人来自苏格兰，6 人来自爱尔兰。这是不列颠历史上"第一个以三国名义召集而来"的立法团体。

共和国议会因人数少，被称为"小议会"。其中左翼人物试图实行改革，遭到高级军官的抵制。1653 年 12 月 16 日，在军官集团的策划下，议长弗兰西斯率领 50 名右翼议员前往白厅，把权力交给"权力的来源者"克伦威尔，大约 20 多名强硬分子留在大厅抗议，被两名上校指挥一队火枪手驱散。次日，兰伯特等人向议会呈递了宪法性文件《政府约法》。16 日，此文件公布，克伦威尔在盛大仪典中就任英格兰、苏格兰和爱尔兰共和国的护国主。

《护国约法》规定：英吉利共和国最高权力由护国主和国务会议共同掌管。护国主终身任职，兼任英格兰、苏格兰和爱尔兰陆海军总司令，并拥有任免

官吏、赦免罪犯的权力。立法权属于护国主
和议会。护国主每 3 年召开一次会议，议会
从召开之日起未满 5 个月不得解散；议会为
一院制，议会法令须经护国主同意后方能生
效。行政权归护国主和国务会议，护国主的
内外政策必须征得国务会议的同意。国务会
议在 13—21 人之间，其成员由护国主任命，
终身任职。可见，所谓护国主体制实是一种
军事独裁体制。其中护国主统掌立法权和行
政权，几乎与国王无异；国务会议在行政上
仅扮演辅佐角色，议会在立法方面也无法发
挥独立作用，共和国徒有虚名。

克伦威尔

　　1654 年 9 月，按照《政府约法》选举产
生的新议会开幕。在大约 400 名英格兰和威
尔士议员中，城镇代表和各郡代表分别为 33%和 67%，明显区别于以前议会。
爱尔兰和苏格兰各派出 30 名议员。开幕式上，克伦威尔强调：新议会的基本
任务，是为国家的福利实行若干温和改良，但它不应破坏现有的社会关系，致
使"佃户和所有主平等"；并要求议员们加深理解《政府约法》的所谓真意，
努力巩固现有政体。

　　然而，新议会仍不顺从。一些议员主张限制护国主权力，把国家最高权力
转交给议会，还主张大量削减军队，最终以民军代之。克伦威尔怒火中烧。9
月，他赶到议会，厉声责骂，要求所有议员在维护护国主政体的宣誓书上签
名。拒绝签名者被赶出议会。此后，又限制和干扰议会的正常工作。1655 年 1
月，解散议会。

　　议会解散不久，一个代表社会下层利益的宗教派别——教友派，迅速崛
起。他们要求取消教会组织和什一税，实现互助平等。王党分子在各地发起叛
乱。克伦威尔为了镇压各方的反政府势力，于同年 4 月建立了"少将制度"，
即把全国划分为 12 个军区，各派一名少将管理地方军政事务。1656 年夏季政
府财政发生危机，克伦威尔决定重新召开新议会。[1]

---

① Turner, *The Conflict of English Constitution in Nineteenth Century 1603–1689*, p. 189.

9 月 17 日，克伦威尔时期的最后一届议会开幕。政府采取的首项措施是把 100 多名"行为不端"的议员赶出议会；另有 60 名议员出于厌恶或恐惧不再参加议会活动。其余议员变得相当恭顺。

1657 年 1 月，一些温和分子起草了一个宪法草案，准备用来取代《政府约法》，不久恳请护国主以"国王的名义"治理英国。但以普莱德为首的 30 多名军官又向议会呈递请愿书，反对他称王。3 名将领均持反对态度。克伦威尔经过两个月的斟酌，终于表示不以国王的名义执政。5 月下旬，议会重新审理宪法草案，取消了劝进条款。但护国主改为世袭。

护国政府期间，英国政府实行了夺取海上贸易霸权、扩大殖民地的政策，维护本国资产阶级的海外利益。其中"航海条例"的实行，激怒了"海上马车夫"荷兰，引发了第一次英荷战争（1652—1654 年），荷兰战败后被迫承认航海条例。

第一次英荷战争结束不久，政府派兵海外，夺取法国、西班牙等国的殖民地，扩大了商品市场。

1658 年 9 月，克伦威尔病危。指定其子理查为护国主继承人。理查能力平庸，高级军官首先发难。他们每周在圣詹姆士宫召开一次会议，要求加强军人权力。理查试图求助于国务会议和议会，但议会作用有限，又有内部分歧。军酋们威逼理查解散议会。

1659 年 4 月 22 日，理查宣布解散议会，不久放弃了护国主称号。一下子，英国各种势力处于对抗状态。同年夏、秋两季，王党分子和长老派联合发动叛乱，东南各郡爆发了大规模的反圈地的农民起义。独立派共和主义者和平等派激进分子举行集会，国内形势紧张。资产阶级和贵族渴望建立一个强有力的政权，遏止人民斗争和保护他们的既得利益。驻守苏格兰的英军总司令乔治·蒙克看准了时机，于 1660 年率军南下，兵不血刃地进入伦敦。

五、复辟时期

斯图亚特王朝的复辟，并非意味着历史车轮的完全倒转，因为英国不仅发生了王权的复辟，还有议会的回归。

蒙克首先邀请在"普莱德清洗"中失去议席的议员重返议会。其中长老派议员已经演变为保王分子，渴盼政局稳定。议会宣布废除 1648 年议会清洗后制定的一切法规，任命蒙克为全军总司令。1660 年 4 月的议会不是国王召开的，被称为"协商议会"，保留了 8 个月。

蒙克立即同正在流亡的查理二世谈判。4 月 14 日发表了《布列达宣言》，表示新君一旦即位，除"弑君者"外一概免罪，并应允信教自由，补发军队欠饷和尊重现有产权关系。25 日，新议会召开，它通过决议，要求国王陛下尽快接受国王称号。5 月 25 日，查理二世在多弗尔登陆，不列颠岛上重见王旗。

协商议会敦促查理二世逮捕了一些"弑君者"。但查理二世不愿在报复的道路上走得太远，总共判 11 人以死刑。克伦威尔、爱尔顿和布雷德肖等人的尸体从安放在威斯敏斯特大教堂的棺材里拉出来，在绞架上示众一日，再绞首毁尸。数万名士兵被遣散。

1661 年 5 月，英国历史上为期最长的一届议会开幕。其成员多为信奉国教的保王分子，故被称为"骑士议会"。

协商议会召开不久，一些信奉国教的贵族和阔别议会多年的主教们回到上院。议员成分的变化，直接影响到国家政策和制度，1661—1665 年间，骑士议会连续向政府提出恢复国教的法令，实行宗教迫害。这些法令被人们借用当时政府中首席大臣克拉伦登的名字，统称为"克拉伦登法典"，其中有 1661 年的"市镇机关法令"，要求市镇供职人员宣誓服从现任政府，按国教仪式做礼拜。1662 年的"划一法"，要求所有不信国教者服从圣公会教义。以后又禁止举行国教以外的公共祈祷会。1664 年的《非法宗教集会法》，要求神职人员一律承认国教教义，宣誓服从国王和国教会。约有 1760 名僧侣拒绝宣誓，被剥夺了圣职和俸禄。1667 年公布的《五哩法案》禁止所有不宣誓的教士进入自己过去的教区，并不得在有市政府的城市及其周围的五英里之内活动，违者罚款 40 镑，或收监羁押。对不信国教的世俗百姓，也横加逮捕和罚款。[1]

"克拉伦登法典"的实施，似乎有助于加强王权和国教，可长远看来它不利于查理二世。它刺激了敌对势力的宗教感情和派别情绪，导致了政党的产生。

---

① G. M. Treveyan, *England under the Stuarts*, p. 326.

1672 年，查理还颁布《信教自由宣言》，允许非国教徒获得信仰自由，但引起资产阶级新贵的恐惧，因为这意味着天主教在英国的恢复。

但是，复辟并非就是全面倒退，查理二世唯恐国内局势不稳，承认现有议会的合法性。他不敢公开漠视安立甘教的国教地位，不再恢复革命时代被消灭的封建税务衙门，认可议会关于完全取消国王与封建主之间附庸关系的决议，承认议会在财政和赋税政策方面的优先决定权。在地产问题上，国王和保王派大地主都面对困境。他们的大部分土地是在革命时期为偿付罚款由本人卖出的，法律上属于自愿买卖行为，不得索回。王室和教会的土地虽属强制性没收，后经拍卖转让，要恢复就会牵涉到极为复杂的产权问题。而且这些土地大部分落入长老派资产阶级手中，他们现在也在保王党阵营。面对复杂现实，国王、主教和保王派贵族只好同意议会的妥协性解决办法。

在对外政策上，复辟政府也注意推行符合资产阶级和新贵族利益的政策。17 世纪 60 年代初的一系列法律不仅重申了"航海条例"的规定，还禁止将急需工业原料输往外国和禁止外国工业品输入英国。

为打击海上贸易的竞争者，英国在 1664—1667 年与荷兰进行了第二次军事较量。议会及时拨了 250 万英镑，建造了一百多艘战舰，配备了新式大炮。6 月，英国舰队（150 艘舰艇和 5000 门大炮）在洛斯托夫的海面上与当时世界上另一强大的荷兰舰队遭遇。经过激战，英国舰队的凶猛火力压住了对手。后者败阵撤退，保留了继续作战的能力。最后，荷兰得到了法王路易十四的襄助，其舰队配置了重型火炮，于 1666 年 6 月在北福尔兰附近与英国舰队激战 4 天，扭转局势。英国战舰退回泰晤士河，经过整顿后。8 月重新出战，打退荷兰舰队。

英国虽然在海战中重新夺回了面子，可在财政上难以为继。另外，自 1664 年末起，英国还承受着自 1348 年黑死病以来最严重的瘟疫。它滋生于肮脏污秽的贫民区，高潮阶段仅伦敦每天就躺下上千具尸体。全市 40 多万人中，7.5 万人亡故。国王和宫廷逃离伦敦，由蒙克驻守首都。瘟疫从伦敦蔓延到乡村。

1666 年 9 月，伦敦还发生了英国历史上最严重的火灾，火神肆虐 3 日，圣保罗大教堂和另外 87 个教堂、13 000 幢民房和许多公用建筑化为灰烬。

在如此景况下，英国将战争进行到 1667 年，被迫向法荷两国求和。所幸对手也是强弩之末，难以对英国施加苛刻条件。饱受压制的清教徒相信，瘟疫、大火、海战失败是上帝在惩罚荒淫无度的国王。

一系列灾难使查理二世及其政府声名狼藉，加深了议会的不满。根据"国王不可为非"的原则，克雷伦登代君受过，离职后匆忙逃亡国外。自1688年起，克利福德、阿林顿、白金汉、阿什利和劳德代尔5人得到国王重用，他们名字的第一个字母拼合起来正好是"卡巴尔"——阴谋小集团的意思。

伦敦大火

总的看来，查理二世的对外政策缺乏原则性。他时与法国为敌，又向法国示好，希望依赖外力恢复专制政体。1662年，他把英国在大陆上的据点——敦刻尔克出卖给法国，换取了120万英镑的巨款，可在一段时间内不要议会拨款，行动上能有一些自由。这一据点是由克伦威尔赢得的，一旦失去，国人怨声载道。1670年他与路易十四签订了"多佛尔密约"，一次获得15万英镑，在法国对荷兰战争期间还可获得25万英镑的补助金。条约还规定了缔约双方在英国恢复天主教所应采取的一些措施。

根据"多佛尔密约"，英国于1672年6月挑起第三次英荷战争。此次它投入近百艘军舰、6000门大炮和34 000兵员，实力超过对手。激战良久，海上烈火熊熊，荷兰人受到重创后撤退。法国人则出动12万陆军发动地面进攻。荷兰人无法抵挡，打开大坝水闸，以水为兵，挡住了敌军。英国取得了第三次英荷战争的胜利，争到了海上头号大国的地位。

70 年代中期以来，议会和政府之间以及议会内部，还围绕内政外交、宗教和王位继承问题进行斗争，使议员中的政治分歧日益加深，终于导致辉格党和托利党的产生。

用后世的标准衡量，辉格党和托利党不过是议会中的两个政治派别。托利党以丹比为首，部分代表着没落地主阶级的利益；其中一些人或他们的父兄曾在查理一世麾下效力，是议会的死敌。内战中他们丧失了部分土地和政治权利，但斯图亚特王朝的复辟又使他们的利益有所恢复。所以，他们把自己的命运同王室的命运联系在一起，主张扩大王权，限制议会作用。从宗教信仰来看，他们属于国教会派，主张根据"克雷伦登法典"对清教徒实行镇压。

辉格党以沙夫茨伯里为首，其中既有以圈占土地发迹、内战时站在革命方面的新贵，又有精于治业的商人、金融家和自由职业者。该派承认保存君主制的必要性，又坚持限制王权，增强议会权力。从宗教观点来看，该派主要由较为激进的国教徒组成，既主张宗教宽容，又仇视天主教。

两党在骑士议会中屡次争斗。在该届议会的末次会议（1668 年 10—12 月）上，辉格党议员提出和通过了弹劾国王宠臣丹比的决议，理由是丹比曾支持国王同英国死敌路易十四签订秘密条约。在议会不满情绪迅速增长的情况下，查理二世行使特权，于 1679 年 1 月宣布解散骑士议会，重新举行大选。新议会组成后，辉格党依然占据绝对优势，他们特别坚持取消国王弟弟、约克公爵詹姆士的王位继承权，并为此通过了著名的《排斥法案》和《人身保护法》。所谓《排斥法案》是反对约克公爵继承英国王位的法案，在当时反王权和反天主教的斗争中起了积极作用。《人身保护法》于 1679 年 5 月通过，目的是限制国王及其臣属的专横行为，使他们不得任意处置反政府人士。此文件共 20 款，主要内容有：在押人有权向高级法庭请求发给"人身保护状"，限期将其移交法庭；尽快审理案情；如法庭认为无正当拘押理由，在押人立即释放，或从速接受审判。这项法案送到上院 3 次均遭到政府派贵族否决，后因下院议员的坚持和民众的压力，上院和查理二世才被迫批准了此案。这项法案的法治意义直到立宪君主制建立后才比较充分地显示出来。

作为报复性手段，国王于同年 7 月解散了议会。1680 年大选中，辉格党议员公布了反对《排斥法案》议员的名单，号召选民不要选他们。结果新议会召开后反对派依然占据多数，重新提出了取消约克公爵王位继承权的问题。国王再次解散议会。

继后，沙夫茨伯里等人周游各地，鼓动他们的支持者请愿，要求召开议会。另一派也组织类似活动。为扩大影响，两派文人撰写了一些小册子互相指责攻击，秽语屡出。一些诨名绰号一并用来贬称政敌。其中"托利党"和"辉格党"这对称号，嘲弄辛辣，书写简便，以后被广泛使用。[①]

后人根据辉格党和托利党的某些特点，以及它们以后发展的连续性，称它们是英国乃至世界上最早的政党。

英国两个政党的形成，是议会政治的发展结果，它为统治阶级各阶层的代表提供了一个合法活动场所。以后随着议员发言自由和在议事期间免遭逮捕的政治特权的确立，议会的地位和作用不断增强。在此，众多议员召开会议，提出议案、辩论投票，甚至结成帮派，攻击政府宫廷政策。宫廷和政府则利用拉拢收买手段扶植亲信和代言人。久而久之，宗派萌芽，集团出现，直到后来出现政党。

英国复辟时期两个政党的出现，还同几十年前的党派斗争有着不可分割的联系。革命时期圆颅党和骑士党的斗争，实是复辟时期辉格党和托利党斗争的前奏，而后者的斗争则是前者斗争的继续。

复辟时期两党的产生是英国史上的重大事件。其中作为政府反对派的辉格党的出现，是对王权的公然挑战，标志着英国议会政治进入一个新水平。正是在此起点上，经过一个多世纪的发展，最后形成了作为资本主义国家政治典范的两党制。

六、"光荣革命"

当辉格党人在 1680 年新议会中重提《排斥法案》时，内部发生分歧。主

---

① R. Loach, *History of England, From the Smarts Restoration to the Death of Willianm III*, New York, 1923, pp. 169–170.

要问题是：若不让詹姆士继承王位，王冠终将谁属？一批辉格党人提出由詹姆士的长女玛丽和她的夫君、荷兰执政威廉共主英国；另一些辉格党人，其中包括沙夫茨伯里，坚持应由查理二世的私生子蒙默斯公爵执掌王权。最后，多数辉格党人接受了沙夫茨伯里的建议。查理二世利用这一分歧，于 1681 年解散议会。

3 月 21 日，新议会在牛津城召开。国王派出大批禁卫军示威。辉格党议员以为此时国王财政紧缺，若是在下院拒绝拨款议案，会迫使他向议会屈服。他们不知道国王已与法国大使秘密谈判，以不参加荷兰的反法联盟为条件，换取了一笔巨额补助金。结果，此届议会仅保留一周。

议会解散后，查理二世首先打击辉格党在外省的势力，然后在首都实行清洗。许多政府职位换上了托利党人，不信国教者都被赶出政府。1682 年，辉格党骨干分子图谋暗杀查理二世和詹姆士。事泄后几位首领被捕，或自毙狱中，或处以绞刑。沙夫茨伯里事先逃往荷兰，客死异乡。

以后两年中，反动势力甚嚣尘上。反政府力量较强的市镇被收回了自治权。政府极力扩充军队，加强镇压力量。辉格党余部害怕内战，不再采取新的行动。

1685 年 2 月 6 日，查理二世逝世，詹姆士即位，称二世。新王不久就实行专制主义政策。他拉拢托利党人组成新议会，要求议会拨款 200 万英镑作为他的终身收入，此外还私自征税。詹姆士的宗教迫害计划分两步实施：先借助国教会和托利党人支持，处罚妨碍他继承王位的清教徒；然后在英国恢复天主教。

新政府很快遇到反抗。5 月，苏格兰山民在阿盖尔领导下起义。政府很快将其镇压。在南方，蒙默斯公爵谋反，声称其母和父王的婚姻合法，谴责詹姆士二世篡权。不多日有万余人参加。有产阶级惊慌失措。军队、托利党议会和地方官支持国王，7 月 6 日，在萨默塞特郡的塞季默尔战役中，起义者被残酷镇压。

两次起义为国王扩大常备军提供了口实。军队由原来的 5000 余人激增到 3 万人。其中 13 000 人驻守京都，威慑政敌。

有了大股军队，国王着手恢复天主教。他任命天主教徒担任军职，在爱尔兰组织天主教军队；让天主教徒进入枢密院，担任主教，参加中央政府和地方机构。这些做法招致公众反对，甚至天主教徒也担心这样会加强国内反天主教情绪。1685 年 11 月，议会复会，不少议员抨击国王作为，要求解除天主教徒的职务。詹姆士下令休会。同年法国宣布取消"南特敕令"①，大批胡格诺教徒逃到英国，控诉天主教会残暴行径，英国民众更加敌视天主教和专制主义。

1687 年 4 月，詹姆士二世颁布宗教宽容宣言，终止那些不许天主教徒担任军政职务的法律的效力，遭到议会反对，詹姆士将之解散。翌年 5 月，他再次颁布宗教宽容法令，宗教界大哗。坎特伯雷大主教要求取消这一法令，詹姆士下令将他逮捕。国王的一意孤行使托利党绅士改变了态度。蛰伏了数年的辉格党主动和托利党接近。它们盼望国王尽快病故，好将王位传给他的继承人玛丽。

不料在 1688 年 6 月，新娶王后莫黛娜生子。婴儿将在天主教氛围下成长。由于王位继承男性优先，未来的国王必为天主教徒，英国将会出现天主的全面复辟。面对严峻局面，两党首领仓促决定邀请荷兰执政威廉武装干涉英国。同年 6 月 30 日，两党 6 位领袖和一名主教联名发出邀请，声称英国人民极不满于目前的政府，盼望他前来保护他们的"宗教、自由和财产"。②威廉既是斯图亚特王室的亲戚，又是新教国家的首脑和法国死敌。由他和玛丽来英国执掌王权，既在一定程度上符合欧洲国家和本国贵族世家所公认的近亲继承制，又能得到一个代表和维护他们利益的君主。

威廉接到邀请后，慨然应允出兵。他很想借用英国强大的人力、物力和反法情绪继续对法国作战。经过认真准备，同年 11 月 5 日，威廉带领万余名士兵，渡过海峡在德文郡登陆。

大军压境，数万名英军不愿迎战。王军总司令约翰·丘吉尔（即后来的马尔博罗公爵）带兵投降。路易十四正在莱茵河组织会战，对英国事务无法兼顾。詹姆士逃逸法国。

1688 年的事件是一场由资产阶级、新贵族和封建阶级联合发动的政变，它的成功标志着 17 世纪英国革命的结束。

就性质而言，1688 年政变具有双重性特点，即保守性和革命性。其保守性是指没有废除君主制和贵族院，没有解决农民的土地问题，等等。

"光荣革命"的革命性体现在：首先，从发生和进程来看，其间不乏武装

---

① 1598 年法王亨利四世颁布的敕令，据此胡格诺教徒获得信仰自由和担任官职的权利。
② B. Williams, (ed.), *The Eighteenth Century Constitution, Documents and Commentary*, Cambridge University Press, 1969, p 8

行为和暴力现象，但避免了大量的流血和牺牲，所谓"兵不血刃"的说法不太准确。两党领袖在詹姆士二世拥有数万名士兵的情况下，之所以邀请威廉来英国即位，是考虑到他不但具有丰富军事经验和指挥才能，拥有一支兵员可观、装备精良、训练有素的军队，还有着战胜国王军队的可能性。而威廉接到邀请后，经过数月的精心准备后方挥师西进，也是为了发动一场可能会相当惨烈的征服性战争。威廉带领军队登陆后，英格兰曾发生过支持新君的示威游行，苏格兰出现过一些比较激烈的战斗；爱尔兰发生了支持和反对征服的内战。这次内战直到1689年威廉三世率军亲征，才暂时将信奉天主教的爱尔兰人制服。[①]

其次，从王位更替来看，由于协商会议把王冠同时献给威廉和玛利，就已经违背了严格的长子继承制，打乱了王位继承顺序，并建立了一种奇特的一国二君体制。这说明1688年事件的发动者在事关国家前途的关键时刻，不乏果敢性和创新精神。而且，当6位主教和数百名教会僧侣拒绝向二位新君作效忠宣誓时，他们很快都被褫夺了教职，这也说明威廉三世与政敌矛盾的不可妥协性。

最后，从1689年到18世纪初，英国议会又通过了一系列法案，奠定了英国立宪君主制的政治和法律基础，使英国顺利实现了从封建主义到资本主义的重要过渡，这就既为17世纪40年代以来的资产阶级革命划了一个比较圆满的句号，又为以后资本主义的迅速发展提供了良好的政治前提。可见，"光荣革命"的革命性、进步性也是不应被漠视的。不列颠上层阶级在与封建阶级经过长期反复的政治较量后，在重要历史关头，作出慎重理智的选择。英国社会经过了曲折迂回，终于在甚少流血的情况下，找到了比较适合国情的政治归宿。

七、17世纪政治思想

17世纪英国政治思想家大致可分为4类：旧式君主制的维护者、共和制的倡导者、立宪君主制的阐述者和空想社会主义理想的追求者。其中以温斯坦莱

---

① G. M. Trevelyan, *The English Revolution 1688–1689*, Oxford University Press, 1974, pp. 113, 119–120.

为代表的空想社会主义思想，在当时仅是一种孤独短暂的呼喊，难以决定人们的政治抉择。

17 世纪英国各派政治思想家的学说，是当时复杂曲折的政治斗争的产物，带有极其明显的思辩论争色彩。核心问题是关于英国国家政体的抉择问题，即维护、抛弃还是改造当时的君主制。

维护旧式君主制的思想家主要有两位：霍布士和菲尔默。

托马斯·霍布士（1588—1679 年）是英国著名学者，出身于国教牧师家庭，毕业于牛津大学，多年游历欧陆，从事广泛研究，结交众多名流。霍布士的政治著作，主要有《论自然和政治规律的基础》和《论公民》，但代表作是 1651 年问世的《利维坦》。他作为有产阶级上层思想家，一再显露出折中特点。他是当时欧洲"社会契约论"的倡导人之一，但在国家观上又是君主专制的辩护士。所以，他的"社会契约"观点就可能获罪于双方：王权维护者为他的越轨意识所激怒，议会左翼则抨击他的专制君主制观点。霍布士在《论公民》中着重论述了教会与国家的关系。声称基督教的教会和国家是合二而一的实体，主权者国王应是其合法首领，有权解释《圣经》，裁决宗教纠纷和决定礼拜程式。这种论证迎合了查理一世建立专制统治的企图，但受到了清教徒的谴责。

霍布士的国家学说源于马基雅维利和布丹的思想，又有独到之处。他指出，人类为了维护自己的安全与和平，需要订立社会契约。处于对立状态的双方，都应把权利交归一个"第三者"，由它来掌握、行使公共权力。这个公共权力的拥有者就是国家。

在当时不少人心目中，国家的政治概念还较为模糊，这给霍布士更多的发挥余地。他在说明国家职能时，把国人分为主权者和臣民。主权者拥有多种重要权利，但不得违反社会契约；臣民应该服从他的旨谕。鉴于国家主权不可分割，以及人民已将权力授予主权者国王，任何臣民均不得以任何借口反对君主，也无权处罚和罢免君主，否则就是叛逆。霍布士把维护君主专制的理论阐述得格外明确："一个君主的臣民，得不到君主的允许，便不能抛弃君主政体、返回乌合之众的混乱状态，也不能将他们自己的人格从承担者身上转移到另一个人或另一个集体身上。"

罗伯特·菲尔默（1588—1653 年）在思想界的影响难与霍布士相比，可他更加陷入当时的政治论争，是右翼思想家的典型代表，被查理一世封为爵士。内战开始不久，他在东萨顿的宅邸遭到劫掠，1643—1646 年间被议会派逮捕监禁，由此我们可以判断出他的政治倾向。菲尔默获得自由不久，就发表了政治小册子《论亵渎神祇行为》（1647年），表明他维护国教。翌年2月，又撰写《自由持有农的全面调查》，与清教徒政论家约翰·弥尔顿等人论战。政敌刚刚反击，他又在当年散发了《论有限君主制或混合君主制的恶果》和《国王绝对权力的必要性》，申明他维护专制君主制的理由。1652年，菲尔默左右出击，发表小册子《有关政府起源的观察》①，批评霍布士、弥尔顿和格劳秀斯②等人的政治主张。

　　菲尔默最有影响的著作，是在1680年发表的《父权制》，其中他把国家视作一个家族，第一个国王本是一家之长，他的子孙是天然的族长；服从族长的权威是履行政治职责的关键。他甚至草率断言：亚当是第一个国王，查理一世是亚当的长子和英国天然的统治者。该书问世不久就遭到辉格党政论家的批评。

　　共和派思想家弥尔顿、哈林顿和李尔本等人的主张也不尽相同。其中约翰·弥尔顿（1608—1674年）不仅是一贯捍卫共和制的独立派思想家，还是地位仅次于莎士比亚的伟大诗人，他的长诗《失乐园》是世界文学宝库中的瑰宝，他对撒旦反叛形象的塑造被誉为世界文学的最高成就之一。他捍卫清教革命的散文，庄严雄辩，充满激情，是西方思想界中的精品。弥尔顿出身富裕的中产阶级家庭，1637年投身清教徒争取宗教和公民自由的斗争。而后多年全力撰写了大量的不同体裁的作品，呼吁自由，抨击君主专制。1649年2月，即在查理一世被处决不久，他发表了《论国王与官吏的职权》的小册子，支持共和政体，克伦威尔聘他为政府外语秘书。1651年，他43岁时，为了针锋相对地反驳法国学者撒尔美夏斯《为英王申辩》一书，维护共和国在国内外的声誉，在视力极弱的情况下，写出了《为英国人民声辩》的激越散文，义正词严地反对君主制，讴歌革命。其中，他对论敌使用的史实掌故认真考察，从自然法到神学，从国际法到诸般经典，论证人民有权处决查理一世。3年后，又一文人莫鲁斯匿名撰写了《王族向上天控诉英国弑君者》的小册子，为查理国王鸣冤。弥尔顿在双目失明的情况下，创作了《再为英国人民声辩》的论文，为

---

　　① R. Filmer, *Patriarcha and Other Writtings*, Edited by Johann P. Sommerville, Cambridge University Press, 1991, p.xxvii.

　　② 格劳秀斯（1583—1645年）是荷兰著名政治家，法学家、神学家和人文主义者，1625年发表法学巨著《战争与和平法》，确立了国际法的标准。

克伦威尔辩护。在两篇论文中，他称查理一世为暴君，宣称共和制恢复了人民应有的权力，具有君主制无法比拟的优越性；特别强调人民应把权利保存在自己手中。但是，作为中等资产阶级和新贵族代表的弥尔顿，在其著作中所说的人民不是下层民众。如他反对实行直接选举制，坚持选民的财产资格限制，都说明他有着一定的局限性。

斯图亚特复辟后两个月，他不避风险，发表了自己最后的政治小册子《建立自由共和国的简易办法》，照样宣传共和政体。

詹姆士·哈林顿（1611—1677 年）在政治上则是另一种风貌。他出身贵族家庭，但赞同共和制，却又不妨碍他成为查理一世的亲近。内战开始后，他加入议会阵营。国王被捕后，他又作为国王侍从官，获准与议会谈判，试图达成协议，建立立宪君主制，但为此被短期监禁。共和国建立后，他成为共和主义者，其政治观点在《大洋共和国》中集中表现出来。可能由于克伦威尔不赞同他政治中的游移态度，他的文稿曾被抄走。多亏克伦威尔女儿克雷普尔夫人的干预，此书终于在 1656 年问世。[①]

所谓"大洋共和国"是他所设想的一个理想国度。有的学者认为它是指英国，书中所提到的人名也是有所指的。在那里，强大的中产阶级居于权力的重心，致使民主体制格外稳定；而革命是经济权力和政治权力分离的结果，若要避免社会动荡则应维护两者的有机吻合。就权力占有来看，大洋共和国乃是一种贵族寡头体制，其权力机制具有分立、制衡的特征。可见，哈林顿思想不乏理性信念。以后它对美国的政治发展，如成文宪法、两院制、秘密投票和总统的间接选举等，不无影响。

平等派领袖约翰·李尔本（1614—1657 年）是一位果敢的革命活动家和民主主义者。1638 年就因偷运清教徒的小册子被捕，革命开始后获释。1641 年他在伦敦组织反对主教的游行，内战时入伍，在议会军中勇敢善战，曾被王军逮捕，被议会方面用数名人质换回。革命中李尔本始终居于左翼，不仅坚决反对王党，还反对长老派的各项保守政策，如把战争负担转嫁给民众，征收重税等，主张废除专卖制，实行出版自由。他在 1646 年 6 月被捕，在狱中撰写小册子，反对长老派寡头体制，号召人民保卫内战成果。大约在 1647 年，平等派在他周围形成，以后他通过散发小册子、请愿、游行等方式，表达民主主

---

① 詹姆士·哈林顿：《大洋国》，商务印书馆 1996 年版，第 2 页。

义主张。李尔本在政治上的基本观点，在《为英国人生而具有的权利辩护》、《英国的新枷锁》、《弹劾克伦威尔及其女婿的叛国行为》和《人民公约》中一再表达出来，并在士兵和平民中广泛流传，甚至有些高级军官也对他的高尚人格和精湛思想持理解和支持态度。

李尔本作为小资产阶级思想家，坚持人民主权说。他认为，人生而平等，国家最高权力来源于人民；人民把权力交给下院，下院则应对人民负责，否则，人民有权抵制和反对背离职守者。至于英国的国王和上院，以及相关的等级制和特权，都是违反人民主权法则的；唯有人民选举的下院才能代表人民的利益。继而，李尔本论证：每个人在尊严和权利方面都是平等的，任何人都没有统治别人的权利。在长老派妥协和独立派游移之际，李尔本亲自起草请愿书，提出惩办国王和内战罪犯，实现政治平等，建立共和国。李尔本及平等派的政治主张，尤其在《人民公约》中反映出来。其中要求实行有限普选制，即不同意授予贫民及仆役选举权。他在经济方面维护私有制，表明了他的阶级立场和局限性。

杰出的哲学家约翰·洛克（1632—1704年）在思想界占据突出的地位。他出身于清教徒家庭，父亲参加过新模范军。他自幼接受进步思想，在1668年参加皇家学会，是牛顿等人的好友，辉格党领袖沙夫兹伯里伯爵的秘书。1682年沙夫兹伯里逃亡荷兰，他随后前往。光荣革命后，重返故国，整理出版了《论宽容异教的通讯》、《关于政府的两篇论文》等论著。

《关于政府的两篇论文》是洛克政治思想的代表作。上篇针锋相对地批判了菲尔默的君权神授说。其结论见于下篇篇首："亚当并不基于父亲的身份的自然权利或上帝的明白赐予，享有对他的子女的那种权威，或对于世界的统辖权。第二即使他享有这种权力，他的继承人并无权享有这种权力。"原因是上帝并未明文规定谁是合法的继承人。洛克在批判父权说的基础上驳斥君主专制主义，强调国民不应像子女服从父亲那样去服从国王，父母对子女的管教不应成为专制君主出现的模式和依据。父母在其子女未成年时，有养育管教的职责，但这并不等于父母可对儿女操掌生杀予夺之权。洛克批判君权神授说和父权说，实则论证了威廉三世入主英国的合法性。

为替新生政权辩护，防止君主或政府的专制统治，洛克还提出了天赋人权说和分权说。

洛克的天赋人权说是对霍布士等人社会契约论的发展，它摒弃了用神学解释国家起源的做法，具有鲜明的反专制特点。他认为，政府既然是订立契约的一方，就必须按照人民所一致同意的规定行事。"如果那些受社会委托来表达公众意志的人们受人排挤而无从表达这个意志，其他一些没有这种权威或没有受这种委托的人篡夺了他们的地位，那么人人都可以根据他自己的意志，各行其是。"这些词句已经包含着主权在民的思想火花，直接为辉格党人的反专制斗争和光荣革命做了辩护。

洛克思想的独特之处是他为了维护立宪体制，最早提出了分权学说，即把国家权力分为立法权、行政权和联盟权三种。其中立法权属于议会，负责制定和颁布法律；行政权属于国王，负责执行法律；联盟权是处理战争与和平问题以及与别国的关系，也可委于国王。洛克阐明：三种权力不是平等的，其中立法权处于主导地位，"是每一个国家中的最高权力。"[①] 洛克的高明之处，是从以往政治斗争中看到了财政问题的重要性，强调任何人不得凭借自己的权势，擅自向人民课税。这就强调了由选举产生的下院控制国家财政的权力。

洛克在阐述分权学说时，特别强调法治的重要性。他申明，政府必须根据既定的法律行事："如果法律不被执行，那就等于没有法律。"而一个没有法律的政府，是没有资格存在的。洛克的过人之处，是他能超出阶级局限，提出"法律面前，人人平等"的原则："每一个人和其他最微贱的人都平等地受制于那些他自己作为立法机关一部分所制定的法律。"[②] "这些法律不论贫富，不论权贵和庄稼人都一视同仁，并不因特殊情况而有出入。"[③] 洛克的这些思想精华，超出了当时辉格党人的思想高度，在以后许多国家的不同社会里起着进步作用。

洛克的思想之所以能在当时和以后产生深远的影响，并且超越国界而得到众多人们的认可。主要是它反映了17世纪英国政治斗争的归宿，具有理智性可行性。另外，洛克的思想最具有明显的系统性和深度，这也是它具有长久生命力的原因所在。

---

① 约翰·洛克:《政府论》下编，商务印书馆2000年版，第83页。
② 约翰·洛克:《政府论》下编，商务印书馆2000年版，第59页。
③ 约翰·洛克:《政府论》下编，商务印书馆2000年版，第88页。

八、皇家学会与科学进步

17 世纪英国的奇特之处在于：甚至在炮火纷飞之际，英国的思想和科学进步仍然没有终止，斯图亚特王朝复辟所带来的政治上的相对安定则有助于科学的发展。当时很重要的事件是哲学学会和皇家学会（Royal Society）的建立。

40 年代，在著名的科学家约翰·威尔金斯（1614—1672 年）的倡导下，组织了一个学术团体。它被命名为"哲学学会"。威尔金斯是一位主教，是神学研究的权威，但他又发表《新行星论》宣传哥白尼的日心说，在不列颠起了好的影响。哲学学会的骨干会员有数学家瓦里士和物理学家波义耳等。他们主要在格雷山姆学院聚会。1646 年革命的议会军占领牛津。威尔金斯等人应邀去牛津大学任教，"哲学学会"一分为二。渐渐地牛津学会解体，伦敦的会员继续坚持学术活动。其成员定期会晤，讨论科学课题。

这些大学中的自发性学术团体是皇家学会的胚胎。1660 年 11 月，在著名的建筑师雷恩（1632—1732 年）的倡议下，一批学者在格雷山姆学院集会，呼吁建立一个促进物理和数学知识增长的新机构。皇家学会正式成立。第一批会员共 41 人，威尔金斯任首届主席。英国皇家学会不仅是大不列颠最早的科学学会，也是欧洲最早的学会之一。查理二世一面表示赞同该学会的问世，又想加以控制，任命其近臣为会长。1662 年，他颁发特许状，成立伦敦皇家学会，将英格兰的许多小型学会也并入该会。参加学会者多是清教徒和哲学家培根的信徒，而王室的支持仅是一种名义。学会基本上是一个民间机构。这和欧洲大陆由国家主办的科学院明显不同。大陆的学会接受政府的管理，其成员有薪金收入，但失去了思想和行动的独立性。英国皇家学会中，言论自由成为科学思想和科学发展的动力。事实证明：学术自由是科学进步的最重要因素。

学会的建立还在相当程度上受到培根的影响。一开始就贯彻他的学术思想：注重实验、发明和实效性的研究，"增进关于自然事物的知识，和一切有用的技艺……从而编成一个完整而切实的哲学体系，来解决自然界的或者技艺所引起的一切现象，并将事物理智性解释记录下来。"为此，学会下设若干委员会，如机械委员会、化学委员会、天文学委员会、解剖学委员会等。总的看来，与商业贸易密切相关的科学知识最受皇家学会的重视。

1665 年，在富商奥尔登的赞助下，皇家学会出版了机关刊物《哲学会刊》，主要刊登会员的论文、研究报告、报道学术通信和书刊信息。这是西方最早的期刊之一。创办人有科学家威尔金斯主教，哲学家格兰维尔、数学家沃利斯、发明家胡克，建筑师雷恩。

皇家学会中史学家不落他人之后。1667 年威尔金斯的高足斯普拉特出版了《皇家学会史》，为人们了解学会早期发展史提供了珍贵资料。

为使学术活动经常化定期化，学会设立了若干学术讲座。1668 年主办了由库克领导的第一次太平洋科学考察。

英国复辟时期涌现的又一重要科研机构是格林尼治天文台。1675 年由王室出资、在弗拉姆斯蒂德（1646—1719 年）的倡导下建成。弗氏于 1667 年加入皇家学会，是格林尼治天文台首任台长，不列颠第一位从政府领取薪俸的钦座天文学家。天文台建立时没有购置仪器的专项经费，弗拉姆斯蒂德只好自行筹资购买，甚至动用先父遗产和自己讲学的收入。经过多方努力，他建造了一种测试仪器，用以测量恒星过子午线时的地平高度。他的星表《不列颠天图》确认了 3000 多颗恒星，定位的精确性优于以往任何一本专作。

弗拉姆斯蒂德死后，哈雷（1656—1742 年）继任了格林尼治天文台的职位。哈雷 20 岁就到南大西洋的圣赫勒钠岛测定南天恒星的方位，完成了载有 341 颗恒星的精确位置南天星表。22 岁当选为皇家学会会员。而后数十年里，哈雷还发表了世界上第一部载有海洋上季风分布的气象图，公布了布雷斯劳城的人口死亡率表，首次探讨了死亡率和年龄的关系。1705 年出版了《彗星天文学论说》，其中载有 1337—1698 年间出现的 24 个彗星的轨道，并断言 1531 年、1607 年和 1682 年的三个彗星可能是同一个彗星的三次回归，预言它将于 1758 年重现。由于预言得到证实，后世将此命名为"哈雷彗星"。

诸多事实证明，英国是近代科学的主要策源地。恰在其时，英国科学界升起了一颗格外耀眼的巨星—— 牛顿。

牛 顿

伊萨克·牛顿（1642—1727 年）是 17 世纪科学革命的巅峰人物。他在数学上是微积分学的创始人，在力学上提出了作为近代物理学基础的力学三大定理和万有引力定理；他发现了太阳光光谱，为现代光学奠定了基础。牛顿的成就并非用"伟大"之类的词语就能充分表达，一个人若是能完成他的工作中的一项，就足以名垂千古。

牛顿出生于林肯郡的一个务农为生的小康家庭，自幼就表现出制作精巧机械的才能。1661 年夏，他进入剑桥大学三一学院，研读科学大家伽利略、笛卡尔和虎克等人的代表作，掌握了当时数学和光学知识的精华。1665 年大学毕业时伦敦正闹瘟疫，他返乡躲避。随后两年里，他发明了级数近似法和二项式定理；完成了光学论文《论颜色》；推导出太阳和行星之间存在的平方反比定律，在学界引起了空前的震动。1667 年他被选为三一学院研究员，两年后晋升教授。1671 年，牛顿向皇家学会提交了他的反射性望远镜，被选为学会会员。

1672 年，牛顿向学会报告了他的"光谱说"，引起胡克的质疑和批评。受到刺激后，他转而研究天文学。1684 年，他在论文《论运动》中，就行星运动轨道与按距离平方的作用力之关系作了透彻的数学说明，再次引起学界轰动。两年后，他将这篇论文修改充实，扩展为近代科学的奠基性巨著《自然科学的数学原理》。其中他提出了力学三大定理和万有引力定律，对一切宏观物体的运动作出精确的定量的描述。此书出版后，引起英国和大陆学界的叹服。

"光荣革命"后的首届议会里，出现了牛顿的身影，但他从不发言。1695—1700 年，兼任造币厂督办和厂长，铸造了许多优质钱币。1703 年他荣膺皇家学会主席，以后 20 余年连选连任，直到去世。

在英国科学史上，牛顿的成功是空前的。多次与他论战的德国科学界莱布尼兹盛赞他是"旷世奇才"。亚历山大·蒲柏则衷心讴歌道：

茫茫沧海夜，万物匿其行。

天公降牛顿，处处皆光明。[1]

牛顿的成功不是孤立的。除了个人天分和努力外，还是时代的产物。我们可以看到，大西洋岛国英吉利已经屹立在科学的前沿，为世界作出了突出的贡献。

---

[1] 杜兰：《世界文明史·宗教改革》，东方出版社 1999 年版，第 763 页。

第八章

工业革命前的英国

(1688 年—18 世纪中叶)

一、立宪君主制和寡头体制

1688 年"光荣革命"是英国历史的重要转折点。随即英国建立了立宪君主制。

这一体制并非一蹴而就，而是在"光荣革命"后若干年间，通过一系列法案的制定而逐渐建立的。

威廉抵达伦敦不久，根据"骑墙派"政治家哈里法克斯伯爵的建议，召集查理二世时期最后 3 届议会的议员、伦敦市参议员和市政委员会开会。会议授权他以临时元首的名义向全国发出通知，尽快选出新议会。1689 年 1 月 22 日，新议会开幕。由于这时国王詹姆士逃亡海外，玛丽和威廉尚未正式即位，所以此届议会只能被称为"协商议会"。协商议会的首要任务是为了解决宪政危机，确定王位继承权。为此，在当月 28 日议会通过决议，委婉宣布詹姆士二世已经"逊位"，应由新王补上"空缺"。玛丽二世和威廉三世一起登上王座，共同统治英格兰。因玛丽性格温顺，去世又早，威廉实际上独掌王权。

代表新兴阶级利益的辉格党人赞同玛利和威廉共掌王权，但要求他们遵守新的王者规范。托利党人对威廉三世存有疑虑，也借机联合辉格党人，对王权实行限制。1689 年 2 月，协商议会通过《权利宣言》，同年 12 月 16 日经国王和女王共同签署生效，称《权利法案》。

《权利法案》是英国历史上极其重要的建立立宪君主制的宪法性文件。它列举了詹姆士二世种种不端，提出了限制王权的规定。其中有：未经议会同意，国王不得停止法律效力；未经议会允许为国王征税视为非法；非经议会同意在本王国内招募或维持常备军视为非法；议员在议会内有演说、辩论或议事之自由，且不应在议会之外任何法庭或地方受到弹劾讯问。[①]《权利法案》重要意义在于：它保证了议会的立法权，强调了"议会至上"的宪法原则。

威廉三世即位后实行积极的对外政策，每年拨款总不够用，常向议会要求额外补助金。议会巧妙利用了他的财政困难，提出新法案限制王权。1694 年，议会通过《三年法案》，规定议会至少 3 年召开一次，每届议会不得超过 3 年。此案使议会成为一个常设性立法机构；其中每届议会不得超过 3 年的规定，是为了防止国王和权臣在议会中培植帮派。1697 年议会又通过《年金法案》，规定自翌年起，每年拨出固定款项作为宫廷开支，长期不变。

1694 年底，玛丽女王患天花去世，威廉三世获嗣无望。王位继承问题很快提上日程。部分托利党人提议将王冠传给詹姆士二世的儿子弗朗西斯·爱德华，引起多数议员反对。议会通过，威廉三世死后，王位由玛丽女王之妹安妮继承。但几乎所有的英格兰复辟势力都与住在巴黎附近的詹姆士二世恢复了联系，英国又面临天主教复辟的危险。安妮即位之前，即 1700 年 7 月，安妮 11 岁的儿子夭亡，王位继承问题再次引起关注。经反复讨论。议会于 1701 年 1 月通过《王位继承法》，明确规定安妮女王之后国王必须是国教徒，应由信奉新教的汉诺威王室的索菲亚（詹姆士一世的外孙女）及其后裔继承。国王未经许可不准出国；外国人不得进入议会和枢密院；非经议会两院的奏请，国王不得免除终身任职的法官的职务；国家的一切法律与条例非经议会通过，均属无效。这些规定不仅使下院掌握了监督国王行政活动的权利，还使以后的汉诺威王室要接受议会更多的限制。"君权神授说"已经完全被"天赋人权论"取代了。

上述法案的通过和实施，极大地限制了国王的权力，扩大了议会的作用，

---

① C. Stephenson and F. Marcham（ed.），*Sources of English Constitutional History，A Selections of Documents from A. D. 600 to the Present*，New York & London，1937，pp. 600–604.

标志着立宪君主制在英国的奠立。

英国立宪君主制是与贵族寡头体制几乎是同时出现的。从 1688 年光荣革命到 19 世纪前期，以上院贵族为核心的土地贵族始终控制着英国国家政权。从中央到地方，从枢密院、内阁、议会两院到军队，保持权力的主要是各级贵族和他们的子弟。

英国这时出现贵族寡头体制的原因在于：首先，他们是光荣革命的发动者，此后自然还要由他们把持国家权力。其次，光荣革命后英国依然保留了君主制，而贵族是君主制的热烈拥护者。既然英国社会的顶端有着一位国王，当然也会长期保留相应的贵族体制。

最深刻、最基本的原因是在经济方面。即在 1688 年政变后，贵族大地产者长期占有该国大量土地。带有封建主义残余的资本主义大地产制是英国贵族寡头体制长期存在的经济基础。之所以如此，是英国革命只是部分地打破了旧的土地关系，它废除的主要是"骑士领有制"。广大农民并没有成为独立的土地所有者，他们依然遭受地租剥削。依靠这种半封建式的生产关系，贵族阶级大地产制长期保留下来并有所发展。资产阶级革命前，尚有一些大贵族家道中落，难以维持与爵号相称的经济地位，可在革命后，英国几乎无贵族不富，无贵族不是大地主。他们的地产占有量同旧贵族相比有过之而无不及。据调查，17 世纪末，以贵族为核心的英格兰和威尔士的大地主占有全国 15%—20%的地产，与 15、16 世纪情况类似。[1] 而且，根据 17 世纪末的保守性估算：1688 年，160 家世俗贵族的总收入是 44.8 万镑，约占全国经济总收入的 1%。每户贵族的年平均收入约 2800 英镑。26 位主教和大主教的年收入在 360 英镑至 6000 英镑之间。

到了 1790 年，400 家土地贵族（其中多是上院权贵、从男爵和爵士）的地产份额在全国地产总额中升至 20%—25%，各家平均收入达 10 000 镑。10 万个中小农户的年度收入只占全国农业收入的 15%—20%，平均每户收入为 150 镑。

以土地贵族为核心的寡头体制的存在，还有着社会文化和意识方面的原因。17 世纪末到 18 世纪前期，贵族地主阶级的代言人很注意维护土地所有者的政治权益。他们宣称：只有家道富足的贵族乡绅才有资格进入议会，担任各

---

[1] G. E. Mingay, *English Landed Society in the 18th Century*, London, 1963, pp. 22–24.

类官员。因为他们有闲余时间，受过良好教育，有独立性和责任感。而绝大多数民众缺少这些条件，即使商人和金融家也把主要精力用于经营，没有足够时间献身公职。而且，土地所有者财富主要是不动产，与国家总体利益息息相关，为了个人财富的安全他们总是关心国家公务。而商人和金融家在发生动乱时却可以携资逃走。故而，社会上理想的统治者应当是土地所有者，特别是土地贵族。

英国上院贵族的数目还因 1707 年与苏格兰的正式合并而有所增加。英格兰王国的名称也改为"大不列颠王国"。苏格兰与英格兰的合并早在 1603 年詹姆士南下称王时就开始了。可以后一个多世纪里，尽管两国共有一王，但苏格兰拥有自己的贵族体系和议会。1707 年的合并，颇像一种恃强凌弱的兼并行为，伤害了苏格兰人的民族感情，该国上层阶级怨言很多，可面对强大的英格兰又无可奈何。他们步步为营，要求每个苏格兰贵族都应该进入威斯敏斯特议会的上院，被英格兰政要所拒绝。理由是，苏格兰人口稀少，5 级贵族却有134 名，与英格兰上院贵族总数接近，所以只能根据其人口和附属国的地位，在每次大选时，选出 16 名贵族代表，出席上院。而在下院，也根据同样的理由，允许苏格兰选派 45 名议员。英国政府如此而为，是为了加强对斯图亚特王室故乡的控制，防止它成为复辟势力的基地。

即便在英格兰，由于阶级狭隘性和党派斗争的影响，并非所有的土地贵族都能分享政治权力，而是要看其与王室的关系，受重大政治斗争的制约。威廉三世在位时，好战辉格党人颇受重用。安妮女王上台后，托利党情况渐渐好转。1714 年汉诺威王朝建立后，辉格党借机建立了一党寡头体制，并极力排挤托利党人，把他们的统治维持了大约半个世纪。

二、反法战争

威廉人主英国后，不列颠多了一个战神。他自幼在严酷的环境中长成，幼年丧父，终身无子，体质屡弱，但性格刚毅，把反对法国视为天职。他 1672 年 2 月出任尼德兰军队统帅，一个月后就鏖战英法联军。6 月情势危急，他断然下令决堤，放海水抵御法国入侵者，路易十四为之震惊。荷兰三级会议马上推举他为执政，重建军队，翌年攻占纳尔登和波恩，击退法军，欧洲诸强愕然。1677 年他为了政治和战略需要，与詹姆士的女儿玛丽成婚。1686 年，荷兰与奥地利、西班牙、勃兰登堡、瑞典、萨克森、萨伏依、巴伐利亚等，组成反法的"奥格斯堡同盟"，他以其坚韧顽强的反法经历，成为它的主角。

他到达英国后，下令法国大使在 24 小时内离开不列颠。他一登上王位，英国就成了奥格斯堡同盟成员，以后陷于一场 20 多年的反法战争，其中仅有短暂间歇。由于威廉三世在同盟中发挥突出作用，英国则在同盟中起骨干作用。威廉决心利用英国雄厚的人力、物力和财力，与法国决一雌雄。

进兵爱尔兰是威廉反法战争的组成部分。詹姆士逃到法国后，路易十四立即提供军费、船舰和可观兵员，帮助他占领爱尔兰，迫使威廉三世分兵讨伐。爱尔兰天主教徒早在 1661 年就力图反抗英国殖民统治，没收了 2400 名新教徒的地产。新教徒们逃往厄尔斯特，与当地英籍新教徒一道，配合威廉三世作战。在 1690 年 7 月 11 日的博因河战役中，威廉三世率领 35 000 名精兵，包括荷兰的蓝卫兵和两个团的胡格诺派信徒，打败詹姆士率领的 21 000 人的爱尔兰—法国联军。詹姆士侥幸脱逃。随即威廉转向海战和大陆战场，命令马尔博罗伯爵征服爱尔兰，1690 年底，爱尔兰战事结束。

以后，爱尔兰天主教徒每况愈下。他们占当地人口 4/5，却只有 1/7 的地产，而且多数人成了英籍地主的农奴，不得充任官职、参加选举或成为议员，不得进入陪审团、担任教师，不得买卖土地；不得将毛织品、牲畜输往英格兰，甚至不得购买价值 5 英镑以上的马匹。

威廉三世在 1689—1690 年间分兵作战，削弱了总体力量。在大陆战争中，联军失利。在英吉利海峡比奇海岬，法国海军打败了英荷联合舰队。英国人不赞成威廉的战略安排，讥讽道：

荷兰人保住了面子，

法国人取得了优势，

而英国人只有耻辱。[①]

威廉三世的另一失策，是未能及时重用英国最杰出的军事家马尔博罗，让他独当一面指挥英军。当马尔博罗流露出不满时，又被免除军政职务。

---

① 温斯顿·丘吉尔：《英语国家史略》下册，新华出版社 1985 年版，第 13 页。

1692 年 5 月末，路易十四为改变大陆战局，调集了一支 44 艘军舰、24 000 人的舰队，在奥格角附近的海战中，经过 6 天的激战，被拥有 99 艘战舰，4 万官兵和 7 千尊大炮的英荷舰队重创。这一胜利本是盟军实行陆上反攻的绝好机会。但因同盟国力量分散，缺少统一指挥，加上罗马帝国正在匈牙利作战，难以抽出主力对付法国。法军得到喘息，战争进入相持状态。1697 年秋交战国在海牙签订《里斯维克和约》，英国获权派遣舰队进入地中海，取得了对法国海军的永久优势，其海上实力无任何国家能与之抗衡。法国承认 1688 年政变为合法，两国恢复外交关系。

战争使英国军费大幅度增加，名目繁多的税收仍不能使政府摆脱财政困境，常向银行家举贷。光荣革命前，这种借款名义上被看作国王的私事，不受议会监督，须交纳 8%—12% 的年息，还要得到银行家的信任。故而，当时政府的年度收入约在 200 万英镑左右。威廉三世在位初年，政局不稳定，政府一时得不到银行家的足够信任，年度开支却攀升到 600 万英镑。鉴此，政府只好交付高额利息以得到贷款，然后再由议会批准某种税收偿还本息，这又造成了财政上的恶性循环。为此，政府积极寻求新方式解决财政困难。1694 年，辉格党政府根据查理·蒙太古的建议宣布，凡向政府提供巨额贷款者，有权组成一个特权公司，享有发行纸币的垄断权。告示一出，120 万英镑的股本在 10 天内被银行家抢购一空。一个永久性金融机构——英格兰银行——建立起来。国债制度也在 1696 年建立。[1] 这些情况，被后世学者称为"金融革命"。

此后，政府能以较低的利息借贷到所需资金，暂时渡过了财政困难。然而，这又刺激政府一再增加借款的次数和数额。1697 年，国债达 2000 万英镑。西班牙王位继承战争期间，增至 5300 万英镑。这造成一种恶性循环，政府必须增收更多的赋税偿还本息，这势必加重广大民众的负担，引起以地租为主要收入的托利党乡绅地主的不满。

为了同英格兰银行对抗，地主阶级企图建立自己的银行——土地银行，但因股金不足和经营不善很快关闭。1699 年，英格兰银行的对手联合行动，拿出大批纸币要求兑换，取走了所有的金银储备。在这关键时刻，辉格党政府出面帮助，英格兰银行渡过难关。

---

[1] Treveyan, *England under the Stuarts*, p. 441.

"奥格斯堡战争"硝烟未尽，西班牙国王查理二世（1665—1700 年）病危。因他无嗣，其国土和殖民地又格外广袤，就在欧陆各国引起了错综复杂的王位继承问题。终于，法王路易十四的孙子安茹公爵获得继承权。拥有姻亲关系和王位继承权的罗马帝国、巴伐利亚选帝侯国极其不满。经过穿梭般的外交联系，英国、荷兰、奥地利、勃兰登堡、汉诺威等国于 1701 年 9 月 7 日组成反法大联盟。数日后，詹姆士二世客死法国，路易十四立即承认他的儿子为英格兰国王，称詹姆士三世。不列颠政治家认为此事干预了英国内政，又在历时多年的西班牙王位继承战争中扮演了主角。

1702 年 2 月，威廉骑马时摔断锁骨，3 月去世。安妮女王即位，格外重用马尔博罗及其夫人萨拉。马尔博罗担任英军总司令和荷兰代理总司令，成为西方两个强国的最高统率。他凭着杰出的军事天才，善于集中兵力打击敌军薄弱环节，先后领导指挥了 10 次反法战役，全部取得胜利。其中有 4 次大捷。

第一次大捷是 1704 年 8 月 13 日的布伦海姆战役。马尔博罗和奥地利欧仁统率的 5.2 万人，向 6 万法军发动突然袭击，打击其最薄弱的中部，随即扩大战果，将大量法军赶入多瑙河。结果，联军仅以 1.2 万人的伤亡，歼灭敌军 3.1 万人。马尔博罗因此晋升为公爵。

再是 1706 年 5 月 23 日的拉米伊大捷。马尔博罗指挥 62 000 盟军，与法国 6 万官兵鏖战。以 5000 人伤亡的代价，打死打伤和俘虏法军 15 000人，占领了西属尼德兰的整个西部和北部。[①]

马尔博罗公爵

1708 年 7 月 11 日的奥德纳尔德战役规模更大。8 万盟军与 8.5 万法军激战。马尔博罗发现敌军刚刚围困该城，便下令盟军急行军 50 英里赶到，突然向法军右翼进攻，欧仁则同时进攻法军

---

① Treveyan, *England under the Stuarts*, p. 477.

左翼，再次以微小代价重创法军。以后法军试图反攻，终未挽回失败局势。

马尔博罗在 1709 年 9 月 4 日于法比边境发动的马尔普拉凯战役，是西班牙王位战争中规模最大的一次。10 万盟军向 9 万法军发动进攻，步兵骑兵短兵相接。双方损失各为 2.2 万人和 1.2 万人，盟军损失超过了法国，但最后占领了蒙斯城，赢得了战略上的优势。以后双方交战仍然不断，但多是消耗战。

1710 年战争形势变化。从国外来看，俄国在北方战争中打败瑞典，有可能取得波罗的海霸权，威胁到英国在东北欧和波罗的海沿岸的贸易权益。1711 年 4 月，罗马帝国皇帝约瑟夫一世去世，他的弟弟、一向觊觎西班牙王位的查理大公即位，称查理六世。若盟军取得这场战争的胜利，查理就可能借机实现其合并西班牙和建立哈布斯堡大帝国的计划，破坏英国的欧陆均势政策。

导致西班牙王位继承战争变化的内部原因是托利党的反战活动。1710 年，托利党控制了政府和议会，控告马尔博罗滥用军费。公爵夫妇失去了女王宠信，被撤去一切职务。

托利党人坚决反战的原因，是这战争使军火商人和金融家获取暴利，而他们不但没有因战争增加收益，而且还要承担军费，交纳多种捐税。威廉三世在位期间，他们的反战活动受到限制。安妮女王在位前期，因国外詹姆士分子依靠法国援助而使复辟危险再现，托利党人就暂时迎合辉格党政府的对法战争政策。以后英国军队在西班牙王位继承战争中连续获胜，又促使两党组成联合政府，共同进行反法战争。但到了 1710 年，费时过久的战争使托利党人无法忍受，就依靠乡绅议员支持，寻求安妮女王的同情，主张英国与法国及其盟国媾和，最后签订了结束西班牙王位继承战争的《乌特勒支和约》。

条约使英国得到明显好处。法国承认汉诺威的乔治有权继承英国王位，法国拆除威胁英国的敦刻尔克工事，把在北美和西印度群岛的一些属地割让给英国，其中有哈德逊湾、纽芬兰圣克斯托弗岛和斯科舍。英国占领西班牙的梅诺卡岛和直布罗托，并能在西班牙港口、加里的斯和西属南美殖民地进行贸易，向新大陆贩卖非洲黑人。

20 余年的反法战争使英国消耗了大量的财富，牺牲了不少子弟。但战争胜利唤起了英国人的民族精神，刺激他们去发展，去扩张，去建立更大的殖民帝国。

三、汉诺威国王和内阁制

在 18 世纪，王位和王朝的更替往往会影响到一些党人的政治生命。所以，一些有志在政界显露身手的政客，特别注意改善与君主的关系。1710 年以来，财政大臣罗伯特·哈利颇得安妮女王青睐，次年封为牛津伯爵，他在国务大臣博林布洛克的襄助下，辅佐朝政。他们一面抓紧办理停战事宜，一面通过宗教迫害法案，镇压不信奉国教者。1711 年，政府促使议会通过《偶然遵奉国教法案》，剥夺那些拒绝履行圣公会宗教仪式者担任公职的权利。3 年后，又颁布《教会分离法案》，宣布关闭非国教教会兴办的学校，剥夺了广大不信奉国教者受教育的权利，引起极大反感。哈利本人出身于非国教家庭，对此类做法怀有疑虑。博林布洛克娓娓进谗，劝说女王在 1714 年罢免了哈利。

博林布洛克心胸狭隘而又狂妄自大，盼望尽快控制军队和政府，使流亡国外的觊觎王位者弗兰西斯·爱德华返回英国，延续斯图亚特王朝的生命。不料，女王病危时，博林布洛克等人因政变问题发生分歧。[1] 久受压抑的辉格党人在 7 月 30 日的枢密院会议上，根据《王位继承法》，重申了汉诺威王室继承英国王位的权利，破坏了托利党右翼的政变计划。时刻关注着英国事态的汉诺威选帝侯乔治·刘易斯听到安妮女王病故的消息后，9 月中旬赶到伦敦，登基后称乔治一世。汉诺威王朝在英国建立。

乔治一世曾经积极参加西班牙王位继承战争，故把首先与法国议和的牛津伯爵和博林布洛克等人视为叛逆。他又听到了博林布洛克等人图谋扶植弗兰西斯·爱德华的做法，极其震怒，不顾托利党人依然在议会中占据多数，任命了辉格党内阁。

1714 年初，英国实行大选，辉格党大胜。乔治一世借机镇压异己，下院以"通敌"等罪名对主持签订《乌特勒支和约》的哈利、博林布洛克、奥曼德等人提出弹劾。博林布洛克和奥曼德仓皇出逃。政府宣布他们为叛国者。哈利在伦敦塔关押两年。其他骨干分子也锒铛入狱。

---

[1] A. S. Foord, *His Majesty Opposition, 1714–1830*, Oxford, 1964, p. 44.

同时，詹姆士分子发动叛乱。在英格兰北部，福斯特率众攻打纽卡斯尔城，战败后北逃，与玛尔伯爵的苏格兰叛军会合。11 月初，福斯特带领 5000 人进攻兰开郡的普林斯顿城，被政府围歼。1715 年的主力是由苏格兰山民组成的北部叛军。9 月初由玛尔伯爵带领仓促起事，两月后竟有万余人。但他们听到福斯特一众失败的消息后，军心动摇。11 月底，"觊觎王位者"在彼得兰登陆时，玛尔的队伍减至 3000 人，在政府军追击下困难重重。1716 年初，弗兰西斯返回法国，各地叛乱均被平定。

以后，国内少数托利党人又两度策划阴谋，都未成功。政府四下搜捕詹姆士分子。由此直到 18 世纪 40 年代，辉格党历届政府都以托利党人参加过叛乱为理由，把许多托利党人诬蔑为"詹姆士分子"，尽力把他们排斥在政府之外。

1716 年 5 月，议会通过《七年法案》，把议会任期由 3 年延长到 7 年，更有利于辉格党人长期控制议会。随着议会政治的发展和汉诺威王朝的建立，英国还在 18 世纪前期形成了内阁制。

英国内阁制的前身，远的追溯到中世纪的"小会议"、咨议会，近者可至 16、17 世纪的枢密院。威廉三世即位后，屡屡带兵出国作战，国内事务则指定少数枢密大臣密商处理。"内阁"由此产生。威廉三世归国后，经常出席内阁会议。安妮女王能力平庸，也必须靠内阁处理政府要务。但直到汉诺威王朝建立时，内阁仍然处在萌芽状态。

乔治一世的个人素质加快了内阁制的形成。他来自异国，有语言障碍，又对英国事务不感兴趣，厌恶内阁中冗长的讨论和争议，自 1718 年起不再出席。他指定一位大臣，通常是财政大臣主持内阁会议。很快，沃波尔得到格外重用。乔治二世不仅沉湎酒色，也像父王那样眷恋故土。每逢他前往汉诺威，总要指定王后卡罗琳摄政。卡罗琳则把谦卑恭顺的沃波尔视为心腹，许多重大事宜，悉凭他做主。于是，国王在政府中的作用削弱，沃波尔成为政府的实际首脑。

罗伯特·沃波尔（1678—1746 年）是英国著名国务活动家，出身于乡绅家庭，1701 年进入下院，1708 年在政府任职，因替辉格党人辩护而被关进伦敦塔。汉诺威王朝建立后，沃波尔除一度参加王储领导的议会反对派外，先后任政府主计大臣和财政大臣。着手进行财政改革，试图削减国债利息，筹集偿债基金。一场罕见的经济丑闻——"南海泡泡"——使他得到了展示才能的机会。

南海公司成立于 1711 年。1719—1720 年，该公司出巨资贿买政府大臣，击败了英格兰银行的竞争，得到议会准许，无本发行巨额股票。沃波尔在下院猛烈抨击该法案，依然遏制不住狂暴的金融投机。短期之内，南海公司的股票从 128 点猛涨到 1050 点，然后狂泻到 150 点。数以千计的人倾家荡产，每天有人自杀，怨声不绝。沃波尔出面收拾残局。1721 年，他担任首席财政大臣，主持政府工作，成为英国历史上第一位"首相"。

沃波尔还是英国任职最久的首相。原因之一，是他颇关注土地所有者的利益。1727 年他将国债利息下调 20%，30 年代又将土地税由原来的每英镑 4 先令削减到 1 先令，得到地主们的拥护。[①]同时，他还兼顾工商业资产阶级的利益，根据重商主义精神调整关税，限制外国商品进口，鼓励本国工业品进口。

议会中的沃波尔

作为政府要臣，沃波尔是善于巴结王室的典型。为博得乔治一世的好感，沃波尔多次向他的情妇馈赠厚礼。1727 年乔治一世病卒，沃波尔策马疾驰向一贯敌视父王的王储传报信息，并及时在议会动议，将国王年金增加 10 万英镑，使他得以继续担任内阁首脑。

沃波尔为其后任提供了主持内阁的经验。他为了巩固其领导地位，保持内阁的一致，总是预先召集几位有实权的大臣交换意见，由此形成了"小内阁"。内阁会议也是由他主持。与会者在 13—17 人之间；除了小内阁内务大臣、枢密大臣、大法官等，还有海军大臣、军械总监、爱尔兰总督、苏格兰事务大臣、掌玺大臣、侍卫大臣和坎特伯雷大主教等。[②]会上，沃波尔的意见最有权威。对个别好自作主张的阁员，他坚决驱逐出内阁。30 年代初，他迁居唐宁

---

① D. Marshall, *Eighteenth Century England 1714–1783*, Longman, 1980, p. 108.

② Williams, B., *The Whig Supremacy, 1716–1760*, Oxford University Press, 1962, pp. 38–39.

街 10 号。自此，这座不太起眼的房舍成为历届首相的官邸。

沃波尔之所以长期任职，还在于：首先，他为了保证内阁政策的实施，努力寻求下院的支持。为此，他甚至拒绝接受贵族封号，以便长期担任下院议员。其次，他还指令唐森子爵和纽卡斯尔公爵操纵上院，使两院行动协调一致。[①]再次，他还亲自控制每年在 4.5 万—10 万英镑之间的专项经费，收买议员和选民。内阁稳定的再一原因，是他执行了稳健的对外政策，避免陷于外交争执和欧洲战争。为此，从 1721 年到 1739 年，英国对外无战事，这在英国近代史上是少见的。

然而，沃波尔审慎的对外政策未能长久贯彻下去。30 年代中期，议会反对派势力迅速加强。其中最强悍的是代表金融家和大商人利益的辉格党派别，迫切要求进行对外战争，以夺取新的原料产地和商品市场。沃波尔被迫让步，1739 年就所谓"割耳"问题[②]，对西班牙宣战，很快失败。反对派借此攻击沃波尔。1742 年 2 月，他在议会多次遭到否决后被迫辞职。

沃波尔自动辞职一事被当做责任内阁制形成的标志。实际上，他不是被议会某一反对党派赶下台的，而是一些辉格党人放弃了对他的支持。所以，沃波尔的倒台主要是他个人政策的失败，而不是政党的失败，当时的内阁制还不是两党制下的责任内阁制。

从沃波尔辞职到 1760 年乔治三世即位，亨利·配兰及其兄长纽卡斯尔公爵在政坛上作用格外突出。仅纽卡斯尔一人就控制了 20 多名下院议员。

1745 年 7 月，英国又出风波。詹姆士二世的孙子、"年轻的觊觎王位者"查理·斯图亚特趁英法交战，进入苏格兰，宣布其父弗兰西斯为英国国王，一些高地山民参加叛乱。9 月，查理带领 2000 人攻入爱丁堡，在波利斯顿潘战斗中告捷，队伍扩充到 5000 人。12 月，叛军南下抵达德比郡，英国政府调集三路大军迎击，在 1746 年 4 月的卡洛德荒野之战中，乔治二世的儿子坎伯兰公爵对叛军大肆杀戮，获得了"屠夫"的诨名。查理逃回法国。

这一重大事件还掺杂了民族情绪。一些苏格兰人想重新恢复苏格兰的独立。而不少英格兰人在"年轻的觊觎王位者"刚刚登上不列颠岛时，就在教堂里唱起了《上帝庇佑国王》祈祷曲：

---

① Jeremy Black, *Britain in the Age of Walpole*, Macmillan, 1984, p. 24.

② 是年，同西班牙进行奴隶贸易的海盗船长詹金斯来到下院，拿出一只瓶子，内放一只耳朵，声称他遇到了西班牙缉私队检查，被割掉了耳朵。为此激起了一些人的战争狂热。

上帝，赐下了马歇尔·韦德[1]，

凭借强大的援助赢得胜利。

但愿他像强大的洪流尽快平定叛匪，

造反的苏格兰人被击溃，

上帝庇护国王。

后来，这首歌曲流传下来。以后又经人改动歌词，删除了一些敏感的字句，被用作英国的国歌。[2]

叛乱期间，政府出现了一段波折。1746 年初，乔治二世听取了卡特列特和巴思伯爵的意见，否决了财政大臣提名老皮特为内阁成员的建议。配兰不肯让步，于 2 月 10 日带领全体阁员辞职。乔治二世当即授命巴思伯爵组阁。但巴思不是下院议员，难以支配控制下院，无法得到下院支持。他邀请上届内阁的阁员入阁，被冷眼拒绝，只好在 2 月 12 日辞职。乔治二世面临宪政危机，只好请配兰等人复职。配兰立即向国王提出了相当苛刻的复职条件。此事表明，内阁对议会负责的原则已经在较大程度上被政界认可。

内阁制的形成，明确了国家最高行政部门对议会的依赖关系，形成了国王不得随意干预内阁人选和工作的宪法惯例，有助于提高政府工作效率。

四、"快乐的英格兰"

工业革命前的英国处在两大变革时期之间。它告别了内战、流血和专制，可仍未被工业社会浸淫。传统社会风貌处处可见：静谧的乡村、弯曲泥泞的小路，憨厚朴实的乡民，绿茵茵的公有地，哞咩欢叫的牛羊。这同莎士比亚的社会有多大区别？以后的英国人留恋和赞美农业社会的舒适生活，称之为"快乐

---

① 马歇尔·韦德是英军将领，曾被派往北方前线遏制叛军的攻势。

② 这一歌曲的作者是自学成才的托马斯·阿恩（1710—1778 年）。他于 1733 年在其第一部歌剧《罗莎蒙德》中一首高难度的咏叹调《升起吧！荣光》，曾流行 40 年之久，他则成为英国主要的抒情歌曲家，谱写了许多上乘作品。

的英格兰"。当时一位学者索姆·詹宁斯评论说：[1]

快乐是现存的唯一具有真正价值的事情：富有、权力、智慧、学问、力量、美德、宗教甚至生活本身都不具有任何重要性，除非他们有助于快乐的产生。

"快乐的英格兰！"——决非虚妄之言。它包含多方面的适意、变化和进步。

同大陆国家相比，统一的大不列颠不仅社会相对安定，没有德意志和法国式的国内关税壁垒，没有过多的正规军，也没有大陆式的警察体制。议会两院议员不领取薪酬，政府行政开支明显低于大陆同类国家。

从 1700 年到 1770 年，英国外贸增长了将近一倍，海运业增长了近两倍，商品进口总额由 600 万英镑增加到 1220 万英镑，出口总额由 640 万英镑增加到 1430 万英镑。尽管欧洲仍在英国贸易中占有最大的份额，但高额利润引诱着英国人走向世界各个角落。英国货币中出现了金币"几尼"，其币值略高于英镑，而名称是来自非洲的几内亚。国内贸易同样有了长足的进步。

新的资本经营方式渐渐得到人们的认可。银行信贷业和股份企业的成长推动了国家工商业的繁荣。一些人买进卖出，短期内成为富豪，使人刮目相看。制造虚假繁荣的泡沫经济也出现了。"南海泡泡"则是乐极生悲的典型。当它破灭时，许多人的股票化为废纸。史学家爱德华·吉本的祖父就是破产者之一，他 30 年的心血化为乌有。

比起以往来，农业也显得风调雨顺了，人口增长未导致粮食过度紧缺。1700—1760 年，全国谷物产量，由 1310 万夸特增加到 1470 万夸特，而人口增幅不大，粮价稳中有降。英国仍被誉为"欧洲谷仓"。

即便如此，还会有饥荒岁月和食不果腹人们。在许多地区，地方官吏在歉收导致粮食价格上涨时，对穷人予以救济。渐渐地，萌芽了一种"斯宾汉姆兰救济制度"。这种发放救济的制度，得名于一个斯宾汉姆兰村，后在一些地区推行。1723 年以来，还行使着一种"济贫院体制"，部分教区陆续建立了这种机构。1776 年，英国共有济贫院近 2000 所。全国每年用于济贫的金额在一百万英镑以上。

贫困人口有增无减的原因之一，在于圈地运动的突然加速。与以往相比，18 世纪的圈地运动有几个特点：第一，主要在城市附近进行，这是由于手工

---

① 转引自阿萨·勃里格斯：《英国社会史》，中国人民大学出版社 1991 年版，第 191 页。

工场的发展和工业革命的刺激，导致农副产品需求量的增加；相应之下，土地价格的上涨[①]，也刺激越来越多的富人参与圈地。第二，公有地几乎全被圈占，地主阶级实现了对农民的比较彻底的剥夺，并采用农场式方式经营，建立了典型的资本主义大地产制。第三，圈地是在政府和议会的支持下进行的，规模迅速扩大。1700—1710 年间议会只通过 1 项圈地法案；1720—1730 年有 33 项；有 1740—1749 年通过了 64 项；1750—1759 年增加到 87 项；1760—1769 年因经济变革的刺激，猛增到 304 项；以后 10 年里又创下了 472 项的纪录。[②]

圈地运动带来的后果也是不容忽略的。一方面，它使大批自耕农失去土地，激起他们的反抗。反抗者对议会和法律庇护圈地者的做法极其愤慨，传唱着痛苦悲愤的歌谣：

　　他们把男的吊起来把女的拷打，

　　因为那些人偷去了公地的鹅；

　　但是他们对大罪犯却不闻不问，

　　任凭这些人从鹅那里偷走公地。[③]

失去土地者大部分流入城市和工业中心，成为廉价劳动力。

另外，工资劳动者所需的一切物品皆取之于市场，农场主也要在市场上购买消费品和生产资料，国内市场日益扩大。英国农牧业经济在商品化进程中全面资本主义化，使之有别于欧洲大陆各国农业，并成为英国资本主义经济的发展源泉和巨大潜力所在。

同一时期英国的人口变化也不同于欧洲其他国家。从 17 世纪末到 18 世纪中期，除 1720—1721 年、1736 年、1740—1741 年，因斑疹伤寒、天花、疟疾和流行性感冒等疾病，而使人口增长略微减缓外，其他年份的人口增长达到了两个世纪以来的最快水平。

比较而言，卫生条件恶劣的乡镇和伦敦贫民区最容易发生流行病。伦敦贫民区棚舍密集、居民拥挤、缺少供水和排污设施，肮脏污秽，易滋生病毒。另外，穷困潦倒的居民经常饮用劣质杜松子酒，酗酒使许多伦敦人没有钱去购买食品，导致营养不良，是大约 1/8 的伦敦人致死的原因。有钱人则饮用优质啤

---

① 1700—1790 年，英国土地价格几乎上涨了一倍。

② Roy Porter, *English Society in the Eighteenth Century*, Allen Lane, 1982, p. 226.

③ 阿萨·勃里格斯：《英国社会史》，第 212 页。

酒、葡萄酒等。1741 年一位贵妇的墓碑上铭刻着这样的句子：

她饮用优质啤酒、

优质饮料和葡萄酒，

一直活到九十九。[①]

饮酒的人多，酒馆也多。18 世纪中期，英国共有万余家大大小小的酒馆和酒铺。其中伦敦的各色酒店多达数千家。

各地死亡率依然很高。大约 1/3 的人在 21 岁前死去。1721—1751 年国民平均寿命只有 29 岁，死亡率高达 3.4%，接近人口出生率（3.5%）。1751 年以后，约克、曼彻斯特等市镇医院和市区情况好转，年度死亡率降至 3%，出生率增加到 3.7%。50 年代，卡多根医生的《儿童护理》再版 20 次，作用不可低估。生活条件好转导致婚龄降低。1701 年男子平均结婚年龄是 30 岁，18 世纪末降到 25 岁。工业区早婚现象普遍，如诺丁汉郡的出生率比农业区高 25%。[②]

英国人口快速增长引起学者的关注，为牧师托马斯·马尔萨斯（1766—1833 年）撰写和出版《人口原理》提供了素材。他惊呼：食物的算术级数增长将无法适应人口的几何级增长。如何抑制这种趋势？他认为较好的办法是所谓"道德抑制"，即把实行晚婚、婚前守节和自愿限制同房频率等方法结合起来。马尔萨斯认识到绝大多数人是不能采取这种受限制的方法的。一旦食物供应达到极限时，以痛苦为代价的瘟疫、战争和其他灾难将不可避免地成为减少人口的措施，贫困也就成了大多数人无法避免的命运。英国以后社会变化，证明马尔萨斯的人口法则乃属杞人忧天，但毕竟是他第一次强调了人口问题对人类的威胁，以后引起了知识界的关注和思考。

英国社会生活方面也是有利弊并存。经济上，英国贵族虽拥有大宗地产，但同欧洲大陆贵族相比，他们经济特权较少，必须交纳直接税，不得承包税收，这就将他们置于与资产阶级同等的地位，使其他有产者少有怨言。政治上，他们虽然拥有某些传统特权，但始终坚持资本主义国体，并在法律上予以确认。另外，与英国贵族群体相关的社会文化和心理因素也不容忽略。即他们在特定的国度里，养成了一种重视礼仪和言行举止的绅士风度，比较注意行为

---

① Roy Porter, *English Society in the Eighteenth Century*, p. 234.

② C. Roberts & D. Roberts, *A History of England, Prehistory to 1714*, Prentice–Hall, Inc. , N. J. Englewood, 1980, p. 464.

规范和外部形象，这有助于防止社会矛盾的激化。社区生活中，英国的贵族乡绅也曾严酷地惩罚偷猎者，刻薄地对待佃户，在大选中威胁选民等，但这样的人人数不多，其中多数人必须拿出较多的时间履行行政、立法或司法职责，参与实业经营，所以在社会上并不十分显露，不像法国革命前的贵族那样，恃强凌弱，施暴乡里，为居民所憎恶。

有关刑法和刑罚执行的大量数据证实了社会法治程度的提高：18世纪的英国，国民中被叛处各类刑罚的比例是当时欧洲较低的。

但在另一方面，由于刑法是由富人为了维护他们的利益制定的，也必然有着狭隘性。法律处处表明，富人的财产神圣不可侵犯，穷人的性命一钱不值。关押在监狱里的犯人，大约一半是欠债者；而有钱人即便犯罪坐牢，也能花钱买到好的待遇。

死刑用得越来越滥，到了惨无人道荒诞不经的地步。1689年可判死刑的"罪名"已有40种，1800年增加到160多种。一个7岁的女孩，因饥饿难忍，偷了一块面包，竟被活活绞死。一个饱受欺凌的雇工，放火烧了东家的草垛，也被送上了绞架。1736年的刑律规定：凡家仆盗窃主人者，不论赃物多寡，均判绞刑。1741年补充了这样一条：凡偷羊者格杀勿论。其他的死刑罪名还包括：从别人口袋里偷走一先令以上者；冒充顾客偷窃货物价值达5个先令者；偷窃一匹马者；偷捕乡绅庄园里的兔子等等。按照法律要处放逐的罪行有：偷布；焚烧玉米秸；伤害或打死牲畜；阻挠税务官履行职责；破坏正当的行业；以及"所有的游民、懒汉、小偷、吉卜赛人和出入非法妓院的嫖客"等。据不完全统计：在1722—1748年间，所有95项死刑案里，所谓"侵犯财产罪"就有76宗，即占总数的76%。[1]1749—1771年间，英国高级法院判决的678名死刑犯人中仅有72人是杀人犯。[2]无怪乎，第一任首相的爱子霍拉斯·沃波尔说："在城内，最大的犯人是法官。"[3]

事实表明，所谓"快乐的英格兰"，只是美好社会风景画的一面，它的另一面，还有着引人注目的落后、破败和不公正。

---

① J. M. Beatie, *Crime and courts in England 1660—1800*, Clarendon Press, 1968, pp. 515, 534.

② Roy Porter, *English Society in the Eighteenth Century*, p. 152.

③ Roy Porter, *English Society in the Eighteenth Century*, p. 154.

五、重商主义和黑奴贸易

自 16 世纪以来，英国风行重商主义，而 18 世纪是重商主义的顶点。

重商主义理论先由他国学者提出，源于西班牙的重金主义政策。但最权威的阐述人是英国经济学家托马斯·曼（1571—1641 年），他在 1621 年发表《论英国在印度的贸易》，维护东印度公司的贸易行为，说只要英国的出口总值超出进口总值，则黄金出口是无碍的。他指出，从转口东印度货物所获得的售价超过了为支付这些货物而付出的黄金价值，这就第一个提出贸易差额论。1644 年，他的代表作《英国得自对外贸易的财富》出版，主张由政府控制国家的经济，以便削弱竞争对手，增强本国实力。1776 年，苏格兰著名经济学家亚当·斯密在《国富论》中首次使用"重商主义"（mercantilism）一词时，重商主义已流行不列颠了。它包括一些相互关联的原理：首先，一国的财富必然包括贵金属金、银等，它若没有贵金属矿场，就得通过贸易来取得；其次，对外贸易必须保持"顺差"，出口必须超过进口。这种理论不仅为英国商人经营一般贸易，还为他们从事以黑奴贸易为主的"三角贸易"提供了论据。

根据重商主义的信条，有的著作家认为，开发殖民地可以拓宽就业机会，"使我们的穷人找到工作，使那些在英国或殖民地无法维持生活的人有工作。"

黑奴贸易有一个发展过程。1660—1740 年间，不列颠政治动乱增加了白人劳工的输出。一些不尊奉国教礼仪者，因为非正统的信仰被驱逐，其中包括大批爱尔兰人。一些罪犯也被流放到国外。18 世纪，在宾夕法尼亚的移民中，2/3 的居民是白奴。整个北美殖民地共有 25 万白奴，他们约占全部英国移民的一半。由于利润的诱惑，使绑架之类的不正当行为盛行起来，甚至成为伦敦、布里斯托尔等城市的一种正式行当。绑匪用酒灌醉成人，用甜食诱骗小孩，然后把他们卖给船主，远渡重洋。一些放荡女孩也随同前往。

白奴到达美洲后，只是在一段时间内丧失人身自由；契约期满后则另谋生计。于是，在重商主义者看来，白人劳役制有严重缺陷：在商品制造和贸易方面，他们会与宗主国发生竞争。所以，与其在农场或工场使用那些白人劳工，不如让黑奴在种植园里劳动为好。况且，向殖民地提供劳动力越来越困难，因为种植园对劳动力的需求大大超过了英国流放犯人和被绑架者的人数，并且白奴容易逃跑，加上种族上的差异，从而使黑人奴隶劳动得以推广。实行奴隶劳动的决定因素，是黑奴的价格比较低廉，付给一个白人几年的工钱就能买一个黑奴，可役使他终生。另外，在非洲绑架憨厚的黑人，比在英国绑架白人容易得多。于是，布里斯托尔这个当年买卖白奴的市场，目下成了贩运黑人的中心。而贩卖白奴积累起来的资本正好用于黑奴贸易。大约一个半世纪，英国商人的黑奴贸易如火如荼。

约翰·霍金斯爵士已在 1562 年开创了英国贩卖黑奴的先例。1663 年成立的"皇家非洲贸易探险者公司"，在几年内垄断了英国的黑奴贸易。1672 年，由于该公司的亏损和衰落，它被"皇家非洲公司"取代。新公司遭到了两方面的抵制。一是中小港口的商人极力要打破对国外商业的垄断；二是殖民地的种植园主要求自由买卖黑人。

光荣革命的一个重要成果，是促进了自由贸易原则的产生。1698 年，皇家非洲公司也丧失了垄断权，奴隶贸易自由被确认为英国人的基本权利。自由贩卖奴隶与贩卖其他商品的唯一区别，是把活人当成商品。西班牙王位继承战争后，英国不仅保住了贩奴权，还垄断了向西班牙所属的美洲帝国运输奴隶的权利。

1731 年，皇家非洲公司无力与众多的自由贸易商抗衡，不再经营奴隶贸易，改为专营象牙和沙金。1750 年，又成立了一个"非洲贸易商公司"，其董事会分别由伦敦、布里斯托尔和利物浦各出 3 名代表组成。1755 年该公司注册登记的奴隶贩子中，有 237 人属于布里斯托尔、147 人属于伦敦、89 人属于利物浦。

随着自由贸易的发展和种植园日益增长的需要，英国的奴隶贸易发展极快。1680 年，皇家非洲公司平均每年输送 5000 名奴隶。自由贸易开放后的头 9 年，仅布里斯托尔一地就输送了 160 950 奴隶。1760 年，由英国港口开往非洲的运奴船有 146 艘，可运载 36 000 名黑奴。1771 年，运奴船增多，所运载的奴隶达 47 000 人。据估计，在 1680 年到 1783 年之间，有 200 多万奴隶运到英属殖民地。[①]

---

① P. Fryer, *Staying Power, The History of Black People in Britain*, Pluto Press, London and Sydney, 1984, pp. 35-37.

　　大西洋三角贸易不仅刺激了英国的出口业、海运业、造船业，还加快了一些港口城市的发展。使布里斯托尔、利物浦和格拉斯哥等城镇在工业革命之前就得以率先发展，走到了曼彻斯特、伯明翰、设菲尔德等工业城市的前面。

　　布里斯托尔在从事三角贸易方面捷足先登。17世纪初，该市已有不少人到大西洋彼岸寻求财富。同一世纪末，该市店主几乎都要在开往弗吉尼亚或安德列斯的船上做点买卖。个别牧师也精通生意经。1634年，布里斯托尔的关税只有10 000英镑，1785年增为334 000英镑。正是黑人奴隶贸易和食糖销售，使它在18世纪成为英国第二大城市。市内建筑华丽，居民服饰艳美，百业兴旺，但财源来路不正。为此，当地一位分析家写道：

　　这个城市里没有一块砖不渗透着奴隶的鲜血。豪华的宅邸，奢侈的生活，穿着制服的仆役所需要的钱财都是靠着布里斯托尔商人买卖那些痛苦呻吟的奴隶赚得来的。[①]

　　在经营大西洋奴隶贸易方面，居于默西河河口的利物浦后来者居上。故有学者说：英国"奴隶贸易的历史，大体上也是利物浦发展史"。利物浦早在1207年就由约翰王批准建市，但发展缓慢，1565年还只有138户人家和223吨的12艘商船。17世纪中叶每年仅能向政府交纳15英镑船税。当时布里斯托尔的船税高达2000英镑。1667年，"安蒂洛普号"贸易船从西印度群岛满载而归，从此市民踊跃经营远洋贸易。1700年9月，"利物浦商人"号载着220名黑奴，由非洲前往巴巴多斯，获利4239英镑。它从此开始了罪恶的黑人奴隶贸易记录。以后，不过数十年，利物浦就取代布里斯托尔成为英国第二大城市，人口由1700年的5000人增加到1773年的35 000人；共有5座码头，港口面积超过伦敦。1709—1771年，开往利物浦的商船吨位和出口吨位分别增长了4.5倍和6.5倍。1750—1757年其关税收入平均每年51 000英镑，1785年增至648 000英镑。1795年，它占有英国全部奴隶贸易的5/8，全欧洲奴隶贸易总额的3/7。

　　奴隶贩子为了追求利润不顾一切，运送黑奴的惨状不堪目睹。一艘90吨的船竟塞进了390名奴隶，每个奴隶所占空间只有5.5英尺长，1.3英尺宽，不到一个棺材的面积。"他们一个挤着一个，就像书架上排列的书本一样。"[②]

---

　　① 艾里克·威廉斯：《资本主义与奴隶制度》，北京师范大学出版社1982年版，第57页。
　　② 艾里克·威廉斯：《资本主义与奴隶制度》，第33页。

每两个奴隶锁在一起。自杀、传染病以及食品和淡水的缺乏，常常使大量黑奴死在途中，他们的尸体被抛入大海，喂了鲨鱼。

黑奴贸易的利润非常可观。据估计，布里斯托尔在 1730 年开出的一艘装载 270 名奴隶的货船，如果一路顺利，一次能获 7000—8000 英镑，还不包括贩卖象牙的利润。有时一次出航的净利可达 300%。利物浦曾经流行过这样的说法：某船主出航 3 艘船，若有 1 艘回来，足以保本；两艘回来，就大捞一把。如此的三角贸易一年可以搞几次，利润超过成本多倍。

在西方各国中，英国是黑奴贸易中获利最多的国家。仅在 1630—1790 年间，不列颠商人共将 250 万黑奴运出非洲，获纯利 1200 万英镑。其中 18 世纪中后期的 40 年就占了其中的一半。而且，黑奴贸易仅仅是三角贸易中获利的一个方面，其他如商品贸易、原料收购以及与此相关的造船业、海运业、银行业、保险业的发展，同样给英国资产者带来了丰厚利润。还有，英国人运走非洲的 250 万黑奴，起码要使非洲丧失一两千万的精壮人口。因为平均每个黑人离开故土到达美洲种植园，要经过围捕、关押、陆地押送和海运等多项环节，其间要抛下五六具尸体。可见，非洲人民的损失是极其惨重和难以估量的。

包括三角贸易之内的国际贸易仅仅是推动英国经济发展的一个方面。英国国内市场的扩大、工业的再投资、资本的不断积累和再生产的扩大，也对经济起了很大的推动作用。但整个看来，英国工业的发展，最初是为重商主义所激励；工业发展起来后又反过来压倒了重商主义，再把重商主义打得粉碎。

六、欧陆游学

改革与开放是一对孪生子。英国社会中上层在参与不列颠经济变革时，还频频越过海峡，从事"欧陆游学"（Grand Tour）。

欧陆游学的起点可以追溯到 16 世纪中叶甚至更早。1575 年，15 岁的弗兰西斯·培根在剑桥大学的三一学院不过两年，就前往法国居住两年半，学习拉丁语、法语、意大利语、神学、修辞学、数学等科目。为以后的广识博闻打下了坚实的基础。[①]1639 年，12 岁的罗伯特·博伊尔在导师伊萨克·马卡姆比斯的陪伴下，与兄弟一道，到日内瓦、罗马等地，此为早年游学的典型。1648 年，奥蒙德公爵送他的两个儿子到法国求学。其中长子奥索利学业有成，进入法国皇家学会。自此该家族形成了派遣子弟到国外学习的传统。[②]

不少人还认为英国的欧陆游学开始于 1670 年拉塞尔斯《意大利游览》的发表。该书虽然发表于斯图亚特王朝复辟时期，但反映了当时英国工商业者，包括贵族乡绅在内，要求发展商业经济的愿望。他们想走出国门，考察其他国家的文化和市场，为个人发展提高实力，拓宽视野。

所谓"欧陆游学"，有着大同小异的路线。1643 年 11 月，学者约翰·艾维伦离开牛津，经多弗尔海峡到加莱，至巴黎，再越过阿尔卑斯山抵达罗马和威尼斯，把意大利作为中心目的地。以后许多贵族和乡绅子弟将他的旅途视作典型路线。

桑德兰伯爵的路线也被后人奉为游学经典。他先渡海峡去巴黎，再往日内瓦，接着翻越阿尔卑斯山，在佛罗伦萨、皮萨、波洛格纳、威尼斯和罗马各停留一至数月，学习游览。顺道去佛罗伦萨参观名胜古迹，赴维苏威火山览胜。然后乘船至西西里文化遗址怀古。从希腊折回那不勒斯后，游历柏林、德累斯顿、维也纳和波茨坦等地，在慕尼黑大学和海德堡大学学习。

还有人取道北路，经低地国家深入大陆腹地。

英国贵族和乡绅如此重视欧陆游学，与他们的社会地位相关。17 世纪后期至 19 世纪，英国处在典型的"贵族时代"，人数不多的上院世俗贵族，不仅占有全国大约 1/5—1/4 的土地，还长期垄断了政府各类重要职位和议会席位。他们希望走出国门，开拓视野，学习治国安邦之术，增强管理和经营的能力。地位稍次的乡绅也有着类似的愿望和要求。

17—19 世纪的英国贵族乡绅重视和喜好游学的原因还在于：第一，不列颠先是处于工业革命的准备和发展时期，有产阶级对他国教育、文化和市场有着更高的兴趣和需求。第二，从国民文化心态上看，英国人长期崇尚经验主义哲学，对实践和实地考察情有独钟，希望通过游学方式增强阅历，提高个人素质。第三，就财力来看，当时英国是欧洲最富强的，而贵族乡绅则是不列颠最

---

① Alan Hagert, *The Age of Milton: An Encyclopedia of Major 17ᵗʰ-Century British and American Authors Book*, Greenwood Press, 2004, p. 32.

② Toby Barnard & Jane Fenlon, *The Dukes of Ormonde, 1610–1745*, Boydell Press, 2000, p. 38.

富有的社会精英，他们拥有足够的财富和兴趣周游诸国。

自 17 世纪后期流行于英国的"欧陆游学"，一是具有贵族特色，二是具有文化教育属性，即游历欧洲的富家子弟，大多刚完成大学学业，需要到欧洲学习语言和多种功课，掌握舞技、剑术、骑术，了解各地风土人情，增广见闻。换言之，它是书本和课堂学习的必要补充。就学习方式而言，所谓游学，更多的学习是与游历相结合，在山水田园之间，在名城大都之内，在书本课堂之外，了解了异国传统习俗、文化制度，强化感性认识。

英国近代游学者首先垂青法国，一是两国距离较近，有着错综复杂的历史渊源和纠葛，二是法国是当时欧洲启蒙运动的中心，伏尔泰、孟德斯鸠、狄德罗和卢梭等人著作，激励着不列颠青年精英去作文本和心灵的探索。再者，法国首都巴黎作为欧洲著名都会，文化资源厚重、景点荟萃，其魅力影响是其他国家的首都所无法相比的。而意大利能成为英国青年精英游历的重点和中心，不仅在于其厚重的历史文化遗产，还由于它天然自成的亮丽风光。

1714 年，汉诺威王朝在英国建立，汉诺威也成为英国旅游者的观光之地。18 世纪后期，游学范围超出欧洲，一些人渐渐前往奥斯曼帝国土耳其、埃及等地。

随着时间推移，英国欧陆游学的人数增加，18 世纪尤其快速。除了贵族乡绅子弟外，中产阶级的子弟也参加在内。1768 年，有人写道：在以往 17 年中，估计"有一万余人（包括仆人）抵达意大利"。一些女作家随行其间。其中有玛丽·沃斯通克拉夫特、海伦·威廉姆斯、摩尔干贵妇和玛丽·雪莱等，她们在作品中细述欧陆游历观感国，显得尤其细腻。

欧陆游学中的一项收获是珍品收藏，而当时最著名的收藏家是汉密尔顿爵士。他精心收集古希腊艺术品，投入大量财力，毕生孜孜不倦。1777 年，他公开展示藏品，其中有 730 个希腊花瓶、600 件青铜器，6000 枚硬币。截至 1796 年，他出版了多种书籍介绍意大利艺术珍品，激发大批年轻才俊赴欧陆寻宝。

使人们始料不及的，大英博物馆的早期收藏也与欧陆游学有关。该馆位于伦敦中心，规模宏大，是植物学家、藏书家、国王首席医生汉斯·斯隆爵士（1660—1753 年）的临终捐赠。大英博物馆和图书馆自此成形，1759 年对外开放。起初，该馆产品不够丰富。1772 年威廉·汉密尔顿爵士将它的古希腊古玩捐献给大英博物馆，藏品由此大增。1805 年，著名收藏家查理·汤尼将他在大陆收购的希腊和罗马雕塑献出，大英博物馆扩大了展出规模。

其他收藏家中的佼佼者还有托马斯·科克爵士。他在大陆6年，不惜重金收购文物；归国后在他的诺福克郡庄园上建成宏伟殿堂，收藏展出他在欧陆搜集的雕塑名品。另一位收藏家伯灵顿勋爵两度出游欧洲，在罗马收藏艺术品和文物。其他还有与欧陆游历相关的文物收藏家和艺术赞助多人。

欧陆游学中最灼眼的是一些学者专家，他们精心考察，根据自身感受写下了名篇巨著。其中蒙塔古夫人玛丽（1689—1762年）的著作格外突出。她喜欢结交，情感外露，多才多艺，使用书信体写作得心应手。1716年，其夫蒙太古爵士任土耳其公使，她随任前往伊斯坦布尔，积极学习土耳其文，融入当地社会，并撰写大量文论。26岁她曾患天花，承受折磨[1]。留居土耳其期间，见当地防治天花效果显著，回国后，她首先提出接种疫苗预防该病。后在国外居住二十余年，其代表作是《土耳其使馆来信》，身后发表，广受赞誉。

历史学家爱德华·吉本（1737—1794年）在欧陆游览中有着更深刻的感受。1763—1765年他留居罗马时，思绪泉涌，反复思索罗马帝国衰亡的原因，回国后继续研究，于1776年发表了《罗马帝国衰亡史》第一卷，登时轰动。全套史作耗费了12年光阴。聆听大众赞扬，淹博通达的吉本告诉世人："正是1764年当我坐在罗马，坐在孤独废墟中心沉思默想，当裸足的修道士们在朱庇特和凯撒塑像旁咏唱晚祷曲时，一种撰写该城衰亡史的念头开始出现在心头。"[2] 这套巨著确立了吉本在世界史上的卓越地位，关键是他从大陆游历中得到了营养和启发。

名声与吉本齐名的是罗伯特·亚当（1728—1792年）。他出身建筑师世家，1754年在布鲁塞尔、巴黎、热那亚、佛罗伦萨等地观光，认真测绘研究古代建筑遗迹，领悟古典风格。离开罗马后，经威尼斯前往达尔马提亚，参观戴克里先宫。1758年回国后随即发表了《戴克里先宫之废墟》，确立了他在建筑学上的权威地位。当时英国人厌倦了呆板陈旧的建筑形式，亚当及时创新。他把大陆和不列颠古典建筑特色融会贯通，形成了"亚当风格"。它借鉴了古罗马建筑的精髓和当代法兰西格调，吸收了文艺复兴时期意大利建筑装饰的特色，把建筑物的不同部分处理得高低起伏，前后进退，使建筑物整体构图添加了

---

① Isobel Grundy, *Lady Mary Wortley Montagu*, Oxford University Press, 2001, p. 99.

② 戴尔·罗伊兰斯：《英国欧陆游学研究》，普林斯顿大学出版社1999年版，第27页。

"动感"。他在 1789 年设计的爱丁堡大学校门，是其一生建筑艺术创造的顶峰。

欧陆游学的一个重要后果，是改变了英国上层对罗马天主教的认识，使国民在宗教问题上增强了宽容意识，从而为正式合并爱尔兰、政治上解放天主教徒准备了必要的条件。

长期以来，英国人对天主教徒多有偏见。而天主教国家的居民对英国人也多有误解，鄙视英国人的岛国心态，嘲笑他们高傲保守，矜持冷峻。对于英国贵族异国旅游的行为，开始也不甚理解，称之为"英国式疯狂"。

欧陆游历使英国人加强了对异国异族和不同教派的了解。意大利等国丰富的宗教文化和艺术，使英国人逐渐放弃敌视心态，变为赞扬和接纳。其中起着潜移默化作用的，是文艺复兴时期的一些画作。如达·芬奇的油画《蒙玛丽莎》、《最后的晚餐》，拉斐尔的代表作《雅典学派》、《西斯廷圣母》等。绘画绚丽多彩，具有直观效能，是无声语言，可以突破政治信条和宗教戒律，激发心灵震撼。许多英国人在名画前流连忘返，长期形成的偏见和歧视冰释瓦解，崇敬赞美之心油然而生。甚至有一些艺术家不远千里，前来"艺术朝圣"。

绘画并不是英国才俊仰慕学习的单一领域。其他如建筑、雕塑、服饰、器具和缤纷斑斓的宗教文化等，都使不列颠人叹为观止。古罗马的政治制度、哲学、历史和艺术成就使他们想到了古老帝国的伟大[1]。于是，许多英国人放弃了孤芳自赏的心态，认识到不同文化不应过度排斥，而应兼收并存。其中尤其是对大陆各国宗教文化艺术的认可，无形中强化了宗教宽容意识。

游历还是体能心智的磨炼。抵达本国港口的首要任务是渡过海峡，渡海的三项困难是在海港等待、飓风和晕船。1759 年，约翰·里克在哈维克滞留 5 日。8 年后费弗勋爵等了 3 日，在家书中抱怨："我在这里 3 天了，累得要死，因逆风滞留，现在要在夜间 11 点登船。但可能还要再次返回。"[2]1789 年布兰德由哈维奇前往赫洛维茨路易斯，留下了这样的感触：大风猛烈狂暴，时常变化，海浪滔天。黑夜 10 个小时里，因怕抵达荷兰海近岸，我们必须奋力而为……我们竟在海上 30 个小时。[3]

陆地旅行也不顺利。多种险情会意外发生。雨天道路泥泞，晴天烈日暴晒，闹市惯偷窃财，乡野强人出没。1727 年 1 月，威廉·本廷克在从普拉古

---

① 克莱尔·海恩斯：《画和天主教仪式：英国艺术和宗教》，阿什盖特出版社 2006 年版，第 15 页。

② Jeremy Black, *The British and The Grand Tour*, Groom Helm, 1985, p. 5.

③ Jeremy Black, *The British and The Grand Tour*, p. 7.

写给他母亲的信上，详细介绍旅途险情，让人读后却步：

> 游客们屡遇突发性事故；道路如此糟糕，我们上上下下行走在陡峭的山上……在这里和德累斯顿之间，埃尔伯河顺流而下，一边是陡峭的岩石，一边是悬崖峭壁，空间仅仅容许双轮马车通过，江河就在脚下穿行。①

19 世纪以前的英国学人在欧陆游学中经受了旅途考验，这就培养了他们蔑视艰难的品格、冷静观察事物的能力和冷静矜持的个性，还有一些贵族在异国注重结交名流，出入宫廷沙龙，增长见识，为以后在欧洲舞台的活动打下了根基。

英国人的大陆游学也会引发一些爱情涟漪。当然，这同当地国情风尚有关。法国、意大利风气浪漫，上流社会比英伦开放。为此伴游教师常常担心小主人招惹是非，影响学业。那时医学落后，没有治疗性病的良药和手术。一旦感染长期随身，给个人和家庭带来莫大痛苦。

除了情爱事端之外，酗酒赌博是英国贵族子弟的其他生活隐患。他们到了国外，出入各类休闲娱乐场合，颇受欢迎。而花钱最快的娱乐方式则是赌博。恰巧，当时英国赌博风气正盛。不列颠贵族子弟家产大多殷实，在异国他乡沉湎于赌戏，比国内有过之而无不及。那时大陆各国工业革命尚未开始，都城名镇多是消费城市。赌博方式多种多样。赛马、拳击、弹球、纸牌，甚至天气、时间等，都可以成为赌博的手段。有些青年赌场负债，险为人质，忙向国内亲人求救。

酗酒是另一祸害。1725 年，托利党颇有影响的周报《雾之声》批评了欧陆游学中的不良行为：讥诮英国某些游历者的不端。8 月 14 日，它以虚拟手法，登载了一封《提布鲁斯来信》②。批评提布鲁斯周游欧陆 3 年余，仅学习了一些应付场面的外语。同年 9 月 18 日，《雾之周报》发一报道，揭露英国海外游人常常外出酗酒，直至凌晨方归，途中事端屡生。③

旅游者置身异国，最担心的是祸端和重病。当时医疗水准低下，交通联络不便，稍有延误轻则伤残，重则送命。那时颇叫人同情的是著名诗人雪莱，携夫人在意大利会见拜伦后，两个孩子先后病逝，雪莱也葬身国外。④

---

① Jeremy Black, *The British and The Grand Tour*, p. 13.

② 阿尔比尤斯·提布鲁斯（约公元前 55 年—约公元前 19 年）是古罗马诗人，善写情节曲折的爱情哀歌诗，在罗马诗人中鹤立鸡群。

③ Chloe Chard, *Pleasure and Guilt on the Grand Tour: Travel Writing and Imaginative Geography 1600—1830*, Manchester University Press, 1999, p. 110.

④ M. 罗赛蒂:《雪莱夫人》，江苏教育出版社 2006 年版，第 195、203 页。

虽有各类问题，但欧陆游历的有益功能却是主要的。它发生在工业革命酝酿和进行之际，是社会经济变革的内容，属于英国上层阶级思想观念和行为现代化的一部分。游历拓宽了他们的政治和社会视野，促使他们抛却了狭隘保守心态和盲目自大，增强了游历者的文化知识，这对于他们以后的发展是相当有益的。

欧陆游学有着浓重的贵族特色，还因当时旅游费用高昂，非常人可以负担。工业革命之前，甚至在工业革命进程中，资产阶级的经济实力难望贵族地主之项背，由此决定了游历的主体只能是实力雄厚的不列颠贵族家庭。即便在贵族乡绅中，也因游历者家世背景、财力的区别，在国外的时间长短不一，随从人员多寡不等，游学花费大不相同。

16 世纪末，诺斯勋爵在国外每年约需 160 英镑。同时期的拉特兰伯爵在外一年耗资 1435 英镑，牛津伯爵爱德华外出 14 个月，花费了 4561 英镑。当时英镑币值甚高，如此开销令人惊叹。

从 17 世纪前期到 19 世纪初，欧陆游学大约持续了近 200 年。19 世纪铁路时代到来后，游历时间大大缩短。铁路时代之前，比如在 16 世纪中叶，贵族乡绅的游学时间平均为 40 个月，游者总是车马劳顿，困难屡屡，费用高昂。可在 19 世纪中叶各国形成铁路网后，平均时间锐减为 4 个月。[1] 多数中产阶级均可参与，普通工薪人士大多可以成行。交通方式的革命引发了社会、经济和劳动条件的革命，但最重要最有意义的后果，是它在商业市场的竞争中，降低了旅游成本和所用时间，使大批民众得以问津，旅游欧陆的人数迅速增加。从此欧陆游历失去传统的贵族游学特色。

七、苏格兰启蒙运动

英国启蒙运动开始颇早，并在整个欧洲的运动中占有重要地位。

不列颠启蒙运动的先驱，是唯物主义经验论哲学的创始人弗兰西斯·培

---

[1]　Chris Ryan, *The Tourist Experience*, Learning Business Press, 2002, p. 95.

根。他倡导科学，反对中古经院哲学，肯定世界的物质性，提出"知识就是力量"的著名口号，强调自然科学的重要性。他的《学术的进步》、《新工具论》等倡导科学精神，给科学发展开辟道路。顶尖级的思想家还有霍布斯、洛克等。

自由思想家约翰·托兰德也是不列颠启蒙运动的勇者。他于 1696 年出版《基督教并不神秘》，使教会震怒，要求官方对他起诉。他并不惧怕，两年后又质疑《新约》的真实性。

英国启蒙运动在欧洲率先发生的原因显而易见。都铎时代资本主义的发展，使英国加快了社会过渡。斯图亚特王朝时期内战的冲击，科学的快速进步等，营造社会进步的良好环境。牛顿的三大发现、1660 年英国皇家学会的建立，都是科学重大进步的标志。而经验主义哲学体系的创立和发展，是诱发促进英国启蒙运动的理念要素。

英国启蒙运动不仅具有早发性，还在 18 世纪中叶出现一个高潮，显露出"苏格兰特色"，形成了与法国启蒙运动并驾齐驱的生动局面。其中最著名思想家有大卫·休谟、亚当·斯密和亚当·弗格森。

苏格兰人能领启蒙风气之先，有着坚实的背景。早在 15 世纪，爱丁堡大学、格拉斯哥大学、圣安德鲁大学、阿伯丁等大学建立。苏格兰高校入学率居欧洲之冠。其中爱丁堡大学和格拉斯哥大学，成为焕发自由主义精神的中心。1768 年，《大不列颠百科全书》在爱丁堡问世，显露北国文化神韵。17 世纪末，苏格兰居民识字率高达 75%，超过英格兰和大陆多数国家。

"苏格兰民族情结"是激发北国学者奋进的要素。1707 年两国正式合后并，苏格兰不再是独立国家，民间不满情绪滋生。商界和知识界却多有庆幸。商人们希望借此营造新的工商业中心。知识界则希望通过合并激发全面的进取和创造精神。18 世纪，苏格兰向世界贡献了大发明家瓦特、文学家和诗人司各特、近代地质学的奠基人詹姆斯·赫顿、建筑学家罗伯特·亚当等。这些文化业绩，使爱丁堡成为"不列颠的雅典"。

当然，所谓"苏格兰启蒙运动"的提法，仅具有相对含义。一则，不列颠相对宽松自由的社会环境、先进的生产力水平，有助于人们开阔视野，关注多种问题。二则，苏格兰学者的研究对象，不囿苏格兰一地，而以不列颠乃至更大的范围为着眼点。三则，英国的科学、哲学和人文等，已居欧洲前列，苏格兰启蒙思想产生，则是水到渠成，互相融合。

与 18 世纪的法国相比，同时期苏格兰启蒙运动的特点，是政治革命已经过去，工业革命即将和正在进行。不列颠面临的不是争取基本人权，寻求政治保障，而是面对一个逐渐城市化的"市民社会"，实现新的社会价值观，扩充公民权利。

苏格兰启蒙运动中英才济济，而著名哲学家大卫·休谟（1711—1776 年）是 18 世纪启蒙运动中的思想泰斗。他 12—14 岁在爱丁堡大学读书，15 岁离校自学。1737 年，他在法国完成了《人性论》，建立了一个较全面的哲学体系。因他当时年轻，一些人感到不可思议，指责这部书宣扬普遍的怀疑主义，隐含异端意识和无神论，亵渎神明，破坏社会道德。书中不仅怀疑物质存在，也怀疑上帝的存在。正因如此，有人说他比洛克更接近无神论者；在主张信仰自由的同时，还主张保持宗教信仰的必要性。其中文句暧昧，没有打起无神论的旗帜，是惧于当时英国国教的权威，害怕迫害和歧视。

《自然宗教对话录》是他最后的一本著作，后边的一段文字发人深思："假如我们听到云端里有一种清晰的说话声音，其嘹亮与和谐远非人间艺术所能达到……你岂非势必立刻将它归之于某种设计或目的吗？"[1]

显然，休谟虽然怀疑上帝的存在，但他理解人造上帝的必要性。这与伏尔泰的"即使没有上帝，也要创造出一个来"的说法，如出一辙。

在欧洲哲学史上，有人说休谟的不可知论走进了一条死胡同，可实际上他得出了许多不可思议的结论。他的超乎一般的怀疑精神和批判精神，是值得一代又一代的哲学后辈们仰慕追求的。[2]

除宗教外，休谟哲学体系中的另一重要方面是情感主义的伦理学。它以《人性论》和而后改写出来的几部专著为重点，探究了道德的属性、本质、根源、区分、与理性的关系等。他认为：伦理学不是一门抽象学科，不可借助先验推理，而是以实践为基础，即通过经验、观察和检验而证实的科学。并在此基础上强调：能对道德感情的发生起作用的只有苦和乐的感觉，而且，还是一些特殊的痛苦和欢乐。

休谟对道德研究的优长之处，是他没有从简单的分析中得出结论，而是把

---

① 休谟：《自然宗教对话录》，陈修斋、曹绵之译，商务印书馆 2002 年版，第 29 页。

② W. V. 蒯因所说的"休谟的困境就是人类的困境"正是在任何单一的本体思维向度上才显出其真见地。近年来因现代化和全球化所引起民族冲突、环境污染、资源耗费、人口、不平等问题，使更多的人反思休谟不可知论的历史价值。

一些人的有益品质（如仁爱、慷慨、博爱、和蔼慈善、怜悯等）社会化，使之促进社会的普遍利益和社会所有成员的幸福，升华为"社会美德"。这就将人们引入功利主义的园地。所以，后人把休谟视为英国功利主义的先驱。

休谟的《英国史》四卷六册，是吉本的《罗马帝国衰亡史》问世前最畅销的著作，至今起码有 170 个版本。它从罗马占领时期，一直写到光荣革命。与以前的史学著作相比，它在结构、风格和内容上都有创新价值。行文清新流畅，可读性强。其中不仅追溯了历代君主和政治家的业绩，还展示了精英阶层的精神世界。

在他之前，史学著作多以君主为核心，循照他们在位的年谱简单地刻画历史。休谟力图避免这种弊端。他甚至认为："我是唯一的历史学家，因为我把现世的权力、利益、权威和公众偏见的呼喊全然置之度外。"①

后人难免质疑：他是不是在史书中流露了"苏格兰情结"？作者究竟是站在辉格党人，还是托利党人的立场上看待历史的？考虑到休谟的不可知论哲学立场和中庸的为人，他很容易被定为保守主义者，归入托利党的行列。而休谟在《英国史》一书中为托利党领导者们辩护，驳斥了人们对他们许多不公正的谴责，更符合光荣革命以来的史实。此外，休谟还指责辉格党人所表现出来的对托利党人宗教信仰的不宽容，背离了辉格党人信奉的自由主义原则。休谟本人恰当解释了自己的立场："我对'事物'的看法更符合辉格党人的原则，而我对'人'的看法则更多的是根据托利党人的既有观点。"②

在历史观上他亦非拘泥于苏格兰民族主义。关于玛丽女王被处死，他秉笔直书，不失中肯："细查她的品行，可能会给她带来颂歌，但综观她的行径，必然要使她遭到冷峻的讽刺和谩骂"。因为她是助情夫杀亲夫的首犯。她以后被处决，是因她策划了谋杀伊丽莎白女王的阴谋，并且相信后者是篡位者、异教徒。作者周严的逻辑推理和分析使读者信服。

作为政治学者，休谟也显示出超越常人的精细和富于预见。虽然因历史条件的限制，他不可能勾画出人类发展的历史脉络，但通过历史考察，已经领悟到人类历史大致经过了原始渔猎社会、古希腊罗马社会、封建社会和近代以来的商业社会。在马克思主义之前，这种感悟和勾画包含着扬弃创新，并且影响

① 转引自伊丽莎白·拉德克利夫：《休谟》，中华书局 2003 年版，第 5 页。

② 参阅休谟在《我的生平》(*My Own Life*) 的有关介绍。见 David Hume, *The History of England*, Vol. I, Liberty Fund Inc., 1985, p.XXXI.

到斯密等人的社会历史理论。

文明史是历史学和政治学研究的重点，休谟相当关注国家政体问题。于此，他流露出功利主义情感，以及对社会安定的关怀。至于政府的产生，他认为不是基于自然权利或根据契约，而是依照公众的意见。这样，他一方面承认人民有反抗暴政的权利，另一方面又主张人民服从。

千百年来，政治学家屡屡谈论君主制、贵族制和民主制三种基本类型。休谟面对新的历史条件，又在历史考察和继承前人成果的基础上，做了更细致的划分。仅君主制就涉关专制政体、绝对专制政体、自由政体、东方专制政体、僭主政体等。休谟经过分析判定：英国的政体是典型的自由君主制，他还比较准确地揭示了当时英国的"混合宪制"的特征。

与政体密切关联的是法治。休谟坚信法治对政府体制的关键作用，是社会和政府稳定的重要因素，否则会导致政治上的野蛮和专横。他警示：倘若放手听任大众激情的摆布，会导致社会的蜕化和瓦解。为此，"立法者不应将一个国家的未来的政体完全寄托于社会，而应提供一种控制公共事务管理机构的法律体系，传之子孙万代"。[①] 这些深邃字句，使那些经历了"民众专政"之荒唐现象的人感到震撼。

以后经过岁月的沉淀，后世人们越来越看中休谟道德哲学的价值。现代学者甚至将他的学说与"牛顿体系"相比拟。

亚当·斯密是英国历史上杰出的经济学家，但他的第一部著作却是论理学的名篇——《道德情操论》（1759 年），其中交织着教诲、告诫和伦理分析，奠定了经济学研究的心理学基础。他阐述"人性原则"，说明原则的作用与社会上人们的地位、财富和尊严并无联系。他发现，导致社会道德情操变坏的一个重要现象，是由于富人对"穷人和小人物"的轻视和怠慢，因为，"财富和地位几乎总不断地获得人们的尊敬"。[②] 幸运的是，在中下等阶层中，取得财富的道路是相近的。他们真正的、扎实的能力和谨慎、正直、坚定而有节制的行为，大多会取得成功。

那么，在压倒一切的自卫和利己的感情面前，构成道德评价的能力的根源究竟是什么？斯密相信：每个人的体内存在着一个"灵魂"，起着公正的旁观者

---

① 《休谟政治论文选》，商务印书馆 1993 年版，第 14 页。
② 亚当·斯密：《道德情操论》，商务印书馆 1997 年版，第 72—73 页。

的作用，用一种不可忽视的声音赞成或谴责着人们的行为。[1] 斯密形象的说法是在阐明，一个生活在社会中的个人会想象有个旁观者从外部注视着他的行为。这说明，他把人类看作受感情支配的动物，而同时以他们的思考能力和同情心进行自我调节。使人们在互相斗争的同时，利用推理和明辨是非的能力，来建立机构和制度，缓解两败俱伤的恶果，转化为互利的结局。

斯密生活在工业革命前夕和前期，资本主义得到迅速发展，但受到传统势力的阻碍，故有必要倡导新理论，冲破观念和政策上的障碍。1776 年，斯密出版了《国民财富的性质和原因的研究》（以下简称《国富论》）。此书证明，他是第一个将经济学理论系统化完整化的学者。后人把《国富论》视为现代经济学研究的起点。

关于斯密在经济学上的卓越贡献，包括对使用价值和交换价值两个概念的区分、对英国社会机构的阐述等，前文已经涉及。《国富论》的中心思想，是把似乎杂乱无章的自由市场，看成一个具有自行调整机制的系统。商品供求和价格，都按照自由竞争的内在规律运行。《国富论》尽力揭示一种新颖的自由市场的自我调控规律：这一似乎混乱无序的市场，能自动地以合适的需求显示社会需求，告诉人们哪些是最受欢迎和最需要的产品。譬如，某种商品的供应短缺，导致奇货可居，其价格自然上扬，其他人就会被吸引来加入这一竞争，随即就是产量的增加、短缺的缓解和价格的下降，一直回落到"自然价格"。对此，斯密断定有一只"看不见的手"，驱使商人追逐他自己的利益，并将社会推进到更有效的状态。[2] 为此，斯密倡导市场经济的自由竞争。

对于现实的资本主义的社会关系，他在《道德情操论》中写道：富人虽然贪得无厌，但"他们还是同穷人一起分享所做的一切改良的成果，一只看不见的手引导着对生活必需品做出几乎同土地在平均分配给全体居民的情况下所能作出一样的分配，从而不知不觉地增进了社会的利益，并为不断增多的人口提供生活资料"。[3] 斯密还发现：倘若自由竞争遇到诸如高关税之类的不必要的障碍，"看不见的手"就难以发挥有效作用。于是，斯密强烈反对政府干预商业和市场的多项政策，因为干预只会导致商品价格的上扬和效率的降低。

---

① 亚当·斯密：《道德情操论》，第 191 页。

② 亚当·斯密：《国民财富的性质和原因的研究》，第 229 页。

③ 亚当·斯密：《道德情操论》，第 230 页。

斯密如此论证，不能仅仅理解为是他对资产阶级利润的关心和对资本主义的偏爱。而是还包含着一种社会责任感和对公众利益的维护。他多次谴责垄断性贸易的暴利和不公正，呼吁减少此类的不端行径。

伟大经济学家的两部著作引发后世学者的疑惑，为何它们既相辅相成，又互相冲突？为什么这位学者在伦理学上是利他主义者，在经济学上是利己主义者？有人解释，他的第一本书主要是解释生活方式；所以，人就被社会化了，就需要更高的道德标准来约束自己。

晚年的斯密声誉隆隆，影响超出不列颠。国内外上层社会颂扬他睿智博学，他的著作很快成为现实经济政策格外重要的理论依据。

亚当·弗格森（1723—1816 年）是苏格兰启蒙运动的另一智者，早年学习神学，多年任随军牧师，经受过战火洗礼。这使他有着更多的武勇气质，更强烈的苏格兰情结，激发他研究社会文明史。

同休谟和斯密一样，他也关注道德伦理学，于 1769 年发表了类似于"箴言录"的《道德哲学原理》。该书文字不过数万，分为 7 编 33 章。是弗格森的集大成式的纲领性文献，语言精练、文风简洁质朴，立论明晰。其中从人类和个体自然史出发，判别人的外型和面貌、居住及生计。他相信地理环境对不同地区的人的影响，却提出了和孟德斯鸠不尽相同的结论："在寒冷的气候中，相对说来是冷淡的和迟钝的，在温暖的气候中则会更加热情和迅捷，但在温带中却总能体现出无可比拟的优越性。"[1] 至于人类生命的周期，弗格森从记录着人口数量的死亡登记年册中得知：每年的人口死亡率是三十分之一，出生率是二十七分之一或二十八分之一。这与当时马尔萨斯的估计颇为接近。

弗格森对社会等级制的出现也流露着唯物观念："一旦财产与头衔成为世袭的，便会出现生而有别的情形"；"当财产分配不均时，穷人便依赖于富人了"。[2]

惜墨如金的作者用较多的篇幅论述政治建制，并对本国的贵族体制格外关注。他认为，单一的建制有民主制、贵族制、君主制及独裁制等。可在英国式的混合建制中，"最高权威由行使权力中的多数来操作"，其中贵族政治的影响

---

① 亚当·弗格森：《道德哲学原理》，上海人民出版社 2005 年版，第 11 页。
② 亚当·弗格森：《道德哲学原理》，第 17 页。

不容忽略，特征是特殊阶层或阶级执掌最高权力。这一分析接近当时英国的政治现实。

弗格森还明确划分了混合宪制的两种形式：混合的共和国或混合的君主制。其中混合君主制又可划分为两种："最高权力为国王与贵族或国王贵族及人民共享。"

在宗教问题上，弗格森机警地借助了"怀疑主义"方式。他不去肯定上帝的存在，却说社会上关于"上帝存在的信念是普遍的"，因为"这一信念并不意味着关于上帝的确切概念"，甚至还会受到质疑。他随即揭示：上帝普遍存在于信仰，不依赖于任何时代或民族特有的情形，而是人的自然之结果，或为每时每地人的生存景况之启示。

弗格森的《道德哲学原理》涉及多方面知识，是集大成式的纲领性文献。对了解苏格兰早期的思想渊源都有极其重要的学术意义。

1767年发表的《文明社会史论》则有更多的社会史特色，引起了更大的轰动。鉴于当时还没有产生现代社会学，而此书有着大量的社会学内容，探讨了社会发展的一般趋势和规律，追究社会变迁和形态更替的原因，为此弗格森则被视为社会学的奠基人。

在哲学理念上，弗格森不仅注重吸收希腊、罗马时期学者的滋养，还通过对哈林顿著作的研读吸收了马基雅维里的观点，接受了古典共和主义的影响，形成了他与休谟和斯密在学缘和方法上的区别。

他对新兴的商业文明的评判，显示出对社会发展的预见能力。其中包括对公民道德沦落的忧虑。因为商业活动会导致公民美德的丧失，导致社会腐败，毒化政治权力。公民美德的缺失包括生活上的腐化堕落和政治上的懈怠；最后导致民族风尚的败坏和公民素质的降低，表现为整体意志薄弱，腐败公行，社会成员也不再履行平等、独立或自由的原则。而且，腐败会导致民主的破坏。在并非民主的政体之下，虽然宪法规定了多种自由，另有立法机构等，实际上却是形同虚设。

在全书的结尾处，弗格森留下了意味深长的警示和乐观的展望：人类除了美德别无靠山；在每种环境中，人们都能获得自己天性中的最大快乐。

以上可见，苏格兰启蒙运动向不列颠思想宝库提供了宝贵的财富，并对英国现代社会的建设有着重要作用。

八、新文学：散文和小说

　　长期以来，诗歌是英国文学主要的表达形式。诗歌体裁不一，有史诗、抒情诗和讽刺诗。最杰出的诗人有 14 世纪的乔叟、16 世纪的莎士比亚、17 世纪的弥尔顿和 18 世纪的蒲柏（1688—1744 年）。文学的另一形式是戏剧，但戏剧却非纯粹的文学形式；它利用了歌词、舞台效果、音乐、演员表演等表达手段，是一种复合艺术。

　　在形式归属上，散文是一种介于文学、哲学和政治之间的表达形式，包括杂文、随笔和政论文等体裁，内容宽泛，更能表达作者的思想和论点。

　　在 17 世纪的政治斗争中，小册子的发行量逐渐提高，成为对立党派从事论争的有力工具。但许多人认为，政治小册子已经偏离了文学领域。

　　光荣革命后，由于英国政治环境的变化和法国启蒙运动的影响，英国又萌发了一种借助于报刊发行的"报刊文学"或"期刊文学"。

　　在 17 世纪晚期和 18 世纪初，把期刊散文的艺术表达力发挥到近于完美境地的，是英语散文大家艾迪生和斯梯尔。

　　约塞夫·艾迪生（1672—1719 年）是当时著名散文期刊《旁观者报》的创办人，与理查德·斯梯尔（1672—1729 年）自幼就是好友。二人的共同特点是较为积极地参与党派论争，结合现实撰写了大量政论文，但又秉性不同。艾迪生沉稳灵活，仕途顺畅。1693 年他将一首献辞奉与辉格党政治家萨默斯勋爵，得到了政界名流的关注，1704 年进入辉格党上层和文人行列。当年 12 月，他发表了歌颂马尔博罗战胜法国的诗歌《战役》，读者如潮，两周内连印 3 版。翌年辉格党组织内阁，他获任副国务大臣。斯梯尔热情活跃、放荡散漫，但同样具有文学才能和事业心，1707 年，由于艾迪生的推荐，被任命为《官报》主编。《官报》每周两期，刊载官职任免和国内外消息。

　　1709 年，斯梯尔另外创办了《闲谈者》。这是英国第一家文学期刊，每周 3 期，内容为诗歌、学术、新闻、随感、社交娱乐，其中把时事杂谈和随笔巧妙地糅合在一起，富于文学趣味，颇受京城中上层市民的欢迎。

　　1710 年辉格党内阁垮台，艾迪生被迫离职，斯梯尔也被免去《官报》主编。

艾迪生全力为斯梯尔的《闲谈者》杂志撰稿。

1711 年 3 月 1 日二人合办《旁观者报》，每周 6 期，每期一篇文章，一直出到翌年 12 月 6 日。二人各在上面发表了二百多篇文章。两年后又续办了一段时间。该刊首期由艾迪生介绍《旁观者报》宗旨，以及他本人如何学识渊博，阅历丰富，从不插手实际事务和党争，等等。第二期由斯梯尔介绍所谓"旁观者俱乐部"的 6 位成员，同时还杜撰了一些笔名。随后他们撰写散文随笔，谈及时事民俗、道德风尚，评论文学作品乃至时装式样。其中最多的是关于俱乐部七八名成员的日常活动，涉及他们在伦敦各界和乡绅田庄的交往，反映出当时英国上层社会各种代表人物的生活、思想和风貌。《旁观者报》还编写了一些"来函照登"和"答读者问"，把他们二人在社会、哲学、道德、美学等方面的观点公之于世。散文内容广泛、词句淡雅、深受欢迎，每期销售 3000 份，读者估计有五六万人。[①]

《旁观者报》在英语文学上的贡献主要有两点：其一，它作为当时最有影响的文学期刊，把随笔散文这一文学形式大大发展；其二，它还促进了英语小说文学的成长。

18 世纪初，英国的政治文学期刊还有 1704 年由丹尼尔·笛福创办的《评论》，专门刊登政论文，一连 10 年，其文稿几乎全部出自他一人之手。斯威夫特、博林布洛克和帕多特尼也常在政治期刊上发表文章。

1706 年，英国首家日报在伦敦诞生，名称就叫《日报》。4 年后，第二家日报《晚邮报》在京都发行。日报内容新颖，消息及时，很受欢迎。

汉诺威王朝建立初年，政界斗争激烈，"宫廷党"和"地方党"互相攻击。党派矛盾吸引了报刊的注意力。它们或支持政府，或同情在野党，如《周刊》、《工匠报》、《斗士》和《绅士期刊》等，由反对党中坚人物创办发行，经费靠党内富豪捐献。他们努力搜集政府要员和宫廷的劣迹丑闻，向公众披露时措辞辛辣，冷嘲热讽。面对反对党的舆论压力，辉格党内阁一面加强报刊管制，以煽动谋反罪起诉反政府报人，一面拨款赞助"宫廷派"报刊。1735—1738 年间，仅《自由不列颠》一家报纸就得到政府 1.1 万英镑的补贴。

该时期文学领域的重大进展，是小说文学的问世。

关于英国小说产生的时间，学界有不同观点。有的学者认为，英国小说是

---

① 安德鲁·桑德斯：《牛津英国简明文学史》上册，人民文学出版社 2000 年版，第 437 页。

18 世纪的产物。还有人断言：17 世纪的约翰·班扬（1628—1688 年）已是"伟大的小说家"。班扬最早的作品是他的自传《慈悲无量》（1666 年），以后陆续出版了《天路历程》、《拜德先生传》和《圣战》。由于班扬把英文版《圣经》当做经典读本，他的小说里具有神秘主义色彩。

丹尼尔·笛福（1660—1731 年）是彪炳西方文学史的英国小说家、报纸撰稿人、小册子写作者，一生经历复杂曲折。他曾是政府坐探，先后为辉格党和托利党效劳过，又是一个投机商、发明者、旅行家；几度坐牢，一次被枷号示众。他最著名的作品是发表在 1719 年的《鲁滨逊漂流记》，是根据一些航海家和流亡者的记载和口述，特别根据水手亚历山大·科尔塞克在费尔南德斯岛上的冒险事迹写成的。它情节奇特，富于想象力，刻画纤细真实，能使读者设身处地地阅读回味，具有罕见的感染力。以后它有多种译本、改写本，是世界名著。随后，笛福发表了《辛格顿船长》、《摩尔·弗兰德斯》、《杰克上校》和《大疫年日记》等作品，都展现出他作为小说家的卓越才能。为此，笛福被一代代的文学史家和批评家尊为英国第一位小说家。①

在文学界，乔纳森·斯威夫特（1667—1745 年）与笛福齐名，又是英国最杰出的讽刺作家，在宗教界和政界也颇有盛名。1710 年 10 月，他成为托利党刊物《考察者》的主编，支持政府与法国媾和及保护安立甘教会的政策，并将这段经历和他的感受生动地记载在《给特里拉的信》中。1713 年，他被任命为都柏林一大教堂的主持。翌年，托利党垮台，他从此离开政坛，专心著述。其散文寓意深刻，讽刺辛辣。他最有影响的作品是完成于 1125 年的寓言小说《格列佛游记》，在伦敦出版后引起轰动。它通过描写假想的大人国、小人国，嘲讽时政，给人以联想和感叹。斯威夫特一贯维护爱尔兰利益，反对英格兰政府的掠夺政策，深受当地人民的爱戴。

笛福和斯威夫特的重要贡献，是通过他们精湛的作品，使小说成为大众最喜爱的文学体裁。但由于他们是小说撰写的先驱，就缺少同代的唱和者。大约隔了 20 年，才出现了具有较高水准的小说家。

其中塞缪尔·理查逊（1689—1761 年）的《帕米勒》被誉为英国第一部小说。这一断语虽然引起争议，但他注重描写单一的细节，采用书信体展示人物的意识流，颇值得后人借鉴。

---

① 安德鲁·桑德斯：《牛津英国简明文学史》上册，第 444 页。

亨利·菲尔丁（1707—1754 年）虽然不是英国最早的小说家，但因他是第一个用完整的小说理论和完美的小说形式来从事创作的，被司各特称为"英国小说之父"。在《约瑟夫·安德鲁斯》、《弃婴托姆·琼斯的故事》和《阿米利亚》中，在他大量的剧作和散文中，他敢于针砭时弊，显露出立志改变社会风尚的决心，由此奠定了反映当代社会的现实主义传统，并影响着 19 世纪的文学。

劳伦斯·斯泰恩（1713—1768 年）是幽默小说家，一生屡遭不幸。他的两部小说《项狄传》和《感伤旅行》几乎没有情节，但充满同情和幽默感，穿插尖锐的嘲讽，为此被认为是现代心理小说的先驱。

托比亚斯·斯摩利特（1721—1771 年）是一个著作等身的学者，先后翻译过塞万提斯的《堂吉诃德》、伏尔泰的 36 卷的文集、撰写了 36 卷的《各国现状》，担任 58 卷的《世界史》的主编，并亲自撰写其中法国、意大利和德国等卷。斯摩利特在书信体小说《亨佛利·克林克》中，擅长描写滑稽人物，文笔有力，情节发展迅速。该小说直到他临终前才问世，但对后世影响深远。

如果说在笛福的时代，小说还只是一股喷泉，那么到了理查逊、菲尔丁、斯泰恩和斯摩利特时期，已汇集成汩汩的溪流。在四人身后，小说的河流日益开阔，很快形成波澜壮阔的洪流。

九、绘画艺术

在近代欧洲绘画史上，因法国、意大利、荷兰和西班牙画界强手如云，英国画家很难得到外国同行的赞誉。

然而，18 世纪中后期却是个例外。是时，几位画家同居画坛，绘出了时代风光。又因其中两位油画家——雷诺兹和根斯博罗——格外杰出，以至于他们所处的画坛被称作"雷诺兹时代"或"根斯博罗画界"。

雷诺兹（1723—1792 年）是当时最著名的肖像画家和艺术理论家，出身于德文郡的一个拉丁文牧师家庭，幼时得到了良好的教育和艺术启蒙。15 岁时，他到伦敦的一家肖像画室求学，1743 年开始肖像画创作，注重艺术风格的培养。1749 年他随友人游学西班牙和意大利，在罗马费时 3 年，潜心学习意大利绘画艺术，认真揣摩文艺复兴时期拉菲尔、提香等人的构图和色彩。1753 年定居伦敦创办画室，一举成名，两年内接受了 120 项名流贵胄的肖像画定件，坐上了英国肖像画家的头把座椅。画资滚滚而进，年收入高达 16 000 英镑。而后他的事业一帆风顺，1761 年被封为爵士。

由于他专注于肖像画，使他无暇顾及历史神话和宗教性方面的题材。正巧，求他作画的主顾都是反对偶像崇拜的新教徒，对圣画不感兴趣。他们热爱大自然，不欣赏单纯的风景画，殷殷希望借助肖像画来挽留他们转眼即逝的黄金年华，给后世留下美好的印象。性格随和的雷诺兹善于揣摩顾主心理，运用自己的想象力和技法巧加修饰，使每个被画者心神不定地进入他的画室，喜滋滋地离开。他在上流社会有着最好的市场，留下 630 幅画作，其中为数最多的是贵族乡绅肖像画。后世人们能够瞻仰政客布特、思想家爱德蒙·伯克、辉格党领袖福克思、学者约翰森、政治评论家沃波尔、史学家吉本等人的神采与活力，全靠他的劳作。

雷诺兹善画贵妇淑女，又终身未娶，这似乎使他能用更美妙的笔法和心态美化她们，让她们的面庞更加秀媚端庄，秀发更加丰厚轻柔，服饰更加松软飘逸。其中最著名的有《阿尔贝玛伯爵夫人像》、《西顿夫人扮演的悲剧女神》、《伊丽莎白小姐和孩子们》。使他意料不到的是，一些带有美化创作倾向的画作抬高了他在当时的声望，却不利于后人对他的定评。晚年，他经受着疾病的折磨，但仍然提倡绘画的"崇高风格"，主张向过去的艺术大师学习，接受严格的学院派训练。

在当时英国画家中，雷诺兹有两点优长：较高的绘画理论和杰出的组织才能。他多次举行美术讲座和画展，出版了专著《艺术讲演录》。首先由于他的倡导和筹备，英国建立了皇家美术学会。他出任第一任会长，亲自制定办院方针，每年在该院作一次主题讲演，阐述其艺术思想。许多莅会者惊叹其言辞的优美。

托马斯·根斯博罗（1727—1788 年）出身于萨福克的一个非国教者家庭。他是画界的另一面旗帜，幼年师从法国画家格拉维诺，学习经典技法。1746 年与弗特公爵的私生女玛格丽特·布尔成婚，扩大了他在上流社会的结交范围。就个性而言，他不像雷兹诺那样对显贵曲意顺从，不愿以自己人格和艺术牺牲作代价，换取时人的捧场。他对风景画最感兴趣，又在人物画上显露强势。所作的风景画受扬·维南茨和雷斯达尔的影响，展露了英格兰的秀丽风光，描绘了各阶层的现实生活，并善于将两者结合，相得益彰。其肖像画《画家的女儿们在追一只蝴蝶》（约1758年）是英国儿童肖像画最优秀的作品之一。《安德鲁斯夫妇》的背景是典型的萨福克郡风景，静谧温馨，被认为是英国绘画中最能体现工业革命前乡间士绅生活情趣的写实佳作。1759年移居旅游胜地巴思，1768年被选为皇家美术学会的筹建成员。随着交游日广，更多更好的作品频频问世。1770年左右所作的《蓝衣少年》是其名作。1781年得以为国王和王后画像，而后邀请他画肖像的显贵络绎不绝。尽管如此，他还是主动到乡间和海滨探胜，用写实主义画风展示海景和农民生活，如《村舍门户》、《赶集的马车》等。所绘海景油画则继承了荷兰画派的传统。他在晚年创作了许多贵妇肖像画。其中《希丽丹夫人》是融化在风景中的人物画精品；《杜德雷太太》被誉为"用蓝绿两种颜色谱写的交响乐"；《西顿夫人》以后则进入世界经典名作之列。他这时的肖像画不作刻板的修饰，却更能显示画面的总体效果。

岁月未能消磨掉根斯博罗的倔强个性。一位贵族坐着让他画像时露出傲慢神态，他将此人赶走。70年代初举行画展时，他为自己作品的悬挂位置不够突出，与皇家美术学会的有关人员争吵，随后多年拒绝向学会提供展品。单就根斯博罗与雷诺兹的私交来看，他显得不如年长者温和豁达。①

根斯博罗在世时名望难出雷诺兹之右。可随着时间的流逝，艺术家则给他以越来越高的评价，断定他的作品能够更准确地记载社会风貌和人们的相貌神态，称赞他预示了19世纪英国最伟大的风景画家康斯太布尔的写实画风。

当根斯博罗还在摇篮时，油画家、版画家和艺术理论家威廉·贺加斯（1697—1764年）已经成名。贺加斯不仅在肖像画、风俗画和历史画方面有颇大的贡献，而且善于观察生活，创作了许多具有深刻思想性和讽刺意味的作品。1721年，他的铜版画《南海阴谋》问世，诅咒了南海股份公司对人们和商业的戕害，展露了其讽刺画的幽默辛辣。1724年，他的又一件主要作品《化装舞会与歌剧》问世，引起画界注意。4年后创作了第一幅签名油画《乞丐的歌剧》，真实反映了下层穷人的生活。1731—1732年他创作了一套6幅的铜版画《妓女生涯》，刻画了一个农村姑娘在伦敦的堕落和悲惨结局，从此声名遐

---

① J. Leonard, *The World of Gainsborough 1727—1788*, Time-Life Books, 1969, pp. 106–107.

迩，经济和社会地位得到改善。贺加斯的代表作是他在 1745 年创作的一套 6
幅油画《时髦婚姻》，逼真描写了上流社会的婚姻通病：订婚时追求门当户对
和可观彩礼，婚后互相不负责任，感情淡薄，放荡形骸，最后双双死难，酿成
家庭悲剧。两年后，同一故事又被画成铜版画，稳稳确立了贺加斯在英国美术
史上的重要地位。他在 1754—1758 年画成的大幅油画套画《议会贿选》，是他
晚年"滑稽历史画"的代表作，具有颇高的史学价值。[1]

此外，理查德·威尔逊（1714—1782 年）也是 18 世纪著名的风景画家，
皇家艺术学院的创始人。其作品兼有古典式的明朗景色与引人入胜的图画效
果，他因此被称为"英国风景画之父"。

雷诺兹和根斯博罗的时代的一项壮举，是斯隆爵士在 1753 年将他所藏的
艺术品及图书，连同它们的藏所——位于伦敦市中心布卢姆斯伯里区的一所博
物馆，一同转归英国政府所有。大英博物馆和图书馆自此建立。1759 年，议
会通过法令，正式对外开放。馆内藏品中有古代和中世纪的手工制品和艺术
品。以后逐渐分类建立分馆。

在根斯博罗和雷诺兹之后，英国有成就的画家增多，英国绘画艺术的繁荣
期得以继续。

---

[1] J. Leonard, *The World of Gainsborough 1727–1788*, Time-Life Books, 1969, pp. 19, 29-31.

第九章

走向工业社会

（18 世纪后期—19 世纪中期）

一、工业革命

18 世纪后期至 19 世纪中期英国社会的特点，是经济发展的领先和政治变革的滞后。在经济领域，工业革命的一系列进展使英国社会面貌发生巨大变化，工业社会逐渐来临。

英国工业革命是一场巨大的经济变革。它是在各项前提条件具备时，于 18 世纪 60 年代迅速开始的。

前面已提到了英国率先开展工业革命的多种条件：圈地运动和农业的全面变革、殖民掠夺、国内外贸易发展和市场体系的形成，为英国开展工业革命提供了必需的资本、劳动力和市场。立宪君主制的建立和国内政局的相对安定则为之准备了必要的政治条件。17 世纪以来自然科学的领先发展，为发明创造提供了理论基础。

后世学人难免提出：为什么这个蕞尔小岛能在世界上最早进行工业革命？其实这已包含了它的原因之一。那时，英吉利海峡是不列颠理想的防御工事，岛国的地理条件能使它屡次免遭欧洲其他国家的进攻、占领和破坏，可以悠然自得地发展本国经济。

英国还是世界上最先建立近代金融机构的国家，发展最快。18 世纪初，英国只有几家银行，1750 年仅伦敦就有 20 家；1750 年增至 50 家；1793 年有 400 家。银行家提供了帮人处理钱财的最佳生财之道，把大量"闲散资金"汇集起来，发挥作用。

早在 16 世纪，英国手工业水平已居欧洲前列，部门齐全、种类繁多，具有比较完整的结构体系。它包括轻、重工业、资源工业和制造业，又包括消费资料和生产资料两类。其中长期作为英国"民族工业"的纺织业，几乎遍及英格兰城乡各地，形成了几个中心。采矿业分布于西南和中北部，冶铁业则以西北和东南部最为繁荣。

随着生产水平的提高，手工业展露出与农业分离的趋势。一则，农村剩余劳动力转向工业；二则，手工业规模的扩大和技术水准的提高，促使资金单薄的农民手工业者放弃农业经营，专门从事手工业，或成为一无所有的工资劳动者。这时的手工工场，特别是集中的手工工场，比较容易实现技术分工。劳动生产率的提高，使生产过程已经细化为若干简单程序，每道工序又分解为几个单纯的机械动作，使发明和使用机器成为可能。

英国工业革命是以轻工业，尤其是棉纺织业部门的机器应用和工厂制的产生为起点。之所以如此，是由于资产者经营的目的是为了最多地追求利润，而轻工业需要的资本少，资金周转迅速，获利容易，首先成为投资目标。棉纺织业之所以成为工业革命的先行部门，是因为它在英国是新兴工业，不受行会传统和旧习惯的束缚，而且集中在兰开郡等地。刺激棉纺织业技术革新的外部因素是印度的细棉织品物美价廉，东印度公司将之大量输入，迫使英国棉纺织业采用机器，减低生产成本，提高质量，以便竞争。

英国工业革命开始于 18 世纪 60 年代，还与当时存在的"纱荒"有关。1733 年，约翰·凯伊发明飞梭，织布速度突然加快，影响了纺、织之间的平衡，棉线供不应求，成为棉纺织业发展的瓶颈。1763 年，格里夫斯发明了多锭纺纱机——"珍妮机"，几年后注册专利，推广使用，缓解了纱荒。1788 年全国有珍妮机 2 万台，每台最多有 80 个纱锭。珍妮机未能解决的技术问题是仍需人工操作，纺出的棉纱粗细不均，仅能用作纬线，不能大量生产棉布。1769 年，理发师理查德·阿克莱特发明了水力纺纱机，提高了棉线的质量，更新了生产动力。两年后，他在克罗姆福德建立大型棉纺厂，利润稳步上升。

此时，存在的问题是纺的线过粗，影响棉布质量。于是，纺织工人塞缪尔·克隆普顿综合多锭防纱机和水力防纱机的优点，于 1779 年制成了被称为"骡机"的精纺机。1800 年，英国有骡机纺纱厂 600 家。

纺纱部门技术改造的完成和相关工厂制的建立，对织布技术提出了新的要求，不然就会造成纺与织的严重失调，导致棉纱大量积压和出口。1785 年，牧师卡特赖特发明自动织布机，织布功效提高 40 倍。1791 年以来，机器棉织厂陆续建立，解决了棉纱过剩问题。此外，英国棉布生产的梳理、印花、漂白和整染技术也得到相应改进，棉纺织业生产实现了全面革新。

在棉纺织业的带动下，英国的另一民族工业——毛纺织业也慢慢改造，一些技术被加以移植。1773 年，约克郡使用多轴纺毛机，1800 年该郡共有 18 家精纺工厂。1820 年毛纺织业普遍实现机械化。

棉纺织业的发展，需要大功率而又廉价的动力。旧式的手工业工场，机器少而简陋，用人力、畜力、风力就可带动。工业革命开始后，出现了结构复杂、体积巨大的机器，传统动力难于胜任，水力就成了转动纺纱机械的主要动力。但是，使用水力有着无法克服的缺点：第一，水力资源并非到处都很丰富，而是受到自然条件的限制，所以，棉纺织业一开始就集中在水源丰富的兰开郡；第二，使用水力时，受季节性水位、水流变化的影响，工厂正常生产会受到影响。所以，能否找到一个比水力更好的动力，成了工业革命是否可以继续发展的关键。

有关蒸汽用作动力的研究，很早就已开始。文艺复兴时，达·芬奇就从多方面研究了蒸汽的用途。18 世纪初期法国的德尼·帕潘设计了用蒸汽发射的大炮，制造了矿井使用的蒸汽水泵，试验蒸汽轮船等。但由于这些探索脱离生产，未能成为迫切的社会需要。1705 年，英国铁匠纽考门经过长期研究，创造了空气蒸汽机，靠蒸汽冷却后产生的部分真空，形成气压产生动力，用于矿井抽水，并且克服了易爆危险。1712 年纽考门蒸汽机在矿井中陆续采用，证明该机器耗煤过多，蒸汽所产生的动能未能充分利用，难以普遍应用。

1761 年，苏格兰机械师詹姆士·瓦特（1736—1819 年）在格拉斯哥大学修理一台纽考门蒸汽机时，专门研究该机器的弱点。他发现：3/4 的蒸汽用来加热汽缸，仅有 1/4 的蒸汽用作动能。他多次实验，发明了与汽缸分离的冷凝器，制成了单动式蒸汽机。1769 年，瓦特的发明获得专利权。它比纽考门的蒸汽机有着显著的优点：转动快，燃料减少了 3/4；缺点是仍然只能单向往复，难以带动多种机械。而后，瓦特在工厂主马修·波尔顿的赞助下，继续研究，终于在 1782 年制成了联动式蒸汽机。它通过传动装置可做旋转运动，利用蒸汽的膨胀作用，交替推动活塞，同时安装了调速器，能自动控制蒸汽机的运转，功率大大提高。

瓦特的联动式蒸汽机又被称为万能蒸汽机，最初在波尔顿的工厂里试用，带动鼓风机、气锤等机械，成功后渐渐被其他工厂仿制。1785 年，英国建起了第一座用蒸汽做动力的棉纺厂，1789 年，棉织业第一次采用蒸汽机。4 年后，推广到毛纺织业。1826 年，英国拥有 1500 台蒸汽机。又过了十几年，蒸汽机为欧美各国广泛采用。工业发展进入"蒸汽时代"。

瓦 特

蒸汽机的发明不仅解决了动力问题，加速了工业革命的进程，还促进了工厂制的建立。蒸汽机是以煤作燃料，消除了工厂对水力的依赖，从而也消除了地点和季节的局限性。从前依河傍水的工厂纷纷迁入城市，组建新型工厂，这又形成了许多工业基地。

蒸汽机的发明和推广还对冶金业、采煤业和交通运输业提出了新的要求。目下制造和使用蒸汽机，煤和铁的需要量增加，现有的煤炭开采量不敷使用。长期以来，英国冶铁是以木炭做燃料，发展缓慢，需要进口生铁来满足需要。

冶铁和采煤的难题早已引起人们的关注。18 世纪初，焦炭已被用来炼铁。但炼出来的铁杂质过多，质地松脆，有关方法不能推广。1761 年，约翰·斯米顿发明了带有气筒的鼓风机，焦炭炼铁法采用了新的鼓风法，炉温升高，减少了杂质，降低了耗煤量，效益提高，产量增加一倍多。木炭冶铁失去了价格优势。1790 年，英国共有焦炭炉八十余座，木炭炉减至二十余座，大致完成了冶炼燃料的转变。

生铁冶炼法的改进带动了炼钢技术的改进。1784 年，亨利·科特发明了"搅拌"和"碾压"法，即在生铁熔化成流体状态时加以搅拌，烧掉其中的碳素，再用碾压机取代铁锤将熟铁碾压成形；煅铁功效提高了十多倍。1785 年，设菲尔德首先建成现代型大容量高炉的炼钢厂。不久，英国成为熟铁出口国。

机械动力的改变、焦炭冶铁技术的推广和城市人口的增长，迅速提高了煤的需求量，刺激采煤业实行技术革新。1800 年前后，矿井已普遍用蒸汽抽水机排水，矿井发掘深度一再增加。18 世纪 90 年代，煤矿用蒸汽卷扬机取代旧式的拖运办法，随后辅之以重型起煤机、金属缆绳、安全灯、火灯通风法、金属升降台等一系列开采措施。1760—1840 年，英国煤产量由 500 万吨增加到3300 多万吨，不仅满足了国内需求，还大量出口国外。

稍后，机器制造业的发展紧紧跟上，在工业革命中占有核心地位。工业革命初期，机器完全是手工制造的，多用木料制成，结构比较简单，精密度不高。甚至连瓦特开始制造蒸汽机时，也只好用铸件汽缸。以后随着工业革命的深入，机器结构越来越复杂，精密度要求越来越高。特别是冶金、采煤和交通运输业的发展需要制造大型的机器部件，手工生产机器已不敷需要。这要求机器制造业实行技术革新，用机器制造机器。

蒸汽机出现之前，已有简单的车床、铣床和刨床。蒸汽机出现后，这些工作母机开始实现自动化。刀具不断改进。1775 年，威尔金森发明了圆筒镗床，对蒸汽机的生产起了决定性作用。18 世纪 90 年代发明了转动模型刀架，工人可以不用手把住刀架，把机器部件加工成各种形状。很快，模型刀具架改成自动装置，并在所有的金属机床上使用。19 世纪初年罗伯特发明了手动刨床，改进了切削机器模件的技术。同时，机器零件开始实现标准化，这对于大规模的机器生产具有重要意义。不久，摩莱兹发明了现代机床的全套设备，并率先建成了机械厂。19 世纪 20 年代后，英国用机器生产的机器越来越多。1825 年议会废除了机器出口的禁令，英国机器在世界市场上占据垄断地位。

交通运输业的发展也是显示工业革命中各个行业互相促进、互相影响的又一范例。它包括运河、海运以及陆路运输的拓展、轮船和火车的发明等许多方面。

长期以来，内河运输是英国运输业中一种便利方式。但因河流未能互相沟通，诸如煤炭等大宗货物的运送受到限制。1760 年前后，即在桑基运河和布里奇沃特运河竣工之后，英国出现了一个开凿运河的热潮。各地政府和企业在议会的支持下，经过半个多世纪的努力，不列颠形成了一个沟通各水系、连接各经济区和主要港口的运河运输网。1820 年，运河长度达 4000 英里。

18 世纪末，蒸汽动力用于水上运输的实验取得成功。1802 年，由威廉·赛明顿制造的"丹达斯"号汽船在沟通福尔斯河和克莱德河的运河试航成功，尔后费时 10 年攻克其他技术难题。不列颠内河和沿海水域设立了定期的船运服务。1828 年，全国汽船计有 338 艘 3 万余吨。

在水上运输动力蒸汽化的同时，船体的技术改造同时进行。1787 年，实验性质的铁制小型驳船首次下水。19 世纪 20 年代初，铁制汽船"阿伦曼比号"首次渡过英吉利海峡。铁制汽船不仅节省了大量木料，降低了造船成本，还减轻了船体重量，扩大了运货空间。1838 年汽船横渡大西洋成功。1840 年前后，个别铁制大船安装了螺旋桨推进器，这预示了远洋运输革命的到来。

公路运输的改革与"运河时代"同时到来。从 1760 年到 1820 年，议会通过了 1000 多项有关法案。铺设了大约 2000 英里的优质公路。1754 年伦敦到曼彻斯特的驿车大约费时一百小时，时下减为 24 小时。公路运输的改进，有利于商品交流、乘客来往和报刊邮件发行。

铁路建设包括蒸汽牵引、铁路铺设、机车制造等多方面的技术，难度较大，故而兴起于工业革命后期。1803 年理查德·特里维西克就已成功地制造了铁路蒸汽机车，翌年 2 月 21 日在 10 英里长的轨道上完成了 10 吨铁和 70 名乘客的牵引试验。1805 年纽卡斯尔煤矿开始铺设坚韧强硬的熟铁钢轨。1814 年，乔治·斯蒂芬森（1781—1848 年）制造出第一台蒸汽机车，它在基林洼斯煤矿的铁轨上，牵引装有 30 吨煤的 8 辆货车行进，时速 4 英里。他仍不满足，继续改进技术设备。1825 年 9 月 27 日，当一列装载着 450 名乘客，以 24 公里的时速，从达灵顿抵达托克顿时，"铁路时代"实际上已经开始了。随即，全国各地出现了修筑铁路的热潮。1830 年，利物浦—曼彻斯特铁路建成通车，最高时速约 30 英里。1855 年全国投入使用的铁路线长达 8053 公里。

英国工业革命前后约 80 年，它既是一场技术革命，致使社会生产力飞跃发展，经济结构明显变化；又是一场社会变革，导致阶级结构变动、人口迅速增加，英国最先进入工业社会。

根据权威性材料可知：1770—1840 年间，就整个冶炼业来看，英国工人日生产率平均提高了 27 倍。而在那些机械化程度较高的部门，如运输业等，劳动生产率则是成百上千倍地增加。

工业部门的生产量、生产率和经济增长速度都是空前绝后的。1785—1850 年，全国棉织品由 4 千万码增加到 20 亿码，增加 49 倍。煤的开采量由 1770 年的 600 万吨增全 1850 年的 4950 万吨，增加 7 倍多。铁产量由 1788 年的 6.83

万吨增加到 1847 年的 200 万吨，增长 30 倍。

经济结构的变化还包括：以机器生产为特点的工厂制取代了以手工生产为特征的工场制。工农业之间、地区之间、工业部门之间和部门内部的经济结构都发生了相应变化。

工业革命前，新兴棉纺织业无法与具有悠久历史的毛纺织业相比。可由于它率先实现了机器生产，1812 年超过毛纺织业的产生总值，成了工业的主要部门。

以前，英国经济重心是在伦敦为中心的东南部地带。工业革命后，煤铁丰富的英格兰西北部、苏格兰南部出现了诸如曼彻斯特、利物浦、伯明翰、设菲尔德、里兹、格拉斯哥等新兴工业城市，人口重心也逐渐向西北地区转移。

工农业产值和就业人口的变化说明了工农业结构的变化。1801—1851 年，英国国民产值中，农牧业的比重由 31% 下降到 20%，而工业产值则有大幅度的提高。英国从事工商业生产的城市居民开始赶上农业人口，英国率先实现了由农业国向工业国的过渡。

工业革命前，英国的经济实力不比法国。工业革命期间，它建立并巩固了工业优势地位。1850 年，英国工业产值占世界工业产值的 39%，商业贸易占世界贸易总额的 35%。不列颠的工业品源源不绝地输向世界各地，英国成了名副其实的"世界工厂"。

英国人口的增长速度也是空前迅速。1541—1741 年，英格兰人口从 277 万人增加到 557 万人，200 年里增加了一倍。可在 1750—1850 年间，由于国民生活水平的相对提高，医疗卫生条件的改善和死亡率下降，人口增长率提高。1800 年英格兰和威尔士的人口达 889 万人，人口增长率突破 1%。1811—1821 年增至 1.8%。

英国工业革命还是一场深刻的社会变革。随着新型工业的兴起和工业资产阶级的出现，人口众多的无产阶级也产生了。工业革命期间，工厂主大量使用童工和女工；工厂对工人的罚款名目甚多。工业资产阶级与工业无产阶级的矛盾渐渐成为社会主要矛盾。

在工业革命进程中，种种社会弊病显露出来。1825 年，各国爆发了第一次经济危机，工商业混乱，产品过剩，工厂关门，工人失业。以后大约每 10 年就发生一次经济危机。这又暴露了资本主义社会的痼疾——社会化生产和占有的私人性之间的矛盾。工人运动由此发生。

英国工业革命是在多种社会因素成熟的历史条件下自然发生的，它呈现出引人注目的积极主动性，使社会面貌出现神话般的变化，又因其带有盲目性和无计划的特点，出现了环境污染、贫富差别加大等一系列的问题。

二、殖民地的得失

1760 年，乔治三世即位，英国政局开始动荡。

在品格上，乔治三世具有两面性，一方面，他笃信宗教，行为检点，是君主中难得的慈夫严父；另一方面，又傲慢执拗，刚愎自用，政治上一意孤行。究其原因，是他幼年丧父，在母亲和老师布特的教育下长大，太后常用一些似是而非的狭隘意识影响他。1751 年，当 13 岁的乔治成为威尔士亲王时，她就警告他：将来即位后，一定远离辉格党人，重振王权。太师布特伯爵出身苏格兰望族，曾受辉格党权贵的排挤，目下想借机施展抱负。乔治三世久受母亲和老师政治偏见的熏染，即位伊始就暴露出自大特性。执意恢复因议会制、内阁制和政党政治发展而削弱了的王权，当一名超越党派、拥有实权的"爱国君王"。

当时的政治条件也为乔治三世扩充王权准备了契机。1756 年以来，英国陷于"七年战争"。在战争中获取重利的大商人、银行家和军火商盼望战事延期，以夺取更多的原料产地和市场。他们对某些在战争中态度游移的权贵不满，宁愿让国王凌驾于议会和政府之上，行使特权，扩大战争规模，夺取丰硕战果。托利党人乡绅地主不愿分担巨大的军事费用，盼望新君能是一位反战的砥柱，使英国尽快退出七年战争。

七年战争开始于 1756 年，是由奥地利企图收回普鲁士所占领的西里西亚所引起的，又是英法两大国长期争夺欧洲霸权和殖民地的继续。其间，奥地利抛弃亲英传统，与法国、俄国、萨克森、瑞典等国结成反普联盟。普鲁士则与英国、汉诺威联合。但在欧洲战场上，主要是普鲁士鏖战法、俄军队，各有胜负。英国为维护汉诺威的利益和维持欧洲均势，与普鲁士结盟，实际却把总体力量放在海上、北美西印度和印度，与法国争夺殖民地和海上霸权。在北美，英法战争于 1754 年就已开始。英军初战受挫。法军于 1756 年解除了英军对安大略湖一带的威胁，翌年挡住了来自纽约方面的英军。1758 年，内阁首脑威廉·皮特（1708—1788 年）一面派遣远征军前往美洲征服加拿大等地，一面支持东印度公司对法国东印度公司的斗争。1759 年，英军占领法国在西印度的产糖岛屿瓜德罗普，夺取两处要塞；北方由詹姆士·沃尔夫率领的英军攻占魁北克。1760 年 9 月，英军占领蒙特利尔，夺取了法国在加拿大殖民地的战略要地。次年占领马提尼克岛。[①] 至此，英国在北美和西印度战场取得全面胜利。

英国与法国在孟加拉的争夺也很激烈。1756 年，殖民分子克莱武率军镇压了反抗英国的孟加拉总督多拉，继而占领加尔各答。翌年，双方在孟加拉的普拉西激战，多拉与法军溃败，孟加拉全部沦陷。印度开始沦为英国的殖民地。法国不甘失败，1760 年与英军交战于温德瓦西，再创败绩。1761 年，英国获取了在印度的殖民优势。不列颠帝国分子为英军战绩狂欢。

乔治三世借用国内反战情绪打击辉格党人。1761 年春季大选时，他取代纽卡斯尔行使"恩赐权"，使一些王权支持者进入议会，而后又把许多官职赐予亲信。为了控制议会，他授意建立了一个专门收买议员的机构，并亲自审阅议会辩论和投票记录，对亲近宫廷者发放赏金。

国王最专断的手法是一再改组内阁。1761 年 3 月，他任命布特为国务大臣，行使内阁首脑职责。反战派指责皮特滥用国帑，要求停止援助普鲁士。皮特为扩大战果而准备向西班牙宣战，遭到激烈反对。他在内阁中施展演说才能，呼吁把战争进行到底，遭到冷落后被迫辞职。可 3 个月后，因法国拒绝和谈，英国还是向西班牙开战。英国海军战胜西班牙舰队，夺取了哈瓦那港，占领了马尼拉。

稍后，欧陆战场出现转机。俄国彼得三世即位后立即对普鲁士停战议和，法奥联军失去军事优势，也主张进行和谈。1763 年 2 月，参战国签订了《巴黎和约》，承认法国在美洲、西印度群岛、印度的部分殖民地转归英国。至此，英国建成了地处数洲的殖民大帝国。

战争还给英国带来了巨大财政困难。英国军费达 8200 万英镑，其中近 8 成是靠发行国债获得的。政府累积财政亏空达 1.4 亿英镑。为了缓和因战争激

---

① 王绳祖:《国际关系史》第一卷，世界知识出版社 1995 年版，第 224 页。

18 世纪的英国战舰

化的国内矛盾，内阁试图把亏空转嫁到北美殖民地。1764 年起，先后在北美颁布了《糖税法》，加强实施《航海条例》，对外国商品扩大征税范围。1765 年 3 月，议会颁布《印花税法》，规定殖民地的一切报纸、执照、商约、期票、债券、广告、历书和法律文件等，均须酌量加贴印花税票。违者受军事法庭的审判。为保证法令实施和镇压殖民地民众，颁布了《驻兵条例》，申明英军可以随意占用当地旅舍酒店，令各殖民地供应英军食物，负担交通工具。

1767 年 6 月起，宗主国颁布了系列性的"唐森法案"，内容有：增加英国在北美殖民地的税收，英国税吏有权进入殖民地任何房舍搜查违禁品和漏税货物；加强《航海条例》，建立美洲税务总署，在波士顿、费城和查尔斯顿设立海事法庭，缉私判罪；解散纽约议会。1769 年 1 月，在总督和英国官吏的操纵下改组纽约议会。[①]

高压政策沉重打击了北美殖民地的工商业，损害了殖民地上层的政治权力和经济利益，使殖民地与宗主国的矛盾尖锐化。另外，英国对北美贸易的下降也损害了工商业资产阶级的利益，致使失业者增加。英国上层有远见的政治家感到不满。其中有罗金厄姆、福克斯、伯克等辉格党人。他们主张对

---

① 王绳祖：《国际关系史》第一卷，第 232 页。

殖民地实行宽容政策，并在 1765 年 7 月不列颠反专制情绪高涨之际，组阁执政，试图废除《印花税条例》和其他有关法令，发展英国同北美殖民地的商业关系。

罗金厄姆派的行为激怒了乔治三世。1766 年 7 月，他罢免了罗金厄姆内阁，挑选暂时变得比较驯服的查塔姆伯爵、即老皮特组阁。在整个 60 年代，乔治的个人专断统治使内阁更换频繁。他先后换了 6 名首相。其中有 3 人是迫于国王压力被迫辞职的。罗金厄姆等人直接被国王罢免。直到 1770 年 1 月，所谓"国王之友"中的骨干诺斯勋爵被任命为首席财政大臣，频繁更换首相的境况才告结束。

诺斯一上台，就面对北美殖民地的反殖民斗争。他缺乏战略才能，不善于处理突然出现的政治问题。当年 3 月，英军在波士顿对手无寸铁的群众开枪，酿成惨案，激起殖民地人民极大义愤。1773 年夏，一群青年制造了"波士顿倾茶案"，诺斯政府暴躁不止。1774 年，英国颁布了多项惩罚性的"强制法令"，其中包括封锁波士顿港的《波士顿港口法》、取消殖民地贸易"特许状"的《马萨诸塞政府法》、加强英王直接统治权的《司法法》，加强军事管制的《驻营法》和禁止北美人民北上迁徙的《魁北克法》。

在这种形势下，北美各殖民地纷纷建立地方议会，摆脱总督控制。1774 年 9 月 5 日—10 月 26 日，各殖民地代表在费城召开了第一届"大陆会议"。宣布自 1763 年以后，英国对北美殖民地的高压法令为非法，并联合抵制英国商品。而后各殖民地竞相组织民团，购置武器，准备武装斗争。

是时，英国政府命令军方防御"叛乱"。1775 年 4 月 19 日拂晓，一支英军骑兵进入列克星敦，遭到民兵抵抗。不久又在康科德发生激战，英军死伤二百余人。北美独立战争由此爆发。

1775 年 5 月 10 日，北美各殖民地代表在费城举行第二届大陆会议，把汇集在波士顿的民兵改编为"大陆军"，乔治·华盛顿为大陆军总司令，领导独立战争。6 月 17 日，3000 北美民兵在波士顿附近的班克山击退英军，歼灭敌军千余人。消息传出，各地民众受到鼓舞。

7 月 6 日，大陆会议宣称："宁可作为自由人而死，不愿作奴隶而生。"另一方面，它还发出"橄榄枝请愿书"，请求和解。乔治三世拒绝了请愿，于 8 月 23 日发布戡乱布告，宣称将尽力"镇压叛乱"。随即，25 000 名英军派往北美。议会则通过议案：断绝与北美殖民地的贸易，没收其商船货物。

值此关键时刻，民主主义者托马斯·潘恩（1737—1809年）的小册子《常识》出版。它痛斥王权，力倡共和，号召殖民地人民丢掉幻想，争取独立。《常识》发行10余万册，为动员民众发挥了巨大作用。3月，大陆军收复了波士顿。

在反英高潮来临之际，大陆会议于1776年7月4日通过了由杰菲逊起草的《独立宣言》。它列举了英国政府压榨北美殖民地的罪状，谴责了十多年来英王对殖民地的种种罪行和暴政。庄严宣告：北美应"解除对于英王的一切隶属关系，而他们与大不列颠王国之间的一切政治联系也应从此完全废止"。宣言的发表，标志着美利坚合众国的诞生。

1777年10月之前，英军依靠装备精良、训练有素的海陆军，占领了费城，重创大陆军。华盛顿在极其艰难的形势下，以顽强的意志领导大陆军坚持抗战。1777年10月17日，被围困在萨拉托加的8000名英军，在柏高英的带领下缴械投降。以后战争朝着不利于英方的方向发展。1781年10月19日，英军在约克镇投降。1783年9月，英国与美国签订了《巴黎和约》，正式承认美国独立。新生美国永远摆脱了殖民统治。大英殖民帝国彻底失去了颇为重要的一部分。

三、宪政危机

乔治三世即位初年，就酿成一场宪政危机，这就是历时数年的威尔克斯事件。

约翰·威尔克斯本是一位放荡形骸的记者，1757年靠贿选进入下院。1762年他在其主编的报纸《北不列颠人》上多次著文，攻击嘲弄国王、布特内阁和"国王之友"，引起上流社会的关注。翌年4月23日，他又在该报纸45号上匿名发表文章，批评国王及其政策，宣称国王不过是国内首席治安官，行使君权时不得出轨越矩。声称自由乃人民的特权，警告国王不得步专制君主的后尘。乔治三世震怒至极。指令内阁查封报社，拘捕50余人。并无视议员司法特权和宪法准则，发出通用逮捕状，将威尔克斯关进伦敦塔，搜查其宅邸。

面对国王专断行径，辉格党权贵表示沉默。伦敦民众接连示威，焚烧太后和布特等人的模拟像。5月6日，威尔克斯受审时，他们聚集在法庭外面表示声援。法官以政府行为破坏议会权利为由，慷慨陈述，并当即释放了威尔克斯。民众高呼"威尔克斯和自由！"称赞法官的公正判决。由于这个案件，英国始规定损害赔偿，并确定使用通用逮捕状拘捕议员为非法。

国王不愿就此收场，指使议会搜集威尔克斯的文章。后者的朋友、国务大臣桑威奇落井下石，于1763年11月，在上院宣读了威尔克斯和波特几年前合写的《论妇女》，上院确认这些文章犯了诽谤罪，侵犯了议会权利。下院宣布《北不列颠人》45号为煽动性诽谤。为躲避官方迫害和暗杀危险，威尔克斯逃亡国外。下院将他除名。1764年1月，法庭对他缺席审理，判诽谤罪。民众强烈不满。只因《印花税法》和北美殖民地问题以及随后的内阁更替吸引了国人的注意力，威尔克斯事件暂时搁置。

1768年举行大选，威尔克斯毅然回国参选，以维护公众自由的名义争取选民的支持。他虽然在伦敦失败，却被米德尔塞克斯郡选入议会。政府指示议会否决威尔克斯出席议会的权利，对他判处22个月的徒刑和一笔罚款。该选区却重新将他选为议员。4月3日，下院以219对137票，宣布被他击败的对手当选为议员。[1] 民愤陡起。1769年初，威尔克斯的支持者组成"保卫权利法案协会"奋力抗争，"威尔克斯和自由"的口号传遍英国。地方民众拿起武器，捣毁富人房舍。农民反对圈地、工人破坏机器的事件相继发生。5月10日，几万人聚集在圣乔治广场声援威尔克斯。军队开枪射击，死伤多人，惨案震惊全国。激进派运动自此兴起。加上国外局势十分复杂，资产阶级警告政府及时采取妥当措施避免动乱。

民众依然支持威尔克斯。不久，他当选为伦敦市政官。议会表示让步，允许报纸报道两院活动。1771年威尔克斯任市行政司法长官。1774年荣任伦敦市长。

总的看来，威尔克斯事件虽然酿成了宪政危机，却没有赢得理想的政治后果。[2] 1770年诺斯奉命组阁时，乔治三世的个人专制实际上已得以确立。托利党人自此建立了一党寡头统治。除了一次短暂的中断[3]，他们把寡头统治维

---

① D. B. Horn & Mary Ransome, *English Historical Documents 1714–1783*, Eyre & Spottiswoode, London, 1957, p. 170.

② 但后世学者高度评价这一事件，认为通过此事，唤醒了人民的新闻自由意识，有助于以后民主主义的成长。

③ 即1806年2月至1807年3月的辉格党内阁。

持了大约半个世纪。

诺斯担任内阁首脑达 12 年。他迎合国王旨意，对英属北美殖民地实行不断升级的镇压政策，激起北美革命。1777 年起，英军屡遭败绩，反对党在议会中连续抨击政府在北美洲的冒险计划和行为。1781 年末，康华利在约克镇率军投降的消息传来，国内危机四起。内阁在议会中失去优势地位。1782 年 3 月，诺斯被迫辞职。

诺斯下台还引起一场类似集体辞职的事件。除 2 人外，内阁 13 名阁员一起离开政府。诺斯内阁的垮台标志着乔治三世个人统治的惨败和责任内阁制原则的发展。罗金厄姆侯爵重返政府，第二次组阁。

1782 年建立的新内阁，是一个以辉格党罗金厄姆派为首，联合其他派别组成的混合内阁。其中罗金厄姆任财政大臣，地位最重要。但乔治三世不愿承认他是内阁首脑，别有用心地把国务大臣谢尔本也以"首相"对待。罗金厄姆利用自己的身份，把本党派骨干分子安插到政府要害部门。随即，他们鼓动议员通过一系列议案，剥夺了所有政府包税商进入下院的权利。6 月，又通过议案，褫夺了从宫廷领取年金者当选议员的资格。7 月初，议会再次采取重大行动，通过了由爱德蒙·伯克提出的《文官定员法案》，以求限制国王行使恩赐官职权。

此时，罗金厄姆刚过半百，正要大显身手。但骤染急症身亡。乔治三世立即指定谢尔本为财政大臣，重建内阁。

此时，谢尔本内阁的情况相当窘迫。下院 558 名议员里，支持谢尔本和"国王之友"的仅有 140 人，为反对派人数的 2/3。所以，谢尔本为使政府获得主动，尽力与其中一派维持良好关系。同年秋，政府关于北美殖民地和谈的文件受到抨击，谢尔本只好设法寻求新的支持者。

他先派人面见福克斯，请他重新任职。后者不予理睬。他派人求见诺斯，诺斯不置可否。1783 年 3 月，福克斯和诺斯统率追随者，在议会联合否决了谢尔本关于与美国议和的草案，并通过一项对政府的不信任案，迫使谢尔本下台。

接连的打击使乔治三世痛心疾首，但还必须面对现实，允许诺斯和福克斯于 1783 年 4 月，建立了一个多党派联合内阁。[①] 波特兰公爵任财政大臣，是名

---

① J. P. Mackintosh, *The British Cabinet*, Methuen, 1968, pp. 67-68.

义上的内阁首脑，实际上在政府中起主要作用的是福克斯和诺斯。

很快，联合内阁也很难得到稳定多数。谢尔本依靠国王支持、联合人数众多的无党派议员，组成反对党，对政府构成严重威胁。同年秋，福克斯根据工商业资产阶级的要求，提出了"印度改革议案"，议案在下院勉强通过，但在上院遭到否决。[①]乔治三世立即宣布解散联合内阁，任命年方24岁的小皮特(老皮特之子)为财政大臣，建立新政府。

小皮特初任首相时，下院反对派议员报以嘲笑。面对险恶局面，小皮特依靠国王支持，别出心裁地解散了议会，宣布进行大选，政府取胜。

从1782年3月诺斯离职到1784年大选，不到两年中政府遇到几次危机，这在英国近代实属罕见，史书称之为"宪政危机"。危机的出现，主要由于英国在北美遭到惨败，国际地位下降，国内反政府势力上升，王权下降到自1688年以来的最低点，国王无法左右局势。自此，乔治三世再也没有不顾宪法惯例随意罢免过任何一位首相。内阁制继续发展。

1784年小皮特解散议会重新进行大选之事引起宪政学家和历史学家极大兴趣。当时，离规定的议会解散时间尚差3年，这就打破了实行多年的议会法——《七年法案》，构成了新的宪法惯例：内阁失去议会多数支持时可以不辞职而解散议会，实行新的大选，直接求得选民的认可和支持。如果政府在新议会中仍然没有获得多数，说明它违背选民意愿，应当辞职；如政府在大选中获胜，则说明原有下院议员不支持政府的做法是错误的，是违背选民意志的。总之，小皮特在1784年解散议会重新举行大选的方式，加强了内阁对议会的依赖性，对以后英国政治制度的发展产生了深远的影响。

四、保守主义和反法战争

小威廉·皮特（1759—1806年）是英国著名的政治家，少年老成，21岁进入议会，23岁入阁。24岁时成为首相时，虽是蒙国王扶持，却并非钻营投

---

① Briggs, *The Age of Improvement 1783–1867*, Longman, 1962, p. 78.

机之徒。他政治上受父亲影响，党派意识淡薄，有志匡正政界风气。他在其下院的"处女演说"中，就对伯克的经济改革和政治议案表示支持，抨击腐败的选举制度。1783年五六月，他以斗士姿态提出一系列议案，要求剥夺腐败选区、增加伦敦和各郡的议会代表；呼吁革除政府行政部门的弊端，惩罚渎职和滥用公款者。11月议会讨论印度问题时，又代表工商业资产阶级利益，与福克斯一道，批评东印度公司垄断贸易权。他在领导内阁初年，准备实施较宏伟的改革计划。面对高达2.5亿英镑的国债和政府赤字，他开征新税，建立严格的财会制度，紧缩开支，扩大财源，并将全部关税和消费税简化成统一的偿债基金，企图在45年内还清全部国债。他针对众怨切切的东印度公司问题，设立监督该公司的董事会，同时派遣总督统辖孟买和马德拉斯政府。皮特在外交政策上也是成功的。1788年他与普鲁士结盟，打算抑制法国，恢复因北美革命而丧失的欧洲均势。另外，他还在议会改革、废除黑奴贸易和爱尔兰等问题上，做了改革的尝试，虽未成功，却显露出他的改革意向。

1788年11月。乔治三世患了血卟啉症，由精神错乱演为癫痫。将由威尔士亲王行使摄政权；王储一向与福克斯关系密切，一旦执政，可能会重用福克斯。幸亏乔治三世忽然康复，小皮特有惊无险。

法国大革命爆发后，在英国引起反响。多数英国人支持肯定法国发生的事件，认为波旁专制王朝的垮台预示着民主时代的到来。福克斯称巴黎人攻克巴士底狱是"世界上最伟大的事件"。激进主义者理查德·普莱斯纵情欢呼伟大时代的到来。各类社会团体的建立犹如雨后春笋，其中有以乡绅贵族为核心的"人民之友社"，中产阶级的"宪政协会"，工人和小资产者的"伦敦通讯社"和"革命协会"。在苏格兰，80个协会的代表于1792年召开了"国民大会"。休会时，他们仿效法国革命者举手宣誓："不自由毋宁死！"

一些贵族寡头体制的拥护者则把法国大革命视为洪水猛兽。爱德蒙·伯克（1729—1797年）断言法国的暴民破坏了

爱德蒙·伯克

社会秩序，威胁着欧洲文明。1790 年 11 月，他发表《对法国大革命的感想》，最初以同一个法国青年通信探讨法国革命前景的形式，较为理智而又不乏偏见地论述了法国大革命的过程和革命领导者的策略，分析了大革命的人权思想，同时谴责普莱斯等激进主义者倡导议会改革的言论，要求政府对法国的新政权发动战争。伯克的论作问世仅仅 6 日，就以 5 先令的高价售出 7000 册，以后连续再版。

在《对法国的革命感想》中，伯克断言法国第三等级的无知、嫉妒和暴力破坏了正常的自然秩序，造成了社会的无政府混乱状态，是邪恶行为。目下某些英国人要仿效之，必然会破坏英国的君主制、教会和政治传统，会鼓励穷人去劫掠他人的财富。

尽管伯克的《对法国革命的感想》不是一本非常系统的理论书籍，却在当时代表着英国贵族乡绅的政治立场和利益，表现出一种对于社会变革的审慎、怀疑和敌视态度。起初，伯克的观点和者甚寡，但随着法国形势的变化，英国资产阶级对革命的畏惧情绪加重，不少人渐渐成了伯克观点的拥护者，赞成政治改革和革命的人越来越少。以后，他对待法国大革命的基本观点，被视为英国保守主义的渊源，得到当时英国中上层阶级大部分人的认可，并在以后英国政治领域留下深远影响。旅居欧陆的潘恩针锋相对地发表《人权论》，讴歌法国革命，批判英国君主政体和伯克的观点。

在行动上，小皮特似乎缺少伯克那样的激情和敏锐。起初，他沉默不语，既想在国内利用福克斯派的分裂，分化瓦解议会反对派，又以幸灾乐祸的心理看待异国的风波，盼望革命使法国一蹶不振，不再是欧洲强国和英国的对手。1792 年，法国发生了处死国王等一系列重大事件。皮特代表政府草拟了对法作战的檄文，彻底搁置了政府改革计划，领导英国进入反法战争的旋涡，并成为欧洲反法联盟的倡导者和组织者。

1793 年 1 月，法国处死路易十六的消息传来后，英国立即与法国断绝了外交关系。2 月初，法国向英国宣战，小皮特政府则立即会同俄国、普鲁士、奥地利、西班牙、荷兰和德意志的一些诸侯国组成了第一次反法联盟。

英国政府参加反法战争的目的是复杂的，有别于大陆多数国家。它虽然具有反对革命、维护君主制的政治保守主义性质，但主要目的是为了争夺欧洲和世界的商业和殖民霸权。而且，小皮特反法战争的一个特点，是不惜动用英国的巨大财力军力，支援欧洲大陆各国的封建君主，企图假他人之手削弱宿敌。

同时使用自己强大的海军，对法国实行战略封锁和打击。

不久，英国舰队炮击敦刻尔克，挺进科西嘉岛，但在进攻土伦港时，遇到法国军队的顽强抵抗。尉官拿破仑脱颖而出，成为小皮特等英国政治家的强硬对手。

由于参加反法联盟的国家成分复杂，拥有不同的利益和目的，就难免互相倾轧。1794 年，各国干涉军被赶出法国。英国及其盟国陆战取胜的计划破产。1795 年普鲁士率先与法国缔和，退出联盟。两年后奥地利效尤。第一次反法联盟实际上解体。1798 年 8 月 1 日，纳尔逊率领英国舰队，在亚勃基尔湾与法国舰队遭遇，击沉对方 11 艘主力舰。此时，英国舰队虽然控制了地中海，但已经无法扭转欧洲大陆的局势了。

1798 年底，小皮特又组成了第二次反法联盟。参加的有俄国、奥地利、土耳其、西班牙、葡萄牙、那不勒斯等。它们把意大利作为主要战场，一度击败法军。随后，拿破仑从埃及赶回法国，在大资产阶级支持下发动政变，建立军事独裁政权。1800 年 5 月，拿破仑打败了在意大利的奥军，迫使它签订和约。随后俄国、普鲁士相继退出反法阵营。第二次反法联盟瓦解。

革命和战争形势促使小皮特政府在国内实行镇压政策。1794 年 5 月至1795 年 7 月，"人身保护法"停止生效。1798—1801 年议会再度终止此法律的效率。小皮特还促使议会通过了限制集会结社的法令，规定：凡举行 50 人以上的集会，须经 3 个以上的治安官的准许，否则下令解散，直至调集军队镇压。《人权论》在英国被列为禁书，潘恩成为通缉对象。"伦敦通讯社"和其他激进派组织均被禁止活动。而且，随着法国暴力和恐怖事件的增长，以及法国政权和对外战争性质的变化，英国人对来自法国革命的态度也逐渐转变，从主张改革转为拥护现有的立宪君主制。相应之下，保守主义组织在各地纷纷建立，全国起码有数百个。其中以约翰·里夫斯于 1791 年 11 月领导成立的协会教为典型。它明确提出"维护自由与财产、反对共和派与平等派"的口号。

法国大革命对英国的影响的变化是微妙而又值得后人深思的。它先给人以欣欣鼓舞，又给人以反感和失望，最终导致了保守主义情绪的普遍流行，在一段时间内遏制英国政治改革。其间对外进行反法战争、对内加强政治控制的小皮特，被认为是英国保守主义的最早实践者。

在进行对法战争的同时，小皮特还必须兼顾爱尔兰问题。以前由于北美独立战争的激励，爱尔兰民族运动就一度高涨。英国议会曾于 80 年代初两次通过法令，放弃在爱尔兰颁布法律的部分权力，唯因国王反对，小皮特未能确认爱尔兰自治，也未能授予当地天主教徒议会选举权。18 世纪末，爱尔兰发生民族起义，一些爱国者与法国联系，欢迎法国军队登陆，对英格兰形成夹击之势。在这种形势下，小皮特重提自己的将爱尔兰合并于英国的议案。此案于 1799 年 1 月在议会通过。翌年在爱尔兰总督康华理斯等人的主持下，在都柏林的议会中强行通过。其间，皮特政府不惜耗资 10 万英镑，收买投票人，终于得到了 158 票对 118 票的理想结果。1801 年 1 月 1 日，合并法正式生效，爱尔兰议会被取消。伦敦"联合议会"中增加了 28 名终身任职的世俗贵族代表、4 名主教和 100 名下院平民议员。爱尔兰名义上的独立也丧失了。

爱尔兰的反抗运动仍未平息。小皮特试图对爱尔兰天主教徒实行宗教宽容政策，授予他们同样的政治权利。1 月 22 日，议案在议会得到明显多数的支持（245 票对 63 票），却遭到乔治三世的抵制。小皮特无奈，立即辞职。亨利·阿丁顿奉命组阁，负责对法国谈判，在小皮特的参与下签订了《亚眠和约》。

1803 年 5 月对法战争重起。阿丁顿领导战争无力，遭到皮特派和辉格党的嘲弄。1804 年，他主动辞职。小皮特再度领导政府。

小皮特的第二届内阁总共不到两年，其间大的举措是在 1805 年 4 月，会同俄国、奥地利、瑞典和那不勒斯，组成第三次反法联盟。10 月 21 日，纳尔逊率领的英国舰队在特拉法加海角，与法国、西班牙的联合舰队 33 艘战舰激战，大获全胜，击毁 15 艘敌舰，但他却因胸部受伤身亡。自此，拿破仑彻底放弃了在英国登陆的企图，英国始终在反法战争中掌握着制海权。

不久传来了拿破仑在乌尔姆、奥斯特里茨大胜联军的消息，英国海战的业绩全被抵消，第三次反法联盟破产。1806 年 1 月 23 日，小皮特心力交瘁，沉疴不起，仅 46 岁。

随后，拿破仑在大陆所向披靡，建立了辽阔的大帝国，诸国君主惶惶称臣。1806 年 11 月，他为了防止英国重新纠集反法联盟和封锁英国，在柏林发布了"大陆封锁令"，禁止一切与不列颠群岛的贸易和联系。英国则组织领导了 1806 年和 1809 年的又两次反法联盟，均被法国粉碎。1808 年 8 月，在比利牛斯半岛的战争中，韦尔斯将军（即以后的威灵顿公爵）显露头角。他率领 2 万英军歼灭敌兵，占领葡萄牙。但这只是局部的胜利。

1812 年拿破仑侵俄战争失败后，第六次反法联盟迅速组成。1813 年 10 月 16 日，英军会同联军赢得了来比锡大捷。拿破仑退位，被流放厄尔巴岛。英国外交大臣卡斯尔累在维也纳会议上，为法国和欧洲问题与各大国钩心斗角。不料，拿破仑突然逃离流放地，登陆后顺利抵达巴黎，重登帝位。各国君主闻讯，匆匆组成庞大的第七次反法联盟。1815 年 6 月 18 日，联军在威灵顿的指挥下，在滑铁卢彻底击败拿破仑军队。反法战争终于结束。

英国在这场历时多年的战争中，付出了巨大的代价，却在维也纳会议上赢得了经济和军事上的好处，确立了它在欧洲第一强国的地位。

英国在反法战争中的一个重要插曲，是于 1812—1814 年与美国进行了一场战争。它起因于 1806 年以来英国对法国的反封锁。新建的利物浦政府考虑到这样下去，会继续导致英、美两国贸易亏损，于 6 月 26 日宣布废除对美贸易的一切限制时，实际上美国已于一周前对英国宣战。这是由于当时信息传递较慢，英国政府不知此事。开战后，英军在海上虽有挫折，但始终保持优势。1814 年 8 月，英军占领了华盛顿，放火焚烧建筑物，激起美国人的顽强抵抗。1814 年 12 月，两国签订和约，结束战事。

五、第一次议会改革

反拿破仑战争结束后，激进派运动再次出现高潮。资产阶级把反对"谷物法"和争取议会改革结合在一起，把宣传重点转向下层群众。另外，工人阶级随着队伍的壮大，开始成立独立的组织，提出了目标更鲜明、更激进的政治主张。1818 年 8 月 16 日，曼彻斯特 6 万名工人和市民聚集圣彼得广场集会，要求改革议会选举制度，取消禁止结社法和"谷物法"，遭到军队残酷镇压，死伤数百人。对此惨案，人们以滑铁卢比之，称"彼得卢惨案"。12 月议会通过"六项法令"：禁止出版、结社自由，禁止较大型聚会，禁止藏匿、使用武器和进行武装训练等，激起反抗。1820 年 2 月，发生了暗杀大臣的案件。随即，格拉斯哥一带有 6 万工人举行政治罢工。

高涨的反抗局势，使某些托利党人认识到：镇压政策有引起革命的危险；为缓和国内矛盾，应实行一些社会改革。1820 年夏，利物浦伯爵改组内阁。新阁员坎宁等人主张在维护十地贵族利益的原则下，适当照顾工业资产阶级利

彼得卢大屠杀

益，但引起威灵顿为首的右翼势力的不满。多亏利物浦首相从中调解，两派才没有公开分裂。1827年春，利物浦重病辞职，坎宁受命组阁。威灵顿等人离开政府。坎宁上任数月后也病故。随后戈德里奇支撑了5个月，无奈辞职。威灵顿就任首相。

威灵顿一上台就面对议会改革问题——在两个小选邑中发现了严重舞弊现象。辉格党人约翰·罗素在下院提出议案，要求取消它们选派议员的权利。托利党极端派主张把两处议席转给政府控制的地区，遭到坎宁派的抵制。他们认为至少应把其中一半席位转让给新兴城市伯明翰。威灵顿在两派中斡旋，但当有人提出议会改革案时，他又断然拒绝。

威灵顿虽能暂时抵制议会改革，却难以对付爱尔兰天主教徒的反抗。1800年英国彻底兼并了爱尔兰后，当地的天主教徒完全被排斥在政府和议会之外。19世纪20年代，爱尔兰律师丹尼尔·奥康内尔领导建立了天主教联盟，力图重建爱尔兰议会，在英国统治下实行自治；并首先要求使天主教徒获得公民权，选举他们的代理人进入伦敦议会。两年后天主教联盟取得了第一个胜利，又过两年奥康内尔竞选成功，但都被托利党政府宣布无效。爱尔兰人举行大规模示威游行。这提醒威灵顿：如果政府继续拒绝天主教徒的选举权，爱尔兰就会爆发革命，英国就会陷于政治动荡。为避免内战，威灵顿改变态度，说服国王和同僚正视现实，于1829年强使议会通过了《天主教徒解禁法案》。该法案实施后，几十名天主教议员进入英国下院。从此，每当辉格党缺少可靠多数时，他们的支持就格外重要。

1830年英国局势更加紧张。工人失业率创15年来最高水平。农村出现了破坏机器的"斯温运动"。大约同时，法国发生了"七月革命"，推翻了波旁复辟王朝；比利时也脱离荷兰而独立。国内改革运动空前高涨。同年4月，国王乔治四世去世。依惯例重新进行大选。

新议会召开后，坎宁派很快投向辉格党，反对派实力壮大。11月15日，他们击败政府，威灵顿内阁立即解散。辉格党贵族格雷伯爵组阁。这一变动标志着寡头统治的结束。至此，议会改革条件已经成熟。

工业资产阶级的经济力量已相当强大，足以与大地产者和银行家抗衡。但是，工业资产阶级的政治地位和他们迅速膨胀的经济实力不相称。他们大多不能利用自己对城市居民的经济统治地位去获得议席，因为依附于他们的居民不是选民。工业资产阶级政治地位和经济地位的不相称，同腐朽的议会制有很大关系。

多年来，英国议会的腐败，以及席位的分配极不合理，早已到了荒唐的地步。工业革命开始以来，由于纺织、冶金和采煤工业的发展，西北部出现了一些人口众多的新兴工业城市，如曼彻斯特、利物浦、伯明翰、利兹、格拉斯哥、设菲尔德等。相反，一些本来很富庶的农业区，却由于自耕农的减少，变得很不景气。一些选邑本来选民较多，现在减少到几十名、十余名甚至更少。各郡选区中，选民和议员的分布也不合理。英格兰康沃尔郡在工业革命前人口较多，划分为两个选区和20个选邑；目下，此郡人口大减，仍选送44名议员。同时期的兰开夏郡，人口达130万，只能选送2名议员。苏格兰拥有数百万人口，仅能选送45名议员。在西北部新兴工业城市中，1831年曼彻斯特有18.2万居民，伯明翰有14.9万人，利兹有12.3万人，却都无权选送议员。

除议席分配不合理外，英国各地，特别是郡选区居民中选民所占比例过低。第一次议会改革前英国2400万居民中，仅有40万人享有选举权。其中苏格兰爱丁堡郡约有居民20万，仅有100人是选民。布特郡人口超过1.4万，仅12人享有选举权。在这种腐败的选举制度下，贿买选民和指定议员的现象司空见惯。1827年，根据托利党政论家约翰·克罗克的估计：议会658名议员中仍有270名受大地主赞助人的控制；其中受托利党支配的就有203名。这些根本不具备代表性质的议员，在议会活动中极力捍卫土地贵族、大商人和金融家的利益，而对其他阶级的利益不屑一顾。[①]1815 年"谷物法"的通过就是一例。

工业革命的发展、社会经济地理的变化和新兴资产阶级的成长反衬出英国议会选举制度的陈旧过时，使政治改革问题提上了日程。随着国内政治危机的加重，不仅广大群众和资产阶级激进派参与不同形式的斗争。甚至在上层统治阶级内部，一些有识之士也认识到了实行改革的必要性。

格雷领导的辉格党内阁之所以能举起议会改革的旗帜，是想借机扩大政治影响，挫败政敌托利党以保证辉格党的长期统治。为此，他任命了一个议会改革草案起草委员会，指示他们起草一个尽量少地满足公众的改革要求、最有可能被议会两院和国王接受的文件。

1831 年 3 月 1 日，议会改革方案终于问世。它建议取消 60 个不足 2000 人的小选邑，47 个居民在 2000—4000 之间的较小选区取消一个议席。余出议席的大部分将分给那些代表人数不足或没有代表的工业区。

两院围绕该议案连续辩论 3 周。23 日下院分组投票时，仅以一票之多通过，但被上院否决。迅即，国内舆论大哗。为扩大政府在下院的力量，格雷要求国王解散议会，重新进行大选。结果托利党候选人纷纷落选。辉格党人在新议会中获得 100 多席的多数，重新通过改革议案。提交上院后，以 41 票之差被否决。

各家报纸立即报道了这一消息，改革派报纸公布了反对改革的议员的名单。70 000 个示威者向伦敦进发。伯明翰整夜鸣钟，10 万人聚会。德比、沃切斯特、巴斯等地发生暴动。内阁出现了分歧。改革派要求国王加封足够多的贵族，改变上院的力量对比，以确保政府议案的通过。

1831 年 12 月，罗素第三次提交改革议案，在下院以绝对多数通过。翌年 5 月，在上院又被否决。格雷敦促国王加封足够的贵族。国王却邀请威灵顿和皮尔组阁，希望他们能像解放天主教徒那样实行改革，避免两院对立。但皮尔不肯从命。国内局势再度动荡。大城市举行游行示威。其中伯明翰示威者多达 20 万人。威灵顿的住宅受到袭击，不敢再次出面组阁。威廉四世只得建议托利党贵族以缺席的方式来避免采取加封贵族这种非常手段。6 月 4 日，议案再次提交上院，终于以绝对多数通过。

根据 1832 年改革法令,56 个"腐败选区"被废除,30 个小选区失掉一个席位。

---

① 阎照祥:《英国政治制度史》,人民出版社 1999 年版, 第 285 页。

在伦敦和其他新兴城市，新设了 40 多个选区。即便如此，仍有一些小选邑被保留下来；一些人口较多的城市依然无权选送代表。长期存在的郡选区和城镇选邑之间席位分配不合理未能改变。改革法案还保留了选举人的财产资格，规定地主或房主年收入达 10 镑者、租地经营者年收入达 50 镑者才有选举权。故选民增加不多。在英格兰和威尔士，各郡选民由 20 多万人增加到 37 万人，城镇选民由 18 万人增加到 28 万人。全国选民大约增加了 30 万，即由 1831 年的 51 万增加到 81 万。选民在全国成年居民中的比例由 5% 提高到 8%。就议会阶级成分来看，议案仍未动摇土地贵族的优势地位。[①] 在这场斗争中担任了绝大部分斗争任务的无产阶级和广大人民群众，依然没有选举权。

尽管如此，1832 年议会改革仍然是英国历史上的重大事件，是英国实行政治改革的重要起点。这次改革暂时调整了统治阶级的内部矛盾，为工业资产阶级代表打开了议会的大门。

六、欧文与欧文主义

工业革命使英国社会各阶级发生剧烈的两极分化。少数资产者迅速致富；广大无产者沦为机器的附属品，失业、饥饿、疾病和贫困成了他们长久的伴随者。压迫引起了工人反抗，但几乎每次反抗都遭到镇压。

英国无产阶级和人民大众同资产阶级之间的矛盾和斗争，引起社会舆论的密切关注。一些富于社会责任心的人道主义者、乌托邦主义者，试图寻找一种既能避免暴力震动、又能改造现状的理想方式，并通过自己的不懈实验和理论宣传，力图建立一个没有贫富对立的美好社会。其中最典型的，是欧文和他的学说。

罗伯特·欧文（1771—1858 年）是杰出的空想社会主义者和社会活动家，出生于蒙哥马利郡的纽汤镇，父亲是小手工业者，家境平平。欧文 9 岁就在一家店铺里当学徒，自谋生计；10 岁离开家庭，先后做过店员、职员，18 岁开

---

① A. Briggs, *The Age of Improvement 1783–1867*, p. 92.

办工厂，20 岁在曼彻斯特一家先进的大棉纺厂当经理，不久兼管另外两个企业，以擅长管理在实业界崭露头角。欧文没有接受过系统完善的教育，但勤奋好学，1793 年参加曼彻斯特"文学哲学协会"，研读葛德文① 等人的著作，并终生否认基督教信仰，坚持无神论。90 年代末，他前往格拉斯哥，与大工厂主戴尔的爱女卡罗琳完婚，在岳丈的支持下，担任新拉纳克纺纱公司的经理。该企业曾是"珍妮机"的诞生处，目下有 2500 人，其中一些是童工、流浪者和堕落分子。他们居住和劳动条件恶劣，工时过长，工资微薄，不易管理。欧文却能独辟蹊径，获取理想效果。他将工时减少 3 小时，提高工资，限制童工，采用定级考核、记录个人表现的办法激发工人的生产积极性。同时创办工厂商店、工人互助储金会、医院、厂属幼儿园、职业培训学校、公共食堂等，尽力改善工人居住条件，发放抚恤金。不久，该企业取得显著成效，产值利润大幅度增加，赢得社会赞扬。

欧文不以此为满足，自 1812 年起，他撰写了《关于新拉纳克工厂的报告》、《新社会观，或论人类性格的形成》等著作，宣传自己的成就和改造社会方略，引起广泛赞赏。而后他考察国内外多家工厂，在各地演讲，与内阁阁员和议会议员乃至"神圣同盟"的君主显贵们交往，呼吁开明管理，制定工厂立法，限定工作日，渐渐由一个人道主义慈善家，转变为力图改变社会不公平现象的社会主义者。

1820 年，欧文在《致拉纳克郡报告》中，提出一套"能使国家比较顺利地繁荣起来"的改造计划，较完整地阐释了他的空想社会主义思想，制定出消灭私有制、实现公有制、权利平等和共同劳动的理想化措施。其中包括采用新的耕作方法、公共管理方式、交换和分配手段，甚至规定了每个村庄的居民人数、耕地面积、公共设施、饮食服饰等。拉纳克的绅士们建立了一个委员会，讨论该报告，并将它两次送往下院。一个慈善团体在伦敦召集会议，为他募捐了 5 万英镑。②

欧文的名声越来越大，很快聚集了一批信徒。欧文的理想主义意念继续发挥。他自 1824 年起，带领 4 个儿子和信徒前往美国，用巨资购买了 3 万多英亩地产和建筑物，费时 4 年创办"新和谐村"。这时，他以往那种冷静精密、

---

① 葛德文（1756—1836 年）是英国哲学家、政治报刊撰稿人、不信奉国教者，著文提出无神论、自由主义和个人自由，是英国浪漫主义文学运动的先驱人物。

② 玛格丽特·柯尔：《欧文传》，商务印书馆 1995 年版，第 136—140 页。

讲究实际的商业意识统统不见了，代之以在理想鼓舞下的周密设计和形象构思。但他灰心地看到，和谐村的人事关系不尽人意，创业筹备困难重重。一些由他所设想的举措，如公众穿着统一的服装、抽签挑选舞伴等，得不到全体成员的赞同。最后，他在耗费大量钱财的情况下，承认自己的实验"是建立在迷信的基础上，没有获得相互忍耐和宽容的道德品质"，宣布解散新和谐村。1829 年他返回英国，继续从事社会主义的宣传和实践。

实验的失败损害了他的社会形象。攻击、诽谤、污蔑、恐吓、盘诘纷至沓来。教会僧侣攻击他藐视上帝，政府官员嘲笑他想入非非。他的关于社会主义思想论文被报刊拒绝发表。但他仍不灰心，一面继续建立生产合作社和公平交换市场的实验，一面潜心著述，撰写了大量阐述其空想社会主义观点的论著。

欧文的代表作是《新道德自由书》，包括 8 篇论文，于 1836—1844 年分册出版。其中，着重批判了阻碍社会发展的"三位一体的祸害"——所有制、宗教和婚姻形式。并指出私有制是诸祸之首，是以往和现在"人们所犯的无数罪行和所遭受的无数灾害的原因"。它使财产持有者变成利欲熏心、冷酷无情的利己主义者。而且，私有制不仅使少数人滥用社会财富，还使人们拜倒在金钱之下，造成"各国的一切阶级之间的纷争的永久根源"，阻碍社会进步。在分析私有制种种罪恶后，他断定："私有制使人变成魔鬼，使全世界变成地狱"，在理论上不符合正义，在实践中不合乎理性。另外，欧文在批判私有制时，能以李嘉图的劳动价值论为依据，申明"一切财富都来自劳动和知识"，创造财富者本应享有自己全部的劳动产品。可令人失望的是，到处是不劳而获和大批工人的失业贫困。所以，应对社会加以改造，实施新的价值标准，使劳动者不再是工资制度的奴隶。

至于建立在私有制基础上的婚姻制度，欧文指出它同样充满了虚伪和欺骗，是以谋取财产为目的，当事人缺少真正的爱情，受害最大的往往是妇女。所以，它同私有制一样，应该被消灭。欧文认为，在新制度下的爱情是以相互了解为基础的，它不单是个人问题，还牵涉到整个社会的美德和幸福。他希望在新制度下，制定婚姻法，规范人们的结婚和离婚等行为。这在多年限制离婚的英国，属于超前的思想。

比起当时绝大多数人，欧文在宗教问题上比较理智洒脱。他劝人们正确认识宗教的实质，奉劝人们抛弃宗教所造成的愚昧，培植宽容向善的品质；并认定宗教自由，是每个人应该具有的权利。可以看出，他在宗教问题上所提倡的，多是伦理道德方面的要求。

欧文对理想社会的描述，集中体现在他所憧憬的以公有制为基础的"劳动公社"上。公社的基本原则是：共同劳动、共同消费、共同保有财产，可见它是一个公平、富裕和平等的社会制度。公社成员按照年龄分为 9 个组。前 3 组是幼婴到 15 岁的少年，分别接受培养，学习各种技艺；15—20 岁和 20—25 岁的两组是生产主力；25—30 岁的第六组负责财富保管和分配；第七组是 30—40 岁的人，从事内部管理；第八组是 40—60 岁者，掌管对外事务。60 岁以上者监督对公社宪法的执行，安度晚年。在公社财富分配上，欧文主张实行按需分配。由此可以看出他是具有共产主义信念的空想社会主义者。

进入老年后，欧文在信念上的执著仍未减退，对社会改革的兴趣至死不渝。他仅在 1825—1837 年间，就有过 200 多次宣传旅行，发表过上千次演说和 500 多次呼吁书，给报社写过 2000 多篇文章。1858 年，他 87 岁了，重病在身，还由 4 名警察把他抬上讲台，做了最后一次讲演，但已没有力气讲完了。

欧文身后，对其行为和主张，讥讽批评者有之，赞扬歌颂者有之。坚定的暴力主义革命家一面发掘他的思想精华，认可他对社会主义思想宝库的贡献，一面指责他对资本主义制度批判的不彻底性，不懂得阶级斗争的历史发展的动力，不认识无产阶级的历史使命。然而，我们不应忘记欧文所生活的时代环境，不能忽略欧文思想的主导面和超前性。应该看到，他是一位高瞻远瞩的思想家和有创新精神的社会教育家，其诸多主张还是在英国和其他国家实现了的。可以发现，经过费边社、工党和其他社会主义者，欧文的思想在不列颠福利国家建设中，部分地得到了实施。并由此避免了一些人为的流血、屈辱和痛苦。这些，也不应为后人所忽略。

七、政治经济学的突破

工业进步不仅带来了经济繁荣，也为政治经济学的发展提供了必要条件。纵观之，18 世纪后期至 19 世纪英国政治经济学在历史上占有权威性地位，被称为"古典政治经济学"。

配第、洛克、达德利·诺芝、约瑟夫·马西和詹姆士·斯图亚特等人是英国古典政治经济学的先驱。其中威廉·配第（1623—1687年）既是经济学家，又是统计学家、医生、音乐家、测量学家、发明家、议员和政治算术的创始人。他主要活动在政治革命和手工工场阶段。当时，由于工场手工业的发展，流通从对生产的独立变成为再生产过程中的一个因素。经济学研究实现了从重商主义经济学向"现代真正经济科学"的转变，为此，研究的出发点就开始从流通过程转到生产过程。配第最出色的著作是1662年出版的《赋税论》，其中他把经济学研究对象从流通领域转到生产领域，指出生产所必需的劳动是交换价值的主要决定因素。《赋税论》的问世标志着英国古典政治经济学的诞生。为此，马克思称他为"英国政治经济学之父"。配第主张发挥个人谋求利益的自由，但认为国家有责任用财政、金融政策和市政工程来维持高水平就业。

同时期和稍后的其他经济学家，或提出利息和地租都是对别人剩余劳动的占有，或把借贷资本与货币分开，或反对重商主义主张自由贸易，或探究利润的起源、区分使用价值和交换价值。这些研究成果，为经济学进一步发展准备了基础。

政治经济学的杰出发展者是亚当·斯密（1723—1790年）。他出生苏格兰，毕业于牛津大学，五六十年代在格拉斯哥任教授时就以博学闻名，通晓修辞、历史、哲学、伦理等多种学科，且深入社会，交游广泛。他的第一部著作《道德情操论》，奠定了经济学研究的心理学基础，赢得学界赞赏。斯密生活在工业革命前夕和前期，资本主义得到迅速发展，但受到传统势力的阻碍，故有必要倡导新理论，冲破观念和政策上的障碍。1776年，斯密出版了被称为"第一部伟大的完整的政治经济学著作"——《国民财富的性质和原因的研究》（以下简称《国富论》）。其中把人类历史分为狩猎、游牧农业、封建采邑和商业互相依赖阶段。强调在最后阶段里要产生新的经济制度，企业发展需要自由而不要政府限制。这就是自由放任的资本主义。

亚当·斯密

　　斯密在考察价值问题时，首先区分了使用价值和交换价值两个概念，指出前者表示物品的效用，后者指占有某物后而取得的购买力；并认为：某一物品交换价值的大小和它的使用价值是不相干的；使用价值很大的物品往往只有很小的交换价值。继而，斯密第一次正确阐述了社会阶级机构，指出资本主义社会是由资本家、工人和地主阶级构成的，从而把资本家和雇佣工人视作两个独立的阶级，并初步懂得用人们对生产资料的占有程度作为划分阶级的标准。这在当时是很卓越的见解。另外，斯密还把工资、利润和地租确定为社会的基本收入，认为其中只有工资是劳动收入，其他两项是从产品价值中扣除工资后的余额。换言之，利润和地租就是剩余价值。他已经发现，剩余价值是在资本主义生产中才出现的，还驳斥了某些为资本辩护的观点，指出利润不是资本家指挥、监督生产的工资，而是对工人劳动的无偿占有，是同资本的大小成正比的。

　　斯密《国富论》的中心思想，是把看起来杂乱无章的自由市场，看成一个具有自行调整机制的系统。商品供求和价格，都按照自由竞争的内在规律运行。若是自由竞争受到阻碍，那么自动调节就会受影响。因此他反对高关税，反对政府对商业和市场的干涉。

　　大卫·李嘉图（1772—1823 年）是古典政治经济学的完成者，主要生活在工业革命深入和接近完成时期。当时资本主义迅速发展，但还必须扫清前进中的障碍。他 14 岁就在父亲的证券交易所里工作，21 岁因改变宗教与家庭脱离关系，独立经营证券交易。1799 年阅读斯密的《国富论》，激发了对经济问题的兴趣，而后专心研究了英格兰银行政策、"谷物法"、地租和工业利润的关系。1817 年发表了代表作《政治经济学及赋税原理》，分析了社会中三个阶级，即地主、工人和资本家在社会产品分配方面的规律。由于斯密对科学的真诚，对实践考察的敏锐，使他能对资产阶级经济学无所顾忌地作出总结，提出可贵见解。他著述不多，但某些学术观点颇具新意。例如，他虽然同意斯密关于剩余价值和交换价值的解释，但认为没有使用价值的东西绝不能有交换价值。李嘉图对资本主义制度下工人阶级状况的认识，也与斯密有别。斯密认为资本主义的发展会提高工人待遇，改善工人生活。李嘉图则得出相反结论：生产效率的提高，不仅未使工人改善待遇，反而有下降趋势。因为，工资和利润是互成反比例而变化的。工资的提高必然会引起利润的下降，这就指明了工资和利润的对立，揭示了社会阶级矛盾和斗争的根源。但是，由于李嘉图从事经济学研究时间较短，把经济学的范围规定得比较狭窄，就缺少社会学方面的内容。

这一时期社会科学研究的一突破性发展，是边沁、穆勒等学者努力把社会经济问题同哲学、政治学、伦理学、法学结合起来，提出功利主义理论体系。其中杰勒密·边沁（1748—1832年）的代表作有1776年发表的《政府片论》和1789年发表的《道德和立法原则概述》。詹姆士·穆勒（1773—1836年）是边沁多年的伙伴和虔诚信徒，研究范围涉及多种领域，代表作是《政治经济学原理》（1821年）。

他们一致认为，避苦求乐是由人的天性决定的，人类行为完全以快乐和痛苦为动机；而人类的唯一目的就是谋求幸福，所以对幸福的促进与否就成为判断人的一切行为的标准。边沁认为，凡有助于产生快乐的行为和事物是善的，反之是坏的。某事物若能最大量带来幸福和减少痛苦，即是至善。穆勒强调对经济学要采用人文主义的方法来研究。而且，他们还把功利主义原则运用于政治和法学研究，判断国家机构和法律的好坏。

就历史作用来看，边沁和穆勒的功利主义是从政治学和伦理学的角度为资产阶级呐喊助威的，虽然会有时代和阶级的局限性，但在当时和以后相当时期内，具有积极的社会意义。后来，东方有些学者把功利主义简单地解释为利己主义，似乎失于偏颇。

八、浪漫主义诗歌

18世纪末和19世纪初的英国社会处在剧烈变革和转型时期，也为诗人才情的发挥提供了广泛的素材。不列颠秀丽的风光、古老丰富的人文、千姿百态的民事、腐败的政治以及他国民族主义斗争和影响，成为诗人发散豪情的题材。英国诗坛出现了一个充满浪漫主义豪情的时代。

由于诗歌是心声的展露，是正义的呼唤，激情的升腾，理念的超前，所以它必须借助于正直无畏的人格。很难设想某个伟大诗人，会是一位蝇营狗苟、品行龌龊的小人；而处心积虑媚上欺下的势利者，也绝对不会书写出璀璨的诗篇。

　　苏格兰民族诗人彭斯用他的人生和诗作证实了此点。罗伯特·彭斯（1759—1796 年）出生于艾尔郡一个及其贫苦的农民家庭，父亲劳累致死。他从小就在田间劳动，对当时的社会极为不满，并对各种宗教和政治思想予以辛辣的讽刺。彭斯仅受过极少的教育，却又博学。幼时即喜欢苏格兰民歌和民间故事，并开始模仿性创作，以后尽力收集。他的诗歌里，善于表达瞬间的经历和人的感情，摈除一切理念化和概念化的虚饰。例如，他在《不管他们那一套》中这样展示心声：

> 有没有人，为了正大光明的贫穷
>
> 而垂头丧气，挺不起腰——
>
> 这种怯弱的奴才，我们不齿他！
>
> 我们敢于贫穷，不管他们那一套。
>
> 什么低贱的劳动？
>
> 官衔只是金币上的花纹，
>
> 人才是真金，不管他们那一套！

　　很少有人把彭斯归入浪漫主义诗人的行列，却承认他用感情充沛、节律铿锵的诗篇预示着一个浪漫主义诗歌时代的到来。

　　在大诗人的行列中，威廉·华兹华斯（1770—1850 年）是这一批诗人中最长寿的一位。他出生于英格兰北部湖区的科克茅斯，饱受湖光水色的陶冶，以至于他的诗作的主题多是描写人与大自然的和谐。他曾把法国大革命视为争取人类自由的伟大运动，热烈欢迎它；并为英国在政治上的滞后而忍受道德上的震动。但在随后的岁月里，眼看着拿破仑战争对欧洲的蹂躏，他又不得不经历一种精神幻灭的极度痛苦，认定高卢雄鸡已经走上了查理大帝的道路。

> 而现在，轮到他们变成侵略者，
>
> 法国人已经变一场自卫战争
>
> 为一场征服战争，看不见他们
>
> 曾经为之奋斗的一切。①

　　华兹华斯他把前半生献给诗歌，那时他在生活与情感方面，也富于挑战性。他长期处于胞妹多萝西的感情影响之下，对她的钟爱似乎超出了道德的许可。他凭着中青年时期的激情，捧出了大量诗作。其中《序曲》是自传诗，脱

---

① 转引自艾弗·埃文斯：《英国文学简史》，人民文学出版社 1984 年版，第 69 页。

稿于 1805 年，回顾了本人成长的过程和各个时期的感受，而《漫游》则表达了他的一些最深刻的信念。大约在 1815 年，他的诗才已枯竭。后人为之惋惜，可这有利于他在后半生，用平静理智的心态，回顾浪漫主义诗歌勃发暴长的历程。

戴维·柯尔律治（1772—1834 年）是华兹华斯兄妹的挚友。他们于 1795 年在湖区相遇，被称为"湖畔派"，其友情与合作成为诗坛佳话。这时柯尔律治在智力情感上正处于蓬勃奔放之际，确信每人身上都有强烈的"生命意识"。他用激情把华兹华斯从对时局的悲愤和消沉中搭救出来，继续讴歌大自然。二人于 1798 年出版了《抒情歌谣集》，从而开创了英国文学史上浪漫主义时期。

这时，柯尔律治以多病之身，在鸦片酊的刺激下，创作了神秘的《忽必烈汗》。该诗的异国情调和迷人的节奏使许多评论家感到费解，可又承认其结构的复杂，内涵的高超。柯尔律治的另一代表作是《古舟子咏》，用民歌形式讲述了一个神话故事：一个老水手违反生之原则，射杀信天翁，从而忍受身心折磨；直到他爱上水蛇时，才领悟了人类生命的创造过程。另外，柯尔律治的诗《法兰西颂》等，还反映了他的政治倾向和婚姻生活的不幸。

柯尔律治多年驰骋文坛，善于质疑问难，并对同代文学家有很深的影响，赢得拜伦和济慈等人的敬重。他凭着评论家和哲学家的心智和创作感受，对诗歌的性质作了独到的诠释：

诗歌是一种创作类型，它与科学作品不同，它提出的直接目标不是真实，而是快感。与其他一切具有这种同样目标的创作类型不同，它的特点在于提供一种来自整体的快感，同时与其组成部分所给予的独特快感又协调一致。[①]

在英国诗坛上，拜伦勋爵（1788—1824 年）的诗才行止都是特行独步的。他是浪漫主义的象征，政治自由的旗帜。他出身贵族家庭，却终生冲击传统的羁绊。残疾、家庭破裂、婚姻变故、社会压力的折磨，使他具有敏感、自尊、孤傲、暴烈、悲观、阴郁等个性特点。同时也使他在批判道德世界时显得格外勇猛、深刻，更能把诗歌的浪漫主义发挥到极致，同时获得伟大诗人、伟大革命家的桂冠。在感情领域，他浪漫得异乎常人，私生活放荡不羁，恋爱事件层出不穷。独特的激情有时会促使他不顾世俗道德的约束，去寻求别致的情感，试探人类感情的黑洞。拜伦与妻子的离异以及他与同父异母姐姐奥古斯塔的微

---

① 转引自艾弗·埃文斯：《英国文学简史》，第 77 页。

妙关系，虽可解释为对感情缺憾的一种弥补，又成为政敌攻击他的武器。他生活上的坎坷，不但在《异教徒》、《阿比多斯的新娘》、《海盗》等诗中有所反映，同时还是其他一些诗篇的创作源泉。拜伦在游历欧洲大陆时发表的《唐璜》，是他最有代表性的长诗。

拜伦与意大利烧炭党发生联系，比较了解下层人民，对政治邪恶势力恨之入骨。他对政府当局的抨击，丝毫不亚于当时政论文的力度。他于 1820 年在《本国没有自由可以争取》中叹呼：

> 本国既没有自由可争取，
>
> 为邻国的自由战斗！
>
> 去关心希腊、罗马的声誉，
>
> 为这番事业断头！
>
> 为人类造福是豪侠的业绩，
>
> 报答常同样的隆重；
>
> 为自由而战吧，在哪儿都可以！
>
> 饮弹、绞死或受封！①

俄国革命民主主义者车尔尼雪夫斯基等人认为，这首诗，体现了拜伦一生的指导思想和行为准则。1824 年，他为了援助希腊人争取民族独立、反抗土耳其殖民统治，任伦敦希腊委员会代理人，并慷慨解囊，帮助建立希腊舰队。翌年患病，客死异乡。

在展示浪漫主义的魔力时，雪莱（1792—1822 年）最能与拜伦媲美。他不但是拜伦的至交，在出身、经历、性格、诗风等方面也有许多共同点。西方权威评论他："在一个伟大的诗的时代写出了最伟大的抒情诗、最伟大的悲剧、最伟大的爱情诗、最伟大的牧歌式挽诗，以及一批许多人认为就其形式、风格、意象和象征而论都是无与伦比的长诗和短诗"，虽有拔高之嫌，但说他热爱人类、献身理想、崇尚理性、追求真理、反抗邪恶、主张政治革命和社会改革等，却是十分真切的。雪莱代表性诗作《阿拉斯特，或孤独的精神》，完成于 1818 年夏季，它展露了雪莱诗作最重要的主题：理想和追求。

理想和追求使他格外果敢。彼得卢惨案发生不久，他发表了《暴政的假面游行》，号召人民起来推翻政府：

---

① 杨德豫、查良铮：《拜伦诗歌精选》，北岳文艺出版社 2000 年版，第 104 页。

像睡醒的狮子一样站起来，

你们的人数多得不可征服，

快摆脱束缚着你们的锁链，

像抖掉沉睡时沾身的霜露，

你们是多数，他们是少数。①

雪莱为了躲避国内的恶意攻击和休养病体，移居意大利。4 年里，他创作了《西风颂》、《致云雀》、《云》等名篇。其中《解放了的普罗米修斯》，是他最伟大的抒情诗剧，中心思想是善定胜恶。另外，雪莱在短暂的生涯里，还写了大量散文作品。这些作品分析精辟，语言精美，至今难被超越。他描写旅途见闻的书简也细腻动人。1822 年 7 月，雪莱在海上因船沉罹难，骨灰葬于罗马。

另一位才高命短的诗人是约翰·济慈（1795—1821 年）。他早年失去双亲，被外祖母收养。学医时偏偏迷上了诗歌。1816 年，他以《初读查普曼译荷马史诗》惊动诗坛，因此结识了利·亨特、雪莱、华兹华斯等著名诗人。1818 年 3 月，他在照料病重的弟弟时，以薄伽丘的《十日谈》为蓝本，写成叙事长诗《伊莎贝拉》，但不幸也染上肺病。这首长诗也和拜伦、雪莱的一些作品一样，善于用浪漫主义的字句影射当代的不公，使人读后回味无穷。例如，在《伊莎贝拉》里，有这样的一连串的质问：

他们为啥傲慢？莫非白玉泉

比可怜人的泪水涌出更多骄傲？

他们为啥傲慢？莫非美橙山

比乞丐的阶梯更加易于登攀？

他们为啥傲慢，莫非红线条障目

比希腊年代的歌曲更为丰富？

他们为啥傲慢？我们再大声询问，

他们为啥以光荣的名义来傲慢？②

而后他以病体之身勤奋创作，作品犹如泉涌。其中《恩底弥翁》，是以希腊神话中月亮女神与凡人恩底弥翁相爱为题材，发表后却因人事纠葛受到几家杂志的攻击。他毫不灰心，断言："我想我死后定能名居英国诗人的行列。"这

① 江枫译：《雪莱抒情诗精选》，太白文艺出版社 1997 年版，第 413 页。
② 转引自艾弗·埃文斯：《英国文学简史》，第 94 页。

时，他结识了芳妮·布劳尼。芳尼移居伦敦，与济慈为邻。这使诗人获得了一点珍贵的爱情。许多佳作，如《心灵》、《哀感》、《夜莺》、《希腊古瓮》等，在此时喷薄而出。它们的共同特点是从不同的角度咏叹了青春、美和生命的瞬息即逝，使人读后慨叹不止。1821 年，济慈在穷困中死于罗马。

浪漫主义诗歌似乎只能是青年人的事业，各种意外造成了 1832 年前后诗歌的中断：济慈死于 1821 年，雪莱死于 1822 年，拜伦死于 1824 年，而柯尔律治和华兹华斯的诗歌创作，实际上在 1830 年也已经终止。另一位诗人瓦尔特·司各特爵士（1771—1832 年）也在这时去世。

浪漫主义诗歌的暂时低落，无碍于英国文学发展。在新的社会条件下，还会有新的文学激流出现。

九、近代体育的萌生和发展

不列颠人是众所周知的体育爱好者，其运动类别形形色色。但在光荣革命之前，较为突出特点是地方性、传统性，而大众性普及的时代尚未到来。史书指明：当时，世人总是迷恋前辈们擅长的传统活动，努力使之流传后世；另一方面，人们还积极创新，不断增添新的竞技项目。

1603 年，理查德·卡若在其《康沃尔考察》中，详细描述了当地的体育竞技，说当时许多村镇，不但常有各类运动项目，还有较为详尽的比赛规则。地方上，常有 15—30 个团队来往竞赛，以决胜负。[①] 摔跤、角力、速度和耐力比赛，总会吸引众多的乡亲乡邻观看。18 世纪初，伦敦一带的体育比赛则有足球、摔跤、短棒球、九柱戏、板球、推移球、软毛球、圆环套桩、拔树桩、斗牛、斗熊、斗鸡等等。以后比赛项目继续增添。1801 年，在斯特拉特的《英国人的体育运动和消遣》里，所记载的项目又有明显增添。但仍然没有全国性体育赛事。

英国在成为城市化社会之前，体育活动及相关赛事有着季节性。播种和收

---

① Richard Holt, *Sport and the British: A Modern History*, Oxford University Press, 1989, p. 13.

获季节，乡下人忙于农事，疏于体育运动。秋后冬初农闲，乃是各类活动的旺期。

英国是一个典型的等级社会，体育活动也显露出地位差别和人以群分。贵族乡绅家资殷实，其体育活动不仅是为了休闲娱乐，还显露出富人气派、尚武精神和赌博趣味。他们喜好的项目有板球、狩猎、赛马、击剑、骑术等，大多需要上好的设备和场地。训练时有人指导；比赛时有裁判执行规则，场下有仆从杂役跟班陪伴；赛后则有人管理照料。于此，普通民众望洋兴叹。1700 年以后，贵族们的体育活动已具有群体性质。有人出资赞助，组建俱乐部，并有报刊宣称报道。而工匠农夫和帮工学徒的运动项目大多是因陋就简，聚散随意，就地取材。破街陋巷、田边地头都能成为体育比赛娱乐的场所。一只脏兮兮的软毛球就能玩上半晌。大家汗流浃背，开心尽兴。

有趣的是，城镇未婚者和已婚者在体育活动中，还表现出来一种"井水不犯河水"的分离感。这也是身份地位的差异所致。手工业师傅大多已婚，生活小康，矜持自信，拥有些许体育器材和比赛经验。而未婚者阮囊羞涩，却血气方刚，体能出色，多是竞赛的主力，愿在运动竞技中抹平身份差异，通过出色表现争取人格平等，并抗议成人对他们藐视和不公。

地方教区的体育活动还带有宗教色彩，它们多由地方名流和教会倡导发起，利用周末假日和圣徒纪念日开展，省去了一些繁琐。天主教徒喜好在秋末封斋节之前，举办运动会。天主教徒的运动会继承了欧洲大陆的庆典传统，有意宣传它们的教义，巩固扩大其教众组织。如在兰开郡的教区，青年天主教徒们利用五月节，在运动会上选举所谓的"宫廷总管"（Lord of Misrule），并模拟宫廷仪式，鸣钟击鼓，诵诗奏曲，载歌载舞。它们还在教堂院落中，或在教堂附近，欢呼游行，并委婉批评清教徒的"不良习俗"。

一些与家畜家禽相关的项目似乎有点残忍。如"掷鸡"，一个个壮汉手握活鸡的脖子，尽力甩出，投掷距离最远者为胜者。被投掷的活鸡则在一刹那间殒命。其他还有与宰杀活猪活羊活牛相关的运动，受虐动物叫声凄厉，鲜血四溅。当然，这种残忍的运动项目，并非肆意的凶杀，而是当时正值屠宰季节。[1] 乡民们如此作为，是为了培养男子汉精神。而且人们还相信，屠宰前举行斗牛赛，会排净体内糟粕，改善牛羊肉的质量。在规定的度斋日，学校还鼓励男生

---

[1] Richard Holt, *Sport and the British*: *A Modern History*, p. 16.

把活公鸡带到学校，效仿成年男子的投掷竞赛。其他一些项目，如足球之类，威猛小伙迅速奔跑，猛烈碰撞，强者为胜，亦能博得各教区支持者的喝彩。这种现象，并非不列颠人所独有，作为民俗，在当时的整个欧洲是普遍认可的。

诸般运动中，拥有较多群众基础的是拳击、划艇、赛马和板球。

关荣革命之后，拳击比赛逐渐流行开来，并较快具备了职业比赛的某些特征。该运动打斗场面迅猛快捷凶悍，富于刺激性，得到了贵族乡绅的赞助。1719 年，在一位伦敦出版富商的赞助下，不列颠首家专务拳击比赛的菲戈·艾姆波利姆赛厅隆重开业，并为其他地方所仿效。1743 年的一场比赛中，一名拳击手遭重拳打击致死。随即，荣膺英格兰第三个最重量级拳击赛冠军的杰克·布罗顿（1704—1789 年）制定了第一套拳击规则，发明了具有减压作用的厚手套。以后规则再经修改，得到公认，事故率有所下降。此规则一直实施到 19 世纪中叶。但随着该项目的扩展，恶性事故仍有发生。1787 年在伯明翰的拳击赛中，一日内竟有两名拳击手身亡。可事故之后众人兴趣不减。若有名手参赛，观众竟在万人之上。

拳击运动逐渐得到富人的赞助，在其行列中，土地贵族的身影格外突出，1750 年，坎伯兰公爵赞助布罗顿高达 10 000 英镑，世人为之瞠目。18 世纪后期，拳击比赛已经具备了职业化和公众赌博性质。拳击手的薪金多达 40 000 英镑。王室约克公爵和威尔士王子成为最大的参赌人。众多贵族乡绅竞相赞助，并提供私产房舍用做比赛场所。终于，这一项曾被认为野蛮凶狠的搏击项目，得到王室要员的理解和庇护。杰出的拳击优胜者则成为家喻户晓的名人和传奇人物。杰克·布罗顿高龄去世，被安葬在威斯敏斯特大教堂，与名流相伴。

在布罗顿之后，犹太拳击手门多扎盛名遐迩。而后，绰号"绅士"的杰克逊击败门多扎荣登魁首。伴随着拳击运动发展，出现了许多爱好者和满怀激情的观众。报道和评论拳击赛事的报刊成为热销品。其中有 1793 年创办的《体育周刊》、1796 年创办的《贝尔周讯》，以及 1801 年开始发行《每周快讯》等，都有较多的销量。1828—1829 年，一部 5 卷本的《拳击汇编》（*Boxiana*）成功发行，并由此巩固了拳击比赛在诸多运动中显著地位。以组织赛事为主要职能的拳击协会出现在伦敦，后在全国各地出现。各协会雇佣职员数十人不等。1780—1824 年，伦敦竟有 36 个拳击会，比利斯托尔有 20 个，伯明翰 10 个，旅游胜地巴斯 6 个；其他 40 个拳击会分布在国内其他城镇。

热度类似于拳击的运动是划船，同样拥有大量观众和赞助者，还得到青少年学生的青睐。起初，划船在公学里流行。不列颠纵横交错、星罗棋布的河流湖泊则为其推广提供了便利条件。18 世纪初，最有名气的赛场是流经伦敦的泰晤士河，以及在纽卡斯尔附近的泰恩河。最显赫的划桨高手，是爱尔兰演员托马斯·道杰特，成为青年学子和桨手景仰的偶像。令人惊叹的是，壮汉杰克·布罗顿竟然将这两项热门运动联系在一起——他还是著名的划桨奖金获得者。每逢划船比赛，人们蜂聚在河流两岸，举膊欢呼，激励自己所钟情的赛船。18 世纪末，起码出现了 3 个划船爱好者俱乐部。[①]1800 年前后，三所资深公学（伊顿公学、希鲁斯伯里公学和威斯敏斯特公学）和两所资深大学——牛津大学和剑桥大学，成为所有赛事中的声望最高的骨干船队。19 世纪 20 年代以来，一些船队定期比赛，它们都有自己的相对稳定的支持者。当泰恩河上举行大赛时，人们云集两岸，千万矿工和船工欢呼喝彩，惊天动地。场面隆重热烈，不亚于任何节庆。划桨强手在大众心目中的形象，犹如民族英雄。神桨手哈利·克莱斯波尔去世后，参加其葬礼的民众竟有 10 多万人。

在观众众多的运动中，堪与拳击、赛船媲美的是赛马。它们的不同点在于，拳击、划船比赛时，总有众多的下层百姓前往观看。而赛马却主要是社会中上层的热门项目。王室也积极参与。这不仅因为观看赛马的门票较高，还因赌马押注，钱数不菲。故而养马并雇人参赛的当事人，多是家资巨万的土地贵族。一匹名贵赛马，何止一家小康农户的家产！其他还有驯马师、教练、骑手，以及马厩等设施，开销巨大，普通人无法问津。1759 年，罗金厄姆侯爵花费 4586 英镑驯养骏马猎狗。1770 年，金斯顿公爵在一次赛马会上的马匹马厩的花费就达 560 英镑，加上养马人、驯马人和 9 名跟班、马弁的酬劳，以及在纽马基特赛马场和职业骑士师俱乐部的开销，数目十分巨大。18 世纪末，格罗夫纳勋爵每年赛马耗费 7000 英镑，其债务累计 15 万英镑。[②]

赛马场上，人们常常可以看到王室成员的影子。顺便说，英国赛马的起源也与王室有关。名马的进口，就可以追溯亨利八世时期，他指令专人从意大利和西班牙进口了若干柏布马，并修建了几处种马场。詹姆士一世在英格兰即位后，率先发起了赛马大会。而后查理一世积极经营，1649 年离世时留下了拥

---

① 这三所划船爱好者俱乐部分别是"明星俱乐部"、"箭矢俱乐部"和"鲨鱼俱乐部"。见 Richard Holt, *Sport and the British*: *A Modern History*, p. 22.

② G. E. Mingay, *English Landed Society in the 18th Century*, London, 1963, pp. 160, 151.

有 139 匹骏马的马场。稍后的查理二世被誉为"英格兰赛马之父",他发起了国王杯赛,并亲自制定了英国最早的赛马规则。在查理二世的赞助下,纽马基特被指定为英国最早的赛马中心。

18 世纪以来,一些崭新因素使赛马活动进入新的层次。一是被称做"汗血马"(bloodstock)的阿拉伯名种马被引入比赛,体形优美,速度惊人,观众为之一振。二是 1727 年出版了《赛马实录》(*Racing Calendar*),详细记载和通报有关赛事。三是在 1752 年组建了赛马总会(Jockey Club),推动了赛马活动的商业化,由此强化了贵族乡绅对赛事的控制。一些典范赛事,如 1776 年的圣勒杰尔赛马大会、1779 年的橡树林赛马大会、1780 年的德比大赛,均以实地比赛优化了比赛规则。为此,赛前需要做相当复杂的组织安排,启用颇多的人员和设施。而且,因当时交通设施的限制,运送赛马破费财力。只是到了铁路时代来临,运送赛马方便之后,英国赛马活动才渐渐具有了全国性大赛的性质。

顺便说,与赌博相关的赛事,18 世纪进入了高潮期,再往后更是司空见惯了。

如果说拳击、赛艇和赛马是以规模效应而形成鼎足之势的话,那么,板球则以其普及性而独占鳌头。板球类似于后世的小球赛,在英格兰南部诸郡尤为流行。1836 年,肯特郡的板球俱乐多达 159 家,萨塞克斯郡 109 家,汉普郡 88 家,埃塞克斯郡也有 86 家。英格兰和威尔士的板球俱乐部总数则在 1000 家之上。

除了上述几种热门比赛之外,还有一些似乎不上门面的民间比赛。例如"竞吃"大赛。参赛者需在给定的时间里吃掉尽量多的某种食品。竞争者狼吞虎咽,憨态百出,观者忍俊不禁,助兴喝彩。在文化娱乐生活尚不够丰富的近代前期,这些具有乡土气息的比赛妙趣横生,丰富了人们的生活,并一直延续到 19 世纪。

英国体育娱乐还具有典型的地域民族特色。英格兰人的运动不少受大陆影响,较为注重比赛技能和规则。威尔士和苏格兰居民较稀少,运动多有民俗气息。如苏格兰的投掷、射箭、搬重物等,就具有山地荒原的古朴和原始,体现出劳动生活的本色,显得剽悍粗犷。

不容忽略是,各类活动还刺激了商业活动。比赛时,观者云集,各类商贩借机营业,利润超过平时。剧院演出、歌舞和体育比赛风云际会。其中尤其是赛马、斗牛和板球等项目,人们竞相押注。地方报刊迅即加以评论,并预告未来的赛事。

第十章

自由主义时代

（19 世纪 30 年代—1900 年）

一、宪章运动

英国工业革命造就了两大对立阶级，也带来了突出的问题。竞争导致生产的盲目性，1825 年出现第一次全国性经济危机。以后大约 10 年一次，穿插着经济萧条。危机期间，商品过剩，生产缩减，企业倒闭，大批工人离开工厂；而女工、童工的大量使用致使越来越多的男工失业。在 1839 年的工厂里，女工占 58%；五六岁的幼童也成了役使对象。机器使众多手工业者破产，难以为生。许多工厂肆意延长工时，长者达 16—18 小时。罚款、克扣工资和变相欺诈司空见惯。劳动条件恶劣。工人住宅区缺少供水排污系统。曼彻斯特、伯明翰等市的工人多半住在阴暗、潮湿、狭窄的房舍、地下室里。贫民窟肮脏污秽，疾病流行。利物浦工人平均寿命只有 15 岁。曼彻斯特工人的 5 岁以下的幼儿夭折率达 7 成。各族劳动者里，爱尔兰工人境遇最惨。他们在遭受英国殖民者的劫掠后，流落到英格兰工业区，大多从事危险、繁重的工种，工资待遇和生活条件最差。

无产阶级的悲惨景况引起进步人士、人道主义者的关注和批评。缩短工时的实验可以追溯到罗伯特·欧文。托利党人也站在地主阶级立场上，抨击资产者和工厂制度。1832年，里兹、哈里法克斯等地建立了"缩短工时委员会"。工人运动活动家萨德勒提出了10小时工作制法案，翌年在托利党议员的支持下经议会通过，成为最早的工厂法。它将工时缩短了3—5小时，提出了青工培训、禁止使用9岁以下的童工、设立巡回监察员制的条文，但离工人要求仍差很远。

日益扩大的贫苦阶层影响到社会的安定。原有的济贫制度已不敷需要。政府在王室委员会调查的基础上，于1834年颁布了"济贫法修正案"，取消了贫民补助金，在各地设立了"劳动院"，规定救济金仅在劳动院中发放，"游手好闲者"难以得到任何帮助。被迫进入劳动院的穷人，按照年龄和性别分开编组，这就造成夫妻分居和家庭离散。院内生活条件恶劣，没有书籍和《圣经》，不许抽烟和玩耍。大家在规定的时间和地点享用同样的低劣饮食，甚至小孩进食时也不得讲话。劳动院工作繁重乏味。工人愤懑之极，称之为"穷人的巴士底狱"。先进分子认识到，只有扩大民主，改变政治体制，工人境况才会真正好转。

可是，第一次议会改革又使他们大失所望。在这场斗争中承担了大部分任务的无产阶级，依然没有选举权。他们将改革视为骗局，积极进行新的斗争。

拿破仑战争结束后，工人运动开始与以争取议会改革为中心内容的民主斗争相结合。1830年，棉纺织工人成立了"全国劳工保护协会"。1831年建立了"工人阶级全国联合会"。稍后，一些工会团体，如"建筑工人工会"、"纺织工人工会"、"缝纫工人工会"等，相继出现。1834年，它们联合组建了"全国各业统一工会"，会员逾80万人。这些工会受欧文主义、工团主义的影响，看重经济斗争。其中左翼分子在经受了有产阶级的排斥和愚弄之后，日益意识到他们与资产阶级的矛盾是不易调和的，从而走上了独立斗争的道路。1836年至19世纪50年代的宪章运动就是在这样的历史条件下产生的。

宪章运动是一场以工人阶级为主体、以争取议会改革为中心任务的群众性民主运动。它发端于1836年6月"伦敦工人协会"的建立和当月27日在纽卡斯尔市广场上的民众集会。会上，浩浩荡荡的游行队伍在军乐队的带领下，举着鲜艳的旗帜，列队行进，旗帜上书写着拜伦的诗句：

　　自由之神再一次召集大军，

　　发抖吧，你们这些暴君！

难道你们还讪笑这是虚张声势？

到头来，你们会流血而非流泪。[①]

宪章运动得名于激进派洛维特在 1837 年 5 月起草的"人民宪章"。宪章包括 6 项要求：成年男子普选权；按照代表和人口的比例合理划分选区；取消议员财产资格；议员支薪，以使工人进入议会；代表无记名投票；议会每年改选一次。

1838 年 5 月，人民宪章以法案形式公布，很快得到了广大工人的支持。各地召开大会，举行火炬游行，宣讲宪章精神。1839 年 2 月 4 日，宪章派在伦敦召开了第一次国民代表大会，通过《国民请愿书》，要求实施人民宪章。3 个月后就有 125 万人签名支持。

宪章派领导层成分复杂，行动策略上难免发生分歧。以洛维特为首的"道义派"代表收入较高的熟练工人和小资产阶级利益，主张扩大政治联盟，用经济斗争方式和"道义感化"实现宪章。"暴力派"则主张用政治斗争实现宪章，但其中也有分歧。以爱尔兰菲格斯·奥康瑙为首的激进派实际上反对"过激行为"，渐渐与主张发动武装起义的哈尼·琼斯和文森特等人相抵牾。

1839 年 7 月，请愿书呈交议会，被下院否决。各地民众游行示威。伯明翰工人发动起义，遭到政府镇压。[②]哈尼等 130 人被捕，判处流放或监禁。国民代表大会难以正常工作，9 月中旬解散。11 月 3 日，威尔士蒙默斯河谷的 3000 名矿工，为搭救文森特，在纽波特与政府伏兵激战，死伤约 70 人，125 人入狱。事后起义领导者被判处死刑；各地工人签名抗议，迫使政府将他们改为流放澳大利亚。1840 年春，镇压继续扩大，又有 500 名宪章派骨干或被投入囹圄，或被流放。有的被折磨至死。多数资产阶级激进派退出了运动。

1840 年 7 月 20—24 日，革命宪章派 23 名代表在曼彻斯特聚会，为加强领导创立了"全国宪章派协会"，最高机构是执行委员会，各地建立分会。会章规定会员交纳会费，定期集会，设有专职工作者和收支账目。由于会员多是工人，可知该会是一个类似于无产阶级政党的政治团体。1842 年夏，它拥有数百个支部和 7 万名会员。奥康瑙是执行委员会的核心人物。

1842 年春英国经济萧条，失业率上升。宪章运动出现第二次高潮。4 月，

---

① R.G.甘米奇：《宪章运动史》，商务印书馆 1979 年版，第 24 页。

② R.G.甘米奇：《宪章运动史》，第 143 页。

国民代表大会在伦敦通过了更加激进的第二次请愿书，除了保留原来的6项要求外，还要求取消新济贫法和劳动院、减税、缩短劳动时间、改善劳动条件、政教分离等要求。这不仅表明请愿书在很大程度上是一个工人阶级的文件，还说明宪章运动已演变为独立的工人阶级政治运动。三百多万人在上面签名。

议会否决了第二次请愿书，宪章派号召举行总罢工。8月8日，罢工先由兰开郡爆发，很快蔓延到一些工业城市。8月中旬，政府开始大规模逮捕宪章派人士，奥康瑙等人被捕。数以千计的罢工者被拘禁。翌年3月，兰开斯特巡回法庭审讯奥康瑙、哈尼等58人，遭到他们的严正反驳。各地民众向议会递交了近千份请愿书，迫使法庭释放所有被捕者。

1847年英国再次出现经济危机，宪章运动复苏。1848年法国二月革命鼓舞了不列颠工人。宪章运动第三次高潮立即到来。3月，格拉斯哥发生"饥饿示威"和暴动，60多人被捕。伦敦等地工人与军警发生冲突。4月3日，宪章派召开第三次代表大会，决定在首都举行大规模游行，护送请愿书至议会。政府调集大批军警准备镇压。4月10日，当浩浩荡荡的工人向议会行进时，遭到奥康瑙等人的劝阻。几个领导人把请愿书送到议会。但议会依然否决了第三次请愿书。政府下令解散宪章派组织，逮捕骨干分子。宪章运动再遭失败。

以后，宪章派继续创办报刊，召开会议，支持工人罢工示威，但不再发动以往那样的重大行动了。1858年2月8日宪章派召开最后一次代表大会，给

前往议会送交请愿书的宪章派

这场运动划了句号。

宪章运动是英国无产阶级的第一次独立的政治斗争，是历时长久、规模巨大的政治运动。它的示威请愿等施加政治压力的做法，在很大程度上，对以后英国工人运动的发展定下了基调。

后来，人们在分析宪章运动失败时，总能举出宪章派领导层的分歧，右翼领导者的三心二意和妥协，以及工人组织水平的限制等原因。但容易忽略某些更显重要的因素：统治阶级方面的政策变化，政府政策的调整和社会经济繁荣，等等。就政府政策而言，1847 年，议会通过议案，规定女工和未成年者工作日不得超过 10 小时。1849 年，议会增派监察员，检查和监督改造矿井安全设施，使事故发生率逐年下降。由于大量监察员的派出，纺织厂、铁路、船运、码头的工人的工伤事故也有所减少。在无产者、人道主义者和新闻媒体的批评下，救济金只在劳动院发放的规定不再严格执行，在四五十年代，80% 的济贫金是在劳动院之外发放的；劳动院的情况也有所改善。[①]

这一时期，英国统治阶级在经济上的重大举措，是废除了臭名昭著的谷物法，实行广泛的自由贸易政策。英国政治家马考莱认为：在欧洲到处发生革命的 1848 年，不列颠之所以能与革命无缘，也正是由于谷物法已经废除，使工业资产阶级和其他民众吐出了怨气。

在政治上，英国政府是比较灵活的。他们没有忘记彼得卢惨案所带来的耻辱，目下面对宏大的群众运动显得比较克制。许多情况下，示威工人若不诉诸武力，政府军警也尽量不首先使用武器。甚至在宪章运动低潮时，他们也有所让步。

尤其重要的是，40 年代中期以后，英国资本主义经济进入繁荣阶段，部分工人生活有了明显改善。当法国、德国工人的年平均工资分别为 21.1 英镑和 13.3 英镑时，英国工人的年平均工资已达 32.6 英镑。无怪乎一些人不像以往那样积极地参加宪章运动了。

我们还应该看到，宪章运动的失败是相对的。它毕竟向统治阶级施加了巨大的政治压力，促使政府加快了政治改革的步伐。半个多世纪后，人民宪章的 6 项要求里，除了议会每年改选一次之外，基本上都成为现实了。

---

① C. Roberts & D. Roberts, *A History of England, 1688 to the Present*. pp. 586-587.

二、"自由放任"和工业霸权

恰如 19 世纪英国的政治民主来之不易,资产阶级的经济自由也是经过了一番努力才得以获得的。

工业革命前,英国政府根据重商主义原则,在维护土地贵族利益的前提下,长期实施限制进口、支持出口的保护关税政策。最典型的行动,是议会在 1815 年制定"谷物法",规定:当国内小麦价格低于每夸特 80 先令时,禁止外国谷物进口。这项自私的法令保证地主阶级继续获取高额利润,却严重损伤了工业资产阶级的利益。二三十年里,他们一再举起"自由贸易"的旗帜,要求废除谷物法,改变政府现行经济政策。

英国的经济自由理论,可追溯到亚当·斯密和大卫·李嘉图等人的学说。1819 年,李嘉图成为议员,借下院之讲坛宣传自由放任主义,道出工业资产阶级的心声。翌年,曼彻斯特的工商业者以该市商会为基地,形成著名的"曼彻斯特学派"。19 世纪 30 年代,该派涌现出两位杰出的领袖。

理查德·科布登(1804—1865 年)是激进派政治家和自由贸易的倡导者。20 年代即从事棉布批发,1831 年开办印染厂。他长期漫游欧美,通晓国际商务,并撰写《英格兰、爱尔兰和美国》等小册子,要求政府通过人员和物资的交流,推进国际贸易。约翰·布赖特(1811—1889 年)也是成名颇早的政治演说家,崇尚宗教宽容和政治自由,20 多岁就在家乡成功领导了反对圣公会强迫征税的运动。他们经常演讲,激烈反对"谷物法"。1838 年 10 月,二人与一批工业资产阶级会集曼彻斯特,创建了压力团体"反谷物法同盟"。一年后它发展成为全国性组织。反谷物法同盟经费充足,活动频繁,注意依赖宪章派工人群众的支持,仅 1840 年就在各地召开过二百多次大型集会,向议会呈递了七百多件请愿书,散发了 1400 多万本小册子。1843 年他们在曼彻斯特建成了宏大的自由贸易大厅,作为集会场所,第一次开会时就筹款 5 万英镑。翌年,反谷物法同盟又印发了 900 万份小册子,发起赞助了 650 场演讲会,向议会派去了 156 名代表,出版了期刊《同盟》,在其他报纸杂志里添加了 425 000 个夹页,强烈反对农业保护关税,呼吁实行自由贸易,废除"谷物法"。在演讲中，他们配合默契，科布登善于提供有说服力的论据，布赖特则集中抨击地主的政治特权。反谷物法同盟与宪章派的重要区别，是他们在政治上比较灵活，并由于阶级利益的原因，使他们能够逐渐获得资产阶级政党和越来越多的下院议员的支持。

1841年，英国内阁重组，出身工厂主家庭的保守党领导人罗伯特·皮尔（1788—1850年）任首相。在19世纪英国政治家中，此人是顺应社会潮流的典型。早在1825—1830年他就改革了烦琐严酷的刑法，废除了多种死刑。1829年他主持建立了大伦敦地区警察队；1829年任内务大臣时，支持天主教徒解放法案。1834年，皮尔在发表《塔姆沃思声明》之后，被保守党拥戴为领袖。

1841年，皮尔任首相不久，宪章派和反谷物法同盟的斗争双双进入高潮，对政府造成强大压力。皮尔明了：谷物法抬高了谷物价格，影响了工商业资本者的利润，降低了民众生活水准，是社会动荡的重要原因。而若将之废除，就会使国外廉价谷物进入不列颠，降低食品和某些原料的价格，这不仅会使外商能够购买更多的英国产品，还会激发国内经济繁荣。此外，皮尔还在财政大臣古尔波恩和贸易大臣格莱斯顿的参与下，取消和降低了1000多种商品的进口税，全部废除了出口税，使旧的关税制度严重破坏，自由贸易占据上风。

皮尔政府能重新审视国家经济政策，还是政治策略的需要。1830年以来，保守党始终在野。目下只有实施政敌的自由主义政策，才有长期执政的可能。为此，他在1842年两次削减小麦进口税，降低了国内粮价与进口税的比率，但人们仍认为幅度不够大。而后，他目睹激进派反谷物法运动和经济形势的演变，决心不顾土地贵族和本党右翼的反对，取消对农业的一切保护措施，废除"谷物法"。

1845年以来的农业危机致使改革势在必行。在爱尔兰，马铃薯枯萎病造成农业严重歉收，下层民众苦苦捱日。在不列颠岛，马铃薯减产之前小麦已大面积减产，许多人难举常炊。倘若政府不及时采取果断措施从国外大批进口粮食，有可能出现饥民暴动和社会动荡。

1845年10月，皮尔在内阁会议上建议继续降低农产品进口税，几位阁员反对。1846年1月下旬，皮尔正式提出了废除《谷物法》的议案。经过4个月的激烈辩论，在自由党的支持下在两院通过，由维多利亚女王签署生效。

消息传出，成千上万的人们走上街头，集会庆祝。各家报纸发表社论，赞扬政府议案。皮尔成了改革楷模。

然而，这一行动使保守党发生分裂，皮尔很快下台。而后，皮尔采取超然态度，积极支持自由贸易政策。1849 年罗素政府废除《航海条例》，英国经济上的自由放任主义得到了充分体现。

恰巧，英国在 40 年代完成了工业革命，以骄人的成绩确立了世界工业霸主的地位。1850 年，英国生产了全世界金属制品、棉织品和铁产量的一半，煤产量的 2/3。其他如造船业、铁路修筑都居世界首位。1860 年，英国生产了世界工业产品的 40%—50%，欧洲工业品的 55%—60%。1870 年，英国钢产量仍占世界产量一半。1850 年，英国对外贸易占世界贸易总量的 20%。10 年后增至 40%。1851 年英国国民生产总值达 5.23 亿英镑。1870 年增加到 9.16 亿英镑。英镑成为国际货币。

工业化期间，英国人口发生空前变化。论其特点，一是人口总量增加极其迅速。其中英格兰由 1811 年的 1000 万人增至到 1881 年的 2600 万人。二是外流移民数量巨大。仅在 1853—1880 年就有 250 万人前往美国、加拿大、新西兰和南非。人口外流不仅减轻了国内就业压力，还为英国开辟了潜在的商品市场和原料产地，有利于所去国家的技术革新和经济发展。三是城乡人口比例倒置。随着工业化的实现，农业收入和从业人数同时减少，从而加快了城市化进程。19 世纪中叶农业收入仅占 20% 略强，1881 年下降为 1/10。1851 年，英国领世界之先，城市人口超过农村人口；1870 年城市人口占全国人口的 70%，大伦敦人口占全国人口的 1/5。其他工业城市的人口也有相应变化。

作为经济和文化发展的伴生物，英国的新闻业也走在世界最前列。由于广告税、印花税和纸税的削减和废除，报刊种类和发行量大幅度增加。1821 年创办的《曼彻斯特卫报》是一份 4 个版面的地方周报。1855 年改为日报，稍后版面扩大一倍，每天 16 个版页，发行量由 1828 年的 3000 份增至 80 年代的 40 000 份。《每日电讯报》达 20 万份。《旗帜报》亦有 15 万份。1785 年创办的《泰晤士报》也是最有影响的报纸之一，它恪守办报传统，写作和报道力求严格准确，大体上保持独立观点，受到中产阶级的推崇。

19 世纪中叶新闻业的迅速发展，除了得益于政府政策外，还由于电报的使用、商业新闻社的建立。1851 年，世界最早的通讯社之一——"路透社"由犹太人保尔·朱利叶斯·路透（1816—1899 年）在伦敦建立。7 年后，它得到第一家报社客户——《广告晨报》。以后继续为银行、经纪人交易所、大商业公司、报社供稿。1873 年，报社首次使用电报传递新闻，以前数日才能得到的消息现在只要几小时。

1851 年，英国人借召开第一届世界博览会之机，及时地向国内外民众展示了他们的业绩。这场博览会由维多利亚女王的丈夫阿尔伯特王子主持筹办。杰出的温室设计师约瑟夫·帕克斯顿爵士专门设计了宏大敞亮的展览厅——"水晶宫"。他采用了大量的铸铁预制构件和玻璃，覆盖面积达 90 万平方英尺，是罗马圣彼得大教堂的 4 倍，但建筑工期仅 6 个月。这一划时代的建筑物不仅体现了 19 世纪中叶的建筑艺术，更以它内部展品而惊动当世。外国人面对旋转不停的大功率纺纱机，700 马力的机器引擎，31 吨重的火车头，1144 吨的水压机，惊异感慨，对形形色色的水泵、机床、吊车、蒸汽机等，眼花缭乱。形状各异的运河、码头、桥梁和建筑模型，无不使人赞叹英国人构思的灵巧和神奇。展览会历时 140 天。根据参观时间的长短而出售不同的门票，价格分别为每张一先令、半克朗和一英镑不等。前后竟有 600 万人光临了这场博览会。[①]

博览会不仅向世界展示了英国工业化的成果，还展示了英国人超前的技术、巨大的创造力。这无疑会激发他们的民族自豪感和自信心。

水晶宫

---

① C. Roberts & D. Roberts, *A History of England, 1688 to the Present*, Prentice-Hall, Inc., Englewood, N. J., 1980, pp. 601–603.

三、政治改革的扩展

第一次议会改革极不彻底，下院多数议席仍被土地贵族控制，他们在下院占有大约一半的议席，所有地产利益的代表超过 400 余人。[1]

保守党领袖德比和迪斯累里不想让自由党垄断议会改革。他们于 1859 年抛出了该党第一个改革案。下院通过了罗素的谴责性动议，保守党议案夭折。1860 年自由党政府再次提出一个带有党派偏见的议会改革案，也很快搁浅。

第一国际建立后，工人阶级争取普选权的斗争进入新阶段。1865 年初，根据马克思建议，英国工人和激进派暂时结盟，在伦敦成立"全国改革同盟"。它在各地设立了分支机构，发布各种宣传品，号召民众积极参加争取普选权的斗争。

1866 年，经济危机来临。改革同盟加强宣传鼓动。1866 年 3 月，当时的内阁要臣格莱斯顿提出一个改革议案，预计将选民增加 40 万。遭到保守势力的反对。罗素内阁辞职。德比伯爵第三次组阁。

保守党内阁也面临严峻局面。它在下院缺少多数，随时可能垮台。工人阶级政治斗争正迅猛发展，处置不妥会引发革命。这次改革浪潮还与爱尔兰的革命运动遥相呼应。1867 年 3 月 8 日，迪斯累里提出新的议会改革草案，规定：凡缴纳直接税 20 先令和缴纳地方济贫税的市镇居民均可获得选举权。但为了防止工人获得较多选票又作了某些限制。辩论中，自由党部分议员嫌它保守，保守党右翼则怨它违背了保守主义传统。同时，改革同盟加紧了政治攻势。4 月初成立了一个庞大代表团，要与政府面谈普选权问题。1767 年 5 月 6 日，50 万民众聚集在海德公园；数百名议员在下院心神不宁地倾听政府发言人介绍新的改革议案。7 月 15 日，文件经修改后在下院通过，由上院和女王批准生效。

1867 年议会法规定：凡缴纳济贫税的房主和定居一年缴纳 10 英镑以上年租的房客，可获得选举权；在各郡，凡每年土地收入达 5 镑的农户或缴纳 5 镑租金的佃农可为选民。全国选民由 130 万增加到 200 余万，但全国半数以上

---

[1] L.Woodward, *The Age of Reform 1815–1870*, Oxford University Press, 1962, p. 92.

的男子和所有妇女仍然没有选举权。法案调整了选区设置，46个"腐败选区"被清除，曼彻斯特、利物浦、伯明翰等大城市拥有3个席位，伦敦选区独得4个议席。

1867年议会改革的突出进展是使土地贵族再次让步，工业资产阶级开始在议会中扮演主角。但贵族地主在上院和地方政府中还有颇大的势力，可用贿买威胁手段控制部分选民。1872年，格莱斯顿政府向议会提出并通过了《秘密投票法案》，各投票站开始采用无记名投票法，选举腐败行为明显收敛。

不久，两党争夺统治权的斗争加剧。自由党实力逐渐削弱。激进派和其他团体在全国各地集会，呼吁实现男子普选权。同时，保守党完成了组织更新，在各地加强竞选活动。种种压力迫使格莱斯顿实行新的议会改革。

1883年，政府颁布《取缔选举舞弊和非法行为令》。它规定禁止贿赂、款待、威胁以及冒名顶替等不正当行为，违者处以罚金和监禁。但此令还规定了所谓"合理费用"，用来支付监票人的报酬、竞选宣传和公共集会的开支，这为各党候选人及赞助者从事变相舞弊提供了借口。尽管如此，它仍有积极意义。

1884年12月，格莱斯顿促使议会颁布了第三次议会改革令，郡区选民和城区选民规定了同样的财产资格，每年收入10英镑的成年男子均可成为选民。大批农业工人获得了选举权。英国选民由1883年的315万人增加到改革后的570余万人。但仍有40%的男子和所有妇女没有得到选举权。1885年，议会还通过了《重新分配议席法案》，规定除22个城镇选区和牛津、剑桥大学选区外，各选区均选送一名议员。81个居民不到15 000人的城镇丧失了选派议员的资格；居民在50 000人之下的选区各减少一个议席。

议会改革拉开了政治变革的制动阀，文官制、司法和军队改革相继而至，英国在政治上出现了一个"改革时代"。

大略看来，此时中央行政改革主要在两个方面：一是根据日益增加的社会管理工作和对外扩张的需要，增设了一些政府部级机构。如在1854年增设殖民地事务部；1857年镇压印度民族大起义后立即建立印度事务部。其他如济贫部（1847年）、公务部（1852年）、地方事务部（1871年）、农业部（1889年）、教育部（1899年），等等，也都是为了适应不断扩充的政府工作需要，陆续建立的。二是对文官体制进行全面整顿和根本性改革，建立了近代文官制度。

英国近代文官制度改革是由多种原因促成的。19世纪中叶，英国完成了工业革命，生产规模、技术水平和商品贸易均居世界首位。议会改革使工业资产阶级开始占据统治地位，代表工业资产阶级利益的自由党人屡次执政。他们从功利主义观点出发，要求建立一个廉洁、高效的政府，促进本国经济发展。

英国政党政治的发展也要求建立新型文官制。两党制形成后，轮流执政频繁。某党一旦掌权，极力安排本党骨干，编织关系网。另一政党上台后如法炮制，并有意更改前任政策。在这种情况下，如何保持政府政策连续性和稳定性，成为政府关键问题。

英国文官系统的状况也迫切要求实行根本性改革。1841 年共有文官16 750 人。以后由于社会救济、工厂和铁路监督、贸易扩充，10 年后增至 3.9万人。① 人员膨胀给恩赐官职造成可乘之机，显官贵胄、执政党魁竞相在政府中安插亲近，文官素质每况愈下。

恰巧，19 世纪前期印度殖民政府和牛津、剑桥两所大学先后进行改革。它们的一些措施，如实行公开竞争考试选拔人才、奖优汰劣、奖勤罚懒等，为全面实行文官制度改革提供了宝贵经验。

1848 年起，议会任命了一些委员会，调查政府经费使用状况。诺斯科特和屈威廉积极参加，提出了文官制度改革的基本思路，并及时得到了自由党政府要员格莱斯顿和马考莱的支持。1853 年，财政部授权诺斯科特和屈威廉，拟订并提出了《关于建立常任英国文官制度的报告》。

报告批评了文官制度的种种弊病，对文官的选任、使用和晋升等，提出了一整套改革计划。大致来看，有几方面内容。

其一，区分文官类别，统一规定文官录用标准，量才使用。所有文官分为两类。高级文官要求具备多方面的才能、丰富的知识和经验，受过高等教育；其候选人应从牛津、剑桥等一流大学中招收，也可选用其他部门中的佼佼者。低级文官主要处理部内例行公事和带有一定机械性的工作，录用时以一般中等教育为标准。诸如文字抄写之类的事物性工作雇用计件工办理，各部门之间的事务性文官实行统一的薪酬标准。其二，实行公开竞争考试录用制，废除恩赐制，选拔优秀人才。其三，严格文官工作考核，实行政绩晋升制，奖优汰劣。

1854 年 2 月，该报告正式提交议会，在政府内外引起热烈反响。少数有

---

① J. Hanahm, (ed.), *The Nineteenth Century Constitution*, *Documents and Commentary*, Gambridge University Press, 1969, p. 318.

识之士对报告高度赞扬。保守分子恶言相加。正是由于保守议员的反对，该报告提交议会后又被内阁撤回。

不料，一场多国战争成了文官制改革的催化剂。这时，俄罗斯抢夺奥斯曼帝国"遗产"的战争已有一年，英国为控制地中海和加强在东方的殖民统治，正式对俄国宣战，参加克里木战争。战争使政府问题暴露无遗：众多机构混乱，官员玩忽职守，军事物资不能及时供应，前线士兵因伤重或饥饿而大量死亡。阿伯丁内阁因此倒台，帕麦斯顿就任首相。1855年5月，民间压力团体"行政改革协会"成立，它在国内各大城市组织群众集会，散发宣传品，呼吁建立廉洁高效的文官体制。

帕麦斯顿为了满足党内自由主义势力的要求，于1855年5月21日，以枢密院的名义颁布了文官制度改革的正式法令——《关于录用王国政府文官的枢密院命令》。法令规定成立文官制度委员会，审查文官候选人的年龄、身体、品格等条件是否合格，对考试合格者颁发证书，分配到各部用人机构，经过6个月的试用期后，再决定是否正式录用。

1855年文官改革令在英国政治史上占有重要地位，它是不列颠现代文官制度建立的起点。但这次改革令没有规定公开统一的竞争考试和考试标准，只要求在被推荐的候选人中进行起码的及格考试，加上提名文官候选人的权力仍然保留在各部门长官手中，所以一旦出现职位空缺，部门长官仍有权"推荐"一至数名候选人，为徇私舞弊留下方便。

1860年，议会成立文官录用调查委员会，对文官制度委员会工作进行全面调查，总结经验教训，重新提出了实行公开竞争考试录用制的建议。

1868年，自由党大选胜利，格莱斯顿就任内阁首相，继续进行改革。政府调查发现：在1855—1868年所录用的9826个文官中，经过有限竞争选拔的不到3成，完全经过公开竞争考试的仅28人。1870年6月4日，颁布了文官制度改革的第二个枢密院命令，规定：多数重要文官职位必须通过公开竞争考试择优录用；委员会委员在财政部的监督下，有权独立决定被录用文官的基本条件。但又规定外交部和内政部可以例外，某些高级官员（如法官和各类视察员）的职位仍可不经考试而由内阁直接任命。同时，财政部发出通知：文官考试分两类进行，按相应标准录取。自此，文官划分为高、低两级。

除了1855年和1870年枢密令外，政府还通过文官制委员会和财政部，并借用枢密院的名义，发出命令、报告和通知，对文官的录用、分级、薪酬、晋升和组织管理等诸多方面逐渐修正和补充。

19世纪50—70年代的英国文官制改革是不彻底的，公开竞争考试还未成为文官录用的唯一方式，恩赐制仍在一定范围内存在。尽管如此，其进步性和历史意义也是明显的。这次改革是工业资产阶级在政治领域已经开始占据统治地位的自由主义时代进行的，所以它必定会巩固、扩展19世纪中期两次议会改革的成果，重创土地贵族和金融资产阶级的政治势力，加强资产阶级自由派在政府行政机构中的优势地位，有助于英国资本主义的发展。

另外，改革确定了文官不得参与党争的惯例，这对于减弱英国政界腐败风气，防止朝着美国式的"政党分赃制"方向发展，不无作用。

格莱斯顿首届政府的内政改革涉及面很广。1870年，他采纳威廉·福斯特的《教育法案》，由各地公众选出监察委员会，帮助地方政府发展初等教育，国家对学校的经费资助有所提高。次年又在牛津和剑桥两所大学取消了宗教宣誓，准许非国教徒和无神论者注册入学。在军事方面，政府根据克里木战争的经验教训，于1871年颁布《军事改革条例》，改革部队建制，废除军职购买和鞭笞制，削减了常备军人数和官兵服役期，建立了有效的后备役。此外，政府还进行司法改革，颁布了《1873年最高法院令》，改组和统一司法体制、简化司法程序。

上述自由主义的改革摧毁了18世纪政治制度的残余，地主寡头体制逐渐崩溃，中产阶级终于得到了同他们的经济实力相适应的权力。

四、科学的丰收

17世纪英国的科学研究明显居于西方前列。它凭着良好的民间业余研究传统，源源不断地向世界推出新成果。可在18世纪，不列颠理论科学出现了相对寂寞和低落。究其原因，一是牛顿的巨大身影仍然没有消失，即便是杰出化学家普利斯特列、物理学家卡文迪什和天文学家赫舍尔等人，也难以在科学界树起更醒目的旗帜。二是在工业革命的技术变革中，施展身手的大多是一些能工巧匠，实践经验是诱发他们创造灵感的要素，对理论素养的要求却非很高。

低落是暂时的。到了 19 世纪，既在工业革命的后期和完成之后，英国理论科学和实验科学经过长期的培育，获取了丰硕成果。

首先登上 19 世纪英国科学圣坛的是物理化学家约翰·道尔顿（1766—1844 年）。1787 年他同时对激光现象和气象学产生了兴趣，先是得出了极光的射束和地磁有关的结论。以后经过反复实验，在新世纪来临时提出了气体分压定律，断定一种气体所占的体积与温度成正比。1803 年他系统提出了原子学说，创立了原子论，编制了最早的原子量表。不到 20 年的时间，道尔顿的学说为许多科学家所采纳。

在 19 世纪的科学家巨星中，最伟大的应是物理学家和化学家迈克尔·法拉第（1791—1867 年）。这位电磁感应现象、电解定律和光与磁的关系的发现者，曾是印刷厂童工，仅仅学会了简单的读写就被迫辍学，后靠自学成才。他从自己亲手装订过的新版书籍里，汲取最新科技的精华。夜深人静时，专心做化学实验，竟然装成了一台起电机。1812 年，他聆听著名化学家戴维的系列讲座，对讲学内容的领会使他感到惊喜、自信和振奋。于是，他斗胆向戴维本人致函，赢得了后者的鼓励，经过少许周折，成了戴维的助手和杂役。

不过数年光景，法拉第在科学的圣殿里站稳了脚跟，重大成果接踵而至：1821 年发现在载流导线周围磁力作用下的电磁旋转现象；1823 年成功地将氯液化；大约同时发现光偏震面在磁场中的旋转，即磁致电流效应；1825 年发现了苯，并在电化学方面作出了开创性工作。他在实验方面的成就博得高度赞赏，1824 年当选为皇家学会会员。翌年任皇家学会实验室主任。

当时，电流的磁效应研究成为国际性攻关项目，丹麦的物理学家奥斯特、法国物理学家安培等已经取得了重要成果。问题在于如何提高一步，发现磁的电流效应，以便人们利用电能。1831 年法拉第令人信服地证实了电磁感应现象，即磁场强度的变化会产生电流。这一辉煌的成功使法拉第占据了电学研究的最高点。稍后，他成功制造了世界上第一台发电机，为电力时代的到来揭开了序幕。此外，他还得出了电解的基本定律——"法拉第电解定律"，创造了许多至今仍然普遍使用的电学术语。法拉第品格高尚，淡泊名利。他婉谢了王室授予的爵士称号，未接受皇家学会主席的职务。

法拉第的创造性工作奠定了电磁学的物理概念基础，但他不懂数学，无法用精确的数学公式表述他的物理思想，以至于他的代表作被别人阅读时总感到它类似于试验报告，而非正宗的科学论著。当时遗留的问题是：用足够的数学知识来准确描绘电磁场的特征及其相互作用的关系，结束研究中出现的一系列迷惘纷乱，使电磁学形成一门完整统一的学科。麦克斯韦担负了这一使命。

詹姆士·麦克斯韦（1831—1879 年）出身于苏格兰爱丁堡的名门之家，15 岁时发表一篇推理卵形曲线的数学论文，惊动学界。大学毕业后，他先在阿伯丁任教，再转伦敦皇家学会任职，1871 年成了剑桥大学的物理学教授。

1855 年，麦克斯韦写了《论法拉第的力线》，初步阐发了电与磁之间的不可分离的数学关系。翌年，该文发表在《英国科学促进会报告集》中，赢得了法拉第等人的高度赞扬。7 年后，麦克斯韦发表了《论物理学的力线》，首次提出了"位移电流"和"电磁场"等新概念，并对电磁场理论作出更完整的数学表述。1865 年，他又从电磁场方程中推导出了波动方程，不仅证明了电磁场周期震荡的存在，还表明电磁波的传播速度恰恰是光速——近 30 万公里／秒。

麦克斯韦善于延伸自己的研究范围，对物理学的许多分支都作出了重大的贡献。例如，他运用概率论导出了气体分子运动速度分布定律，而后被称为"麦克斯韦分布式"，应用广泛。他发现了色觉的定量理论，制作了最早的彩色胶卷。他盛年病逝，人们痛惜不已，普遍认为他是在牛顿之后最伟大的数学家和物理学家。[①]

在十八九世纪，英国医学的成就纵然不能同物理学的成就媲美，也在世界上居领先地位。1798 年，民间医生詹纳（1749—1823 年）经过细微的观察和临床实验，发表了一本小册子——《天花疫苗因果之调查》，毫无保留地公布了种牛痘可以预防天花的重要研究成果。人们争相传阅，王室成员率先种了牛痘，接着在国内和欧洲推广，天花从此被人类降服。

恰如詹纳的牛痘免疫起源于前人的经验，外科防腐技术的发明人约瑟夫·李斯特（1827—1912 年）的成功则受益于法国微生物学家巴斯德消毒法。1865 年他读了巴斯德的一篇论文，受到了极大的启发，发明了石炭酸消毒术，对手术器械和创口仔细消毒，使术后的死亡率很快由 45% 下降到 5%。

在牛顿的学说之后，不列颠科学界的又一巨大成就是达尔文的进化论。查尔斯·达尔文（1809—1882 年）是博物学家和自然选择进化论的创立者，年

---

① 吴国盛:《科学的历程》下卷，湖南科学技术出版社 1997 年版，第 544—554 页。

轻时学医未成，改学神学，又不成，却对博物学兴趣盎然。1831—1836 年，他随海军考察船比格尔号作环球旅行。途中目睹许多自然奇迹，采集大量植物标本和化石，观察过火山、原始火地人，经历过地震，归来后 20 年致力于地质学和生物学研究。

达尔文

在其论著中，达尔文确信：生物的种类并非一成不变，而是在地质史的过程中缓缓进化。但如何进化还需要更恰当的解释。1838 年，他阅读了马尔萨斯的《人口论》，豁然想到：在竞争中适于环境的物种将会留存下来，不适于的将会灭亡，或生成新的物种。

达尔文系统阐述了自然选择的原理之后，没有急于公布他的思想，而是列出纲要，将阶段性成果展示友人，继续沉稳地撷取大量资料。1858 年 6 月，他的工作尚未完成，突然接到华莱士从马来群岛寄来的关于进化论和自然选择学说的论文。在胡克等人的坚持下，二人的论文同时在林奈学会宣读。但未引起足够重视。翌年 11 月，达尔文的《物种起源》发表，初版 1250 本当日售罄，而后多次再版。此事招惹了许多敌人。托马斯·赫胥黎奋力捍卫。

以后，他的学说得到认可，其精辟术语"物竞天择、适者生存"在后世被广泛应用。达尔文的自然选择原理不仅使整个生物学科发生了革命，还被人们应用到其他领域中去。在人类学、社会学、哲学、政治学和经济学等多种学科中产生了巨大影响。

毋庸置疑，19 世纪英国科学的丰收，有赖于本国欣欣向荣的经济发展、相对自由宽松的政治环境和良好的研究条件。英国学者的科学研究历来带有自发分散性特点。他们可以就近参加当地的民间学会，自由选择研究课题。当时英国各种学会，如皇家学会的各个分会、利物浦文哲学会、里兹文哲学会等，都对科学的发展起到了推动促进作用。但与当时的法国相比，则显得政府对科学事业的支持缺乏主动性。长期以来，伦敦政府未能为本国科学研究设置专项资金，也没有专门有效的官方科学管理机构。由于科学研究成了上流社会的时髦话题，各色人物竞相挤进皇家学会，贵族显胄成了学会领导权的占有者和点缀。英国科学研究缺少足够的后劲，不能密切地与生产技术的改进相结合。鉴此，剑桥大学教授巴伯奇于 1830 年发表了《论英国科学的衰退》，告诫国人：英国的业余科研传统正在使英国丧失原有的优势，英国政府应当将科学作为一项事业来加以关注[①]。可是，巴伯奇的呼吁并未引起足够重视。英国科研体制的弊端仍然保留了一段时期。

五、牛津运动和宗教信仰自由

拿破仑战争结束后的几十年，英国进入"运动时代"。议会改革运动、废奴运动、"牛津运动"、反谷物法运动和宪章运动等，相继发生或同时出现，涵盖了社会政治、经济和宗教等方面。

其中"牛津运动"是一场以牛津大学为中心的宗教抗议运动，反对圣公会内的新教倾向，恢复天主教思想和惯例。运动首领是约翰·纽曼（1801—1890年）。他原是国教会信徒，1832 年 12 月起随父访问罗马等地，滋生了尊崇教廷和在不列颠复兴天主教的念头。纽曼尤善讲道，屡在牛津教堂里娓娓宣讲，劝说听众皈依天主教正宗。

牛津运动发生的近因，是社会宗教氛围的变化。1828 年废除《宣誓法案》和在 1829 年颁布天主教徒解禁令之后，非国教各派别的情势改观，从此他们可以担任公职，参加选举。政府与圣公会的关系也发生变化。截至 1851 年，包括循道宗在内的非国教教徒（Nonconformists）共有 20 399 座宗教设施，480 万教众。而同时的国教教会也不过有 19 077 所宗教设施，530 万信徒。[②]两类宗教势力旗鼓相当。这一系列事件均是自由主义时代到来的标志。1856年，这所名牌大学，开始接纳非国教学生。宗教信仰自由和平等至此方得以实现。久违数百年的男、女隐修院得以成立。经过坚韧的努力，罗马天主教会经

---

① 吴国盛:《科学的历程》下卷，第 668 页。

② C. Roberts & D. Roberts, *A History of England, Prehistory to 1714*, p. 500.

历了三个世纪的迫害、压制和沉默，在不列颠恢复了"第二春"。

宗教改革以来天主教团体的恶名被洗刷殆尽。1878 年，纽曼被教皇利奥十三世选为新时期的第二任红衣主教①。在此前后，一些国教徒皈依天主教，形式上似乎是一种倒退，体现的却是权利、宽容和自由主义的价值观。

天主教的权利的复归还伴随着其他教派的强化。1840 年，唯一神教派也得到了公民权。1858 年，犹太教徒也得到了选举权。宗教各派别之间的不公平现象基本告终，"非国教"的各种派别得到了大致相似的社会政治发展空间，可以同样地有所作为。

19 世纪中叶，英国不列颠国教教徒与非国教者的人数也大体相当，完全形成了宗教多元化竞争的平等格局。政教分离已成为不可逆转的现实。

自由主义的蔓延，扩大了无神论者的话语范围。1855 年，本杰明·乔伊特（1817—1893 年）在其著作《圣保罗书》中质疑《圣经》中的原罪说和赎罪说，甚至怀疑上帝的有无，被指责为异端，但无碍他担任钦座希腊语教授和晋升牛津大学巴利奥尔学院院长。1862 年，两位教士坚持进化论观点，否认地狱之说，因此受审于教会法庭。当事人果敢上诉枢密院，卫斯伯里爵士推翻了教会法庭的判决。

最有影响的自由主义理论家小穆勒把宗教看作道德的敌对者。他质疑造物主：既然你造了伊甸园，为何又造了地狱？②

宗教信仰自由是其他各种自由的晴雨表，拥有了信仰自由的人们可以在社会上更容易地摆脱其他束缚，焕发精神和创造力。而一个没有真正思想自由的国度，会把浅陋的政治信仰强化到宗教信仰的地步。

宗教信仰自由是无神论的伙伴。牛津运动发生前后，无神论者的自由主义批判精神也得到张扬。

英国最早的无神论者是优秀的知识分子。工业革命的后期和完成之后，英国理论科学和实验科学获取了丰硕成果。1803 年物理化学家约翰·道尔顿系统提出了原子学说，创立了原子论，编制了最早的原子量表。伟大的物理学家和化学家迈克尔·法拉第成为电磁感应现象、电解定律和光与磁的关系的发现者，成功制造了世界上第一台发电机，为电力时代的到来揭开了序幕。詹姆

---

① 天主教解禁后由罗马任命的第一任英国红衣主教是怀斯曼。
② 苏珊·李·安德森：《密尔》，第 12 页。

士·麦克斯韦在数学和物理学的许多分支都作出了重大贡献，是在牛顿之后最伟大的数学家和物理学家。约瑟夫·李斯特发明了外科防腐技术，使手术后的死亡率大幅度降低。

19 世纪不列颠科学界的最重大的成就是达尔文的进化论。1858 年 11 月，他的《物种起源》发表，引起轰动。其精辟术语"物竞天择、适者生存"在后世被广泛应用。自然选择原理不仅使整个生物学科发生了革命，还被人们应用到其他领域中去。在人类学、社会学、哲学、政治学和经济学等多种学科中产生了巨大影响，它否认了自然界有一万能智者曾以手段任意而为的说法，对传统神学观念造成无形冲击。就此而言，《物种起源》的问世，不仅是科学发展的界石，还是科学向神学旧说挑战的界石。1871 年，达尔文又出版《人类的世系》，内中以有力的根据说明人类从下等动物进化而来。为此，格莱斯顿惊呼："根据所谓进化论，上帝的创造任务被革除了；而借不变的律令的名义，上帝统治世界的职务也被革除了。"[①] 事实表明，科学是刺穿迷信的利器。

斯宾塞在普及进化论的观念方面，其功绩凌驾于国内任何学说之上。他对宗教的挖苦是：自牛顿发现了引力，上帝就离职了。

19 世纪之前，绝大多数人敬畏上帝和《圣经》，不敢质疑宗教陈规和陈腐说教。可眼下英国已经开始步入理性论进步时代，新的科学发现打开了人们的事业和思路。仅仅地质学上的重要发现，就把流行的创始说的历史真实性破坏无遗了。人们质问：假如诺亚方舟游荡洪水的故事是真实的，那么，不会飞翔和游泳的动物为什么会出现在美洲海洋中的岛屿上，为什么新大陆能发现那么多的旧大陆所没有的物种？澳洲的袋鼠究竟来自何处……

越来越多的人，甚至信徒们也在思考着《圣经》的悖理之处。上帝主持宇宙的观念曾经制约着历代人的思维，现在却必须接受那些经受了科学洗礼的现代人的质疑。于是，神化了的历史权威变得稀松平常，越来越多的英国人跨上了无神论的道路。

1869—1881 年，英国文学界出现了一个"反叛时期"，文学激进势力屡屡胜利。获胜的原因之一是政府有关法令和措施的实施。如 1869 年爱尔兰的政教分离；承认无神论者在法庭提供证据法令；1871 年在各大学取消宗教考试的

---

① 伯里：《思想自由史》，吉林人民出版社 1999 年版，第 95 页。

法令。还是在 1871 年，自由主义激进分子针对天主教流污，兴起唯理论思潮，要求取消教皇干预俗世的权力。斯温伯恩创作的《人类的颂歌》，被广泛传唱。其结尾竟有这样的词句：

> 因知你已经被击毙了，
>
> 上帝啊，你已经被击毙了；
>
> 你的死已经降临了，呵，主啊!
>
> 大地上因你已死而唱的欢歌
>
> 正在它的两翼的风中飘扬
>
> ——祝人类的光荣至高无上!
>
> 因为人类是万物之主啊! [1]

令人不无惊奇的是，如此质疑基督教、否认上帝存在的"凯歌"作者，竟然不被惩罚。这时英国政府只对个别"过分"的出版物施加渎神罪。[2]

英国宗教意识的最坚固的大门是由议会惯例看守着，可它遭到无神论者查理·布雷德洛（1833—1891 年）无畏冲击。青年时期，他已是颇有名气的激进派反宗教演说家。1868—1869 年，因在其主办的《国民改革家》中，因自由主义的无神论观点，被指控犯有亵渎上帝及煽动言论罪；7 年后又为因出版节育小册子而遭受严厉惩罚。1880 年布雷德洛在议员选举中胜出，却为拒绝宗教宣誓而不得就职。此事辗转数年，他又连续三次当选，1886 年议会终于让步，自此无神论者的政治羁绊被永久地解除了。英国政教合一的原则已经松动了。

宗教信仰自由和政治信仰一样，有无自愿的选择是社会进步与否的标尺。英国自夸是世界上最先实现自由主义的国家之一，其发展步伐也是快慢交替。幸运的是，英国人和纵览英国社会历史的人，已经认识到：当人们思想处在人造权威的控制时，就不可能有自由思想。而思想自由的社会环境肯定有助于精神文化和物质文化的长足进步。

---

[1] 伯里:《思想自由史》，第 111 页。

[2] 1857 年 7 月，康沃尔郡的一个男子在门上写了几句触犯基督教的话，被季审巡回法庭判处 21 个月的徒刑。5 个月后他得到特赦。

六、现实主义文学

　　19 世纪英国文学的成就格外骄人。小说家对社会人生的观察格外细腻，并用自己的笔触，巧以刻画、讽刺和批判。为此，英国文学出现了批判现实主义的新潮流。它主要表现为大量小说对现实生活问题准确而详尽的描述。

　　谁是英国现实主义文学的先锋？何时是英国现实主义文学的源头？对此，人们总会想到 19 世纪中叶的作家狄更斯。况且，在欧洲范围内，现实主义作为文学艺术的一项美学原则，是在 19 世纪中期才被提出的。而狄更斯的作品恰恰在 30 年代问世，不应视为现实主义小说的先驱吗？

　　实际上，英国现实主义小说应该从简·奥斯丁（1775—1817 年）算起。她在短促的生涯中写了 6 部小说：《理智和感伤》、《傲慢和偏见》、《诺桑觉寺》、《曼斯菲尔德花园》、《爱玛》和《劝导》，率先向人们展示了英国现实主义文学的璀璨和隽永。

　　论及英国现实主义文学的起因，自然要提到工业革命。可奥斯丁在写作时，工业革命正在中途，新的社会矛盾和问题尚未充分展露，旧观念旧习惯比比皆是。奥斯丁正是通过对当时中产阶级最看重的财产观念和等级意识的观察和剥露，使她在小说界脱颖而出。

　　奥斯丁最早发表小说时，用的是笔名。读者赞叹之余，推测可能是某位文豪的作品。情节夸张的戏剧性浪漫小说已使人们厌倦。而奥斯丁的现实主义朴素笔法和机警文句，使大家感到了新文学的清新。

　　就作品题材而言，奥斯丁的独特之处，是善于在"二寸象牙"上细细雕琢。她自己的说法是："乡间村庄里三四户人家"，是得心应手的好材料。擅长小范围的细节描写，既是她在小说艺术上自觉本能的选择，又是由其生活阅历决定的。奥斯丁生长于一个牧师家庭，一生在乡间度过，终生未婚。然而，狭小生活圈子没有限制她的才思，反而使她发挥女性作家精心入微刻画人情百态的长处，并使用机警风趣的语言，恰到好处地贬责和讽刺人事，赋予作品喜剧色彩。她擅长探索青春女主角从恋爱到结婚的心理变化，着力揭示贵族乡绅和中产阶级的人物个性和品质。她的作品摆脱了 18 世纪小说的空泛，贴近现实生活。

奥斯丁作品的社会价值，不限于细节刻画，还通过描写婚姻趣事，剖露了有产阶级之间赤裸裸的金钱关系。例如，她在《傲慢和偏见》里，开卷第一句是："凡是有财产的单身汉，必定需要娶位太太，这已经成了一条举世公认的真理。"其中最关键字眼是"财产"和"需要"。后面情节对话里有大量的金钱数字，披露了中产阶级的婚姻观念，使人加深了解当时人际关系的实质。

奥斯丁是英国第一个现实地描写平凡人物日常生活的最有成就的女小说家。但在 19 世纪，人们对她才能的评价，总显不够。起先，仅有司各特在 1816 年的一篇文章中，对她作了较高的评价。到了 20 世纪，人们才发现她是那时最敏锐的观察者，承认她"严肃地分析了当时社会的性质和质量，记录了旧社会向现代社会的转变"。还有人说她具有莎士比亚的"否定能力"。[①] 甚至把《傲慢与偏见》排在《仲夏夜之梦》之前，即在众多英语文学作品中占了首位。

奥斯丁之后，英国"女性文学"汇成了一股洪流。其中最典型的是勃朗特姐妹。三人孤寂悲惨的生活和她们小说中的主人公非常相似。她们幼年丧母，父亲是一位乡村穷牧师。她们都当过地位低下的教师或家庭教师，其中仅夏洛蒂·勃朗特（1816—1855 年）有过一年的婚姻经历，但死于难产；妹妹爱米丽（1818—1848 年）和安妮终身未嫁，俱患肺病早逝。

夏洛蒂的自传体小说《简·爱》1847 年问世。主人公简是个孤儿，离开慈善学校后，到一家乡绅家当教师，并与主人罗契斯特发生了曲折的爱情故事。其中夸张的情节和修辞，仍带有传奇作品的浪漫主义特色和抒情诗的韵味；但又因对不同人物的心态和行为的精湛描写，使之具有现实主义的风格。夏洛蒂创作手法的特长，是她不仅自己热切地进入角色，更能感染读者。其写作风格不仅影响了 19 世纪的女作家，还为狄更斯等人所倾倒。

爱米丽的《呼啸山庄》可与《简·爱》并驾齐驱。它描写了 18 世纪末英格兰北部一个弃儿希斯克里夫被庄园主恩肖收养后的辛酸生活：他热爱恩肖的女儿凯瑟琳，但因地位低下而不能遂愿。凯瑟琳嫁给了阔少林顿后，希斯克里夫执意报复这两个家庭，多年不肯甘休。《呼啸山庄》于 1847 年用笔名发表后，开始不仅未得好评，反而被曲解抨击。后来，评论家和读者才读懂它的价值，领略其惊心动魄的悲剧情节、幽默机警的语言和强烈的艺术特色。1947 年，

---

① 艾弗·埃文斯：《英国文学简史》，第 264 页。

评论家 D. 威尔逊认为这个故事实是爱米丽家乡工业区现实生活的翻版。

在勃朗特姐妹之后，乔治·艾略特（1819—1880 年，原名玛丽·安·埃文斯）是"女性文学家"里的佼佼者。她曾在两所宗教色彩浓重的学校里濡染 7 年，通晓多种文字，博学广识。22 岁时结识了自由主义思想家布雷后，受其影响而与宗教决裂。而后，她广泛结识文化界名人，担任《威斯敏斯特评论》副总编；并与才华过人但妻子精神错乱的新闻记者乔治·刘易斯公开同居。他在 25 年里启发她的才华，鼓励她进行文学创作。

艾略特是典型的多产小说家。作品里影响较大的有 1859 年发表的以农村为背景的 3 卷本长篇《亚当·比德》，它开创了把对人的深切同情与严厉的道德评价相结合的手法，震撼了读者心灵，一年里再版 8 次。翌年问世的《弗洛斯河上的磨坊》（3 卷）以细致的心理描写著称。在《米德尔马奇》中，她以 1830—1832 年的骚动为背景，揭露了第一次议会改革的虚伪性。

为什么 19 世纪英国会有较多的杰出女作家？这在文学评论界是一个比较微妙的问题。笔者窃思：除了英国社会中上层比较重视女子教育外，还与英国社会的相对进步和开放有关。政治上，英伦中产阶级女子尽管长期未能拥有与男子同等的权利，还受到歧视，但她们的书斋和社交生活，毕竟拓宽了眼界和思路。另外，英国男性社会对女性的相对尊重，也有助于释放和发挥她们的文学才华。

在 19 世纪文学的众神之林中，查尔斯·狄更斯（1812—1870 年）是最杰出、最有影响的。他出身中产阶级家庭。12 岁时父亲因负债入狱，他只得到鞋油厂做工，对下层民众的生活颇有了解和同情。后来，他的许多小说里，有不少篇幅描写监狱、孤苦无助的受压迫者和迷惘的儿童。

狄更斯 1833 年为报刊写小说和散文。他的连载故事在 1836 年汇编成《匹克威克外传》。这部使他一举成名的戏剧性小说，既能密切结合社会现实，又体现了作者的爱憎，更形成了他的写作风格：以讽刺或谴责的笔调抨击社会的罪恶，影射时事；善于营造令人毛骨悚然的场面和气氛，准确展露民俗和伦敦的人和事，创造众多活生生的人物。

狄更斯精力过人，多才多艺，作品丰硕精湛。20 多岁时，人们就把他与莎翁相比。自 1837—1849 年，他大约每年写成一部小说，附带主办报纸并创作诸多散文。他的《奥列佛·特维斯特》反映了手工工场的弊端和下层社会的道德败坏。《尼古拉斯·尼克尔贝》抨击了约克郡残酷的学校管理。《老古玩店》

里对主人公幼年早夭的刻画，倾诉了孤苦儿童的惨遭压迫和斑斑血泪。1846—1848 年完成的《董贝父子》，结构严谨，思想成熟；其中揭示了金钱权势的腐蚀作用，展露了下层人们的纯朴和正直。评论家称它用"一种对当代社会的普遍关注期待了对个别社会罪恶的偶然性的关心"。1850 年成集的《大卫·科波菲尔》是一部自传体小说，颇受国内外读者喜爱，被狄更斯视为圭臬。

狄更斯代表作之一，是情节曲折人物个性鲜明的《双城记》（1859 年）。它以法国大革命为背景，用人道主义的观点，展现和审视群众运动。他对大革命根源作了较为客观揭示，对群众运动得与失作了全面考察和评估。其中一些情节和人物，以及就此所流露出的思想，是值得所有经历过激烈过火的政治运动的人们，去认真反思和回味的。狄更斯在这部小说中，有一种常被评论家所忽略的"距离感"和超脱。恰恰是作者的这种风格，使他能比较全面地去展露法国大革命时期雅各宾专政的功过。

狄更斯晚年的作品有《荒凉山庄》、《小杜丽》、《远大前程》和《艰难时世》等。现代作家认为这些小说艺术性最高，最深刻。

他自 46 岁以来，多次搞出售门票的朗诵演出，甚至到大洋彼岸的美国去绘声绘色地朗诵他的小说。写作和演出使他积劳成疾，1870 年 6 月 9 日猝然病逝。欧美评论家认为他和莎士比亚是英语世界中两位贡献独特和大众喜爱的古典作家。虽然莎翁的作品显得更深刻广泛，但狄更斯拥有更为有利的社会条件，所以他的创作不仅人物众多，场面广阔逼真，而且尤其能够描写出工业社会城市化进程中的许多问题和希望。

在维多利亚时代的小说家里，威廉·萨克雷（1811—1863 年）与狄更斯堪称伯仲。他早年家境充裕，不必为生计奔忙，受过较好的教育，善于写作。后因经济拮据，家庭生活屡遭不幸，被迫卖文为生。苦难和精神折磨成了他创作的财富和素材。他的观察敏锐、刻画精细的现实主义代表作《名利场》，虽然是以两位女子为主角，却是他本人对婚姻爱情的最基本的看法。他所刻画的野心勃勃、工于心计而又用情不专的蓓基·夏波，在描写效果上超过狄更斯小说中的任何形象；另一位主角爱米丽虽然是纯真、贤淑并情感执著，却又有一种本能的愚钝和疏忽。相反，配角都宾上校对爱米丽的一贯呵护和长久压抑的单相思，却能赢得读者的惊叹和同情。《名利场》的再一闪光点，是通过对主人公命运的叙述，展现了错综复杂而又唯利是图的有产阶级人际关系，批判了上流富人荒淫腐朽、龌龊卑鄙、趋炎附势的恶习。有人评论道：萨克雷的《名利场》，实际上是把英国比喻成为一个出卖各种名利虚荣的市场。在这方面它实与《傲慢与偏见》异曲同工。他的历史小说《亨利·埃斯蒙德》结构严谨，史实准确，绘声绘色，栩栩如生，也反映了他信奉维多利亚时代英国绅士的行为准则。

在比狄更斯和萨克雷晚一代的现实主义作家里，首推托马斯·哈代（1840—1928 年）。他是英国最杰出的乡土小说家和平民作家，最动人的小说都是以其家乡威塞克斯为背景。哈代的成功作是 1874 年的《远离尘嚣》，它的布局和基调属于悲剧类型，开启了哈代小说的悲剧特色。1878—1897 年是他创作的鼎盛期，较有影响的小说有《还乡》、《卡斯特桥市长》等多部。其中《德伯家的苔丝》，是描写一清纯贫女被乡绅诱奸后的种种委屈，以及被迫杀人后被判处绞刑的悲惨结局，发表后受到传统卫道士的攻击。作品的价值恰恰在于它针锋相对地表达了对当时道德标准的悖论。另一小说《无名的裘德》，表达了作者对其中离婚同居并生育子女的男女主人公深表同情，激起了更大的愤怒和攻击。哈代作品中的鲜明阶级性和果敢态度，使他居于伟大作家的行列。随着时间流逝，人们对他的评价越来越高。

19 世纪的英国文学界是一个群星灿烂的天空。尽管我们很难用少量的笔墨描绘当时现实主义小说的整个画面，却油然相信，他们的作品能使后人更真切地去了解那时英国的社会和历史。

七、"维多利亚风尚"

英国在 19 世纪中后期，不仅赢得了经济奇迹、政治进步，其社会秩序、风气和人们行为方式也有所改善。这种现象被称为"维多利亚风尚"（Victorianism）。

英国为什么会出现"维多利亚风尚"？这首先归因于社会经济条件的变化和人们生活水平的提高。当然，在自由主义盛行的资本主义时代，人们还不能一概地享受到经济进步的果实，生活水平和质量的差别还相当大。所以，人们行为风尚的变化，还主要限于生活水准较高的中上层。此外，教育发展、新型交通网络的建立和城镇卫生、治安条件的改善，也有助于重新规范人们的心态和行为。

英国的这种时代风尚为何被冠以"维多利亚"之名？

这与维多利亚本人的提倡和个人示范有关。维多利亚即位之前，汉诺威的几代国王和王室多数成员行为极不检点。他们或独断专横；或豢养情妇，勾搭情夫，养育私生子、乱伦或赌博、吸食鸦片。丑闻遍及国内外，名声狼藉不堪。为此，1830 年，乔治四世死后，一位诗人写道：

我为四位乔治国王的隐没而放歌，

因上帝不许他们进入天堂。

有人说其中乔治一世最差，

也有人认为乔治二世最坏，

可谁听说过乔治三世有什么功德？

当乔治四世从地球上消失时，

感谢上帝乔治家族的统治终于结束了。[①]

女王即位时，社会上的伤风败俗现象也比比皆是。贵族朝臣屡屡制造丑闻。纨绔子弟整夜在外面鬼混。贫民窟的一些无业流民成了小偷惯盗、青皮无赖。一些无助的妇女沦为青楼女子。性病有增无减。

最初，维多利亚治理社会风气的意向并不十分明确。可她即位后不久，即与表兄阿尔伯特王子成婚。他虽然在法国腐败的宫廷里长大，却生性耿直清高，自幼就曾为母亲和胞弟的荒唐而痛心疾首，成年后成为维护道德的斗士。

婚后，阿尔伯特对英国宫廷的污秽紊乱深恶痛绝，决心加以整饬。他制定出详细严格的规章，力图杜绝宫廷里的淫乱和私通，限制名声不好者进入王宫。其计划虽未全盘实现，但宫廷风气改观。而且，他与女王相濡以沫，共生育了 9 个子女。他们接受了良好教育，被灌输了严格的宗教意识和道德准则。二人为国民树立了家庭美满和睦的榜样。

在着装习惯上，维多利亚女王不是一个刻意打扮修饰的女人，喜好端庄简洁。故王室在服饰方面没有特别的创新和提倡。当同时的法国贵妇以珠光宝气的盛装争奇斗艳时，而英国的服饰文化仍在展现着绅士淑女的风貌。

1861 年，阿尔伯特不幸逝世，维多利亚成了寡妇。以后，她守丧多年，

---

① 奈杰尔·考索恩：《英国王室罗曼史》，吉林人民出版社 1998 年版，第 153 页。实际上，尔后威廉四世的即位又把乔治家族的统治延续了 7 年。他在做王子时，仅与乔丹夫人就生养了 10 个私生子。

其间，虽有人对她风言风语，但她从无实质性问题。到了 80 年代，年老的维多利亚已被公认为美德的典型。"维多利亚风尚"到了极盛期。

"维多利亚风尚"的涵义既宽泛又抽象，很难做准确阐释。它既属于社会伦理范畴，又具有宗教和哲学的涵义，但它的核心无疑是指约束人们行为的道德规范。这种道德，不仅由尊长提倡，还由牧师在布道时强调，由教师在学校中灌输，由法官在法庭上宣布，由歌德派诗人赞颂。它不加区别地渗透给各个阶层，要求从贵族到工人都应身体力行。

维多利亚道德规范的内容之一，是要人们重视婚姻和家庭。对于许多维多利亚时代的人来说，婚姻是神圣的，家庭是美好的。在人生的道路上，家庭是塑造品格的第一所学校。所以，良好的家庭应经常阅读《圣经》，虔诚祷告，认真忏悔，遵循严格的家规，坚持清心寡欲的新教准则。这方面的先驱者有政治家兼慈善家威廉·威尔伯福士（1759—1833 年）。他早年曾支持议会改革和天主教徒解放，参加反奴隶制协会，晚年趋于保守，反对工人阶级的宣传鼓动，提出严格的家庭规范。他憎恨公学管理的陈旧和混乱，宁愿让儿子在家中就教，并撰文倡导家庭教育。

托马斯·阿诺德（1795—1842 年）则是呼吁学校教育改革的旗手。1828 年，他任拉格比公学的校长，执意革除旧弊，逐渐将之办成同类学校的楷模。在教学方法上，他并无新意，主要是让较大的学生监督管理小学生，力图让学生培养成行为端庄、彬彬有礼、坚定执著而富于责任感的绅士。1857 年，阿诺德的学生托马斯·休斯（1822—1896 年）发表了《汤姆·布朗的学生时代》一书，生动介绍了拉格比公学的人事和管理。此书深受欢迎，至 1890 年发行了50 版。翌年，宗教作家弗雷德里克·法勒（1831—1903 年）的长篇小说《埃里克》问世，它介绍了哈罗公学的生活，宣扬教育的目的是将学生培养成为品学兼优、具有爱国精神、坚定勇敢的基督教徒。《埃里克》的影响和《汤姆·布朗的学生时代》相类似，它在作者生前出了 36 版；不仅是中学生的阅读范本，还为大学生们所喜好。于此前后，一些公学的校长竞相效尤，同样重视绅士教育。一面加强课程讲授，一面安排学生参与有益的体育健身活动。中学校风逐渐好转。①

---

① C. Roberts & D. Roberts, *A History of England, 1688 to the Present*, Prentice-Hall, Inc. , Englewood, N. J. 1980, pp. 648–649.

在倡导良好社会风尚方面，报刊和出版界的作用也不容忽视。在英格兰北部，《里兹火星报》作用突出。在整个不列颠，钱伯斯兄弟共同创办的《钱伯斯爱丁堡杂志》拥有众多读者。这些报刊的主办者、编辑、作家和书商，不少是在自由—功利主义的社会环境里，靠个人奋斗建立功业的。目下，则现身说法地告诫人们要"节俭"、"自强"、"洁身自好"、"善良"，不但要奋力改变自己的生活，还得帮助他人。在类似的作家和作品里，苏格兰作家萨姆伊尔·斯迈尔斯（1812—1904 年）和他的训诫性著作《自助》最为出名，发行量在1900 年以前就达 25 万册。斯迈尔斯还撰写了多卷本的《工程师列传》，宣扬个人业绩和道德信条。

渐渐地，这些作品所宣扬的价值观念还渗透到社会下层。一些识字不多的工人、雇农、商贩也饶有兴趣地阅读一些通俗读物，戒除不良嗜好，善待他人，不同程度地改变了生活方式，改善了家庭和人际关系。

精明的作家和出版商还把人数逾百万的家仆当做社会道德的宣传对象。劝说他们在为主人效劳时，要忠诚、勤勉、温和、顺从。而毕通夫人的《家务管理》主要就是为了培训那些来自乡村的仆女的。它写到了女仆必备的服务能力和道德培养，详细阐述了她们的职守。

经过几十年的提倡和努力，"维多利亚风尚"得到了较好的实施。一些学者认为：它的作用是潜移默化的，其实际效果总归要体现在社会经济、秩序和人们的心理、风貌等不同方面。确实，在某些曾满是酗酒、殴斗、盗窃、污秽和淫乱的地方，几十年后出现了良好的环境和秩序。学者们还发现，那些较有教养、精干、沉稳、自律而谦虚的工人，工作较稳定，收入高，家庭也和睦。他们中的佼佼者，甚至跻身于中产阶级。

恰如一枚硬币具有两个不同的图案，"维多利亚风尚"作为一种官方和民间相结合的社会整饬，还存在着问题和不足。

首先，维多利亚时代的道德规范是在资本主义上升之际宣传提倡的，它不可避免地具有阶级局限性。例如，它的目的之一是为了约束人们的行为，防止"犯上作乱"，这实是训诫人们不要采用暴力方式，与统治者对抗。

其次，它的一些准则和观念，不仅保守、生硬和概念化，甚至还相当陈旧、野蛮和粗陋。比如，它有意维护社会等级和尊卑关系，允许尊长对犯逆者施加体罚。所以，当时鞭笞现象依然流行。父亲可以抽打儿子，师傅可以打学徒、工头可以打工人，老师可以打学生，狱卒可以打犯人，军官可以打士兵，劳动习艺所管事可以打懒汉。必要时，绅士的文明棍也会成为得心应手的刑具。

"维多利亚风尚"的再一问题是保留了对女性的歧视。在维多利亚时代，不仅一般男子普遍有性别优越感，甚至一些有名望的学者也难脱男尊女卑的窠臼。如富于正义感和改革精神的学者罗斯金①竟然宣扬男子是实行者、创造者、发现者，而妇女只能受指使和表示顺从。女作家萨拉·爱丽丝在其《致英国母女们的信笺》里，教导女子要满足于依附男子的地位，做贤妻良母，理家育子。科学家、医生们则根据他们的"学识"，断定女性从生理上就决定了必须被动服从。在某些公开场合，英伦女性虽然总能得到"女士优先"的照顾，可实质上那还是具有绅士风度的男士对"天生弱者"的一种自认为慷慨的精神施舍。直到1867年议会终于批准《离婚法案》之前，一些妇女还须忍受丈夫的专制而无法离异。在中上层家庭里劳作的女仆中，有的女仆被男主人诱奸，只好忍气吞声。有的不幸怀孕，以后只能带着私生子艰难度日。在如此情况下，甚至不少上流社会的妇女宁愿独身也不嫁。20—40岁的女性中，老姑娘的比例居高不下。

更重要的是，在政府和政党的政策里，也总有重男轻女的印记。它们在政治改革的时代里，始终拒绝授予广大妇女以男子同样的政治权利。为此，在19世纪后期，一些中产阶级妇女曾组成政治团体，要求取得普选权。1897年，还成立了"全国妇女选举权联合会"，集会示威，但未能取得实际效果。

由于多方面的因素，"维多利亚风尚"所带来的社会变化只能是片面的、局部的。社会财产占有的严重不均，贫富差别的存在和加大，始终是造成社会问题的根源。据有关估计，在首都工人里，仅有1/10达到了小康水准；而做粗活、帮工、短工的非熟练工人却占了颇高的比例。在伦敦东区和其他一些城镇的贫民社区，乞丐、扒手、赌徒、酒鬼、皮条客、娼妓等，多如牛毛。经济危机发生时，失业男工大量流落街头，有的成为滋事生非者；许多女工卖身养家。1851年，伦敦警察局估计首都的职业妓女起码有8000人，加上野花流莺，共有三四万名。这种社会的阴暗面，为狄更斯等现实主义作家提供了丰富的创作素材。一些人道主义者、慈善家试图填补这种人间的缺憾，

① 约翰·罗斯金(1819—1900年)是著名作家、评论家和艺术家，牛津大学美术教授。他博学多产，其作品对维多利亚时代公众的审美观点产生了重大影响。他积极发起和参加社会公益活动，资助大学创办附属美术学校，赞助博物馆收藏艺术品。

但毕竟是杯水车薪，无济于事。还有许多富人对贫困者报以麻木、鄙视和嘲弄。

还应指出，甚至提倡"维多利亚风尚"的王室，也并非时时事事都能为社会垂范。当女王正色申斥社会各种弊端时，一贯浪荡的威尔士王子照样拈花惹草，私生子分布在英吉利海峡两岸。当他因与人妻私通被法庭起诉时，道貌岸然的维多利亚女王竟行使特权，对爱子加以庇护。

事实表明，英国的社会风气改观和社会文明营造，是个复杂而长期的任务。它需要经过多代人的不懈努力，才有可能真正带来明显的根本性的变化。

八、两党制度

第一次议会改革期间，托利党和辉格党开始分别演变成为保守党和自由党。

其中"保守党"衍生于法语，最初用来称谓以威灵顿为首的托利党人。这是由于他们当时反对议会改革，努力保持陈旧的政治传统。而后，托利党发生分化，罗伯特·皮尔重建托利党，公开采用了"保守党"的称号，逐渐采取了比较明智审慎的政策。

"自由党"源于西班牙语。1831 年议会改革进入高潮时，以格雷为首的辉格党政府几次提出改革议案，使托利党人恼羞成怒，用"自由党"一词贬称他们。以后二三十年里，"辉格党"和"自由党"两个词同时使用。①

新型政党的出现，是英国政党政治的一次重要发展。它促进了两党制度的形成。

第一次议会改革后，一党长期盘踞政府的现象彻底结束，在野党被称为"国王陛下忠诚的反对党"，其批评、监督、检查和限制执政党以及"后备政府"的作用得到政界的充分肯定。两党较为频繁地轮流执政。由于自由党的政

① 参见阎照祥：《英国政党政治史》，中国社会科学出版社 1993 年版，第 196 页。比较而言，托利党演变为保守党所费时间较少，而辉格党演变为自由党的过程则一直延续到 19 世纪 50 年代。

策颇能反映 19 世纪中期政治和经济发展的要求，所以就能多次组建责任内阁制政府。

英国两党制度处于政党政治发展的较高阶段，是在同议会制度、内阁制度互相依赖、彼此影响的情况下发展起来的，是一种由两党根据议会多数轮流组织责任内阁制政府的制度。它的特征是：多数党党魁理所当然地成为内阁首相，取代国王行使最高行政权，有权挑选阁员；内阁一旦失去议会多数的支持，或在大选中失败必须集体辞职等等。

第一次议会改革之后，英国两党制度迅速形成。究其原因，除了两个新型政党的出现之外，还在于：其一，第一次议会改革后，两党在议会内外尽力发展组织，整个下院分成为界限分明的两大政党。其二，两党制度是同完备的责任内阁制相依共存的，恰恰在第一次议会改革后，英国确立了比较完善的责任内阁制度。说明此点的最典型、最突出的史实，是皮尔在 1841 年领导保守党，在缺少王室支持的情况下，竞选胜利得以组阁。

19 世纪中期英国两党制度的形成，同君主特权的继续削弱不无关系。第一次议会改革之后，"议会至上"的宪法原则更加深入人心，国王或女王的行为受到成文法和宪法惯例的严格限制。为此，19 世纪晚期的宪政学家都一致指出：英国政治制度最突出的特点是议会至上。地位崇高的君主尽管还是名义上的国家元首和政府首脑，但实际上仅余 3 种微不足道的权利——被咨询权、鼓励权和警告权。凡属议会通过的议案，女王总是毫无例外地签署。为此，这时英国的立宪君主制还被称为"虚君制"。虚君制的出现，为政党治理国家提供了极为广阔的政治空间。

英国两党制度的形成和发展，还是该国议会民主体制演进的结果。随着选民的增多，执政党和政府的政策越来越受到选民的牵制。尽管它们还常常会维护本党私利，却又必须一再考虑广大选民的意向和利益。为了延长执政时间，它们有时会较为主动地制定和实施一些有助于社会进步的政策法规。另外，英国的两党制度在运行时，一方面，它具有民主的虚幻性和党内纪律的强制性，议会内的督导员制和议会外政党组织系统的监督性作用，常常会使议员和选民牺牲个人主见，盲目地违心地辩论投票；否则，作为议员，就有可能丧失自己的政治前程。另一方面，英国两党制度大体上是在法制的轨道上运行的。党派之间和各党内部，不能超越法律，不能对政敌和持不同政见者特强报复和加以人身迫害。结果，该国政治生活中也就少了一些莫须有的冤假错案。这自然有利于该国政治稳定和经济发展。

从经济发展来看，19 世纪中叶的英国处在资本主义自由竞争的高峰阶段。"自由放任主义"成为中产阶级热烈鼓吹的经济纲领和口号。这种意识表现在政治上，是他们对本国两党在议会和政府内展开"平等"竞争的容忍和支持。

19 世纪 30 年代是自由党改革的黄金时代，格雷和墨尔本内阁利用议会改革所造成的有利形势，实行了若干改革措施，如废除奴隶贸易，颁布《工厂法》，实行《新济贫法》和《市镇自治机关法》等。这些做法，赢得了资产阶级的支持，扩大了该党的社会基础，使之能够连续执政多年。而保守党只能在自由党发生内部分裂时，才能偶尔短期地上台执政，并且还得执行自由主义政策。其中在 1846 年对《谷物法》的废除还分裂了保守党。该党右翼保护关税派攻击皮尔是党内"犹大"。自由党借机发难，联合保护贸易派挫败皮尔政府。皮尔离开政府后，其原来的追随者成了"没有皮尔的皮尔派"，他们在威廉·格莱斯顿等人的领导下，凭借着中产阶级的理解和支持，以第三党的姿态在下院存在了十多年。

三党鼎立的局面不利于英国政党制度的运作。它使执政党难在下院建立一支稳定的多数队伍，这自然会影响到政府的工作效率。英国统治阶级中的上层人物为此焦虑，盼望着两党竞争模式的复归。1852 年 3 月 17 日，维多利亚女

迪斯累里　　　　　　　　　　　格莱斯顿

王在写给比利时国王的信中吐露："鉴于目前的混乱纷争局面，一种完好的状态应该出现。像以前那样，会重新存在两个政党。没有两个政党就没有强大的政府。"1856年，格莱斯顿在《季度评论》上著文指出："一个强大的反对党使政府强大……一个软弱的反对党使我们拥有一个软弱的政府。"[1]1859年6月6日，自由党和皮尔派在一家旅馆举行宴会，双方正式合并。

第二次议会改革是英国近代政党组织发展的又一里程碑。以后多年保守党党魁迪斯累里和自由党党魁格莱斯顿展开了激烈的权力争夺，两党轮流执政进入典型时期。

与此同时，选民的增加使两党领袖格外重视组织建设。经过大约20年的努力，自由党和保守党均建立了比较完备的现代化组织系统。它们在结构上都呈金字塔形。塔的顶端是党魁。党魁不仅直接控制督导员、本党议员、中央总部和全国性组织，还通过它们间接地操纵着本党的基层组织和附属组织。两党现代组织系统的完备化，标志着英国两党制度的确立。

随着两大政党现代型组织系统的形成，议会中自由党和保守党的对立扩展到全国各地，政党意识和党派联系渗透到城乡各地，千家万户。1882年，著名剧作家吉尔伯特在歌剧《劳兰斯》中的一段唱词广泛流传：

> 我时常感到可笑滑稽，
> 人间万事是这样离奇，
> 降临到人世间的每个
> 活生生的男孩和女孩，
> 要么是个小自由党人，
> 要么是一名"小托利"！[2]

19世纪最后几十年是英国两党制确立和稳定发展的时期，也是自由党、保守党的组织网络形成时期。两党新型组织系统的组成不但反过来促进了两党制度的发展，还使一些工人和工人团体的活动，受两党中央和地方组织的影响和控制，沦为两大政党斗争的附属品。

---

[1] Alan Beattie, *English Party politics, Documents and Commentary*, London, 1970, pp. 126–127.

[2] 《劳兰斯》的唱词见：Ivor Bulmer-Thomas, *The Party System in Great Britain*, London, 1933, p. 29. 译文转引自阎照祥：《英国政党政治史》，第303页。

九、爱尔兰自治问题

爱尔兰是英国最近、最早的殖民地。长期以来，英国政府在这里实行惨绝人寰的殖民统治，政治压迫、民族歧视和经济掠夺多管齐下，使爱尔兰民族经历了可怕的灾难。在资本主义迅猛发展的 19 世纪，英格兰人口迅速增加，但爱尔兰人口却因土地掠夺和农业灾荒所造成的大批死亡和流亡而急剧减少。英国殖民者用剑与火把这块国土变成一个极度贫困的地区。此时的爱尔兰人被认为是当时世界上最穷的民族。一位法国记者断言："我虽然见过森林中的印第安人，也见过带着锁链的黑人，但真正的人间地狱却是在爱尔兰见到的。"[1]

自 1830 年以来，英国政府颁布了 40 项强制性管理法令，但始终不能征服为民族解放而斗争的爱尔兰人。

不可否认，在 19 世纪前期，英国也有少数较明智的政治家出于政治安定的考虑，试图改善对爱尔兰的统治，但多以失败告终。30 年代的格雷内阁和墨尔本内阁曾因此分裂。1846 年，爱尔兰发生动乱，皮尔政府提出《爱尔兰人民人身保护议案》，遭到政敌攻击，他被迫辞职。以后 20 年里，政府要员都力图避开这一敏感问题。

1868 年，著名保守党人本杰明·迪斯累里（1804—1881 年）就任首相之时，爱尔兰局势相当紧张。早在 10 年前，爱尔兰民族主义者史蒂芬斯等人就创建了一个革命团体——"芬尼党"，目标是推翻英国殖民统治，建立独立的民主共和国。1867 年 2 月，芬尼党成员在都柏林等城市发动武装暴动，失败后许多爱国者被捕。同年秋，英国政府处死 3 名芬尼党人，激起民族义愤。不久，芬尼党人为营救战友，组织武装越狱，酿成重大流血事件。全国舆论大哗，迪斯累里踌躇不决，格莱斯顿步步紧逼。1868 年 3 月 28 日，格莱斯顿提出议案，要求立即取消爱尔兰国教会的官方资格，实行宗教宽容，缓和天主教徒的不满情绪。迪斯累里进退两难。他深知镇压措施会激起非国教教徒和社会

---

[1] Mansergh Nicholas, *Ireland in the age of reform and revolution*, Allen & Unwin, 1940, p. 243.

进步力量的反对，而实行让步会引起怀有狭隘民族情绪和宗教偏见的国教徒的反感。当下院以 65 票的多数通过格莱斯顿的议案时，他只好恳请维多利亚女王解散议会重新进行大选。

竞选中，自由党为获取选票，提出了"宗教平等，给爱尔兰以正义"的口号。可事后格莱斯顿也陷入困境。大约 20 年前，他就对英国传统的爱尔兰政策产生怀疑，从资产阶级的长远利益和人道主义精神出发，主张采取自由主义立法，废除国教在爱尔兰的统治地位，发展教育和解决土地问题。格莱斯顿如此而为，还是出于党派斗争需要，想借此获取爱尔兰民族议员的支持，以加强自由党与保守党对抗的力量。鉴此，他在组阁后即宣称："我的天职是绥靖爱尔兰。"

1869 年，格莱斯顿实施了取消英国教会在爱尔兰国教地位的法令，使之成为可以自由加入的宗教团体。自此，天主教会和国教会平起平坐。国教会不得随意勒索当地人民。1870 年颁布《爱尔兰土地法》，规定地主不得随意驱逐已交纳地租的佃农；对于无法交纳者，地主在收回土地时应对佃农所建造的房舍和农业设施给予补偿。另外决定由政府提供贷款帮助某些佃户赎买土地。土地法令颁布后，多数地主激烈反对。他们借机抬高地价，使佃农购买土地的愿望落空。格莱斯顿解决爱尔兰问题的计划草草收场，自由党声誉受损。

1880 年，格莱斯顿第二次组阁，发现爱尔兰问题更加棘手。1873 年，艾萨克·巴特建立了爱尔兰自治联盟，主张废除英爱合并法令，恢复爱尔兰政府和议会。次年大选，59 名同盟骨干成员在威斯敏斯特议会组成了独立党团。1875 年，民族主义者查理·巴涅尔进入议会，他与巴特等人用多种方式干扰议会工作，向政府施加压力，并把议会斗争同院外自治斗争结合起来，争取民众支持。1877 年，巴涅尔当选为联盟主席，加强议会外宣传鼓动。

两年后，自治运动同一个新的农民组织——土地同盟结合起来。土地同盟创始人迈克尔·达维特是爱尔兰民族解放斗争的杰出领袖，十多年前就参加了芬尼党。他深知自治问题同土地问题的关系：不摧毁英国在爱尔兰的地租剥削，英国殖民统治就无法根除。在土地同盟的号召下，爱尔兰人民发动了抗租运动，实际上开始了 200 年来最大的一场反英起义。巴涅尔很快参加了土地同盟，并因其显赫声望当选为主席。一年后兼任爱尔兰自治派主席，一身二职，有助于议会内外斗争的密切结合和集中领导。在历届大选中，爱尔兰自治派的人数逐渐增加。1885 年后增加到 80 余人。他们利用自由党和保守党实力的相对接近，在议会投票中左右局势，成为不可低估的"第三党"。

为了安抚爱尔兰，1881 年格莱斯顿提出一个新的土地法案，在下院辩论 58 天才得以通过。它基本上满足了土地同盟关于实行公平地租、固定地租并准许爱尔兰佃户自由出售农产品的要求；规定地租减去两成，租率 15 年不变，其间佃户可以自由出让其耕地，但地主不得任意驱逐他们。

《土地条例》颁布后，巴涅尔攻击自由党政府想用土地问题抵制自治，并立即提出了土地国有化的新主张。格莱斯顿失去了耐性。他颁布了《强制条例》，逮捕了巴涅尔、达维特和其他 1000 多名土地同盟成员。爱尔兰人民怒不可遏，开展更加顽强的抗租斗争。他们烧毁地契，围攻地主庄园，破坏农业设施。爱尔兰出现了罕见的"土地战争"，芬尼党更加活跃。

格莱斯顿见镇压无效，指派约瑟夫·张伯伦到狱中与巴涅尔密谈，达成所谓协议。巴涅尔急于出狱，应诺制止暴力和恐怖行为。格莱斯顿则答应颁布《欠款条例》，帮助那些欠租的佃农。巴涅尔立即获释。不料数日后，新任爱尔兰总督卡文迪什被芬尼党暗杀团误杀。格莱斯顿立即颁布了《防止罪行法》，建立特殊法庭，破坏土地同盟的组织，逮捕芬尼党人。爱尔兰自治派也受到极大限制。格莱斯顿企图解决爱尔兰问题的计划至此流产了。

1885 年 6 月，保守党联合爱尔兰自治派否决了政府的决议案，格莱斯顿辞职下台。索尔兹伯里侯爵成为英国最后一个贵族首相。他为了缓和爱尔兰人民反抗情绪，按期终止《防止罪行法》，拨款 500 万英镑帮助爱尔兰贫苦佃农赎买土地，任命一向赞成爱尔兰自治政策的卡拉丰为爱尔兰事务大臣。可是，卡拉丰到达爱尔兰后，除与巴涅尔会谈外，并无实质性的解决爱尔兰问题的措施。巴涅尔很快失去了耐心，他通过其情妇奥谢夫人与格莱斯顿联系，探询自由党党魁的真实态度。但格莱斯顿拒绝与巴涅尔重新结盟，他想把实现爱尔兰自治的任务推给保守党人。

11 月大选开始后，巴涅尔依旧对格莱斯顿耿耿于怀，号召爱尔兰人投保守党的票。但最终自由党还是获得了 335 个席位。保守党和爱尔兰自治派分别获得 249 票和 86 票，两党的议席正好和自由党相当。

在这种情况下，格莱斯顿仍希望保守党和爱尔兰自治党的联盟能继续下去，以便自治案能在上院顺利通过。可是，保守党领袖安之若素。同时，以哈廷顿为首的自由党右翼从地主阶级利益出发，顽固反对爱尔兰自治。由张伯伦领导的帝国主义激进派则警告格莱斯顿对此问题持慎重态度，尤其不要使大英帝国失去爱尔兰。1886年元旦，被保守党作弄了的卡拉丰悻悻辞职。1月下旬，索尔兹伯里宣布，他将提出一个更严厉的《强制条例》。格莱斯顿没有做好自由党各派的工作，在挫败保守党后匆匆上台。由于新政府无疑会赞成爱尔兰自治，哈廷顿等人拒绝入阁。张伯伦勉强入阁，但在内阁中担任次要角色，心怀不满，对爱尔兰自治计划持冷淡态度。这时，格莱斯顿本应对他做些说服工作，或委以重任。可他起草法案时未同张伯伦协商，也不理睬他的地方政府改革计划。张伯伦突然辞职，自此成为格莱斯顿的死敌。

4月8日，格莱斯顿的第一个《爱尔兰自治案》提交下院，内容有：在都柏林建立爱尔兰议会，它在伦敦帝国议会的管辖和指导下处理爱尔兰事务；爱尔兰行政上实行责任内阁制，但内阁的组成和存废，均需由女王任命的爱尔兰总督裁定；爱尔兰各种重要权力，如军事、外交、财政和关税等，仍由帝国政府代管。可见，此案相当保守，但还是在二读时被否决。以张伯伦为首的93名"自由党统一派"同保守党联合起来，共同反对格莱斯顿。老首相无计可施，只好于7月举行大选。"自由党统一派"公开与自由党其他候选人竞选，却与保守党互相关照。结果，自由党仅获191个席位。索尔兹伯里再次组阁。

保守党在下院地位稳固，就不介意爱尔兰自治派的支持了。不久，巴涅尔因风流韵事受到舆论谴责，政治上陷于被动，心情恶劣，很快病故。自治派因此元气大伤。

1892年夏季，耄耋之年的格莱斯顿重新赢得了爱尔兰自治派的支持，第四次就任首相。翌年2月，他在下院提出第二个《爱尔兰自治案》。它与1886年自治案大同小异，同样规定爱尔兰政府和议会不得拥有军事、关税等重要权力，没有提到北爱尔兰问题；新颖之处是规定爱尔兰可向伦敦威斯敏斯特选派80名议员，并允许爱尔兰贵族进入英国上院。这实际上是对帝国主义分子妥协。

为使此案通过，84岁的格莱斯顿在85次会议上舌战张伯伦等人，直到9月1日才在下院以34票的多数通过，却在上院被轻易否决。格莱斯顿的爱尔兰计划化作泡影。

历史一再证明，爱尔兰的自治、独立和统一，还需要爱尔兰人民的继续反抗和斗争。

十、工党的缘起

第二次议会改革之后，城市熟练工人获得了选举权，个别工人活动家试图进入议会，总是面对财政困难而却步。

工联主义是限制工人进入议会的又一障碍。19 世纪中叶，部分熟练工人建立了自己的工会。他们对参加者征收高额会费。处理劳资冲突时，工会领导人热衷于劳资协商，反对激烈的政治斗争。工联主义弱化了工人的阶级意识，使熟练工人和非熟练工人之间产生隔阂，阻碍了社会主义思想的传播和工人政党的建立。一些被排斥在工会之外的工人选民，易受自由党或保守党的影响。19 世纪后半叶，各地工会大多支持自由党和自由党政府。为此被称为"自由党劳工派"。

在这种情况下，一些工会团体试图利用工会基金和会员的投票权，推选自己的议员。1868 年大选时，全国工会代表大会召开，一些工会联合成立了"劳工代表同盟"。它在 1874 年大选中提出了 13 名候选人，2 人当选。以后"劳工议员"逐渐增加，1892 年达 15 人。名义上，"劳工议员"有自己的组织，实际上向自由党靠拢。

19 世纪 70 年代末，英国陷于经济危机，大量工人失业。工会无力领导工人斗争，会员减少。社会矛盾的激化利于进步思想的传播，促进了英国工人政党组织的产生。

1881 年，伦敦一些工人联合自由党左翼人士，建立了社会民主同盟。同盟成立初年，出版了一批阐释社会主义的报刊，举行演讲，揭露政府的帝国主义行径，宣传土地和资本国有化，产生好的影响。但它在组织上存在着宗派主义，其右翼领导人对政治斗争认识不足，左翼人物缺少足够的支持者。1884 年，该组织发生分裂。左翼领导人退出同盟，另外组成了社会主义同盟。不久，社会主义同盟同样发生分化，多数领导人忽视工会工作。1887 年，无政府主义者控制了同盟领导职位，左翼人士相继退出，3 年后社会主义同盟瓦解。

1884 年初，英国另一个社会主义团体——费边社，在首都建立。费边社的名称源于古代大将费边的名字，其成员大多是中产阶级知识分子。1884 年 5

月至 1886 年，萧伯纳、韦伯、西德尼·奥利维尔和格厄姆·华雷士先后入社。他们把休谟、李嘉图、边沁、密尔等人的经济学观点、功利主义理论、进化论和社会主义思想相糅合，炮制出一种新理论——费边主义。他们在论著中断言：在英国，重大社会变革不可避免。但利于社会进步的变革只能是渐进的、温和的、合乎宪法的。人们不必诉诸阶级斗争和暴力革命，只需依靠英国现有民主，逐步消灭土地和工业资本私有制，再通过各种机构逐步进行改革，最终改变社会的资本主义性质。1892 年，学识渊博的韦伯和比阿特丽丝·波特结为夫妻，共同著书立说，成为费边社最重要的理论家。此后，费边社不但倡导缓进式的社会改造，还提出了政治"渗透"政策，主张本社成员在政府要员中宣传费边主义观点，争取支持，尽量扩大费边主义影响。在策略上，费边社成员认为无产者大多缺少理智和教养，易走极端，故而领导民众完成社会改造的重任应由知识精英完成。费边社的这些观点，易在有产阶级中产生共鸣。费边社人数不多，能量颇强。它号召其成员广泛参加各类竞选，设法进入各级议会、济贫委员会和政治团体，使费边主义广为传播。

随着工人运动的发展和进步思想的传播，建立全国工人政党的任务提上日程。1888 年 8 月，苏格兰社会主义者凯尔·哈迪等人在格拉斯哥召开代表大会，建立了苏格兰工党。会上通过的纲领规定：党的任务是教育人民，力争本党同志进入议会和各类地方团体，促使实施政治改革，制定劳工立法。以后数年内苏格兰工党成长为北方工业区一个最有影响的政治组织。1892 年大选时，它推出 5 名候选人，但因组织不力而无一取胜，但哈迪却作为独立的工人代表在伦敦当选，进入议会。哈迪的竞选之所以能够成功，除因他在工人中享有崇高威望外，还有赖于新工会的发展。

新工会运动开始于 80 年代末和 90 年代初。新工会由非熟练工人和普通工人组成，某些领导人接受马克思主义影响，并号召工人开展罢工斗争。1889年夏，伦敦码头工人在新工会领导下举行大罢工，10 万余人参加，迫使资方让步。翌年各新工会响应第二国际号召，庆祝第一个五一节，在伦敦组织了20 万人的示威。

由于苏格兰工党的带动和新工会运动的发展，各地先进工人纷纷建立新的政治团体。它们的出现为独立工党的建立准备了组织基础。

1892 年，哈迪出面筹建新政党。约克郡的布雷德福成为筹备中心。1893年 1 月，苏格兰工党和布雷德福劳工联合会等在布雷德福召开大会，合并成立了"独立工党"。经大会通过的党纲规定：独立工党的任务是通过议会斗争以改善工人劳动保护条件和法定 8 小时工作日，在中央和地方政府中实行民主政治。大会选举产生"全国管理委员会"作为党的专门机构，执行该党年会形成的决议。首届管理委员会共 15 人。哈迪当选为全会主席。

独立工党的建立，使英国工人有了一个脱离资产阶级两大政党的组织。但是，独立工党仍非全国性工人政党，自始就存在着思想混乱和宗派主义等问题，难以在议会选举中扩大成果。1895 年大选中，该党 28 名候选人无一当选。议会劳工议员降至 12 名。[①]

纵然如此，英国社会主义宣传仍未停止。1891 年以来，社会主义理论家罗伯特·布拉奇福德在他创办的《号角》报上发表文章，描绘社会主义前景，深受工人欢迎。1894 年布拉奇福德将其论文编辑成书，以《欢乐的英国》为名发表，一年内售出 75 万册，成为国内最有影响的理论读物。《欢乐的英国》启发了工人群众的阶级意识，对于以后建立工人政党不无作用。

某些不利因素也迫使社会主义团体的领导人和工会领袖们寻求合作，加快建立全国性工人政党。90 年代以来，资本家为对付罢工斗争，实行雇主联合和同盟歇业。1893 年，一些厂矿工头组建各类团体，对罢工者构成极大威胁。1897—1898 年，机器制造商全国联合会实行全国性闭厂歇业。不久，雇主议员们又成立了议会党团，鼓动反工会立法。此外，雇主们还向法庭控告工会，要求赔偿他们的经济损失。实践使工会领袖们认识到：在英国，必须建立一个具有广泛群众基础的统一政党。

1899 年 9 月，工会代表大会召开年会，要求各地工会、合作社和社会主义团体的代表召开特别会议，制定增加工人议席的措施。随后加快了全国性政党的筹建工作。

1900 年 2 月 27—28 日，各工会和社会主义团体的 129 名代表在伦敦开会。会上通过了哈迪等人的议案，决定："在议会中建立一个独特鲜明的工人团体。"大会宣布成立了劳工代表委员会。它共 12 人，包括工会代表 7 人，社会民主联盟和独立工党的代表各 2 人，费边社代表 1 人。独立工党党员拉姆赛·麦克唐纳当选为书记。大会规定其主要任务是促使劳工代表进入议会。

---

① 为此，韦伯夫人称之为"一个残缺不全的政党"。P. Adelmen, *The Rise of the Labour Party 1880–1945*, Longman, 1972, p. 23.

特别代表大会召开时，不列颠岛正笼罩在因英国入侵南非所引起的沙文主义狂潮中。劳工代表委员会的产生未在社会上引起重视。以后人民才认识到：1900 年劳工代表委员会成立，标志着工党的诞生。

十一、战争和扩张

19 世纪中叶，英国经济和军事实力空前强大，资产阶级扩充市场、原料产地和掠夺殖民地的欲望也空前强烈，不列颠殖民者把东方视为扩张和掠夺的重点，与列强在欧洲和世界许多地区争夺霸权和势力范围。

英国对中华帝国觊觎已久。1788 年，小皮特政府就派出代表团访华，向北京政府索求治外法权未果。1793 年马戛尔尼率众再度来华，提出诸般要求，被清廷拒绝。嗣后，英方一面进行武力试探，一面扩大鸦片贸易。1808 年，一队英舰袭击虎门，被中国水师击退。1834 年发生较大的武装冲突，英方再遭败绩。但英商的毒品销售有增无减。如在 1838—1939 年，他们向中国输出鸦片 35 500 箱，换取大量白银。许多鸦片吸食者面枯体衰家败，中华古国元气有伤。

鸦片荼毒使道光皇帝震骇，令林则徐南下广州查禁鸦片。1939 年 3 月，他严令英商和他国毒贩交出鸦片，不久在虎门将两万多箱鸦片当众销毁。

这时，英国的外交大臣帕默斯顿，是一个典型的帝国主义者，以直言英国"只有永恒的利益"而蜚声外交界。虎门销烟刚过，他密令英国驻华商务监督义律（Charles Elliot）做好开战准备。1840 年 6 月侵华英军司令懿律（George Elliot）率兵 4000 人、乘舰 40 余艘抵达中国海，鸦片战争爆发。

第一次鸦片战争历时两年余。初期，懿律避开广东，率舰队北上，骚扰福建、浙江，攻陷定海，抵达天津白河口，威胁北京。道光皇帝罢免林则徐等人，命琦善出面协商。英方代义律于 1841 年 1 月提出《川鼻条约》，要求中国割让香港、赔款 600 万元，被中方拒绝。战事重起。2—5 月，英军攻陷虎门炮台，水师提督关天培率数百名官兵战死。随后英军进攻广州，炮轰城内设施，迫使奕山接受和约，尽快交讫赔款 600 万元。清政府的软弱使英方得寸进尺，于 1841 年 8 月至 1842 年 8 月陆续攻占厦门、定海、上海、镇江等地，沿长江逆流东进，兵临南京，与清政府签订了《南京条约》。据此英国获取了2100 万元的赔款，割占香港，并在商务、关税等方面得到种种优惠。而后又获领事裁判权、片面最惠国待遇。英国的成功使列强垂涎。美、法、俄等国循例与清廷签订了类似条约。中国丧失部分主权，开始沦为半封建半殖民地社会。

第一次鸦片战争后，英国对中国的侵犯稍有停顿。这是因它正陷于对缅甸和阿富汗的战争。其中仅在 1839—1842 年的侵阿战争[①]，就使英国伤亡数万人，耗资 1.5 亿英镑；1851—1852 年的侵缅战争使英国占领了下缅甸。再因英国在 1853—1856 年参加了大规模的克里米亚战争[②]。其间英国与法国、土耳其缔结军事同盟，凭借先进的军事技术和装备，以重兵战胜了俄国，迫使俄国接受《巴黎和约》。据此，英国虽然没有实现帕麦斯顿肢解俄国的梦想，却实现了黑海中立化，消除了俄国南下地中海、影响英国利益的可能。从而确立了英国在近东的霸权，并使其腾出手来，加强对中国的掠夺、对印度的统治和对奥斯曼帝国、伊朗和阿富汗的侵略。

克里米亚战争期间，中国的太平天国农民起义已在进行，严重威胁清朝统治。英国刚刚摆脱欧洲战事，就与法国和美国向清政府提出扩充特权的要求，遭到拒绝。恰好此时发生了"亚罗号事件"和"西林教案"，成为英法发动战争的借口。

第二次鸦片战争历时 4 年余，以 1856 年 10 月 23 日英国舰队进犯广州为起点。翌年 12 月，英法联军 5000 人攻陷广州城。1858 年 5 月，英法舰队北上，抵达天津河口，炮轰大沽炮台后进犯天津，迫使清廷签订《天津条约》。英国得以在北京派驻公使，在通商各口设领事馆，增开通商口岸，取得了自由经商、贩卖鸦片和传教、修改关税税则等权利，还获得了 400 万两白银的赔款。《天津条约》签订后，英法侵略者欲壑难填。他们在 1859 年 6 月 25 日袭击大沽炮台，遭到反击，英舰悬挂白旗恳求停战。消息传到伦敦，首相帕麦斯顿决意扩大战事。1860 年春，英法联军重组，包括英军 13 000 人，舰船 200 多艘。联军在额尔金等人的带领下，先占舟山、烟台，再攻塘沽、天津。10 月，英法匪徒闯入北京，大肆烧杀劫掠，将圆明园毁于一炬，掠走大批珍宝。很快，

---

① 史称"第一次英阿战争"。第二次英阿战争发生在 1878—1880 年，阿军先败后胜，但最终仍然表示履行《甘达马克条约》，使阿富汗实际上沦为英国的保护国。

② 克里米亚战争中，英国死亡 6 万人，法国损失近 10 万人，俄国 30 余万人。

清廷签署了《北京条约》，英法索取的赔款增加到 800 万两白银，其他条件相应增补。而英国则得到了大部分好处。

英国对印度的侵略是东方大国历史中最悲惨的一页。七年战争后，英国独自统治印度，商业进攻和殖民掠夺变本加厉。如 1837—1838 年，仅东印度公司从印度汇回英伦的资金就有 230 万英镑；1857—1858 年度增加到 616 万英镑。英国在印度的地租剥削，一是包税制，盛行于孟加拉、比哈尔和奥里萨等地。在这种制度下，农村公社土地全为东印度公司所有，公司将之交给柴明达尔，令其代收地租后，再将大部分以地税形式上缴东印度公司。二是农民租佃制，盛行南部和其他一些地区，公司名义上承认当地农民的土地所有权，但照样强迫他们交纳相当于全年收成 1/3—1/2 的地租，农民实为公司的佃农。如此土地税制，使英国的收入一再增加。1800—1801 年度英国从印度榨取了 420 万英镑，1857—1858 年增至 1530 万英镑。英国殖民者从鸦片种植和贸易以及其他商品倾销中的收益同样十分可观。印度是英国最重要的殖民地。

英国严酷的殖民统治激化了民族矛盾。商品倾销残害了印度工业，手工业者失业。殖民主义土地和租税制不仅加重了农民负担，还使王公领地被兼并蚕食。同时，西方文化的传播和英国殖民立法，冲击了当地传统习惯和宗教习俗，激起印度民众对基督教文化的恐惧。令人气愤的是，印度土兵所使用的子弹上涂有牛油或猪油，而他们使用前又须咬掉子弹的尖头，这就亵渎了他们的宗教信仰。加上英国士兵在印度所有官兵中不足两成，且驻守各地，这就使印度土兵的反抗成为可能。1857 年 5 月 10 日，密拉特第三骑兵团的土兵，为营救因拒绝使用涂油子弹而被判刑的兄弟而举行暴动。印度民族大起义爆发。

起义前后两年，得到了市民、农民的支持。德里、詹西、勒克瑙是起义的几个中心。部分王公成为起义的领导者。浴血奋战的詹西女王是最果敢的民族英雄。但因起义缺乏统一领导和内部矛盾而失败。但它打击了英国殖民者，唤醒了印度人民的民族意识。英国为镇压起义，调集了大批兵力，依赖部分亲英封建主的支持，使用了先进的武器和战术。事后，英国彻底改组了军队，增派英籍官兵控制了关键职位和兵种，扩大少数民族士兵的比例。在殖民统治方式、宗教政策等方面作了调整。名义上，印度政府的统治权正式转归女王。后来在迪斯累里领导内阁时期，维多利亚女王兼领"印度女皇"的封号。

19 世纪后期，英国工业霸权地位逐渐丧失，便加紧了在世界各地的殖民征服和统治。非洲的价值也越来越为西方列强所重视，英国殖民者加紧了对它的军事侵略和经济渗透。1875 年，保守党首相迪斯累里不经议会同意，私自向银行家借贷巨资，购买了尼罗河的大部分股票，却赢得了资产阶级的喝彩。以后英国在埃及、苏丹、肯尼亚等地进行殖民战争，一步步地扩充它在非洲的领地。

1889 年，索尔兹伯里政府为了对抗列强、维护海上霸权，提出所谓"两强标准"，加快造舰速度。

在营建殖民帝国方面，世界历史上很少能有一个国家能像英国这样强悍、多能和执著。

第十一章

衰落和磨难

（1900 年—1945 年）

一、"日不落"帝国

19、20 世纪之交，英帝国的威势到了顶点，英国人的民族自豪感也空前充沛，并能不失时机地展示。

1897 年 6 月，即维多利亚女王登基 60 周年之际，不列颠政府举行了规模空前的"钻石庆典"。届时，帝国各殖民地国家的元首和政府首脑聚集伦敦，向女王祝寿，向帝国表示效忠。维多利亚虽然年近 8 旬，却身心俱佳，为自己能亲身体验"世界上最漫长的统治"而欣喜。她于 20 日，在王室成员的陪同下，去圣保罗大教堂，在盛大仪式中感谢上帝恩典，为帝国的强大和繁荣殷殷祝福。22 日，她又乘坐富丽堂皇的御辇，在王室和政府显要、陆海军联合仪仗队和帝国仪仗队、各殖民地骑兵和警察的簇拥下，沿着伦敦的通衢大道，巡行 3 小时 10 公里，接受万众的歌颂和赞美，欢呼声隆隆不绝。庆典持续了两周，全国各地一片喜庆。其间，女王还在海上检阅了 160 余艘战舰。大英帝国威势赫赫，炙手可热。

此时，英国的外交政策和国际地位似乎也是稳如磐石。英国外交家干练老道，风度翩翩，言辞娓娓，有强大的经济和军事力量做后盾，总能以较小的代价换取较大的利益。面对错综复杂的大国外交和结盟活动，英国政治家总是我行我素，自豪地奉行"光荣孤立"政策，不与他国结盟。他们认为，这种政策是最明智的，既可以使英国在欧洲国际冲突中保有行动自由，又不必承担任何同盟责任，还可以利用列强之间的矛盾和争斗，在欧洲维持均势，使英国更加灵便地在世界各地捞取更多的殖民利益。

然而，好景不长。"钻石庆典"前后，英国上层统治者发现他们最强硬的竞争对手是世交德国，不列颠的霸权主义遇到了空前强大的威胁。

19 世纪 90 年代之前，英德关系一向和谐。德国刚迈开争霸的步伐，主要以欧洲为基点，把法、俄当对手，却无足够力量同英国在世界范围内争夺。而且，两国王室多年联姻，亲上加亲。如过世不久的德国王储是维多利亚的爱婿，威廉二世皇帝则是她的外孙。再是宗教感情接近，清教的派别感情使两国一再成为盟友。英国长期以来在掠夺殖民地的斗争中遇到的竞争者依然是法、俄两国。

随着德国实力的剧烈膨胀，德意志的高层人物畅言"德国的未来在海上"。1898 年，德国议会通过议案，着手扩建海军。两年后，又通过了"最大海军"建设方案，直言："德国必须保持着这样的海军力量，当和最大的海军国家作战时，能够威胁到那个国家的优势"。两国的造舰比赛一直进行到世界大战。

90 年代以来，德国还加紧对南非的两个布尔人共和国——德兰士瓦和奥兰治——实行渗透，因此和英国发生冲突。1896 年，英国的一支由刑事犯参加的远征队侵入德兰士瓦，被布尔人击溃。威廉二世立即致电德兰士瓦总统，祝贺他们在"没有友好国家参加下所取得的胜利"，从而公开地挑战英国。

1898 年，威廉二世亲赴近东作"圣地巡礼"，向土耳其苏丹示好。这是德国东进的信号。几年后，德国从土耳其手中取得了巴格达铁路的修筑权。它计划经巴尔干，修到波斯湾。这意味着德国将出现在印度洋，夺取英国在东方的殖民地。英国殖民者恨之入骨。

到了 19、20 世纪之交，英国政治家更加明显地感觉到了均势的丧失：自普法战争后延续了将近 30 年的相对和平局面结束。欧洲各大国经过几十年的斗争、分化和组合，形成了势不两立的两大军事集团。英国的经济优势首先被德国所取代，英德矛盾发展成为大国间的主要矛盾。世界各地的殖民地基本上被列强瓜分完毕，重新瓜分殖民地的战争终于爆发。

这时，英国的重大举措之一，是在 1899—1902 年挑起了"英布战争"，从荷兰殖民者手中夺取了盛产黄金和钻石的奥兰治和德兰士瓦。

英国人在发动这场战争时毫无"绅士风度"。1899 年初，他们以其侨民没有享受到充分的公民权为借口，同德兰士瓦政府谈判。谈判中，英方代表蓄意百般刁难，致使谈判破裂。在不打不行的情势下，德兰士瓦于 10 月间进攻英军，奥兰治也立即对英作战。

战争初期，布尔人使用从德国进口的先进武器，兵力超过对手一倍，连胜英军。以后英军源源调来，布尔军寡不敌众。1900 年 6 月英军占领了德兰士瓦首都比勒陀利亚，在战争尚未结束之际，就宣布将两国并入大英帝国。以后战争又进行了两年。英国投入这场战争的兵力共达 45 万人，伤亡近 10 万人。

经过长期的不懈努力，英国人用暴力、鲜血、外交和讹诈建立了空前巨大的"日不落"帝国。1877 年，英国在世界各地的殖民地为 2110 万平方公里，人口为 20 350 万人；1900 年猛增到 2780 万平方公里，人口达 35 250 万人。到了 1913 年，英国的殖民地面积竟然相当于本土面积的 100 多倍，人口的 9 倍，这在人类历史上是绝无仅有的。

如何统治这样一个帝国？英国人也是独有心路。他们实际上把殖民地分为几种类型。

一种是直属殖民地。多以原来居民为主体，有印度、缅甸等。在这些地方，英国取消了原有政府，或仅在形式上保有当地王公的部分权力，派总督直接管理，控制相当严紧。

再一种是所谓"自治领"。1867 年英国议会通过了"英属北美法案"，加拿大成为英国第一个自治领，以后澳大利亚、新西兰和南非也逐渐取得了自治领地位等。这些地区大多有政府和议会，但以英国君主为国家元首；派总督监督它们的政府，而当地的政府在形式上又以英国政府体制为摹本。英国统治者给这些地区以自治权的原因之一，是考虑到它们的居民大多是英国和欧洲国家的移民，怕他们模仿北美殖民地闹独立，彻底摆脱英国殖民统治。由于自治领的居民，特别是上层居民，多是以白人为主，故将最早的自治领国家称为大英帝国的"白人俱乐部"。

还有一些殖民地居于上述两种类型之间，情况各别。

当时的军事水准，也使拥有海上霸权的英国在全球范围建立海军基地，控制着许多重要据点。例如，英国海军所控制的战略要地，从不列颠通往东方的航道上，就有直布罗陀海峡、塞浦露斯、马耳他、好望角、苏伊士运河、锡兰、新加坡等。英国皇家海军在各海洋游弋，镇压民族独立运动，统治着"日不落"帝国。

英国对殖民地的经济掠夺，除了商品倾销[①]、鸦片贸易、地租勒索和直接的暴力抢劫外，还逐渐添加了资本输出。即由英国资产者把部分资金，作为生产资本，投到海外殖民地，借用当地的廉价原料、人力，创办工厂、铁路、矿山和银行；或与当地资本家搞合股经营，榨取高额利润。英国在殖民地的市场，大多属于独占性质。英国资本输出的40%是以其殖民地为目标。1910年，英国伦敦各大银行在殖民地设有5000多家分行。它们如同许多吸管，源源不绝地吸吮着殖民地的血液。

1901年，在位64年的维多利亚女王撒手人寰，大英帝国的颓势显露。德国的庞大阴影使英国政治家越来越感到恐惧。为了建立和维持新的国际均势，英国外交家终于放弃了"光荣孤立"政策，主动寻求盟友。1902年，为了在东亚对抗俄国和德国，与日本缔结了同盟。两年后，英国统治者又放弃了传统的仇法政策有意接近法国。两国在殖民地问题上达成妥协。

1905年，俄国发生了革命，对东方民族产生了重大影响。英国这时很关心沙皇政权的存在，而英法关系的改善正好促使了英俄的接近。1907年，英国在彼得堡与俄国签订协议，划定了两国在伊朗的势力范围。随着帝国主义两大军事集团的形成，英国离世界大战越来越近了。

二、自由党社会改革

1886年，自由主义兴盛期在英国结束。保守党从此掌权近20年，其间仅有偶尔中断。

此后，英国工业逐渐丧失了垄断地位。它在世界工业总产值中的比重，由1870年的32%下降到1913年的14%；同期在世界贸易中的份额也由22%降

---

① 19世纪80年代至1913年，英国对帝国各殖民地的商业出口一直占其出口总额的1/3以上。

至 15%。

工业垄断地位的丧失，使英国有产者渴望夺取更多的殖民地，以弥补他们在国际经济竞争中的损失。鉴此，好战的保守党得以上台，执行野蛮的扩张政策，维护"日不落"帝国的余威。

在 1895 年组成的保守党内阁中，首相索尔兹伯里兼任外交大臣，负责指导对外政策。但因他年事已高，统一派首领约瑟夫·张伯伦成了制定和实施帝国计划的关键人物。南非战争时，张伯伦把国内沙文主义狂潮推向顶点。

这时，自由党因战争发生了分歧。以赫伯特·阿斯奎斯（1852—1928 年）为首的帝国主义者积极为保守党政府献策，遭到党内左翼代表劳合·乔治等人的指责。

南非战争后，巴尔福接任首相。他一面放弃孤立主义政策，一面冷静地解决爱尔兰问题。他指示爱尔兰总督给无地农民提供低息贷款，帮助他们赎买地主土地，加速了当地大地产制的瓦解，暂时缓和了爱尔兰和宗主国的矛盾。

但巴尔福却无法避免党内分歧。张伯伦为维护帝国利益，敦促内阁放弃自由贸易，实行保护关税政策；并在大庭广众之下宣传他的观点，引起国人关注和内阁分歧。1903 年 9 月，张伯伦等阁员或辞职，或被罢免。保守党实力削弱。自由党借机恢复了内部团结，利用保守党的政策纰漏，大加批评，致使巴尔福政府于 1905 年 12 月集体辞职。翌年 1 月大选中，自由党赢得 377 个席位；同爱尔兰自治派和工党联盟后共有 500 多个议席。它为维持这次执政机会，决意实行社会改革。而一种新的思想体系——"新自由主义"——为之提供了理论依据。

新自由主义产生于 19 世纪末，主要代表有托马斯·格林[①]、利奥纳德·霍布豪斯[②]等学者。一些年轻的自由党人也为这一理论的缔造作了努力。新自由主义的出现同当时的阶级矛盾和斗争密切相关，是对英国社会弊病的批判性产物。

19 世纪 70 年代以来，英国经济进入漫长的萧条期，经济危机和欧美廉价商品的冲击，使工业部门投资锐减，失业率持续上升。工人和广大劳动者每况

---

① 托马斯·格林（1836—1882 年）是英国教育家，其代表作《伦理学引论》和《论政治义务原则》被誉为新自由主义的先驱性著作。他认为理想的政治制度要体现社会道德观念，有助于改善公民的品质。

② 利奥纳德·霍布豪斯（1864—1929 年）是英国社会学家和哲学家，著有《认识论》等。他对自由放任主义质疑，坚信社会全面合作有利于发展个人潜力，并试图把自由主义和集体主义结合起来。

愈下，衣食欠缺，居住条件恶劣，甚至流离失所。劳苦大众的悲惨命运引起了人道主义学者的关注，他们发表社会调查报告和著作申诉社会不公，提出相应的改革措施。新自由主义应运而生。

新自由主义着重论证了集体主义原则，对国家的职能作了新的解释。他们把人类社会喻为一种"有机整体"，认为它的各部分互相依存，互相作用；社会整体对社会各部分起保护和调节作用，各部分对整体的存在和发展有独特的功能。这种比喻的真谛在于：社会各成员的美好生活都同其同胞直接相关。他们应当同心协力，共同改造社会。

如何改造现有社会？新自由主义者主张用国家的立法力量和行政职能，去调整社会财富，实现社会财富的再分配，其中包括"剥夺有产阶级不劳而获的收入，用来增加工人阶级的工资收入或增加公共收入"，提高社会消费水准。其具体措施有：实行养老金制、规定最低工资标准、建立社会保险制等。而为了实现这些计划则必须增收累进所得税、遗产税，以筹集社会公益金。这些主张得到国内社会主义者、工联主义者和一些中产阶级人士的支持，为自由党实行社会改革提供了理论基础。

在新自由主义的熏陶下，新一代的自由党人成长起来。代表人物有阿斯奎斯、劳合·乔治和温斯顿·丘吉尔等。1906年大选前后，他们占据政府核心，支配国家政策，实施了一系列社会改革政策。

根据工党的要求，自由党最先提出了《劳资争议法案》，规定：工会对其工作人员的不法行为不负责任，除非某项行为曾经获得工会领导机构的许可。工党议员认为该议案仍旧保守含糊，借机提出了他们的议案，明言工会对其会员在罢工中所造成的损失将不负任何责任。自由党马上送顺水人情，号召自由党人支持工党的《劳资争议法案》。

1908年4月，班纳曼因病辞职，阿斯奎斯任首相，劳合·乔治改任财政大臣，丘吉尔任贸易大臣。内阁改组使激进派力量增强，以社会福利为基本内容的改革广泛展开。

自由党的社会福利方案主要有3项：一是《养老金条例》（1908年），规定凡年满70岁而每年收入不到31英镑者，均可得到国家养老金。其中单身者每周可获5先令，有配偶者7先令。当时失去工作能力而又年满70岁的人很少。多数老人望洋兴叹。但它毕竟是英国福利国家建设的起点。

二是建立全国劳动介绍制度。1909年，政府吸收了1905年以来实行《失业工人法》所取得的经验，吸取了德国等国在此方面的经验教训，逐步建立了政府的全国性劳动介绍所。区区一年，即有 60 多个职业介绍所在各地诞生。它们虽不能根本解决就业问题，但因之收集了劳工市场信息，可使就业机会充分利用。

三是《国民保险法》（1911 年）。它包括健康保险和失业保险两部分。第一部分旨在为患病、伤残和因分娩而不能工作的女工提供保险救助，受保范围是 16—70 岁的体力劳动者和年薪不超过 160 英镑的职员。保险费按不同比例由雇主、职工和国家分担。并规定了较详细的发放额度。这项方案是强制实施的，各郡和郡级市都建立了一个保险委员会，由中央和地方政府、健康保险医师和受保人等方面的代表组成，监督福利经费的管理。法令实施后，受保居民超过 1000 万，国民死亡率逐渐降低。《国民保险法》的第二部分是关于失业保险，规定对一些易受经济危机影响、失业率较高的行业实行强制性保险。其资金来源类似于《公民保险法》的资金。该法案颁布时，英国约有 230 万人属受保对象，以后又扩展到所有的劳动者。

政府还在劳工立法方面有较大进展。1908 年议会通过了矿工八小时工作日法案。翌年扩展到一些轻工业部门。各行业委员会由劳资双方代表和政府代表组成，负责协定工人工资。凡不按照法定标准支付工资的雇主，要被追究经济和刑事责任。这一措施虽不能根绝雇主违法行为，毕竟在一定程度上维护了工人利益。

经过数年，自由党政府初步奠定了"福利国家"的基础。就在改革高潮之际，国内局势一再出现动荡。铁路、纺织和煤矿等行业工人举行大罢工，要求提高薪金，缩短工时，改善劳动条件。码头工人拒绝为船主卸货，甚至发生暴力冲突。同时，英国工会代表大会及时通过决议，敦促工人议员促进政府改革。决议发表后对自由党政府造成了强大的舆论压力，迫使它将改革引向深入。

自由党实施社会福利计划需要巨额开支，要求它不断调整财政政策，增加预算。1907 年它在新的预算中，对年收入超过 2000 英镑的"非劳动所得"征收超额所得税，对 15 万英镑以上的产业征收累进税。1908 年，阿斯奎斯制定年度预算案时有意增加财政盈余，为当年实行养老金制提供了条件。

1909 年，自由党的福利计划和军事改革计划同时实施，政府财政面临巨大亏空。为此劳合·乔治决心实行财政改革。4 月 29 日，他提出了一个"人民预算案"，要对年收入 500 英镑以下的家庭给予儿童津贴，故而需大幅度提高遗产税，增收土地税。[①]自由党政府实行财政改革主要是出于政治上的需要。两年来，自由党在下院议席逐渐减少，眼下急于实施激进政策，来收回失去的人心。

"人民预算案"提出后，立即遭到反对派的抨击。巴尔福在下院率领其追随者攻击自由党劫富济贫，动员上院保守党贵族去否决它。劳合·乔治詈骂上院是巴尔福的哈巴狗。随后，财政法案在下院以 379 票对 149 票通过。

秋末，预算案送到上院。经过长时间辩论，以 350 票比 75 票的绝对多数通过了搁置的动议。贵族的做法立刻引起震动，下院和新闻界一致谴责上院侵夺了下院财政权力，是违宪行为。因此事还与两党对立有关，它很快成为一场自 1688 年以来最严重的宪法争端。自由党领袖回想到：1906 年以来他们的议案一再被上院拒绝，目下则必须采取有效措施改革上院。

1910 年 4 月 29 日，新选下院对劳合·乔治的预算案略加修改后而重新通过。上院面对自由党政府的强硬态度，不敢继续刁难，只好不经分组表决就匆匆通过了。

自由党政府重提财政法案之前，已在下院通过决议宣称：应以法律剥夺上院拒绝或修正财政法案的权力；上院对其他法案的权力也应加以限制。就在此案通过的当夜，阿斯奎斯傲然宣称：如果上院贵族继续抵制下院决议，政府将请求国王加封足够的新贵族来改变上院的党派成分。

可是，爱德华七世不愿支持政府。5 月 6 日，他突然病逝，乔治五世即位，重新进行大选。自由党依靠工党和爱尔兰自治派的支持，继续执政，并重新提出和通过了改革上院的议案。而上院为自救所提出的修正案，则几乎全被下院否决。

面对政府的强硬态度，上院保守党领袖建议本党贵族放弃投票，让政府议案通过。经过一段波动，最后政府的议案在上院以 131 票对 111 票通过。一项重要的议会法于 8 月 18 日正式产生了。

1911 年议会法规定：凡下院通过的财政案，于闭会一个月前提交上院，而上院于一个月内未作修正或通过者，该法案就可以直接呈请国王批准，成为法

---

① T. Lloyd, *Empire, Welfare State, Europe, English History 1906-1992*, Oxford, University Press, 1993, pp. 13-16.

令。其他公议案，经过下院连续 3 次会议通过，交上院被否决后，可直接呈请国王批准成为法律。这些规定，使上院余威大减。以后，上院虽然还是保守党占据多数，但它再也不是该党扼杀自由党或工党的有效工具了。

1911 年议会法还规定：议会任期由 7 年改为 5 年。

自由党政府通过立法大大削弱了政敌在上院的权力，它以后几年里继续进行社会改革。

三、战前社会动荡

自由党实行改革的主要目的是为了赢得民心，抑制政敌、继续执政，可做起来并不容易。从 1908 年至 1914 年，英国面临剧烈的妇女、劳工和党派问题，始终动荡不安。

妇女问题由来已久。19 世纪的历次议会改革，逐步扩大了男子选举权，却对妇女权利不屑一顾。当典雅的中产阶级妇女游行示威时，大男子主义的政治家含颔冷笑，不信弱女子能在政治上形成气候。

不料，20 世纪初，英国出现了"暴力的妇女运动者"，她们一反过去的温和做派，用战斗姿态和激烈手段去争取女权。这一运动开始的标志，是 1903 年"妇女社会政治同盟"在曼彻斯特的建立。其领导人是杰出的女权运动家爱米林·潘克赫斯特（1858—1928 年）。骨干分子里有她的两个女儿克里斯塔贝尔和西尔维娅，以及企业家安涅·肯涅、女权战士配思威克—劳伦斯夫人、爱米丽·戴维森等。潘克赫斯特夫人早在 1889 年就建立了女权联盟；5 年后为已婚妇女赢得了地方参政权。自 1895 年起，她在曼彻斯特地方政府里担任了一些职务，但始终不能参加下院议员选举。1908—1909 年，她率领"暴力的妇女运动者"散发传单，号召群众冲击下院，3 次入狱，毫不妥协。1910 年政府为"人民预算案"与保守党贵族斗争时，她宣布暂时休战。随即因政府反对一项女权法案，她和"妇女社会政治同盟"自 1912 年 3 月起，采用果敢方式抗议。她们涌向伦敦市中心，四下纵火、打碎玻璃、捣毁商店门面，破坏公共设施，起码造成了 400 万英镑的损失。潘克赫斯特夫人和她的 123 名战友被捕。女儿克里斯塔贝尔逃往巴黎，呼吁国际社会支持英伦女权运动。不久，潘克赫斯特夫人在狱中绝食，官方碍于舆论，将她一再地临时释放，但在健康恢复后重新监禁。一年里，她12次入狱，总计拘禁30天。年轻的爱米丽·戴维森性情刚烈，坚信须用鲜血和生命才能惩戒政府保守势力。1913年6月4日，她在国王巡游德比时，突然从人群里冲出，迅疾躺倒，被御马活活踩死。爱米丽的壮举赢

临街演说的潘克赫斯特夫人

得了更多的支持者，女权运动愈演愈烈。一年后共有一百多座建筑物被烧毁，其中有艺术馆、俱乐部等。她们还袭击首相阿斯奎斯；将破布点燃，填入邮筒；用盐酸硝酸在高尔夫草坪上烫出"妇女投票权"的大字口号；甚至自行绑缚在白金汉王宫的铁栏杆上，羞辱政府显要。[①]

　　面对空前激烈的女权运动，自由党政客气急败坏而又无可奈何。英国上流男士不是一向尊重妇女吗？目下该如何对待"夏娃的呼喊"？幸亏第一次世界大战爆发，政府为动员国民一致抵御外敌，借机释放了全部因民权斗争而被拘捕的罪犯。潘克赫斯特夫人决定暂时停止女权运动。但她们的目标不变，努力没有白费。1918年，鉴于妇女在战争中为国家作出了突出贡献，联合政府同意授予年满30岁的妇女以选举权。1928年所有成年妇女获得了完全平等的选举权。

　　与女权运动大致并行的还有劳工运动。其原因与工党的壮大相关，是因工人生活恶化所引起的。

　　劳工代表委员会（即工党）初建时，没有明确的纲领和足够的经费。同年8月大选时，它既不能制造强大的舆论去抨击保守党政府的帝国主义政策，也无法资助自己的候选人当选。许多工会组织没有参加劳工代表委员会。1901

---

① C. Roberts & D. Roberts, *A History of England, 1688 to the Present*. pp. 716–717.

年初，其会员共 37.6 万人，在全国工会会员中仅占 18.5%。

1901 年 7 月上院对塔夫·维尔案的判决，促使更多的工会团体加入工党。此案由 1900 年的一次罢工引起。铁路公司提出控告，要铁路员工委员会赔偿因工会动员工人罢工所造成的损失。上院司法机构维护雇主利益，判处该工会支付公司 2.3 万英镑的赔款和巨额诉讼费。挫折使工会领袖认识到：工会的作用微不足道，只有依靠自己的政党去建立人数较多的议会劳工团体，雇主们对议会的垄断才会被打破。尔后，许多工会和工人加入劳工委员会。1902 年，劳工代表委员会成员达 86.1 万人，在全国工会会员中的比例上升到 43.3%。

工党借机扩大大选成绩。在 1903 年纽卡斯尔年会上，它设立了专门基金，用来支付本党候选人的竞选费用和议员薪金。这不仅减轻了党内竞选人和议员的经济负担，还加强了对本党议会党团的约束力。会议规定：今后劳工代表委员会的成员不得参加自由党或保守党。此次年会增强了劳工代表委员会的实力和独立性，成为工党早期发展史上一个重要转折点。

1906 年大选时，劳工代表委员会共提出 50 名候选人，29 人当选。在新议会里，他们组成议会党团，选出了自己的督导员。同年 12 月，他们在下院发起一场重大辩论，使下院通过了《劳资争议法案》，使工会罢工和纠察行为完全合法，并凭此推翻了对塔夫·维尔案的判决。

劳工代表委员会的成功轰动了英国政界。同年它正式采用了"工党"的简称。就这样，经过多年的努力，英国政治舞台上出现了一个阶级基础广泛的政党。

当自由党社会改革开始实施时，英国工人阶级对其抱有希望和信赖，未曾采取反抗行动。1909—1910 年，再次出现经济危机，工人实际收入下降，加上对政府改革的失落感，便在各地举行大规模罢工。煤矿、造船、码头、铁路和纺织业的工人普遍参加，非熟练工人占了较大的比例。他们要求提高工资，改善劳动条件。1911 年，全国因罢工损失的劳动日达 1000 万个；1912 年增加到 4000 万个。罢工中，伦敦和利物浦码头工人、都柏林的运输工人和南威尔士的煤矿工人组织水平较高，表现也最坚决。大罢工使自由党、保守党改变了对工党和工会作用的认识。

就性质而论，发生在爱尔兰的骚乱与女权运动和工运截然不同。它是由新的爱尔兰自治案所激起的，其骨干人物是保守党地主和英格兰民族主义者。这一法案于 1911 年 1 月由阿斯奎斯提出，其内容和当年格莱斯顿的议案大同小异，即同意爱尔兰人在都柏林建立自己的政府和议会，但必须把外交、国防和部分经济、治安权力交给帝国政府。阿斯奎斯这样做的目的，是为了继续争取爱尔兰自治党的支持。法案两次在下院通过，但被上院搁置。1914 年，爱尔兰自治案在下院连续 3 次通过；根据 1911 年议会法，它可以自动生效而成为法律。保守党地主无可奈何，只好在爱尔兰制造骚乱。

就整个爱尔兰来看，与阶级压迫、民族歧视和宗教矛盾交织在一起的北爱尔兰问题是矛盾的焦点。在所有爱尔兰的 460 万居民中，天主教徒共 370 多万人。新教徒只有 80 多万人，其中 78% 居住在北爱尔兰的厄尔斯特。英吉利统治者出于私利和复杂心态，反对任何脱离帝国政府的做法，成为爱尔兰地主所依赖的社会基础。

从法律角度来看，保守党作为主要政党之一，不得支持违宪行为，更不得参与反对政府的骚乱。保守党党魁博纳·劳深知其中之要害，明言他不支持民族主义者的越轨行动，可实际上又默许和纵容爱德华·卡森（1854—1935 年）所领导的厄尔斯特帝国主义者。卡森煽动当地的新教徒和帝国分子采取"非常手段"，维持厄尔斯特在帝国中的永久地位。终于，他于 1913 年，依靠保守党人的财政支持，在厄尔斯特纠集起一支约 10 万人的"自愿军"，购置武器，扬言要发动暴乱。爱尔兰民族主义者则组建了"爱尔兰志愿军"。它名义上由约恩·麦克尼尔教授领导，实际上被爱尔兰共和兄弟会暗中控制。内战迫在眉睫。政府调集了大批官兵，派往爱尔兰，严阵以待。

面对危机，阿斯奎斯主动斡旋，与保守党领袖洽谈缓和方略，但有意回避和延搁北爱尔兰问题。最后，他向博纳·劳和卡森许愿说：厄尔斯特 9 个郡里，将有 6 个郡要继续留在联合王国；然后还要经过大选，才能最终决定爱尔兰共和国的命运。博纳·劳和卡森不肯买账，准备采取新的行动。由于大战爆发，英国才未因爱尔兰问题发生内战。

就以上诸问题的结局来看，英国政府真应感谢第一次世界大战。

四、大战洗礼

1914 年 6 月 28 日，奥匈帝国王储弗兰西斯·斐迪南夫妇在一场挑衅性的军事演习之后，访问萨拉热窝，被当地爱国青年刺杀。这一事件成为第一次世界大战的导火线。

英国政府立即作出反应。明面上，官方故作同情。首相阿斯奎斯发出慰唁电报；英王宣布其宫廷志哀 5 日；外交大臣爱德华·格雷建议各大国出面调解。暗地里，却在加紧准备战争。早在 1912 年，英国就与法、俄互换公文，确立了"协约国"之间的军事同盟关系。目下大战在即，它们将联合对付"同盟国"。7 月 14 日，海军大臣丘吉尔下令皇家海军进入战备状态。8 月 2 日格雷通知法国：若德国舰队进入英吉利海峡或驶经北海，对法国沿海或协约国船舶采取敌对行动，英国舰队当立即对之开战。陆军大臣霍尔丹则尽快组建远征军，准备赴法作战。好在英国陆军官多兵少，训练有素，装备精良，便于扩编。

8 月 4 日，英国借口德国破坏了比利时的中立，正式对德宣战。就这样，在国内和平和中立的呼声高涨之际，自由党政府将英国拖入了世界大战。

关于英国参加战争的原因和性质，不列颠史学家见解有别。有的说是为了对付同盟国的挑衅，防止它们占领欧洲大陆后再进攻英国；有的说是为了重建欧洲均势，恢复和平。还有的说是为了救助弱小国，履行大国职责。更多的学者持真诚客观态度，深入分析大战历史和经济的深层原因，指明维护大英帝国的殖民利益和军事霸权、挫败强敌，是英国官方参战的主要原因；并因此决定了英国方面的帝国主义战争的非正义性质。

平民百姓在 1914 年夏季，还想不到会发生一场欧洲战争。当熊熊战火突然出现时，许多人不知所措。更想不到战场会扩展到天上水下——会有空战、潜艇战和化学武器，也没想到这场战争能打 4 年多。

战争开始时，英国各党立场大同小异。保守党颇有一种担负重大历史的使命感和激情。工党议员与其他议员一道高唱《上帝保佑国王》，并号召工人"以民族整体利益为重"，与资本家携手共识，避免冲突，宣布支持政府进行战争。麦克唐纳非要弹奏和平主义高调，被迫辞去领导职务。甚至爱尔兰自治派也为帝国精神所感染，愿实行政治休战，支持战争。

阿斯奎斯政府迅速排除了部分国民的犹豫情绪，开始了战争调度。8 月 6 日，议会通过了大规模扩充陆军和增拨 1 亿英镑战费的议案，任命英军总司令基钦纳勋爵为国防大臣。8 月 17 日，英国远征军的 4 个师和 1 个骑兵旅突然在法国露面，22 日就与德军交锋，速度之快令敌、友吃惊。10 月，阿斯奎斯建立了人员精干的"战时委员会"，由首相、国防大臣、外交大臣、财政大臣、海军大臣组成。它有较多的行政权力，可以直接向政府各部下达命令。同年12月建立了"内阁军需委员会"，由国防部、财政部、海军部、陆军部、贸易部和农业部的大臣们组成，负责军用物资的生产、征集和供应。

战争初期，交战国都对这场大战的长期性、剧烈性和艰苦程度估计不足。8—9月，英法联军以伤亡30万人的代价，遏制住了德国的进攻，使其所谓的速战速决的"史里芬计划"① 破产。在东线和西南战线，传来的大多是令英国人沮丧的消息。

英国的突出问题，是军火供应不足，英法两国防务薄弱，前方阵地伤亡惨重。1915年，新闻界批评阿斯奎斯和基钦纳领导战争无方。保守党人不仅攻击自由党领袖在军火供应上组织不力，还指责政府因渎职而使重要军事情报泄露给德国。于是，内阁矛盾暴露。劳合·乔治和基钦纳互相指责。费希尔反对丘吉尔领导海军部，愤而辞职。

内阁摩擦迫使阿斯奎斯打破政党界限，在较广泛的基础上建立了"国民联合内阁"。除自由党要员阿斯奎斯、基钦纳、格雷和兰西曼原职不变外，海战失利的丘吉尔被贬为兰开斯特大公，霍尔丹被免职。劳合·乔治则领导新建的军需部。一批保守党人得到高位。巴尔福任海军大臣、博纳劳任殖民部大臣，张伯伦之子奥斯丁·张伯伦任印度事务大臣，其他还有兰斯多恩侯爵等4人。工党主席阿瑟·亨德森首次入阁，任教育大臣。另外两名工党议员担任较低的职位。

联合内阁汇集了3党头面人物，却因人员过多而议事拖沓。于是，阿斯奎斯先在1915年6月成立了一个11人的"小内阁"，负责战争调度。5个月后又将之解散，重建了一个包括他本人、劳合·乔治、巴尔福、基钦纳和博纳·劳的"五人战时内阁"。

1915年，德国把进攻重点放在东线，虽然打败了俄军，却无战略价值。在西线，英法联军为了解除德军对巴黎的威胁，先后在香槟、阿杜瓦等地区发动进攻，伤亡巨大，均无进展。4月下旬，德国在反击联军的伊普尔战役中，首次发动化学战，即在英法军阵地附近放置了数千个毒气罐，借西北风对英军大量施放芥子气。15 000人中毒，咽喉剧痛，呼吸困难，5000人痛苦地死去。

---

① 该计划在1891年由德国前参谋长史里芬制定，后屡经修改。它规定德国在欧战开始后，将绝大部分兵力用于西线，占领比利时，迫使法国投降，结束西线战事后，立即挥师东线，联合奥军，以同样闪电战的方式打败俄国。

同盟国的再一收获是通过塞尔维亚和保加利亚的领土，与土耳其建立了直达的交通联系。协约国则尽量满足了意大利的领土要求，使它背弃了同盟国。

1915 年的战况伤害了"五人战时内阁"的形象。保守党评论家则别有用心地指出：在大战以来的各种核心机构中，阿斯奎斯的职位从来没有变动过，难辞其咎。劳合·乔治在保证军火供应时所取得的成就被大加褒扬。1916 年，战况吃紧，士兵伤亡惨重，悲观厌战情绪蔓延全国。新闻界加强了对阿斯奎斯的攻击，内阁激烈争吵。12 月 1 日，劳合·乔治暗与保守党领袖串通，突然向首相发难，迫使阿斯奎斯狼狈辞职。[①]劳合·乔治按照"既定计划"，当上了首相。自由党发生了重大分裂。

平心而论，1916 年的战况不佳的责任不应由阿斯奎斯承担；相反，他的一些举措还是比较得体有效的：

其一，他在 1915 年 1 月就推出了新的征兵议案，强制所有在 18 岁至 41 岁的未婚男子和无子女的鳏夫应征入伍，并鼓励已婚男子参军。事实证明这一做法的必要性。

其二，当德国发起极其惨烈的凡尔登战役后，英法联军在索姆河畔向德军发动了大规模进攻，虽然造成了几十万的伤亡，但挫败了同盟国的战略进攻。其间，英军首次使用了新发明的坦克，使德军震骇。

其三，1916 年 5 月 31 日至 6 月 1 日，英国海军 151 艘战舰在日德兰半岛附近迎战德国舰队，在这场有史以来最大的海战中，双方在数百英里的海面上激战。英国一些吨位在 26 000 吨以上的"无畏舰"显示威风。结果，英方损失军舰 11 艘，阵亡官兵 6900 人，虽然伤亡超过对手，但从此控制了制海权。德国舰队无法扬威。可见，阿斯奎斯政府功不可没。这时的内阁改组虽然是为了提高国家作战能力，其中却包含着错综复杂的党派矛盾和权力之争。

在劳合·乔治领导的内阁里，虽然仍有十多名自由党人和工党要员，但主要角色多是保守党人。迅即，一个小型的"战争指导委员会"建立，由劳合·乔治、博纳·劳、卡森、米尔纳勋爵和亨德森组成。劳合·乔治建立此委员会的用意是使政府主要领导人摆脱日常部务，全力参与战争指挥。

在 5 人委员会里，保守党政要竟有 3 位，总体实力最可观。劳合·乔治的作用格外突出。他有意打破惯例，在议会之外物色各部大臣；内阁所有阁员集

---

① T. Lloyd, *Empire, Welfare State, Europe: English History 1906–1992*, p. 76.

体负责的原则已不存在。他对工党领袖亨德森，连拉带打。俄国二月革命发生后，劳合·乔治希望俄国临时政府继续参战，故指派亨德森出访俄国。不料，夏天亨德森归来后，突然赞成和平，便被赶出了政府。

在军事上，他也要独揽大权，不顾英军总司令海格和参谋总长罗伯逊的反对，坚持实行旨在保持英国实力的"东线战略"。1917 年，德国实行"无限制潜艇战"，英国船舰损毁惨重。不久，英国即实行有效的护航制，挫败了德国的潜艇战。

在兵工厂中工作的妇女

在外交方面，他要求美国总统威尔逊出兵援助协约国，使它在紧要关头获得了一支生力军和大量物资。翌年，他不征询军界要员的意见，同意由法国元帅福煦任协约国统帅。福煦加大英军的作战任务，使英军恶战中付出沉重代价。大战后期，劳合·乔治的演说才能充分发挥，在议会辩论中一再获胜。在英国近现代诸首相里，劳合·乔治在权力行使方面堪称独一无二。特殊的历史条件使他得以施展才能。

1918 年 3—7 月间，德军在西线调集了 205 个师，14 000 门大炮，全力发动了 4 次攻势，均被粉碎。8 月 8 日，英法联军在亚眠东面集结了百万雄师，配备 15 700 门大炮，3000 多架飞机和众多坦克、装甲车，全歼德军 16 个师；而后连连反攻。10 月初，英军突破德国的"兴登堡防线"，德军一败涂地。同时，保加利亚、土耳其和奥匈帝国也连吃败仗，陆续投降。

1918 年 11 月 11 日，德国代表终于接受了投降条件。第一次世界大战结束。英国教堂鸣钟庆贺，人们涌向街头广场，欢呼大厮杀的结束。

第一次世界大战使不列颠付出了沉重的代价。英国共有 600 多万人应征入伍。75 万人战死。另有 14 461 名水手丧生。[①]20—40 岁的男性公民里，阵亡率达 8.8%。伤残、病死的军民人数也相当巨大。不列颠性别结构更不平衡。来自英国殖民地的参战者里，也有 20.3 万人殒命。战后数年，仍有一些人死于疫病和营养不良。英国元气一时难以恢复。

经济损失也是空前的。战火激烈阶段，英国每日的军费开支达数百万英镑。为了保证供应，英国一面加快军工生产，一面提高税率。其中所得税由 1914 年的每英镑 1 先令 3 便士提高到 1915 年的 3 先令，1916 年的 5 先令，1918 年的 6 先令。政府同时还增加间接税，加大借款，致使国债从大战爆发时的 6.45 亿英镑增加到 1917 年 3 月的 38.56 亿英镑。整个大战则使国债增加到 70 亿英镑。影响了当时和战后的工业投资。还有，它对美国负债 7.42 亿英镑，国际金融地位开始动摇。

在空军作战能力尚且不太重要的时期，英国本土虽然没有像大陆各参战国那样，遭受空袭和炮火的巨大破坏，资源也未遭受大的损失。但由于它的海军和商船在作战、护航和运输方面发挥了独一无二的作用，损失也是最大的。其中毁坏的商船就有 2479 艘，总吨位 776 万吨。另外，许多工厂改为军工生产，战后又要重新改过来，由此造成的代价不易估量。

战争期间，英国和爱尔兰的关系继续复杂化。大战刚刚爆发，爱尔兰共和兄弟会立即决定："爱尔兰应利用这场欧洲战争的机会，举行反英起义。"1916 年复活节，大约 15 000 名民族主义者在都柏林参加了武装暴动，虽被镇压，却使英国政府再次为爱尔兰人民争取民族解放的斗志所震撼。随即，由劳合·乔治出面，与爱尔兰民族主义者谈判。为了防止爱尔兰人大批地倒向德国，他承认了爱尔兰自治的合理性和必要性。5 月末，他拟就提案，其要点是：应立即在爱尔兰实行地方自治，但在战争结束前，北爱尔兰 6 郡仍旧归属联合王国；爱尔兰议员应一律留在帝国议会，待战后确定英爱之间的未来关系。在 1918 年 12 月建立的新议会里，"新芬党"赢得了 73 个席位，却拒绝出席帝国

---

① W. N. 梅德利科特：《英国现代史 1914—1964》，商务印书馆 1990 年版，第 79 页。

议会，并宣布他们是"爱尔兰共和国"的众议院。这就迫使英国政府必须解决爱尔兰自治问题。

1921 年夏，劳合·乔治亲自和爱尔兰民族主义者谈判，在年底签署了《英爱协定》。据此英国宣布爱尔兰南部 26 郡为"爱尔兰自由邦"，享有自治领的权利和在形式上效忠国王。工业发达的北爱尔兰 6 个郡继续留在联合王国。

战争的政治后果之一，是自由党的分裂和衰落。战后数年中，劳合·乔治虽然仍然担任联合政府的首脑，但主要依靠保守党的支持。部分自由党加入了反对党。战后保守党继续支持劳合·乔治，一是为了利用他的威望解决社会难题和与爱尔兰的矛盾，二是为了使宿敌自由党保持分裂。到了 1922 年 10 月，爱尔兰问题解决了，自由党的分裂加重了。保守党人利用劳合·乔治在外交上的失误，迫使他辞职。博纳·劳就任首相，建立了保守党政府。

博纳·劳头脑清晰但胸无大志，就职时就已疾病缠身。他勉强支持到翌年 5 月，辞职 6 个月后谢世。斯坦利·鲍尔温继任首相。

五、工党的崛起

大战的硝烟刚刚散去，英国工党就迅速来了一个"三级跳"：1918 年成为议会第三党；1922 年末首次占据"国王陛下的反对党"的座席；1924 年 1 月上台执政。

工党崛起的原因之一，是它从诞生之日起，就是一个把"议会道路"作为基本目标的群众性政党，当时英国工人运动的发展态势也为它实现其目标创造了有利条件。

英国工党问世之际，正是德国伯恩施坦鼓吹"和平进入社会主义"之时。在"议会道路"思潮影响下，工党在其成立大会上强调了"进入议会的计划"，把上台执政当做政治目标。从 1900 年到第一次世界大战，是工党政治思想的准备阶段。其间，工党的理论逐渐系统化。它继承了旧工会的工联主义，在同自由党的合作中接受了费边社会主义，受当时国际思潮的影响发展了它的议会道路思想，形成了民主社会主义思想体系。

麦克唐纳是工党重要理论家。其代表作《社会主义和社会》出版于 1905 年，影响颇广。书中他运用进化论观点，说明社会是个有组织的统一体，个人都作为社会的组成部分，去寻找适当的生存条件；随着民主化的增强，阶级矛盾将得到缓解，劳资之间、生产者和消费者之间的冲突就会终止。麦克唐纳断言英国由于多年来合作社、互助会和工会组织的发展，阶级界限已相当模糊；所谓资本主义国家两大对立阶级的说法"不但不符合英国社会事实，还会使工会误入歧途"。[①] 费边社的主要思想家韦伯夫妇和萧伯纳等，也向工党群众灌输福利国家思想，使费边社会主义在工党理论体系中占据统治地位。

即便如此，工党在其最初 10 余年里，发展并不顺利。1910 年有席位 42 个，几年后降至 30 多个。这一是因为自由党政府的改革使工人尝到甜头，暂时对工党活动家的理论不太关心。二是因工党宗派主义严重，多数工人不能以个人名义加入。另外，工党缺少统一党纲，不能向公众明确表达其政治主张和社会改造计划。

大战结束后，上述问题被逐步解决。1918 年 2 月，工党特别大会通过了麦克唐纳和韦伯起草的党纲，明确指出：党的目标"是在生产公有制和对每一工业或行业所能做到的最佳的民众管理与监督的基础上，确保手工与脑力生产者获得其辛勤劳动的全部成果和可行的最公平的分配"。这对下层民众很有吸引力。同年 6 月，工党根据新党纲召开第一次会议，通过了韦伯起草的政策声明《工党与社会新秩序》，提出了"国民最低生活标准"、"工业民主管理"、"国家财政情况改革"和将"剩余财富用于公共事业"的四项基本原则，补充了 2 月工党党纲在社会改造方面的不足。后人把"二月党纲"和《工党与社会新秩序》看作一个整体，统称为"1918 年工党党纲"。它成为以后几十年中工党政策的基础。

1918 年党纲还在组织方面规定：所有承认党纲党章的组织和个人都可以参加工党。这就把一些中产阶级吸收进党内，促进了工党基层组织的建立和工会党员的增加。以后 5 年内，工党基层组织增加到近 3000 个，数百个选区都建立了工党分支机构。工党妇女团体的成员达 15 万人。少年协会建立。工会党员增加到 1920 年的 432 万，占全国工会会员的 2/3。

英国工党迅速崛起并上台执政的再一原因，是它在第一次世界大战中曾与

---

① C. Cook & L. Taylor, ed., *The Labour Party*, Longman, 1986, pp. 70–78.

两大资产阶级政党通力合作，进行战争。这不仅使之赢得了本国统治阶级的信赖，还为它以后执政取得了一些管理经验。

十月革命后，英国工人向往社会主义的感情更加强烈，他们多次举行罢工和示威游行，要求政府停止武装干涉苏俄，进行社会改革。利用这种形势，工党上层人物一面反对干涉俄国，一面著书立说，攻击暴力革命和无产阶级专政。1919—1921年，麦克唐纳发表《议会和革命》、《议会和民主》，谴责布尔什维克的"过火行为"，断言以暴力方式建立的俄国社会主义政权必将夭折，而英国工党凭议会选举胜利就可获得列宁所得到的全部权力；再后发表《批评的和建设的社会主义》，阐述靠"公民投票权利"取得政权和渐进式的社会主义和平改造计划，把工党活动引向本国宪政所允许的范围之内。1922年末，麦克唐纳重任工党党魁后，又及时提出英国第一个社会主义改造提案，要求下院授予合法权力，逐渐改换资本主义，建立一个立足于生产和分配公有的、民主管理的工业社会制度。麦克唐纳等人的理论宣传和社会改造计划丰富了工党的"1918年党纲"，扩大了它在英国选民尤其是在工人群众中的影响，在政治上树立起大党形象，使之在以后几次大选中步步获胜。

1918年大选时，工党派出388名候选人，虽然只获得56个议席，却得到了全国22.2%选票。1922年11月大选中，工党共派出414名候选人参加角逐，结果得到全国29.5%的选票和141个席位。以后一年里，以鲍尔温为首的保守党实行保护关税政策，引起党内分歧。为重新得到议会支持，他于1923年底解散议会，举行大选。在新议会中，保守党占258席，工党占191席，自由党仅获159席。保守党虽为下院第一大党，但其席位不足半数，无法控制议会投票机器。自由党在阿斯奎斯领导下团结起来，决意支持工党执政。1924年1月22日，麦克唐纳成为第一任工党首相。

英国工党的崛起是以自由党的衰落为代价的，而自由党衰落的主要原因是内部分裂。自1886年以来，自由党的分裂一再发生，伤了它的元气。

自由党没落的基本原因，是它奉行多年的自由主义政策已经过时。1917年2月，由保守党人领导的工商政策委员会在报告中指出：大战后英国政府应该实行帝国特惠政策。此建议在当年召开的帝国战时会议中顺利通过。1918年12月劳合·乔治发表的竞选纲领中也包括了帝国关税特惠政策和保护工业政策。翌年，财政大臣奥斯丁·张伯伦在年度预算中声明帝国特惠原则已纳入英国财政制度。1921年又制定"工业保护法"，对大英帝国以外国家输入的主要工业品加收 33.3% 的从价税，并授权贸易部采取强硬手段抵制他国产品倾销。终于，英国自由主义贸易的大厦倒塌了。自由党失去了赖以生存的条件，只有让位于工党。

不可否认，第一次世界大战前，自由党在社会改革方面颇有建树。其中一些社会改革客观上维护了劳动者的利益。但人们明了，其改革的动因不只是出于对下层民众的同情，还是为争取选票以求长期执政。而 1906—1914 年的改革则走得远了点，损害了多数地主和部分资本家的经济利益，违背了"私有财产不可侵犯"原则，使他们放弃了对自由党的支持。况且，尽管自由党最先为英国福利国家的建立铺设了基石，可它的政策同工党全面实行福利国家建设的计划相比，仍逊色不少。自由党缺少麦克唐纳和韦伯那样的理论家，描绘不出更精彩的社会蓝图。历史传统和阶级局限性，使它无法提出"财产公有"的口号，不易长期得到占选民大多数的工人群众的支持，就只好让位于在社会改革方面更为雄心勃勃的工党了。

麦克唐纳组阁时，国内形势严峻：商业贸易衰落，工人失业严重。但因工党是靠自由党的帮衬才得以执政的，加上其首届内阁任期过短，难有大的建树。在经济方面，工党通过"住宅法"，拟在 15 年内建成 250 万套住房。此法令刺激了经济发展，但它的效果却一时还不会显露出来。

在财税方面，工党力图左右逢源：一面反对保护性贸易，取消食品税，取消上届政府的帝国特惠制；一面降低娱乐税、电话税、汽车税，废除了公司利润特别税；但不能提供更多的就业机会和提高工人工资。码头工人、铁路职工、电车和公共汽车司机先后罢工。政府百般斡旋。

外交上进展较大。麦克唐纳为了巩固英国大国地位和消除欧战危险，就任之初就照会法国，反对它摧毁德国和支配欧陆。同年 8 月召开伦敦国际会议，列强达成和解协议。麦克唐纳还积极谋求英苏和解。1924 年 2 月 1 日，他宣布承认苏维埃政府。两国于 8 月签订通商通航和友好条约。

英苏和解引起上层非议。所谓"埃贝尔事件"[①] 成了反对党攻击内阁的借口。10 月，保守党联合自由党对政府提出了不信任动议，挫败工党内阁。麦克唐纳只好解散议会，举行大选。

---

① 埃贝尔是共产党《工人日报》代理主编，曾呼吁士兵在劳资冲突中不要把枪口对准工人。为此以煽动叛乱罪被捕。麦克唐纳要求检察长撤销了对他的起诉。

竞选时，三党领袖对全国发表无线电广播演说，攻击对手，阐述本党纲领。投票前不久，《每日邮报》发表了伪造的《莫斯科对英国共产党的密信》，上有用暴力推翻政府的内容和共产国际负责人的所谓签字。一些选民突然受到"赤色恫吓"，改变了投票意向。结果保守党获得了419个议席。首届工党内阁解散，鲍尔温第二次任首相。

六、总罢工和"全民政府"

大战后的英国经济，是恢复和衰落交织在一起，危机和繁荣交替出现。

战争期间，由于民用工业转为军工业，英国丧失了一些市场。国债急剧攀升，海外投资丢失了10%。另有一些对俄国和其他地区的投资很难收回。海外出口市场主要被美国和日本所占据。机器出口大量减少了，甚至在经济繁荣期也不到战前出口量的一半。而纺织机器的大量出口则意味着印度和日本等国将成英国纺织产品的强硬对手。煤出口因广泛改用石油和水力发电而锐减；1928年仅恢复到战前的2/3。钢铁工业面临严峻的国际竞争。生铁产量由1913年的1030万吨降至1924年的740万吨、1925年的630万吨。而1925年德国和美国的生铁产量分别为1018万吨和3146万吨。

就经济发展态势来看，1919—1920年、1927—1929年、1936—1939年属于短暂的恢复和繁荣期；1922—1927年和1930—1935年出现了持久的危机和萧条。

本来，英国的经济结构就不甚合理。英国资本家忽略技术改造和设备更新，对一些新兴工业重视不够。例如，英国的汽车工业就晚于法国，化工和电力工业则落后于德国。战后英国企业的技术改造和结构调整也不尽人意。1924年新型企业占全国工业产量的1/8，1935年为1/5。大致看来，新型工业的发展成果很大程度上被老企业的衰败所抵消；新兴工业区的出现则总是伴随着旧工业区的衰落。1925年，英国恢复金本位制，英镑和美元的汇兑恢复到战前的比价。但英镑比价的升高影响到英国货物的出口能力；加上英国就业者的工资高于欧洲任何国家，这也增加了出口竞争的困难。

危机和萧条致使失业率上升、社会贫富差距加大，劳资冲突和工人罢工屡屡出现。1919 年，大约 260 万工人直接卷入劳资纠纷，造成了 3400 万个工作日的损失；1920 年的相应数字为 200 万工人和 2700 万个劳动日。1924 年夏季以来，失业人数再次增加。失业率从 10.3% 上升到 1925 年的 11.3%。其中指数最高的有船舶制造和修理、码头装卸、内河航运、钢铁与海运等行业。在纺织部门，毛纺织业失业率由 1924 年的 13.7% 上升到 1925 年的 14.6%。最突出的是煤矿业，失业率由 1924 年的 5.7% 上升到 1925 年的 15.8%。而且该部门人数众多，政府补贴又即将停止，劳资双方最难互相让步，也最容易成为劳工同雇主、政府冲突的部门。工会发展和工人组织水平的提高，使政府在处理罢工问题时更感棘手。

鲍尔温第二次领导政府时，内阁似乎集中了政界精华。其中有丘吉尔、巴尔福、寇松和张伯伦兄弟。他们出于长远考虑，根据一个议会委员会的建议，于 1925—1927 年，将一家私人广播公司改建为"英国广播公司"。[1] 该公司开创了英国短波广播业务，1936 年研制出世界最早的正式电视广播，1967 年开创了欧洲第一个经常性的彩色电视节目；并在 1954 年独立电视管理局建立之前，一直保持着英国电视业务的独占权。它虽对议会负责，实际上又能独立自主地推动业务活动。另外，政府还建立了负责全国电力分配的中央电力局。

整个看来，鲍尔温保守谨慎，使内阁中的智多星们难以发挥作用。他在执政初期，在改革方面坐失良机，没有理睬内维尔·张伯伦的改革计划，而后发生的总罢工则使他在国内事务上难有作为。政府要员预料到会出现大罢工，并事先安排了应急措施。当时工党领袖和工会总理事会也不希望罢工。1926 年 5 月 3 日，一些矿主借口经济恶化，突然开除 100 万名矿工。铁路、矿业、公路运输等要害工业部门的数百万工人立即举行全国总罢工。[2] 一些大工会在领导、组织工人时作用突出。政府出面调停，但工人不准备退让，资本家拒绝大的让步。政府宣布全国处于紧急状态，征募"自愿人员"维持一些基本企业。如征召司机驾驶公共汽车、卡车、火车，募集志愿者到码头卸货、担任特别警察，支持警察和罢工者举行足球比赛，缓和紧张气氛。但成效不大，最后还是拒绝在复工前与劳工代表谈判，使这场规模空前的总罢工失败。翌年，又颁布了工

[1] T. Lloyd, *Empire, Welfare State, Europe: English History 1906–1992*, pp. 139–140.

[2] C. Roberts & D. Roberts, *A History of England, 1688 to the Present*, p. 754.

会法，提出了"安全第一"的口号。许多选民逐渐投向工党。

1929 年 5 月，议会大选又至。保守党组织工作差了些，它虽然多得了 30 万张选票，却未能保住下院第一大党的地位。工党得 288 席，首次成为议会第一大党，再次执政。

新政府建立不久，亨德森与苏联代表谈判，恢复了被鲍尔温政府中断了的英苏正常邦交。同时政府还削减皇家海军造舰计划，召开伦敦裁军会议，对殖民政策加以调整。

在国内事务上，工党因其议席不足半数，其社会立法或因自由党的反对而不敢在下院提出，或因上院保守党的刁难而被搁置。在各种事务里，经济问题最显棘手。1930 年，经济危机蔓延世界，英国失业工人高达 250 万。[1]1931 年失业率达 30.4%。工业利润下降 16%。翌年国际金融危机发生，银行多被挤兑，黄金大量外流。危机使工党内部分化，宗派活动加剧。独立工党号召其议员不服从政府决议。麦克唐纳束手无策，便在保守党和自由党领袖的协助下，谋求出路。

8 月 23 日，麦克唐纳前往王宫，请求辞职。乔治五世好言劝慰，说唯有麦克唐纳能领导政府渡过危机，并担保保守党和自由党定会全力支持他恢复财政稳定。次日上午，麦克唐纳、鲍尔温和自由党领袖塞缪尔一同面君。国王宣布由麦克唐纳继续担任首相，在各党支持下建立一个"全民政府"。

实际上，各党领袖是怀着微妙目的实行合作的。塞缪尔想借机恢复自由党的大党地位。鲍尔温想架空"无军之帅"麦克唐纳，加深工党的分裂，尽快建立一个由保守党控制的政府。麦克唐纳敢于出面组阁则出于虚荣心和赌气心理，结果他被开除出工党。

比较而言，从工党分裂中获利最大的是保守党人。1 个月后，他们就要麦克唐纳下令改选议会，削弱反对党。麦克唐纳在其脱离工党的当天，以个人名义发表声明，表白自己无意参与任何政党的计划，只希望获得"医生的权限"，医治社会各种痼疾。10 月大选结束，全民内阁共获 1450 万张选票，554 个席位。其中 473 席属保守党，68 席属自由党，麦克唐纳的追随者仅有 13 个。他应付着党内外的强大压力，渐渐发现自己只是"名义上的船长"，必须执行保守党的政策。

---

[1] L. C. B. Seaman, *Post-Victorian Britain 1902–1951*, Methuen, 1966, p. 212.

最初几年中，政府的航向实际由"舵手"——枢密大臣鲍尔温所掌定。在经济方面，他操纵议会通过了《多余进口物法案》，对具有竞争能力的外国商品征收 100%的关税，迫使首相认可议会对贸易特惠制的严格限制。麦克唐纳的失落感越来越重。1935 年 6 月 7 日，他借口健康不佳，与鲍尔温对调官职，改任枢密大臣。同年 12 月大选，以保守党为主体的"全民政府"获得了53.7%的选票和 70%（432 个）的席位[①]，并将这种优势一直维持到第二次世界大战之末。

鲍尔温第三次任首相时，已是 68 岁高龄。在对外政策方面，他屡走臭棋，失多得少。但国内某些事务上，他仍有"最令人敬畏的政治家"风貌。1936年英国出现宪政危机，爱德华八世执意要与曾两次离婚的辛普森夫人共结连理。鲍尔温委婉劝解无效，迫使他逊位。

1937 年 5 月，鲍尔温辞职退休。又一个 68 岁的政治家内维尔·张伯伦领导全民政府。他在外交上乖张失措，把英国和欧洲拖向战争深渊。

七、通向慕尼黑之路

1919—1939 年，英国政府在外交方面绘出了一幅幅昏暗的图画；其中虽然不乏特色，却有着较多的涂鸦和败笔。

1919 年 1 月中旬，劳合·乔治前往法国召开和平会议。会前，他已指令一批专家研究了和会上的决策。抵达巴黎后，又与美、法、意三国首脑和外长召开了预备会，背着 20 多个国家的代表制定了议事规则。比较而言，他的要求要比本国顾问们的意见温和得多。和会期间，英、法、美、意、日就对德和约问题钩心斗角。劳合·乔治为了重建欧洲均势，不愿过度削弱或肢解德国，不想向它索取太多赔款。最后，德国赔款定得甚低，且分期偿还；后来在世界经济大萧条中，赔款余额被一笔勾销。会间，英国还支持日本接管德国侵华权

---

① Chris Cook & John Steveson, *The Longman Handbook of Modern British History 1714–1980*, Longman, 1983, p. 70.

益的企图，在中国激起了五四爱国怒潮。

会上签订的《凡尔赛和约》中，还有一个由英国提出的建立国际联盟的决议。决议草案起草于 1918 年初，尽快征得了美国威尔逊总统的认可；12 月经英国内阁通过后，转送巴黎，成为"国际联盟盟约"草案的底本。它在英美法顾问委员会上提出后，又成为国际联盟组织原则的主要内容，规定：国联行政院的常任理事国是协约国和参战友国——英国、美国、法国、意大利和日本。国联标榜的宗旨，是"促进国际间合作，并保持其和平和安全"。实际上它是西方列强，首先是英、法的工具，是适应帝国主义战胜国维持战后国际局势的需要而产生的，并用以反对无产阶级革命和民族解放运动。德国主动向战胜国表达了"充分履行盟约的愿望"，要求加入国联。法国慑于德国的人力和国力，从自身安全的角度考虑，反对德国入盟。英国想重建战后欧洲均势，又因其同法国在中东和近东的矛盾，便支持德国在适当时机参加国联。至此，不难发现：英国在巴黎和会中的表演，类似于它在 1815 年的维也纳会议中所扮演的角色。

由于列强之间的利害冲突，以后国联在审理和解决国际冲突时作用甚微。1924 年 9 月，麦克唐纳建议国联接纳德国，但德国的入盟申请又被法国否决。同年 10 月国联大会通过《日内瓦议定书》，规定成员国信守和平解决争端原则，建立仲裁、裁军和安全保障机制。实际上它近似于一纸空文。以后，英国与国联对日本侵略中国、意大利侵略埃塞俄比亚等，均持绥靖立场。英国在国际事务中的一系列表现，不仅说明它失去了一流大国的姿态和气度，还显得暧昧自私。

在 1925 年 10 月与瑞士召开的洛迦诺国际会议上，英国又演主角。会前，法国已明了英国的目的是调整西欧各国关系和扶植德国，所以它担心德国在恢复实力后再度复仇，便希望调整法德关系，寻求边界安全保障。英国虽是法国昔日盟友，却不愿法国称霸西欧，而企图维持其"均势"政策，充当德法边界安全的保证者。会间，英国代表积极说服他国与会者，对法国施加压力，并要求德国无条件地加入国联，好利用它反苏。12 月 1 日，《洛迦诺公约》在伦敦正式签署。它认可英国和意大利为其"莱茵保安公约"的保证国，承担援助被侵略国家的义务等。但公约对德波、德捷之间的边界不予保证。可见，英国是要拆散法国在西欧的霸权体系，鼓励德国向东扩张。

区区几年国际形势变化，就证明所谓国联和《洛迦诺公约》均是英国政治家主持摆放的臭棋。它们无法约束德国的行动。1933 年 4 月，德国工业全国联合会向政府提出重建工业的计划，强调要使"经济措施与政治需要协调一致"。10 月，德国退出国际裁军会议和国际联盟。1935 年 3 月宣布：废除凡尔赛和约中关于约束德国武装的条款，加快扩军备战。

在上述事件的发生过程中，麦克唐纳的作用显得次要些。鲍尔温的责任则不可推卸。他第三次领导内阁时，两个战争策源地已先后在亚洲、欧洲形成。德国、日本和意大利组成了"柏林—罗马—东京"轴心。英国的殖民利益和本身生存都直接受到严重挑战。可鲍尔温政府惧怕法西斯淫威，逐渐放弃均势外交，对其实行绥靖政策。英国最令人失望的，是在 1935 年 6 月 28 日，未曾照会盟友法国，就签署了《英德海军协定》，允准德国舰队的总吨位达到英国的 1/3。这等于撤销了凡尔赛条约对它的束缚。

内维尔·张伯伦继任首相后，讨好德国的意念强过鲍尔温。他自信对欧洲，甚至整个世界的局势都了如指掌，一反前任首相不过多过问外交事务的惯例，兼管外交大权。英国政府终于形成一套明确的绥靖计划。该计划的战略目标是以他国利益为代价，避战求和，尽量保持英国摇摇欲坠的大国地位。该战略设想的实施手段是：通过谈判和秘密交易，让出英国的次要利益，出卖中欧、东欧弱小国家的根本利益，祸水东引，牺牲苏联，确保西欧相对安全。为此，他同意意大利侵占埃塞俄比亚，容忍佛朗哥在西班牙建立独裁政权。

张伯伦就任后的首次外交举措，是要求德国外长访英；被拒绝后，竟派枢密大臣哈里法克斯，以私人身份前往柏林，疏通两国关系。为了清除实施绥靖计划的障碍，他迎合德国高层愿望，将呼吁对德国扩张行动保持清醒意识和加强防务的英国驻德大使费卜斯免职，换上了亲德的汉德逊。1938 年 2 月，又迫使态度强硬的外交大臣安东尼·艾登辞职，由"绥靖船上的大副"哈里法克斯接任。

张伯伦的种种举措，助长了希特勒的野心。3 月 11 日，他派兵占领奥地利。对此，张伯伦不仅不严加抗议，还在 4 月的英法政府首脑会晤中，要求法国不要履行法捷条约；同时，迫使捷克政府向德国屈服，并拒绝了苏联关于联合制止德国侵略的建议。

国际上，法国达拉第政府成为张伯伦推行绥靖政策的主要伙伴。美国的"中立"政策也纵容了德、意、日的侵略扩张。

1938 年 9 月，德国军队按照希特勒的命令，向德捷边境集结。捷克立即实行军事动员。欧战一触即发。张伯伦格外紧张，15日，他不顾年老体弱，平生首次乘飞机赶赴慕尼黑，再换车赶到边远山区，晤见希特勒，恳求他不要采取军事行动。19日，英法照会捷克政府，胁迫它把苏台德地区割让给德国。22日，张伯伦再会希特勒，奉告喜讯。希特勒得寸进尺，要将捷克统统兼并。24日张伯伦如实向捷克转告德国要求，并威胁说如不接受，捷克除遭到侵略和肢解外，别无出路。29日他第三次飞至慕尼黑，与法、德、意代表协商后，于子夜签署了一分极其可耻的文件——"慕尼黑协定"。白日，又与希特勒签署了《英德宣言》，宣布两国永不交战，仅以协商办法解决一切争端。[①] 事毕，张伯伦急切赶会伦敦，格外欣喜地挥舞着那份有希特勒签字的文件，宣告了由他亲自营造的"划时代和平"。一下子，张伯伦的名字成了"绥靖主义"的同义语。

后来，个别英国史学家在探讨绥靖政策的责任时，简单从事，仅让张伯伦承担了主要罪过。但深知英国内阁集体负责原则的学者却能指明：他之所以如此行事，是由于他拥有一批支持者。换言之，绥靖不是他个人的政策，而是得到了阁僚的支持。

保守党首领推行绥靖政策时，受到两种力量的抵制。在党内，丘吉尔和艾登等人激烈抨击张伯伦，呼吁国人清醒过来，提高警惕，准备战争。在党外，整个30年代后期，工党领袖贝文、艾得礼等人始终要求英国重整军备，采取强硬的外交政策对抗德国和意大利的威胁。1939年9月1日，德国突然进攻波兰，挑起世界大战。3日，张伯伦以悲剧般的口吻在下院发表了讲演："我在为公众服务期间为之致力的一切、希望的一切和信赖的一切，今天已摧毁殆尽了。"[②]

丘吉尔的预言被证实，声望迅即提高。张伯伦在大战初期，仍寄希望于议和，竭力避免与德军正面作战。其消极抵抗和法国的投降导致英军的"敦刻尔克大撤退"。

至此，张伯伦遭到国人一致谴责。劳合·乔治等人用辛辣语言，敦促他用辞职作出"贡献"。英国高层政治家中，很少有人遇到这样的难堪。他引咎辞职后不久，抑郁病死。

---

① L. C. B. Seaman, *Post-Victorian Britain 1902–1951*, pp. 293–294.

② 伊恩·麦克劳德：《张伯伦传》，商务印书馆1990年版，第264页。

一位擅长外交史的学者则评价说：张伯伦的下台，"是英国历史上稀奇古怪的时代的真正结束"。[1]

八、再经大战

1939年9月3日，英法两国对德国宣战。英联邦的"自治领"澳大利亚、新西兰、印度也于同日宣战。南非联邦于6日、加拿大于10日宣战。

仅就宣战速度来看，英国在第二次世界大战的反应似乎比1914年快些。实际上，德波战争发生后，英国迟至10月才派远征军抵达大陆。法军先是消极观战，再与英军一道静守马其诺防线。德国伺机作出和平姿态，陆续将主力调往西线。这种情况维持到1940年4月。史称"奇怪的战争"。

4月9日，德军突然侵占丹麦、挪威。17日，英法和波兰联军在挪威登陆，5月初达到25万人。但因战机已失，意义不大。德军以闪电战在北欧获胜。

5月10日凌晨，德军集结136个师，使用大量飞机、坦克进攻西欧。当时西欧总兵力多于德国，但难抵对手。德国空军猛轰荷兰、比利时、卢森堡和法国，机械化部队迅猛推进，越过马其诺防线。

绥靖政策彻底破产，张伯伦政府垮台。5月10日，温斯顿·丘吉尔出任首相，组成三党联合的"全民政府"。

德国闪电战获取成功，26日，进抵英吉利海峡，夺取加来，切断英法联军同法国中部军队的联系。5月27日至6月4日，英法海军集中850艘舰船，将被围困在敦刻尔克的338 226名联军，成功地运到英国。撤退中，英国远征军几乎丧失全部装备，二百多艘舰船沉没，但保存了有生力量。

在英国历史上，丘吉尔是在国家紧要关头和民族危亡时刻，涌现出来的伟大政治家和战略家。至此，他已在政界颠簸了40年，在内阁中担任过多种要职，但因其性格外露，两次改换党籍，故被讥讽为野心勃勃，执拗无情，是一个"以牙还牙的斗士"，故很少有人想到他会抵达权力的顶端，成为首相。

---

[1] 梅德利科特：《英国现代史1914—1964》，商务印书馆1990年版，第459页。

6月4日，丘吉尔作了大战中最能鼓舞人心的演说："我们将再次证明，我们自己能够保卫我们的岛国，安然度过战争风暴，战胜暴政的威胁，必要时可以战斗多年，必要时就单独战斗。"①6月22日，法国宣布投降，德军践踏整个西欧，纳粹空军飞临英国，实行大规模空袭，并准备进攻英国本土。丘吉尔临危不惧，发出坚定誓言："我们的政策是用上帝给予我们的全部能力和全部力量在海上、陆上和空中进行战争"，"不惜一切代价去争取胜利；无论多么恐怖也要去争取胜利；无论道路多么遥远和艰难也要去争取胜利；因为没有胜利就不能生存"。这种铿锵之音，不仅鼓舞了国人斗志，还确立了他在战时英国的重要地位。

如果说丘吉尔在他领导内阁的最初几周里，其首要的重大举措，是及时鼓舞了英国人民的士气，维护了英国人民的尊严。那么，他早期的第二个重大决策，是拒绝派遣英国最后一批空军储备力量前往法国战场。否则，英国空军如果过早地损失在法国，在不久后出现的德国的飓风式的空袭中，英国将无力回击；德国陆军就有可能在几乎未设防的不列颠登陆。

从1940年6月法国沦亡到1941年6月德苏战争爆发，英国是在极其困难的形势下在西欧孤军作战②。起初，德国屡屡进行和平试探，要求联合王国"归

丘吉尔首相

还殖民地"、"承认德国在欧洲的霸主地位"，均被丘吉尔政府严词拒绝。7—10月，德国集结了2600多架飞机，对英国狂轰猛炸。伦敦是被轰炸重点，多次起火，房屋倒塌，数万军民罹难。英国地面防空部队和战斗机奋起迎击，击落德国飞机9百多架。8月24日，皇家空军以攻代守，空袭柏林，赢得了空中自卫战的胜利，德国企图在英国登陆的"海狮"计划终归未能实现。

① 梅德利科特：《英国现代史1914—1964年》，第461页。
② 尽管在6月23日，即戴高乐将军飞抵伦敦后，曾宣布成立法兰西民族委员会，英国首先正式承认"自由法国"，并与之结成同盟关系。但在军事上尚且不能发挥大的作用。

意大利军队借英国陷于对德空战，进犯非洲，占领英属索马里和肯尼亚等地。1940 年 12 月 9 日，英军两个师在韦维尔指挥下，发起反攻，击溃意大利 7 个师，除收复部分失地外，还于翌年 2 月占领利比亚，俘虏意军 13 万人。同时，印度、澳大利亚、新西兰的生力军陆续而至。英国还就地征集大批非洲兵，在埃及和埃塞俄比亚人配合下，强力推进。5 月 20 日，英国控制了非洲之角和红海。

1941 年 3 月 28 日，坎宁安上将在马塔潘角赢得了一场重大的海战胜利。5 月 27 日，皇家海军击沉德国"俾斯麦"战舰。出于战略需要，德国在大西洋实行"狼群"战术，多艘潜艇结群攻击盟国舰船。英格兰东海岸的港口统统被关闭，西海岸港口过于拥挤，易于遭受德国潜水艇、水雷和空袭打击，物资进口困难。英国加强护航制，使形势有所好转。但效果有限。1942 年德国击沉盟国舰只达 770 万吨，超过盟国新造船的吨位。1943 年春，德国潜艇战达到高峰，迫使盟国于 5 月采取强硬护航措施。几个月后，大西洋海战出现转折，德国潜艇战渐渐失败。

英国单独与德意作战时，丘吉尔政府就一再呼吁美国给予援助。法国沦陷和英伦军民的抗战，使美国政要感受到欧洲法西斯的威胁。他们在公众要求下，逐步放弃孤立主义立场。1940 年底，丘吉尔致函美国罗斯福，敦促美国给予援助。翌年 3 月，美国国会授权总统以出售、转让、租借等方式提供军用物资，拨款 70 亿美元实施"租借法"。至此，美国实际上介入欧洲国家的反法西斯战争，英美联盟开始形成。同时，英美参谋部代表在华盛顿秘密会晤，大致确定"先欧后亚"的战略实施计划。12 月，英美首脑确认了这一计划。

1941 年 6 月 22 日，德国集结空前庞大的兵力，突然袭击苏联，苏德战争爆发，欧战扩大。此刻，丘吉尔将自己一贯反对共产主义的立场和英苏矛盾搁置一旁，在广播演说中表示：英国将同苏联联合对德作战，"要尽我们的所能去帮助俄国和俄国人民"。7 月 12 日，英苏签订了在对德战争中联合行动的协定。

8 月 14 日，丘吉尔和罗斯福公布了《大西洋宪章》。英美战时政治联盟确立，得到许多国家的认可，对于动员全世界人民，加强反法西斯联合起了积极作用。会上，二人致函斯大林，建议举行 3 国会议，讨论共同对德作战问题。10 月 1 日，3 国签订协议书，规定英美两国每月向苏联提供 400 架飞机、500 辆坦克及其他武器装备；苏联向它们提供原料。

12月7日凌晨，日本航空母舰编队偷袭美国海军基地珍珠港，挑起太平洋战争。并进攻东南亚诸国，进逼大洋洲，使第二次世界大战变成一场空前激烈、广阔的全球性战争。反对法西斯侵略的共同利益，促进了世界正义力量的大联合。

即便如此，战争形势的转变还是需要一个过程。轴心国部队在尔后大约一年里巧妙而凶猛地出击，屡操胜券。德国重演自己擅长的"无限制潜艇战"，英国及其盟国的船舶损失越来越重。

在北非，由奥金莱指挥的英军，从1941年11月至翌年1月，穿过昔兰尼加，奋力前进，遇到德国骁将隆美尔的劲旅。双方在沙漠上以坦克战对阵，德军占据优势后猛攻英军阵地。6月21日，鏖战失利的3500名英军投降。30日，德意军队占领阿莱曼，威逼亚历山大港。英国朝野震动。

又是一个关键时刻。丘吉尔亲赴开罗，再组英国中东司令部。他任命以坚强著称的蒙哥马利将军（1887—1876年）为第八集团军司令。蒙哥马利到任后，设法加强兵力和军火供应，调整战术，遏制德军攻势。10月23日至11月4日，他发动了阿莱曼战役，歼灭德军5.9万人，把隆美尔赶出了埃及。1943年1月下旬英军向西推进2200公里，抵达的黎波里。

1942年11月，美军进入北非，作为盟军开辟第二战场的替代行动，与英军一道实施"火炬号"作战计划。迅即德国和意大利5个师的援军与非洲军团会合，实力加强。盟军进攻失利。翌年2月，德军向前推进了150公里。4月，英美联军汇合一起，5月7日攻入突尼斯。13日，北非德、意军25万人投降。

按照英、美、苏3国首脑卡萨布兰卡会议和华盛顿秘密军事会议的决定，盟军肃清北非敌军后，首先对意大利发动进攻。7月，蒙哥马利指挥英军主力，会同美国和加拿大军队在西西里岛登陆。一个多月歼敌16.7万人。意大利法西斯政权垮台；9月，新政府与盟军签署停战协定后又宣布投降。10月3日意大利对德宣战，3大国承认它为盟友。

1943年11月28日，英、美、苏3国首脑在德黑兰聚首，签署《德黑兰宣言》和《德黑兰总协定》，订下了在欧洲开辟第二战场的全盘计划，缓解了它们在对德作战方针上的分歧，对以后实行反法西斯战争的反攻具有重要意义。会议还提出了战后重建和平和建立联合国的设想。

随后，西南战线的英美盟军和东线的苏军对德国实行夹击，反法西斯战争胜利的势头不可逆转。1944年6月，美、英和加拿大等国盟军集结精锐兵力，使用大量先进武器，在法国塞纳湾诺曼底沿海登陆。这是世界战争史上规模最大的两栖登陆战。事先做了充分准备。其中实行地面突破的英国和加拿大部队由蒙哥马利上将统率。6 日后，有 19 个师、32 万人登陆，盟军战场连成一片。1944 年 8 月，法国解放。德国军队接连在比利时、荷兰、挪威、丹麦等国境内战败。

1944 年，中、英、美联军在缅甸、印度和中国云南等地打击日军。2 月下旬，英军获得对日作战的首次胜利，打死俘虏日军 12 000 人。中国大批远征军克服重重困难，打通中印、中缅公路，为英美作战创造条件。当地游击队积极配合盟军作战。1945 年 5 月解放缅甸。

1945 年 4 月 1 日，西方联军在鲁尔地区包围西线德军主力，18 日迫使32.5 万德军投降。大约同时，朱可夫指挥苏军 250 万人发起柏林战役，完成对柏林的包围后，进入柏林中心。30 日，希特勒自杀。5 月 7 日，德国政府代表向英、美、苏、法代表签署无条件投降书。欧洲战事很快结束。以后直到 9月 2 日日本正式投降，英国基本摆脱战事了。

第二次世界大战中，英国作为主要参战国之一，付出了艰苦卓绝的努力和巨大代价。比起第一次世界大战来，英国在这次大战中经历的时间更长，在某些方面更为艰苦。据统计，全国军队的人数，1943 年为 476.2 万人，战争末期达 509 万人。但生命的付出却少得多，总共未超过 40 万。其中作战军人死亡30.3 万人；因空袭死亡的平民 6 万人；商船死亡人员 3 万人。[①] 物质的破坏要惨重些。例如，空袭使伦敦和考文垂等城市的 50 万座房屋被毁。英国经济在这次战争中大伤元气。战争开支超过了国民收入的一半；出口贸易削减到战前的1/3。英国工业因适应战争而大量地转产，以后需要若干年时间才能恢复。商船吨位总数减少了 28%。海外投资变卖了 25%。老百姓伤亡和磨难较多，食物配给制一直实行到 1950 年。而在第一次大战后，只实施了一年。由于更复杂的原因，英国在世界上的经济地位和金融实力，都不如往昔。英镑的国际货币地位渐渐被美元所取代。

英国能在第二次世界大战中取得耀眼的胜利，有着多种原因。其中丘吉尔的领导才能和个人贡献是格外突出的。他凭着过人的毅力和才能带领英国人民经受了罕见的考验。他在关键时刻作为新任首相向国人召唤时所使用的词句，

---

① 梅德利科特：《英国现代史 1914—1964》，商务印书馆 1990 年版，第 503 页。

必将长久流传。他的作用超过了第一次大战中的阿斯奎斯和劳合·乔治。

苏联军民坚忍不拔的奋战，牵制了德军大批兵力，并以其胜利最好地支持了英国。如果没有苏联在东线的非凡胜利，如果苏联没有持续地耗竭德国的人力资源，英美联军就难以在1944年获取诺曼底登陆的成功。其他国家的合作、支持以及英帝国自治领的同心协力，也是英国走向胜利不可或缺的因素。

第二次世界大战中，英国多党合作的密切程度也是空前的，这显示了英国政治制度的灵活性。丘吉尔出任首相伊始，就参照第一次世界大战的做法，建立了一个小型的多党战时内阁，其中除他和另外两位保守党政要外，还有工党领袖艾德礼和格林伍德。对此，他说得好："过去，我们曾有不同的见解，也曾争吵过；但现在一个共同的目标将我们团结在一起，来把战争打下去直到赢得胜利。"3个政党在海军部、陆军部和空军部均有代表。以后内阁几经变动，但始终保持了两大党的大致平衡。1940年9月，战时内阁增至7人，工党前工会领袖贝文参加在内，负责劳工事务。1940年，艾德礼任副首相，他在丘吉尔出国时主持内阁。实力衰微的自由党人也在政府中得到了若干职位。

相应的还有议会延期和选举休战。本应在1939—1940年间举行的大选一直拖延到大战结束。在补缺选举中，两大党候选人不互相对抗。政府许多决议都是通过秘密协商达成的。议会公开会议和投票已不具备党争性质。各党的主动配合使丘吉尔政府从未失去过选民的信任。1941年5月，首相故意挑起一次对政府的信任投票。结果仅有1名共产党人、10名社会党人和1名无党派人士投不信任票，投赞成票者477人。翌年1月，议会再次实行信任投票，反对者只1人。

战争中的大量事实显示了英国人顽强的素质，并表明：国难当头有助于增强民族凝聚力。战前多年，英国通常耕种了1200万英亩农田。大战中德国封锁了大部分海上通道，使英国谷物骤然减少，国内食品供应困难。为此政府对农业生产实行监督制、贷款补贴制和供应农业机械等措施，使耕地面积增加到1800万英亩。甚至一些草坪、花圃、高尔夫球场也改为粮田菜地。全国就业人数创历史最高记录。1939—1945年，小麦产量由197万吨增至217.4万吨，大麦由90.4万吨增至217.4万吨，燕麦由199万吨增至286.2万吨。在工厂里，许多人每周工作7日，每日工时10小时，薪金降低却没有怨言。675万妇女出来工作，其中不少成为兵工厂骨干。全国55%的资金设备和劳动力用于战争。军用产品大幅度增加。例如，1938年，仅生产3000架飞机；1943年增加到 26 000 架。有趣的是，战争焕发了人们的精神和生活潜能。自杀人数降低了 25%。精神病患者相应减少。婴儿死亡率降低 10%。青年结婚率高于以往，战时出生率超出战前 17%。税收达到空前水平。主要生活用品统统实行配给制。这些做法自然会缩小贫富差距。战前，仅占人口总数 1% 的最富者拥有 14% 的国民收入，另外 10% 的高收入者拥有 38% 的国民收入。战争结束时，这两个比率分别降为 11% 和 30%。[①]

值得指出的是，英国人在战争的艰难时期，并未放弃对未来美好生活的憧憬。1942 年 12 月，著名经济学家亨利·贝弗里奇（1879—1963 年）应政府邀请提出战后福利国家的蓝图——《贝弗里奇报告》[②]，迅即发行了 63.5 万册。

英国人之所以能在战争中表现出空前主动性、创造性和牺牲精神，很大程度上在于他们所拥有的正义性。后来，见仁见智的学者往往要强调英国在战争前期的非正义性或两重性。这不无道理，可只要考虑到战争对立面德国法西斯政权的性质；考虑到英国政府和人民是在无奈的情况下被迫拿起武器的，就会发现其正义性是客观的和不容漠视的。

---

① C. Roberts & D. Roberts, *A History of England, 1688 to the Present*, pp, 806–810.

② T. Lloyd, *Empire, Welfare State, Europe: English History 1906–1992*, pp. 256–257.

第十二章

战后发展

（1945 年至今）

一、福利国家和国有化

1945 年夏，欧洲的炮火仍在燃烧。但因战局已定，为期 10 年的议会应该结束了，大选迫在眉睫。

部分保守党人踌躇满志，相信有"全国领袖"丘吉尔作党魁，必胜无疑。某些工党议员埋怨本党领袖急于放弃政治合作，对大选前景不抱希望。

然而，选举结果使许多人愕然：工党获得全国 47.6%的选票，赢得 393 个席位，以 146 席的多数超过其他政党议席的总和。[①] 丘吉尔诅咒英国人忘恩负义。外国评论家怀疑英国选民是否患了"政治健忘症"。

可仔细想来，工党的胜利和保守党的失败又不奇怪。人们尚未忘记：二三十年代，是保守党实施保护关税制，维护富人利益；大战前，是张伯伦对法西斯一味绥靖，酿成大患；大战期间，保守党领袖没有诚意提出战后改革计划，还嘲笑攻击工党的改革纲领。

---

① T. Lloyd, *Empire, Welfare State, Europe: English History 1906–1992*, p. 269.

　　竞选期间，两党的做法亦属南辕北辙。工党竞选宣言发表于 4 月，名为《让我们面对未来》，简单明了地提出了战后施政纲领。其中除声明要在许多部门实行国有化之外，最得人心的是有关国民保健、住宅和全面社会保险的内容。工党演说家还奔走各选区，深入浅出地宣讲社会改革的必要性，使中下层选民憧憬鼓舞。从客观形势来看，战争给英国造成了严重破坏，不列颠有必要继续实行相对性计划经济和生活必需品配给制，尽快改善多数人的生活水准。而一向倡导社会主义的工党则会比较胜任。

　　保守党不仅未提出富于吸引力的竞选纲领，丘吉尔在演说中还耸人听闻地警告人们：提防出现"社会主义的盖世太保"。

　　丘吉尔的演讲使许多人无法接受。他们铭记：工党自始至终地参加了战时政府，其阁员人数几乎与保守党相等；战争结束时，国家许多部门由工党大臣负责。其中艾德礼管理经验丰富，工作踏实认真；他少有心腹亲近，却以善于驾驭同僚闻名。丘吉尔虽顽强刚毅，适合作战时领袖，可他尚武好战，敌视社会主义，且年事已高，怎能在和平建设中大有作为？

　　艾德礼组建了一个精干的内阁。由贝文任外交大臣，道尔顿任财政部长，莫里森任枢密大臣和下院领袖。党内左翼头领比万精力充沛但性格倔犟，艾德礼有意让他任卫生大臣，去解决最棘手的住房建造和医疗保险问题。

　　艾德礼政府的工作重点，包括财政、国有化和社会保障三个方面。

艾德礼首相

　　财政上，政府紧缩行政开支，增收高额消费税，鼓励出口、限制进口和出国旅游，弥补财政赤字。为争取大国援助，政府派遣著名经济学家凯恩斯前往美国，力陈英国战时贡献和眼下困难，得到大宗借款。此外，政府还说服工会，支持限定工资政策，以降低生产成本，增强出口商品竞争能力。

　　工党政府的国有化计划，实质上是要在英国建立一种混合经济体制。为此，议会逐步通过了一系列法案，建立了"工业委员会"负责此项工作。企业国有化的一般程序是，任命中央管理局，负责接管私有企业，再由国营公司根据立法细则经营。最初两年是试验阶段，被没收的工厂大多是战争期间被政府控制的企业。1947 年后国有化速度加快。到了 1950 年，政府已把矿业、民航、通讯和部分钢铁等企业收归国有，其资产总额约占全国经济部门的 20%。国有化范围限于全国规模的公共企业和基础工业，没有接管消费品生产部门，大多数赢利企业也未触动。

经济改革的制高点是建立比较完善的福利制度。它涉及社会各阶层利益，容易诱发党争。因此，艾德礼政府在实施"国民保险法"和"国民医疗保健法"时须尽量体现《贝弗里奇报告》中的"三原则"。

首先是"最低原则"，即保障全体社会成员的生活不低于"维持生存所需的最低限度"，保证劳动者获得维持生活的基本收入。其次是"普遍原则"，即社会保障应"不分贫富一视同仁"地顾及全体社会成员，人人都要参加社会保险，以备在年老、失业、怀孕、伤残患病和鳏寡孤独等情况下，享受津贴资助。最后是"责任原则"，即每个国民应尽力工作和捐款，使政府通过税收实行社会财富再分配。为此，政府还尽力维持充分就业、追求经济的稳定增长，保证经费来源。

1946 年，政府实施《国民保险法》，规定凡已就业而未达到退休年龄者都必须参加国民保险，以备将来享受津贴。实施《国民医疗保健法》时，须将全国医院收归国有，遇到的阻力也大。这同传统的财产私有观念相抵触，保守党上层心怀怨恨，但又不敢触犯众怒，便埋怨国民保险法的"一视同仁"的原则对穷人不见得有利，最好的做法是在大众中挑出真正的贫困者，给他们更多的救济。在讨论《医疗保健法》时，反对党先是勉强支持，二读时突然反对，理由是它侵犯了病人就医自由，妨碍医疗事业发展。为此，比万大动肝火，同保守党和英国医学会屡屡论战，在大约两年内将全国各类医院收归国有。到了 1948 年秋，已有 93% 的国民登记接受免费医疗。它保证凡居住不列颠的人，无须取得保险资格就可以在免费或低费用的情况下享受完善的医疗服务。

艾德礼政府的一项失误，是未建立专门机构负责住房建设。致使比万一面主持医疗改革，一面兼管建房工作；加上建筑材料缺乏，使他殚精竭虑。尽管如此，政府仍在 1946—1948 年间，建成 48 万套住宅，解决了数百万居民的困难。

工党政府的国有化政策和福利国家建设计划，大体在 1949—1950 年实现。1948 年，艾德礼就宣布英国已建成福利国家。而后得到西方舆论界的承认。[1] 并为以后历届政府提供了范例。从此至今，社会保障体制的维持始终是英国政府的核心职能之一。

工党政府国有化能在数年里达到这般水准，还与历史有关。一二百年来，政府早已建立了皇家兵工厂，并将邮政收归国有。第二次世界大战前又接管了煤气、电力、供水系统和部分铁路，建立了国营海外航空公司。第二次世界大战要求政府动员全国人力物力争取胜利，推动对许多与军工生产相关的企业实行公管。故而，战后继续扩大社会经济中的国有成分，难度要小些。再者工党的国有化并非剥夺资本家，而是对原企业主付出大量的补偿费，引起的抵触情绪自然要小。

至于英国福利国家的基础，是自由党政府在本世纪初就奠定了的。这几年的主要任务，一是建立社会保险部，把以往分散、杂乱、重叠、不易协调的社会保险项目统管起来；二是充实和扩大社会保障的内容。

艾德礼政府在改革期间，也遇到颇大的困难。其一是经费始终紧缺。战后英国百废待兴，需要外资支持。可于 1945 年在华盛顿的援助谈判中，美国人不仅拒绝了英国从美国无息贷款 60 亿美元的要求，最后仅给 37.5 亿美元有息贷款。到了 1947 年 8 月，美国贷款几乎全部用完，还面临着每年支息 1.4 亿美元的前景，故实施起社会保障计划来难免要缩手缩脚，使国民产生失落感和不满。

其二是严寒的干扰。1946—1947 年冬天，英国气温达到 1880 年以来的最低点，冰雪覆盖，铁路不通，海陆运输停顿，工厂因缺乏燃料而关闭。运输业和采矿业工人失业率极高，劳资关系紧张。政府调集军队运送食品，被迫动用 2 亿美元进口生活必需品，并呼吁国民体谅政府难处，友好合作。但在严寒中苦苦挣扎的工人仍然牢骚满腹。

燃料危机引发了外汇危机。因进口生活紧缺品和维持英国在德国的占领军，致使通货外流。贸易景况的恶化致使兑换危机。多数英国国外债权人急忙把英镑换成美元。英镑的国际地位受损。

此外，工党在 1945 年以后实行国有化时，只是从事社会主义经济模式的一种尝试，缺少相关的经验和教训。在实施过程中难免会有些失误和紊乱。

---

[1]　T. Lloyd, *Empire, Welfare State, Europe: English History 1906–1992*, p. 288.

1947 年 7 月 23 日，丘吉尔使用他杰出的演讲才干抨击国有化说："社会主义日益表明是充满危险的、代价高昂的错误。社会党人实行了国有化的每一个大工业部门，都毫无例外地从国家资产负债表上将赢利或能够自给的一栏转到了亏损借贷一栏。"①

工党在实行工业国有化和福利制度时，内部意见比较一致，但在外交和防务问题上一再发生分歧。以比万为首的左翼议员，谴责政府联美反苏和组织大西洋公约组织的政策，主张建立一种介于美苏之间的"第三势力"。1947 年 4 月，72 名左翼议员投票抗议政府的"全国兵役法案"，迫使内阁把士兵服役期由 18 个月减至 12 个月，工党内部对立趋于公开化。

政府在人士安排上，也加重了工党内部矛盾。1947 年 11 月，克里普斯继道尔顿之后任财政大臣。这虽有压制比万之意，但因克里普斯才能出众，党内公众意见尚且不大。3 年后，党内鸽派代表人物、45 岁的盖茨克尔接替克里普斯担任财政大臣，不少人为比万打抱不平。而后，他被调到劳工部，工作毫无热情，很快辞职。工党内部分歧昭示于众。

工党政府的再一难题是不能满足国民越来越高的提高生活水准的愿望。工党竞选时，艾德礼曾许愿到 1948 年工业产量提高到 1938 年的 160%。实际上只达到 138%。1949 年也只有 151%。所以，就不能取消食品配给制。国内慈善机构认为英国是欧洲第二个营养条件最差的国家，国人颇感失望。人们在享受免费医疗时，也会有怨言，有的嫌医院效率低；有的说：医疗既然免费，就不该让病人在配眼镜和镶假牙时，承担一半的费用。1951 年 5 月，英国为庆祝 1851 年创办万国博览会一百周年而庆祝时，政府正陷于战后第三次经济危机，国际收支再次恶化，许多人认为英国已不再是"西方的乐园"。

1950 年 2 月大选时，保守党借机攻击工党。工党纲领的题目是《让我们携起手来去争取胜利》，其中强调了政府在社会服务方面所取得的成就，提出了进一步国有化的建议，但回避存在的问题。保守党则在其竞选纲领中向全国阐明：国家垄断不会减少垄断的固有弊病，消费者将不再得到有效保护。纳税人被迫担负起会因生产效率低下所造成的负担。

保守党的努力初见成效。它获得了 1250 万张选票和 298 个席位，比工党

---

① 梅德利科特：《英国现代史 1914—1964》，第 547 页。

只差 70 万张选票和 17 个席位。加上自由党和其他小党派的 12 个席位，使工党多数降低到 5 席。尔后，贝文离开外交部，艾德礼病重住院。老一代领袖无力主持全局，政府工作出现混乱和争执。

1950 年初，英国承认了中华人民共和国，并支持中国加入联合国。可迫于美国压力，又与台湾保持联系。夏季，工党政府被美国拉入朝鲜战争，随即公布了一个扩大军备的计划：延长兵役制，在 3 年内支付 36 亿的军费。翌年 4 月，财政大臣盖茨克尔公布了预算方案，基本特点是大炮先于黄油。劳工大臣比万、贸易大臣哈罗德·威尔逊和供应大臣弗里曼立即辞职。以后，政府较大幅度地增加税收，减少福利开支。1951 年夏，国际金融危机发生，英镑地位再被削弱，工党政府穷于应付。

保守党屡屡谴责政府。1951 年大选时，保守党发表宣言《强大而自由的英国》，重申上次竞选政策。并向选民许诺，一旦由他执政，每年建造 30 万套住房。结果证明：保守党获取 321 个席位，超出工党 26 席，上台执政。

二、"共识政治"

保守党 1951 年大选的成就实属可观，以后又连获胜利。在议会中的优势由 1951 年的 26 席增加到 1957 年的 57 席、1959 年的 107 席，连续执政 13 年。保守党能有此势头，关键是它在组织和政治上作了重大调整，政策上向左转，与工党达成了共识。

保守党组织和政治调整始于 1945 年大选之后。该党上层召开专门会议，指明组织涣散是被工党挫败的原因。翌年，曾领导战时粮食部的伍尔顿任保守党主席，放手征集活动基金。一年后，保守党筹集了 100 万英镑经费。1948 年吸收了大批新党员。而且，伍尔顿为了吸收中下层群众，在征集经费时规定：任何候选人每年对选区的捐款不得超过 25 英镑，保守党应注重广泛募集小额捐款以设立竞选基金。这就扬弃了以往保守党主要依靠富人资助的做法，扩大了社会基础。保守党还在学校青少年中发展组织。1946 年，英国保守党青年中央委员会成立。两年后，它在各地建立了 2300 多个保守党青年支部，共有 16 万成员。

比较而言，巴特勒所主持的政策改造更显深入。他擅长理论研究，曾在战时内阁中任教育大臣。1945 年 11 月，他领导着一个"工业政策委员会"走访几个大工业区，花费一年多时间制定了《工业宪章》。该文件重述了原由工党提出的国有化和福利国家的主张，并依据凯恩斯的经济理论，宣扬充分就业、低息贷款和赤字预算等。《工业宪章》的问世，表明保守党已明显偏离了传统立场。而且，它被称为"宪章"，是表明它不是一个短期性文件，而是保守党在新的社会条件下的"根本而持久不变的原则"。保守党还就农业、帝国政策、妇女和民族问题发表类似宣言。其中《农业宣言》也是工党政策的翻版。

巴特勒等人的宣传工作，不但改变了保守党在选民中的形象，使其占领国内政治的中间地带；还表明：以后相当长时间里，英国两大政党无论哪个上台，都要执行大体一致的政策。所谓"共识政治"已在客观上达成了。

全面看来，保守党的政策还有别于工党。如《工业宪章》虽承认工党实行的国家接管英格兰银行、煤矿和铁路的现实，但反对钢铁国有化，主张公路运输转为私有。而且，保守党在其竞选纲领中屡屡指明：旧式垄断所固有的弊病不会由于国家垄断而减少；国有化的低效率有可能加重纳税人的负担；国有化企业的雇员会发现其上司比私有企业的老板更缺少人情味。这表明保守党虽然向左转了点，但未放弃保守主义传统，有利于它在一贯保守的国度里，保住原有的资产阶级选民。

保守党的向左转和工党的向右转，缩短了两党的政策差距。1956 年，工党理论家安东尼·克罗斯兰发表《社会主义和未来》，宣称社会主义的本职是平等而非公有制，国有化是手段而非目的；超意识形态的税收、福利政策会加快实现社会主义的理想。克罗斯兰还认为，由于社会阶级的变化，工党应由原来工人阶级的政党转化为全民党，应认可现有的以私有经济为主体的混合经济体制。工党右翼一再要求放弃 1918 年党纲中有关公有制的第四条，彻底解除"沉重的精神枷锁"。这展示了两党政治上靠近的趋势。

两党政策上的接近引起了学界的重视。1955 年，英国老刊物《经济学家》，不无风趣地将前保守党财政大臣巴特勒和工党财政大臣盖茨克尔的名字加以"嫁接"，拼装出了"巴茨克尔主义"的新词。1965 年，塞缪尔·比尔在其著作《现代英国政治》中，首次使用了"共识政治"（consendus）一词。

英国共识政治的出现原因是极其复杂的。它既有着深厚的历史渊源和理论依据，又有着错综复杂的政治背景和社会基础。历史上，英国已多次出现两党或多党合作的事实，而两次世界大战中的联合政府则是它们成功合作的范例。理论上，进化论哲学、费边主义、集体主义以及凯恩斯主义和其他民主社会主义思想，为它酿造出不太刺激的"混合饮料"。政治上，历史悠久的议会体制、在法制轨道上运行的两党制和不容忽略的选民意向，迫使任何执政党都不得漠视多数民众所关注的重大问题。而战后英国产业结构的变化和中产阶级的壮大，以及由此所引起的两党阶级利益的接近，则为共识政治的产生和长期存在，提供了极为重要的社会阶级基础。

1951 年丘吉尔再任内阁首相时，高龄患病，难以兼顾内外，便使自己集中于国际事务，国内诸事任凭其他阁僚分工处理，但告诫他们：不得擅改社会保障制，尽力维持安定局面。

财政大臣巴特勒继续实行凯恩斯主义经济政策，改善国际收支。终止了生活必需品配给制，基本实现了充分就业，巩固发展了社会保障体系和国有化经济，社会经济出现繁荣。住房大臣麦克米伦成绩更加突出。他率领一个精干机构，依靠其他部门的配合，尽力筹集资金和材料，并扩大承包商建房的比例和鼓励地方政府发放贷款，第一年就建成近 30 万套住房。翌年达 32.7 万套。1954 年达 35.4 万套。麦克米伦兑现了 1951 年保守党大选时的诺言，缓解了战后房荒，为他以后攀登首相高位奠定了基础。

1954 年，81 岁的丘吉尔辞去保守党领袖，艾登继任首相。翌年大选时，政府及时公布减税方案，宣扬保守党政府的各种政绩，赢得 344 个席位，继续执政。不料，大选刚过，铁路和码头职工罢工，出口减少，国际收支失调。政府急忙提高消费税和利润税，取消住房补贴，致使保守党的支持率急剧下降。1956 年 7 月，艾登又在外交领域失手。埃及总统纳赛尔断然宣布将英法长期霸占的苏伊士运河收归国有。10 月底，英法联军攻占塞德港，酿成战争危机。工党借机制造倒阁风潮。11 月英国同意执行联合国停火协定，苏伊士战争迅即结束。艾登作为外交老手遭此挫折，于 1957 年初抱病辞职。

继任的哈罗德·麦克米伦久居官场，通晓国内外事务，主张政策革新和"中间道路"。他上台后，一面采用现实主义态度调整外交和殖民政策，一面根据凯恩斯主义解决国内经济问题，在两年里制造了祥和与繁荣。他通过减税、豁免贷款和恢复投资补贴等办法，人为地延长经济稳定期，然后在萧条期到来之前，突然宣布解散议会，实行大选。竞选时，伍尔顿指挥党内干事，制造宣传攻势，提出富于诱惑力的口号："跟着保守党走，生活更美好，不要让工党毁掉美好生活！"并借用美国熟语手册中的短语提醒选民："你的日子从来没有这么好！"而工党为了结束多年在野的局面，竟向选民许诺：它若上台，将在不加税的情况下，改善福利条件。保守党立即反驳：政府不增税又如何发展福利国家？1959年保守党政府用于社会保障的开支占国民总收入的16%，超过1951年工党政府的14%。保守党千方百计地获取民意，以体面多数再次连任。

尽管如此，保守党同样无法抗拒经济规律。1960年，国际收支逆差达2.58亿英镑，政府急忙增税，削减公共开支，冻结工资、提高国有银行利率。然而，收缩政策削弱了国民消费和生产投资能力，加快了危机的到来。国有企业职工连续罢工。麦克米伦政府依靠工党内部争吵苟延残喘。1961年以来，保守党在补缺选举中连续败北，政府寿命似乎屈指可数。

重压之下，麦克米伦设法恢复个人威信和政府元气。1962年7月13日，他一次罢免7名阁员。以后人们把这次政治手术称作"大刀挥舞之夜"或"七月大屠杀"。大清洗改变了麦克米伦处事稳健的形象，削弱了他在党内的地位。不久，又发生了政府要员涉嫌外国间谍的桃色丑闻。国内外舆论轰动。翌年戴高乐将军又否决了英国加入欧共体的申请，外交上遭受挫折，反对党在威尔逊领导下，就政府许多问题穷追不舍。1963年10月，麦克米伦托病辞职。霍姆伯爵出人意料地继任首相。

自1902年索尔兹伯里侯爵辞职以后，英国已形成了贵族不得担任首相的惯例。霍姆为得到首相职位，被迫放弃爵位匆匆参加补缺选举，成为下院议员，这自然要引起非议。他在党内仅属二流人物，只是巴特勒等人的激烈竞争才使他坐收渔利。所以，他上台后难有大的作为。

1964年夏季，霍姆政府采用以往保守党政府的伎俩，再次营造经济繁荣以迎接大选。但在当年10月大选开始时，工党发起强大攻势。威尔逊不但攻击保守党人的腐败堕落，还尽力在霍姆的贵族出身上做文章，把他描绘成旧势力的代表。在电视辩论中，霍姆举止呆板，语病迭出。致使许多动摇选民临时转向工党或自由党。在野13年的工党终于重返政府。

三、"英国病"

战后几十年里，凯恩斯主义不仅影响着西方许多国家，也是英国政府经济决策的权威性依据。一方面，它作为西方经济学派中的主导性理论，在有关政府干预、增加投资和充分就业、增加消费等方面，不乏真知灼见和可行性；另一方面，它也和许多理论一样，并非万能的灵丹妙药。它虽能提出诸般措施，在一定时期内加速经济增长与缓和危机，但由于它只重视市场下的供求矛盾，忽略社会基本矛盾，以及其他方面的原因，又容易加剧通货膨胀。

另外，在英国，经济发展还与政治斗争纠集在一起。由于两党政治角逐和轮流执政，它们必须关注短期的经济实效和民心收买，关注福利国家建设的投入，致使凯恩斯主义政策在实施过程中，会遇到人为因素的干扰，出现政府在经济上的违规行为，造成高失业率、高通胀率的恶性循环。例如，保守党人在 13 年里，为了连续执政，一再采用"振兴经济迎接大选"的手法。这虽能借用凯恩斯理论中"紧缩和扩张"的模式，在大选前努力制造经济繁荣，在大选后再作收缩；但由于社会经济发展有其不可抗拒的内在规律，各种人为的短期性措施不仅不能改变经济发展的趋势，还会带来惩罚性后果。近期看，它会使政府顾此失彼、进退两难；长远看来，则不利于经济良性发展。

经济发展一旦成为大党竞争的赌注，受影响的必是整个国家。1952—1964年，英国国民总产值年增长率平均为 2.8%，低于同期欧美主要资本主义国家，英国在大国中间落伍。第二次世界大战结束时，英国经济实力仍在列强中排名第二，可 1955 年被西德赶上，60 年代被法国、日本超过。英国经济发展的滞涨状态持续了二三十年，与两大政党实行"共识政治"的时限大致相符。这种带有"滞涨"特点的经济顽症，被讥称为"英国病"。

1964 年，工党一上台，就发现上届政府留下了 6 亿英镑的国际收支逆差，英镑再临贬值之虞。威尔逊政府一面公开抱怨前政府，一面医治"英国病"。它对进口商品征收 15% 的附加税，将银行贴现率提高 3/4，削减军事开支，借贷了 30 亿美元的外汇，克服了即将发生的金融危机。这样，政府就无法兑现上台前的诺言。而且，工党在下院中的投票优势过低，1965 年秋就本土防卫问题表决时，仅以 1 票的多数通过。翌年初，工党在补缺选举中获胜，威尔逊伺机在 3 月解散议会，举行大选，一举获得了全国 48% 的选票和 363 个席位。下院多数增至 97 个。[①]

胜利刚刚实现，经济危机降临。政府为应付金融危机，采取了抑制需求的措施，使市场和消费的矛盾愈加尖锐，失业率增加了一倍。1967 年夏，全国海员大罢工，码头瘫痪，出口急剧下降；英镑比值下跌，出现挤兑风潮。威尔逊一改过去做法，决意增加消费，冻结工资，削减国有企业和政府开支，但收效较慢。同时，英法发动侵略埃及的"六日战争"，引起石油和航运价格上涨。储户再次怀疑英国的国际支付能力，慌忙抛售英镑，国家外汇减少。面对严峻局势，威尔逊不顾财政部非议，下令控制分期付款，刺激消费，但仍不能阻止资金外流。熬到 11 月 18 日，政府宣布英镑贬值 14.3%。英镑对美元的比价由 1：2.8 降为 1：2.4。保守党批评说：工党仅用 3 年，"使英国从一个繁荣的国家堕落成为国际乞丐"。

经济危机致使民心浮动，工党在补缺选举中连连失利，政府席位大幅度减少。这时，威尔逊之所以能继续主持内阁，仰仗他善于调解党内外各种关系和矛盾，笼络工会领袖限制罢工。另外。政府实行的一系列社会改革，如把公民投票年龄降至 18 岁，承认人工流产合法，对文官制实行全面审查，在教育上实行改革等，也有助于争取选民的支持和谅解。

然而，选民心态不易捉摸。1969 年 8 以后，对外贸易创历史最高水平，国际收支有了较多盈余，但工党在民意测验中的支持率却波动不止。翌年 4 月，它在地方选举中，净得 400 多个席位。领导阶层认为良机到来，宣布改选议会。可大选结果表明：英国发生了"本世纪最富于戏剧性、最出乎意料的选举变化"，在电视演说中，保守党领袖爱德华·希思虽然不敌威尔逊，却率领保守党夺得了 330 个席位，超出工党 43 个席位从容组阁。

保守党获胜的原因之一，是它通过党内民主建设，加强了内聚力。长期以来，该党领袖不是像工党那样选举产生，而是在原党魁离职、而又缺少明确继承人的情况下，由党内元老秘密推选。1922 年以来，该党有一个由高级官员、

① T. Lloyd, *Empire, Welfare State, Europe: English History 1906–1992*, p. 407.

退休元老或影子内阁要员组成的专门机构——"1922 年委员会"——协助此事。若仍有争议，则由国王作为党派斗争的局外人出面裁定。20 世纪中期，丘吉尔、艾登和麦克米伦都是通过这种遴选方式，成为保守党党魁的。1963 年，霍姆的突然晋升使党内一些人惊异。一年后霍姆内阁匆匆垮台，暴露出保守党组织上的缺陷。1965 年 2 月，保守党制定了新章程，规定：党魁由本党下院议员举行 2—3 轮的投票民主产生。这时，霍姆威信正值低点，该党议员劝他引退。随即，3 名候选人经过了两轮较量，希思战胜对手，成为保守党第一个选举产生的党魁。

希思在野期间，已从教训中认识到：凯恩斯学说并非指导政府经济政策的验方。他有意在党内发起一场"极为激进的改革"，将国际上另一宏观经济理论——"货币主义"——作为指导思想。他任命货币主义经济学家艾尔弗莱德·谢尔曼为政策研究中心主任，探讨改革方略。当年 10 月，保守党内阁成员在本党年会上决定：缩小政府在各个领域的作用和开支，恢复企业竞争，停止资助濒临破产的企业，控制工会势力。一些国有企业被精简合并，私有企业投资开始回升。

可是，财政收缩影响到了福利支出，迫使政府于 1971 年 4 月取消小学生免费牛奶，增收学校伙食费、医院处方费和牙医费。低收入者怨声载道，反对党借题发挥。政府匆忙发放困难补贴。同时，经济危机到来。到了 1972 年，制造业固定资产下降 20.7%，失业率高达 6.9%，消费价格上涨 8.1%。工会要求大幅度提高工资。面对社会压力，希思被迫资助国有企业，扩大公共开支。英国经济开始了所谓"希思大转弯"，重返凯恩斯主义老路。

1973 年，石油提价触发西方严重的经济危机。英国煤炭紧缺。政府不愿大幅度提高煤矿工人工资，全国矿工工会号召举行大罢工。政府无奈，先是颁布限制用电法，1974 年元旦下令全国电厂每周仅供电 3 日。时值隆冬，民众苦不堪言。2 月初，政府与工会的谈判陷入僵局。希思宣布进行大选。工党借机推波助澜。闭口不谈客观原因，尽意丑化保守党政府。

竞选的第一周，保守党略占优势。可随后公布的统计数字表明：食品价格上涨一成。保守党发言人猛烈攻击欧洲共同市场。可英国是在希思的努力下，于一年前加入欧共体的。不少选民嫌保守党行为失措，改变立场。3 月初，选举产生了戏剧性结果：保守党得到全国 37.9% 的选票和 297 个席位，而工党也只获 37.1% 的选票和 301 个议席。① 两党议席都不足半数，这在战后英国尚属首次，表明公众对两党"共识政治"的失望，也是对两党医治"英国病"时无能为力的惩罚。

大选出现僵局，希思不愿辞职。他同自由党领袖索普谈判，希望两党共建联合政府，被婉言拒绝。

工党卷土重来，但在下院仅拥有 47.4% 的席位，有必要重新举行大选。同年 10 月大选后，其议席刚刚过半。而且保守党在 1975 年 2 月由撒切尔夫人担任主帅后，在补缺选举中一再获胜，使执政党再次成为"少数派"。

财政预算仍是威尔逊政府的难题。3 月下旬，财政大臣希利提出了一个控制需求的预算案，提高了所得税、企业税和部分商品的消费税，增加了儿童补贴、食品补贴和退休金，削减了对国有企业的资助，但因收支相抵，成效不大。一些国有公司因资金短缺而关闭，失业率上升。于是，4 个月后，希利又提出新的预算案，降低和免除一些税种，稍微扩大需求。但因这一调整仍未离开凯恩斯主义轨道，还是无法解决社会经济难题。工党政府未因财政困难而放弃对国有企业扶植，遭到保守党人的激烈批评。他们指责国营企业权势过重，但不得不承认：工党在 1975 年控制了北海油田的开发，并把油田大部分利润收归国库，是很有必要的，这对以后英国经济发展具有战略意义。

威尔逊看到通货膨胀率居高不下，党内分裂严重，在议会中又无稳固多数，便思告退。1976 年春，他宣布辞去首相职务。党内竞选举行，右翼候选人卡拉汉经过两轮投票，继任工党领袖和内阁首相。

不久，工党在补缺选举中连连失败，幸亏各小党支持，才使政府维持了微弱多数，但在下院谨小慎微，难有作为。1977 年 3 月，两名民族主义者放弃支持工党，卡拉汉急忙与自由党达成盟约，允许它在内阁议案提交下院之前予以修改或否决，使工党政府勉强维持。

卡拉汉的命运与希思相似。他既要为经济问题犯难，又要安抚桀骜不驯的工会。1979 年初，政府在治理通货膨胀和失业问题上彻底失败；罢工浪潮到来，其规模和激烈程度超过战后任何时期。同年 5 月，卡拉汉只好举行大选，以撒切尔夫人为首的保守党获胜。英国政策即将发生大的变动。

---

① T. Lloyd, *Empire, Welfare State, Europe: English History 1906–1992*, p. 445.

四、"撒切尔革命"

在英国政治史上，撒切尔夫人是多项纪录的创造者：第一位女党魁；第一位女首相；1827 年利物浦伯爵离职后连续任职最久的阁揆。并以其卓越才能、个性和风格，果断改变战后历届政府大体一致的政策，使英国出现"撒切尔革命"。

变革酝酿于 70 年代初。货币主义经济学家谢尔曼主持保守党政治研究中心，积极宣传改革主张，要求限制政府在市场经济中的作用，扩大私有化，倡导自由主义竞争，抵制通货膨胀，削弱工会势力。1974 年 9 月，前公共事务大臣基思·约瑟夫发表反通货膨胀的讲演，批评凯恩斯主义经济政策，呼吁保守党抛弃巴茨克尔主义。玛格丽特·撒切尔成了约瑟夫的追随者，要用货币主义猛药，医治"英国病"。

保守党下台后，面临领袖改选。约瑟夫成为希思最有力的挑战者。不料他在一次演讲中，要求下层妇女控制生育力，舆论大哗。[①] 约瑟夫忍痛退出党内竞争，鼓励撒切尔夫人竞选。1975 年 4 月，她成为保守党党魁。

这时，保守党正处在政策和形象转变时期。撒切尔夫人重建影子内阁时，逐步重用货币主义者。她还委任杰弗里·豪领导一个"经济建设小组"，制定党的政策，指定约瑟夫负责党的路线和理论研究。她亲自制定对付工会的韬略。保守党发言人为了丑化工会和争取舆论，有意套用历史名言，断定：工会权势"已经上升，正在上升，但应被削弱"。

保守党改弦更张时，工党政府正面临着 26% 的通货膨胀率的折磨，货币发放严重失控。1976 年，卡拉汉等人也认识到凯恩斯主义已在英国失败，想实现某些调整，但行动迟缓。而保守党却不怕得罪工会，在 1977 年提出一份充满货币主义精神的报告——《经济成功之路》，宣称保守党一旦执政，当在"减少开支和避免失业的前提下，在一定程度上限制工资增长"。而且，撒切尔夫人在党内站稳脚跟后，言辞激烈，咄咄逼人，在影子内阁中惯于发号施令。

---

① 玛格丽特：《通向权力之路——撒切尔夫人自传》，当代世界出版社 1998 年版，第 265 页。

撒切尔夫人

1979 年 1 月，她获得了"铁女人"绰号。

1979 年 5 月，大选举行，保守党在民意测验中一度落后。不料，撒切尔夫人的助手约翰·尼夫被爱尔兰共和军的恐怖分子炸死，民众指责政府管理社会秩序不善，一些浮动选民改变初衷。保守党最终得到 339 个议席，上台执政。

撒切尔夫人首次组阁时，把多数职位分给经验丰富的温和派人物，但只让他们在各自主管部门中发挥作用。一些事关国家经济决策的要职，则由货币主义政治家担任。其中杰弗里·豪主持财政部，约瑟夫负责工业部，约翰·诺特为贸易大臣。她还把一些经验稍次、威望不高的支持者安插在低职位上经受锻炼，以备将来重用。她为了避免在内阁中与温和派摩擦，有意少开内阁全会，许多政策只通过小型的内阁委员会制定。委员会的骨干都是首相心腹。最重要的经济委员会由杰弗里·豪控制。政府财政预算和其他重要经济政策全由该委员会制定后，再交内阁委员会作形式上的认定。女首相用一套新型领导方法，显示出她的果断和灵活个性。

撒切尔夫人登台之初，经济危机已经来临。1979 年 6 月至 1981 年 6 月，国内生产总值下降了 4.6%，工业生产率下降 10% 以上；1982 年 1 月失业人数突破 300 万，失业率创世纪最高。面对险情，政府的支持者有的疑虑，有的埋怨。但撒切尔夫人认准目标，不改初衷。

政府首要目标是控制通货膨胀。撒切尔夫人先逐年降低货币发行量；1984 年度创 20 多年来最低纪录。其次是紧缩公共开支和提高银行利率。她撤销了前工党的 3000 多个项目，取缔一些机构，使公共部门借贷由最初占生产总值的 4.4%，降至 1983—1984 年度的 1.5%。一系列金融政策使原料价格下跌。英国经济逐渐走出了"滞胀"困境。1980 年，通货膨胀律高达 21%，1983 年降至 4%，1987 年仅 3%。

为鼓励私有企业发展，政府还改革税制、鼓励自由竞争和发挥市场调节机制。1979 年个人所得税基本税率从 33% 降到 30%，最高税率从 83% 降至 60%；1988 年，所得税基本税率再降至 25%，最高税率仅 40%。[1] 企业税从 62% 降至 35%。税制改革减少了政府财政收入，为此增加了间接税。鉴于"英国病"的主因是政府对企业干预过多，撒切尔政府撤销了物价管理委员会，缩小国家企业局权力，废除了 180 多项限制经济生活的规定。

国有企业私有化是"撒切尔革命"的中心内容。截至 1979 年，国有企业职工人数达 150 万，产值占全国总产值的 11.5%，投资占全国总额的 20%，效益低下，成为国民负担。1981—1987 年，政府将 1/3 的国有企业转为私有，国企职工减员 60 万，产值在国民生产总产值中的比重下降到 1988 年的 6.5%。几乎所有转为私有的公司都增加了利润。国有企业私有化带动了国民经济全面发展。正是在这个意义上，人们将之称为"撒切尔革命"。

撒切尔政府还出售了 100 多万套公共住宅，获资 20 多亿英镑。截至 1988 年底，政府出售国有企业和住房的总收入超过 200 亿英镑，财政状况空前好转。

私有化的政治作用也是明显的。其一，因大批工人转入私有企业，以及因收缩政策所造成的高失业率，选民加入工会的比例由 1981 年的 30% 降至 1987 年的 22%。工会势力削弱，便于政府控制社会秩序。其二，私有化使股票持

---

① 玛格丽特：《通向权力之路——撒切尔夫人自传》，第 573—575 页。

有人在全国居民中的比例由 1979 年的 7% 上升到 20%，许多新的私有者乐意支持保守党。

福利制度也是改革的重要方面。起初属试探性质，如提高处方费、削减福利津贴等。1985 年以来，政府计划实行全面改革，涉及养老金、儿童和青年津贴以及住房、医疗补助等许多方面。但是，由于福利制度关乎许多人的切身利益，是改革总体计划中最敏感的部分，容易成为反对党攻击的借口，实行起来自然阻力较大。

此外，政府还削弱工会作用，推进工资改革。1984 年工会法规定：罢工须有适当理由，限于劳资纠纷，且不得到同行业其他工厂设立第二纠察线；罢工必须在 4 周前以无记名方式征得多数工会会员同意，否则以非法论处，并赔偿因此造成的经济损失。1986 年新工资制的做法是：企业固定工资只占工资总额的 2/3，其余 1/3 随企业利润的增减而浮动。这就使职工个人利益与企业经营结合起来，有利于改善劳资关系，弱化工会的作用。80 年代初，政府还根据法律，先后瓦解了煤矿工人和印刷工人大罢工，劳工运动走向低潮。

"撒切尔革命"使经济发展速度明显加快，"英国病"基本治愈。1984—1985 年间，英国经济增长速度比法国快一倍，比西德快 50%。1985—1989 年间，英国生产率共增长 18.9%，在欧美国家中居第一位，被称为"撒切尔奇迹"。①

为了减少政府行政开支，提高效率，撒切尔夫人还大刀阔斧地整顿了文官系统。各类行政人员由起初的 75 万减少到 1986 年的 59 万，监督考核制度加强。

撒切尔夫人在进行经济和行政改革时，做法泼辣，却不影响她政治上的保守。她反对工党关于限制王室特权、取消上院的建议，漠视自由党和其他小党要求改革议会选举制的要求。呼吁人们匡正社会风气，发扬维多利亚时代的良好道德风尚。她领导内阁时，总是原则高于情感，对能力欠佳或意见不合者，坚决罢免撤换。1981 年 9 月，她曾搞了一次内阁清洗，其严厉不亚于麦克米伦的"大刀挥舞之夜"。以后，她又利用大选胜利后的内阁重建，大幅度改组内阁。

撒切尔夫人为了保证改革计划的实施，利用有利时机延长内阁寿命。1982

---

① 玛格丽特·撒切尔：《通向权力之路——撒切尔夫人自传》，当代世纪出版社 1988 年版，第 580 页。

年初，改革正处困难时机，民意测验显示政府支持率仅有 27%，可她毫不介意。1983 年 5 月，工业产值达战后最高点，选民支持率升至 49% 时，她适时举行大选。结果保守党获 397 席，拥有 144 席的多数，这是战后历届内阁都未得到的。自此她加快了国有企业私有化速度，并果断地对付工会和罢工。1987 年，通货膨胀率降至 20 年来最低点。政府将所得税下调两个百分点。政府支持率落而复升，超出工党 13%。撒切尔夫人顿时宣布大选开始，得到 104 票的多数，顺利实现了三连任。是时，女首相名扬国内外，一些评论家认为，她还有可能实现四连任。

可事情并非如此简单，80 年代末，问题接踵而至，导致撒切尔夫人下台。

"铁女人"下台的原因是国内经济形势的变化和各种矛盾的加剧。从根本上看，"撒切尔革命"实际上一场私有化运动。它虽在一段时期内造成某些经济发展活力，但扩大了贫富差别和对立。例如，政府减少了个人所得税的档次和各档的税率，使高收入者受惠最多。还有，撒切尔政府曾用五六年治理了通货膨胀。可到了 80 年代末，由于开支加大和货币发行增多，通货膨胀率升至 11%，迫使政府采取收缩政策，导致企业关闭，工人失业，750 万人生活在贫困线之下。低收入者最愤恨的是她强征人头税。舆论界和反对党抨击她冷酷残忍，一些地方发生骚动。保守党上层为了延续政府寿命，宁肯更换党魁。

撒切尔夫人的下台还与她的性格有关。她虽然精明、果断、坚定，可过于自信、傲慢和好斗。随着时间的流逝，其弱点越来越明显，使同仁难以承受，影响到了保守党高层团结和内阁稳定。仅在她当政的最后一年里，就有 6 位大臣辞职。当杰弗里·豪挂冠时，她首届内阁的阁员已无一人留任了。1990 年 10 月底在罗马召开的欧共体特别首脑会议上，撒切尔夫人就货币联盟问题投了唯一的反对票，引发了一场严重的政治危机。舆论普遍认为，若撒切尔夫人再恋栈相位，保守党则会在下届大选中失利。终于，在同年 11 月，前大臣黑塞尔廷向她挑战。

撒切尔夫人依然傲慢自信，竟在保守党议会党团内部竞选之际出访法国。20 日首轮投票时，她虽然得到了 55% 的选票，可未能超出其对手选票的 15%，还要进行二轮较量。2 日后，她仔细权衡了继续留任的利弊，忍痛辞去领袖，并在下轮投票中支持财政大臣约翰·梅杰竞选。梅杰资历和能力尚未突出，但处事温和。他在首轮投票时虽然得票不足，但外交大臣赫德和黑塞尔廷宁愿退出竞争，从而维护了保守党团结。47岁的梅杰成了保守党党魁和内阁首相。

五、新工党与"第三条道路"

梅杰置身于两个有作为的首相之间，被媒体称为一个"模糊不清的人物"、"次要人物"[1]，似乎很难取得显著成绩。而且，他是在议会召开后3年零5个月时骤然上台的，离法定大选时间仅有年余，英国经济始终未能走出衰退的泥潭。为此，有人断定他任职不会长久。

1992年春季大选开始以后，保守党的弱点暴露无遗。它曾在70多次民意测验中居于劣势；在大选时间上已无选择余地；竞选工作不尽如人意，梅杰甚至拒绝同工党和自由民主党领袖展开三方辩论。

但4月9日大选揭晓，颇使人吃惊。梅杰带领保守党获得336个席位，占下院席位的51.6%。以超出所有政党21席的多数继续执政。保守党能在经济不景气的情况下赢得"四连冠"，是因为许多选民懂得：即使工党执政，也不会立即拿出治愈经济衰退的良方，况且这次经济衰退并非英国独有，它波及整个西方，受经济规律的制约，其责任不能仅由梅杰政府承担。而且，保守党能为保住执政党地位，还借助了一些有利的外部因素：海湾危机和战争使之炫耀了武力；苏联解体和东欧的急剧变化，使它提高了在欧洲事务中的地位。

以后，梅杰屡遇挑战。在保守党里，始终存在着一个亲美的"欧洲怀疑派"，他们一再发难，迫使首相攻守兼用。1993年7月，为使议会批准《马约》[2]，梅杰只好采用了信任投票的方式，使反对者暂时认输。1994年11月，他开除了8名在欧盟摊款问题上与他作对的议员。半年后，60名欧洲怀疑派议员在下院与梅杰辩论，要他许诺英国永远不得加入欧洲统一货币。保守党再次出现内部危机。梅杰只好提出保守党实行领袖换届选举，与党内反对派领袖约

---

① 爱德华·皮尔斯：《梅杰传》，世界知识出版社1991年版，第164页。

② 即关于实行欧洲统一货币和成立"欧洲联盟"的《马斯特里赫特条约》，1991年12月由共同体各国最终决定订立。

翰·雷德伍德较量。

梅杰首相的破釜沉舟之举，赢得了党内多数议员的支持。贸易大臣赫塞尔廷和财政大臣克拉克等人，也觊觎相位，但均无把握战胜梅杰，又怕落下破坏党内团结的恶名。况且，假若此时更换党魁，分裂必然加剧。工党乘机进攻，保守党政府必垮无疑。于是，大多数内阁成员和本党议员、前高级大臣，包括撒切尔夫人在内的许多高层人士纷纷支持梅杰。7月4日，选举结束，他以218对89票战胜了雷德伍德。

梅杰巩固了地位后，立即重组内阁。一半职位易人。雷德伍德被免职。赫塞尔廷支持首相有功，升为副首相。在欧洲问题上一贯务实的前国防大臣里夫金德主持外交部。

随即，梅杰开始调整政策，争取选民。在对外时务上，梅杰一面继续维持英美的"特殊关系"，一面使英国较为积极地融入欧洲事务。在内政方面，他着重控制通货膨胀，增加教育经费，解决住房问题，打击犯罪，建立良好秩序，努力创造就业机会，改善医疗服务水平，并允诺削减所得税和遗产税。可事实表明，有些问题相当棘手。

最关键的问题是，保守党经过一次次危机，内部形成宗派。它们在税收、私有化和对外关系等重大问题上分歧严重。某些要员与梅杰私怨绵绵，一遇机会就寻衅发难。上层分歧严重削弱了该党的凝聚力，导致人心涣散，基层组织瘫痪，党员人数锐减。

保守党的前途还受到英国两党制下"钟摆法则"的制约。该法则是一种微妙的社会心理要素。它不仅承认反对党具有监督、反对与合作的职能，还有意维护其取代政敌上台执政的权利。众多选民不愿让某党过久地霸占政府职位，而把两党轮流执政的模式看作是民主自由的标志。而且，经过十多年的岁月，不列颠选民看厌了政界的熟面孔，期望国内能有新变化、新局面，宁愿让工党一试身手。从竞选纲领来看，工党和保守党在大政方针上已无明显区别。所以，尽管在1997年大选时，英国经济正处良性发展阶段，增长率较高，失业率较低，梅杰政府还是遭到了挫败。

工党在野期间，一直致力于政策更新。1994年7月，年仅41岁的托尼·布莱尔以高得票率荣任工党党魁。他在1983年就进入下院，历任反对党影子内阁能源大臣和内政大臣，精明强干，颇能服众。1995年4月29日，他在特别大会上敦促工党抛弃坚持了70多年的公有制政策，修改了工党党章第四条，将工党的目标改为"建立多数人享有权力、财富和机会的社会"。第一次对混合经济、市场及私营经济采取了肯定性提法，使党的目标和价值观明显区别于原党章。党章更改的重要意义，是适应了国内外形势变化，改变了工党多年的政治被动局面，赢得一些中产阶级的支持。其中对公有制条文的删除，为工党制定更加灵活的社会经济政策打下了基础，同时也改变了长期以来工党意识形态色彩过于浓重的形象。此外，布莱尔还有意拉开工党与工会的距离，同企业界联络感情，甚至宣称工党是同样代表企业主利益的政党。竞选时，布莱尔强

布莱尔首相

调工党是一个"跨越民族，跨越阶级，跨越政治界限"，能代表整个英国的全民党。而后，工党多次在议员补缺选举中取胜。1996年底保守党仅余1席多数，全靠小党的支持才勉强执政。在1997年3月中旬的民意测验中，工党领先于保守党25个百分点，以致正式投票之前，保守党人承认败局已定。

1997年5月1日，工党以该党空前的优势获胜，得到了659个下院议席的419席，占总数的63.6%，比保守党多254席。这是第二次世界大战后历次大选中最高的得票率。

工党的胜利主要在于政策革新。而导致工党政策变化的社会深层原因是战后英国社会阶级结构的变化，出现了一个人数不断扩大的以知识分子（学者、医生、律师和公司白领职员等）为主体的中等阶级，加上第三产业就业人员的扩大，原有的产业工人队伍渐趋萎缩，熟练工人比例的提高，使工党领袖认识到：若要得到掌权机会，必须争取中产阶级的支持。由此看来，工党在政策上的右倾化，是顺应了本国阶级变化趋势的。

布莱尔在其上台前后，一再声称工党已经完成了政策更新，成了"新工党"。新工党执政后的突出特点是寻求改革，实现布莱尔建设"新英国"的种

种设想。在内容上。这些设想渐渐被称为"布莱尔主义"。其主旨起码包括两个方面：其一，在技术急剧变革和经济全球化之际，工党如何采取切实可行的政策方针，使英国经济保持繁荣。其二，在一个社会、家庭和人们的生活方式都发生了巨大变化的情况下，工党如何维持一个良好的社会。具体而言，布莱尔主义还包括四个方面：一、在指导和管理方面，要重新认识政府的角色，摆脱旧工党的社团主义和过分干预的做法，着重发挥政府在促进教育、机能、技术进步、企业发展等方面的作用。二、在社会政策方面，强调福利享受权与责任的平衡，建立有效而富于生机的社会机制。三、在经济方面，通过政府的支持和努力，使英国建成一个和谐的共同体，在私有和公共企业之间建立良性关系。四、以全球性战略眼光认定英国的国际地位和作用，确立一种既适用于英国、也适用于国际社会的共同信念。

布莱尔和工党在政治理念和方法上的变化，引起国际关注。它被称为"第三条道路"，在工党理论家和精神领袖安东尼·吉登斯[①]的代表作《超越左与右——激进政治的未来》和《第三条道路》中作了权威性阐述。其基本思路是要在左翼与右翼、保守主义与民主社会主义之间找到一种更加合理的道路。吉登斯提出一种发人深省的政治现象：左与右、激进与保守，由于其自身的片面性，不可避免地要走向它们各自的反面。任何国家都不例外。一个政府或政党，无论执行左的或右的，激进的或保守的政策，都难免偏离历史中心；即便能够取得某些进展和成就，最终还要有困难和教训。而理想的做法是使政府和政党的政策向历史的中心靠拢，切实解决社会问题。[②]吉登斯还提出了有关"全球世界主义秩序"的理论。在他看来，各国面临着全球化的冲击，"简单现代化"和革命的时代已经过去；随着苏联式的社会主义模式的终结，资本主义也要成为历史。第二次世界大战后，西方国家接受了凯恩斯主义，并在不同程度上实施了社会主义国家的中央控制，而社会主义国家正在借鉴资本主义生产手段，发展本国生产力。所以，社会主义和资本主义已经不像过去那样简单和单一了。各国人们在冷静反思之后，更乐于采取居于不偏不倚的中间道路。

简言之，"第三条道路"具有民主社会主义的实用主义特征，又是对以往

---

① 安东尼·吉登斯（1938— ）是英国著名社会理论家和社会学家，当代欧洲思想界最有影响的学者之一。1970 年即为剑桥皇家学院院士，1996 年出任伦敦经济学院院长，兼任剑桥大学教授。其代表作还有《历史唯物主义的当代批判》、《民主—国家与暴力》等。

② 安东尼·吉登斯：《超越左与右——激进政治的未来》，社会科学文献出版社 2000 年版，第 2 页。

民主社会主义理论的发展。准确而言，它不是社会主义与资本主义之间的"中间道路"或"半社会主义"，而是在具有凯恩斯主义特征的民主社会主义与传统保守主义之间的审慎选择。

此外，"第三条道路"还强调个人自由和责任的关系，提倡主动积极的社会援助等，使之比以往的巴茨克尔主义更容易被民众认可。

布莱尔作为精干的政治家，曾孜孜不倦地寻求政治改革与社会现实之间的平衡，巧妙地贯彻和实践着吉登斯的理论。内阁建成不久，他告诫本党议员道："这是一个现实的时代，那些过分的言辞会遭到人们的怀疑。"而后几年里，他领导政府进行了多方面的改革。

新工党政府的经济政策具有明显的灵活性。它建立不久就扩大英格兰银行独立运作的权限，准许它自行确定利率。政府其他经济政策立足于宏观经济的稳定、低通货膨胀率和财政收支的平衡。此届政府没有像往届工党政府那样，上台伊始就增加税收和开支。1998年的政府的财政预算，不仅降低了低收入者的税率，还降低了存款利税，使中下层民众同样受益。同时，提高公司法人税、汽油消费税和遗产税的征收起点，使政府收支平衡。1993年3月，政府又通过预算报告表示：从2000年起，将基本所得税从23%削减到22%。

在经济方面，工党政府面临着两个难题：其一，它作为一贯推崇民主社会主义的政党，不敢在私有化的路上走得太远。甚至它在沿袭和实施与保守党一致的私有化政策时，也得尽量避免使用"私有化"的话语，否则就会面对社会压力。其二，在英国与欧盟的关系以及加入欧元区问题上，存在着舆论压力。

在福利国家建设方面，工党政府强调政府的作用不是提供所有的社会保护，而是发挥"组织和规范"职能。它还强调受益者的责任感，以及"社会风险共担"的原则；既要求具有工作能力者积极履行社会职责，又不减少对穷人和无劳动能力的支持。布莱尔政府计划大幅度削减社会保险财政开支，用于卫生医疗和教育，这体现了"国民利益均沾"的思想。但当它鼓励那些无正常工作能力者去"尽力而为"时，在议会内外受到了批评。

布莱尔政府在政治制度方面的改革是最激进的，也最能说明它与保守党政府的区别。工党政府最大的成就是它解决了延续多年的爱尔兰难题。半个多世纪以来，由于北爱尔兰两大教派之间的矛盾冲突和激进民族主义的影响，恐怖主义浪潮始终在整个不列颠蔓延，众多军民遭难。据官方统计，仅在北爱尔兰一地，1970—1981年间就有4万次枪击事件和爆炸案，导致19 200多人伤亡。

1998 年 4 月 10 日，北爱尔兰各派在英美和爱尔兰推动下，达成一项结束该地区流血冲突的协议。从此，北爱尔兰仍然是英国的一部分，但将与爱尔兰共和国建立更密切的关系。1999 年 11 月，北爱尔兰各派领导人经过一年多的谈判，成立了联合政府。人们殷切盼望，该地区和整个联合王国能自此摆脱恐怖和暴力，英国和爱尔兰的关系能从此步入新阶段。

其次是对议会上院实行改革，废除了世袭贵族的大部分政治特权。

另外，工党政府还把部分权力下放给苏格兰和威尔士的地方议会。即准许它们拥有较多的地方事务管理权，甚至可以浮动 3% 的所得税。但保留了中央政府在外交、国防、安全和经济决策等重大问题上的决策权，规定两个地区不得脱离英国。1999 年 5 月，苏格兰议会和威尔士国民大会的选举按期举行。自此两地的民族主义政党将取代保守党，而成为工党的重要竞争者。自 20 年代以来始终主宰着联合王国的两党政治模式，实际上已在这两个地区解体了。可能，权力下放还会带来了一些问题。政府和民众都在拭目以待。

"布莱尔主义"使英国经济步入良性发展阶段。一些官方统计数字说明了政府的业绩。1998 年，商品和服务总产值为 8480 亿英镑，比 1997 年增长 1.75%。1998—1999 年通货膨胀率为 2.5%，是数十年来的最低点。1998 年政府支出比 1997 年多 2.5%。政府债务在 1997—1999 年里减少了 320 亿英镑。1998—1999 年，全国就业人数稳定在 2740 万人左右，比 1997 年增加 1.5%，失业率相应下降。银行利率降至 20 多年来的最低点。抵押贷款则是 30 年来最低的。诸多数字表明，布莱尔在其执政的三四年里，在经济增长、稳定币值、降低失业率等方面得到了一定的成效。

与历届政府一样，布莱尔政府还有一些难题。例如，处在贫困线以下的国民较多，约占全国人口的 1/12。改变这点需要较大的努力。一些与人民生活密切相关的问题，如社会治安、医疗服务等，仍未解决好。教育上取得成效也非一时之功。总之，新工党正在接受选民的检验。

一些头脑冷静的人还想到：在英国，没有长期成功的政策和主义。以后，布莱尔主义是否会像以往的巴茨克尔主义和撒切尔主义那样，先扬后抑，经不住历史的长期检验？

同时，英国人懂得：社会问题的存在是正常的。布莱尔和新工党的做法毕竟表明：一个政党，只有不断进行思想和政策更新，政府和国家才会焕发生机，才会赢得选民的支持。

工党在政策方面的改弦更张还再次引起两大政党政治上的接近。英国会又一次出现"共识政治"。

六、英美关系和英欧关系

第二次世界大战结束时，不列颠政治家和外交家依然保留着"历史的自豪感和责任感"。英国是战胜国，未像法国那样蒙受过亡国之辱，未像德国那样遭到严重破坏。胜利使他们对自己的制度和外交能力怀有信心，并不无得意地把英国看作大国政治中的一支主要力量，看作战后新的国际体系中负有重任的三大国之一。英国人这种高傲的心态在战后不久最为明显。如在1948年10月，丘吉尔在保守党年会上提出了著名的"三环外交"总方针：

> 在自由民主国家存在着三个大环。……对于我们来说，第一个环自然是英联邦和英帝国及其所包括的一切。第二个环是我国、加拿大和其他英联邦自治领以及美国在其中起着如此重要作用的英语世界。最后一个环是联合起来的欧洲。这三个大环同时并存，一旦它们连接在一起，就没有任何力量或力量的结合足以推翻它们，或敢于向它们挑战。现在你们想象一下这三个相互连接的环，就会看到，我们是在所有的每一个环里都占有重要地位的唯一国家。事实上我们正处在三环间的连接点上。由于我们这个岛国是海运线的中心，或许还是空运线的中心，我们就有机会把它们都连接在一起。[1]

丘吉尔的这段话，实为一些英国人的心声。他们认为，英国应继续扮演多种角色：大英殖民帝国的宗主国和英联邦的领导者、欧洲大陆政治和军事均势的主要决定者、与美国有着"特殊关系"的大西洋大国。

在"三环外交"的构思中，英国一方面想利用其特殊的地理位置、庞大的殖民主义遗产和战胜国的身份去作"超水准的发挥"，另一方面又得依赖和利用美国，使美国承担对西欧的安全和防务，实现联美抗苏的战略方针，同时又

---

[1] Robert R. James（ed.），*Winston Churchill: His Complete Speeches 1897–1963*, Vol. 7, New York, 1974, p. 6945.

抵制美国对其势力范围的渗透，努力在欧洲保持势力均衡。

英美"特殊关系"始于第二次世界大战，也受到两国文化、语言和政治传统的影响。[1] 而且，所谓"特殊"主要是对英国而言。一方面，战后英国力量严重削弱，无法像往昔那样单独发挥世界大国的作用，只好借助英美特殊关系以对美国政策施加影响，发挥英国在国际事务中的作用。另一方面，英国又不甘愿充当美国的追随者和小伙伴。相反，英国领导人利用战后欧洲大国衰弱之机，扶持法国，以加重英国在欧洲天平上的分量。他们在第二次世界大战结束前的同盟国首脑会议上，极力主张将法国视为战胜国，甚至为法国在德国争取到一块占领区，就是为了通过与法国的合作，扩大英国对欧洲事务的影响力。

英国高层政治家在构思"三环外交"时，冷战已在酝酿。所以，在欧洲一环的"自由和民主国家"中，不仅不包括当时的另一个一流强国苏联，而且是为了对付迅速崛起的以其为首的社会主义阵营。正巧，作为战后冷战基础的"铁幕说"也是由丘吉尔于1946年最先直率地提出来的：

从波罗的海的什切青到亚德里亚海的里亚斯特，一幅横贯欧洲大陆的铁幕已经降落下来。在这条线的后面，坐落着中欧和东欧古国的都城。……所有那些名城及其居民无一不处在苏联的势力范围之内，不仅以这种或那种形式屈服于苏联的势力影响，而且还受到莫斯科日益增强的高压控制。[2]

丘吉尔的演说被视为冷战序幕的开启。表明英国的"三环外交"是与冷战的国际大气候密切相关的。丘吉尔还呼吁"西方民主国家团结一致"，对付来自莫斯科的任何威胁。

尽管英国上层政治家格外重视大西洋两侧的"特殊关系"，战后英美关系的坐标还是呈现出一条蜿蜒波折的升降线。大战刚结束，美国方面担心坚持"社会主义"主张的工党政府会向莫斯科靠拢，突然终止了《租借法》的实施，解散了专务经济合作的"英美联合委员会"，翌年8月又停止了与英国在核武器研制方面的合作，使英国政界名流耿耿于怀。可不久，英国外交大臣贝文屡屡抨击苏联的威胁，证明工党在对外政策方面也与保守党达成了共识。加上国际形势的变化，美国及时启动了帮助英国重建的贷款，两国关系很快修复。

1948年1月，贝文倡议建立西欧联盟，得到保守党政治家的赞赏和西欧

---

[1] 汉里德、奥顿：《西德、法国和英国的外交政策》，商务印书馆1989年版，第236页。

[2] 转引自陈乐民主编：《战后英国外交史》，世界知识出版社1994年版，第64页。

诸国的响应。但英国及其西欧伙伴实力有限，难与苏联抗衡，便要求美国参与西欧防务。美国借机在 1949 年 4 月组建了北大西洋公约组织。原由英法为核心的"布鲁塞尔条约组织"的成员国一道进入了北约。

从 40 年代末到 50 年代中期，英国表现出它与美国和与欧洲关系上的厚此薄彼。朝鲜战争爆发后，英国政府派兵参战，支持美国；却又为了保持自己的行动自由，不愿过多地卷入欧洲事务。1952 年，由法国提议的欧洲煤钢共同体成立，它实为欧洲共同体的前身，成员国有法国、西德、意大利、荷兰、比利时和卢森堡，目的是使它们的煤炭和钢铁工业一体化。但英国从自身利益和维护国家主权考虑，仅与该共同体签订了一个规定与他们之间关系的协定。5年后，法国等 6 国签订《罗马条约》，准备成立欧洲经济共同体和欧洲原子能共同体，英国再次成为局外者。

五六十年代，英美两国因利益有别，一再发生抵牾。起点是 1956 年的苏伊士运河事件。7 月 26 日，埃及总统纳赛尔宣布将苏伊士运河公司收归国有，运河公司 3500 万英镑的年收入将被用于由苏联援建的阿斯旺水坝。英国人尤其震惊。因为英国政府所拥有的股票占运河公司登记资产的 44%，又是运河航道的最大使用者。次日，英国和法国政府分别发出了抗议照会，警告埃及政府应对因此产生的后果负全部责任，被对方严词拒绝。当天，艾登致电美国总统艾森豪威尔，希望美国与英法一道对埃及施加政治压力，并准备使用军事手段夺回运河。不料，艾森豪威尔以美国公众舆论为由，主张和平解决，拒绝使用武力。8 月 16—22 日，18 国会议在伦敦召开，承认埃及对苏伊士运河的主权，提议由一个国际委员会管理运河，又被纳赛尔拒绝。尔后，第二次伦敦会议和联合国安理会和平解决危机的努力均告失败，但美国依然反对使用武力。10月末，英法对埃及开战。以色列如期出兵。纳赛尔发布全国动员令，埃及空军轰炸以色列机场。英法陆续投入大股兵力入侵埃及。中东局势格外紧张。美国在联合国安理会上，称以色列为侵略者，呼吁制止战争，实是为避免苏联援助埃及和插手中东事务。结果大会通过了美国要求各方立即停火的决议。① 艾登内阁为之恼怒，但无法抵制来自苏联、阿拉伯国家、美国等各方面的压力。加上国内反对党的强烈抗议和保守党内部的谴责，被迫与法国一道于 11 月 6 日

---

① C. J. Bartlett, *The Special Relationship, A Political History of Anglo-American Relations since 1945*, Longman, 1992, p. 87.

宣布停战。圣诞节前，十几万军队全部撤出埃及。

1957年1月1日，埃及政府宣布废除1954年英埃协定，很快将所有外国在埃及的银行、贸易公司等收归国有。中东战略格局大变。外交老手艾登在外交和军事方面蒙受羞辱，迅即以"健康不佳"为由辞职。英美的特殊关系开始演化为"一般关系"。以后两国仍在尖端科学方面实行合作；1962年古巴导弹危机期间，麦克米伦首相曾对美国政策施加影响，但作用毕竟有限了。

人们发现：英美关系一再受到不列颠党派更替的影响。工党执政时，英美关系容易疏远，保守党上台后，两国关系则会近乎些。例如，1964—1965年，美国政府急剧扩大其在越南的战事，威尔逊首相不但不派遣兵力以示支持，还告诫约翰逊总统：不要使美国过度地陷入支那战争。又如，1967年，威尔逊政府为削减军费，决定撤出英国在苏伊士运河以东的军队。这样，英国在印度洋和波斯湾留下的空缺则需由美国去填补，无疑会加重美国在中东的防务负担，影响美国的世界战略计划。

1970年，保守党在大选中取胜，可是希思政府继续实施前工党政府的削减防务开支的政策，甚至在1973年的第四次中东战争中，拒绝为美国空军提供基地。此等事例不止一端。

与此同时，英国在外交上实现大的调整，渐渐疏远美国，将对外关系的重点转移到欧洲。突出的表现无过于申请加入欧洲共同体。

英国加入欧共体的过程一波三折。1961年秋至1963年初，麦克米伦指令同为"欧洲派"的掌玺大臣爱德华·希思率庞大代表团，就英国与欧共体分歧问题与欧共体官员洽谈。主要由于英法矛盾和英联邦优惠问题而未取得任何实质性进展。一贯与美国"顶牛"的法国总统戴高乐直言不讳：英国加入欧共体，等于在其中安插进一个美国的代言人；这是一个非同小可的政治问题。经过15个月的论争，英国政府的第一次申请因法国反对而失败。

而后几年，英国经济继续恶化，加入欧共体的愿望更加迫切。1967年1月，威尔逊首相出访欧共体各国，向他们表达友好态度。同年5月，英国政府第二次提出申请。戴高乐以英国没有作好加入共同市场的准备为由，再次将之否决。

英国政府的两次失败，迫使它重新考虑英国传统的欧洲政策，愈发坚定了向欧陆靠拢的意念。1969年戴高乐总统辞职，蓬皮杜继任，法国政府改变了它对英国的强硬政策。1970年，保守党希思政府建立，第三次提出加入欧共体。经过谈判，英国得以和爱尔兰、丹麦一道，于1973年1月1日起成为欧共体的正式成员。以后，工党政府又同欧共体就英联邦农产品进口、关于英国是否可以自行决定自己的汇率、财政和劳资政策等问题，与欧共体继续谈判。又经过了两年多的周折，双方才达成了妥协。1975年6月，英国政府经全民公决，确定仍留在欧共体内，英国的欧陆政策的调整才真正告一段落。自此，英国与德、法等国成为大致相同的欧洲国家，不再对欧洲国家采取孤立主义态度了。

英国在对外政策上终于实行大调整，乃是多种原因所致。其一，英国政治家发现：长期游离于欧洲共同体之外，会使其在经济竞争中居于不利地位。1950—1970年，共同体6国的年平均经济增长率为4.15%，而英国仅为2.3%。为此英国必须面对现实，在欧洲确定自己的位置。其二，五六十年代，第二次世界大战中的战败国德国和日本迅速崛起，经济实力压英国一筹。英国若仍想在资本主义世界扮演"第二小提琴手"，已经力不从心了。其三，英帝国的解体和英联邦的衰落，以及英国被迫实施的"殖民撤退"，使之失却了原有的物资和经济价值，英国人急于通过新的途径和方式弥补其损失。另外，英国与欧洲经济交往的扩大和共同利益的增加等，也有助于英国融入欧洲。

英国虽然加入了欧共体，其传统利益却又与欧共体的经济政策相抵触。特别是它在70年代末80年代初的摊款占欧共体预算的21%，受惠却只占13%，颇不划算。在经济利益背后，还有不容忽略的心理因素，即英国的世界海洋大国的意念仍在涌动。例如，当希思等人不再提英美"特殊"关系时，却还强调两国同属盎格鲁—撒克逊支脉的"天然关系"。不列颠上层人物的大国心态也未完全消失，一有机会就想表明英国不只是一个欧洲大国。

撒切尔夫人上台后，英国对外政策中的个性加重，表现出几个特点。

其一，注意发展英美关系，增加"大西洋色彩"。撒切尔夫人同美国总统关系密切。1979年12月访美时，就对两国的"非凡联盟"大加赞扬，加上她多年与里根总统的关系相当密切，有助于重新恢复英美"特殊关系"。撒切尔夫人领导内阁期间，坚决支持美国的行动更是接二连三。如1979年在伊朗扣押人质危机和阿富汗事件中声援美国；1980年1月为推行北约中程核武器现代化，率先允准将160枚美国巡航导弹部署在英国。2月撒切尔夫人再次访美时，公开声明支持里根关于建立快速部署部队的计划。美国方面也注重对英国及时回报。翌年，马岛战争发生，里根政府向英国提供了响尾蛇导弹、空运飞机、大批军火、轮船加油设施和卫星侦察到的重要军事情报。当撒切尔政府因拒绝对南非种族歧视政策实行经济制裁，而在英联邦和欧共体中陷于孤立时，美国却支持英国的立场。1986年美国以打击国际恐怖主义活动为由，对利比亚实行军事进攻，并要求使用英国的空军基地，撒切尔夫人又决定给予协助和支持。当阁僚对美方未曾与英国事先协商而提出异议时，她力排众议，强调要对美国在马岛战争时对英国的支持给予回报，做"患难的朋友"。1987年两伊战争激烈进行，美国在这一地区与苏联的角逐升级。美国要求其北欧盟国相助，遭到拒绝。但英国最后还是派出了6艘扫雷舰，在为本国船只护航时也为美国舰船扫雷。1990年海湾危机发生，为英国再次体现英美合作精神提供了机会。据西方舆论披露，布什总统下决心实施"沙漠风暴"行动，用武力解决科威特问题，就先接受了撒切尔夫人的劝说。而后英国尽力支持美国把伊拉克的军队赶出科威特，显示了英国作为美国头号盟国的地位。

其二，对西欧既斗争又联合。1983年以前，她为了维护英国经济利益，就预算摊款和共同农业政策多次与其他成员国发言人激烈争吵。1984年欧共体在枫丹白露会议上对英国在预算摊款回扣问题上作出让步，英国同欧共体的关系越来越密切。

其三，对待苏联和东欧先强硬后灵活。撒切尔夫人上台之初，就宣称同苏联的斗争是两种社会的生死斗争。1981年两国发生竞相驱逐对方外交官的风波，关系继续恶化，还对东欧国家产生影响。英国逐渐调整对它们的政策，加强经济往来，鼓励东欧各国的某些事态的发展。同时警告西欧国家，在戈尔巴乔夫实行重大政治变动之前，不要对苏联实施任何"马歇尔计划"式的经济援助。

每当美国同苏联的关系遇到麻烦时，撒切尔夫人总是"自然地"站在美国一方，尽量给予支持和协助。1983年，里根总统提出"战略防御倡议"，苏联为之震怒，西欧国家也表示疑虑和批评。而撒切尔夫人却是一面予以支持，一面施加一定的限制和引导；翌年又亲赴戴维营同里根会谈，就战略上如何遏制苏联等问题达成共识。

大约在海湾战争之后，随着两国高层决策人物的变化，英美关系开始降温。1992年克林顿出任美国总统后，有意将英美关系与美法关系、美德关系同等对待，高度评价法国的欧洲问题立场，说德国已成为其在"欧洲的主要盟国"，却不提及英美"特殊关系"。

布莱尔政府建立工党政府后，为摆脱保守党所造成的外交困境，尽力在英美、英欧关系中寻找平衡点。他一方面与克林顿频频互访，在欧洲防务、北约东扩、"人权外交"和伊拉克核武器检查、北爱尔兰等问题上屡屡达成共识；一方面竭力调整与欧盟的关系。1998 年，英国在"沙漠之狐"行动中作为唯一的盟国参与美国的对伊拉克的空中打击，尽力表明英美特殊关系是不可取代的，在关键时刻美国必须依赖英国支持。而在此稍前，布莱尔在阿姆斯特丹首脑会议修改《马斯特里赫特条约》时作出较明显的让步。可总的看来，在欧共体内，英国还是一个最有个性、最不安分的成员国。

战后英国外交史也是一个相当曲折复杂的话题，难用少量文字做全面的概括。但不妨碍我们发现：无论何时，英国决策人物总是一再地遵循着帕麦斯顿的名言：英国没有永久的盟友，也没有永久的敌人，而只有永久的和不变的利益。

七、大英帝国的瓦解

战后英国的重大变化之一是大英帝国的迅速衰落。西方有的学者称之为"非殖民化"。然而，所谓"非殖民化"是一个令人迷惘的政治概念。它强调了殖民国家的主导面，会给人以这种印象：帝国殖民地的独立是由宗主国恩赐的，英国的"殖民撤退"是有步骤有计划地实施的，是其明智的殖民主义政策的目标和结果。这就掩饰了"非殖民化"的真实成因，抹杀了殖民地国家的民族解放运动在瓦解大英帝国过程中的重要作用，夸大了宗主国在其殖民帝国瓦解中的主动性。实际上，战后英国的"非殖民化"是在殖民地人民反抗斗争日益高涨的情况下，被迫采取的退却。而且，这种退却是渐进的，软硬兼施的，意味着从一种旧的控制转变为新的控制，用一种新关系代替旧关系。[①] 当然，其中还伴随着英国人的无奈、惋惜和伤感，让步、算计和谋略。

---

① 我国有学者认为："非殖民化"是民族主义强大而又非十分强大、殖民主义力量削弱而又非完全削弱的产物，是殖民主义力量与民族主义力量在特定的历史条件下相互较量的结果。这种看法是颇有见地的。张顺洪等：《大英帝国的瓦解——英国的非殖民化与香港问题》，社会科学文献出版社 1997 年版，第 5 页。

何时是大英帝国"非殖民化"的起点？这是一个人言言殊的问题。可以说，早在19世纪英国给予加拿大、澳大利亚和新西兰自治权时，大英帝国的"非殖民化"已初露端倪。第一次世界大战促进了英帝国内部关系的继续演变。战时，帝国自治领在人力物力方面给予宗主国以重大支持，为它们争取提高国际地位和提高自主权获得了理由。同时随着自治领经济的发展，当地民族主义者为重新调整本自治领与宗主国的关系，提高国际地位，屡屡呼吁和抗争。使之逐步取得了出席国际会议、派遣驻外使节和签署国际条约等方面的权利，赢得了独立行使外交政策的国家或准国家的资格。例如，两次世界大战间爱尔兰就是通过这些途径较快实现民族自治的。1919年阿富汗经过顽强斗争，也宣布摆脱对英国的附属国地位。不久伊拉克迫使英国承认其形式上的独立，这些史实，均可视作大英帝国瓦解的起点。

在部分英属殖民地争取民族独立的过程中，各自治领退而求次，要求使第一次世界大战以来帝国内部关系发生的这些变化得到巩固和承认。英国上层决策人物也急于寻求一种合适的组织形式，维持宗主国同各自治领之间的联系，认可各自治领的相对独立地位。于是，英国同各自治领政府反复商洽，终于在1926年的帝国会议上，就"巴尔福报告"中一些具有宪法意义的指导原则达成共识。该报告声称"地位平等"是指导英国与各自治领之间关系的根本原则，又强调了各成员国参加或保留在英帝国内的"自愿"精神。1931年英国议会通过《威斯敏斯特法案》，将英帝国内部关系的这种变化以法律形式确认下来。英联邦正式成立。其成员国除英国外，还有加拿大、澳大利亚、新西兰、南非、爱尔兰自由邦和纽芬兰。当然，尤其是在英联邦建立前期，所谓内部各国的平等并不存在。实际上英国在外交和防务方面都在英联邦内居于支配地位。

"非殖民化"作为一个不以帝国主义者意志为转移的时代潮流，则发生在第二次世界大战之后。此次大战改变了世界格局，削弱了西方殖民列强，涌现出社会主义阵营，促进了民族解放运动的发展，加速了英帝国解体的进程。第二次世界大战期间，自治领与各殖民地出动了约500万人的军队，其中半数来自印度。殖民地参战活动大大促进了当地民族意识的增长，要求国家独立的意识空前强烈。再如东南亚的马来亚等国人民，在太平洋战争爆发、英军纷纷逃离之后，在当地进步组织领导下，开展多种形式的抗日斗争。其中马来亚共产党领导的抗日军队在英军重返之前，已从日本侵略者手中解放了自己的国土，大战胜利后也不允许英国恢复殖民统治。还有一些殖民地，如印度、非洲和西印度等，于战争中一面发展自身民族经济和政治生活，一面向宗主国提供巨大支持；英国殖民者作为回报，也被迫允诺某些殖民地获取部分政治权利，这也为它们争取民族独立创造了先决条件。

战后英帝国瓦解再一根本原因，在于宗主国自身的衰落。关于第二次世界大战给英国造成的沉重损失，前面已经提及。还应指出的是战后冷战思维和政策加重了英国在军事防务方面的开支，使英国政府在战略防御和军备竞赛时深感力不从心。面对东欧华沙条约国的对抗和西欧动荡不定的局势，英国必须把保卫本土的安全放在首位，在防务上有所取舍，集中力量对付主要的挑战。其结果则是英国不再使用过多的财力和武力去维持庞大的帝国，而要实行某些收缩和退却。

战后英国实行殖民撤退，还有不容忽略的国内社会因素。从1945年艾德礼组阁到70年代，两大政党为建立福利国家体系而进行"民意争夺"，它们在执政期间，必须增加政府财政支出以维持全国医疗、教育和各类社会保障所需要的开支。于是，社会福利费用与政府的海外开支的需要互相矛盾。而战后英属殖民地的广泛反抗，又迫使英国统治集团付出高昂的代价。这自然会与国内的福利国家建设发生矛盾。为了维持必要的选民支持率，历届政府必须通过"殖民撤退"来减轻海外军事开支，其结果也会加快大英帝国的瓦解和衰落。

纵观之，战后英国的殖民政策的调整和殖民帝国的解体，呈现出三个阶段。第一阶段是从大战结束到苏伊士运河危机之前。其中最典型最突出的事件是英国最大的直属殖民地印度赢得了独立，建立了共和国。印度的民族主义运动，于战前就屡见高潮，迫使英国议会两次通过议案，在印度实施宪政改革。第二次世界大战期间，英国政府为了诱使印度将巨大的人力与物力投入战争，曾答应以后把政权移交给独立的印度政府。战后，由尼赫鲁领导的国大党要求英国兑现诺言，实现印度的独立和统一，而以真纳为首的穆斯林联盟则要求建立一个分离的回教国家——巴基斯坦。民族矛盾、种族矛盾、宗教矛盾与殖民和反殖民的矛盾交织在一起，印度各地出现罢工、农民和军警起义，使面临国内重建重任的英国政府无法调集足够的人力财力，组成漫长的防务战线，去控制南亚次大陆的局势。终于，在1947年，英国同意印度和巴基斯坦分离和各自独立。翌年1—2月，缅甸和锡兰也相继独立。

英国从巴勒斯坦的撤退则复杂曲折。1917年，英国为肢解奥斯曼帝国，就一面表示支持阿拉伯人于战后建立独立国家，一面又发表"巴尔福宣言"，同意在巴勒斯坦地区为犹太人"复国"。这种分而治之的殖民统治伎俩，挑起了阿拉伯人和犹太人之间的仇恨。两次世界大战期间，巴勒斯坦成为英国的委任统治地；大批犹太人移居至此，他们与阿拉伯人的矛盾不断加剧。第二次世界大战时，英国政府为再次赢得阿拉伯人的支持，暂时搁置帮助犹太人建立民族家园的计划。而亲犹势力强大的美国却于1944年宣布：帮助犹太人在巴勒斯坦建立自己的国家以色列。而后犹太人纷纷来巴勒斯坦定居。英国政府面对美国的压力、犹太人的恐怖活动以及阿拉伯人与犹太人的谈判僵局，被迫于1947年4月将巴勒斯坦问题提交联合国讨论，通过了对巴勒斯坦实行分治的决议。以后，英国结束了在巴勒斯坦的委任统治，但播下了民族和宗教矛盾的种子。巴勒斯坦的阿拉伯人和以色列的犹太人一再发生冲突和战争，至今仍未得到圆满解决。

战后英国殖民体系的瓦解，导致了英联邦的重大演变。英联邦本是英国与其白人自治领所结成的联合体，名义上它们仍尊英国国王为国家元首。第二次世界大战后印度建立了共和体制，选举产生了作为自己国家元首的总统，自然就不能再奉英王为尊了，这是否还能留在英联邦内？英国为了防止印度成为一个"反对欧洲人的亚细亚运动的领袖"，于1949年与其他英联邦国家商定：不再以效忠英国君主作为英联邦成员国的一个条件；除英国之外，凡承认英国君主作为英联邦国家联合的象征和英联邦的元首者，即可成为英联邦的成员国。1950年印度正式宣布为共和国，并继续留在英联邦内。这就为以后其他建立共和国的前英国殖民地加入英联邦内提供了范例。英联邦就由第二次世界大战前的"白人俱乐部"，演变成为一个包括不同种族、不同文化和政体形式的国家联合体。英联邦实际上取代了原来意义上的"大英帝国"。

英国政府之所以能对英联邦抽梁换柱，除为了尽力维持旧帝国的"主仆感情"外，更是出于自身经济利益的考虑。战后英国肩负重建重担，很想利用前殖民地的经济价值和背景，保持和发展新的联系，继续把它们当作自己的商品市场和原料产地，以加强其在世界上的竞争实力。为此，英国尽量把英联邦国家留在英镑"安全区"，对他们实行联邦特惠制，抵御欧美诸国的贸易进攻。据统计，1950—1954年间，以英联邦国家为主体的英帝国在英国进口贸易中占去了49%的份额，在出口贸易中高达54%；同一时期英国约2/3的海外投资流向这些地区。可见，战后若干年里，改造后的英联邦仍然是维系英国经济的重要因素，它有助于英国政府采取"撤退"与"固守"相结合的殖民政策。

以 1956 年的苏伊士运河危机为转折点，英国步入了"非殖民化"的第二阶段，从其殖民帝国全面撤退。这一阶段大约延续了 20 年。直接原因是苏伊士运河事件导致英国与阿拉伯国家矛盾的加剧，削弱了英国在阿拉伯地区、非洲乃至世界各地影响。英法军队撤出埃及不久，约旦率先爆发反英高潮，于 1957 年 3 月废除了英约友好条约，所有英军撤离该国。翌年 7 月，伊拉克发生革命，推翻了亲英的旧王朝及其政府，英军悻悻撤离。到了 60 年代初，英国已丧失了它在中东北部阿拉伯国家的大部分地盘。同时，美国以防止共产主义渗透为由，借机向中东国家提供军事与经济援助，进入了英法的前殖民地和势力范围。科威特、南也门、巴林、卡塔尔和阿拉伯联合酋长国陆续摆脱了英国的控制而独立。

在中东地区掀起反英斗争高潮之际，英属非洲也出现了独立运动。1957 年 3 月，加纳最早宣布独立，意义深远，仅在 1960 年就又有 17 个非洲国家宣布独立。英国政府被迫在殖民地问题上采取现实主义态度。1960 年 2 月，麦克米伦在南非发表演说时承认："变革之风已经吹遍这个大陆，不管我们喜欢不喜欢，民族意识的增长是个政治现实。我们大家都必须承认这是现实，并且在制定政策时把它考虑进去。"而后，英国加快了非洲殖民地的非殖民化进程，容许一些争取民族独立的国家和地区在英联邦的旗帜下取得自治或独立。60 年代中期威尔逊领导政府时，英国在亚洲、南太平洋和加勒比海地区的一些殖民地与保护国也大多独立。70 年代初，英国又从新加坡、马来西亚和海湾地区撤军。到了 70 年代中期，基本上完成了从苏伊士运河以东地区的撤退。英帝国殖民体系土崩瓦解。

1979 年撒切尔夫人开始执政时，英帝国所剩余的殖民地还有 20 多处，但大多是加勒比海、南太平洋、印度洋和太平洋中的一些人口甚少的小岛。其余较重要的殖民地，一是中非的坚持种族主义政策的罗得西亚，二是总人口占去英国殖民人数 3/4 的香港。罗得西亚在当地游击队的打击和国际舆论压力下陷于困境。从 1979 年 9 月到 1980 年春，由英国主持，经过几个月的谈判，达成了和平协议。1980 年 4 月罗得西亚改名为津巴布韦，正式独立。英国对罗得西亚的最后处理方式，体现了灵活的现实主义原则，津巴布韦也乐意在独立后留在英联邦内。

　　在对待第三世界的英属殖民地问题上，撒切尔夫人及其继任者软硬兼施。硬的一手以在 1982 年解决与阿根廷因马尔维纳斯群岛的主权争端问题最为典型。英国人声称是他们最先发现福克兰群岛的，派兵驻守已有一个多世纪。阿根廷则认为它对马岛拥有天然的和地缘的权利。1965 年以来，两国根据联合国的决议，时断时续地谈判了 10 余年，未能达成协议。1982 年 4 月 2 日，阿根廷军队在马岛登陆。英国在女战神撒切尔夫人的领导下，出动上百艘军舰，3.5 万人的兵力，以沉重的代价，与阿根廷大规模作战 74 天，终于取得了胜利。当时，包括一些西方新闻媒体，都认为撒切尔政府犯不上花费如此巨大的代价，去争夺这么一块小小的遥远的殖民地。而英国政府之所以不惜血本地大动干戈，除了顾及马岛及其附近岛屿的重要战略价值和经济价值，还是为了在阿根廷这么一个实力虚弱的对手身上，借机松弛一下英国公众对战后以来国势日蹙的压抑感，用战争胜利去争取民心，夺取党派斗争和大选的胜利。

　　软的行为之一是处理香港问题。在强大的中华人民共和国面前，她深知炮舰政策是毫无效果的。而中国政府几十年来，多次阐明对香港问题的严正立场，一贯主张和平解决这一问题，并坚持两个原则：1997 年一定要恢复对香港的主权；在此前提下保持香港的稳定和繁荣。为了实现上述目标，邓小平提出了"一国两制"的构想，为香港问题的解决打开了通道。1984 年 4 月，英国外交大臣杰·豪在香港发表声明："要达成一份能使本港在 1997 年以后仍然继续由英国管理的协议，是不切实际的设想。"到该年年底，经过 22 轮谈判，中英双方达成了关于香港前途的决议。12 月 19 日两国正式签署的联合声明规定："中华人民共和国政府决定于 1997 年 7 月 1 日对香港行使主权。""根据中华人民共和国宪法第 31 条的规定，设立香港特别行政区"，并对香港保持稳定和繁荣作出合理的安排。1997 年 7 月 1 日英国国旗在香港徐徐降落，鲜艳的五星红旗冉冉升起。中国国歌演奏时，英国在"东方之珠"的一百多年的殖民统治已付诸历史了。

　　随着香港问题的最终解决，英属所余殖民地零零星星，仅有寥寥居民，大英帝国实际上已经寿终正寝了。

　　大英帝国重复了人类历史上许多超越民族和国界的大帝国轮回过程：以暴力和鲜血造就之，在征服中扩大和繁荣，而后随着宗主国的削弱和被压迫者的强大和抗争而无奈解体，在历史上留下令人惋叹和讥诮的一页。

颇有意味的是，英国人甚至能在其帝国解体瓦解过程中，继续运用灵活的手法，怀着思古之幽情，缔造、改造并维持着一个颇具特色的英联邦，使之成为旧帝国的影子。这也许是亘古独有的。

八、民众生活习惯的变化

历史的前进是以加速度的形式进行的。第二、三次科学技术革命给西方工业社会带来了令人目炫神迷的进步，全方位地影响到了人们的生活习惯和行为方式。衣、食、住、行等方面均区别于以往。

20世纪英国人在服饰上的变化是格外明显的。比较而言，直到第二次世界大战之后，多数英国人，特别是男子的服饰仍然比较庄重。英国的男服，无论是其款式的创新还是做工之精细，以及对不同场合的服饰样式规定之严格，都居欧美之冠。男士着装带有趋同性和流行性。例如，在两次世界大战间，社会上几乎所有的中上层成年男子，在公开场合都戴款式相近的呢质礼帽，中下层男子则习惯于戴鸭舌帽和工装帽。而英国女性服装则一再突破着保守主义的羁绊，紧紧追赶并偶尔领导世界潮流。究其原因，一是新型传播技术，如电影、电视和照相技术和报刊杂志等，使包罗万象的时新的服饰艺术形式进入千家万户，促进了人们审美观念变化。二是诸如弗洛伊德的精神分析学说和反传统观念的影响，使人们反省过去，认可现实，挣脱束缚，清理自身愚昧，追求个性解放和自我表现。三是两次大战给人类的精神和肉体以摧残，留下了难以治愈的创伤，刺激了人们对传统束缚的反叛心理。它不仅使一部分男子抛却了原先审美意识上的矫揉造作和娘娘腔，力图找回矫健挺拔的英姿和阳刚之气，使服饰变得简洁优雅、宽松舒适，而且还刺激了妇女对美的多样化追求。战时大批女子走向前线，或在后方参加军火生产、体力劳动，她们也开始抛弃繁赘华丽的服饰，破例穿上了长裤。加上战时和战后一段时间里，男女性别比例严重失调，性压抑导致"性饥渴"和"性解放"，后因职业妇女越来越多，妇女解放的浪潮一再涌动、妇女经济地位的相对提高和社交范围的扩大，激发部分女子追求着装自由和个性表现。另外，人们户外体育活动的增加，生活节奏的加快，社会分工的细化，对"性感"、"形体健美"的新理解和解释，对人体舒适感的重视，以及国际之间不同民族、种族交往的扩大，均使英国人的服饰，特别是女性服饰由保守转向开放。

这里，我们很难用简洁的文字说明整个 20 世纪英国人服饰的多样化。仅就造型和式样来看，几何形、非对称形、军服式、性感化、女装男性化和男装女性化倾向，异彩纷呈，令人眼花缭乱。电影电视中明星演员的新潮时装会一时间引起不列颠一批人对时装的追求。棉纺织业生产技术的改良、多种化纤工业的发展和丝绸的大量进口，则丰富着服装的质地种类。工装裤、牛仔服、夹克衫、T 恤衫、遮阳帽和旅游鞋的普及，大大模糊了人们在着装上的阶级差别。仅仅在 20 世纪中期，上流社会的有钱人、知识人士和非体力劳动者，特别是银行界的职员，仍视白色衬衫为高雅，穿着西服礼服时，总配以白色衬衫。为此他们自称为"白领阶层"。其他劳动者被视为"蓝领阶层"。可到了 20 世纪后期，这两个名词渐渐失去了本来的意义，下层人穿白衬衫或上流人着工装服的比比皆是。某人要从服装上判断他人地位的高低，已是相当困难了。

如果说，第一次世界大战后，女性服装最明显的变化是裙子长度普遍变短，她们能够大大方方地露出自己秀丽而健美的小腿，拖地长裙仅在特殊场合出现，那么，到了第二次世界大战之后，拖地长裙实已归入历史，超短裙和喇叭裙先后进入大众的视野。

不容否认，20 世纪欧美各国最新颖最激进的服饰是超短裙。可这一大胆的革新之举却是从以保守而著称的英国开始的，是由英国一个普通女设计师——玛丽·奎特（1934 年— ）首创的。早在 1962 年，《时髦》杂志上就刊登了她设计的新颖大胆、下沿在膝盖以上的超短裙。开始虽有人欣赏，但极少有人穿着。1965 年，奎特率领一批模特儿去美国，旋风般游历了许多城市，展示了她设计的超短裙、印花喇叭裙等"青春女装"，激发了大西洋两侧国家的求美新潮，并立即波及不列颠岛。超短裙成了少数时髦少女的追求，也震撼了一些男士的心扉。最早的超短裙穿着者曾遭受批判，特别是皮革质地的超短裙被视为"放荡女郎"的标志，有的少女还为此遭到抗议者的讽刺和袭击。但为时不久，就见怪不怪了。

人们在服饰上的新的追求必然引起服装业的变化。位于伦敦市中心卡恩比街，成了 60 年代摩登派服饰的发祥地。跳迪斯科舞的年轻人常常聚集于此，他们衣着花哨怪异。其中有些年轻人则是由于多种社会因素，使变态心理突然间得到过度地释放，其服饰则呈现许多奇形怪状，给人以形态的颓废感和挑战性，而他们所追求的男装女性化倾向，则给人一种超越了男子本质美的性倒错感。

60 年代末，伦敦有许多摇滚乐队的歌星们穿着奇装异服登台表演，这作为艺术表演未尝不可。可不料他们的服装和他们使年轻人发狂的音乐一样流行起来。有些年轻人穿着这种奇装异服招摇过市，被称为"朋克"，意为"无知草率的年轻人"，甚至含有轻蔑贬低之意。但是，服装设计师们却利用这种服饰，设计出不分男女都可穿着的怪异时装。①

20 世纪晚期，历来保守的英国人在着装方面变得相当宽容和随意。人们懂得：服饰方面的新潮和新奇感总是有其合理性，但又可能是暂时的。而见怪不怪的心态却是最值得认可的时代心态。

在饮食方面，英国人一向以简易单调和缺乏特色而著名。长期被称做英式特色食品的三明治即是主食简单化的典型。科技进步、生活节奏的加快和快餐似乎又加重了他们的这一特色。70 年代超级市场和连锁食品店的陆续出现，冰箱冷柜进入各家各户，使人们的饮食更加简单便捷。舶来食品、冷冻食品、罐头食品、暖房培植食品、化学合成和高产食品、机械化速成食品和新式饮料的大批量生产，使人们逐渐拉开了与传统饮食方式的距离。同时，同类食品也因"绿色"成分的多寡而使价格差异颇大。作为对自己平时饮食单调化的一种补充，人们也越来越经常地前往中式、法式、意大利式餐馆和日本料理店，品尝多样饮食，变换口味。

20 世纪中后期英国人在饮食方面的改善，既得益于社会福利的扩充，又直接受益于 30 年代以来不列颠农业的恢复和发展。第二次世界大战又对英国农业进步以最积极主动的刺激。农作物种植、牲畜家禽饲养和渔业技术全面提高，英国农产品自济率一再提高。② 当然，英国农业在现代化过程中，也出现了一些令人遗憾的问题。世纪之交疯牛病和口蹄疫的出现，使不列颠畜牧业效益大减，并使人们对本国农业发展中的其他潜在性问题产生疑虑。

在战后英国，人们的居住条件自然要受到人口和住房的增长情况的影响。

---

① 张乃仁、杨蔼琪著译：《外国服装艺术史》，人民美术出版社 1992 年版，第 330—333、367—368、379 页。

② 参见曾尊固、陆诚、庄仁兴编著：《英国农业地理》，商务印书馆 1990 年版。

比起多数国家来，20 世纪英国人口增幅不大。1900 年，全国人口约 4000 万，100 年后接近 6000 万。20 世纪前半叶人口增长速度较为快些。后半叶由于避孕措施的普及和生育率的降低，人口增长率放慢；1974 年至 80 年代初，一度出现负增长，后因经济情况好转人口出生率稍微回升，以及外来移民的补充，全国人口保持了缓慢增长的态势。

相应之下，住房建设却长期得到政府重视。从 40 年代后期开始，英国两党在大约 20 年里实行"建房竞赛"。造型比较简易的"红砖公寓房"在英国各地大量出现。许多下层人依靠政府的补贴搬入了社区公房。通过贷款和分期付款购买商品私房的人越来越多。撒切尔夫人领导内阁时，又将一批公房出售给个人。英国人的住房条件好于以往任何时期。

人口分布的复杂化和流动性的加强，则促进了政府和民众改进交通手段。20 世纪初，乡村人口向城市的流动仍在继续。后由于一些老工业区的衰落和新兴工业区的崛起，城市之间的人口流动也在进行。战后，由于交通工具的改进和工作方式的多样化，城乡居民出现"倒流"现象。一些生活水准较高的居民宁愿逃离喧嚣污染，移居郊区、中小城市或静谧的乡间。地铁、公交车、私人轿车成为许多人必需的交通工具。1939 年，英国私人轿车共 300 万辆。60 年代突破 1000 万辆。80 年代接近 2000 万辆。乘坐飞机外出旅游的人也越来越多。一个稍显笼统的说法是：20 世纪初，英国只有 6% 的居民有条件出国旅游，而到了 20 世纪 80 年代，仅有 6% 的人被迫留在国内。1994 年 5 月，连接英法两国的海底隧道——"欧洲隧道"竣工了。它耗资 150 亿美元，由 15 000 多名建筑工程人员，经过 6 年多的夜以继日的努力而建成，被誉为"人类工程史上的奇迹"。欧洲隧道的建成，使英国人的出游更加便捷频繁。

20 世纪还使英国人文化娱乐和信息获取方式发生很大的变化。1936 年，即在收音机迅速普及之际，电视节目首先开播。但因售价昂贵，普通人不敢问津。电影院的生意格外红火。大约 25% 的人每周看两次电影，另有 40% 的人每周看一次。青少年男孩酷爱美国的"西部片"，而多情女子则把风流倜傥的好莱坞影星鲁道夫·瓦伦蒂诺视为"伟大的梦中情人"。50 年代，黑白电视在不列颠普及，十多年后又出现了"彩电热"。各种电器进入千家万户。

两次大战间妇女的社会地位迅速提高。1922 年婚姻法的颁布使她们在离婚时获得了与男子相同的权利。1969 年的"离婚改革法"，将感情破裂作为离婚的首要理由，任何一方都可以提出申诉；夫妻双方分居 5 年，可以自动解除婚约。英国的离婚率也逐渐上升。1910 年全国仅有 801 起离婚案，1950 年达 32 516 起，1980 年达到 158 829 起，1990 年为 165 658 起。[①] 多种因素还使家庭规模持续缩小。单亲家庭和未婚同居者增加。

自 20 年代起，妇女能够成为律师、法庭陪审员、高级文官，能够进入牛津大学攻读学位。但更多的女性文化人成为秘书、打字员、教师、会计和工人。只有少数女子跻身于记者、教授、医生和管理人员的行列。第二次世界大战后，特别是在 60 年代的高等教育社会化之后，女性接受高等教育的机会渐渐与男子无异，社会政治和经济地位也明显有别于以往。女官员、女议员渐渐增多。1979 年甚至出现了一位女首相。英国的大男子主义跌入历史的低谷。60 年代后英国妇女大量参加工作，除了上面提到的原因外，还与全球性女权运动的高涨、传统经济部门的衰落和第三产业的勃兴直接相关。

过去几百年里，沉默寡言的英国人一直以保守而著名。外国人一贯认为，在追求权利平等和行为自由方面，富于"岛国心态"的英吉利人总是落伍于美国人、法国人、意大利人，甚至北欧人。可 20 世纪下半叶，英国人以一系列的自下而上和自上而下的改革，在一定程度上改变了他们在国际上的形象。

第二次世界大战后，人们的性观念越来越开放。而作为英国社会观念变化的两个里程碑事件，一是在 1959 年议会允许妓女以"适当方式"开业；二是 1960 年法庭审判企鹅出版公司出版已故著名作家劳伦斯的《查太莱夫人的情人》的案件。该书写成于 20 年代，因其中有许多性行为的描写，长期不得在英国出版，而企鹅公司公然破此先例，则被认为是伤风败俗。人们和媒体密切关注整个审理过程，不少人为原告的失败而额手庆贺。自此，英国对所谓"黄色书报"的禁令突破了，各类出版物上的性暴露和性描写不再被视为非法。英国跻身于西方"性解放"的大潮，在许多方面都不比其他国家落伍。例如，1967 年议会宣布成年人同性恋行为为合法，不应受歧视；1977 年宣布"易装癖"是少数人合理正常的心理现象，也应得到多数人的理解。[②] 恰如社会其他方面的变化也是利弊兼有，20 世纪后期的"性解放"也引起婚前性行为比率的攀升、私生子的增加和性病的传播。于是，政府和社会又针对具体问题，采取了一系列应对措施。

---

① David Butler & Gareth Butler, *British Political Facts 1900–1994*, Macmillan, 1994. p. 326.

② C. Roberts & D. Roberts, *A History of England, 1688 to the Present*, Prentice Hall Inc., Englewood, N. J. 1980, pp. 849–851.

面对本国民众生活习惯和方式的变化，英国的政治家、社会学家、伦理学家和媒体也总是在不断调整着自己的心态。见怪不怪和适当约束是该国政府经常坚持的态度。

九、工党的失势和保守党复出

布莱尔盛年担任首相，精干睿智，意气风发，执政初年稳步实施改革，领导新工党超越自身政治传统。经济方面，政府的首要政策是授予英格兰银行"独立运行"的权力，即由银行决定利率，在货币政策方面不受政府的掣肘。在税收与开支政策上，政府消除了人们对以往工党高税收政策的疑虑，有意降低了低收入者的税收负担，提高了遗产税起收点，相应提高公司法人税、汽油消费税等。这就不仅在基本政策方面保持了与保守党政府政策的连续性，还博得社会各阶层的赞扬。在国内宪政问题上，布莱尔政府锐意改革。适当扩大了苏格兰和威尔士的自治权，实施了一些优惠政策，即在保持中央政府在外交、国防、安全和经济政策、主权等重大问题的决策权的同时，扩大两地区地方事务管理权，如在法律、司法、经济、教廷、卫生和教育等领域拥有决策权，甚至有权浮动3%的所得税。但唯独不能就独立问题投票和不能脱离英国。1999年5月，苏格兰议会和威尔士国民大会进行选举，其结果冲击了英国两党政治的模式。

布莱尔上台不久，就主动处理北爱尔兰难题，其方法慎重灵活，屡有进展。1997年，政府要员与北爱尔兰民族主义领导人频繁接触。同年7月，爱尔兰共和军宣布正式停火，新芬党正式签署了关于放弃暴力的宣言。翌年4月，北爱尔兰冲突各方达成一项旨在结束长达30年流血冲突的历史协议。根据该协议，北爱尔兰继续留在英国，但将与爱尔兰建立更加紧密的关系，北爱将成立新议会和负责协调同爱尔兰关系的"南北委员会"。随即，北爱尔兰亲英组织"北爱统一党"的执行委员会投票通过了和平协议。5月22日，英国的北爱尔兰地区和爱尔兰共和国举行历史性全民公决，并分别以71%和94.4%的投票结果通过了4月10日达成的北爱和平协议。1999年11月，北爱议会选举产生权力共享（由新教徒和天主教徒联合组成）的北爱地方政府执行机构，正式吸纳新芬党进入北爱地方政府，完成了向北爱地方政府移交管理权力的法律程序。12 月 2 日，北爱历史上第一个由原先对立的新教徒和天主教徒联合组成的地方政府开始运作，英国政府对北爱尔兰的直接统治宣告结束；当日，爱尔兰议会对宪法进行了修改，正式放弃对北爱尔兰的领土要求。

再一重大举措是对上院的改革，涉及到了英国现行政治制度的运行机制。工党政府进退有度，稳扎稳打。

20 世纪以来，上院的权力、威望和作用在不断下降。1949 年，新的议会法规定财政议案只能由下院提出，上院不得对其进行修改；上院对公共议案的延搁权被减为一年。至此，上院特权已被严重剥夺。1958 年，英国首相开始任命非世袭性的"终身贵族"，上院成分的重大变化和世袭贵族的自然减员不可遏止。截至 1999 年，英国上院中的终身贵族约占总人数的 1/3。

工党对上院的最近一次"大手术"是在 20 世纪末，它利用执政的优势地位改组上院。1998 年 11 月 24 日上午，它借助女王之力，宣称将剥夺 759 名世袭贵族议员在上院的出席权和表决权，废除延续了六百多年的传统世袭贵族在上院的特权，以期达到上院民主化的目标。翌年 1 月 20 日，政府宣布：公爵、侯爵、伯爵、子爵和男爵将在当年夏天失去在上院的席位，仅允许 92 位上院议员在过渡期留任。

2004 年，布莱尔政府又出台一项新计划，根据计划，英国政府将废除上院改革中残留的 92 名世袭贵族的上院议员席位，并创建一个独立的委员会来负责任命部分上院议员。2006 年，上院议员还首次选出了议长，废除了由英王任命的旧例。

2010 年 3 月，英国即将举行新的大选。工党和保守党孰胜孰败？一时难以料定。为不使本党的上院改革计划长久搁置，工党政府公布了一份改革预案：设立美国式的"参议院"，未来第二院的 300 个席位完全经选举产生。选举时间与下院选举同步，每次改选 1/3。这些议员最长任期 15 年。当改革计划实现时，英国这一拥有 700 多年的历史的世界上最大的贵族院将会完结。

工党政府之所以重提上院改革方案，是想将上院改革的难题留给可能上台的保守党及其政府。

然而，未来的政治改革还要付出一定的经济代价。多年来，议会贵族议员是"义务"在第二院服务，至多可以根据出席议会的天数等，领取适量的补贴。而在未来的参议院中，所有的成员将仿效下院议员领取薪金。届时，政府在财政上为他们所付出的开销，每年要多以亿计。人们是否还会为此说三道四？

对于两个带有敏感性问题——私有化和和英国与欧盟的关系，工党政府采取了比较灵活的言辞和办法，避免冒进，并防止留下保守形象。布莱尔作为一个有作为的政治家，能不囿于传统以适应新的环境，采用多种方式实现目标，其早期政绩有目共睹。

在外交方面，布莱尔及其政府得失均为显著。他上台伊始就在国际舞台上格外活跃，提出的一些主张，在欧洲乃至世界都引起了强烈的反响。其中引人注目的动作，是提升人权在英国外交中的战略地位，对第三世界国家展开"人权攻势"，对所谓"人权纪录糟糕"、且"拒绝改正"的国家给予经济制裁，尤其要限制对其武器出口。1999 年四五月科索沃危机期间，布莱尔政府不仅支持北约对南联盟实施军事打击，而且为北约的行动提供道义依据。北约在华盛顿举行 50 周年庆祝活动时，布莱尔在芝加哥的一次重要演说中，提出了一项处理国际事务的新理论——"新干涉主义"。其要点是：包括英国在内的、作为联合国之外的国家集团北大西洋公约组织，享有集体干涉的界定权和行动权，即某个国家发生了人权、种族或民族矛盾时，可纳入国际干涉的范围。也正是在这一政治理念之下，2003 年，布莱尔在没有获得工党中大多数人支持的情况下，以莫须有的理由，追随美国对伊拉克宣战。这就在较大程度上滥用了首相的权力，招致党内外、国内外的普遍非议。

最使布莱尔难堪的，是人们一再追问：工党政府绑架英国参加伊战的所谓借口——萨达姆政府的制造和拥有大规模杀伤武器——为什么竟然是谎言？这究竟是何人所为？ 2003 年 7 月 20 日，英国《星期日泰晤士报》公开了揭露政府编造伊拉克违禁制造武器的丑闻，英国武器专家戴维·凯利自杀身亡，他在自己的电子邮件中，称自己承受着政府"造假"的巨大压力，并深感他是被某政府部门出卖的。布莱尔政府面临着严重危机。与此相随的，是 2004 年初披露的英军虐待伊拉克俘虏的丑闻。①

---

① 英国《太阳报》首先曝光了有关英军士兵如何虐待伊拉克俘虏的恐怖细节：一些俘虏遭到痛殴，被迫喝人尿，导致一名俘虏死亡。

　　随着布莱尔和工党执政的时间的延长，媒体对之盯得更紧，一件件令布莱尔和工党蒙羞的丑闻也被挖掘出来，除了上述的"伊战门"之外，还有首相夫人切丽以权谋财的"切丽门"、布莱尔一家利用女王专机出国旅游的"专机门"、工党出售爵位赚钱的"爵位门"、①内政大臣错放外国罪犯的"监狱门"、卫生大臣的改革计划遭嘘的"卫生门"，每一次丑闻曝光都让英国公众对布莱尔失望一次，再加上布莱尔一直不得人心的伊战政策，使他的支持率从83%变成了26%。区区10年，布莱尔形象变化，在政治舞台上留下了一个精明强干、圆滑世故、拒绝认错的政客形象。

　　布莱尔执政10年盛极而衰的事实，不仅暴露了英国政府的制度漏洞和道德缺陷，还展示了英国检查和司法机构、反对党、媒体和民众的监督、揭发、抵制和批判政府的能力。

　　2007年9月，布莱尔被迫将首相职位移交财政大臣戈登·布朗。布朗与布莱尔搭档多年，一直是布莱尔政府的财政大臣，成绩显著：他领导实施的改革措施使不列颠经济走出滞胀的怪圈，使英国年产值总量在世界大国中的位次前移。布朗也因此被看做英国历史上成功的财政大臣之一。但在布莱尔政府后期，他与首相的关系微妙而紧张，有关布朗"逼宫"传言渐起，并影响到工党内部的团结。恰逢此时，一系列丑闻曝光，工党内部要求布莱尔提前下台的呼声不断高涨。在英格兰的地区选举和议会补缺选举中，工党连遭惨败，来自党内的压力越来越大。终于，布莱尔被迫承诺将在一年内提前辞去工党领袖和英国首相的职务。

　　布朗苦熬10年登上高位，意欲展示身手。起初，他面对恐怖主义、洪灾等重大考验时表现出色，支持率大幅度飙升。但随后突如其来的金融危机重创英国经济，企业大量倒闭，失业率攀升。民众埋怨政府应对乏招，保守党乘机谴责执政党处置危机不利。而议员"骗补门"丑闻更给了民众及反对党抨击政府的口实。在国外，英军深陷阿富汗战争泥潭，阵亡人数不断增加，民众怨恨，反对党发言人揭露英军装备落后导致伤亡过多。布朗成为众矢之的，人们不因他以往的财政业绩而谅解时弊，亦无人理会正是布朗在金融危机之初出手拯救银行，使英国金融系统免于崩溃。何况布朗

---

　　① 2006—2007年，各类媒体连篇报道工党政府以贷款换取爵位丑闻案：12名富商向工党提供了价值1400万英镑的"秘密贷款"后，其中4名成为英国上院议员。这种做法违反了英国1925年颁布的《反腐败法》，英国朝野震惊，警方随即展开调查。布莱尔和工党的执政前景更加迷茫。

本人言行不慎，屡犯低级错误。如对下属态度粗暴；在下院辩论时因语病遭人哄笑；在给阵亡士兵母亲的慰问信中写错士兵名字；大选关键时刻对女选民出言不逊；在电视竞选辩论直播时口才欠佳；等等，均使对手借机得势。三场辩论下来，工党支持率不仅居保守党之下，甚至被自民党[①]反超，沦落为第三位。

在分析英国政府更替时，不可忘记英国两党制下的钟摆效应。保守党重新上台，除了新任首相卡梅伦的个人素质外，很大程度上在于选民对英国政坛上的工党产生了"视觉疲劳"，2003年以来工党上层的一系列做派，使他们感到厌倦，试图觅求新的变革。保守党在梅杰下台后的13年里，久久积弱不振。它政治上的保守主义特征和缺陷，使之在两大党政策较为接近的情况下，无法像当年布莱尔那样，采取稍大的政治路线和策略变更，唯有借工党内部矛盾和积弱之机，借势返回政坛。

2010年5月的大选中，使保守党看到一线生机。它获得306个议席，成为议会第一大党，但不拥有议会多数党的有效地位，而工党和自民党在议会650个议席中分获258个和57个议席，形成多年来第一个"无多数议会"。为了取得组阁权，保守党和工党均向自民党示好，幕后交易各显其能。议席数领先的保守党与自民党就组建新政府问题进行了一系列磋商和谈判，并在一些问题上作出了让步，最终得以同自民党结盟。

保守党领袖卡梅伦入主唐宁街10号，组建了英国自第二次世界大战以来的首个联合政府。年轻首相声称，两党组成了强大而稳定的政府。但英国历史证明，除了在进行战争的特殊情况下，所有的联合政府均是短命的。这是保守党最大的隐忧。首先，联合政府目前的境况颇不乐观，庞大预算赤字和经济复苏缓慢等问题，考验新政府的执政能力。其次，卡梅伦的保守党未能占据议会多数席位，在政府中需要与自民党一致行动。而两党政见一向存在较大分歧。双方在经济、移民以及与欧洲关系等问题上意见不和，长期合作存在困难和不确定性。自民党是否会更改主张主动配合？保守党占据着内阁中多数席位，可党魁克莱格将成为副首相，还将获得包括副首相在内的5个内阁席位。保守党为了与自民党结盟，不得不在税收和选举改革等关键问题上作出让步，但内阁和议会中的协调一致未提上日程，这都为日后两党的合

---

① 自民党成立于1988年，由自由党和短暂存在的社会民主党合并而成。

作前景埋下隐患。如果双方最终未能实现合作，保守党可能会解散议会重新进行大选，单独组建少数派政府，可那时是否会得到多数议席来延续政府的生命？人们都在拭目以待。

十、君主制：未曾奏响的挽曲

几百年来，在英国等级社会的金字塔上，君主始终是一颗璀璨的明珠。新千年开启之后，人们都在思忖：倘若不列颠废除了贵族院和贵族制度，不列颠这颗古老政治明珠是否还会光芒依旧？

注重传统的英国人，不会轻易地告别君主制。他们总是相信，国王或女王稳居宝座，是政治稳定的象征。他们依然铭记，第二次世界大战结束时，温莎王室家族的声望正处高点。不善言辞的乔治六世以其大战中的卓越表现赢得了普遍的敬重。当纳粹德国对伦敦狂轰滥炸时，他和王后泰然自若，四处奔走、到重灾区访问难民，到战场附近慰问战士，颁发勋章，展示了盎格鲁—撒克逊民族应有的不屈不挠的坚毅品质和凝聚力，以及坚决与德国法西斯战斗到底的决心。大战结束时，万众高唱"神佑吾主"，用掌声和欢呼向王室致敬。1952年国王逝世时，50万人走上街头，目送灵车。功勋盖世的丘吉尔含泪奉献花圈，上书"勇者无敌"。而当时的王位继承人伊丽莎白在声望和形象上，可与当时欧洲任何的王室公主媲美。大战中，她参加了陆军勤务团，成为民兵组织的一员，驾车修车，照片被报刊争相登载。

伊丽莎白女王即位不久，就面对着一个崭新的"媒体时代"。王室家族的形象屡屡显露在报刊和荧屏上，几无隐私可言，有意封锁王室消息的时代一去不返。君主必须走下神坛，成为公民认可的自然人。半个多世纪中，伊丽莎白二世的工作相当忙碌。从即位到2005年，她以英国国家元首的身份主动出访200多次，每年参加国事访问2—3次。在不无形式主义的宪法理论上，女王依然是国家和政府首脑，是立法机构的组成部分，是军队的总司令，是国教的最高领袖，是部分英联邦国家的名义元首。每个派驻外国的英国大使都要受到女王接见，每个莅任的外国大使也要拜谒女王陛下。此外，女王的工作还包括参加大型典礼活动，颁发勋章，剪彩致辞，访问医院学校等。她在各种场合中保持微笑，要表现得对所有的事情都深感兴趣，一举一动都要格外谨慎。女王循规蹈矩的做派表达了一种长治久安的理念。民众们也乐意在邮票、钱币和多种印刷品上保留女王端庄、高贵、典雅的姿态，加上她妻显夫荣，儿女双全，给人一种家庭美满、母仪天下的形象。那时的民意测验中，公众对女王工作的认可度居高不下。20 世纪 80 年代，公众对女王工作的认可度，竟然达到 92% 左右。

漫漫岁月，偶尔也有不协调的声音，但多是关于女王墨守成规，对外部环境的变化反应略显迟钝，未能与时俱进，等等。可在 1981 年 7 月，一场规模空前的"世纪婚礼"赢得了全世界的惊叹，伦敦街头 60 余万人开怀畅饮，咏唱赞歌。翌年，王孙威廉降生，王储一家三口的美好生活成为媒体津津乐道的重点内容。戴安娜王妃的光彩靓丽使许多明星名模黯然失色。王室要员的每一次露面都要引起轰动。

不料，到了 80 年代后期至 90 年代，英国王室笼罩在婚姻丑闻的迷雾中难以自拔，王室声誉丧失殆尽。伊丽莎白女王眼看着自己 4 个子女中，有 3 个先后出现婚姻危机，生活丑闻屡见报端。最令人愤懑的是王储查尔斯与哈米拉关系过于密切，王妃红杏出墙，媒体报道纷纷扬扬，引发了一大堆棘手难题。1992 年 11 月 20 日，王室居所之一温莎堡突遭大火，损失惨重。为缓解纳税人的不满，王室对外宣布：从 1993 年起，王室收入中的一大部分将依法纳税。享受王室年金的王室成员减为 3 人：女王、太后和王储。

即便如此，王室丑闻此伏彼起，君主制的声望空前低下。坊间街头，人们常常议论英国是否还有必要保留君主制；报纸上，揭露王室成员色情密闻的照片、文章赫然排在显要位置；电视节目里，竟然出现"吾主吾民"之类的政治专题节目，各色人等聚坐一起，一本正经地建议如何在未来打破常规，越过查尔斯王子，将王权直接传给王孙。所有这些，都在不同程度上影响到君主制度的前途。

1996 年，王储王妃的婚姻到了尽头。一年后，戴安娜在巴黎遇车祸，香消玉殒。1997 年 9 月 6 日，王室为戴安娜举行了盛大的悼念活动，数百万人参加。二十多亿观众收看了戴安娜的葬礼。王室声誉跌至低谷。公众对英国君主制的认可度一度下降到 47%。英国王室遭遇了历史上最严重的危机，公民的支持率成为决定君主制生死存亡的关键因素。

随后，王室为弥补自身声誉尽力而为。伊丽莎白女王为了改变自己在公众中的形象，几度莅临酒馆、饭店和商店，微服私访，白金汉宫每年向公众开放数次，给人们带来了一点点欣慰。

接着，她和威尔士亲王宣布准备纳税，除女王本人、太后和女王丈夫爱丁堡公爵外，王室其他成员要靠王室领地的收入维持生活。一些媒体记者也一反往常捉笔代劳。查尔斯王子的声望有所好转，他与哈米拉的婚姻也没有引起的什么风波。种种"调整"和"改变"，使得王室在可以预见的将来里保持它的作用，逐渐往平民化方向发展，与社会的距离感有所缩小。

2008年6月15日，为了回应联合国前不久建议英国举行一次全民公决，以决定是否继续保留君主制的说法，英国广播公司曾委托民调机构对1000名16岁以上英国民众进行了电话访问，大约78%的人认为英国应该继续保有王室，80%的被访者认为英国在30年内应该保留君主制。当问及君主制是否应该在现任女王伊丽莎白二世过世后结束，68%的人明确表示不同意。与此同时，另外一项由发现频道所做的民调显示，英国年轻人支持君主制。约七成18—24岁的年轻人赞同保留君主制，只有16%的年轻人倾向共和制。这项民调还显示，民众更倾向于由威廉王子而不是他的父亲查尔斯王储来继承王位担任下一任国王。深受国民喜爱的已故王妃戴安娜仍受民众欢迎，近7成受访者表示对她依然爱戴。

应该看到，英国社会上下在现代化的风雨中，逐渐养成了对王室污点的宽容性。1938年，爱德华八世立意与美国寡妇辛普森结婚时，承受了巨大压力，被迫逊位。而在69年后，即在2005年4月9日，王储查尔斯王子与他的老情人卡米拉低调成婚时，尽管不无非议，却已有不少人表示理解，委婉认可他们长期曲折的情感追求。这等于在一定程度上认可了查尔斯王子的王位继承权。

英国实行君主立宪制，王室已有近千年的历史。不列颠的君主经历过形形色色的事件，包括内战的洗礼、法庭的审判、刑场上的斩首和退位的胁迫，可每一次君主制都转危为安，再次获得尊荣与辉煌。早在1871年，自由党开明政治家查理·迪尔克勋爵等人就抨击王室花费巨大，在社会上掀起一股要求取缔君主制的浪潮。一百年后，工党激进主义者托尼·本旧话重提。可最后响应者寥寥，不了了之。关键在于，要求废除君主制者在议会中始终没有形成势力。而内阁首相们，包括工党党魁布莱尔和布朗等以内，都与女王和王室友好相处，定期觐见。甚至在改造上院之际，他们也不想对王室有任何触动。

如此情况下，英国王室还可再做让步，英国君主制还可以再做调整。在习惯于变中求稳的英国人看来，其他形式的政体未必就不会有动荡、代价和教训，或许温莎家族依旧有一个并不昏暗的前景。

译名对照及索引

（按汉语拼音排序）

英国历代君主及在位时间

（一）威塞克斯王室

艾格伯特	802—839
埃瑟尔沃尔夫	839—855
埃瑟尔巴尔德	860—866
艾特尔雷德一世	866—871
阿尔弗列德	871—899
老爱德华	899—925
阿塞尔斯坦	925—940
爱德蒙	940—946
伊德列德	946—955
伊德威格	955—959
爱德加	959—975
殉道者爱德华	975—978
艾特尔雷德二世	978—1016
刚毅者爱德蒙	1016

（二）丹麦王室

克努特	1016—1035
哈罗德	1035—1040
哈迪克努特	1040—1042

（三）威塞克斯王室

信士爱德华	1042—1066
哈罗德	1066

（四）诺曼王朝

威廉一世（征服者威廉）	1066—1087
威廉二世	1087—1100
亨利一世	1100—1135
斯蒂芬	1135—1154

（五）安茹王朝

亨利二世	1154—1189
理查德一世	1189—1199
约翰	1199—1216

（六）金雀花王朝

亨利三世	1216—1272
爱德华一世	1272—1307
爱德华二世	1307—1327
爱德华三世	1327—1377
理查德二世	1377—1399

（七）兰开斯特王朝

亨利四世	1399—1413
亨利五世	1413—1422
亨利六世	1422—1471

（八）约克王朝

爱德华四世	1461—1483
理查德三世	1483—1485

（九）都铎王朝

亨利七世	1485—1509
亨利八世	1509—1547
爱德华六世	1547—1553
玛丽一世	1553—1558
伊丽莎白一世	1558—1603

（十）斯图亚特王朝

詹姆士一世	1603—1625
查理一世	1625—1649
查理二世	1660—1685
詹姆士二世	1685—1688
威廉三世	1688—1702
玛丽二世	1688—1694

安妮   1702—1714

（十一）汉诺威王朝

乔治一世   1714—1727

乔治二世   1727—1760

乔治三世   1760—1820

乔治四世   1820—1830

威廉四世   1830—1837

维多利亚   1837—1901

（十二）萨克斯—科堡—哥达王朝

爱德华七世   1901—1910

（十三）温莎王朝

乔治五世   1910—1936

爱德华八世   1936

乔治六世   1936—1952

伊丽莎白二世   1952—

英国历任首相任职时间表

序号	中文译名	姓 名	政党	任 期
1	沃波尔爵士	Sir Robert Walpole	辉格党	1721—1742
2	威尔明顿伯爵	1st Earl of Wilmington	辉格党	1742—1743
3	亨利·配兰	Henry Pelham	辉格党	1743—1754
4	纽卡斯尔公爵	1st Duke of Newcastle-upon-Tyne	辉格党	1754—1756
5	德文希尔公爵	4th Duke of Devonshire	辉格党	1756—1757
6	纽卡斯尔公爵	1st Duke of Newcastle-upon-Tyne	辉格党	1757—1762
7	布特伯爵	John Stuart, 3rd Earl of Bute	托利党	1762—1763
8	乔治·格伦威尔	George Grenville	辉格党	1763—1765
9	罗金厄姆侯爵	2nd Marquess of Rockingham	辉格党	1765—1766
10	查塔姆伯爵（威廉·皮特）	1st Earl of Chatham	辉格党	1766—1768
11	格拉夫顿公爵	3rd Duke of Grafton	辉格党	1768—1770
12	诺斯勋爵	Frederick North, Lord North	托利党	1770—1782
13	罗金厄姆侯爵	2nd Marquess of Rockingham	辉格党	1782
14	谢尔本伯爵	2nd Earl of Shelburne	辉格党	1782—1783
15	波特兰公爵	3rd Duke of Portland	辉格党	1783
16	小皮特	William Pitt the Younger	托利党	1783—1801
17	阿丁顿	Henry Addington	托利党	1801—1804
18	小皮特	William Pitt the Younger	托利党	1804—1806
19	格伦威尔勋爵	1st Baron Grenville	辉格党	1806—1807
20	波特兰公爵	3rd Duke of Portland	辉格党	1807—1809

21	珀西瓦尔	Spencer Perceval	托利党	1809—1812
22	利物浦伯爵	2nd Earl of Liverpool	托利党	1812—1827
23	坎宁	George Canning	托利党	1827
24	戈德里奇子爵	1st Viscount Goderich	托利党	1827—1828
25	威灵顿公爵	1st Duke of Wellington	托利党	1828—1830
26	格雷伯爵	2nd Earl Grey	辉格党	1830—1834
27	墨尔本伯爵	2nd Viscount Melbourne	辉格党	1834
28	威灵顿公爵	1st Duke of Wellington	托利党	1834
29	皮尔	Robert Peel	保守党	1834—1835
30	墨尔本伯爵	2nd Viscount Melbourne	辉格党	1835—1841
31	皮尔	Robert Peel	保守党	1841—1846
32	罗素勋爵	Lord John Russell	自由党	1846—1852
33	德比伯爵	14th Earl of Derby	保守党	1852
34	阿伯丁伯爵	4th Earl of Aberdeen	辉格党	1852—1855
35	帕麦斯顿子爵	3rd Viscount Palmerston	辉格党	1855—1858
36	德比伯爵	14th Earl of Derby	保守党	1858—1859
37	帕麦斯顿子爵	3rd Viscount Palmerston	自由党	1859—1865
38	罗素伯爵	1st Earl Russell	自由党	1865—1866
39	德比伯爵	14th Earl of Derby	保守党	1866—1868
40	迪斯累里	Benjamin Disraeli	保守党	1868
41	格莱斯顿	William Ewart Gladstone	自由党	1868—1874
42	迪斯累里	Benjamin Disraeli	保守党	1874—1880
43	格莱斯顿	William Ewart Gladstone	自由党	1880—1885
44	索尔兹伯里侯爵	3rd Marquess of Salisbury	保守党	1885—1886
45	格莱斯顿	William Ewart Gladstone	自由党	1886
46	索尔兹伯里侯爵	3rd Marquess of Salisbury	保守党	1886—1892
47	格莱斯顿	William Ewart Gladstone	自由党	1892—1894
48	罗斯伯里伯爵	5th Earl of Rosebery	自由党	1894—1895
49	索尔兹伯里	3rd Marquess of Salisbury	保守党	1895—1902
50	巴尔福	Arthur Balfour	保守党	1902—1905
51	坎贝尔—班纳曼	Henry Campbell-Bannerman	自由党	1905—1908

52	阿斯奎斯	H. H. Asquith	自由党	1908—1916
53	劳合·乔治	David Lloyd George	自由党	1916—1922
54	博纳·劳	Bonar Law	保守党	1922—1923
55	鲍德温	Stanley Baldwin	保守党	1923—1924
56	麦克唐纳	Ramsay MacDonald	工党	1924
57	鲍德温	Stanley Baldwin	自由党	1924—1929
58	麦克唐纳	Ramsay MacDonald	自由党	1929—1935
59	鲍德温	Stanley Baldwin	自由党	1935—1937
60	张伯伦	Neville Chamberlain	自由党	1937—1940
61	丘吉尔	Winston Churchill	自由党	1940—1945
62	艾德礼	Clement Attlee	工党	1945—1951
63	丘吉尔	Winston Churchill	保守党	1951—1955
64	艾登爵士	Sir Anthony Eden	保守党	1955—1957
65	麦克米伦	Harold Macmillan	保守党	1957—1963
66	霍姆爵士	Sir Alec Douglas-Home	保守党	1963—1964
67	威尔逊	Harold Wilson	工党	1964—1970
68	希思	Edward Heath	保守党	1970—1974
69	威尔逊	Harold Wilson	工党	1974—1976
70	卡拉汉	James Callaghan	工党	1976—1979
71	玛格丽特·撒切尔	Margaret Thatcher	保守党	1979—1990
72	梅杰	John Major	保守党	1990—1997
73	布莱尔	Tony Blair	工党	1997—2007
74	布朗	Gordon Brown	工党	2007—2010
75	卡梅伦	David Cameron	保守党	2010—

大事年表

约 25 万年前	大陆人移至不列颠
约 5500—6000 年前	新石器时代开始
公元前 2000—公元前 600 年	青铜时代；"陶盆文化"出现
公元前 3000—公元前 1000 年	"巨石文化"出现
公元前 2000—公元前 1600 年	"威塞克斯文化"出现
公元前 55 年 8 月 27 日	罗马恺撒率军远征不列颠未果
公元前 54 年	恺撒再次进攻不列颠，无功而归
公元 43 年	罗马皇帝克劳狄一世统兵征伐不列颠成功
122—128 年	修建"哈德良长城"
2 世纪	基督教传入不列颠
287 年	北欧海盗开始骚扰不列颠沿海
314 年	阿尔宗教会议
367 年	皮克特人、苏格兰人、撒克逊人和法兰克人进入英格兰
410 年	罗马人在不列颠的统治结束
429 年	盎格鲁人、撒克逊人和朱特人进入不列颠
449—450 年	北欧原始部族大规模侵入英格兰
597 年	罗马教廷派奥古斯丁率众到肯特王国传教
604 年	修建伦敦圣保罗教堂
663 年	惠特比宗教会议
672 年	赫伯特全英格兰宗教大会

731 年	比德的《英吉利教会史》问世
789 年	北欧丹麦海盗船队骚扰不列颠沿海
796 年	麦西亚国王奥发与罗马皇帝签订贸易条约
825—829 年	各国争夺霸权，威塞克斯国王艾格伯特得操胜券
871 年	阿尔弗列德登上威塞克斯（871—899 年）王位
886 年	阿尔弗列德进驻伦敦，成为"丹麦区"外英格兰人的公认领袖
917—921 年	威塞克斯国王爱德华占领丹麦法区南部
980 年	丹麦人大举进犯英格兰，英格兰战败
991 年	英格兰首次支付巨额赔偿金——"丹麦金"
1016—1035 年	克努特任丹麦和英格兰国王
1042 年	丹麦人在英国的统治结束，信士爱德华即位
1052 年	戈德温叛乱失败
1066 年	爱德华国王逝世，诺曼底大公威廉征服英国
1071 年	威廉一世完成对英格兰的征服
1072 年	苏格兰国王马尔科姆臣服
1081 年	开始兴建伦敦塔
1086 年	编成《土地调查清册》
1129 年	贝弗利获自治特许状，成为英国第一个自治市
1135 年	斯蒂芬攫取英国王位
约 1140 年	哥特式建筑风格开始流行英国
1153 年	安茹王朝建立
1163 年	废除因缴纳丹麦金而征集的税收
1166 年	陪审团制在英国实施
约 1167 年	牛津大学创建
1170 年	坎特伯雷大主教贝克特被杀
1193 年	伦敦选举市长，实行自治
1209 年	部分牛津大学师生前往剑桥避难，剑桥大学萌芽
1215 年 6 月 15 日	约翰王和 25 名贵族签署《大宪章》
1221 年	多明各修会在不列颠出现
1222 年	英格兰首次征收人头税

1224 年	方济各修会出现
1231 年	剑桥大学组建
1254 年	大贵族提出《牛津条例》，提出定期召开议会的原则
1262 年	英语成为法律和法庭中的通用语言
1265 年	"西门"议会召开
1274 年	牛津大学默顿学院建立
1277 年	爱德华一世进兵威尔士
1282 年	威尔士人争取独立失败，亲王卢埃林遇难
1283 年	英格兰兼并威尔士
1295 年	"模范议会"召开
1296 年	英格兰兼并苏格兰
1298 年	福尔柯克战役，苏格兰人败于英军
1314 年	苏格兰长矛兵在班诺克本河畔击败英军，苏格兰独立
1327 年	爱德华二世惨死
1337 年	英法"百年战争"开始
1341 年	议会两院制形成
1346 年	克雷西战役
1348 年	黑死病登陆英格兰
1351 年	议会颁布"劳工法令"
1356 年	黑太子俘获法国国王
1362 年	英语成为议会和季审法庭工作语言
1369 年	百年战争重起
1371 年	苏格兰国王罗伯特二世即位
1375 年	英法签署停战协议，英国丧失大部分属地
1381 年	瓦特·泰勒起义；威克利夫首次将《圣经》翻译成英文
1382 年	威斯敏斯特公学建立
1387 年	乔叟开始写作坎特伯雷故事
1399 年	兰开斯特王朝建立
1415 年	英法阿让库尔战役
1422 年	婴儿亨利六世即位
1437 年	苏格兰国王詹姆士一世被害

1440 年	伊顿公学建立
1451 年	格拉斯哥大学创办
1453 年	"百年战争"结束
1455—1485 年	"玫瑰战争"
1461 年	亨利六世逃往苏格兰；约克公爵爱德华即位，称四世
1476 年	威廉·卡克斯顿创办印刷所
1483 年	两位幼年王子遇难伦敦塔，王叔理查德三世即位
1484 年	议会首次使用英文颁布成文法
1485 年	博斯沃斯荒原战役；都铎王朝建立
1492 年	哥伦布发现西印度群岛
1495 年	阿伯丁大学创办
1499 年	处死王位觊觎者沃贝克
1503 年	苏格兰国王詹姆斯四世与都铎公主玛格丽特成婚
1505—1506 年	组建爱丁堡皇家学院
1507 年	亨利八世即位
1516 年	托马斯·莫尔写成《乌托邦》
1529 年	"改革议会"召开
1532 年	下院呈递《控诉主教书》，宗教改革开始
1535 年	托马斯·莫尔被处死
1536 年	解散修道院
1538 年	发行英文《圣经》
1544 年	亨利八世率重兵进攻法国失利
1547 年	英语取代拉丁语成为英格兰和威尔士教会用语
1548—1549 年	新编《祈祷书》问世，议会通令全国教堂统一使用；天主教集会宣布为非法
1552 年	开始废除汉撒商人在英国的贸易特权
1553 年	爱德华五世夭亡；简·格雷郡主在位 10 日；玛利女王即位
1554—1558 年	全国恢复天主教信仰
1555 年	英国第一家股份贸易公司——"莫斯科公司"问世
1557 年	首届新教大主教克兰默被焚

1558 年	伊丽莎白即位，新教重新得势；英国在大陆的最后属地加来归属法国
1559 年	议会通过"至尊法令"，确立英国圣公教为国教
1560 年	清教运动萌发
1562 年	英国的非洲奴隶贸易开始
1572 年	第一个清教徒教区建立
1577 年	德雷克作环球旅行
1583 年	英国人在北美建立"弗吉尼亚"殖民地
1587 年	处死前苏格兰女王玛丽·都铎
1588 年	打败西班牙"无敌舰队"
1591 年	都柏林三一学院建立
1594 年	爱尔兰反英起义
1600 年	伦敦商人组建"东印度公司"
1601 年	议会通过《济贫法》
1603 年	伊丽莎白一世逝世；斯图亚特王朝建立
1604 年	考德雷的第一部英文词典问世
1605 年	"火药阴谋"流产
1609 年	钦定英文《圣经》问世
1611 年	詹姆士设立从男爵爵位
1622 年	首家英文报纸《每周消息》创办
1628 年	议会通过《权利请愿书》
1629—1640 年	无议会时期
1630—1750 年	巴罗克建筑艺术流行
1638 年	苏格兰起义
1640 年	查理一世召开议会
1641 年	处死斯特拉福德伯爵；爱尔兰厄尔斯特暴动，5 万人被杀
1642 年	内战开始
1644 年 7 月	马斯顿荒原战役
1645 年	纳斯比战役
1646 年	查理一世签署投降书；废除骑士领有制

1647 年	内战重起
1649 年	处死查理一世；建立共和国；平等派被镇压；掘土派活动，"普莱德清洗"；克伦威尔率军侵入爱尔兰
1650 年	议会颁布《航海法案》
1654 年	苏格兰合并于英国，原有议会取消
1653 年	克伦威尔任护国主
1652—1654 年	第一次英荷战争
1658—1660 年	理查德·克伦威尔任护国主
1660 年	斯图亚特王朝复辟，查理二世即位；皇家学会正式成立
1661—1678 年	"骑士议会"
1662 年	"划一法"实施
1664—1667 年	第二次英荷战争
1664—1665 年	伦敦瘟疫流行
1666 年 9 月 2—6 日	伦敦大火灾
1672 年	《信教自由宣言》颁布，非国教徒获得信仰自由；第三次英荷战争
1675 年	辉格党出现；格林威治天文台建立
1679 年	议会通过《人身保护法》；托利党产生
1683 年	英国第一个博物馆——阿西默林博物馆创办
1685 年	詹姆士二世即位；蒙默斯公爵谋反
1687 年	牛顿的《自然科学的数学原理》问世
1688 年	"光荣革命"
1689 年	议会通过《权利法案》
1690 年	博因河战役
1694 年	议会通过《三年法案》；英格兰银行建立
1701 年	议会通过《王位继承法》；英国与荷兰等国组成反法大联盟，西班牙王位继承战争开始
1704 年	布伦海姆战役
1705 年	哈雷出版《彗星天文学论》
1706 年	拉米伊大捷；《晨邮报》开始发行

1707 年	苏格兰与英格兰合并
1708 年	奥德纳尔德战役
1709 年	马尔普拉凯战役
1713 年	《乌特勒支和约》签定，西班牙王位战争结束
1714 年	汉诺威王朝在英国建立
1715 年	"觊觎王位者"在苏格兰发动叛乱失败
1716 年	议会通过《七年法案》
1720 年	南海公司股票危机
1721—1742 年	沃波尔主持政府工作，为第一位内阁"首相"
1733 年	约翰·凯伊发明飞梭；消费税引发政府危机
1739 年	英国因"割耳"问题，与西班牙发生战争危机
1742 年	与西班牙发生贸易战争
1744 年	歌曲《上帝庇佑英王》问世
1745 年	年幼的"王位觊觎者"领导苏格兰反英叛乱
1746 年	平定苏格兰高地人暴乱
1752 年	采用格里高利历法
1753 年	大英博物馆创办
1755 年	塞缪尔·约翰逊博士出版《英语词典》
1756—1763 年	"七年战争"
1760 年	乔治三世即位
1763 年	格里夫斯发明了多锭纺纱机——"珍妮机"；威尔克斯事件发生
1765 年	议会通过《印花税法案》，并在北美殖民地实施
1767 年	瓦特改进纽卡门蒸汽机
1769 年	理发师阿克莱特发明了水力纺纱机
1770 年	詹姆士·库克在澳大利亚登陆，宣布它为英国属地
1775 年	北美独立战争爆发
1776 年	亚当·斯密发表《国富论》；北美殖民地发表独立宣言
1779 年	克隆普顿发明"骡机"
1781 年 10 月 19 日	英军在约克镇投降
1782 年	瓦特发明联动式蒸汽机

1783 年	英国正式承认美国独立
1785 年	卡特赖特发明自动织布机;《泰晤士报》创办
1788 年	乔治三世精神错乱,威尔士亲王摄政
1789 年	法国大革命爆发
1793 年	法国处死路易十六;英国对法宣战
1796 年	詹纳首次接种牛痘疫苗
1798 年	爱尔兰农民暴动,2.5 万人遇难;马尔萨斯《人口论》发表;纳尔逊率英国舰队战胜法国舰队;第二次反法联盟组成
1800 年	英国合并爱尔兰,爱尔兰议会被取消
1801 年	英格兰和威尔士进行人口普查
1802 年	"丹达斯"号汽船试航成功;英国等国与法国签订"阿眠和约"
1803 年	道尔顿创立原子论,编制原子量表;发明造纸机器
1804 年	特里维西克在威尔士制造铁路蒸汽机车
1805 年	英国同俄国等国组成第三次反法联盟;特拉法加海角海战
1806 年	英国组织第四次反法联盟
1808 年	"卢德事件"发生
1809 年	第五次反法联盟
1811 年	"卢德运动"
1812—1814 年	英美战争
1813 年 10 月 16 日	反法联军赢得莱比锡大捷
1815 年 6 月 18 日	反法联军在滑铁卢战役中击败拿破仑军队;议会颁布"谷物法"
1818 年 8 月 16 日	曼彻斯特"彼得卢惨案";议会颁布"六项禁令"
1820 年 2 月	格拉斯哥工人举行政治罢工
1821 年	《曼彻斯特卫报》创办
1823 年	皮尔主持刑法改革
1825 年	议会废除机器出口的禁令;斯蒂芬森的蒸汽机车运行成功;第一次世界性经济危机

1829 年	颁布《天主教徒解禁法令》；伦敦组建"都市警察"
1830 年	发生破坏农业机器的"斯温"事件；托利党一党统治终结，辉格党政府组建，议会改革开始；棉纺织工人成立"全国劳工保护协会"
1831 年	"工人阶级全国联合会"建立；法拉第证实电磁感应现象
1832 年	议会改革法令通过，部分"腐败选区"被废除
1833 年	议会通过最早的工厂法——《10 小时工作制法案》
1834 年	颁布"济贫法修正案"；"全国各业统一工会"组建；英国殖民地废除奴隶制
1836 年	"伦敦工人协会"建立
1837 年	洛维特起草"人民宪章"
1838 年	人民宪章以法案公布，宪章运动出现高潮；"反谷物法同盟"建立
1839 年	宪章派《国民请愿书》被下院否决；英国挑起鸦片战争
1841 年	英国第二次人口普查
1842 年	宪章运动第二次高潮；鸦片战争结束，英国迫使清政府签订《南京条约》，割占香港
1846 年	废除《谷物法》；英国外科手术首次使用麻醉剂
1847 年	英国陷于经济危机，宪章运动复苏
1848 年	法国二月革命爆发，宪章运动第三次高潮
1849 年	废除《航海条例》
1851 年	英国在"水晶宫"举办第一届世界博览会
1851—1852 年	侵略缅甸战争；"路透社"建立
1853 年	诺斯科特等提出建立常任文官制度的报告；政府首次征收遗产税
1854 年	英国参加克里木战争
1855 年 5 月 21 日	政府颁布文官制度改革的正式法令——《关于录用王国政府文官的枢密院命令》；南丁格尔战时医院中引入医疗保健制

1856 年	麦克斯韦的《论法拉第的力线》发表
1856—1860 年	第二次鸦片战争
1857 年	印度反英民族大起义
1858 年	东印度公司解散；爱尔兰民族革命团体芬尼党建立
1859 年	达尔文的《物种起源》发表
1861 年	第三次全英国人口普查
1863 年	伦敦地铁首次运行
1865 年	麦克斯韦发现电磁波的传播速度
1866 年	大西洋海底电缆铺设成功
1867 年	第二次议会法改革；通过"英属北美法案"，加拿大成为英国第一个自治领
1868 年	全国工会代表大会召开
1869 年	废除因负债而遭监禁的刑律；苏伊士运河开通
1870 年	威廉·福斯特的《教育法案》被政府推行
1871 年	颁布《军事改革条例》；工会活动合法化；第四次全英国人口普查
1872 年	实施"秘密投票法"
1873 年	《最高法院令》颁布；爱尔兰自治联盟建立
1874 年	工会代表首次当选为下院议员
1875 年	迪斯累里政府购买尼罗河的大部分股票
1876 年	维多利亚女王宣布为印度女皇
1879 年	非洲祖鲁反殖民战争
1880 年	颁布 5—10 岁义务教育法
1881 年	格莱斯顿政府提出《爱尔兰土地条例》；第五次全英人口普查；社会民主同盟建立
1882 年	凤凰公园事件，爱尔兰总督卡文迪什被芬尼党暗杀团误杀
1883 年	重新划分选区
1884 年	第三次议会改革；费边社建立
1886 年	格莱斯顿的第一个《爱尔兰自治案》被否决
1887 年	维多利亚女王在位 50 年的"黄金庆典"

1888 年	英国各郡建立议会;苏格兰工党建立
1889 年	伦敦码头工人大罢工;潘克赫斯特夫人建立女权联盟
1890 年	伦敦电气化地铁运行;伦敦首次举行五一节工人示威
1891 年	实施初级义务教育
1893 年	独立工党建立;格莱斯顿的第二个《爱尔兰自治案》被否决
1894 年	分等级征收遗产税
1895 年	伦敦经济学院建立
1896 年	格拉斯哥地铁运行
1897 年	维多利亚在位 60 年的"钻石庆典"
1899—1902 年	英布战争
1900 年	劳工代表委员会成立,工党诞生
1901 年	澳大利亚自治领建立;第七次人口普查;英国潜水艇下水
1902 年	英国与日本缔结同盟
1903 年	"妇女社会政治同盟"建立
1904 年	里兹大学建立
1905 年	英国与法国签订协议;实施《失业工人法》
1906 年	劳工代表委员会改称工党
1907 年	英国与俄国签订协议,划定在伊朗的势力范围;伦敦帝国理工学院建立
1908 年	政府颁布《养老金条例》
1909 年	建立全国性劳动介绍所;自由党提出"人民预算案"
1911 年	实施《国民保险法》;通过议会改革法,削弱上院
1911—1912 年	海员与码头工人大罢工
1912 年	泰坦尼克号遇难
1913 年	第三次《爱尔兰自制案》被上院否决
1914—1918 年	第一次世界大战
1915 年	劳合·乔治任首相,自由党分裂
1916 年	英军在索姆河战役中首次使用坦克;英国与德国舰队在日德兰半岛附近激战

1917 年	德国实行"无限制潜艇战";美国对德国宣战
1918 年 11 月 11 日	德国投降,第一次世界大战结束;1918 年,年满 30 岁的妇女获选举权
1921 年夏	签署《英爱协定》,英国宣布爱尔兰南部 26 郡为"爱尔兰自由邦"
1922 年	劳合·乔治为首的联合政府解体
1924 年	工党首次上台执政
1925—1927 年	一广播公司改建为"英国广播公司"(BBC),开创短波广播业务
1926 年	全国总罢工
1928 年	英国妇女获得与男子同等的选举权
1929 年	工党首次成为议会第一大党,再次执政;弗莱明发现青霉素
1931 年	"全民政府"建立;威斯敏斯特法颁布,英联邦正式成立
1932 年	"饥饿进军"
1935 年	签署《英德海军协定》
1936 年	爱德华八世逊位;电视节目转播
1938 年 9 月	签署《慕尼黑协定》
1939 年 9 月 1 日	德国突然进攻波兰,第二次世界大战爆发
1940 年	丘吉尔任首相;英军"敦刻尔克大撤退"
1941 年	德苏战争爆发;《大西洋宪章》公布
1942 年	《贝弗里奇报告》发行
1943 年	英、美、苏签署《德黑兰宣言》和《德黑兰总协定》
1944 年 6 月	诺曼底登陆
1945 年 5 月	德国无条件投降,欧洲战事结束;工党大选胜利,艾德礼组阁
1946 年	实施《国民保险法》
1946—1947 年冬天	英国气温达 1880 年以来最低点
1947 年	印度和巴基斯坦分离和独立;煤矿业国有化
1948 年	政府宣布铁路国有化;宣布英国建成福利国家

1949 年	大西洋公约组织建立；国民免费医疗制开始实施
1950 年	英国承认中华人民共和国
1951 年	保守党上台执政；英国参加朝鲜战争
1952 年	欧洲煤钢共同体成立；乔治六世去世，伊丽莎白二世即位；英国原子弹爆炸成功
1954 年	丘吉尔辞去保守党领袖，艾登继任首相；取消食品配给制
1956 年 7 月	苏伊士运河危机；英国在坎伯兰建成世界第一个大型核动力发电站
1957 年	氢弹实验成功
1958 年	披头士音乐队成立；首次封赐上院终身贵族
1959 年	实施邮政编码体制；欧洲自由贸易联合体建立
1960 年	英属非洲殖民地纷纷独立
1961 年	赌博商店合法化
1963 年	麦克米伦托病辞职。霍姆继任首相；法国拒绝英国加入欧共体
1964 年	工党重返政府；威尔逊任首相
1965 年	废除死刑
1966 年	海员罢工；获取足球世界杯
1967 年	播放彩色电视节目
1968 年	北爱尔兰动乱；英国实行夏时制
1969 年	选举权年龄限由 21 岁降为 18 岁
1970 年	开放大学成立，推行电视教学；保守党希思政府建立
1971 年	议会通过英国参加欧共体议案；实施《1969 年离婚法》
1972 年	煤矿和电力工人罢工
1973 年元旦	英国加入欧共体
1974 年元旦	下令全国电厂每周供电 3 日；颁布男女薪酬平等法令
1975 年	撒切尔夫人任保守党领袖；北海油田的利润收归国库
1976 年春	威尔逊辞去首相职务，卡拉汉继任内阁首相
1977 年	伊丽莎白"白银庆典"
1978 年	世界第一个试管婴儿诞生

1979 年	英国从马耳他撤军；保守党获胜，撒切尔夫人任首相；蒙巴顿勋爵在爱尔兰被害
1981—1987 年	政府将 1/3 的国有企业转为私有
1981 年 9 月	撒切尔夫人改组内阁；"四人帮"建立社会民主党
1982 年 4—6 月	英国与阿根廷为争夺马岛发动战争，英国获胜
1984 年	中英双方达成了关于香港前途的决议；煤矿工人罢工
1985 年 3 月	煤矿工人停止罢工
1987 年 10 月	飓风扫荡南英格兰
1988 年	颁布版权法
1989 年	苏格兰征收人头税
1990 年 11 月	撒切尔夫人辞去领袖，梅杰任保守党党魁和内阁首相；英吉利海峡隧道接通；英国参加海湾战争
1991 年	英国人首次飞向太空
1992 年	保守党大选胜利，继续执政
1993 年	议会批准《马约》；欧盟建立
1994 年	布莱尔任工党党魁；英法海底隧道竣工
1995 年	工党修改党章第四条
1997 年	工党大选胜利上台执政；英格兰银行脱离政府控制；戴安娜王妃遇难；苏格兰克隆羊多利诞生；中国恢复对香港的主权
1998 年	签署《北爱尔兰和平协议》
1999 年	议会上院实行改革，废除世袭贵族政治特权
2000 年	千禧年庆典
2001 年	工党大选胜利，继续执政
2002 年	王太后逝世；伊丽莎白二世"黄金庆典"
2003 年	追随美国参加伊拉克战争
2004 年 5 月	立陶宛、波兰、匈牙利等 10 国加入欧盟
2005 年 6 月	伦敦赢得 2012 年奥运会举办权；7 月，爱尔兰共和军宣布停止武装斗争
2006 年 3 月	苏格兰实施公共场合禁烟令；4 月 21 日，伊丽莎白二世 80 寿诞

2007 年 7—8 月	布莱尔辞去首相职位；戈登·布朗继任首相；全英国实施公共场合禁烟令
2008 年	世界性股市震荡，并引发经济危机
2009 年 3 月	英格兰银行大幅度减息
2010 年 4 月	冰岛火山爆发，北欧多遭受火山灰污染
2011 年 7 月	《世界消息》因电话窃听丑闻停刊
2012 年 4 月	伊丽莎白二世在位 60 周年庆典；7 月 27 日—8 月 12 日，伦敦成功举办奥运会

参考文献

一、中文书籍

艾弗·埃文斯:《英国文学简史》,人民文学出版社 1984 年版。

苏珊·李·安德森:《密尔》,中华书局 2003 年版。

汉里德·奥顿:《西德、法国和英国的外交政策》,商务印书馆 1989 年版。

阿萨·勃里格斯:《英国社会史》,中国人民大学出版社 1991 年版。

伯里:《思想自由史》,吉林人民出版社 2003 年版。

陈乐民主编:《战后英国外交史》,世界知识出版社 1994 年版。

杜兰:《社会文明史》,东方出版社 1999 年版。

凯林·法林顿:《刑罚的历史》,希望出版社 2003 年版。

亚当·弗格森:《道德哲学原理》,上海人民出版社 2005 年版。

R.G. 甘米奇:《宪章运动史》,商务印书馆 1979 年版。

安东尼·吉登斯:《超越左与右——激进政治的未来》,社会科学文献出版社 2000 年版。

蒋孟引主编:《英国史》,中国社会科学出版社 1988 年版。

奈杰尔·考索恩:《英国王室罗曼史》,吉林人民出版社 1998 年版。

约翰·克拉潘:《简明英国经济史——从最早时期到 1500 年》,上海译文出版社 1980 年版。

玛格丽特·柯尔:《欧文传》,商务印书馆 1995 年版。

斯克德·库克:《战后英国政治史》,世界知识出版社 1997 年版。

伊丽莎白·拉德克利夫:《休谟》,中华书局 2003 年版。

M. 罗赛蒂:《雪莱夫人》,江苏教育出版社 2006 年版。

约翰·洛克:《政府论》,商务印书馆 2000 年版。

梅德里克特:《英国现代史 1914—1964》,商务印书馆 1990 年版。

J. E. 尼尔：《女王伊丽莎白一世传》，商务印书馆 1992 年版。

亨利·佩林：《英国工党简史》上海人民出版社 1977 年版。

爱德华·皮尔斯：《梅杰传》，世界知识出版社 1991 年版。

钱乘旦等：《日落斜阳——20 世纪英国》，华东师范大学出版社 1999 年版。

温斯顿·丘吉尔：《英语国家史略》（上、下），新华出版社 1985 年版。

玛格丽特·撒切尔：《唐宁街岁月》，远方出版社 1997 年版。

玛格丽特·撒切尔：《通向权力之路——撒切尔夫人自传》，当代世纪出版社 1998 年版。

安德鲁·桑德斯：《牛津简明英国文学史》（上、下），人民文学出版社 2000 年版。

亚当·斯密：《道德情操论》，商务印书馆 1997 年版。

王觉非主编：《英国近代史》，南京大学出版社 1997 年版。

王荣堂：《英国近代史纲》，辽宁大学出版社 1988 年版。

王绳祖：《国际关系史》第一卷，世界知识出版社 1995 年版。

王振华、刘绯、陈志瑞主编：《重塑英国：布莱尔主义和"第三条道路"》，中国社会科学出版社 2000 年版。

艾里克·威廉斯：《资本主义与奴隶制度》，北京师范大学出版社 1982 年版。

吴国盛：《科学的历程》（上、下），湖南科学技术出版社 1997 年版。

大卫·休谟：《自然宗教对话录》，商务印书馆 2002 年版。

阎照祥：《英国政党政治史》，中国社会科学出版社 1993 年版。

阎照祥：《英国政治制度史》，人民出版社 1999 年版。

阎照祥：《英国贵族史》，人民出版社 2000 年版。

阎照祥：《英国政治思想史》，人民出版社 2010 年版。

扬德豫、查良铮：《拜伦诗歌精选》，北岳文艺出版社 2000 年版。

张乃仁、扬蔼琪编译：《外国服装艺术史》，人民美术出版社 1992 年版。

张顺洪等：《大英帝国的瓦解——英国的非殖民化和香港问题》，社会科学文献出版社 1997 年版。

二、英文书籍

Adams, A. B., *Constitutional History of England*, London, 1984.

Adelmen, P., *The Rise of the Labour Party 1880–1945*, Longman, 1972.

Anorld, C. J., *Roman Britain to Saxon England*, Groom Helm, 1984.

Barlow, F., *The Feudal Kingdom of England 1042–1216*, Longman, 1983.

Baker, D., ed., *England in the Early Middle Ages*, Hutchinson, 1966.

Barnard, T. & Fenlon, J., ed., *The Dukes of Ormonde, 1610–1745*, The Boydell Press, Woodbridge, 2000.

Batlett, C. J., *The Special Relationship, A Political History of Anglo-American Relations since 1945*, Longman, 1992.

Beattie, A., *English Parties Politics, Documents and Commentary*, 2 Vols, London, 1970.

Beatie, J. M., *Crime and Courts in England 1660–1880*, Clarendon Press, 1968.

Beard, C., *The Office of Justice of the Peace in England in Its Origin and Development*, New York, 1909.

Beckett, J. V., *The Aristocracy in England 1660–1914*, Basil Blackwell, 1986.

Black, J., *The British and The Grand Tour*, Groom Helm, 1985.

Bolton, J. L., *The Medieval English Economy 1150–1500*, London, 1980.

Bradley, R., *The Social Foundation of Prehistoric Britain: Themes and Variations in Archaeology of Power*, Longman, 1984.

Bridbury, A. R., *Economic Growth, England in the Later Middle Age*, London, Allen & Unwin, 1962.

Briggs, A., *The Age of Improvement, 1783–1867*, Longman, 1964.

Brown, A. L., *The Governance of Later Medieval England 1272–1461*, Stanford University Press, 1989.

Bulmer-Thomas, I., *The Party System in Great Britain*, London, 1933.

Butler D. & Butler, G., *British Political Facts 1900–1994*, Macmillan, 1994.

Butt, R., *A History of Parliament, The Middle Ages*, London, 1989.

Cannon, J., *Aristocratic Century, the Peerage of Eighteenth Century England*, Cambridge University Press, 1984.

Chard, C., *Pleasure and Guilt on the Grand Tour: Travel Writing and Imaginative Geography 1600–1830*, Manchester University Press, 1999.

Checkland, S., *The Rise of Industrial Society, in England*, Longman, 1982.

Chester, *The Rise of Industrial Society*, Longman, 1982.

Collinson, P., *The Elizabethan Puritan Movement*, Clarendon, 1986.

Cook, C. & Taylor L. ed., *The Labour Party*, Longman, 1986.

Cook, C. & Stevenson, J., *The Longman Handbook of Modern British History, 1714–1980*, Longman, 1963.

Coward, B., *The Stuart Age 1603–1714*, Longman, 1980.

Edwards, J. G., *The Commons in Medieval English Parliaments*, London, Athlone Press, 1958.

Ensor, R., *England 1870–1914*, Oxford University Press, 1963.

Evans, E., *The Forging of the Modern State*, *Early Modern Britain 1783–1870*, Longman, 1983.

Evans, M., *Death of Kings*: *Royal Death in Medieval England*, Continuum International Publishing Group, 2000.

Felling, H., *Origin of the Labour Party 1880–1900*, Oxford University Press, 1974.

Filmer. R., *Patriarcha and Other Writings*, Cambridge University Press, 1984.

Fisher, D., *The Anglo –Saxon c. 440–1042*, Longman, 1983.

Fryer, P., *Staying Power*, *The History of Black People in Britain*, Pluto Press, 1984.

Foord, A. S., *His Majesty Opposition*, *1714–1830*, Oxford University Press, 1964.

Robin Frame, *Ireland and Britain*, *1170–1450*, Hambledon, 2003.

Glucklich, A., *Sacred Pain*: *Hurting the Body for the Sake of the soul*, Oxford University Press, 2001.

Goodman, E., *The Origin of Law Tradition in the Western*, Feseral Press, 1995.

Grundy, I., *Lady Mary Wortley Montagu*, Oxford University Press, 2001.

Guun, S. J., *Early Tudor Government*, *1485–1558*, Macmillan, 1995.

Hagert, A., *The Age of Milton*: *An Encyclopedia of Major 17th-Century British and American Authors Book*, Greenwood Press, 2004.

Hallidy, F. E., *A Concise History of England*, *From Stonehenge to the Atomic Age*, Thamas & Hudson, London, 1974.

Hanahm, J., ed., *The Nineteenth Century Constitution*, *Documents and Commentary*, Cambridge University Press, 1969.

Harlevy, E., *The Liberal Awakening 1815–1830*, *A History of the English People in the Nineteenth Century*, London, 1960.

Hay, J., *The Development of the British Welfare State 1880–1975*, *Documents of Modern History*, Edward Arnald, 1978.

Haynes, F. E., *Criminology*, Cambridge University Press, 1994.

Hill, C., *Puritanism and Revolution*, Nalson, 1981.

Hill, C., *The Century and Revolution 1603–1714*, Nalson, 1981.

Hill. W. W., *The Growth of Parliamentary Partie 1689–1742*, London, 1985.

Holmes, G., *The Age of Oligarchy*: *Pre-industrial Britain 1722–1783*, Longman, 1993.

Holt, R., *Sport and the British*: *A Modern History*, Oxford University Press, 1989.

Horn, D. B. & Ransome, M. ed., *English Historical Documents 1714–1783*, Eyre & Spottiswoode, London, 1957.

Hostettler, J., *A History of Criminal Justice in England and Wales*, Waterside Press, 2009.

Houldsworth, W. S., *The History of English Law*, Boston, 1922.

Jacob, E., *The Fifteenth Century 1399–1485*, Oxford University Press, 1961.

James, R. R., ed., *Winston Churchill*: *His Complete Speeches 1897–1963*, Vol. 7, New York, 1974.

Jennings, I., *Party Politics*, Vol.2, Cambridge University Press, 1968.

Jennings, I., *The Cabinet Government*, Cambridge University Press, 1959.

Jeremy, B., *Britain in the Age of Walpole*, Macmillan, 1984.

Jarret, D., *Britain 1688–1815*, Longman, 1983.

Jones, J., *The Revolution of 1688 in England*, London, 1972.

Kenyon, J. ed., *The Tudor Constitutional History*, *Documents and Commentary*, Cambridge University Press, 1978.

Lander, J. R., *The Limitations of English Monarchy in the Later Middle Age*, University of Toronto Press, 1989.

Leonard, R., *The World of Gainsborough 1727–1788*, Time-Life Books, 1969.

Leonard, R., *Rural England 1086–1135*: *A Study of Social and Agrarian Condition*, Oxford University Press, 1959.

Lloyd & Laing, J., *The Origin of Britain*, Rutledge & Kegan Paul, London & Henley, 1980.

Lloyd, T., *Empire, Welfare State, Europe*: *English History 1906–1992*, Oxford University Press, 1993.

Loach, R., *History of England, From the Restoration to the Death of William III*, New York, 1923.

Loades, D., *Power in Tudor England*, Macmillan, 1997.

Loh, W. D., *Social Research in the Judicial Process: Cases, Reading, and Text*, New York: Russel Sage Foundation, 1984.

Loyn, *The Governance of Early Medieval England 1087–1272*, Edward Arnald, 1984.

Mackintosh, J. P., *The British Cabinet*, Methuen, 1968.

Maitland, F. W., *The Constitutional History of England*, Cambridge University Press, 1926.

Marriot, J., *England since Waterloo*, London, 1922.

Marshall, D., *Eighteenth Century 1714–1783*, Longman, 1980.

Mckisack, May, *The Fourteenth Century 1307–1399*, The Clarendon Press, 1959.

Medley, D., *A Student's Manual of English Constitutional History*, Blackwell, 2007.

Meller, W. C., *A Knight's Life in the Days of Chivalry*, Kessinger Publishing, 2005.

Mingay, G., *English Landed Society in the 18th Century*, London, 1963.

Myers, A. R., ed. *The English Historical Documents 1327–1485*, London, 1959.

Mortimer, R., *Angevin England 1154–1258*, Blackwell, 1996.

Newcombe, D., *Henry VIII and the English Reformation*, London & New York, 1995.

Ormrod, W., *Political Life in Medieval England, 1300–1450*, St. Martin Press, 1955.

Perroy, E., *The Hundred Years War*, London, Eyre and Spottiswoode, 1969.

Poole, A. L., *From Domesday Book to Magna Carta, 1807–1216*, Oxford University Press, 1964.

Poter, R., *English Society in the Eighteenth Century*, Allen Lane, 1982.

Postan, M., *The Medieval Economy and Society, An Economic History of Britain in the Middle Age*, London, Weidenfeld and Nicolson, 1972.

Pounds, N., *A History of the English Parish: The Culture of Religion from Augustine to Victoria*, Cambridge University Press, 2000.

Powiche, M., *The Thirteenth Century, 1216–1307*, Clarendon Press, 1962.

Read, D. *England 1868–1914*, Longman, 1979.

Roberts C. & Roberts, D., *A History of England, Prehistory to 1714*, Prenticehall, Inc.,

Englewood, N. J., 1980.

Roberts C., & Roberts, D., *A History of England, 1688 to the Present*, Prenticehall, Inc., Englewood, N. J., 1980.

John Roskell, *Parliament and Politics in Late Medieval England*, Vol.2, The Hambledon Press, 1981.

Ryan, C., *The Tourist Experience*, Learning Business Press, 2002.

Scott, J., *The Upper Growth, Property and Privilege*, Macmillan,1982.

Seaman, L. C., *Post-Victorian Britain 1902–1951*, Methuen,1966.

Seward, D., *The Hundred Years War, The England in France, 1337–1453*, Athenaeum, 1978.

Stenton, F., *Anglo-Saxon England, c. 550–1087*, The Clarendon Press, 1947.

Stephenson, C. & Marcham F., ed., *Sources of English Constitutional History, A Selections of Documents from A. D. 600 to the Present*, New York & London, 1937.

Stone, L., *The Crisis of the Aristocracy, 1550–1641*, Oxford University Press, 1967.

Storey, R., *The End of the House of Lancaster*, New York, Stein and Day, 1967.

Joseph Tanner, *Tudor Constitutional Documents, A. D. 1485–1603, with a Historical Commentary*, Cambridge University Press, 1922.

Tames, R. L., *Documents of the Industrial Revolution 1750–1689*, Hutchinson Educational, 1971.

Trrow, J., *English Rural Society 1200–1350*, New York, Barnes and Noble, 1969.

Trevelyan, G. M., *England under Stuarts*, Methuen, 1980.

Trevelyan, G. M., *The English Revolution 1688–1689*, Oxford University Press, 1974.

Tuner, *The Conflict of English Constitution in Seventeenth Century 1603–1689*, Cambridge University Press, 1960.

Watson, S., *The Reign of George III 1760–1815*, Oxford University Press, 1974.

Whitman, J. Q., *The Origin of Reasonable and Doubt: Theological Roots of the Criminal Trial*, Yale University Press, 2008.

Williams, B., *The Whig Supremacy 1716–1760*, Oxford University Press, 1962.

Williams, B., ed., *The Eighteenth Century Constitution, Documentary and Commentary*, Cambridge University Press, 1969.

Williams, P., *The Later Tudors, England 1547–1603*, Oxford University Press, 2002.

Williamson, J. A., *The Tudor Ages*, Longman, 1979.

Wikinson, B., *The Later Middle Ages in England 1216–1485*, Longman, 1982.

Wikinson, B., *Constitutional History of Medieval England 1216–1399*, Longman, 1963.

Wood, A., *Nineteenth Century Britain 1815–1915*, Longman, 1985.

Woodward, L., *The Age of Reform 1815–1870,* Oxford University Press, 1962.

责任编辑：杨美艳

封面设计：石笑梦

图书在版编目（CIP）数据

英国史 / 阎照祥 著 . 2 版（修订本）

　－北京：人民出版社，2014.1（2022.4 重印）

（国别史系列）

ISBN 978 － 7 － 01 － 012782 － 8

I. ①英… 　 II. ①阎… 　 III. ①英国－历史 　 IV. ① K561

中国版本图书馆 CIP 数据核字（2013）第 263703 号

英国史（修订本）

YINGGUO SHI (XIUDINGBEN)

阎照祥　著

人 民 出 版 社　出版发行

（100706　北京市东城区隆福寺街 99 号）

北京盛通印刷股份有限公司印刷　新华书店经销

2014 年 1 月第 2 版　2022 年 4 月北京第 4 次印刷

开本：710 毫米 ×1000 毫米 1/16　印张：29　插页：8

字数：503 千字

ISBN 978 － 7 － 01 － 012782 － 8　定价：88.00 元

邮购地址 100706　北京市东城区隆福寺街 99 号

人民东方图书销售中心　电话（010）65250042　65289539

本书系

四川大学老子研究院

四川文化艺术学院汤用彤国学院

江西师范大学

联合教研规划项目

应用国学

詹石窗　主编

人民出版社

本书编委会

主　　编：詹石窗

副　主　编：曾　勇　罗　莉

本书撰稿人（以撰写书稿先后次第为序）：

詹石窗　王芳芳　杨　燕　吴　婷　宋野草　邓　星

张培高　屈燕飞　郑小琼　钟　凤　罗　莉　胡瀚霆

李　冀　谢清果　雷　宝　曾　勇

目　录

contents

绪　论

【学习目的】了解"国学"的由来以及"应用国学"的内涵，认识"应用国学"的关键所在、基本特点和价值，明白国学传承中应有应该的路径与方法，警戒国学传播中的偏向。

四十年来，随着社会经济的发展，人们的物质生活水平逐步提高，精神文化需求也在增长中发生了一些变化。如果说改革开放经过一段时间之后，人们对于了解与借鉴西方文化充满了热情并且作出了卓有成效的努力，那么在经过了认真审视与反省之后，社会上便激发出一种重新认识民族文化的渴望。于是，介绍中华传统文化的书籍大量增加，相应的研究机构更是如雨后春笋破土而出。在这种社会文化环境中，"国学热"悄然兴起。无论是国家机关还是各类学校，无论是社会团体还是家庭教育，"国学"已经成为一个热门词语。对于民族复兴而言，这无疑是大好事。然而，具有悠久历史的"国学"，如果仅仅停留于嘴上热议，那是不能真正显示其价值的。我们为什么要了解国学、研修国学？其目的就是要发掘国学中的文化资源来为当代社会服务；换一句话来讲，就是寻找智慧、滋养人生、激发灵感、推动创新。因此，我们把这门课程称作"应用国学"。

一、"国学"缘起与传承

顾名思义，"应用国学"是以"国学"的存在与认知为前提的。不了解什么叫"国学",不认识其构成与价值,就谈不上应用。所以,在解释"应用国学"之前,有必要追溯"国学"的由来。

"国学"一词最早见于《周礼·春官》:"乐师掌国学之政,以教国子小舞。"其中所谓"国学"实际上是指诸侯国的教育机构,包括教育体制、教育内容、教育传统。在周代,教育机构有国家教育层级与地方教育层级。地方教育层级称作"乡学",其基本类型有"校""序""庠",设在地方治所之中,由司徒和遂大夫执掌职责;与"乡学"相互对应的区域教育机构就称作"国学",设在王城之中,由乐师与大司乐等执掌职责。

在上古文献中,除了《周礼》之外,《诗经》《孟子》《礼记》等书虽然没有明确使用"国学"概念,但根据孔颖达等经学家的诠释可知,这些经典文献多有涉及"国学"教育之情形者,说明"国学"作为一种教育机构在春秋战国时期占有重要地位。

汉代荀悦所撰《前汉纪》卷八称:

> 八岁入小学,学六甲、四方、五行、书计之事;十五入大学,学先王礼乐而知君臣之礼。其秀异者移乡学;学于庠序之异者移于国学,学乎小学。诸侯岁贡小学之异者,移于天子之学,学于太学,命曰造士,然后爵命焉。①

从这段话可以看出,周代传下来的教育体制,在年龄上分为两个阶段,分别学习不同内容。8岁开始接受正式的教育,学习内容偏重于能力技巧,包括方物名词概念以及基本的计算技能等,主要目的是培养生活能力。从8岁到14岁,这个阶段是"小学"。15岁开始进入"大学",生员的学习内容是先王礼乐。所谓"先王礼乐",主要是由先王创立而历代相传的典章制度,目的是知晓君臣的礼节。其中所谓"秀异者移乡学"是指成绩特别优秀的就进入"乡学"。

---

① (汉)荀悦:《前汉纪》卷八,三余书屋,光绪丁丑年补刊本。按"六甲",原作"六家",据班固《汉书》等文献校正。

在"乡学"之前是什么级别呢？《前汉纪》没有明确说明，但从相关记载可知乃是"舍里之学"，大概相当于当今的村落、里弄办的小型教育网点。完成了"舍里之学"之后，就有条件晋升高一级的教育机构，这就是"乡学"；不过，并非所有的生员都能够进入"乡学"，只有成绩突出者方可准入。依照这种规则，"乡学"生员成绩优异者，又可以晋升入"国学"机构。这说明，"乡学"与"国学"不存在不可逾越的鸿沟。生员只要努力，就有可能从"乡学"而跃入"国学"机构，实现"转轨"的愿望。"国学"机构中的"小学"乃是专门化的文字学，包括"六书"法度、音韵训诂之类。在完成"小学"教育之后，如果成绩优异，就进入天子所办的"太学"。学成之后就有了"造士"的名衔。许慎《说文解字》谓："造，就也。从辵，告声。"又引谭长之言曰："造，上士也。"所谓"造"是取得成就的意思，经过了系统教育并且具备了创造能力，这才称得上"造士"。这样看来，荀悦所记载的"国学"还不属于普天之下的最高教育机构，因为周代的"国"乃是诸侯国，相当于现代的"省"或者数省大区，例如华中地区、华南地区、华北地区这样的行政空间；唯有天子所管辖的"太学"才是最高教育机构。

关于"国学"与"乡学"的关系，汉代的赵岐也有类似记载。他在《孟子注疏》卷一中说：

> 舍里有序，而乡有庠。序以明教，庠以行礼，而视化焉。其有秀异者移乡学于庠序；庠序之异者移国学于小学；小学之异者移于大学，命曰造士。行同能偶则别之以射，然后爵命焉。此先王制士处居，富而教之之大略也。

这段话从初级教育的"序"说起，一直讲到"爵命"。其中有两点值得注意：第一，指出了"序"与"庠"的区别，明确了"舍里"的教育机构为"序"，而"乡学"的教育机构则是"庠"，彼此的教育侧重点是不同的。"序"的任务是"明教"，而"庠"的任务则是"行礼"。所谓"明教"就是确立做人、做事的基本规范。就构型而言，"教"字从孝从攵；"孝"字表示尽心尽力侍奉父母，引申为常规;"攴"字音铺,其构造像一把鞭子的形态,表示幼儿不守规矩时应该适当鞭策。许慎《说文解字》称孝者"上所施下所效也",也就是让受教育者能够效法原有的规矩。《周礼·师氏》谓:"教之者,使识旧事也。"这就是学习先人传承下来的知识系统。《礼记·学记》称:"教也者,长善而救其失者也。"这就是引导受教育者形成正确的生活方式,如果受教育者有所偏差就应该及时予以纠正,这就是"明"。经过了"序"阶段的教育之后,受教育者的学习重点就应该由"明"转为"行",也就是"行礼"。所谓"行"就是实行、实践,提升礼仪典章的操作能力。第二,指出了"大学"教育的一个重要环节——"别之以射"。所谓"别"就是特别划分出来,所谓"射"是古代选定诸侯、卿、大夫、士的一种操作程序。"射"的本义是放箭射击,在射箭场上比赛功力,以确定身份、品位,足见古时候是很重视身体能力的;"射"读若"亦",与"绎"相通。"绎"的本义是抽丝,引申为陈述。在射击场上,生徒们"各抒己志",谈论修身、齐家、治国、平天下的体会与看法。"射"不仅考察生徒的身体技能,而且考察生徒的思维判断能力。要能够被选出来参加"射"的检验是有条件的,这个条件就是"行同能偶"。其所谓"行"就是操办,"偶"就是"对",面对具体场境、具体问题,能够根据一定的标准提出解决问题的思路和法度。

周代之后,各朝代基于教育王公官僚子弟和平民俊秀的需要,都重视设立国家教育机构。例如汉代设有太学;到了晋武帝则设国子学;到了北齐时期,复建国子寺;隋、唐、宋诸朝,由国子监下辖太学、四门、国子学,成为一个囊括古代学术的多功能教育机构;到了元代,又取用晋武帝时期的"国子学"为其国家教育机构之名,明清两朝则称作国子监。不同时期的国家教育机构虽然名称不同,但都是周代"国学"的沿袭与变通。

二、近现代的"国学"呼声

到了近现代,由于特殊的历史机缘,"国学"概念得到了一些著名文化人的倡导，内涵也逐渐发生变化。

（一）国学在五四运动前后的倡导

1902 年秋，梁启超写信给黄遵宪提议创办《国学报》，"以保国粹为主义"，显而易见，他已经亮起了"国学"的旗号。几个月后，梁启超撰写了《论中国学术思想变迁之大势》的著名文章，又多次提及"国学"，显示了他对"国学"的特别关注。1905 年初，邓实、黄节等人在上海成立国学保存会，草拟了《国学保存会简章》，谓其宗旨是"研究国学、保存国粹"，而且以《国粹学报》作为其机关刊物，于 2 月 23 日正式发行。如此有组织、有宗旨、有平台，便有了推进方向、人脉和力量。

从梁启超关于《国学报》的倡议到国学保存会的成立，我们可以看到一个有趣的现象，这就是把"国学"与"国粹"两者并用。所谓"国粹"，就是国家文化之精髓。在梁启超等坚守传统的学者心目中，"国学"就是"国粹"；反过来看，"国粹"也就是"国学"。与此同时，当时的文化界还流行着"国故"的说法。1919 年初，黄侃、刘师培、薛祥绥、张煊、罗常培等北大师生，以刘师培之宅舍为依托，成立了国故社。1919 年 3 月，该社创办了《国故》月刊，旨在"昌明中国固有之学术"。不论是"国故"还是"国粹"，其实都在于表明："国学"乃是先民文化学术的精神。

从 20 世纪初到五四运动前夕，中国大地上为什么出现了这样一批"国学"的守望者与倡导者呢？以往的学术界对此多有分析。一般以为，那是对抗西方帝国主义精神文化侵略的举措，这个说法不无道理。众所周知，19 世纪中叶，西方列强数国，凭借着"船坚炮利"和强势经济的支撑，入侵中华国土。伴随着隆隆的枪炮声，西方文化在"自由、民主、科学"口号掩饰下，如一股洪流冲刷着中国大地，中国固有文化面临空前的危机。在国门被打破之后，民族自信受到了挫折。一场思想文化辩论不可避免地产生了。古代曾经出现的"华夷之辨"在这种情况下转变为"中西之辨"。俗话说，"外来的和尚会念经"；经过了一个阶段的冲击，社会上弥漫着一种思想空气，认为中国之所以落后挨打，是因为传统的学术乃至保守文化，制约了人们的创造力。于是，崇尚西方文化的观念在社会上滋生了，并且产生了不小的影响。正是在这种背景下，当时的中国社会形成了"洋务派"与"改良派"。前者以魏源、林则徐、曾国藩、左宗棠等人为代表，后者以王韬、郑观应、黄遵宪等人为代表。洋务派与改良派，尽管各自说法有所不同，但却有共同立场，这就是维护中华民族的自立，实现国家富强。其思想主张最具代表性的口号就是"中学为体，西学为用"。所谓"中学"，系以孔门之学为主的中华传统学术，而"西学"则指来自西方的自然科学、工艺技术、工商法律等。本来，在守望传统学术的同时，汲取西方先进科学技术和社会管理法度，这是无可厚非的。然而，积贫积弱的社会使当时精英阶层的许多人对中华民族固有文化基本失去信心，一种全面否定传统文化的潮流来势凶猛，中国面临亡国乃至灭种的危机。正是为了保国存种，国粹派代表人物章太炎提出"保存国学"与"振兴国学"的口号。他指出：国学是国家成立的根本，国学亡而国必亡，国学兴而国自立，国学与国家的命运息息相关、存亡相依。

在章太炎的感召下，一些高等学校相继成立了国学研究与教育机构，例如北京大学于1920年成立"国学门"，清华大学于1925年成立国学研究院；随后，厦门大学于1926年创办了国学研究院。此外，燕京大学、金陵大学、齐鲁大学等教会大学也相继创办国学教育和研究机构。在许多中等学校中，则开设了"国学概论"的课程，甚至还有无锡国学专门学校，致力于国学人才培养，取得了很好效果。由此可见，1919年的五四运动虽然高举"打倒孔家店"旗号，但并没有熄灭国学火种，中华古老之国学以一种顽强姿态传递着。

（二）改革开放以来的"国学"复兴

1978年，中国共产党十一届三中全会确立了改革开放思想路线，这不仅激发了前所未有的社会生产力，从而使中国经济恢复了生机，而且迎来了科学与文化发展的春天。在这样的环境下，传统"国学"也慢慢复苏。尤其是到了 20 世纪 90 年代，"国学"迎来了新气象。

1992 年，北京大学成立传统文化研究中心，并创办《国学研究》杂志。1993 年《国学研究》第一卷出版时，《人民日报》接连发表《国学，在燕园悄然兴起》以及《久违了，国学》两篇文章予以报道。文章指出："1950 年以后，'国学'二字废而不用了。再提'国学'，直追前辈大师，确实要有很大的勇气"，文章还呼唤新一代国学大师的产生，期待"国学的再一次兴起"。作为官方权威媒体，《人民日报》发表这两篇文章，无疑具有一定导向作用，为此后复兴"国学"释放了官方的支持信号。

根据"中国知网"的收录，自 1992 年以来题目带有"国学"的文章不断问世，总体上呈螺旋式上升趋势。1993 年发表的国学文章凡 6 篇，较具代表性的有王元化的《胡适的治学方法与国学研究》等；1994 年发表的国学文章凡 24 篇，其中较具代表性的为：张岱年先生的《如何研究国学》，袁行霈的《开放的国学与开放的〈国学研究〉》，季羡林的《国学、政治和二十一世纪的"偏"》，毕全忠的《国学研究肩负的使命》等；1995 年发表的国学文章凡 41 篇，较具代表性的为：王小波的《智慧与国学》，钱逊的《国学研究中的一个重要问题》，陆振岳的《国学刍议》等；1996 年发表的国学文章凡 29 篇，较具代表性的有：郭齐勇的《国学与国魂》，李向品的《被遮蔽了的国学研究》，桑兵的《晚清民国时期的国学研究与西学》等；1997 发表的国学文章凡 18 篇，较具代表性的有：邓牧之的《也谈国学与西学的争论》，孙敦恒的《清华国学研究院的师生情谊》等；1998 年发表的国学文章凡 31 篇，较具代表性的有：李庆本的《国学研究中知识与价值二元论》，黄卓越的《走向内在研究的国学》，邓小金的《国学研究的态度与意义》等；1999 年发表的国学文章凡 26 篇，较具代表性的有：黄东杰的《欧风美雨中的国学保存会》，叶舒宪的《人类学与国学变革——研究课题报告》，钟少华的《试论近代中国之国学研究》等；2000 年发表的国学文章凡 19 篇，较具代表性的有：楼宇烈的《国学研究面临的问题及其出路》，陈振岳的《无锡国学专修学校述略》等；2001 年发表的国学文章凡 36 篇，较具代表性的有：谢贵安的《张舜徽与二十世纪后半叶的国学研究》，桑兵的《近代学术传承：从国学到东方学——傅斯年〈历史语言研究工作之旨趣〉解析》等；2002 年发表的国学文章凡 39 篇，较具代表性的有：刘石的《"五四"前后国学研究学术思想的新变》，罗志田的《国学不是学：西方学术分类与民初国学定位的困惑》等；2003 年发表的国学文章凡 47 篇，较具代表性的有：刘海波的《九十年代的国学与实学》，盛邦和的《日本"国学"中的政治学——松本三之介思想试探》；2004 年发表的国学文章凡 43 篇，较具代表性的有：牛建科的《复古神道与国学》，史成明的《国学热与当代中国文化之定位》等；2005 年发表的国学文章凡 103 年，较具代表性的有：伍立杨的《国学有国学的种属》，张品的《审美文化视域中的国学内涵》，金开诚的《国学要对现实有用》等；2006 年发表的国学文章凡 180 篇，较具代表性的有：郭齐勇的《创办国学试验班的探索》，张永的《国学的历史流变及升温原因简析》，刘红庆的《再议国学能否救国》等；2007 年发表的国学文章凡 303 篇，较具代表性的有：王圆圆的《国学与管理》，谢桃坊的《国学辩证》，包礼祥的《数字时代国学研究的大众化与保真问题》；2008 年发表的国学文章凡 313 篇，较具代表性的有：唐眉江的《国学的结构与功能》，袁行霈的《国学的当代形态与当代意义》，方立天的《国学之魂：中华人文精神》等；2009 年发表的国学文章凡 370 篇，较具代表性的有：刘耀辉的《国学读物出版之我见》，徐宏力的《论新国学》，王宏斌的《国学都是哪些"国"与"学"》，刘梦溪的《国学无须"热"》等；2010 年发表的国学文章凡 415 篇，较具代表性的有：徐贲的《国学的超现实主义奇迹》，杨珺、路强的《国学与时代精神——2009 年全国社科系统哲学大会综述》，吴光的《简论国学的内涵及其学术定位》等；2011 年发表的国学文章凡 528 篇，较具代表性的有：陈壁生的《国学定义的重新检讨》，纪宝成的《辩证认识国学的价值和意义》等；2012 年发表的国学文章凡 594 篇，较具代表性的有：王文元的《汉字中蕴含的国学义理》，祁志祥的《国学中的"人性论"及其现实意义》等；2013 年发表的国学文章凡 666 篇，较具代表性的有：李翠华的《国学的内涵及其学习对策探讨》，郭齐家的《少儿国学教育势在必行》等；2014 年发表的国学文章凡 824 篇，较具代表性的有：孙振杰的《国学教育需要"文献自觉"》，谢贵安的《论国学的学格及其评价标准》等；2015 年发表的国学文章凡 960 篇，较具代表性的有：焦耀峰的《国学经典教育实施回眸》，张昭军的《国学复兴不能否定新文化运动》等；2016 年发表的国学文章凡 950 篇，较具代表性的有：吴光的《再论国学的内涵、当代定位与学科设置》，郭齐勇的《国学与文化软实力》等；2017 年发表的国学文章凡 1032 篇，较具代表性的有：杨剑平的《内圣外王是国学的实质》，夏海的《国学是中华民族的精神家园》等。

从上述罗列可以看出，自 1992 年到 2017 年间，题目带有"国学"概念的论文共计 7597 篇。其中，2005 年是一个重要分界线，此前每年发表量均未达到百篇，而 2005 年则超过前一年一倍多，2006 年猛增了快一倍，到 2017 年突破千篇。这种情况的发生当然有多方面的原因，但与 2005 年开始全国新增许多国学的专门研究机构应该有密切关系。这一年，中国人民大学成立了国学研究院；2006 年，厦门大学复办国学研究院；2007 年，首都师范大学成立了国学传播中心；2009 年，清华大学复办的国学院；2010 年，武汉大学成立国学院；在众多研究机构之中，国务院常务会议于 2010 年批准成立的中国国学中心尤为人所瞩目，该中心隶属国务院参事室，牵头组织筹备"国学馆"，这所集中展示中国文化的国家级文化博物馆，体现了党和政府对国学的高度重视。伴随着诸多国学研究机构的成立，全国各地还创办了许多国学网站，例如首都师范大学在成立国学传播中心的同时创办了著名的国学网站，该网站将国学相关的书籍资源电子化，且开设国学宝典、国学论坛、国学司南、国学人物、国学资讯等栏目。目前，在互联网上的国学网站已有百余个，其中既有研究型网站也有普及型网站、商业型网站。除了首都师范大学的国学网外，比较具有代表性的还有中国国学网、齐鲁国学网、中华国学网等。全国各地设立的国学研究机构与网站，大大推动了国学的理论探讨与传播。以"国学"为题的学术论文自 2005 年来大量增加，显示了各地的国学研究机构的确付诸努力。

（三）关于"国学"内涵的探讨

从 20 世纪初到现阶段发表的关于"国学"的文章，涉及面颇广，但最重要的乃是关于"国学"的定义或者说内涵问题。概括起来，主要有如下几种意见。

1. 国学即国故学

胡适在《国学季刊》"发刊宣言"中说：

> "国学"在我们心眼里，只是"国故学"的缩写。中国的一切过去的文化历史，都是我们的"国故"；研究这一切过去的历史文化的学问，就是"国故学"，省称为"国学"。①

此外，胡适还在《研究国故的方法》一文中说："自从章太炎著了一本《国故论衡》之后，这'国故'的名词，于是成立。"照胡适的看法，所谓"国学"就是研究中国以往的历史文化的学问，这种研究是以章太炎提出"国故"概念为起点的。

按，"故"字，早见于金文，写作"故"，本来表示老朽而自然死亡，后来引申为"过去的"或"原来的"，所以"国故"即指一国之过往存在的文化现象。1919 年 3 月 18 日，《公言报》发表了《请看北京学界思潮变迁之近状》一文，指出当时学术界存在"新派"与"旧派"的两大阵营。"新派"以陈独秀、胡适等为首，办有《新潮》杂志；"旧派"以刘师培为首，而黄侃、马叙伦则与刘师培相互声援，编纂出版《国故》专刊。早先，胡适是被看作与陈独秀一样的"新派"代表人物，但后来却以"国学"为"国故"之学，在思想指向上与刘师培的倡导合流了。按照胡适自己的说法，为《国学季刊》写的"发

---

① 胡适：《发刊宣言》，《国学季刊》第 1 卷第 1 号，1913 年 1 月。

刊宣言"并非纯粹个人主张，而是代表了当时主办单位的立场，主办者是北京大学研究所国学门，编辑委员会由胡适、沈兼士、周作人、顾孟余、单不庵、马裕藻、刘文典、钱玄同、李大钊、朱希祖、郑奠等组成。《发刊宣言》于1923年1月以不具名方式刊发于《国学季刊》创刊号，而后在《北大日刊》连载三天，翌年出版的《胡适文存》全文收录了这个宣言，由此可以看出胡适最终是同意"发刊宣言"基本主张的。

2. 国学为"六艺之学"

关于"国学"的内涵问题，马一浮的看法算是别具一格的，他在《楷定国学名义》中说：

> 今楷定国学者，即是六艺之学，用此代表一切固有学术。广大精微，无所不备。①

根据竺可桢的日记②，马一浮这个说法是在1938年5月14日一次国学讲座中提出来的。什么叫作"楷定"？这本是佛学用语，多见于华严宗经典系列，其本义是"决定"，唐宋以来的文人士大夫亦有因袭此概念者，且多有发挥。关于这个概念的语义，马一浮先生自己有一段解释：

> 楷定，是义学家释经用字。每下一字义，须有法式，谓之楷定。楷即法式之意，犹今哲学家所言范畴。亦可说为领域。故楷定即是自己定出一个范围，使所言之义，不致凌杂无序，或枝蔓离宗。老子所谓"言有宗，事有君也"。③

这样说来，所谓"楷定"就是指出了一个概念所适用的范围或领域，使之言之有据而自成体系。"楷定"不是确定，也不是假定。马一浮指出，之所以不用"确

---

① 《马一浮集》第1册，杭州：浙江古籍出版社、浙江教育出版社1996年版，第8页。

② 《竺可祯全集》第6卷，"旧记一集"，上海：上海科学技术出版社2005年版，第519页。

③ 《马一浮集》第1册，杭州：浙江古籍出版社、浙江教育出版社1996年版，第10页。

定"或者"假定"，是因为这两个词无法明白无误表达自己的意思。确定了的事是不可改易的，而学问乃是"天下之公言"，不可以"自专"而强加于人，故而不用"确定"；至于"假定"，乃是心有存疑，信不及之，所以也是不恰当的。由此可见，马一浮"楷定"国学既体现了他的谦逊态度，也表明其内心的自信。

马一浮将"国学"楷定为"六艺之学"，这首先表达的是国学研究范围。也就是说，国学研究范围即"六艺之学"。古之所谓"六艺"，有两种说法：一指"礼、乐、射、御、书、数"六种技能；二指六部经典——《诗》《书》《礼》《乐》《易》《春秋》。马一浮讲的"六艺"到底是指什么？其演讲稿以及竺可桢的日记都表明是"六经"。在中国古代，每一部经典都具有相对独立性，进而衍生为一个学科，所以"六经"也就是六个学科。其次，以"六艺"为"国学"，这是一种"该摄"性说法，并非仅仅限于六部经典著作。所谓"该摄"就是统括。在马一浮看来，"六经"在中国传统文化中是最具代表性的，举之以为统括，则无所不备。由此可见，马一浮所"楷定"的"六艺之学"实际上是将之作为"国学"的文化标志，而非是"国学"的全部系列。

马一浮以"六艺"统括"国学"，这是彰显国学主体性的一种表现、一种举措。晚清到"五四运动"前后，梁启超、胡适等人讲"国学"其实并不排斥西学甚至可以说是以西学的方法来整理国故，其结果有可能逐步被西化，最终丢弃了"固有之学术"。对此，马一浮是有所批评的，例如他在《尔雅台答问·答周君》中说："今日以科学方法研究儒学，将以建设新文化，组成大同文化之新统系，综贯世界一切科学，此在足下之理想则可，若谓遂能建设，立求实现、言未可若是其易也。"这段话说还算比较客气，以为用科学方法研究儒学，进而建设大同文化新体系，这可以作为理想，但实际上却很难实现。马一浮此说的思想旨趣在于告知学人：研究传统学术应该有自己的独立方法，唯有如此才能坚守固有学术，否则只能被消解而不复存在。近年来，龚鹏程[①]、

① 参见龚鹏程：《马一浮国学观及其特色》，《杭州师范大学学报》2008 年第 6 期。

蒋国宝[①]、刘梦溪[②]诸先生都有关于马一浮"国学观"研究的论文发表,对于理解马一浮楷定国学为"六艺之学"的来龙去脉、思想内涵是颇有裨益的。

3. 国学系"一国所有之学"及其变通性说法

在众多关于"国学"定义或者说内涵探讨的论述中,邓实的说法算是较早故而有其代表性。在《国学讲习记》一文中,邓实指出:

> 国学者何?一国所有之学也。有地而人生其上,因以成国焉,有其国者有其学。学也者,学其一国之学以为国用,而自治其一国也。[③]

在这里,邓实用了"所有"这个全称表述,这就把"国学"的范围做了最大的拓展。"国"是如何形成的?首先是有其"地",因为有其"地",所以"人生其上",这指出了"国"的主体要素是土地与人口。在特定土地上的人口因其生活、生产而形成了自己的学问或者说"文化理论",这就是"国学"。后来者学习先人的学问,其目的是要"用",即经世致用,其目标是国家治理。邓实这段话虽然很简短,但却具有高度概括性,既提出了国学的定义,也讲了国学形成的环境、原因和功能,可谓言简意赅。

20 世纪 90 年代中期,北京大学张岱年先生也就"国学"的定义与范围提出看法,他说:

> 关于国学,首先应了解所谓国学的意义。所谓国是本国之意,国学即本国学术,亦即中国学术之意。从这个意义来说,每一个文明民族都有自己的国学。[④]
>
> 今天讲国学,所谓国指民族而言,不限于过去时代的学术。

---

① 蒋国宝:《马一浮楷定"国学是六艺之学"的现代意义》,《中共宁波市委党校学报》2009 年第 4 期。

② 刘梦溪:《马一浮和"六艺论"》,《中国文化》2008 年第 2 期。

③ 邓实:《国学讲习记》,《国粹学报》第 19 期。

④ 张岱年:《国学与时代》,《中国社会科学院研究生院学报》1995 年第 5 期。

国是指地域而言，不是指时代。百花洲出版社的"国学大师丛书"有《鲁迅评传》、《胡适评传》等，即表示国学的范围不限于古代。本世纪二十年代，胡适提倡"整理国故"，取得了一定的成绩。国故专指六典而言。在今天，所谓国学不等于国故。国学不等于旧学。①

张岱年先生这两段话，第一段可视为国学的定义。他以"国学"为"本国学术"；根据这个前提，"国学"并非只是中国才有，其他文明国家其实也都有自己的"国学"。第二段话阐述"国学"应有的范围，他认为"国指民族而言"，其所谓"民族"当然是中华民族，即包括了汉民族，也涵盖了其他少数民族，因为当今的国家是由 56 个民族组合而成，所以这些民族的文化也就纳入了国学的视域。另外，张岱年先生明确指出了"国学"是一个地域概念，在特定的地域中产生的思想文化都属于国学范围，不论古今，皆在其中。他特别点出"国学不等于国故"，这句话如何理解呢？我们认为：这里的"不等于"所表达的是不能延续胡适本有的说法，即不能将"国学"与"国故"看成一样的东西，但并没有排斥包含"国故"的内容。换一句话来讲，作为以往的历史文化，"国故"还是要研究的，不能将其弃之门外，但也不能回到纯粹的"旧学"轨道上去。

关于"国学"概念的陈述，覃启勋先生也有一个说法：

"国学"是一个历史性很强的概念，因此，随着时代的发展、社会的进步和人们认识水平的不断提高，为其所下的定义也在不断地充实和完善。从这个意义上讲，时至当下，其定义应该进一步充实为：国学是以儒学为主体的中华传统文化与学术之总称。②

覃启勋所谓"历史性很强"，是说"国学"是在一定历史时期提出来的，并非

---

① 张岱年：《国学与时代》，《中国社会科学院研究生院学报》1995 年第 5 期。
② 覃启勋：《国学三议》，《中南民族大学学报》2005 年第 6 期。

意味着"国学"只关注过去，而不考虑当代。他认为，"国学"定义并非一成不变，而是可以随着时代的变化而调整的。基于这种考虑，他着重阐述了"国学"的两大特质：一是"以儒学为主体"，这个说法从历史上看是可以成立的，因为从汉代董仲舒主张"独尊儒术"之后，儒学便得到了官方大力支持，并且在很长时间成为"官学"。古代科举考试的主要内容就是儒学，如此的教育体系、教育内容决定了儒学在整个中华民族的繁衍过程中产生决定性影响。二是指出了"国学"与中华传统文化及学术的关系。按照覃启勋这个表述，"国学"就是研究中华传统文化与学术的。这提醒我们注意："国学"与"中华传统文化"这两个概念是不能等同的，而"文化"与"学术"也是有区别的。"文化"一词乃是"人文化成"的缩写，典出《周易》之《贲》卦象辞："刚柔交错，天文也；文明以止，人文也。观乎天文，以察时变，观乎人文，以化成天下。"文化有广义与狭义之分：狭义的"文化"指的是人类所创造的精神财富，包括宗教信仰、风俗习惯、道德情操、思想观念、文学艺术、科学技术以及各种制度等；广义的"文化"指的是人类在社会历史实践过程中所创造的物质财富和精神财富的总和。遵循形式逻辑的推理原则，"中华传统文化"就是形成于中华大地上的历代相传的物质文化与精神文化。至于"学术"，首见于《史记·老子韩非列传》："申不害者，京人也，故郑之贱臣。学术以干韩昭侯。"一般而言，"学术"指的是系统而专门的学问。与"文化"这个概念相比，"学术"体现了人类对知识系统与思想观念的整合，具有条理化、体系化和专门化的特征；而"文化"则是客观世界在人类主观世界的投射和反映，其所体现的更具有自然状态。

说"国学"是中华传统文化与学术的"总和"，其所表达有两点需要注意：其一，"中华传统文化与学术"是两事而非一事，"国学"将它们都统括在一起了。其二，"国学"的落脚点是"学"，指的是学问、学说、学科。所谓"总和"表示国学的研究对象，不仅是中华本土形成的各种文化形态，也包括成体系的学说、理论，譬如《四库全书》的"经史子集"之学、道门的"三洞之学"等，其研究对象既有作为自然形态的文化，也有作为理论形态的文化，足见其范围颇广。

与邓实、张岱年、覃启勋诸位学者侧重从中华文化的整体性入手来论说"国学"略有不同，武汉大学郭齐勇教授更强调国学的"魂魄"问题，他说：

> 国学不仅仅指一般的传统学术，如经史子集之学、考据训诂辞章之学等，尤其指其中所蕴含的文化价值与民族精神。国学这一概念从本世纪初被章太炎们提出之时起，就含有振兴民族精神和弘扬中国文化的道德理性与人文传统，来批判或救治整个世界的西化、工业化与商业化的弊病之意。可见，"国学"不仅仅是"学问"或"学术"的概念，尤其是"民族性"与"民族魂"的概念。当然这两者是有密切关联的。国粹派所谓"学亡则亡国，国亡则亡族"，即是主张通过保文化学术来救国家民族。但中国古代文人还有一个说法，就是区别"亡国"与"亡天下"。"国"是一时之政统，而"天下"则是恒久之道统，涵盖了中华文化的神髓。相比之下"天下"重于"国家"。从这个意义上说，国学是"天下"之核心，它超越了具体时空之政制、治统。①

郭齐勇的说法有两点值得特别注意。首先，就"文化价值与民族精神"深度阐释"国学"。何以要强调"文化价值与民族精神"？郭齐勇回顾了近代国学兴起情况，并且分析其原因，指出20世纪初倡导的"国学"具有"振兴"与"批判"的双重特点。其中所谓"民族精神"最核心的内涵就是《周易》之《乾》《坤》两卦讲的"自强不息，厚德载物"，前一句说的是效法天行之健，发奋努力；后一句讲的是效法大地谦卑的德性，宽厚以待人、接物、应世。所谓"道德理性"，系指道德概念、道德判断、道德推理层面的思维形式与思维活动，道德理性使得每个人类个体的道德认知和道德修养成为可能。不同的道德价值观决定了道德理性的不同表现方式。传统国学的表征形态尽管多彩多

---

① 郭齐勇：《国学与国魂》，《中文自学指导》1996年第3期。

姿，但若深入其内核，就会发现其道德反省与践履的基调。儒家以"仁义礼智信"作为基本的文化价值观，而道家则遵循"道德善静安"的文化价值观，由此形成了各具特色的道德修持模式，依此修持模式，升华道德境界，这就是道德理性。至于"人文传统"，在诸子百家中虽然各有说法，但其本质却是"关爱"。孔子讲"仁者爱人"，老子讲"爱民治国"，皆体现了"大爱"精神。展开来说，所谓"关爱"，既包括关爱生命、关爱社会，也关爱自然。然而，在西学冲击下，传统国学被当作落后挨打的精神枷锁，主张全盘西化的人们非将其彻底铲除不可。在这样的社会背景下倡导国学，这就具有救济时弊的用意。其次，指出传统国学的"天下"情怀，这体现了国学的开阔眼界。老子《道德经》称："贵以身为天下，可以寄天下；爱以身为天下，可以托天下。"《管子·经言》谓："欲王天下而失天之道，天下不可得而王也。"《孟子·梁惠王下》言："乐以天下，忧以天下，然而不王者未之有也。"从这几段引述可以看出，"天下"在古代学人那里的确是一个非常重要的概念，领悟了这一点，无疑有助于把握国学的魂魄。

三、应用国学的关键

当我们大体把"国学"缘起及其在近现代的倡导情况简略介绍之后，接下来就可以阐述何谓"应用国学"以及"国学"如何"应用"的问题了。

（一）"应用国学"的语义诠释

就语法上看，"应用国学"是一个偏正词组。"应用"两个字规定了该词组的性质特征。我们经常听到"基础研究"与"应用研究"这样的概念，"应用国学"在构词法度上与"应用研究"遵循着同一逻辑思路。正如"应用研究"对应于"基础研究"一样，"应用国学"乃是对应于"经典国学"。如果说，经典国学侧重于传统的经典解读，阐述"国学"的一般知识、基本原理，那么

"应用国学"就是探讨"经典国学"如何应用到现实生活中的内容、路径、办法。"应用国学"是离不开"经典国学"的，但又不是"经典国学"的简单照搬，而是要根据历史与现实的具体情状作出解释，提出解决的思路和方案。因为有了"应用"，国学的内涵、因素也就产生变化。在这方面，中国社会科学院李存山教授有一段精辟的论述：

> 国学，顾名思义，乃中国传统之学术；然而，某一时代有某一时代之国学。当印度佛教传入中国时，先秦诸子与两汉经学是国学；迨至隋唐以后，儒、释、道三教之学便已都是国学；近代以来，研究中国传统学术而卓有成就者，莫不兼综中西，西学实已渗入国学研究的范围。从国学研究范围的变化，可见中国传统之学术随着时代的发展而发展。传统与现代并非势不两立，当代的国学研究是中国实现现代化过程中的一个题中应有之义，它应该服务于中国的现代化，为建设有中国特色的社会主义新文化而在学理上疏通从传统向现代的文化转型。①

李存山这段论述的最大亮点就是"国学"之内容随着时代更替而发生变化。其立论有相互对照的系列：国内与国外，但两者不是孤立、静止，更不是毫无关系，而是相互交融的。面对外来的文化，本国原先已经存在的文化就是国学；当外来的文化落地生根、实现本地化的时候，国学的元素就增加了新内容，其结构也不同了。这就提出了一个问题：一方面，原先固有的文化如何面对外来文化，包括态度、办法等都得有一个调整；另一方面，外来文化如何适应新的社会环境，如何满足当地民众的需求。这两个方面实际上已经决定了"应用国学"概念出现的必然趋势。从这个角度看，"应用国学"不仅是一个状态概念，更是一个实践概念。所谓"状态概念"，意味着国学既有历史延续性，又

---

① 李存山：《国学研究与中国的现代化》，《中国社会科学院研究生院学报》1996年第3期。

有时空迁移性。所谓"实践概念"，意味着"应用国学"既讲究"知"，更要求"行"，以知利行，以行进知，在"知行合一"探索过程中不断丰富国学的内容与表征方式。

（二）应用国学要解决现实问题

任何一种学问或者理论，要能够存在和发展，一定得有社会需求；没有社会需求的学问或理论即便造就出来也不能长久。国学在今天的倡导，要能够在社会上立足并且获得发展，就得面对现实，了解社会各阶层的不同需要。什么叫作"应"？这就是发现问题并且面对问题。先秦时期，之所以产生诸子百家理论，就是因为当时的社会问题特别突出，各家创始者及其传承人面对纷繁复杂的自然现象、社会现象、生命现象，作出自己的判断和解释，因为观察的角度不同、理解不同，解释也就层出不穷，故而百家纷起，争鸣于世。什么叫作"用"？这就是要解决问题。能够解决问题就有用，不能解决问题就无用，哪怕宣传得天花乱坠也会被社会所淘汰。所以，研究国学和传播国学，一定得有针对性，正如医生为人治病一样，首先要能够诊断，知道病根何在，从而对症下药，才能药到病除，产生妙手回春的效应。

事实上，我国许多具有敏锐目光的学者已经注意到"国学"研究如何具有针对性的问题，例如北京大学李中华教授所写的《国学的核心价值与软实力建设》就是很好的范例。该文第一部分"国学及国学热的兴起"在描述了当下"国学热"的境况后，紧接着就指出："国学指称的是一个无所不包的学问总体和总合，其中也就必然含有精华和糟粕。我们以前用了很大的力气去辨别精华和糟粕，结果还是搞不清，走了许多弯路，甚至把二者颠倒，即把精华当糟粕，或把糟粕当精华。"[①]这种是非颠倒、价值判断错乱的情况在"文

---

① 李中华：《国学的核心价值与软实力建设》，《党建》2010 年第 2 期，系"文化讲坛"的专稿。

化大革命"的浩劫中表现得相当突出。李中华回顾说，在极"左"思潮支配下，国学或中国传统文化被一概打倒，导致在中国历史上从未中断的几千年的历史文化传统却在十年浩劫中发生断裂，其后果甚至使几代人失去了自己民族的历史文化记忆。更为令人担忧的是，"文化大革命"的极"左"思潮和历史文化的虚无主义，对当代中国的影响依然不能低估，有些人仍视国学为洪水猛兽，盲目地加以排斥，谓国学抗拒进步，抗拒科学民主。因此主张要把国学统统扫进历史的垃圾堆，这是一种极端；与此相反的另一种极端就是：利用人们对国学的热情和判断力不足，在传媒上一哄而起，把国学吹得神乎其神，甚至以国学的名义兜售假、冒、伪、劣的文化产品和文化糟粕。如在一些人看来，《周易》就是算卦的工具，道教经典就是祈福和养生秘笈，甚至把佛教当作超生死得解脱和轮回转世的指路明灯。遂使民间求神问卜、烧香许愿、祈福求丹、扶乩决疑等国学糟粕大行其道，严重影响国民素质的提高。李中华一方面批评了全面否定"国学"的做法，另一方面也批评了当今社会一些人以糟粕为精华的混乱思路和行径，其评述与分析可谓一针见血，击中要害。

在分析了近年来"国学虚热"的情状之后，李中华于文章的第二部分重点阐述国学的核心价值。与历史上那些纯粹讲述经典的进路不同，李中华在文章的第二部分乃是先摆出问题："人类文明发展到今天，在整个世界范围内，似乎潜伏着全面危机。有些危机业已爆发，且愈演愈烈，如人们熟知的环境、气候、能源、生态等，这些均属于构成人类生存环境的自然方面。此外还有社会、政治、经济、道德、观念、思想、精神等，这些皆属于构成人类自身存在条件的社会方面。这两个方面，虽然在现代语境中，已被反复研究，但其大方向却逐渐迷失，甚至割裂了人与自然的关系，从而导致天人二分、主客二分的二元对立思维，把人与自然对立起来，造成当今人类生存的困境。"[1]

---

① 李中华：《国学的核心价值与软实力建设》，《党建》2010 年第 2 期。

这段叙述对当今人类面临的基本问题做了扼要概括，一是针对自然环境层面的问题，另一则针对社会精神层面的问题。他指出在现代语境中，关于人与自然的关系、人自身的社会组织及其运作，虽然"被反复研究"，但其实没有真正研究明白，相反的是"大方向却逐渐迷失"，把方向都搞错了，可见问题的严重性。由于方向搞错了，其结果就是"导致天人二分、主客二分的二元对立思维，把人与自然对立起来"。既然存在如此状况，人类该向何处去？李中华从国学经典中寻找智慧和答案。他从《周易》的"三才之道"与"天人合一"的观念之阐述入手，继而以张载所作《西铭》关于"天地之塞，吾其体"等论述以及汉代道家经典《太平经》关于"天地有亏，则不能竟吾年"等一系列言说为佐证，说明国学中的"太和"与"协和"理念的价值，而后进行总结：

> 从六经中"和"的思想对中国文化的全方位辐射，到史伯"和时生物，同则不继"命题的提出，再到孔子"和而不同"的哲学定位，再到先秦诸子对"和谐"哲学的多角度、多层次的全面阐发，作为中华文化根源性智慧集中体现的"和谐理念"，已成为中国哲学的思想精髓。同时，它经过长期的社会历史实践和理论发展，逐渐形成了一种求同存异、和谐共存、多元统一的文化模式，有别于西方文化强调矛盾和斗争，强调非此即彼、非黑即白的二元对立的思维模式。因此，可以说国学中具有核心价值意义的"和谐"理念，实为人类文明发展中不可或缺的价值。①

在这里，李中华指出了"和谐理念"乃是中国哲学的思想精髓，这是面对当今世界矛盾丛生进行深层次思考和经典论述进行系统梳理之后所得出的认识，是基于历史与现实而进行全面审视后的一种价值判断。他以中国哲学的经典分析为主轴，进而放开视野，观照整体国学的思想存在，他用"文化模式"以及

----

① 李中华：《国学的核心价值与软实力建设》，《党建》2010 年第 2 期。

"核心价值"来阐述传统"和谐观"的意义，可谓精准到位。

李中华《国学的核心价值与软实力建设》的第三部分紧紧围绕"软实力"这个人们十分关注的议题展开论述。他从中外政治家、战略家、文化学者关于"软实力"的诸多说法为入手处，广泛联系世界对中国发展现状的各种看法，指出在世界的关注中，不乏不怀好意者的恶意炒作，同时也反映出我们国家"软实力"建设的严重不足。长此以往，若不改进，我们的"硬实力"必然受到损害。因此，如何理解"软实力"的本质及其价值意义，如何发展和完善"软实力"资源的整合和配备，是实现国家和平发展和民族复兴大业的当务之急。既然是"当务之急"，那就应该进行必要的省思，发掘出那些有助于国家发展的文化资源。为此，李中华深入国学的经典宝库，尤其是儒家与道家的经典论述，来说明我国软实力建设的必要性与重要性。他列举了儒家的"以理服人"以及"以德服人"、道家的"柔弱胜刚强"等格言，对比美国有些学者论述"软实力"的工具理性，指出美国许多学者所谓"软实力"的外在表现方式就是"大棒加胡萝卜"，其本质是威胁加奖励，虽然可以称霸，却无法令人心悦诚服。对于当今一些人趾高气昂地宣称"厉害了我的国"的张扬做派来说，无疑具有极大的警戒意义。

除了李中华《国学的核心价值与软实力建设》之外，袁济喜的《国学与现代中国》、张城的《领导干部学国学的理论逻辑与现实意义》、秦芬的《如何让国学经典促学生专业发展》、金莉的《寻求国学与现代技术的平衡》、季轩民的《推进国学现代化的思考》等专论，都从各自不同的角度涉及"国学"的应用与创新，值得关注。

四、应用国学的基本特点

既然"应用国学"的关键在"应用"二字，由此性质决定，便有了如下一些基本特点。

（一）应用国学是一种针对"当下问题"的文化诠释学

什么叫作"当下"？直接地说，"当下"就是"立刻"或"马上"的意思。所谓"立刻"是说作为实施主体的人站立的那个时刻。"站立"这个动作是在一定空间和一定时间中完成并且呈现出来的，而"马上"直白地讲就是某人骑在马背上，这也一样表征着一个空间与时间点的契合状态。故而，有所谓"此时此地"的说法。如此看来，不论是"立刻"或"马上"，其标志就是人所感受到的"事态时空"，这种"事态时空"不是过去，也不是未来，而是现在。但是，"现在"不是与过去割裂的，更不是无关未来的，而是一个连绵不断的时空模式截面。在这个截面里，有许多关联：一是时段的关联；二是区域的关联；三是区域与时段的关联；四是事态的关联；五是事态与时空的关联。"应用国学"就在这种关联情境下发生效应，正如一架可大可小的映像器一样，"应用国学"反映出"当下"的种种关联。因此，"应用国学"本身也就成为一种"关联"，这种关联通过诠释而被激活，造就了"文化关联波"，从而产生特殊的"波"能量。

说"应用国学"是一种文化诠释学，人们不难理解。但是，这样一来，就产生一个新的疑问："经典国学"不也是文化诠释学吗？你看从汉代的诸多经传到唐代的《五经正义》，再到清代的《十三经注疏》，都是诠释。因此，简单地将"应用国学"看作文化诠释学，无法将之与基础关系区别开来。在"文化诠释学"之前加上"问题"表明，这种诠释学是围绕"问题"展开的。面对着"当下"的人生、社会、自然发生的种种问题，去寻找国学经典的各种格言、权威论述，作出对应性的解读。一方面，对问题发生的背景、内涵、发展趋势进行文化解读；另一方面则根据情境，精准地拿出国学的"文化方子"，讲明这种"文化方子"的"配伍"及其功能、使用方法。

检索《论语》，我们可以发现，孔子是很能根据情境、问题而对某种观念进行对应性解读的。例如该书的《为政》篇里记载：孟武伯、子游、子夏都问了"孝"的问题，孔子的回答却不同。对于孟武伯之问，孔子回答说："父母唯其疾之忧。"谈话中的"其"代表儿女，连起来的意思是讲：父母最为担忧的就是儿女的疾病。显然，这不是正面的回答，而是以类比的方式来警示孟武伯。孟武伯是孟懿子的儿子，贵族出身，骄奢淫逸，很可能不太关心父母的疾病。孔子讲父母担忧儿女的疾病，言外之意就是儿女应该像父母担忧儿女疾病那样关心父母的健康。对于子游之问，孔子回答说："今之孝者，是谓能养。至于犬马，皆能有养；不敬，何以别乎？"子游系吴国人，姓言名偃，字子游，系孔子的著名弟子，曾经当过武城宰，属于县令一级的官员。孔子回答子游，从"养"的角度切入，却引出了"敬"的要求。他指出："今之孝者，是谓能养。"这是一般人对"孝"的认知，以为能够供养就算是"孝"了，但孔子紧接着说犬马也能养。如此看来，仅仅是供养，这与畜生似乎没有什么大的区别。于是就转到了"敬"与"不敬"的态度上来。孔子反问：如果对待父母"不敬"，这与犬马又有何区别呢？孔子这样问，乃是启迪子游：居敬是履行"孝道"的基本要求，唯有从内心上和行动上对父母、长辈敬重，这才算是尽孝。对于子夏之问，孔子回答说："色难。"子夏为晋国人，姓卜名商，也是孔子的高足，他少时家贫，苦学而入仕，曾做过鲁国太宰，官品相当于当今的国务院总理，是一个高官。孔子为子夏讲"孝"，以"色难"两字为重点。这里的"色"指的是脸色，"色难"就是没有好脸色，对于子夏这样的高官，供养父母大概没有什么问题，但他还有如何引导社会的人们尽孝道的责任。当时社会上大概存在许多不能和颜悦色对待父母的现象，孔子有意识地对子夏说了这番话，是要他在社会治理中特别注意引导人们对待父母应该和颜悦色。紧接着，由对待父母推而广之，联系到师长，于是说"有事，弟子服其劳"，意思是讲师长有事情，为人之子弟应该挺身而出，担当劳务的事情；而后又说"有酒食，先生馔"，这即是讲：有了好酒好菜，子弟们也应该请先生享用。孔子对孟武伯、子游、子夏讲"孝"，三个人三个讲法，初看起来，似乎前后不一致，但恰恰是这种"不一致"体现了孔子最懂得针对不同对象灵活掌握的方法，这就是"应用国学"所应该遵循的。

（二）应用国学是"大生命"理念的高扬

什么是"大生命"理念？就是宏观的生命意识。在先民们的心目中，大至天体，小至蚂蚁昆虫，都是有生命的。这种观念在上古神话里已经有了萌芽。例如《绎史》记载盘古神话说："首生盘古，垂死化身。气成风云，声为雷霆，左眼为日，右眼为月，四肢五体为四极五岳，血液为江河，筋脉为地理，肌肉为田土，发髭为星辰，皮毛为草木，齿骨为金石，精髓为珠玉，汗流为雨泽。身之诸虫，因风之所感，化为黎氓。"这段记载涉及日月星辰、风雨雷电、地理山川，让我们感受到了天地宇宙的宏大存在，而这一切都是盘古身躯各器官所化成。盘古虽然"垂死"了，但其生命的能量却在天地之间传递着。从这个角度看，天地宇宙就是盘古生命的延续，其中寄托着一种永恒的生命精神。

古代神话中的"大生命"观念，到了《周易》则以一种相对抽象的概念体系来表达。该书有两句话尤其体现了"大生命"精神，一是《系辞下》的"天地之大德曰生"，另一是《系辞上》的"生生之谓易"。《周易》所言"天地"，涵盖很广。从某种意义上看，天地差不多就代表了整个宇宙。其所谓"生"就是生生不息，万物层出不穷。万物有生命，化生万物的天地当然也就有生命了。至于《易》的六十四卦，可视为宇宙万物生生不息的符号表征，或者说是天地万物生命活动的代码。《周易·系辞上》谓："易有太极，是生两仪，两仪生四象，四象生八卦。"所谓"太极"，唐代经学家孔颖达解释为"太初"或"太一"，指的是天地未生之前混而为一的状态。所谓"两仪"就是阴阳，所谓"四象"就是太阴、太阳、少阴、少阳。所谓"八卦"，即乾坤、坎离、震巽、艮兑，皆一阴一阳，两两相对。乾坤是父母，其他六卦则是子女，三阳三阴，故能够感通而化生六十四卦。将乾坤与其他六卦比作"父母"与"子女"的关系，显示了《周易》把卦象拟人化，也就是生命化。作为一个符号代码系统，《周易》就是纷繁复杂生命现象的总括。

《周易》的"大生命"意识在道家典籍中得到了贯彻与发挥。老子《道德经》的核心概念是"道",他把"道"称作"天地母",也就是天地万物的母亲。显然,这也是把"道"拟人化、生命化;更彻底一点讲,在老子心目中,"道"就是生命的源头。《道德经》第四十二章说:"道生一,一生二,二生三,三生万物。万物负阴而抱阳,冲气以为和。"老子继承了《周易》的阴阳学说,并且建构了一个生命演化的模式。《道德经》一书论"生"与"命"的行文相当不少,例如第七章:"天地所以能长且久者,以其不自生,故能长生。"这是讲:天长地久,天地之所以能够如此长久,是因为它不是自己生自己,而是大道之所化育,遵循了大道的法则,无私无己,所以能够一直存在着。第十章:"生之畜之,生而不有,为而不恃,长而不宰,是谓玄德。"意思是说:道生化万物,德养育万物,然而却不把万物占为己有,扶植万物生长却不仗恃己能,不去主宰它们,这种品质就称作"玄德",也就是最为深远而神妙的德行。第十六章:"夫物芸芸,各复归其根。归根曰静,静曰复命,复命曰常,知常曰明。"文中的"芸芸",本形容草木繁多,老子用之以形容万物纷杂茂盛。老子告诉世人:万物虽然纷纭变化,但最后还是要回归到根本。回归于根本,就叫作"静";达到了"静",就是回复生命的自然本性。回复到生命的自然本性,才能体悟到宇宙生命的永恒法则。

老子之后,列子、关尹子、庄子等道家人物都传承大生命精神,尤其是庄子更是洋洋洒洒地论说生命问题。《庄子·逍遥游》一开始即描述天地间的巨大生命体征:"北冥有鱼,其名为鲲。鲲之大,不知其几千里也。化而为鸟,其名为鹏。鹏之背,不知其几千里也。怒而飞,其翼若垂天之云。是鸟也,海运则将徙于南冥。南冥者,天池也。"所谓"北冥"与"南冥",这是庄子设想宇宙中的两个空间点。在广袤的宇宙空间里,有无比巨大的动物,这就是"鲲"与"鹏",它们身躯之大,只能用"不知其几千里"来形容。你看那鹏鸟飞起来,撑开的翅膀都可以把天都遮住了,实在是震撼人心的场面。庄子善于运用寓言故事来表征宇宙中各种生命现象,其浩大无比的生命空间与多彩多姿的生命现象，让人大开眼界，也启迪人们无限地遐想。

我们再读一读儒家的经典，依然会感受到一种关注生命与热爱生命的精神。《论语·阳货》记载孔子的一句名言，叫作"四时行焉，万物生焉"。所谓"四时"就是春夏秋冬，"行焉"表示一年四季的周而复始。就在这种时间流程中，万物化生无穷。这种思想与《周易》的"生生不息"理念相一致，反映了儒家对宇宙生命秩序的认知与肯定。从日月交替、寒暑往来、四时轮转的自然规律及个人体悟生命的过程中，儒家形成了"仁民爱物"的生命伦理思想。孔子讲仁者"爱人"①，孟子讲"亲亲而仁民"②，尽管表述有所不同，但其精神实质却是一样的，都体现了儒家对人类生命的敬重。之所以敬重人类生命，是因为天地之间，"人为贵"③。在天地的护佑下，"万物并育而不相害，道并行而不相悖"④。人的生命秉承于天地，自然也秉承了天地的德性，故而《礼记·礼运》云："人者，天地之心也。"把"人"看作天地之"心"，这一方面体现了人类生命在儒家文化中占有特别重要的地位，另一方面又反映了儒家将整个宇宙人化的特质，因为有天地之"心"，就有天地的"肝、胆、肺、脾"之类脏腑的对应。正如人体的"心"与肝、肾、肺、脾、胆等脏腑共同构成人体一样，作为天地之"心"的人类也就不能割裂与天地其他品物的关系，而应该是协调工作。

在儒家学者心目中，人类在天地之间应该担当更为重要的责任，这就是把仁爱精神推而广之，"将血族、亲缘关系间的人伦之爱，推及到伦常之外的朋友、同类的人性之爱，再推及到日月星辰、山川河流及世间一切万物生灵的人道之爱"⑤。基于这种思路，儒家主张"取用有节，物尽其用"，反对竭泽而渔，

---

① （南宋）朱熹：《四书章句集注》，北京：中华书局1983年版，第139页。

② （南宋）朱熹：《四书章句集注》，北京：中华书局1983年版，第363页。

③ 荆门市博物馆编：《郭店楚墓竹简·语丛一》，北京：文物出版社2002年版。

④ （南宋）朱熹：《四书章句集注》，北京：中华书局1983年版，第373页。

⑤ 郭洪纪：《儒家生命观与当代生态价值之重构》，《兰州大学学报》2007年第4期。

网尽生灵的极端做法。《史记·孔子世家》曰:"刳胎杀夭,则麒麟不至其郊;竭泽而渔,则蛟龙不处其渊;覆巢破卵,则凤凰不翔其邑。"意思是讲:胎生的动物还没有长大就把它们杀了,麒麟是不会到郊区来的;把江河湖泊的水放干了抓鱼,蛟龙就不会在深渊里居处了;颠覆鸟巢,掏尽鸟蛋,那么凤凰也不会在其管辖的区域中飞翔了。在古代中国,麒麟、蛟龙、凤凰,都是吉祥物,这些吉祥物都隐没了,说明所在区域的人们做出了违背天道的事情,那是要遭受天谴的。

汉代以来,随着社会结构的变迁,文化交融的趋势增强了。在这种背景下形成的制度道教,一方面继承先秦道家的宏观宇宙生命意识,另一方面则汲取儒家的生命伦理。基于《周易》的天地人对应的"三才"观念,道教主张"人命乃在天地,欲安者,乃当先安其天地,然后可得长安也"[1]。为什么要先安天地,因为天地乃是人类生存的大环境,天地不安,人类生命就无法得安。《太平经》卷六十五说:"天者主生,称父;地者主养,称母;人者主治理之,称子。父当主教化以时节,母主随父所为养之,子者生受命于父,见养食于母。为子乃当敬事其父而爱其母。"[2]在《太平经》看来,天地就是衣食父母。所以应该像敬重生我肉身之父母那样保护天地。遵循这种类比思路,《太平经》把人体器官组织与大地构成进行类比:"泉者,地之血;石者,地之骨也;良土,地之肉也。洞泉为得血,破石为破骨,良土深凿之,投瓦石坚木于中为地壮,地内独病之,非一人甚剧,今当云何乎?"[3]这就是说,地下泉水犹如人的血液,石头犹如人的骨骼,土地犹如人的肌肉。如果随意地穿凿地下水,就像刺破人体以取血;敲破石头,就像坏了人的骨骼;更为严重的是,刨开土地,把废弃的瓦石硬木埋在里面,大地就要生病,如此毫无节制,破坏生存环境,多么令人担忧啊!《太平经》的警告体现了制度道教"天人和合"的护生精神。

---

① 王明:《太平经合校》,北京:中华书局 1960 年版,第 124 页。

② 王明:《太平经合校》,北京:中华书局 1960 年版,第 113—114 页。

③ 王明:《太平经合校》,北京:中华书局 1960 年版,第 120 页。

从以上的引述可知，道家与儒家，乃至制度道教，对待天地宇宙、人体组织，虽然有不同的认知方法和不同的表达方式，但都有鲜明的生命意识。敬畏生命、保护生命，这就是传统国学的大智慧、真精神。"应用国学"就是要汲取这种大智慧，高扬这种真精神。本书各讲内容正是围绕这个基本点展开的。第一讲"乾坤父母"，论述生命的根源；第二讲"徐徐胎教"，论述生命的孕育；第三讲"蒙以养正"，论述生命的启蒙教育；第四讲"志存高远"，论述生命的理想；第五讲"家国情怀"，论述生命的责任；第六讲"学以成圣"，论述生命的修养；第七讲"格物致知"，论述生命的探索；第八讲"艺文滋养"，论述生命的熏陶；第九讲"造就风骨"，论述生命的气质；第十讲"性命双修"，论述生命的境界；第十一讲"积善行德"，论述生命的历练；第十二讲"经世安民"，讲述生命的功用；第十三讲"革故鼎新"，讲述生命的开新；第十四讲"道法自然"，讲述生命的归宿。

五、应用国学的研修意义

为什么要开设"应用国学"这门课？站在不同角度，将会有不同的发现，因此也会得出不同的看法。我们以为，其意义可以从以下三个方面来认识。

（一）应用国学是生命教育不可缺少的心灵陶冶工程与文化实践工程

生命教育是人生中所有教育最为基本的一项教育工作。生命教育的目的在于引导受教育者认识生命、珍惜生命、尊重生命、热爱生命、保护生命。一般而言，生命教育需要从生理、心理和伦理三个层面来关怀受教育者的生命历程，让受教育者认识到生命的意义，感悟到生命的可贵，珍惜生命的每一天，关怀和尊重他者的生命，走好人生的每一步。

既然生命是一个历程，生命教育也就伴随终生。因为这种教育并非仅靠语言"说教"，而且要通过文化实践来完成。它既是一种文化能量的传输，也是一种内在的体验过程；既是理论的系统讲述，也是自我修养的持久操作。引申开来，这既是一种启迪心扉的过程，也是一种美的感受与外化；既是一种历练，也是一种欣赏。

所谓"文化能量的传输"，是说生命教育本身是通过激发文化的内在能量来滋养受教育者。"人"既是自然的人，也是社会的人。首先，生命的化育、降生是一种自然现象，它与树木、花草的成长具有同样的自然本质、自然过程，所以就打上了自然的烙印；其次，任何人又都是在一定的社会中诞生的，人所组成的社会，在其生活、生产过程中形成了人类独有的文化，包括物质文化与精神文化。诸如生活的各种样品，像陶瓷、丝绸、房屋建筑等，都是人的劳动结晶，因为劳动而形成人工器物，所以是物质文化；其次，由于生活与生产需要，人们创造了诗歌、音乐、舞蹈等，通过语言文字表述一定的思想，记载历史经验，从而形成了哲学、文学、史学、兵学、农学等，这就是精神文化。作为一种劳动结晶与历史积淀，物质文化与精神文化未被启用的时候，其能量是静止的。"应用国学"通过针对性的当下诠释，就把蕴含于物质文化与精神文化中的能量激发出来。在讲解过程中，其能量就通过振动的空气层而传递到受教育者身上，引起一定程度的感通，成为其生命健康的精神养分。不过，必须指出，传输不是单方面发生的，而是需要受教育者的积极配合方才有效。当受教育者将传授者根据当下情境而对传统经典格言进行演绎的内容融入自我生活的时候，生命就获得了文化能量的滋养，正如一部手机充满电一样，焕发了生命灵光，提高了生命效率。

所谓"理论的系统讲述"，是说生命教育本身是具有系统理论的。生命是在动态中存在的，这种动态表现为两大层面、三种关系。生命的内向对话，造就了生命本体与自我意识的关系；生命的外向对话，造就了生命本体与社会存在的勾连，再进一步便架构了生命与自然间的桥梁。内向对话与外向对话，这就是"两大层面"，而在外向对话里又有社会和自然的不同对话。生命的存在与生命力的展开，造就了生命关系动力学。对于个体生命而言，无论是社会还是自然，都可视为生存环境。生命既要适应环境，又要得体而合理地利用环境资源为生命的存在服务，其间的关系是相当复杂的，要处理好生命与环境的关系，就需要掌握动力平衡的学问，这就是系统理论。"应用国学"就是要发掘古代经典的智慧来恰到好处地诠释生命与环境所存在的三种关系，坚固生命的信念，提升适应环境与应对事态的生命力。

当我们说生命教育是一种"理论的系统讲述"，这同时也就意味着"自我修养的持久操作"成为必要功课。因为社会是一个复杂的多面体，其间有诸多积极的能量存在着，但也有种种诱惑会让人沉沦乃至陷入死地。所以老子《道德经》第五十章说："出生入死。生之徒十有三，死之徒十有三。人之生，动之死地，亦十有三。夫何故？以其生生之厚。"什么是"十有三"？汉代河上公解释说："言死生之类各有十三，谓九窍四关也。其生也，目不妄视，耳不妄听，鼻不妄香臭，口不妄言味，手不妄持，足不妄行，精神不妄施。其死也，反是也。"① 河上公把"十有三"解释为"九窍四关"，其中"九窍"指的是两耳、两目、两鼻、口、前阴、后阴；四关：四肢之关窍。河上公认为，"生"或者"死"都取决于"九窍"与"四关"，能够守住"九窍"与"四关"而不妄作就能够生存，否则就入于死地。对此，高亨先生另有解释，他认为"十有三"应是指"七情六欲"②。具体而言，"七情"指的是喜、怒、哀、惧、爱、恶、欲；"六欲"指的是声、色、衣、香、味、室。另有一说，认为"六欲"为眼、耳、鼻、舌、身、意。不论是哪一种解释，其基本精神都是讲：欲望如果不能控制就会给人造成伤害，甚至死亡。因此，生命教育的任务包含了引导受教育者实现自我控制，这就是修养。在国学经典里蕴含着大量的关于人格修养的资源，"应用国学"的任务就在于把这些资源开发出来，让生命教育

---

① 王卡：《老子道德经河上公章句》，北京：中华书局 1993 年版，第 193 页。
② 高亨：《老子注译》，郑州：河南人民出版社 1980 年版，第 112 页。

真正做到扎实，让自我修养成为一种长久的实践方式。

（二）应用国学是文化主体意识的一种传承与发挥

作为一种特定时空的文化诠释学，"应用国学"当然是必须从国学宝库里获取一定的文化资源，并且将之置于开放的社会空间，进行历史与现实的观照；但这并非毫无原则地实施"拿来主义"，而是有一个基本立场，这就是坚持文化主体意识。

所谓"主体意识"本指人与客观世界交涉时意识到自身的独立存在。在社会领域，主体意识的表现是人认定自己是国民，而不是被控制的臣民，他具有独立人格和独立责任能力。"文化主体意识"是由具有独立人格与独立责任能力的人所承担的一种文化态度、文化立场、文化精神。

作为一种精神凝聚，文化虽然可以由某一个体来承担，但其形成却具有公共性和民族性、区域性。一方面，文化具有公共性，这种公共性表现为适用于全人类的功能性。人类经历了数千年积淀下来的文化包括了十分丰富的内容，其中有许多内容是可以为全人类所共享，譬如科学技术，这是没有阶级之分、民族之分、地域之分的，世界各国、各地区的人们皆可用之。另一方面，文化还具有民族性与区域性。所谓民族性，指的是特定的民族在特定的时空状态下创造的文化，这种民族性同时也就意味着一定的区域性，因为任何民族都是在一定的地理空间生存、繁衍，所以该民族所创造的文化也带有一定区域性。民族有大有小，大的民族所拥有的空间也可能比较大。由于居处空间差异、风土人情有别，同一个民族所造就的文化也就具备了地域性。

文化具有一定程度的开放性。不同民族与国家的文化由于人口流动而交流，这种交流会有两种结果：一是相互融合；二是相互碰撞乃至相互斗争。不论是哪一种结果，只要存在人口迁移，都有可能发生。在交流过程中所产生的融合与斗争，无论是在历史上还是在当今，都是存在的。

中华文化是一种开放性文化。在长期交流中，中华文化不断吸纳外来文化，从而更加丰富多彩，但又不丧失其固有的基本精神，这就是文化主体意识的体现。北京大学楼宇烈先生在《增强中华文化主体意识》一文中指出：

> 当今世界，文化交流、交融、交锋之势前所未有，西方强势文化深刻影响甚至侵蚀着一些欠发达国家和民族的文化。如何保持和增强自身的文化主体性，成为这些国家和民族最关切的问题之一。对于中华文化来说也是如此：如果没有主体意识，就有可能被其他文化侵蚀甚至同化，沦为"文化殖民地"。这是一个非常严峻的问题。提倡增强中华文化主体意识，就是要做到既不妄自尊大，也不妄自菲薄。中华文化是中华民族对世界文明的重大贡献，是中国人赖以生存发展的精神家园，是我们最深厚的文化软实力。只有坚持并不断增强中华文化主体性，我们才能有针对性地吸收异质文化的有益养料，滋润、丰富和繁荣、发展中华文化。[1]

楼宇烈先生在阐述当今世界文化走向时所使用的"交流、交融、交锋"真切地表达了不同民族、不同国家的文化关系。在经济全球化的大背景下，文化交流是一种常态，有交流必然会有交融或者交锋。"交融"即是不同文化的交流而达到契合状态，而"交锋"就是相互较量、相互斗争。楼宇烈先生以欠发达国家和民族在文化上受到西方强势文化的深刻影响和侵蚀为例，提出了如何避免成为"文化殖民地"的问题，由此逻辑地得出"增强中华文化主体意识"乃是交流过程中所应该坚持的立场。之所以要增强中华文化主体意识，是因为中华文化是我们的精神家园；丧失了这种主体意识，就等于失去了精神家园；没有精神家园，就无所归依，那是多么严重的后果！

今天，我们讲授"应用国学"，其基本内容就是中华文化，这种"应用"不是教条式地照本宣科，更不是以"西学"来消解经典要义与信念，而是围绕生命教育的基本环节来传承中华民族的固有学术精神和价值体系，将国学经典

---

[1] 楼宇烈：《增强中华文化主体意识》，《人民日报》2015 年 2 月 6 日。

有益于生命成长、人格完善、社会安定、民族强大的内在精神滋养开发出来，这就是"应用国学"的能量所在。

（三）应用国学是"与时偕行"精神的持续贯彻

"应用国学"既然强调经典的当下诠释，这就有了鲜明的时空特质。经典是以往的，而问题是现代的、当下的。如何面对问题，又如何以经典的论说来化解问题？这都离不开"时"的情境。关于这一点，《周易·乾》之《文言》有一句名言，叫作：

"终日乾乾"，与时偕行。

其中，"终日乾乾"是《周易》之《乾》卦九三爻辞所说的。其原文是："君子终日乾乾，夕惕若，厉无咎。"意思是讲：君子整天振作，而使自己强健不已，即便是到了夜间，依然没有松懈，时刻警惕事态的变化，谨慎行事。如此，在面临危险的时候，也能够免遭咎害。《周易》卦象，分"经卦"与"别卦"。所谓"经卦"就是最基本的八个卦，每卦由三爻组成；"别卦"则是八经卦的重叠，共有六十四卦，每卦六爻。在《周易》中，《乾》卦居于全书之首，"九三"爻是下三爻之终了，被上三爻的底爻所压迫。观天之象，时有远方星宿构成了"利剑射来"的图景，象征"多艰"，因此需要警惕。对于这样的时空状态，唐代经学家孔颖达解释说：

> 与时偕行者，此以天道释爻象也。所以九三乾乾不息终日自戒者，同于天时生物不息，言与时偕行也。偕，俱也。诸儒以为建辰之月，万物生长不有止息，与天时而俱行，若以不息言之，是建寅之月，三阳用事，三当生物之初，生物不息，同于天时，生物不息，故言与时偕行也。[1]

---

[1] （唐）孔颖达疏：《周易兼义》上经·乾传第一，南昌府学清嘉庆二十年重刊宋本《十三经注疏》本。

按照孔颖达的看法，所谓"与时偕行"，乃是用"天道"来解释爻象。什么叫"天道"？就是天体运行之道，或曰运行轨迹。《周易》作者为什么在《乾》卦的九三爻以刚健不息来自戒呢？那是因为此爻在时间点上遇上了"建寅"之月份。古有"三正"之说："天正"临十一月，合于十二地支之子；"地正"临十二月，合于十二地支之丑；"人正"临正月，合于十二地支之寅。这是万物生长的开始，多有艰辛之事。俗话说"万事开头难"，所以应该警戒，不可掉以轻心。"警戒"从何而起？这是因为时间发生变化了，从冬至的闭关，到了春天的来临，一切都发生变化了，所有的决定都不能违背这个新的时间点，这就叫作"与时偕行"。其中"行"字，尤其值得注意。一般而言，"行"就是行走，似乎都是往前进；然而，从一年四季的变化角度看，"行"不仅有进，也有退。进退两途，是形式的不同，却都是"同于天时"。这个"天时"就是天道运行所呈现出来的时间轨迹、节点。

在中国古代，"与时偕行"的思想影响深远。从如皇帝登基、"年号"确立的国家决策，到民间盖房的破土动工，都讲究"时日"的抉择。先民们在这方面的考虑，虽然蒙上了某种神秘色彩，但却体现了一种精神：这就是依照时空情境的变化，看清当下的条件与实施可能而作出选择与决策。"应用国学"不但要继承古代经典中所蕴含的这种"遵循天道、适应变化"的"偕行"精神，而且要将之发扬光大。

六、应用国学的路径方法与导向

"应用国学"有重要的现实意义，但如何进行研修？这当然需要明了路径，掌握可行方法，而最为关键的是把准方向。

（一）"应用国学"从认字开始：精通小学

俗话说，"巧妇难为无米之炊"。"应用国学"的实施操作在于"应用"，但要能"应用",还得像煮饭一样,练好基本功。这个基本功就是"小学"。当然,古人所谓"小学"不是我们现代教育中区别于"大学""中学"的那种"小学",而是一种关乎生存基本能力的学问。按照朱熹《大学集注》的说法,"人生八岁,则自王公以下,至于庶人之子弟,皆入小学,而教之以洒扫、应对、进退之节,礼乐、射御、书数之文"。朱熹这里指出了小学的学习范围包括人生基本礼仪以及"六艺"的基本技能。另一种说法,以"小学"作为古代儒生学习课程的一部分,包括文字学、音韵学、训诂学。从历代传承来看,要通晓经典,就得从认字开始,辨析并且熟记字形、字义、读音;此外,还得懂得经典意义的诠释,这就是训诂。这项基本功在我们研修"应用国学"的时候依然必须具备。不然,就可能把经典解释弄得错误百出,贻笑大方。

从"应用国学"的研究需求看,有关"小学"基础知识,首先应该学会使用许慎的《说文解字》。许慎是东汉时期的著名经学家,他的《说文解字》乃是在研究经学过程中为解决一些实际问题而撰写的。早在永元十二年(100年),《说文解字》就已经完成初稿,但他却没有将之立刻公之于世,而是不断修改,直到建光元年(121年)才定稿,献给朝廷,足见其谨慎认真。此后,他就在自己的家乡及附近村庄教书,这种淡泊名利的人生态度颇受后人敬仰。

许慎之后,文字考据、训诂、音韵之学逐步发展,尤其是宋元明清时期达到了高峰。其中有两个名家值得介绍,一位是宋代的王应麟,另一位是清代的段玉裁。王应麟于19岁进士及第,他于为官之余乐于读书做学问,在文字学方面造诣很深,著有《小学绀珠》的专著。他涉猎极广,著述颇丰,他的《玉海》《困学纪闻》《汉书艺文志考证》都为世所推崇,而他所编的《三字经》①更是家喻户晓。与王应麟可以比肩的清代段玉裁,对许慎的《说文解字》进行深入浅出的精细解释,形成《说文解字段注》,方便学者们查考,要在这方面入门,案头当备此一书。

---

① 关于《三字经》,将在本书第三讲着重介绍,此处从略。

（二）以诸子百家原典为根基

"应用国学"的研修，在有了文字学、音韵学、考据学基础之后，应着重研读经史子集的代表性原典。

在儒家经学教育传统中，以"四书五经"为重。所谓"四书"即《大学》《中庸》《论语》《孟子》，而"五经"即《诗》《书》《礼》《易》《春秋》。先秦孔子为弟子教授"五经"，汉代形成了经学的传承体系，上讲坛者必须有资格，所谓"五经"博士就是一种资格认定。

随着时代的发展，经学也兴盛起来，于是由"五经"增为"七经"。按照东汉的《一字石经》所记，"七经"包括《易》《诗》《书》《仪礼》《春秋》《公羊》《论语》；唐代李贤注释《后汉书·张纯传》时则列"七经"为：《诗》《书》《礼》《乐》《易》《春秋》《论语》。这两种记载，不仅顺序不同，而且内容也有差异。隋炀帝时期，以《周礼》《仪礼》《礼记》称"三礼"，以《左传》《公羊传》《穀梁传》为"春秋三传"，连同《易》《书》《诗》，谓之"九经"。其科举制度设立"明经科"，以"九经"作为取士的考试科目。唐代继承了这种制度，影响深远。南宋时期，由"九经"又发展为"十三经"，包括《诗经》《尚书》《周礼》《仪礼》《礼记》《易经》《左传》《公羊传》《穀梁传》《论语》《尔雅》《孝经》《孟子》。鉴于唐代时期以孔颖达为代表的儒生奉命撰著了"五经正义"，南宋时期的儒家学者便在此基础上，合刻《十三经注疏》。清代嘉庆二十一年（1816 年），江西巡抚阮元主持，将南宋十行本残存的十一经，配补宋刻本《仪礼》《尔雅》，并将以往学者所作《十三经校勘记》分别摘录，附于各卷末，经过整理校勘，纠正以往许多错误，重刊于南昌学堂，世称"阮刻本"。1935 年，世界书局将阮刻本圈点缩为两巨册出版；1980 年，中华书局以世界书局缩印本为底本，校正讹脱之后，重新影印为两册发行。三十多年来，学界引证的"十三经"，基本上以"阮刻本"为主。近年来，岳麓书院的姜广辉著有《中国经学史》四卷本。这些论著对于了解中国古代经学的传承与发展较有帮助。

《四库全书》以"经、史、子、集"为框架，汇编各地采撷而来的文献。经部居先，以作文化之统领。经部而后，就是史部。依照时代先后，由汉魏晋南北朝，再有唐宋元明。于清代之前，历朝皆有史籍。"应用国学"之研修，读史也非常重要。古人有云：读史使人明智。这是因为历史就是一面镜子，帝王更替、朝代兴衰、家族系代、人物生平、天文历法、风土人情等，应有尽有。诸史之中，以司马迁撰写的《史记》，语言最为老到而洗练，内容最为精彩，多读而使人生慧。

史部之后是子部。春秋战国之际，诸子百家兴起，各自为说，互为争鸣，颇有可观者。据《汉书·艺文志》的记载，数得上名字的共有189家，其著作凡4324篇。司马迁父亲司马谈曾经撰有《论六家之要旨》，述评阴阳家、儒家、墨家、法家、名家、道家。班固在《汉书》中着重介绍了十家，即儒家、道家、阴阳家、法家、名家、墨家、纵横家、杂家、农家、小说家。班固罗列了十家，却又说可观者仅九家而已，他把小说家除外，以为不入流，故称"九流十家"。今人吕思勉于《先秦学术概论》书中重新进行梳理，以为除了十家之外，尚有两家也颇为重要，这就是兵家与医家。他说："故论先秦学术，实可分为阴阳、儒、墨、名、法、道、纵横、杂、农、小说、兵、医十二家也。"的确，论诸子之学，没有兵家与医家，实为较大之欠缺。

诸子百家各有代表性著述。依据《汉书·艺文志》之著录，儒凡53家，著作计836篇，其代表性者有《晏子》《子思》《孟子》等。道凡93家，著作计993篇，代表性著作有《伊尹》《太公》《道德经》《庄子》《列子》等。阴阳凡21家，著作计369篇，其代表性者有《黄帝泰素》《公孙发》等。法凡10家，著作计217篇，其代表性者有《李子》《商君》《申子》《慎子》《韩子》等。名凡7家，著作36篇，其代表性者有《公孙龙子》《邓析子》《尹文子》等。墨凡6家，著作计86篇，其代表性者有《伊佚》《随巢子》《墨子》等。纵横凡12家，著作计有107篇，其代表性者有《苏子》《张子》等。杂凡20家，著作计有403篇，其代表性者有《蔚缭》《吕氏春秋》等。农凡9家，著作计有 114 篇，其代表性者有《神农》《野老》《宰氏》等。小说凡 15 家，著作计有 139 卷，其代表性者有《伊尹说》《鬻子说》《周考》等。兵家 53 家，著作计有 790，其代表性者有《吴孙子兵法》《齐孙子》《公孙鞅》《楚兵法》《蚩尤》《伍子胥》《杂家兵法》等。医家 7 家，著作计有 216 篇（卷），其代表性者有《黄帝内经》《五脏六腑痹十二病方》《神农本草》等。《汉书·艺文志》所著录的各家著作，已有不少失传了，但看一看其目录，有助于我们了解诸子百家曾有的兴衰变化。

除了经部、史部、子部之外，集部也保存了古代士人的大量著述。查《中国图书综录》，可以看到集部的文献占有很大的分量。这部目录学工具书，于集部分楚辞类、别集类、总集类、诗文评类、词曲类、别录类。其中，别集按照时代先后顺序著录，起于汉代，迄于民国；而总集类则分为文选之属、历代之属、郡邑之属、外国之属、氏族之属、唱酬之属、题咏之属、尺牍之属、谣谚之属、课艺之属；诗文评类又分历代之属、郡邑之属、诗话文话之属、辞赋课艺之属；词曲类分有词之属、曲之属、词曲评之属。

（三）应用国学的研修法门与导向

正如其他各门学科一样，"应用国学"的研修，除了明确入门的路径之外，还得掌握一定的方法，注意防止出现偏差。

关于方法问题，黄寿祺先生在讲授《周易》时曾经指出两点：从源溯流，强干弱枝。这两点对于"应用国学"的研修而言，也是适用的。所谓"从源溯流"就是从源头入手，顺流而下。所谓"强干弱枝"就是突出重点，抓住根本。就思想性而言，经部与子部的文献相对比较重要。而经部之中，当先读"四书"，以朱熹《四书章句集注》为入门法要，品味精读，久而久之，自然融会贯通，豁然开朗。读完"四书"，选读儒、道、兵、法、墨、佛等诸子之学的一些代表作，以开阔眼界。有了这个积淀，再读"五经"，明其根蒂。

古人云，"学以致用"。我们读先人留下的经典文献，就是要能应用于现实生活中。这一方面是要发现他人所未曾发现的精华，采撷出来，成为一种资源；另一方面，要注意各种案例的收集、整理。案例应该有古代的，也应该有现代的。古人学习经典，很注重记录。例如《宋元儒学案》《明儒学案》《清儒学案》等都是关于学脉传承与经典应用的珍贵史料。沿着古人记录的门派源流、学习体悟的进路，我们研修"应用国学"，还应该注意寻找不同行业的人的成功经验、失败教训，结合国学经典论述，上贯下联，以激发精神能量，化解困境，开拓未来。

作为一种文化传承方式，"应用国学"应该在实施过程中把握正确导向。近年来，随着文化交流的频繁开展，社会上各种国学班、国学讲坛如雨后春笋，破土而出，一度沉寂的国学开始呈现出复兴迹象，这有助于提升国人的文化自觉和文化自信。然而，也应该看到，国学传播也存在一些偏差。例如，一些人未经规范训练，就敢于上讲台，信口雌黄，瞎说无边，这是极不负责任的做法；还有一些人离开了具体历史文化背景，死板地以西方科学尺度来诠释国学经典，这也是对国学的一种糟蹋。更有甚者，或借助国学自神其说，或利用国学以鼓动极端民族主义，夜郎自大，故步自封，偏离了国学的包容、开放精神。凡此种种，都是我们进行"应用国学"研修时所应该避免的。

当今世界，文化的交流与碰撞，此起彼伏。在这样的环境中，我们应该坚持实事求是精神，坚持中华文化主体意识。一方面发掘国学精华为现实生活服务；另一方面则要放眼全球，积极开展文化对话。我们相信，研读与实践双行，传承与创新并举，真正的国学复兴时代就会到来！

思考题：

（1）"国学"的本初意义是什么？后来发生什么变化？

（2）近现代国学倡导经历了什么历程？原因如何？

（3）什么叫"应用国学"？其关键与特点是什么？

（4）如何进行"应用国学"的研修？

参考文献：

（1）章太炎：《国学概论》，上海：上海古籍出版社 1997 年版。

（2）胡道静：《国学大师论国学》，上海：东方出版中心 1998 年版。

（3）余斯大：《国学经典精读》，上海：华东师范大学出版社 2002 年版。

第一讲
乾坤父母

【学习目的】了解中国古代神话中人的产生、天地秩序的形成；了解天地父母的准确含义；了解"孝"之本性，认识中国古代原始的宇宙生成模式；认识如何对待天地自然、如何对待亲人父母，从而树立正确的宇宙观和道德观。

从世界天崩地裂、女娲神补苍天救民水火开始，远古先民就开始抬头仰望星空，思考宇宙的本质是什么？日月升降带来阴阳交替，人们开始关注天象运行规律，把日月星辰、风雨雷电等天象变化与人类社会生活联系在一起，用"太极""乾坤"等概念来状述天体运行及其规律。"太极""乾坤"成了我国古代认识宇宙的开端。

在天地万物面前，人的行为应该是怎样的呢？天地生化出了万物，贵生是天地的大德，这个德性体现在人身上就是"仁"。天地化生万物是在一定秩序下进行的，这个秩序就天理，体现在人身上便是"义"。人如果能做到"仁""礼""义"，便是有德之人。天地自然孕育万物，天行有常，而人力有限；天是不可违逆的，人需"敬天"。由"敬天"延展到孝顺父母，便为"孝"；孝顺天地父母，就显现了"天人合一"的至高境界。

一、从女娲补天说起

女娲传说，千年以来在我们华夏儿女之间口口相传，世代流存于我们的民族记忆之中。女娲娘娘在盘古开天辟地的神话出现之前，一直都是中国古代神话的造物女神。

关于女娲的最早描述，见于《山海经》：

> 有神十人，名曰女娲之肠。[①]

《山海经》这句话说，有十个神人，名叫女娲之肠。其形貌如何？《山海经》在这里并未提及。对此，晋代郭璞予以解释：

> 女娲，古神女而帝者，人面蛇身，一日中七十变。[②]

意思是讲：女娲人首蛇身，一天中变化了 70 次，她不仅神力通天，而且是当时的主宰神，被视为"帝"。女娲被古人赋予了蛇的身躯，不仅因为蛇是一种神秘的生物，还因为蛇有旺盛的生殖能力，是永恒的生命象征。正因为如此，女娲氏被认为是创造生命的始祖，更被尊奉为大地之母、创世女神。

天地懵懂之初，女娲抟土造人，化生万物，救赎苍生。女娲造人补天之后，天地不再沉寂，人类繁衍生息，华夏民族由是而肇端。

（一）化育生命——女娲造人

许多古代学者，诸如罗壁、胡宏、陈叔方、赵翼等，都在其著作中提及女娲补天。其实女娲"补天"的前提，关键在于"造人"，因为有了人类的生息繁衍，女娲补天才有意义，所以我们探讨女娲补天，首先得考察"造人"的一些记载。

---

① 陈成译注：《山海经·大荒西经》，上海：上海古籍出版社 2016 年版，第 344 页。
② 陈成译注：《山海经·大荒西经》，上海：上海古籍出版社 2016 年版，第 345 页。

西汉时代，道家代表作《淮南子》记述了女娲与诸神共同创造人类的神话：

> 黄帝生阴阳，上骈生耳目，桑林生臂手，此女娲所以七十化。[①]

意思是讲，黄帝创造出了男女两性，上骈创造出了耳、目、口、鼻，桑林创造出了手足四肢；所以女娲有了七十种化育。《淮南子》为什么把黄帝、上骈、桑林与女娲联系起来呢？按东汉高诱的注释，女娲为王天下者，由其群下黄帝、上骈、桑林诸神帮助她造人。考东汉许慎《说文解字》有云："娲，上古神圣女，化万物者也。"[②] 其中所谓"化"就是"化育"或"化生"之意。这说明，女娲在上古时期作为化育万物之神，她的地位是很高的。

女娲化生的故事，直接影响了后来的神话形态。例如，盘古开天地化身成宇宙万物，女娲化为精卫以填海，鲧复生禹，夸父逐日未果化为邓林，如此等等，都传递着女娲造化的文化基因。

到了东汉，应劭所撰《风俗通义》记录了脍炙人口的女娲抟土造人故事：

> 俗说天地开辟，未有人民，女娲抟黄土作人。剧务，力不暇供，乃引绳絚于泥中，举以为人。[③]

这可能是古代文献所记载的我国神话中最完整的造人创世之说了。其中，人是如何来到这个世间，是其重点描写内容：天地开辟以后，天上有了太阳、月亮和星星，地上有了山川草木，乃至鸟兽虫鱼，但却没有人类。女娲揉抟黄土造成第一个小人儿；人落下地就具有了生命，开口叫她妈妈；为了加快速度，女娲就一挥藤蔓，把泥土甩成泥点，这些泥点一落地，便化作人类。后来，为了解决人类延续的问题，女娲把那些小人儿分为女人和男人，让青年两性配合起

---

① 刘文典撰，冯逸、乔华点校：《淮南鸿烈集解》，北京：中华书局1998年版，第575页。

② （汉）许慎：《说文解字》，北京：中华书局影印1978年版，第260页。

③ （宋）李昉等：《太平御览》卷七十八，《皇王部三》，北京：中华书局1985年版，第365页。

来，叫人们自己去创造后代，人类就这样在天地间繁衍。

人类出现，经历了一个从蒙昧向文明的飞跃。因为天地之间有了人，才出现了人类智慧，流淌出几千年的华夏文明。从另外一个层面上讲，人是女娲用泥土繁衍的，而泥土是大地的表征，大地又是万物生长之根基，更是人类繁衍生息的怀抱。于是从女娲造人起，天、地、人即为完整意义上的存在了。

（二）补天——普照苍生

关于女娲补天的神话，《淮南子·览冥训》里有一段经典描述：

> 往古之时，四极废，九州裂，天不兼覆，地不周载；火滥炎而不灭，水浩洋而不息；猛兽食颛民，鸷鸟攫老弱。于是女娲炼五色石以补苍天，断鳌足以立四极，杀黑龙以济冀州，积芦灰以止淫水。苍天补，四极正，淫水涸，冀州平，狡虫死，颛民生。[1]

话说远古时代，四根擎天大柱倾倒，九州大地裂毁，天不能覆盖大地，大地无法承载万物，大火蔓延不熄，洪水泛滥不止，凶猛的野兽吃掉善良的百姓，强悍的禽鸟用爪子抓取老人和小孩。在这种情况下，女娲冶炼五色石来修补苍天，砍断海中巨鳌的脚来做撑起四方的天柱，杀死黑龙来拯救冀州，用芦灰堆积起来堵塞住了洪水。苍天被修补了，天地四方的柱子重新竖立起来了，洪水退去，中原大地恢复了平静；凶猛的鸟兽都死了，善良的百姓得救了。

是什么原因造成这种天地毁坏、人类遭殃的悲剧呢？《山海经》没讲，人们也不相信这是天地原始的缺陷造成了人间的灾难，而是更多地把它与共工撞天柱的神话故事联系在一起。故《淮南子·天文训》曰：

> 昔者共工与颛顼争为帝，怒而触不周之山，天柱折，地维绝。

---

[1] 刘文典撰，冯逸、乔华点校：《淮南鸿烈集解》，北京：中华书局1998年版，第206页。

天倾西北，故日月星辰移焉；地不满东南，故水潦尘埃归焉。①
《淮南子》只是讲了共工争夺天帝之位，一怒撞击不周山，造成了天塌地裂，洪水滔天的恶果，其中并未讲述女娲补天。后来，东汉王充的《论衡》一书提及：

　　共工与颛顼争为天子，不胜，怒而触不周之山，使天维绝，地柱折。女娲销炼五色石以补苍天，断鳌足以立四极。②

这样，王充就把女娲补天与共工怒触不周山的故事联系起来了：共工触山，"天维绝，地柱折"，女娲才需补天。

这个故事反映了地震、黄河绝地、火山爆发等一系列毁灭性的自然灾害，包括"补天—正地—治水—杀猛兽"四个环节，呈现了维护与毁灭的二元对立，表达了深刻的宇宙论意义，即天地宇宙秩序是不能毁灭的，它必须得到维护。

女娲炼五色石以补天、断鳌足以立四极、积芦灰以止淫水等神话因子，包含着古朴的原始社会文化元素，反映了我国远古先民的生活状态和原始信仰。如果说"天裂"属自然灾难的话，那么"补天"却有了救民水火、普照苍生的社会学意义。

（三）神话即人话——秩序规范

李道和先生认为，与女娲补天神话紧密相关的应该是一种可称之为"天网"或"天维"的宇宙存在结构。③如果女娲补天与"天网"神话观相关，那么说明女娲补天的神话隐喻意义即是正天地之秩序。

李道和先生在文章中说道，女娲炼五色石以补苍天，其实不是"炼石"而是炼针。这个说法别出心裁，可能引发争议。不过，却也提出了一个问题，也

---

① 刘文典撰，冯逸、乔华点校：《淮南鸿烈集解》，北京：中华书局1998年版，第79页。

② （汉）王充：《论衡》第2册，北京：中华书局1985年版，第115页。

③ 参见李道和：《女娲补天神话的本相及其宇宙论意义》，《文艺研究》1997年第5期。

就是如何认知头顶上的"天"。

一般说来，中国古代天体观有盖天说、宣夜说和浑天说。关于盖天说的较早说法乃是绳网为盖，例如老子谓"天网恢恢"；再如《淮南子》称"以天为盖，以地为舆"。先哲的诸多说法表明，天曾经被看作一张大网。这张大网即《淮南子·天文训》所描述的"天维"，女娲所补的天，正是被共工破坏了的"天维"。经过女娲修补而恢复的"天维"实际上具有人间纲纪的象征旨趣。这一张保证安全的宇宙秩序之网，使人们的行为受到规约，彼此才有正常而友善的生活。

二、太极演化与气论

关于万物起源问题，中国的《周易》、印度的《奥义书》、希伯来的《圣经》都有所论述。在《圣经》里，希伯来修士以"万能之神"给出了答卷；在《奥义书》中，印度智者以"大梵"之说阐发了宇宙精神；在《周易》中，中华先贤则用"太极"概念作了概括。

（一）"太极"的词源意义

根据考古资料，关于太极的图形和太极的说法，早在远古时代便已出现了。如陕西出土的一件6500年前的双耳彩陶壶，壶上绘双龙相互缠绕之形，有专家考定，即最古老的太极图。

经过几千年的发展，中华民族的历史到了春秋战国时代。在这个时代中，各种思想若"井喷"一般，"百家争鸣"成为当时的一大文化特色。人们"仰观俯察"，形成了种种关于宇宙天地的认知，出现了一系列表述万物起源问题的概念体系。其中，"太极"即是最有代表性的一个名称。

《周易·系辞上》说：

是故《易》有太极，是生两仪，两仪生四象，四象生八卦。

八卦定吉凶，吉凶生大业。①

"两仪"被视为天地或者阴阳；"四象"即太阴、太阳、少阴、少阳，代表春夏秋冬四季与东西南北四方；"八卦"即乾、坤、坎、离、震、巽、艮、兑，表征天、地、水、火、雷、风、山、泽。《系辞上》指出，八卦的考量可以决定事物发展事态的吉凶，明白了吉凶的道理，就能够创造出天地间的伟大事业。然而，如果我们反向地追问，大业吉凶是如何发生的？八卦、四象、两仪又从哪里来？这就寻找到"太极"。在《周易·系辞上》作者心目中，"太极"在天地之先，是产生天地的源头。

在道家文献中，"太极"这个概念也常常出现，例如《庄子·大宗师》在论述"大道"境况时说：

> 在太极之先而不为高，在六极之下而不为深。先天地而不为久，长于上古而不为老。②

《庄子·大宗师》的"太极"是阐发"道论"的一个重要概念。顾名思义，"太"即"大"的意思，"极"就是尽头、极限。庄子告诉我们：有一种东西，混混沌沌，它先于"太极"却不自视其高，在四方上下却不自以为渊深，先于天地存在却不自以为长久，成就于上古时代却不会衰老。

《庄子·大宗师》这段论述的旨趣在于表征"大道"的性状、功能与地位，其中的"太极"作为宇宙万物化生链条的一大环节。尽管《庄子·大宗师》没有像《周易·系辞传》那样把"太极"作为天地宇宙的本根看待，但也占有十分重要的地位，显示了先民们对世界模式的体察与把握。

（二）太极演化

"太极"二字，汉代文字学家许慎的《说文解字》将之看作"一"，以为

---

① 胡方：《周易本义注》第 4 册，北京：中华书局 1985 年版，第 435—436 页。
② （清）王先谦：《庄子集解》，南京：江苏广陵古籍刻印社影印 1991 年版，第 50 页。

"惟初太始，道立于一，造分天地，化成万物"①。照许慎的说法，宇宙的开端叫作"太始"，也就是时空形成的起点，纷繁复杂的世界之所以出现，是因为有"道"，而这个"道"是看不见的，它通过"一"而得到体现。所谓"一"就是"太极"，而"造分天地"就是太极演化出阴阳，"化成万物"就是阴阳感通而孕育化生出千姿百态的事物。

有学者指出，"太极"就是"太一"，而"太一"就是北极星。北极星靠近北极，在先民眼里好像居于天之中央，众星则围绕它旋转。因而古人认为，太极居宇宙之中央，是宇宙之母，并生育了宇宙世界。

基于远古的天文学认知，周敦颐在《太极图说》中进一步推演说：

无极而太极。太极动而生阳，动极而静；静极复动，一动一静，互为其根；分阴分阳，两仪立焉……太极，本无极也。②

周敦颐所谓"无极而太极"，历来有不同解释。或以为是先有"无极"而后才出现"太极"；或指出"无极"是没有边际的意思，在这样的时空中有一个东西存在着，这就是"太极"。如果按照后一种解释，则意味着远古洪荒之际，万物寂寥，只有太极是最高存在。不论是哪一种解释，都显示了"太极"在周敦颐的世界演化理论中崇高地位，所以他把文章名为《太极图说》。

按照周敦颐的思路，宇宙万物是运动变化的。其过程伴随着能量散发，所以称作"阳"。当能量散发到一定程度，宇宙万物进入了静止状态，这就是"阴"。有阳有阴，动静转化，周而复始。《太极图说》从"无极而太极"，到"太极本无极"，清清楚楚勾勒出一种宇宙生成模式。

关于"太极"，朱熹有一个形象说法，他说："太极如一木生上，分而为枝

① （汉）许慎：《说文解字》，北京：中华书局1978年版，第7页。
② （宋）周敦颐撰，陈克明点校：《周敦颐集》，北京：中华书局1990年版，第3—4页。

干，又分而生花生叶，生生不穷。"①朱熹把太极比作植物生长，意味着万事万物都是运动的。因为运动而产生新事物，新事物同样会出现分化，一分为二，再一分为二，由此组合裂变，事物由简至繁，由少变多，形成万千世界。

从以上论述可以看出，不论是周敦颐的"太极图说"，还是朱子"太极如木"的比喻，都表明宇宙物质的演化有一个根基，这就是"太极"，它是宇宙混沌之初的状态，整个宇宙的生成、演化，乃以"太极"为根本。

（三）太极与气论

宇宙万物由太极演化而来，太极演化宇宙万物的实体形态是什么呢？要回答这个问题，需从"气"的内涵与由来入手予以阐述。

关于"气"的意义，许慎《说文解字》谓："气，云气也，象形。"②段玉裁注曰："象云起之貌。"照此说来，"气"的最早含义，是一种充盈天地间的云气。《庄子·齐物论》云："大块噫气，其名为风。"这是说，"气"若云之飘浮，变幻不定，是天地间生机的显现。汉初《淮南子·天文训》如此描述：

> 宇道始于虚廓，虚廓生宙，宇宙生气，气有涯垠，清阳者薄靡而为天，重浊者凝滞而为地，清妙之合专易，重浊之凝竭难，故天先成而地后定。天地之袭精为阴阳，阴阳之专精为四时，四时之散精力万物。积阳之热气生火，火气之精者为日；积阴之寒气为水，水气之精者为月。日月之淫为精者为星辰。天受日月星辰，地受水潦尘埃。③

就是说，"道"最初的状态是清虚空廓，清虚空廓演化出宇宙，宇宙产生出元

---

① （宋）黎靖德编，王星贤点校：《朱子语类》卷六十八，北京：中华书局1986年版，第1931页。

② （汉）许慎：《说文解字》，北京：中华书局影印1978年版，第14页。

③ 刘文典撰，冯逸、乔华点校：《淮南鸿烈集解》，北京：中华书局1998年版，第119页。

气。这种元气之清明部分飘逸扩散形成天，浊混部分凝结聚集形成地。清明部分的气汇合容易，浊混部分的气凝聚困难。所以天先形成而地后定形。天和地的精气融合起来产生了阴、阳二气，阴、阳二气的精华融合集中产生春、秋、冬、夏四季，四季各自的精气分散产生万物。阳气中的热气积聚便产生了火，而火气的精华部分形成太阳；阴气中的寒气积聚便产生了水，而水气的精华部分形成月亮。太阳、月亮溢出之气的精华散逸为星辰。天空容纳着日月星辰，大地承载着水潦尘埃。

通过这段话，我们可以看出，宇宙生成图景被描绘成"虚廓——宇宙——气——万物"这样的存在状态。正因为天地万物由"气"产生，所以才有"云气""人气""物气""血气""情气"等①。这个说法，跟太极有什么关系？宋代道学家张载给出了答案。他认为，"太虚之气"是一物两体的"太极"。他在《正蒙·太和篇》中如此阐述：

太虚无形，气之本体，其聚其散，变化之客形尔。②

在张载心目中，宇宙万物的本源就是气，人类和各种动物植物乃至没有生命的山、川、土、石等，都是由"气"构成的。从这个意义上说，人类和万物本是同根生，也是兄弟姐妹的关系。因此，除了对同类要尊敬、关心、爱护之外，对草、木、虫、鱼等非人类的万物，也要尊敬、关心、爱护，这是人之所以为人的责任和义务。

其实，如果进一步追溯，我们可以发现早在先秦时期，《庄子》就有类似的深邃表达。该书《知北游》篇说：

舜问乎丞曰："道可得而有乎？"曰："汝身非汝有也，汝何得有夫道！"舜曰："吾身非吾有也，孰有之哉？"曰："天地之委形也；生非汝有，是天地之委和也；性命非汝有，是天地之委顺也；

① 雒猛飞：《"太虚之气"与"阴阳之气"——张载"太虚"与"气"关系研究及其哲学定位》，山东大学 2018 年硕士学位论文。

② （宋）张载撰，章锡琛点校：《张载集》，北京：中华书局 1978 年版，第 7 页。

孙子非汝有，是天地之委蜕也。故行不知所往，处不知所待，食

不知所味，天地之强阳气也，又胡可得而有耶？"①

舜向丞请教说：道可以获得而据有吗？丞说：你的身体都不是你所据有，你怎么能获得并占有大道呢？舜说：我的身体不是由我所有，那谁会拥有我的身体呢？丞说：这是天地把形体托给了你；降生人世并非你所据有，这是天地给予的和顺之气凝积而成，性命也不是你所据有，这也是天地把和顺之气凝聚于你；即使是你的子孙也不是你所据有，这是天地所给予你的蜕变之形。所以，行走不知去哪里，居处不知持守什么，饮食不知什么滋味；行走、居处和饮食都不过是天地之间气的运动，又怎么可以获得并据有呢？

庄子通过舜问丞答，来说明人的一切并非自有，而是天地之委托；委托的介质是天地自然之气；人与其他存在都是自然之气的变化形态。所以，人类既不应该因自己的优越性而居于宇宙的主宰地位，也不应该认为自然界具有某种神秘性而妄自菲薄，甘愿做他者的奴隶。从根本上看，人和其他万物都是"气"聚而成的，他们在宇宙中的地位是平等的。

通过自然物的生长、繁衍变化，得出太极是万物之始，太极的实体形态又是"气"，"气"既是人和自然界万物的本源，人类与自然界中的万物都是由"气"构成，本来就是同一的，这就构成了我们经常说的"天人合一"的概念。而人类又具有主观能动性，能够体察万事万物的变化，随之调整自己的行为，使自身的行为符合"天道"要求。

三、乾坤符号与天体模式

在中国古代经典文化中，除了"太极"与"气"之外，"乾坤天地"也具

---

① （清）王先谦：《庄子集解》，南京：江苏广陵古籍刻印社影印 1991 年版，第158 页。

有深刻的符号表征理趣。

（一）乾坤天地

众所周知，《乾》《坤》两卦是《周易》六十四卦中最基本之卦，乃六十四卦之门户。

> 乾：元亨利贞。[①]
>
> 象曰：天行健君子以自强不息。[②]
>
> 坤：元亨。利牝马之贞。君子有攸往，先迷后得主，利。西南得朋，东北丧朋。安贞吉。[③]
>
> 象曰：地势坤，君子以厚德载物。[④]

"乾"与"坤"，一刚一柔，一阴一阳，构成宇宙自然的两种根本力量，形成了中国传统文化"一阴一阳谓之道"的文化因子。

《乾》《坤》作为六十四卦之门户，恰恰是突出了自然观中阴阳的重要性。《乾》《坤》两卦之后，其余六十二卦，每一卦之中都是在阴阳的作用下生成，每一卦都隐含着乾坤元素，即每一卦都包含阴阳，每一卦都由阴阳构成。

《乾》《卦》两卦的基本特征是阳刚健行，阳是天下最刚健的象征；《坤》卦的基本特征是阴柔顺承，阴是天下最柔顺的象征。从"天行健"可以看出，《乾》卦代表一种阳刚进取的精神；"地势坤"则说明，《坤》卦代表了一种大地之母的情怀。

朱熹将乾坤与天地对应：

> 至健者惟天，至顺者惟地。所以后来取象，乾便为天，坤便

---

① 胡方：《周易本义注》第1册，北京：中华书局1985年版，第1页。
② 胡方：《周易本义注》第1册，北京：中华书局1985年版，第7页。
③ 胡方：《周易本义注》第1册，北京：中华书局1985年版，第28页。
④ 胡方：《周易本义注》第1册，北京：中华书局1985年版，第32页。

为地。①

乾为天，坤为地，天为至阳至刚，地为至阴至柔。乾坤即为天地，所以，"乾坤天地"四个字，经常使用在一起。

在自然界中，天地是具体实在，乾坤象征天地。天地是自然界中最直观的现象是，天空高悬，大地蜿蜒延伸。天地之间有山川河流，有鸟兽草木，万物生于其间，天地是时间和空间的代表。天有一个特性就是健行，日往月来，寒往暑来，不停歇地运转。地有一个特性就是顺承，山川河流出于其中，亘古不变，无论被给予什么，地都来者不拒，有巨大的能量去包容一切。日月更替，沧海桑田，寒来暑往，风雨雷电，这些自然现象反映了天地之间阴阳交合流变，这就是宇宙生命的基本形态。

就《周易》内容而言，乾为最大的阳，坤为最大的阴，以乾坤为首，表示世界开始于天地；乾为天，坤为地。乾坤作为抽象出来的词表达天地自然之性，在人类社会有很多亦可以发现乾坤之用。比如，北宋理学家邵雍《击壤集》中有一首诗作《乾坤吟》：

> 意亦心所至，言须耳所闻。
> 谁云天地外，别有好乾坤。
> 道不远于人，乾坤只在身。
> 谁能天地外，别去觅乾坤。②

邵雍把"乾坤"放到了另外一个层面去理解了，他觉得"乾坤"就是一种人能观察到的视域，目光放在天地之间，"乾坤"就是天地，目光放在家国，乾坤可能就是指家国了。

乾坤分属阴阳，天地为至阳至阴，日月、山川、河流，风雨、雷电存于天

---

① （宋）黎靖德编，王星贤点校：《朱子语类》卷六十八，北京：中华书局1986年版，第1683页。

② （宋）邵雍撰，郭彧整理：《邵雍集·击壤集》卷十七，北京：中华书局2010年版，第392页。

地之间，共同构成了"乾坤天地"的内涵；在天地之下，有无数的现象，每一种现象都自成乾坤。于是"一物一太极，一物一乾坤"便是我们当下理解的乾坤。这个世界没有纯阴纯阳之物，万事万物都是有阴有阳，都是你中有我，我中有你的，日月山川，风雨雷电都不可能单独存在，都只能是阴阳交感、协作运行的结果，这应当就是我们经常提及的"乾坤之道"：万事万物都有阴阳两面，万事万物皆处于联系之中。人们可以从"乾坤之道"去推知人事，先抓住根本，再从中推演，可以容易理解世界上纷繁的现象。

（二）天地运行

乾坤为天地，而万物生于天地之间，那么，天地万物是如何运作变化的呢？有什么规律可循吗？

人们抬首之际，最先映入眼帘的应该是日月天体。日有升落，月有圆缺，日月在天空中的运行，形成了一年四季、四时变化。日月升降、阴阳交替，引发人们对天象变化规律的思考。对天象的长期观察，最终使人产生了规律和秩序意识，滋生出"天道"的概念。究其本意，"天道"指的是天所呈现出的有规律的运行轨道，也指日月星辰等天象的运行变化，以及天体运行秩序。这样，古人就把日月星辰、风雨雷电等天象变化与人类生活、社会事务联系在一起，用"太极""乾坤"来解释天体运行规律。

> 太极既分，两仪立矣。阳下交于阴，阴上交于阳，四象生矣。阴交于阳而生天之四象，刚交于柔，柔交于刚而生地之四象，于是八卦成矣。八卦相错，然后万物生焉。[1]

这段话讲八卦与万物的形成：无极生太极，太极分两仪，产生了乾和坤，之后两仪又生四象，即"太阳""太阴""少阳""少阴"；四象又生八卦，乾为父，

---

[1] （宋）邵雍撰，郭彧整理：《邵雍集》卷十七，北京：中华书局 2010 年版，第171页。

坤为母，震为长男，巽为长女，坎为中男，离为中女，艮为少男，兑为少女；乾代表天，坤代表地，震代表雷，巽代表风，坎代表水，离代表火，艮代表山，兑代表泽。八卦代表的天、地、雷、风、水、火、山、泽，在阴阳交感之下，相互结合，又生六十四卦，这六十四卦其实包含的是世间万事万物。

邵雍认为万物生于八卦，八卦生于天地之四象，天地之四象生于阴阳交合，阴阳生于太极。天地通过阴阳之气变化而生万物，宇宙即此可视为以天为父、以地为母、以万物为子女的大家庭。

东汉魏伯阳《周易参同契》曰：

乾坤者，易之门户，众卦之父母。坎离匡郭，运毂正轴。[①]

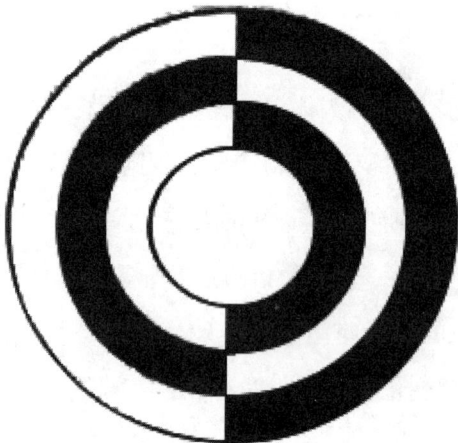

水炎匡郭图

这段话的意思是说，太极是阴阳混沌体，太极分两仪，产生了乾和坤，乾是纯阳正气，坤是纯阴正气。之后两仪又生为四象，四象又生八卦，又生六十四卦。六十四卦类万物之情，即生万物。从太极到万物是阳到阴的变化过程，必须通过乾坤产生，所以乾坤是易的门户。这里，"坎离匡郭，运毂正轴"，实指天体运行模式，"坎离"指的《坎》卦和《离》卦，分指水火，也指阴阳。"匡郭"一个有中点的轮廓框架，像空中的球形体。"运毂正轴"是以坎离为标志，在球形体内设一个轴，让"坎"和"离"旋转起来，同时也让其他六个相对应的卦旋转起来。即《坎》卦转向《离》卦，实现乾坤定位；这个就是古代的朴素的天体运行模式了——日月星辰围绕

---

① （汉）魏伯阳撰，袁仁林注：《古文周易参同契注》第1册，北京：中华书局1985年版，第9页。

乾坤天地运转，周而复始，形成宇宙万物。

根据汉代古天文学记载，天空里的恒星可划分为"三垣"，即太微、紫薇、天市。"四象"则指我们熟悉的苍龙、白虎、朱雀、玄武。苍龙、白虎、朱雀、玄武这四象，分指东、西、南、北四个不同方位。随着地球和太阳的公转自转，日月更替、月亮圆缺构成一个天然的周期，天空的星相也随之有了变化与转换，产生四季。冬春之际青龙出现，春夏之际为朱雀，夏秋之际为白虎，秋冬之际为玄武，由此星象与四时、方位结合起来。天地生日月，日月运行而形成四季，从而产生万物。魏伯阳利用乾坤坎离，构建出一个宇宙模型，"坎离"如车轴般轮转，正如日月在天地间往来相推。在"乾坤坎离"的宇宙模型中，天上地下是"乾坤"之象，"坎""离"运行其中，"乾"升于"坤"为"坎"，"坤"降于"乾"为"离"，"坎""离"作为"乾""坤"之用，就如日月运行。

将星辰与五行、五方、五色、四季（加"长夏"，即为"五季"）等比类的关联性思维，是我国古代思维中常见的方式。一年四季阴阳消长的顺序，其实也适用于一月、一日阴阳消长的顺序，就一日而言，春夏为朝，秋冬为暮。就一月而言，春夏为上半月，秋冬为下半月。植物春夏发芽、生长，秋冬落叶、枯萎，这与人的生老病死、健康、孱弱一样具有相似性；因此人也应该根据季节变化，随时调整，顺应四时，五行不乱。实际上这个解释与当下我们对物质结构的理解，有着异曲同工之妙；天下万事万物都由阴阳二元素的运动作用变化而来，作为天地之间万物之灵长——人类，在面对纷繁复杂的自然和社会现象时，可以阴阳论证来规范自身行为，并与自然社会和谐相处。

（三）"敬畏自然"——宇宙生命的第一要义

从"太极"到"乾坤"，再到万物生成，我们不难看出，中国传统文化或者说中国古人是用整体观念来看待整个宇宙生命的有机运行的，认为宇宙是在阴阳交互作用中，且一直处于生生不息的状态中。这应该就是原始的宇宙生成论了。

这种宇宙生成论，意思是说人与乾坤天地息息相通，乾元是万物的肇始者，坤元则是万物的资生者，人秉着乾坤天地之气而生。作为万物之灵长的人类，应该怎样与宇宙万物如何相处呢？这里就涉及一个人在乾坤天地之间如何发挥自己的主观能动性的问题了，也就是，在宇宙万物面前，人的行为应该如何的问题。

我们不妨看看人类的天地父母之当下状态：

根据国家统计局数据显示：人类过度消耗各种矿产资源，无节制地开发，世界石油仅够维持 50 年，煤、天然气仅够开采 200—300 年；水资源供需矛盾突出；人口爆炸式的增长和人类对保护环境意识的浅薄，使全球生态环境遭到了严重破坏，水土流失严重，土地荒漠化；越来越多的动植物因生存环境的恶化而从地球上消失。气候变暖，病虫害增加，海平面上升，气候反常，海洋风暴增多，土地干旱，加剧沙漠化，臭氧层破坏，直接威胁着人类的健康。我们到底该怎样行动？

敬畏自然，是宇宙生命的第一要义！

宇宙自然界是生命创造的源泉，是人类赖以生存的家园，值得敬畏。自然界是伟大的，大自然的所有生命，都是神圣的。我们应该将宇宙自然视作父母，这是对自然界应有的敬畏之情。大自然中所有的植物、动物、人类都应该被人类视为同胞，人们维护并珍惜生命就是善；一个人只有约束自己的行为，力所能及地帮助其他生命的整体生存，并尽力避免伤害无辜的生命，这样才是真正有道德的人。

正是因为大自然生养了万物与人类，是生命之源，乾天坤地才被我们称为父母。人类原本就与天地、与宇宙万物是一体的；也只有敬畏天地，善待万物，宇宙才能反过来更有利于人类的长足发展，人才能与自然一起达到"天人合一"的绝妙状态。人与自然关系是人类生存与发展的基础关系，从这个意义上讲，人属于自然，自然也属于人，人与天地万物融为一体，人与自然达到本质合一。

古人"天人合一"的朴素生态意识和对生命的仁爱义务，至今依然存在可以继承的合理性因素。在地球生物圈中，人只有敬畏自然，尊重客观规律，正确发挥主观能动性，才能持续地利用自然，让大自然造福于人类，服务于人类。

四、阴阳五行学说

阴阳五行学说，包括阴阳学说和五行学说，这是古人认识自然和解释自然的世界观和方法论，构成传统宇宙观的理论基础。

（一）阴阳与五行

关于阴阳，先秦许多著作都谈及。《老子》所谓"万物负阴而抱阳"，《易传》所谓"一阴一阳之谓道"。太极的两仪即被视为阴阳，乾坤亦被视为阴阳，阴阳是古人对宇宙万物两种相反相成的性质的一种抽象表征，是事物与事物之间以及事物内部诸要素之间的对立统一。

汉代董仲舒《春秋繁露》把"阴阳"理解为天地之气。

阳，天气也；阴，地气也。[1]

天地之气，合而为一，分为阴阳，判为四时，列为五行。[2]

意思是说，天为"阳刚"之气，地为"阴柔"之气，天气属阳，地气属阴，阴阳二气合称天地之气，即混沌之气。混沌中的天气、地气经过分化就产生出阴阳来，"阴阳"派生成一年四季，天地阴阳二气再派生出"金、木、水、火、土"五种属性。

---

① （汉）董仲舒撰，（清）凌曙注：《春秋繁露》，北京：中华书局1975年版，第439页。

② （汉）董仲舒撰，（清）凌曙注：《春秋繁露》，北京：中华书局1975年版，第457页。

金、木、水、火、土五种属性，即"五行"概念。《尚书·洪范》是最早系统记载"五行"的典籍。据说，周武王败殷之时，俘虏了殷臣箕子，箕子作《洪范》。"洪范九畴"首列"五行"，并指出了"五行"的顺序：

五行：一曰水，二曰火，三曰木，四曰金，五曰土。①

《尚书》中"五行"的顺序，以水为首。到汉代董仲舒，其《春秋繁露》云：

天有五行，木火土金水是也。木生火，火生土，土生金，金生水。水为冬，金为秋，土为季夏，火为夏，木为春。春主生，夏主长，季夏主养，秋主收，冬主藏，藏，冬之所成也。②

他首次明确提出"五行相生"说。木、火、土、金、水五行分别与东、南、中、西、北五方相配；五行之间，木生火，火生土，土生金，金生水，水又生木的相生序列已经出现。五行相生，循环不止，构成一个周而复始的圆圈，正好符合春夏秋冬相生相继、循环不已的天道运行规律。

周敦颐关于"五行生物"的思想就是在这个基础上建立起来的。他在《太极图说》中云：

阳变阴合而生水、火、木、金、土。五气顺布，四时行焉。五行，一阴阳也。阴阳，一太极也。太极，本无极也。五行之生也，各一其性。③

意思是说，阳的仪态与性质发生变化，阴阳融合生出水、火、木、金、土五行。五行按其所该有的位置排列，遂生春、夏、秋、冬四时；五行，来源于阴阳；阴阳，来源于太极；太极来源于无极。水、火、木、金、土五行的区别为

---

① （清）孙星衍撰，陈抗、盛冬铃点校：《尚书今古文注疏》，北京：中华书局1986年版，第292页。

② （汉）董仲舒撰，曾振宇、傅永聚注：《春秋繁露·五行对第三十八》，北京：中华书局1975年版，第278页。

③ （宋）周敦颐撰，陈克明点校：《周敦颐集》，北京：中华书局1990年版，第4页。

其本性不同。

从周敦颐的解释可以看出，"五"和"行"是两个概念，"五"谓金、木、水、火、土五气，"行"意思是说，天行五气，地承天之五气，行之而成万物，故曰"五行"。

（二）阴阳五行生"仁"成"义"

天行五气，地承天之五气，行之而成万物，五行相生，循环不止，此乃天道运行规律。这是先民的宇宙观。这样的宇宙观是如何转化为人的内在价值源泉的呢？

《周易》就把天道、地道和人道统合而言：

> 立天之道曰阴与阳，立地之道曰柔与刚，立人之道曰仁与义。[1]

意思是说，天道是阴阳结合，宇宙万物均包含阴阳。地道是刚与柔结合。而人道，就是说人的价值理念和行为，应该把"仁""义"放在第一位。

周敦颐在《通书·顺化第十一》也有类似论述：

> 以阳生万物，以阴成万物。生，仁也；成，义也。[2]

说天道运行，阴阳生长万物，"仁""义"亦从天道而生。在他看来，"仁""义"来自于天道。而人的存在基础，即来源于"天地仁心"。

从"天地仁心"到阴阳生"仁"成"义"，先民的宇宙观开始转向，逐渐与殷商时期的自然宇宙观剥离，把天地与人联系在一起了，开始思考在天地万物面前，人的行为问题了。不论是《周易》还是《太极图说》，都有提到人的"仁""义"问题，人道与天道开始结合，人类开始走上理性思维之路，这是一次思想飞跃。

孔夫子有教无类，不断奉献爱心培养人才，我们就称他为"仁"；关羽手

---

[1] 胡方：《周易本义注》第5册，北京：中华书局1985年版，第489页。
[2] （宋）周敦颐撰，陈克明点校：《周敦颐集》，北京：中华书局1990年版，第12页。

持青龙偃月刀，过五关斩六将，只为了兄弟之情，我们就称他为"义"。仁义是人之为人的根本，是人的社会价值所在。

天地生化万物，贵生是天地大德，这个德性体现在人身上就是"仁"。天地化生万物是在一定的秩序下进行的，这个秩序就天理，天理体现在人身上便是"礼"。"理"为天地化生万物之法则，这就是"常"，"常"体现在人身上便是"义"。这就是我们说的"天道"与"人道"。

人只有懂得了天道，才可做事顺利。人的行为，只有合于大德，才能得到成果。人只有遵循道德，才能掌握事物变化的法则。人做到了这些，也就达到了"善"。"仁""礼""义"是宇宙大道和宇宙本性在人身上的体现。

（三）天道人极

天地人物都是从宇宙之本"太极"那里演化而来。太极是天地万物之根，也是天地万物之准。

太极是什么？是一动一静。动则产生阳，静则产生阴，阴阳相分才产生了两仪，亦即天地。阳在不断变化，阴在不断理合，阴阳变合产生了金、木、水、火、土，谓之"五行"。之后，太极真性和阴阳五行的精华在交互中产生了人。人得宇宙阴阳五行之精华，故为最有灵性之存在。

周敦颐认为人禀大理而生，故最秀最灵：

> 唯人也，得其秀而最灵。形既生矣，神发知矣，五性感动而善恶分，万事出矣。①

意思是，宇宙万物中，只有人为万物之中的精华。人能凭其灵性而获得知识，是能思想的生命存在。人能感知"金""木""水""火""土"的本性，例如上善若水。通过对五性的感知认识，人分辨出善恶，因善恶的定义和大小之分，而生出万事。说明人不仅具有独特的形体，更重要的是具有精神活动，能辨善

---

① （宋）周敦颐撰，陈克明点校：《周敦颐集》，北京：中华书局1990年版，第5页。

恶、明是非，故而能够体认道德规范，从而确立了"人极"。

"人极"怎么理解？周敦颐在其《太极图说》中提及这个概念：

圣人定之以中正仁义而主静，立人极焉。①

说圣人将五性定义为中、正、仁、义、静，符合这五性便是为人之豪杰，而其五性并无终点，故人也是无限的。

这里的"人极"类似于"太极"。太极是宇宙的最高点、最初点，而在周敦颐看来，这个最高点和最初点又是没有极限的，所以又称为"无极"。周敦颐又解释无欲故静，说静对应于阴，人本身是有"阳"的属性，这样对应于人的阴阳，就是"人极"。

"人极"是强调人的价值和能量的无限性，与"太极"的概念相对。"人极"的概念，亦即做人的标准，这个标准不是别的，就是"中正仁义"。为什么以有仁义之心为亲，以有仁义之心为贵，那是因为仁义之心是宇宙大道的体现。这样"太极"呼应于"人极"，人间的道德也就呼应于天道。

"仁义"除了亲亲之仁或君臣之义，还包括兼爱、非攻、替天行道等。楚汉争霸中，项羽的结局固然令人产生英雄末路的唏嘘，不过仔细想想，却正是因为失了"仁义"二字。

项羽，在巨鹿之战中，击溃秦军主力，几乎是可以预见称王为帝的结局了，但是他坑杀数十万秦军降卒、焚烧咸阳、掠夺财宝，导致失了民心。而刘邦作为反秦起义军西线的首领，一进关就宣布《约法三章》，下令废除秦王苛政、减轻田赋，获得了人民的支持。废除苛政就是仁义，而烧杀抢掠违背仁义。正是这种关乎"仁义"的选择，决定了民心之向背，决定了刘邦与项羽胜败的命运。

可以说，人的行为要符合天道，应该学会选择、懂得取舍——择"仁"取"义"乃合天道；行"仁"行"义"，成就人生。践行仁义时，我们心头必然会升起一股浩然正气，这种浩然正气就可以成就一顶天立地的伟岸人格！

---

① （宋）周敦颐撰，陈克明点校：《周敦颐集》，北京：中华书局1990年版，第6页。

五、父母与天地并重

父母乃生命由来之根源。故《尚书》云:

> 惟天地万物父母;惟人万物之灵。[①]

意思是:天地即万物之父母,人孕育于天地之间,是万物之灵长。

张载《正蒙》亦云:

> 乾称父,坤称母;予兹藐焉,乃浑然中处。[②]

这里讲乾坤就是天地自然界,人是乾坤天地的孩子,人与天地自然界同处于一个统一的生命整体之中。

以上两说,所指无异:天地者无形之父母也;父母者有形之天地也。

天地父母是人类不可或缺的永恒存在:没有天地,人类就无法生存、发展;没有父母,人类就无从繁衍、教化。天地父母,突出的是人与自然、父母与子女、人与人之间的内在生命关联。

(一)关于天地

东汉许慎《说文解字》曰:"天,颠也。至高无上。从一大。"[③]"天""颠"二字音近,以颠释天。"颠"本指人的头顶,用在这里却指无限高的天空。关于"地"的解释,《说文解字》曰:"元气初分,轻清阳为天,重浊阴为地。万物所陈列也。"[④]"地"从土也声,从土。地古音yǐ,与也yě音近,所以用也字作声符。《说文解字》认为也字乃象女阴之形。后人据此创说,地属坤道,

---

① (清)孙星衍撰,陈抗、盛冬铃点校:《尚书今古文注疏》,北京:中华书局1986年版,第265页。

② (宋)张载撰,章锡琛点校:《张载集》,北京:中华书局1978年版,第62页。

③ (汉)许慎,《说文解字》,北京:中华书局影印1978年版,第7页。

④ (汉)许慎,《说文解字》,北京:中华书局影印1978年版,第286页。

为阴为女。虽然《说文解字》是把两个字分别做了解释，其实"天地"应该作为一个整体来考量。

《庄子·外篇》以篇首二字命题"天地"，"天地虽大，其化均也；万物虽多，其治一也"，"天"和"地"在庄子哲学体系中乃是元气之所生，万物之所祖，一高远在上，一浊重在下，故而以"天地"开篇。意思是说，天和地虽然很大，它们的运动和变化却是均衡的，事物虽然纷杂，处理它们的方法却是相同的。从这里可以看出，庄子那个时代的人，是把"天地"放在一起思考的，这里的"天地"指的就是整个宇宙世界。

《庄子·达生》谓："天地者，万物之父母，合则成体，散则成殆。"[1]意思是说，万物立于天地之间，是天地二气交合的产物，万物又终将回归于天地。天地自然孕育万物，所以称天地为"父母"。于是，人类除了肉身父母之外，还应该敬畏天地自然。人类虽为万物之灵长，却仍是"天地之子"。这正是中国传统文化中"天父地母""天地滋生万物"的意蕴所在。

乾坤指天地，也就是自然界。人类生活在天地之间，依靠自然界提供的资源维持着种族的发展，就像幼小的孩子从父母那里取得物质生活上的保障一样，人们应该感激自然界这个衣食父母；如果没有了自然界提供的资源，人类就不能生存下去，也谈不上人类社会的发展。

（二）天地生人

《易传·序卦》云：

> 有天地，然后有万物；有万物，然后有男女；有男女，然后有夫妇；有夫妇，然后有父子；有父子，然后有君臣；有君臣，然后有上下；有上下，然后礼仪有所错。[2]

---

① 方勇译注：《庄子》，北京：中华书局2016年版，第295页。
② 胡方：《周易本义注》第5册，北京：中华书局1985年版，第503页。

由此可见，中国古代关于万物起源以及人类起源的观念，实乃自上而下的延伸，"天地——父母"被认为是人的本源，没有天地哪有父母，没有父母，更没有自己。这是一个关于"生从何来"的哲学命题。

在中国传统哲学中，人的生命与天地父母是分不开的，"人是父母的造物，更是天地的造物，于是人便成了天地二元父母二元的结合体"[①]。这种血缘与自然的相互渗透构成了中国传统意义上的"天地父母"的概念。

西汉董仲舒《为人者天》也有类似表述：

> 为生不能为人，为人者天也。人之人本于天，天亦人之曾祖父也。此人之所以乃上类天也。[②]

意思是，人类生命源自天，所以人类的生理结构在本质上、形式上与天是同一的。天是大宇宙，人是小宇宙，人类生命体是天的缩影；天地化生人，人必须依赖天地生存。不仅如此，董仲舒还认为，人的性情类于天之性情，说天有春夏秋冬之分，人亦有喜怒哀乐之情，人的喜类于春之初生，乐类于夏之繁茂，怒类于秋之萧瑟，哀类于冬之高远。所以《春秋繁露·王道通三》说："人生于天，而取化于天。"

人与万物皆天地所生，但人为万物之灵长，可以沟通天地、参赞天地之化育。王充《论衡》指出："天之与人犹父子也，有父为之变，子安能忽？故天变，己亦宜变，顺天时，示己不违也。"[③] 意思是说，天跟人就同父与子一样，父亲被某件事而改变神色，作儿子的怎么能不在乎呢？所以天改变神色，自己也应该跟着改变神色。顺应天时，以表示自己没有违背天意。所以说，天地孕育人类的生息繁衍，人也应该顺应天地变化，不要违背天意。

---

① 何平：《子道与子民——"文化原型"中的传统人文与传统政治思维》，《华侨大学学报》2004 年第 4 期。

② （汉）董仲舒撰，曾振宇、傅永聚注：《春秋繁露·五行对第三十八》，北京：中华书局 1975 年版，第 278 页。

③ （汉）王充：《论衡》第 2 册，北京：中华书局 1985 年版，第 71 页。

父母给了我们生命，并养育了我们，这是莫大的恩情，我们对父母理应有感恩的心。对父母的爱，正是以感恩为前提的。而我们对亲人以外的人，对宇宙万物的爱心，也应以感恩为前提。我们首先要了解天地对我们的"恩"，然后才能感恩、报恩。

如果人有对天地自然界的情感，犹如对待父母那样的热爱，那么就一定能够处理好人与自然万物的关系；如果人对待父母如同对待天地一样敬畏，就能至纯至孝；如果人将他人视为同为天地父母的孩子，就能够与他人和谐相处。

（三）天人关系

"天父地母""天地滋生万物"的观念，表达了人、天、地之间的生命关联。这种密切关系，老子表述为"人法地，地法天，天法道，道法自然"——也就是说，只有人地合一、地天合一、天道合一，才能达到道与自然合一的最高境界。

在古代中国，"民以食为天"，粮食之类的农作物的生产，对国人来说至关重要，而农作物的生长与收获几乎全部依赖上天的馈赠与大地的养育，因此国人对于天地的敬畏绵延千年至今未绝。于是，我们将"天"视为世间万物之祖——主宰一切——视其为至高无上的"神"，称其为"天父"，连同"地母"，一起成为人们祭祀的神圣对象。

20 世纪以来，随着现代工业文明的不断发展，人民生活水平提高，社会现代化程度提升，人与自然的关系却日趋紧张：世界人口剧增、粮食短缺、水资源污染、臭氧层破坏、酸雨、土地沙漠化等问题越来越严重。这些都要求人们重新审视人与自然之间的关系。

人类的生命既是父母给的，更是天地孕育的产物，正如张载《西铭》所言："乾称父，坤称母，予兹渺焉，乃混然处中。故天地之塞，吾其体；天地之帅，吾其性。"天地也是我们的父母，我们的身体是由充塞于天地之间的"气"构成的，而统帅天地的规律制约了我们的人性。人身、人性都是天地赋予的，天地是人的最深层的根源，所以我们也应对天地心怀感恩，像爱父母一样爱天地万物。这就涉及一个德性问题。

天是最高主宰，因此人应该事天、敬天，这是先秦时期就已有的伦理思想。而事天、敬天的最高境界，就是以德配天，即通过修身养性，达到天人合德。修身养性的理论前提在于人与天之间的差异性与同一性。所谓天人合一，首先呈现为一个过程，是人通过修身，不断提高自己的道德修养，最终达到天的要求——成为圣人。如果说天人之间的差异性使"天人合一"成为必要的话，天人之间的同一性则为"天人合一"提供了可能性。同一性主要是指天人之间同此一气，同此一理。"天人合一"又是一个目标，是一种境界，即人通过修养道德所达至与天合为一体的生命境界。

六、"百善孝为先"与天人合一

在我国，"孝"观念源远流长，殷商的甲骨文中就已出现"孝"字。在中国传统道德规范中，有"五教"之说：教父以义，教母以慈，教兄以友，教弟以恭，教子以孝。其中，"孝"乃一切道德规范的根本、所有德行的起点，可见，孝道具有特殊的地位和作用。

《孝经·开宗明义》云："夫孝，德之本也。"是说"孝"是人类对父母生育、养育和教育之恩的感怀，"孝"是德行的起点与基础。一个人要有德行，首先要对父母尽到"孝道"，所以说"孝"是"百行之冠，众善之始"，简言之，"百善孝为先"。

（一）"孝"之本性

"孝"字，许慎《说文解字》云："善事父母者。从老省，从子。"[1]就是说

---

① （汉）许慎：《说文解字》，北京：中华书局影印 1978 年版，第 173 页。

作为儿女对自己的父母，应该尽心奉养，并顺从父母的意志。康殷先生在《文字源流浅说》分析得更为有趣：像"子"用头承老人手行走。用扶持老人行走之形以示"孝"。"孝"的古文字形和"善事父母"的意思完全吻合，可见，"孝"表达的就是子女对父母的一种善行。

> 周人对孝的规定，大致有两个方面的内容，一是奉养、恭敬父母，二是祭祀先主。①

推行孝道的基本方式是对祖先进行祭奠，以香火延续，显精神不灭。周朝的人们认为，生命乃祖先赐予，所以我们对待祖先最好的方式，就是让香火传承。周代金文、典籍都出现大量有关"孝"的记载，认为"孝"所反映的信息，就是善待父母。进而，在和长辈相处时要恪守礼仪和规范，是"孝"从产生之时就具有的原始内涵，也是"孝"的本质要求。

早在商周时期，对"孝"的赞美就出现在很多歌诗中，比如《诗经·大雅·下武》的"永言孝思，孝思维则"，《诗经·大雅·既醉》的"孝子不匮，永锡尔类"，《诗经·周颂·载见》的"以孝以享，以介眉寿"，《诗经·周颂·闵予小子》的"于乎皇考，永世克孝"等句子，无不是对孝的歌颂。孔子在《论语》中就说："弟子入则孝，出则弟。"就是要求人们在家里要孝敬父母，在外要顺从兄长。孟子说："老吾老，以及人之老；吾幼吾，以及人之幼；天下可运于掌"——尊敬自己的长辈，进而尊敬别人的长辈，爱护自己的孩子，进而爱护别人的孩子，有这样的德行的人治理天下，那就如同手握一件东西一样容易了。

正如《孝经》中说的"夫孝，德之本也"，"孝"观念在国人千百年来的生活实践中已经渗入到了每个成员的心理意识之中，并世代相传，已经成为我们中华民族的一种传统美德。

---

① 朱贻庭：《中国传统伦理思想史》，上海：华东师范大学出版社2003年版，第8—9页。

（二）"孝"与"仁""礼"

《论语·学而》云："孝悌也者，其为仁之本与！"孔门提出"孝"是"仁"之起点与基础；孔子提倡爱人，首先就是要爱自己的父母，因为孝本来是每一个人都应该做到的基本行为。孔子将"孝"与"仁"同时提出，把社会伦理的实现和个人道德修养的践履统一起来，认为奉行孝道是为仁之起点与基础，如果每人都能做到孝悌，那么社会道德风尚就好，秩序安定，即能达到天下归仁。

"仁"是体现中华民族传统美德的又一重要范畴。孔子认为人和人之间有一个普遍存在的情感，那就是"仁"。孟子则认为"仁"是人与生俱来的同情心衍生出来的爱护他人之心，所以有"仁者爱人"的说法。

儒家认为父母与子女之间的爱是最根本的，仁爱的实质就是侍奉父母。人如果不"仁"，礼乐就会崩坏，社会就会坍塌；人如果不"仁"，就不会从内心去尊敬和爱戴父母，就谈不上"孝"，故而有子说："君子务本，本立而道生。孝悌也者，其为仁之本与！"从仁爱之心产生的根源来看，人从一出生就被自己父母所爱，所以儒家强调将心比心，即所谓"仁，从人，从二"——为报恩父母，身为子女，当敬孝。"父慈子孝"皆本于"仁"。此乃仁的基础意义。

此外，"仁"也指做人的最高境界；此时，"仁"是目标，"孝"是起点，而要想达到"仁"这个目标必须要从孝敬父母开始。《孟子·梁惠王上》称："未有仁而遗其亲老也，未有义而后其君者也。"只有先做到了孝敬父母，才能一层层往外推延，将仁爱传播给家人、兄长、族人。道德境界越高，仁爱波及范围也就越广，也就更加接近对他人、对父母、对天地的"大爱"最高境界。

"孝"和"礼"之间的关系也很密切。"孝"和"礼"都是从古代祭祀中衍发出来的——在祭祀祖先时，不仅要颂扬祖先的功劳和德行，而且还需用一定的礼仪来表现对祖先的崇敬，所以"孝"也可以通过祭祀的礼仪来体现，祭祀礼仪本身就是彰显孝道的具体表现。

《孝经·广要道》有云："礼者，敬而已矣。"要做到"孝"，首先是子女要孝敬父母；这种礼敬必须以尊父为前提，尊敬和孝敬是互为一体的。由此可见，"孝"和"礼"共同强调"敬"。既然子女对父母的"孝"要体现"敬"，那么循"礼"就成为尽"孝"最直接的规范要求。

《孝经·圣治章》曰：

> 不爱其亲而爱他人者，谓之悖德；不敬其亲而敬他人者，谓之悖礼。[1]

意思是说，孝顺亲长是德之体现，孝之始在事亲，而事亲必须符合礼仪规范，需处处以爱敬之心待之，唯其如此，方为尊亲。孝含爱敬方合礼，足见孝与礼之密切关系。

总之，"仁""礼"均受到"孝"的影响，正如《礼记·祭义》中所说："仁者仁此者也，礼者履此者也，义者宜此者也，信者信此者也。"孝作为所有"善"的基本美德，对忠、悌、顺、仁、义、礼、智、信等美德都具有相当的威严和指导意义，这就是"百善孝为先"的基本意涵。

（三）《孝经》中的"孝"与天人合一

《孝经·三才章》曰：

> 夫孝，天之经也，地之义也，民之行也。天地之经，而民是则之。[2]

在作者看来，孝道出于血缘自然之理，人们不可逃脱，亦无法推卸，可谓天经地义。故《孝经》又言："孝之至也，通于神明，光于四海，无所不通。"对此，唐玄宗注解到："能敬宗庙，顺长幼，以极孝悌之心，则至性通于神明，光于四海，故曰'无所不通'。"意思是说，如果把"孝悌"这样的行为，做

---

[1] （唐）李隆基注，（宋）邢昺疏：《孝经注疏》卷五，上海：上海古籍出版社2009年版，第46页。

[2] （唐）李隆基注，（宋）邢昺疏：《孝经注疏》卷三，上海：上海古籍出版社2009年版，第6页。

到极至，就能与神明相通了。这里说的与神明相通，其实是说与天道相通。孝道与天道相通，那么我们每个人都应该效法天地之德，做到至诚至孝，不杂丝毫之功利。同样，在一个家庭中，兄弟姐妹之间有互相关爱、互相扶持的责任和义务，这是血缘亲情所决定的。对天地万物充满热爱，自觉地履行自己作为天地之子、作为万物之兄弟的责任和义务，我们自能达到高远的天地境界。故曰，孝道乃天经地义，人人都应行之道。并且，天道、地道、人道统归于一。

从《孝经》可以看出，孝悌作为原始自然关系的人化形式，这样的人伦关系以"天道"为圭臬、为终结。"孝"已经成为"天道"的一种具体要求，是一种人力所不可更改的自然法则，它和礼乐、德义、博爱处于同一高度，都是天命之德，是合乎秩序的至善体现。

《孝经》将"父母"与"天地"相结合，形成了"天"的象征化意味。天行有常，而人力有限，天是不可违逆的，故需"敬天"。由"敬天"延展到孝顺父母，这就显现出了"天人合一"的内在意蕴。为人子女，便是受了父母之精血，父母含辛茹苦抚养孩儿，子女之孝敬父母，便是无可推脱的义务。同样的道理，世间万物都是禀受了天地的性分，遵循着天道的常规。因此，人也必须敬天爱物，而人之敬天爱物，亦可言之为广义的"孝""悌"。

张载《西铭》云：

> 乾称父，坤称母，予兹藐焉，乃混然处中。故天地之塞，吾其体；天地之帅，吾其性。民吾同胞，物吾与也。大君者，吾父母宗子；其大臣，宗子之家相也。尊高年，所以长其长；慈孤弱，所以幼吾幼。圣其合德，贤其秀也。凡天下之疲癃残疾，茕独鳏寡，皆吾兄弟之颠连而无告者也。于时保之，子之翼也。乐且不忧，纯乎孝者也……富贵福泽，将厚吾之生也；贫贱忧戚，庸玉女于成也。①

意思是说，在天地之间，天就是父，地就是母，所有的人都是天地这一对夫妻

---

① （宋）张载撰，章锡琛点校：《张载集》，北京：中华书局1978年版，第62—63页。

的孩子，甚至万物都是人的同类，天地之间所有的人和物都是兄弟姐妹。既然天地就是父母，那么人类也应该对天地讲孝道。作为天地之子的人，应如何对天地实行"孝"呢？张载认为，活在天地之间，尊敬年长的人，慈爱孤弱的小孩，保护有病残疾之人、孤独鳏寡之人，协助天地这一对父母养育其他孩子，就是对天地的"孝"。在宇宙这个大家庭中，每个人帮助其他人，特别是帮助弱势群体，就是对天地行孝。

孝是五常之本，百善之原，是博爱之始，是天地间最可贵的情感之一。我国自古就有"卧冰求鲤"和"弃官奉亲"等耳熟能详的孝亲故事，每一个故事背后蕴含的是中华儿女对父母长辈的孝心；推而广之，中华儿女不但应当敬奉自己的父母，也敬奉天下所有父母，而且要行之于实践。不仅如此，仁爱万物也是孝的一种表现，是孝的再扩大、再推广。在家庭中，对父母尽孝是人之为人的基本品质，推而广之，把目光放到天地，天就是人类的父亲，地就是人类的母亲，我们敬爱天地亦是天经地义之事。

当下，"孝"不应当只是一种简单而随意的伦理意识，"孝"作为一种人类的基本德性，爱人、爱国家、爱万物这些美好德性，都应当从爱父母亲人开始，"孝"是一切德性的起点，此所谓"百善孝为先"。每位炎黄子孙都应将孝敬父母长辈放在心中最首要的地位，同时，我们还应当推己及人，尊敬年长的人，慈爱孤弱的小孩，协助乾坤父母养育其他孩子，对天地行孝，将"孝"这种美好品德继续传承下去，传播弘扬光大。

思考题：

（1）你是怎么理解"太极"即是"无极"的？

（2）你觉得"坎离匡郭，运毂正轴"这句话，是怎样表达天体运行规律的？

（3）说一说你对"人极"的理解？

（4）你是怎样看待父母与天地的？

（5）"孝"与"仁""礼"的关系是怎样的？

参考文献：

（1）胡方撰：《周易本义注》，北京：中华书局1985年版。

（2）陈成：《山海经》，上海：上海古籍出版社2016年版。

（3）（汉）王充撰：《论衡》，北京：中华书局1985年版。

（4）（宋）张载：《张载集》，北京：中华书局1978年版。

（5）（清）孙星衍撰，陈抗、盛冬铃点校：《尚书今古文注疏》，北京：中华书局1986年版。

（6）杨伯峻：《孟子译注》，北京：中华书局1960年版。

（7）朱贻庭：《中国传统伦理思想史》，上海：华东师范大学出版社2003年版。

（8）周敦颐撰，陈克明点校：《周敦颐集》，北京：中华书局1990年版。

（9）刘文典撰，冯逸、乔华点校：《淮南鸿烈集解》，北京：中华书局1989年版。

（10）（宋）邵雍撰，郭彧整理：《邵雍集·击壤集》，北京：中华书局2010年版。

（11）（汉）董仲舒撰，曾振宇、傅永聚注：《春秋繁露》，北京：中华书局1975年版。

（12）（唐）李隆基注，（宋）邢昺疏：《孝经注疏》，上海：上海古籍出版社2009年版。

（13）（汉）魏伯阳撰，袁仁林注：《古文周易参同契注》，北京：中华书局1985年版。

（14）（宋）黎靖德编，王星贤点校：《朱子语类》，北京：中华书局1986年版。

徐徐胎教

> 【学习目的】掌握"胎教"的含义；了解中国古代在胎教方面取得的伟大成就；了解古代重要的胎教典籍；了解道教文化中的胎教文化内容；理解胎教与人口繁衍之间的重要关系；理解推进正确恰当的胎教文化与国家人口政策之间的关系。

　　"胎教"一词在我国出现甚早，《大戴礼记》中说："凤凰生而有仁义之意，虎狼生而有贪戾之心，两者不等，各以其母。呜呼，戒之哉……胎教之道，书之玉版，藏之金匮，置之宗庙，以为后世戒。"[①] 贾谊《新书》专门写《胎教》篇，其文与《大戴礼记》基本相同。[②] 其他诸如《黄帝内经》《淮南子》《列女传》《胎产书》《格致余论》等各类书籍中，都有记载关于胎教的论述。可见，我国古人很早就意识到了胎教的重要性，对胎教的认识也达到了很高的水平。对胎教的重视，不仅促进了我国古人的繁衍生息，提高了我国古人的身体素质，更是提高了古代中国人的精神素养。现代人对胎教的重视，可以说，是直接继承和发展古人的胎教经验和胎教习惯，并结合现代医学、科学研究的结果。

---

　　① （清）王聘珍撰，王文锦点校：《大戴礼记解诂》，北京：中华书局1983年版，第59页。

　　② 参见（汉）贾谊撰，闫振益、钟夏校注：《新书校注》，北京：中华书局2000年版，第390页。

一、从当代胎教态度说起

当代人对胎教的重视程度可以说是前所未有的热烈。但是，医学界或者科学界与民间的态度还是有着些许的差异。

从民间来看，年轻的父母对胎教不仅抱有巨大的热情，更有许多不切实际的幻想和期待。这种热情，我们只要从市场上胎教产品的种类之繁多以及畅销情况就可以有一个非常直观的感受。我们随便在网络上搜索"胎教"两个字，就可以得到成千上万的结果，不仅有诸如"胎教音乐 100 首""胎教大全""胎教故事"等自学材料，还有"胎教音乐播放机""胎教课程""胎教指导"等等辅助工具、专业课程，真是应有尽有，更有"送货上门""网络授课"等便捷的获得途径。胎教市场的繁荣真实而直观地反映了当代人对胎教的重视程度。但仅仅有重视显然是不够的。

因为有相当数量的父母对胎教的重视是基于不切实际的幻想。在这些父母中，他们不仅希望通过胎教能够生育一个健康美丽的婴儿，更希望能生育一个超常的婴儿甚至在母腹中就已经学习了一定文化知识的婴儿。这种期望无疑是不符合科学的。且不说"超常"之所以超常正是因为其稀缺性，也就是"神童"永远都是少数的，从逻辑上讲，直接否定了大多数夫妇通过"胎教"获得神童的可能性。更因为到目前为止，医学界或者科学界虽然已经通过研究发现胎儿到了四个月时，皮肤对冷刺激有反应，五个月时对温、热刺激有反应，六个月时有了嗅觉，七个月以后逐渐有了视觉和听觉，他们会对光和噪声产生反应，但并没有任何证据能够证明胎儿具有复杂学习能力，最多只能模糊地认为胎儿具有"一定的意识和情绪变化，有原始学习能力"[1]。所以，通过胎教希望孩子一出生就在知识、智能、能力等方面"高人一等"是不可能的。

---

① 苏冬辉：《胎教对新生儿神经行为的影响》，《中国妇幼保健》2010 年第 21 期。

所以，年轻父母对胎教有热情是好的，但有一个科学的态度才是更重要的。否则，不科学的态度必然有不科学的行为，比如过早进行胎教，刚刚怀孕就给胎儿听音乐；过多进行胎教，不注意母亲的情绪和修养，却一天到晚把耳机放在肚皮上让胚胎"好好学习"，恐怕都将导致南辕北辙的结果，不仅不利于胎儿的发展，反而"打扰"了胎儿的自我生长。

那么，胎教是不是没有必要呢？显然也不是。古人早就认识到了外界的刺激，母亲的情绪和营养，母亲的修养等对胎儿发育具有影响，现代的医学研究更是证实了这一点。比如，2010年《中国医疗前沿》中有一篇文章《胎教胎损等母及子的七个概念：中医遗传学研究》[1]谈到，研究人员结合中医古典文献，调查了受"5·12"大地震影响的七万例孕妇及其新生儿情况，发现地震灾后早产儿、低体重儿、出生缺陷数量有明显的增加，反证了中医学早就提到的"儿之在胎，与母同体，得热则俱热，得寒则俱寒，病则俱病，安则俱安"[2]，以及"凡胎杀所在，不宜修整。虽邻家兴动，孕妇当避。纵不堕胎，令儿破形，色青体挛，窍塞夭阏"[3]的遗传学理论。

值得注意的是，现代科学对胎教能否影响胎儿出生后的学习和智力，态度也是不同的。有些研究认为，在适当的时间对胎儿进行恰当的刺激，的确有可能促进胎儿的大脑发育以及提高胎儿降生后的学习能力。比如，刘莉等人于2003年发表在《中国儿童保健杂志》上的文章《胎教音乐刺激对婴幼儿发育商影响的研究》中就提出，胎教音乐刺激对婴幼儿发育商有促进作用。[4]2005

---

① 张先庚、文钦、王米渠等：《胎教胎损等母及子的七个概念：中医遗传学研究》，《中国医疗前沿》2010年第3期。

② （元）朱震亨：《格致余论·慈幼论》，沈阳：辽宁科学技术出版社1997年版，第4页。

③ （明）李梴：《医学入门》卷五《胎杀禁忌》，北京：中国中医药出版社1995年版，第421页。

④ 参见刘莉、张峰、刘纪平：《胎教音乐刺激对婴幼儿发育商影响的研究》，《中国儿童保健杂志》2003年第1期。

年，浙江大学医学院妇产科医院的叶海慧等人发表《胎教音乐对孕妇和胎儿的影响》一文，也认为，胎教音乐能引起孕妇动脉血氧饱和度上升，改善血液供氧能力，增加对胎儿的氧供，保护胎儿健康成长，无论是对孕母的健康，还是对胎儿生理和智力的发育都是有益的。[①] 诸如此类的研究还有很多。

另外一些研究却表明，胎教虽然对孕妇和胎儿具有保健作用，但并不能从根本上改变新生儿未来的发展态势，也不能从根本上提高新生儿的智力水平和学习能力。如陈兼善《胎教》一书在讨论母亲精神上的修养对胎儿的影响时就说："恐怕二百八十天的时期实在太短了。"[②] 日本的下田次郎也说："母之精神，直接影响于胎儿者，然由学问上言之，尚未易断言也。"[③] 陈兼善和下田次郎的研究都是民国初期的成果，但该成果并不因为是早期成果就落伍，恰恰相反，现代的遗传学生物学理论也更多地证实了这一点，因为，从本质上讲，生物体的性状、遗传基因起决定作用，环境因素只能起到辅助作用。胎教并不能改变遗传基因，所以"胎教"的实质是"胎养"。

从科学或医学界来说，无论哪种态度，对胎教中恰当保护母体，保证母体的营养和精神安宁则有助于胎儿身体健康发育这一点是持一致态度的，而这也正是中医传统的胎教观念，或者说胎教态度。

因此，胎教是可以进行的，或者说是生育健康婴儿必须进行的行为，但对胎教要有一个正确的认识和态度。也就是说，胎教的本质是通过保证准妈妈合理的营养、合理的情绪关怀和培养，对胎儿进行适度的刺激，以促进胎儿的大脑发展，为胎儿出生以后的智力开发提供良好的基础。"胎教"绝不是对胎儿的早期教育，而是为胎儿出生以后奠定良好物质基础的一系列行为，甚至毋宁说是一个"准妈妈养成"的行为。也正因为这个原因，历史上有关胎教的叙

---

① 参见叶海慧等：《胎教音乐对孕妇和胎儿的影响》，《中国妇幼保健》2005 年第 3 期。

② 陈兼善：《胎教》，上海：商务印书馆 1926 年版，第 57—58 页。

③ ［日］下田次郎著，宋嘉钊译：《胎教》，北京：中华书局 1914 年版，第 30 页。

述，才会大多出现在女教类书籍、妇科类医学书籍中，而许多的胎教故事也都围绕着怀孕或者准备怀孕的女性进行。

二、胎教故事何其多

中国人对胎教的重视与大量胎教故事的流传分不开，或者我们可以说，胎教故事推动了胎教理念传播和胎教具体实行。当然，古代流传的很多胎教故事，既有有效的经验总结，对今人来说，仍具有相当的启示，同时，也有许多将毫不相干的事物进行关联的情况，这其中有不少还形成了带有神秘色彩的民俗，对此，我们要有一个清晰的辨别和认知。

大体来说，中国古代的胎教故事可以分为肯定类和禁忌类。也就是有些胎教故事叙述的是孕期应该做哪些事，有些则围绕孕期禁止做哪些事展开；有些是从正面讲述进行了胎教的良好结果，有些则是从反面讲述没有好好注意胎教带来的坏影响。

（一）告诉你怎么做的胎教故事

最著名的胎教故事莫过于周文王受胎教的传说了。该故事见于《史记·周本纪》，唐人张守节在《史记·周本纪·正义》中引《列女传》，文曰："太任之性，端一诚庄，惟德之行。及其有身，目不视恶色，耳不听淫声，口不出傲言，能以胎教子，而生文王。"[①] 在刘向的《列女传》中，记载与此略有不同，其文曰："太任之性，端一诚庄，惟德之行，及其有娠，目不视恶色，耳不听淫声，口不出敖言，能以胎教，溲于豕牢而生文王，文王生而明圣，太任教之，以一而识百，卒为周宗。君子谓太任为能胎教。"紧接着，《列女传》又

---

① （汉）司马迁：《史记·周本纪第四》，北京：中华书局 1982 年版，第 1 册，第 115 页。

说:"古者妇人妊子,寝不侧,坐不边,立不跸,不食邪味,割不正不食,席不正不坐,目不视于邪色,耳不听于淫声。夜则令瞽诵诗,道正事。如此则生子形容端正,才德必过人矣。故妊子之时,必慎所感,感于善则善,感于恶则恶。人生而肖万物者,皆其母感于物,故形音肖之。文王母可谓知肖化矣。"①《列女传》的记述目的性非常强,通过太任胎教的成功案例,纵推上古妇人如何重视胎教,来启发当时妇女要重视女德的修成。虽然其目的并非为胎教而发,但客观上使"太任胎教文王"成为一个极典型且成功的胎教案例流传千古。

《大戴礼记》中还记载了周成王的母亲在怀孕成王时,"立而不跛,坐而不差,独处而不倨,虽怒而不詈,胎教之谓也"②。周成王的母亲即武王的后妃邑姜,据说她是大名鼎鼎的姜太公之女,生太子诵,即成王,和唐叔虞。孔子所说的"有妇人焉,九人而已",这个妇人指的就是邑姜。邑姜在怀成王的时候,据说她无论站着还是坐着,都端端正正,即便是一个人独处,也不随便放任自己的行为。偶然她生气了也非常注意控制自己的情绪不骂人,这就叫胎教啊。

无论是邑姜孕成王还是太任孕文王,这两个故事都被此后历代妇女,特别是上层社会的贵族阶层膜拜、模仿,甚至广泛传播至东亚其他受中华文化影响的国家,比如韩国,在韩国拍摄的古装戏里,我们今天还能看到古代上流社会贵妇怀孕后特别学习书法、绘画技艺的画面,而他们的剧本台词也常常在这个时候提到文王之母胎教文王的事迹。

除了周文王之母太任、周武王之妻邑姜的故事外,还有一个非常著名的胎教故事,就是孟母怀孕时对孟子进行的胎教。在《韩诗外传》中,记载了一个非常著名的故事"买肉啖子":"孟子少时,东家杀豚。孟子问其母曰:'东家

---

① (汉)刘向:《古列女传》卷一,北京:中华书局1985年版,第9页。
② (清)王聘珍撰,王文锦点校:《大戴礼记解诂》,北京:中华书局1983年版,第62页。

杀豚，何为？'母曰：'欲啖汝。'其母自悔而言曰：'吾怀妊是子，席不正，不坐；割不正，不食；胎教之也。今适有知而欺之，是教之不信也。'乃买东家豚肉以食之，明不欺也。"[1] 这个故事的本意亦并非说胎教之事，但与《列女传》中太任的故事一样，因为这位母亲生育了极伟大的孩子，她在怀孕时非常注意保持良好的言行，且她极明确自己的行为是一种胎教行为。因此，孟母胎教的故事同样流传甚广，成为另一个胎教的范本故事。太任、邑姜及孟母在怀孕时的行为也成为后世所有孕妇的典范，特别是宫廷和上流社会的妃嫔和贵妇，更是将之奉为圭臬。

考察这三个故事，无论是作为后妃的太任、邑姜，还是作为民妇的孟母，她们的胎教行为都蕴含了中国古代丰富的胎教理论与思想，也代表了中国传统胎教故事的一般模式和途径——"外象内感"，即怀孕的母亲通过对自己德性的要求，对情绪的管控，以及对周围人事、环境的改变与取舍，把外部世界的细微变化以及由这些变化带来的心理感受传递给胎儿。胎教作为周文王、周成王、孟子等古代圣君贤人教育环节中不可分割的一个部分而存在，胎教的效果会在后面的教育环节中体现出来，经过正确胎教培育的周文王、周成王或者孟子或者其他的贤人慧者，他们后天的学习能力异乎常人，所谓"太任教之，以一识百"，成为千古圣君；周成王也是天资聪慧的仁义之君，他继位后通过一系列的举措加强西周的统治，奠定了"成康之治"的基础。而孟子作为一个平民子弟，最后成为亚圣。这种胎教之后极为明显的结果无疑增加了这类故事的说服力。

除了这些圣贤之类的胎教故事，在中国历史上还流传着许多普通人进行胎教，或者疏于胎教的传说，或者文献记载，这类胎教故事多以警示性的形式出现。

---

[1] 赖炎元：《韩诗外传今注今译》卷九，台北：商务印书馆 1972 年版，第 365 页。

（二）警示类的胎教故事

朱震亨《格物余论·慈幼论》记述了三个孕妇怀孕中因为饮食不慎，或受到不良的环境刺激，导致胎儿降生后出现健康问题的医例。

> 东阳张进士次子，二岁，满头有疮，一日疮忽自平，遂患痰喘。予视之曰：此胎毒也。慎勿与解利药。众皆愕然。予又曰：乃母孕时所喜何物？张曰：辛辣热物是其所喜。因口授一方，用人参、连翘、芎、连、生甘草、陈皮、芍药、木通，浓煎，沸汤入竹沥与之，数日而安。或曰：何以知之？曰：见其精神昏倦，病受得深，决无外感，非胎毒而何？

> 予之次女，形瘦性急，体本有热。怀孕三月，适当夏暑，口渴思水，时发小热。遂教以四物汤加黄芩、陈皮、生甘草、木通，因懒于煎煮，数贴而止。其后，此子二岁，疮痍遍身，忽一日其疮顿愈，数日遂成瘕疟。予曰：此胎毒也。疮若再作，病必自安。已而果然。若于孕时确守前方，何病之有？

> 又陈氏女，八岁时得痫病，遇阴雨则作，遇惊亦作，口出涎沫，声如羊鸣。予视之曰：此胎受惊也。其病深痼，调治半年，病亦可安。仍须淡味以佐药功。与烧丹元，继以四物汤入黄连，随时令加减，半年而安。①

这三个故事第一个讲的是东阳人张进士的次子，两岁的时候，满头有疮，后来，这些疮忽然有一天自然好了，可是，这个小孩子却就此得了痰喘的毛病。朱震亨去看了以后认为这个小孩的毛病是因为胎毒引起的，千万不能用解利类的药。大家听了都非常惊讶。朱震亨询问这个孩子的母亲怀孕时喜欢吃什么东

---

① （元）朱震亨著，鲁兆麟等点校：《格致余论·慈幼论》，沈阳：辽宁科学技术出版社1997年版，第4页。

西，张进士说，特别喜欢辛辣热物。朱震亨根据这些情况，口授一方给张进士，不久，他家孩子的病就好了。

在这个医例中，因为母亲怀孕时爱吃辛辣热物，导致胎儿降生后身体不健康，其根源在于胎儿在母胎时体内集聚了过多的热毒。这一个医例从反面论证了怀孕以后，为保证胎儿健康，母体饮食要慎用辛辣热物，与现代医学的建议是一致的。

第二个故事讲的是朱震亨自己的女儿，怀孕三个月时，因为正当夏天，略有中暑之状，朱震亨给她开了四物汤另加了一些药物，但是他的女儿因为懒惰，没有按照方子喝药，结果胎儿落地两岁时，忽然满身生疮……朱氏认为这都是因为怀孕时他的女儿没有好好注意按方喝药，保养自己身体的缘故。

第三个故事说的是一个姓陈的小女孩，八岁的时候得了痫病，遇到阴雨天或者受惊的时候就会发作，其原因就是因为她妈妈在怀她的时候受到了惊吓。朱震亨随时令增减给她开了药方疗治，经过一年的时间，病就好了。而朱震亨以小女孩的痫病推出其母怀孕时曾受到惊吓的医学根据，则来自中医鼻祖之书的《黄帝内经·奇病论》："帝曰：人生而有病颠疾者，病名曰何？安所得之？岐伯曰：病名为胎病。此得之在母腹中时，其母有所大惊，气上而不下，精气并居，故令子发为颠疾者。"[1] 我们且不论这母亲受惊与胎儿出生后发作癫痫疾病是否有必然的联系，起码可以肯定的是，母亲受惊一定对胎儿没有好处。《黄帝内经》至晚成书于春秋战国时期，可见，当时的人们对胎儿是否健康与母体健康和情绪稳定之间的清晰关系已经有了非常肯定的认识。

还是朱震亨的《格物余论》一书，在《胎自堕论》中记载了一个贾氏妇女每逢怀孕，到三个月左右必自然堕胎的故事，而这个妇女正是青春妙年，理应是怀孕生子之龄。朱氏为其诊脉后发现，这个妇女左手大而无力，脉象重而

---

① （唐）王冰：《黄帝内经素问》，北京：人民卫生出版社 1963 年版，第 263 页。

涩，推断她为少血之症，便开了方子，补其中气，使其血气自荣，果然保全了胎儿直到安全生产。①

上述这四个有关胎教的故事，前三个讲的是胎儿降生后的健康与母亲怀孕时的健康状况仍有关系，第四个则是直接表明胎儿能否健康存活与母体的健康有直接关系。这些都从警示的意义说明，女性怀胎之后，不仅要时刻注意自己的情绪，还要特别注意自己的饮食和寒热变化，尽可能地保证身体健康，只有这样，才能保证胎儿的健康存活，甚至是胎儿出生后的身体健康。

西晋张华在《博物志·杂说下》记载："妇人妊娠，不欲令见丑恶物、异类鸟兽。食当避其异常味，不欲令见熊黑虎豹。御及鸟射射雉，食牛心、白犬肉、鲤鱼头……妊娠者不可啖兔肉。又不可见兔，令儿唇缺。又不可啖生姜，令儿多指。"②

《清稗类钞》"迷信类·鄂妇妊忌"中有同类型的孕妇禁忌记载，其文曰：

湖北妇人妊子，避忌最甚。有所谓换胎者，言所见之物入其腹中，换去其本来之胎也。故妇人妊子，凡房中所有人物画像，藏之弃之，或以针刺其目，云其目破不为患矣。有一妇卧室悬一美女像，及生子，厥状肖焉。美女屈右臂，伸三指作指物状，此子亦屈右臂伸三指，终身如此。又一妇偶观优，及生子，头上有肉隆起，如戴高冠，两耳旁各有肉一片下垂，如以巾幂之者然。因忆观优时，有优人之冠如是，为其换胎矣。其地每有游僧担荷衣装，乞食村落，担上有弥勒像，此尤为所忌，孕妇见之，谓生子必肖弥勒像矣。故此僧所至，村人辄噪而逐之。孕妇或不及避，猝与相遇，必坐于地，自解其履，以左履换至右足，右履换

① 参见（元）朱震亨著，鲁兆麟等点校：《格致余论》，沈阳：辽宁科学技术出版社1997年版，第8页。
② （晋）张华撰，范宁校证：《博物志校正》，北京：中华书局1980年版，第109页。

至左足。此僧亦必将所荷之担，从右肩换至左肩，从左肩换至右肩，如此相持。及人众咸集，逐此僧去，乃得无事。①

《清稗类钞》和《博物志》从禁忌的角度叙述妇人妊娠时的注意事项，这些禁忌作为胎教的一种，有些有一定的道理，如妇人妊娠，不见丑恶的东西是有一定可取之处的，但更多的则是毫无理由的联系。如吃兔肉，则小儿唇缺；吃生姜，则小儿多指，甚至，眼中所见，能换腹中胎儿等，未免有夸大其词之嫌，严重夸大了外物对母子同体关系的影响，或者说过分强调了外物对胎儿的影响。但是，这一类胎教故事并非毫无意义，作为一种民俗，客观上警示孕妇和其周围人对怀孕一事谨慎对待，凡孕妇所见、所闻、所饮、所食均要认真仔细，这对胎儿和孕妇来说，无疑好处多过害处。

胎教故事在历史的流传中非常多，但大体来讲，无非如上几种，即一类为肯定类的胎教故事，侧重告诉孕妇及家人应该怎么做；另一类则为警示性的胎教故事，侧重告诉孕妇和家人不要做什么。无论哪种故事，围绕的核心无非是要孕妇稳定情绪、修身养性，或者是注重孕妇的饮食健康、身体健康，这些与今天我们提倡的胎教行为并没有太大的差异。当然，这其中有些像湖北妇人怀孕的一些奇怪避忌，或者像《博物志》所说的妊娠者不可啖兔肉，不可见兔之类，则完全是没有任何道理的，今天的孕妇，完全没有必要像她们那样了。

三、关于十月怀胎的认识

人类的繁衍过程，一般来说大概要在母体中经过十个月左右孕育期，因此泛称"十月怀胎"，具体来说，十月怀胎又可以分为受孕、孕胎、生产及产后几个阶段。在没有现代科学仪器出现之前，中国人对十月怀胎的认识就已经达

---

① 徐珂：《清稗类钞》，北京：中华书局2010年版，第10册，第4683页。

到了非常成熟、非常高的境界。

（一）对受孕原因的认识

关于受孕，中国人秉承传统的阴阳观念，以阴阳象征父母，以乾坤、刚柔、日月等意向解读男女交媾、孕育生命的起始阶段。比如《周易·系辞上》曰："是故刚柔相摩，八卦相荡……日月运行，一寒一暑，乾道成男。坤道成女。"《周易·系辞下》则曰："天地氤氲，万物化醇；男女构精，万物化生。"《周易·说卦》中又说："有男女然后有夫妇，有夫妇然后有父子。"以天地自然之情状刻画人类男女阴阳结合、孕育繁殖后代的客观情况。

同时，《周易》由"太极、两仪、四象、八卦"，进而至"六十四卦"，即《周易·系辞上》讲的，有"太极是生两仪，两仪生四象，四象生八卦，八卦定吉凶，吉凶生大业"的结构体系，正与现代科学的研究成果，人类的受精卵"合子"通过一而二，二而四，四而八，八而十六，十六而三十二，三十二而六十四这样不断分裂复制，最终形成胎儿的过程完全一致，我们很难说这是一种纯粹的巧合。

除了《周易》以天地阴阳化生描述人类胚胎孕育繁衍之外，中医的著名经典《黄帝内经》中也以类似的方式解读人类的衍生，所谓"两神相薄，合而成形，常先身生，是谓之精"[1]。此处两神指的就是阴阳雌雄二灵，二神相薄，阴阳合一，成为胚胎，其中所孕，便是人之精。

《文子·九守》中也说："……精气为人，粗气为虫，刚柔相成，万物乃生。精神本乎天，骨骸根于地……夫精神者，所受于天也；骨骸者，所禀于地也。万物负阴而抱阳，冲气以为和。老子曰：人受天地变化而生……"[2]

可见人受天地变化而生，具体表现为男女阴阳之气合和而成的观念，在中

---

① （明）吴崑撰：《黄帝内经素问吴注》第16卷，明万历刻本。
② 《通玄真经注》卷三，《四部丛刊》三编景宋本。

国古代是一种普遍性的解读方式，后世中医基本继承了这一理论，以阴阳精气说解释人类的受孕过程。如《景岳全书·小儿补肾论》就说："夫二五之精，妙合而凝，精合而形始成，此形即精也，精即形也。"①对《黄帝内经》"是为之精"进行解读，更直接地说明此"精"即"形"，即"胎儿"。《幼幼集成》也说："夫人之生也，秉两大以成形，籍阴阳而赋命，是故头圆像天，足方象地，五行运于内，二曜明于外……"②直接化用了《文子》中的说法。

基于对受孕过程的这一认识，中国古代在胎教以及医药养生等学说中，都以合和自然为第一要务，无论是受孕的时间、环境选择，还是其后的胎养过程，无不将"合自然"作为基本的理论依据。

（二）对孕母与胎儿关系的认识

除了将受孕过程看作阴阳和合、天地自然变化之一种外，古代中国人还清楚地认识到了母子一体、母子合一的胎儿孕育特征。如前文我们提到的《格致余论》的"胎感论"部分，就提出"儿之在胎，与母同体"。对孕妇和胎儿这种关系的认识，使得母体及胎儿成为最早的医学干预治本，客观上提高了胎儿的成活和健康状况，甚至是有助于许多成年人体质的提高。

另外，父母与婴孩之间具有一定的遗传学关系也被古人认知。《后汉书·冯勤传》上讲了一个关于冯勤身高的事情："冯勤字伟伯……曾祖父扬……有八子……兄弟形皆伟壮，唯勤祖父偃，长不满七尺，常自耻短陋，恐子孙之似也，乃为子伉娶长妻。伉生勤，长八尺三寸。"③冯勤的祖父有兄弟八人，个个都长得高大帅气，可是只有他身高不满七尺。我们常说"七尺男儿"，换算成

---

① 李志庸主编：《张景岳医学全书·景岳全书》，北京：中国中医药出版社 1999 年版，第 906 页。

② （清）陈复正辑订，蔡景高、叶奕扬点校：《幼幼集成》卷一，北京：人民卫生出版社 1988 年版，第 1 页。

③ （南朝·宋）范晔撰，（唐）李贤注：《后汉书》卷二十六，北京：中华书局 1965 年版，第 4 册，第 909 页。

今天的个头，大概在一米七左右，确实不算太高，尤其是跟自己其他七个人高马大的兄弟比起来，更是增加了他的自卑心。冯勤的祖父害怕以后自己的子孙也长不高，于是，他便为儿子优娶了一个很高大的妻子，后来优生下冯勤，竟长到八尺三寸高，换算成现在的高度，差不多有一米九左右，的确是够高了。这则故事说明古人早就认识到父母对子女的遗传学意义，因此他们在选择对象时就注意扬长避短。

（三）对胎儿发育过程的认识

除了在人类胚胎受孕过程以及胎儿与母亲的健康、长相的关系上，中国古人有很高的认识外，对于十月怀胎过程中胎儿的具体发育情况，古人也取得了令人惊讶的知识。

早在先秦文献《文子》中，就对人类胎儿十月内的发展过程有了描述。《文子·九守》："老子曰：人受天地变化而生，一月而膏，二月血脉，三月而胚，四月而胎，五月而筋，六月而骨，七月而成形，八月而动，九月而躁，十月而生。形骸已成，五藏乃分……"① 意思是胚胎在形成的第一个月，精血刚刚聚合，形状就像脂膏；第二个月血脉开始汇聚发展；第三个月胚胎发育基本形成；第四个月胎儿初俱基本样貌；第五个月开始发育筋；第六个月骨骼开始发育；第七个月，胎儿五脏九窍俱全，形成婴儿的样貌。八个月胎儿开始胎动，九个月胎动得更厉害了，到第十个月的时候，一切具备，就等待时机降生了。

在《胎产书》中也有类似的说法："一月名曰留（流）刑……二月始膏……三月始脂，果隋宵效，当是之时，未有定义（仪），见物而化……四月而水受（授）之，乃使成血……五月而火受（授）之，乃使成气……六月而金受（授）之，乃使成筋……七【月而】木受（授）【之，乃使成骨】……八月

---

① 《通玄真经注》卷三，《四部丛刊》三编景宋本。

而土受（授）【之，乃使成肤革】……【九月而石授之，乃始成】豪（毫）毛……
十月气陈□□，以为□。"①

《妇人规·胎候》中载"巫方氏《颅囟经》云：'一月为胞胎，精血凝也。
二月为胎形，始成胚也。三月阳神为三魂。四月阴灵为七魄。五月五行分五脏
也。六月六律定六腑也。七月睛开窍，通光明也。八月元神具，降真灵也。九
月宫室罗布，以定生人也。十月受气足，万象成也。'"②同时，《妇人规》中还
引用了耆婆、孙真人、《巢氏病源论》等对胎儿发展过程的描述。

晋朝的王叔和在《脉经》中对胎儿十月发育过程中母亲的脉象做了区
分，通过脉象就能判断出胎儿的月份大小，甚至是胎儿的性别，是一胎还是
多胎：

> 阴搏阳别，谓之有子……脉滑疾重，以手按之散者，胎已三
> 月也；脉重，手按之不散，但疾不滑者，五月也。

> 妇人妊娠四月，欲知男女法：左疾为男，右疾为女，俱疾为
> 生二子。

> 又法：得太阴脉，为男；得太阳脉，为女。太阴脉沉，太阳
> 脉浮。

> 又法：左手沉实为男，右手浮大为女。左右手俱沉实，猥生
> 二男，左右手俱浮大，猥生二女……③

到了北齐，名医徐之才在前人的基础上更进一步，对胎儿的十月发育过程
做了总结，著《逐月养胎方》，后该书被《诸病源候论》《千金要方》（又称《备
急千金药方》）《外台秘要》（又称《千金方》）《济阴纲目》等多部中医经典转引，

---

① 周一谋、萧佐桃：《马王堆医书考注》，天津：天津科学技术出版社1988年版，
第346—348页。

② （明）张景岳著，罗元恺点注：《妇人规》，广州：广东科技出版社1984年版，第
129页。

③ （晋）王叔和：《脉经》卷九，北京：人民卫生出版社1956年版，第79页。

成为后世妇科医书养胎方法的最重要依据。①

徐之才对胎儿的发育情况这样描写道：

妊娠一月名始胚……妊娠一月，阴阳新合为胎……

妊娠二月名始膏……是为胎始结……

妊娠三月名始胎，当此之时，未有定仪，见物而化，欲生男者，操弓矢；欲生女者，弄珠玑；欲子美好，数视璧玉；欲子贤良，端坐清虚。是谓外象内感者也……妊娠三月为定形……

妊娠四月，始受水精以成血脉……四月之时，儿六腑顺成……

妊娠五月，始受火精以成其气……五月之时，儿四肢皆成……

妊娠六月，始受金精，以成其筋……

妊娠七月，始受木精，以成其骨……七月之时，儿皮毛已成……

妊娠八月，始受土精，以成肤革……八月之时，儿九窍皆成……

妊娠九月，始受石精，以成皮毛六腑百节，莫不毕备……

妊娠十月，五脏俱备，六腑齐通，纳天地气于丹田，故使关节人神皆备，但俟时而生。

妊娠一月始胚，二月始膏，三月始胞，四月形体成，五月能动，六月筋骨立，七月毛发生，八月藏腑具，九月谷气入胃，十

---

① 有时也被称为"徐之才逐月养胎法"。《备急千金药方》载为"徐之才逐月养胎方"，《外台秘要》则转引《千金方》；《诸病源候论》未言徐之才名，但其"妊娠候"部分，明显与《千金方》所引一致。《济阴纲目》则引巢氏《诸病源候论》。各书所引内容大同小异。

月诸神备，日满即产矣。①

如果将徐之才的说法和前人的注疏做一个比对的话（如下表所示），会发现他的认识最主要的都来自《胎产经》《文子》以及《脉经》，是对前人研究成果的总结和发展。

古代与现代对胚胎发育的认识比较表

时期	北齐徐之才对胚胎发育的认识	现代对胚胎发育的认识
第一月	妊娠一月，"名始胚"，"阴阳新合为胎"。	第一周，卵裂期；第二周，二胚层期；第三周，三胚层期；第四周，体节期。
第二月	妊娠二月，"名始膏"，"始阴阳踞经"，"是为胎始结"。	第五周至第八周，胚胎完成期：1.体形变化：已能区分头、颈和躯干，颜面发生，肢芽出现。2.内部形态变化：各部有肌组织形成，消化管整个雏形已完成，心脏外形建立，三个脑泡分化形成。二月以前称胚。
第三月	妊娠三月，"为定形""名始胎"，"当此之时，未有定仪"。	二月以后称胎儿，三月至十月为胎儿期，生长迅速，体重增加明显，脑泡发育较快，出现胎毛，性别已可辨别，开始出现指甲。
第四月	妊娠四月，"为离经"，"始受水精，以成血脉"，"儿六腑顺成"。	骨骼肌已发育。第四月末母体感到胎动。指甲和指纹出现，颜面已成人形，胎毛出现。
第五月	妊娠五月，"始受火精，以成其气"，"儿四肢成"，"毛发初生"，"胎动无常处"。	胎毛布满全身，头部出毛发，表皮开始角化。胎动较明显，可听到胎音。
第六月	妊娠六月，"始受金精，以成其筋"，"儿口目皆成"，"是谓变腠理纽筋"。	胎儿成婴儿形。眉毛、睫毛生长，身体瘦弱，皮肤暗红色，有皱纹，肺部已发达。
第七月	妊娠七月，"始受木精，以成其骨"，"儿皮毛已成"。	皮肤皱纹显著，皮下缺少脂肪，眼睑张开。至七月末脂肪增加，神经系统已相当发达，呼吸、吞咽、体温调节等中枢已完备。

---

① （唐）孙思邈：《备急千金要方》卷二《妇人方上》，北京：人民卫生出版社1955年版，第21—24页。

续表

时期	北齐徐之才对胚胎发育的认识	现代对胚胎发育的认识
第八月	妊娠八月，"始受土精，以成肤革"，"儿九窍皆成"。	皮下脂肪丰满，睾丸可下降进入阴囊。各器官组织进一步发育。
第九月	妊娠九月，"始受石精，以成皮毛，六腑百节，莫不毕、备"，"儿脉续缕皆成"。	皮肤由暗红色转变为粉红色，并变光滑，尤其面部及四肢更为明显，已开始有味觉和嗅觉。
第十月	妊娠十月，"五脏俱备，六腑齐通，纳天地气于丹田，故使关节人神皆备，但俟时而生"。	胎儿足月，体形更为丰满。头发较长，胎毛大部分脱落，鼻及耳软骨发育完善，头骨已骨化，下肢仍比上肢短。

关于徐之才的认识，在 20 世纪 80 年代，我国就有学者比对现代医学对胎儿的发育观察，写出了研究论文。如浙江省乐清县卫生局周朝进在《上海中医药杂志》1982 年第 6 期发表《徐之才逐月养胎法初探》一文，肯定了徐氏的高超医术，周朝进在这篇文章中说徐氏对胎儿发育情况的描述"与现代论述亦很相似，早在 1400 多年前，徐之才按照月期从形态等方面，比较具体的阐发胚胎发育过程，创立胚胎学说，确实是可贵的"。周文还列了一个表格，来比对徐之才的研究与现代医学的观察情况，非常直观地让人感觉到我国古代医学在胎儿发育方面令人惊讶的认识水平（见上表）。①

徐之才的逐月分经养胎理论揭示了胎儿发育的规律，对妊娠期防病治病，养胎护胎很有启发。在此基础上，中国古代很早就形成了非常成熟的安胎技术，这一问题，我们将在第四部分谈到。

（四）对何时受孕及控制胎儿性别的认识

在对胎儿孕育的认识方面，中国古人有许多伟大的成就，但这些认知并不都是科学合理的，其中也有一些问题，在今天看来，具有显然的错误，特别是

---

① 周朝进：《徐之才逐月养胎法初探》，《上海中医药杂志》1982 年第 6 期。

关于如何受孕以及对生男生女的控制方面。

我们在讨论"受孕原因"时，指出古代中国人很早就认识到了怀孕的原因是阴阳和合、男女媾精的结果，这无疑是正确的。同时，古人也认识到男子精气是否旺盛，女子天癸是否正常是能否成功怀孕的关键。但是，对于男女在女性经期后多久行房才能怀孕的问题，显然，古人的基本认知是错误的，也就是说，对女性的排卵期认知错误。另外，古人还把受孕的日期与胎儿性别关联在一起，认为胎儿性别可以通过受孕时间来进行控制。甚至由此衍生出不少转换胎儿性别的办法。这些在今天看来，只能当作一种有趣的民俗对待，孕妇及家人不可以迷信此"古方"。

比如《胎产经》就说："月朔已去汁□，三日中从之，有子。其一日南（男），其二日女殹（也）。"①这里的"月朔"就是月经，古人又称月经为"朔事"。这段话的意思就是待女性月经干净以后三天内行房，就可以怀孕，第一日行房，可以得男孩，第二日则可以得女孩。但是，现代科学研究则表明，女性月经干净三天内基本上是属于"安全期"，也就是这个时间段恰恰是最不容易怀孕的时间。

《胎产经》的这类认识，在古代医书中具有相当的普遍性，如宋人陈自明采撝诸家而成的《妇人大全良方》一书中就说：

> 凡男女受胎，皆以妇人经绝一日、三日、五日为男，仍遇月宿在贵宿日，又以夜半后生气时泄精者，有子皆男，必寿而贤明高爵也。若以经绝后二日、四日、六日泄精者皆女。过六日皆不成子。又遇旺相日尤吉。②

这段文字除了与《胎产经》中一样以月经干净后单日生男、双日生女外，更强

---

① 周一谋、萧佐桃：《马王堆医书考注》，天津：天津科学技术出版社 1988 年版，第 346 页。

② （宋）陈自明：《妇人大全良方》，太原：山西科学技术出版社 2006 年版，第 165 页。

调六日后就不能受孕了。同时，还引入了道教方术中的"贵宿、旺相日"之说，并附有"推王相时日法、推贵宿日法"。与孙思邈《千金方》中的内容几乎一致，应该是陈自明对孙思邈的借鉴。

不仅如此，在《妇人大全良方》中还记录了男女胎的转换方法：

论曰：阳施阴化，所以有娠。遇三阴所会，多生女子。但怀娠三月，名曰始胎，血脉不流，象形而变。是时男女未定，故令于未满三月间服药方术。转令生男也。其法以斧置妊妇床下，系刃向下，勿令人知。恐不信者，令待鸡抱卵时，依此置窠下，一窠尽出雄鸡。此虽未试，亦不可不知。

……又自初觉有娠，取弓弩弦缚妇人腰下，满百日去之，紫宫玉女秘法也。

妊娠三月以前，取雄鸡尾尖上长毛三茎，潜安妇人卧席下，勿令知之，验。

又取夫发及手足甲，潜安卧席下，勿令知之。

又妊娠才满三月，要男者，以雄黄半两衣中带之；要女者，以雌黄带之。[①]

这段话侧重讲述了如何得男儿的办法，最后一条略说得女之法。对这些办法，陈自明本人可能也有些疑惑，他并没有亲自勘验过这些方法的实效性，但作为一种知识，似乎不记录下来又有些不妥。所以他说"此虽未试，亦不可不知"，是一种存疑待辨的态度。

这些方法大体来说，延续一贯的阴阳思维，是在对胎儿形成过程的认知继承上产生的，因此，只能施行于怀胎不满三月，或者刚满三月的孕妇身上。所有的方法都以阳比附男子，阴比附女子，要想生男孩，则想尽一切办法，靠近

---

① （宋）陈自明：《妇人大全良方》，太原：山西科学技术出版社 2006 年版，第 180 页。

带有阳性符号的物体，比如斧头、弓弦、丈夫的毛发指甲甚至公鸡的羽毛。同时，一切行动都要秘密进行，不能让人知道。可见，这些方法，带有非常浓厚的巫术色彩，是古代巫术在中医中的遗存，也是不科学的。同时，大量转女为男方的存在，也反映了东方农业社会深深的男性偏好。

陈自明《妇人大全良方·序》中说："仆三世学医，家藏医书数千卷。即又遍行东南，所至必尽索方书以观。暇时闭关净室，翻阅涵泳，穷极天人，采摭诸家之善，附以家传经验方，萃而成编。"[1]因此，该书的观点可以说在中国古代具有相当代表性。

比较有趣的是，在陈自明的这个转男为女方中，最后附有一句要女儿的方法。可见还是有人希望生育女子的。也幸得这些转女为男的方子都不怎么灵验，否则，现代中国人恐怕早都不存在了。

除了医学认识上的一些误区外，在民俗中更是有五花八门的"生男方"。比如《博物志·杂说下》说："妇人妊娠未满三月，着婿衣冠，平旦左绕井三匝，映祥影而去，勿反顾，勿令人知见，必生男。"在这段话的注里，周日用说：知女则可依法，或先是男如何？余闻有定法，定母年月日与受胎时日，算之，遇奇则为男，遇偶则为女，知为女后，即可依法。[2]《博物志》中的方法，其思维模式以及行为方式，与《妇女大全良方》如出一辙，都是一种巫术遗存。有意思的是，注者周日用还体贴地想到，如果孕的是女胎可以依法，如果本来就是男胎，那还去转胎，岂不是有问题吗？所以，他就想到了奇日则为男，偶日则为女的定法，并且告知大家，只有是女胎的时候，才可以用这个方法。但是，周日用的细心体贴同时也暴露了两种方法可能都不准确的秘密，否则，就不需要这么麻烦转胎了。

---

[1] （宋）陈自明：《妇人大全良方·原序》，太原：山西科学技术出版社2006年版，第4页。

[2] 参见（晋）张华撰，范宁校证：《博物志校正》卷十，北京：中华书局1980年版，第109页。

对于这种转女为男之法，清朝著名医生张耀孙有一个非常恰当的评述，他说：

> 至男女之分，定于祖气，非人力所能转移。旧有转女为男之法，如系弓弩弦、佩雄黄、置斧床下。或验或否，会其适然。然亦可以祛邪辟恶，以卫阳气，无损于事。若欲服药物以改之，无是理也。①

张耀孙的认识可以说非常恰当，所谓的转女为男之法，有时候看起来似乎应验了，实际上不过是一种巧合，因为孕妇恰好怀的就是男胎。对于现代人来说，我们已经完全清楚，胎儿性别是由基因决定的，受孕以后，目前来说不存在再转胎的方法。正如张耀孙所说，古代的转胎术作为一种民俗体验一下可以，反正于事也没有什么损害，但如果认真按照一些所谓的转女为男方，或者生男药方吃药的话，却是万万不可的。

四、古代的安胎技术

对于孕妇如何安胎的事，古人非常重视，从方方面面提出一系列的措施，以保证母子平安。大致来说，这些措施可以分为：动静结合安胎法，健康饮食、顺时养生安胎法，药物安胎法等三大类安胎方法。

（一）动静结合安胎法

《大戴礼记》引《青史子》曰："古者胎教，王后腹之七月，而就宴室。"这里的"宴室"即侧室。北周卢辩注曰："自王后已下有子、月震，女史皆以金环止御。王后以七月就宴室，夫人妇嫔即以三月就其侧室，皆闭房而处也。

---

① （清）张曜孙：《产孕集》，《珍本医书集成》，上海：上海科学技术出版社1986年版，第8册，第11页。

王后以七月为节者，君听天下之内政，自诸侯以下妻同之也。"①这里记录的王后、诸侯之妻，或者其他夫人妇嫔，在怀孕以后，首先是"止御"，即不再有夫妻生活，其次，或者怀孕三月，或者七月，都要居住在侧室之中，闭房静处以养胎。

王公贵族之家的妇女如此，平常百姓家的妇女同样在怀孕后要尽可能住在安静的地方，不要受到无所谓的打扰，以免惊扰孕母和胎儿。孙思邈的《备急千金要方》引"徐之才逐月养胎方"这样说道：

妊娠一月……不为力事。寝必安静，勿令恐畏……

妊娠二月……居必静处，男子勿劳……当慎护惊动也。

妊娠三月……欲子贤良，端坐清虚……无悲哀、思虑、惊动……

妊娠四月……当静形体，和心志，节饮食。

妊娠五月……卧必晏起……

妊娠六月，身欲微劳，无得静处，出游于野，数观走犬，及视走马……

妊娠七月……劳身摇肢，无使定止，动作屈伸，以孕血气……无大言，无号哭，无薄衣，无洗浴，无寒饮，居处必燥。

妊娠八月，应和心静息，无使气极，无食燥物，无辄失食，无忍大起。

妊娠九月……缓带自持而待之。②

在这个养胎方中，根据怀孕时间不同，对女性的起居有不同的要求，简单来说，就是前五个月要格外小心，孕妇最好居住在安静、安全的地方，节制夫妻

---

① （清）王聘珍撰，王文锦点校：《大戴礼记解诂》，北京：中华书局 1983 年版，第59 页。

② （唐）孙思邈：《备急千金要方》卷二《妇人方上》，北京：人民卫生出版社 1955年版，第 21—24 页。

生活，不能再做出力气的工作，同时心态也要保持安静、平和。

非常可贵的是，这个安胎方还注意到孕妇怀孕后并不是所有的时间都要静养，到了怀孕五个月之后，就不能再一直静处不活动了，这时候反而要鼓励孕妇适当运动，"身欲微劳，无得静处"，还要"劳身摇肢，动作屈伸"，似为要孕妇做一下简单的体操一般。但此时身体可以微劳，心情却仍要平静，即"和心静息"。这和贵族妇女的三个月之后完全处于侧室静养，或者是王后到了七个月之后处于侧室静养的安胎法比较起来，应该说更符合现代医学，也更有利于孕妇和胎儿的健康。

明人万全的《万氏妇人科·胎前章》中也说："妇人受胎之后，常宜行动往来，使气血流通，百脉和畅，自无难产。若好逸恶劳，好静恶动，贪卧养骄，则气停血滞，临产多难。况行立坐卧之久，为筋骨皮肤之伤。"[1]

清人张耀孙提出"凡妊娠，起居饮食，惟以和平为上，不可太逸，逸则气滞。不可太劳，劳则气衰。五月以前宜逸，五月以后宜劳"[2]。

古人这种动静结合、前逸后劳的安胎方法是非常合理的，既有利于胎儿的发育生长、母体健康，又有利于后期顺利生产，与当今的妇科孕产建议完全吻合。

（二）健康饮食、顺时养生安胎法

北齐医生徐之才总结前人经验，靠号脉来研究胎儿在母腹中的发育生长过程，在此基础上提出孕妇应满足胎儿逐月发育生长需要的食物营养，以及要逐月注意寒热等养生问题。徐之才的这个方子成为后来中医关于孕妇逐月养生的基本依据，众多医书对其辗转摘引，文字虽略有不同，但基本要求大致一样。今摘录其逐月安胎方中有关饮食和顺时安胎的内容如下：

---

① （明）万全：《万氏妇人科》，武汉：湖北人民出版社1983年版，第21页。
② （清）张耀孙：《产孕集》，《珍本医书集成》，上海：上海科学技术出版社1986年版，第8册，第13页。

妊娠一月……饮食精熟。酸美受御，宜食大麦，无食腥辛……宜服乌雌鸡汤方。

妊娠二月……无食辛臊……有寒多坏不成，有热即萎悴……

妊娠四月……食宜稻粳羹，宜鱼、雁。

妊娠五月……起沐浴、浣衣，深其居处，厚其衣裳，朝吸天光，以避寒殃。其食稻麦，其羹牛羊，和以茱萸，调以五味……无大饥，无甚饱，无食干燥，无自炙热，无劳倦。

妊娠六月……食宜鸷鸟猛兽之肉……调五味，食甘美，无大饱……勿食生冷及坚硬之物……

妊娠七月……饮食避寒，常食稻粳……无薄衣，无洗浴，无寒饮。

妊娠八月……无食燥物，无辄失食。无忍大起。

妊娠九月……饮醴食甘……无处湿冷，无著炙衣。①

这段话在饮食方面主要讲了孕妇饮食要注意营养齐全，根据胎儿的发育情况，怀孕初期以素食为主，如孕妇身体虚弱，可以母乌鸡汤进补。但不可过分进补，这一阶段孕妇或寒或热都不利于安胎。四个月以后则可在稻米等主食之外，进补鱼、雁等动物肉。五个月可辅助牛羊肉，六个月则可以吃些更凶猛的禽兽，七个月以后，又要注意多吃稻粳米等素食。总的来说，就是可以适当进补，但不可过度，尤其是怀孕初期和晚期，不能过分进补。同时，饮食要恰当，不能过饱，也不能过饿。

明朝虞抟编写的《医学正传·小儿总论》中也有类似的观点："夫小儿之在胎也，母饥亦饥，母饱亦饱，辛辣适口，胎气随热，情欲动中，胎息辄躁，或多食煎煿，或恣味辛酸，或嗜欲无节，或喜怒不常，皆能令子受患……先正

---

① （唐）孙思邈：《备急千金要方》卷二《妇人方上》，北京：人民卫生出版社1955年版，第21—24页。

所谓古者妇人妊子……不食邪味等语，厥有旨哉！"[1]

清人张耀孙也主张孕妇的饮食应该："以冲和澹泊为正，节厚味，禁腥浊。毋饮醇酒，毋食异味。"[2]

有趣的是，在张耀孙的书中，还专门引用《千金方》，注明了孕妇的饮食禁忌，主要包括以下内容：

> 食山羊令子多疾；食兔令子缺唇；食犬肉令子无声；食桑葚、鸭卵，令子侧出，心寒；食雀令子性淫；食鳖令子项短；食姜芽令子多指；鸡合糯米食，令子生寸白虫；鸡及干鲤鱼食，令子生疮；食鲜菌，令子惊风；食冰浆，令绝胎；食骡马驴肉无鳞鱼螃蟹，皆令难产；食薏苡苋菜葱姜麦芽，皆令堕胎。[3]

这些经验总结的饮食禁忌，虽然其后果与书中所说可能并不一定符合，但是在现代医学的研究中证明，有许多的确对孕妇没有什么好处。比如螃蟹等会加剧孕妇荷尔蒙失调的可能；薏苡则会抑制胚胎生长；生冷食物容易令孕妇腹泻，对胎儿也不好；狗肉等肉类热性大，可能会加重孕妇内热，对养胎不利；等等。所以，孕妇怀孕期间，尤其是怀孕初期，最好还是谨慎饮食，平常饮食最好，不必要专门去吃一些不常见的或者孕妇禁忌的食物，虽然不一定会有不好的结果，但对于未能证实，也未能证伪的经验之谈，谨慎一些，并没有什么害处。

古代人除了非常注意孕妇合理饮食安胎之外，还特别注意孕妇应该顺时保养身体。比如徐之才的安胎方就提到孕妇应该顺应四时气候的变化，并结合怀胎的时间，随时序而适寒温，慎防外邪侵袭，在保证孕母健康的前提下，孕育

---

① （明）虞抟：《医学正传》卷八，北京：人民卫生出版社1965年版，第386页。

② （清）张曜孙：《产孕集》，《珍本医书集成》，上海：上海科学技术出版社1986年版，第8册，第13页。

③ （清）张曜孙：《产孕集》，《珍本医书集成》，上海：上海科学技术出版社1986年版，第8册，第13页。

健康的婴儿。孕妇必须"深其居处，厚其衣裳，朝吸天光，以避寒殃"[1]。

《幼幼集成》中也说："但愿妊娠之母，能节饮食，适寒暑，戒嗔恚，寡嗜欲则善矣。"[2]《妇人大全良方》中则说："然则胚胎造化之始，精移气变之后，保卫辅翼，固有道矣。天有五气，各有所凑。地有五味，各有所入。所凑有节适，所入有度量。凡所畏忌，悉知戒慎，资物为养者，理固然也。寝兴以时，出处以节，可以高明，可以周密，使雾露风邪不得投间而入，因时为养者，理宜然也。以至调喜怒，寡嗜欲，作劳不妄，而气血从之，皆所以保摄妊娠，使诸邪不得干焉。"[3]从哲学的高度论证了孕妇之所以要特别戒慎生活习惯，按时休息养生的道理。

（三）药物安胎法

除了注重饮食、生活起居外，孕期的妇女不免还会有一些疾病或者不够健康的情况，这时就要有药物安胎了。

古人的药物安胎有的是根据胎儿每个月的情况进行，药方有很多为食疗性质，应该是为了尽可能避免药物的副作用。有的则是根据孕妇病情，对症而治的药方。并且，古人的药物安胎并非仅仅在出现病症时使用，有许多还根据孕妇以往的病历，或者孕妇的具体情况即在未出现病情时提前进行预防，这应该说是非常高明的了。

如《备急千金要方》中就说：

> 若曾伤一月胎者，当预服补胎汤方……
>
> 若曾伤二月胎者，当预服黄连汤方……

---

[1] （唐）孙思邈：《备急千金要方》卷二《妇人方上》，北京：人民卫生出版社 1955 年版，第 22 页。

[2] （清）陈复正辑订，蔡景高、叶奕扬点校：《幼幼集成》卷一，北京：人民卫生出版社 1988 年版，第 5 页。

[3] （宋）陈自明：《妇人大全良方》，太原：山西科学技术出版社 2006 年版，第 179 页。

若曾伤三月胎者，当预服茯神汤方……

若曾伤四月胎者，当预服调中汤方……

曾伤五月胎者，当预服安中汤方……

若曾伤六月胎者，当预服柴胡汤方……

若曾伤七月胎者，当预服杏仁汤方……

若曾伤八月胎者，当预服葵子汤方……

若曾伤九月胎者，当预服猪肾汤方……①

其他一些专门的产科药方，比较著名的如《傅青主女科》《竹林寺女科》《广嗣全诀》等，不仅详细地针对一般性的妇科疾病总结和记录了大量的药方，而且特别对妇女孕、产、育时的各种问题以及医治方法进行了总结和整理。

从上面的内容我们也可以看到，孕妇所用的安胎药不可能全部是食疗性质的，因此必须非常谨慎。"其药味则宜和平调摄，毋犯金石，毋近毒药，大热大燥，大攻大表，大寒大凉，走窜迅疾，泄利之品，咸宜禁止，即需施用，宜详酌而慎处之。"②不仅如此，古人也早注意到是药三分毒的道理，因此，药物在妇人孕期还是能免则免。即便是补益药，若用得不当也会造成不小的危害。《广嗣全诀》中说："胎禀父母精血之气相聚而成，所以养之者，则母之气血也。苟脏腑无亏，气血完足，及期而诞，母子俱安，何赖于药哉？惟禀赋不齐，气血偏盛，乃不能废药也。其胎之始成……不宜轻率用药。"③《万氏家传广嗣纪要》中则说："妇人有妊，最不可针灸及乱服药饵，恐致堕胎，以贻后悔。"④该书还专门编写有《胎前所忌药物歌》。可见，古代医学家对孕妇服药

---

① （唐）孙思邈：《备急千金要方》卷二《妇人方上》，北京：人民卫生出版社1955年版，第21—24页。

② （清）张曜孙：《产孕集》，《珍本医书集成》，上海：上海科学技术出版社1986年版，第8册，第13页。

③ （明）陈文治辑：《广嗣全诀》，北京：中国中医药出版社2015年版，第38—39页。

④ （明）万全：《万氏家传广嗣纪要》，武汉：湖北科学技术出版社1986年版，第35页。

的严格谨慎态度。

总之，古人强调孕妇日常生活要顺时有节；慎避风寒、适度劳逸、合理饮食；谨慎用药，等等，通过这些措施，保证母子平安，帮助孕妇生育聪明、智慧、贤良、健康的孩子。

五、道家房中术的胎教内容

生育、健康与性密不可分，道教典籍《太平经》中说："阴阳不交，乃出绝灭、无世类也。二人共断天地之统，贪小虚伪之名，反无后世，失其实核，此天下之大害也。"[①]直言男女性行为是关系着天地大统之事。阴阳不交则无男女，无男女便无子嗣，也就是"不生"，这种结果显然与《周易》讲的"天地之大德曰生"是互相矛盾的。因此，阴阳不交，可以说是一种"无德"之行，为天下之大害，是不值得提倡的。《抱朴子》中则说："人复不可都绝阴阳，阴阳不交，则坐致壅阏之病，致幽闭怨旷，多病而不得寿也。"[②]道家作为分外重视生命绵延与生命质量的教派，其房中术中既包含男女性健康的内容，也包含不少胎教内容，当然，这其中精华与糟粕共存，在参考学习的同时，也要注意区分辨别。全盘的否定是不合适的，同样，全盘接受、盲目信从也是不可取的。

道家房中术中与胎教有关的内容，与我们前面分析的基本一致，比如如何促孕、如何养胎等。同时，道家房中术从繁衍子嗣的角度，对男女性行为的一些意见，也可以看作胎教的部分内容。

（一）良好的受孕环境与胎儿健康

受孕环境包括天气环境、个人的身体状况等，古人认为这些与胎儿的发育

---

① 王明：《太平经合校》，北京：中华书局 1960 年版，第 37 页。

② 王明：《抱朴子内篇校释》，北京：中华书局 1985 年版，第 150 页。

有密切关系。在道教房中典籍《玉房秘诀》《素女经》与《洞玄子》中都有论述，道教的一些著名人物也对此有自己的见解。

如《玉房秘诀》云：

合阴阳有七忌：

第一之忌，晦朔弦望，以合阴阳，损气，以是生子，子必刑残，宜深慎之。

第二之忌，雷风天地感动，以合阴阳，血脉踊，以是生子，子必痈肿。

第三之忌，新饮酒饱食，谷气未行，以合阴阳，腹中膨亨，小便白浊，以是生子，子必癫狂。

第四之忌，新小便，精气竭以合阴阳，经脉得涩，以是生子，必妖孽。

第五之忌，劳倦重担，志气未安，以合阴阳，筋腰苦痛，以是生子，必夭残。

第六之忌，新沐浴，发肤未燥，以合阴阳，令人短气，以是生子，子必不全。

第七之忌，兵坚盛怒，茎脉痛，当令不合，内伤有病。如此为七伤。

又云：人生喑聋者，是腊月暮之子。腊暮百鬼聚会，终夜不息，君子斋戒，小人私合阴阳，其子必喑聋。

人生伤死者，名曰火子。燃烛未灭而合阴阳，有子必伤，死市人。

人生癫狂，是雷电之子，四月五月大雨霹雳，君子斋戒，小人私合阴阳，有子必癫狂。

……

又云：大风之子多病，雷电之子狂癫，大醉之子必痴狂，劳倦之子必天伤，月经之子兵亡，黄昏之子多变，人定之子不喑则聋，日入之子口舌不祥，日中之子癫病，晡时之子自毁伤。①

道教神仙彭祖云：

> 消息之情，不可不去。又当避大寒大热，大风大雨，日月蚀，地动、雷电。此天忌也。醉饱、喜怒、忧悲、恐惧，此人忌也。山川神祇并穰井灶之处，此地忌也。既避三忌，犯此忌者，既致疾病，子必短寿。②

这两段话从禁忌的角度讲述了男女交合时自然环境与所生子女的关系，以及交合时男女身体情况与所生子女的关系。古人认为天气不好，有大风、雷电、大雨、地震等特殊天气时，不宜交合，此时孕育的子女容易在后天出现身体或精神疾病。大部分古人的居住条件不像现代人，尤其不像现代都市家庭这么优越，大风、大雨、雷电等天气对人的影响非常大，在此时男女交合的确容易受到惊吓等意外情况，自然对男女的身体以及腹中的胎儿有不好的影响。对于现代人来讲，天气的影响会相对小一些，但不好的天气仍然不是受孕的最佳时机。

同时，男女性行为地点的选择，也很重要，山川神祇等地并不是孕育后代的好地方。另外就是男女性行为时的身体、精神状态也与所孕育胎儿有莫大的关系，醉酒、过饱、过劳、盛怒、刚刚洗完澡等时间也不是良好的受孕时间，在这些情况下进行性活动，身体状况不好，或者情绪不好，孕育的孩子自然也有更大的可能出现各种问题。

总结起来，男女要想孕育良好的胎儿，必须注意天、地、人三方面的配合。要在天气良好、地点安全、男女身体精力充沛、情绪处于良性状态时，所

---

① ［日］丹波康赖著，多纪元坚等校订：《医心方》卷二十八，北京：人民卫生出版社1955年版，第647—648页。

② ［日］丹波康赖著，多纪元坚等校订：《医心方》卷二十八，北京：人民卫生出版社1955年版，第650页。

孕育的胎儿才是最健康良善的。

（二）和谐的性生活以及父母年轻健康有利于生育健康的子嗣

与前面从禁忌的角度讨论不利于孕育子嗣的情况不同，《素女经》从正面谈到夫妻若想孕育健康贤良的胎儿，最好是在身心安定的情况下交合求子。同时，如果夫妻双方都心情愉悦，尤其是女性获得性快感的情况下，所得子女不仅健康长寿，而且品行端正。其文曰：

> 求子法，自有常体，清心远虑，安定其衿袍，垂虚斋戒，以妇人月经后三日，夜半之后，鸡鸣之前，嬉戏令女感动，乃往从之，适其道理，同其快乐，却身施泻，下精……若依道术，有子贤良而老寿也。①

特别强调男女性事中女性的身体反应，男性要有意识地与女子同步，使女性获得愉悦，按照这样的方式受孕，所生育的子女才能健康长寿。

除了和谐的性生活更容易生出健康的孩子外，年轻健康的夫妻也更容易生出健康的孩子：

> 素女曰：夫人合阴阳，当避禁忌，常乘生气，无不老寿。若夫妇俱老，虽生化，有子皆不寿也。又云男女满百岁，生子亦不寿。八十男可御十五、十八女，则生子不犯禁忌，皆寿老。女子五十得少夫，亦有子。②

可见古人很早就认识到男女年龄与生育的关系了。如果夫妇双方都年龄过大，一方面难于受孕；另一方面，即便有子，所生孩子也容易不健康。但是如果夫

---

① ［日］丹波康赖著，多纪元坚等校订：《医心方》卷二十八，北京：人民卫生出版社1955年版，第648页。
② ［日］丹波康赖著，多纪元坚等校订：《医心方》卷二十八，北京：人民卫生出版社1955年版，第648页。

妇一方比较年轻，一方年龄较大，则所生的孩子也是健康的孩子。

在有些房中术书中，还特别强调女性健康与所生子女健康之间的关系。如《太清经》中说：

> 又云：细骨弱肌，肉淖漫泽，清白薄肤，指节细没，耳目准高鲜白，不短不迂，厚髀凿孔，欲高而周密，体满，其上无毛，身滑如绵，阴淖（倬）如膏，以此行道，终夜不劳，便利丈夫，生子贵豪。①

这段话指出身体苗条，皮肤白皙，健康美丽的女子，不仅有利于丈夫的身体健康，而且能生育出好的后代，是良好的婚配对象。从遗传学的角度来讲，古人的这种认知还是非常科学的。

总之，以上种种与现代医学研究在内容上有很多是一致的，可以作为孕育胎儿时的一种参考。

（三）女性月经与受孕概率、胎儿性别

对于女性月经与受孕之间的关系，以及月经后几日受孕与胎儿性别的关系，显然医家大部分采取了道家房中术的说法。如前文所引《素女经》就说受孕的最好时机为"妇女月经后三日"，这和《千金方》等后来医书的说法完全一致，甚至可以看出医书所引本身就来自道家房中术。比如《医心方》，在求子门部分辑录的就是大量的道家房中术经典，或者是道教人物的说法。

如该书引道教神仙彭祖的说法：

> 求子之法，当蓄养精气，勿数施舍，以妇人月事断绝，洁净三五日而交有子，则男聪明才智，老寿高贵，生女清贤，配贵人。②

---

① ［日］丹波康赖著，多纪元坚等校订：《医心方》卷二十八，北京：人民卫生出版社1955年版，第649页。

② ［日］丹波康赖著，多纪元坚等校订：《医心方》卷二十八，北京：人民卫生出版社1955年版，第648页。

以女性月经洁净后三五日为受孕的最佳时机。同时指出过多的性生活反而不利于生育健康的子嗣。

该书又引《洞玄子》云：

> 凡欲求子，候女之月经断后，则交接之。一日三日为男，四日五日为女，五日以后，徒损精力，终无益也。交接泄精之时，候女快来，须与一时同泄，泄必须尽。先令女正面仰卧，端心一意，闭目内想，受精气。故老子曰：夜半得子为上寿，夜半前得子为中寿，夜半后得子下寿。又云：凡女子怀孕之后，须行善事，勿视恶色，勿听恶语，省淫欲，勿咒咀，勿骂詈，勿惊恐，勿劳倦，勿妄语，勿忧愁，勿食生冷醋滑热食，勿乘车马，勿登高，勿临深，勿下坡，勿急行，勿服饵，勿针灸。皆须端心正念，常听经书，遂令男女如是，聪明智慧，忠真贞良，所谓胎教者也。①

《洞玄子》同样以女性月经洁净后五日内为受孕最佳时机，且提出单日受孕为男，双日受孕为女。并将所孕育胎儿的寿命与受孕时间，以夜半为中心，划分了前半夜受孕中寿，后半夜则为下寿，最好的时间是夜半得子。之所以会有这样的结论，是因为在道教修炼时，认为从夜半至日中为生气，从日中至夜半为死气，夜半之时，生气最强。所以，前半夜所生子女为承生气而孕育，生命力强，夜半最强，子女寿命健康情况也最好，而后半夜则为死气，子女寿命和健康状况都会打折扣。

同时，《洞玄子》还提出了女性受孕后要注意身心修养，其所叙述的女性怀孕后的一系列禁忌和注意事项，大都是具有合理性的。但是，道家房中术与古代大部分医学书籍一样，对女性受孕与月经之间的关系，胎儿性别与女性月经时间的关系的认知与现代医学有较大的差别。关于这一点，确实令人费解。

---

① ［日］丹波康赖著，多纪元坚等校订：《医心方》卷二十八，北京：人民卫生出版社1955年版，第649页。

在没有现代科学仪器的条件下，如果从经验观察来看，获得女性受孕时间与月经之间关系的难度，应该小于对母腹中胎儿成长情况的观察，为何古代人对后一个问题取得了非常令人惊异的正确经验总结，而对前一个问题却观察得有点离谱呢？而且同样的结论反复被各种医书和道家房中术典籍或者道教人物叙述，几乎看不到不同意见和质疑，这不得不让人感到非常疑惑。

六、胎教与人口繁衍

胎教对人口繁衍具有调节和推动作用，而人口是人类社会的基本要素，人口的数量、结构以及人口素质、人口增速等问题与整个社会的发展密切相关。因此，我们可以从古代人口发展的曲线变化中分析胎教对人口繁衍的作用。另外，古代中国以人口繁育为极重要的事情，在大部分人的观念中，也以人丁兴旺为福。在许多朝代，都以户口增加为考核地方官吏的一个重要标准。如汉朝的颍川守黄霸，因"户口岁增，治为天下第一"[1]，被升官做了京兆尹。唐朝贞观元年下《令有司劝勉庶人婚聘及时诏》，规定"刺史县令以下官人，若能使婚姻及时，鳏寡数少，量准户口增多，以进考第；如其劝导乖方，失于配偶，准户减少，以附殿失"[2]。可见国家对人口的重视。除了将人口增减作为考察地方官员的重要指标之外，我国许多朝代还颁布有一系列直接推动人口繁衍的政策和措施，而在这些政策和措施中，就有不少都是有利于孕妇胎教的内容。

首先，从我国古代人口发展曲线来看，胎教对人口繁衍具有一定的推动作用。如《后汉书·郡国志》刘昭注引《帝王本纪》记载了从周公时到东汉以前的人口发展情况：

---

① （汉）班固：《汉书·循吏传》卷八十五，北京：中华书局 1964 年版，第 11 册，第 3631 页。

② （宋）宋敏求：《唐大诏令集》卷一百一十，台北：华文书局 1968 年版，第 2278—2279 页。

及周公相成王，致治刑错，民口千三百七十一万四千九百二十三人，多禹十六万一千人，周之极盛也。其后七十余岁，天下无事，民弥以息。

及昭王南征不反，穆王失荒，加以幽、厉之乱，平王东迁，三十余载，至齐桓公二年，周庄王之十三年，五千里内，非天王九侯之御，自世子公侯以下至于庶民，凡千一百八十四万七千人，除有土老疾，定受田者九百万四千人。

其后诸侯相并……至汉祖定天下，民之死伤，亦数百万。是以平城之卒，不过三十万，方之六国，五损其二。自孝惠至文、景，与民休息，六十余岁，民众大增……武帝乘其资畜，军征三十余岁，地广万里，天下之众亦减半矣。

及霍光秉政，乃务省役，至于孝平，六世相承，虽时征行，不足大害，民户又息。元始二年……民户千三百二十三万三千六百一十二，口五千九百一十九万四千九百七十八人，多周成王四千五百四十八万五十五人，汉之极盛也。

及王莽篡位，续以更始、赤眉之乱，至光武中兴，百姓虚耗，十有二存。中元二年，民户四百二十七万千六百三十四，口二千一百万七千八百二十人。

永平、建初之际，天下无事，务在养民，迄于孝和，民户滋殖。及孝安永初、元初之间，兵饥之苦，民人复损。至于孝桓，颇增于前。永寿二年，户千六百七万九百六，口五千六万六千八百五十六人……

及灵帝遭黄巾，献帝即位而董卓兴乱……三十余年，及魏武皇帝克平天下，文帝受禅，人众之损，万有一存。景元四年，与蜀通计民户九十四万三千四百二十三，口

五百三十七万二千八百九十一人……①

我们把这段历史分为七个时期。第一阶段是周公辅正成王时期，天下安定，人口滋生，这时人口大约有一千三百多万人，比禹时多十六万人；到了周庄王时，经历了连年战乱，人口下降到一千多万人，比成王时减少三百多万人；汉初文景之治后虽然人口增加不少，但经过汉武帝时期的常年征战，人口减少到五百万人左右；此后，社会比较安定，到了元始二年，人口增加到了五千九百多万人，是汉朝人口最多的时期。然后，又有了王莽篡位，更始、赤眉之乱，到中元二年，人口下降到了两千多万人；此后，到了孝桓年间，天下兵乱略少，社会再次进入一个略微安定的时期，人口再次增加到五千多万人；到了西汉末年，连年战乱，人口下降到五百多万人。

从这个人口变化的过程我们可以看到，兵荒马乱，人口数量急剧下降；社会安定，人口数量逐渐上升。一起一落，波动相当明显。战乱导致人口下降的重要原因就是战争中有大量直接的人口损耗。除此以外，战争导致人民流离失所、生活失措，妇女在这一阶段不仅难以受孕，且受孕后难以有安静良好的胎教、生养环境，这必然导致新生人口数量的减少。即便在这一时期有婴儿降生，也因为胎教环境不良，新生儿的健康和寿命都不如太平年间所生婴孩。一方面是成年人口损耗，一方面是新生人口不足，必然导致战乱时国家人口的急剧下降。

从周到东汉的历史如此，从东汉直到今天依然如此。和平是人类共同追求的理想和目标，自有其原因所在。

其次，国家恰当的保育政策有利于妇女胎教，有利于人口繁衍。

从上面我们列举的史实可以很容易得出，和平年代，有利于妇女孕育新生儿，这其中既有和平时期物质相对丰富、生活安定，利于妇女怀孕和进行正常

---

① （南朝·宋）范晔撰，（唐）李贤等注：《后汉书》卷十九《郡国志》，北京：中华书局 1965 年版，第 12 册，第 3387—3388 页。

的胎教养胎及养育新生儿外，还有一个重要原因，就是安定时期的国家能更有效地推进一些利于民众生息的生育政策，从国家层面，辅助孕妇及其家人进行更好的胎教活动，从而推动人口的繁衍生息。从我国古代的国家人口政策来看，各个朝代几乎都有推动生育、保证孕产妇及新生儿生活的政策。这些政策无疑对孕妇及其家人安心胎教有极好的保证作用，同时，也必然对人口的繁衍有极好的推动。

如《周礼·地官·大司徒》中就讲要以"以保息六养万民"，这其中第一条就是"慈幼"，汉代的郑玄对此解释道："保息，谓安之使蕃息也。慈幼谓爱幼少也。产子三人与之母，二人与之饩。"[1] 这里"母"指保姆，"饩"就是指送粮食。生了三胞胎的，国家可以帮助给配两个保姆一起照顾孩子，并且保证食物供应。周代的这一政策虽然难以确定如何实施，但可以看出，国家对生育了子女的家庭非常重视，对母亲和幼儿生存状况的重视与切实的政策保障，对于孕妇可谓是解除了后顾之忧，自然能安心孕育胎儿。

又如《吴越春秋》中记载越王勾践在全国下令："将免者，以告于孤，令医守之。生男二，贶之以壶酒，一犬；生女二，赐以壶酒，一豚；生子三人，孤以乳母；生子二人，孤与一养。"[2] 意思是将要生育的孕妇可以到政府部门登记在册，国家派医生守护，保证其安全生产。如果生育两个男孩，国家奖励两壶酒、一只狗；生育两个女孩，奖励两壶酒、一只猪；如果是三胞胎，国家给安排保姆；如果是双胞胎，国家保证食物供应，帮助其养育一个孩子。

再如在《管子》中，也有相似的记载。《管子·入国》中讲道："所谓慈幼者，凡国都皆有掌幼。士民有子，子有幼弱不胜养为累者。有三幼者无妇征，四幼者尽家无征，五幼又予之葆。"[3] 建议在建设一个国家时，在国都设"掌幼"之官。老百姓家孩子太多，或者因为孩子身体不健康造成家庭负担的，国

---

① （汉）郑玄注，（唐）陆德明音义：《周礼》卷三，《四库丛刊》翻宋岳氏本。

② （东汉）赵晔：《吴越春秋》卷六《勾践伐吴外传》，明《古今逸史》本。

③ 黎翔凤：《管子校注》卷十八，北京：中华书局 2004 年版，下册，第 1033 页。

家要予以帮助。有三个小孩子的家庭，免除妇女进贡丝帛之赋；有四个孩子的家庭，全家免除赋税；有五个小孩子的，国家除了免税，还要给配置保姆。

《西汉会要》卷四十七提到，西汉高祖七年规定："民产子，复勿事二岁。"[①] 也就是说，生育孩子的家庭，可以免除徭役两年。

《后汉书·肃宗孝章帝纪》记载："二年春正月乙酉，诏曰：令云'人有产子者复，勿算三岁'今诸怀妊者，赐胎养谷人三斛，复其夫，勿算一岁，著以为令。"[②] 这时候的政策，规定生孩子可以免除赋税三年。怀孕的妇女还可以得到三斛养胎粮，她的丈夫也可以免除一年赋税。这对于普通百姓来说，真是保证正常胎育的好政策。

《三国志·魏书·王朗传》记载文帝即位后，王朗上疏劝育民省刑，其中有"胎养必全，则孕者无自伤之哀；新生必复，则孩者无不育之累"[③] 的建议。希望国家能够从政策层面推进胎教，保障孕产妇及新生儿的生存安全。

《册府元龟·邦计部·蠲复第三》中记载唐宪宗元和二年正月诏："令云人有产子者，复勿算三岁。令诸怀妊者，赐胎养谷，人三斛，复其夫勿算一岁。著以为令。"[④] 该政策的大概内容与前代大体相似。

《建炎以来系年要录》中记载了绍兴十一年的一件事，是一个叫王洋的地方官，上疏高宗，主要涉及此前"胎养令"的弊端，以及改善措施。他说："宣和二年，布衣吕堂乞生子之家，量给义仓米，朝廷不曾施行。近蒙恩诏，贫乏之家生男女而不能养赡者，人于免役宽剩钱内支四千，可谓仁德甚厚矣。然免役宽剩，州县所收甚微，势不可久。乞乡村之人，无问贫富，凡孕妇五月，即经保申县，专委县丞注籍，其夫免杂色差役一年。候生子日，无问男

---

① （宋）徐天麟：《西汉会要》卷四十七，北京：中华书局1955年版，第484页。

② （南朝·宋）范晔撰，（唐）李贤等注：《后汉书》卷三《肃宗章帝纪》，北京：中华书局1965年版，第1册，第148页。

③ （晋）陈寿：《三国志》卷十三，北京：中华书局1959年版，第2册，第409页。

④ （宋）王钦若等编纂，周勋初等校订：《册府元龟》卷四百九十一，南京：凤凰出版社2006年版，第6册，第5566页。

女，第三等以下给义仓米一斛，县丞月给食钱十千，专掌附籍……盖义仓米本不出籴，今州郡尚有红腐去处，二郡岁发万斛，可活万人。通数路计之，不知所活其几何也……又义仓之米若有不继，逐年随苗量添升斗，积以活民，民自乐从。再三审度，实可经久。"高宗看了奏章后说："愚民无知，迫于贫困，不能育，故生子而杀之。官给钱物，使之有以育，则不忍杀矣。朕为民父母，但欲民蕃衍，岂惜小费也？""乃诏户部措置。"王洋提到此前的胎养政策，虽然看起来不错，但因为实际上地方政府并没有那么多财政收入来应对，导致施行的不够好，即便有些地方能实行，财政负担也很大，不如从货币补贴改为实物补贴，同时通过减免孕妇丈夫的差役等方式，一方面减少财政支出；另一方面也可以切实给孕产妇家庭减轻负担，使他们能顺利孕育后代。宋高宗看到奏章后，非常爽快地同意了这个建议，两年以后，又下诏免生育子女的家庭的丁税。到了绍兴十五年五月，又改为给孕育家庭义仓米。① 此后，有宋一代胎养政策虽多有微调，但保证孕产妇及其家庭的经济生活一直都是政策努力的中心。

宋代以后，历代在安定时期都有各种鼓励和保障生育的政策，如清康熙年间就有盛世滋生人丁，永不加赋的政策。

从以上这些史料来看，在我国古代，从先秦开始，直到清朝，历朝历代在安定时期都实行了各种各样鼓励人口的政策，或者安排医生帮助孕妇顺利安胎生产，或者国家给与孕、产妇以口粮，或者减免养育子女家庭的徭役赋税，或者由国家给多胞胎或者多胎子女家庭配置保姆等，或者一项或者几项政策共同实行。这些措施中，配置医生、给孕产妇口粮无疑是一种直接的辅助胎教政策，保证了孕产妇及胎儿安全，而免除家庭或者孕产妇丈夫的徭役、赋税，则是一种间接保证孕产妇营养和看护甚至心理安定的政策，同样也是有利于胎教

---

① 参见（宋）李心传：《建炎以来系年要录》卷一百三十九，北京：中华书局2013年版，第3册，第2238—2239页。

的举措。而我们从上述的总结也可以证明，国家安定时期人口的确都会有一个大的增加，除了安定的环境外，国家的这些有助于孕产妇生育的政策，无疑也大大保证了胎教的顺利进行，推动了人口的繁衍生息。这也从一个方面证明，只有保证良好的生育环境，去除孕产妇在经济和心理上的后顾之忧，才能大量生育健康的胎儿。

最后，我们必须清楚，胎教的顺利进行，人口的繁衍除了与社会安定、政策等有关外，更和医疗卫生事业的发展分不开。我国人口到清末繁衍至四亿左右，除了社会生产力的发展，物质的丰富以外，随着社会发展，妇产科医疗经验的不断积累也是一个重要因素。而新中国成立后，随着我国现代医疗卫生水平的提高，妇幼政策的进步，人口更是增加到了十亿以上。

但是，随着经济进一步发展，现代社会方式的推进，我国目前生育意愿和生育率普遍下降，老龄化人口比例不断增加，而新生儿出生率逐年下降。在这种情况下，如何通过一系列有效的政策鼓励，激发家庭或个人生育子女的积极性，并且有效地消除孕产妇生育胎儿的各种忧虑，特别是经济方面的担忧，在合理有效的胎教前提下，提高人口素质以及推动人口繁衍，就显得格外重要了。

思考题：

（1）什么是胎教？古代胎教主要包括哪几方面的内容？

（2）我国古代胎教最重要的成就有哪些？

（3）道教经典中有哪些珍贵的胎教文献和胎教思想？

（4）道教房中术对中医胎教理论的影响有哪些？

参考文献：

（1）《黄帝内经》，明万历刻本。

（2）（元）朱震亨著，鲁兆麟等点校：《格致余论》，沈阳：辽宁科学技术出版社1997年版。

（3）陈兼善：《胎教》，上海：商务印书馆1926年版。

（4）［日］丹波康赖著，多纪元坚等校订：《医心方》，北京：人民卫生出版社1955年版。

（5）周一谋、萧佐桃：《马王堆医书考注》，天津：天津科学技术出版社1988年版。

蒙以养正

> 【学习目的】掌握启蒙教育的含义；了解学前启蒙教育面临的问题；了解古代蒙学教育经典读本；理解保持童心与管教之间的关系；理解如何培养儿童热爱大自然的情趣；理解如何在启蒙教育中培养儿童的合作精神与责任心。

著名教育家乌申那斯基说："一个人即使活到 80 岁也能看到他 5 岁时的样子。"幼儿时期是一个人性格形成的关键时期，良好的性格培养对幼儿来说尤为重要。0—6 岁是"人之初"阶段，在此阶段，儿童的身心处于迅速发展过程。此时一定要注意通过科学教育对幼儿潜能进行合理的开发。启蒙教育要建立在充分遵循儿童身心发展的规律之上，通过正确的引导，使其形成正确的世界观、人生观与价值观。

一、启蒙教育面临的问题

学前教育是国民教育体系的重要组成部分，是人生教育的起步阶段；学龄前是儿童性格形成的关键时期，也是幼儿基本道德行为初步形成与发展的重要时期。自 1903 年清政府在湖北武汉建立了第一所幼儿园开始，学前教育在我国已有一百多年的历史。中华人民共和国成立之后，社会发展日新月异，人们对"科教兴国，人才强国"的认识不断加深，使得学前教育受到更多的关注；学前教育在规格、质量、教材建设等方面得到了较大的提升与发展。随着经济全球化的迅速扩展，各国更加注重人才的培养。人才是国家发展的关键因素，时代的不断变化对人才的要求也变得愈加严格；新时代对人才的培养是多方面的，而基础教育的基础——学前教育——便显得尤为重要。我国的学前教育经过百年历史的冲击，在新的社会背景下逐渐趋向稳步发展，但也面临一些问题。

（一）功利性过重的施教

当前我国的学前教育发展虽然总体而言较为稳定，但就教育功能而言，家长和部分幼儿教师对幼儿教育的认识存在偏差，主要表现为功利性色彩过重。

1. 功利性过重的表现

教育内容"超前化"。《幼儿园教育指导纲要》中明确指出，教育要促进儿童在健康、社会、科学、语言和艺术五个领域内知识、技能、能力和情感等方面的发展。幼儿时期是儿童心智开始发育的阶段，儿童对善恶的认识还未定型，对周围的任何事物都充满好奇，因此这一阶段儿童具有极大的可塑性。但是由于很多家长和幼儿教育工作者对这一阶段缺乏正确认识，导致幼儿教育出现了偏差。此类偏差首先表现为幼儿教育的功利性。当前国内很多幼儿园，尤其是私立幼儿园，为了迎合家长需求、增强市场竞争力、片面追求自身利益，用不恰当的教育内容和教育方式致力于提高儿童的学习成绩，导致教育内容"超前化"，即教育内容趋于小学化。

幼儿教育小学化主要表现为两个方面：第一，教育内容趋于小学化。幼儿园教学内容过于重视知识的传授，超出了幼儿的接受范围，例如提前学习拼音、汉字、英语单词、加减运算等。第二，教学组织形式趋于小学化。主要采用课堂集中授课方式组织安排孩子的一日活动，上课以教师讲授为主，加以机械背诵、记忆、抄写、计算等方式对所学知识进行强化训练。这其实是小学阶段采用的教学方式，而非幼儿教育的适当方式。

由于我国学前教育行业发展时间并不长，学前教育并未形成一个科学完善的体系；幼儿园教学内容和教学组织形式的超前化，违背了幼儿成长规律，不利于幼儿的智力、心理的正常发育。

2. 功利性过重的原因分析

造成以上功利性过重的原因，我们认为主要有以下几点。

(1) 幼儿教育资源欠缺。教育资源这一概念包括的范围很广泛，这里主要讨论物质资源和人力资源的欠缺。

幼儿教育资源的欠缺，首先表现为物质资源的不足。随着人们对学前教育的日渐重视，幼儿教育资源的供需矛盾日益凸显。一是空间资源的不足。虽然国家支持民办幼儿园的发展，但是很多幼儿园的场地面积不足以应对适龄儿童的教育需求，这种矛盾造成一些地方的幼儿教师无法真正对幼儿实施科学的教育，以游戏为基本的活动变成了奢求。班级人数超过国家标准一倍的幼儿园在县及县以下大量存在，在这种情况下，为保证幼儿的安全，端坐静听灌输式教育成了主要的学习方式。二是硬件设施的课程资源的不足。由于长期受制于教材就是主要课程资源这一思想的局限，幼儿园在配置课程资源时，认为教材选择的恰当、使用的合理就是对课程资源进行了合理的配置，而对游戏配套的硬件设施并没有准备到位，对于校外的资源，大部分幼儿园只是采用将园外资源"请进来"，并没有将其合理利用起来让幼儿到实践中去体验。

其次，幼儿教育资源的欠缺，表现为人力资源的不足。学前教育需求量的扩大，引发了幼教师资的不足；为了解决这一矛盾，现实中就放宽了幼儿教师的准入条件。有些教师没有进行幼教专业学习，也没有进行岗前培训，缺乏幼儿教师应有的专业知识和专业技能，从而影响了幼儿教育的科学发展。

(2) 办园宗旨的功利化。今天的学校教育，受传统知识观的影响，对于学生的优劣评价依然是偏智性的，以考试成绩作为衡量学生优秀与否的主要标准，同时也是衡量教学成功与否的重要标准。这种观念从深层次上促进了学校"教育超前化"现象的产生。所以，很多民办园为了提高竞争力，就会直接或间接迎合这样的需求，以孩子的知识掌握程度作为提高自身竞争力的重要指标——为了追求更大的经济收益，吸引更多生源，他们使用超前化的教材，进行超前化的教学，将幼儿园俨然办成了小学预科班。

（二）有感于家长的重重压力

2015 年 10 月 11 日我国颁布的《教育部关于加强家庭教育工作的指导意见》中明确提出，"家庭是孩子的第一个课堂，父母是孩子的第一任老师。家庭教育工作开展得如何，关系到孩子的终身发展，关系到千家万户的切身利益，关系到国家和民族的未来"。社会竞争日趋激烈，使得家长愈发重视孩子的早期教育，更将"不要让孩子输在起跑线上"奉为金科玉律，认为对孩子的教育越早越好。

如此观念主要来自社会的压力。升学竞争压力像链条一样，一环套一环，由上而下传递至学校教育的每一个阶段，致使幼儿教育领域也受到高考的浸染，致使考上一所理想的学校成为多数孩子学习的重要目标。这些认识深深地影响了家长的幼儿教育观，也异化了幼儿教育的内容和形式。其实，一些家长对儿童的成长规律并不了解，在育儿观上存在一定的误区——依据主观意愿，望子成龙，望女成凤——他们片面重视智力开发，着力学前教育投资，唯恐子女在学习上落后于他人。在"千万不要输在起跑线上"的蛊惑下，各类幼儿"兴趣班""特长班""双语班"异常受家长追捧。这无疑是导致幼儿教育"超前化"的重要因素之一。

幼儿园教育"小学化"现象在某种程度上迎合了家长和社会对幼儿的期望，也为自身带来了不菲的经济回报。这种幼儿教育带有明显的功利色彩，在短时间内家长、老师乐此不疲，对幼儿自身却是揠苗助长，严重违背了幼儿教育规律，也背离了国学启蒙教育初衷。

二、国学启蒙教育的初衷

自汉代大一统之后，在教育制度方面，就提出了明确的理念——"建国君民，教学为先"——此理念深深印入了中华民族两千多年来的传统思想中。中国人十分重视教育：深知教育是强国富民之本，并与国家民族前途命运密切相关；而幼儿小学教育是扎根启蒙阶段，要在蒙以养正。《周易》蒙卦蕴含着中国古代的教育思想，由此可追溯先秦教育思想的哲学渊源。蒙卦为《周易》第四卦，其中又包含主客两卦，主卦为坎卦，位居于下，在卦象上表示水；客卦为艮卦，位居于上，在卦象上表示山。

《蒙卦》之《彖》辞首次提出了"圣功"和"养正"的概念，并将二者联系起来。

> 蒙，山下有险，险而止，蒙。
>
> 蒙亨，以亨行时中也。
>
> 匪我求童蒙，童蒙求我，志应也。
>
> 初筮告，以刚中也。
>
> 再三渎，渎则不告，渎蒙也。
>
> 蒙以养正，圣功也。[①]

其大意为：蒙昧，犹如高山下有险阻，遇到危险而停止下来，所以蒙昧不明。蒙昧可以亨通，由于启蒙者按照亨通的法则行事，这就是灵活适时的中道。不是我去求蒙昧的童子，而是蒙昧的童子来求我，这样双方的志趣才能相应。初次请问给予回答，因为蒙师有阳刚气质，能行中道，有能力发蒙。但对同一问题再三地滥问，那是一种亵渎，就不再回答。本来，《周易·蒙卦》的《彖》辞是就占卜作出解释的，带有信仰意涵，但引申到启蒙教育问题上来也

---

① 黄寿祺、张善文：《周易译注》，上海：上海古籍出版社 2004 年版，第 46 页。

有一定的启迪价值。它让咨询者明白：童稚蒙昧的时候，应该涵养纯正无邪的本性，这是圣人施教的功业。

（一）何为"蒙"

《周易程氏传》将"蒙以养正，圣功也"解释为"以纯一未发之蒙而养其正，乃作圣之功也"[①]，把"蒙以养正"的"蒙"解释为"以纯一未发之蒙"，而"未发"即是"蒙"之状态。《周易》有《序卦》一篇，《序卦》是这样来解释"蒙"的："物必生蒙，……蒙者蒙也，物之稚也。"[②]"物之稚"就是生命之初始，这与老子的"常德不离，复归于婴儿"[③]的思想是一致的。"物之稚"而近于道，故"蒙以养正"之"蒙"意为童蒙、蒙昧。

（二）何为"正"

"正"在《周易》中具有十分重要的意涵，也是中国古人追求的一种境界。"正"之意与古人对"是"的理解有极大关系。有关"是"，东汉许慎《说文解字》曰："直也，从日正。"[④]所谓"日正"而"直"，就是说当正午时分，太阳从正上方照射下来，物体和影子是重叠在一起的，此所谓"日正"之说，即不偏不斜。从书写上看，上面为"日"字，下面为"正"字，亦可释为"日正为是"。不难看出，"是"与古人观察天象有关，古人是从观天象而得出"日正"为"是"。

至于"正"字，《说文解字》曰："是也，从止，一以止。"[⑤]由上"一"与

---

① （宋）程颢、程颐著，王孝鱼点校：《二程集·周易程氏传》卷一，北京：中华书局1984年版，第46页。

② 黄寿祺、张善文：《周易译注》，上海：上海古籍出版社2004年版，第598页。

③ （魏）王弼著，楼宇烈校释：《老子道德经注校释》，北京：中华书局2008年版，第73页。

④ （东汉）许慎：《说文解字》，北京：中华书局1963年版，第39页。

⑤ （东汉）许慎：《说文解字》，北京：中华书局1963年版，第39页。

下"止"构成，故"正"又有"守一以止"之训。

那么，"一"是什么？何以守"一"？《说文解字》讲："一、惟初太始道立于一，造分天地，化成万物。"其大意与《道德经》第四十二章之"道生一，一生二，二生三，三生万物"相近。"一"是道家学派极为重要的概念，它虽然是最小的数，却特别重要，因为这既是万物的起点，也是对万物的概括。《道德经》第三十九章称"昔之得一者，天得一以清，地得一以宁，神得一以灵，谷得一以盈，侯王得一而以为天下正"，这个"一"就是事物的本初，也是地平线的表征。同时，"一"也表示一碗水端平，不偏不倚。"道生一"是说"道"产生了"一"，这个"一"就是一种自然状态，"得一"是保持自然状态，这是道的核心思想。"一生二，二生三，三生万物"是一个由少到多的过程。老子既指出了宇宙万物的发生、发展过程，又强调"守一"的生命意义。"正"的要义就是"守一"，也就是保持"童蒙"纯真的自然状态。

关于"正"所具有的"止"意，《说文解字》曰"下基也"，而"下基"又产生出"足"的初始含义，所谓"正从一足，足者，亦止也"[1]，因而"止"有了"停""息"之意，即停止。《大学》指出"大学之道，在明明德，在亲民，在止于至善。知止而后有定……"，即止于"道"，止于"一"，止于童蒙的"纯真之道"，因而"正"者"守一以止"，当"止"于纯真之道。

（三）何为"养正"

《说文解字》解释"养"曰："供养也。"[2]这种"供养"，于"童蒙"而言，就是促其心身成长。因而"养正"，意味从童蒙伊始，就要促其纯真之道的养成。童蒙"养正"之要务，在于通过学习，除去无知，排遣"蒙昧"，明白何为"正"，知道从善戒恶。如此一来，童心就会向纯真之道发展。另外，蒙童

---

① （东汉）许慎：《说文解字》，北京：中华书局1963年版，第39页。
② （东汉）许慎：《说文解字》，北京：中华书局1963年版，第107页。

虽然处于无知无识的蒙昧状态，但是思想纯洁、天真无邪，此种天性不可失。因而"蒙以养正"的含义，即为教育在开化启蒙、增长才智的同时，切不可挫伤蒙童的质朴天真的本性（纯真之道）；相反，应该保护和发展蒙童所固有的纯正无邪的本性。

《彖》辞以"利贞"归结，把"蒙以养正"视为最大的"正"，即"圣功"也。儒家思想深受蒙卦的影响，孔子曾多次谈到"圣"的问题，如子曰："圣人，吾不得而见之矣；得见君子者，斯可矣。"从这话中，我们可以看出儒家把"圣人"作为人生的最高境界。"圣功"，即"圣人功夫"，其含义有两方面：一是表示行为过程，也就是"圣人"德行修养的过程，即所谓"养正"的过程；二是表示一种境界，一种目标，即所谓的"蒙以养正"的结果。因而"蒙以养正，圣功也"，既表示圣人的自我修养过程，也意味着圣人所要达到的目标和境界。

（四）如何"蒙以养正"

第一，"明明德"去私欲，守纯真致博爱。《大学》开篇首倡"明明德"，明代王阳明在《大学问》中如此释之：

> 大人之能以天地万物为一体也，非意之也，其心之仁本若是，其与天地万物而为一也，岂惟大人，虽小人之心亦莫不然，彼顾自小之耳，是故见孺子入井，而必有怵惕恻隐之心焉，是其仁之与孺子而为一体也；孺子犹同类者也，见鸟兽之哀鸣觳觫，而必有不忍之心焉，是其仁之与鸟兽为一体也；鸟兽犹有知觉者也，见草木之摧折而必有悯惜之心焉，是其仁之与草木而为一体也；草木犹有生意者也，见瓦石之毁坏而必有顾惜之心，是其仁之与瓦石而为一体也；是其一体之仁也，虽小人之心亦必有之。是乃根于天命之性，而自然灵昭不昧者也，是故谓之"明德"。①

---

① （明）王守仁：《阳明先生集要》，北京：中华书局2009年版，第145页。

众所周知，在人性论方面，传统儒学向有性善论，此论强调人拥有从天道而来的道德禀赋和向善潜能。王阳明的解释正是基于这种思想。他指出，"明德"是每个人都具有的天性，但是有的人体现不出"明德"，就在于私欲的蒙蔽，因此，"明明德"的过程就是要去掉自己内心的自私欲望，追求"与天地万物而为一"的博爱，努力恢复自己本性中的光明德性。这与"守一"，也就是追求和保持"童蒙"的自然状态——纯真之道的思想是一脉相承的。

第二，"匪我求童蒙，童蒙求我"的主动自觉实践。《蒙》卦的《象》辞曰："山下出泉，蒙。君子以果行育德。"[①] 所谓"山下出泉"，这是从卦象上讲的。蒙卦上艮下坎，艮指代山，坎表意水，艮在上，坎在下，所以说"山下出泉"，此卦象意关育人。启蒙教育犹如泉水之出山下，汩汩而流，循循善诱。所谓"君子以果行育德"是讲君子效法山下出泉的态势，果断决定自己的行动来修养自己的美德。引申到童蒙教育的问题上来，就是要引导受教育者从小培养自觉学习的习惯，要善于思考，举一反三，而不是事事、时时依赖他人。

第三，"利用刑人"的挫折教育与榜样示范。《蒙》卦初六爻辞说："利用刑人，用说桎梏。"所谓"刑人"指的是受刑的人，而"桎梏"就是木制的刑具，"桎"是戴在脚上的刑具，"梏"是铐在手上的刑具，"用说桎梏"就是让犯错误人站出来讲述所受刑罚的痛苦，从而警戒童蒙，从小就应该守规矩。此外，也有典籍以"刑"通"型"，认为其本义为铸造器物的模型，引申为榜样、规范等。如此，则《蒙》卦初爻"利用刑人"一句便有了给儿童立规范、树榜样的意蕴。立规范，重在培养儿童良好的行为习惯；树榜样，重在起到小惩大戒的作用。

三、古代蒙学教育读本

古代蒙学遵循循序渐进原则。明代文学家吕坤曾说："出入社学，八岁以

---

① 周振甫：《周易译注》，北京：中华书局 1991 年版，第 27 页。

下者，先读《三字经》以习见闻，读《百家姓》以便日用，读《千字文》以明义理。"① 久而久之，社会上便出现了"《三》《百》《千》"这么一个说法，几乎成为蒙学读物的代名词。② 古人认为，读"《三》《百》《千》"，不仅可使儿童掌握识字写字、语法句法等基础知识，也可让幼儿习见闻、便日用和明义理，此谓启蒙阶段的初衷与要旨。宋以后，《三字经》《百家姓》《千字文》遂成为民间流行的儿童启蒙读物。

（一）《三字经》

《三字经》是中国传统的启蒙教材之一。在古代蒙学读本中，《三字经》是最浅显易懂的。《三字经》取材典范，以"仁、义、诚、敬、孝"思想为核心，蕴含文学、历史、哲学、天文地理、人伦义理等重要思想要素。

1.《三字经》的编写背景

《三字经》是我国元、明、清时期广泛流传、最有代表性的儿童蒙学识字读物，被普遍认为出自宋代王应麟之手。著名史学家陈寅恪曾有过这样的论断："华夏民族之文化历数千载之演进，造极于赵宋之世"，而未来中国文化的发展必归于"宋代学术之复兴，或新宋学之建立"。③

在中国古代文化史上，宋乃是巍巍高峰，其文化的繁荣源于发达的经济和宽松的文教环境。经济的大发展为文化思想的发展提供了沃土。在漫长的中国封建时代，宋代是经济发展的迅猛时期，在农业、手工业、商业等方面都取得了突出的、引人注目的成就。由于人口增加，垦田面积扩大，铁制工具制作进步，耕作技术提高，经济作物扩大，产量倍增，多种经营展开，宋朝经济取得了前所未有的全面发展。两宋时期不仅有开封、杭州等繁华的商业大都市，而且出现了大量的镇市和乡村集市。同时国内各民族之间的商业联系也不断增

---

① 张志公：《传统语文教育教材论》，上海教育出版社 1992 年版，第 29 页。
② 徐梓：《蒙学读物的历史透视》，武汉：湖北教育出版社 1996 年版，第 77 页。
③ 陈寅恪：《金明馆丛稿二编》，上海：上海古籍出版社 1980 年版，第 245 页。

强，海外贸易进一步发展，纸币大量流通。这些都表明宋代商品经济比以前更加繁荣、发达。商品经济的大发展酝酿着理论形态的转型，传统儒学难以适应新的形势，客观上要求儒学更多地关注现实、研究现实而非名物训诂，这就是"经世致用"思想。理学起于北宋，盛于南宋，学派众多，异彩纷呈。经济发展是文化繁荣的基础，一定的文化由一定的经济决定。因此，商品经济的大发展是宋代理学产生的现实沃土。一些知识分子热衷于兴办私学和编写蒙学教材，如朱熹编写《小学》、吕本中编写《童蒙训》、王应麟编写《三字经》等，促进了蒙学的发展。

宽松的政治环境推动了教育事业的发展。北宋实现国家的相对统一，开国君王虽励精图治，却没有完成国家的完全统一。在完成国家相对统一的过程中，北宋王朝采取一系列举措加强中央集权，结束了"藩镇割据"的局面，加强了中央集权。但同时也产生了许多负面影响：官僚机构空前膨胀；实行"不抑兼并"的政策，使土地兼并恶性发展，阶级矛盾异常尖锐；"守内虚外"政策使北宋王朝对外战争多次失败，赋税沉重，加重了人民负担。整个北宋社会虽然经济发达，但国家财政却相对匮乏，有时甚至出现财政危机；有着庞大的军队，对外作战却显得软弱无力，中央政权"积贫积弱"。到南宋时仅是偏安一隅。面对现实，人们更多地反思：为什么整个社会经济发展了，国家却无法完成统一大业？封建统治者更需要一种理论、一种思想维系国家统治。许多有识之士努力通过对儒学经典作出符合现实的新解，寻找解决现实社会矛盾的答案，由思想上的"大一统"实现国家的"大一统"。"重文轻武"的政治环境，极大地调动了时人的学习热情，推动教育事业的发展。

2.《三字经》的作者简介

关于《三字经》的作者尚有争议。《三字经》作者之说大致有四种：一是南宋鄞县王应麟撰，二是宋末顺德区适子撰，三是明代南海黎贞撰，四是王应麟初撰、区适子增订、黎贞续成，但大多数认为出自王应麟之手。王应麟（1223—1296 年），南宋著名学者、教育家、政治家，字伯厚，号深宁居士，进士出身，祖籍河南开封，今属浙江鄞县人。王应麟天性聪敏，9岁便通六经，19岁举进士，因受到程朱学派的王埜和真德秀等人影响，任官同时勤于读经史。他博学多才，一生著作甚丰，有《困学纪闻》《玉海》《诗考》《诗地理考》《汉艺文志考证》《玉堂类稿》《深宁集》等600多卷，但知名度最高的是《三字经》。

3.《三字经》的主要内容

《三字经》三字一句，合辙押韵，通俗易懂，易于诵读。全文共1400多字，主要由六个部分组成，即"六晓"，依次为一晓学习之用，二晓道德规范，三晓名物常识，四晓诸子典籍，五晓历史兴替，六晓奋发勤学。具体内容如下：

一晓：学习之用。

> 人之初，性本善。性相近，习相远。
>
> 苟不教，性乃迁。教之道，贵以专。
>
> 昔孟母，择邻处，子不学，断机杼。
>
> 窦燕山，有义方，教五子，名俱扬。
>
> 养不教，父之过，教不严，师之惰。
>
> 子不学，非所宜，幼不学，老何为？
>
> 玉不琢，不成器，人不学，不知义。

借用孟子性善论开宗明义，表达自己对人性的理解："人之初，性本善。"基于此，提出了关于教育重要性的认识"苟不教，性乃迁。教之道，贵以专"，并以"孟母三迁"和"窦燕山教五子"的例子加以说明。然后强调了要教育好儿童，家庭教育和学校教育都很重要："养不教，父之过；教不严，师之惰。"教学相长，既然家长、教师要认真履行其职责，教育好儿童，那么儿童应该怎么做呢？作者以玉器制造打比方，告诉为学者应该明白"子不学，非所宜，人不学，老何为；玉不琢，不成器，人不学，不知义"。作者在篇首言简意赅地告诉我们教和学的重要性，紧接着就讲人应当学习哪些内容。

二晓：道德规范。

　　为人子，方少时，亲师友，习礼仪。

　　香九龄，能温席，孝于亲，所当执。

　　融四岁，能让梨，弟于长，宜先知。

王相在为此书作注时说："此言为子弟之道也。凡为人子弟，当少年无事之时，宜亲近明师，交接良友，讲习礼节仪文之事，爱亲敬长之道，为立身之本。"[①]此处主要讲子弟应该习得的道德规范，并用黄香9岁时就知道替父亲暖被窝、孔融4岁时就知道把大的梨让给哥哥吃的故事，说明儿童应该爱亲敬长。接着用"首孝悌，次见闻"来承上启下，说明要先学会尊重身边的人，为自己营造良好的人际关系，那么接下来才有良好的人际环境去学习其他见闻。

三晓：名物常识。

　　首孝悌，次见闻，知某数，识某文。

　　一而十，十而百，百而千，千而万。

　　三才者，天地人，三光者，日月星。

　　三纲者：君臣义，父子亲，夫妇顺。

　　曰春夏，曰秋冬，此四时，运不穷。

　　曰南北，曰西东，此四方，应乎中。

　　曰水火，木金土，此五行，本乎数。

　　曰仁义，礼智信，此五常，不容紊。

　　稻粱菽，麦黍稷。此六谷，人所食。

　　马牛羊，鸡犬豕，此六畜，人所饲。

　　曰喜怒，曰哀惧，爱恶欲，七情具。

　　匏土革，木石金，丝与竹，乃八音。

　　高曾祖，父而身，身而子，子而孙，

① （宋）王应麟：《三字经》，长沙：岳麓书社2009年版，第4—5页。

自子孙，至玄曾，乃九族，人之伦。

父子恩，夫妇从，兄则友，弟则恭，

长幼序，友与朋，君则敬，臣则忠，

此十义，人所同。

行文线索从一到十，介绍了和生活息息相关的名物常识，有数字、三才、三光、三纲、四时、四方、五行、五常、六谷、六畜、七情、八音、九族、十义。内容涉及人与自然、人与人之间关系的方方面面，一应俱全，简单明了，既便于记忆，又利于激发儿童学习兴趣，也为下文告诉儿童读什么书，如何读书做了铺垫。

四晓：诸子典籍。

凡训蒙，须讲究；详训诂，明句读。

为学者，必有初；小学终，至四书。

论语者，二十篇；群弟子，记善言。

孟子者，七篇止；讲道德，说仁义。

作中庸，子思笔；中不偏，庸不易。

作大学，乃曾子；自修齐，至平治。

孝经通，四书熟；如六经，始可读。

诗书易，礼春秋；号六经，当讲求。

有连山，有归藏，有周易，三易详。

有典谟，有训诰，有誓命，书之奥。

我周公，作周礼；著六官，存治体。

大小戴，注礼记；述圣言，礼乐备。

曰国风，曰雅颂；号四诗，当讽咏。

诗既亡，春秋作；寓褒贬，别善恶。

三传者，有公羊，有左氏，有谷梁。

经既明，方读子；撮其要，记其事。

五子者，有荀杨。文中子，及老庄。

经子通，读诸史；考世系，知终始。

这一部分告诉蒙童读书的内容和方法。首先，读书学习应讲究顺序，先要"详训诂、名句读"，然后到"小学终"，继而阅读四书六经。通晓了"六经"道义之后，就可以读诸子百家的经典著作了。同时，还告诉儿童学习的方法，比如读子书的方法，要"撮其要，记其事"；读史书的方法，要"考世系，知终始"。

五晓：历史兴替。

自羲农，至黄帝；号三皇，居上世。

唐有虞，号二帝；相揖逊，称盛世。

夏有禹，商有汤，周文武，称三王。

夏传子，家天下；四百载，迁夏社。

汤伐夏，国号商；六百载，至纣亡。

周武王，始诛纣；八百载，最长久。

周辙东，王纲坠；逞干戈，尚游说。

始春秋，终战国；五霸强，七雄出。

嬴秦氏，始兼并；传二世，楚汉争。

高祖兴，汉业建；至孝平，王莽篡。

光武兴，为东汉；四百年，终于献。

魏蜀吴，争汉鼎；号三国，迄两晋。

宋齐继，梁陈承；为南朝，都金陵。

北元魏，分东西；宇文周，与高齐。

迨至隋，一土宇；不再传，失统绪。

唐高祖，起义师；除隋乱，创国基。

二十传，三百载；梁灭之，国乃改。

梁唐晋，及汉周；称五代，皆有由。

炎宋兴，受周禅；十八传，南北混。

十七史，全在兹；载治乱，知兴衰。

读史者，考实录；通古今，若亲目。

王应麟凝练简洁、洋洋洒洒地介绍了自三皇五帝以来朝代兴废更迭的漫长历史，从传说中的伏羲、神农、黄帝、有虞、陶唐一直写到"炎宋兴"。

随着时间的推移、历史的变迁，不同历史时期的学者又对此部分内容有所修改或增加；代表性的有明清时期的《增补三字经》《节增三字经》，清末民初著名学者章太炎先生的《三字经》增订本等。

六晓：奋发勤学。

口而诵，心而惟；朝于斯，夕于斯。

昔仲尼，师项橐；古圣贤，尚勤学。

赵中令，读鲁论；彼既仕，学且勤。

披蒲编，削竹简；彼无书，且知勉。

头悬梁，锥刺股；彼不教，自勤苦。

如囊萤，如映雪；家虽贫，学不辍。

如负薪，如挂角；身虽劳，犹苦卓。

苏老泉，二十七，始发愤，读书籍。

彼既老，犹悔迟；尔小生，宜早思。

若梁灏，八十二，对大廷，魁多士。

彼既成，众称异；尔小生，宜立志。

莹八岁，能咏诗；泌七岁，能赋碁。

彼颖悟，人称奇；尔幼学，当效之。

蔡文姬，能辨琴；谢道韫，能咏吟。

彼女子，且聪敏；尔男子，当自警。

唐刘晏，方七岁，举神童，作正字。

彼虽幼，身己仕；尔幼学，勉而致；

有为者，亦若是。

犬守夜，鸡司晨；苟不学，曷为人？

蚕吐丝，蜂酿蜜；人不学，不如物。

幼而学，壮而行；上致君，下泽民。

扬名声，显父母；光于前，裕于后。

人遗子，金满籝；我教子，惟一经。

勤有功，戏无益；戒之哉，宜勉力。

本小节是《三字经》的重点。作者通过列举社会各个层面的励志人物不畏艰苦、刻苦努力的事迹，意在激励蒙童学习古圣先贤，培养勤奋好学的精神。例如举例孔子拜师项橐，告诉儿童要"不耻下问"才能博学多才；用赵普读《论语》的故事，启迪儿童学习要有坚定的意志，应持之以恒；用路温舒与公孙弘抄书、孙敬悬梁、苏秦刺股等故事，告诉儿童只有不畏艰苦地刻苦学习，才能成功。

简言之，《三字经》主要围绕三个关于学习的问题展开：为什么要学习？学习什么？如何学习？

第一，为什么要学习？以儒家提出的"性善论"开篇，列举孟母三迁、五子登科的故事说明后天学习对人的重要性。

第二，学习什么？通过香龄温席、孔融让梨的故事，告诉蒙童最基本的孝悌礼仪之道，蒙童学习最基本的孝悌礼仪之后，需要增长见闻，具体内容涉及数字、三才、三光、三纲、四时、四方、五行、五常、六谷、六畜、七情、八音、九族、十义。而关于读书学习的顺序，首先要详训诂、名句读，至小学终，继而阅读四书六经、诸子百家等经典著作，接着还要了解自三皇五帝以来历朝历代兴废更迭的历史。

第三，如何学习？对这个问题的回答，是全书的精华，主要通过耳熟能详、立志向学的人物事迹，劝诫蒙童端正态度，刻苦向学。

总之，《三字经》内容丰富，层层推衍，贯古通今，结构严谨，循序渐进，具有较强的知识性和教育性。其中所涉及的"三纲五常"等封建伦理思想，包含不合时宜的因素，应加以批判，但其对于教育蒙童热爱学习、学会如何学习，却具有合理性的价值，值得继承与弘扬。

4.《三字经》的历史影响

《三字经》是我国古代启蒙教育思想的结晶，凝聚了我国数千年的文明史和传统伦理文化，知名度极高，几乎家喻户晓，人人皆知。自宋代以来，《三字经》成为儿童识字、识文、识人的经典素材，必不可少的儿童启蒙读本。《三字经》之所以受到重视是因为它广阔的知识储备，不仅包含天文地理还包括文学历史，有助于传播中华民族的传统道德文化，因此，很多人称其为儿童道德教育领域的"蒙学之冠"，足见其在儿童道德行为培养方面的地位之重要。

在国外，《三字经》依然产生了重要的影响。素有"俄国汉学之父"之称的俾丘林神父，曾称它为"十二世纪的百科全书"，认为它是外国人了解中国历史文化和道德风俗习惯的重要书籍，并把它列为学习汉文的识字课本。从明朝开始，《三字经》就已流传至国外。根据记载，世界上最早的《三字经》翻译本是拉丁文。1579 年，历史上第一位研究汉学的欧洲人罗明坚，到澳门学习中文，他从 1581 年就开始着手翻译《三字经》，并将译文寄回意大利。而后，韩国、日本、英国、美国、法国、新加坡等国，都先后流传。目前，《三字经》有不同的版本，包括英文、法文等多个译本，在世界范围内广泛流传推广。近年来，联合国教科文组织把《三字经》列入了《世界儿童道德教育丛书》。

（二）《百家姓》

《百家姓》的实用价值很高，它既是一本四言韵语形式的启蒙教材，也是一本记录中国姓氏的书籍。该书虽无文理，只是单字排列，却把姓氏辑为四韵，这样既便于诵读，也便于记忆，因而在民间广为流传，成为经典的蒙学读物。

1.《百家姓》的编写背景

《百家姓》的编写背景源于姓氏的发展。据文献记载，姓氏可以追溯到人类原始社会的母系氏族制度时期。中国早期出现的姓氏，都是女字旁，如姬姓、姚姓等。当时的姓是作为区分氏族的特定标志符号，如部落的名称或部落首领的名字。随着社会生产力的发展，母系氏族制度过渡到父系氏族制度，氏族制度逐渐被阶级社会制度所替代，赐土以命氏的治理国家的方法、手段便产生了。姓与氏，是文明的产物，标示人类进步的两个阶段。夏、商时期，贵族皆有姓氏。姓的分支为氏，意思相当于家或族。周代是中国姓氏大发展的一个重要时期，姓氏制度记载较多。这些姓氏的发展，是《百家姓》得以成文的历史背景。

2.《百家姓》的作者简介

《百家姓》成书于宋朝初年，一般认为是在 960 年赵宋建立至 978 年吴越归宋这段时间内。《百家姓》的作者不详，南宋人王明清在《玉照新志》中认为是"两浙钱氏有国时小民所著"，即吴越境内一个普通人的作品。

3.《百家姓》的主要内容

《百家姓》的"百"并非"确指"，因为它所收集的姓氏远远超过 100 家。据记载，最初版本收集姓氏 411 个，后人经过不断增补出现了多个版本，其所收录姓氏数据也略有差异。《百家姓》采用四言体例，对姓氏进行了排列，而且句句押韵，虽缺乏文理，但对中国姓氏文化的传承、中国文字的认识等方面都起了巨大作用，这也是能够流传千百年的一个重要因素。

4.《百家姓》的历史影响

《百家姓》作为童蒙识字课本从宋初开始流行，一直长盛不衰。最重要的原因在于它的实用性。一是作为识字启蒙读本——识字学习一般要从认识和书写自己的姓名开始，而姓又在名之前，因而《百家姓》就成了古代儿童识字的重要教材之一；二是作为姓氏考察材料——以农耕文化为主的中国古代社会形成了以血缘关系为纽带的宗法制度，共同姓氏的人们形成了自己的家族共同体，这样的社会，人们非常重视自己的姓氏，《百家姓》为人们查找自己的姓氏提供了方便和依据，大概是通过识字熟悉姓氏，便于日常乡党应酬往来。①

《百家姓》出现以后，历朝历代都因为种种原因而对其进行了一定的改编、增补。2009 年，《百家姓》被中国世界纪录协会收录为中国最早的姓氏书。作为姓氏文化的《百家姓》，是一种特殊的历史文献，记载了中国姓氏的发展，它与姓氏家谱、方志、正史构成完整的中国历史，是中国珍贵文化遗产的一部分，是中国人认识自我与家族来龙去脉不可缺少的历史文献基础蓝本。

（三）《千字文》

《千字文》"从南北朝直到清末，流行了一千四百多年，成为世界上现存出书最早、使用时间最久、影响最大的识字课本，不能不说是世界教育史上的一个奇迹"②。魏晋南北朝问世的《千字文》，是最早的儿童启蒙识字课本。

1.《千字文》的编写背景

宋人《太平广记》叙述了《千字文》的成书情况。梁武帝萧衍是第一个发现王羲之书法的帝王，称道其书法"字势雄逸，如龙跳天门，虎卧凤阙，故历代宝之"。萧衍为教诸王书法，让殷铁石从王羲之的作品中拓出了 1000 个不同的字，每个字一张纸；授命散骑常侍周兴嗣，编纂成 250 句的四字韵语；周兴嗣仅用一个晚上就编好了，累得须发皆白，这就是影响深远的《千字文》。

2.《千字文》的作者简介

周兴嗣（469—537 年），字思纂，祖籍今属河南沈丘县。世居江南姑孰，今安徽当涂。周兴嗣家学功底深厚，以文学知名，深受梁武帝赏识。撰有《皇帝实录》《皇德记》《起居注》《职仪》等专著百余卷，文集十卷传世。但流传

---

① 参见喻岳衡：《百家姓·前言》，长沙：岳麓书社 1989 年版，第 7 页。
② 喻岳衡：《百家姓·前言》，长沙：岳麓书社 1989 年版，第 7 页。

最广、最久的，则是《千字文》。

3.《千字文》的主要内容

《千字文》乃四言长诗，首尾连贯，音韵皆美。全文250句，字无重复，句句押韵。内容涵盖了天文、地理、自然、社会、历史、德行、祭祀、园艺、饮食起居等多方面的知识，成为千余年来最畅销的读物之一。其优美的文笔、华丽的辞藻，使得众多蒙学读物都无法望其项背。

清代汪啸尹、孙谦益的《千字文释义》，将《千字文》全文分成四章：

第一章：

> 天地玄黄，宇宙洪荒。
>
> 日月盈昃，辰宿列张。
>
> 寒来暑往，秋收冬藏。
>
> 闰余成岁，律吕调阳。
>
> 云腾致雨，露结为霜。
>
> 金生丽水，玉出昆冈。
>
> 剑号巨阙，珠称夜光。
>
> 果珍李柰，菜重芥姜。
>
> 海咸河淡，鳞潜羽翔。
>
> 龙师火帝，鸟官人皇。
>
> 始制文字，乃服衣裳。
>
> 推位让国，有虞陶唐。
>
> 吊民伐罪，周发殷汤。
>
> 坐朝问道，垂拱平章。
>
> 爱育黎首，臣伏戎羌。
>
> 遐迩一体，率宾归王。
>
> 鸣凤在竹，白驹食场。
>
> 化被草木，赖及万方。

第一句"天地玄黄"到第三十六句"赖及万方"，从开天辟地讲起，讲到日月星辰、气象物候、地球自然资源，再到人类出现以后、中国太古和上古时期的历史，最后以人类社会组织的出现和王道政治制度作为结尾。这部分内容既自成体系，又为其下三部分奠基。

第二章：

盖此身发，四大五常。

恭惟鞠养，岂敢毁伤。

女慕贞洁，男效才良。

知过必改，得能莫忘。

罔谈彼短，靡恃己长。

信使可覆，器欲难量。

墨悲丝染，诗赞羔羊。

景行维贤，克念作圣。

德建名立，形端表正。

空谷传声，虚堂习听。

祸因恶积，福缘善庆。

尺璧非宝，寸阴是竞。

资父事君，曰严与敬。

孝当竭力，忠则尽命。

临深履薄，夙兴温凊。

似兰斯馨，如松之盛。

川流不息，渊澄取映。

容止若思，言辞安定。

笃初诚美，慎终宜令。

荣业所基，籍甚无竟。

学优登仕，摄职从政。

存以甘棠，去而益咏。

乐殊贵贱，礼别尊卑。

上和下睦，夫唱妇随。

外受傅训，入奉母仪。

诸姑伯叔，犹子比儿。

孔怀兄弟，同气连枝。

交友投分，切磨箴规。

仁慈隐恻，造次弗离。

节义廉退，颠沛匪亏。

性静情逸，心动神疲。

守真志满，逐物意移。

坚持雅操，好爵自縻。

第三十七句"盖此身发"到第一百零二句"好爵自縻"，紧紧围绕着五常之德展开，重在讲述人的修养标准和道德原则，也就是修身功夫，对忠、孝、信等方面进行了详细阐述，指出人要孝敬亲人、珍惜父母给予的身体，做人要讲信用，要"知过必改"，保持纯真的本性。

第三章：

都邑华夏，东西二京。

背邙面洛，浮渭据泾。

宫殿盘郁，楼观飞惊。

图写禽兽，画彩仙灵。

丙舍旁启，甲帐对楹。

肆筵设席，鼓瑟吹笙。

升阶纳陛，弁转疑星。

右通广内，左达承明。

既集坟典，亦聚群英。

杜稿钟隶，漆书壁经。

府罗将相，路侠槐卿。

户封八县，家给千兵。

高冠陪辇，驱毂振缨。

世禄侈富，车驾肥轻。

策功茂实，勒碑刻铭。

盘溪伊尹，佐时阿衡。

奄宅曲阜，微旦孰营。

桓公匡合，济弱扶倾。

绮回汉惠，说感武丁。

俊乂密勿，多士实宁。

晋楚更霸，赵魏困横。

假途灭虢，践土会盟。

何遵约法，韩弊烦刑。

起翦颇牧，用军最精。

宣威沙漠，驰誉丹青。

九州禹迹，百郡秦并。

岳宗泰岱，禅主云亭。

雁门紫塞，鸡田赤诚。

昆池碣石，钜野洞庭。

旷远绵邈，岩岫杳冥。

第 103 句"都邑华夏"到 162 句"岩岫杳冥"，从国家的首都开始谈起，介绍与国家上层建筑有关的基本知识和常识。此章首先极力描绘了都邑华夏的壮丽色彩，紧接着将国家的富饶美丽、文治武功娓娓道来。这一部分内容，语句流畅、文辞优美、气势磅礴，读来不禁激发出对祖国的热爱，对志士仁人的崇敬，不乏真善美的教育意蕴。

第四章：

治本于农，务兹稼穑。

俶载南亩，我艺黍稷。

税熟贡新，劝赏黜陟。

孟轲敦素，史鱼秉直。

庶几中庸，劳谦谨敕。

聆音察理，鉴貌辨色。

贻厥嘉猷，勉其祗植。

省躬讥诫，宠增抗极。

殆辱近耻，林皋幸即。

两疏见机，解组谁逼。

索居闲处，沉默寂寥。

求古寻论，散虑逍遥。

欣奏累遣，戚谢欢招。

渠荷的历，园莽抽条。

枇杷晚翠，梧桐蚤凋。

陈根委翳，落叶飘摇。

游鹍独运，凌摩绛霄。

耽读玩市，寓目囊箱。

易輶攸畏，属耳垣墙。

具膳餐饭，适口充肠。

饱饫烹宰，饥厌糟糠。

亲戚故旧，老少异粮。

妾御绩纺，侍巾帷房。

纨扇圆洁，银烛炜煌。

昼眠夕寐，蓝笋象床。

弦歌酒宴，接杯举觞。

矫手顿足，悦豫且康。

嫡后嗣续，祭祀烝尝。

稽颡再拜，悚惧恐惶。

笺牒简要，顾答审详。

骸垢想浴，执热愿凉。

驴骡犊特，骇跃超骧。

诛斩贼盗，捕获叛亡。

布射僚丸，嵇琴阮箫。

恬笔伦纸，钧巧任钓。

释纷利俗，并皆佳妙。

毛施淑姿，工颦妍笑。

年矢每催，曦晖朗曜。

璇玑悬斡，晦魄环照。

指薪修祜，永绥吉劭。

矩步引领，俯仰廊庙。

束带矜庄，徘徊瞻眺。

孤陋寡闻，愚蒙等诮。

谓语助者，焉哉乎也。

此部分首先说明，治国的根本在于发展农业，一定要做好播种与收割这些农务。本章通过对下层人民恬淡田园生活的描绘，赞美了那些甘于寂寞、不尚名利的人们，表现出对民间温馨的人情向往。

4.《千字文》的历史影响

《千字文》从古至今，流传了上千多年，它既是一部家喻户晓、老少皆知的童蒙读物，一部生动形象的百科小全书，更是中国传统文化的重要组成部分。

（1）《千字文》，习字之经典。许多人不但把它当作一部启蒙教材来读，而且作为习字的经典。《千字文》曾作为不同民族学习汉字之用，出现了满汉对照本、蒙汉对照本；也曾被不同国家作为学习汉字的初级读本，如在隋代以来的韩国、日本，近代以来的欧洲等先后得以传播，对外域文化产生了重要影响。

（2）《千字文》，书法之"圣经"。《千字文》以汇集"书圣"王羲之的1000个字次韵而成，因此《千字文》与书法的结缘，注定了千百年之后为无数的书法家和热爱书法之人所青睐。其内容的生命力、书法艺术的感召力，超过了中国文学史上任何一部伟大作品，牵动了每位书法家和童蒙学子之心。[①]很多书法家还用各种字体书写《千字文》，如唐代书法家怀素、欧阳询等。

（3）《千字文》，修养之范本。《千字文》对儒家的伦理道德、个人修养进行了全面、广泛的论述，在此基础上，还对物质、精神生活进行了分析，用宏大的气势描述了国人立于天地之景象，让人深刻体会到中华民族所向披靡的拼搏精神，展现了中华民族从古到今的气节与情操。

四、保持童心与管教

完善自我品性，追求理想人格，一直是人类孜孜以求的目标。老子提出"复归于婴儿"的理念，李贽提出"童心论"，华兹华斯提出"儿童乃成人之父"的名言警句，昭示出趋同的价值取向和精神追求。其论殊途同归，对儿童教育起着指路明灯的作用。

老子在《道德经》第二十八章指出："知其雄，守其雌，为天下溪。为天下溪，常德不离。常德不离，复归于婴儿。"[②]"婴儿"是老子对修道目标的一

---

① 参见朱仁夫：《中国古代书法史》，北京：北京大学出版社1992年版，第219页。

② 《老子道德经》，《四部要籍注疏丛刊》卷上，北京：中华书局1998年版，第11页。

种表征，亦即一种归于自然的状态。他认为人一旦有了私欲，有了好恶，就会远离本真状态，只有无私无欲，任其自然，才能不伤本性。正如陈鼓应先生所说："老子最反对人运用心机、智巧和诈谋，他在自己的书中一再提及'婴儿'，希望人们能够返璞归真，像婴儿那样天真无邪、淳朴自然，保持一颗赤子之心。这也是他所开创的道家学派的基本精神和一贯主张。"① 这种对"婴儿"状态的追求，实则是对生命本源的追溯，是一种强烈的返始归根意识。

追求"婴儿"状态的实质在于"求真"，而"真"正是婴儿所具备的可贵品质。正因为此，老子呼吁人们要"复归于婴儿"，告别虚情假意，去伪存真，保持孩童般的天性和纯真。

李贽说："童心者，真心也。若以童心为不可，是以真心为不可也。夫童心者，绝假纯真，最初一念之本心也。若失却童心，便失却真心；失却真心，便失却真人。人而非真，全不复有初矣。童子者，人之初也。童心者，心之初也。"② 在李贽看来，人心的最初状态是最纯真的。人只有保持了人心的最初状态，即保持"童心"，才能称之为真人，才能忠于自己的个性，坚持做自己。李贽的童心其实代表的是个人的独立思想和独立意志。"盖方其始也，有闻见从耳目入，而以为主于其内，而童心失。其长也，有道理从闻见而入，而以为主于其内，而童心失……"③ 不忠于本心，不忠于这个原始的"童心"，而被外在的见闻、道理逐渐入主内心，慢慢地替代了本心，这样真正的童心就会被蒙蔽，而且还不自知。李贽的"童心"思想，虽与老子的"复归于婴儿"思想有一定的区别，但是关于强调童真，与老子是一脉相承的。

别求共鸣于异邦。19 世纪英国浪漫诗人华兹华斯写下了这样耐人寻味的

---

① 陈鼓应、白奚：《老子评传》，南京：南京大学出版社 2001 年版，第 194 页。

② （明）李贽著，张建业注：《李贽全集注》第 1 册，北京：社会科学文献出版社 2010 年版，第 276 页。

③ （明）李贽著，张建业注：《李贽全集注》第 1 册，北京：社会科学文献出版社 2010 年版，第 276 页。

诗句："The Child is father of the Man."光从字面理解，可以翻译成"儿童乃成人之父"；这样理解的话，其意为成人应以孩童为师，学习保持孩童般的天性和纯真。其实，"father"也有"根源"的含义，这句话又可以理解成"三岁定到老"，意思是说人之成年皆来自童年，成年时期具有的许多人品、气质都是早在童年时代就有了的。

人类文明起始阶段的老子、两千年后的李贽、近代工业文明时代的华兹华斯，在人类文明进程的不同阶段，他们的"复归"思想在穿越了漫长的时空隧道，交汇融合，昭示我们要复归本真，保持儿童纯洁天性。

回归这种自然天性状态的本真，保持儿时的天真、纯洁的思想，对我们当今的儿童教育具有深刻的指导意义。人是要教育的，不能单靠与生俱来的"童心"，但问题在于接受什么样的教育，怎样教育？笔者以为，我们的儿童教育，就是要做到"保持童心"的管教。

那么，保持什么样的童心？如何管教呢？我想，我们并不是要"教给"孩子童心，而是要尊重和保持孩子原本就有的童真童趣。

（一）保持"童心之真"与管教

童心本真——儿童是最真的，正是儿童的天真无邪的心灵，才能让他们说出"皇帝的新装"的秘密，而被欲望蒙蔽双眼的成人们，却满嘴谎言、童心殆尽。在这个纷繁复杂的社会之中，童真很容易丧失。我们的教育，首先要提供宽松的环境，做到支持孩子"肯说真话，敢驳假话，不说谎话"，支持孩子如实地说真话、求真理。陶行知先生说得好："千教万教教人求真，千学万学学做真人。"[1] 真话不一定就是真理，却是通往真理的第一步。

其次要做到爱护童真，与孩子坦诚相待。那么家长、教师就必须对孩子讲真话，做真事，讲实情，树立榜样，以理服人。席勒说："智者看不见的东西，

---

① 陶行知：《陶行知全集》第3卷，长沙：湖南教育出版社1985年版，第608页。

却瞒不过童稚天真的心灵。"①孩子对大人的真话与假话是非常敏感的，成人的以身作则是爱护童真的重要保障。

最后，要教孩子以"不受人惑"的方法。当今社会屡屡假象，假药、假食品、假话骗人……我们的孩子生活在这样的浮夸与谎言之下，耳濡目染。保持"童真"，就要教给孩子一切有助于识破人们谎言的方法，勇于同虚假行为作斗争。

（二）保持"童心之善"与管教

儿童本善，就像安徒生笔下的"海的女儿"一样自爱而不害人，尊重他人的生命、尊严和自由。保持"童心之善"，就要发展儿童的"善待生命"之道德观，通过平实而可行的教育措施，鼓励孩子珍爱生命、怜贫悯弱、宽容待人，支持和引导孩子与人为善，乐于成人之美。

童心之善，珍爱生命。在家庭教育中，于孩子蹒跚学步时，就让孩子亲自照料小猫小狗，与它们一起游戏成长。对于学龄儿童，支持他们领养或捐款拯救动物，从而发展孩子的善心。让孩子自爱的同时，也爱人重生悯物。

童心之善，怜贫悯弱。鼓励孩子尊重弱小，帮助弱小，让孩子从小就明白一个道理：仰慕强者也许是人之常情，但同情弱小更是美好心灵的体现。

童心之善，宽容待人。人的认识能力是有限的，一个人不可能穷尽所有的真理，而人在认识过程中很容易犯错误，这就需要宽容的氛围，才能发展一颗宽容的心灵。宽容是爱的基础，没有宽容的爱是狭隘的；宽容是道德的品质，没有宽容的道德是伪装的。因而宽容的社会环境、家庭环境、学校教育很重要，引导孩子自己认识到错误比成人的暴力屈打、恶语责骂更有效，也更能生发儿童的宽容之心。

① 转引自《马克思恩格斯全集》第18卷，北京：人民出版社1964年版，第100—101页。

（三）保持"童心之美"与管教

就像安徒生笔下的小意达爱她的花儿一样，她相信花儿是善良的，与人一样有美好的感情；从没有想过从她的花儿那里得到什么，她只知道爱和呵护它们；花儿凋谢了，小意达好伤心；她和小朋友们一起为心爱的花儿举行了他们力所能及的最隆重的葬礼。

艺术大师毕加索以儿童为师，认为儿童是天生的艺术家，正如大师晚年所言，"学会像一个6岁的孩子那样作画，用了我一生的时间"[①]。每个儿童都有审美的性灵，他们的"爱"与"美"是一体的；没有任何私利心的爱，是童心之美的灵魂所在。这种美，源于对大自然的博爱、对生活的热爱和对社会的责任，三者的情感共鸣，才是审美的内在灵魂。把握不住这一灵魂，任你的举止谈吐何等绅士气派，任你的一颦一笑何等淑女优雅，都不过是外在的包装与内心的虚无而已。

（四）保持"童心之自由"与管教

王阳明认为，如果我们的教育方法不得当，那么儿童就会"视学舍如囹圄而不肯入，视师长如寇仇而不欲见，窥避掩覆以遂其嬉游，设诈饰诡以肆其顽鄙，偷薄庸劣，日趋下流"[②]。所以，教育儿童，应该让他自由发展个性。成人的作用在于适时地引导儿童，帮助儿童提供有利的发展条件，而不是一味地用命令、限制、惩罚的方法教育儿童，让儿童视学校如牢狱，视师长如寇仇。

使人保持"童心之自由"的教育，首先是实行人道主义的教育。人道主义的一个重要原则就是尊重人的自由。它倡导每一个人的自由都是神圣不可侵犯的。由于每个人都是一个独立的个体，不同的环境、教育、遗传等，造就了每

---

① [挪威]让-罗尔·布约克沃尔德著，王毅、孙小鸿、李明生译：《本能的缪斯：激活潜在的艺术灵性》，上海：上海人民出版社1997年版，第270页。

② （明）王守仁：《王阳明全集》上卷，上海：上海古籍出版社1992年版，第88页。

个人都有独立的思想、意志和情感，形成了独特的个性，由此才有了姹紫嫣红的万千世界。因此，不要将自己的想法强加于儿童，要求孩子按照成人的思维行事；也不要将自己的兴趣强加于儿童，强迫孩子学习他不喜欢的东西，做他不想做的事情。

五、热爱大自然的情趣

孔夫子周游列国，携众弟子，徜徉山水。他们一边修行，一边游学，一边体悟自然规律，一边解决实际困难，所以讲出来的每一字、每一句，都成为教育的经典。

美丽富饶的大自然是儿童游戏、修学取之不尽的源泉；千姿百态的花草树木、雄伟壮丽的山川河流、干净透明的蓝天白云、神秘莫测的自然景象，无时无刻不在吸引着孩童的注意。与大自然的交汇融合，可以让他们开阔眼界、增长知识、提高其对美的感受能力，理解人与自然相互依存、和谐发展的关系，从而形成尊重生态的意识、培养热爱大自然的情趣。而这样的过程，又使得涵养"童心"水到渠成。

国学经典意在长养儿童的正知正见，培养博爱万物、心怀天下的志趣真情。加之自然科学迥异的教学方式，通过与大自然真实的接触，以及趣味丰富的游艺活动，让儿童感受大自然的奥秘与美妙，使其学会欣赏和爱，懂得创造与感恩。

（一）追求大自然的情趣，过程在于带领孩子感受大自然

1.珍用大自然的生态资源

陆游《冬夜读书示子聿》有言，"纸上得来终觉浅，绝知此事要躬行"，所有的东西在你没有看见之前，它都是符号。带领孩子投入大自然的怀抱，去感知大自然，感受大自然的美丽，体悟大自然的规律，去发现生命的奥秘。

珍用大自然的生态资源，培养孩子的观察能力。观察是有目的的知觉，是围绕一定的目标，综合运用感觉与知觉。对幼儿来说，观察是他们摄取感性知识的最重要的手段之一。幼儿具有良好的观察力，投身大自然就可以主动地获取知识，从而满足他们自己的好奇心、求知欲。因此，我们可以指导孩子处处留意、细心观察和记录这些大自然的生态资源，比如，房前屋后的小草如何生长、树枝如何发芽、树叶怎样飘落、春笋怎样破土、蚯蚓何时钻出地面、蜻蜓和蝴蝶有什么不同的飞行姿态、春雨和夏雨有什么不同、蚂蚁怎样移物、蜘蛛怎样结网……

珍用大自然的生态资源，培养孩子的欣赏能力。李白欣赏长江三峡的壮丽，写下了脍炙人口的《早发白帝城》；苏东坡欣赏明月普照，创作了传颂千年的《水调歌头》。文学家、艺术家、音乐家、科学家都是从欣赏事与物中涌起深深的感受，从而创造出不朽的作品。人的欣赏能力是感情和精神的产物，存在于人的意志和情感之中，它不但可以陶冶情操，还能使人的认识、想象等各方面的潜力得到发展。而欣赏能力是可以通过美育，进行训练而得到提高的，这一切皆可以大自然为媒介来展开。我们在带领儿童观察大自然时懂得引导他们去发现事物美的方面，例如大自然绚丽多姿的色彩美，红玫瑰、黄菊花、粉杜鹃、白水仙、红番茄、绿黄瓜、橙萝卜、紫茄子……也懂得万事万物的形态美，巍峨的山、挺拔的松、绚丽的日、皎洁的月、奔腾的江河、咆哮的大海、辽阔的草原、神秘的森林……这样的美育具有集美感教育和心理感受于一体，起到启迪儿童心灵、丰富思想情感的作用。

珍用大自然的生态资源，培养孩子的创造能力。创造是创建尚未成形出现的事或物，它依赖于人的想象力。一个想象力丰富的人才会有创造力，所以培养创造力先要发展儿童的想象力。大自然这个"活教材"就是激发孩子的想象力的重要源泉。大自然的壮丽动人心弦，会让人情不自禁想用画笔来描绘，或用音乐来表达，甚至想用诗来歌颂……鸟类艳丽的羽毛、蝶与花的多彩多姿、昆虫不可思议的造型、鱼以及兽的线条，都可以从中汲取想象，成为创作的灵感。而我们可以做的，就是采用多种方式，比如游戏、角色扮演等，引导孩子对这些万事万物展开想象，并对儿童进行鼓励与引导。

2. 擅用大自然的文学作品

表现人与自然关系的文学作品，是以语言文字为工具，形象地反映客观现实的艺术；她用爱的真情，美的笔触书写大自然乐趣、童真以及自然界一切美好事物，具有净化心灵、陶冶情操、润泽心田的作用。"爱"和"美"往往是大自然文学的灵魂，在对爱和美的讴歌中，文人墨客用独有的视角、细腻的心怀带领儿童感受自然之奇妙，理解神奇的世界，感受人与自然的关系。这些有关大自然的文学作品，蕴含丰富的情感内涵，能引领孩子们认识山川河流、花鸟鱼虫，认识大自然的丰富多彩，借助于描写大自然的儿童文学把自然风景移植到孩子的精神家园，从而达到培养孩子的生态道德观，养成"真善美"的童心品质。

3. 巧用大自然的艺术作品

创造或欣赏有关大自然的、具有形式美与意义美的艺术作品，都具有启迪人们心灵、丰富思想情感、培养热爱大自然的情趣的作用，所以我们可以巧用大自然的艺术作品来培养儿童热爱大自然的情趣。一是带领儿童用善于发现美的眼睛"就地取材"，亲自动手创造来自大自然的艺术作品。例如，带领儿童在金秋领略丰收的喜悦时，一起来制作"秋天的明信片"、拍摄农人秋收的喜悦等。二是欣赏他人创造的有关大自然的艺术作品，例如丰子恺先生的很多漫画，就是从儿童的视角来描绘现实生活中的现象，画面充满着童心、童真、童趣，贴合大自然的同时，也贴近儿童的生活实际。

（二）追求热爱大自然的情趣，意义在于促进儿童与大自然的相互给养

人类的发展长期以来以攫取大自然的资源为代价，必然也会遭到大自然残忍的报复，这是经过检验的真理。历史的车轮永不停歇，环境污染日趋严重，自然资源日益枯竭，生态破坏日渐加深。因果轮回，人类终将自食恶果。频繁

的洪水、干旱等自然灾害，物种的逐渐减少，被污染的食物和空气等，都在折磨着人类自己。于是，关注自然和生态的健康，建设绿色世界，提倡"绿色环保"等理念成为人类的共识，共建美好家园成为不二选择。而上述的有关培养儿童热爱大自然的情趣，除了以发展儿童的童心为目的外，还有一个重要意义，就在于拓展环保教育渠道、夯实环保教育的根基。

在老子"复归于婴儿"观念中，儿童天生就是一个"自然人"，一种原始的、纯净无瑕的"道"的象征，他们的思维本身就融于大自然，与大自然有着一种与生俱来的亲和力，也承载着原始的大自然的本真。同时，大自然也是他们成长中的一个最丰富多彩的课堂——在大自然里，儿童可以从中"发现自我""找到自我"，并且还能从大自然中汲取营养、丰富知识，使情感与理智得到均衡的发展，成为一个人格健全的人。

六、合作与责任心

在当今新文化的建设中，我们需要继承和发扬中华优秀传统文化的精髓——责任意识，引导儿童建立强烈的社会责任感和历史使命感。而这种责任心、责任感的建立和提高，可以通过儿童的"合作"而实现。

（一）责任心与传统文化

"责任心"是我们中华民族的精神核心。顾炎武提出"天下兴亡，匹夫有责"[1]就是对其最好的诠释。孔夫子坚守自己的信念，一生忍饥熬难，颠沛流离，传播自己所信奉的真理；爱国诗人屈原，一生遭尽打击与迫害，依然坚贞不屈，忠于国家；范仲淹"处江湖之远，则忧其君，居庙堂之高，则忧其

---

① （明）顾炎武著，黄汝成集释：《日知录集释》上，石家庄：花山文艺出版社1990年版，第590页。

民"①；岳飞"精忠报国"、林则徐"虎门销烟"……古往今来，我们民族的发展史就是志士仁人们怀着对民族和国家强烈的责任感、使命感而书写成的奋斗史。这些仁人志士用自己的高尚情操将这种"诚意、正心、修身、齐家、治国、平天下"的责任意识深深植根于中国传统道德文化之中，并将其传递到千家万户，影响着万千民众禀承这一精神传统，形成了一种特有的民族文化。

传统文化中的责任意识有着深厚的哲学根基。中国古代哲学强调"天人合一"，追求"独善其身，兼济天下"，也就是既要克己养性，修炼个人品德，又要积极主动地建功立业，把匡世济民作为自己的人生追求。古人对这种责任意识的坚守，世代相传，纵贯一生，横贯于世，呈现如斯。

1. "修身"的个人责任

儒家非常注重个人的品德修养，认为齐家、治国、平天下，均要从修身开始，以修身为基础。而"修身"，必先加强学习。颜之推《颜氏家训》教育自己的族人晚辈，若"自兹堕慢，便为凡人"，人须努力奋斗，靠自己的力量去安身立命，而不能永远依靠父母或兄弟。因此，颜之推指出，要在年轻人的性情还没有定型之前，就要努力地修养自身，开发自己的心智，学习知识，提高自己的认识能力，认为"所以学者，欲其多知明达耳"②；"夫所以读书学问，本欲开心明目，利于行耳"③。

2. "齐家"的家庭责任

首先表现为对父母的责任。《孝经》有言："用天之道，分地之利，谨身节用，以养父母，此圣人之至行也。"④家庭的责任首先体现在孝敬父母的品德上。《说文解字》中对"孝"的解释是："孝，善事父母者。从老省，从子，子

---

① 李勇先、王蓉贵：《范仲淹全集》，成都：四川大学出版社 2002 年版，第 195 页。
② （隋）颜之推著，檀作文译注：《颜氏家训·勉学》，北京：中华书局 2016 年版，第 198 页。
③ （隋）颜之推著，檀作文译注：《颜氏家训·勉学》，北京：中华书局 2016 年版，第 206 页。
④ （唐）罗隐著，雍文华校辑：《罗隐集》，北京：中华书局 1983 年版，第 322 页。

承老也。"中国社会历来重视家庭的团结和睦，而孝是传统家族的凝聚核心。在封建社会，"孝"以其特有的人文关怀成为儒学思想的核心，成为支撑中华传统文化的纽带。"孝"包含了对长辈的尊敬和对父母的责任。"以己之所有，尽事其亲孝之至也"①，就是对孝道的最好诠释。其次是处理好与兄弟姊妹的关系，这是构筑和谐家庭的重要保证。颜之推非常看重兄弟之间的关系。《颜氏家训》指出，"兄弟者，分形练气之人也"②，认为兄弟从小一起生活，朝夕相处，亲密无间，他们应该相亲相爱，相互包容。最后，"齐家"还要重视孩子的教育。古人重视儿童的教育，颜之推就提出要重早教，"人生小幼，精神专一，长成已后，思虑散逸，固须早教，勿失机也"③。幼年是孩子教育的关键期，需要对孩子及早教育，不可坐失良机。孝顺父母、团结兄弟、教好孩子，这是"齐家"的途径，也是"齐家"的收获。

3."治国、平天下"的社会责任

血缘宗亲关系是儒家孝亲思想的重要纽带。《论语·为政》载："孝慈，则忠。"家族中的"孝"上升到国家层面就是"忠"。子曰："夫孝，始于事亲，中于事君，终于立身。"④忠，是孝在国家层面上的延伸。因此，儒家《孟子·尽心上》提倡"穷则独善其身，达则兼济天下"，在家要孝亲，在外要忠君。颜之推在《颜氏家训》孝亲的思想基础上也提出了忠君的思想。

> 夫生不可不惜，不可苟惜。涉险畏之途，干祸难之事，贪欲
> 以伤生，谗慝而致死，此君子之所惜哉！行诚孝而见贼，履仁义
> 而得罪，丧身以全家，泯躯而济国，君子不咎也。

> 不屈二姓，夷、齐之节也；何事非君，伊、箕之义也。自春

---

① （汉）桓宽：《孝经·盐铁论》，上海：上海人民出版社 1974 年版，第 56 页。

② （隋）颜之推著，檀作文译注：《颜氏家训·勉学》，北京：中华书局 2016 年版，第 40 页。

③ （隋）颜之推著，檀作文译注：《颜氏家训·勉学》，北京：中华书局 2016 年版，第 214 页。

④ 赵萍主编：《孝经·三才章》，长春：吉林大学出版社 2010 年版，第 3 页。

秋以来，家有奔亡，国有吞灭，君臣固无常分矣；然而君子之交绝无恶声，一旦屈膝而事人，岂以存亡而改虑？

在颜之推内心深处有对忠义之士的崇拜之情，如果碰上忠义之士有难，他愿意奋不顾身甚至舍命相救。在他看来，大丈夫贵在有气节，忠义贵于生命，在民族大义面前，甘愿舍生取义。孩童自幼就得培养强化这种责任意识。

（二）合作与责任心

对于"合作"的概念理解，我们可以从中华瑰宝——《易经》来透视。

《易经》由文字和符号两个部分组成。符号称作"爻"，由爻构成卦，共计八个卦，每个卦各有卦名，可称"单卦"或"经卦"。单卦或经卦两两相叠，又可以组成六十四卦，每卦也各有卦名。其中比卦是《易经》第八卦，"比"字在甲骨文中像二人靠近亲密无间之状，因此东汉许慎《说文解字》，将"比"解释为"密也"。比卦的卦象是，上坎下坤。上卦代表水，下卦代表大地，意指水贴附大地而行，汇聚成河，喻比结同道。①也就是说地上有水，如果团结一致、齐心协力，就可以形成河流，万千条河流，循道而流，顺势而为，就能汇集成海。该卦象告诫人们："单丝不成线，独木不成林。"换言之，一个群体需要相亲相辅，宽宏无私，团结合作，才能凝聚合一、共创和谐。

随着全球化的推进，社会联系日益紧密，任何国家、个人都不可能作为一座孤岛而存在于世。人的社会属性从根本上决定了人要在这个社会上生存和进步，就必须遵循相互合作、共同发展的原则。因而合作共赢成为人类社会进步的必然要求。在未来社会中，只有善于合作的人，才能获得生存空间；只有善于合作的人，才能赢得发展。

道家认为，儿童天性向善，童真无邪。但教育和环境对人的思想、行为都起着熏陶和感染作用。当代社会，很多儿童都是独生子女，由于家庭、环境、

---

① 参见易松云：《易说〈易经〉》，上海：学林出版社2011年版，第24页。

教育的相互作用，滋生了儿童的私欲，阻碍了儿童天性的发展。《幼儿园教育指导纲要》指出："儿童的自主活动不是单独的个体活动，而是以与同伴、教师及其他人共同生活为背景的。"因而关注儿童的合作精神、合作意识的培养，发展儿童的合作能力也越来越成为当代教育的一项重要内容。

合作也是一场道德修行，精诚竭力的团结合作，可以发展和提高个体的社会责任意识、集体意识、规则意识和公平意识。那么，如何培养幼儿的合作意识与合作能力呢？双方互惠共赢的合作需要以良好的个人道德作保障。

1. 准确的自我定位是合作的必要前提

准确地了解自己、正确地评价自己，才能保障合作中的彼此间定位的准确性和分工的明确性，这是合作的重要前提。心理学认为，儿童最初是通过别人，特别是他心目中的权威人物（如父母、师长）对自己的评价来认识自己的。这种评价对于儿童来说具有很强烈的暗示作用。因此，父母、师长的言行在孩子学会正确认识自己的起点上起着至关重要的导向作用。父母、师长要学会欣赏孩子的童心，保护孩子的童心，给孩子建立自信心，让儿童也学会欣赏自己。同时，在教育过程中，在保护孩子自尊心的前提下，有意识地引导孩子认识和反思自己的不足。

2. 求同存异的宽容品性是合作的重要基础

《论语·子路》提出"君子和而不同"的著名论断，意思是说君子在人际交往中能够与他人保持一种和谐友善的关系，但在对具体问题的看法上却不必苟同于对方。《国语·郑语》强调"和实生物，同则不继"，认为矛盾对立双方存在着和谐的一面，它是可持续发展的动力；《道德经》认为"万物负阴而抱阳，冲气以为和"，其中"和"是阴阳消长平衡的结果，"冲气以为和"是说阴阳二气互相冲突交和而达到和谐状态。"高者抑之，下者举之，有余者损之，不足者补之"，意即通过变化使之在新的层次上达到新的和谐。由于遗传、环境、教育的不同，每一个体都有不同于他人的思维方式和心理特征，因此我们在合作过程中遇到矛盾是必然的，处理矛盾时寻求共同基础、保留意见分歧，坚持灵活性和原则性相结合，是促进合作的重要基础。我们要引导儿童，要教会孩子学会"关爱"别人，理解别人，给孩子树立合作的榜样，创造合作的机会，教给孩子合作的方法，带领孩子体会合作的快乐，以培养儿童求同存异的宽容品质。

3. 一言九鼎的诚信品质是合作的可靠保障

诚信是中华优秀传统文化的重要内容，也是社会主义核心价值观对个人的基本要求。"人而无信，不知其可也"，是《论语·为政》中记录的孔子关于诚信的经典言论。孔子认为诚信是生而为人最基本的道德准则，一个缺乏诚信的人是无法在社会上立足的。诚信是保证合作继续开展的道德基石。培养和提高儿童的诚信品质，要求家长要以身作则，做到表里如一、知行合一，言必信，行必果；对孩子从小事上、就要求行为的合理合法；学校有意识地开展诚信教育，共同促进儿童诚信品质的发展。

思考题：

（1）什么是启蒙教育？我国当下的启蒙教育存在什么样的问题？

（2）我国古代经典蒙学读本有哪些？

（3）如何在教育中保护幼儿的童心？

（4）如何培养儿童的责任心？

参考文献：

（1）南怀瑾：《易经杂说》，北京：东方出版社 2019 年版。

（2）南怀瑾：《老子他说》，北京：东方出版社 2014 年版。

（3）金景芳、吕绍纲：《周易全解》，上海：上海古籍出版社 2017 年版。

（4）孙以楷、陆建华、刘慕方：《道家与中国哲学》，北京：人民出版社 2004 年版。

志存高远

【学习目的】认知树立远大志向的重要性，了解古圣先贤树立志气、培养志气的方法；理解《周易》"与天地合其德，与日月合其明，与四时合其序，与鬼神合其吉凶"的深刻含义，领悟"先天而天弗违，后天而奉天时"的天人合一理念；通过"洗心"体验，进行自我砥砺。

青少年是国家的未来、民族的希望。梁启超曾说，少年强则中国强。所谓"强"，首先是有志；若无志，则学不成，事无功。因此，培养高远志向，这是青少年教育的关键一环。

2017年习近平总书记在中国政法大学考察时，勉励当代青年要树立与这个时代主题同心同向的理想信念，勇于担当这个时代赋予的历史责任，励志勤学、刻苦磨炼，在激情奋斗中绽放青春光芒。习近平总书记的讲话，为当代青少年的立志教育指明了方向。就个体而言，青少年的志向直接影响其日后成长，包括个性特征、观察问题的角度和视野、处理问题的方法以及生活习惯等，甚至也会影响到体魄健康。因为人有高远志向，就有内在驱动力，就会去拼搏。在为理想志向奋斗的过程中，他就会考虑如何保证自己体魄健全，以应对各种复杂的环境，由此而培养起吃苦耐劳的毅力。由于吃苦耐劳，身体就能经受各种磨炼。由于经受了磨炼，身体就不容易被打垮。从这个角度看，立大志也是保证身体健康、激发灵感、提升创造力的需要。

立志教育既是人格完善的基础，也是社会激荡正气、开拓进取、兴旺发达的长期任务。因为社会是由社区组成的，而社区又是由人的生活方式、精神状态营造起来的。每个人的志向造就了一种社会合力，由此推动社会进步。可见，个人有高远志向，社会也会生机勃勃。

一、何谓志存高远

孔子曰：三军可夺帅也，匹夫不可夺志也。志气是人的动力系统中的一部分，一旦形成，就会成为行为的内驱引擎，激励一个人朝着既定的方向前行。志气是一个人自强不息的起点，是一个人人生观、价值观、世界观的集中体现，是人的理想与抱负的集中展示，是人生处于逆境时的气节和坚守。那么，何谓志气？

志，《说文解字》解释为：志，意也。从心。《毛诗序》提及："诗者，志之所之也。在心为志，发言为诗。"由此观之，志为一种思想、意念、情感的综合。自古而今，历代圣贤对于"志"都有不同角度、不同侧重的解读。孔子认为志为志气、志向之意，所谓"志于道""志于仁""志于学"。孟子认为，"夫志，气之帅"，志为念虑之意，为人心之主。朱熹认为，"心之所之谓之志"[1]，心是气的统帅，气又是志的卒徒，志对气可以起主导作用。王阳明解释为："善念发而知之，而充之。恶念发而知之，而遏之。知与充与遏者，志也，天聪明也。"[2] 王阳明将"志"视为是一种善良意志。

气，《说文解字》认为"气，馈客刍米也，从米，气声""气，云气也，象形"[3]。许慎认为气本义是赠送给人的谷物，并有象征天地之间"云气"之意。

---

① （宋）朱熹：《朱子全书》第14册，上海：上海古籍出版社2002年版，第232页。

② （宋）王守仁：《王阳明全集》，上海：上海古籍出版社2011年版，第25页。

③ （汉）许慎：《说文解字》，北京：中华书局2013年版，第144、8页。

老子讲"万物负阴而抱阳，冲气以为和"。庄子在《齐物论》中提到："天地之气，合而生风。"这里的气，指的是风气之自然运动。《管子·心术》谓：气者，身之充也。王充《论衡》称：人之精乃气也，气乃力也。气在国学中，同样被认为是维持生命特征的根本物质性存在。张载指出："气之为物，散入无形，适得吾体；聚为有象，不失吾常。太虚不能无气，万物不能不散而为太虚。循是出入，是皆不得已而然矣。"[①]冯友兰先生将"气"理解成两种含义：一是指客观存在的物质；一是指一种精神或心理状态。

志与气，前者为精神层面，后者为物质层面，两者相互影响、制约而成为志气。志统帅气，气是志的基础，《孟子·公孙丑》篇中讲"夫志，气之帅也；气，体之充也。夫志至焉，气次焉……志壹则动气，气壹则动志也。今夫蹶者趋者，是气也"[②]。志在生命体中扮演主导角色，气为志所统帅，气是一种充盈的生命之气，是维持生命活动的要素。刘勰《文心雕龙·神思》中提到："神居胸臆，而志气统其关键；物沿耳目，而辞令管其枢机。枢机方通，则物无隐貌；关键将塞，则神有遁心。"文中所谓志气，是以才、学、识等修养为基础而形成的一种精神状态。

就"志气"一词而言，其实包含志与气两个层面。志更多地侧重于精神层面，是道德作用，而气则是生理层面。志气，古人认为气贯通身心，气有生理欲求之气，此气流行，与眼耳口鼻等相互流通，形成一个生理的系统。而志是精神层面，是道德取向，是一种价值性的心向。志统帅气，才成为我们所谓的志气。这种志气，贵在坚守，在经验层面进行实践。其产生的效用不单要作用于个人的身心德性修养，更要指向社会层面，指向文化的传承与公共秩序的维护。无气之志，是一种虚无，而无志之气，只是一团物质。只有将生理之气放置于道德之志中，才能真正将志气作为一个涵养的对象。

---

① （宋）张载：《张载集》，北京：中华书局 2012 年版，第 7 页。
② 万丽华、蓝旭译注：《孟子》，北京：中华书局 2007 年版，第 56—57 页。

何谓高远之志？孔孟以圣人之道自律，祖述尧舜，认为尧舜之道，崇尚仁义之心为君子之高志。孟子的恻隐之心、羞恶之心、辞让之心、是非之心是对于实现仁义之心、高远之志的具体践行方法。孟子认为志向的高远，在于养吾浩然之气，这种志气境界是高于一般常人道德水平的一种道德精神境界。《孟子·滕文公》篇中讲的"居天下之广居，立天下之正位，行天下之大道。得志，与民由之，不得志，独行其道"①之高远境界，被后世大儒范仲淹所践行传承，所谓身居庙堂则为君忧民，在其位谋其政。国学传统中所认知的高远之志，强调的是一种道德上的践行。将德性转化为德行，才是高远之志的最终意义所在。荀子讲，人应修身自强，才能使名配尧、禹，同样是以古之圣王为榜样，通过品德修养达到自强，再希望能够留名后世，与尧、禹齐名。屈原在《离骚》中表达的高远之志："路漫漫其修远兮，吾将上下而求索。"②在经历了政治上的灾难后，屈原想象自己乘着龙车凤舆，遨游宇宙，向古帝陈情，向上苍发问，这种对于真理的孜孜以求，正是我们所谓高远之志。被冯友兰称为"横渠四句"的张载名言"为天地立心，为生民立命，为往圣继绝学，为万世开太平"③，十分准确地反映了国学传统中的高远之志。中国古代圣贤千百年来传承的与天地精神相往来，以天下苍生为己任的高尚情怀，正是我们今天应该追求的高远之志。

志存高远应该以树立理想人格为标的，力行做到与天地精神相往来。当代青少年的价值观中总体上呈现一些功利主义和实用主义色彩。在这种社会现实状况下，我们更应该加强对国学的学习，回到中华民族之文化根本上来。传统国学教育一直强调知行合一，儒家伦理尤重在人伦日用中践行君子之道。孔子明确提出"君子道者三，我无能焉：仁者不忧，知者不惑，勇者

---

① 万丽华、蓝旭译注：《孟子》，北京：中华书局2007年版，第125页。

② 金开诚等校注：《屈原集校注》，北京：中华书局1999年版，第80页。

③ 沈善洪主编：《宋元学案一》，《黄宗羲全集》第3册，杭州：浙江古籍出版社1992年版，第795页。

不惧"①。儒家思想为我们塑造的理想人格，是聚仁德、智慧、勇敢于一身的君子。君子不仅要修己，而且要济世。如孟子所讲的"达则兼济天下，穷则独善其身"。诚如钱穆所言："中国文化之内倾，主要从理想上创造人，完成人，要使人生符合于理想，有意义、有价值、有道德。这样的人，就必然要具有一个人格，中国人谓之德性。中国传统文化最看重这些有理想与德性的人。"②

二、志气基于信念

志气是一个人自强不息的起点，是一个人奋斗开拓的引擎，志气代表着一个人坚定的信念。志气反映了一个人健全的人格、积极进取的人生观。信念是对事实的判断、观点、看法；信念是人对于某种理念的深刻认知，并且在不断的实践中外化；信念是人对于某种理论的认可与遵行；信念是人们在认知的基础上形成的一种精神状态，信念是志气得以形成的内驱动力。简言之，志气基于信念。

在中国传统文化当中，信念常常是以"信"的身份出现。《说文解字》将信解释为"信，诚也"。儒家文化，十分看重信念。孔子讲"言必信，行必果""人而无信，不知其可也"③。孟子说"可欲之谓善，有诸己谓之信"④。在儒家理想的君子人格中，信是一个重要的维度。善是值得被追求的，体现在个人身上的善就是信。《心理学词典》对信念的解释是：主体对于自然和社会的某种理论原理、思想见解坚信无疑的看法。由此观之，信念是一种更深层次的坚定性和自觉性，是一种美好的品质。信念是人对于事物更内化的认知。这种认

---

① 杨伯峻译注：《论语译注》，北京：中华书局 2006 年版，第 175 页。

② 钱穆：《新亚遗铎》，北京：生活·读书·新知三联书店 2004 年版，第 565 页。

③ 杨伯峻译注：《论语译注》，北京：中华书局 2006 年版，第 157 页。

④ 万丽华、蓝旭译注：《孟子》，北京：中华书局 2007 年版，第 331 页。

知赋予在行为上，更具有持久性，更能体现主体的决心和动力。

在以儒家文化为主体的文化背景下，历代圣贤对于"君子"这一理想人格的培养，均是建立在对家国同构信念的认可之上。孔子曰："吾十有五而志于学""三军可夺帅也，匹夫不可夺志也""隐居以求其志，行义以达其道"。[①]孟子云："夫志，气之帅也；气，体之充也""我善养吾浩然之气"[②]，主张以志帅气，持志养气。质言之，儒家文化不断强调的志气的培养，是基于对于信念的教育认可，也就是说，志气基于信念。心是气的统帅，气又是志的卒徒，志对气起主导作用。志在生命体中扮演主导角色，气为志所统帅，气是一种充盈的生命之气，是维持生命活动的要素。气有着物质、精神两种属性。新儒家代表人物成中英认为气是充斥人体之原质，同时气也是心的精神，可以理解为心志。气贯穿身心而为一体。就志气一词而言，志更多地侧重于精神层面，是道德作用，而气则是生理层面。无气之志，是一种虚无，而无志之气，只是一团物质。只有将生理之气放置于道德之志中，此时的志气方为一涵养的对象。儒家文化所谓的身、家、国、天下，是一个有机统一体，也是志气践行的重要场所。而这种践行，必须建立在对这个系统的真正认知上，即对天、地、人三才之道的文化信仰上，也就是我们所讲的信念。有了正信，方能有笃定的志气。信念有了根基，志气才能有宽度和厚度。天下万物和谐相济，构成宇宙之大一；人处其中，感应与天地见之万物，心物相通，方能感受到真正的志气，坚定的信念。人内在的信念，外在的志气，都是依托于对天地的体悟和认知。

在《国语·越语》中，范蠡在与吴王的对话中提到，"夫人事必将与天地相参，然后乃可以成功"[③]。中国传统文化认为一个人的成功，是建立在了然天地，对天地万物有正确的信念之上的。人的志气之所以能够恒定，是因为有信念，也就是对天地的一种文化信仰、对宇宙与人类的一种意义把握。只有真正

---

①　杨伯峻译注：《论语译注》，北京：中华书局 2006 年版，第 13、108、200 页。

②　万丽华、蓝旭译注：《孟子》，北京：中华书局 2007 年版，第 56、57 页。

③　邬国义等撰：《国语译注》，上海：上海古籍出版社 1994 年版，第 606 页。

了解天地之正道，才能有信念的坚持，才能有志气的坚守。从古籍文献来看，在中国传统文化中，历来认为志气、信念密切相关。《左传》曰："夫战，勇气也。一鼓作气，再而衰，三而竭。彼竭我盈，故克之。"[①]曹刿论战的故事流传甚广，出自这段话的"一鼓作气"一词已成为我们的日常用语。这里的"气"，一方面是指人的生理状态，另一方面更侧重于一种精神状态，是一种意志力的反映。身体机能与精神意志在一定程度上可以相互影响。精神意志可以激发生理潜能。身与心是相互作用的关系。身心之间恰是通过"气"而贯通。志气，其实是志与气两个层面。古人认为气贯通身心，气有生理欲求之气，此气流行，与眼耳口鼻等相互流通，构成一个完备的生命系统。而志是精神层面，是道德取向，是一种价值性的面向。志统率气，才成为我们所谓的志气。这种志气，贵在坚守，在经验层面进行实践。其产生的效用不单要作用于个人的身心德性修养，更多指向社会意识层面，指向文化的传承与公共秩序的维护。

在志与气的互动中，志起决定作用，气顺志而行。志气不单是远大的志向，同时含摄着一种道德情怀。志气的滋养，是对天道的体悟。程子曰："志不笃则不能力行。"[②]苏轼曰："博学而志不笃，则大而无成。"[③]先哲们皆强调志向的力量，意志不坚定则行为上不能坚守，没有笃定的志向，则知识再渊博，也不能取得真正的成功。志气之志，还在于坚守，有志于某物之意味。子曰志于仁，是有志于仁，存心于仁，坚守仁之意。我们传统文化中的志，一方面强调志向，一方面强调持守。脱离了持守之志，无甚意义，所谓"志不笃定则不能力行"[④]。孔子用"岁寒，然后知松柏之后凋也"[⑤]来比喻君子之志，认为君子

---

① 杨伯峻编著：《春秋左传注》，北京：中华书局 1995 年版，第 183 页。

② （宋）程颢、程颐著，王孝鱼点校：《二程集》，北京：中华书局 1981 年版，第 1191 页。

③ （宋）朱熹：《四书章句集注》，北京：中华书局 1983 年版，第 189 页。

④ （宋）程颢、程颐著，王孝鱼点校：《二程集》，北京：中华书局 1981 年版，第 1191 页。

⑤ 杨伯峻译注：《论语译注》，北京：中华书局 2006 年版，第 109 页。

之志坚，应如松柏，不堕其志，岸然独立于冬。由此可见，志是道之本，志气之坚守源自于对道的信念。

人一旦有了坚定的信念，就会有动力为自己的目标而奋斗，自然更有利于树立高远之志气。在信念的推动下，内心会迸发出强大而持久的驱动力，在奋斗过程中，无论多少荆棘坎坷，都能够不忘初心，砥砺前行。历史上一位位鲜活的圣贤，都是我们学习的榜样。善养吾浩然之气的孟子、不为五斗米折腰的陶渊明、安能摧眉折腰事权贵的李太白、精忠报国的岳飞、留取丹心照汗青的文天祥、不受美帝"嗟来之食"的朱自清等，宁舍其生，而不舍其志，展示出崇高的人格魅力和民族气节。他们无一例外地将信念视为一种崇高的人生精神境界，通过志气的养成，达到真正的与天地气质相往来。

三、志气与信念的延伸考察

国学经典是指本民族经过历史的沉淀留下来的有典范性、权威性、经久不衰的传世作品。接下来，我们来看看国学经典中出现的关于信念与志气的记载。

"强行者有志"[1]，出自老子《道德经》。意即，坚持力行的人有志向。老子认为，一个人倘若能省视自己、坚定自己的生活信念，并且切实推行，就能够保持旺盛的生命力和饱满的精神风貌。

"三军可夺帅也，匹夫不可夺志也"[2]，出自孔子《论语·子罕》。指军队的首领可以被改变，但是男子汉（有志气的人）的志向是不能被改变的。历史上的长平之战，廉颇坚守不出，秦王派人去离间赵王与廉颇，赵王中计，派赵括代替廉颇，导致大败。这是"三军可夺帅也"；严颜宁死不屈，面不改色，"但

---

① 饶尚宽译注：《老子》，北京：中华书局 2006 年版，第 83 页。
② 杨伯峻译注：《论语译注》，北京：中华书局 2006 年版，第 108 页。

有断头将军，无有降将军"，这是"匹夫不可夺志也"。孔子所要表述的是，即使是一个普通人，也是要有坚定的志向的；要改变一个人的坚定意志，是非常困难的。

"富贵不能淫，贫贱不能移，威武不能屈"[1]，出自《孟子·滕文公下》。对该句最好的诠释乃是历史上著名的苏武。苏武奉命持节出使匈奴，被匈奴人扣留；苏武誓死不降，匈奴单于为了逼迫苏武投降，开始时将他幽禁在大窖中，苏武饥渴难忍，就吃雪和毡毛维生，但绝不投降。单于又把他弄到北海，苏武更是不为所动，依旧手持汉朝符节，牧羊为生，在北海边牧羊19年，才被释回。此故事启示我们做人要有信念。

"无冥冥之志者，无昭昭之明；无惛惛之事者，无赫赫之功"[2]，语出《荀子·劝学篇》。意思是说，没有潜心钻研的精神，就不会有洞察一切的聪明；没有默默无闻的工作，就不会有显赫卓著的功绩。荀子认为，学习可以增长知识才干，修养品德气质；持之以恒、坚持不懈，是正确的学习态度；要学习儒家经典，同时要善于向贤者求教，也要善于教人；学习要善始善终，切忌半途而废，以期达到完全而纯粹的精神境界。

"志不强者智不达"[3]，语出《墨子·修身》。意即志向不坚定的人，智慧就得不到充分的发挥。许多有大成就的人，都是意志、天才与勤奋的结合。坚定的意志在其中犹如统帅，意志强，才能充分地发挥智慧。如果没有坚强不屈的意志和坚韧不拔的毅力，即使有超人的智慧，也难以有所作为。

"立志难也，不在胜人，在自胜"[4]，此语出自《韩非子·喻老》。意即，一个人立志的境界，不在于胜过别人，而在于胜过自己；要做到这一点，才是最困难的。或者简单地说，一个人立志，最困难的不是立志超过别人，而是要超

---

[1] 杨伯峻编：《孟子译注》，北京：中华书局2014年版，第141页。
[2] 安小兰译注：《荀子》，北京：中华书局2007年版，第7页。
[3] 李小龙译注：《墨子》，北京：中华书局2007年版，第11页。
[4] 陈奇猷校注：《韩非子新校注》，上海：上海古籍出版社2000年版，第460页。

越自我。

"志不养，则心气不固；心气不固，则思虑不达；思虑不达，则志意不实。志意不实，则应对不猛；应对不猛，则志失而心气虚；志失而心气虚，则丧其神矣；神丧，则仿佛。"①此段出自鬼谷子《本经阴符》，说的是一个人心中有欲望，才会有一种想法，使欲望化为现实。所谓"志向"不过是欲望的使者，欲望过多了，则心力分散，意志就会薄弱，就会思力不畅达。如果心神专一，欲望就不会多，欲望不多，意志力就不会衰弱，意志力不衰弱，思想就会畅达。思想畅达则心气和顺，心气和顺，心中就不会烦乱。

吕不韦《吕氏春秋》曰："石可破也，而不可夺坚；丹可磨也，而不可夺赤。坚与赤，性之有也。性也者，所受于天也，非择取而为之也。豪士之自好者，其不可漫以污也，亦犹此也。"②这段话是说，石头虽然会被打碎，但是其坚硬的质地却不会被更改；丹砂可以被打磨，但是其红色的本质不会被改变。硬度和色泽是石头和丹砂的固有本性，与生俱来，正如洁身自好的豪杰，其优良的本性不可被玷污。《吕氏春秋》进一步用伯夷、叔齐的故事来诠释这一论点。他们兄弟二人见周武王尚计谋、尚武力，认为周礼不复、周德已微，誓死不做周民，选择去首阳山采薇而食，最后饿死在首阳山。这种为了坚守其志而不惜付出生命的豪义之士，也受到了太史公司马迁的极度推崇。伯夷、叔齐二人的选择，我们姑且不做评论，单就二人所代表的精神来看，我们发现理想信念决定了一个人生命的广度和高度，决定了一个人的行为方式，故而我们要培养自己高远的志气、坚定的信念。

东汉班固《汉书》称："孙敬字文宝，好学，晨夕不休。及至眠睡疲寝，以绳系头，悬屋梁。后为当世大儒。"③孙敬是汉朝信都（今衡水市冀州区）人，读书时常常一直看到后半夜，有时打起瞌睡来，便懊悔不已。有一天，他抬头

---

① 东方慧子等编注：《鬼谷子全集》，北京：线装书局 2008 年版，第 942 页。
② （汉）高诱注：《吕氏春秋》，长春：吉林文史出版社 2017 年版，第 172 页。
③ （宋）李昉等：《太平御览》，北京：中华书局 1995 年版，第 1674 页。

苦思的时候，突然想到可以把绳子的一头拴在房梁上，下边这头就跟自己的头发拴在一起。这样，每当他想打瞌睡时，只要头一低，绳子就会猛地拽一下他的头发，一疼就会惊醒而赶走睡意。从这以后，他每天晚上读书时，都用这种办法，年复一年，成为一名通晓古今的大学问家，在当时江淮以北颇有名气，常有不远千里的学子，负笈担书来向他求学解疑、讨论学问。据《战国策·秦策一》载："得太公《阴符》之谋，伏而诵之，简练以为揣摩。读书欲睡，引锥自刺其股，血流至足……期年，揣摩成，曰：'此真可以说当世之君矣。'于是乃摩燕乌集阙，见说赵王于华屋之下，抵掌而谈，赵王大悦，封为武安君……当此之时，天下之大，万民之众，王侯之威，谋臣之权，皆欲决苏秦之策。"这就是我们经常提到的"头悬梁，锥刺股"之出处。

"燕雀安知鸿鹄之志哉"[1]，语出司马迁《史记·陈涉世家》。这是司马迁在描述陈胜事迹时出现的文字。陈胜，秦末阳城人，是秦末农民起义领袖。这个故事讲的是陈胜年轻的时候，曾经同别人一起被雇用耕地。有一天，陈胜停止耕作走到田畔高地上休息，因失意而愤慨叹息了很久，说："如果有朝一日我们谁富贵了，可不要忘记老朋友啊。"雇工们笑着回答说："你是个被雇用耕地的人，哪来的富贵呢？"陈胜长叹一声说："唉，燕雀怎么知道鸿鹄的志向呢！"出自同篇的还有"王侯将相宁有种乎"，该句是陈胜在大泽乡号召起义时所言，意思是有权有势的高贵的人，难道生来就比别人高贵吗？王侯将相的富贵都是靠自己打拼出来的，我们应该为改变自己的命运而敢于起义——此语表现了陈胜不甘心自己的命运，对命运不公平的不满和对抗——由此可见陈胜坚定的信念。

"志存当高远，慕先贤，绝情欲，弃疑滞，使庶几之志，揭然有所存，恻然有所感，忍屈伸，去细碎，广咨问，除嫌吝，虽有淹留，何损于美趣，何患于不济。若志不强毅，意不慷慨，徒碌碌滞于俗，默默束于情，永窜凡庸，不

---

① （汉）司马迁：《史记》第1册，长春：吉林文史出版社2017年版，第187页。

免于下流矣。"① 此段出自诸葛亮《诸葛亮集·诫外甥书》。关于志存高远的例子，历史上数不胜数。如明朝著名医学家李时珍，从小励志从医，甚至不惜违背父亲的意愿，放弃八股入仕，一心阅读医书《神农本草》，发现很多中药此书没有详细记载，便决心认真编写一部详尽的药书。他对书中的每一种中药都十分认真地考证，经过三十多年的努力，终于完成《本草纲目》巨著。

"长风破浪会有时，直挂云帆济沧海。"② 此诗出自李白《行路难》。这是诗人李白在政治道路上遭遇艰难后的感慨，反映了诗人高远的志向，对理想的信念。该句还出现在《宋书·宗悫传》中。据载，宗悫从小就有远大的志向，精心刻苦地练武。被问及志向时，他回答："愿乘长风破万里浪。"他后来也确实屡建战功，成了名显一时的将军。这种对未来的信念，坚定的志向，一直被后人称颂。

"山重水复疑无路，柳暗花明又一村。"③ 出自陆游《游山西村》。南宋时期，陆游被免职回到故乡山阴，在故乡闲居三年，靠读书打发日子。四月的一天，春光明媚，他独自一人到西山游览，经过一山又一山，终于找到一个绿柳成荫的山村，就作诗《游山西村》；它启示我们不论前路多么难行，只要坚定信念，勇于开拓，人生就能"绝处逢生"，出现一个充满光明与希望的新境界。

"穷且益坚，不坠青云之志"④，出自王勃《滕王阁序》。指人生遭遇低谷的时候，仍然要坚守信念，坚持志向。恰如韩信，出身平民，靠别人资助度日。有个年轻人侮辱韩信，说他是个胆小鬼，并让韩信从他的胯下爬过去；韩信照做了，所有人都笑话他；陈胜吴广起义后，韩信先后投奔了项梁、项羽和刘邦，最终成为刘邦的得力助手。韩信胯下之辱的故事，便是不坠青云之志的最

---

① 张连科等校注：《诸葛亮集校注》，天津：天津古籍出版社 2008 年版，第 111 页。

② 陈贻焮：《增订注释全唐诗》第 1 册，北京：文化艺术出版社 2001 年版，第 1292 页。

③ 孔镜清选注：《陆游诗文选注》，上海：上海古籍出版社 1987 年版，第 13 页。

④ （清）吴楚材：《古文观止》下册，北京：中华书局 1987 年版，第 282 页。

好注脚。

"立志不坚，终不济事"①，出自朱熹《朱子语类》。朱熹强调自己求学首先需要的是树立志向。志向已经梳理，那么学问就可以按照自己的志向，依次努力。自己的志向如果不够坚定，最终没有办法成就一番大的事业。

"志不立，天下无可成之事"②，出自王阳明《教条示龙场诸生》。谓志向不确定，则什么事情也干不成功。喻指军事指挥员必须要树立保家卫国的远大志向，必须立志，坚定信念。

"夫人所就之业，视其器之所堪，器之所堪，视其量之所函，量之所函，视其志之所持"③，出自王夫之《读通鉴论》。

"学者志不立，一经患难，愈见消沮"④，出自黄宗羲《宋元学案》。对于学习的人来说，如果没有志气，没有信念，那么一旦遇到挫折，则会意志消沉、中途放弃，所以为学必须有坚定的信念支撑。

清金缨《格言联璧》中提到："志之所趋，无远勿届，穷山距海，不能限也。志之所向，无坚不入，锐兵精甲，不能御也。"⑤该句彰显了一个人高远之志的重要性。意思是说，人如果能做到志存高远，则无不可实现之目标。纵然是山海的尽头，也不能阻挡其追求理想信念的步伐。即使是精兵铁甲，只要有志向，则无攻不破的壁垒。可见，一旦立志，则可循序渐进，不断向着目标靠近。有志者事竟成，只有树立远大的志向并为之不懈努力，才能最终走向成功。

历史上的古圣先贤们，除了给我们留下流传至今的千古励志佳句、凸显乐观主义的态度，更有很多身体力行、践行其坚定信念的故事。西伯被拘禁却著

---

① 范寿康：《朱子及其哲学》，台北：台湾开明书店 1964 年版，第 183 页。

② （明）王守仁：《王阳明全集》，郑州：中州古籍出版社 2016 年版，第 73 页。

③ 吴光等编校：《王阳明全集》，上海：上海古籍出版社 1992 年版，第 974 页。

④ 沈善洪主编：《黄宗羲全集》第 5 册，杭州：浙江古籍出版社 1992 年版，第 15 页。

⑤ （清）金兰生辑录：《格言联璧》，台中：台中市佛教莲社印行 1921 年版，第 10 页。

有《周易》，孔子受困写出了《春秋》，屈原被流放完成了《离骚》，左丘明失去视力仍编撰《国语》，孙膑被挖去膝盖骨却写出《孙子兵法》留给后人。只有远大的志向和坚强的信念，才能激发人的学习动力、发展人的智力、促进人的成长。只有远大的志向和坚定的信念，才能助力人生格局之广大、精神世界之高洁；才能真正做到心怀家国天下，并为了国家、民族而奋斗。

四、《周易》"四合"观的理解

《周易》，作为儒家的五经之首和道家三玄之一，其代表的博大文化是我国传统文化的源头活水。《易传》中的宇宙观和辩证思想，更对中国哲学影响深远。《周易》的四合观，主要指《易传·文言》中的"夫大人者，与天地合其德，与日月合其明，与四时合其序，与鬼神合其吉凶"一句所表达的观点。

《易传·文言》是对乾坤两卦的单独解读，文中关注的是基于天地自然规律的道德品质的涵养，这种深层次的人格涵养对于整个国学的浸润显而易见。从孟子的"吾善养我浩然之气"到张载的气论，再到程朱理学、陆王心学，与天地精神相往来、天人合一的理念一以贯之。正是由于我们传统文化根源上的这种"四合"精神，才奠定了中华民族的优秀民族精神，孕育出一代又一代的大家圣贤。接下来我们详细看看，这"四合"与志气培养的密切关系。

（一）与天地合其德

"与天地合其德"，是说作为君子，应该培养一种宏大的宇宙观，体悟天地之精神。所谓"天行健，君子以自强不息；地势坤，君子以厚德载物"。《彖》辞有云：

大哉乾元，万物资始，乃统天。云行雨施，品物流形。大明终始，六位时成，时乘六龙以御天。乾道变化，各正性命，保合太和，乃利贞。首出庶物，万国咸宁。①

乾为天，天地万物的运行均靠天之运转流行，有了乾的统配，才有日月寒暑之交替。君子的涵养，对于社会的参与，应该参照天地之大道。所谓志存高远，是建立一种大的人生格局。而大的人生格局，首先要将天地了然于胸。诚然，并非每个人都可以做到成圣成家，但是，每个人应该将天地之精神贯彻到生活之细节处，顺应天地之运行规律。《四库全书总目提要》云："夫易者，推天道以明人事也。"先明天道，后及人事。以天道明人事的思维方式包含着天、地、人三才一体的格局，以人效法天地为基准，恰如老子《道德经》所言："人法地，地法天，天法道，道法自然。"

（二）与日月合其明

"与日月合其明"，日、月在乾、坤之后而成其光明，百谷草木依附乾、坤、日、月而生长，人依附乾、坤、日、月而成其德。《恒》卦之《象》曰："日月得天而能久照，四时变化而能久成。圣人久其道，而天下化成。"意思是日、月得天才能长久地照耀，四季交替变化才能长久地运行，圣人能长久地恒守其道，天下之德风美俗才能化育而成。观察其所恒守者，天地万物的情状就可以显现了！日、月在中国传统文化中是重要的文化符号，代表阴、阳。提到日、月，或许我们会觉得与日常生活关系并非十分密切，在此，我们举个大家更易于感受的例子。瑜伽，作为一种健身方式日益为大众所接受。其实瑜伽也是印度教修行的一种法门。瑜伽的种类很多，其中哈他瑜伽又名传统瑜伽，在哈他（Hatha）这个词中，"哈"的意思是太阳，"他"的意思是月亮。哈他瑜伽代表男与女、日与月、阴与阳、冷与热，以及其他任何相辅相成的两个对立面的平衡。在瑜伽清洁法中，通过右鼻孔的呼吸被称为太阳清洁呼吸法，而通过左鼻孔的呼吸被称为月亮清洁呼吸法。从这里可以更好地理解日月之明于

---

① 南怀瑾、徐芹庭：《周易今注今译》，台北：台湾商务印书馆2011年版，第12页。

人如何践行其道。从这个简单的例子我们不难发现，"与日月合其明"不单单体现在我们的生活中，也不单单阂于中国传统文化。

（三）与四时合其序

"与四时合其序"，是说君子应效仿一年四季的自然规律来修养自己的品性，涵养自己的气质。君子应如春天般的温暖仁德，如夏天般的热情合礼，像秋天般的成熟得宜，像冬天般的内敛守正。君子品格的修养，一方面是修心，另一方面是修身。古人对于身心同建十分看重。上古时代，智者的养生之术，总结有三条：顺四时而适寒暑，和喜怒而安居处，节阴阳而调刚柔。人须与四季合拍，"春生夏长，秋收冬藏"。一年分二十四节气，五天为一候，是一个时间段，十五天为一气，两个气（三十天）为一节，九十天为一季。这是自然界阴阳二气的节律，也是动植物的生物节律。违背四季规律，做反季节的事，势必健康受到威胁。冬天到了，阳气内敛，万物闭藏，是一年里最好的养生季节。冬至节气一到，古人就开始闭关了，农活也忙完了，粮食也收进仓了，人也该休息了。

（四）与鬼神合其吉凶

"与鬼神合其吉凶。"鬼神的概念在我们传统文化中古已有之。我们的社会经历了从神权向人权的过渡，巫文化是我们传统文化的构成因素之一。所谓鬼神，和我们传统意义上讲的鬼神在概念上并不完全重合。《系辞上》曰："精气为物，游魂为变，是以知鬼神之情状。"意思是精气凝聚而成物形，气魂游散而造成变化，考察物形的变化，这就能够知晓鬼神的真实状态。《论语·先进》："季路问事鬼神。子曰：'未能事人，焉能事鬼？'"孔子把人列于鬼神之前，把生列于死之前，实乃以人为本，以生为本。《庄子·大宗师》亦云：

> 自本自根，未有天地，自古以固存；神鬼神帝，生天生地；
> 在太极之先而不为高，在六极之下而不为深，先天地生而不为

久，长于上古而不为老。①

从《周易》到《庄子》所讲的鬼神，更多的是一种精神层面的表达，如何应对变化，如何体悟生死。说起鬼神，我们都觉得于现代社会而言是十分离谱的，其实不然。孔子对待鬼神的态度是"敬鬼神而远之"。首先是敬；敬须有敬畏之心——虽然我们并不确定鬼神之事，但是要有敬畏之心。犹如家家户户过年过节，都会祭拜神仙或祖先，都有一颗虔诚的敬畏之心。在中国传统文化中，鬼神并非是一个绝对独立于活人世界的异质存在；鬼神或者灵魂的存在，在国人看来，更多的是显与隐的差别。无论是生或死、都不过是不同生命的不同显现方式。在古人的思想中，死后的人也会与在世的人发生着某种联系。死去的人与活着的人靠着血脉联系在一起，这种血脉关系，就构成了中国人的子嗣关系。这种特殊的生命观，是对鬼神的一种诠释。鬼神与生民共融于天地之间。祭祀鬼神其实是祖先崇拜的变相形式。所谓与鬼神合其吉凶，也是对祖先的一种继承和认可。

《周易》在大众眼里充满了神秘色彩，很多人提到《易》，就立马与算卦、风水画等号。诚然，易学源远流长，博大精深，包括了堪舆、占卜这些元素，然而其中蕴含的智慧，其中的宇宙观、价值观更应该为我们所珍视。所谓易道广大，无所不备，推天道以明人事。立足于眼前，放眼于高远格局，用《周易》的"四合"观来指导我们，既可以因为遵循天地大道而获益，又可以因为懂得天地之玄机而让自己的身心和社会生活保持平衡与和谐。易学是中国文化的重要源头，只有把握了易学真谛，才能真正体悟国学的精髓。

五、"奉天时"与志向的滋养

"奉天时"出自《易传·文言》："夫'大人'者，与天地合其德，与日月

---

① 陈鼓应：《庄子今注今译》，北京：商务印书馆 2016 年版，第 213 页。

合其明，与四时合其序，与鬼神合其吉凶。先天而天弗违，后天而奉天时。天且弗违，而况于人乎？况于鬼神乎？"唐孔颖达对"先天而天弗违者，若在天时之先行事"的解读是：天乃在后不违，是天合大人也；后天而奉天时者，若在天时之后行事，能奉顺上天，是大人合天也。可见，顺应天时，即是顺应天道之意。《易传》更从形而上的高度总结天、地、人之道："有天地然后万物生焉。盈天地之间者唯万物。"天地之间，万物相摩相荡，人居其中效法天地，"大人"的品德崇高广大和天地一样，他普照天下的光和日月一样，他运行的次序和四时一样，他判断吉凶之准和鬼神一样，做没有先例的事不会违反天道，做的事也不能违天时，不违反天道，更何况人道？何况鬼神呢？这样的"大人"，可与天地同德，与日月同辉，与四时同运，能一与鬼神，还能够先于天道而不违。

（一）"天时"的概念解析

"天时"一词由"天"与"时"组成。"天"这个概念在中国哲学中，有着多维的意义。冯友兰认为"天"可从五个不同维度理解："物质之天""主宰之天""命运之天""自然之天""义理之天"。天一方面是自然存在的物质，一方面是具有人格化的神；一方面是万物之规律，一方面是宇宙之本体。中国传统文化中，"天"历来有两个基本意义，一是主宰之天，人不可反抗；一是天生而不宰，人可以在一定程度上顺天而改命。天有一定的道德层面的赏罚功能。这也就是易学中的"奉天时"，通过志气的滋养，加深对天道的领悟。"天"，有宇宙、规定、神权的多重维度。在古时生产力水平低下的情况下，人们赋予"天"人格神的定义。诸如电闪雷鸣、狂风暴雨，被认为是天作为人格神的情绪表达。同时，"天"又与"日""月"等星辰紧密联系在一起，而日月之交替产生了时间的概念。乾卦卦辞曰元亨利贞，可以理解为一年四季之交替。具体来讲，《周易》中的"时"主要指的是自然节律的变化，即四季的更替、寒暑的推移等。故而"天时"之意义有了天地间万物变化之意味，强调其变动不居却有一定规律性，"奉天时"的主体为人，所以"奉天时"其实就是"天人合一"思想的进一步表现；侧重于人不违天时，法道自然。天人关系历来是国学中不可回避的关键问题。尤其在一个传统的农耕社会，天时的问题直接关系到农作物，关系到人的基本生存问题。古人将对天的认知应用到农耕中指导实践，如二十四节气的发明创作。当然，对天时的强调还表现在军事上，如历史上著名的以少胜多的案例"赤壁之战"，诚然其促成因素诸多，然其中最重要的因素"借东风"，恰恰是诸葛亮对于"天时"的把握。天时的概念应用于个人身体，如中医传统讲春生、夏长、秋收、冬藏，个人的身体要与天地的节气相应和，才能保证身体健康。身体健康才有了心性修养的可能，才有了仁、义、礼、智，故而，元亨利贞，可谓含义丰富，一方面揭示了四时运行之规律，一方面寓意着儒家伦理道德的规则。若我们想要获得更高的个人修养，那就要向遵循四季的生长收藏一样去遵循仁、义、礼、智！

天、地、人三才之道和合统一，在中国传统文化系统背景中，是指喻社会、历史、族群、团体、宗法、家族乃至情境等方面的一种传统的"指标"。"奉天时"，从另一方面解读，有得"天时"之意味。"时势造英雄"，于个人而言，实现志向与抱负也必须在"奉天时"、尊重规律、认识规律的基础上进行。所以，天时，形而上来说，是强调人们对天道的理解，形而下之解，是强调具体情境中的时机、条件。天时乃根本之所在，人应当识势，因"时"制宜，奉天时，以顺应天时为基石和出发点，于现代而言，要想达到成功，须知天时，除了按自然规律行事，也应该了解国家时事政策，了解世界发展状况，掌握相关科技知识；知天时以顺"天命"，把握奋斗和发展的方向；知天命以实志向，让理想有可能成为现实。

（二）"天时"在中国文化中的意义

天地万物之中，有一气充塞其中，化育万物。人作为万物之灵，依法天时，善用其气，可以有助于沟通天地之精神，践行运化流布之要。《易》中论阴阳感应之气、老子重阴阳两气、孟子养浩然之气、荀子主自然之气、张载、王充也强调气之原本之用。气在国学传统中有多重含义，而志气，是其中最重要的维度之一，是构成人之精神之本。《礼记·礼器》云："礼也者，合于天时，设于地财，顺于鬼神，合于人心，理万物者也。"[1] 这句话虽然重点在于强调天、地、人三才之道，但是也可以从一个角度，说明天时的重要性。"奉天时"的概念，本质上是通过对天道的强调，来凸显在人格、志向培养上的重要性。天、地、人三才所编织成的是一个有机联系的宇宙之网，是支撑一切的终极场域。任何言论、观点的提出，最终都要落实到天地人具体事物之中，通过实际的践行才有意义。故而，《易》中强调的"奉天时"，是对志向培养的一种手段。

国学系统中，在天、地、人三才建构的基础之网中，在阴阳五行的象征下，是通过气的运转流行而实现万物之间的连接互通的。对心性的培养，也是在这样一个宇宙认知本体下展开的。故而，历代圣贤对于志气的本来，是依附于对天时的基本认知之上。身心交融以通天地之道，明自然之气，并将此气贯通到心性的修养之中。志向的滋养、持守，在儒家思想中至为关键。儒家的志向，是一种坚固的定力，是对心志的磨炼。儒家理想人格的塑造中，崇高远大的志向是首要的塑造目标，侧重于对社会、制度的一种坚持。道家的志向，更多的是人身心的一种状态，着重的是个人人性的修养。

"奉天时"一方面是一种行为的旨归，另一方面是一种人生的格局。胸有凌云志，无高不可攀。英诗剧作家罗·勃朗宁认为雄心壮志是茫茫黑夜中的北斗星。成才成圣之路、良好的知识储备和能力是基础，高远的志向与人生格局是保障。没有对天道的根本理解，一个人的所谓知识都只能沦为具体细微的工

---

① （西汉）戴圣著，王文锦译解：《礼记译解》下册，北京：中华书局2001年版，第310页。

具，而不能称为真正的知识。一个目光短浅的人，犹如井底之蛙，不可能是一个眼界开阔、思维活跃、创意涌动的人。倘若一个人没有见识，学识再多、本事再大，也往往会由于自以为是、刚愎自用而陷入个人主义的泥潭，最终难成大器。善谋者谋其势，势成则事成。拿商业来举例亦可证实识势、奉天时之重要所在。腾讯，21世纪家喻户晓的一家以互联网为基础的科技与文化公司，它从一个创业公司发展至今，用户数超10亿，马化腾谈及其成功时提到腾讯被命运眷顾走到今天，首先应该归功于这个时代。可以说，所有成功企业的命运都是一场天时、地利、人和的综合，识天时则为其本因。

六、洗心于《易》与自我砥砺

《周易·系辞上》中写到："圣人以此洗心，退藏于密，吉凶与民同患，神以知来，知以藏往。"①陈鼓应、赵建伟在《周易今注今译》将其解释为"圣人因此洁净心神，敛伏形体，吉凶之事使百姓同等的忧虑对待"②。意在说明一个观点：圣人洗心而作易。圣人之心斋而通神明，故而又有了蓍草制用之法、有了数字变化之法、有了阴阳之变，而后有了八经卦、六十四复卦。简言之，圣人洗心而作易，遂有易之蓍、数、卦、爻。而圣人洗心之具化的理解，是圣人通过洗心而修养心性，体证天地之道，通达万物之情，参悟阴阳两仪之法，此之圣人洗心于易之谓也。孔子晚年好《易》而韦编三绝，《易》成为历代圣贤的必读之物，究其原因，乃是其中展示的修养之道。如今我们读国学经典，也要从中学习涵养品格的方法，了解天人合一的精神境界，体会四合之理趣，方能真正做到志存高远。

---

① 陈鼓应、赵建伟注译：《周易今注今译》，北京：商务印书馆2016年版，第627页。

② 陈鼓应、赵建伟注译：《周易今注今译》，北京：商务印书馆2016年版，第628页。

（一）如何正确理解"洗心"

"洗心"一词的"洗"，通"先"。"先"之第一要义，要先去除杂念。"洗"，又有涤荡之意。"洗心"更强调的是澄静内心，荡涤疑虑的过程。圣人洗心，自古为君子立身之本。易之洗心，恰如道家之"心斋"之谓。《庄子·知北游》中提到其"心斋"思想："妆斋戒，疏渝而心，澡雪而精神"[①]。汉儒董仲舒《士不遇赋》中提到："退洗心而内讼，固亦未知其所从。"[②]唐徐浩《宝林寺作》诗曰："洗心听经论，礼足蠲凶灾。"[③]宋朱熹在《朱子语类》卷七五中强调："圣人以此洗心一段，圣人胸中都无纤毫私意，都不假卜筮。只是以《易》之理洗心。其未感物也，湛然纯一，都无一毫之累，更无些迹，所谓退藏于密也。"[④]由此可见，朱子认为，君子读《易》是为了"洗心"。圣人洗涤心中杂念，限制自我欲望，以纯净之心表达对天地之道的敬仰，体悟"一阖一辟""往来不穷"的阴阳变化法则。《易》只是洗心的手段。明李东阳《洗句亭》诗曰："洗句复洗句，洗句先洗心。"[⑤]梁启超《澳亚归舟杂兴》诗之二曰："汤胸海风和霞吸，洗心天乐带涛听。"[⑥]鲁迅《书信集·致黎烈文》提到："夜里又做一篇，原想嬉皮笑脸，而仍剑拔弩张，倘不洗心，殊难革面，真是呜呼噫嘻，如何是好。"[⑦]

国学中的心，有着多重的意思。《荀子·解蔽》中写到："心者，形之君也，而神明之主也；出令，而无所受令；自禁也，自使也；自夺也，自取也；自行

---

① 陈鼓应注译：《庄子今注今译》，北京：商务印书馆 2007 年版，第 656 页。

② （汉）董仲舒撰，袁长江等校注：《董仲舒集》，北京：学苑出版社 2003 年版，第 1 页。

③ 中华书局编辑部点校：《全唐诗》，北京：中华书局 1999 年版，第 2246 页。

④ （宋）朱熹：《朱子全书》，上海：上海古籍出版社 2002 年版，第 2562 页。

⑤ 周寅宾点校：《李东阳集》，长沙：岳麓书社 1984 年版，第 168 页。

⑥ 陈书良选编：《梁启超文集》，北京：北京燕山出版社 2009 年版，第 443 页。

⑦ 复旦大学、上海师范大学中文系选编：《鲁迅书信选》，上海：上海新华书店 1973 年版，第 133 页。

也，自止也；故，口可劫而使墨云，形可劫而使拙申，心不可劫而使易意。是之则受，非之则辞，故曰心容。其择也，无禁，必自见；其物也，杂博；其情之至也，不贰"[1]。说明心有独立自决、主宰的能力。《管子》中提到："心之在体，君之位也。九窍之有职，官之分也。心处其道，九窍循理。嗜欲充盈，目不见色，耳不闻声。故曰，上离其道，下失其事。"[2]充分阐释了"心"对身体各器官的支配作用。

（二）"洗心"之法

洗心就是"以道洗心"，圣人心即是道、道即是心。而人心本体就是道，呈现本体的心本来灵灵莹莹，本来无物不知，本来自由无碍。所以，儒者的修养工夫就是要发明本心。天地之心是通过人之本心来呈现、来印证的。圣人洗心的本体是天道。通过道德修养在生命中呈现天地生生之心，从而达到天人合一的最高境界。在这个过程中，还要注意保持自省的状态，是只有消除私欲才能不妨害天理的进一步呈现。荀子云："君子养心，莫善于诚，致诚则无他矣。唯仁之为守，唯义之为行，诚心守仁则形，形则神，神则能化矣。诚心行义则理，理则明，明则能变矣。变化代兴，谓之天德。"[3]洗心之法，在于诚，而仁义又是诚之根本，唯有自我砥砺，践行仁义之法，方能参悟天地之大德，做到洗心。儒家的理想人格中认为，完整的人，应该在修身之余，保持与他人、与社会的和谐共处。一个完整的人理应涵盖在一个和谐的社会关系网络中，在家庭、亲朋、乡邻、宗族、国家的不同关系中，全面地成就一个圣人的理想人格。所谓家国天下，身、家、国、天下汇合，才是真正的家国同构。而身统于心，人心是沟通天地之枢纽，修心是践行修行工夫之要，故而洗心才是第一

---

① 北京大学《荀子》注释组：《荀子新注》，北京：中华书局1979年版，第354页。
② 黎翔凤撰，梁运华整理：《管子校注》，北京：中华书局2004年版，第759页。
③ 北京大学《荀子》注释组：《荀子新注》，北京：中华书局1979年版，第31—32页。

要务。

另外，洗心是为了锻炼心志，心志即意志。墨子曰："是故昔者三代之暴王，不缪其耳目之淫，不慎其心志之辟。"①苏辙云："忧患以来，笔砚都废，今虽勉强，心志已衰。"②可见，心志的坚定，是教育之旨归。国学之要，自古以来都十分注重内修心志。中国哲学讲究格物致知，之后方能意诚，意诚而后心正，心正而后身修，身修而后家齐、国治、天下平。由此可见，在古代的道德教育中，修心之要才是根本。内修心志，是为了培养意志，涵养情操。在培养人才的过程中，对于心志的培养远胜于才情的培养。所谓德在智先。圣人以《易》洗心而通天下，定吉凶。时时正其心，洗其心，人的内心才能像一块明镜，不被外物、情绪所左右。这样才能更加客观、合理地去认识事物。

（三）"洗心"之要在于"自我砥砺"

"自我砥砺"出自《山海经·西山经》："西南三百六十里，曰崦嵫之山……苕水出焉，而西流注于海，其中多砥砺。"③《山海经》成书稍晚于《易经》，自古号称奇书，是现存的保留古代神话资料最多的著作，堪称中国上古神话的宝库。"砥砺"的原初意思为磨石，现代汉语将其名词动词化，解释为在打磨，而打磨的对象则恰恰就是我们的"心"。这个打磨，与《易》中的"洗"，异曲同工。"心"在国学意蕴中，是我们认知外界事物的主体。万事万物最终呈现于我们的"心"。所有感官搜集到的信息最终都要由"心"进行加工，得出结论。所以，洗心、砥砺都是为了滋养内心。时时以洗心与砥砺来打磨自己，要求自己，才能保证心之正处，才能对事物有更清晰的认知。这种认知修养之法，不单在国学中体现，在其他文化形态如印度瑜伽文化中，更是凸显。例如帕坦伽利的《瑜伽经》195 句经言中，就将瑜伽定义为"瑜伽是控制

---

① 李小龙译注：《墨子》，北京：中华书局 2007 年版，第 153 页。
② 陈宏天、高秀芳点校：《苏辙集》，北京：中华书局 1990 年版，第 828 页。
③ 袁珂校注：《山海经校注》，成都：巴蜀书社 1992 年版，第 77 页。

心灵的波动",认为"心注一处"即可达到完美瑜伽的状态。

在国学传统中,君子之道在于修身、修心。儒家倡导的立德修身之法在于自省,而自省其实就是洗心,就是自我砥砺。孔子讲:见贤思齐,见不贤而内自省;孟子讲:反求诸己;朱子讲:省察克治之功。历史上的圣贤之道,皆通过自省来提高道德修养,看到有德行的人,要多学习;看见没有德行的人,就要自我反省。明高濂《洗心说》中提到:"福生于清俭,德生于卑退,道生于安静,命生于和畅,患生于多欲,祸生于多贪,过生于轻慢,罪生于不仁。戒眼莫视他非,戒口莫谈他短,戒念莫入贪淫,戒身莫随恶伴。"①这其实为我们"洗心"提供了具体方法的旨归。以道洗心,落实到具体行为上,应该做到清俭、谦卑、退让、安静、和畅。洗心要洗去的是多欲、贪念、轻慢、不仁之心。经常自省,涤荡心灵之尘埃,确保一种宁静致远的心态。洗心则能革面、洗心则能淡泊,以洗心作为态度,作为手段,在自我砥砺的过程中,修身立德。国学中历来强调培养崇高的理想人格。而理想人格的培养在于反求诸己,这也就是我们说的自我砥砺,是通过持志养气,存心养性一步步来践行的。

中国传统文化源远流长、博大精深,经过五千年的沉淀与积累,越发焕发出新的生命力。随着当今世界科技的发展,全球化进程一步步加快,在如此高速的文化交融过程中,中国传统文化也不断受到外来文化的冲击。尤其西方生产力所代表的西方文化,对中国传统文化的生存空间造成了一定的挤压。很多优秀的传统文化已经被国人淡忘。我们教育的实际情况是,英语已经由中学必修课程变成了小学必修课程,而从小学到研究生教育,国学都一直作为一门选修课存在。很多青少年对国学知识的基本内容,如四书五经、经史子集等,茫然不知所谓。而这种对国学的淡忘,其实滋生了一系列的社会问题。经济的高速发展带来了便利的生活条件,但是在物质发展的同时,精神发展之速度并未

---

① (明)高濂著,赵立勋等校注:《遵生八笺校注》,北京:人民卫生出版社1993年版,第57页。

能与之匹配。在单方面过度重视经济效益的当今社会，成功的标志单一化，人们对于金钱名利的追逐使得其本心逐渐被遗忘。快节奏、高密度的现代生活方式也使一些社会心理疾病如焦虑、抑郁、自闭等更为多发。这些现实的社会问题不断地在为我们敲响警钟。一味重视物质而轻视对心灵层面的关照，必然导致社会问题频出。带着试图解决这些问题的思考，我们回归到了传统文化本身。中国传统文化中的心性的修习、信念的稳固都为我们提供了心灵的关照，是解决现代社会问题最好的解药。国学中的洗心、砥砺都是对心的一种调控能力的培养，是对完整人格的培养。如果能够做到与天地合其德、与日月合其光、与四时合其序、与鬼神合其吉凶，能够真正地体悟天地之道，坚守对天地大道的信念，那么，必然能够滋养我们的身心，在国学中的成圣之路上砥砺前行，做一个有正确世界观、人生观、价值观的人，认识自己的不足，不断修正自己，不为表象所惑，实现个体生命的真正价值。

思考题：

（1）志气与信念的关系是什么？

（2）如何理解易之四合观？

（3）如何理解圣人"洗心于易"与志存高远的关系？

参考文献：

（1）《十三经注疏》，北京：中华书局影印版 1980 年版。

（2）（宋）朱熹：《四书章句集注》，北京：中华书局 1983 年版。

（3）梁漱溟：《中国文化要义》，上海：学林出版社 1987 年版。

（4）黄寿祺、张善文：《周易译注》，上海：上海古籍出版社 1989 年版。

（5）张岱年：《中国哲学概念范畴要论》，北京：中国社会科学出版社 1989 年版。

（6）李泽厚:《中国古代思想史论》,合肥:安徽文艺出版社1994年版。

（7）钱穆:《现代中国学术论衡》,北京:生活·读书·新知三联书店2001年版。

家国情怀

【学习目的】了解古代家庭观的基本理念和家庭成员的职责；了解"国"字形的发展演变里深藏的意蕴变化；熟悉相关国学经典对家国关系的表述；知晓不同时期士大夫的忧患意识和民族英雄舍身取义、以身殉国的大义，在此基础上树立正确的家国情怀。

"皮之不存，毛将焉附"？中国人的家国观念从来都是"家国一体"论，近代的民族屈辱史更是将这种观念融入国人的骨髓；落后就要挨打的苦痛史，国人都不希望重现。新中国成立后，党和国家领导人积极探索发展新路，终于在"摸着石头过河"中开启了改革开放；随着改革的持续深入，中国已经上升为世界第二大经济体。面对逐渐强大的中国，西方有些国家开始散布"中国威胁论"，这种"莫须有"的诬陷，与他们对中国文化的误解不无关系。正视中国传统家国情怀，不仅有利于新时代的年轻人了解中国悠久的历史文化和沧桑发展史，也能打消西方各国的莫名忧虑。

一、温馨的家

家是什么？心灵的港湾，生命的源头，温情的牢笼，无论身处何时何地涌上心头的那股暖流？不同人眼中心里肯定有不同的答案。看看春运，我们也许会触发共情。春运，这个中国每年定时上演的人员迁徙大片，是无数普通民众心心念念的大事。南来北往，东奔西走，城市乡村之间的穿梭背后承载的是亲人聚首、阖家团圆的情怀。常言道：父母在，人生尚有来处；父母去，此生只剩归途。随着经济的快速发展，中国的传统家庭模式已经在不知不觉中慢慢消失。可是，温馨和睦的家却仍然是普罗大众最真实的渴望。

（一）家人重在各尽其职

一个人从呱呱坠地到闭眼离世，家庭是个体一生中最重要的承载。虽然随着社会的发展，人们的婚恋观和家庭观有所变化，如不婚主义、丁克家庭、同性婚姻等，但这些群体比例毕竟很小，整体的家庭模式和家庭成员的构成变化其实并不大。时代在发展变化，可是家庭的基本结构却岿然不动。虽然有些人认为中国传统家庭伦理道德已然不能完全适应当今社会发展变化的要求，但延续了上千年并且深入民众思想骨髓里的传统家庭伦理道德仍然有其合理性和现实影响力。

早在先秦时期，《周易》就已经记录着关于家庭的具体内容。《周易》第三十七卦是"家人"，它反映的家庭管理观是该领域最古老的文献资料之一。家人从总体来说，讲的是正家的道理，虽然历经千年，但对当下的家庭伦理仍然有积极的影响。单从卦名来看，家人所指的就是以家庭为单位的家庭成员。一个传统家庭的家庭成员主要包括父母、子女、兄弟姐妹和夫妻。传统家庭的分工模式是男主外女主内，男女在家庭的不同领域承担不同的责任，分工合作才能共建美好家庭。其文云：

卦辞：利女贞。

《象》曰：家人，女正位乎内，男正位乎外，男女正，天地之大义也。家人有严君焉，父母之谓也。父父、子子、兄兄、弟弟、夫夫、妇妇，而家道正；正家而天下定矣！①

---

① 胡方：《周易本义注》卷三，北京：商务印书馆 1936 年版，第 240—241 页。

这两句话的大意是：家里的主妇能够坚守正道，将对整个家庭非常有利。《象辞》说：家人的卦象显示，女性在内，以正道守其位，操持家务，男性在外，以正道守其位，养家糊口。男外女内都能守其本分，则是天地间的大义。家庭里的父母在子女面前有尊严。家庭里的每个人能够恪守本分，那家道就稳固了。家庭稳固和谐，天下也就和平安定了。

《家人》反映的是中国古代宗法社会的家庭观，卦辞讲"利女贞"，强调了主妇在父系家长制大家庭中的重要性和所面对的复杂关系。其中"夫制妇顺"的思想始终贯穿了全卦，强调主妇正，顺而严，要求家庭成员能够各守本分、尊卑井然。而且人性化地提出并不是要一味地盲从家长，首先要求家长能够反躬自省、以身作则、起到家庭表率的作用，同时也要求家庭成员之间要互相爱护。家作为国的社会基础，家道观必然影响到治国的指导思想，《家人》中的家庭伦理思想对中国两千多年的社会、经济、政治、文化、道德、家庭生活，乃至处理家与国的关系等诸多方面，都产生了深远的影响。

（二）主妇掌管家中事务

家人卦的开头就是"利女贞"，紧接着，《象辞》中又说："女正位乎内"，即女性掌管家庭事务。由此可知，在中国古代家庭中，女性地位非同一般。《诗经·桃夭》有相关的表述：

> 桃之夭夭，灼灼其华。之子于归，宜其室家。
>
> 桃之夭夭，有蕡其实。之子于归，宜其家室。
>
> 桃之夭夭，其叶蓁蓁。之子于归，宜其家人。[1]

从《桃夭》可看出先秦时期社会对女性的积极评价。当时评判女性的标准是内外皆宜：既有"桃之夭夭，灼灼其华"的美貌，也有"之子于归，宜其室家"的品德。相比令人愉悦的美貌，操持家务的能力和使家庭和睦的品性更

---

[1]　程俊英:《诗经译注》，上海：上海古籍出版社 2014 年版，第 11 页。

重要。《诗经》中与家庭相关的作品还有《关雎》(第一篇),讲的是一个青年男子暗恋一个美丽的姑娘,朝思暮想,渴望与她结为夫妻;《葛覃》(第二篇),写女子回娘家探望父母前的心情,体现女子的勤、俭、孝、敬;《卷耳》(第三篇),写丈夫远役,妻子思念;《螽斯》(第五篇),祝贺人多子多女。作为《诗经》的开头篇目,记述的主要内容都是老百姓的日常生活:恋爱、结婚、回娘家、夫妻离别情、渴望多子等。这与其时代背景密切相关。春秋战国时期,社会生产力水平低下,局势动荡,对百姓而言,最能感受到幸福的地方就是家庭,故而民众都非常重视婚姻和家庭。大家都希望家庭和睦、团结。娶亲是人生大事,因为它关系到家庭未来的前途。所以,娶个"宜其室家"的新人备受重视。

一个贤妻,是夫君的贤内助;一个贤母,是子女的好导师。譬如:孟母三迁、孟母断机,孟子终成一代大儒;徐母深明大义,杀身成仁,徐庶一生不为曹操谋划;岳母刺字,岳飞一生精忠报国;欧母"画荻教子",欧阳修开创一代诗风……家有贤妻良母,家门之幸。反之,则家庭堪忧。《尚书·牧誓》:"古人有言曰:牝鸡无晨,牝鸡之晨,惟家之索。"[1]牝鸡司晨,指母鸡打鸣报晓。这种有悖常规的怪异现象,古人认为是不祥之兆。《郑伯克段于鄢》讲述的是同父同母的郑庄公和共叔段为夺取权势而展开斗争,而斗争缘由与其母姜氏密不可分:"庄公寤生,惊姜氏,故名曰寤生,遂恶之。爱共叔段,欲立之。"[2]姜氏对两个儿子的不同态度直接引发了王权的斗争,给国家带来灾难。《红楼梦》第十五章"王熙凤弄权铁槛寺",讲述凤姐因处理秦可卿安葬事宜,来到铁槛寺,借宿水月庵,此处老尼净虚请凤姐帮忙张财主家的诉讼官司。王熙凤借权敛财,轻易得银三千两,不顾事实真相,最后让一对有情人双双殉情而亡。曹雪芹偏偏还写道:"王夫人等连一点消息也不知道。自此凤姐胆识愈壮,以后有了这样的

---

① (清)孙星衍撰,陈抗、盛冬铃点校:《尚书今古文注疏》,北京:中华书局1986年版,第286页。

② (春秋)左丘明撰,蒋冀聘标点:《左传》,长沙:岳麓书社1988年版,第1页。

事，便恣意的作为起来，也不消多记。"① 掌管家中事务的王熙凤这种欺上的做法，为贾府的没落埋下了伏笔。由此可见，家中主妇的重要性不言而喻。

无独有偶，梁启超重视家庭和子女，在写给长女的家书中有提及主妇的职责应该是教诲子女，而不是以赚钱为己任。《致梁思顺书》："来禀称汝母为投机失败，忧心如焚，殊可怪。汝母何至不达如是。凭吾之力，必可令家中无忧饥寒，汝母但专用力教诲汝辈足矣，何必更驰念及此耶，但此后必当戒断（切勿再贪此区区者），不可更为冯妇耳。"② 由此可见，梁启超对妻子拿家用之资去投机赚钱的做法坚决反对。他认为家庭里夫妻双方的分工各有侧重，妻子应担当对子女的教诲，丈夫则承担养家之职。若不为正职，就会家宅不安。诚如《易·象》曰："富家大吉，顺在位也。"③ 此句是指女性若能守正道，顺从本分理家，就能使家庭富足，这是大吉。家里的慈母与家外的严父各尽其职，共同抚育子女，才是家庭稳固和谐的根基。

（三）父亲言传身教的重要性

中国古代以严父之名而流传后世者不胜枚举：以身作则教子俭朴的司马光、教子学书法的王羲之、养子不骄纵的郑板桥、给儿子立训的包公，这些严父的共同点都是严于律己，从而潜移默化影响子女。《论语·子路》中云："其身正，不令而行；其身不正，虽令不从。"④ 父亲作为一家之主，家庭中的最高统治者、最高管理者，想要管理好家庭就要言行一致、正人先正己，真正起道德模范作用，从而才能在家中树立威信，执掌家庭。故《家人》卦之《象》曰："威如之吉，反身之谓也。"⑤ 此语是说威严治家终获吉祥，在于父亲能够反

---

① （清）曹雪芹、高鹗：《红楼梦》，北京：新世界出版社2011年版，第374页。

② 梁启超：《梁启超家书》，北京：中国言实出版社2017年版，第18—19页。

③ 胡方：《周易本义注》卷三，北京：商务印书馆1936年版，第244页。

④ （宋）朱熹：《四书章句集注》，北京：中华书局1983年版，第143页。

⑤ 胡方：《周易本义注》卷三，北京：商务印书馆1936年版，第245页。

躬自省，从严要求自己，做好家庭的表率。在《家人》卦中，上九指作为家庭中"严君"的父亲，为一家之主，是最具威严的家庭成员。故有"上九，有孚威如，终吉"①。即父亲心存诚信，威严治家，家庭就能获得吉祥。

客观地说，一家之长要在家中立威不是依靠外在的厉声厉色、作威作福，或强制暴力的手段，而是要像君子一样修炼内心，依靠自身和风细雨般的人格魅力和以身作则才能给家人带来积极的影响。

曾国藩，历史上对其的评价褒贬不一，他的教育理念却为人称道；只因曾国藩对家人的教育不遗余力，其后人也都颇有建树。《曾国藩家书》是他一生致力于家庭伦理教育的最好证明。其书主要涵盖了"孝悌为本"的家庭伦理规范，"勤俭持家"的治家准则，及"和睦至上"的家庭良序。曾国藩虽位列三公，却深知："凡家道所以可久者，不恃一时之官爵，而恃长远之家规；不恃一二人之骤发，而恃大众之维持。"②要维持家道兴旺与久长，希望系于子弟之身，"子弟之贤否，六分本于天生，四分由于家教"③。他教育子弟都是从耕读孝友出发。

曾国藩对家族长辈重孝，不仅以身作则，也要求子弟们时刻牢记对长者的敬爱关怀。曾国藩特意写信交代儿子"于叔祖各叔父母面前尽此爱敬之心，常存休戚一体之念，无怀彼此歧视之见"④。一旦长辈有疾，最好能够亲自服侍汤药，若不能亲奉汤药，也要时常挂念。

曾国藩对兄弟讲友爱。曾国藩身为长子，深谙孝悌之道，"兄弟和，虽穷氓小户必兴；兄弟不和，虽世家族必败"⑤。曾国藩认为："孝友为家庭之祥瑞，

① 胡方：《周易本义注》卷三，北京：商务印书馆1936年版，第245页。

② （清）曾国藩：《曾国藩全集》第5卷，北京：光明日报出版社2015年版，第1238页。

③ （清）曾国藩：《曾国藩全集》第6卷，北京：光明日报出版社2015年版，第1270页。

④ （清）曾国藩：《曾国藩全集》第6卷，北京：光明日报出版社2015年版，第1362页。

⑤ （清）曾国藩：《曾国藩全集》第1卷，北京：光明日报出版社2015年版，第133页。

凡所称因果报应，他事或不尽验，独孝友则立获吉庆，反是则立获殃祸，无不验者。"①

曾国藩对家中女眷，毫不骄纵，要求家里的饮食起居全部由夫人和女儿们料理完成，日常女红也不可落下，并规定功课："食事则每日验一次，衣事则三日验一次，纺者验线子，绩者验鹅蛋，细工则五日验一次，粗工则每月验一次。每月须做成男鞋一双，女鞋不验。"②

在教育家族子弟的过程中，曾国藩以身示范，严格遵守家训族规，不断修炼、完善个人品行。如曾国藩倡导勤俭家风，自己则一生生活俭朴，常年布衣布袜。他曾经缝制过一件缎马褂，但只是遇到喜事或新年才偶尔穿着，三十多年后此衣还是新的。他提倡男子读书"看、读、写、作四者，每日不可缺一"③，自己则常年读书写作不断。这种言行一致的做法，被家人看在眼里，效仿落实在行动上。

中国民间有"盛不过三代"的说法，可是纵观曾氏家族，"子孙代有才人出"的事实却令无数人折服。其子曾纪泽在曾国藩死后才承荫出仕，从事外交；曾纪鸿一生钻研数学；孙子曾广钧中进士后，终老翰林；曾孙、玄孙辈中大都出国留学，曾氏后代子孙极少有人出仕，这是曾国藩对子孙的告诫。曾家后裔恪遵先祖遗训，远离政界、军界，洁身自好，大隐于世，实现了曾氏"长盛不衰，代有人才"的遗愿。

家庭教育对子女成长带来的积极作用，由此可见非同一般。曾国藩的家庭教育历来为世人所赞，但更令世人津津乐道的是梁启超的家庭教育。民间有"龙生九子，各个不同"的谚语，意指皇家子弟也有良莠不齐之别。可梁家却

---

① （清）曾国藩：《曾国藩全集》第 6 卷，北京：光明日报出版社 2015 年版，第 1555 页。

② （清）曾宝荪：《曾宝荪回忆录：附·崇德老人自订年谱》，长沙：岳麓书社 1986 年版，第 15 页。

③ （清）曾国藩：《曾国藩全集》第 6 卷，北京：光明日报出版社 2015 年版，第 1347 页。

是"一门三院士，九子皆才俊"。放眼古今中外，如此家庭世所罕见。乱世颠沛流离，梁启超为国事务繁重，何以能有心力将子女教育得如此优秀？梁家虽然没有家训传世，却有家书流布，一位爱子心切的慈父，以自身为楷模影响子女一生。其子女个个学有专攻，成就非凡——长女梁思顺：诗词研究专家；长子梁思成：建筑学家、中国科学院院士；次子梁思永：考古学家、中国科学院院士，是中国近代考古学和考古教育的开拓者之一；三子梁思忠：在1932年的淞沪抗战中表现出色，后因病早逝；次女梁思庄：著名的图书馆学家，被公认为我国图书馆西文编目方面首屈一指的专家；四子梁思达：著名的经济学家；三女梁思懿：著名的社会活动家，长期从事对外友好联络工作，多次代表中国参加国际红十字会议；四女梁思宁：光荣的革命军人；五子梁思礼：火箭系统控制专家、中国科学院院士。如此优秀的子女，其成就的取得离不开家父的谆谆教导。在400余封家书中，梁启超常教育子女把个人努力和对社会的贡献紧密地联系在一起，以报效祖国。梁启超9个子女7个留学海外，皆学有所成，却无一例外都回到祖国，体现了爱国家风的良好传承。

从古至今，中国悠久的传统家风影响深远，《大学》对此有详细的记述："故治国在齐家。诗云：'桃之夭夭，其叶蓁蓁；之子于归，宜其家人。'宜其家人，而后可以教国人。诗云：'宜兄宜弟。'宜兄宜弟，而后可以教国人。诗云：'其仪不忒，正是四国。'其为父子兄弟足法，而后民法之也。此所谓治国在齐其家。"① 无论家严家慈都要遵从相亲相爱的原则来持家，治家，明家道，正家道，家庭成员之间和睦相处，家庭就能温馨幸福。

二、"国"的意蕴

2018年春节档电影《红海行动》引发观影热潮。该片以2015年3月29

---

① （宋）朱熹：《四书章句集注》，北京：中华书局1983年版，第9页。

日发生的"也门撤侨"真实事件改编，主要讲述中国海军"蛟龙突击队"8人分队奉命执行撤侨任务，展现了突击队与叛军武装组织斗智斗勇以少胜多的艰难。此片在获取可观票房的同时，也引发了一轮爱国潮，中国公民身在异国他乡遭遇危机时，能拯救我们的是谁？祖国！这个看起来简单不过的词语，其意蕴却在漫长的历史进程里经历了无数的演变。"国"，由"或"变"國"，再到如今的简体版。历史封尘，它的演变还需娓娓道来。

（一）初始之意重和平

闵和顺先生在《从或到國：中国历史的一面镜子》一文中针对"國"字意蕴的变化进行了详细阐述。[①]"国"的初型是"或"，《说文解字》释："或，邦也，从口，以戈守一，一，地也"。许慎的"以戈守一"说，历来为学者赞同；但是，西周前期金文中的"或"字，右旁均从弋，而非戈也。原来国字的初形，并无"以戈守一"的所指。《何尊铭文》中发现了最早的"或"字："武王即克大邑商，则廷告于天曰：余其宅兹中或，自此治民。"周代建立后，实行大分封，据《左传·昭公二十八年》载，"其兄弟之国者，十有五人，姬姓之国者，四十人"；《史记·周本记》称，"封诸侯，班赐宗彝，作分殷之器物"。诸侯国的大量出现，是周朝为了巩固王权而采取的有效手段，"或"字因此产生，初始之意仅指诸侯国的管理区域。

对"或"字的解读需要联系周初分封的历史背景，方能明了"或"字从弋而不从戈的原因。"弋"，本义为射，《诗经·郑风·女口鸡鸣》："将翱将翔，弋凫与雁。"再引申为取，《尚书·多士》："非我小国敢弋殷命。"周朝建国初始，为了巩固国力采取分封制，这种新的政治制度便于管理广阔的疆域。武王颁行的"或"字从弋，其意蕴深刻——既意味着诸侯的土地财产、政治权利都来自周天子的恩赐，又意味着周天子承认诸侯国君对封国的继承权。因继

---

① 　参见闵和顺：《从或到國：中国历史的一面镜子》，《云梦学刊》2008年第4期。

承权确定的周天子与诸侯国的关系，是分封制的核心内容之一，需要在"或"字的形状上得到体现。武王在分封的同时，"藏五兵，偃武事，行文教，倒载干戈"，散马华山，牛归桃林，向天下显示不复用兵的决心。产生于这一背景下的"或"字，在字形上不存在任何关于战争的符号学含义。所以，金文前期的"或"字，左旁有代表土地、人口、城池的各种写法，右旁则一律作弋，不作戈。

中国汉字的演变经历了甲骨文、金文、篆书、隶书、楷书、行书和草书，其演变历程是从象形字到非象形字、由繁体到简体的变化过程。在演变的过程中，很多字的本意也慢慢地鲜为人知。

武王分封之初衷是为确保周朝势力的绵延，但武王驾崩后，各分封地的诸侯倚靠武力互相厮杀，"戈"的本义崭露头角。厉王时期的《禹鼎》《师寰鼎》，"或"的右部都已经写成戈。后来以《毛公鼎》为代表的大量金文作品，"或"字的弋也都变成戈。由此可见，时代由和平到战争的巨变，在"或"的成字演变中得到了很好的体现。

（二）"國"字含义的演变

"或"到"國"，最大的变化是外围国界意义的呈现。孙海波《卜辞文字小记》"口像城形"。吴大澂《说文古籀补》也说："……口，像城有外垣。"《何尊铭文》中的"中或"，含义为京城。但古时候的京城也以城墙为界。"或"中的"口"已有都城之意。考察《汉语大字典》从口的字，能更加全面地了解这一字符的语义。"囿、圃、园"的古字形和语义，含"有垣"类义；"围、园、团、圆"的语义，有"围绕、环绕"义；"固"的语义，有"四塞（进出道路除外）、坚固"义；"围、圃、圈、目"的语义，则有"看守、守卫"义；"圈、图"的语义，有"城邑"义，以上意义合起来，则表示有坚固城垣环绕的、有守卫的都城。"口"的"围绕"义后来写作"围"。《玉篇·口部》："口，古围字。"《说文·口部》："围，守也。"《公羊传·庄公十年》："战不言伐，围不言战。"围指防御设施。梁启超《说橙》:"吾县濒海,凡种植家皆筑围以避潮。"①从古及今,"围"的基本意义被很好地传承下来。

然而武王时期的"或"字,国界的符号意义并无呈现。这是为什么呢?

因为确定边界的初衷是各个诸侯国为了保护自我的利益,围墙或城墙成为保卫自我的一道防线,后来秦始皇不惜耗费巨资,牺牲大量民力修筑长城,本意也是为保护国境,将游牧民族阻挡在外。武王时,天下为一,强大的中央政府既为各诸侯国提供了保证,同时也震慑各诸侯国,让其安分守己。此时的疆界意义无须体现。但是,随着周王朝的没落趋势越来越明显,中央的显赫实力已经不复存在,有实力有野心的诸侯国蠢蠢欲动,不久天下群雄兵刃相见,烽烟四起。各诸侯国对疆界的重视明显提升;此时的疆界既是自我保护的一道防线,也是他我分野的地域边际。但这种视封国为私有财产的观念,势必把國之封疆看成家庭的垣墙,故而前期金文中出现了严格界定四域的"國"字,《录卣》中的"國"就是一证,"國"最终取代"或",这种演变与周朝分封制度的发展演变密不可分。

武王克商之后,代表天下的字非"國",而是"邦"。"邦"与"國"含义不同,周人有严格区分,郑注《周礼·太宰》:"大曰邦,小曰国,邦之居,亦曰国。"因大小不同,"邦"与"国"连用时,周人总是把"邦"字放在前面,《周礼·夏官·形方氏》:"形方氏掌邦国之地域,而正其封疆。"直到孔子整理六经,"邦"的地位仍高于"或",最典型的是在《春秋》中,孔子就不用"或"来代表国。事实上,随着周天子势力的日渐衰微,到春秋末期,"邦"的政治符号已经死去,"或"的政治含义、信息量开始登上历史舞台。正因为如此,思想解放的左丘明在注释《春秋》的时候,"或"字已经随处可见,"邦"字出现的频率却很少了。实际上,它已经取代"邦",开始向代表全中国之

---

① 以上参见晏鸿鸣:《"中国"语义源流辩正——兼及"囗、邑、或、国"相关义间关系》,《江汉大学学报》(人文社会科学版)2002年第2期。

"國"演变。

"或"的政治意义更多地体现为诸侯国，随着外围疆域的"囗"的意义的出现，其所指范围也在不断扩展，初期的"中国"，只是一个地方区域性的地理名词，南方的楚、西方的秦甚至东北的燕，都还没有包括进去。此时，國字的外围"囗"，仍然代表诸侯国的封疆；为了保卫社稷，北方的齐、燕、赵、秦的国君们正沿着各自國字的外围，修筑自我的边境线和国都的围墙，在不知不觉中这又成为早期的长城。随着历史的发展，后来各国的界限逐渐被打破，天下统一实现后，"國"字成为代表整个古代中国的符号。司马迁说："秦并吞三晋、燕、代，自河山以南者中国"，太史公明确地把长城以南全视为中国，这比战国时期的仍然局囿于中原的中国确实大多了。这正是"國"已经上升为代表整个古代中国的有力证明。

西汉初年，人们仍然视秦统一为统一天下，没有统一中国的概念。旷世帝王汉武帝改变了民众的固有观念。据《资治通鉴》二十二卷中记载，汉武帝认为，"汉家庶事草创，加四夷侵陵中国，朕不变更制度，后世无法；不出师征伐，天下不安"。这里的中国显然已是指长城以南的整个古代中国了。正因为汉武帝视天下为中国，太史公评秦统一便是，"其后秦遂灭六王、并中国，外攘四夷"；只有到这时，"國"字的政治符号学含义才实现了彻底的升华。

"國"字的升华完成不是一朝一夕之功，它是整个历史发展的一个缩影。随着汉武帝穷兵黩武政策的贯彻，游牧民族在大汉王朝的铁骑下纷纷败北，汉武帝开疆拓土的历史功绩在惨重的代价下终于有所回报，汉家疆域越来越大，夷狄的生活圈被推进到长城以北、岭南之外。这样"國"的含义便自然而然地获得了北起长城、南至南海广大区域内人民的认可，它的外围"囗"对于民族疆域的象征性意义，也获得了历史的认同。从此以后，在整个古代，汉民族乃至整个中华民族一直拿这个"國"字作为中国的象征。

"國"字的丰富内涵、精神价值和现实意义，均可从字面上进行解读：表示军事力量的"戈"、表示土地的"一"、表示京城与人民的"口"、表示疆界的"口"，这五大内容借用汉字独特的字符密码表明，中国人民珍惜自己的土地、城池、人民和边疆。所以，秦汉以降，中国历史上产生了无数可歌可泣的爱国主义的故事，涌现出苏武、岳飞、文天祥、林则徐等数不清的民族英雄；國字中间的"戈"还清楚地表明，武器是用来保卫国家，打击侵略者，而不是用来侵略他人的。所以，作为武器的戈，便紧紧地圈在國字外包囚"口"之内，不曾把戈的矛头延伸到包囚圈外进入他国领土。中国人民爱好和平的特点在"國"里已有最好的诠释。当然，将戈紧紧地锁定在國字外包围圈内，也隐含了民族性格中有保守性的特点。所有这一切，全都显示了方块字符号的独特品格。遗憾的是，汉字简化政策的推行，虽然方便了当代人的书写交流，却也遮蔽了从"或"到"國"的历史联系，致使很多人无从知晓"國"字背后的精神内涵。

现代社会，国与国的较量早已不是单一的武力争夺，政治、文化、外交和贸易，各个领域的较量已经呈现全面开花的态势。中国近年来的快速发展引发很多国家的担忧，但其实探究"國"字，就能明了中国的文化内核，无论世事国情如何变化，而发展自我、爱好和平却是我们悠久的文化传统，"命运与共"也是我们一贯的责任担当。"一带一路"倡议是构建"命运共同体"的发展内核，合作共赢的新模式逐渐被不同的文化圈层所认可。

三、家国关系

《流浪地球》毫无疑问是 2019 年电影市场的一匹黑马，凭借出色的特技制作和有深意的故事情节，成功地征服观众，取得可观的票房。观众和业界对此片评价甚高，毫不吝惜赞美之词，并一致认定此片开创了中国科幻电影的新纪元。在中国市场备受赞誉的佳片，其故事情节却在国外观众那里受到质疑，很多外国观众不明白为何在地球遭受危机之际，作为拯救者的英雄要带着地球家园一起逃离？毕竟，在西方人熟悉的那些好莱坞式英雄史诗片里，英雄大部分都是孤军奋战，未曾出现过这种中国式的集体逃难。造成这种认知差异的，恰恰就是中国民众深藏于骨髓的家国情怀。

中国历史上，因为战乱，曾引发过三次大规模的人口迁徙：第一次是西晋末年爆发的"八王之乱"，令晋朝实力巨损，北方各少数民族趁机南下，侵占了中原腹地洛阳，史称"五胡乱华"。为躲避战乱，中原汉族的王室贵族和富户、大户相继南迁，据《晋书·王导传》所说："洛京倾覆，中州仕女避乱江左者十六七。"南迁汉人的数量十分之大，按《宋书·州郡志》所载：南徐州、南兖州、南豫州等，侨州内总户数达 18 万人，人口为 96 万人。而刘宋全境编户人口为 540 万人，这样从北方南迁的侨民，占了人口的约 1/6。第二次的大迁徙因安史之乱而起。安史之乱历时八年，给唐王朝的社会经济造成严重破坏。由此而带来的藩镇割据的争斗，又让中原地区陷入了长达百年的混乱状态，大量中原居民为逃避战火选择集体迁徙。第三次则是靖康之耻，天子蒙尘，金兵南下，高宗南渡，多达 500 万中原居民大规模南迁。三次大规模的人口迁移事件，皆因战乱而起，凭个体的微弱之力想在乱世立足谈何容易。宁为太平犬的乱世人，纷纷跟随中央政权集体逃难，家国就这样紧紧地捆绑在了一起。

家国情怀是中国传统社会最具影响力的思想内核，"修身齐家治国平天下"是中国古代官僚和士大夫毕生追求的人生理想，与之相对应的家国情怀则影响了中国政治和社会长达两千余年，那家国情怀的具体内涵到底是什么呢？

（一）家国情怀的渊源与内涵

家国情怀出自"家国一体"观念，最早对其进行系统阐述的是先秦时期的儒家，但其渊源可追溯至西周时期。周武王灭商后，实行论功行赏，开创了分封制度。具体内容为："天子建国，诸侯立家，卿置侧室，大夫有二宗"[1]，"故

---

[1] 王云五主编，李宗桐注译：《春秋左传今注今译》，台北：台湾商务印书馆 1971 年版，第 67 页。

天子有田以处其子孙，诸侯有国以处其子孙，大夫有采以处其子孙，是谓制度"①。无论是宗室还是功臣，周天子都划给他们一块地盘，让他们在各自的诸侯国享受做国君的滋味，又共同拥护周王的权威。所谓诸侯，很多与周天子同姓，有血缘之亲；非族中之人，则多迎娶姬姓女子，用姻亲的方式巩固彼此关系。与此同时，强调宗庙祭祀制度，整个宗族的凝聚力和向心力不断提升。于是上至周天子，下到卿大夫，整个统治阶层的利益密切相连。此时的家国关系颇难分舍。因为作为政治组织的国是以血缘和姻亲连接的，整个社会也都靠血缘关系的亲疏来划定等级、确定权利和义务。后世的"家国一体"思想就源于这种家国治理模式。可是，随着周王朝的衰落，礼崩乐坏，曾经一片祥和的美好秩序被彻底粉碎。怀念西周盛世的孔子致力于按理想中的周礼重建社会道德规范，创立了儒家学派。对"家国一体"思想的系统阐述也源自此。孔子学说特别强调个人、家庭和国家之间的紧密关系。

家庭关系里讲究孝悌，但在孔子学说里直接把传播孝悌之举视为政治策略，《论语·为政》曰："其为人也孝弟，而好犯上者，鲜矣；不好犯上，而好作乱者，未之有也。君子务本，本立而道生。孝弟也者，其为仁之本与。"②当有人问孔子，"子奚不为政"时，孔子回答道："《书》云："孝于惟孝，友于兄弟，施于有政，是亦为政！奚其为为政？"这句话是说，一个人把孝顺父母，友爱兄弟的良好家庭风气传递到社会上去，形成良好的社会和谐风气，这种影响社会的行为就是一种政治作为。孔子在《孝经》中还提及："教以孝，所以敬天下之为人父者也；教以悌，所以敬天下之为人兄者也；教以臣，所以敬天下之为人君者也。"孔子的"家国一体"思想在其门人那里得到了进一步发挥。

子夏说："事父母能竭其力，事君能致其身。"③小到家，大到国，忠孝实质

① （元）陈澔注，金晓东校点：《礼记·礼运》，上海：上海古籍出版社2016年版，第254页。

② （宋）朱熹：《四书章句集注》，北京：中华书局1983年版，第47页。

③ （宋）朱熹：《四书章句集注》，北京：中华书局1983年版，第50页。

相同。孟子在《孟子·公孙丑下》也同样强调："内则父子，外则君臣，人之大伦也。"家国关系的实质在本质上如出一辙。孝是基础，忠是升华。孟子曰："人有恒言，皆曰，'天下国家'。天下之本在国，国之本在家，家之本在身。"①荀子曰："臣之于君也，下之于上也，若子之事父，弟之事兄。""家"是"国"之本，"家国一体"的理念更加明晰。

《四书章句集注·大学章句》，对"家国一体"的具体实践也有清晰的表述：

> 古之欲明明德于天下者，先治其国；欲治其国者，先齐其家；欲齐其家者，先修其身；欲修其身者，先正其心；欲正其心者，先诚其意；欲诚其意者，先致其知；致知在格物。物格而后知至，知至而后意诚，意诚而后心正，心正而后身修，身修而后家齐，家齐而后国治，国治而后天下平。②

作为独立个体的人与作为整体的国家在容量上看起来差异巨大，却借由修身之法实现齐家，最后达到平天下的高度，成功将个体与集体完美融合。《中庸》说："仁者人也，亲亲为大。"即从亲情的角度指出"仁"的社会内涵，爱人首先爱自己的亲人，处理好家庭关系。家是国之本，治国必须齐家，因为"其家不可教而能教人者，无之。故君子不出家而成教于国……一家仁，一国兴仁；一家让，一国兴让；一人贪戾，一国作乱"③。所以，齐家是治国、平天下的基础。

《四书章句集注·大学章句》引用《桃夭》时说："宜其家人，而后可以教国人。"此句也一语道破家国关系的密切。《诗集传》卷七中记载宋代理学家朱熹对家国关系的论述：

> 有天地然后有万物，有万物然后有男女，有男女然后有夫

---

① （宋）朱熹：《四书章句集注》，北京：中华书局1983年版，第278页。
② （宋）朱熹：《四书章句集注》，北京：中华书局1983年版，第3—4页。
③ （宋）朱熹：《四书章句集注》，北京：中华书局1983年版，第9页。

妇，有夫妇然后有父子，有父子然后有君臣，有君臣然后有上下，有上下然后礼义有所错。男女者，三纲之本，万事之先也。再次表明家庭关系是国家关系的基础。

（二）家国情怀在中国传统社会的具体体现

"家国一体"观念随着汉武帝"罢黜百家、独尊儒术"后，成为中国古代治国理政的基本理念，受到各个朝代的重视。"古代君臣在谈论国家方针政策时，总是不由自主地将家和国联系起来。唐太宗在为太子选辅佐官时就说：'但自古嫡庶无良佐，何尝不倾败家国。'中唐左补阙卢履冰与皇帝论礼时也说：'国无二君，家无二尊……伏惟陛下正持家国，孝治天下。'宋徽宗强调：'内外家国，理当一体，则有条而不紊。'明太祖朱元璋则告诫理财诸臣曰：'理财要当视国如家，君民即父子也。子衣食不给，而父独能稻锦乎？'"①这些政治理念深刻影响着社会文化习俗及其价值取向，个人、家庭与国家融合成浓浓的家国情怀。

家是国的基础。《道德经》有言"治大国若烹小鲜"。国家的治理之道可以简化为家庭的治家之道。如舜能被尧选为继承人，就是因其孝心可嘉，感动了无数人。舜在家庭里的处境极其凄惨，《尚书·尧典》说："瞽子，父顽，母嚚，象傲。"在这样的家庭里，舜不仅不曾感受过温暖，还经常遭遇来自父亲、后母和弟弟的折磨，即便处境艰难至此，舜的孝心也从未动摇，最终，他用孝心感动了家人，也感动了天下。百善孝为先。有孝心者利于齐家，"弟子入则孝，出则悌，泛爱众，而亲仁"，齐家者利于治国。

民为国想，国也需反馈于民。在中国古代，统治者有爱民之心，则国易昌盛，《晋纪总论》中有"民情风教，国家安危之本也"的朴素道理。《春秋左传·襄公二十六年》里有云："夙兴夜寐，朝夕临政，此以知恤民也"的明君，

---

① 刘紫春、汪红亮：《家国情怀的传承与重构》，《江西社会科学》2015 年第 7 期。

深知"政者，正也。子帅以正，孰敢不正"①。以及《后汉书·循吏传序》中所谓的"广求民瘼，观纳风谣，故能内外匪懈，百姓宽息"之理，为民操劳，创造出的太平盛世，深受百姓赞颂；国家强盛，百姓的家庭更益美满。唐太宗也说："若安天下，必须先正其身，未有身正而影曲，上治而下乱者。"②君主能够自律，做好天下人的表率，成为天下这个大家庭真正的一家之主，必能得天下万民的拥戴。反之，如若以一己之私而祸害天下，"夫欲盛而费广，费广则赋重，赋重则民愁，民愁则国危，国危则君丧矣"③。水能载舟亦能覆舟。

四、家国情怀

在中国历史长河里，天下富足安康的朝代相对较少，战乱频繁，朝代更迭时期，布衣平民也深知天下兴亡，匹夫有责。历史风云中洋溢着深厚的家国情怀。

（一）古代士大夫的家国情怀

家国情怀在历代文人志士的诗歌中层出不穷。曹植《白马篇》"捐躯赴国难，视死忽如归"；江淹《荐豆呈毛血歌辞》"愿灵之降，祚家佑国"；刘商《金井歌》"君王俭德先简易，赡国肥家在仁义"；杜牧《冬至日遇京使发寄舍弟》"樽前岂解愁家国"；元稹《遣兴十首》"用人如用己，理国如理家"；吕岩《赠刘方处士》"悠悠忧家复忧国"；邵雍《家国吟》"邪正异心，家国同体"；李处权《贺雨》"使君勤政首勤农，忧国如家愿年丰"；冯时行《和王祖文》"忧国忧家连梦寐，端知不复有他肠"；洪咨夔《送兴元聂帅》"忧国如忧家，申旦抱耿

---

① （宋）朱熹：《四书章句集注》，北京：中华书局1983年版，第137页。
② （唐）吴兢：《贞观政要》卷一，上海：上海古籍出版社1978年版，第1页。
③ （宋）司马光：《资治通鉴》卷一百九十三，北京：中华书局1976年版，第6026页。

耿"；陆游《十一月四日风雨大作二首》（其二）"僵卧孤村不自哀，尚思为国戍轮台"；岳飞《满江红》"靖康耻，犹未雪。臣子恨，何时灭。驾长车踏破，贺兰山缺。壮志饥餐胡虏肉，笑谈渴饮匈奴血。待从头、收拾旧山河，朝天阙"；侯善渊《满庭芳·太古真风》"修家国，臣忠子孝，民业自安淳"；谢应芳《题杜拾遗像》"国破家何在，穷途更莫年"；瞿佑《旅舍书事》"平生家国萦怀抱，湿尽青山总泪痕"；韩邦靖《感事》"东南民力知全竭，西北长城更欲修。定有壮丁填野堑，况兼新麦在平畴。寻常功业人知好，十万人心或可忧。白屋书生真过计，便因家国泪横流"、邢侗《送方胥成之蓟门塞》"纷纷家国堪垂涕，君去并州又几年"。近现代有谭嗣同《戊戌入都别友人》"家国两愁绝，人天一粲然。只余心独在，看汝更千年。世界几痕梦，微尘万座莲。后来凭吊意，分付此山川"；梁启超《澳亚归舟杂兴》"乘桴岂是先生志，衔石应怜后死心。姹女不知家国恨，更弹汉曲入胡琴"；秋瑾《七律》"如许伤心家国恨，那堪客里度春风"；郁达夫《秋兴》"须知国破家何在，岂有舟沉橹独浮"；宋教仁《晚泊梁子湖》"家国嗟何在，乾坤渺一身"。在文人志士的笔下，抒发的是无法割舍的家国情，虽然历经世事变迁，这情怀却成为民众的信仰，不断被强化。

无数仁人志士为国尽忠，而为国尽忠是在家尽孝的延展和深化。《后汉书·马援传》中马援"男儿当死于边野，以马革裹尸还葬耳"的誓言表现了其爱国情怀；唐代诗人戴叔伦的《塞上曲》"愿得此身长报国，何须生入玉门关"表现了为国捐躯的豪情；令狐楚《年少行四首》"未收天子河湟地，不拟回头望故乡"展现了诗人保家卫国的坚定决心；宋代强敌环绕，靖康之变后，国土沦丧，无数仁人志士为此忧心忡忡，据《宋史·李纲传》载：宰相李纲面对金人入侵，痛心疾首，声称"祖宗疆土，当以死守，不可以尺寸与人"；据《放翁家训》载，陆游生于仕宦之家，家教讲究"廉直忠孝、世载令闻"，从小受其家风影响，一生心系失地，梦想早日恢复中原。他勉励子孙迁往边疆驻防："南北会当一，老我悲不遇。子孙勉西迁，俗厚吾所慕……永为河渭民，勿惮关山路。"去世前所作的《示儿》"死去元知万事空，但悲不见九州同。王师北定中原日，家祭无忘告乃翁"，更为千古绝唱。这些穿越了历史风云的诗句，记载了深厚的爱国情怀，历久弥新。

在理论上家国一体同构，在现实中"忠孝两难全"；面临如此两难，究竟如何取舍？我们不妨回望历史。《汉书·王陵传》讲述了王陵秉承母亲的遗愿，跟随刘备平定天下的故事。楚汉相争时王陵之母被项羽质留军中，陵母告诉使者："愿为老妾语陵，善事汉王。汉王长者，毋以老妾故持二心。"说罢，"遂伏剑而死"。在母亲的激励下，王陵跟随汉王南征北战，立下汗马功劳，后位至丞相，获封安国侯。王陵母亲的高义不止影响王陵一生，对后世也有影响。《后汉书·独行传》讲述东汉时期，鲜卑攻打辽西。鲜卑为顺利攻城，将辽西太守赵苞之母、妻劫为人质，押入囚车来攻其郡城。赵母虽身陷敌阵，仍大义凛然，对儿喊道："威豪，人各有命，何得相顾，以亏忠义？昔王陵母对汉使伏剑，以固其志，尔其勉之！"赵苞听从母命，率军出战，"贼悉催破。其母、妻皆为所害"。

为何危难之际，大义之人还是选择"为国尽忠"呢？因为"覆巢之下无完卵"。国家灭亡，百姓岂能安身立命？历史的变迁中，国毁则家亡。民众为国尽心尽力，获取天下太平，方有安稳可得。家庭不仅影响个人的成长，也事关国家的兴衰。

（二）家国情怀在新时代的新阐释

家国情怀对当今的国家治理和社会建设仍有积极意义。当下为实现中华民族伟大复兴的"中国梦"就是新时代家国一体的最新表述。习近平总书记指出："全面建成小康社会，实现中国梦，就是要实现人民幸福……全面小康是全体中国人民的小康，不能有人出现掉队。"[①]宏伟的中国梦需要千千万万的普

---

① 习近平：《携手消除贫困，促进共同发展———在 2015 减贫与发展高层论坛的主旨演讲》，《人民日报》2015 年 10 月 17 日。

通老百姓为之奋斗。国家富强，最终体现为每个小家庭的幸福美满，新时代的家国关系，非常紧密。

2015年新春，习近平在春节团拜会上指出："家庭是社会的基本细胞，是人生的第一所学校。不论时代发生多大变化，不论生活格局发生多大变化，我们都要重视家庭建设，注重家庭、注重家教、注重家风。"[1]只有每个小家美满幸福，和谐安定，才能为国家的宏伟建设提供源源不断的建设力。《大学》有言："家齐而后国治。"家国情怀将家庭与国家的荣辱紧密相连，让家与国同呼吸、共命运。

习近平总书记在第十二届全国人民代表大会第一次会议上指出："中国梦"不仅"是民族的梦，也是每个中国人的梦"；"只要我们紧密团结，万众一心，为实现共同梦想而奋斗，实现梦想的力量就无比强大，我们每个人为实现自己梦想的努力就拥有广阔的空间。生活在我们伟大祖国和伟大时代的中国人民，共同享有人生出彩的机会，共同享有梦想成真的机会，共同享有同祖国和时代一起成长与进步的机会。有梦想，有机会，有奋斗，一切美好的东西都能够创造出来"。[2]习近平总书记的讲话明确指出：在中国继续推进改革开放的时期，国家发展的宏伟目标与个体谋发展、寻幸福的人生目标是完全吻合的，国家的发展强盛为个体的发展提供了难能可贵的时代机会。

2020年是完成脱贫攻坚的关键之年。这不仅仅是人类历史上的壮举，也是全面建成小康社会的重要内容；加强农村建设，谋划乡村全面振兴……每一个议题、每一项新政，都与民生息息相关；国为民想，国为民谋，当国家的发展目标与民众的奋斗目标协调一致时，国家实现了富强，全体百姓就能富足安康。上下同心开新局，击鼓催征再出发。新时代的家与国之间形成了和谐共生谋发展、奔赴康庄同偕行的美好关系。

---

[1] 习近平：《在2015年春节团拜会上的讲话》，新华网，2015年2月17日。

[2] 习近平：《在第十二届全国人民代表大会第一次会议上的讲话》，《人民日报》2013年3月17日。

五、士大夫的忧患意识

"皮之不存，毛将焉附？"最能体现家国情怀的就是儒家所提倡的忧患意识。"忧患"一词最早见于《周易》中的《系辞下》："作《易》者，其有忧患乎。""易之兴起，在纣之末世，故其辞者忧其倾危也。以当纣世忧畏灭亡故，作易辞多述忧危之事，亦以垂法于后，使保身危，惧避其患难也……此之谓《易》之道者。"①《易》的产生是与当时的社会环境密切相关的，纣王荒淫无道，天下民生凄苦，周文王因心怀黎民，怜悯苍生，故形成推演之卦。所谓忧患，主要表现为对自己不幸命运的兴叹和为国家民族的危亡、人民群众的苦难而悲愤。

（一）忧患于个人不幸

生不逢时者，往往会抱怨天意弄人，认为自我的满腔热情和浑身解数，无法施展，故而忧心忡忡，难以遣怀。司马迁《报任安书》就是这方面的代表：

> 古者富贵而名摩灭，不可胜记，唯倜傥非常之人称焉。盖文王拘而演《周易》；仲尼厄而作《春秋》；屈原放逐，乃赋《离骚》；左丘失明，厥有《国语》；孙子膑脚，《兵法》修列；不韦迁蜀，世传《吕览》；韩非囚秦，《说难》《孤愤》；《诗》三百篇，此皆圣贤发愤之所为作也。此人皆意有所郁结，不得通其道，故述往事、思来者。乃如左丘无目，孙子断足，终不可用，退而论书策，以舒其愤，思垂空文以自见。

但此段文字中主要表达的还是一种积极的人生态度，忧患可以促人奋发图强。

---

① （唐）孔颖达：《周易正义》下册，北京：中国书店1987年版，第252—254页。

《孟子·告子下》却将个人忧患上升到国家层面：

> 舜发于畎亩之中，傅说举于版筑之间，胶鬲举于鱼盐之中，管夷吾举于士，孙叔敖举于海，百里奚举于市……人恒过，然后能改，困于心衡于虑而后作，征于色发于声而后喻。入则无法家拂士，出则无敌国外患者，国恒亡，然后知生于忧患而死于安乐。

（二）忧患于国家危亡

个人层面的忧患主要强调的是个人对自我人生意义的探索和追求，主要标志着自我人格力量的觉醒。国家层面的忧患则是对前者的升华，"忧国忧民"的情怀影响深远。无论在分崩离析的混乱年代，还是外敌侵袭的危机岁月，忧患意识一直是士大夫心中挥之不去的情怀。

1. 建安风骨中的忧患情怀

建安诗人的忧患意识主要表现在关注社会现实、渴望建功立业。东汉末年，战乱频繁，群雄纷争。曹操《蒿里行》揭露了初平元年袁绍等人兴兵讨伐董卓，内部混战导致民不聊生的惨状："铠甲生虮虱，万姓以死亡。白骨露于野，千里无鸡鸣。生民百遗一，念之断人肠。"乱世中的建安文人饱受离乱之苦，但政治热情高昂，渴望建功立业，扬名后世。曹氏父子就是其中翘楚。"挟天子以令诸侯"的曹操，虽因此举备受世人指责，但其政治理想是以天下为己任，渴望平定乱世，对同时代的文人影响甚大。"老骥伏枥，志在千里。烈士暮年，壮心不已。"已过不惑之年的曹操，尚且志向高远，作为晚辈后生的曹丕、曹植更是当仁不让。曹丕的《黎阳作三首》（其一）：

> 朝发邺城，夕宿韩陵。
>
> 霖雨载涂，舆人困穷。
>
> 载驰载驱，沐雨栉风。
>
> 舍我高殿，何为泥中。

> 在昔周武，爰暨公旦。
>
> 载主而征，救民涂炭。
>
> 彼此一时，唯天所赞。
>
> 我独何人，能不靖乱。

诗歌中他以周公自比，表明心系天下的情怀。希望统一天下，平定战乱。曹丕善骑射、多技艺，文学成就可圈可点，以文武全才之智，努力实现"救民涂炭"的宏愿。

曹植的文学素养在建安七子中最为明显，其早期作品《白马篇》已畅达渴望建功立业的豪情：

> 边城多警急，虏骑数迁移。
>
> 羽檄从北来，厉马登高堤。
>
> 长驱蹈匈奴，左顾凌鲜卑。
>
> 弃身锋刃端，性命安可怀？
>
> 父母且不顾，何言子与妻？
>
> 名编壮士籍，不得中顾私。
>
> 捐躯赴国难，视死忽如归。

诗中塑造的爱国壮士，为国献身，誓死如归，实则寄托了诗人自我的雄心壮志。

2. 宋朝强敌压境，文人忧思入髓

在中国古代史上，宋王朝因独特的时代背景和政治因素，造就了士大夫阶层浓厚的忧患意识。宋朝是一个非常特殊的朝代：强弱对比在这个王朝一直莫名共存。一方面，政治、经济和文化建设成就辉煌，尤其在文化建设上可谓超越汉唐，登峰造极；另一方面，武力上的积贫积弱，不断地遭受当时北方和西北强邻（辽、西夏、金、蒙古）的侵略与欺凌，外患几乎与三百多年的国运相伴始终。故而在各类文学作品中对国家危难的忧患表达层出不穷。

宋朝有民族忧患意识的文学家数不胜举，他们大致可分为两种类型：一类是"居庙堂之高者",主持军国大政,有实战经验的朝廷重臣。他们的作品不是空口无凭,而是以自身经历为依托,表达的爱国忧思情怀情真意切,且能站在国家层面审视与敌国的关系,对军国大事的见解较为深入。代表人物有路振、范仲淹等。另一类是"处江湖之远者",虽也有官职在身,且参政意识强烈,心系国家安危,可惜没有征战沙场,作品中更多的是情感的宣泄和抒发,代表人物有王禹偁、司马光、苏轼等文臣。

路振虽为文官,却与契丹侵略军狭路相逢过。据《宋史·路振传》记载:路振担任滨州(今属山东)知州的时候,"一日,契丹至城下,兵少,民相恐,众谓振文吏,无战御方略,环聚而泣。振乃亲加抚谕,且以敌盛不可与争锋,宜坚壁自守。数日,契丹引去。转运使刘综称其能,诏书褒美"①。

后来,在真宗大中祥符初年,他又曾奉朝廷之命出使契丹,并把出使的经历撰写成《乘轺录》献给皇帝。这些与敌正面交锋的经历,令他作品中的"爱国忧国情绪"更显真切。路振最具代表性的作品是《伐棘篇》:

> 伐棘何所山之巅,秋风飉飉刺子丹。
>
> 折根破柢坚且顽,斸夫趑趄汗污颜。
>
> 攒锋束芒趋道还,□之森森缭长藩。
>
> 暮冬号风雪暗天,漏寒不鸣守犬眠。
>
> 主人堂上多金钱,东陵暴客来窥垣。
>
> 举手触锋身陨颠,千矛万戟争后先……
>
> 推刍挽粟徒喧喧,边臣无心靖国艰,为余讽此伐棘篇。②

本诗主题明确:表达了路振对契丹军侵略的愤怒,对边地汉族百姓苦难的同情,对"边臣无心靖国艰"的讽刺。

路振的经历令他作品中的情感倍显真挚,范仲淹的边塞经历则更甚一筹。

---

① (元)脱脱等:《宋史》卷四百四十一,北京:中华书局 1977 年版,第 13073 页。

② 北京大学古文献研究所:《全宋诗》第 2 册,北京:北京大学出版社 1998 年版,第 838—839 页。

范仲淹不仅以文才留名传世，也是杰出的政治家和军事家，他曾担任过陕西经略副使和陕西四路宣抚使，实地筹划边防，改革军制，并多次指挥与西夏交战。其作品中的爱国忧国思想就是日常生活的真实写照。《阅古堂诗》述志道：

> 吾爱古名将，毅若武库森。
>
> 其重如山安，其静如渊沉。
>
> 有令凛如霜，有谋密如阴。
>
> 敌城一朝拔，戎首万里擒。
>
> 虎豹卷韬略，鲸鲵投釜鬵。
>
> 皇威彻西海，天马来駸駸。①

大众耳熟能详的《渔家傲》也真切地表达了他的忧患意识：

> 塞下秋来风景异，
>
> 衡阳雁去无留意。
>
> 四面边声连角起。
>
> 千嶂里，
>
> 长烟落日孤城闭。
>
> 浊酒一杯家万里，
>
> 燕然未勒归无计。
>
> 羌管悠悠霜满地。
>
> 人不寐，
>
> 将军白发征夫泪。

该词是他边塞生活的真实经历，借己情抒发全体将士的思家情和外患未消、壮志未酬的悲愤。传颂千古的"先天下之忧而忧，后天下之乐而乐"更是他自身经历凝练的政治理念与民族忧患意识的升华和结晶。

---

① 北京大学古文献研究所：《全宋诗》第 3 册，北京：北京大学出版社 1998 年版，第 1877 页。

　　王禹偁是实实在在的文官代表，一生的仕途效忠场所虽限于朝廷和内地州郡，与边塞战事未有直接联系，但这并不妨碍他心系家国，关注宋辽关系与时事政局，时刻牵挂为君分忧。据《宋史·王禹偁传》记载：端拱初年，太宗皇帝向群臣征求边事建议，王禹偁上呈《御戎十策》；该策论表述了他对守边御敌的成熟思考，并建议太宗"外任人，内修政""合兵势而重将权""下诏感励边人"；此策"帝深嘉之"①。除了在策论里畅所欲言，表达自我的忧国忧民，其五言古诗《对雪》也抒发了这份强烈忧思：

　　　　因思河朔民，输挽供边鄙。

　　　　车重数十斛，路遥数百里。

　　　　羸蹄冻不行，死辙冰难曳。

　　　　夜来何处宿，阒寂荒陂里。

　　　　又思边塞兵，荷戈御胡骑。

　　　　城上卓旌旗，楼中望烽燧。

　　　　弓劲添气力，甲寒侵骨髓。

　　　　今日何处行？牢落穷沙际。

　　　　自念亦何人，偷安得如是！

　　　　深为苍生蠹，仍尸谏官位。

　　　　謇谔无一言，岂得为直士？

　　　　褒贬无一词，岂得为良史？

　　　　不耕一亩田，不持一只矢；

　　　　多惭富人术，且乏安边议……

　　该作表达了诗人忧国思绪难宁，却无能为力的无奈之感。这也是宋初大部分文人心态的集中体现。宋辽对立局势严重，宋太宗两次攻打辽国失败，从此宋对辽策略改为防守。大部分文人的激愤更难排遣。

---

　　①　（元）脱脱等：《宋史》卷二百九十三，北京：中华书局1977年版，第9817页。

司马光虽然有"太平宰相"之称，但外患严重的国情岂能视而不见。他的《塞上四首》其一写道："节物正防秋，关山落叶稠。霜风壮金鼓，雾气湿旌裘。未得西羌灭，终为大汉羞。惭非班定远，弃笔取封侯。"[①]字里行间表达了他未能亲历边塞杀敌立功的遗憾心情。

苏轼的爱国情怀和忧患意识也令人动容。苏轼一生仕途坎坷，可无论身处何等境地，他的忧国忧民情怀却从未变过。早在参加科举考试时，他就写有策论文《教战守》：

> 天下苟不免于用兵，而用之不以渐，使民于安乐无事之中，一旦出身而蹈死地，则其为患必有所不测。故曰：天下之民，知安而不知危，能逸而不能劳，此臣所谓大患也。臣欲使士大夫尊尚武勇，讲习兵法；庶人之在官者，教以行阵之节；役民之司盗者，授以击刺之术；每岁终则聚于郡府；如古都试之法，有胜负，有赏罚，而行之既久，则又以军法从事……

全文强调教民习武，有备无患，因为时局紧张，战争不可避免；由忧患意识而生发的洞见，使其已经远超一般常人。虽未被采纳，但他参政议政的热情不改，后来即使被贬，可为国效命的初衷却从未改过。写于神宗熙宁八年的《江城子·密州出猎》，将这种情怀抒发到极致。

> 老夫聊发少年狂，左牵黄，右擎苍，锦帽貂裘，千骑卷平冈……会挽雕弓如满月，西北望，射天狼。

写于不惑之年的这首词，乃苏轼自我心境的真实写照：希望能为朝廷所用，致力抗敌，建功边疆。

3. 鸦片战争前的忧患情怀

鸦片战争的爆发，彻底改写了中国近代史。可是，早在帝国主义用炮火轰

---

① 北京大学古文献研究所：《全宋诗》第 9 册，北京：北京大学出版社 1998 年版，第 6078 页。

开中国国门前，部分有先见之明的爱国人士就已经预见到潜在的危险了。鸦片流入中国之势愈演愈烈，上至皇亲国戚下至贩夫走卒皆食鸦片，更恐怖的是军队的从军者，出战时候的标配居然还有一管烟枪。林则徐比较全面地概括了进步士人对鸦片祸害的看法和对危机的分析，他写道：鸦片"流毒于天下，则为害甚巨，法当从严，若犹泄泄视之，是使数十年后，中原几无可以御敌之兵，且无可以充饷之银，兴思及此，能无股栗"①。

对鸦片流毒的担忧，最早在进步人士中形成共识，逐渐在广大民众中产生反响，最后终于触动了清朝统治者麻木的神经，让他们意识到危机即将来临，并痛下决心准备禁烟。身负忧患意识的进步知识分子，在世界的纷繁变化中，看到了"闭关锁国"所引发的固步自封。曾经的"康乾盛世"已经逐渐远去，广阔的世界已经发生翻天覆地的变化，危机会带来危险，但也能带来改变的机会。在他们的倡导下，禁烟运动在中国蓬勃开展，沉睡中的中国终于出现一缕曙光。

六、舍生取义与杀身成仁

生活在和平时代里的人很难洞悉爱国的真实含义，近年来随着中国综合国力不断增强，国人的自信心也不断提升，复杂的国际关系中，动辄风云变幻，在民众心里引发了很大涟漪。我们突然意识到：家国关系如此密切，国家的动荡将直接影响到每个普通民众。爱国情怀不是简单的言语表述，是需要实实在在的具体行动。回望历史，每次在民族危亡的艰难时刻，无数的仁人志士为国家抛头颅、洒热血，谱写了无数的"舍生取义""杀身成仁"的悲壮曲。和平时代的较量，虽不至于战火纷飞，但明了为国之大义而舍弃小我的利益，仍然

---

① 中国史学会主编：《中国近代史资料丛刊第一种：鸦片战争》第 2 册，上海：神州国光社 1954 年版，第 142 页。

有着积极的时代意义。

（一）出处

"舍生取义"出自《孟子·告子上》："鱼，我所欲也；熊掌，亦我所欲也。二者不可得兼，舍鱼而取熊掌者也。生，亦我所欲也；义，亦我所欲也。二者不可得兼，舍生而取义者也。"孔子开创的儒家学说，强调"仁""义"的重要性，孟子承传其绪，并将之深化，"仁""义"值得用生命去换取。"杀身成仁"出自《论语·卫灵公》："志士仁人，无求生以害人，有杀身以成仁。"[1] 杀身成仁与舍生取义有异曲同工之妙，皆强调以牺牲肉体生命来成就仁义之类的精神生命。其实，儒家并非漠视肉体生命的价值；相反，他们认为有形的生命也是可贵的。譬如《孝经·开宗明义》："身体发肤，受之父母，不敢毁伤，孝之始也。立身行道，扬名后世，以显父母，孝之终也。"古人为了孝顺父母，连身体发肤都不忍损伤，可是为了更高的仁义，却可以舍弃性命，这是何等气魄。那仁义内涵的具体表现是什么呢？

（二）士为知己者死

在春秋战国时代，群雄纷争，各诸侯国为了自身的利益争斗不断。连年的血腥厮杀，百姓流离失所，苦不堪言。动荡的社会让众多的能臣义士流落于市井之中，处于社会的最底层，豫让如此，聂政如此，荆轲亦如此，他们虽有报国之心，却报国无门。而各诸侯国在斗争中也越发意识到贤能仁士的重要性，于是礼贤下士，把众多流落于市井民间的义士招至身旁，尽其所用。这些能士在遭受过不得志的困境后，人生境遇突逢光明，故而能掏心掏肺对其恩主，感念恩主对他们的礼遇，甚至不惜牺牲自我，以求回报知遇之恩。

豫让，最初效力范氏、中行氏，却不被赏识，后投奔智伯，受到重用。后

---

① （宋）朱熹：《四书章句集注》，北京：中华书局1983年版，第163页。

来三晋分智氏，赵襄子恨智伯入骨；智伯死后，赵襄子把智伯的头颅当成饮酒的器皿，以泄其愤。豫让秉持"为知己者死"之信念，决定刺杀赵襄子，为智伯报仇。他初衷纯粹，无心扬名，只为报答知遇之恩。《史记·刺客列传》里，豫让"乃变名姓为刑人，入宫涂厕，中挟匕首，欲以刺襄子"[①]；虽被发现，行刺未果，但并未放弃。为了报仇，他用生漆涂抹全身，使其溃烂长疮；吞下火炭，使嗓子嘶哑；他自残到面目全非，沿街乞讨度日，连结发妻子也无法辨认。他想以此方法毁其容，改其声，便于继续他的复仇计划。这种种常人难以忍受的痛苦，他默默承受，并不希望被人理解，难怪赵襄子都赞其为"此天下之贤人也"。更难能可贵的是，他虽要刺杀赵襄子，却不采纳友人的暗杀建议，不肯屈为人臣再杀之，这份光明磊落的确堪称高义。最后，躲在桥下的豫让再次行刺失败，面对即将来临的死亡，他坦然无惧，却恳请赵襄子允许他刺其衣以明志；赵襄子被其感动，允许之。豫让拔剑三跃刺衣，口呼："吾可以下报智伯矣。"[②]之后就伏剑自刎而死。豫让虽然未能成功，但其失败的悲歌却更加令人感慨，先主遇难身亡，他却不愿独活于世，忍辱负重，以身试死，这种令对手都钦佩的风骨在史书中留下灿烂的一笔。

同是"士为知己者死"，豫让虽败犹荣，聂政却得享"忠孝两全"的美名。聂政为报答严仲子的知遇之恩，在为老母服丧尽孝之后，决定刺杀国相韩傀。刺杀成功，在逃逸无望的情况下，为了避免牵连家人，他"自皮面抉眼，自屠出肠"，以自残面目之法让世人无法辨识自己。韩人取聂政的尸体置于街市之上，欲以千金购其姓名，但大家都不知道是谁。听闻消息的姐姐聂嫈，为了彰显弟弟聂政的侠义之名，勇敢认尸，最后也刚烈地自刎于聂政身边。

面对秦国强势进逼，燕国太子丹将所有的希望系于侠客荆轲之身，指望荆轲能成功刺杀秦王，则燕国困境的解决指日可待。于是，太子丹诚心款待

---

① （汉）司马迁：《史记》第 8 册，北京：中华书局 1959 年版，第 2519 页。

② （汉）司马迁：《史记》第 8 册，北京：中华书局 1959 年版，第 2521 页。

荆轲，不仅尊其为上卿，还供给各种珍奇异宝，绝色美人，但求其刺杀成功。临行前，面对送行众人，荆轲留下"风萧萧兮易水寒，壮士一去兮不复还"①的慷慨豪言！明知此去无归路，无论刺杀行动成功与否，其结局皆注定一死。可是为了报答知遇之恩，他还是选择从容赴死。司马迁《史记·刺客列传》中，荆轲传记篇幅最长，其推崇之心洋溢纸间，不言自明。

豫让、聂政和荆轲，这三位侠士的悲壮之举的初衷是为恩主效忠，却陷入了权力斗争的旋涡；难能可贵的是，他们本能选择不同的人生，但还是以重义轻生的姿态在中华文明史上留下了"舍生取义"的恢弘篇章。因为他们珍视懂得自己、理解自己、礼遇自己的"知己"，为回报这份难能可贵的知遇之恩，甘愿为之牺牲生命，这就是"士为知己者死"的鲜明写照。

（三）为国断头心不悔

司马迁在《史记·袁盎晁错列传》中记载晁错出任御史大夫后，向汉景帝提出"削藩"的主张，这一侵犯诸侯特权的建议当即遭到权势阶层的强烈反对，于是"错父闻之，从颍川来，谓错曰：'上初即位，公为政用事，侵削诸侯，别疏人骨肉，人口议多怨公者，何也？'晁错曰：'固也。不如此，天子不尊，宗庙不安。'错父曰：'刘氏安矣，而晁氏危矣，吾去公归矣！'遂饮药死，曰：'吾不忍见祸及吾身。'"②

果然不出错父所料，他饮药身死不及旬月，吴楚七国就在江南打着诛杀晁错的旗号轰轰烈烈地起事谋反。景帝不及深思就将晁错当作罪魁祸首，推出东市斩首。但令人深思的是，司马迁在传中讲述了景帝与邓公的一段对话。晁错死后，邓公前去征讨叛军，不久后回到京城向景帝汇报情况，二人就吴楚叛军听到晁错的死讯后有无罢兵展开了对话：

---

① （汉）司马迁：《史记》第 8 册，北京：中华书局 1959 年版，第 2534 页。
② （汉）司马迁：《史记》第 8 册，北京：中华书局 1959 年版，第 2747 页。

邓公曰:"吴王为反数十年矣,发怒削地,以诛错为名,其意非在错也。且臣恐天下之士噤口,不敢复言也!"上曰:"何哉?"邓公曰:"夫晁错患诸侯强大不可制,故请削地以尊京师,万世之利也。计画始行,卒受大戮,内杜忠臣之口,外为诸侯报仇,臣窃为陛下不取也。"于是景帝默然良久,曰:"公言善,吾亦恨之。"①

由此可见,晁错的削藩政策是有利于国家的长治久安的。但是,造化弄人,心怀赤诚的晁错却因此而获罪问斩。面对父亲的苦言相劝,晁错不为所动;当父亲以自杀相迫时,晁错仍不为所动,并不改变自己为国的忠心,且表明了为国宁愿舍家的大义。可悲的是,他为之付出忠心的君王,却辜负了这份忠义。这真是一份绝妙的讽刺。但这份悲剧却强烈地折射出其忠心为国、坚定不移、威武不屈,甘愿为国舍身成仁的崇高精神品格。

晁错之举非个例,面对国土沦丧愤而投江的屈原,精忠报国含冤而死的岳飞,他们都是为了"忠"而尽"仁义"。这份"忠心"是对封建君主的忠诚,落脚点是为了维护封建王朝的阶级统治。虽有"愚忠"的成分,但这份勇气和坦荡仍值得讴歌。

文天祥在《过零丁洋》里留下"人生自古谁无死,留取丹心照汗青"的诗句,以一腔忠义,永留史册。文天祥的仕途颇为坎坷,以进士第一高中榜首的他,却因为父亲的逝世,回家丁忧未授予官职,后因得罪当朝奸相贾似道而遭到罢斥。南宋末年,元军凭借强盛武力,经常骚扰宋朝境地;文天祥组织义军,开始了与元军的长期对抗;面对妻子儿女都被敌军抓捕,义军伤亡惨重的残酷现实,他依然边退边打,一直坚持与元军对抗,直至叛徒出卖,被敌人抓捕。文天祥的忠义之名早已远播,忽必烈也有意招降,双方对峙四年后,文天祥依然不愿侍奉敌主,只求一死,最后慷慨就义,生命定格在47岁。高义之

---

① (汉)司马迁:《史记》第8册,北京:中华书局1959年版,第2748页。

举不仅赢得敌对方的赞赏，也深远影响后世。

在中国近代史上，民族英雄更是层出不穷：西方列强依仗坚船利炮轰开了中国国门；面对烧杀抢掠、巧取豪夺，爱国人士不惜以己肉身，与强敌拼搏。林则徐虎门销烟，被贬新疆；关天培奋勇杀敌，炮台捐躯；陈化成吴淞口殉节；邓世昌孤舰拒敌，以身殉国；谭嗣同血祭维新；杨靖宇吃着草根树皮抗击日寇；方志敏为共产主义事业光荣献身；董存瑞舍身炸碉堡；黄继光用胸口堵住枪眼；狼牙山五壮士为掩护部队转移，以身诱敌，战斗到弹尽粮绝选择跳崖自尽……在民族生死存亡的重要时刻，执守仁义意味着牺牲小我；无数的小我铸成了民族战胜危难的强大力量，《汉书·司马迁传》有"人固有一死，死有重于泰山，或轻于鸿毛，用之所趋异也"[①]之说。这种以身许国、慷慨赴义，其死必重于泰山，亦深受后世敬仰，更值得身处和平年代的我们时刻感恩和缅怀。

我们的国歌，庄严肃穆的音乐背后，歌词中蕴藏着耐人寻味的深义。"冒着敌人的炮火，前进"，这是在民族生死存亡的时刻，无数先烈的呐喊与行动。在敌人的猛烈炮火下，无数志士将自己置身险境，以血肉之躯铸造起抵抗之城。艰苦卓越的战斗和披肝沥胆的付出，才赢取到大众得以安生立命的生存环境。前事不忘后事之师，和平年代里的我们，仍需明了先辈们牺牲自我，换取和平的不易，以感恩之心珍惜今天的生活。新时期国家之间的较量已经不仅仅是武力的直接斯杀，贸易战的出现给我们敲响警钟；和平时代里虽然不用再舍生取义，但为了国家民族的大义，仍需舍弃小我的舒适，为国家的富强奉献一份奋斗的能量。

思考题：

（1）在中国古代社会中，男尊女卑的观念根深蒂固，但为何《家人》里的表述与此不同？

[①] （汉）班固：《汉书》第9册，北京：中华书局1962年版，第2732页。

（2）在科技高速发展的今天，"地球村"的说法已经不再新鲜，命运共同体的说法已经得到广泛认同，那新时期的国家关系又该如何体现？

（3）"人无近虑，必有远忧"，你的忧患是什么？

（4）历史上的爱国情怀多与国破家亡相关，那和平年代的爱国情怀该如何体现呢？

参考文献：

（1）《全宋诗》，北京：北京大学出版社 1998 年版。

（2）臧守虎：《〈易经〉读本》，北京：中华书局 2007 年版。

（3）冯友兰：《中国哲学简史》，北京：北京大学出版社 1996 年版。

（4）葛兆光：《中国思想史》，上海：复旦大学出版社 2001 年版。

第六讲
学以成圣

> 【学习目的】了解当今关于"学"的诸多问题，掌握"为己之学"的含义及其内容，认识儒道圣人的形象及其"内圣外王"内容的异同，理解君子圣人所具有的品质及成为君子圣人的方法。

自 1977 年秋高考制度恢复后，仅以高校来说，从整体上看，80 年代大学生的学风普遍很好，大多具有很强的责任意识、自由独立意识和批判精神；然而自 90 年代初期始，在学习动机、学习方式及师生关系等方面受到诸多的挑战。面对挑战，从传统文化中吸取营养是一剂解决问题的良方。

一、当今关于"学"的诸多问题

正常的教学状态是教师认真教，学生认真学。《礼记·学记》对此有较详细的论述。首先，强调了学习的重要性。《学记》认为知识、道理必须通过学习才可知晓，而且学习目的是为了"知道"，而不是为了某种功利，正所谓"人不学，不知道"，"虽有至道，弗学，不知其善也"。[1] 其次，认为学生对学习必须有端正的态度。《学记》说："入学，鼓、箧，孙其业

---

① 杨天宇：《礼记译注》，上海：上海古籍出版社 2004 年版，第 456—457 页。

也"①，"孙"通"逊"，"孙其业"即要求对学习持有恭敬的态度，而不是应付学习。最后，强调了教师要认真且善于教学生。《学记》云："学者有四失，教者必知之……教也者，长善而救其失者也"，"君子知至学之难易，而知其美恶，然后能博喻。"②身为教师，不仅要了解学生常犯的失误，而且要了解诸生自身的情况，如此才可因材施教并挽救学生的过失。以《学记》所言对照当今大学生的学习情况，虽然整体情况良好，但也发现存在诸多问题，如学习动机的功利性、学习态度的不端正、师生关系的不正常，等等。

（一）学习动机的功利性

因何而学？这是探讨学习首先要解决的问题，因为这一问题既是为学的依据，又是激励学生学习的引擎。对此，古今中外许多思想家都做过探讨。如诸葛亮曾云："夫学须静也，才须学也。非学无以广才，非志无以成学。"③"广才"意指人格之完善、修养境界之提升或知识、能力的增长，学习是"广才"的动力，而"广才"是学习的目的。除此之外，古人认为读书还有另一目的，即为求利而读书，历代都有有志之士对此进行批评，如王安石说："天下日更薄恶，宦学者不谋道，主禄利而已。"④王安石所说的"主禄利"是指士人通过读书进入仕途，但进入后不是为公而是为一己之私利。读书可获得极大的好处，深深地影响了国人的学习观念。如王阳明11岁的时候，曾问其私塾老师"何为第一等事"？其师回答说："惟读书登第耳！"阳明则对老师解答表示质疑，说："登第恐未为第一等事，或读书学圣贤耳。"⑤此事虽受许多人怀疑，但

① 杨天宇：《礼记译注》，上海：上海古籍出版社2004年版，第458页。
② 杨天宇：《礼记译注》，上海：上海古籍出版社2004年版，第462页。
③ 李伯勋：《诸葛亮集笺论》，西安：陕西人民出版社1977年版，第286页。
④ （宋）王安石著、王水照等点校：《王安石全集》第七册《临川先生文集》（三），上海：复旦大学出版社2017年版，第1355页。
⑤ （明）王守仁撰、吴光等点校：《王阳明全集》（下），上海：上海古籍出版社2011年版，第1347页。

其师之观念则代表了众多普通百姓或知识分子对为学的认知。

为"登第"或为"学圣贤"而读书虽是古人之所求，但其中所谈的问题，即为求功名利禄而学还是为个人的人格、能力之完善而学也是今天所要关注的话题。如以 20 世纪 90 年代为时间界限，把 90 年代之前和之后的大学生的学习目的加以比较，可发现大学生的学习目的越来越偏向功利。用下列一组数据即可说明。恢复高考后的大学生们面对来之不易的上学机会和有保障的就业机制，学习动机往往都具有崇高的目的。夏应春等人调查指出：回答"努力学习以适应时代和社会的需要"，"学习是为了做一个能立足于社会的、有用的人"，"充实自己，创造美好的自我"等问题上的人数比例分别为 84.6%、84.1%、78.1%；而与之相反的是，为一己之利而学习，则受到大多数大学生的鄙弃，如"为了能出国镀金，回国后吃得开"的只占 11.6%，"为了应付考试，不被淘汰，顺利毕业，拿到铁饭碗的只占 17.6%"。[1] 然而受市场经济的逐利性、就业制度的改变及高校的管理制度等因素的影响，20 世纪 80 年代末 90 年代初，大学生的学习动机明显向功利主义侧重。1988 年，史志英开始对北京、上海等 11 所高校的近千名学生进行调查，结果显示：当前大学生因为工作而读书的比例为 42.83%，是为"共产主义远大理想"（1.77%）、"祖国'四化'作贡献"（2.18%）、"不愧党和国家的培养"（2.08%）人数总和（6.03%）的 7 倍。[2] 十年之后，张兴贵的调查数据也显示出：不同民族（汉、维、藏，回）为个人取向而读书的比例均高于为社会取向而读书的。[3]2009 年、2010 年等年份对不同学校的大学生的调查数据，结果均呈现出功利主义的倾向。[4] 从现实层面上说，若绝大多数的为学者均为利而学，那社会责任与义务谁去承担，这便成

---

① 夏应春等：《当代大学生学习动机的特点》，《高等工程教育研究》1998 年第 1 期。

② 史志英：《大学生当前的学习态度与行为》，《河北大学学报》1990 年第 2 期。

③ 张兴贵：《不同文化背景中大学生成就动机取向特点的研究》，《心理科学》1998 年第 5 期。

④ 参看朱旗：《大学生学习行为系统诊断》，《莆田学院学报》2009 年第 6 期；刘晓华：《当代大学生学习行为调查》，《湖北经济学院学报》2010 年第 2 期。

为问题。

（二）学习态度或方式的不端正

认真不认真学习，这是态度问题。学习态度不端正往往会表现出学习方式的不端正。应付上课甚至逃课，作业不认真完成甚至抄袭，皆是其表现。

从逻辑上讲，为求利而学，如为找份薪水好的工作而学习，并不会必然导致学生应付上课或逃课。因为若学无所长，想要找份工资高的工作是相当困难的，在就业形势严峻的情况下更是如此，所以从理论上说，严峻的形势也会促使大学生认真对待学习。然而，现实却是学生应付上课甚至逃课的现象较为严重。仅以逃课来说，2011 年《中国青年报》社会调查中心对来自全国各高校的在校生或毕业生 2915 人进行调查，统计后发现，84.7% 的受访者坦言当前大学生逃课现象严重①。如教学内容陈旧等原因所导致的逃课尚可理解，逃课后若去图书馆或教室认真学习，这也没有从根本上违背学习的本质，然而若去娱乐游戏，却是浪费了大好的年华。令人遗憾的是，逃课后去玩的人还真不少，有数据统计表明至少有 59% 以上的同学未去学习②。这两组数据直观地显示出当前大学生学习态度的不端正。

老师布置作业，一是为了促使学生对知识进行复习与巩固，二是为了检查学生所掌握知识的程度及运用与创新知识能力的情况。对于高校教师来说，让学生写论文是较常见的作业形式。学生为了提高运用与创新知识的能力理应认真完成论文。遗憾的是，应付甚至抄袭论文的现象是令人担心的。仅在 2018 年，媒体先后就报出东北大学、湖南大学和天津大学等高校多名研究生的学位论文存在不程度的抄袭。雨茂在《为什么本科论文抄袭难以避免》一文中引用了一组令人更加担心的数据，但从中可看到高校学生的学习态度是令人担

---

① 肖舒楠等：《84.7% 受访者坦言当前大学生逃课现象严重》，《中国青年报》2011 年 10 月 18 日。

② 若尘：《大学生该好好计算逃课成本了》，《中国青年报》2015 年 2 月 16 日。

忧的。①

除上述问题外，还有变了味的师生关系。目前，虽然师生关系整体上是和谐的，②但传统的师道尊严在现代化转型中，因受到诸如教师群体曾被打成"臭老九"、市场经济逐利等因素的影响而受到较严重的挑战，师生之间的关系发生了某种变异。如老师滥用其权力强迫学生利益输送，或师生之间为了各自的好处而互惠互利等。

当今学习问题虽然是由诸多原因引起的，但其中最根本的原因则是违背了"为己之学"的精神与实质。

二、何谓"为己之学"

因何而学？不同的思想家有不同的观点。英人培根言："读书之用有三：一为怡神旷心，二为增添雅趣，三为长才益智……正如古人所云：'学皆成性'。"③培根的论述相当全面，读书既可明智又可培养高尚的情操。不过，在中国传统文化中，占主流的显然是儒家的学习观。孔子曾明言："古之学者为己，今之学者为人。"④

（一）"为己之学"的含义

按孔子语脉，"学者为己"与"学者为人"明显是对立的，但对其具体含义则有不同的解释。⑤如皇侃认为，"为己"就是把学习与了解先王之道作为

---

① 雨茂：《为什么本科论文抄袭难以避免》，《中国青年报》2016 年 4 月 26 日。

② 李捷枚等：《研究生与导师关系调查及启示》，《求知导刊》2015 年第 11 期。

③ （英）培根著，曹明伦译：《培根随笔集》，北京：燕山出版社 2000 年版，第197—198 页。

④ （宋）朱熹：《四书章句集注》，北京：中华书局 1983 年版，第 155 页。

⑤ 参见吴喜双、张培高：《完善自身与经世济民——"为己之学"的双重向度》，《中国社会科学报》2019 年 2 月 12 日。

基础，然后化为实际行动，从而完善自己；"为人"则相反，只是在言语上让他人了解与赞美自己。而二程则认为"为己"是为了完善自我，而"为人"则是为了取悦别人。① 这一解释得到朱熹的继承，从而产生了巨大的影响。相对来说，程朱的解释接近孔子的原意。

首先，从孔子本人的言论上来说，程朱的解释可在《论语》中找到依据。虽然孔子对"为人""为己"未有更详细的说明，但其相类似的言论还比较多。如《论语·卫灵公》云："君子求诸己，小人求诸人。"②"求诸己"与"为己"一样，对于君子来说，所要担心的不是别人不了解自己，而是要担心自己各方面的能力，然而能力的高低则完全属于个人之事。

其次，从孟子、荀子的解释来看，程朱的解释与他们的解释基本一致。孟子说：

> 有天爵者，有人爵者。仁义忠信，乐善不倦，此天爵也；公卿大夫，此人爵也。古之人修其天爵，而人爵从之。今之人修其天爵，以要人爵；既得人爵，而弃其天爵，则惑之甚者也，终亦必亡而已矣。③

"人爵"是指公、卿、大夫等爵位，爵位不同，等级越高，相关权力就越大，所获得的利益往往就越多；"天爵"是仁、义、忠、信等价值观念。孟子认为古人与今人的差别在于追求的动机不同：一者求"天爵"，一者求"人爵"。对古人来说，"人爵"是"天爵"的副产品；而对今人来说，以"天爵"来求"人爵"，更有甚者，得到"人爵"后"天爵"也就抛弃了。孟子虽未明言"为己"与"为人"，但从"古人"与"今人"之对立可推知，这是对孔子"为己"与"为人"思想的继承。

与孟子不同的是，荀子则直言曰：

---

① （宋）朱熹：《四书章句集注》，北京：中华书局 1983 年版，第 155 页。
② （宋）朱熹：《四书章句集注》，北京：中华书局 1983 年版，第 165 页。
③ （宋）朱熹：《四书章句集注》，北京：中华书局 1983 年版，第 336 页。

君子之学也：入乎耳，著乎心，布乎四体，形乎动静。端而言，蠕而动，一可以为法则。小人之学也：入乎耳，出乎口。口耳之间则四寸耳，曷足以美七尺之躯哉！古之学者为己；今之学者为人。君子之学也以美其身；小人之学也以为禽犊。①

在荀子看来，古、今学者之对立即是君子之学与小人之学的对立。君子对于所学，入脑入心，内化为知识与观念，外化为言行，可成为世人效法的榜样，所以说君子学习的目的是"美其身"。小人对于所学，走马观花、囫囵吞枣，还没来得及消化，就迫不急待地要向他人展示以获得某种好处，所以其目的是"以为禽犊"，把学问当禽兽去讨好他人。

虽然我们可说，程朱解释与孟、荀等人相近，也可从孔子那里找到依据，但仍有问题存在，即"为己"之"己"包含哪几个方面，仅仅指提高自己的德行吗？还是说德行的培养只是"为己之学"的一个方面？

（二）"为己之学"的内容

"己"之完善首先需要一个方向，这在孔子看来即为"求道"，"道"与其他方面的内容比较起来，极具优先性与紧迫性。

1."志于道"是"为己之学"的基本向度

一谈论"道"便会想起"道家"，实则"道"是一个普遍的术语，孔子把它作为"为己"之学的依据。孔子说："志于道，据于德，依于仁，游于艺"②，"道"的地位远高于"德""仁""艺"。在《论语》中，孔子对"道"之含义虽无明确的界定，但从他们的排列顺序上可知，孔子所说的"道"包括了"德""仁""艺"等内容。其中"仁"是"德"的具体内容，"艺"为礼、乐、射、御、书、数六种技能，故又称为六艺。孔子甚至认为早上若闻见了"道"，即便

---

① 梁启雄：《荀子简释》，北京：中华书局 1983 年版，第 8 页。
② （宋）朱熹：《四书章句集注》，北京：中华书局 1983 年版，第 94 页。

晚上死去也不会有遗憾。①"求道"既崇高又艰难，求道者要经历种种考验，特别是要经受住功名利禄的考验，故而孔子会高度赞扬为学时间很长仍然不追求俸禄的学生②。孔子的这一思想得到了弟子的继承，如子张就明确认为一个合格的士人，在道德上，行为必须坚定、信仰务必纯真，否则便是可有可无的了。③

2."四科"是"为己之学"的具体内容

孔子曾问伯鱼，有没有学诗与学礼？伯鱼回答说，还没有。于是孔子便让其学诗与学礼。④孔子与伯鱼之间的这段对话，既表明了孔子对自己的儿子并无学习上的偏私，又说明了"礼"与"诗"是必学的内容。"礼"在儒家有广义、狭义之分，前者指典章制度，后者指行为规范。这里的"礼"可作广义或狭义解。除了"礼"与"诗"外，学习的内容还有哪些呢？在《论语》中关于孔子教学内容的记载有两处：第一，《论语·述而》曰："子以四教：文、行、忠、信。"⑤第二，《论语·先进》曰："德行：颜渊，闵子骞，冉伯牛，仲弓。言语：宰我，子贡。政事：冉有，季路。文学：子游，子夏。"⑥"文"与"文学"意思一致，指《诗》《书》《春秋》等文献；"忠、信"属于"德行"，"言语"属于"口才"，"政事"属于"行"的一种。两处尽管记载有所不同，而且诸学生的专攻也有差异，但上述皆是"为己之学"的内容。孔子不仅主张学习德行、言语等内容，同时也主张学习多项具体的技能，故有"游于艺"⑦及"吾少也贱，故多能鄙事。君子多乎哉？不多也"⑧之说。还需要指出的是，对于客观事物之认识，孔子也是主张的。他说："诗，可以兴，可以观，可以群，可以怨。迩之事父，

---

① （宋）朱熹：《四书章句集注》，北京：中华书局 1983 年版，第 71 页。
② （宋）朱熹：《四书章句集注》，北京：中华书局 1983 年版，第 106 页。
③ （宋）朱熹：《四书章句集注》，北京：中华书局 1983 年版，第 188 页。
④ （宋）朱熹：《四书章句集注》，北京：中华书局 1983 年版，第 173—174 页。
⑤ （宋）朱熹：《四书章句集注》，北京：中华书局 1983 年版，第 99 页。
⑥ （宋）朱熹：《四书章句集注》，北京：中华书局 1983 年版，第 123 页。
⑦ （宋）朱熹：《四书章句集注》，北京：中华书局 1983 年版，第 94 页。
⑧ （宋）朱熹：《四书章句集注》，北京：中华书局 1983 年版，第 110 页。

远之事君。多识于鸟兽草木之名。"①遗憾的是，这一部分内容相对德行、政事等来说，是最不重要的。这的确是儒家文化的一个特点，同时也是一个缺点。

3. "修己安人"是"为己之学"的基本宗旨

通过学习文献、言语、德行等内容完善与成就了自我，那么学习的目标就已经实现了吗？答案是否定的。《论语·子路》云："子曰：'诵《诗》三百，授之以政，不达；使于四方，不能专对；虽多，亦奚以为？'"②对于《诗》背得再熟，如果不能用于解决实际问题，背得再多也无益。从表面上看，这一论说与"诗，可以兴，可以观，可以群，可以怨"有矛盾，因为虽不能"达""专对"，但可以"怨"，这也是一种用途；但其实是不矛盾的，孔子紧接着讲"迩之事父，远之事君"，仍然强调的是治世之功用。由此可见，在孔子看来，成就与完善自我只是"为己之学"的初级目标，最终的目的是经世济民。所以当子路继续追问"何以为君子"的时候，孔子回答说："修己以安人""修己以安百姓"。③其实，这也是孔子所说的"求道"的主要内容。对于明哲保身之人，孔子则以"鸟兽不可与同群，吾非斯人之徒与而谁与"④批评之。这一宗旨得到了后学的继承与弘扬，如《大学》便对"修身、齐家、治国、平天下"之关系作了较系统的论证。

孔子所说的"修己以安人""修己以安百姓"，其精神实质就是"内圣外王"。

三、儒道的圣人理想典型

在古代，士人的主要追求，可用周敦颐的"圣希天，贤希圣，士希贤"⑤

---

① （宋）朱熹：《四书章句集注》，北京：中华书局 1983 年版，第 178 页。
② （宋）朱熹：《四书章句集注》，北京：中华书局 1983 年版，第 143 页。
③ （宋）朱熹：《四书章句集注》，北京：中华书局 1983 年版，第 159 页。
④ （宋）朱熹：《四书章句集注》，北京：中华书局 1983 年版，第 184 页。
⑤ （宋）周敦颐：《周敦颐集》，北京：中华书局 1990 年版，第 21 页。

之语来概括。周子所说的"圣贤"皆为儒门中人物，如伊尹、颜渊等大贤。①
因此，"希圣"与"希贤"所寄予的对象自然就是儒家所期望的尧、舜、禹、
孔子、颜回等圣贤。不过，在先秦诸子百家中，各家各派都有自己的圣人，因
为儒道是传统文化的主干，故本讲仅论儒道圣人形象。

（一）道家的圣人形象

《道德经》是道家最早的可靠文献，"圣人"在书中出现过二十余次，但并
没有指出哪些人是"圣人"。与之不同的是，同样作为道家经典的《庄子》则
塑造了许多圣人的形象，如黄帝、许由、尧、舜、老子、孔子等。不过，不同
的篇章对黄帝、尧、舜、孔子则有不同的看法，如《大宗师》《人间世》等篇
章以为圣人，而《齐物论》《德充符》等篇章则作为某一圣人的陪衬，甚至同
一篇里对他们的看法都有矛盾之处。这些矛盾的说法显然表明了现存《庄子》
并非一人一时之作，而是与许多古书一样，经历了一个不断丰富与完善的过
程。然而不论是衬托还是赞美，其目的是一致的：为了阐述道家的基本主张。
与黄帝等人不同的是，老子、庄子则在《庄子》中得到了高度的赞赏。

1. 老子

老子是道家学派的创始人，在道教中被演化为道德天尊或太上老君，乃至
鹤发白眉骑青牛的高士，且形成了众多的故事。关于老子，《史记》的记载十
分简略，仅知：第一，老子曾为周史，后为隐士，且善于养生；第二，孔子曾
问礼于老聃，孔子对其钦佩不已，称其为"龙"；第三，老子出关前写了《道
德经》传尹喜。《史记》与《庄子》有些能对应上，司马迁在写此传时极可能
参考了《庄子》。关于老子的《道德经》，20世纪以来有许多争论，1993年郭
店出土了一批文献，其中《老子》有甲、乙、丙三个本子。虽然引起了许多新
问题的争论，但有一点是可以肯定的，即《道德经》至晚在战国中前期就已经

---

① （宋）周敦颐：《周敦颐集》，北京：中华书局1990年版，第22页。

有了。而且出土的《老子》与今本相比，除了个别地方有明显区别外，大体上还是一致的。

司马谈说，"道家无为，又曰无不为"①，而这一思想始于老子。在《庄子》中，阳子居问老子如何治理天下，老子回答说："明王之治：功盖天下而似不自己，化贷万物而民弗恃；有莫举名，使物自喜；立乎不测，而游于无有者也。"②此处所说的"似不自己""而民弗恃""使物自喜"是在强调明王要以无为而治、道法自然作为治世的基本原则。显然这是对《道德经》思想的继承。如《道德经》第二章云："是以圣人处无为之事，行不言之教；万物作焉而不[始]，为而不恃，功成而弗居。夫唯弗居，是以不去。"③圣人"功成而弗居"之"功"自然包括功业，而功业的取得以"无为"为基础的。

今本《道德经》第十九章云："绝圣弃智，民利百倍；绝仁弃义，民复孝慈；绝巧弃利，盗贼无有。"④而郭店甲本《道德经》则云："绝智弃辩，民利百倍。绝巧弃利，盗贼无有。绝伪弃诈，民复孝慈。"⑤有许多学者据此认为，"郭店楚简的最大发现，因为它证明，老子并无反对圣人和仁义的思想……即使他们也注意到《老子》还有贬损圣人和仁义的话，他们也要说，这是庄子或其他后学的修改"⑥。这一看法有待商榷之处，因为与甲本同时出土的还有丙本，其中有与今本《道德经》第十八章大体一致的话："大道废，有仁义；智［慧］出，有大伪；六亲不和，有孝慈；国家昏乱，有忠臣。"⑦从语气上看，帛书本与竹简本一致，而与河上公本、王弼本明显不同。河、王两本充满着儒道两家

① （汉）司马迁：《史记·太史公自序》，北京：中华书局 1963 年版，第 3292 页。
② 方勇译注：《庄子·应帝王》，北京：中华书局 2015 年版，第 126 页。
③ 李存山译注：《老子》第二章，郑州：中州古籍出版社 2008 年版，第 50 页。该本是多种本子（郭店竹简本、帛书本、王弼本等）的合校本。同时，书中对关键的术语及重难点之内容有较详细的注释，又有全文的白话文翻译，是一本质量上乘且便于阅读的校本。
④ 李存山译注：《老子》第十九章，郑州：中州古籍出版社 2008 年版，第 70 页。
⑤ 李零：《郭店楚简校读记》，北京：中国人民大学出版社 2003 年版，第 5 页。
⑥ 李零：《郭店楚简校读记》，北京：中国人民大学出版社 2003 年版，第 19 页。
⑦ 李存山译注：《老子》，郑州：中州古籍出版社 2008 年版，第 69 页。

浓烈的火药味道（"大道废，有仁义……六亲不和，有孝慈"），而帛书、竹简本，中间有个语气词"安"（"焉"）①，如此语气就缓和多了，两家的冲突也就不会如此鲜明。但这并不意味着儒道两家没有区别了，也不意味着老子对儒家的仁义之道没有批判了，因为仁义、忠臣等概念是第二层次的，② 因此若说对儒家的批评滥觞于庄子及其后学是不恰当的。然而如果说庄子及其后学对这种不同更加突出了，这应是比较符合史实的。

在《庄子》中，有许多地方记载了孔子与老子的对话。对话之后，既有"吾乃今于是乎见龙"③之感叹，又有"丘得之矣"④之愉悦。其中要特别提到的是孔子向老子陈述仁义之道的记载。对此，老子说："夫子若欲使天下无失其牧乎？则天地固有常矣，日月固有明矣……夫子亦放德而行，循道而趋，已至矣！又何偈偈乎揭仁义，若击鼓而求亡子焉！意，夫子乱人之性也！"⑤ 又说："夫仁义憯然，乃愤吾心，乱莫大焉……泉涸，鱼相与处于陆，相呴以湿，相濡以沫，不若相忘于江湖。"⑥ 在老子看来，仁义并非人性之本身，原因在于仁义本非天然，就像天地、日月、禽兽、树木一样，本来就有区别的，强调了此，就会失去彼，正确的行为是"放德而行，循道而趋"；也就是说心中若无是非、仁义之成见，才可"相忘于江湖"般的自由自在，否则，便是"相濡以沫"地苟延残喘。在《庄子》中，其他人与老子的对话还很多，但皆不离《道德经》之"无为""道法自然"之旨。《庄子·天下篇》称老子、关尹子为"古之博大真人哉"⑦是名副其实的。

---

① 参见刘笑敢：《老子古今》（上），北京：中国社会科学出版社 2006 年版，第 246 页。

② 李存山译注：《老子》，郑州：中州古籍出版社 2008 年版，第 70 页。

③ 方勇译注：《庄子·天运》，北京：中华书局 2015 年版，第 239 页。

④ 方勇译注：《庄子·天运》，北京：中华书局 2015 年版，第 244 页。

⑤ 方勇译注：《庄子·天道》，北京：中华书局 2015 年版，第 216 页。

⑥ 方勇译注：《庄子·天运》，北京：中华书局 2015 年版，第 239 页。

⑦ 方勇译注：《庄子·天下》，北京：中华书局 2015 年版，第 581 页。

2. 庄子

与老子一样，关于庄子的记载也很少，对庄子的了解，大部分源于《庄子》与《史记》。《史记》曰："周尝为蒙漆园吏，与梁惠王、齐宣王同时。其学无所不窥，然其要本归于老子之言。"①《庄子·天下篇》称其人独与天地、精神相往来，无非无是，故而能与万物、世俗和谐相处。其书虽与众不同、参差不齐，但道理是意味深长、千变万化，使人难以捉摸。从大的方面说，与万物同游；从小的方面说，与无生无死、无始无终为友。②《庄子》继承与发展了《道德经》的"道法自然""无为"等思想，尤其对"道"的形上性与普遍性作了更为详细的分析，对后世影响很大。庄子在唐玄宗时正式获得"南华真人"的称号，从此便在"真人"之列。

在《庄子》中记载了庄子的许多故事，通过这些故事便可体会其"独与天地精神往来，而不敖倪于万物，不谴是非，以与世俗处"③ 之精神境界。

庄子虽曾当过小官，而且据其突出的才能，理当过上较富裕的生活，遗憾的是，他一直贫穷。他不愿出仕的原因在于：其一，身逢乱世，在"窃钩者诛，窃国者诸侯"的时代，对于士人来说，首要的是保存生命，所以许多士人不愿出仕，而是隐于山林、与天地同游，因此庄子说："周将处乎材与不材之间。材与不材之间，似之而非也，故未免乎累。若夫乘道德而浮游则不然"④。材或不材都会处于危险之中，如鸣鹅以生、不鸣以死，而大树不材以生、材则死；若处于用与无用之间，也只能是一定程度上的免除，要从根本上消除，只能与道德遨游。其二，一旦接受某一职务，必然要遵守世俗的法则，如此就失去了自由。据传楚王曾想聘庄子为相，庄子便问使者说：对于神龟而言，是想死后被供奉庙堂之上，还是说宁愿活着待在泥塘呢？使者回答：肯定是后

---

① （汉）司马迁：《史记·老子韩非列传》，北京：中华书局 1963 年版，第 2143 页。
② 方勇译注：《庄子·天下》，北京：中华书局 2015 年版，第 583 页。
③ 方勇译注：《庄子·天下》，北京：中华书局 2015 年版，第 583 页。
④ 方勇译注：《庄子·山木》，北京：中华书局 2015 年版，第 318 页。

者。庄子便说：所以，请你们回去吧。① 当庄子前往梁国找惠子时，惠子怕其威胁自己的相位，欲加害于他。但庄子却对惠子说：鹓鶵这一神鸟非梧桐不停，非竹实不吃，非甘泉不饮，而老鹰则不同，找到死老鼠就得意扬扬，并发出"吓"之声来威胁飞过的鹓鶵。你也一样呀。②

庄子在《齐物论》中认为，生死、美丑、寿夭、是非并没有根本的区别，故有"天地一指也，万物一马也""天地与我并生，而万物与我为一"③ 等著名的命题。庄子的妻子死后，庄子刚开始悲痛不已，后来却鼓盆而歌。庄子临终之际，弟子欲厚葬，庄子欲天葬，而弟子担心被鸟吃掉，庄子却说："在上为乌鸢食，在下为蝼蚁食，夺彼与此，何其偏也！"④ 无论是鼓盆而歌还是主张天葬，实际上都在表明"万物与我为一"的道理。综上可知，庄子是一个通晓大道、洒脱、豁达之士，《天下篇》概括其"独与天地精神往来，而不敖倪于万物，不谴是非，以与世俗处"，是很恰当的，或者说《逍遥游》中所描述的"无己""无功""无名"，"至人无己，神人无功，圣人无名"⑤，其实也是庄子本人的理念及生活方式的反映。

在《庄子》中，除了载有黄帝外，还有列子、关尹子，这些人在后来的道家道教中，也逐渐成为圣人。总的来看，道家心目中的圣人具有无欲、无私、无为之品质，他们道德完备，内心充实。

（三）儒家的圣人形象

孔子虽然与老子一样没有明确说圣人到底是谁，但与老子不同的是，从孔子的某些话语中，可以看到他对尧、舜、禹的称赞。后来，其孙子思以"仲尼

① 方勇译注:《庄子·秋水》，北京：中华书局 2015 年版，第 278 页。
② 方勇译注:《庄子·秋水》，北京：中华书局 2015 年版，第 279 页。
③ 方勇译注:《庄子·齐物论》，北京：中华书局 2015 年版，第 26、31 页。
④ 方勇译注:《庄子·列御寇》，北京：中华书局 2015 年版，第 564 页。
⑤ 方勇译注:《庄子·逍遥游》，北京：中华书局 2015 年版，第 3 页。

祖述尧舜，宪章文武"①作为道统之滥觞，这实际上就表明尧、舜、禹是儒家的圣人。不过，从孔子、子思、孟子、荀子等所描述的尧、舜、禹之形象看，他们的具体品质或形象经历一个逐渐丰富与完善的过程。

1. 尧、舜、禹

虽然《论语》较《孟子》《荀子》对尧、舜、禹的记载简略得多，但其论述却构成了他们的基本形象。对于尧，孔子有个明确的判断，其言曰："大哉尧之为君也！巍巍乎！唯天为大，唯尧则之。荡荡乎！民无能名焉。巍巍乎！其有成功也；焕乎，其有文章！"②尧之所以伟大，可与天相匹配，原因在于：第一，功绩很大；第二，礼仪制度完善。虽然具体的内容难以知晓，但由此可以看到其执政的一个基本原则——"以人为本"。此外，据孔子"才难，不其然乎？唐虞之际，于斯为盛"③之语还能大致推断出，尧对人才的重视。

在孔子看来，舜为了百姓，一生勤勤恳恳，大公无私。④孔子还认为，舜与尧一样，能够举贤才。⑤在《论语》中，关于尧舜之事还很简略，到了《孟子》就详细多了。根据《孟子》记载可知，舜在获得传位之前，经历了种种考验。《尚书·尧典》载曰："我其试哉！女于时，观厥刑于二女。厘降二女于妫汭，嫔于虞。"⑥《孟子·万章下》则进一步演变为：尧让九个儿子服侍他，把两个女儿嫁给他，并给予了大量的财富，最后推举舜为天子。⑦除此之外，在《孟子》中，还增加了未经父母同意"不告而娶"、法场救父"窃负而逃"（逃至海滨）的情节。正因为孟子在极力表彰舜之孝行，故而认为"尧舜之道，孝

---

① （唐）孔颖达：《礼记正义·中庸》，上海：上海古籍出版社 2008 年版，第 2043 页。

② （宋）朱熹：《四书章句集注》，北京：中华书局 1983 年版，第 107 页。

③ （宋）朱熹：《四书章句集注》，北京：中华书局 1983 年版，第 107 页。

④ 子曰："巍巍乎！舜禹之有天下也，而不与焉。"（宋）朱熹：《四书章句集注》，北京：中华书局 1983 年版，第 107 页。

⑤ 子曰："舜有天下，选于众，举皋陶，不仁者远矣。"（宋）朱熹：《四书章句集注》，北京：中华书局 1983 年版，第 139 页。

⑥ 李民、王健：《尚书译注》，上海：上海古籍出版社 2000 年版，第 9 页。

⑦ （宋）朱熹：《四书章句集注》，北京：中华书局 1983 年版，第 322 页。

弟而已矣"①。

孔子不仅认为禹与尧舜一样一心为民、大公无私，而且认为禹守礼方面做得尽善尽美，"禹，吾无间然矣。菲饮食，而致孝乎鬼神；恶衣服，而致美乎黻冕；卑宫室，而尽力乎沟洫"②。孔子还认为禹是通过自己的辛勤劳动而有天下的。③ 孟子也认为大禹兢兢业业、任劳任怨，"禹八年于外，三过其门而不入"④。但孟子并不赞同禹亲耕的说法，认为禹治水忙不过来，哪里有空亲自种田，所以说："三过其门而不入，虽欲耕，得乎？"⑤ 孟子认为圣人尧舜禹的主要工作是制定伦理规范，"圣人有忧之，使契为司徒，教以人伦：父子有亲，君臣有义，夫妇有别，长幼有序，朋友有信"⑥。

总之，关于尧、舜、禹的形象与品质，郭店竹简《唐虞之道》就已有总结："唐虞之道，禅而不传。尧舜之王，利天下而弗利也"，"爱亲尊贤，虞舜其人也。禹治水，益治火，后稷治土，足民养生。"⑦ 据此，可以概括为：无私爱民，爱亲尊贤。

2. 孔子

孔子是儒家的创始人，其成为圣人经历了一个长时间的塑造。孔子对自己有不少评价，如好学、好古、多艺、心态好等。从这些自我评价中可见，孔子还是客观地陈述自己，没有自我吹嘘之处，在其生前，只有子贡⑧和颜回⑨较

---

① （宋）朱熹：《四书章句集注》，北京：中华书局 1983 年版，第 339 页。

② （宋）朱熹：《四书章句集注》，北京：中华书局 1983 年版，第 108 页。

③ 子曰："禹稷躬稼，而有天下。"（宋）朱熹：《四书章句集注》，北京：中华书局 1983 年版，第 149 页。

④ （宋）朱熹：《四书章句集注》，北京：中华书局 1983 年版，第 259 页。

⑤ （宋）朱熹：《四书章句集注》，北京：中华书局 1983 年版，第 259 页。

⑥ （宋）朱熹：《四书章句集注》，北京：中华书局 1983 年版，第 259 页。

⑦ 李零：《郭店楚简校读记》，北京：中国人民大学出版社 2003 年版，第 123、124 页。

⑧ （宋）朱熹：《四书章句集注》，北京：中华书局 1983 年版，第 110 页。

⑨ （宋）朱熹：《四书章句集注》，北京：中华书局 1983 年版，第 111 页。

高的评价。对于前者，孔子反驳之；而后者也只是强调夫子的博学与诲人的孜孜不倦，这一评价也还算正常，孔子曾也有类似的话，"若圣与仁，则吾岂敢？抑为之不厌，诲人不倦，则可谓云尔已矣"①。

孔子在世时，周游列国，向诸侯游说，但总是碰壁，许多隐士对此不理解。尽管孔子偶尔发出"道不行，乘桴浮于海"②之叹，但与隐士根本不同，不仅与他们划清界限而且仍积极进取，所以说："鸟兽不可与同群，吾非斯人之徒与而谁与？天下有道，丘不与易也"③。

孔子逝世后，其弟子对他的评价就高了很多。如子贡便认为孔子就像日月一样，不可超越。④面对叔孙武叔的毁谤和陈子禽的疑问，子贡做了义正辞言的答复。尽管维护老师之心可以理解，但无疑有拔高的成分。

在孟子那里，孔子的地位就更高了。他认为孔子比伯夷、伊尹等人还要圣明，"自有生民以来，未有孔子也"⑤。荀子也认为，只有孔子才是兼智与仁，德行与周公齐名，名声与商汤、文王、武王并列。他说："孔子仁知且不蔽，故学乱术足以为先王者也。一家得周道，举而用之，不蔽于成积也。故德与周公齐，名与三王并；此不蔽之福也。"⑥

孔子之地位随着时间的推移，更是日益见涨，到司马迁的时候，孔子就已经是"至圣"了，"孔子布衣，传十余世，学者宗之。自天子王侯，中国言'六艺'者折中于夫子，可谓至圣矣！"⑦

综合来看，孔子是伟大的教育家、伟大的思想家、杰出的政治家，这就是各种文献呈现出来的孔子形象。

---

① （宋）朱熹：《四书章句集注》，北京：中华书局1983年版，第101页。
② （宋）朱熹：《四书章句集注》，北京：中华书局1983年版，第77页。
③ （宋）朱熹：《四书章句集注》，北京：中华书局1983年版，第184页。
④ （宋）朱熹：《四书章句集注》，北京：中华书局1983年版，第192页。
⑤ （宋）朱熹：《四书章句集注》，北京：中华书局1983年版，第235页。
⑥ 梁启雄：《荀子简释·解蔽》，北京：中华书局1983年版，第292页。
⑦ （汉）司马迁：《史记·孔子世家》，北京：中华书局1963年版，第1947页。

在儒家中，圣人还有商汤、周文王、周武王和周公等。从上所述可知，在尧、舜、禹及孔子等人身上可以看到，儒家圣人的共同点：重德治，重民本，重人才，积极入世。

通过对儒道两家圣人典型形象的分析可知，儒者对"圣人"的界定与老庄有很大不同。孟子认为"圣人，人伦之至也"①，荀子也是如此，"圣也者，尽伦者也"②。但荀子与孟子不同的是，还认为圣人重"礼法"、重认识的方法，是有大智慧的人。这与道家"圣人不从事于务……而游乎尘垢之外"③的主张就有很大的不同。总之，儒家的圣人重仁义、积极入世，而道家的圣人则重自然、重游世。

四、"内圣外王"旨趣

虽然儒道两家的圣人形象及其气象有很大的不同，但并不等于说两家所言的"圣人"就无相同之处了。其中，"内圣外王"④是两家圣人皆有的基本精神。"内圣外王"始见于《庄子·天下篇》，因其既没有解释又只有一处，这就给予了后人很大的诠释空间。近现代的学者对此解释不一，甚至相反。前者如熊十力先生说："昔吾夫子之学，内圣外王。"⑤后者如张舜微先生说："世之伪诧理学以相标榜者，恒曰'内圣外王'……考此四字，始见于《庄子·天下篇》。庄周之学，与孔、孟异趣，则其所谓'圣'若'王'，自非儒门之所'谓'所谓'王'也。"⑥张岱年先生则说："《天下篇》兼崇'圣'与'王'，似乎是儒家的观点，所以有人怀疑《天下篇》是儒家的作品。但是《老子》书中亦讲'天

---

① （宋）朱熹：《四书章句集注》，北京：中华书局1983年版，第277页。
② 梁启雄：《荀子简释·解蔽》，北京：中华书局1983年版，第305页。
③ 方勇译注：《庄子·齐物论》，北京：中华书局2015年版，第37页。
④ "外王"之"王"为第四声。
⑤ 熊十力：《十力语要》，北京：中华书局1996年版，第186页。
⑥ 张舜微：《周秦道论发微》，北京：中华书局1982年版，第64页。

下王'，《庄子·内篇》亦有'应帝王'，看来道家也没有完全忘情于治国之道……《天下篇》宣扬'内圣外王之道'，仍不失为道家之言。"[1] 学界或归于儒或归于道的不同解释就昭示着该问题仍有探讨的空间。

（一）内圣外王的含义

从原始文献出发，是探讨"内圣外王"含义最基本的前提。虽然《庄子》为道家的作品，但《天下篇》并非只讲道家，而是对当时的几个主要学派都作了简明扼要的辨析。对墨子、田骈等人及其学派有褒有贬，对老子、庄周及其学派则有褒无贬，殊为奇怪的是在此并未提及孔子及其弟子。宋以前无人以此来概括儒家宗旨，至宋后，虽然理学家谢良佐"有内圣之德、必有外王之业"[2]之言，但并非权威之说，仍有"老庄内圣外王之说，孔孟上达下学之意"[3]之异论。宋以后以"内圣外王"概括儒家宗旨的人越来越多，尔后渐变成儒家的专用名词，实则不然。《庄子·天下篇》曰：

> 天下之治方术者多矣，皆以其有为不可加矣。古之所谓道术者，果恶乎在？曰："无乎不在。"曰："神何由降？明何由出？""圣有所生，王有所成，皆原于一。"
>
> 不离于宗，谓之天人；不离于精，谓之神人；不离于真，谓之至人。以天为宗，以德为本，以道为门，兆于变化，谓之圣人；以仁为恩，以义为理，以礼为行，以乐为和，薰然慈仁，谓之君子；以法为分，以名为表，以参为验，以稽为决，其数一二三四是也，百官以此相齿；以事为常，以衣食为主，蕃息畜藏，老弱孤寡为意，皆有以养，民之理也。
>
> 古之人其备乎！配神明，醇天地，育万物，和天下，泽及

---

[1] 张岱年：《评"内圣外王"》，《群言》1990 年第 10 期。
[2] （宋）朱熹：《论孟精义》卷四下，《文渊阁四库全书》本。
[3] （元）释念常：《佛祖历代通载》卷二十，《文渊阁四库全书》本。

百姓，明于本数，系于末度，六通四辟，小大精粗，其运无乎不在。其明而在数度者，旧法、世传之史尚多有之……其数散于天下而设于中国者，百家之学时或称而道之。

天下大乱，贤圣不明，道德不一，天下多得一察焉以自好……虽然，不该不遍，一曲之士也。判天地之美，析万物之理，察古人之全，寡能备于天地之美，称神明之容。是故内圣外王之道，暗而不明，郁而不发，天下之人各为其所欲焉以自为方。悲夫，百家往而不反，必不合矣！后世之学者，不幸不见天地之纯，古人之大体，道术将为天下裂。①

凡天下研究学术（方术）者皆认为自己的最厉害，但实际上，天下的学术都是同根同源的，皆出自"道术"，而"道术"或掌握道术的"圣""王"则出自"一"（大道）②。"天人""神人""至人""圣人"实际上是指同一类人，他们即是掌握"道术"者。从"以天为宗，以德为本，以道为门，兆于变化"之语来看，此处所说的"圣人"似属于道家的理想人物。而"以仁为恩，以义为理，以礼为行，以乐为和"的"君子"则是儒家的典范人物。最后讲的是法家与农家的追求。因此从其文脉上看，圣人是地位及境界最高者。所以下一段紧接着讲"圣人"，但从"明于本数，系于末度""其明而在数度者，旧法、世传之史尚多有之"之语来看，"圣人"不仅仅属于道家的理想人物，而是对他们的超越。此处说的"古人之人"（"圣人"）不仅"明于本数"而且"系于末度"，既讲道德又讲仁义礼法。通俗地说，在《庄子·天下篇》的作者看来，虽然任何一家皆是同根同源的，但他们皆是"分有"了道术的一部分。然而真

---

① 方勇译注：《庄子·天下》，北京：中华书局 2015 年版，第 567—568 页。

② 方术与道术是一还是二，学界有不同的看法。参阅陈鼓应：《庄子今注今译》，北京：中华书局 1983 年版，第 855—856 页；方勇译注：《庄子》，北京：中华书局 2015 年版，第 567—569 页；杨柳桥：《庄子译注》，上海：上海古籍出版社 2012 年版，第 342—344 页。

正致命的不在于此，而在于"天下多得一察焉以自好"，即人人都以自己最厉害最正宗，结果导致了严重后果：虽然在辨析天地之美，梳理万物之理，细察古人之完备，但属于"一曲之士"，所以不能真正具备天地之美，当然也不能把握圣人之完备了，由此便导致了"内圣外王之道"暗而不彰。百家总自以为是，这也就导致了"道术"的分裂。

据上述分析可知，所谓的"内圣外王之道"实际上是指"一"或"大体"。而据"配神明，醇天地，育万物，和天下，泽及百姓，明于本数，系于末度……其运无乎不在"来看，"内圣外王之道"的具体内容包括效法天地、恩爱百姓、讲道德、明礼法讲制度等。又从下文对墨子、惠施的批评"恐其不可以为圣人之道，反于天下之心""弱于德，强于物""逐万物而不反"[1]及对老庄的赞扬"澹然独与神明居""常宽容于物，不削于人""独与天地精神往来"[2]来看，所谓的"内圣"是对"道德"的内在追求，而"外王"则是以"道德"施用于物与人上。虽然"内圣外王之道"老庄及其学派继承得最好（有褒无贬），但并不等于说只有他们才具备，其他学派也有继承，自然包括"以仁为恩，以义为理，以礼为行，以乐为和"的儒家，因此可以说"内圣外王之道"是诸子百家共有的。

（二）儒道"内圣外王"的异同

如上所述，"内圣外王之道"是诸子百家的共同根源，而《天下篇》的作者又认为在百家中老庄学派继承得最好，所以张岱年先生所言"《天下篇》宣扬'内圣外王之道'，仍不失为道家之言"是很有道理的。又据《庄子》《礼记·曾子问》《史记》与《韩诗外传》《孔子家语》之载可知，孔子曾几次向老子问礼。虽然问礼的时间与地点无法确定，但问学于老子，这是一个历史事

---

① 方勇译注：《庄子·天下》，北京：中华书局2015年版，第571、586页。
② 方勇译注：《庄子·天下》，北京：中华书局2015年版，第580—581、583页。

实。按此可知，孔子对老子之说有较多的了解，并受其影响，如"无为"是《道德经》的重要范畴，而《论语》也讲"无为"①，所以儒道两家有共同之处也属正常，但毕竟两家在核心的理论与范畴上有根本区别，这就决定了两家的异同。

1."致虚极"与"乐以忘忧"

《天下篇》评介老庄分别曰："澹然独与神明居""独与天地精神往来"，实际上这两者的精神是一致的：前者恬淡无为，与自然共处；后者与天地共居。这一概括无疑是符合老庄之精神的。《道德经》第十六章言："致虚极，守静笃。"② 使心灵虚静，并坚守此状态。其根据在于老子观察到自然规律是如此："夫物芸芸，各复归其根。归根曰静，是谓复命。复命曰常，知常曰明。"③ 万物都要回归本原，回归了即为"静"，这是万物的归宿或是本性，即是万物的常态，了解此规律，并依此生活，是为"明"，否则便会产生危险④。既然"归根"是万物的"宿命"或"常态"，那么这意味着在本质上万物是平等的。遗憾的是，在现实中，大多数人皆要区分出美恶、高低等差异来⑤，而"我"与他人不同：众人清醒，而我昏昧；世人聪明算计，而我稀里糊涂；我之所以能异于众人，乃以"道"为最高追求。⑥《道德经》曰："道生一，一生二，二生三，三生万物"⑦，万物皆源于"道"，从这个意义上说，万物之间也并无实质性的区别。这一思想得到庄子的继承与弘扬。庄子也认为"道通为一"⑧，从"道"的角度看，万物是一体的。掌握了道的"圣人"自然能够平等看待万物，

---

① 子曰："无为而治者，其舜也与。"（宋）朱熹：《四书章句集注》，北京：中华书局1983年版，第162页。

② 李存山译注：《老子》第十六章，郑州：中州古籍出版社2008年版，第66页。

③ 李存山译注：《老子》第十六章，郑州：中州古籍出版社2008年版，第67页。

④ 李存山译注：《老子》第十六章，郑州：中州古籍出版社2008年版，第67页。

⑤ 李存山译注：《老子》第二十章，郑州：中州古籍出版社2008年版，第72页。

⑥ 李存山译注：《老子》第二十章，郑州：中州古籍出版社2008年版，第72页。

⑦ 李存山译注：《老子》第四十二章，郑州：中州古籍出版社2008年版，第101页。

⑧ 方勇译注：《庄子·齐物论》，北京：中华书局2015年版，第26页。

可以"乘道德而浮游……无誉无訾……物物而不物于物，则胡可得而累邪"①。顺应自然而游于虚无之境，对毁誉不动于心，自然能够不受到外界的拘束，从而达到心灵安宁与自由，心哪里会疲劳。

心灵的宁静与祥和也是儒门所向往的。《论语·述而》载孔子语，云："饭疏食饮水，曲肱而枕之，乐亦在其中矣"，"发愤忘食，乐以忘忧，不知老之将至云尔"。② 对前句，古人有许多解释。相对来说，《吕氏春秋》与《四书章句集注》之解乃得孔子真意。《吕氏春秋·慎人篇》云："古之得道者，穷亦乐，所乐非穷达也，道得于此，则穷达一也。为寒暑风雨之序矣。"③ 朱熹说："圣人之心浑然天理，虽处困极而乐亦无不在焉。"④ 朱熹之"浑然天理"虽不符合先秦之观念，但"虽处困极而乐亦无不在焉"却得孔子意。孔子之所以不在意粗茶淡饭，乃在于其追求已远超越物质阶段，以求"道"为乐，而"得道"后，穷富、贵贱均不会影响其内心的安宁与祥和。"发愤忘食，乐以忘忧"之意与此同，邢昺曰："乐道忘忧，不觉老之将至云尔乎。"⑤ 颜回是孔子最喜欢且高度评价的学生之一，其重要理由在于："贤哉，回也！一箪食，一瓢饮，在陋巷。人不堪其忧，回也不改其乐。"⑥《韩诗外传》载颜回答孔子"家穷居卑，何不仕乎"之问，曰："鼓琴足以自娱，所学于夫子者足以自乐，回不愿仕也。"⑦ 孔颜皆以"道"为乐，此即为人们津津乐道的"孔颜乐处"。这一思想得到孟子的继承，孟子云："理义之悦我心，犹刍豢之悦我口"⑧，"反身而诚，乐莫大焉"⑨。以"道义"为乐的内在追求开启了理学的主题。二程曰："昔受学于周茂

---

① 方勇译注：《庄子·山木》，北京：中华书局 2015 年版，第 318 页。
② （宋）朱熹：《四书章句集注》，北京：中华书局 1983 年版，第 97、98 页。
③ 陆玖译注：《吕氏春秋》，北京：中华书局 2011 年版，第 447 页。
④ （宋）朱熹：《四书章句集注》，北京：中华书局 1983 年版，第 97 页。
⑤ （宋）邢昺：《论语注疏》，北京：北京大学出版社 1999 年版，第 92 页。
⑥ （宋）朱熹：《四书章句集注》，北京：中华书局 1983 年版，第 87 页。
⑦ 参阅程树德：《论语集释》，北京：中华书局 1990 年版，第 386 页。
⑧ （宋）朱熹：《四书章句集注》，北京：中华书局 1983 年版，第 330 页。
⑨ （宋）朱熹：《四书章句集注》，北京：中华书局 1983 年版，第 350 页。

叔，每令寻颜子、仲尼乐处，所乐何事。"① 理学家正是以此来收拾人心，把士人重聚在儒门中。

据上可知，无论是老庄的"致虚极"还是孔门的"乐以忘忧"，这两者是有共同之处的："得道"者内心安宁与祥和，不受世俗所左右。当然两者也有不同：儒道两家所说的"道德"内容是不同的——儒家重仁义，道家重自然。

2."以百姓心为心"与"修己以安百姓"

宋明理学家在批评佛教的时候，顺便也会把老庄包括在内。如朱熹说："佛氏之失，出于自私之厌；老氏之失，出于自私之巧"，"老氏只是要长生，节病易见。释氏……然却认为己有，而生为寄"。② 从《道德经》《庄子》两书来看，这些评价实际上是不恰当的。首先说"长生"，尽管在老子有"专气致柔""涤除玄[鉴]"③之论，庄子有"（神人）不食五谷，吸风饮露"④，"古之真人，其寝不梦，其觉无忧"⑤之说，但对他们来说，神比形重要，因此老子主张"致虚极"，而庄子也强调"虚室生白"⑥及"凡外重者内拙"⑦，所以认为老庄主张长生，这一说法则是不准确的，不过后来的道教却重养生，唐以前重外丹，唐以后重内丹。其次，从自私上说，佛教因主张万物皆空，家庭关系自然也是不真实的，因而主张出家，这在儒家看来，佛教是"自私"的。但若说老庄是自私，就不准确了。因为老庄，特别是老子，也像孔子一样有济世之情怀。

---

① （宋）程颢、程颐：《二程遗书》，上海：上海古籍出版社2000年版，第66页。
② （宋）黎靖德：《朱子语类》（八），北京：中华书局1986年版，第3013页。
③ 李存山译注：《老子》第十章，郑州：中州古籍出版社2008年版，第58、59页。
④ 方勇译注：《庄子·逍遥游》，北京：中华书局2015年版，第10页。
⑤ 方勇译注：《庄子·大宗师》，北京：中华书局2015年版，第95页。
⑥ 方勇译注：《庄子·人间世》，北京：中华书局2015年版，第53页。"室"指人心，"虚室生白"指心境虚静会发出光明。
⑦ 方勇译注：《庄子·达生》，北京：中华书局2015年版，第301页。看重外物，内心便笨拙。

《道德经》第四十九章云："圣人［常无］心，以百姓心为心。"①圣人无私心，以百姓之心作为自己的心。对于治理天下，老子提出三条基本原则：其一，以"道"为最高原则。《道德经》第三十九章云："天得一以清，地得一以宁……万物得一以生，侯王得一以为天下贞。"②此处所说的"一"就是"道"。天因道而清，地因道而宁，万物由道而生，侯王得道可为天下安定③。其二，无为而治。《道德经》第五章云："天地不仁，以万物为刍狗；圣人不仁，以百姓为刍狗。"④"天地不仁"强调的是：天是自然的，没有仁爱之心；圣人不仁，强调的是：效法天之自然，实行无为之治。其三，少私寡欲。《道德经》第三章云："圣人之治，虚其心，实其腹；弱其志，强其骨；常使民无知无欲，使夫智者不敢为也。"⑤表面上来看，似在强调愚民政策，使老百姓无欲、无求、无知，但老子对统治者也是如此要求的："不贵难得之货，使民不为盗；不见可欲，使民心不乱"⑥，"圣人去甚，去奢，去泰"⑦。统治者不尚奢华、不炫耀财富，老百姓自然也不会贪恋与爱慕，因此要去掉穷奢极欲，而回归"见素抱朴，少私寡欲"⑧。仅据此可证张岱年先生"看来道家也没有完全忘情于治国之道"⑨之论是的然之见。

尽管《道德经》《庄子》有治国之情怀，但老庄本人则是低调不张扬的。孔子及其弟子则完全不同，尽管有避世的言论，但他们不仅提出了很多济世的

① 李存山译注：《老子》第四十九章，郑州：中州古籍出版社2008年版，第108页。
② 李存山译注：《老子》第三十九章，郑州：中州古籍出版社2008年版，第97页。
③ "天下贞"如何解，解释不一，王弼解释为"主"。楼宇烈：《老子道德经注校释》，北京：中华书局2008年版，第106—107页。如此，"天下贞"则为"天下主"。今人高亨、陈鼓应等学者则认为"正"为安定之义。陈鼓应：《老子今注今译》，北京：商务印书馆2003年版，第222页。
④ 李存山译注：《老子》第五章，郑州：中州古籍出版社2008年版，第54页。
⑤ 李存山译注：《老子》第三章，郑州：中州古籍出版社2008年版，第52页。
⑥ 李存山译注：《老子》第三章，郑州：中州古籍出版社2008年版，第52页。
⑦ 李存山译注：《老子》第二十九章，郑州：中州古籍出版社2008年版，第84页。
⑧ 李存山译注：《老子》第十九章，郑州：中州古籍出版社2008年版，第71页。
⑨ 张岱年：《评"内圣外王"》，《群言》1990年第10期。

方法，而且本人也积极参与其中，"知其不可而为之"①，对隐士则以"鸟兽不可与同群"②批评之。在孔子看来，士人的最终追求则是济世安民，故说"修己以安百姓"③。

在治国方面，孔子提出以下要求与举措：第一，德治与礼治。孔子说："道之以政，齐之以刑，民免而无耻；道之以德，齐之以礼，有耻且格。"④这包括"德治"与"礼治"两个基本措施；以此为治，民众不仅有羞耻之心而且能自己纠正错误。以政令和刑罚来治国，则老百姓无道德观念，只可免于犯罪。第二，以身作则，身国共治。孔子说："苟正其身矣，于从政乎何有？不能正其身，如正人何。"⑤"正其身"是指君主与士人皆要端正自己、以身作则，其内容包括对各种道德条目的培养和各种知识的学习。第三，以民为本，取信于民。孔子说："自古皆有死，民无信不立。"⑥政府或统治者得不到老百姓的信任，那么国家是不可能长久的。与此同时，孔子认为对百姓应该实行轻税制，民富则国富，民穷则国穷，正所谓"百姓足，君孰与不足？百姓不足，君孰与足？"⑦这些思想得到了孔子后学的继承与弘扬。如孟子一方面也说："民为贵，社稷次之，君为轻"⑧，另一方面又说："以不忍人之心，行不忍人之政，治天下可运之掌上"。⑨相对于国家、君主来说，老百姓才是最为重要的，治理国家需要由仁心出发，如此才可行仁政。

总之，儒道两家皆是"分有"了"内圣外王"之道，在内容上有异有同。

---

① （宋）朱熹：《四书章句集注》，北京：中华书局1983年版，第158页。
② （宋）朱熹：《四书章句集注》，北京：中华书局1983年版，第184页。
③ （宋）朱熹：《四书章句集注》，北京：中华书局1983年版，第159页。
④ （宋）朱熹：《四书章句集注》，北京：中华书局1983年版，第54页。
⑤ （宋）朱熹：《四书章句集注》，北京：中华书局1983年版，第144页。
⑥ （宋）朱熹：《四书章句集注》，北京：中华书局1983年版，第135页。
⑦ （宋）朱熹：《四书章句集注》，北京：中华书局1983年版，第135页。
⑧ （宋）朱熹：《四书章句集注》，北京：中华书局1983年版，第367页。
⑨ （宋）朱熹：《四书章句集注》，北京：中华书局1983年版，第237页。

五、玄德与仁义之道

在中国传统文化中，除了儒道两家有圣人形象之外，其他的学派也有自己的圣人。如韩非子说："事在四方，要在中央。圣人执要，四方来效。"① 所以，"圣人"之名固然好看好听，但若不分析其固有的品质，也就无法区别各家"圣人"之意涵。从整体上看，儒道两家之"圣人"与法家所提倡的"圣人"，两者有根本的区别，如儒道两家的圣人皆不自认为是圣王或圣人，《道德经》云："生而不有，为而不恃，长而不宰"②，孔子云："若圣与仁，则吾岂敢"③，而法家则认为"圣人"需要集权并有生杀大权。法家的思想后成为秦朝的指导思想，严刑峻法、少恩寡德是其特点：司马迁称曰："（秦始皇）刚毅戾深，事皆决于法，刻削毋仁恩和义"④，这导致了秦朝二世而亡。儒道两家尽管有"重自然"与"重仁义"之别，但两家皆讲"德"，这也是两家圣人所具备的品德。

（一）"玄德"与"仁德"

"德"甲骨文作𢓊、𢓆⑤，金文为𢔌。《说文解字》解曰："德，升也。从彳，悳声。"⑥ 由此可见，德之本义与"行走有关"。在先秦文献中，最早对"德"作确解的是《管子·心上术》与《礼记·乐记》。两文皆曰："德者，得也。"⑦

---

① 张觉：《韩非子译注·扬权》，上海：上海古籍出版社 2012 年版，第 42 页。

② 李存山译注：《老子》第五十一章，郑州：中州古籍出版社 2008 年版，第 111 页。

③ （宋）朱熹：《四书章句集注》，北京：中华书局 1983 年版，第 101 页。

④ （汉）司马迁：《史记·秦始皇本纪》，北京：中华书局 1963 年版，第 238 页。

⑤ 甲骨文中有没有德字，学术界存在争议，本讲采用徐中舒说。参见徐中舒：《甲骨文字典》，成都：四川辞书出版社 1989 年版，第 168 页。

⑥ （清）段玉裁：《〈说文解字〉注》，上海：上海古籍出版社 1981 年版，第 76 页。

⑦ （唐）孔颖达：《礼记正义·乐记》，上海：上海古籍出版社 2008 年版，第 1458 页。黎翔凤：《管子校注》，北京：中华书局，2004 年版，第 770 页。

据字形及两文的解释来看，德字的本义为："甲骨文'德'写作从行从横目之形，其所表示的意思是张望路途，人们看清了路而有所得"，"甲骨文'德'字没有'心'旁，这应当是在说明'德'的观念那时候还没有深入人的心灵这个层次。"①西周，在天命权威下降之同时伴随着"保民重德"观念的兴起。《尚书·召诰》曰："天亦哀于四方民，其眷命用懋，王其疾敬德。"②上天可怜民众，使天命由商转至周，所以周王要赶紧实行德政。虽然"天命"是重要的，但"疾敬德"更为关键。于此，"德"之义便由"得"发展为"品德""德行"。因此，便与"心"有关了，所以其形由"徝"演化为"德"。

在《道德经》中也保留"德"之本义，如云："德者，同于德；失者，同于失。"③这里的"德"就有"得"之义，得"德"者同于"德"，失"德"者同于失。但纵观全文，"德"主要有三层含义：第一，道之德。此德与道等同，如云："故道生之，德畜之：长之育之……生而不有，为而不恃，长而不宰。是谓玄德。"④所谓"玄德"就是指：一是道之大德难以认识或形容，二是道之德极大。其内容为：万物之根、大爱无私，《道德经》云："大道氾兮，其可左右。万物恃之〔以〕生而不辞，功成〔而〕不有。"⑤大道广大，周遍万物。它是万物生成的依据，像父母抚养子女一样鞠躬尽瘁，死而后已，从不居功自傲。第二，道是体，德是用。如云："道生之，德畜之，物形之，势成之。是以万物莫不尊道而贵德。"⑥万物为"道"所生，但为"德"所养，因此万物得以成形，进而得以发展、成长。因此"德"为用，而"道"是体，所谓"用"是指"德"源自"道"，是"道"的具体表现。第三，品德、德行。如云："修之于身，其德

---

① 晁福林：《先秦时期"德"观念的起源及其发展》，《中国社会科学》2005年第4期。

② 李民、王健：《尚书译注·召诰》，上海：上海古籍出版社2000年版，第288页。

③ 李存山译注：《老子》第二十三章，郑州：中州古籍出版社2008年版，第77页。

④ 李存山译注：《老子》第五十一章，郑州：中州古籍出版社2008年版，第111页。

⑤ 李存山译注：《老子》第三十四章，郑州：中州古籍出版社2008年版，第90页。

⑥ 李存山译注：《老子》第五十一章，郑州：中州古籍出版社2008年版，第111页。

乃真；修于之家，其德乃余……修之于天下，其德乃普。"① 以"道"修身，其德才真；以"道"治家，其德有余，以"道"治天下，其德最广。此"德"，便指个人的德行。虽然"德"主有三层意思，但这三层皆围绕"道"来讲的，而且第一层意思恰是形容"道"之德的，因此老子之"德"可以"玄德"称之。

在《论语》中"德"有许多条目，如"恭、宽、信、敏、惠""孝""忠恕""仁""义""慈"等。但这些条目其实可以概括为两个字：仁义。如仁与礼的关系，孔子说："人而不仁，如礼何？"② 礼没有仁作为价值基础，那么礼又何能起到应有的作用呢？郭店竹简《五行》也云："仁，义礼所由生也。"③ 仁是义、礼产生的根由。孟子曾对梁惠王说："王何必曰利？亦有仁义而已矣。"④ 对此，杨伯峻先生指出："春秋时代重礼……《左传》没有仁义并言的。《论语》讲'礼'75次……讲'仁'却109次。由此看来，孔子批判地继承春秋时代的思潮，不以礼为核心，而以仁为核心。"⑤ 以此可说，孔子之"德"可称为"仁德"。但"仁"与"义"又有所区别，仁是爱，义是公平、正义；且在儒家又有"门内之治恩掩义，门外之治义断恩"⑥ 之说，所以儒家之"德"又可称为"仁义之德"。

（二）"慈爱"与"仁爱"

在日常生活中，常常以仁慈并提。从其含义来看，仁与慈的确是有一致之处。《说文》释"慈"曰："爱也，从心，兹声。"⑦ 这一解释是符合其本意

---

① 李存山译注：《老子》第五十四章，郑州：中州古籍出版社2008年版，第115页。

② （宋）朱熹：《四书章句集注》，北京：中华书局1983年版，第61页。

③ 李零：《郭店楚简校读记》，北京：中国人民大学出版社2004年版，第102页。

④ （宋）朱熹：《四书章句集注》，北京：中华书局1983年版，第201页。

⑤ 杨伯峻：《论语译注》，北京：中华书局1980年版，第16页。

⑥ 对内：爱大于义，对外：义大于爱。（唐）孔颖达：《礼记正义·丧服四制》，上海：上海古籍出版社2008年版，第2352页。

⑦ （清）段玉裁：《〈说文解字〉注》，上海：上海古籍出版社1981年版，第504页。

的。"慈"虽然不见于现本《尚书》，但《左传》引用了《尚书·康诰》之语"父不慈，子不祗……不相及也"①，与今本"子弗祗服厥父事，大伤厥考心；于父不能字厥子，乃疾厥子"②意思一致。"字"就是"慈"，其意为爱，整句是在说周成王批评父不慈、子不孝之行为。慈为爱，因此慈爱可以合称，《左传·庄公二十七年》载曰："夫礼乐慈爱，战所畜也"。③礼乐慈爱，是战争必备的条件。在"父不慈"中，其对象为亲人；但在"礼乐慈爱"中，对象则为众人。这一思想是儒家思想的重要来源，《论语》有"孝慈则忠"④之说，《大学》则有"慈者，所以使众也"⑤之论。不过，道家与儒家一样也讲慈。《道德经》曰："我有三宝，持而保之：一曰慈，二曰俭，三曰不敢为天下先。"⑥这里的"慈"也就是慈爱之义。因此，若仅从概念上看，儒道两家所讲的"慈"无甚区别。

关于"仁"，孔子解曰："爱人。"⑦孔子之语在后来的不同文献中再次得到了体现。如《大戴礼记·王言》曰："孔子曰：'仁者莫大于爱人。'"⑧《荀子·子道》曰："子贡对夫子问曰：'知者知人，仁者爱人。'"⑨在"父不慈"中，"慈"的对象是亲人。《道德经》亦云："六亲不和，有孝慈"⑩，然而在"夫礼乐慈爱"中，对象则是广泛的。这也就是说，"慈"的对象经历了由"血亲"向"大众"转换的过程。据"仁者爱人"可知，"仁"的对象是"大众"，孔子

---

① 李梦生：《左传译注·僖公三十三年》，上海：上海古籍出版社2004年版，第331页。

② 李民、王健：《尚书译注·康诰》，上海：上海古籍出版社2000年版，第264页。

③ 李梦生：《左传译注》，上海：上海古籍出版社2004年版，第158页。

④ （宋）朱熹：《四书章句集注》，北京：中华书局1983年版，第58页。

⑤ （唐）孔颖达：《礼记正义·大学》，上海：上海古籍出版社2008年版，第2250页。

⑥ 李存山译注：《老子》第六十七章，郑州：中州古籍出版社2008年版，第134页。

⑦ （宋）朱熹：《四书章句集注》，北京：中华书局1983年版，第139页。

⑧ 黄怀信：《大戴礼记汇校集注·王言》，西安：三秦出版社2005年版，第45页。

⑨ 梁启雄：《荀子简释》，北京：中华书局1983年版，第30页。

⑩ 李存山译注：《老子》第十八章，郑州：中州古籍出版社2008年版，第69页。

"泛爱众，而亲仁"① 之言更可证明。在郭店竹简中，"仁"写作"㤅"，对此字，学术界有较多的探讨。据《论语》"其身正，不令而行"② 及《道德经》"及吾无身，吾有何患"③ 之语来看，"身"显然是指自己。既然"身"指"己"，那么"㤅"之本意应指爱己，但这种爱的对象不是外在的物质，而是自我的德行、能力，正如孔子所言"克己复礼为仁"④。"克己复礼"就是自觉地以礼来约束自己的行为，这是个体达到"仁"的重要途径。按照孔子的论述，仁之对象包括了"己"与"人"，正所谓"夫仁者，己欲立而立人，己欲达而达人"⑤，"己所不欲，勿施于人"。⑥ 如果说"立人""达人"是"仁"的主动展现，那么"勿施于人"则是"仁"对人的内心以及行为的谨慎态度。

据上述分析可知，慈与仁皆有爱的意思，那儒道所讲的爱有何异同呢？

从具体内容上看，既然是爱，那么两家定有共同之处：第一，反对统治者对百姓收重税。《道德经》曰："民之饥，以其上食税之多，是以饥"⑦，《论语·颜渊》曰："百姓足，君孰与不足？百姓不足，君孰与足？"⑧ 第二，反对战争，善待生命。《道德经》曰："师之所处，荆棘生焉。大军之后，必有凶年"⑨，"兵者不祥之器，非君子之器。不得已而用之"⑩。孔子有"去兵"⑪ 之论和"军旅之事，未之学也"⑫ 之言，孟子更直接说："争地以战，杀人盈野；争城以

---

① （宋）朱熹：《四书章句集注》，北京：中华书局1983年版，第49页。
② （宋）朱熹：《四书章句集注》，北京：中华书局1983年版，第143页。
③ 李存山译注：《老子》第十三章，郑州：中州古籍出版社2008年版，第62页。
④ （宋）朱熹：《四书章句集注》，北京：中华书局1983年版，第131页。
⑤ （宋）朱熹：《四书章句集注》，北京：中华书局1983年版，第92页。
⑥ （宋）朱熹：《四书章句集注》，北京：中华书局1983年版，第132页。
⑦ 李存山译注：《老子》第七十五章，郑州：中州古籍出版社2008年版，第143页。
⑧ （宋）朱熹：《四书章句集注》，北京：中华书局1983年版，第135页。
⑨ 李存山译注：《老子》第三十章，郑州：中州古籍出版社2008年版，第85页。
⑩ 李存山译注：《老子》第三十一章，郑州：中州古籍出版社2008年版，第87页。
⑪ （宋）朱熹：《四书章句集注》，北京：中华书局1983年版，第134页。
⑫ （宋）朱熹：《四书章句集注》，北京：中华书局1983年版，第161页。

战，杀人盈城。此所谓率土地而食人肉，罪不容于死"①，并认为仁者才能统一天下②。

虽然儒道两家所强调的"爱"皆体现人文关怀或人道主义精神，然而毕竟是两个学派，因此必然也有区别：第一，在人与物的轻重上，固然儒道两家爱的对象皆包括了人和物，但在这两者上，是有轻重缓急之区别的。老庄认为人与物是平等的，两者并无先后之分，所以有"天地不仁，以万物为刍狗；圣人不仁，以百姓为刍狗"③之论。而儒家则主张由人到物，孔子有"伤人乎"④之问，孟子有"仁民而爱物"⑤之说。第二，慈之对象及其地位不同。从地位上讲，在儒家的德目中，"慈"并未有特别重要的地位，最重要的是"仁"，而这恰是道家所批判的。《道德经》云："大道废，有仁义"⑥，"失道而后德，失德而后仁，失仁而后义，失义而后礼"⑦。仁义乃是"道""德"失效后的产物，因此相对于"大道""玄德"来讲，当然是第二位的。与之不同的是，"慈"在《道德经》中则是"三宝"之一，其重要地位是显而易见的。其意在表明"道"对万物的无私之爱。从对象上说，儒家所说"慈"的对象首先是亲人，然后是他人。"孝慈"之"慈"是父母对子女的爱，"孝子慈孙"⑧之"慈"是晚辈对长辈的敬爱。"慈者，所以使众也"⑨之"慈"则是对众人的爱。不管对象是谁，总是落实在人之身上。然而在老庄中，"慈"是"道"之德的具体表现，对象包括人与物。

---

① （宋）朱熹：《四书章句集注》，北京：中华书局 1983 年版，第 283 页。
② （宋）朱熹：《四书章句集注》，北京：中华书局 1983 年版，第 206 页。
③ 李存山译注：《老子》第五章，郑州：中州古籍出版社 2008 年版，第 54 页。
④ （宋）朱熹：《四书章句集注》，北京：中华书局 1983 年版，第 121 页。
⑤ （宋）朱熹：《四书章句集注》，北京：中华书局 1983 年版，第 363 页。
⑥ 李存山译注：《老子》第十八章，郑州：中州古籍出版社 2008 年版，第 69 页。
⑦ 李存山译注：《老子》第三十八章，郑州：中州古籍出版社 2008 年版，第 95 页。
⑧ （宋）朱熹：《四书章句集注》，北京：中华书局 1983 年版，第 277 页。
⑨ （唐）孔颖达：《礼记正义·大学》，上海：上海古籍出版社 2008 年版，第 2250 页。

六、"致诚明"

对于圣、贤之区别，《中庸》以"诚明"来加以概括，"自诚明，谓之性；自明诚，谓之教。诚则明矣，明则诚矣"①。郑玄解释说："由至诚而有明德，是圣人之性者也。由明德而有至诚，是贤人学以成之也。"②"自诚明"是圣人，圣人天生诚明皆备，"自明诚"则是贤人君子，达到"诚"，需要通过后天的学习努力。"诚"在最一般的意义上，意为"诚信"。在《论语》中，"信"就是一般的道德范畴；而在《中庸》中，"诚"已成为一个重要的哲学范畴③。《中庸》曰："诚者，天之道也。诚之者，人之道也。诚者不勉而中，不思而得，从容中道，圣人也。"④《中庸》认为"诚"不仅是"天道"的本质，而且也是人的本质；同时还是"圣人"的本质。《中庸》所说的"诚之"就是效法"天之诚"，达到了"诚"自然能达到中庸，如此就成了"圣人"。"诚"虽为《中庸》所系统发挥，但不是说"诚"是儒家的专利，实际上，"诚"也是《庄子》中的重要概念。

（一）立诚

孔子认为责己不责人是提高个人修养的基本原则，而反思与检讨自己的内容主要是道德与知识、能力等，如云："君子病无能焉，不病人之不己知也。"⑤君子要担忧的是自己的能力，而不是他人对自己的认知。这一思想对其弟子的影响是深刻的，如曾子曰："吾日三省吾身：为人谋而不忠乎？与朋友交而不

---

① （宋）朱熹：《四书章句集注》，北京：中华书局1983年版，第32页。
② （唐）孔颖达：《礼记正义·中庸》，上海：上海古籍出版社2008年版，第2022页。
③ 关于"诚"含义的演变，参见张培高：《论宋代理学家关于"诚"的不同诠释》，《中州学刊》2013年第6期。
④ （宋）朱熹：《四书章句集注》，北京：中华书局1983年版，第31页。
⑤ （宋）朱熹：《四书章句集注》，北京：中华书局1983年版，第165页。

信乎？传不习乎？"①"诚信"便是所要检讨的内容之一。反思的方法得到了子思、荀子等后人的继承。如"慎独"是《中庸》《大学》和《荀子》中所强调的重要修养方法。《中庸》曰："莫见乎隐，莫显乎微，故君子慎其独也。"②《荀子·不苟》云："君子至德，嘿然而喻，未施而亲，不怒而威；夫此顺命，以慎其独者也。"③这两处"慎独"的意思是一致的，皆是指"内心专一"④，即内省反求。对于儒家来说，道德及其意识（含诚信）显然是主要内容。

宋人司马光的"修诚"方法也很值得借鉴。他对"诚"非常重视，对学生刘安世说，"平生只是一个'诚'字，更扑不破"，并告诉他立诚的方法是"当自不妄语入"⑤。不说谎（"诚实"）是"立诚"的入口。据说，他重视"不妄语"与小时候的一次说谎有密切的关系。在五六岁时，有一次，他想剥核桃皮，剥了很久都没剥开，于是让姐姐帮他，但她也不会，尔后有事先行离开了。最后是家中的一位女仆用热水将核桃去了皮，姐姐回来后，便问："怎么弄开的，谁帮了你？"他便欺骗姐姐说："是自己做的"。目睹这一切的父亲便严厉谴责："小子怎敢说谎！"司马光对乃父的严厉批评铭记于心，"诚信"也就成为了其一生服膺的信条。他自己也以此而自许："其诚乎，吾平生力行之，未尝须臾离也！"⑥司马光死后，苏轼评价曰："臣论公之德，至于感人心，动天地，巍巍如此，而蔽之以二言：'曰诚，曰一。'"⑦司马光之所以能够做到终生"诚"关键在于"一"（专心并且坚持）。一次不说谎任何人都可以做到也都能做到，而要做到经常不说谎，甚至终生不说谎，那只能持之以恒，时间长了，

① （宋）朱熹：《四书章句集注》，北京：中华书局 1983 年版，第 48 页。
② （宋）朱熹：《四书章句集注》，北京：中华书局 1983 年版，第 17 页。
③ 梁启雄：《荀子简释》，北京：中华书局 1983 年版，第 30 页。
④ 梁涛：《郭店竹简与思孟学派》，北京：中国人民大学出版社 2008 年版，第292—300 页。
⑤ （清）黄宗羲：《宋元学案·元城学案》，北京：中华书局 1986 年版，第 828 页。
⑥ （宋）朱熹、李幼武：《宋名臣言行录》之《后集》卷 12，《文渊阁四库全书》本。
⑦ 参阅（宋）司马光：《司马光集》，成都：四川大学出版社 2010 年版，第 1831 页。

"诚信"的品德自然就形成了。

（二）敬诚

宋明理学家常常"诚敬"或"敬诚"并提，并认为"敬"是达到"诚"的方法，如小程说："敬是闲邪之道，闲邪存其诚……闲邪则诚自存矣。"[①]"敬"早在孔子那里就已是个重要的修养方法。子路问孔子：君子是一个怎样的人，孔子回答说："修己以敬。"[②] 程朱把"敬"解释为"主一无适"[③]。段玉裁则反对："夫主一与敬义无涉。"[④] 实际上，可以从《论语》本身出发探讨"敬"之本意。关于"敬"，许慎在《说文解字》中说："肃也。"[⑤] 而"肃"为"持事振敬也……战战兢兢也。"[⑥] 这是"敬""肃"互释，对于了解"敬"之含义帮助不大，只是从"战战兢兢"上可知"敬""肃"有小心谨慎之义。在《论语》中，孔子对子路的好勇确有批评，在孔子看来，能够一起共事的人，不是只有一腔热血的武夫，而是遇事能够小心谨慎、出谋划策之士。[⑦] 与此同时，孔子对弟子还有"慎言""慎行"[⑧] 的告诫。但如果把"敬"仅释为"谨慎"显然是不准确的。"敬"在《论语》中，还有尊敬、恭敬、敬畏、严肃认真地对待等含义。如"今之孝者，是谓能养。至于犬马，皆能有养；不敬，何以别乎"[⑨]，此"敬"有尊敬、小心谨慎及严肃对待的意思。又如"敬事而信"[⑩]，此"敬"便是严肃

---

① （宋）程颢、程颐：《二程集》，上海：上海古籍出版社 2000 年版，第 233 页。
② （宋）朱熹：《四书章句集注》，北京：中华书局 1983 年版，第 159 页。
③ （宋）朱熹：《四书章句集注》，北京：中华书局 1983 年版，第 49 页。
④ （清）段玉裁：《〈说文解字〉注》，上海：上海古籍出版社 1981 年版，第 434 页。
⑤ （清）段玉裁：《〈说文解字〉注》，上海：上海古籍出版社 1981 年版，第 434 页。
⑥ （清）段玉裁：《〈说文解字〉注》，上海：上海古籍出版社 1981 年版，第 117 页。
⑦ （宋）朱熹：《四书章句集注》，北京：中华书局 1983 年版，第 95 页。
⑧ （宋）朱熹：《四书章句集注》，北京：中华书局 1983 年版，第 58 页。
⑨ （宋）朱熹：《四书章句集注》，北京：中华书局 1983 年版，第 56 页。
⑩ （宋）朱熹：《四书章句集注》，北京：中华书局 1983 年版，第 49 页。

认真对待之义。严肃对待往往含有敬畏之意，如"敬鬼神而远之"①。

"敬"在《诗经》《左传》等文献中，还有警惕、警戒的意思，如《诗经·常武》："既敬既戒，惠此南国。"② 但就《论语》来说，综合其"事思敬"③"祭思敬"④ 行笃敬"⑤ 等说法来看，可知"修己以敬"至少包括对"礼""事""父母""行"等都要有尊敬、敬重甚至是敬畏之心，且此心须日日涵养，并外化为行为。据此，所以说程朱把"敬"解释为"主一"（严肃认真对待）还是很有道理的。这也提醒我们要对学问、规则（如道德、法律等）、父母、教师、"行为"等保持"敬"。只有保持尊敬或敬畏之心，才有可能认真严肃对待；否则，极有可能会造成严重的后果。如据人民网重庆 2018 年 11 月 2 日刘政宁的《重庆万州公交车坠江原因公布》报道可知，2018 年重庆万州一公交车坠江，导致包括司机、乘客在内十几名人员的死亡。事后，通过调查，起因是一名乘客因错过公交站，在行车中途就要下车，但桥上没有停靠站，未被司机同意，于是她就用手机打司机；司机被迫防卫，在此过程中，驾驶不慎，导致汽车失控坠江。该乘客不敬畏规则、不尊重他人，其他乘客也不敬畏规则、任其违规行为持续发生，从而导致了惨剧。又如教师或学生因对知识的追求缺乏敬畏之心，于是有作业或论文抄袭之行为，既侵害了知识产权又破坏了学术规则和违背了学习的本质。

与先秦儒士不同的是，理学家把"敬"与"诚"合在一起讲，并认为"敬"是达到"诚"的途径。若对道德、规则、知识等有敬畏之心并且认真严肃对待，持之以久，那么"诚"也就在其中了。达到了"诚"也就成为"君子"，然后再经过不断涵养，离圣人也就不远了。时至今日，经由此道，既便

① （宋）朱熹：《四书章句集注》，北京：中华书局 1983 年版，第 89 页。
② 程俊英：《诗经译注》，上海：上海古籍出版社 2004 年版，第 502 页。
③ （宋）朱熹：《四书章句集注》，北京：中华书局 1983 年版，第 173 页。
④ （宋）朱熹：《四书章句集注》，北京：中华书局 1983 年版，第 188 页。
⑤ （宋）朱熹：《四书章句集注》，北京：中华书局 1983 年版，第 162 页。

成为不了"圣人",那么通过"敬"之修养,完全可以修成一个敬畏现代规则、具有现代文明涵养和社会责任担当的知识分子。

(三)真诚

"诚"在《道德经》与《论语》中,都只是作为副词,而在《庄子》中"诚"与《中庸》一样,成为一个重要哲学概念,最能集中表达此意的是《渔父》:

> 真者,精诚之至也。不精不诚,不能动人。故强哭者,虽悲不哀;强怒者,虽严不威……真悲无声而哀,真怒未发而威……真在内者,神动于外,是所以贵真也……真者,所以受于天也,自然不可易也。故圣人法天贵真,不拘于俗。①

"诚"本来就有"真实"的意思,但在《庄子》中,"真"比"精"与"诚"更为重要,"真"才是最高的境界。无精与诚,根本不能感动人。无真情,即便是强哭、强怒也都不能动人,若有真情,则即便不哭、不怒也足可动人。若有真,自然会通过神表现出来,因此"真"是最有价值的东西。"真"之所以最"贵",乃在于受之于"天"("大道"),因此"圣人"必然是"法天贵真"的。渔父对孔子说:"仁则仁矣,恐不免其身;苦心劳形以危其真。呜呼,远哉其分于道也!"②孔子的仁算是仁了,恐怕不能保全自己,心与形皆劳累,如此便丧失了"真"(本性)。这与"大道"离得太远了。因此,返璞归真才是老庄的主旨,《道德经》云:"复归于朴"③,"我无欲而民自朴"④。而《庄子》所言的"坐忘"恰是"返璞归真"的方法。

> 颜回曰:"回益矣。"仲尼曰:"何谓也?"曰:"回忘仁义矣。"日:"可矣,犹未也。"

① 方勇译注:《庄子·渔父》,北京:中华书局2015年版,第539页。
② 方勇译注:《庄子·渔父》,北京:中华书局2015年版,第537页。
③ 李存山译注:《老子》第二十八章,郑州:中州古籍出版社2008年版,第83页。
④ 李存山译注:《老子》第五十七章,郑州:中州古籍出版社2008年版,第120页。

他日复见，曰："回益矣。"曰："何谓也？"曰："回忘礼乐矣。"曰："可矣，犹未也。"

他日复见，曰："回益矣。"曰："何谓也？"曰："回坐忘矣。"仲尼蹴然曰："何谓坐忘？"颜回曰："堕肢体，黜聪明，离形去知，同于大通，此谓坐忘。"仲尼曰："同则无好也，化则无常也。而果其贤乎！丘也请从而后也。"①

"堕肢体"就是去掉"我"，达到"无物无我"。"黜聪明"则是去掉是非等观念与其他知识，如此就同于大道。这其实是对《老子》"为道日损"②"无知无欲"③修养方法的继承与弘扬。尽管达到此境界很困难，但在现实生活中，通过学习与修养，树立尊重他人（尊重他人的权利、知识、人格等）、关爱自然的意识，然后化之于行动，这是较容易之事。若此，也不失为现代文明之人。

思考题：

（1）当今为学面临了哪些问题？其产生的原因是什么？

（2）"为己之学"的含义及其内容有哪些？

（3）"内圣外王"的含义是什么？儒道有何异同？

（4）"德"在儒道两家中的含义是什么？

（5）儒道两家是如何论述"诚"的？

参考文献：

（1）李存山译注：《老子》，郑州：中州古籍出版社2008年版。

---

① 方勇译注：《庄子·大宗师》，北京：中华书局2015年版，第118—119页。
② 李存山译注：《老子章》第四十八章，郑州：中州古籍出版社2008年版，第107页。
③ 李存山译注：《老子》第三章，郑州：中州古籍出版社2008年版，第52页。

（2）刘笑敢：《老子古今》，北京：中国社会科学出版社2006年版。

（3）朱熹：《四书章句集注》，北京：中华书局1983年版。

（4）程树德：《论语集释》，北京：中华书局1990年版。

（5）方勇译注：《庄子》，北京：中华书局2015年版。

（6）杨伯峻：《孟子译注》，北京：中华书局1960年版。

（7）梁启雄：《荀子简注》，北京：中华书局1983年版。

（8）张觉译注：《荀子译注》，上海：上海古籍出版社2012年版。

（9）李零：《郭店楚简校读记》，北京：中国人民大学出版社2004年版。

第七讲

格物致知

【学习目的】了解《大学》"格物致知"的基本内涵，理解和掌握宋明理学两大学派对格物与致知价值的发展与提升，思考"格物致知"对当前社会的可能性价值。

"格物致知"语出《礼记·大学》。《礼记》是儒家最重要的经典之一，在几千年的中国文化传承中，不管是"九经"序列，还是后来的"十三经"，《礼记》从未缺席。就性质而言，《礼记》只是一部儒家文献的汇编，收集了战国至秦汉间儒家一批重要的文献。《大学》原本只是《礼记》中一篇较重要的文献，但是在中唐经韩愈、李翱的重视与推崇，在宋明理学的提倡下与《中庸》一起从《礼记》中单独抽出，并与《论语》《孟子》一道被封为"四书"，地位甚至超过了传统的"五经"，更有甚者在宋明理学的理论系统中《大学》与《中庸》的地位还要超过《论语》《孟子》。《大学》的核心思想——被朱子概括为"三纲领八条目"，其中最重要的一对范畴——"格物"与"致知"，是整个宋明理学讨论的中心：程朱理学的核心精神被概括为"涵养须用敬，进学在致知"，而王阳明的心学精神被概括为"致良知"。

一、"格物致知"的原初含义

关于《大学》本身的写作年代，近代以来争论激烈：坚持传统主张的认为《大学》出自孔子高足曾子之手；而影响最大的是出自秦汉年间说；当然，也有主张中间说的，即认为出自战国与秦汉间的儒者。不过，随着考古学的兴盛，近几十年来出土了一大批战国秦汉间的儒家文献；从这些文献与《大学》之间的思想联系来看，现代学者又倾向于传统主张——曾子作。不管怎么说，我们将《大学》视为先秦儒家著作的主张还是稳妥的。

除了《大学》本身的写作年代不易确定外，《大学》的思想精神也不大好理解与解释，这也是造成程朱理学与陆王心学分歧的根本原因之一。《大学》全文总计两千一百余字，全文紧紧围绕"三纲领八条目"而展开，但遗憾的是，全文的行文解释唯独缺少对格物与致知的展开讨论。朱子认为这是《大学》在流传过程中造成的"缺文"——原本完整的《大学》应当是有对格物与致知的解释——因此，朱子根据程颐的思路和对《大学》思想的理解与思考，对格物与致知做了一个"补传"。当然，这个补传毕竟是朱子自身的理解，更简单地说是朱子在自身理论系统的结构认知中对《大学》格物致知做的解释，此非《大学》本身格物致知的本来思想面貌。

如何理解格物致知的含义，可以有两个思路：一个是通过《大学》本身的思想脉络来解读，但受限于《大学》本身篇幅的短小，单靠这一途径难以竟全功；另外一个可能的途径是，通过同时期其他的文献的解读来补足。因为，一篇文献或文献的作者有一个总的文化环境和时代思想环境，文献本身或者文献的作者脱离不了其所处民族的文化背景以及其时代的思潮背景。

《大学》的核心思想被朱子概括为"三纲领八条目"：三纲领的具体内容为明明德、亲民、止于至善，八条目的具体内容为格物、致知、诚意、正心、修身、齐家、治国、平天下。"大学"本身的含义是"大人之学"，即《大学》

讨论的是如何成为一名人格完整的社会人或伦理人，或者说如何成为一名道德健全的人。当然，《大学》或者儒家意义中道德健全或人格完善的社会人，并不像庄子一样希望成为一个精神自由的逍遥人，也不像佛教一样希望摆脱"无明"障蔽和"贪嗔痴"三毒牵扯的觉悟的人，儒家追求的"大人"侧重于一种实践的德行、一种在人伦关系和社会关系中为他者服务的德行。《大学》对于这种儒者精神做了一个概括，就是三纲领。

明明德，表面上的意思是使自己的道德完善。我们说，儒家的价值理想是一种实践价值、一种伦理价值，需要将个人的德行与人伦关系合二为一。但是，作为个体的人在人伦关系中践行时，是需要条件的——并不是所有人都能践行这些伦常价值，就是个体必须首先是个道德完善的人。在先秦儒家的认知系统中，关于个体道德完善的理论有两种观点，一种是孔子、荀子的观点，即通过后天的学习与实践，最终不断完善个体的道德品行；一种是孟子的观点，认为每个人都有天生的道德基础——良心，只要通过自我不断反省就可自我扩充而完善。前者，我们可以称之为"道德养成"，后者称之为"道德反省"。我们不知道《大学》到底属于哪一种思路，不过既叫大人之"学"，文中又在引《诗经》一段话后总结说"如切如磋者，道学也；如琢如磨者，自修也"。所谓切磋、琢磨强调的都是学习过程，而不是反思过程，即《大学》所谓"自修"。这还证之以《论语·学而》："子贡曰：'贫而无谄，富而无骄，何如？'子曰：'可也。未若贫而乐，富而好礼者也。'子贡曰：'诗云：'如切如磋，如琢如磨。'其斯之谓与？'子曰：'赐也，始可与言诗已矣！告诸往而知来者。'"①《论语》此章本就凸显学习的重要性，文中又谓"未若贫而乐，富而好礼者也"，所谓富而好礼即是在物质条件充分足裕的时候，应该注重道德礼仪方面的学习和养成。如果人人都有天生的道德心，也就无所谓贫穷与富贵，无所谓贫穷者"贫而乐"，富贵者"富而好礼"。所以，《大学》所谓的明明德，

---

① （宋）朱熹：《四书章句集注》，北京：中华书局1983年版，第52—53页。

应该就是通过后天的学习来完善自我的道德品行，即是一个自我道德养成的过程。

我们上文说过，以《大学》为代表的儒家的道德价值是人伦实践，是以人伦为道德实践的对象的。个人的道德养成一方面离不开在具体的人伦活动中实践学习；另外一方面在生理方面成熟和道德方面完善的个体需要帮助他者也完善自己的德行，完善自己的人格。所以，明德的君子有向外推及的内在德行要求，此即孔子力在弘扬的"忠道"——"己欲立而立人，己欲达而达人"①，有德行的君子帮助更多人成为同他一样的明德君子。三纲领中的亲民与止于至善就是明德君子向外推扩的德行要求。向外推扩有远近与幅度的差别。朱子以为"亲民"是"新民"之误，从下文的解释来看，朱子的主张也许是正确的——"汤之盘铭曰：'苟日新，日日新，又日新。'康诰曰：'作新民。'诗曰：'周虽旧邦，其命惟新。'"②所谓新民，所谓日日新，所谓其命惟新，新的对象不应是君子自身，因为君子个体性德行已然完备，成就了明德，而是明德的君子向外推扩，希望他的家人、族人、国人乃至全天下的人都能日新其德。所以新民是一个不断帮助他者不断完善自我德行的一个过程。这是一个养成性的德行，而非完成性德行。这样一种良性的人伦理想发展的最佳结果就是，全天下人都能够"为人君，止于仁；为人臣，止于敬；为人子，止于孝；为人父，止于慈；与国人交，止于信"③。也就是，人人各安其伦常辈分，各司其职，也许真能达到《礼记·礼运》描述的"大道之行也，天下为公，选贤与能，讲信修睦。故人不独亲其亲，不独子其子，使老有所终，壮有所用，幼有所长，矜、寡、孤、独、废、疾者皆有所养，男有分，女有归。货恶其弃于地也，不必藏于己；力恶其不出于身也，不必为己。是故谋闭而不兴，盗窃乱贼而不作，故

---

① （宋）朱熹：《四书章句集注》，北京：中华书局 1983 年版，第 92 页。
② （宋）朱熹：《四书章句集注》，北京：中华书局 1983 年版，第 5 页。
③ （宋）朱熹：《四书章句集注》，北京：中华书局 1983 年版，第 5 页。

外户而不闭"① 的大同世界。此之谓止于至善。

三纲领就是一个君子自我完善德行和向外推行德行的纲领性伦理精神，其中明明德是君子自我道德完善，亲民和止于至善是君子成德之教——帮助他者完成自我道德的完善。

八条目与三纲领实际上是一套理论的两套言说体系，三纲领正如其名是纲领性的宏大叙述，八条目才是具有实践操作的德行条目。我们也可以按照三纲领的结构对八条目作出解释，如此可以把八条目也分成君子的自我道德完善与帮助他者完善德行的成德之教，其中格物、致知、诚意、正心、修身是君子的自明其德，齐家、治国、平天下是明德君子推己及人的成德之教。这些条目中，除了格物、致知以外，其余六条目原文都有解释："诚意"就是不自欺，忠诚于自己，不过忠诚于自己也是有讲究的——当然不能是忠诚于自己的贪欲或者不当的情感，而应该是使自己的内心的每一个念头和想法时刻处在一种高度道德自律与约束之中。只有通过这种严格的道德自律的养成，我们最终才能在人的整个精神世界中构建出完善的道德人格和道德品质——此其所谓"正心"也。心，指的是人的道德人格，正，即是完善义。在获得了成熟或完善的道德人格之后，我们才能正确处理或判断乃至主宰自己的情欲等行为，使其合于道德规范，"此谓唯仁人为能爱人，能恶人"②。君子既然已经养成了完善的道德人格，可以合理规范自己的一切行为活动，如此意味着君子同时具备了判断别人行为是否合道德的道德判断能力，此即君子自身已经成为一个完整意义上的——社会人——合乎社会道德价值要求的人。此所谓"修身"，指向一个综合的、成熟的、完善的个体。

在儒家的价值世界里，一切都是温情脉脉的，一切都是伦理道德的，因为在战国前包括君臣在内的人伦关系都是亲情伦理。孔子所谓的"君君、臣臣、

---

① （清）孙希旦撰，沈啸寰等点校：《礼记集解》，北京：中华书局 1989 年版，第 582 页。

② （宋）朱熹：《四书章句集注》，北京：中华书局 1983 年版，第 12 页。

父父、子子"①，实际上指称的是这样一种事实——既是君臣又是父子，虽然这种情况在战国时代，随着游离士族成为职业官僚——臣的出现，如商鞅、苏秦、张仪，崩解了君臣即父子的人伦关系，但是其他人伦关系的核心纽带，依然是以血缘关系为中心的亲情伦理。这种亲情伦理是整个社会的基础，小到一个家庭，再到一个家族；大到一个国家，再到整个天下，都是由亲情伦理所组成小单元再组成大单元。对于一个道德人格完善的君子而言，其在面对都是叔伯阿姨、兄弟姐妹组成的家族（古人的家一般都指家族，而非现代意义上的核心家庭）事务时，应该秉持一种什么样的态度？法律的（古代法律主要指赏罚二柄）、利益的？还是道德的、亲情的？一个文质彬彬的君子当然不可能选择前者，此其所以儒家推崇"德治"的主要社会事实依据。不同于法治通过暴力、强迫的手段使其威服（不同于现代的法治），德治的核心精神是——信服，通俗点就是使人心甘情愿地遵守或执行。人何以信服君子？君子行事之标准为何？信服者，心悦诚服而已矣，即要求他者的，自己首先必须做到，如孝顺父母，如果君子自己都做不到何以要求他人。法治的标准为法律，一切以法律为判断之准绳，而德治的标准则是人情——人之常情，"是故君子有诸己而后求诸人，无诸己而后非诸人"②，也就是孔子提倡的忠恕之道——己欲立而立人，己欲达而达人，己所不欲勿施于人。恕道是道德行事的底线，不能将个人的一切行为意志（不管是好的还是不好的）强加给他者；忠道才是君子努力践行的方向，带着群体善的理想、希望一起走向理想的社会。所以对于一个君子而言，在处理家族事务时有两个方向：一是君子本身就是家族成员，是人伦关系中的一分子，所以需要承担自身的人伦责任，即孝顺父母、长辈，照顾兄弟姐妹，友爱朋友、邻里；一是君子还需要帮助每个人都成为像他一样的德行圆满的人。君子既有了管理家族的能力，使得家族完善、和谐，所以可以进

---

① （宋）朱熹：《四书章句集注》，北京：中华书局1983年版，第136页。
② （宋）朱熹：《四书章句集注》，北京：中华书局1983年版，第9页。

一步管理国家，甚至进一步管理天下。但是不管是管理国家，还是管理天下，德治既是一种基于社会事实的考虑，也是一种儒家在对比法治而做的一种价值选择。而德治的核心是基于人情之常的忠恕之道，所以《大学》才不断强调说"其家不可教而能教人者，无之"①，"其为父子兄弟足法，而后民法之也"②，"上老老而民兴孝，上长长而民兴弟，上恤孤而民不倍，是以君子有絜矩之道也"③，"民之所好好之，民之所恶恶之，此之谓民之父母"④。所谓"教人"，所谓"足法"，所谓"民不倍"的根本精神，就是推己及人的德治；如此才能做到好民之所好，恶民之所恶。

上面我们已经完成了三纲领和六条目的解读，而在《大学》文本中没有进一步展开解释的格物与致知到底是何意？其在八条目中又起什么作用呢？我们知道，《大学》八条目是以"修身"为中心而建构的，无论是正心、诚意，还是齐家、治国、平天下，它有一个中心点，其他条目都是在这个中心点中完成或推展，这个点就是——修身——这是德治的自我特性决定的——所以《大学》又说"自天子以至于庶人，壹是皆以修身为本"⑤。包括格物、致知在内的前四个条目都是对修身的渐次完成，即格物、致知、诚意、正心的最终目的就是完成道德人格的完善——修身，且这五个条目是有逻辑梯次的，首先要格物，才能致知，才能诚意，才能正心。简单而言，诚意是通过道德实践修养不断地改掉和规范不好的道德意识，从而使自己的道德意识不断斧正；正心，是在诚意的道德实践养成的基础上，养成道德主体，可以主宰个体的整个情欲，而不是被情欲所障蔽或驱动；修身，是个体道德人格的全面养成。我们看到，诚意、正心是个体道德养成的一个"内在化"过程，而且还是一个不断实践、

①　（宋）朱熹：《四书章句集注》，北京：中华书局1983年版，第9页。
②　（宋）朱熹：《四书章句集注》，北京：中华书局1983年版，第9页。
③　（宋）朱熹：《四书章句集注》，北京：中华书局1983年版，第10页。
④　（宋）朱熹：《四书章句集注》，北京：中华书局1983年版，第10页。
⑤　（宋）朱熹：《四书章句集注》，北京：中华书局1983年版，第4页。

不断改正的过程。就后一个意义上，与孟子式的自我反省与扩充是不同的，这点上文已经强调过，这对于我们把握格物、致知的含义至关重要。既然个体的道德养成需要后天的不断学习与实践，而这个过程还伴随着主体对自我道德意识的不断叩问，但是难道主体道德养成的过程中不需要依赖某种外在性的东西，比如道德知识？

就格物的字面意义来看，格是格量、思虑的意思，引申为学习；关于物，许慎《说文解字》里说"物，万物也"。《荀子·正名》里说"物也者，大共名也"①，前者是说物是客观世界的总成——即包括人在内的所有客体，后者是说物是客观世界的总名——是人认识对象的总称，但是在中国古人的认知意识里，往往将人与人之间的——事，也归属为物的范畴，很多时候二者不太区分；则格物的基本意思就是认识和学习客观对象。再看致知，致的基本意思是达到，引申为完成、获得。知在古代的意思较为复杂，有时同"智"，有时通"识"，还有认识、认知的含义，如《道德经》说"常使民无知无欲"②，《论语》也有"知和而和，不以礼节之，亦不可行也"③；"温故而知新，可以为师矣"④；"子语鲁大师乐。曰：'乐其可知也：始作，翕如也；从之，纯如也，皦如也，绎如也，以成。'"⑤ 从致知的结构以及结合《大学》其他六条目来看，如同诚意之"意"，正心之"心"都作为对象来看，从语法上都是动宾结构，如此致知之"知"是宾语、作名词，是"致"的对象，即是认识、认知义，致知就是获得有关某种对象的认知或认识。这样，我们就获得了有关格物与致知的基本字面意思：格物是对认识对象的探究与学习；致知是格物的相继延伸与完

---

① （东汉）许慎著，（清）段玉裁注：《说文解字注》，上海：上海古籍出版社 1981年版，第 53 页。

② （魏）王弼撰，楼宇烈校释：《老子道德经注校释》，北京：中华书局 2008 年版，第 8 页。

③ （宋）朱熹：《四书章句集注》，北京：中华书局 1983 年版，第 51 页。

④ （宋）朱熹：《四书章句集注》，北京：中华书局 1983 年版，第 57 页。

⑤ （宋）朱熹：《四书章句集注》，北京：中华书局 1983 年版，第 68 页。

成，即获得格物对象的有关认知。前者是认识主体向外的寻求活动，后者是主体把前者内在化的结果，其实质是同一过程的两个不同侧面，向外寻求与学习的过程就是一个主体内在化为自身认知的过程。

需要说明的是，格物之"物"范围极为广泛，从字面意思来解读，包含全部人类认识和实践活动，由此同样导出之主体认知也是同样的范围。就知识的性质来看，知识可以分为已知知识和未知知识。有一点可以确定，即儒家从不像墨家、名家以及古希腊哲学家一样热衷探究"未知世界"，儒家提倡的是一种"君子不器"①"君子远庖厨"②的价值追求，所以《论语》中，樊迟问学稼，孔子慨叹其为小人之学："子曰：'小人哉，樊须也！上好礼，则民莫敢不敬；上好义，则民莫敢不服；上好信，则民莫敢不用情。夫如是，则四方之民襁负其子而至矣，焉用稼？'"③ 而在《孟子》中陈相向孟子推行农家许行的价值观说，"贤者与民并耕而食，饔飧而治"④，而孟子回以"劳心者治人，劳力者治于人；治于人者食人，治人者食于人；天下之通义也"⑤。儒家的这种人文价值追求，不仅约束了君子不仅不会探究、认知未知的自然、物理世界，甚至在已有的知识结构中排斥如"稼穑""厨艺"等实践性知识，儒家始终追求的是个体道德的完善和整个社会道德的完善。如此，我们基本可以确定格物、致知之范围就是道德性知识。

然则，这些道德性知识具体指哪些呢？从《论语》来看，就是以《六经》为主的文献和社会性礼仪习俗规范。"子路问成人。子曰：'若臧武仲之知，公绰之不欲，卞庄子之勇，冉求之艺，文之以礼乐，亦可以为成人矣。'"⑥ "智""不欲""勇""艺"都是实践性道德品质，"礼乐"是社会性、礼

---

① （宋）朱熹：《四书章句集注》，北京：中华书局 1983 年版，第 57 页。
② （宋）朱熹：《四书章句集注》，北京：中华书局 1983 年版，第 208 页。
③ （宋）朱熹：《四书章句集注》，北京：中华书局 1983 年版，第 142 页。
④ （宋）朱熹：《四书章句集注》，北京：中华书局 1983 年版，第 258 页。
⑤ （宋）朱熹：《四书章句集注》，北京：中华书局 1983 年版，第 258 页。
⑥ （宋）朱熹：《四书章句集注》，北京：中华书局 1983 年版，第 151 页。

（仪）俗性规范。《论语·先进》又有"德行：颜渊，闵子骞，冉伯牛，仲弓。言语：宰我，子贡。政事：冉有，季路。文学：子游，子夏。"[1]德行、言语、政事、文学立体地包含了一个完善君子要求的基本品格，一个道德完善的人必须具备一些内在的品质和外在性社会需要的仪式型规范，君子欲学学此也，欲成成此也。又《论语·季氏》，"陈亢问于伯鱼曰：'子亦有异闻乎？'对曰：'未也。尝独立，鲤趋而过庭。曰：'学诗乎？'对曰：'未也。''不学诗，无以言。'鲤退而学诗。他日又独立，鲤趋而过庭。曰：'学礼乎？'对曰：'未也。''不学礼，无以立。'鲤退而学礼。"[2]《论语·雍也》"子曰：'君子博学于文，约之以礼，亦可以弗畔矣夫！'"[3]《论语·泰伯》"子曰：'兴于诗，立于礼，成于乐。'"[4]诗、礼、乐在《六经》中都有对应的文献，所以对于孔子而言，成为一个完善的道德君子，以《六经》为代表的文献是学习首要且必备的对象。

当然，受限于文献本身记载的不足以及文献传达能力的不足，君子还需要在社会礼俗规范中学习，"入太庙，每事问"[5]，这既是孔子谦虚谨慎之处，但同时也表明一个人能力有限，文献记载有限，所以需要在社会性礼俗规范中不断学习。不过，在儒家的价值观里始终是以道德实践为目的和归宿，所有学习的最终出发点和落脚点都在道德实践，所以"子曰：'弟子入则孝，出则弟，谨而信，泛爱众，而亲仁。行有余力，则以学文。'"[6]"子夏曰：'贤贤易色，事父母能竭其力，事君能致其身，与朋友交言而有信。虽曰未学，吾必谓之学矣。'"[7]

由此我们可以得出这样一个结论：要培养成一个明德君子，一个集德行、

---

[1] （宋）朱熹：《四书章句集注》，北京：中华书局1983年版，第123页。
[2] （宋）朱熹：《四书章句集注》，北京：中华书局1983年版，第173—174页。
[3] （宋）朱熹：《四书章句集注》，北京：中华书局1983年版，第91页。
[4] （宋）朱熹：《四书章句集注》，北京：中华书局1983年版，第104—105页。
[5] （宋）朱熹：《四书章句集注》，北京：中华书局1983年版，第121页。
[6] （宋）朱熹：《四书章句集注》，北京：中华书局1983年版，第49页。
[7] （宋）朱熹：《四书章句集注》，北京：中华书局1983年版，第50页。

言语、政事、文学，一个兼具智、仁、勇的儒家理想的人格，需要在日常生活中学习实践，要在礼仪规范中锤炼陶冶，更要在《六经》中深化提升。这些都是君子格物的对象，致知只是学习者把这些需要的知识内在化而已。如此推测《大学》格物、致知的基本含义，应离《大学》本意不远。

二、"格物致知"的沉寂与重拾

儒家思想经过先秦诸子百家争鸣以后，即进入两汉"经学"——儒学发展的另一个高峰阶段，并由此奠定了儒学定于一尊的伟大历史转折，从此儒学不再单纯是一个学派、一门学问，而是成为整个民族、整个国家的核心价值体系。一个以继承、发展和弘扬夏商周三代文化使命为价值理想的学派，最终成为引领这个民族前行的文化巨人，它负重前行承载了中华民族的全部价值使命和担当，并渗透到中华民族的所有层面和领域，包括以"道学政"为核心的精英文化和世俗文化，都在儒家的价值体系中统一协调。但是儒家的精英文化中的"学"——儒学，经过汉学的高度繁荣后，在魏晋南北朝一直到隋唐五代的儒学相比于道教与佛教而言，一直表现不佳，未能有较大的理论创新与突破。有鉴于此，儒家士大夫发起了一场"儒学复兴运动"，力图扭转当时精英阶层"出入佛老"的文化风气，重续儒家在价值建构领域和价值话语体系中的担当与责任。这场"儒学复兴运动"的理论化成果就是宋明理学。

虽然宋明理学打着重续"道统"历史使命的旗号，实则道统所属的价值领域，儒家从未衰落，相反不管是道教还是佛教，都要与儒家所代表的中华文化的理想价值体系接榫。尤其是佛教，其在两汉之际传入中国后，就主动地向儒家妥协和靠拢——即所谓的"佛教中国化"进程，隋唐出现的佛教八大宗就是佛教中国化的一次集体献礼。而八大宗中最中国化的"禅宗"成为中国佛教的主流形态。相比于印度佛教而言，以禅宗为代表的中国佛教有这样几个突出变化：其一，由印度佛教的"智慧解脱"转变为中国特色的"心性解脱"。其二，由印度佛教"觉悟佛"转变为中国佛教的"实体佛",包括"圣人佛""神仙佛"。早期印度佛教的基本价值理想是以三法印(诸行无常、诸法无我、涅槃寂静)为旨归,其对人生、对世界持一种"否定性"态度,认为人生和世界都是虚幻的,都是因缘(各种条件)聚合的假象。人生的一切烦恼、一切痛苦、一切不幸的根源都在于对这些假象的"颠倒认知"——执假为真,由错误的认知把幻象当作真实,执着于"我",受困于"我"的欲望——贪嗔痴三毒,在贪嗔痴三毒的驱动下,人不断地造业,所以无限地流转在无边苦海的轮回中。佛教把这个过程用"十二因缘"作了概括与解释,其中"无明"(颠倒认知)是整个理论的核心基点。佛教的解决思路是把整个世界颠倒过来,即把世俗的认知结构全部倒转过来,而倒转的核心就在于——颠倒认知,所以颠倒认知是整个佛教的机轴与枢纽。颠倒了世俗的认知,就不再执着于"我",也就不再在"三毒"的驱使下造作新的业,最终才能消解掉全部业力牵缚与羁绊而解脱——涅槃寂静。所以,在佛教的理论结构中,能不能解脱的关键就在于能否把常识的、世俗的认知价值做一个彻底的反转。佛教把所有的理论系统概括为"戒定慧"三学,而严苛的戒律的目的在于入定,入定的目的在于生慧,所以"智慧"才是佛教"三学"的核心,也是佛教全部理论的核心。后来继之而起的大乘佛教不管是空宗(中观宗)还是有宗(唯实宗),虽然在理论上与早期佛教有了较大的区别,但在核心价值领域还是一致的,进一步对颠倒认知的反思与批判,中观宗对空、有(真、假)两边的双重否定,对"般若智慧"的执着追求,有宗的全部理论都建立在"识"的讨论与分析中。总之,不管是小乘佛教还是大乘佛教,其理论的核心是对世俗世界的颠倒认知、否定认知,追求的是一种超越智慧,所谓解脱就是在完成颠倒认知之后的自然修行结果——一种彻底的觉解,所以颠倒认知的超越智慧才是彻底觉解的关键。因此,从本质上我们可以说印度佛教是"智慧解脱",从解脱结果上可以说印度佛教是"觉解佛"。

反观中国佛教的发展历程,其传入之际即借助道教神仙信仰中神通广大的神仙来对接佛，因为在中国人的价值世界里最高的人生理想中只有"神仙"和"圣人"，而同样圣人和神仙也是中国人的终极价值追求。虽然在终极意义上中国文化和佛教乃至其他文化如基督教文化一样，都有终极价值的目标，不过，中国文化的终极价值目标还是和佛教文化存在着差别。涅槃或成佛虽然也是印度佛教的终极价值追求，但是印度佛教更注重涅槃或成佛的关键转变性因素——颠倒认知（超越智慧）的探究，在他们的理论逻辑中涅槃或成佛是获得超越智慧之后自然的结果。反观中国文化，圣人或神仙一直是中国文化的终极价值追求，而如何成圣在中国文化的系统中被表达为——心性，即从人的内在本质中寻找答案。这种价值追求与佛教的基本精神大异其趣。

佛教传入中国之后，高僧慧远和竺道生就苦苦追寻如何成佛，前者因此创立"净土宗"，后者成为"涅槃圣"，而在印度佛教不甚重视的心性理论却一跃成为中国佛教宗派最核心的理论诉求。禅宗提出的"见性成佛"，就是把中国文化的精神同印度佛教的基本主张相结合的最佳典范。成佛是中国佛教终极性的价值追求，而人人生来具有的"自性清净心"是所以成佛的全部原因或根据。从原因上看，心性是成佛的基础和根据，而成佛是找回人生来具有的"自性清净心"的自然结果。对标印度佛教的"智慧解脱"，我们可以称中国佛教为"心性解脱"。在此意义上，禅宗甚至提出"一念若悟，即终生是佛"[1]，所谓"识心见性，自成佛道"[2]，就是一种肯定性意义上境界意义的呈现。这与儒家、道家所追求的圣人在本质上趋于一致，而与印度佛教的否定性的觉解却不同。对标印度佛教的"觉解解脱"，我们可以称中国佛教为"圣人佛"。而在民间的认知结构中，还是把佛视为神圣性的存在，逐渐与道教的神仙趋于一致，成为神仙一样的佛——神仙佛。例如，《西游记》中的佛与菩萨实际上就是西方极乐世界的神仙，只是所管辖的地域有别，但本质上与神

---

① （唐）慧能著，郭鹏校释：《坛经校释》，北京：中华书局1983年版，第58页。
② （唐）慧能著，郭鹏校释：《坛经校释》，北京：中华书局1983年版，第58页。

仙没有了区别。还有，在中国人的信仰中占有重要的地位的观音菩萨，其本质形象就是一位救苦救难的女性神仙。不管是《西游记》中的佛、菩萨、罗汉，还是观音菩萨，这些形象与印度佛教都有了本质的区别，这是因为，印度佛教从来没有把佛和菩萨实体化、形象化、神通化。所以，我们可以称之为"神仙佛"。不管是"圣人佛"还是"神仙佛"，都是把佛、菩萨做了某种实体性的解释与肯定，这与印度佛教重视觉悟的价值倾向有了迥异的差别，我们可以总称之为"实体佛"。

之所以要如此解释中国佛教有关心性论和成佛理论的来龙去脉，是因为宋明理学整个的价值主张至少在形式上与其是一致的——宋明理学往往被称为"心性哲学"，其最高的价值追求也是要"成圣"。我们在上文中提及过，宋明理学兴起的一个文化背景就是儒家士大夫不满于儒学话语体系的旁落，主要不满于道教、佛教成为当时精英阶层服膺的精神食粮，虽然是经过中国文化重新塑造的中国化佛教以及与儒家同源同体的道教，因为毕竟三者之间的精神价值取向还是有着本质的差别。道教、佛教导人脱离世俗，追求一条超越个体小我导向某种终极性的觉解或实体层面，而不同于儒家即世俗而超世俗——在世俗之中完成人性价值的终极追求。所以，我们会看到宋明理学走了一条完全与汉学不同的道路，受佛教刺激上继儒家诸子之学，发挥心性学问，力图构建一套精美、完善的价值系统，重建儒家的学统，继而夯实儒家的道统与政统。虽然说，宋明理学开创的儒学系统继承的是先秦孔孟学庸的理论系统，但就时代因素而言，则离不开道教与佛教的刺激。

再就《大学》本身的发展而言，其与儒家的整个历史命运相一致。两汉经学旨在建构儒家的"道统"与"政统"，而"道统"的完成也就是"经学"的确立，从此儒家超越诸子、超越自身成为中国文化主导的精神价值。儒家还通过经学中"象数易学"将阴阳、五行、卦象、干支以及天文历法等融为一炉，建立了中国历史上最精美且影响最深远的世界图式，构成了我们中国古人世界观的基准模型。影响所及，医卜星象甚至道教内外丹之丹理等极具应用性的学科或领域都逃离不了其笼罩。宋明理学所以很少有学者耗费偌大精力于宇宙论的探索与思考，或者即使探索如周敦颐、张载等也基本不出阴阳、五行、八卦的范畴，就是因为在他们的精神世界，具有严密性、完满性及某种实践有效性的象数易学所建构的世界图式，已经成为中国文化的默认模式。至少在人类社会中自然科学未有突破性的变革前，象数易学的世界图式是很难被颠覆的。再就"政统"而言，从董仲舒等人的"春秋学"开始到后来的"尚书学""三礼学"的加盟，他们一直在稳定地塑造和完善着。当然，"道统"与"政统"的建构在某种程度上也是"学统"的完成，只是在汉武帝定儒家为一尊，并经过两汉四百年的发展，"道统"与"政统"不管是实践上还是理论上都已经基本趋于稳定，因为一个民族的精神价值和制度文化一旦建立就趋于稳定，除非在外力入侵与破坏的情况下才会发生重大的变化。

既然"道统"与"政统"在实践上具有稳定性，同时就限制了其在理论方面的发展，一个不甚被社会重视与需要的理论，其发展动力就不足，所以随着"道统"与"政统"的隐没，"学统"就趋于寥落。这时，佛教东传，道教勃兴，相继在儒家主宰的地盘攻城略地，虽然未能撼动儒家根基的"道统"与"政统"，实际上也无意取代儒家的正统地位，但就学统而言，儒家从魏晋南北朝至五代宋初基本沦为陪跑的对象。只有在中唐时期的韩愈、李翱师徒不满于"天下之学不归于老，即归于释"（孟子有"杨朱、墨翟之言盈天下，天下之言，不归于杨，即归墨"）的现状，奔走呼号试图通过被人遗忘的《孟子》《学》《庸》来重建儒家的"学统"（他们自认为是"道统"）。韩愈、李翱所以在《礼记》中单独重视这两篇，概因为这两篇在理论系统气质上与道教、佛教相一致，而在本质上又以儒家自身的价值体系为导向。虽然，宋儒多不承认韩愈、李翱二人的历史功绩，但经韩、李二人重视的《学》《庸》的地位却不断提升，最终与《论》《孟子》成为新的儒家圣典，而《学》《庸》中的关键范畴成为宋明理学讨论最核心的内容。

宋明理学的终极价值追求讨论的是"何以成圣"以及"如何成圣"的问

题，前者讨论的"心性论"问题——即成为圣人的可能性问题，后者讨论的是"功夫论"问题——即成为圣人的实践养成问题。就"何以成圣"的问题，宋明理学的认知基本一致，而就"如何成圣"的问题则争论极大，由此分成了宋明理学最大的两个派系——道学与心学，前者以程颐、朱熹为代表，后者以陆九渊、王阳明为代表。而道学与心学最大的分歧在于，前者将"何以成圣"的"心性论"与"如何成圣"的"功夫论"分成两个阶段，用宋明理学的话语表达即将"尊德性"和"道问学"分成两截，而后者则认为"尊德性"与"道问学"实质上就是一事。因为儒学高度的实践品性，虽然"心性论"与"功夫论"都是宋明理学最重要的两个基本理论问题，但是从实践意义上，宋明理学更重视"功夫论"。这也就是朱子虽然认为在发生的先后逻辑上"知"在前，但实践的"轻重"上"行"更重。而在宋明理学的理论系统中格物与致知就属于功夫论的层面，不过二者在道学与心学各自的系统中承担的重任不同，从侧重意义上而言，道学重视"格物"，而心学更关注"致知"。不管如何，格物、致知成为"有宋"以来儒学最重要的一对范畴是毋庸置疑的，影响所及直到近代西学东渐，我们在一段时间内仍以"格物"翻译与对接从西方传过来的自然科学之"物理"。不过，受限于篇幅，我们这里只择要介绍以朱子为代表的道学和以王阳明为代表的心学的基本主张。

三、以朱子为代表的道学"格物致知"

虽然说格物致知属于"功夫论"的范畴，但是如果不了解宋明理学的"心性论"体系，我们也无法对格物致知报以"温情之敬意，同情之理解"（钱穆先生语）。我们上文说过，宋明理学兴起的初衷是为了对抗老、释，而老、释都有自己的一套严密的价值理论体系，宋儒就要重新建立自己的价值话语体系，尤其需要建构一个最根本的概念或核心范畴——一个能承载儒学全部价值重量的范畴，即本体论的范畴，来对抗道家的"无"和佛家的

"空"。这个价值本体论范畴的建立者就是二程，而这个核心范畴就是"理"。二程说"天理二字却是自家体贴出来"。"理"这一范畴虽然在先秦就已存在，甚至在《韩非子》的哲学系统里有了本体论的意义，也是魏晋玄学非常重要的一个范畴，后来佛教中的华严宗特别注重发挥"理"的本体论意义，不过只有二程才将"理"单独捏出作为整个儒家最高的价值本体，以抗衡老、释的无和空。

实际上在理学的本体论系统中除了"理"之外还有"气"，是理、气双本体，因为儒家试图从本体论、宇宙论的终极意义的高度来论证儒家心性理论的合理性，所以更重视"理本体"，所以就有了理气先后的争论。中国哲学不同于西方哲学将本体论与宇宙论作了实质区分，把本体论作了进一步的拔高处理；在中国哲学的认知结构中，本体论和宇宙论始终是合一的，甚至本体论必须借助宇宙论来获得其价值和意义。上文说过，中国古人的宇宙图式是由汉代象数易学建构完成的，宋明理学的重心放在了本体论的建构上，但是为了论证儒家"价值本体"——"理"的合理性，它需要借助气本体的宇宙论来完成。所以朱子说："天地之间，有理有气。理也者，形而上之道也，生物之本也；气也者，形而下之器也，生物之具也。是以人物之生，必禀此理然后有性，必禀此气然后有形。"[1]"理"是宇宙万物成为自己的那个"生物之本"，人之成为人、动物之成为动物、植物之成为植物、其他客观物象自己之成为自己，都是由"理"决定的，而"气"只是万物构成自身的"物质材料"。当然，"理"本体除了使万物成为万物自己之外，还是天地宇宙运转、四时温凉寒暑等自然规则的制定者。在宋明理学的哲学结构中，"理"才是真正的本体，气只是理本体构成万物、运转万物的物质材料，所以朱子说："未有天地之先，毕竟也只是理。有此理，便有此天地；若无此理，便亦无天地，无人无物，都无该

---

① （宋）朱熹撰，朱杰人等主编：《朱子全书》卷二十三，上海：上海古籍出版社；合肥：安徽教育出版社 2010 年版，第 2755 页。

载了！有理，便有气流行，发育万物。"①虽然万物都是由理、气相结合而生成的，但是万物在形态上和本质上都有差别，朱子认为这是由于气的精粗偏杂不同造成的，同时气禀的不同导致了"理"在万物表现上有偏全之不同，朱子说："问……理无不善者，因堕在形气中，故有不同。所谓气质之性者，是如此否？曰：固是。但气禀偏，则理亦欠阙了。"②总之，在朱子看来，理本体在先天上或未与气本体相结合之前是一个统一而完整的本体，但是一旦与气本体相结合之后，受到气本体精粗的构成性差别，导致了理本体在人与万物之间表达的差别性，"人、物并生于天地之间，本同一理，而禀气有异焉。禀其清明纯粹者则为人，禀其浑浊偏驳者则为物"③，"自一气而言之，则人物皆受是气而生；自精粗而言，则人得其气之正且通者，物得其气之偏且塞者"④。

不同于西方哲学探究的本体论具有认识论意义，对象始终是自然世界，中国哲学关心的则是人类社会，主要关心人何以成人，所以讨论的本体论也是围绕着这些问题展开的。就宋明理学的"理本体"而言，其内容就是中国古代人文价值的——仁义礼智信，朱子说"问人具五行，物只得一行？曰：物亦具五行，只是得五行之偏者耳"⑤。这五常之理在人与物的表现就叫"性"，"'继之者善，成之者性'。这个理在天地间时，只是善，无有不善者。生物得来，方始名曰'性'。只是这理，在天则曰'命'，在人则曰'性'"。⑥这里有两点需

① （宋）朱熹撰，（宋）黎清德编：《朱子语类》卷一，北京：中华书局1986年版，第1页。

② （宋）朱熹撰，（宋）黎清德编：《朱子语类》卷四，北京：中华书局1986年版，第71页。

③ （宋）朱熹撰，朱杰人等主编：《朱子全书》卷六，北京：中华书局1986年版，第924页。

④ （宋）朱熹撰，（宋）黎清德编：《朱子语类》卷四，北京：中华书局1986年版，第65页。

⑤ （宋）朱熹撰，（宋）黎清德编：《朱子语类》卷四，北京：中华书局1986年版，第56页。

⑥ （宋）朱熹撰，（宋）黎清德编，《朱子语类》卷五，北京：中华书局1986版，第83页。

要注意：其一，理、命、性本质上是同一的，只是在不同表达场合的不同称呼而已，理是原始本体，而在具体的万物表达上才叫"性"，而这个性在很多时候又特指"人之性"。其二，就性质说，理是纯善无恶的。而这个先天的、纯善的、尚未受到气禀影响的"理本体"就在物性表达上又叫作"天命之性"。所谓"命"只是禀自天之义，即未受到气禀影响之前的"性理"。朱子说，"性之本体，理而已矣"①，"论天地之性则是专指理言，论气质之性则以理与气杂而言之"②，"性之本体便只是仁义礼智之实"③。天命之性有不同称呼，或叫性之本体，或叫天地之性，但不管怎么称呼，其本体为理，性只是在人身上的特称而已。只是纯善无恶的理本体何以造成了人之三六九等的差别？朱子说："人之性皆善。然而有生下来善底，有生下来便恶底，此是气禀不同"④，"只是一个阴阳五行之气，滚在天地中，精英者为人，渣滓者为物；精英之中又精英者，为圣，为贤；精英之中渣滓者，为愚，为不肖"。⑤ 天命之性只是理论上、逻辑上的先在，事实上的物性也好，人性也罢都是夹杂着气禀的，而气禀就有了精粗、渣滓之不同，所以使得纯善的"天命之性"表达有偏全之不同，就人而言就有了贤愚不肖之别。这个事实上受气禀影响表达出来的人性又叫气质之性。朱子说，"'生之谓性'，是生下来唤做性底，便有气禀夹杂，便不是理底性了。"⑥"气质是阴阳五行所为，性即太极之全体。但论气质之性，则此全体

① （宋）朱熹撰，朱杰人等主编：《朱子全书》卷六，上海：上海古籍出版社；合肥：安徽教育出版社2010年版，第981页。
② （宋）朱熹撰，朱杰人等主编：《朱子全书》卷二十三，北京：中华书局1986年版，第2688页。
③ （宋）朱熹撰，朱杰人等主编：《朱子全书》卷二十三，北京：中华书局1986年版，第2935页。
④ （宋）朱熹撰，（宋）黎清德编：《朱子语类》卷四，北京：中华书局1986年版，第69页。
⑤ （宋）朱熹撰，（宋）黎清德编：《朱子语类》卷十四，北京：中华书局1986年版，第259页。
⑥ （宋）朱熹撰，（宋）黎清德编：《朱子语类》卷九十五，北京：中华书局1986年版，第2425页。

堕在气质之中耳，非别有一性也。"① 朱子一再强调"性一"，即是不管是"天命之性"还是"气质之性"，只是"理底性"的不同时段的表达，天命之性是"理底性"的完全表达，或者就是"理底性"，但只是逻辑上的存在，事实上的人之性只是"气质之性"，已经堕入气禀夹杂的气质之中了。全部承载理本体的天命之性是纯善无恶的，人性中恶的来源只能是气质之性，实际上只能是"气质"之驳杂不纯导致性的偏全不一，"人之所以有善有不善，只缘气质之禀各有清浊"②，"且如此灯，乃本性也，未有不光明者也。气质不同，便如灯笼用厚纸糊，灯便不甚明；用薄纸糊，灯便明似纸厚者；用纱糊，其灯又明矣。撤去笼，则灯之全体著见，其理正如此也"。③

对于一个客体存在的人而言，天命之性只是逻辑的存在，而气质之性是事实的存在，不过对于一个真实的存在的人——一个活动的、有自主意识、有情感、有欲望的人而言，气质之性也是先天的、潜存的，其表现在活动的人身上需要一个载体，这个载体就是心。朱子说："性只是理，情是流出运用处，心之知觉，即所以具此理而行此情者也。"④ 在朱子的认知结构中，心是一个知觉主体，是性（亦即理）的载体，也是情的发动的载体，同时还是"道心"和"人心"的载体，"人自有人心、道心，一个生于血气，一个生于义理。"⑤"此心之灵，其觉于理者，道心也；其觉于欲者，人心也。"⑥"只是这一个心，知觉

① （宋）朱熹撰，朱杰人等主编：《朱子全书》卷二十三，北京：中华书局1986年版，第2960页。

② （宋）朱熹撰，（宋）黎清德编：《朱子语类》卷四，北京：中华书局1986版，第68页。

③ （宋）朱熹撰，（宋）黎清德编：《朱子语类》卷六十四，北京：中华书局1986年版，第1572页。

④ （宋）朱熹撰，朱杰人等主编：《朱子全书》卷二十三，上海：上海古籍出版社；合肥：安徽教育出版社2010年版，第2590页。

⑤ （宋）朱熹撰，（宋）黎清德编：《朱子语类》卷六十二，北京：中华书局1986年版，第1487页。

⑥ （宋）朱熹撰，朱杰人等主编：《朱子全书》卷二十三，北京：中华书局1986年版，第2682页。

从耳目之欲上去，便是人心；知觉从义理上去，便是道心。"① 心只是一个心，却能兼具道心、人心，统具性、情，可以说心在朱子的理论系统中才是存在的、真正意义上的人的主体，人的善恶好坏都可以从心上求。所以朱子在先天的与后天的之间做了一转换，不管是纯善之天命之性，还是夹杂善恶的气质之性，在最后都转换为一心之性、情，一心之道心、人心。

按理说，既然心已兼具了道心、人心，统具了性与情，如此只要针对心做功夫，就能成就德性，成为圣人。这也是后来心学的基本思路。但就朱子而言，他虽然传承程颐的思路继续提倡"居敬"的内在修养功夫，不过他真正的为学功夫，亦即为圣功夫还在于他的格物、致知。朱子曾说："此一书之间，要紧只在'格物'两字……本领全只在这两字上。"② 可见格物之说，是他理论最著意的地方。关于格物之说，我们需要引述他为《大学章句》"格物致知"所作的一篇"补传"来解释，也许能比较好解释明白。上文说过，《大学》八条目中原本没有直接解释"格物"与"致知"的内容，朱子认为这是流传过程造成的佚失，所以他按照《大学》全文本意自做一个补足；其实，这是他自己的哲学创作，而且是他理论最为核心的内容。

> 所谓致知在格物者，言欲致吾之知，在即物而穷其理也。盖人心之灵莫不有知，而天下之物莫不有理，惟于其理有未穷，故其知有不尽也。是以大学始教，必使学者即凡天下之物，莫不因其已知之理而益穷之，以求致乎其极。至于用力之久，而一旦豁然贯通焉，则众物之表里精粗无不到，而吾心之全体大用无不明矣。此谓物格，此谓知之至也。③

① （宋）朱熹撰，（宋）黎清德编：《朱子语类》卷七十八，北京：中华书局1986年版，第2009页。

② （宋）朱熹撰，（宋）黎清德编：《朱子语类》卷十四，北京：中华书局1986年版，第255页。

③ （宋）朱熹撰：《四书章句集注》，北京：中华书局1983年版，第6—7页。

这段经典理论可以从以下几方面来解读。第一，格物的可能性基础。这又包括两方面，就主观方面来说，是因为人心有认知能力；就客观方面来说，万物都包含众理。一个具有认知能力但认知匮乏的心，和一个具有容具无限众理但需要被认知的万物，就这样在朱子的系统中被合二为一了。至于具体的格物过程，朱子认为人心起初就有一定的知识结构，或者说人在开始向外扩展自己的认知或追求万物之理的时候（朱子说的格物是"大学"阶段的功课，所谓"大学始教"是也），人已经在后天经验中获取了一定的知识。但是想要获得真正的"天理"，或者说达到认知"理"的极致，我们需要在这种已有的知识结构上继续拓展，即所谓"益穷之"。至于格物的最终目的和结果，朱子认为是一致的，就主观方面说是"吾心之全体大用无不明"，即主体全部洞彻自我，所洞彻的内容也就是上文说过的性、情之别，道心、人心之分；就客观方面而言，则是万物众理都被认识，当然朱子所说的具众理万物只是哲学的、玄思的外在世界，不是今天自然科学视阈中的世界。但是这里有一个问题，即使是哲学的、玄思的世界也具有无限性，一个无限性的世界是如何被彻底认知的？这是朱子"理一分殊"要解决的问题，简要说来就是，万物之理是一个统一的整体，这个整体在具体事物中都包含全套信息，只是表达上有差别，才导致了万物之间的差别。

但即使这样，我们还是很难明白认知主体何以能获得极致的万物之理，所以朱子最终还是把这一认识过程神秘化、玄思化，归结为"豁然贯通"。我们之所以感到困惑，之所以认为这种认知方式神秘，实际上是因为我们还没有真正走进朱子的世界，还受到当前的认知结构的限制。我们需要懂得，在朱子时代的中国古代士大夫的精神世界里，并没有自然科学的地盘，虽然在朱子这里表现出了一定的客观知性认知的特性，但这绝不是朱子学问的根本兴趣所在，他们的精神旨趣始终在于如何完成人格的建构与完善，达到做人的极致——成就圣人。这种精神追求导致了他们学问的重心始终在人文世界、伦理世界，其所谓的"理"，实质是人文世界、伦理世界的基本原则，而具体内容不外乎儒家的核心价值理想——仁义礼智"四德",或加信构成之"五常"。这种人文的、伦理的价值追求,也限定了他们的认知活动的范围——就在日常的行为实践上和认知活动的方式——"凡一物上有一理,须是穷致其理。穷理亦多端:或读书讲明义理,或论古今人物别其是非,或应接事物而处其当,皆穷理也"①。概言之,格物的具体方式就是读书和日常实践。如果我们翻看朱子与门人讨论集成的《朱子语类》便会一目了然,实际上读书、讨论和思考才是他们学问认知的基本路径。如此,我们不难明白为什么朱子强调"豁然贯通"的神秘体验,因为人文领域尤其是具有高度实践性的伦理道德领域,在具体的认知过程中需要认知主体与知识对象本身相互契合——一个没有被主体体验过、确认过的知识还只是书本知识,只停留在作为客观对象的知识本身——这种契合特别强调认知主体的"主体体验",只有在一次次的主体体验中,才能真正明白那些集结了古人自身主体体验而被记载于书本中的内容了。

格物是朱子思想的核心,致知是格物的自然完成,或者说格物是认知主体向外寻求的过程,致知是主体把相关知识对象内化为自我认知的一个过程。这点朱子与《大学》本身是没有差别的。不过,朱子加重了前者的作用和意义,使得致知以及其他六个条目,都成为格物的附带结果。致知成了格物穷理到极致的结果,"格物只是就一物上穷尽一物之理,致知便只是穷得物理尽后,我之知识亦无不尽处,若推此知识而致之也"②。其他的如"诚意"只是格物、致知的自然延伸,朱子《语类》说"吴仁甫问:诚意在致知、格物后,如何?曰:源头只在致知。知至之后,如从上面放水来,已自迅流湍决,只是临时又要略略拨剔,莫令壅滞尔。铢。"③水就是格物、致知,剩下的如诚意等条

---

① (宋)叶采集解,程水龙校注:《近思录集解》,北京:中华书局2017年版,第101页。

② (宋)朱熹撰,朱杰人等主编:《朱子全书》卷二十三,上海:上海古籍出版社;合肥:安徽教育出版社2010年版,第2377页。

③ (宋)朱熹撰,(宋)黎清德编:《朱子语类》卷十五,北京:中华书局1986年版,第300—301页。

目，只是水流过程需要通过的"关隘"而已。

四、以王阳明为代表的心学"格物致知"

程朱道学经朱子弘扬影响日盛，而朱子本人更是唯一非孔子亲传弟子而荣配享祀孔庙，位列大成殿十二哲。而朱子的理学系统更成为元明以来，儒家最正统的代表，在元朝皇庆二年（1313年），诏定以其《四书章句集注》为科举取士的标准，明洪武二年（1369年），科举以朱熹等"传注为宗"。生在这个时代的王阳明不需要像二程那样，时时刻刻面临来自儒学之外老、释的压力，提出"天理"作为儒学的最高价值本体来对抗老、释，他也不需要像朱子一样继续建构这个宏大的价值的"理世界"，使其更完整、更系统。王阳明就出生这样一个时代，一个连道教、佛教也要服膺于理学系统的三教合一于儒学的时代，一个朱子学影响无处不在的时代，一个朱子学已经成为全国、全民族默认的时代；换言之，朱子学不仅仅是一个学派、一门学问，更是通过行政系统、教育系统内化成了当时国人的民族文化心理——一种具有先天意义的认知和价值系统。所以王阳明早年的时候同朋友一起去践行朱子的格物说，只是经过七日七夜的践行之后发现依然一无所获，从此王阳明开始走上了质疑和反叛朱子理学系统的道路，伴随其百死千磨的人生，在被贬的贵州龙场一朝顿悟，成其一家之言的"心学"，造就了宋明理学的第二个高峰。

我们知道，朱子在构建理学大厦时，其系统内部是有矛盾的，而其中最大的矛盾就在于，朱子一边试图极力证明作为"四德"的"仁义礼智"是整个万物（宇宙世界）的先验原则，进而从"性即理"的角度说明其作为人的先验道德原则之"当然之则"的地位和意义，同时试图通过人心分具道心、人心，兼统性、情来完成其"存天理、灭人欲"的价值主张；可是另一边，朱子撇开这条路线，专注从外在事物之理的探究、考索上（其格物穷理说）达到对理世界的完整把握，进而完成成圣的人生修养。不过，按照朱子本身的理论系统，就出现了这样一个奇怪的现象：朱子认为"四德"是人先验的道德原则，可是认知和践行这一道德原则的为学之功，却在身外的事物中求。即其把"尊德性"和"道问学"分成两途，甚至是背道而驰的两个方向。其实，与朱子同时代的陆九渊已经看到了这个矛盾，所以陆九渊提出"心即是理"的主张，"此心此理，我固有之，所谓万物皆备于我，昔之圣贤先得我心之所同然者耳"[①]。当然，陆九渊所说的理不是今天意义上的客观规律，而是儒家的伦理价值，即"四德"，"四端者，即此心也；天之所与我者，即此心也"[②]。

王阳明正是在陆九渊的思路上进一步推进，不仅认为"心即理"，甚至提出了"心外无理""心外无物"看似不符合常理的主张。我们要理解王阳明的"心外无理""心外无物"，需要搞清楚王阳明的理论中的"心"的含义，而这需要从朱子的有关"心"的理论说起。在朱子的理论系统中，心具有两方面的含义：一个是"认知主体"，即其格物、致知中的"心"，其功能是向外求索，认知"天理"，虽然在"豁然贯通"的阶段有神秘的主体体验的一面，不过主要指心的认知能力是没有疑问的；另一个是"价值主体"，即理、性、情以及道心、人心所承载的主体。不过朱子更强调前者。不同于朱子，陆九渊以及王阳明只强调心的"价值主体"的一面，所以按照他们的思路，既然人伦原则的仁、义、礼、智作为"性"——内在于人心，则从实践原则上看何必舍近求远，向外求索，转而向本心中求，不是更简易、更直接？何况在他们看来，向外求有可能在纷繁的万物中迷失本心。在陆王看来，一个在原则上没必要，在实践上有可能迷失的"向外求理"的功夫活动，当然没必要强调甚至在逻辑上都没必要存在。按照这种逻辑来看当时主流的为学功夫都是朱子一系，所以王阳明提出"心外无理""心外无物"的惊人主张，即是其理论本身逻辑展开的结

---

① （宋）陆九渊撰，钟哲点校：《陆九渊集》卷一，北京：中华书局1980年版，第13页。

② （宋）陆九渊撰，钟哲点校：《陆九渊集》卷十一，北京：中华书局1980年版，第149页。

果，也是为了凸显朱子一系理论的误区。《传习录》载：

> 爱问："至善只求诸心，恐于天下事理有不能尽。"先生曰：
> "心即理也。天下又有心外之事，心外之理乎？"爱曰："如事父之
> 孝，事君之忠，交友之信，治民之仁，其间有许多理在，恐亦不
> 可不察。"先生叹曰："此说之蔽久矣，岂一语所能悟？今姑就所
> 问者言之：且如事父不成，去父上求个孝的理；事君不成，去君求
> 个忠的理；交友治民不成，去友上、民上求个信与仁的理：都只在
> 此心，心即理也。此心无私欲之蔽，即是天理，不须外面添一分。
> 以此纯乎天理之心，发之事父便是孝，发之事君便是忠，发之交
> 友治民便是信与仁。只在此心去人欲、存天理上用功便是。"①

"心外无理"就是"心即理"的进一步延伸，其实质就是人心已完具人伦
之理，如事父的孝、事君的忠、事友的信，并不在对象上，而是在人心之中；
既然人伦之理人心已备，只是受到"私欲"的障蔽，只要祛除私欲，人伦之天
理即就恢复。如此齐备的天理的人心，所有的为学功夫都只需要祛除私欲，恢
复天理，何须向外求索？既不需要，也无必要。"无"就是对这种无必要的向
外求索的否定。阳明还说，"理也者，心之条理也。是理也，发之于亲则为孝，
发之于君则为忠，发之于朋友则为信。千变万化，至不可穷竭，而莫非发于吾
之一心"②，千变万化的人伦之理皆从心之理中来，何来心外之理。天理从价值
主体的心上发出，甚至说心就是天理在人身上的落脚点，这不同于程朱以性言
理，王阳明是以心言理，即以"心即理"代替程朱的"性即理"。心既然成为
像程朱性一样的价值本体，则其知觉、认识活动的功能，王阳明用了一个新的
概念来替代，即"意"。

---

① （明）王阳明撰，吴光等编校：《王阳明全集》，上海：上海古籍出版社 1992 年
版，第 2 页。
② （明）王阳明撰、吴光等编校：《王阳明全集》，上海：上海古籍出版社 1992 年
版，第 277 页。

爱曰:"昨闻先生之教,亦影影见得功夫须是如此。今闻此说,益无可疑。爱昨晚思格物的物字即是事字,皆从心上说。"

先生曰:"然。身之主宰便是心;心之所发便是意;意之本体便是知;意之所在便是物。如意在于事亲,即事亲便是一物;意在于事君,即事君便是一物;意在于仁民爱物,即仁民爱物便是一物;意在于视听言动,即视听言动便是一物。所以某说无心外之理,无心外之物。"①

这个意相当于现代意义上的意识活动。心是先天的本体,那么意自然是心之本体的意识活动。不过问题的关键不在这里,我们知道在心学的系统里,心是一个价值本体,是人的道德的先验基础,如此,意的发动就不仅仅是现代意义上的意识活动,更是先验的道德基础发出的活动。从一般意义上的意识活动而言,主体的意识向外投射一定是有对象的,这个对象就是"物"。所以在王阳明的话语系统里,"物"只是意识活动的对象,这个对象只能依赖意识而存在,离开人的意识主体,当然不可能有对象。所谓的"心外无物",并不是要否定现实世界中物质客观存在,而只是强调人的意识活动主体性地位而已。

进一步,作为道德主体、价值主体的心,是人的一切行为的发出中心,如此从道德判断上说,行为的好坏完全依据于内在的主体,而与外在的客观对象没有任何关系。从这种逻辑出发,王阳明提出"格物"即"格心"的理论:

先生又曰:"格物,如《孟子》'大人格君心'之'格',是去其心之不正,以全其本体之正。但意念所在,即要去其不正以全其正,即无时无处不是存天理,即是穷理。天理即是'明德',穷理即是'明明德'。"②

---

① (明)王阳明撰、吴光等编校:《王阳明全集》,上海:上海古籍出版社1992年版,第6页。
② (明)王阳明撰,吴光等编校:《王阳明全集》,上海:上海古籍出版社1992年版,第6页。

　　问格物。先生曰："格者，正也。正其不正，以归于正也。"①

　　因为人的一切活动都从意识发出，而且人的行为的道德基础也是从意识的主体中来，所以心既成了意识活动的发出者，又成了意识活动发出的行为道德的判断者。物既然是意识向外活动的对象，所格之"物"也就只能是意识活动的对象，更确切地说只能是意识活动本身。所谓的"格心"实际就是"格意"，因为王阳明系统中的"心"只承担价值、道德的本体，其本身不仅是纯善无恶的，而且其本身没有任何活动，只有意才是心的活动，而人的不好的行为也是在意的层面发生，所以"正"的对象只能是意。

　　晚年的王阳明又提出了"致良知"的学说，这是他最成熟的理论，可以代表他一生学问的全部旨趣。"良知"本是《孟子》中的范畴，与良知同时还有一个"良能"，谓人不学而知、不虑而能的先天的道德情感和道德意识。王阳明把孟子的"良知"与《大学》的"致知"作了一个结合，使得致知中的"知"变成了孟子的"良知"。不过，在《孟子》中对"良知"的论述尚不够深入与明晰，而经过陆九渊的发挥，使得"本心"的概念上升到了本体论的高度。而王阳明只是把"良知"与"本心"作了对接，这样"良知"在王阳明的心学系统中就成了最高的价值本体。阳明说："心自然会知，见父自然知孝，见兄自然知弟，见孺子入井自然知恻隐，此便是良知，不假外求。"可见，"良知"既包含先天的道德意识又是圆满自足的。同时，"良知"还具有道德判断的能力，"良知只是个是非之心，是非只是个好恶，只好恶就尽了是非，只是非就尽了万事万变"②。就人的行为本身而言，理论上我们需要判断每一个行为的好坏，所以按照王阳明的思路，只要在"良知"上做功夫，使得每一个"良知"发出的行为都能在"良知"的自我判断与辨识之下取是除非，自然一切完

---

① （明）王阳明撰，吴光等编校：《王阳明全集》，上海：上海古籍出版社 1992 年版，第 25 页。

② （明）王阳明撰，吴光等编校：《王阳明全集》，上海：上海古籍出版社 1992 年版，第 111 页。

美地合乎道德规范。

> 黄以方问："先生格致之说，随时格物以致其知，则知是一节之知，非全体之知也。何以到得溥博如天，渊泉如渊地位？"先生曰："人心是天渊。心之本体无所不该，原是一个天。只为私欲障碍，则天之本体失了。心之理无穷尽，原是一个渊。只为私欲窒塞，则渊之本体失了。如今念念致良知，将此障碍窒塞一齐去尽，则本体已复，便是天渊了。"乃指天以示之曰："比如面前见天，是昭昭之天；四外见天，也只是昭昭之天。只为许多房子墙壁遮蔽，便不见天之全体。若撤去房子墙壁，总是一个天矣。不可道眼前天是昭昭之天，外面又不是昭昭之天也。于此便见一节之知，即全体之知；全体之知，即一节之知：总是一个本体。"①

"良知"是道德本体，本体的意义是说人的道德行为都有先天的基础，而且在王阳明的系统中人的一切行为本应顺乎道德本体——善的本性的，只是在具体的人的行为活动中受到"私欲"的窒塞，才导致本体蒙蔽。既然先天的本体如昭昭之天一样朗彻明净，且人的行为发出者都是这朗彻明净的"良知"，那么我们的努力不应该直接面向本体做功夫？

> 集义只是致良知。说集义则一时未见头脑，说致良知即当下便有实地步可用工。故区区专说致良知，随时就事上致其良知，便是格物；著实去致良知，便是诚意；著实致其良知而无一毫意必固我，便是正心；著实致良知则自无忘之病；无一毫意必固我则自无助之病；故说格致诚正则不必更说个忘助。②

这样，王阳明就把格物、诚意、正心也纳入"致良知"的即本体即功夫的

---

① （明）王阳明撰，吴光等编校：《王阳明全集》，上海：上海古籍出版社 1992 年版，第 68—69 页。

② （明）王阳明撰，吴光等编校：《王阳明全集》，上海：上海古籍出版社 1992 年版，第 83 页。

系统中了，如同朱子将诚意、正心等条目都纳入格物的认知系统中，王阳明把格物、诚意、正心等条目都纳入他"致良知"的系统中了。

五、"格物致知"的历史功过

格物、致知虽然出自儒家早期经典《大学》，不过在《大学》原文中既没有对这两条目作出解释，在后世几百年间也没被重视。格物、致知的理论只有到了宋明理学那里才算真正建立，也就是说，宋明才是格物、致知理论最辉煌的时代。这时我们就能明白为什么说格物、致知是宋明理学的核心议题了，也明白为什么说格物、致知是道学和心学各自系统最为核心的表达了。宋明理学在老、释的成仙、成佛理想与心性理论的刺激下，一心想要重新恢复孔子、孟子、曾子、子思以来的儒学传统，所以"何以成圣"与"如何成圣"也是他们的理论主张的两大主轴。围绕着这两大主轴以及时代本身面临的外部压力、环境以及理论本身的逻辑展开，形成了以程朱为代表的道学以及以陆王为代表的心学。因为时代的关系，程朱一生的理想是恢复他们认为的儒家"道统"传承的问题，他们始终把老、释作为理论对抗的对象，所以其理论的重心是建构一个宏大、精密的儒家价值——"理世界"。这个理世界对于程朱具有第一位的意义，由此延伸出来的"如何认识理世界"是第二位的问题；既然第二位的问题由第一位的问题延伸出来，则第二位的完成自然是合乎逻辑地朝向第一位，即认识理世界。所以，在朱子的系统中特别强调格物的认知意义，这也是他理论系统最具影响力的部分。

在王阳明的时代，儒家的价值世界已经完备，甚至经过几百年的实践，业已成为某种"先天性"的文化心理，即宋儒建构的理世界以及实践理世界的格物说，在王阳明的时代，每个中国人从一出生就不知不觉地被社会要求与塑造，纳入他们的价值体系。可是朱子的理论过分重视主体的认知功能，这种偏重导致了事实地和逻辑地削弱了主体的实践能力，因为在纷繁的对象中很难保持主体不被迷失。而且另外一个重要的文化背景事实是，王阳明时代，每个中国人在获得独立的自主意识之前，都是受朱子所代表的程朱理学的理世界的价值系统养成，这个理世界实际上具有了先天的意义和地位，换言之，朱子等所建构的理世界已经内化为每个人的价值认知。如王阳明一再举例的孝、悌、信等伦理价值，在每个具有独立意识成年人的认知里，都是"应该且当然的"，"当然"即意味着某种先天性。既然伦理价值是先天且当然的，是每个主体内在就具有的，那么，如何践履又何必再向外寻求，况且向外寻求有可能劳而无功（如王阳明之"格竹"）。所以王阳明的理论核心在功夫，即如何践履的问题，只是如何践履需要一个本体论的前提。不过，他的本体论基本不出程朱的"性即理"和陆九渊的"心即理"的范畴，所谓"心外无理""心外无物"，只是更强调了"心即理"的正确性与朱子向外格物穷理的不必要性。不管是"格心"之说还是"致良知"理论，或者去世前提出的"四句教"，实际强调的都是功夫，只是从本心上延伸出的功夫。

要讨论格物、致知的现代价值，首先要正确理解格物、致知所代表的宋明理学的本身内涵以及在全面同情之理解的基础上对其历史价值作出合理而恰当的评价。我们拒绝"新文化运动"及"文革"期间简单粗暴的否定性评价及与之相伴随的暴力摧毁。所谓的现代价值只是在同情合理地理解与评价之后，对应时代作出新的解释与阐发。就格物、致知所代表的宋明理学的现代价值的合理评价而言，我们首先而且必须更多地看到其对中国文化正面的意义和价值，当然在肯定完正面价值之外还需要客观、准确地看到其理论与实践方面的不足。

纵观整个中华文化史，格物、致知所代表的宋明理学应该是仅次于先秦诸子时代的一次伟大人文主义思潮运动，虽然讨论的范围与广度不及诸子时代，然而就其理论深度而言，却在中国五千年文明史上无出其右。相比于古希腊哲学探究自然哲学、是论哲学（存在哲学），始终把目光的焦点聚焦在客观世界上，宋明理学建构了一套最精微的人文价值系统，其试图从本体论、宇宙论的高度论证人文伦理价值的当然性，并深入讨论了本体论、心性论、功夫论等几大理论系统，试图挖掘主体的人性存在与本体论之间的关联，并为人伦价值的践行提供圆满的理论支撑。这种人文主义的视界与同时代其他世界文明的一般形态——宗教主义相比，其人文性与合理性不知道要高出其他文明多少。

再就宋明理学自身的理论深度而言，虽然其有关本体论的讨论所借助的宇宙论从今天的科学的认知深度而言，已经不具备优势；但若横向地比较人类古代文明史，宋明理学的本体论深度无疑是人类哲学史上最巅峰的一次绽放，大概只有古希腊哲学与佛教哲学可与之媲美。而就心性论探讨而言，其本身就属于中国哲学的长处，只有佛教哲学在一定程度上可与之作比，不过宋明理学有关人性的理论剖析与思考，即使放到生命科学与认知科学高度发达的现代社会，依然有许多不易之论。中国哲学最大的特色在于其实践性。中国哲学从来不以玄思为其终极旨趣，这虽然导致了中国哲学不重视自然科学的探索，可是也造就了中国哲学高度实践性的品性。这点只有同西方哲学对比之后，才能有最直观的理解。我们不妨以亚里士多德思想为例。现代意义上的伦理学一般都会追溯到古希腊亚里士多德创立的"伦理学"学科，视其为伦理学之父。然则，观西方文明的两千多年历史，亚里士多德的伦理学从未走出书斋，在其生活的年代未对古希腊社会发生实质影响，在其死后不久被基督教统治千余年，直到今天的西方社会，就其人文伦理价值而言，主体依然是基督教提供的，而非所谓的哲学家。

反观中国，从孔子到宋明理学的朱子与王阳明，他们对中国文化的影响绝非限制在哲学史、思想史领域，他们深度参与并建构了中华文化的人文价值，并通过这些价值系统塑造了中国人的精神世界。而且这种塑造也不同于基督教与伊斯兰教，通过某种高高在上的神的威权来慑服或恐吓其信徒迷信而信从，中国哲学试图从人本身的存在，人本身的内在精神中唤醒和建构人的自我价值，并试图让每一个人通过自我的道德实践完成自我的觉醒与完善。这种人文的、伦理的、道德的、高度主体化的价值特性决定了儒家文化的高度实践性。

一切不具有实践价值的理论都是不被认同与肯定的。宋明理学与其他时代的理论相比，其在主体性的树立与弘扬上未有任何一个时代能比得上，由于对主体性的高度赞美与肯定，使得自宋明理学始，中国文化上出现了一批"视死如生"士大夫和平民百姓。中国文化素来重视文明的认同与气节的养成，如孟子就有"舍生取义"的伟大呼喊，然而纵观中国几千年的王朝更替史，只有在宋以后才不断涌现出一批批"视死如生"的士大夫与平民匹夫。我们近代以来嘲讽的"平时静坐谈心性，临危一死报君王"中国士大夫，只有宋以来的儒士集体才有如此气节。这是一种独特的文化现象。这种文化现象的出现与宋明理学有着最直接的关系，正是宋明理学对士大夫的精神世界的塑造，才出现了如此多可歌可泣的节义人士。

就近代史而言，中国又屡遭来自异族的侵略，先辈中再度涌现出了一批批为国家、为同胞视死如生的英烈；他们义无反顾地以自己宝贵的生命，来换取国家的独立、民族的振兴。这不是全人类共有的现象，而是中国文化特有的，而这种文化现象的出现就是宋明理学塑造出来的中国人魂。

当然，宋明理学的价值远不止以上两个方面，我们就其大者做了一个简要的总结与讨论。就宋明理学的不足，实际上近代以来已经批判得很深刻了，我们也简要介绍一点。宋明理学大大降低了儒家的实践品性。虽然我们说宋明理学塑造了中国人的气节并高扬了人的主体性，但正如上文所说，宋明理学是在老、释的刺激下发展起来的，其基本价值追求受到老、释的影响与约束，只限定在心性论等方面，而在其他方面甚少建树，甚至有负面的影响。如依照心性论的逻辑，宋明理学提出"存天理、灭人欲"的主张，虽然朱子也强调并非所有"人欲"都是恶的，只有"私欲"才应受到谴责，但是就其理论系统本身的价值倾向而言，朱子把人性做了三层的价值分疏，其中最高的属于理本体的世界，其次是理本体与气本体相结合的气质之性的层级，最低的才是人心所属的人欲，其中私欲是完全被否定的。在这种价值取向下，其理论很容易被贵族统治者利用：他们一边高唱"存天理、灭人欲"，让普通百姓放弃物质生活的追求；一方面自己中饱私囊、巧取豪夺，满足一己私欲，其危害甚大。正是在此意义上，戴震称之为"以理杀人"。

其实在先秦时期，孔子提倡富而教之的主张："子适卫，冉有仆。子曰：'庶矣哉！'冉有曰：'既庶矣。又何加焉？'曰：'富之。'曰：'既富矣，又何加焉？'曰：'教之。'"[1]孟子也有大量有关民生的论述。在二程、朱子以及王阳明那里，在具体的主政期间或者在民间讲学期间，他们也重视民生问题，可是就其理论本身而言，人文价值的建构与百姓的教化才是第一等重要的事。朱子与其所属时代的"事功学派"的学术争论，彻底凸显了理学过分注重人文伦理价值而忽视百姓对物质文化的合理追求。近代史上很多学者，如胡适等人由此将中国文化近代遭受西方侵略的责任扣在宋明理学的头上，这种算账式的做法，既不正确也极度不公平，但宋明理学在价值建构上过度贬低人的合理的、正常的物质欲求，既不符合人性与事实，在某种程度上确实造成了中国文化的畸形发展。

除了以上问题经常被诟病之外，还有学者将中国文化不能发展出像西方近代自然科学的责任也归咎于宋明理学。其实，这种论调本质上并没有多大问题，即以宋明理学为代表的中国文化确实发展不出来西方意义上的自然科学。但是，这一责任不全在宋明理学，而在中国文化的全体。中国文化从人文主义觉醒的诸子时代以来，就过分注重和发挥了人文伦理主义的一面，而对于人文自然主义的一面不甚重视，即使出现了像名家、后期墨家这样重视人文自然的学派也只是昙花一现，没能成为中国文化的主流，甚至在统一的中华帝国两千多年的历史里再未泛起任何浪花。继承儒家主体价值的宋明理学也不可能再另辟蹊径走出一条与传统儒家价值观不一致的道路，即使在朱子那里一度非常重视"格物"的知性一面，但其本质仍然是人文伦理价值的，而不是人文自然主义一面，所以到了后来的王阳明才有七日七夜"格竹"无所得而新立心学。不

---

① （宋）朱熹：《四书章句集注》，北京：中华书局1983年版，第143页。

过，我们从另一个角度讲，人类历史上除了西方文明，包括中华文明在内的其他文明都没有发展出近代意义上的自然科学，虽然近代以自然科学为代表的人类活动颠覆了人类的历史和存在方式，可这并不能因此否定其他人类文明的价值，当然也不能否定中华文明的价值。

六、"格物致知"的现代价值

近代以来中华文明在与西方文明短暂的竞争与较量过程中，以中华文明的全面失败而告终，这种巨大的冲击使得我们的先辈把责任完全推在了养育中华文明绵延五千年的精神母亲身上。所以中华文明在两次灾难性的冲击下，彻底在精英文化与民间文化中解体。可是随着近代世界格局的变动与中国国家命运的起伏，我们发现除了原生的西方国家实现了现代化之外，其余实现现代化的国家只有儒家文化圈的日本、韩国、新加坡等国家以及中国的香港、台湾等部分区域，甚至在1978年改革开放后四十年的今天，当中国大陆也以全人类难以想象的速度创造了人类史上的经济奇迹之后，我们似乎发现中国文化也是可以实现现代化的，也是可以学好自然科学的，此非原生第一梯队国家的专属特质。另外，我们又发现，随着文化的失落与破坏，随着温饱问题的解决，中国人遭遇了前所未有的精神问题。如在传统中国社会最基本的人伦关系上，出现了不少的虐待父母的问题、婆媳关系紧张的问题、信任缺失的问题等，这些都已经成为了重大的社会问题。官员的不想腐与官员的使命与担当，单靠法律是永远解决不了的，只有真正的价值建构与精神塑造才能彻底地解决这些问题。

再如在日常的经济活动中，我们当前最担心与痛恨的食物造假、商品造假，已经被一些企业视为商业活动中的潜规则，似乎不造假就不是经济商业行为，似乎不造假就成了傻子——一切为着挣钱，一切为着谋取私利，而为了挣钱，为了谋取私利，可以放弃任何的原则，可以践踏任何的法律。这是何等扭曲的价值认知。我们确实从宋明理学"存天理、灭人欲"的魔咒之下解脱了，但我们却真正走进了价值的死地，走进了与"存天理、灭人欲"完全相反的"存人欲、灭天理"的迷途。我们今天一再弘扬"依法治国"，确实我们需要这种"依法治国"的理性价值追求，然而我们同时也需要清醒地认识到只有法治是不够的，孔子早就讲过法治与德治的差别。法治只是社会管理的最低限度，无法真正承载人类的全部价值理想。因为法律的特性是永远在路上，法律永远跟不上时代的脚步，永远有不完备的地方，更何况法律的制定与执行本身就是惰性的，一旦需要由谁来制定，由谁来执行，而制定的人与执行的人如果在没有价值导向的推动下，只有唯利是图与消极应对。而对于如同官员腐败、社会造假等法律实际使用的场所，我们就会发现，法律永远是不够的，人永远都会在各种寻求法律的漏洞，游走在灰色地带，甚至在明知违法的情况下，竭尽所能地逃避法律的监督与制裁。这不正是孔子讲的"道之以刑，民免而无耻"吗？如果我们认为如是这般不好，我们要改变这种现状，我们除了依法治国之外，是不是还需要别的什么？这所需要的别的什么，不正是以宋明理学为代表的传统文化——那个高度重视与弘扬人类的人文伦理价值的文化精神？

除了文化的层面，也许我们还需要重视宋明理学的另外一种价值。梁漱溟先生在《东西文化及其哲学》一书中曾推测，随着人类经济的发展，当大部分人都解决了吃饭问题以后，精神问题就成为最迫切的问题。梁先生曾乐观地估计西方文化在不远的将来解决了吃饭问题，最终会走向中国文化的道路。虽然现实的历史没有按照梁先生的预估走来，而且今天的西方社会，甚至中国社会已经基本解决了温饱等物质问题，精神问题虽然越来越受到重视，但是依然没能成为人类最核心的第一位问题。这种导致梁先生的误判的原因之一在于，梁先生考虑到吃饭问题是于人类社会的首要性问题的重要性，然而他没有考虑到精神问题成为人类第一位的问题的必然出现还需要另外一个条件——即从物质世界彻底解放人类自身。当今社会很多国家虽然解决了基本的温饱问题，但是作为个体而言，他还没有从为解决自身或家人的温饱问题中解脱，即他必须为了自身和家人的温饱问题而工作而奔忙，所以就普通人而言，他生命的大部分时间都在为生计而活动，而不是为自身的存在意义而活动。只有当人类不再为生计、不再为基本的生存问题而存在时，就是说基本的生存问题已经在人类的词典中隐藏时，只有当人类把全部或绝大部分精神与精力放在自身的存在意义时，人类的精神问题才会成为第一位。而随着人类科技的发展，尤其随着人工智能的发展，当机器人取代了人类大部分的工作时，我们就可以从物质活动中解脱了，这个时候人类会面临空前的精神问题，人类的精神问题变成了第一位的问题。而这个时代已经不远了。当每一个体都在面对自我的时候，面对自我的价值和意义拷问的时候，我们是否都需要向外界寻求帮助，比如心理咨询专家？我们是否可以面向自我的时候，从自我的内部寻找答案？难道从主体内部寻找答案不正是中华文明最为精华的内容？不正是宋明理学孜孜追求的价值取向？

思考题：

（1）如何理解朱子的"格物"说？

（2）王阳明"致良知"与"格心"说有何异同？

参考文献：

（1）陈来：《宋明理学》，北京：生活·读书·新知三联书店2011年版。

（2）钱穆：《宋明理学概述》，郑州：中州出版社2011年版。

（3）杨立华：《宋明理学十五讲》，北京：北京大学出版社2015年版。

（4）张立文：《宋明理学研究》，北京：中国人民大学出版社2016年版。

第八讲
艺文滋养

【学习目的】了解"艺文""六艺""风、雅、颂""赋、比、兴""诗、词、曲、赋"等概念以及艺文滋养的途径与方法，认识"孔子六艺"的关键所在、基本特点和价值，明白艺文对人的成长与成才的重要性。

今天我们生活在国泰民安、经济繁荣、交通便捷、科技突飞猛进与信息瞬息万变的非凡时代。在名利的诱惑下，在权势的驱逐下，一部分人越来越急功近利，从而忽略了道德底线，失去了信仰和理想，甚至误入歧途，一去不复返，造成严重的精神危机。部分学生会因考试不顺、感情受挫、他人侮辱等原因草草了结生命；部分教师会因学术造假、名利羁绊、权势角逐等原因放弃道德坚守；部分商人会因重利轻义、唯利是图、自欺欺人等原因丧失天地良心；部分官员会因卖官鬻爵、贪墨成风、政以贿成等原因而家破人亡。此种现象，令人痛心。此时，我们呼吁用国学挽回偏失的心灵，用艺文修身养性，用诗词曲赋感化生命，用古典乐舞激发灵感，用书法绘画陶冶情操。

一、艺文修身

艺文有助于精神涵咏，提升品格修养。无论对个人还是集体，艺文的滋养正起着不可替代的作用。

（一）艺文与艺文滋养

艺文概念最早可追溯到东汉班固《汉书·艺文志》。他根据刘歆《七略》即"辑略、六艺略、诸子略、诗赋略、兵书略、数术略、方技略"，重新整理编撰成"六艺略、诸子略、诗赋略、兵书略、数术略、方技略"。此六部分内容冠以总名为艺文。可见，艺文内涵十分丰富。它包含了最重要的国学经典《易》《书》《诗》《礼》《乐》《春秋》《论语》《孝经》《小学》；最详细的诸子类别"儒家""道家""阴阳家""法家""名家""墨家""纵横家""杂家""农家""小说家"；最有代表性的文学作品"屈原赋之属""陆贾赋之属""孙卿赋之属""杂赋之属""歌诗"；最有智谋的战略战术"兵权谋""兵形势""兵阴阳""兵技巧"；最神秘的古代文化知识"天文""历谱""五行""蓍龟""杂占""刑法"；最传统的医药百科全书"医经""经方""房中""神仙"。本书艺文主要指儒学经典《易》《书》《诗》《礼》《乐》《春秋》；文学形式多样的诗词曲赋小说；若仙若灵的古典乐舞；气韵浑然天成的书法绘画。

艺文滋养主要是指通过学习艺文的主要内容，传承儒家经典文化，感知文人墨客千古情愁；培养淳朴儒雅的性情；塑造浑厚肃穆的品格。中国古代不少大家，皆精通六艺，笔出诗文，通晓乐舞，书法绘画造诣颇深。古之学者竟如此，今之世人更应学之。

（二）艺文滋养的必要性

从古至今，凡则成大事者必先成人。艺文滋养先以成人为根基，而成人之关键在修身。儒家经典《大学》曰："自天子以至于庶人，壹是皆以修身为本。"古人如何修身。其书又曰："欲修其身者，先正其心；欲正其心者，先诚其意；欲诚其意者，先致其知。致知在格物。物格而后知至；知至而后意诚；义诚而后心正；心正而后身修。"古人明确提出了"格物""致知""诚意""正心"乃"修身"之道，"诚意正心"乃修身的途径和方法。如《大学》曰：

> 所谓诚其意者：毋自欺也，如恶恶臭，如好好色，此之谓自谦，故君子必慎其独也！小人闲居为不善，无所不至，见君子而后厌然，揜其不善，而著其善。人之视己，如见其肺肝然，则何益矣。此谓诚于中，形于外，故君子必慎其独也。曾子曰："十目所视，十手所指，其严乎！"富润屋，德润身，心广体胖，故君子必诚其意。①

这段文字指出了诚意的基本含义，一是不自欺，二是不欺人。宋代黎立武《大学本旨》曰："毋自欺三语，诚意之针砭也。……如恶臭好色之于人，出于好恶之真在，得所好，去所恶，则已有自谦，毋自欺也。"进一步指出了诚意在不自欺。不自欺方可见初心，心正则身正。

自古及今，凡则成大事者皆有远大的理想与抱负。艺文滋养乃以致远为方向，而致远之关键在学做君子。诸葛亮《戒子书》曰："夫君子之行，静以修身，俭以养德。非淡泊无以明志，非宁静无以致远。夫学须静也，才须学也，非学无以广才，非志无以成学。淫慢则不能励精，险躁则不能冶性。年与时驰，意与日去，遂成枯落，多不接世，悲守穷庐，将复何及！"②诸葛亮指出了君子之德行与修为，心静时则修养身心，俭朴时则陶冶德行，恬淡自然、清心寡欲，方能树立远大志向，实现远大理想。学习艺文可以增长才干，有助于完成志愿。学习艺文要凝神静心，如果放纵则不能振奋精神，如果急躁则不能修养心性。时光流逝，意志消失，精力衰竭，学识无成，不为社会接纳，到最后空悲切。这是诸葛亮教子的经典语录，也道出了艺文对人志向的重要性，要实现远大志向，实现远大理想，不得不研习艺文。

---

① （宋）朱熹：《四书章句集注》，北京：中华书局1983年版，第7页。
② 方家常译注：《诸葛亮文集全译》，贵阳：贵州人民出版社1996年版，第115页。

二、孔子"六艺"

孔子是儒家学派的创始人，同时也是教书育人的楷模。孔子在教学中，提倡以"六艺"为主，强调德才兼备。

（一）六艺与孔子的"六艺"

"六艺"概念出自《周礼·保氏》："养国子以道，乃教之六艺：一曰五礼，二曰六乐，三曰五射，四曰五御，五曰六书，六曰九数。""六艺"内容简称为礼、乐、射、御、书、数。此含义在《周礼·地官·大司徒》也有类似说明："以乡三物教万民，而宾兴之。一曰六德：知、仁、圣、义、忠、和。二曰六行：孝、友、睦、姻、任、恤。三曰六艺：礼、乐、射、御、书、数。"可见，礼、乐、射、御、书、数是古人的学科门类。由"六艺"培养出来的人德才兼备；而精通"六艺"者，可谓"上知天文，下知地理，中晓人和，明阴阳，懂八卦，晓奇门，知遁甲，运筹帷幄之中，决胜千里之外"。

依照"六艺"，孔子提出六种具体学习内容，此即孔子的"六艺"。司马迁《史记·孔子世家》曰："古者《诗》三千余篇，及至孔子，去其重，取可施于礼义，上采契、后稷，中述殷周之盛，至幽厉之缺，始于衽席，故曰'《关雎》之乱以为《风》始，《鹿鸣》为《小雅》始，《文王》为大雅始，《清庙》为《颂》始'。三百五篇孔子皆弦歌之，以求合《韶》《武》《雅》《颂》之音，礼乐自此可得而述，以备王道，成六艺。""以备王道，成六艺。"此说只道出孔子为《诗经》而歌，符合当时的俗乐，并没有直接指出"六艺"的所指。在《礼记·经解》，孔子阐述了《诗》《书》《乐》《易》《礼》《春秋》的功用。后人将此内容概为"孔子论六经"；后来，孔子"六艺"就概指《诗》《书》《乐》《易》《礼》《春秋》。子曰："入其国，其教可知也。其为人也：温柔敦厚，《诗》教也；疏通知远，《书》教也；广博易良，《乐》教也；洁静精微，《易》教也；

恭俭庄敬，《礼》教也；属辞比事，《春秋》教也。故《诗》之失，愚；《书》之失，诬；《乐》之失，奢；《易》之失，贼；《礼》之失，烦；《春秋》之失，乱。其为人也：温柔敦厚而不愚，则深于《诗》者也；疏通知远而不诬，则深于《书》者也；广博易良而不奢，则深于《乐》者也；洁静精微而不贼，则深于《易》者也；恭俭庄敬而不烦，则深于《礼》者也；属辞比事而不乱，则深于《春秋》者也。"

概括来讲，孔子的"六艺"主要包括六个部分：一是《诗》——教人温和宽厚，若不当，则易使人陷于愚痴，怒而不断；二是《书》——教人通博古书，若不当，则易言过其实，见识短浅；三是《乐》——教人爽朗平乐，若不当，则易骄奢淫逸，败家亡国；四是《易》——使人清净细心，若不当，容易心存害意，伤人伤己；五是《礼》——教人谦逊庄重，若不当，则易落入烦琐，有伤大体；六是《春秋》——教人善其文辞，若不当，则易引发混乱，民不聊生。

（二）孔子"六艺"的具体运用

孔子在与弟子相处时，常用六艺点拨弟子如何修身、正心、处事、从政等。《史记·孔子世家》曰：孔子以《诗》《书》《礼》《乐》教，弟子盖三千焉，身通六艺者七十有二人。可见，六艺之重要。下面分别论述孔子对"六艺"的应用。

1.孔子论《诗》

《诗》又名《诗经》，或《诗三百》。在《论语》中，孔子言《诗》论《诗》，据不完全统计，大概有三十余处。孔门师徒引用和谈及《诗经》主要表达了儒家的德行修养、礼乐教化、处理政事等三方面的主题。

> 子贡曰："贫而无谄，富而无骄，何如？"子曰："可也；未若贫而乐，富而好礼者也。"子贡曰："《诗》云：'如切如磋，如琢如磨。'其斯之谓与？"子曰："赐也，始可与言《诗》已矣，告诸

往而知来者。"①

子贡说："贫穷却不巴结奉承，有钱却不骄傲自大，怎么样？"孔子说："可以了；但是还不如虽贫穷却乐于道，纵有钱却谦虚好礼哩。"子贡说："《诗经》上说：'要像对待骨、角、象牙、玉石一样，先开料，再糙锉，细刻，然后磨光。'那就是这样的意思吧？"孔子道："赐呀，现在可以同你讨论《诗经》了，告诉你一件，你能有所发挥，举一反三了。"

此段材料子贡引用《诗经·卫风·淇奥》"如切如磋，如琢如磨"来表达后天的积学修养，磨砺道德，得到了孔子的认可。

曾子有疾，召门弟子曰："启予足！启予手！《诗》云，'战战兢兢，如临深渊，如履薄冰。'而今而后，吾知免夫！小子！"②

曾参病了，把他的学生召集起来，说道："看看我的脚！看看我的手！《诗经》上说：'小心呀！谨慎呀！好像面临深深水坑之旁，好像行走薄薄冰层之上。'从今以后，我才晓得自己是可以免于祸害刑戮的了！各位门生！"

此段材料曾子引用《诗经·小雅·小旻》"战战兢兢，如临深渊，如履薄冰"来表达自己严谨地修养心性，告诫后来人要勤勉与谨慎。

南容三复白圭，孔子以其兄之子妻之。③

南容把"白圭之玷，尚可磨也；斯言之玷，不可为也"的几句诗读了又读，孔子便把自己的侄女嫁给他。

此段材料南容引用《诗经·大雅·抑》"白圭之玷，尚可磨也；斯言之玷，不可为也"来表达谨言慎行，白圭的污点尚可以磨掉而言语中的污点却无法去掉。进一步指出，君子更应该注重德行修养。

子曰："诗三百，一言以蔽之，曰：'思无邪'。"④

---

① （宋）朱熹：《四书章句集注》，北京：中华书局 1983 年版，第 52—53 页。

② （宋）朱熹：《四书章句集注》，北京：中华书局 1983 年版，第 103 页。

③ （宋）朱熹：《四书章句集注》，北京：中华书局 1983 年版，第 124 页。

④ （宋）朱熹：《四书章句集注》，北京：中华书局 1983 年版，第 53 页。

孔子说:"《诗经》三百篇,用一句话来概括它,就是'思想纯正'。"

此段材料孔子借《诗经·鲁颂·駉》"思无邪,思马斯徂"来评论所有诗篇。"思无邪"主要包含两层意思:一是孔子强调做人作文的态度和动机是真性情,返璞归真,真切自然。二是孔子主张解读《诗经》时,应重视真诚的思想。言外之意,孔子认为弟子们学诗是修身厉行的开始。

> 子夏问曰:"'巧笑倩兮,美目盼兮,素以为绚兮。'何谓也?"
> 子曰:"绘事后素。"曰:"礼后乎?"子曰:"起予者商也!始可与言《诗》已矣。"①

子夏问道:"'有酒窝的脸笑得美呀,黑白分明的眼流转得媚呀,洁白的底子上画着花卉呀。'这几句诗是什么意思?"孔子道:"先有白色底子,然后画花。"子夏道:"那么,是不是礼乐的产生在'仁义'以后呢?"孔子道:"卜商呀,你真是能启发我的人。现在可以同你讨论《诗经》了。"

此段材料孔子强调"仁义"是"礼乐"之本,先有仁义,再有礼乐。孔子的仁义观借用了《诗经》,因此言可以讨论《诗经》了。"君子务本,本立而道生。孝悌也者,其为仁之本与!"②可见,孔子的仁义观立足于孝悌。《诗经》中也有以"孝"为主题的诗篇。例如,《诗经·小雅·节南山之什·小弁》"维桑与梓,必恭敬止。靡瞻匪父,靡依匪母。"这几句诗的意思是当我看到父母亲种下的桑梓树,就恭恭敬敬立于树前。哪个人对父亲不充满尊敬,哪个人对母亲不深深依恋!由此观之,孝亲关键在于爱亲和敬亲。再如,子游问孝。子曰:"今之孝者,是谓能养。至于犬马,皆能有养;不敬,何以别乎?"③意思是"现在的所谓孝,就是说能够养活爹娘便行了。对于狗马都能够得到饲养;若不恭敬孝顺父母,那养活爹娘和饲养狗马怎样去分别呢?"

---

① (宋) 朱熹:《四书章句集注》,北京:中华书局 1983 年版,第 63 页。
② (宋) 朱熹:《四书章句集注》,北京:中华书局 1983 年版,第 48 页。
③ (宋) 朱熹:《四书章句集注》,北京:中华书局 1983 年版,第 56 页。

子曰："《关雎》，乐而不淫，哀而不伤。"①

孔子说："《关雎》这诗，快乐而不放荡，悲哀而不痛苦。"

此段材料孔子借评价《关雎》这首诗的情感基调，表达中庸的思想。何为中庸？《论语·雍也》子曰："中庸之为德也，其至矣乎！民鲜久矣。"指出了中庸是最高的道德标准，是不偏不倚、中正平和的处世之道。

子曰："兴于《诗》，立于礼，成于乐。"②

孔子说："《诗》使我振奋，礼使我能在社会上站得住，音乐使我的所学得以完成。"

此段材料可以得知孔子从事教育内容主要包括三方面：诗、礼、乐，而且这三者具有不同作用。孔子要求学生不仅要讲个人的修养，而且还要有全面、广泛的文化知识和音乐技能。

陈亢问于伯鱼曰："子亦有异闻乎？"对曰："未也。尝独立，鲤趋而过庭。曰：'学诗乎？'对曰：'未也。''不学诗，无以言。'鲤退而学诗。他日又独立，鲤趋而过庭。曰：'学礼乎？'对曰：'未也。''不学礼，无以立。'鲤退而学礼。闻斯二者。"陈亢退而喜曰："问一得三，闻诗，闻礼，又闻君子之远其子也。"③

陈亢向孔子的儿子伯鱼问道："您在老师那儿，得到了与众不同的传授吗？"答道："没有。他曾经一个人站在庭中，我恭敬地走过。他问我道：'学诗没有？'我道：'没有。'他便道：'不学诗就不会说话。'我退回便学诗。过了几天，他又一个人站在庭中，我又恭敬地走过。他问道：'学礼没有？'我答：'没有。'他道：'不学礼，便没有立足社会的依据。'我退回便学礼。只听到这两件。"陈亢回去非常高兴地道："我问一件事，知道了三件事。知道诗，知道礼，又知道孔子对他儿子的态度。"

---

① （宋）朱熹：《四书章句集注》，北京：中华书局 1983 年版，第 66 页。
② （宋）朱熹：《四书章句集注》，北京：中华书局 1983 年版，第 104—105 页。
③ （宋）朱熹：《四书章句集注》，北京：中华书局 1983 年版，第 173—174 页。

此段材料孔子通过与儿子孔鲤之间的问答，体现了他十分重视《诗经》，所谓"不学诗，无以言"，是当时古人引诗用诗最好的说明。

子曰："小子何莫学夫诗？诗，可以兴，可以观，可以群，可以怨。迩之事父，远之事君。多识于鸟兽草木之名。"①

孔子说："学生们为什么没有人研究诗？读诗，可以培养联想力，可以提高观察力，可以锻炼合群性，可以学得讽刺方法。近呢，可以运用其中道理来侍奉父母；远呢，可以用来服事君上；而且多多认识鸟兽草木的名称。"

此段材料表达了孔子对《诗经》功用高度地赞扬。《毛诗序》："故正得失，动天地，感鬼神，莫近于诗。先王以是经夫妇，成孝敬，厚人伦，美教化，移风俗。"与孔子的"兴观群怨"说主题一致，都指出了诗歌的性质、内容、分类、审美特征、表现方法、社会作用等方面。

子谓伯鱼曰："女为《周南》《召南》矣乎？人而不为《周南》《召南》，其犹正墙面而立也与？"②

意即，孔子对伯鱼说道："你研究过《周南》和《召南》了吗？人假若不研究《周南》和《召南》，那会像面正对着墙壁而站着，什么也看不见！"

此段材料孔子借用《尚书·周官》"不学墙面"，表达出如果不学习《周南》和《召南》就会视野受阻、目光短浅。从而进一步指出《诗经》的实用性。

子曰："诵《诗》三百，授之以政，不达；使于四方，不能专对；虽多，亦奚以为？"③

意即，孔子说："熟读《诗经》三百篇，交给他以政治任务，却办不通；叫他出使外国，又不能独立地去谈判酬酢；纵是读得再多，又有什么用处呢？"

此段材料孔子指出了《诗经》在外交活动中的重要意义。春秋时代，行人出使他国，在外交酬酢和谈判中，大多背诵诗篇来代替语言，《左传》里有大

---

① （宋）朱熹：《四书章句集注》，北京：中华书局 1983 年版，第 178 页。
② （宋）朱熹：《四书章句集注》，北京：中华书局 1983 年版，第 178 页。
③ （宋）朱熹：《四书章句集注》，北京：中华书局 1983 年版，第 143 页。

量的记载。所以《诗》是行人必读之书。

2. 孔子论《书》

在《论语》中，孔子与弟子们的言谈身教涉及和引用到《书》的内容较多。据不完全统计，大概有五处，其中，指上古历史的文献总集有三次，书云有两次。孔门师徒引用和谈及《书》主要表达了政治方面的主题。

> 或谓孔子曰："子奚不为政？"子曰："《书》云：'孝乎惟孝、友于兄弟，施于有政。'是亦为政，奚其为政？"[1]

意即，有人对孔子道："你为什么不参与政治？"孔子道："《尚书》上说，'孝呀，只有孝顺父母，友爱兄弟，把这种风气影响到政治上去。'这也就是参与政治了呀，为什么定要做官才算参与政治呢？"

> 子所雅言，《诗》《书》，执礼，皆雅言也。[2]

孔子有用普通话的时候，读《诗》，读《书》，行礼，都用普通话。

> 子张曰："《书》云：'高宗谅阴，三年不言。'何谓也？"子曰："何必高宗，古之人皆然。君薨，百官总己以听于冢宰三年。"[3]

子张道："《尚书》说：'殷高宗守孝，住在凶庐，三年不言语。'这是什么意思？"孔子道："不仅仅高宗，古人都是这样：国君死了，继承的君王三年不问政治，各部门的官员听命于宰相。"

3. 孔子论《礼》

《礼》指《礼记》，又名《小戴礼记》《小戴记》，是中国古代一部重要的典章制度选集，共20卷49篇，主要记载了先秦的礼制，体现了先秦儒家的哲学思想，包括天道观、宇宙观、人生观；教育思想，包括个人修身、教育制度、教学方法、学校管理；政治思想，包括以教化政、大同社会、礼制与刑律；美学思想，包括物动心感说、礼乐中和说。在《论语》中，有关《礼》的

---

① （宋）朱熹：《四书章句集注》，北京：中华书局1983年版，第59页。
② （宋）朱熹：《四书章句集注》，北京：中华书局1983年版，第97页。
③ （宋）朱熹：《四书章句集注》，北京：中华书局1983年版，第159页。

内容较多，据不完全统计，大概有 74 余处。孔门师徒引用和谈及《礼》主要表达了对礼的重视与坚守。

有子曰："礼之用，和为贵。先王之道斯为美，小大由之。有所不行，知和而和，不以礼节之，亦不可行也。"①

有子说："礼的作用，以遇事都做得恰当为可贵。过去圣明君王治理国家，可宝贵的地方就在这里；他们小事大事都做得恰当。但是，如有行不通的地方，便为恰当而求恰当，不用一定的规矩制度来加以节制，也是不可行的。"

孔子曰："天下有道，则礼乐征伐自天子出；天下无道，则礼乐征伐自诸侯出。自诸侯出，盖十世希不失矣；自大夫出，五世希不失矣；陪臣执国命，三世希不失矣。天下有道，则政不在大夫。天下有道，则庶人不议。"②

孔子说："天下太平，制礼作乐以及出兵都决定于天子；天下昏乱，制礼作乐以及出兵便决定于诸侯。决定于诸侯，大概传到十代，很少还能继续的；决定于大夫，传到五代，很少还能继续的；若是大夫的家臣把持国家政权，传到三代很少还能继续的。天下太平，国家的最高政治权力就不会掌握在大夫之手。天下太平，老百姓就不会议论纷纷。"

子曰："上好礼，则民易使也。"③

孔子说："在上位的人若遇事依礼而行，就容易使百姓听从指挥。"

子曰："君子博学于文，约之以礼，亦可以弗畔矣夫！"④

孔子说："君子广泛地学习文献，再用礼节来加以约束，也就可以不致于离经叛道了。"

颜渊问仁。子曰："克己复礼为仁。一日克己复礼，天下归仁

① （宋）朱熹：《四书章句集注》，北京：中华书局 1983 年版，第 51 页。
② （宋）朱熹：《四书章句集注》，北京：中华书局 1983 年版，第 171 页。
③ （宋）朱熹：《四书章句集注》，北京：中华书局 1983 年版，第 91 页。
④ （宋）朱熹：《四书章句集注》，北京：中华书局 1983 年版，第 51 页。

焉。为仁由己，而由人乎哉？"

颜渊曰："请问其目。"子曰："非礼勿视，非礼勿听，非礼勿言，非礼勿动。"

颜渊曰："回虽不敏，请事斯语矣。"①

颜渊问仁德。孔子道："抑制自己，使言语行动都合于礼，就是仁。一旦这样做到了，天下的人都会称许你是仁人。实践仁德，全凭自己，还凭别人吗？"

颜渊道："请问行动的纲领。"孔子道："不合礼的事不看，不合礼的话不听，不合礼的话不说，不合礼的事不做。"

颜渊道："我虽然迟钝，也要实行您这话。"

子曰："事君尽礼，人以为谄也。"②

孔子说："服事君主，一切依照做臣子的礼节做去，别人却以为他在谄媚哩。"

子曰："人而不仁，如礼何？人而不仁，如乐何？"③

孔子说："做了人，却不仁，怎样来对待礼仪制度呢？做了人，却不仁，怎样来对待音乐呢？"

子曰："道之以政，齐之以刑，民免而无耻；道之以德，齐之以礼，有耻且格。"④

孔子说："用政法来诱导他们，用刑罚来整顿他们，人民只是暂时地免于罪过，却没有廉耻之心。如果用道德来引导他们，用礼教来整顿他们，人民不但有廉耻之心，而且人心归服。"

4. 孔子论《易》

在《论语》中，直接论及《易》的地方，大概有一处。孔门师徒引用和谈

---

① （宋）朱熹：《四书章句集注》，北京：中华书局 1983 年版，第 131—132 页。
② （宋）朱熹：《四书章句集注》，北京：中华书局 1983 年版，第 66 页。
③ （宋）朱熹：《四书章句集注》，北京：中华书局 1983 年版，第 61 页。
④ （宋）朱熹：《四书章句集注》，北京：中华书局 1983 年版，第 5 页。

及《易》主要表达了学习《易》可以获取人生大智慧。

> 子曰："加我数年，五十以学《易》，可以无大过矣。"①

孔子说："让我多活几年，到五十岁时候去学习《易经》，便可以没有大过错了。"

5. 孔子论《春秋》

《春秋》是中国第一部编年体史书，共 35 卷，是儒家经典之一，且为十三经中篇幅最长的，在四库全书中列为经部。主要记述范围从鲁隐公元年（公元前 722 年）至鲁哀公二十七年（公元前 468 年）。后来出现了很多对《春秋》所记载的历史进行补充、解释、阐发的书，被称为"传"。代表性作品有"春秋三传"，主要包括《左传》《公羊传》《谷梁传》。在《论语》中，孔子对弟子们的言传身教涉及和引用到《春秋》的内容较多，他们借《春秋》表达了对治理国家、仁义道德等方面的看法。

> 子路曰："桓公杀公子纠，召忽死之，管仲不死。"曰："未仁乎？"子曰："桓公九合诸侯，不以兵车，管仲之力也。如其仁，如其仁。"②

子路道："齐桓公杀了他哥哥公子纠，（公子纠的师傅）召忽因此自杀，（但是他的另一师傅）管仲却活着。"接着又道："管仲该不是有仁德的吧？"

孔子道："齐桓公多次地主持诸侯间的盟会，停止了战争，都是管仲的力量。这就是管仲的仁德。"

> 子贡曰："管仲非仁者与？桓公杀公子纠，不能死，又相之。"子曰："管仲相桓公，霸诸侯，一匡天下，民到于今受其赐。微管仲，吾其被发左衽矣。岂若匹夫匹妇之为谅也，自经于沟渎而莫之知也？"③

---

① （宋）朱熹：《四书章句集注》，北京：中华书局 1983 年版，第 97 页。
② （宋）朱熹：《四书章句集注》，北京：中华书局 1983 年版，第 153 页。
③ （宋）朱熹：《四书章句集注》，北京：中华书局 1983 年版，第 153 页。

子贡道:"管仲不是仁人吧？桓公杀掉了公子纠,他不但不以身殉难,还去辅相他。"孔子道:"管仲辅相桓公,称霸诸侯,使天下一切得到匡正,人民到今天还受到他的好处。假若没有管仲,人们都还会披散着头发,衣襟向左边开(沦为落后民族)了。他难道要像普通老百姓一样守着小节小信,在山沟中自杀,还没有人知道的吗？"

子曰:"士而怀居,不足以为士矣。"①

孔子说:"读书人而留恋安逸,便不配做读书人了。"

子曰:"晋文公谲而不正,齐桓公正而不谲。"②

孔子说:"晋文公诡诈好耍手段,作风不正派;齐桓公作风正派,不用诡诈,不要手段。"

6. 孔子论《乐》

《乐》又称《乐记》,是我国最早的音乐理论专著,现存总共有五千余字,共有 11 篇:《乐本篇》《乐论篇》《乐礼篇》《乐施篇》《乐言篇》《乐象篇》《乐情篇》《乐化篇》《魏文侯篇》《宾牟贾篇》《师乙篇》。在《论语》中,孔子对弟子们的言传身教涉及和引用到《乐》的内容较多,主要表达了音乐对人的修养与政绩的极其重要性。

子路问成人。子曰:"若臧武仲之知,公绰之不欲,卞庄子之勇,冉求之艺,文之以礼乐,亦可以为成人矣。"曰:"今之成人者何必然？见利思义,见危授命,久要不忘平生之言,亦可以为成人矣。"③

子路问怎样才是全人。孔子道:"智慧像臧武仲,清心寡欲像孟公绰,勇敢像卞庄子,多才多艺像冉求,再用礼乐来成就他的文采,也可以说是全人了。"等了一会,又道:"现在的全人哪里一定要这样？看见利益便能想起该得

---

① (宋)朱熹:《四书章句集注》,北京:中华书局 1983 年版,第 149 页。

② (宋)朱熹:《四书章句集注》,北京:中华书局 1983 年版,第 153 页。

③ (宋)朱熹:《四书章句集注》,北京:中华书局 1983 年版,第 151 页。

不该得，遇到危险便肯付出生命，经过长久的穷困日子都不忘记平日的诺言，也可以说是全人了。"

　　子曰："野哉由也！君子于其所不知，盖阙如也。名不正，则言不顺；言不顺，则事不成；事不成，则礼乐不兴；礼乐不兴，则刑罚不中；刑罚不中，则民无所错手足。故君子名之必可言也，言之必可行也。君子于其言，无所苟而已矣。"[①]

孔子道："你怎么这样鲁莽！君子对于他所不懂的，大概采取保留态度，（你怎么能乱说呢？）用词不当，言语就不能顺理成章；言语不顺理成章，事情就不可能搞好；事情搞不好，国家的礼乐制度也就举办不起来；礼乐制度举办不起来，刑罚也就不会得当；刑罚不得当，百姓就会惶惶不安，连手脚都不晓得摆在哪里才好。所以君子用一个词，一定（有他的理由）可以说得出来；而顺理成章的话也一定行得通。君子对于措辞说话只是没有一点马虎罢了。"

（三）孔子"六艺"与仁学

孔子教学，以六艺为主要教学内容，以学做仁人为教育目标；仁是孔子思想的核心概念，孔子之学可简称仁学。那何为仁？它与六艺有何联系？

在《论语》中，共有58章提到"仁"，大约出现109个"仁"字。早于孔子的文献，已有"仁"字记载。如《诗经》中"仁"字出现了两处，一是《郑风·叔于田》说："叔于田，巷无居人。岂无居人？不如叔也。洵美且仁。"此诗描写"叔"外出畋猎，街巷空无人。难道真无人？实是羞出门。因为无人能比叔，英俊又慈仁。"美且仁"中，美指外形，仁指内在。二是《齐风·卢令》说："卢令令，其人美且仁。"此诗描写的是一位英俊又善良的猎人形象。这两处的"仁"字含义都指人美好的德行——善良与仁慈。

---

①　（宋）朱熹：《四书章句集注》，北京：中华书局1983年版，第142页。

再如《尚书·金縢》，有这样记载：

> 惟尔元孙某，遘厉虐疾。若尔三王，是有丕子之责于天，以
> 旦代某之身。予仁若考能，多材多艺，能事鬼神；乃元孙不若旦
> 多材多艺，不能事鬼神。①

这段话的大意是，"你们的长孙姬发，遇到险恶的病。假若你们三位先王这时在天上有助祭的职责，就用我姬旦代替他的身子吧！我柔顺巧能，多才多艺，能奉事鬼神。你们的长孙不如我多才多艺，不能奉事鬼神。""予仁若考"中"仁"也指善良与仁慈的品行。

孔子继承以上仁之美好德行、慈爱品性之内涵，并将之深化、细化，乃至升华为一种生命境界。《论语》中仁的含义，主要包括以下几层含义：

《论语·颜渊》篇，弟子问仁：

> 颜渊问仁。子曰："克己复礼为仁。一日克己复礼，天下归仁
> 焉。为仁由己，而由人乎哉？"②

颜渊问孔子仁德是什么。孔子答道："抑制自己，使言语行动都合于礼，就是仁。一旦这样做到了，天下的人都会称许你是仁人。实践仁德，全凭自己，还凭别人吗？"孔子指出实施仁的途径和方法。

> 仲弓问仁。子曰："出门如见大宾，使民如承大祭。己所不
> 欲，勿施于人。在邦无怨，在家无怨。"③

仲弓问孔子什么是仁德。孔子道："外出好像去接待贵宾，役使百姓好像去承当大祀典，都得严肃认真，小心谨慎。自己所不喜欢的事物，就不强加于别人。处在朝堂之上没有怨恨，身居居室也没有怨恨。"孔子进一步指出了仁德的要求是将心比心，理解别人，谅解别人，推己及人。

---

① （清）曾国藩著，熊宪光、蓝锡麟等注：《叙记之属一·书·金縢》，《经史百家杂钞》卷二十二，上海：上海书店出版社2015年版，下册，第1283页。

② （宋）朱熹：《四书章句集注》，北京：中华书局1983年版，第131页。

③ （宋）朱熹：《四书章句集注》，北京：中华书局1983年版，第132—133页。

司马牛问仁。子曰："仁者其言也讱。"曰："其言也讱，斯谓
之仁已乎？"子曰："为之难，言之得无讱乎？"①

司马牛问孔子什么是仁德。孔子道："仁人，他的言语迟钝。"司马牛道：
"言语迟钝，这就叫作仁了吗？"孔子道："做起来不容易，说话能够不迟钝
吗？"这里，孔子针对司马牛多言且躁的特点，指出，具有仁德的人，应该谨
言慎行，懂得如履薄冰。

樊迟问仁。子曰："爱人。"②

樊迟问孔子什么是仁德。孔子道："具有仁德的人，首先要学会关爱别
人"。孔子指出了"仁"的基本要求是以己度人，推己及人。

《论语·阳货》篇，弟子问仁：

子张问仁于孔子。孔子曰："能行五者于天下，为仁矣。""请
问之。"曰："恭、宽、信、敏、惠。恭则不侮，宽则得众，信则
人任焉，敏则有功，惠则足以使人。"③

子张问孔子什么是仁。孔子道："能够处处实行五种品德，便是仁人了。"
子张道："请问哪五种。"孔子道："庄重，宽厚，诚实，勤敏，慈惠。庄重就不
致遭受侮辱，宽厚就会得到大众的拥护，诚实就会得到别人的任用，勤敏就
会有功绩，慈惠就能够使唤人。"这里，孔子指出了仁德的具体内涵：恭，宽，
信，敏，惠；也分析了具有这五种品德的人就是仁人，就能不同凡响。

1.《诗》教是习仁的基础

孔子聪慧好学，博览群书，具有渊博深厚的知识，身处礼崩乐坏的社会环
境，他主张恢复周礼，提出"仁"的主张。"仁"的提出，与孔子的学习背景
有关。

① （宋）朱熹：《四书章句集注》，北京：中华书局1983年版，第133页。
② （宋）朱熹：《四书章句集注》，北京：中华书局1983年版，第139页。
③ （宋）朱熹：《四书章句集注》，北京：中华书局1983年版，第177页。

子曰："我非生而知之者，好古，敏以求之者也。"①

这段话的大意是，孔子说："我并不是生来就有知识的人，只是爱好古代的东西，勤奋敏捷地去求得知识的人。"由此推知，孔子勇于学习，积极探索，获取了更多知识。而《诗经》是孔子必读书目之一，他从《诗经》中学到要像《韶》一样的"尽善尽美"；要像《关雎》一样的"乐而不淫，哀而不伤"；要像《卫风·淇奥》一样的"如切如磋，如琢如磨"；要像《小雅·小旻》一样的"战战兢兢，如临深渊，如履薄冰"；要像《郑风·叔于田》一样的"洵美且仁"……

2.礼乐是成仁的门径

众所周知，礼乐制度兴起于西周时期，统治者反对"淫乐"，主张"节乐"，形成一种以乐附庸于礼的固定模式。其本质是从思想、行为上规范人们的社会活动，以达到统治阶级管理国家的目的。不同的场合、不同的身份，所行的礼仪有别，所用的音乐亦有不同。按照《周礼·大司乐》的记载，六乐指《云门大卷》《大咸》《大韶》《大夏》《大濩》《大武》六套乐舞，虽适用于重大祭祀活动中但又各有分别：《云门大卷》用于祭祀天神；《大咸》祭地神；《大韶》祭四望；《大夏》祭山川；《大濩》祭周始祖姜嫄；《大武》祭祀周代祖先。由此可见，礼乐反映了当时的等级观念和社会秩序。

孔子是礼乐制度的践行者，他指出"不学礼，无以立"。要成为君子，要具有仁德。《礼记·文王世子》曰：

凡三王教世子，必以礼乐。乐所以修内也；礼所以修外也。礼乐交错于中，发形于外，是故其成也怿，恭敬而温文。立大傅、少傅以养之，欲其知父子、君臣之道也。大傅审父子、君臣之道以示之；少傅奉世子以观大傅之德行而审喻之。大傅在前，少傅在后，入则有保，出则有师，是以教喻而德成也。师也者，

①　（宋）朱熹：《四书章句集注》，北京：中华书局1983年版，第98页。

教之以事，而喻诸德者也。保也者，慎其身以辅翼之，而归诸道者也。①

这段话的大意是，夏商周三代的国君在教育太子时，一定要用礼乐。乐，可以修养内心；礼，可以美化外在。礼乐互相渗透于心，表现于外，其结果就能使太子顺利成长，养成外貌恭敬而又有温文尔雅的气质。设立太傅、少傅来培养太子，目的是要让他知道父子、君臣的关系该如何相处。太傅的责任是把父子、君臣之道说明白并且身体力行作出榜样；少傅的责任是把太傅所讲的、所做的给太子仔细分析使之领会。太傅、少傅、师、保，他们时时刻刻都在太子左右，形影不离，所以他们讲的内容太子都能够明白，而太子的美德也就容易培养成功。师的责任，是把古人的行事说给太子听，并分析其善恶得失，使太子德行兼备。保的责任，是谨言慎行，以身作则，以此来辅佐太子，从而使太子的一言一行合乎道的要求。

在《论语·八佾》，孔子用"人而不仁，如礼何？人而不仁，如乐何？"指出礼乐教化是成仁的门径和过程。据《论语·先进》：

> 子曰："先进于礼乐，野人也；后进于礼乐，君子也。如用之，则吾从先进。"②

这段话的大意是，"先学习礼乐而后做官的是未曾有过爵禄的一般人，先有了官位而后学习礼乐的是卿大夫的子弟。如果要我选用人才，我主张选用先学习礼乐的人。"这里，进一步体现了孔子对礼乐的重视。据《论语·子路》：

> 子曰："野哉由也！君子于其所不知，盖阙如也。名不正，则言不顺；言不顺，则事不成；事不成，则礼乐不兴；礼乐不兴，则刑罚不中；刑罚不中，则民无所错手足。故君子名之必可言也，言之必可行也。君子于其言，无所苟而已矣。"③

---

① 杨天宇：《礼记译注》，上海：上海古籍出版社 2004 年版，第 252 页。
② （宋）朱熹：《四书章句集注》，北京：中华书局 1983 年版，第 123 页。
③ （宋）朱熹：《四书章句集注》，北京：中华书局 1983 年版，第 142 页。

这段材料中，"礼乐不兴，则刑罚不中；刑罚不中，则民无所措手足。"意思是说，礼乐制度不兴起，刑罚也就不会得当；刑罚不得当，百姓就会不知所措，惶惶不可终日。

三、风雅颂与赋比兴

孔子"六艺"主要从内容上指出了"艺文"的范围，其中《诗经》是六艺的核心。熟知风雅颂的分类与赋比兴的手法运用后，可以更好地解读《诗经》，运用《诗经》，陶冶情操。

（一）风雅颂与赋比兴概念

1. 风、雅、颂

《诗经》是我国第一部诗歌总集，收录了西周到春秋中叶的 305 首诗。从音乐的角度划分，可分为"风""雅""颂"三部分。"风"是各个地方的民间歌谣，一般是劳动人民集体口头创作的。"风"诗是从周南、召南、邶、鄘、卫、王、郑、齐、魏、唐、秦、陈、桧、曹、豳 15 个地区采集上来的土风歌谣，共 160 篇。"雅"是文人雅士创作的可用于在朝堂演奏的乐曲，又分为《大雅》31 篇、《小雅》74 篇，共 105 篇。"颂"是宗庙祭祀的歌舞曲，包括《周颂》31 篇、《鲁颂》4 篇、《商颂》5 篇，共 40 篇。

关于风、雅、颂的分类标准，众说纷纭，朱熹《诗集传·序》曰：

"然则国风、雅、颂之体，其不同若是，何也？"曰："吾闻之，凡诗之所谓风者，多出于里巷歌谣之作，所谓男女相与咏歌，各言其情者也。惟周南、召南，亲被文王之化以成德，而人皆有以得其性情之正。故其发于言者，乐而不过于淫，哀而不及于伤。是以二篇独为风诗之正经。自邶而下，则其国之治乱不同，人之贤否亦异，其所感而发者，有邪正是非之不齐。而所诗谓先王之风者，于此焉变矣。若夫雅、颂之篇，则皆成周之世，朝廷郊庙乐歌之词，其语和而庄，其义宽而密，其作者往往圣人之徒，固所以为万世法程，而不可易者也。[①]

由以上内容可知，风、雅、颂可按照音乐标准划分，风类诗歌大多属于民间歌谣，歌咏男女情思；雅、颂两类诗歌大多以朝廷宗庙祭祀乐歌为主，抒写时事，反映社会面貌。

2. 赋、比、兴

"赋、比、兴"是《诗经》的艺术创作手法，对后世文学创作提供了方法。

"赋者，敷陈其事而直言之者也。"[②] 简言之，赋就是铺陈直叙。它是《诗经》最基本的艺术手法。如《邶风·击鼓》"死生契阔，与子成说。执子之手，与子携老"，用赋的艺术手法直接抒发了主人公在生死聚散时美好的愿望，即与你携手一起老去。

"比者，以彼物比此物也。"[③] 简言之，必就是比喻和比拟。《诗经》大量诗篇用比，手法也灵活变化。如弃妇诗《卫风·氓》"桑之未落，其叶沃若"，用繁盛茂密的桑叶比喻女子的容颜正美；"桑之落矣，其黄而陨"，又用枯黄凋谢的桑叶比喻女子容颜已逝，人老珠黄。"赋"和"比"都是诗歌中常用的艺术手法，而"兴"则是《诗经》中比较独特的手法。

"兴者，先言他物以引起所咏之词也。"[④] 简言之，兴就是借助与歌咏对象有关的景物，吟咏所写事物。《周南·关雎》"关关雎鸠，在河之洲"，借助在水边鸣叫的成双成对的关雎鸟，引出"窈窕淑女，君子好逑"，以成双成对的关雎鸟起兴，引出淑女是君子的好配偶。兴这种艺术手法，开启了中国古代委婉曲折、含情脉脉的抒情传统。

---

① （宋）朱熹注，赵长征点校：《诗集传》，北京：中华书局 2011 年版，第 12 页。
② （宋）朱熹注，赵长征点校：《诗集传》，北京：中华书局 2011 年版，第 2 页。
③ （宋）朱熹注，赵长征点校：《诗集传》，北京：中华书局 2011 年版，第 2 页。
④ （宋）朱熹注，赵长征点校：《诗集传》，北京：中华书局 2011 年版，第 2 页。

总之,"赋、比、兴"的意义在于,三者是具有民族文学特色的艺术表现方法,它们在文学创作中相互作用和影响;让广博的生活阅历、真挚的情感,能形象化地表现出来;为后世文人的艺术创作和文学理论做好了铺垫。

(二)赋、比、兴在艺文滋养中的功用

古代先贤通晓六艺,受艺文沁润,笔底生花,挥洒自如。因文采出众,才华横溢,在建功立业、进言献策、爱子心切等方面,运用赋、比、兴三种艺术手法写出了流传于世的经典美文。

汉高祖刘邦为了统一天下,建功立业,特写下了《求贤诏》。

> 盖闻王者莫高于周文,伯者莫高于齐桓,皆待贤人而成名。今天下贤者、智能,岂特古之人乎?患在人主不交故也,士奚由进!今吾以天之灵、贤士大夫定有天下,以为一家。欲其长久,世世奉宗庙亡绝也。贤人已与我共平之矣,而不与吾共安利之,可乎?贤士大夫有肯从我游者,吾能尊显之。布告天下,使明知朕意。御史大夫昌下相国,相国酂侯下诸侯王,御史中执法下郡守,其有意称明德者,必身劝,为之驾,遣诣相国府,署行、义、年。有而弗言,觉,免。年老癃病,勿遣。①

刘邦采用赋的艺术手法直奔主题,以周文王、齐桓公自许,抒发了成就霸业的雄心以及求贤若渴的真切。"今天下贤者、智能,岂特古之人乎?患在人主不交故也,士奚由进?"也是直陈叙述刘邦礼贤下士之意,显得顿挫而又警醒。刘邦本意在于进用贤士以安定汉室,却云"与吾共安利之",一个"利"字,巧妙地将自身的利益转化成了贤士的利益。如此说来,高帝求贤便有了为贤者打算图谋的含义。"贤士大夫有肯从我游者,吾能尊显之。"更是直接倾诉天子友匹夫的雍容气度"必身劝,为之驾"与"有而弗言,觉免",一

---

① 阴法鲁主编:《古文观止译注》,北京:北京大学出版社 1997 年版,第 333 页。

个"必"字、一个"免"字，刘邦再次直抒胸臆，表达了求贤的真诚。由此可见，刘邦大量用赋，使诏书感情真挚、气势磅礴、极富渲染力，为后人所敬仰。

贾谊是我国西汉初期的思想家、政论家。他进言献策的智谋见于《治安策》。《治安策》是一封奏疏。奏疏是中国古文书的一类，又称"奏议"，是臣子向君王进言使用文书的统称。汉文帝之时，匈奴十分强盛，时扰边疆；天下刚定，制度疏阔，诸侯王体制大而不当，不合法度，贾谊为此深为忧虑，多次向文帝上疏陈述政事。

> 臣窃惟事势，可为痛哭者一，可为流涕者二，可为长太息者六，若其他背理而伤道者，难遍以疏举。进言者皆曰天下已安已治矣，臣独以为未也。曰安且治者，非愚则谀，皆非事实知治乱之体者也。夫抱火厝之积薪之下而寝其上，火未及燃，因谓之安，方今之势，何以异此！本末舛逆，首尾衡决，国制抢攘，非甚有纪，胡可谓治！陛下何不一令臣得孰数之于前，因陈治安之策，试详择焉！①

此奏疏开头即用赋，"臣窃惟事势，可为痛哭者一，可为流涕者二，可为长叹息者六"，开宗明义，写出了当时政局不稳，形势十分严峻。贾谊在提出如何应对匈奴掠扰的防范措施，以及如何抑制"侈靡相竞"、如何把"亡（无）制度，弃礼谊，捐廉耻"的不良风气扭转过来，大力"移风易俗"等内容时，均用赋。赋使《治安策》文风疏直激切，既展示了贾谊的政治才华，又抒发了作者忧国忧民的深切情怀。

针对尖锐的社会矛盾，尤其是诸侯分裂割据势力与汉朝廷之间对立的矛盾，贾谊提出了"众建诸侯而少其力"的化解方案。但是，由于事关汉

---

① （汉）班固撰，（唐）颜师古注：《汉书》卷四十八，北京：中华书局 1962 年版，第 2230 页。

王室与诸侯王之间的政治关系与亲族关系，汉文帝难以决断。为了促使文帝早下决心，贾谊在《治安策》中，列举了大量的事实，运用比喻的手法，将正反两方面的经验与教训反复对比，以论证自己的观点。比使《治安策》文风典雅醇厚，大大展示了贾谊的文学才华，也彰显了其忠君爱国的赤子之心。

三国时蜀汉丞相诸葛亮被后人誉为"智慧之化身"。他爱子心切，教子有方，将自己毕生的生活经历、人生体验和学术思想等内容写在了《诫子书》里。文章阐述修身养性、治学做人的深刻道理，发人深省。可以看作是诸葛亮对其一生的总结，后来更成为修身立志的名篇。其文云：

> 夫君子之行，静以修身，俭以养德。非淡泊无以明志，非宁静无以致远。夫学须静也，才须学也，非学无以广才，非志无以成学。淫慢则不能励精，险躁则不能治性。年与时驰，意与日去，遂成枯落，多不接世，悲守穷庐，将复何及！①

《诫子书》开篇用赋，"静以修身，俭以养德"——劝勉儿子立志勤学，修身养性要从淡泊宁静中下功夫，最忌淫慢险躁，开门见山，主旨明确。"夫学须静也，才须学也，非学无以广才，非志无以成学。"又进一步指出宁静致远与学有所成的关系。"淫慢则不能励精，险躁则不能治性。"运用对比，写出了"淫慢""险躁"对人的负面影响。全文短短一百余字，揭示了深刻的主题，可谓是充满智慧的家训，其影响深远。

四、诗词曲赋与小说

经典凝聚着中华民族的智慧，是我们民族文化精神的源泉；诗词曲赋蕴含着无数想象和情感意象，似一条清澈见底的河流，穿越千年，始终滋养着国人

---

① 方家常译注：《诸葛亮文集全译》，贵阳：贵州人民出版社1996年版，第115页。

的心田。

（一）诗词曲赋的简要界说

如果要探寻中国文学滋养国人的奥秘，那么我们应该要追溯到带给后来文学影响深远的"风""骚"传统、辞藻瑰丽的汉赋、盛极一时的唐诗宋词以及异军突起的元曲。

1. 古典诗歌的"风""骚"传统

"诗者，志之所之也。在心为志，发言为诗。"[1] 诗歌是中国文学史上出现最早也成熟得最早的文学形式。追溯诗歌的源头，最早的诗歌来自远古人们口耳相传的民间歌谣。《诗经》是我国最早的一部诗歌总集。《诗经》内容丰富，包括周民族的史诗、赞颂、讽刺、婚恋、农事等，其具有现实主义精神和现实主义的创作特色，被称为是中国古典诗现实主义的源头。以屈原《离骚》为代表的楚辞却是中国古典诗歌浪漫主义的源头。屈原《离骚》成功地运用了许多浪漫主义手法。比如，他从神话和《诗经》中吸取营养，展开大胆的想象，描绘了一幅幅天马行空、自由驰骋的艺术图卷；其境界开阔，使人深受感染。鲁迅先生在《汉文学史纲要》中这样评价《离骚》："逸响伟辞，卓绝一世……较之于'诗'，则其言甚长，其思甚幻，其文甚丽，其旨甚明，凭心而言，不遵矩度。"此评价可谓很高。"以屈原的光辉作品为代表的《楚辞》，不仅在爱国主义精神和追求美好理想的高洁品格与顽强意志方面，从思想和情操上给予后人以极大的激励和感召，而且对中国古典诗歌的发展产生了极其深远的影响。"[2]

2. 汉代赋体文学

有关赋的记载最早可追溯到《周礼·春官》："诗六教，曰风、曰赋、曰

---

① 蒲友俊等：《中国古代文论选读》，成都：电子科技大学出版社1993年版，第47页。

② 周先慎：《中国文学十五讲》，北京：北京大学出版社2003年版，第43页。

比、曰兴、曰雅、曰颂。"赋是指一种艺术表现手法——刘勰《文心雕龙》谓"赋，铺也"；朱熹《诗集传》说："赋者，敷陈其事而直言之者也。"——这里的赋是以叙事、状物和描写为主的一种文体；《汉书·艺文志》里说，"不歌而颂谓之赋"，认为赋是脱离音乐的一种诵读方式。由此我们大概可以看出赋自身所具备的一些特点。真正以赋名篇，始于荀子的《赋篇》。

赋到了汉代，步入发展的全盛时期。汉初的骚体赋，不论是"怨刺"的思想内容，还是其整饬而又有变化的形式，都深受《楚辞》的影响；最具代表性的作家是贾谊，其代表作品《吊屈原赋》，借吊屈原而抒发自己的怀才不遇。汉中期的散体大赋，是一种蕴含诗、骚、散文等多种文体因素的综合性文体，代表作家是司马相如，其代表作为《子虚赋》和《上林赋》——在描写上铺张洋溢，使用大量的排比，不避堆砌，辞藻华丽，是散体赋的标准之作。汉末的抒情小赋，铺叙描绘的成分大大减少，倾向于开掘和表现个人生活感受，或者揭露社会弊端。抒情小赋的代表作家是张衡，其代表作是《归田赋》——表达了作者怀才不遇，欲归隐田园的人生感悟；后来的陶渊明大概受其启发，写下了闻名于世的《归去来兮辞》。

3. 盛极一时的唐代诗歌

唐朝是我国封建社会发展的鼎盛时期，唐诗代表着我国古典诗歌的最高成就。无论是从诗歌的数量，还是题材的广度，也不论是流派之众，抑或是体裁之全，唐诗都堪称空前绝后。

唐诗的发展大抵经历了初唐、盛唐、中唐和晚唐四个时期。高棅《唐诗品汇总叙》云："有唐三百年，诗众体备……莫不兴于始，成于中，流于变……略而言之，则有初唐、盛唐、中唐、晚唐之不同。"初唐，以四杰和陈子昂为代表的诗人，拓宽了诗歌的题材，把诗歌从宫廷楼阁的描写导向了自然山川；变一味地歌功颂德为真挚地抒发志向，吟咏人生；在诗歌形式上也多有新创，为盛唐诗歌的繁荣奠定了扎实的基础。盛唐诗歌"热情洋溢、豪迈奔放、具有郁勃浓烈的浪漫气质，而即使是恬静优美之作，也同样是生气弥满、光彩熠熠的。这就是为后人所艳羡的'盛唐之音'"①。其代表诗人有李白、王维、孟浩然、高适等。中唐是盛唐之后的又一个诗歌繁荣时期，不但诗人和诗作数量超过盛唐，而且诗歌流派众多，各显风采。其代表有"大历十才子"、李益、卢纶、元稹、白居易等。元稹、白居易倡导新乐府运动，主张发挥诗歌的美刺作用，继承和发展了杜甫诗歌的现实主义。到了晚唐，诗歌呈现难以为继的萧条境况，诗人们无论穷达，似乎对时局已经不抱幻想，大多数人都倾向于归隐田园；诗歌的各种题材无不沾染上感伤悲愤的情调。

4. 婉约豪放并驾齐驱的宋词

词兴起于唐五代时期，是一种合乐而歌的新诗体。词的别称有"诗余""琴趣""乐府""长短句"等。根据字数的多少，词可分为"单调""中调"和"长调"。其中"中调"和"长调"又称双调，一般分为上下篇，也称上下阕或前后阕。王国维《宋元戏曲史序》说，词是能和"楚之骚、汉之赋、六朝之骈语、唐之诗、元之曲"并称的"一代之文学"。以晚唐温庭筠和韦庄为代表的花间词派，主要以香软秾艳为主；到南唐中主李璟、后主李煜，虽然也有不少艳情词，但也有对人生短暂、亡国之痛等流露真挚情感的词作，风格上主要以清丽淡雅，白描见长；此为花间词向宋词转变的中枢，对宋初的一些词人影响较深。

北宋词，初期有一过渡期，在承继的基础上又有开创，主要代表词人有晏殊、张先、柳永等人；中期有所突破，重要的代表词人是苏轼，他开拓了词的领域和境界，突破了词的婉约传统，开旷达与豪放之风。刘辰翁《辛稼轩词序》："词至东坡，倾荡磊落，如诗如文，如天地奇观。"后期是词发展的徘徊期，代表词人有秦观、黄庭坚、周邦彦等人，他们的词多少都染上了凄迷感伤的色彩。值得注意的是，周邦彦在词法技巧上的人工安排可谓独树一帜，在词

---

① 章培恒、骆玉明主编：《中国文学史》，上海：复旦大学出版社 2004 年版，第43 页。

史上有一定的地位。词至南宋，初期略有变化，重要的词作家有张元幹、张孝祥、朱敦儒等，其中成就最高的要属女词人李清照；中期词的发展出现了一个小高潮，以爱国词和豪放之风闻名的词人辛弃疾最为突出；后期词的发展形成了两个派别：一派是以吴文英为代表，以骚雅为主要风格的词派；另一派是以刘克庄为代表的辛派的继承人。两个派别在词作上虽然各有侧重，但是都呈现承继过多，开创较少的特点，词走过了它最繁盛的时期。

5. 异军突起的元曲

元代文学，包括诗文、散曲、戏曲和小说，戏曲文学是其最具特色、发展最为突出的艺术成就。元曲包括元杂剧和散曲，杂剧属戏曲艺术，而散曲则犹如唐宋之词，是一种特殊的诗歌。曲，作为一种可以歌唱的音乐形式，因为唱起来曲折荡漾，所以叫曲。曲的起源较早。宋玉对楚襄王说，在郢中唱歌的"客"，唱《下里巴人》时，"国中属而和者数千人"，唱《阳春白雪》时，"国中属而和者不过数十人"，于是，他得出结论："其曲弥高，其和弥寡。"由此可见，至晚到了战国时代就已经出现了"曲"这个名称了。追溯其流变，汉代的乐府——南北朝之乐，在唐时演变为清乐和燕乐，也就是南北曲之本——唐宋兴起的词，都对元曲的发展有着很重要的影响。南宋后期，流传于北方民间的一些长短句歌词，在金元时期，由于各民族的交融，又吸收了女贞、蒙古等少数民族的乐曲，逐步形成了较有特色的北曲，这就是散曲。元曲是继宋词之后兴起的一种新的诗体。大家最熟悉的莫过于马致远的[越调·天净沙]《秋思》：

枯藤老树昏鸦，小桥流水人家，古道西风瘦马，夕阳西下，断肠人在天涯。[①]

元曲前期作品的风格以豪放为主，代表性作家有马致远、关汉卿。这些作

---

① 朱东润主编：《历代文学作品选》下篇，上海：上海古籍出版社 2002 年版，第 1 册，第 95—96 页。

家大多是"身兼多职",既从事诗文写作,也从事杂剧和散曲的创作。后期的作家略有不同,他们或是专攻散曲,或者以创作散曲为主,主要代表作家有张可久、乔吉等,其风格以清丽为主。[①]

(二)诗词曲赋的人生滋养

近年来,随着国学热的不断升温,更多的国人把目光重新投射回国学经典上,古典诗词成为热门节目的新亮点,大量关于诗词的综艺节目纷纷登场,譬如《中国诗词大会》《向上吧!诗词》《诗书中华》《中华好诗词》等等。其中《中国诗词大会》受到了大家广泛的关注和喜爱,可能因为这个平台向不同职业和不同受教育程度的人们同时张开了欢迎的怀抱,使其不只是一个小众性质的节目,而是激励更多的人参加进来,让更多的国人有机会一起学习我们古代的经典诗词的一个好节目。

诗词曲赋是我国传统文化中不可多得的珍品。悠悠几千年来,它一直润泽着我们;无论是从知识层面、精神层面、健康层面,还是生活修养层面等,我们都无不浸染其中,受益良多。然而,这股对古典诗词的热爱之风到底能吹多久?有多少人真正意识到了它对我们精神层面的滋养呢?当物欲横流的时代让我们渐渐沦为欲望的奴隶,当我们的状态可能仅仅只是活着而非生活的时候,我们是否曾想过应该让自己慢下来,在我们的文化瑰宝里去寻求精神的安放?诗词曲赋里有太多可以滋养我们的丰富养料,以下主要从三个方面来阐述。

1. 精神滋养

精神滋养是通过净化人的精神世界,陶冶和培养人的情志、意识、道德等心理品质,从而获得一种恬淡、乐观、开朗、豁达的思想境界。习近平总书记

---

① 郭预衡主编:《中国古代文学史》,上海:上海古籍出版社1998年版,第339—340页。

曾指出："中华文化积淀着中华民族最深沉的精神追求，包含着中华民族最根本的精神基因，代表着中华民族独特的精神标识，是中华民族生生不息，发展壮大的丰厚滋养。"由此可见，精神滋养对我们每个人来说显得尤为必要。

那么，如何滋养我们的精神呢？其实很简单，让诗词曲赋走进你的生活，让它一点一点地融入你的生活，让它成为一种自然而然的存在，久而久之，你会发现它潜移默化地改变着你。有人曾采访《中国诗词大会》的佼佼者、被赞誉为"在诗歌里翩若惊鸿，宛若游龙"的陈珏如，请她分享一下学诗的经验，她说道："我的建议是，大家不用很系统、很刻意地去背，而是把诗词融入到自己的生活中，诗词就是生活的点缀，一种情感上的升华和表达。习近平总书记在两会上引用诗句'不要人夸颜色好，只留清气满乾坤'来作为他讲话的结语，我当时就感觉没有什么话能够代替诗词的这种感觉，这样凝练、大气、有韵味，这就是语言表达的一种好方法，把诗词融汇到生活中，不知不觉慢慢就会积累很多。"下面让我们一起来看看诗词曲赋能怎样滋养我们的精神世界呢？

首先，诗词曲赋可以培养我们的情志。《毛诗序》中说："诗者，志之所之也，在心为志，发言为诗，情动于中而形于言，言之不足，故嗟叹之，嗟叹之不足，故咏歌之，咏歌之不足，不知手之舞之足之蹈之也。"于是，古往今来的诗人们无不在自己的诗歌中写下自己的理想抱负："路漫漫其修远兮，吾将上下而求索"的屈原；"刑天舞干戚，猛志固常在"的陶渊明；"乘风破浪会有时，直挂云帆济沧海"的李白；"致君尧舜上，再使风俗淳"的杜甫；"男儿何不带吴钩，收取关山五十州"的李贺……现时代的我们读这些诗歌时，不仅能感受到古人奋发向上的意志，而且会深受感染，激发自己爱国爱民的情志。

其次，诗词曲赋可以开阔心胸、调适心性。人的一生中，不可能总是一帆风顺；面对逆境，我们应该怎样面对？尤其是在当今物欲横流、竞争激烈的时代，如何保有一颗宽广的心胸、良好的心态，是非常重要也是不易做到的。古代的许多诗人为我们提供了不少可供借鉴的例子。当他们身处逆境时，他们能凭借其强大的精神意志苦中作乐，或者达到一种几乎超然物外的思想境界，比如李白的《行路难》（其一）：

> 金樽清酒斗十千，玉盘珍羞直万钱。
>
> 停杯投箸不能食，拔剑四顾心茫然。
>
> 欲渡黄河冰塞川，将登太行雪满山。
>
> 闲来垂钓碧溪上，忽复乘舟梦日边。
>
> 行路难！行路难！多歧路，今安在？
>
> 长风破浪会有时，直挂云帆济沧海。[1]

李白的豪放旷达，我们是知道的，但是他的人生也屡屡受挫，然而每当行至人生绝境的时候，他那份积极入世的豪迈乐观又给了他重新起航的信心。读到这样的诗句，你怎会不被鼓舞？挫折可能恰恰是你迈向成功的铺路石。

人生大起大落，"一肚子的不合时宜"的苏东坡，每每面对自己遭遇的坎坷时，表现出来的却是对人生的通透和洒脱。1082年，是苏轼被贬为黄州团练副使的第三年，他与朋友春日出游，风雨忽至，朋友深感狼狈，他却泰然处之，吟咏自若，缓步而行，写下了这首《定风波》：

> 莫听穿林打叶声，何妨吟啸且徐行。竹杖芒鞋轻胜马，谁怕？一蓑烟雨任平生。料峭春风吹酒醒，微冷，山头斜照却相迎。回首向来萧瑟处，归去，也无风雨也无晴。[2]

多读一读这样的诗词，我们的心灵多少也可以得到一些开启和指引——它让我们的胸襟变得开阔一些，我们也由此能够笑对人生。

2. 生活情趣的滋养

不知从什么时候开始流行这样一句话，"生活不止眼前的苟且，还有诗和远方"。我们该怎样面对我们的生活？是仅仅为了活着而活着呢？还是在解决

---

[1] 安旗主编：《李白全集编年笺注》第1册，北京：中华书局2015年版，第207—208页。

[2] 王宗堂、邹同庆：《苏轼词编年校注》上，北京：中华书局2002年版，第356页。

温饱之外仍有一些精神上的追求？古代的文人骚客在这方面也给了我们许多启迪和借鉴。

首先，诗词曲赋为我们提供了丰富多彩的娱乐方式。比如欣赏音乐。钱起《湘灵鼓琴》："善鼓云和瑟，常闻帝子灵"；韩愈《听颖师弹琴》："昵昵儿女语，恩怨相尔汝，划然变轩昂，勇士赴敌场。浮云柳絮无根蒂，天地阔远随飞扬……"；白居易《琵琶行》"嘈嘈切切错杂弹，大珠小珠落玉盘"等。音乐娱乐了诗人们的生活，净化了他们的心灵，消解了他们心中的烦忧，保有了他们对生活的热爱。

比如对舞蹈的欣赏。白居易对唐代的最流行的舞蹈《霓裳羽衣舞》大加赞赏："千舞万舞不可数，其中最爱霓裳舞。"杜甫在《观公孙大娘弟子舞剑器行·并序》写道："昔有佳人公孙氏，一舞剑器动四方。"表达了对公孙氏的舞蹈艺术的赞赏和钦佩。晏殊《木兰花》中写道"重头歌韵响铮琮，入破舞腰红乱旋"；薛能《柘枝词》中写道"楼台新邸第，歌舞小婵娟。急破催摇曳，罗衫半脱肩"；晏几道的《鹧鸪天》写道："舞低杨柳楼心月，歌尽桃花扇底风。"可见舞蹈给诗人们带来的快乐足以娱情。

其次，诗词曲赋中关于游历的内容对我们精神上的治愈。古人常说"读万卷书，行万里路"，从唐代开始，诗人们在踏入仕途之前大都有游历山川的经历，这些经历都成为他们的创作储备与日后的吟咏源泉。大自然对人类有着神奇的治愈功能。杜甫在他的《望岳》里写道："会当凌绝顶，一览众山小"；李白写下"峨眉山月半轮秋，影入平羌江水流"；苏东坡《惠崇春江晚景二首》写"竹外桃花三两枝，春江水暖鸭先知"；王安石在《登飞来峰》中写道："飞来峰上千寻塔，闻说鸡鸣见日升。不畏浮云遮望眼，只缘身在最高层。"大自然在无形中给了他们精神的滋养，让他们在暂时的困顿之后能重新找回奋斗的力量……很难想象，没有了大自然，我们的古诗词里会是怎样的光景；应该说，大自然是中国艺术的重心所在。多吟诵这些游历山川的诗词，我们浮躁不安的心才会得以安放。

3. 人际情感的滋养

孟子说"独乐乐，与人乐乐，孰乐？"朋友在我们的人生当中是一种重要的存在。在诗词曲赋中，有很多关于友谊的作品。大家最熟悉的是李白那首《赠汪伦》："桃花潭水深千尺，不及汪伦赠我情。"他还有一首《送友人》：

青山横北郭，白水绕东城。

此地一为别，孤蓬万里征。

浮云游子意，落日故人情。

挥手自兹去，萧萧班马鸣。①

诗人把游子比作浮云，他渐去渐远，飘忽不定，又把故人比作落日，他依依不舍地目送朋友的离去，含蓄地表达了对朋友的不舍和深情。离别总是很伤感的，但是王勃在《送杜少甫之任蜀州》中说"海内存知己，天涯若比邻"，一改往昔离别的伤感，显示出一种开阔的胸怀。苏东坡在《水调歌头·明月几时有》中说："人有悲欢离合，月有阴晴圆缺，此事古难全，但愿人长久，千里共婵娟。"通透而泰然处之。王昌龄在《芙蓉楼送辛渐》中说，"洛阳亲友如相问，一片冰心在玉壶"，朋友间的相识相知是多么难能可贵啊。

都说"血浓于水"，亲情的温暖让我们总是翘首家的方向。诗词里有许多关于亲子、兄弟、夫妻之间的真情实感，读来感人至深。孟郊《游子吟》里"谁言寸草心，报得三春晖"，歌颂伟大的母爱；杜甫《月夜忆舍弟》中"有弟皆分散，无家问死生"，传达出对战乱时兄弟失去音讯后的惦念关切；杜甫《月夜》里"香雾云鬟湿，清辉玉臂寒"，流露出对妻子的深切思念等等。当我们在人生中遭遇挫折和伤痛时，亲情永远是治愈我们最好的一味良药。

今天，被诗歌滋养而优秀杰出的例子实在很多。比如第四季《中国诗词大会》的冠军获得者北大博士生陈更。她是唯一连续四年出现在诗词大会舞台的选手，她穿着素雅，巧笑怡然，给人留下优雅知性的印象。她说："诗词给了

---

① 安旗主编：《李白全集编年笺注》第 1 册，北京：中华书局 2015 年版，第 302 页。

我一个很好的休憩场所。深读诗词让我的生命更宽广厚重，能更耐心、更坚忍地面对艰深曲折的科研工作。"还有人生屡经挫折的中国古典诗词大家叶嘉莹先生，在她每次面对厄运的袭击时，她总能从诗词中汲取到力量绝地反击。她说："我的一生经历了很多苦难和不幸，但我一直保持乐观、平静的态度，这与我从小热爱古典诗词实在有很大的关系。"看过电影《死亡诗社》的人是否还记得那句经典的台词，"我们读诗、写诗并不是因为它们好玩，而是因为我们是人类的一份子，而人类是充满激情的。没错，医学、法律、商业、工程，这些都是崇高的追求，足以支撑人的一生。但诗歌、美丽、浪漫、爱情，这些才是我们活着的意义"。

（二）小说

早期的古小说，多使用采录编撰的方式，实用性的特点很明显；随着小说家主观创作意识的增强，其文学性日益显露。早期小说的内容多涉略神鬼怪异的故事，鲁迅先生说："迨神话演进，则为中枢者渐近于人性，凡所叙述，今谓之传说。传说之道，或为神性之人，或为古英雄，其奇才异能神勇为凡人所不及，而由于天授，或有天相者，简狄吞燕卵而生商，刘媪得蛟龙而孕季，皆其例也。"[①] 随着小说创作方式和小说观念的变化，小说越来越接近现实，慢慢开始反映深刻的人生体验，蕴含一定的人生哲理。

1. 小说简要界说

鲁迅《中国小说史略》里对小说的发展有一个较为清晰的研究，以下主要根据鲁迅先生书中的相关叙述对小说进行一个简要的界说。

小说之名，最早出现在《庄子·外物》："饰小说以干县令。"但是，真正接近于我们后来所说的小说之意的，是桓谭在他的《新论》中说"小说家合残丛小语，近取譬喻，以作短书，治身理家，有可观之辞"。班固《汉书艺文志》

---

① 鲁迅：《中国小说史略》，北京：人民文学出版社 1973 年版，第 8 页。

里虽并不看重小说，但仍将其附在书末，并说"小说家者流，盖出于稗官，街谈巷语，道听途说者之所造也"。明胡应麟《少室山房笔丛》里将小说分为六类：志怪、传奇、杂录、丛谈、辩订、箴规。清《四库全书总目提要》将小说分为三派：叙述杂事、记录异闻、缀辑琐语。

先秦时期，主要有神话和传说。"神话是原始人类的综合意识形态，是他们对世界的认识和解释，是他们的百科全书式的知识体系，又是他们的愿望的表达。"①神话经演变，慢慢接近于人性，后发展为传说。中国的神话和传说并没有专门整理的书籍，只是散见于一些古籍之中，如《山海经》《淮南子》《庄子》等，其中《山海经》中最多。

汉代的小说今天已看不见真貌，《中国小说史略》中说"现存之所谓汉人小说，盖无一真出于汉人，晋以来，文人方士，皆有伪作，至宋明尚不绝"。魏晋南北朝时期主要有志怪和志人两类小说。"志怪"记神鬼怪异之事，以干宝的《搜神记》为代表。"志人"主要记录贵族名流的言行逸事，以刘义庆的《世说新语》为代表。

"小说亦如诗，至唐代而一变，虽尚不离于搜奇记逸，然叙述宛转，文辞华艳，与六朝之粗陈梗概者较，演进之迹甚明，而尤显者乃在是时则始有意为小说。"②唐传奇，主要在志怪的基础上"施之藻绘，扩其波澜，故所成就乃特异"。唐传奇中影响较大的两个人是元稹和李公佐，其代表作分别为《莺莺传》和《枕中记》。唐传奇小说的出现标志着中国古典小说走向了成熟。

宋代文人也作志怪和传奇，只是承继多于开创。于是，便有新的小说式样出现："即以俚语著书，叙述故事，谓之'平话'，即今所谓'白话小说'者是也。"鲁迅先生《中国小说史略》将宋元时期产生的"说话"分为四种：小说、说经、讲史和合生。"说话之事，虽在说话人各运匠心，随时生发，而仍有底

---

① 章培恒、骆玉明主编：《中国文学史》，上海：复旦大学出版社2004年版，第73页。

② 鲁迅：《中国小说史略》，北京：人民文学出版社1973年版，第54页。

本以作凭依，是为'话本'。"较为出名的话本小说有《五代史平话》《京本通俗小说》《大唐三藏法师取经记》等。

到了明清，白话小说兴盛，小说发展到一个新的时代。在宋元话本小说的基础上，元末明初，出现了很大一批章回体小说，比如《三国演义》《西游记》《水浒传》等作品。这些小说都有一个来源于民间流传、说书人的加工丰富、作家加工润色完成这样一个自然的流变过程。清代又有《儿女英雄传》《三侠五义》等侠义小说、《儒林外史》《官场现形记》等谴责小说。

2. 小说之滋养

提及小说的用处，有人会说，用于娱乐，打发时间罢了。但是真是如此吗？其实，小说不仅在形式上继承了我国史传文学的传统，在方法上也继承了史传的讽刺手法，对于现实生活进行艺术性地投射反映，这是有很多积极意义的。

徐念慈《小说林缘起》指出了小说的艺术特点，并指出文学之所以吸引人，在于生动地描写了现实与理想。梁启超《小说与群治之关系》指出，小说有四种"神力"："熏""浸""刺""提"；并分别解释说"熏"是感情潜移默化、"浸"是感人至深、"刺"是指使人感情受突然刺激、"提"是指读者随作品的感情变化而变化，使自己深入其中。人的经历是有限的，我们没有办法经历人生中所有的风景，然而小说可以帮你实现这一奢想，即通过阅读别人的故事体验万千人生的经历。在这个阅读过程中，我们不仅仅是满足自己的猎奇心理，你会奇妙地发现，那些流传下来的经典小说会在情志的培养、胸襟的开阔、心性的修养上潜移默化地感染、影响着我们，让我们逐步成就最美好的自己。

五、古典乐舞激发灵感

古典乐舞是从什么时候产生的呢？《山海经》里有关于歌舞创始的传说："帝俊有子八人，始为歌舞。"《广博异记》说："舜有子八人，始歌舞。"这是不是可以说，人类发展到某个阶段才产生了歌舞呢？从这些记载中，我们知道，原始歌舞是原始人进行的一项集体活动；通过这项活动，可以使人们从中获得精神上的满足，可以交流情感、抒发欢愉或者倾诉愁闷等。总之，我们相信，原始歌舞是深深扎根于人们的生活中的。

（一）古典乐舞发展简述

原始乐舞的起源可能是多元化的，但就本质意义上说，它起源于劳动，所以表现生产劳动和与生产劳动有关的乐舞是原始乐舞的主要内容。除此以外，原始乐舞的内容还有关于生殖崇拜的舞蹈，1988年考古学家王炳华发现的新疆呼图壁县康家石门子生殖崇拜岩雕刻画就是最好的明证；也有不少反映征战生活的古舞蹈，文献和传说都有记载。其中关于刑天舞干戚的传说甚为流传——据说"干戚舞"成为古舞蹈较为重要的形式；由于原始社会科技不发达，很多自然现象无法得到合理的解释，所以人们相信有另一个可以主宰我们人类命运的存在，它既可以给人们带来好运，比如光明、雨露，同时也会让灾难降临人间，比如黑暗、干旱、洪水等，于是祭祀天地鬼神的习俗就产生了，也就诞生了祭祀舞蹈。历代封建王朝都有祭祀天地的乐舞，还专门建有祭祀的场所，如天坛祭天、地坛祭地。据《后汉书·东夷列传》载："马韩人知田蚕……常以五月田竟祭鬼神，昼夜酒会，群聚歌舞，舞辄数十人相随塌地为节，十月农工毕，亦复如之。"这就是人们庆祝丰收且具有自娱性质的集体乐舞。人们在群体的舞蹈中体会到舞蹈具有激奋人心、倾泻内心感情、使人陶醉欢愉、有时甚至可以达到忘我境地的特殊功能，这种功能使人产生了神秘感，这大概就是古人宗教祭祀巫术活动中要用舞蹈"通神""娱神"的重要原因。[①]此外，原始舞蹈的健身功能也不容忽视。传说有用于指导人们活动筋骨、加强血液循环、使肌体恢复健康的《阴康氏之乐》，还有以模拟各种动物动态以达

---

① 王克芬：《中国舞蹈发展史》，上海：上海人民出版社2014年版，第20页。

到强身健体的"五禽戏",以及各种有舞蹈性质的武术操练,犹如今天的艺术体操等等。

到夏商周奴隶制时代,乐舞步入了表演艺术领域。这一时期乐舞呈现的特点有两个:一个是舞蹈从自娱性活动向表演艺术的方向发展;另一个是巫术活动中宗教祭祀舞蹈的进一步发展。表演性的乐舞主要是为统治者娱乐服务的,乐舞奴隶就是在这种背景中诞生的,乐舞奴隶是创造和发展我国舞蹈艺术的一支主力军,他们提高了舞蹈的技艺,使舞蹈跨入了表演艺术的领域。"巫舞"是巫在进行巫术活动中通过乐舞来娱乐神灵的一种舞蹈。传说"禹步"是"巫舞"中特有的一种舞步。据说这种舞步来自治水的英雄大禹。他因为常年治水,双脚浸泡在水中,这使他的腿有了走路迈不开步子的病,只能一小步一小步地挪动,人们称这种步伐为"禹步",经后来发展变化之后,成为一种形体较美的小碎步。"巫舞"之外,还有其他宗教祭祀的舞蹈,比如求雨舞,主要由巫来完成,领舞和乐舞的都是他们的工作,他们是最早的宗教舞者。在两周时期,进一步强化了舞蹈的教化和政治作用,周代统治者充分利用乐舞的特殊功能,使之有效地为其统治服务。加强等级观念,区分尊卑上下,都以乐舞作其标志之一。西周末年,出现了"礼崩乐坏"的情况,而民间乐舞变得大为兴盛,这一时期兴起和繁盛的民间乐舞,主要被记载于《诗经》《楚辞》等典籍。《诗经》,既是诗,也是歌词,又是乐舞。儒家对乐舞的本质有非常精彩的阐释,如《乐记·乐本》载:

> 凡音之起,由人心生也,人心之动,物使之然也。感于物而动,故形于声,声相应,故生变,变成方,谓之音,比音而乐之,及干戚羽旄,谓之乐。

以上材料为我们解释了何为"乐舞"。再如《乐记·乐象》载:

> 乐者,德之华也。金石丝竹,乐之器也;诗,言其志也;歌,咏其声也;舞,动其容也;三者本于心,然后乐气(《集解》作"器")从之。

这里，金石丝竹只是起到了伴奏的作用，而诗、歌、舞三者则是发自人们内心的，表达人们思想感情的艺术，它们的合作往往可以达到陶冶性情、提高文化修养的效果，正如《乐记·乐化》里所载：

> 故听其雅颂之声，志意得广焉；执其干戚，习其俯仰诎伸，容貌得庄焉；行其缀兆，要其节奏，行列得正焉，进退得齐焉。故乐者，天地之命，中和之纪，人情之所不能免也。

《乐记·乐化》中还有记载：

> 君子曰：礼乐不可斯须去身。致乐以治心，则易直子谅之心，油然生矣。易直子谅之心生则乐，乐则安，安则久，久则天，天则神。

这段材料的后半部分虽说有不恰当的夸大，但是它阐释了乐舞的重要价值和意义，在今天也还有很大的现实意义。

乐舞到了汉代，可谓取得了重大的发展。舞蹈艺术水平有了很大的提高，不但出现了《盘鼓舞》《巾舞》等著名的舞蹈，还涌现了像赵飞燕、戚夫人这样技艺高超的著名舞者。但是，舞蹈作品、舞蹈品种还不是很丰富，留下姓名的著名舞人的数量并不多。魏晋南北朝时期，供人欣赏的表演性舞蹈大量吸收中原传统乐舞和江南等地民间歌舞，加工编制了一些艺术性较强和欣赏价值较高的音乐舞蹈作品，如《清商乐》或称《清乐》；继承了汉代上层社会时兴"以舞相属"的礼节性舞蹈；此外，中外各族乐舞文化大交流对舞蹈的发展产生了极其深远而巨大的影响。①

乐舞发展至唐代，可谓是我国古代乐舞史上一个非常辉煌的时期，舞蹈活动渗透在社会生活的方方面面，比如在一些重要的传统节日都会有大型的歌舞表演活动；以统治阶级带头形成"自舞成风"的局面，唐玄宗李隆基，就是一个很有艺术天分和才能的音乐家，不但自己酷爱乐舞，还想方设法从各地挑选

---

① 王克芬：《中国舞蹈发展史》，上海：上海人民出版社 2014 年版，第 111 页。

出色的音乐人才，其爱妃杨玉环也是唐代著名的舞蹈家，《旧唐书·杨贵妃传》说她"资质丰艳，善歌舞，通音律，智算过人"，善舞《霓裳羽衣》舞著称。玄宗的另一宠妃江采苹，也是一位多才多艺的人，据说她舞的《惊鸿舞》表现出高超的舞蹈技巧。另外，歌舞艺人在街头巷尾等公共场所表演非常普遍；民间依然是滋润乐舞的丰富土壤。这一时期的宗教祭祀舞蹈逐渐朝艺术化、娱神兼娱人的方向发展。

宋代是古代乐舞发展的转折期，民间歌舞依然如火如荼地发展；一些开启后世有情节人物的戏曲的乐舞形式出现并发展开来。到了封建社会后期的元明清时期，不管统治政权怎样更替，统治阶级对乐舞的态度是倡还是抑，民间乐舞依然顽强地在继承与发展，戏曲艺术这时得到了较好的发展，赢得了众多的喜爱者。

（二）古典乐舞的滋养

有人可能会说，音乐舞蹈不过是人生娱乐的一部分，是个人可以选择的喜好罢了，这会对我们的人生产生什么作用和影响呢？话虽不错，但这只是从表象得到的见解。音乐舞蹈，尤其是古典乐舞，和前面我们分析过的诗词曲赋等艺术都与我们精神的滋养息息相关的。徐复观先生在《中国艺术精神》中谈到音乐的艺术精神。该书第一章"由音乐探索孔子的艺术精神"，重点探究了孔子为何看重音乐。在孔子那里，礼乐并重，并把乐放在礼的上位，认定乐才是一个人格完成的境界，故《论语·泰伯》曰："兴于诗、立于礼，成于乐。"徐先生指出，从《论语》看，孔子对音乐的重视，一方面是来自他对古代乐教的传承，一方面是来自他对于乐的艺术精神的发现。中与和是孔门对乐所要求的美的标准，《论语·八佾》说："关雎乐而不淫，哀而不伤"，又说"乐之中和也"，在中与和的背后即蕴含着善和仁。《荀子·乐论》说："夫乐者，乐也，人情之所必不免也。故人不能无乐，乐则必发于声音，形于动静。而人之道，声音动静，性术之变尽是矣。故人不能不乐，乐则不能无形，形而不为道，则不能无乱。先王恶其乱也，故制雅颂之声以道之……足以感动人之善心。"《礼记·乐记》也说："德者，性之端也；乐者，德之华也；金石丝竹，乐之器也。诗言其志也。歌咏其声也。舞动其容也。三者本于心然后乐气从之。是故情深而文明，气盛而化神；和顺积中，而英华发外，唯乐不可以为伪。"①

从某种意义上来讲，乐与善和仁是相统一的，也就是说艺术和道德究其根底有着密不可分的联系，一方面道德可以充实艺术的内容，增加其内涵；另一方面艺术也可以助益巩固道德的力量。文中还提到，儒家以音乐为中心的为"人生而艺术"的性格，对知识分子个人的修养而言，其功用更为明显。《礼记·乐记》中有不少言说音乐对人格的修养的内容："君子曰，礼乐不可斯须去身。致乐以治心，则易直子谅之心油然生矣。易直子谅之心生，则乐。乐则安，安则久。久则天，天则神。天则不失而信，神则不怒而威。致乐以治心者也。"②就孔子个人而言，其"下学而上达"的无限向上的人生修为，透入无限的艺术修养中而达到。由上不难看出，乐舞的存在不仅仅是存在于我们生活中的一种娱乐方式，好的乐舞艺术精神是可以潜移默化滋润我们的人格、提升我们的修养，《论语》这部经典至今仍为人们传诵习读，在精神层面一直影响着我们就是最好的明证。

邱晓晨《祭孔乐舞的承继与再造》一文中研究探讨了祭孔乐舞的渊源流变、当代转化以及其存在的价值和意义。关于祭孔乐舞的渊源，她从隋唐和明清两个时期加以阐述，认为隋唐时期的舞谱今天无以得现，"我国现存的舞谱主要是明代和清代的舞谱，祭孔乐舞的舞谱主要由人物的静态造型图'舞容'和动作衔接过程的文字叙述两部分组成"；"现在祭孔仪式中表演真实动态的乐舞，是将舞谱中的舞容和文字描述的静态舞蹈整合而成的，根据明清舞谱编排

---

① （汉）郑玄注，（唐）孔颖达疏：《礼记疏》卷三十八，清嘉庆二十年南昌府学重刊本。

② （汉）郑玄注，（唐）孔颖达疏：《礼记疏》卷三十八，清嘉庆二十年南昌府学重刊本。

出的'活'的舞蹈动作作为参考，并用舞蹈创编的技法，加以还原性创作，是祭孔乐舞'公祭'的主要特征"。谈到祭孔乐舞对我们现代的价值和意义时，她说："乐舞能够提高人的内在品格修养，陶冶性情，有崇尚善美之心。对祭孔仪式舞蹈的研究与欣赏，从心底唤起人们内心的审美情感与道德观念，伴着肢体语言的动与容，熏陶着人们的心性、净化着人们的心灵、培养着人们的德行。社会尊卑有序、天地万物和谐，这种审美的感受才是祭孔仪式舞蹈最真正的审美境界。"① 从祭孔乐舞中，我们可以读出许多信息：读出古人的生活，读出古人理想的人生。在人格修养上，诗乐舞是其具体内容；在对外交往中，乐舞的表演与馈赠也是常用的手段。甚至古人的饮食起居，因之而营造一种艺术的氛围。诚如徐复观先生所言，中国人追求的是人生境界，是一种艺术的境界，借用徐氏《论艺术》里的话说："假定在人类内心深处，萌动了新的希望，个人与社会，得到了新的和谐，则艺术会从逸脱了的轨道中走向正常的人性发觉与表现。"②

六、书法绘画的灵通

徐复观先生在《中国艺术精神》一书中探讨关于"书（字）与画的关系问题"时，提出书与画完全是属于两个不同的精神与目的的系统，书法偏实用系统，而绘画偏装饰系统。书法真正与绘画有了交集在于它开始由实用性转向艺术领域，"书法从实用中转移过来而艺术化了，它的性格便和绘画相同"③。

（一）书法绘画简要介绍

书法和绘画既然都有一套属于自己的系统，那么我们就有必要去分别追溯

① 参见邱晓晨：《祭孔乐舞的承继与再造》，《艺术百家》，2018 年第三期。
② 参见徐复观：《徐复观全集：论艺术》，北京：九州出版社 2014 年版。
③ 徐复观：《中国艺术精神》，上海：华东师范大学出版社 2001 年版，第 89 页。

它们各自发展的足迹，在这些轨迹里去了解这两种艺术的不同以及它们又是如何慢慢靠近融合的。

1. 书法艺术

汉字的演变过程是漫长的。我们今天看到的最早的汉字应当是殷商时期的甲骨文。殷商甲骨文是刻在龟甲兽骨上的文字，其主要多是占卜的内容，记录当时的一些巫术活动。

金文在西周时期得到了长足的发展。金文是铸在钟鼎等青铜器上的文字，铜器中以钟鼎为重，所以又称其为钟鼎文。金文的种类很多，有商代金文、西周金文、春秋金文、战国金文，其中以西周金文最具代表性。西周早期的金文应该是承继于殷商，到中期慢慢形成了自己的风格，在晚期金文却走向了程式化，变得平淡无奇。战国时期，诸侯纷争，诸侯国的书写出现了区域性特征。《说文解字叙》里说："诸侯力政，不统于王……言语异声，文字异形。"①

秦始皇统一中国后，采取了"书同文字"的政策，丞相李斯作《仓颉篇》，中车府令赵高作《爰历篇》，太史令胡毋敬作《博学篇》，以这三篇字书的小篆为标准字样，向全国推行。秦朝的小篆多见于秦始皇巡游时留下来的石刻文，著名的有《泰山石刻》《琅琊石刻》《碣石刻石》等。除此之外还见于调遣军队所用的虎符、朝廷铸造的货币文字、权量上铸刻的诏辞等。汉代、三国两晋南北朝时期的篆书都基本沿袭秦朝。三国时期的小篆，笔画细劲、结体整饬、字形修长，与秦篆稍有不同。到唐朝时，对篆书的喜好有了回升，许多名家都能写一手好的篆书。欧阳询的篆书《九成宫醴泉铭》碑额和柳公权的篆书《圭峰定慧禅师碑》碑额，今天还能看到。宋代也不乏书法爱好者收藏古代金文拓本，但对于书写篆书，较之楷、行、草来说，是写得较少的，所以即使写，也只能徒有其外形而离篆书的古法已经走得有点远了。

到了汉代，隶书是其成熟且通行的文字。卫恒《四体书势》中说："秦既用

---

① （清）段玉裁撰：《说文解字注》卷十九，清嘉庆二十年经韵楼刻本。

篆，奏事繁多，篆字难成，即令隶人佐书，曰隶字。汉因用之，独符玺、幡信、题署用篆。隶书者，篆之捷也。"最初的隶书是篆书的俗写体，为了书写方便，逐步把篆书构字的圆转纤细绵长的线条，变成了平直方折的笔画。成熟的隶书，笔画形态比篆书丰富。篆书的笔画主要是点、直笔和曲笔，可是隶书却有点、横、竖、撇、捺等多种形态。西晋书家卫恒《四体书势隶势》这样描述隶书，"或穹窿恢廓，或栉比针裂，或砥平绳直，或蜿蜒缪戾，或长邪角趣，或规旋矩折。修短相副，异体同势。奋笔轻举，离而不绝。纤波浓点，错落其间"。

为了书写方便，西汉时已经出现了草书。草书省并笔画，结构上可谓达到了汉字简略的极限。到东汉时，草书基本上就已经形成了固定的写法。从书体意义上讲，草书先后形成了章草、今草和狂草三种体式。章草是草书的古体，其书写规则和结构较为严格，历来成为书家学习写草书的必要门径。今草较章草的书写要简易一些，笔势连绵纵引，其确立的标志是东晋王羲之的草书，其最大特点在于笔势"纵引"的草法。狂草进一步发挥了今草"纵引"的草法，运笔速度更快，笔势更加狂放不羁，著名的书家有唐朝的张旭和怀素，人称"颠张狂素"。

行书是一种介于草书和楷书之间的书体，所以它也就自然兼具二者的优点：相对于楷书来说，它书写简便；相对草书来说，它较容易识别。追溯其源头，行书应该在曹魏西晋时期就流行起来了，当时学习的写法主要以钟繇和胡昭为主。王羲之《兰亭序》是行书中的珍品。宋高宗《翰墨志》称赞王羲之，"右军笔法，变化无穷。禊亭遗墨，行书之宗"。谈及《兰亭序》时这样比喻：《兰亭序》的字数多，"若千丈文锦，卷舒展玩，无不满人意"，"其他尺牍"数行数十字，如寸锦片玉，玩之易尽"。被称为是"天下行书第二"的是颜真卿的"鲁公三稿"——《祭侄稿》《争座位稿》《告伯父稿》——此三稿虽历来被书家称赞，却很少将它作为临摹的范本，可能它需要超凡的书家功夫和天资才能达到吧，又或许，对颜真卿本人来说，这样的作品也是可遇而不求的。苏轼《黄州寒食诗帖》乃世称"天下第三行书"。该帖写于宋神宗元丰五年（1082 年），是苏轼谪居黄州的第三年，应该是其当时心境的真实反映。当时的寒食节是"春江欲入户，雨势来不已"，而诗人有的只是"空疱煮寒食，破灶烧湿苇"，其荒凉的景象可想而知。这样感慨的心境不仅从他的诗中可以感受到，在他的书法笔墨中也表现明显；笔画忽肥忽瘦，字形忽大忽小，结构或紧密或舒畅。所以，书法真正的高境界和其他艺术一样，终极意义上，都是一种精神境界的呈现。

楷书出现于汉末，流行于魏晋，在隋唐时期开始成熟。"楷书结字的基本原则，约而言之，不外上紧下松，左紧右松，内紧外松。以匀称合度统摄参差变化，在欹侧中展现中正的美感，在变化中求得和谐的秩序。"①唐代著名的书法家欧阳询还为楷书总结出了生动形象的"八诀"：点，如高峰之坠石；竖弯钩，似长空之初月；横，若千里之阵云；竖，如万岁之枯藤；斜钩，劲松倒折，落挂石崖；横折钩，如万钧之弩发；撇，利剑截断犀象之角牙；捺，一波常三过笔。此可谓楷书笔画形态的审美标准。较为著名的楷书大家不乏其人。曹魏时期的钟繇，善写楷书，他算得上是书法史上第一位写楷书的名家，北宋时被奉称为"正书之祖"。钟繇流传下来的楷书作品都是小楷，如《宣示表》《荐季直表》《贺捷表》等。王羲之的楷书渊源于钟繇，但是两人的楷书还是有比较大的区别，王羲之的楷书已经剔除了钟繇楷书中余留的隶意，对楷书有了新的发展，将楷书带入了"今体"的阶段。他的《乐毅论》《黄庭经》《东方朔画赞》现只有刻本传世。唐朝科举重视楷书，官员们都较为擅长写楷书，比较有名的写家也很多。例如被誉为唐楷名家的欧阳询、虞世南、褚遂良、颜真卿和柳公权，他们的楷书各具特色。盛唐书家徐浩在其《论书》里说，欧阳询、虞世南、褚遂良三人各得古法而有所长："虞得其筋，褚得其肉，欧得其骨。"颜真卿和柳公权并称"颜柳"。颜字笔力丰厚，柳体更见骨力，北宋时就已有"颜筋柳骨"之称。

---

① 刘涛：《极简中国书法史》，北京：人民美术出版社 2014 年版，第 145 页。

2.绘画艺术

关于绘画的源流，一直有"书画同源"的说法。唐朝著名的画家兼绘画理论家的张彦远在《历代名画记》中提出了"书画同体"和"书画用笔同法"的著名论断。后来流传的"书画同源"应该就是从张彦远的论断推演而来的。那么张彦远的论断依据又是从哪里找到的呢？据资料显示，应该来自先秦时期关于"河图洛书"的传说。《易·系辞上》记载："是故天生神物，圣人则之；天地变化，圣人故之；天垂象见吉凶，圣人象之；河出《图》，洛出《书》，圣人则之。"《礼记·礼运》也说："河出马图。"但是对这个说法的争论古今不一，有说是伏羲受河图，画八卦：《尚书·顾命》孔安国传："伏羲王天下，龙马出河，遂则其以画八卦，谓之河图。"也有说黄帝受河图，作《归藏易》：《路史·黄帝纪》"黄帝有熊氏，河龙图发，洛龟书成……乃重坤以为首，所谓《归藏易》也。故曰归藏氏"，还有说是帝尧得龙马图：《宋书·符瑞志》"帝在位七十年，修坛于河、洛，新闻社舜等升首山遵河渚，乃省龙马衔甲赤文，绿龟临坛而止，吐甲图而去。甲似龟，背广九尺，其图以白玉为检，赤玉为字，泥以黄金，约以专绳"等等。近现代画家黄宾虹《古画微》说："周代文盛，宣王时史籀作大篆，文字孳生，书与画始分。"大意是讲，周代文字兴盛，周宣王时代的史官史籀创作了大篆，文字开始繁盛起来，书画也开始分离。又说："时有史皇，以作画著，当为画事之始。画与字其由分也。且上古云鸟、蝌蚪、虫鱼、倒薤之书多类于画，其形犹存。"意即当时有个叫史皇的人，以会画画著称，应该是绘画的开始。画与文字也从这里开始分野。徐复观先生《中国艺术精神》明确指出："书与画完全是两个不同精神与目的系统。《周礼》将绘画之事，统于《冬官》，而《春官》外史则专掌书令，这正反映出古代书画本属两个系统的遗意。"

丰子恺先生《丰子恺绘画十六讲》将我国的绘画分为了四个时期：生长时代、成立时代、昌盛时代、延滞时代。我们且按先生的这种分法开始我们对中国绘画历史的简要回顾。

第一个阶段是生长时代（自黄帝至周末）。据资料显示，我国黄帝时就已经有了一定的画法。《古画微》云："有虞氏言欲观古人之象，曰日、月、星辰、山龙、华虫、宗彝、藻、火、粉米、黼、黻绣十二章，用五采，彰施于五色，是画用之于服饰矣。夏后氏之远方图物，贡金九牧，铸鼎象形，百物为之备，使民知神奸，是画用之于铸金矣。"记载了绘画用于服饰和铸造，当时的所谓绘画，就是今天我们说的图案画。夏商之际，民风淳朴，有关绘画的种类，是包含天地、山水、认识人物、禽鱼，鸟兽，神怪，百样事物兼而有之，已经开始了历史画与肖像画的创作先声："是虞夏殷商之际，民风虽朴，而画事所著，固综合天地、山水、人物、禽鱼、鸟兽、神怪、百物而兼有之，已开画故实（今称历史画）与写真之先声矣。"《家语》记载孔子来到天子宣明政教的明堂参观，看到四周墙壁上描绘着古代圣明君主尧、舜等人的画像和古代残暴君主桀、纣的画像，每个人都具有善恶不同的形态，这是对于国家兴亡的警诫。可知，人物乃较为重要的绘画题材。

第二个阶段是成立时代（自汉至六朝）。汉初，绘画多以壁画为主。《古画微》云："汉文帝三年，于未央承明殿，画屈轶草，进善旌、诽谤木、敢谏鼓、獬豸（独角兽，能触邪佞）。宣帝之时，图画汉列士；或不在于画上者，子孙耻之。后汉顺烈皇后常以《列女》置于座右，以自监戒。武帝中，令奉高作明堂汶上，如带图；又作甘泉宫，中为台室，画天地太一诸鬼神，而置其祭具，以致天神。"可见当时壁画很受欢迎，壁画所绘又多是人物画，不过汉代另有关于鸟兽和风景画。鸟兽画家有陈敞、刘白、龚宽。风景画家有刘褒。汉明帝时，由于佛教的传入，宗教画开始兴盛。汉明帝还专门造了白马寺，令画家在壁上作《千乘万骑绕塔三匝图》。汉末著名人物画家曹不兴，在五十丈的绢上画佛像，异常壮观。

到了魏晋时期，中国的绘画可谓有了大的突破。正如魏晋是中国文学自觉的时代一样，从魏晋开始，对于绘画艺术性的反省开始了。《中国艺术精神》里讲："魏晋及以后的人物画，则主要是在由通过形似表现被画的人物之神，来决定其意味、价值；这就是绘画自身所作的价值判断，这完全是艺术的判断。魏晋时代的绘画的大进步，正在于此。"晋代名画家顾恺之有关绘画的议论就证实了徐先生以上的言论。《世说新语·巧艺篇》第二十一说："顾长康画人，或数年不点目睛。人问其故，顾曰：四体妍蚩，本无关于妙处。传神写照，正在阿堵中。"文中的"传神"二字，成为后来人物画不可动摇的传统，苏轼的《传神记》、蒋骥的《传神秘要》都可作为明证。

六朝时著名的画家有陆探微，善画帝王将相图；张繇僧擅长画塔庙。南齐有一位著名的绘画评论家谢赫。他著有被称为中国第一部艺术论的《古画品录》，提出了画之"六法"："虽图有六法，罕能尽该。而自古及今，各善一节。六法者何？一气韵生动是也。二骨法用笔是也。三曰应物象形是也。四曰随类赋彩是也。五曰经营位置是也。六曰传移模写是也。"这基本上就奠定了此后画论的基础，正如宋代郭若虚《图画见闻志·论气韵非师》里说"六法精论，万古不移"。南朝的宗炳和王微在顾恺之《画云台山记》最早论山水画之后，真正形成了对山水画的评论。宗炳有《画山水序》，王微有《叙画》。两人的评论有不少共通之处，比如把山水画从实用功能中脱离出来，使其具有了独立的艺术性；指出山水画得以出现的最基本的条件使画者对其有真的热爱，渴望在山水画中得到一种精神的解放。

第三个阶段是昌盛时代（自唐至宋）。唐代第一位著名的画家是吴道子，山水和人物画皆擅长，被称为"画圣"。张彦远《历代名画记》中对吴道子推崇备至："自顾陆以降，画迹鲜存，难悉详之。唯观吴道玄之迹，可谓六法俱全，万象必尽，神人假手，穷极造化也。所以气韵雄壮，几不容于缣素；笔迹磊落，遂恣意于墙壁；其细画又甚稠密，此神异也。"唐朝还有三大画祖，首先是李道训。可以说山水画的形成是在李道训的手里完成的，他画山水用颜料，称为"北宗"。第二个人是王维，字摩诘，画山水画用墨，成为"南宗"。南宗在中国画坛的实力胜过北宗。第三个人是张璪。荆浩《笔法记》说张璪是："气韵俱盛，笔墨积微；真思卓然，不贵五彩。"张璪画山水，笔墨淋漓，被称为是"泼墨派"。但就中国山水画法上来讲，李道训和王维显得更为重要。宋之后的五代与宋，基本是继承唐代昌盛的余绪，名家也不乏其人。五代有荆浩、李昇等，宋代有郭熙、僧巨然、范宽、米芾等。

第四阶段是延滞时代（自元至今）。总体来说，元明清三代主要是承继了唐代的，自身发展略少，名家却也并不缺乏。元代，著名画家首推赵孟頫。陈师曾《中国绘画史》里说："子昂名孟頫，号松雪道人……山水，木石，花竹，人马尤精能，步武摩诘，营邱。有唐人之致，去其纤；有北宋之雄，去其犷。可谓融南北为一家，合书画为一体者也。"评价可谓很高了。元季有四大家：黄公忘、王蒙、倪瓒、吴镇。明代绘画分为三派：院画派、文人画派和折中画派。院画派的代表画家是王履，主张绘画重形轻意，诚如其言："取意舍形，无所求意。故得其形，意溢乎意。失其形者，意云乎哉？"文人画分两个系统，一个是以顾正谊为代表的华亭系，另一个是以赵左为代表的苏松系。折中派著名的画家也很多，除了大家耳熟能详的唐寅、文徵明外，还有沈周和董其昌，董其昌又是折中派的代表。清代有江左四王：王时敏、王鉴、王原祁和王翚。前三人是祖孙仨，被称为娄东派；王翚一人被称为庐山派。又有以罗牧为代表的江西派，等等。到了清代晚期，画家之间的门户观念更深，各树一帜，自成一家，绘画道路似乎大有愈走愈狭隘的趋势。后来，又有西洋画法传入中国，对中国绘画有很大的影响。

（二）书法绘画的灵通

徐复观先生《论艺术》说："艺术仅占人类生活中的一部分，在这一部分中，人可以把许多纠缠困扰乃至污秽的东西，暂时放下，以恢复生命的宁静、愉悦及纯洁，使生活能重新出发。"书法和绘画就是这样的一种艺术。

1. 灵与气的精神滋养

不管是书法还是绘画艺术，书画家都很重视对生命的体验，追求艺术精神上的"灵"与"气"。朱良志先生《〈石涛画语录〉讲记》对《石涛画语录》

做了较为详尽的解读，从这本画录当中我们可以窥探到书法绘画艺术对我们精神上的滋养。《石涛画语录》笔墨章第五讲道："故山川万物之荐灵于人，因人操此蒙养生活之权，苟非其然，焉能使笔墨之下，有胎有骨，有开有合，有体有用，有形有势，有拱有立，有蹲有跳，有潜伏，有冲霄，有崱屴，有磅礴，有嶙峋，有奇峭，有险峻，——尽其灵而足其神！"朱良志先生解读说：天地灵气赋予人，但并不能使人人都将此灵气提取出来，因为，人们在尘染的环境浸染越久，心中的灵气就会被遮蔽得越来越严重。只有那些靠近天地，愿意聆听天地声音的人才能葆有心中的灵气。书画艺术恰好为我们提供了葆有这种灵与气的精神滋养，正如《芥舟学画编》中说，"要知在天地以灵气而生物，在人以灵气而成画，是以生物无穷尽，而画之出于人亦无穷尽。惟皆出于灵气，故得神其变化也"①。

2. 陶淑心性，安顿生命

中国的书画都极为重视生命的趣味，书画家的生命意识是通过书写或者绘画形式得以实现的。从中国画史上的两次重大转折，即从重人物到重山水和在山水画中从重敷色到重水墨的转变来看，书画家由外在世界而回归自己的内心世界，追求自身生命内蕴的体现。朱良志《中国艺术的生命精神》中说，中国画家通过绘画创作来体验生命。石涛诗云："我写此纸时，心入春江水，江花随我开，江水随我起。"真是如此；在绘画中安顿生命。清沈宗骞说："画虽艺事，古人原借以为陶淑心性之具，与诗实同用也。"绘画和书法，为许多书画家提供了精神家园，使得他们在这里可以陶淑心性，安顿他们诗意的生命。"中国画家相信生命的幽深处，自然有烟有雾，一缕烟岚、一片苍林、一湾静水，都经过画家的浸染，都是自我生命之表征。是可以扪听天音、浩同宇宙的天地。"②

---

① 朱良志:《中国艺术精神》，合肥：安徽教育出版社 2006 年版，第 141—142 页。
② 朱良志:《中国艺术精神》，合肥：安徽教育出版社 2006 年版，第 140 页。

思考题：

（1）诗词曲赋对人生的滋养体现在哪些方面？

（2）书法绘画是如何体现书画家的生命境界？

参考文献：

（1）章太炎：《国学概论》，上海：上海古籍出版社1997年版。

（2）徐复观：《中国艺术精神》，上海：华东师范大学出版社2001年版。

（3）徐复观：《论艺术》，北京：九州出版社2014年版。

（4）朱良志：《中国艺术的生命精神》，合肥：安徽教育出版社2006年版。

（5）朱良志：《〈石涛画语录〉讲记》，北京：中华书局2018年版。

（6）安旗主编：《李白全集编年笺注》，北京：中华书局2015年版。

（7）王宗堂、邹同庆：《苏轼词编年校注》，北京：中华书局2002年版。

（8）王克芬：《中国舞蹈发展史》，上海：上海人民出版社2014年版。

第九讲
造就风骨

【学习目的】体察当下人精神的困境现状，学会辩证分析中国现代人格建构过程中的得失。深入了解风骨作为人格美构造的价值所在。从风骨历史演进史中深刻理解国学经典中的人格之美；并运用到当下，对抗现代文明对人单向度的异化。

现代化的百年，中国人从坎坷中摆脱出来，并且逐步走向富裕。然而在富起来的过程中，不少人日益感觉自我内在精神愈来愈单调，维护自身纯正的气韵正在淡化，人变为只会追逐外在生活的人。个体丧失了内在约束，导致这个时代变得信义稀缺、仁孝寡淡。寻其根源，中国人在走向现代的过程中，跟随百年前引入的西方思想建构人性，为人的成长建立了外在维度，而失去了内在约束。引入了支持释放欲望的自由理论，人性内在美善几近失守。

如何重建人的内在美善？又如何继续追求人所欲的自由？魏晋风骨或许是我们应该借鉴的资源。它呈现了中国士子真率、自由、审美的生命美感；它重视道德情操自我坚守，但在坚守中并不拘泥于空洞礼法，而显示的风流韵致或许是构建至美人格的典范。

一、自由时代：流放的人性

第二次世界大战之后，古典世界所建立的理性思维、道德原则、人本主义精神统被质疑。萨特"他人即地狱"思想，刘慈欣《三体·黑暗森林》所宣称的"生存是文明的第一需要，文明不断增长和扩张，宇宙的物质总量保持不变，一旦被发现，就必然遭打击"的丛林法则，成为影视剧取之不竭的思想素材；它们既是人心的影射，也映射到人心。但如果人类社会真如此，只凭借此类思想形成秩序，便是我们时代最悲哀的恐惧。

究其恐惧发生的根源，不过是现代以来，我们以自由等普世价值的名义，把天人同构思想下有约束的生命内涵和人格气质抛弃了。

生存仅仅成为生存。

（一）流放

当下的中国，没有饥荒战争，物质生活富裕，这是人类社会发展多年梦寐以求的自在生活。然而，当下，人的渺小感、虚无感、怀疑感却日渐剧增。《阴阳魔界》系列电影创始人罗德·瑟琳表达了人类社会的恐惧法则："我不知道你是不是坏的，我不知道你知不知道我不是坏的，我也不知道你知不知道我不知道你是不坏的。"这种始于美苏冷战时期的心理意识，不仅是一个时代的恐惧，它也蔓延成为一种集体无意识。其核心感受催生出的现代主义艺术在20世纪大行其道。孤独、恐惧、怀疑、荒诞和失落感是这类作品表达的核心主题。

（二）困顿

这本是中国最美好的时代。四十年改革开放，中国成为世界上第二大经济体。党的十九大报告将"日益增加的物质文化需要同落后的社会生产之间的矛盾"更改为"人民日益增长的美好生活需要和不平衡不充分的发展之间的矛盾"。中国大多数人富起来了，业已成为社会共识。

在经历了近百年极度缺乏的物质生活之后，突如其来的富裕却没有能激发出更好的人性之美，精神富裕程度并没有与物质发展程度同步，多数人仍习惯于以物质来衡量个人，甚至以物质富裕来标榜自我价值。追求物质的向度逐步成为中国社会多数人的人生观向度。"灵性丧失，虚假的需要代替了真实的需要——人们似乎仅仅是为商品而生活。"

1964 年，马尔库塞以《单向度的人》批判现代文明，认为在工业社会中个人失去了合理反思批判现代文明的能力，"先进工业社会正面临着理想被物质化的可能性"，"先进的工业化文明世界流行着一种舒舒服服、平平稳稳、合理而又民主的不自由"，进而揭示道：

> 发达工业社会的显著特点是，它有效地窒息了那些要求解放的需求——也是从可容忍的、报偿性的和舒适的东西中解放出来……浪费的生产和消费，不再具有真正必要性的麻木般的劳动；缓和和延长这种麻木情况的娱乐方式，维持一些骗人的自由。①

表面上，我们可以自由地决定自己的生活，自由选择自己所需要的生活物品，然而，在一个被设定作为消费和生产价值的物质社会，如果人丢弃独立思考、自由意志；丢弃性灵、激情、想象、回忆、语言、思维；丢弃人内在的情感、观念，那么实际上，人只是成为了物质的囚徒。

（三）虚无

不少人的生命价值发生了错位，如马尔库塞所言：

---

① ［美］赫伯特·马尔库塞著，张峰、吕世平译:《单向度的人》，重庆：重庆出版社 1969 年版，第 8 页。

他们把小汽车，错层式家庭住宅／厨房设备当作生活的灵魂。①

他们无限认同生命外化意义，将生命意义与财富占有等同起来。而财富占有是没有止境的，欲望越大，虚空越大。诗人特拉科尔描绘出心灵虚无的人性归于地狱的景象。

哦，人的形象多么腐败，冷酷的金属拼凑而成，笼罩着莽林的黑暗和恐怖，动物的焦渴的兽性把人牵连、灵魂已风一般归于寂静。②

马尔库塞说在前技术时代，被找到的"有冥想、沉思、感觉和叙述的时间和快乐的人"消失了。灵魂陷入物质的世界，人因为抑郁而痛苦。

加上传媒助攻，使娱乐至死的社会氛围更浓厚，群体精神自我阉割现象加快蔓延。多年来，在国外，中国人的形象被定格为"拖着大辫子裹着小脚"模样；在国内国人或以阿Q精神做自得自满自恕的榜样，或以痞子的外表陷入绝望，或者无限返祖，缩回萌文化鲜肉文化的狂欢中。

没有认真寻求人生价值的根源，没有找准生命价值的开显基点，于是，人生只能漂泊、彷徨——在虚空之中，无家可归，这是这个时代多数人共有的痛楚。

二、始于现代的囚困

中华民族近百年的发展史，也是融入现代深化现代的发展史——经济领域拯救了濒临崩溃的小农经济，发展了生产力走向了工业大生产，直至发展到拿到参与金融资本全球化竞争的入场券；政治体制从集权专制形态走向最普遍、最广泛的新民主政体。然而文化和中国人心灵的现代化走向，却很难用一组确定的词汇描述，或者说很难用一种完全是赞誉的辞章去表述。

---

① ［美］赫伯特·马尔库塞著，张峰、吕世平译：《单向度的人》，重庆：重庆出版社1969年版，第113页。

② 刘小枫：《诗化哲学》，上海：华东师范大学出版社2007年版，第239页。

当下是多元价值观时代。断裂了、多元了的价值观实质是人文思想混乱化的呈现。20 世纪两次人文解放思潮中，输入略有些偏颇的"自由观"；摒弃传统文化之道德教化、人格塑造的内容；在 80 年代后期，又以物质引导人性解放、纵容用物质追求代替人全部需求……这些思潮实际动摇了千百年来中西文化中蕴含的道德人性教化基础，造成了当下人格建构乱象。寻根溯源，当下诸如社会失信、假话盛行、情感淡漠、家庭伦理失序的社会问题背后，不过是人文生态的失衡与荒芜之痛。

刘小枫先生说："历史把人带离自己的根，漫天飘飞，离开了人之为人的法则，才带来了普遍的分裂。"① 讲述现代国人的困境，必须回望中国现代化的历程，要在历史脚步中去寻找现代困境的成因。

（一）始于"抛弃"的"自由"

中华民族文化思想的现代化肇端于 1917 年的新文化运动。深刻反思新文化运动，会发现在刚开始的运动主张中隐藏着导致今天中国人思想困境的机缘。陈独秀《敬告青年》阐述整个运动的文化主张：

> 觇在吾国，大梦未觉，故步自封，精之政教文章，粗之布帛水火，无一不相形丑拙，而可与当世争衡？……固有之伦理、法律、学术、礼俗，无一非封建制度之遗，……驱吾民于二十世纪之世界以外，纳之奴隶牛马黑暗沟中而已，复何说哉？于此而言保守，诚不知为何项制度文物，可以适用生存于今世。吾宁忍过去国粹之消亡，而不忍现在及将来之民族，不适世界之生存而归削也。②

陈独秀以严复译自《天演论》中"物竞天择，适者生存"的逻辑为文化革新的逻辑依据。因为中国当时落后于西方，所以为"可以适用生存于今世。吾

① 刘小枫：《诗化哲学》，上海：华东师范大学出版社 2007 年版，第 305 页。
② 陈独秀：《敬告青年》，《青年杂志》1 卷 1 号，1915 年 9 月 15 日。

宁忍过去国粹之消亡"。在承认弱肉强食的丛林法则下，以实用功利主义的视野，将与"求富""求强"无关的一切思想文化都打倒。胡适、陈独秀联署一封信，提出"旧文学、旧政治、旧伦理本是一家眷属，固不得去此而取彼"①。文学、政治、伦理乃至中国人生活的全部都被否定掉，对文化的批判不知不觉间从"用"的角度延伸到"体"的本质，以"体"扩展至生活的方方面面。"去传统"的革命取向，割裂传统与现代所有纽带。

"新人士们相信，民族要生存，就要摒弃此民族的文化。这种文化自戕，在世界文明史中要算一个奇观。"②新文化运动主张凡是中华文明一律否定：胡适的白话文运动、钱玄同的废汉字运动、汪大燮、余岩全面否定中医药运动、儒家教育体系完全摒弃出教育体制……这不仅否认了一个民族几千年的文化积淀，更是动摇了文化心理，想从文化根性、民族根性上取消中华文化在自己国家民族继续生存的可能。

新文化运动推行"民主""自由""科学"三大新民理念。为了达到个性解放，建立"自由人权"价值，将儒家塑造为专制文化的典型，新文化运动将矛头对准儒家。

陈独秀的语言可以佐证这次运动狂热不理性的性质。"西洋民族性，恶侮辱，宁斗死；东洋民族性，恶斗死，宁忍辱。民族而具如斯卑劣无耻之根性，尚有何等颜面，高谈礼教文明而不羞愧！"③《东西民族根本思想之差异》这种类似骂街的语言，根本没有以学理思辨的严谨性论证儒家礼教思想的"无耻"，只是偏重于情绪的挑动。

深层次解构儒家落后性的任务，主要由小说创作承担——以艺术形象解构

---

① 胡适、陈独秀：《论〈新青年〉之主张》，《新青年》第 5 卷，银川：宁夏人民出版社 2011 年版，第 336 页。

② 张祥龙：《深层思想自由的消失，新文化运动后果反思》，《科学文化评论》2009年第 2 期。

③ 张祥龙：《深层思想自由的消失，新文化运动后果反思》，《科学文化评论》2009年第 2 期。

儒家传统的观念——鲁迅主要讲礼教吃人:"狂人"直斥几千年文化写满吃人;祥林嫂被不幸命运更是被守节观念、周围人异样的眼光逼迫而亡;四铭被肥皂挑动的欲望又被虚伪的道学压抑了;巴金以觉新的形象,暗指家族伦理责任囚禁人性……小说对传统思想的批判简化为对"包办婚姻""家庭伦理责任"等儒家宗法伦理观的批判。实际这些批判都暗含着放纵爱欲的需求,极大迎合了年轻一代的生理感情需求。这种道德伦理批判的运动,由现代兴起的印刷商业帝国迅速传播,由艺术感受挑动扩大影响,由政治需求夸张运用其思想,反叛伦理责任的思想迅速得以蔓延。

纵观思想文化的"破旧"史,多始于情绪挑动,扩大于艺术渲染。这让新文化运动带有更多激进运动性质,与理性思想传播相去甚远。整个新文化运动之新,建立在盲目的欲望肯定和同样盲目的礼教否定基础之上,但未形成坚定的文化"自信"体系,这使得新文化运动所产生的一切思想极容易被更改替换。故而百年来,中国人始终流浪漂泊于寻求精神家园的途中,无论如何寻根求援,最终都抵达不了可安顿的精神家园。

不仅如此,新文化运动提出的"人的文学"是以推翻"礼乐文明"的传统内在为起点的。新文化运动中,以"克己"而达"礼",以"修身"而"平天下"的自我修养成长之路被否定。自我人格理性建构的学问被视为不适世界发展之束缚被彻底抛弃。陈独秀也言"吾人最后之觉悟是伦理之觉悟","它的成功意味着中国自家文化活体的消失,中国人生存结构的单质化和贫乏化,以及独立的文化人格、品位和风骨的消失。"[①]

(二)谬传的"自由"人文思想

思想现代的过程,本是解放人的过程。郁达夫说:"五四运动的最大成功,

---

① 张祥龙:《深层思想自由的消失,新文化运动后果反思》,《科学文化评论》2009年第 2 期。

第一个算是'个人'的发现。从前的人，是为君而存在，为道而存在，为父母而存在的，现在的人才晓得是为自我而存在了。"①"为自己"被解读成文学具有了"个性"色彩的起点。然而这里的"自己"显然也可以替换成另一个名词"自私"。个人生命价值从国家、民族文化承担、家族责任中抽离，"自我"变成了一个没有社会关系维度的概念。追求自由的"我"与宗法社会里家族责任承担者，形成了一种对立关系，如巴金塑造的觉新成为被家族责任迫害的代表。以此便煽动起青年厌恶伦理责任的情绪。

周作人《人的文学》是新文学最重要的作品之一。他特别强调文学应发现的"人"，这个"人"不是"天地之最性贵"的人，而是"从动物之进化的人"。生物性为人之本质。这是为了否定特定的社会制度和道德，将礼乐文化中"灵"对"肉"的束缚的合理否定。

然而正如梁实秋对其理论质疑一样，人与物是不同的，人性内部是复杂的，需要以理性来克服压抑情感与欲望。反思新文学之文学主题：妇女解放问题、贞操问题、婚姻问题等，多半可以窥见其问题核心就是爱欲自由与伦理束缚之间的矛盾。

女性解放成为五四个人解放的象征性主题。然而鲁迅很快也发现其中的虚幻和局限，他借《伤逝》指出了依靠爱或不爱这种情感建立的自由和解放的虚幻性。曹禺也用陈白露、繁漪这样的人物印证鲁迅在《娜拉出走后》的自由主义出路的终极论断："人生最痛苦的是梦醒了无路可走。……然而娜拉既然醒了，是很不容易回到梦境的，因此只得走；可是走了以后，有时却也免不掉堕落或回来。"②掉落回来的结局，就是又陷入不自由的结局。可见对人本主义自由的认识还需重新超越。

肯定每一个人的生命权利，肯定每一个人对美好生活的合理需求，这是现

---

① 郁达夫：《郁达夫文集》第六卷，广州：花城出版社1983年版，第261页。
② 《鲁迅全集》第1卷，北京：人民文学出版社1981年版，第159—160页。

代化的意义所在。但这种自由绝不是回到动物性本身的返祖现象。我们在今天的文化困境中应该追问：追求生命自由是不是可以以绝对的"私利"为价值取向？新文化运动引入的西方自由观念是否对原本观念有所扭曲？

中国人接受的人文主义，主要源自欧洲 16 世纪的文艺复兴运动和 17 世纪的启蒙运动。16 世纪的人文主义者肯定人的创造能力和塑造自己生活的能力。文艺复兴的全才型人物亚尔培蒂写道："我相信，人不是生来虚度慵懒岁月的，而是要活跃地从事丰功伟业。"人文主义者相信历史不是天意的表现，是人类的努力和失败的产物。人文主义者相信教育"培养人的智力，也培养人的社会适应能力。在残暴的时代，他得学会控制情绪；在权力统治的时代，他得学会谦恭的艺术……"[①]16世纪的人文主义者，并不只是特别强调人的生物性权利，而看重人的创造力，强调在承担和创造历史中实现自我价值。同时也着重于对于人内在修为培养。

到了 17 世纪启蒙运动，思想家们都赞成"人文主义者那样积极的生活，但是关心此时此地人生中的实际问题——'道德的、心理的、社会的问题'，强调教育和法制对人非理性思想的压制"[②]。后来，卢梭也强调，人天生存在值得尊敬的是情感和正义，而不是强调人本来的欲望值得尊重。如果只是解放感官，那样不免是自我的放纵。情感用来约束感官，法制用于保障自由。

启蒙运动最后一个思想家康德，通过三大批判使得启蒙运动的思想趋于完善有序。他强调人是一个道德上自治的存在，必须要依靠人的自由意志来让自己做行为的主人，自由的本质是自律，而自律的本质是否定任意性私欲。

任何自由观都不是肯定人无限满足自然私欲的自由；而强调以道德约束建立自我，肯定人在自我教育自我负责中达到真正自由。可见，通过艺术传播的

---

① ［英］阿伦·布洛克著，董乐山译：《西方人文主义传统》，北京：生活·读书·新知三联书店 2003 年版，第 43 页。

② ［英］阿伦·布洛克著，董乐山译：《西方人文主义传统》，北京：生活·读书·新知三联书店 2003 年版，第 77 页。

中国式自由观、新文化运动者所倡导的人之解放与西方自由已有诸多不同。

（三）单向度的现代困境

20 世纪 80 年代，人文主义思潮再次风靡中国。这是人的尊严、正常需求被压抑到极致低迷后的爆发。近百年国家动荡，中国社会物质极度贫乏，人的基本生存权都不能保障。从反右运动开始，政治斗争成为中国人生活的主流。整风整人运动极端化、十年"文革"政治生活极端化，宏大话语主导的国家意识形态成为普通凡人唯一合理的生活底色。爱欲、人伦情感被否定，多样复杂的人性被压抑。故而，当党中央一旦拨乱反正，否定两个"凡是"，如何理解人一触即发，成为一股滔滔思想洪流。

1979 年，美学家朱光潜在《文艺研究》上发表了《关于人性、人道主义、人情味和共同美问题》的文章。由此到 1983 年，各类学术杂志发表了 700 多篇类似文章，对"文革"左倾路线进行反思，对现实处境进行探讨，并从人性内部和人道主义角度，对极端政治问题进行反思。提出"尊重人的尊严，把人放在高于一切的地位"（朱光潜），"人的价值是终极的无条件的"（张奎良）。从普遍的泛化的伦理角度、价值角度，重新申明了人性的普遍性和终极性。实际是回到了达尔文的老路上——从生物属性上界定人——埋下了鼓动人爱欲的思想种子。

文学作品依然是反思人性的载体和传播理念的工具。铁凝用香雪追逐火车的形象，肯定了整个时代追逐物质文明合理的美好性。路遥把高加林放逐到为追求更体面美好生活，摆脱身份外在符号的困境当中，也睿智地指出四十年后中国人群人生追求的集体症候——执着于摆脱身份符号限制，追求外在的完成。

人文变革影响到了社会公共领域，改革者们从社会发展的全视角将人的价值赋予与社会各领域变革关联。由此，对人是劳动者、价值创造者的界定成为普遍共识。人的使命被概括为在劳动中实现自我价值，追求职业、文凭、财富以实现社会融入。该价值观也引导了社会教育思想和评价体系的变革；认同将人教养成合格社会劳动者的目的。人是物质的生产者这一功能远远大过精神创造这一功能。

对人内在精神品评的缺失，使得外在的完成成为教育人的显性目标。人的成长与内在人格养成脱节了，内在教养体系未经过社会普及造成了整个社会人文教养荒芜。

（四）商业蔓延下的异化

20 世纪 80 年代初期，历经"文革"磨难的老作家们，对"文革"的反思相当深刻。巴金在《随想录》里忏悔人在强权下的畏缩，被胡风案牵连的牛汉始终在狱中寻找与信仰契合的精神高度。然而这类作品难以迎合市场，在商业传媒的推动下，人文精神也走向了另外的路径。

商业与媒体双重推手造作出娱乐时代。邓丽君们、琼瑶们带来了港台文化中重爱欲的取向，讲述爱欲成为影视剧作获得市场的重要手段。而爱欲通过商业传播，得以逐渐推广普及，吸引了大众，使其将生命价值窄化于此，从而形成单一的时代风尚。在这种风尚中，谈理想、谈人格、谈人道者却成为人群的异类，难以得到价值认同。

爱情书写发展到 90 年代，又衍生出身体狂欢的消费文化。商业时代，大部分写作者不仅仅是出于自己抒发的欲望写作。写作市场可以衍生不菲的财富，大部分作者不在意完美个体人格建构。他们或以痞子身份，调侃疏离国家意识，对现实采取不负责任的态度，或以媚俗赢得市场，迎合大众，促进作品销量。文学丧失了引领人格建设的使命。文学与传统的人文精神疏离，成为无家可归的文学。阅读它的人群也同样失去了骨性，变成了不知晓人与动物的差距，听从于本能召唤的种群。个体生命真的就掉落在尘埃里，成为不足一道的微尘。

80 年代，一起传入中国文化界的还有西方文化中弥漫的绝望情绪。在第二次世界大战之后，西方世界的信仰同样崩塌了。他们建立的神性、理性都被自己否定了。这种情绪蔓延成对人心的绝望。艺术家们打开了潘多拉魔盒，在深渊中窥视人性、探讨人性的深渊。这类艺术家"放弃了与外部世界的抗争，以自己的灵魂为营养，放弃了内心世界的铠甲，来应付内心理性、逻辑和常识，不顾一切的向自己的心灵深处努力探寻"。这是没有任何意义却又危险的努力。"奥古斯丁说，人心是一个无底的深渊。凡有勇气坠入这个深渊的都将经受无穷坠落的恐惧和永无着落的痛苦。"①这类作品占据了大额的艺术市场——大量的电影导演关注到了其中迷人的故事线索和全新的故事效应。诸如《世界奇妙物语》《异次元杀阵》《人类清除计划》《西部世界》等系列型作品在国内传播，一起传播的还有被无限窥视的人性之恶。

三、风骨的价值——"返回"诗与德的世界

顾城的诗歌，是 20 世纪 80 年代中后期人文精神温暖纯真的存在，是人对抗单向度化的文本。其《生命幻想曲》云：

> 我仍然要徒步走遍世界——沙漠、森林的偏僻的角落。太阳烘着地球，像烤一块面包。我行走着，赤着双脚。我把我的足迹，像图章印遍大地，世界也就溶进了我的生命。

顾城以感与思让自己与无限大时空链接，以感悟形式参与宇宙时空运转。里尔克提出让诗人成为大地的转换者，把陷入迷雾的大地转换成诗意的大地，把可见的东西换成不可见的东西。"使大地的本质，在诗人心中不可见地重生。"②只是，以孩子的感受参与世界，抛弃道德与伦理的责任，追求欲的自由，无疑也有虚空的危险。顾城灭妻杀子再自尽的结局，昭示了舍弃德性伦理规约，纯粹诗意生活的可悲。

---

① 邓晓芒：《文学与文化三论》，武汉：湖北人民出版社 2005 年版，第 372 页。
② 刘小枫：《诗化哲学》，上海：华东师范大学出版社 2007 年版，第 244 页。

（一）"诗与德"的共载体

单纯强调生命感受的诗是没有力量的，它不足以撑起有意义的生命。无意义感容易把生命变为一具游走的空壳。曹禺《北京人》中的世家子弟曾文是这样："他生长在北平的书香门第，下棋，赋诗，作画，很自然地在他的生活里占了很多的时间。北平的岁月是悠闲的，春天放风筝，夏夜游北海，秋天逛西山看红叶，冬天早晨在雾雪时的窗下作画。寂寞时徘徊赋诗，心境恬淡时，独坐品茗，半生都在空洞的悠忽中度过。"——他的生命在只有外感存在的价值，以致"活得是那般无能力，无魂魄，终日像落掉了什么。他风趣不凡，谈吐也好，分明是个温厚可亲的性格，然而他给与人的却是那么一种沉滞懒散之感，懒于动作，懒于思想，懒于用心，懒于说话，懒于举步，懒于起床，懒于见人，懒于做任何严重费力的事情。种种对生活的厌倦和失望甚至使他懒于宣泄心中的苦痛。懒到他不想感觉自己还有感觉，懒到能使一个有眼的人，看得穿：'这只是一个生命的空壳'"①，寻找内在自我，寻找个人的自我归宿感，是现代的重要事件。然而仅专注于生之本身，仅以外感链接外在，人与整个社会是无法真正交融的。闭起眼睛，貌似世界就与我无关，只是增强个人虚无感。

这个真正自我，需要在群体中找寻意义。个体自我是与国家、社会、民族、历史相互联系的。它生成于历史与社会语境的反复体认当中。中国文化的人性论正根植于此。"人性论是以命（道），性（德），心，情，才等名词所代表的观念思想为其主要内容的。人性论不仅是作为一种思想，而居于中国哲学思想史中的主干地位，并且也是中华民族精神形成的原理、动力。"②以个体维护群体生活，承担西方所谓"社会良知"，维护"公平、正义"的责任者，便

---

① 曹禺：《北京人》，北京：人民文学出版社 2016 年版，第 67 页。
② 徐复观：《中国人性论史》先秦卷，武汉：湖北人民出版社 2011 年版，第 3 页。

是古典中国的"士"阶层。从孔子算起，中国之"士"的人文风韵已延续了
2500 年。他们以"士不可以不弘毅，任重道远""先天下之忧而忧，后天下之
乐而乐"的承担精神，建立自我存在的价值意义；又以与天地同构的人格气
质，完成了生命圆融之美的追求。

诗与德同归之处，便是"风骨"。风，情也，诗之起点。骨，德性也，教
之所终。

（二）"风骨"代表：魏晋风流

魏晋时期士子风流最能体现人格真正自由之美，它是诗与德融入人格而
成。以人格视野深情体察万物，赋予万物生命本质，万物与人生命同构，共同
成就诗情。而真正永恒的诗歌建立在高贵的生命价值追求中。它在政局动荡、
战乱频繁的时代生成，捕捉到"生年不满百，常怀千岁忧"的生命易逝感，与
时代共情，流露出对生命无限的珍惜；在伤逝的难舍中高扬人生存在的价值，
留下"烈士暮年，壮心不已"的豪情，以建立功绩彰显生命意义；既注重创造
生命价值也享受生命乐趣，在"昼短苦夜长，何不秉烛游"的喟叹里呈现缤纷
的生命色彩。

重视生命，使魏晋品评人物不再停留于汉代所看重的孝廉、节气、才学，
更偏重对人气质、性情、格调、风貌等内在评价。《世说新语》浓墨重彩记录
着士大夫们非凡的风貌和不俗的气象：

> 嵇康身长七尺八寸，风姿特秀。见者叹曰"萧萧肃肃，爽朗
> 清举"，或曰"肃肃如松下风，高而徐引"，山公曰"嵇叔夜之为
> 人也，岩岩若孤松之独立，其醉也，巍峨若玉山之将崩"。
>
> 见裴叔则如玉山上行，光映照人。
>
> 时人目王右军飘如游云，矫若惊龙。
>
> 时人目夏侯太初朗朗如日月入怀。

夏侯玄坐诗人谓蒹葭依玉树。①

人与自然链接为一体，使得一言一行皆为诗。细思这些外在诗性，是由内在气质生发的："肃肃松风""孤松在岩"——以松之形，言人之品——将嵇康坚韧孤绝于政治环境的形象简洁又准确地流韵纸墨之间。"日月朗朗""蒹葭玉树"是对心与行高度一致之赞美，面容行为举手投足间毫无掩饰遮蔽的美感，犹如皎洁朗月。而"游云惊龙"写出了王羲之卓越的书法艺术与人格之间密切的关系：其不被束缚、潇洒自由、意趣远致的人格之美，才成就了不拘一格的书法艺术。

冯友兰言：魏晋士大夫风流之美美于人格。这种美既来源于玄心，形成心中无我的超越之感；也根植于深情，这种情是对宇宙人生的情感，不是为自己叹老嗟卑②。宗白华犀利地指出，自由深情的士大夫风范，根植于对孔子礼法社会和道德体系的真正认同之中。孔子赞美诚心真血性的狷狂者，排斥假借礼法外表，成其私心的小人之儒；赞美"依于仁，游于艺""乐山乐水"的找到人生意义的真情者。

后世读《世说新语》，讶异于裸体、好酒、任情之怪诞之风，而忽略了刘义庆整本书结构：德行章为第一，任诞仅为二十三章，而"方正、雅量、归箴、夙惠、豪爽"诸章均列于前，言士大夫之诚心正意，真性真心，以窥其对礼法道德的坚持。书中记录士子忠恕、仁孝的言行，呈现于本心真情维护礼法道德的诸多事件。比如将不问富贵而问道义的陈蕃列为首条："陈仲举言为士则。行为士范，登车揽辔，有澄清天下之志"；盛赞"嵇康居二十年，喜愠不露于色"（德行第一）。而为维护道义，却敢做《与山巨源绝交书》明道于昏聩之时代。录何晏七岁，不慕权贵，画地为府，以明其志。（夙惠第十二）录谢安七八岁，以老翁可念，何可作此之语为老翁求情，彰其天真仁爱之心。（德

---

① 李天华：《世说新语新校》，长沙：岳麓书社 2004 年版，第 128 页。

② 冯友兰、李泽厚等著，洛玉明、肖能选编：《魏晋风度二十讲》，北京：华夏出版社 2009 年版，第 112 页。

行第一）写枭雄桓温亦有博大同情心。桓公入蜀，部将在三峡中捕猿子，因母逐船百里，肠皆寸断而亡，而怒黜捕者。（《黜免第二十八》）。

风骨是丰沛的内在生命的外显。它以充盈的生命感受，让诗与人融为一体。以文明共循的礼法、道德体系塑造出的人格，保证了个人与社会、与历史间紧密相连。使得短暂个体生命与无限历史叠加起来，个体杜绝了孤绝于社群的心理危机。

（三）风骨的自由本相

康德重视保护人的自由意志，将自律作为伦理学的核心；马尔库塞呼唤审美感性来解救被异化的人；刘小枫把两者的合一称为艺术自律，印证了荷尔德林诗意栖居的命题："可以超出现实又诗意地返回现实；超脱人生，又诗意地返回人生。"① 重塑人格也可沿袭三位学者的思路，实现人的自由，对抗异化。

中国传统文化中"风骨"之美与学者们的思考可谓殊途同归，为当下走出沉沦提供有效路径。风流、风雅、风度、风骨都是中国传统文化中评判人格之美的词。风骨这个词语的重量更大，它把对人评判从外在才华、语言、姿态、行为的视野，引入"骨气"的维度。风骨是人对自我生命价值意义的思考，也是将道德体系内化为自己生命规则的向度。

魏晋风骨表现最突出。士子听从生命意愿，进行自我价值选择，对儒家思想辨证思索而达到了伦理自由的生命境界。魏晋之前，士子对君权毫无保留的忠诚。刘向《说苑·臣术》写出了士子对待君主，要杀生以解君怨的六正之道；尽忠，曾是士人的理想品格。但东汉以降，帝德衰退，士子反对宦官外戚维护朝纲却屡次得祸，导致了士对君权政权的主动疏离。一次次的罹难，士子愈加明白自己要忠于君主所代表的道义，而非实在的人。"义之所动，岂知性命！"身虽死，是立于昏乱之世，不退避山林，辅政济民的最终选择。这种价

---

① 刘小枫：《诗化哲学》，上海：华东师范大学出版社 2007 年版，第 343 页。

值选择，把僵化的、不可靠的、无意义忠诚与"仁"之大道结合起来了，使得坚守的理念有了超越的价值。

魏晋之前，经学日渐僵化，走向了束缚人的思想。魏晋时代重自我、重感情、任情放纵的玄学思潮推动了个性的觉醒。其思辨色彩使得士人重情又不沉溺于情欲，重生、贵身又不过度追求延长生命长度……士人心态转向自我完成，对一切规则都经过思辨的分析，推动了人格个性觉醒，最终从纵情走向了越名教而任自然的自由。

四、风骨主体——士阶层形成及其历史意义

作为一种文化生命，风骨是士人精神风貌的表现。然而作为风骨精神的承载者和体现者，"士"阶层的演变和产生也曾经历漫长的过程，最终定型于春秋战国之时，成为华夏文明所特有的现象。这个阶层以实践大道、传承大道为己任，成就了中国文化人集道德、自然与生命价值为一体的，既温和又超越的精神风韵。

（一）"士"的演进和定型

《说文解字》曰："士，事也。数始于一，终于十，从十一。孔子曰：推十合一为士。"

段玉裁注："引申之，凡能事其事者称士。《白虎通》曰：士者事也，任事之称也。故《传》曰，通古今，辨然否，谓之士。"

"凡能事其事者称士"，然而什么是事？吴承仕（检斋）曾对《说文解字》"士，事也"进行界定。他说："士，古以称男子，事谓耕作也。知事为耕作者。"据此，"士"字的起源可能与农耕有关，古为男子通称。

但至商周时期，"士"已经意指一个有官位值守、有文化教养的阶层，如《尚书》中即屡有"庶士""多士"等称呼。而在西周礼乐制度中，"士"更成

为其中的一级爵位。《礼记·王制》曰："诸侯之上大夫卿、下大夫、上士、中士、下士，凡五等。"① 孟子在回答弟子关于周代爵制时也说："君一位、卿一位、大夫一位，上士一位、中士一位、下士一位，凡六等。"②

士为爵位之一级，是贵族阶级中的最低等级，担任各政府部门的低级官职，须有各自具体职事，农艺之事转而为所管理之事，在此意义上，《说文解字》故曰："士，事也"，《白虎通》曰：士者事也，任事之称也。尽管如此，作为贵族之一部分，士仍然受到良好的教育，具备高度的文化修养。《周礼·地官·保氏》曰：

> 保氏掌谏王恶，而养国子以道。乃教之六艺，一曰五礼，二曰六乐，三曰五射，四曰五驭，五曰六书，六曰九数。乃教之六仪，一曰祭祀之容，二曰宾客之容，三曰朝廷之容，四曰丧纪之容，五曰军旅之容，六曰车马之容。③

同时，士作为贵族的最低等级，又与平民庶人最为接近，成为贵族与平民之间的一个衔接带。春秋以后，所谓"礼坏乐崩"，阶级的流动性加剧，上层贵族下降，平民阶层上升，在这一大变革下，士阶层发生了根本变化。《左传》中，昭公三年（前 539 年）叔向谈论晋国公室和贵族衰落的情况时就说：

> 虽吾公室，今亦季世也。戎马不驾，卿无军行，公乘无人，卒列无长，庶民罢敝……栾、郤、胥、原、狐、续、庆、伯，降在皂隶。（杜注：八姓，晋旧臣之族也；皂隶，贱官也。）④

按叔向的说法，此时（春秋后期）晋国公室和贵族衰落情况十分严重，包括他自己家族其他分支在内的十八个大族都已"降在皂隶"，虽未必皆为贱民，

---

① （汉）郑玄等注：《礼记》卷四，北京：中华书局 2014 年版，第 937 页。

② （汉）郑玄等注：《孟子》，北京：中华书局 2014 年版，第 2125 页。

③ （西周）周公旦撰，（汉）郑玄等注：《周礼》，北京：中华书局 2014 年版，第 353 页。

④ 郭丹、程小青、李彬源译注：《左传》，北京：中华书局 2012 年版，第 729 页。

但至少已经丧失曾有的贵族身份而下降至士阶层甚至沦为庶人。

另外，平民庶人中之杰出者凭借自己的才能向上升迁，进入贵族阶层。春秋晚期，赵简子在伐郑之际盟誓说："克敌者，上大夫受县，下大夫受郡，士田十万，庶人工商遂，人臣隶圉免。"遂，杜预注曰"得遂晋仕"，意即原为庶人工商身份者可以凭借军功上升为士。[①]《吕氏春秋·博志》篇曰：

> 宁越，中牟之鄙人也，苦耕稼之劳。谓其友曰：何为而可以免此苦也？其友曰：莫如学。学，三十岁则可以达矣。宁越曰：请以十岁。人将休，吾将不敢休；人将卧，吾将不敢卧。十五岁而周威公事之（高诱注：威公，西周君也，师之者以宁越为师也）。

又，同书《尊师》篇又曰：

> 子张，鲁之鄙家也，颜琢聚，梁父之大盗也，学于孔子；段干木，晋国之大驵也，学于子夏；高何、县子石，齐国之暴者也，指于乡曲，学于子墨子；索卢参，东方之巨狡也，学于禽滑黎。此六人者，刑戮死辱之人也。今非徒免于刑戮死辱也，由此为天下名士显人，以终其寿，王公大人从而礼之。此得之于学也。

本是中牟鄙人的宁越，通过刻苦学习成为西周君威公之师，甚至子张等"刑戮死辱之人"也因学成而显，上升至社会高层。《吕氏春秋》虽为宣扬其所主张之学说而时有夸饰造作，但在这里却传递出在那个社会大变革时期，阶层流动加剧，个人可以凭借其才能向上超升的一般观念。唐兰先生说：

> "士"在春秋时期是介于贵族与平民之间的。他们有的是出身于贵族家庭的，有的则是从平民中上升的。他们可以上升为卿大夫，也可以"降在皂隶"。他们有的属于王公，有的属于卿大夫，就是所谓私家。……但是春秋时代平民阶级正在起变化，"士"逐渐由战士变为文士。另一方面，他们往往变得很贫穷，他们没

---

① 郭丹、程小青、李彬源译注：《左传》，北京：中华书局 2012 年版，第 815 页。

有奴隶就只好用自己的子弟，所以说"士有隶子弟"，而更穷一些的就只好自己去耕田，也有一些人开始去经商。另一方面，庶人工商逐渐解放，士和庶人工商的界限，到春秋末年时实际上已经打得很乱了。①

上层贵族衰落而下降，同时下层庶民的优秀分子向上超升，因此恰处于贵族与平民交界之处的士阶层成为上下两个趋势的汇合点，其群体数量必然大大扩张。然而，如果仅仅是在数量上有急剧增长，却也并不必然导致士阶层能够凸显成长为文化与历史的中坚力量。士人之所以成为华夏文明的传承者、风骨精神的体现者，能"通古今，辨然否"（《白虎通》），更在于他们对天道的自觉承担与弘扬。

(二)"道"的破裂与"士"的担当

《庄子·天下》曰：

> 天下之治方术者多矣，皆以其有为不可加矣。古之所谓道术者，果恶乎在？曰：无乎不在。曰：神何由降？明何由出？圣有所生，王有所成，皆原于一。……古之人其备乎！配神明，醇天地，育万物，和天下，泽及百姓，明于本数，系于末度，六通四辟，小大精粗，其运无乎不在。其明而在数度者，旧法世传之史尚多有之。其在于《诗》《书》《礼》《乐》者，邹鲁之士搢绅先生多能明之。……天下大乱，圣贤不明，道德不一，天下多得一察焉以自好。譬如耳目鼻口，皆有所明，不能相通。犹百家众技也，皆有所长，时有所用。虽然，不该不遍，一曲之士也。判天地之美，析万物之理，察古人之全，寡能备于天地之美，称神明

---

① 唐兰：《春秋战国是封建割据时代》，《中华文史论丛》第三辑，北京：中华书局1963 年版，第 7 页。

之容。是故内圣外王之道，暗而不明，郁而不发，天下之人各为其所欲焉以自为方。悲夫，百家往而不反，必不合矣！后世之学者，不幸不见天地之纯，古人之大体，道术将为天下裂。①

《天下》为《庄子》"杂篇"之末，此文为总结古代学术思想史的重要文献，所表述的观念对后世思想学术有极大影响。此文强调，古之道术是整全的"一"，它醇和圆融，融贯本末内外，小大精粗无所不在，而后天下大乱，道德不一，道术破裂为一偏之见、一隅之明，犹如耳目鼻口之各有其功用而不能相通。这种看法在后世得到多数学者的认同，基本成为古代学术之主流观点，直至清代后期，章学诚（实斋）仍在其《文史通义》中阐发说：

> 盖官师治教合，而天下聪明范于一，故即器存道，而人心无越思。官师治教分，而聪明才智，不入于范围，则一阴一阳，入于受性之偏，而各以所见为固然，亦势也。夫礼司乐职，各守专官，虽有离娄之明，师旷之聪，不能不赴范而就律也。今云官守失传，而吾以道德明其教，则人人皆自以为道德矣。……而诸子纷纷，则已言道矣。庄生譬之为耳目口鼻，司马谈别之为六家，刘向区之为九流。皆自以为至极，而思以其道易天下者也。由君子观之，皆仁智之见而谓之，而非道之果若是易也。②

章实斋认为，夏商周三代以上，皆为官师合一、政教合一，是"即器存道"，道器不二，因此道术能够保持其整全之"一"，而后官师、政教分离，各人因其所禀赋的阴阳不同，各有受性之偏，而以所见为真而确信不疑，因此诸子蜂起，是为诸子百家之开始。章实斋的看法基本延续了《天下》篇的论述。

这些论述也与《汉书·艺文志》"诸子出于王官说"相似。《汉书·艺文

---

① （战国）庄周撰，方勇译注：《庄子》，北京：中华书局2015年版，第179页。
② 章学诚著，叶瑛校注：《文史通义》，北京：中华书局2014年版，第218页。

志》所谓某家出于某官，其意应为《天下》之所谓"古之道术"曾经实际日用施行，各端体现于王官所守之某一具体职事，而后起之诸子学术又各自契合王官各职守所用道术之一端，并非实指某家学术传承于某官，此为《汉书·艺文志》对《庄子·天下》所谓"古之道术有在于是者"，某家"闻其风而悦之"的承袭与重新阐释。

春秋之时，"礼坏乐崩"，"道术为天下裂"，无论是政治秩序、社会秩序，还是思想文化、伦理道德观念都开始破坏、崩裂。按章实斋的说法，这是"理势、事势之自然，渐形渐著"[1]，是"时会使然""不得已之天"[2]，也就是后世所谓"气运""运数"。面对这一"三千年未有之大变局"，诸子蜂起，从各自不同的立场与角度阐述自家学说，提出救世主张。《汉书·艺文志》于此评论曰：

> （诸家）皆起于王道既微，诸侯力政，时君世主，好恶殊方，是以九家之术蜂出并作，各引一端，崇其所善，以此驰说，取合诸侯。其言虽殊，辟犹水火，相灭亦相生也。仁之与义，敬之与和，相反而皆相成也。《易》曰："天下同归而殊涂，一致而百虑。"今异家者各推所长，穷知究虑，以明其指，虽有蔽短，合其要归，亦《六经》之支与流裔。使其人遭明王圣主，得其所折中，皆股肱之材已。[3]

《汉书·艺文志》特别强调了诸子的意图在于救世、用世，并提出折中各家、重新整合思想的主张。如前文所述，在这个大危机、大变革的激荡时代，士阶层成为时代变革中新崛起的新兴阶层，其数量最为庞大，同时也因其会集了受过良好教育、具备高度文化素养的贵族与升迁上来的杰出平民，一跃成为当时最富有活力、最有力量决定历史进程的阶层。所以，这个阶层在大道破裂

---

① 章学诚著，叶瑛校注：《文史通义》，北京：中华书局 2014 年版，第 126 页。

② 章学诚著，叶瑛校注：《文史通义》，北京：中华书局 2014 年版，第 131 页。

③ （汉）班固撰，（唐）颜师古注：《汉书》卷三十《艺文志》，北京：中华书局 1999 年版，第 6 册，第 1354 页。

的时代，各自推崇自己所擅长的学理，以图王道再兴。而士也应对天下之道的主动担当，成为历史中的重要力量。

（三）"士"的担当与风骨

余英时先生曾在其名作《士与中国文化》中将上述"道术为天下裂"、诸子百家兴起的状况称之为华夏文明发展历史进程中"哲学的突破"。他的理论主要取自美国当代社会学家帕森思（Talcott Parsons）。余英时先生引述帕森思的理论说。

在公元前一千年之内，希腊、以色列、印度和中国四大古代文明，都曾先后各不相谋而方式各异地经历了一个"哲学的突破"的阶段。所谓"哲学的突破"即对构成人类处境之宇宙的本质发生了一种理性的认识，而这种认识所达到的层次之高，则是从来都未曾有的。与这种认识随而俱来的是对人类处境的本身及其基本意义有了新的解释。

以希腊而言，此突破表现为对自然的秩序及其规范的和经验的意义产生了明确的哲学概念。从此希腊的世界不复为传统神话中的神和英雄所任意宰制，而是处在自然规律的支配之下了。苏格拉底、柏拉图和亚里士多德的出现是希腊的"哲学的突破"的最高峰。整个西方文明中，理性认知的文化基础由此奠立，哲学、科学以至神学都跳不出它的笼罩。

以色列"哲学的突破"是以早期经典《旧约》及摩西的故事为其历史背景，而突破的具体方式则是"先知运动"（Prophetic movement）。这个运动清晰地突出了上帝为创造主的普遍观念。上帝不但创造了整个宇宙，并且还按照他自己的形象创造了人类，以为实现其计划的工具。超越的上帝主宰所有人类的观念，以及人类的两重性的观念（即一方面完全依赖上帝而另一方面又承担推行上帝旨意的责任），从此便贯穿于犹太教、基督教以至伊斯兰教的基本教义之中。此种观念与基督教中的希腊因子相混合，终于构成了西方文明的主要文化基础。

印度的突破产生了知识阶层间的一种宗教哲学，其中心观念为业报与灵魂转世，并视经验世界、实际人生为"虚幻"。随之而来的则是印度教和佛教中种种极端的解脱之说。

"哲学的突破"在中国表现得最为温和，因为中国传统寄托在几部经书之中。此传统经过系统化之后，在宇宙秩序、人类社会和物质世界，几个方面都发展出一套完整而别具一格的看法。①

帕森思认为"哲学的突破"在社会中形成一个重要集团，即所谓的"文化事务专家"（specialists in cultural matters），可以被看成"知识分子"的最初型态。余英时认为"哲学的突破"有三点意义：第一，"哲学的突破"为古代知识阶层兴起的一大历史关键，文化系统（cultural system）从此与社会系统（social system）分化而具有相对的独立性。第二，分化后的知识阶层主要成为教义的创建者和传衍者，而不是官方宗教的代表。第三，"哲学的突破"导致不同学派的并起，而复有正统与异端的分歧。②

与此相似，德国哲学家雅斯贝尔斯在其出版于 1949 年的《历史的起源与目标》中提出了影响深远的"轴心时代"（Axial Age）理论：公元前 800 年至公元前 200 年的这段时间，是人类文明的"轴心时代"。人类文明取得重大突破，各个文明都出现了伟大的精神导师——古希腊的苏格拉底、柏拉图，印度的释迦牟尼，中国的孔子、老子。人们开始用理智的方法、道德的方式来面对这个世界。

由于对东方文明缺乏足够深入的了解，帕森思对印度文明和华夏文明的描述都比较笼统而模糊。这种笼统模糊的理解，可能导致帕森思（也包括雅斯贝尔斯）对华夏文明的发展情况产生误解，从而影响到其理论的有效性和适用性：诸子百家的兴起在何种程度上相似于古希腊和以色列文明？其间必然存

---

① 余英时：《士与中国文化》，上海：上海人民出版社 2003 年版，第 20—21 页。
② 余英时：《士与中国文化》，上海：上海人民出版社 2003 年版，第 22 页。

在的差异性是否大到足以使其理论失效？尽管存在上述疑惑，我们仍然可以尝试借助帕森思和雅斯贝尔斯的理论，尤其是余英时先生所引帕森思观点及其三个归纳，对春秋以来新兴的"士"进行对比分析，借以获得对其特点的清晰认知。

首先，按前述《汉书·艺文志》以来所形成的"诸子出于王官"说，春秋以后王官失守，学术下移，私学兴起，此前为贵族阶层所垄断的文化教育流传至民间，大致可相当于余英时先生所归纳的第一点：文化系统与社会系统分化而相对独立；其次，文化与政治权力相分离后，迅速得到传播并形成所谓"九流十家"，各自有其清晰而系统的理论阐释与政治主张，且彼此间展开了激烈的辩难攻驳，比如墨子对儒家的批判、孟子的"辟杨拒墨"，此类状况大致可相当于余英时先生所归纳的第二、三两点：作为民间私学，分化后的知识阶层开始创建并传播自家教义，形成不同学派，出现学派之间的纷争。由此，我们大致可以说，中国在春秋以后也出现了类似于"文化事务专家"的一个群体，这就是新兴的"士"阶层。

在帕森思那里，"哲学突破"以后形成的"文化事务专家"被看成"知识分子"的最初型态。"知识分子"（intellectual）这个概念主要来自欧洲，指的是18世纪启蒙运动以后逐渐形成的一批受过良好教育、具备较高文化素养的哲学家、作家、艺术家等。作为一个松散的团体，他们并不具有完全一致的观念和主张，也没有固定的职业限制和身份界定，但在近代以来的世界历史进程中发挥了极其重要的作用，极大推动了世俗化、现代化的进程。社会学理论家叶启政曾在其《社会、文化与知识分子》一书中对此做过比较深入全面的研究，在他研究的基础上，我们大体可以从以下几个方面对所谓"知识分子"的特征进行概括：第一，受过比较良好的教育，掌握某一领域的专业知识；第二，以脑力劳动为职业，以知识为谋生手段，因而在很大程度上，成为思想文化的传承者、创新者；第三，不依附于现存体制，且超越其所在阶层和团体的私利，从不隶属于某一特定社会阶级；第四，作为"社会的良心"，深切关怀国家、社会乃至全人类的福祉和利益，对现实保持批判态度，并采取各种方式力图加以匡正救助。以上几个特征，又可以简单概括为三点：文化性、超越性和实践性。

若将以上"知识分子"的几个特征与中国在春秋以后出现的"士"相对照，我们就会惊奇地发现，"士"竟然在相当大的程度上与之相符合。然而我们知道，"知识分子"在欧洲的产生形成是相当晚近的。因此，中国的"士"可谓人类文明史中的一大奇迹：在世界文明史早期，于各大主要文明刚发生"哲学突破"的同时就早早产生，作为文化的传承者、创新者，以天下为己任，以弘扬和实践超越一切阶层和团体利益的"道"为其终身使命，铁骨铮铮，担当道义，铸就了此后千百年间为后世士人所倾慕效法的风骨精神，2000余年来绵延不绝，至今尚有其流风余泽，成为华夏文明史上一道壮美的风景。

五、士子风骨演进史

考察"士"演进历史，可以极大丰富风骨的内涵。从内涵演进分析，士的演进大致可划分成以下四个阶段。

第一，春秋战国时期是士阶层产生并基本定型的时代。士人一方面从各自对"道"的认识出发提出自己的理论主张和政治规划，激烈抨击其他学说；一方面奔走列国，积极寻求实现自己理论主张的机会，"择明主而事之"，这是"游士"的时代。

第二，随着战乱分裂、各国竞争时代的结束，身处秦汉大一统帝国中的士人失去了生存的自由空间，多数士人进入庙堂，成为信奉儒家学说的官吏，士与官僚开始合一，称为"士大夫时代"。

第三，东汉末年，儒家学说所建立起来的伦理道德秩序、社会政治秩序开始崩坏，士人们的自我生命意识觉醒，老庄之学成为时代风气，同时宗教兴起（内有本土道教产生，外有西来佛教传入），对内在精神自由的追求和对世俗的超脱，形成了此时期士人所醉心的"风度"，这是"名士时代"。

第四，在隋唐，出现了三个与士人阶层的演变关系密切而影响深远的新历史状况：一是门阀制度被打破，科举制度开始；二是士人衰落，寒门兴起；三是儒释道三教开始合流。进入宋代以后，以上三个进程基本完成，显现其积极后果，儒学最终整合三家发展成为的新的形态，即理学（道学），从此作为士人们的精神信仰，主导了宋代之后 800 余年的思想文化。正是在这一大背景下，范仲淹"先天下之忧而忧，后天下之乐而乐"的号召，引起新一代士人强烈共鸣，也成为后世士人的实践方向与精神信仰。宋代以来，理学对士人精神信仰、文化生活、现实实践的指导性、整合性空前强化，基于这一状况，我们可将这一时期称为"儒士时代"。

中国的士阶层自春秋战国形成以来，虽然在其后 2000 余年的历史长河中有不同形态的变化，但其内在精神风韵从未中断，在每个具体历史时代都展现出共同的风骨精神，流风余韵延续至今。

（一）先秦游士时代：士人精神的缔造

春秋以来，社会结构的变动使得士人从原先从属的阶层中分化出来，成为可以自由流动的一个群体，而此时列国竞争日益激烈，各国都迫切需要招揽各类人才，以增强自身实力，这一历史境况也为这批士人提供了广阔的生存空间。梁启超在《论中国学术思想变迁之大势》中论述道："周既不纲，权利四散，游士学者，各称道其所得以横行于天下，不容于一国，则去而之他而已。故仲尼见七十二君，墨翟来往大江南北。荀卿所谓'无立锥之地，而王公不能与之争名，在一大夫之位，则一君不能独畜，一国不能独容。'……岂所谓海阔纵鱼跃，天空任鸟飞耶？"[①]士人们可以凭借个人才能获取权力地位，实现自

---

① 梁启超：《论中国学术思想变迁之大势》（《饮冰室合集》），北京：中华书局1989年版，第 1 册，第 13 页。

身价值，深刻影响甚至决定着列国局势和当权者的命运，因此他们得以充满自信，傲视权贵。齐宣王见颜斶之事非常生动地表现了这一状况：

> 齐宣王见颜斶，曰："斶前！"斶亦曰："王前！"宣王不悦。左右曰："王，人君也。斶，人臣也。王曰'斶前'，亦曰'王前'，可乎？"斶对曰："夫斶前为慕势，王前为趋士。与使斶为慕势，不如使王为趋士。"王忿然作色曰："王者贵乎？士贵乎？"对曰："士贵耳，王者不贵。"……宣王曰："嗟乎！君子焉可侮哉，寡人自取病耳！及今闻君子之言，乃今闻细人之行，愿请受为弟子。且颜先生与寡人游，食必太牢，出必乘车，妻子衣服丽都。"颜斶辞去曰："夫玉生于山，制则破焉，非弗宝贵矣，然夫璞不完。士生乎鄙野，推选则禄焉，非不得尊遂也，然而形神不全。斶愿得归，晚食以当肉，安步以当车，无罪以当贵，清静贞正以自虞。制言者王也，尽忠直言者斶也。言要道已备矣，愿得赐归，安行而反臣之邑屋。"则再拜而辞去也。①

颜斶作为一介士人，面对大国之君齐宣王不但无畏其威权，反而命其前行趋己，使得宣王为之忿然，而后又以一番说辞折服宣王，更拒绝其待遇优厚、"受为弟子"的延请，飘然离去，其意图似乎仅在于展现士人之风采傲骨。颜斶此举甚为特异，因此颇有人怀疑此乃纵横家虚张声势之杜撰。然而就当时状况而言，此种情形实不在少数，《史记》中也有类似事例：

> 子击逢文侯之师田子方于朝歌，引车避，下谒。田子方不为礼。子击因问曰："富贵者骄人乎？且贫贱者骄人乎？"子方曰："亦贫贱者骄人耳。夫诸侯而骄人则失其国，大夫而骄人则失其家。贫贱者，行不合，言不用，则去之楚、越，若脱然，奈何其

<hr/>

① （春秋）左丘明、（汉）刘向撰，张舜徽前言：《战国策·齐策四》，长沙：岳麓书社1988年版，第94页。

同之哉！"子击不怿而去。①

子击即后来之魏武侯，此时身为魏国太子。然而尽管他主动恭敬施礼，仍然受到田子方的折辱而为之不悦。田子方敢于如此傲慢无礼，凭借的是其作为魏文侯之师的身份。而魏文侯对田子方一类士人的尊敬也产生了极大的现实收益："文侯受子夏经艺，客段干木，过其闾，未尝不轼也。秦尝欲伐魏，或曰：'魏君贤人是礼，国人称仁，上下和合，未可图也。'文侯由此得誉于诸侯。"②魏国所礼遇的士人集团所产生的震慑力，甚至使得他国不敢轻易对其使用武力，士人的实力和地位由此可见一斑。

春秋战国时期，特殊的历史境况给新兴士阶层提供了充分展现其能力的舞台，也使他们成为推动历史进程、塑造华夏文化样态的力量。大变动的时代际遇中，士人们以道自任、担负人类文明使命，在历史进程中实际发挥的极大作用，这就使他们普遍自许甚高，从而赋予了这一群体富于风骨精神的基本特征。作为春秋之世最早、最有代表性的士人，孔子以自己的思想与实践成为后世士人风骨精神的实际缔造者。

在《论语》之中我们可以看到，孔子对士阶层的兴起，以及这一阶层要产生的巨大作用有敏锐感受与深切洞察，这体现在他与亲炙弟子对"士"不少讨论与界定内容上，略举数条：

1. 士志于道，而耻恶衣恶食者，未足与议也。（《论语·里仁》）

2. 士而怀居，不足以为士矣。（《论语·宪问》）

3. 君子谋道不谋食。耕也，馁在其中矣，学也，禄在其中矣。君子忧道不忧贫。（《论语·卫灵公》）

4. 士不可以不弘毅，任重而道远。仁以为己任，不亦重乎？

---

① （汉）司马迁：《史记》卷四十四《魏世家》，北京：中华书局2006年版，第6册，第303页。

② （汉）司马迁：《史记》卷四十四《魏世家》，北京：中华书局2006年版，第6册，第303页。

死而后已，不亦远乎？（《论语·泰伯》）

这些论述明确要求士要以"道"为其终极精神指归，并以"道"的实现为使命，这就要求士必须超越自己个体的和所属群体的利益得失。士人在一种类似宗教信仰的精神超越的同时仍然保持了强烈的行动品质。理想的士人精神品质是一方面傲睨权贵，坚持对现实世俗权力的独立性与精神自由；一方面又热心用世，积极寻求机遇获取权力以实现自己的理想抱负。

孔子本人的生平事迹即是此士人精神风貌最为生动的展现，也成为后世士人的最高典范，这是孔子被后世推举为"万世师表"最根本、最深刻的缘由所在。孔子的貌似矛盾结合体的一生，规定了此后士人的基本轨迹：以权力及地位作为践履与实现道的方式的同时保持自由独立，与政治权力的关系处在不即不离、若即若离之间，其超越性并不导致对世俗权力的否弃，而是将其作为实现道的手段而凌驾其上并驯化之，并不屈从取媚于世俗权力；反过来世俗君主却要倚仗其力量，凭借这些士人所象征的"道"来获得权力的合法性依据。这种充满张力的微妙关系的保持，正是儒家"中庸"精神的深刻体现。孔子所缔造的此种士人根本性精神品质，为儒家学派的后起继承人孟子、荀子等人传承接续并发扬光大。

（二）两汉士大夫时代：士与官僚的合一

战国末期，混乱与分裂局面的趋向统一。秦朝凭借其强大的军事力量在完成对各国的政治统一之后，开始着手多领域全方位的统一工作。统一文字、度量衡之外，思想文化的统一也是一项迫切的任务，最终导致焚书坑儒的结果。李斯请禁私学奏议曰：

> 古者天下散乱，莫之能一，是以诸侯并作，语皆道古以害今，饰虚言以乱实，人善其所私学，以非上之所建立。今皇帝并有天下，别黑白而定一尊。私学而相与非法教，人闻令下，则各以其学议之，入则心非，出则巷议，夸主以为名，异取以为高，率群

下以造谤。如此弗禁，则主势降乎上，党与成乎下。禁之便。①

李斯指出了春秋以来所延续的私学盛行、处士妄议局势对刚刚建立的统一政权所存在的威胁，为巩固新近完成统一政权的稳定，必须结束思想文化的多元化。尽管秦朝短命而亡，对于继之而兴的汉朝来说，与政治大一统局面相适应的思想文化的统一工作仍需完成。汉武帝建元二年，荀悦议论公孙弘族诛郭解之事时说：

> 世有三游，德之贼也；一曰游侠，二曰游说，三曰游行。立气势，作威福，结私交以立强于世者，谓之游侠。饰辨伪，设诈词，以要时势者，谓之游说。色取仁以合时好，连党类以树虚誉，以为权利，谓之游行。此三游者，乱之所由生焉。伤道害德，败法乱世，先王之所惧也。②

荀悦陈述了继续完成秦朝未竟的思想文化统一工作的必要性，用意与此前李斯奏议相似。汉高祖分封刘氏子弟，部分地复活了周代的分封制度，导致战国局面在某种程度的再现，诸王国纷纷招致游士以扩张势力，其中以吴王濞、梁孝王、淮南王、衡山王、河间献王等最为著名。然而随着武帝时代削藩政策完成，各分封王国实力基本消灭，原先依附于诸王的游士丧失了其随处流动的自由活动空间，逐渐被统合进中央政府行政体系，成为有明确身份、职任的官员。春秋以来游士的局面逐渐结束，士人开始向官员身份转化，这可以称为士大夫化。

需要特别指出的是，汉帝国以"罢黜百家，独尊儒术"的方式最终实现思想文化领域的统一，以儒家思想作为官方正统思想，这并不意味着帝王就此真心信奉儒家之道。很大程度上，这一措施是假以维持其权力、保障其顺利运行

① （汉）司马迁：《史记》卷八十七《李斯列传》，北京：中华书局2006年版，第8册，第434页。

② （汉）荀悦、（晋）袁宏著，张烈点校：《两汉纪》（上）《汉纪》，北京：中华书局2005年版，第96页。

的手段，是基于现实政治需要的理性考量与明智抉择。《史记》卷九十七《陆贾传》载：

> 陆生时时前说称诗书。高帝骂之曰：乃公居马上而得之，安事诗书！陆生曰：居马上得之，宁可以马上治之乎？且汤武逆取而以顺守之，文武并用，长久之术也。昔者吴王夫差、智伯极武而亡；秦任刑法不变，卒灭赵氏。乡使秦已并天下，行仁义，法先圣，陛下安得而有之？高帝不怿而有惭色，乃谓陆生曰：试为我著秦所以失天下，吾所以得之者何，及古成败之国。陆生乃粗述存亡之徵，凡著十二篇。每奏一篇，高帝未尝不称善，左右呼万岁，号其书曰《新语》。

高帝刘邦"不好儒，诸客冠儒冠来者，辄解其冠，溲溺其中"。此时面对陆贾之言"不怿而有惭色"，正是被迫无奈之下接受儒家这一心理的生动体现。儒家则奉道以事君，时时以超越性、理想性的"道"规范、匡正君王，力图实现对政治权力的驯化。儒法两家之间的差异如此巨大，而帝王对二者的好恶之别实属自然。

孔子以来，儒士的这一精神特质已成为士人的自我期许与内在规定。帝王总是趋向于实现对现实政治权力独占，而士人则试图对其进行规范与制约，二者之间的矛盾无可避免。近代以来，儒士是君主独裁专制帮凶的观点及其流行，几成定论，但实际情形与此恰好相反，秦汉以来，尽管在每个具体时代所展现的方式各有不同，但进入政治权力体系的儒士与君主之间的斗争可谓贯穿始终，从未有过止歇之时。

整个两汉时期，士人们与君权在思想文化与政治实践两个领域斗争中前赴后继。在前一个领域中，以儒生为主的士人在传承延续思想文化的基础上，更致力于春秋时代大变局以来，新时代思想文化的转化与创建，新秩序的设计与构想，其典型表述即司马迁所谓"究天人之际，通古今之变，成一家之言"。这一领域中，从西汉初年的陆贾、叔孙通、伏生，至后继之董仲舒、司马迁、刘向等人，经过石渠阁、白虎观两次会议，基本确定了此后大一统帝国各项制度。后一个领域中的努力，则是在儒士转变为官员，拥有实际施政机遇之后，即将儒家之政治理想化为现实治理行动，治理与教化并举，努力践行"仁政"，于此则前有独具汉代特色的所谓"循吏"，代表性士人有文翁、倪宽、韩延寿等人①，后有东汉末年的清议与党锢，其中的代表性人物如范滂、郭林宗、李膺、陈蕃等人②。后人曾将汉代士人在这些领域中奋力实践时所显现的精神风貌概括为直、方、大，这正是士人风骨精神的具体展现。

（三）魏晋南北朝名士时代：风骨精神的内在转化

经过艰难的博弈与磨合，至西汉元帝、和帝时期，作为一股整体政治力量的士人群体与君权之间一定程度上达成了平衡。在这个逐渐形成平衡进程中，社会身份已经从游士转化为官僚士大夫的士人们的政治权力逐渐巩固，同时他们以经学传家，长期掌握文化资源，以经术取士的察举征辟人才选拔制度反过来保障和加强了他们的政治权力。这些主要社会资源最终向现实经济利益转化，经济资源和社会财富也越来越多地向士人阶层集中。同时拥有了政治、经济、文化资源士人阶层逐渐家族化、权贵化，曾经最富有理想、最具进步意义的士人阶层成为官僚士大夫集团，走向自己的反面。这一趋势在西汉末年已经开始显露，而且东汉以后更为加强，形成了豪门大族即所谓门第，最终导致了政权的崩溃。即使如此，这一历史进程仍然在此后持续了数百年，即所谓魏晋南北朝的门阀士族时代，直至唐代方始衰落。

在士族权贵化、门阀化的历史大趋势下，士人传统并未因此中断，士人的风骨精神也未完全沦丧，而是以极为特别的方式呈现出来。相比豪门高第，汉末士人的精神风貌、风骨气节更多地呈现在寒门庶族群体之中。其中东汉末年

---

① 余英时：《士与中国文化》，上海：上海人民出版社1987年版，第47页。

② （南朝·宋）范晔撰，（唐）李贤等注：《后汉书》卷六十七《党锢列传》，北京：中华书局1999年版，第8册，第1458页。

的赵壹即极富代表性。《后汉书》卷八十下《文苑列传》记载:"赵壹字元叔,汉阳西县人也。体貌魁梧,身长九尺,美须豪眉,望之甚伟。而恃才倨傲,为乡党所摈,乃作《解摈》。后屡抵罪,几至死,友人救,得免。"[1] 此后赵壹作为上计吏被派往京师,"是时,司徒袁逢受计,计吏数百人,皆拜伏庭中,莫敢仰视。壹独长揖而已"[2]。面对贵为三公的司徒袁逢,身为小吏的赵壹恃才傲物,长揖不拜,以一番说辞受到袁逢的赏识,随后又折服河南尹羊陟,"陟乃与袁逢共称荐之。名动京师,士大夫想望其风采"[3]。即使如此,豪门大族已垄断进身之阶的时代格局之下,出身寒门而生性刚直的赵壹最终"仕不过郡吏",终老于家。

然而此时已经维持400余年的社会政治和伦理道德秩序开始走向崩坏。身处社会中下层的寒门士人首当其冲,苦痛与短暂的人生失去了光明与慰藉,生命的意义无从寻觅,他们敏锐地感受到了大混乱、大崩溃黑暗时代即将来临的危机,沉痛之中更加珍视苦痛生命中能把握住的美好事物,同时也深味其短暂与微渺,为之吟唱出一首首缠绵悱恻的悲歌。这就是此后被刘勰在《文心雕龙》中推崇为"五言之冠冕"的《古诗十九首》:"青青陵上柏,磊磊涧中石。人生天地间,忽如远行客。斗酒相娱乐,聊厚不为薄。驱车策驽马,游戏宛与洛。洛中何郁郁,冠带自相索。长衢罗夹巷,王侯多第宅。两宫遥相望,双阙百馀尺。极宴娱心意,戚戚何所迫。""生年不满百,常怀千岁忧。昼短苦夜长,何不秉烛游。为乐当及时,何能待来兹。愚者爱惜费,但为后世嗤。仙人王子乔,难可与等期。"

此前稳定清晰的世界与人生崩塌出一片片黑暗深渊,透过这些深渊,士人

---

① (南朝·宋)范晔撰,(唐)李贤等注:《后汉书》卷八十下《文苑列传》,北京:中华书局1999年版,第9册,第1766页。

② (南朝·宋)范晔撰,(唐)李贤等注:《后汉书》卷八十下《文苑列传》,北京:中华书局1999年版,第9册,第1775页。

③ (南朝·宋)范晔撰,(唐)李贤等注:《后汉书》卷八十下《文苑列传》,北京:中华书局1999年版,第9册,第1781页。

们骇然惊惧于人的脆弱与渺小；但令人惊心动魄的则是在深刻洞察并体验到了全部脆弱苦痛、绝望无助之后，他们对美好事物于沉痛中的执着、留恋与坚持："驱车上东门。遥望郭北墓。白杨何萧萧。松柏夹广路。下有陈死人。杳杳即长暮。潜寐黄泉下。千载永不寤。浩浩阴阳移。年命如朝露。人生忽如寄。寿无金石固。万岁更相送。圣贤莫能度。服食求神仙。多为药所误。不如饮美酒。被服纨与素。"前所未有地，个体生命在意识到自身轻如蝼蚁的同时也表现出永恒与坚韧的强大意志，再也不去寻求外在价值的寄托与支撑，仅仅以生命本身的微弱火焰引导自己，个体自身生命意识真正觉醒过来，这是士人精神文化史上的重大事件。正是在这一大背景下，出现了文学艺术史上的重要美学风格"建安风骨"。

"建安风骨"的主要代表诗人为三曹父子及建安七子，他们是自屈原之后的第一批个体诗人，传承着创作《古诗十九首》的那些无名士子的精神心灵。其中最能体现"建安风骨"风格的曹操，慷慨悲凉，亲身经历了"势利使人争，嗣还自相戕。淮南弟称号，刻玺于北方。铠甲生虮虱，万姓以死亡"的汉末战乱，目睹"白骨露于野，千里无鸡鸣。生民百遗一，念之断人肠"的时代惨况，于悲叹"对酒当歌。人生几何。譬如朝露。去日苦多。慨当以慷。忧思难忘。何以解忧。唯有杜康"之余，仍慷慨高歌"青青子衿，悠悠我心。但为君故，沉吟至今。呦呦鹿鸣，食野之苹。我有嘉宾，鼓瑟吹笙。明明如月，何时可掇。忧从中来，不可断绝。山不厌高，水不厌深。周公吐哺，天下归心"，欲效仿伟大的周公，以一己之力挽狂澜于既倒，重整乾坤，实现个人生命价值。

此一时期士人风骨精神的表现方式极为特殊，其核心要义在于以一己孤弱的生命力量直面时代乃至世界的黑暗虚无，且并不寻求宗教的拯救或彼岸世界的寄托而实现了于世俗生活世界中的现成超越，这种几乎不可能的奇迹以华夏文明特有的方式体现了人类精神的伟大，这一精神在此后发展起来的、令后世为之倾倒神往的"魏晋风度"之中有着更为充分的表现。

最能代表士人"魏晋风度"者，首推嵇康、阮籍。嵇康、阮籍等魏晋名士完全传承了从《古诗十九首》无名作者到建安诗人们的精神脉络，他们在心灵上息息相通、同声相应。相较而言，嵇康、阮籍等魏晋名士的社会地位更高，具有更为深厚的文化修养和多方面的艺术才能，因此他们得以在相对安宁优渥的生活中饮酒服药、歌咏长啸、清谈妙论、徜徉山水、赋诗奏琴，将生活艺术化，艺术生活化，艺术已经成为他们生命的日常存在和呈现方式，他们将心灵和精神沉浸于其中，以其敏锐善感之神思体察个中的奇妙意境。

他们所面对和反抗的，也已经不仅仅是具体时代的政治社会问题，如阮籍、嵇康等人所遭遇的"魏晋嬗代之际，名士多故"险恶处境，而是全体人类的基本生存困境，也是华夏文明史上一次严重的精神危机。与此同时，西方世界也出现了文明危机，即所谓"黑暗中世纪"。与西方世界将信仰交付于上帝、依靠上帝救赎不同，魏晋南北朝时期的华夏士人们以自身的精神力量度过生命的黑夜，在中国历史上这个最混乱动荡、最残酷血腥的时代开出了最为璀璨的文明之花。以王、谢门第为首的门阀士族贡献出一代代的政治家、艺术家、诗人，尽管他们把持着政治权力，几乎垄断了当时所有的社会资源，却没有沉沦于现实的权力、地位和财富之中。在骨子里，他们仍然保持着士人的灵魂和风骨，先秦以来的士人传统并未中断。

（四）略论：唐宋以下的儒士时代

自东汉后期开始逐渐发展起来的佛教、道教，在唐代几乎达到了兴盛的顶峰。面对宗教的挑战，以韩愈、李翱为首的儒士倡导发起了儒教复兴运动。韩愈等人虽然为儒教的转化和复兴完成了奠基，但他们尚为粗糙的理论还不足应对佛道两家系统严密的宗教理论体系，儒教的真正复兴，直至宋代才在以"北宋五子"为领军人物的儒士群体努力下得以完全实现。在与宗教之间的长期斗争与磨合过程中，宋代儒士出入佛老，借鉴吸收了佛老的诸多思辨方式，最后建立形成了融汇儒释道三家的全新儒教形态即理学，在维持政治社会秩序、保证世俗生活的同时，也圆满地解决了精神信仰问题。与此同时，在现实政治实践领域，宋代儒士积极投身于政治与社会秩序的重建，宋初范仲淹在他的著名篇章《岳阳楼记》中提出"先天下之忧而忧，后天下之乐而乐"，得到士人们的积极响应，激励着他们的政治实践行动。宋代士人空前自信、以天下为己任的担当精神，是先秦及汉初士人品质的浴火重生。自开国太祖赵匡胤时即已确定的"与士大夫共治天下"的基本国策，使士人所秉持的道统与君王为首的政统之间再次达成了相互制约、相互辅翼的动态平衡，如此种种态势，似乎再现了汉初人文局面。然而与之不同的是，此时儒教无论在理论还是实践上都已经更为完全地成为国家政权的指导思想，儒士与君王之间的关系大为和缓，此前的激烈冲突事件很少再出现。

同时在具体制度方面，分权制衡的精妙政治制度设计，以及更为重要的、科举制度的最终完善和严格实行，学校教育制度也发展完善起来，教育普及到了社会基层；印刷术的改进使得知识文化的传播和普及大大加强，"朝为田舍郎，暮登天子堂"成为社会现实，阶层的流动和社会资源的转换畅通。诸方面的因素都使得某一特定阶层把持、垄断知识文化和社会资源不再可能。在这个时期，社会活力被充分激活，整体呈现繁荣兴盛的局面，按后世如日本京都学派的看法，从此进入了平民时代、世俗社会，士人的范围大大扩展，彻底成为精神文化上的价值认同和自我期许，大凡有志于道的社会平民皆有机会接受教育而成为士人。此后这一趋势一直延续，以致明末顾炎武可以倡言"天下兴亡，匹夫有责"，并得到一致的认同。自此，士人的精神与风骨已经在历史进程的长期积淀中逐渐转化为民族的文化基因，即使近代以来再次遭遇"三千年未有之大变局"的激烈震荡，经历欧风美雨的数番冲刷洗礼，时至今日依然残存余韵，流风不绝。

六、风骨的现代传承

在历史的真实人物中寻找真风骨之士，会发现风骨的精神从未真正断绝，哪怕是在儒家学说被全盘否定的现代化开始的初期。

(一) 真诚生风骨

20世纪前30年，中国社会新旧变革的喧哗洪流，裹挟一切，形成一个全新的名利场。鲁迅清醒地从变革中的旗手退位成冷静的中间人。青年鲁迅面对一个满目疮痍的国家，变革新民、救疗麻木的灵魂成为他为之献身的信念。所以他知晓呐喊之后无人应和、也无人反对的悲哀；也深知人群围观的眼神，他所处的世界必将如狂人一样，周围黑漆漆的，别人将待之以疯子。然而，他还是呐喊了，对天下承担的责任，本不应该以功利计算。

如果《呐喊》出于真，那么《彷徨》便始于诚。一开始，他也以中医用药之谬来反对中国传统，以人情之淡来解构古老的宗法伦理社会，像年青的吕纬甫砸碎庙中神像一般决绝。然而，作为思想者的鲁迅发现了旧传统实在难以割舍，发现了新思想的弊端，明白社会环境与理想之间的龃龉，于是不愿苟且地真诚面对自己的彷徨。散文诗《影的告别》写出了他夹杂在新旧中的痛苦处境。同时将自己与嵇康一样面对守护真理与保存生命的两难选择时，舍身而取义的价值选择。

> 有我所不乐意的在天堂里，我不愿去；有我所不乐意的在地狱里，我不愿去；有我所不乐意的在你们将来的黄金世界里，我不愿去。然而你就是我所不乐意的。朋友，我不想跟随你了，我不愿住。我不愿意！呜呼呜呼，我不愿意，我不如彷徨于无地。我不过一个影，要别你而沉没在黑暗里了。然而黑暗又会吞并我，然而光明又会使我消失。然而我不愿彷徨于明暗之间，我不如在黑暗里沉没。①

没有在明与暗、冰与火，没有中间地带含含糊糊的妥协，更不会为所见利

---

① 《鲁迅全集》第1卷，北京：人民文学出版社1981年版，第136页。

益奔向所谓的光明。嵇康便是如此。嵇康作为曹魏姻亲，从未担任要职。并非因忠诚于曹魏，而是因厌恶为名利富贵追逐，拘禁自我放弃志向的人生选择。其《兄秀才公穆入军赠诗》之十九写道："泽雉虽饥，不愿园林。安能服御，劳形苦心？身贵名贱，荣辱何在？贵得肆志，纵心无悔。"所以，他虽然不能得到生的自由，在死时，因为守住了自我内在的价值，依然感到了从容的自由。据《雅量第六》载："嵇康临刑东市，神情不变，索琴弹之，奏广陵散。曲终曰：'袁孝尼尝请学此散，吾靳固不予，广陵散于今绝也。'"不叹命绝，却叹艺之不传，足见嵇康风骨之美。鲁迅沉默于黑暗的抉择，也有同样的从容淡然风骨之美。

因为个人生命欲念，完全听从了内在道德而去担当，故而形体劳役，世间法则的拘束就消失了。鲁迅笔法，是认清内在生命担当，听从生命价值所归后形成的，是无所畏惧秉笔直书的真话笔法。

（二）风骨成就真正自由

孔子《论语·为政》声称，"七十而从心所欲，不逾矩"。个人获得自由，源于与精神内在高度契合。

这种自由人，可能是在变革时代固守自我，拖着一条辫子，守着晚清士人精神家园的王国维。固守书斋，坚守精神创造的人生信条。他学贯中西，精通英文、日文、德文，也精通甲骨文、音韵训诂学、融汇文学诗歌戏曲美学，其《〈国学丛刊〉序》说，"学无新旧，无中西也，无有用无用也"。他突破了新旧与中西的界限，把传统的学术研究与科学考据之法结合起来，把"二重证据法""中西化合"等方法摆到世界面前。他突破了时代的局限，成为自由的一大大儒。

这种自由人，可能是一身傲骨，气节傲胜，章太炎评价他是"养生未羡嵇中散，疾恶真推祢正平"的刘文典。他历任北大、清华、西南联大、云南大学等高校教授，一生善治古文，校勘整理了《淮南子》《论衡》《庄子》等典籍。

让他成为传奇的事件是出任安徽大学代理校长时与蒋介石的对决。不仅以"大学不是衙门"拒绝蒋介石视察，拒绝将大学变成政治的附庸；而且在蒋介石整治学潮，让他交出共产党员学生名单时，他断然拒绝，与强权针锋相对，数次辩驳，斥责蒋为新军阀，故而被囚禁。在日本占领北平时，因其留学日本，精通日语，被日本人多次威逼利诱出任伪职而不就。他说："国难临头，以发夷声为耻"；"国家民族是大节，马虎不得，读书人要爱惜自己的羽毛"。不畏强权，需要的显然不止是胆量。威武不能屈的自由，自是民族风骨的一个缩影。

这种自由人，他可能也是牵驴孝母，立誓五十之前不著述，脾气乖戾的黄侃。黄侃乃风流之辈，他桀骜不驯，与章太炎在日本以骂相识，又因对骂而与之相交深处，了解章太炎学问后又毫不犹豫地拜章太炎为师。他为得经学传承，又欣然叩拜只大自己两岁，且很多方面不如自己的刘师培为师。他尊师重道，在章太炎反袁世凯称帝被囚禁时，他每日下班便与章太炎作伴牢狱，秉烛谈文。他古怪桀骜，凡事但求合诸己心，任凭他论；又就事论事，不因事废人。虽在课堂上常骂同时代文人，比如皮锡瑞；一边骂其人，又将其《经学历史》作为教材，逐条批评。又常常掩卷而赞其文章写得好。他好美食喜山水，口不遮拦无心计算，以真性情处世待人。他不媚俗，不阿众，是所是，非所非，爱所爱，憎所憎，此可谓一种因风骨而通达的自由。

如果从内在坚毅的骨气出发，心虽被形体拘役，形虽处林林总总的社会关系当中，纷繁复杂的原则当中，但是个人以坚定人格从事，也将得到自我精神的自由。

（三）风骨铸就民族脊梁

风骨成就的不只是自己，它是中华民族气韵不绝于天地的秘诀之一。中华民族一次次在亡国灭种危机下转危为安，因为有一代又一代以天下为己任的士子，也因士子们传承刚健风骨，所以中华文明得以绵延千年而不绝，国家可以由弱到强而不被历史淘汰。

中国民族脊梁形成与中国人格文化紧密相关。士子虽自任以"道",但这个"道"却是无形的,除开他们的人格之外,"道"是没有其他保障的[①];重视精神修养的人,可以与"势"抗衡。他们不屈从于势,可以在国家面临强辱,或处于弱势的境遇之下而临危不惧,以民族脊梁继往开来。

百年前中华民族面临亡国灭种危机,从技艺到制度都落后,从民到军都弱小。且不说谭嗣同、孙中山、毛泽东以天下为己任,敢于承担开拓新世界;也不说胡适、蔡元培、章太炎、严复等为新时代之文化呕心沥血地批判构建。一滴水能反射出太阳的光辉,一位名士的风骨可见民族脊梁的风貌。1942 年,抗战进入相持阶段,梅贻琦以清华校长的资历掌舵西南联大。他承续"蔡孑民先生兼容并包的态度,以恪尽学术自由之使命"(梅贻琦日记),以兼容并蓄办学,在国土沦丧内忧外患物质极度贫乏的情况下,他以身作则,厉行节约,坚持办学,培养了邓稼先、许渊冲、何兆武、杨振宁、李政道等学子;坚持不拘一格用人才,庇护着陈寅恪、华罗庚、汤用彤、闻一多,让这些学者在风雨飘摇中完成了自己的著作。他去世时,只留下了装满清华基金账目明细的箱子,个人无任何私产。后来的台北清华,基金雄厚,他竟不苟取分文,高洁清廉只为完成自己保护好一所大学的使命。

中华民族从传统到现代转型,建立在无数知识分子,无数仁人志士以大道为己任,不惜奉献生命为之奋斗的基础之上。个人修养和人格之美成为民族崛起的根本保障。

钱学森之"为什么我们的学校总是培养不出杰出的人才"被称为世纪之问。我们的教育体系,培养出越来越多精致的利己主义者。风骨缺失,民族脊梁缺失,可能是回答这个世纪之问的一个方面。

造就风骨的第一步,当然是形成一个坚定的自我,这个自我当扎根于家国情怀的责任担当之中,且以天下大道为自我价值之源。其次,当有一套行为规

---

① 余英时:《士与中国文化》,上海:上海人民出版社 1987 年版,第 121 页。

则、人生取向的道德体系的建构。最后，有个体具备可妙赏宇宙万物而形成情趣的审美能力，将孤独个体与他周围世界融为一体，成就物我合一的自由之美。

思考题：

（1）谈一谈自己对"自由"的理解。

（2）魏晋风骨的精神内核有哪些？

（3）儒家文化如何构建了士人的精神和人格？

（4）请以"东林党人"为中心，阐述明代士大夫的人格特征。

参考文献：

（1）韩毓海：《二十世纪的中国：学术与社会》（文学卷），济南：山东人民出版社 2000 年版。

（2）汪晖：《现代中国思想的兴起》（下卷）第一部，北京：生活·读书·新知三联书店 2004 年版。

（3）余英时：《士与中国文化》，上海：上海人民出版社 1987 年版。

（4）邓晓芒：《文学与文学三论》，武汉：湖北人民出版社 2005 年版。

（5）赵东凌：《最后的精神贵族》，北京：石油工业出版社 2016 年版。

（6）刘小枫：《诗化哲学》，上海：华东师范大学出版社 2005 年版。

（7）[美]赫伯特·马尔库塞著，张峰，吕世平译：《单向度的人》，重庆：重庆出版社 1969 年版。

（8）[英]阿伦·布洛克著，董乐山译：《西方人文主义传统》，北京：生活·读书·新知三联书店 2003 年版。

（9）李天华：《世说新语新校》，长沙：岳麓书社 2004 年版。

（10）冯友兰、李泽厚著；洛玉明、肖能选编：《魏晋风度二十讲》，北京：华夏出版社 2009 年版。

（11）罗宗强：《玄学与魏晋士人心态》，天津：天津教育出版社 2005 年版。

（12）（汉）班固撰，（唐）颜师古注：《汉书》，北京：中华书局 1999 年版。

（13）（南朝·宋）范晔撰，（唐）李贤等注：《后汉书》，北京：中华书局 1999 年版。

（14）（汉）司马迁著：《史记》，北京：中华书局 2006 年版。

性命双修

【学习目的】掌握"性命双修"的意涵；了解古人对"性命"的深刻认识；明白"性"与"命"之间的相互关系；认识"性命双修"在心灵调节与身体养护中的重要意义；了解"性命双修"中调节心灵的方法与养护身体的技术；明白"归根复命"的思想内涵。

一、"性命"的本义

在现在的白话语中，"性命"一词一般理解为生命的意思。其实在我国的传统文化中，"性命"是一个哲学范畴，它不仅包含生命的意义，而且涵盖着古人对"性"与"命"及其关系的认知与体悟。

（一）"性""命"二字的原初意涵

傅斯年先生曾在《性命古训辨证》中，对先秦文籍中"性""命"二字进行统计证诂，他从"生"与"性"、"令"与"命"之语言学的关系角度指出：

"令""命"之本义为发号施令之动词，而所发之号、所出之令（或命）亦为令（或命）。凡在上位者皆可发号施令，故王令、天令在金文中语法无别也。殷世及周初人心中之天令（或作天命）固"淳淳然命之"也，凡人之哲、吉凶、历年，皆天命之也（见

《召浩》）。犹人富贵荣辱皆王命之也。王命不常，天命亦不常；王命不易，天命亦不易（解见次卷）。故天命王命在语法上初无别，在宗教意义上则有差。天命一词既省作命，后来又加以前定及超于善恶之意，而亡其本为口语，此即后来孔子所言之命，墨子所非之命。从此天命一词含义复杂，晚周德运之说，汉世识谶书之本，皆与命之一义相涉矣。

"生"之本义为表示出生之动词，而所生之本，所赋之质亦谓之生（后来以"生"字书前者，以"性"字书后者）。物各有所生，故人有生，犬有生，牛有生，其生则一，其所以为生者则异。古初以为万物之生皆由于天，凡人与物生来之所赋，皆天生之也。故后人所谓"性"之一词，在昔仅表示一种具体动作所产之结果，孟、荀、吕子之言性，皆不脱生之本义。[1]

傅斯年先生通过对"生"与"性"、"令"与"命"关系的考究阐释了"性""命"二字之本义，并通过文字学探源来阐释"性""命"观念所具有的思想史内涵。他指出"命"的本义就是发号施令，"王命"（帝王发出的命令）与"天命"（上天发出的命令）在语法上没有差别，但是在宗教意义上则不同，天命简作命，孔子、墨子等先秦哲人所言之命即是指天命。而"性"的本义即是"生"，"性"字最初的意义仅仅表示"一种具体动作所产生之结果"，待到孟子、荀子等哲人言及"性"时，其仍然包含着"生"的本义在其中。

确如傅斯年先生所言，我国古人言"性"总是与"生"的意涵密切相关。《尚书》云："王先服殷御事，比介于我有周御事，节性，惟日其迈。王敬作所，不可不敬德。"[2]这一段内容是召公对成王的告诫，召公认为成王当先服治

---

① 傅斯年：《性命古训辨证》，上海：上海古籍出版社 2012 年版，第 92—93 页。

② 李民、王健：《尚书译注》，上海：上海古籍出版社 2009 年版，第 290 页。

殷朝的旧臣，使他们亲近我们周朝的治事官员，同时还要"节性""敬德"，如此成王的治世之道才能通行。召公之所以提出"节性"，是因为成王年少血气未定，若不能节制生理欲望，则会影响身体与国政。生理之欲即"生"之行为的推动力，体现着"生"的意涵。故而，傅斯年先生对此解读道："如穷欲极侈必坠厥命，故勉其节生，治其身也。"[①]战国时期的告子以"生之谓性"为其立论基础，提出"食色性也"的观点，这同样昭示着"性"与"生"的密切关系。

（二）"性命"思想的历史拓展

以上，我们对"性"和"命"二字的本义有了一些了解。然而，随着时代的变迁与人们思想意识的改变，语言也是在不断发展变化的，而其中的词义也就在其本义的基础上理所当然地有了很多变化。那么，就"性""命"二字来说，后世哲人们又是如何认识与拓展其字词意涵的呢？"性""命"二字之间的关系又是如何认识的呢？由此二字所构成"性命"一词又包含着什么样的思想旨趣呢？随着历史的发展，围绕着"性""命"所产生的问题，在我国文化史上展现出多姿多彩的样态，形成了一系列的思想学说。

先秦时期，老子作为道家学派的创始人提出"归根复命"的思想，表达了对"命"的重视，并指出"复命"在人生修为中的重要意义。道家学派的另一重要代表庄子，继此阐发道："复命摇作而以天为师，人则从而命之也。"[②]

儒家学派的创始人孔子，在对于"性"的认识上提出"性相近也，习相远也"[③]的观点。这是说人的本性是接近的，后天的习染使人与人之间产生了差别。就孔子对"命"的认识来说，《论语》中有大量言论，如《论语·宪问》

---

① 傅斯年：《性命古训辨证》，上海：上海古籍出版社2012年版，第39页。

② （晋）郭象注，（唐）成玄英疏，曹础基、黄兰发点校：《庄子注疏》，北京：中华书局2011年版，第461页。

③ （宋）朱熹：《四书章句集注》，北京：中华书局2012年版，第164页。

载孔子曰："道之将行也与？命也。道之将废也与？命也。"① 这是说，孔子认为道能够得到推行，是天命决定的；道不能得到推行，也是天命决定的。他说："君子有三畏：畏天命，畏大人，畏圣人之言。小人不知天命而不畏也，狎大人，侮圣人之言。"②"不知命，无以为君子。"③ 孔子在回顾自己一生时还说："吾十有五而志于学，三十而立，四十而不惑，五十而知天命，六十而耳顺，七十而从心所欲，不逾矩。"④ 可见，"天命"观念在孔子心里是非常重要的，它是君子必须敬畏的对象，更是孔子 50 岁时修为境界的印证。

20 世纪 90 年代出土的郭店楚简中有《性自命出》篇。经专家鉴定，该篇文章的著作年代为孔子之后、孟子之前，文中对性命问题进行了论述，反映了那一时期孔子弟子们对性命问题的基本看法。该文开篇即称：

> 凡人虽有性，心亡定志，待物而后作，待悦而后行，待习而后定。喜怒哀悲之气，性也。及其见于外，则物取之也。性自命出，命自天降。⑤

这段话指出"喜怒哀悲之气"就是"性"，"性"来自"命"，而"命"是由"天"赋予的。这里的"性"指的是自然之性，是对情感欲望的理解。并认为"性"与"命"有着内在的联系，而"天"是"命"存在的原因，其用一种次第相生的逻辑把性、命、天统一了起来。

孟子首先对性命的关系进行了讨论。其曰："莫之致而至者，命也。"⑥ 又说："尽其心者，知其性也。知其性，则知天矣。存其心，养其性，所以事天也。夭寿不贰，修身以俟之，所以立命也。"⑦ 孟子认为命不是人力所能决定

---

① （宋）朱熹：《四书章句集注》，北京：中华书局 2012 年版，第 148 页。
② （宋）朱熹：《四书章句集注》，北京：中华书局 2012 年版，第 161 页。
③ （宋）朱熹：《四书章句集注》，北京：中华书局 2012 年版，第 181 页。
④ （宋）朱熹：《四书章句集注》，北京：中华书局 2012 年版，第 55—56 页。
⑤ 李零：《郭店楚简校读记》，北京：人民出版社 2007 年版，第 136 页。
⑥ （宋）朱熹：《四书章句集注》，北京：中华书局 2012 年版，第 288 页。
⑦ （宋）朱熹：《四书章句集注》，北京：中华书局 2012 年版，第 327 页。

的，而性是天在人身上的体现，存心养性即得以事天，修养自身等待生命的进程，就可以立命。孟子还从人格修养的角度对性命的关系进行了辨析："口之于味也，目之于色也，耳之于声也，鼻之于臭也，四肢之于安逸也，性也，有命焉，君子不谓性也。仁之于父子也，义之于君臣也，礼之于宾主也，智之于贤者也，圣人之于天道也，命也，有性焉，君子不谓命也。"①孟子认为人的感官对外在色声香味的追求是性，但其中有命，君子则不认为这是性。仁义礼智是命，但其中有性，君子不称这是命。

《易传》是战国时期解说《易经》的一部论文集。在《易传》的思想体系中，"性命"被赋予了哲学上的意义。《乾卦·彖辞》曰："大哉乾元！万物资始，乃统天。云行雨施，品物流形。大明终始，六位时成，时乘六龙以御天。乾道变化，各正性命。"②《易传·说卦传》言："穷理尽性以至于命。"③《易传》将"性命"与天地的运行规律联系起来，认为天地的运行变化使万物各自静定精神、规正性命，这为"性命"范畴找到本体论的依据。《易传》又对"性命"范畴进行伦理上的解读，将其与人的修为联系起来。在这里，"性命"作为一个范畴体现为人与天的关系，成为古人追求天人合一、实现生命境界的基本出发点。

汉代制度道教创立，随着道教组织的发展壮大，至魏晋南北朝时期，道门人士逐步建立起体系化的道教思想。《西升经》《抱朴子》《阴符经》代表了此时道教哲学以及神仙信仰证明、成仙方法论的标志性成果，其中《西升经》指出："我命在我，不属天地。我不视不听不知，神不出身，与道同久。吾与天地分一气而治，自守根本也。"④葛洪在《抱朴子》中提出"我命在我不在天"⑤

---

① （宋）朱熹：《四书章句集注》，北京：中华书局2012年版，第346页。

② 黄寿祺、张善文：《周易译注》，上海：上海古籍出版社2009年版，第5页。

③ 黄寿祺、张善文：《周易译注》，上海：上海古籍出版社2009年版，第569页。

④ 《西升经》，《道藏》，北京：文物出版社；上海：上海书店；天津：天津古籍出版社1988年版，第11册，第507页。

⑤ 王明：《抱朴子内篇校释》，北京：中华书局1985年版，第287页。

的口号。

宋以前的儒学主要探讨现实社会的伦理与政治，并没有十分注重身心性命的修养。隋唐以来佛道二家高谈心性，"佛教思辨的哲学逻辑结构较之儒教精致，而出现儒衰佛盛的状况；中国本土道教以老子《道德经》、庄子《南华经》等元典，吸收佛教的思想和宗教仪式，亦使其宇宙化生理论更为完善，较好地回答了宇宙万物何以化生及化生的过程，而比儒家天命论略胜一筹"[①]。在这样的文化背景下，儒家学者一边批判佛教和道教思想，一边吸收其中的有益成分形成了"更新的儒家"[②]——理学，又称道学、道德性命之学、心性之学。宋明理学以"性与天道"为中心哲学问题，他们重视《周易》，根据《易》理探讨"性与天道"，将"穷理尽性"作为道学的目的。[③]《宋明理学史》对宋明理学的重要范畴进行了归纳，"性命"即是其中之一。[④]

在唐末五代时期，道教内丹学得到了异常的发展。其中钟离权、吕洞宾所开创的内丹学被后人奉为旗帜。到了北宋时期，张伯端高举钟吕的旗帜，为内丹学的理论建设作出了杰出贡献。此后，道教内丹学越发兴盛起来。在内丹学中，性命是其核心范畴，后世学人亦称内丹学为"性命之学"。性命的内涵在内丹学中得到了进一步的扩充。《修真十书·悟真篇》载："夫变化之道，性自无中而有，必籍命为体；命自有中而无，必以性为用。性因情乱，命逐色衰，命盛则神全而性昌，命衰则性弱而神昏。夫性者，道也；神者，用也，静也，阳中之阴也；命者，生也，体也，动也，阴中之阳也。斯二者相需之不可缺，故孤阳不立，孤阴不成，体用双全，方为妙道。"[⑤]戈国龙先生根据这段话并参考各家内丹学文献后指出："'性'可以代表所有的'精神性生命'的范畴，包

---

① 张立文：《宋明理学研究》，北京：人民出版社 2002 年版，第 4 页。

② 冯友兰在《中国哲学简史》中将宋明理学称为"更新的儒家"。

③ 参见冯友兰：《中国哲学史新编》（下），北京：人民出版社 1999 年版，第 20 页。

④ 侯外庐、邱汉生、张岂之主编：《宋明理学史》，北京：人民出版社 1984 年版，第 10 页。

⑤ 《修真十书·悟真篇》，《道藏》，第 4 册，第 737—738 页。

括人的心、性、神、意识、思维等精神性范畴；'命'则代表了所有的'物质性生命'的范畴，如身、命、气、精、形等物质性范畴。在'性命关系'方面则代表了'物质与精神''身与心''形与神''神与气'等相应的关系层面，由此可见'性命'问题的重要性和复杂性。"①在性命理论的基础上，内丹学在修炼中包括性功和命功两个方面，并因次第先后的不同分为"先性后命"与"先命后性"。

综上所述，在我国文化史的长河中，历代学人在性、命二字本义的基础上，拓展了其字词含义，丰富了其概念意涵，形成了一系列思想学说。这是我国国学资源中的一块瑰宝，对我们现代人身心健康的养护有着重要的启迪价值。我们这一讲，即是在整个国学视域下，从广义的"性命双修"视角出发，结合当下社会境遇对其进行探讨。

二、穷理尽性以至于命

"穷理尽性以至于命"是国学中的一个重要命题，出自《易传·说卦传》。本讲第一节谈及了"性命"范畴在《易传》思想体系中的联系，这里我们具体阐释《易传》"穷理尽性以至于命"的意涵与应用之义。

(一)"穷理尽性以至于命"的意义诠释

《周易·说卦传》是阐说八卦象例的专论，其开篇即说：

昔者圣人之作《易》也，幽赞于神明而生蓍，参天两地而倚数，观变于阴阳而立卦，发挥于刚柔而生爻，和顺于道德而理于义，穷理尽性以至于命。②

---

① 戈国龙：《道教内丹学探微》，成都：巴蜀书社2001年版，第86页。
② 黄寿祺、张善文：《周易译注》，上海：上海古籍出版社2009年版，第569页。

《周易·说卦传》在这里阐述《周易》创作卦爻的渊源及其作用之广大：古之圣人创作《周易》的时候，是凭借着精神的智虑创造出蓍草揲蓍的方法，依据天地之间的关系建立奇偶数的象征体系，观察阴阳变化的规律而确立卦形方位，发动卦中刚柔的推进而产生爻位的变迁，和顺道德而运用合宜的方式治身处世，而后可以"穷理尽性以至于命"。

什么是"穷理尽性以至于命"？历代学者多有阐释。在此兹举二例加以解读。

唐代孔颖达认为"穷理尽性以至于命"是"穷极万物深妙之理，究尽生灵所禀之性，物理即穷，生性又尽，至于一期所赋之命，莫不穷其短长，定其吉凶"[1]。孔氏认为"穷理尽性以至于命"指的是探极世界万物所蕴含的深妙道理，究察生灵所禀赋的生性，由此便可以掌握命运期数的长短与其中的吉凶。"宋初三先生"之一的胡瑗将"穷理尽性以至于命"解释为："穷极万物之理，以尽万物之性，以至于命者也。命者，则谓长短凶折夭亡之类是也。然则大易之道，皆能尽万物之性，又能尽人之性者，盖性者皆天所禀受之善性者也。若能守己之性不陷于邪佞，则其命可以知矣。若人不能守己之性，而放僻邪侈无所不至，则其命不能固矣。是故大易之道，爻象之间，有变有动，皆所以尽人之性命者，使人观之则趋吉背凶向善改恶也。"[2]胡瑗同孔颖达一样，认为穷尽万物之理与万物之性，可以掌握命运中的吉凶，安然地面对生命中的夭寿祸福，此即"至于命"。胡瑗进一步解释了如何可以"至于命"，他认为"性"是禀受于"天"的"善性"，人之所以能尽性，乃是因为人能向善改恶，守持自己的善性使其不沦陷于邪佞之中，如此则可以知道"命"的真谛，自身的性命也得到保护。

---

① （清）阮元校刻：《十三经注疏》，《周易正义》，北京：中华书局影印1980年版，第93页。

② （宋）胡瑗：《周易口义》，《文渊阁四库全书》，台北：台湾商务印书馆1983年版，第8册，第548页。

以上二例关于"穷理尽性以至于命"的解读基本属于认识论的诠释范围，就何以"至于命"的逻辑理路来说，现代新儒家的代表徐复观先生曾分析指出："理为性所涵；穷理即所以尽性。性的根源是命；但性拘限于形体之中，与命不能无所限隔。能尽性，便突破了形体之限隔，而使性体完全暴露；此时之性，即与性所来之命，一而非二，这就是'至于命'。'至于命'的人生境界，乃是与天地合其德的境界。"① 徐氏认为，"穷理尽性以至于命"之"穷理"是"尽性"的前提，而"性"的根源来自"命"，通过"穷理"实现"尽性"来突破"性"与"命"之间的限隔，从而达到"至于命"的人生境界。

可以这样说，"穷理尽性以至于命"包括向内与向外两个维度，"穷理"即是外向的维度，强调主体对外界万物之理的探究与认识。而"尽性"则是内向的维度，强调主体对自身本性的认识、对禀受于"天"之"善性"的践履。穷理穷到至极，尽性尽到至善，基于"理""性""命"之间的逻辑理路，主体把握自我与世界的内在联系，突破"性""命"之间的限隔，融合自我与外界的冲突，实现人性的自我完善，体现"天"所赋予人的本性，从而安顿自身的终极命运。

（二）"穷理尽性以至于命"的应用之义

1. 把握自我，不惧迷惘与失落

当前这个时代，人类在物质世界里创造了丰富的物质生活，这大大提升了人们的生活质量，但这也给人类带来了不幸，这就是人的物欲的膨胀和贪欲的滋长。在这物欲横流的社会中，人的精神世界出现了极大的空虚。人们在疯狂追求物质享受的时候，忘却了自己精神生活的改善，看不到自己存在的意义和价值。人们内心缺少精神支柱，许多人因而产生焦虑、迷惘、失落和痛苦，由此导致了许多与人的精神有关的社会问题。

---

① 徐复观：《中国人性论史》（先秦篇），上海：上海三联书店 2001 年版，第 185 页。

当前，我国正处于社会转型期，社会经济结构、文化形态、价值观念等发生深刻变化，这样的社会变化需要经过一个漫长的时期，而社会中的每个人都不可抗拒地去面对这种变化，去承受社会变化所带来的生活状态的改变。这会使一些人产生精神上的痛苦和心灵上的迷惘，感觉似乎自己被某种看不见的外在力量所支配。此外，随着社会变化的深入，各个层次的矛盾冲突就会日益凸显，人们的思想便因着这样的矛盾和冲突出现混乱和迷惑。在全球化的今天，世界范围内的各种思想文化涌入我国社会，而当今霸权主义的伎俩就是利用思想文化的侵略和渗透来控制全球。在这种思想文化相互竞争、渗透的情况下，一部分人具有敏锐的思想判断力，还有一些人则缺乏警惕，导致其在思想上被人迷惑和蒙蔽。再者，社会转型中的经济结构变化对人们的生存境遇带来了深刻的影响，这种影响有积极的，也有消极的。例如一部分人投机钻营，非法、违法经营或权力资本化运作，造成不合理的财富分化，导致社会贫富不均。贫富差距悬殊、思想文化迷惑等系列因素又导致部分人利己主义、拜金主义、享乐主义的膨胀。

人们之所以会在追求物质享受的时候看不到自己存在的意义和价值，在社会变化的过程中产生精神上的痛苦和心灵上的迷惘，迷失在拜金享乐之中，归根到底，是自我的迷失。人们被各种观念推着走，没有机会沉静下来思考自我，甚至都忘记了还有一个自我的存在。人们在物质生活极大丰富的今天，亟须解决的首要问题就是正确地认清自我，处理好自我存在与自我意识之间的关系，安顿好自身的身心性命。由此消除精神世界的困惑与痛苦。对此，"穷理尽性以至于命"这一命题可以给予很好的启迪。我们说过"穷理尽性"之"穷理"是主体对外界万物之理的探究与认识，在面对纷繁复杂的社会现象与承受社会变化所带来的困苦之时，主体秉持"穷理"的求知态度，认知世间事物发展变化的规律。通过所"穷"之"理"来反观自身之心性，省察自我的真实存在，这便是"尽性"，进而在精神上达成自我存在与自我意识之间的和谐，由此把握自我本性与变动着的世界间的内在联系，不使自身在物欲横流的社会中随波逐流。

2. 和谐人我，消除人际的冲突

社会性是人的本质属性，人不能脱离社会而存在。人生的意义与价值也是在社会关系中才得以显现，而社会的和谐则是作为主体存在的人获得幸福人生的前提与保障。社会和谐之根本是人际的和谐，人际间的和谐协调着人与人之间的生存与发展状态。

在人与人的交往过程中，往往存在不少影响人际和谐的矛盾，而这些矛盾的产生归根到底是由于人们内心不合理的私欲作祟。人际间的不和谐使得朋友之间情感因素减少，互相猜疑提防；邻里间关系紧张，缺少谦让互助；同事间勾心斗角，缺乏友好合作；生意伙伴之间则出现尔虞我诈的情况，更甚者则导致同学亲友之间举目成仇、互相残杀。曾经轰动全国的云南某大学"马某某事件"就是极端人际冲突的典型案例。那如何获得人际交往中的和谐？"穷理尽性以至于命"这一古老的命题依然能给予我们启迪。

北宋时期的学者在注解《道德经》的时候常常引述《易传》中"穷理尽性以至于命"的说法。我们可以从这里寻找到和谐人我冲突的启迪。《道德经》第三十三章说：

> 知人者智，自知者明。胜人者有力，自胜者强。知足者富，强行者有志。不失其所者久，死则不亡者寿。[1]

宋徽宗注解说："此篇之义，始于知人所以穷理，中于知足所以尽性，终于不亡所以至于命，则造化在我。"[2]大臣江澄疏义曰："盖穷理则不蔽，故知人为穷理；尽性则无欲，故知足为尽性；达命之情则命万物而无所听，故死而不亡为至于命。《易》言'穷理尽性以至于命'，其序与此篇之义同。"[3]宋徽宗的意思是："穷理"使人不会受蒙蔽，"穷理"的人能洞察人的善恶是非；而人能

---

① 詹石窗：《道德经通解》，北京：宗教文化出版社2017年版，第58页。

② （宋）江澄疏：《道德经疏义》，《道藏》，第12册，第462页。

③ （宋）江澄疏：《道德经疏义》，《道藏》，第12册，第462页。

"尽性"则没有过分的欲望，没有过分欲望的人是能够知足的人，他的心里没有欠缺。"至于命"则是通达万事万物的性情，这样的人做事就不会失去立身处世的原则。就是肉体消解后，他的精神还将永存。这才是真正的永生长寿。

从这一段解释我们可以知道，"穷理"能使人对世间是非善恶有明确的认识和判断，不会放纵自己或他人恶行，懂得存养和保持自己的善心善行。"尽性"使人不滋长欲念，懂得知足，不流于眼前的利欲和争纷。以如此的心性面对自己与他人，人与人的关系就会和谐，社会才有更好的发展。

本节从应用国学的角度对"穷理尽性以至于命"这一命题进行针对性的探讨，在我国文化史上对"穷理尽性以至于命"的理解及其所具有的现代价值远不止本节所述的内容，"穷理尽性以至于命"可以说是"儒学中的一个重要的、概括全部精神修养的命题"①。

三、性命与天道

"天道"在古人的思想中是一个非常重要的概念，而"性命"作为体现人与天之间关系的范畴，它便与"天道"概念有着不可分割的联系。本节我们从对"天道"概念的理解入手，探讨"性命"与"天道"的关系。

（一）对"天道"概念的理解

"天道"概念由来已久，早在殷商时期，人们认为"上帝"是整个宇宙的主宰，上帝居于天上，所以又称之为天帝。人们认为"天"即是祖先家国的"本原"，王者先祖是天帝的后裔，人间帝王的血缘法脉与天相通。《诗·商颂·长发》中"有娀方将，帝立子生商"②即是这种观念的反映。国家则是上

---

① 崔大华：《儒学引论》，北京：人民出版社 2001 年版，第 434 页。
② 程俊英：《诗经译注》，上海：上海古籍出版社 2009 年版，第 556 页。

帝的意志在人间社会的表现，而国家的盛衰在于"天帝"的眷顾与否，如《尚书·盘庚下》说："肆上帝将复我高祖之德，乱越我家。"① 如此便形成了中国古代社会"敬天法祖"的思想传统。这个时候，"天道"即有天意、天志的意思。《尚书·仲虺之诰》有言："钦崇天道，永保天命。"②《尚书·汤诰》亦言："天道福善祸淫。"③

春秋以降，"天命神权"的观念逐渐淡化，老子提出"道"的概念，用"道生一，一生二，二生三，三生万物"④ 的宇宙生化逻辑代替殷商时期天帝主宰宇宙万物的思想。老子指出"不出户，知天下。不窥牖，见天道"⑤，又说："天道无亲，常与善人。"⑥ 在老子这里，"天道"指的是"自然规律"⑦。"天道"的特征是"无亲"，即"没有偏爱"⑧。老子将"见天道"视为"圣人"的境界，人可以通过自身的修为来领悟和把握"天道"的境界。

孔子"不语怪、力、乱、神"，他也很少谈及"天道"，但这并不代表他不重视"天道"，《论语·公冶长》载子贡曰："夫子之文章，可得而闻也，夫子之言性与天道，不可得而闻也。"⑨ 对此，朱熹注解说：

> 言夫子之文章，日见乎外，固学者所共闻；至于性与天道，则夫子罕言之，而学者有不得闻者。盖圣门教不躐等，子贡至是始得闻之，而叹其美也。⑩

在朱熹看来，孔子不是不言性与天道，而是"罕言之"，因为"圣人未尝不

---

① 李民、王健：《尚书译注》，上海：上海古籍出版社 2009 年版，第 165 页。
② 李民、王健：《尚书译注》，上海：上海古籍出版社 2009 年版，第 113 页。
③ 李民、王健：《尚书译注》，上海：上海古籍出版社 2009 年版，第 116 页。
④ 詹石窗：《道德经通解》，北京：宗教文化出版社 2017 年版，第 74 页。
⑤ 詹石窗：《道德经通解》，北京：宗教文化出版社 2017 年版，第 81 页。
⑥ 詹石窗：《道德经通解》，北京：宗教文化出版社 2017 年版，第 130 页。
⑦ 詹石窗：《道德经通解》，北京：宗教文化出版社 2017 年版，第 81 页。
⑧ 詹石窗：《道德经通解》，北京：宗教文化出版社 2017 年版，第 130 页。
⑨ （宋）朱熹：《四书章句集注》，北京：中华书局 2012 年版，第 77 页。
⑩ （宋）朱熹：《四书章句集注》，北京：中华书局 2012 年版，第 77 页。

言性命，但其旨渊奥，学者非自得之，则虽闻而不喻也"①。朱熹认为性与天道"其旨渊奥"，学者只有"自得"才能有所领悟。另外，"圣门教不躐等"，只有到达子贡这个程度才能窥其旨要，因此子贡听闻孔子言性与天道赞叹其美妙。

老子和孔子虽然谈论"天道"的言论不多，但作为儒家和道家的开创者，他们开创了"天道"与"性命"关系的源头。以后的儒家学者和道门中人都是围绕老子、孔子开创的传统进行更深入探讨。

（二）性命与天道的关系

性命与天道是什么样的关系呢？孔子的孙子子思在《中庸》里阐述了他关于性命天道的思想。他说：

> 天命之谓性，率性之谓道，修道之谓教。②

> 诚者，天之道也；诚之者，人之道也。③

> 唯天下至诚，为能尽其性；能尽其性，则能尽人之性；能尽人之性，则能尽物之性；能尽物之性，则可以赞天地之化育；可以赞天地之化育，则可以与天地参矣。④

"天命之谓性"是子思对性命与天道之关系的解答。徐复观曾说道：

> 上引子贡的话（即：夫子之文章，可得而闻也，夫子之言性与天道，不可得而闻也），实际上包含了两个问题。第一个问题是，性与天命，究竟如何而会连贯在一起？第二个问题是，孔子的文章（实践），和他的性与天道，又是如何而会连贯在一起？就孔门学术的性格来说，子贡所提出的问题，是学问上的大问

---

① （宋）朱熹：《四书或问》，朱杰人等编：《朱子全书》，上海：上海古籍出版社；合肥：安徽教育出版社 2010 年版，第 6 册，第 705 页。

② （宋）朱熹：《四书章句集注》，北京：中华书局 2012 年版，第 19 页。

③ （宋）朱熹：《四书章句集注》，北京：中华书局 2012 年版，第 32 页。

④ （宋）朱熹：《四书章句集注》，北京：中华书局 2012 年版，第 34 页。

题……《中庸》一开始便说"天命之谓性",这是解答前述的第一问题。"率性之谓道",这即是解答前述的第二问题。①

在解答了性命与天道之关系问题之后,子思认为"诚"是"天"的根本原则,使自身达到"诚",则是人的根本原则。朱熹解释说:"诚者,真实无妄之谓,天理之本然也。诚之者,未能真实无妄,而欲其真实无妄之谓,人事之当然也。圣人之德……则亦天之道也。"②对于《中庸》第二十二章,朱熹指出这一章"言天道也"③。通过朱熹的解释,我们可以知道,《中庸》以"诚"为纽带,把性命与天道连贯起来:唯有天下最真诚的人,能彻底发挥自己的天性;能彻底发挥自己天性的人,才能彻底发挥他人的天性;能彻底发挥他人天性,则能彻底发挥万物的天性;做到彻底发挥万物的天性后,就可以帮助天地繁育万物;做到能帮助天地繁育万物时,就意味着与天地并立了。与天地并立,就是人的精神达到了"天道"的境界。

孟子在子思的基础上进一步阐述了将性命与天道相贯通的理路。《孟子·尽心上》载:

> 尽其心者,知其性也。知其性,则知天矣。存其心,养其性,所以事天也。④

对此,朱熹解释说:"心者,人之神明,所以具众理而应万事者也。性则心之所具之理,而天又理之所从以出者也。人有是心,莫非全体,然不穷理,则有所蔽而无以尽乎此心之量。故能极其心之全体而无不尽者,必其能穷夫理而无不知者也。既知其理,则其所从出,亦不外是矣。"⑤朱熹认为,心是人的精神主宰,它包含众理而应对万事万物,性则是心所具有的理,而理产生于

---

① 徐复观:《中国人性论史·先秦篇》,上海:上海三联书店 2001 年版,第 97—98 页。

② (宋)朱熹:《四书章句集注》,北京:中华书局 2011 年版,第 32 页。

③ (宋)朱熹:《四书章句集注》,北京:中华书局 2011 年版,第 34 页。

④ (宋)朱熹:《四书章句集注》,北京:中华书局 2011 年版,第 327 页。

⑤ (宋)朱熹:《四书章句集注》,北京:中华书局 2011 年版,第 327 页。

天。每个人都有包含众理的心，人能穷理，就能竭尽全本之心量，就会知道本性。因此，知道了本性，就能明了天道。通过保存自己的本心，修养自己的本性，就可以通达天道的境界，行事不违背天道法则。

以上是儒家学者对性命与天道关系理解，儒家主要是从心性的领悟和精神境界的超越上来理解。而在道门中，在北宋后兴起的内丹学中，性命问题成为其最重要的部分，内丹学也直接成为"性命之学"，戈国龙在《道教内丹学探微》中指出："'从道受生谓之性，自一禀形谓之命'，人的'性命'与'天道'贯通，通过内在性命的修正达成天道的超越，这可说是中国哲学的根本宗旨所在。人作为'命'是有限的，但人的有限的'命'却源自那无限的'道'，'命'乃是'道'之'命'，于是'命'就有'道'之'性'，'性起于道，形生于德'，这或许就是《中庸》'天命之谓性'的意义。"①

（三）"性命与天道"的应用之义

我们对"性命与天道"有了一番了解和认识后，如何将国学中这一重要命题运用到当下的现实生活中，这就是应用国学需要进一步探讨的问题。

上一节讲的"穷理尽性以至于命"，它是主体对自身本性的认识，是实现人性的自我完善。而主体对"性命与天道"关系的领悟与理解，则可以说是主体在"穷理尽性以至于命"基础上把握自我以及自我与世界的内在联系后的超越；是从人性的自我完善到胸怀、格局的不断扩充，将自我对身心性命的领悟提升到"天道"的境界，进而将"天道"的精神落实到自身修身处世的行为上，以至心怀天下、仁及草木。

老子《道德经》有言："是以圣人常善救人，故无弃人；常善救物，故无弃物。"②在老子看来，圣人具有"天道"的境界，他以宽厚慈悲的胸怀去救济别

---

① 戈国龙：《道教内丹学探微》，成都：巴蜀书社2001年版，第82页。
② 詹石窗：《道德经通解》，北京：宗教文化出版社2017年版，第47页。

人。圣人的心与万物合一，因而无论是对动物还是植物，都没有损毁和轻弃。

对于"天道"的精神，张载概括为"民胞物与"。他在《乾称篇》中说道："乾称父，坤称母；予兹藐焉，乃混然中处。故天地之塞，吾其体；天地之帅，吾其性。民吾同胞；物吾与也。"①《周易》以乾坤为天地，又代表父母。张载认为乾卦，表示天道创造的奥秘，称作万物之父；坤卦表示万物生成的物质性原则与结构性原则，称作万物之母。我是如此的藐小，混然处于天地之间。充塞于天地之间的，就是我的形色之体；而引领统帅天地万物以成其变化的，就是我的天然本性。人民百姓是我的同胞，而万物皆与我为同类。张载把人和天道联结起来，他从个人的立场来领悟天道的精神，又以对天道的把握来安顿社会和人生。

四、"我命在我不在天"

前面两节，主要讲述个体心性的修炼与精神境界的扩充，属于广义"修性"的内容。这一节将从丰富的国学宝库中找寻关于广义"修命"的文化资源。

（一）关于"我命在我不在天"的理解

我国古人很早就有贵生恶死的观念，如上古传说中的彭祖寿命800岁。老子《道德经》则系统提出了道家"贵生"之论。《道德经》第四十四章指出："名与身孰亲？身与货孰多？得与亡孰病？"②凡人多轻身而徇名利，贪得而不顾危亡，老子告诫世人要贵重生命，不可为名利而奋不顾身。《道德经》第五十章言："出生入死。生之徒十有三，死之徒十有三。人之生，动之死地，

---

① （宋）张载；章锡琛点校：《张载集》，北京：中华书局1978年版，第62页。
② 詹石窗：《道德经通解》，北京：宗教文化出版社2017年版，第77页。

亦十有三。夫何故？以其生生之厚。盖闻善摄生者，陆行不遇兕虎，入军不被甲兵。兕无所投其角，虎无所措其爪，兵无所容其刃。夫何故？以其无死地。"① 老子的这些言论中蕴含着重视养护性命的"贵生"思想。

老子的"贵生"思想为后世的制度道教所继承并成为其核心教义，追求长生不老则成为道门中人的毕生目标。早期道教的主要经典《太平经》中认为："是曹之事要当重生，生为第一。"② 陶弘景在《养性延命录·序》中指出："夫禀气含灵唯人为贵，人所贵者，盖贵为生。"③ 道门中人如此重视生命，因而他们面对世间的生老病死提出"我命在我不在天"的口号。

"我命在我不在天"这一命题最早记载于《龟甲文》，葛洪在《抱朴子》中引用该经文说："我命在我不在天，还丹成金亿万年。"④ 后来的道教典籍，如《养性延命录》《真气还元铭》《悟真篇》都表达了这样的观点。"我命在我不在天"这一道教在生命问题上的基本观，"与那些把寿命长短完全看作由上天决定的想法不同，道教相信人的生死命运是可以由自己掌握的，生命的主动权就操纵在自己手中。这种生命自主思想，集中表现为坚信生命演化过程是可逆的，人可以凭借主观努力，逆转生命演化之路，复归到生命的根源上，实现生命形态的转化而逃离生死之度数"⑤。

《养性延命录》在陈述"我命在我不在天"这个命题时说到："夫形生愚智，天也；强弱寿夭，人也。天道自然，人道自己。"⑥ 这是说，"天道"的原则是自然而然，"人道"则是自己把握自己的命运。"天道"与"人道"并不相互排斥，在道门中人看来，人体与天地有"同构对应"的关系，天地是大宇宙，人体是小宇宙。而"我命在我不在天"也并不是说人要与"天道"的规律

① 詹石窗：《道德经通解》，北京：宗教文化出版社 2017 年版，第 85 页。
② 王明：《太平经合校》，北京：中华书局 1985 年版，第 613 页。
③ （梁）陶弘景：《养性延命录·序》，《道藏》，第 18 册，第 474 页。
④ 王明：《抱朴子内篇校释》，北京：中华书局 1985 年版，第 287 页。
⑤ 詹石窗：《道教文化十五讲》，北京大学出版社 2012 年版，第 180 页。
⑥ （梁）陶弘景：《养性延命录》卷上，《道藏》，第 18 册，第 476 页。

和原则做抗争，而是把握自己的行为使之顺应"天道"而行，由此逆转生命演化之路。《黄帝阴符经·神仙抱一演道章》开篇即说："观天之道，执天之行，尽矣。"①"观天之道"即是认识"天道"，"执天之行"即是在领悟"天道"的境界、认识"天道"的规律之后，使自身的行为符合"天道"。《黄帝阴符经》进一步说道："天性人也，人心机也，立天之道以定人也。"②对此，云峰散人夏元鼎说："机械之运不疾而速，机关之应，若合符节耳。人能明此之机，心同造化，自然机应不失，则天道立矣。固非曰舍人道而别立天道，亦非曰先立天道而后定人道也。盖人道即天道，天道即天机，天机即天性，所谓存其心，养其性，所以事天也。"③《阴符经》所说的"机"不是世间机巧变诈的意思，而是指"天道"与"人道"相贯通的"玄机"。按照夏元鼎的解释，人能明了这一"玄机"，则心与造化相同，其行为规范自然符合"天道"。

可以说，"我命在我不在天"，是道教从人的生命护养层次对"天道"的把握，它体现着道教贵生的主体精神；它把"人道"与"天道"联结起来，因为人是小宇宙，"天机"就在自己的心中，存心养性，天机自然显露，时来运转，益寿延年。④ 这也就是上一节所讲的"性命与天道"之贯通在主体生命养护上的实现。

（二）生命养护的方法技术

道门中人在"我命在我不在天"这一精神的驱动下探索出多姿多彩的生命养护方法与技术。以下我们介绍几种道门中流行广泛的几种炼养方技。

1. 守一、存思术

守一、存思术是修炼者调控心灵、排除烦恼，使注意力集中的重要方式。

---

① （宋）夏元鼎：《黄帝阴符经讲义》卷一，《道藏》，第2册，第722页。
② （宋）夏元鼎：《皇帝阴符经讲义》卷一，《道藏》，第2册，第723页。
③ （宋）夏元鼎：《皇帝阴符经讲义》卷一，《道藏》，第2册，第723页。
④ 詹石窗：《道教文化十五讲》，北京：北京大学出版社2012年版，第185页。

《太平经》最早对"守一"的功能和方法作了介绍，认为"守一"可以度世，可以消灾，可以事君，可以不死，可以理家，可以事神明，可以不穷困，可以理病，可以长生，可以久视。①至于"守一"的"一"，在不同的道教典籍中有不同的内涵。詹石窗教授指出："道教'守一'的内容不一，但其基本旨趣却是一致的，即'以一念代万念'。在守的过程中，道门中人有许多讲究。一方面要选择环境，设立静室，避喧哗之声，喜良好采光，并且通风；另一方面则要求调心，控制情感活动，排除忧虑，然后才能进入'守一'的具体修持。从本质上看，'守一'乃是一种意念集中的方法，长久练习，可以使人培养起控制自身情绪的能力，排除干扰，使心情处于平静状态，从而有益健康。"②

"存思"，又称"存想"，它是道教对心灵调节术"守一"的拓展。"存思"就是引导自身的意念集中于某处。早期道教经典《太平经》中也记载了"存思术"的修持，魏晋南北朝时道教存思术得到很大发展，被广泛用于许多修持活动中。道教上清派尤其擅长存思术。北宋张君房编纂的《云笈七签》中专门列有"存思部"，记载了相当丰富的存思方法。道教存思法"在客观上对于人的精神应该是有一定调节作用的。因为存思法既可以使注意力集中，也可以使注意力得到转移。我们知道，人的注意力不能涣散，但也不能长期过度紧张。在涣散的时候可以通过景观的存思方式使之重新集中起来；在注意力紧张的时候也可以通过存思内外景观，促使它发生转移，这样可以解除大脑的疲劳"③。

2. 服气术

"服气"，又称"行气""调息"等，它是以控制气息吐纳来炼养身体的方法。道门中有很多的服气流派，《云笈七签》也专门列有"诸家气法部"。道教认为"气"是生命赖以维持的根源。《抱朴子》载："夫人在气中，气在人中，

---

① 王明：《太平经合校》，北京：中华书局 2014 年版，第 761 页。

② 詹石窗：《道教文化十五讲》，北京：北京大学出版社 2012 年版，第 203 页。

③ 詹石窗：《道教文化十五讲》，北京：北京大学出版社 2012 年版，第 205 页。

自天地万物，无不须气以生者也。"①《元气论》云："人与物类，皆禀一元之气而得生成，生成长养，最尊最贵者，莫过人之气也。"②通过"服气"可以祛病强身，延年益寿，以至天人感通。

服气的方法因不同流派而有不同的操作，但概括起来主要分为"服内气"与"服外气"两大类，所谓"服内气"，实际上就是通过一定的意念引导，激发内气运转，以增进内脏功能。而"服外气"则是服食体外的对人体有利的"生气"。"服内气"与"服外气"只是从侧重点方面说的。在具体的操作过程中，两者并没有明显的界限。③服气的最高层次是胎息。《抱朴子·释滞》指出"其大要者，胎息而已。得胎息者，能不以鼻口嘘吸，如在胞胎之中，则道成矣"④。《云笈七签》曰："人能依婴儿在母腹中，自服内气，握固守一，是名胎息。"⑤简单地说，胎息就是模拟婴儿呼吸的一种养生方法。

3. 导引术

导引之法，最早的记载见于《庄子》。《庄子·刻意》篇云："吹呴呼吸，吐故纳新。熊经鸟申，为寿而已矣。此导引之士、养形之人，彭祖寿考者之所好也。"⑥

《玄鉴导引法》载抱朴子曰：导引"一则以调营卫，二则以消谷水。三则排却风邪，四者以长进血悉。故老君曰：天地之间，其犹橐籥乎！虚而不屈，动而愈出。言人导引摇动，而人之精神益盛也。导引于外，而病愈于内，亦如针艾攻其荣俞之源，而众患自除于流末也"⑦。抱朴子又说，"养生之尽理者……

---

① 王明：《抱朴子内篇校释》，北京：中华书局1985年版，第114页。

② 《元气论》，《道藏》第22册，第383页。

③ 参见詹石窗：《道教文化十五讲》，北京：北京大学出版社2012年版，第206—207页。

④ 王明：《抱朴子内篇校释》，北京：中华书局1985年版，第149页。

⑤ 《延陵君修养大略》，《道藏》第22册，第408页。

⑥ （晋）郭象注；（唐）成玄英疏；曹础基、黄兰发点校：《庄子注疏》，北京：中华书局2011年版，第291页。

⑦ 《玄鉴导引法》，《道藏》第22册，第252页。

朝夕导引，以宣动荣为，使无辍阂"[1]。"荣卫"指的是人体的营养作用和防卫机能。葛洪指出导引有四大功能，认为早晚练习导引术可以使气血畅通，增强人体的免疫功能，达到强身健体的目的。

就导引的方法来说，道门中人善于从动物的行为中得到启示，通过模拟动物动作来编排导引方法，其中最典型的是华佗创立的"五禽戏"。《三国志·华佗传》云："古之仙者为导引之事，熊颈鸱顾，引挽腰体，动诸关节，以求难老。吾有一术，名五禽之戏。一曰虎，二曰鹿，三曰熊，四曰猿，五曰鸟，亦以除疾，并利蹄足，以当导引。"[2]

4. 内丹术

内丹，亦称"金丹"，是道教重要的炼养方术。本讲第一部分讲到道教内丹学与"性命"本义的关系，内丹学对"性命"的认识即指导着内丹的修炼。内丹以人体为"鼎器"，以精气神为"药物"，以呼吸意念为"火候"，在人体内部"烧炼""金丹大药"，以此达成对生命能量（命）的转化与生命境界（性）的提升。

道教内丹学兴起于隋唐之际，成熟于宋元时期。唐末五代之际，钟离权、吕洞宾等内丹大师的出现，使得内丹学开始成为系统的道教修炼方法。到宋代，经陈抟、张伯端、王重阳等人的推动，内丹学建立起完善的理论框架，形成南北二宗。南宗，又称金丹派南宗，由张伯端开创，经石泰、薛道光、陈楠传至白玉蟾建立起有组织的道教团体，此即"南宗五祖"。北宗，又称全真道，由王重阳开创，先后传与马钰（丹阳子）、丘处机（长春子）、谭处端（长真子）、王处一（玉阳子）、郝大通（太古子）、刘处玄（长生子）和马钰之妻孙不二（清静散人），号称"北七真"。在内丹修炼程序上，南宗主张"先命后性"，北宗主张"先性后命"。

---

① 王明：《抱朴子内篇校释》，北京：中华书局1985年版，271页。

② （晋）陈寿撰；（宋）裴松之注：《三国志》卷二十九《华佗传》，北京：中华书局1982年版，第3册，第804页。

此后，内丹学不断发展形成了诸多流派，有所谓中派、东派、西派之分。所谓"中派"以元初从金丹派南宗合流于全真道的李道纯为代表，李道纯总结南北二宗之学，其丹法以性命双修为特色；"东派"以明代的陆西星为代表，陆氏的丹法从筑基、炼己、摄心修性入手，在见性之后则男女双修；"西派"以清代四川的李西月为代表，李西月宗承张三丰、陆西星等人的丹道学说，于炼心方面而多有精辟见解。①

当今社会物质生活极大丰富，人们的生活水平提高了，但是国民体质却在不断下降，据统计，我国有超过70%的人处于亚健康状态。人们对生命养护有着极大的需求。道家养护生命的方法技术多种多样，每一种炼养技术都有其理论支撑与实际效用，能为现代人的生命养护提供应用价值。

五、戒定慧与艮背行庭

中华国学是围绕人格生命展开的，生命本身是一个过程，而良好的生命状态一定是一个健康的生命过程。这样的生命过程则展现为在健康身体的基础上，还有健康的行为。前面我们探讨了国学文化中对个体获得心灵安放与身体健康的指导，在这部分内容中，我们将继续挖掘国学文化中能使人们获得健康行为的有益指导。需要注意的是，这样的指导本身就是其在当下的应用之义。

（一）戒定慧的修持

公元前565年，释迦牟尼在古印度诞生，35岁开悟后创立了佛教，此后说法49年。公历纪元前后佛教传入中国，现今学界一般以汉哀帝元寿元年（公元前2年）博士弟子景庐受大月氏王使伊存口授《浮屠经》为佛教正式传入中土的标志。佛教入中国后，经长期传播发展，形成了具有中华民族特色的

---

① 参见詹石窗：《道教文化十五讲》，北京；北京大学出版社2012年版，第217页。

中国佛教，成为中国文化的重要组成部分。佛教的教理教义简括而言就是戒、定、慧三学。其目的是引导众生了知宇宙人生的真相、苦乐的真谛，并教授众生离苦得乐的方法，给人类以和平、幸福和智慧。

戒，即严持各种戒律，防非止恶。戒律之律，即是学佛者必须遵守的规范以及在生活上止恶行善的规律。佛教戒律很多，如十戒：不杀生、不偷盗、不邪淫、不妄语、不饮酒、不涂饰、不歌舞及旁听、不坐高广大床、不非时食、不蓄金银财宝等。佛教的戒律内容分为"止持"与"作持"两大类。"止持"即制止身口意（三业）作各种恶行，亦即"诸恶莫作"；"作持"即教人积极奉行各种善行，亦即"众善奉行"。《四分律删繁补缺行事钞》云：

> 言止持者，方便正念护本所受，禁防身口不造诸恶，目之曰止。止而无违，戒体光洁，顺本所受，称之曰持……二明作持，恶既已离，事须修善，必以策勤三业，修习戒行，有善起护，名之为作。①

可见佛教的戒学不仅是教人不做恶行，同时还鞭策人们行善。对杀、盗、邪行、妄语等各种恶法，如果不修止持戒，不能依戒而行，那就是犯戒。相反，对利益众生的各种善法，如果"止"而不"作"也是犯戒。

定，即禅定，坐禅修定，要求修行者静虑息念，使心专注一境，消除杂念，以达到修行的境界。简单地说，修定，就是教我们用自己心灵的力量，自觉地约束自身的欲望，不被外界诱因所迷惑，保持内心不妄动。修持禅定有修"止"与修"观"。修"止"，是排除生活实践中所产生的种种妄想，使心寂止不动。修"观"，指在定心中用佛教的见解进行思考，观照事物的真实面貌。

慧，音译为"般若"，又作智，即佛教智慧；是通过修行所达到的明辨真

---

① 《四分律删繁补缺行事钞》卷二，《大正新修大藏经》第40册，东京：大藏出版株式会社1988年版，第91页。

理、觉悟解脱的认识能力；包括闻、思、修三慧，即在听闻、思考及修行中获得的智慧。

佛教戒定慧三学是一个完整的体系，三者有着次第相因的关系。戒是外在的制约力，定为心静性空，慧是对佛教真谛的觉悟。持戒可以产生定静，在定中生起智慧。然持戒与修定也不是盲目的，而是要以闻思慧为指导，以持戒为基础，在持戒的基础上修禅定，在禅定中修观而获得"修慧"。唯此修慧，才堪断烦恼而入涅槃。

戒定慧的对境是贪嗔痴，贪嗔痴为三毒，又称三垢、三火。贪，对顺的境界起贪爱，非得到不可，否则，心不甘，情不愿。嗔，对逆的境界生嗔恨，没称心如意就发脾气，不理智，意气用事。痴，不明白事理，是非不明，善恶不分，颠倒妄取，起诸邪行。佛教认为三毒残害身心，使人沉沦于生死轮回，为恶之根源。只有修持戒定慧，才能离苦得乐。

（二）艮背行庭的指导

"艮背行庭"出自《周易》六十四别卦中"艮"卦卦辞。其曰："艮其背，不获其身；行其庭，不见其人，无咎。"[1]这是说抑止邪欲于背后，以避免被觉察，不让身体直接面向应当被抑止的私欲；譬如行走在庭院里也两两相背，互相不见对方被抑止的邪恶，必无咎害。

六十四别卦中"艮"卦由上下两个八经卦之艮卦组成。八经卦中的艮卦之象，为一阳爻处于二阴爻之上，代表阳气自下而升，极上而止，其取象为山。《说卦传》曰："艮为山。"[2]"艮以止之。"[3]在古人的视野中，深山野林中猛兽出没，山路亦是岖险，翻山之难，让人望而却步，只能停止于山下。因此"艮"以"山"为象，取"止"之义。在六十四别卦中，"艮"之上下卦均

---

① 黄寿祺、张善文：《周易译注》，上海：上海古籍出版社2009年版，第401页。

② 黄寿祺、张善文：《周易译注》，上海：上海古籍出版社2009年版，第586页。

③ 黄寿祺、张善文：《周易译注》，上海：上海古籍出版社2009年版，第574页。

为"艮"，故《象》曰："兼山，艮。"①孔颖达疏云："'兼山艮'者，两山义重，谓之'兼山'也，直置一山，已能镇止。今两山重叠，止义弥大，故曰'兼山艮'也。"②此谓别卦之"艮"为两座山重叠之象。本来，一座山就足以镇止，而《艮》卦置山两座，可见"艮"之象在表意上加重强调静重坚实与止栖安顿。

我们知道，《周易》中的《彖传》阐释卦名、卦辞、卦义体例，论断每卦的主旨。《艮》卦之《彖》曰："艮，止也。时止则止，时行则行；动静不失其时，其道光明。艮其止，止其所也。上下敌应，不相与也。是以'不获其身，行其庭，不见其人，无咎'也。"③《彖传》首先论断"艮"所表达的抑止之义，并进一步阐释了行"止"之道，认为应当抑止时就抑止，应当前行时就前行，动与静要适当不违时机。如此，艮止之道才光辉明朗。《艮》卦大义是象征抑止，这是说明抑止适得其所。卦中六爻上下相互敌对，不相交往亲与，所以就像不让身体面向当被抑止的私欲，这就是艮背行庭之意。

孔颖达从"艮"卦爻象上注疏《彖传》论断艮止之义，云："上下敌应，不相与'也者，此就六爻不相应，释艮卦之名，又释'不获其身'以下之义。凡应者，一阴一阳，二体不敌。今上下之位，虽复相当，而爻皆峙敌，不相交与……然八纯之卦皆六爻不应，何独于此言之者，谓此卦既止而不交，爻又峙而不应，与'止'义相协，故兼此以明之也。"④孔氏认为，按照《周易》体例的"应爻"原则，"艮"卦六爻皆不相应，又"艮"之六爻中贯彻艮止之义，所以六爻亦不交感，此乃"艮"卦六爻不应与八纯卦六爻不应之区别所在，故以此表明艮止之义。

---

① 黄寿祺、张善文：《周易译注》，上海：上海古籍出版社 2009 年版，第 403 页。
② （清）阮元校刻：《十三经注疏》，《周易正义》，北京：中华书局影印 1980 年版，第 63 页。
③ 黄寿祺、张善文：《周易译注》，上海：上海古籍出版社 2009 年版，第 402 页。
④ （清）阮元校刻：《十三经注疏》，《周易正义》，北京：中华书局影印 1980 年版，第 62 页。

"艮"卦六爻分别取象人体各个部位，用象征比喻手法阐释了艮止之义在不同情况下的得失之状。如六二止于"小腿"、九三止于"腰际"为施止不当之象；初六止于"趾"、六四止于"上身"、六五止于"口"、上九敦厚于止，均为施止妥善之象。再由卦义推及人事，《象传》曰："君子以思不出其位。"① 王弼云："各止其所，不侵官也。"②《正义》疏云："止之为义，各止其所。故君子于此之时，思虑所及，不出其己位也。"③ 程颐曰："位者，所处之分也。"④ 对于为人处世来说，君子应当自我抑止内心邪欲，摆正自身的位置，不做超出自身本分的事，即《周易·乾·彖》所谓"各正性命"之意。从以上分析可以知道，"艮"卦主旨思想是抑止，"艮背行庭"则是实现"艮"止思想的行为指导。

从以上讲述的内容，我们不难看出，戒定慧与艮背行庭有一个共同之处——指导人的行为，教人抑止内心的邪欲，排除生活实践中所产生的种种妄想，通过主体和善的行为实践获得身心的安定与平和。戒定慧与艮背行庭作为行为指导有一个共同的基础——止。只有在"止"的基础上才能有正确的行为。同时，"止"还包含着其与"行"的辩证关系："诸恶莫做"是"止"，这是抑止恶行；"众善奉行"也是"止"，这是抑止不行善。《彖》言"时止则止，时行则行"，《艮》卦六五爻辞"艮其辅，言有序"⑤ 更是通过"止"来保持正确的"行"。着眼当下，我们在对戒定慧与艮背行庭的思想意旨有了一定的了解后，应当把这种"止恶行善"的思想意识以及"时止则止，时行则行"的行止方式应用到学习、工作与生活当中，通过规正自身的行为举止获得"性命"

---

① 黄寿祺、张善文：《周易译注》，上海：上海古籍出版社 2009 年版，第 403 页。

② （清）阮元校刻：《十三经注疏》，《周易正义》，北京：中华书局影印 1980 年版，第 63 页。

③ （清）阮元校刻：《十三经注疏》，《周易正义》，北京：中华书局影印 1980 年版，第 63 页。

④ （宋）程颐撰；王孝鱼点校：《周易程氏传》，北京：中华书局 2011 年版，第 300 页。

⑤ 黄寿祺、张善文：《周易译注》，上海：上海古籍出版社 2009 年版，第 406 页。

的正定。也只有如此，我们才能正确而踏实地走稳每一步，获得生活的美满与事业的成功。

六、归根复命与领悟天地大美

前文中，我们对"性命双修"的理论意涵与实践应用进行了具体的阐述与介绍，在本讲的最后一节，我们从以下两个方面对主体经由"性命双修"的不断修持所达到的生命境界与显现生活情状进行简要描述。

（一）归根复命：完满生命的呈现

"归根复命"这一概念出自老子《道德经》第十六章，其云：

> 致虚极，守静笃。万物并作，吾以观复。夫物芸芸，各复归其根。归根曰静，静曰复命，复命曰常，知常曰明。不知常，妄作凶。知常容，容乃公，公乃王，王乃天，天乃道，道乃久。没身不殆。①

对此，詹石窗解读道：

> 如果人人能够致知，最终达到"虚无妙境"，这就是大智慧的极点。
>
> 诚心诚意地守静，定要做到矢志不移。
>
> 具有大智慧的圣人在心灵虚静而达到最高境界之时，可以感悟到万物的孕育、生长、死亡这一生生不息、周而复始的宇宙奥秘。
>
> 万物虽然纷绘变化，但最后还是要回归到生命的根源。
>
> 万物回归到自己的生命根源，就叫做"静"。

---

① 詹石窗：《道德经通解》，北京：宗教文化出版社 2017 年版，第 27—28 页。

"静"也就是回复到自我生命的真正自然本性。

回复到自我生命的真正自然本性，才能体悟到宇宙的永恒法则。

能够体悟到宇宙的真正永恒法则的人，才明白什么是"假我"，什么是"真我"。

世上之人，大多不能悟解宇宙的真正永恒法则，所以容易轻举妄动；一旦如此行事，往往就要招来灾殃了。

能够悟得这个"道"，就会珍惜"真我"，也就能涵容一切，无所不包。所以这种人心胸开朗，能够做到坦然忘己，大公无私。

像这样大公无私的人，就会将挽救苍生视为己任，这就是圣人了。

圣人必然要顺天行事。这种顺天行事的做法，是合乎"真常之道"的。能够合乎"真常之道"的人，才会长生久视：即使存在于这个世上的"假我"(肉体)消亡了，其"真我"(灵性与精神)也会永世长存。①

从詹石窗的解读中我们可以知道，"归根"即是"回归到生命的根源"，而"复命"即是"回复到自我生命的真正自然本性"。只有"归根复命"才能体悟到宇宙的永恒法则，并由此了悟"真我"，涵容一切，坦然忘己，大公无私，也只有如此才会长生久视。

老子是道家鼻祖，他的"归根复命"思想是从"道"的角度出发来阐释人生修为的境界。我们现在是从整个中华国学文化的视野下讲述广义的"性命双修"，老子"归根复命"思想同样可对广义的"性命双修"进行总结，它道出了生命在历经"性命双修"这一自我完满过程的最终呈现状态。福永光司曾指

---

① 詹石窗：《道德经通解》，北京：宗教文化出版社 2017 年版，第 28—29 页。

出："老子的复归思想与后来宋学之复性说有密切关系……此一复归思想，在中国哲学史上，便形成了两种特征性思想。其一，就人的内在的主体性实践性这一方向作复归。人心原本清净圆满，因后天种种欲望与知识而被骚乱，故应舍弃人欲以复归其原本的清净圆满；此唐李翱及其承继者宋学之复性说可为其代表，而中国佛教与道教之修养论，亦可谓在基本上亦立于此一立场。"①

"归根复命"，是儒释道的共同主题。常人的生命演化是一个精神耗散、身体衰老的过程，它包括一切为满足欲望而伤精耗神的生理（命）活动和精神（性）活动。在生理方面表现为生命能量不断枯竭，机能衰退。在心理方面则表现为处处以自我为中心追逐欲望的满足，脑内终日盘旋七情六欲，精神消弭在名绳利锁、机诈日深、勾心斗角之中。对于这种情况，儒家以"存天理，灭人欲"为宗旨的圣人修养何尝不是"归根复命"；佛教教人以戒定慧灭除贪嗔痴从而"转迷为悟"的成佛之道同样也是"归根复命"。无论是儒家之成圣、道家之成仙、佛家之成佛，都是对常人生活状态与生命境界的超越，排除凡尘之心，使自然真性常驻，人也就复返到原初契道的本性，人的心灵自然也就摆脱了各种束缚自身的因素，人的身体同样也就处于健康舒适的存在状态，由此获得生命的完全醒悟与自由。

将应用国学中广义的"性命双修"落实到现实应用中，同样体现在"修性"与"修命"两个方面。在广义"修性"层面上，即要求主体通过"穷理尽性"获得对自身本性的认识、对禀受于"天"之"善性"的践履，把握自我与世界的内在联系，融合自我与外界的冲突，实现人性的自我完善。进而通过对"性命"与"天道"之关系的领悟，将自我对身心性命的领悟提升到"天道"的境界，并将"天道"的精神落实到自身修身处世的行为上，以至心怀天下、仁及草木。

在广义"修命"层次上，主体通过练习生命养护方法与技术从生命护养层

---

① 转引自陈鼓应：《老子今注今译》，北京：商务印书馆 2003 年版，第 137 页。

次把握"天道"，获得身体的健康。又因为生命不是某一个时间点，它是一个过程，良好的生命状态一定是健康生命过程的呈现，因此，在健康身体的基础上，还要有健康的行为，戒定慧与艮背行庭的行为指导即可规正自身的行为举止，以此获得健康的生命过程。

简单地说，"修性"主要是去除内心私欲、洞见清澈本心的心性修养，"修命"则是生命能量的逆转与身体机能的养护。修命是修性的基础，修性是修命的主导，两者相互联系，相互影响。主体通过不断地践行与积累，最后达成"归根复命"这一"性命双修"的最终境地。

（二）领悟天地大美：生命的完满境界

主体通过"性命双修"的不断进阶，最后"归根复命"回归到生命的根源，回复到生命之自然真性。人们不禁要问，"归根复命"是一种什么样的生命体验呢？《庄子》和《易传》都为我们做了描述。

我们先看《庄子》是怎么描述的。在本讲第一节"性命的本义"中，我们说到《庄子》阐发老子"归根复命"思想时提出"复命摇作而以天为师，人则从而命之也"[1]。这是说"复命"是师法"天"的运行，因此"复命"的境界既是天地的境界。《庄子》又说：

> 若夫不刻意而高，无仁义而修，无功名而治，无江海而闲，不导引而寿，无不忘也，无不有也。澹然无极而众美从之。此天地之道、圣人之德也。[2]

《庄子》指出倘若不刻意励志而高尚，不用讲仁义而身心得到修养，不求功名而治理世事，不在江海而同样悠闲，不用导引而仍然长寿。因无所不忘，

---

① （晋）郭象注，（唐）成玄英疏；曹础基、黄兰发点校：《庄子注疏》，北京：中华书局 2011 年版，第 461 页。

② （晋）郭象注，（唐）成玄英疏；曹础基、黄兰发点校：《庄子注疏》，北京：中华书局 2011 年版，第 291 页。

所以无所不有。恬淡无极而所有的美好都从属于它。这是天地之道，圣人之德。对于这样一种状态，《庄子》称之为"天地大美"：

> 天地有大美而不言，四时有明法而不议，万物有成理而不说。圣人者，原天地之美，而达万物之理，是故至人无为，大圣不作，观于天地之谓也。①

《庄子》从"复命"与"天地"的关系出发，讲述"天地"之道所体现的"大美"意境。作者认为天地的大美是不用言语的，圣人则推原天地的大美而能通达万物的道理，最后无为而无不为。这就是在"归根复命"之后所体验到的"天地大美"之境。

《易传》同样有其对"天地大美"的理解。我们知道，《周易》以《乾》《坤》二卦象征天与地，《说卦传》指出"昔者圣人之作《易》也，将以顺性命之理。是以立天之道曰阴与阳，立地之道曰柔与刚，立人之道曰仁与义"，人效法天地的规律，通过性命双修，达到天地境界，领悟天地大美。对此，《坤·文言》进行了描述：

> 君子黄中通理，正位居体，美在其中，而畅于四支，发于事业：美之至也！②

《易传》的作者认为，主体通过对身心性命的修养、对行为举止的修正而成为一名君子；君子的美好品质如同黄色之中和能通达文理，君子身处正确的位置，这样美蕴存于内心。美蕴存在于内心即是获得良好的心灵状态，但这是不够的，这种美蕴还会流畅于四肢获得健康的身体状态，最后还将辐射到事功上，做到立己立人、达己达人，创立一番有益于社会的事业，这是天地大美的极至。

---

① （晋）郭象注，（唐）成玄英疏；曹础基、黄兰发点校：《庄子注疏》，北京：中华书局 2011 年版，第 392 页。

② 黄寿祺、张善文撰：《周易译注》，上海：上海古籍出版社 2009 年版，第 33 页。

思考题：

（1）如何理解"性命"的意涵及其与"天道"的关系？

（2）道教有哪些生命养护方法与技术？

（3）如何理解"修性"与"修命"的关系？

参考文献：

（1）（梁）陶弘景集:《养性延命录》,《道藏》第18册,北京:北京:文物出版社;上海:上海书店;天津:天津古籍出版社1988年版。

（2）张立文:《宋明理学研究》,北京:人民出版社2002年版。

（3）詹石窗主编:《三玄与丹道养生》(甲、乙),台北:中华大道出版社,2001—2002年版。

第十一讲

积善行德

【学习目的】思考当代道德的"滑坡"与"爬坡";从文字的角度了解"善"与"德"的思想内涵;探寻老子的"上善若水"与荀子的"积善成德"思想旨趣;掌握劝善书的文化内容;明晰积善行德对时代家风的补益作用。

中国经济的高速发展促使人们向往追求更高的社会道德与之相适应,当社会道德发展与经济发展不协调,人们会觉得道德处于滑坡的状态,那如何避免道德的滑坡呢?我们可以在中华优秀传统文化中汲取营养,尤其是传统文化中关于"善"和"德"的内容为现代社会道德的建设与完善可以提供大量可借鉴的因素。"善"字体现了古人祈求平安与幸福的愿景,"德"字则有取之正直、获之坦荡之义,先哲对于二者的探讨构成了中华传统文化的重要组成部分。《易经》说:"积善之家,必有余庆;积不善之家,必有余殃。"①《汉书·董仲舒传》说:"故尧舜行德则民仁寿,桀纣行暴则民鄙夭。"②若将二字合而论之,则成为"积善行德"之义。儒释道三教皆有"积善行德"的论述,古代劝善书的产生与流行正是这四字的最好的体现。"善"与"德"的进一步扩展则成为积善安

---

① (魏)王弼注,(唐)孔颖达疏:《周易正义》,北京:北京大学出版社 2000 年版,第 36 页。

② (汉)班固撰:《汉书》第 8 册,北京:中华书局 1962 年版,第 2501 页。

家与行德守业的内涵，这对现代社会的健康发展仍有借鉴意义。

一、当代道德的"滑坡"与"爬坡"

什么是"道德滑坡"呢？它又给我们怎样的警示呢？首先让我们来看下面这个案例。

（一）由"小悦悦事件"所引发的思考

相信部分读者还记得2011年10月13日发生在广东佛山的"小悦悦事件"：2岁的小悦悦在马路上相继被两车碾压，18名路人在7分钟内从女童身边经过，但都不闻不问，漠然而去，最后一名拾荒阿姨陈贤妹将女童抱到马路边并找到她的妈妈。虽然小悦悦被送到医院并得到了医生全力救治，但还是因伤势过重而不幸离世。这一事件引发了网友的热议，各种各样的情绪在网络上激荡，有对小悦悦的同情之情，有对麻木的路人的批判之情，有对伸出援手的陈贤妹的赞扬之情。所有关注这件事情的人开始思考，是什么原因造成18名路人对小悦悦生命的漠视。人们关注点也不再局限于18名路人身上，而是发掘这些路人所带有的一种普遍性，正是这一共相背后所引申出的社会道德现象引起了人们的共鸣。

18名路人身上所散发的漠视反映的是当今中国社会人与人之间普遍存在的相互恐惧和相互戒备的心理，即"各人自扫门前雪，休管他人瓦上霜"。同时，一个看似简单的救助行为可能会给救助者自身引来不小的麻烦。例如当人们在路上遇到摔倒的老人，扶还是不扶成为一个纠结的问题。那些扶了老人反而被讹诈并遭到不公待遇的好心人成为典型案例，这些案例告诫人们在做好事的时候必须首先证明自己不是在做坏事，防止自己做了好事反而成为受害者，这种心理成为拦在人们发起救助行为前的一道壁垒。

小悦悦事件并非个案，社会上那些大大小小的事件都与人们的日常生活息息相关，是发生在我们身边的事，可能某个事件都会影响我们一生的轨迹，是人们社会生活无法回避的话题。如此也引发了人们对于中国社会"道德滑坡"现象的探讨。

（二）关于"道德滑坡"

"所谓道德滑坡，是指社会道德风气与生产力和科学技术的发展不协调并进，而是走向相背的各种经济和伦理的二律背反的总和。"[①] 简言之，经济与道德两者之间的进程可能并非同步，人们理想中的社会道德应与经济发展齐头并进，当快速的经济发展所形成的社会环境没有与之相适应的道德水准的配合，那么生活在这个社会中的人则会感觉社会道德存在滑坡。

究竟是什么原因造成当今社会的"道德滑坡"呢？费孝通认为中国古代社会是乡土的社会，人们在相对固定的地方生死于斯，社会道德标准的建立是以家族式关系为核心，所谓"因亲及亲，因友及友"。他认为，"规矩不是法律，规矩是'习'出来的礼俗。从俗即是从心"[②]。这种特点构成了中国特殊的礼俗社会，区别于西方社会由"机械的团结"所形成的法理社会。孔子讲"克己复礼"，所谓"克己复礼"是说以克制自己为中心，自己像石子一般投入水中，只有自己复礼，才可以影响周围的人也恢复到礼的状态。

当我们再回顾 18 名路人对于小悦悦的漠视，其原因在一定程度上是因为中国古人的生活习俗让我们组织起以家族为单位的社会结构，这一结构是以家族血脉为中心进而向外扩展的圈子。但是现代社会则打破了中国传统的家族式结构，越来越多的人走出大的家族，向外以独立个体的形式谋求生活，我们生活的空间由路人皆知的乡里转变为由众多陌生人组成的公共空间，道德标准也发生了巨大的变化，本由家族血脉组成的道德转变为由公共空间组成的道德，

---

① 李承宗：《道德滑坡的再认识》，《湖南社会科学》1995 年第 2 期。
② 费孝通：《乡土中国》，北京：人民出版社 2015 年版，第 7 页。

而中国人因为缺乏集团生活而没有形成应有的公共空间道德意识，这是造成小悦悦事件的原因之一。

也有学者将其原因归"社会转型""法治不健全"和"腐败和道德权威的缺失"三个方面，即中国社会由封闭社会向开放社会、农业社会向工业社会、伦理社会向法治社会、集权社会向民主社会的转变，从而对社会的道德领域造成了一定的冲击，这种冲击所带来的影响就是"道德滑坡"，不健全的法治又没有对不良社会道德给予有效约束，也没有对良善社会道德以强有力的保护与支撑，最后，贪污腐败诱发并刺激了不良的社会风气，人们对道德问题的忽视也是道德滑坡的重要原因之一。①

（三）关于"道德爬坡"

道德滑坡若是换一种俗语进行表达则是：世风日下，人心不古。所谓的滑坡是人们感觉过去的道德水准要高于现在，过去与现在的对比造成了"滑坡"。而现代的对比放在很长远的过去，就是古代。人们总会觉得古代的中国，那个追求仁、义、礼、智、信的时代，是一个道德水平相对完善的时代，在社会中产生了一股复古的风向。但是事实真的如此吗？自春秋时期孔子删定六经，以恢复周礼为己任，以此对抗礼崩乐坏的局面，这不正是说明当时的社会正在经历"道德滑坡"吗？战国时期孟子说："我亦欲正人心，息邪说，距诐行，放淫辞，以承三圣者。"②孟子为何要"正人心"呢？因为"尧舜既没，圣人之道衰，暴君代作，坏宫室以为污池，民无所安息；弃田以为园囿，使民不得衣食。邪说暴行又作，园囿、污池、沛泽多而禽兽至。及纣之身，天下又大乱……闲先圣之道，距杨墨，放淫辞，邪说者不得作。作于其心，害于其事；作于其事，害于其政。圣人复起，不易吾言矣"③。这也同样说明战国的社会正

---

① 周红英：《道德滑坡探源》，《求索》2005 年第 2 期。
② 杨伯峻译注：《孟子译注》，北京：中华书局 1960 年版，第 155 页。
③ 杨伯峻译注：《孟子译注》，北京：中华书局 1960 年版，第 154—155 页。

在经历着"道德滑坡"。

道德的内涵是非常丰富的，关于道德的评判标准是随着社会的发展而不断变化的。什么是道德呢？根据《汉语大词典》的解释，道德是"社会意识形态之一，是人们共同生活及其行为的准则和规范。道德由一定社会的经济基础所决定，并为一定的社会经济基础服务。不同的时代、不同的阶级具有不同的道德观念"①。关于什么是道德，在不同的阶级立场下，也有不同的阐释。老子口中的道德是道与德分而论之，所谓"道生之，德蓄之"②与"道之尊，德之贵"③，最早将道德二字连用则在《荀子》一书中，《荀子·劝学篇》说："故学至乎礼而止矣。夫是之谓道德之极。"④儒家眼中的道德也不尽相同，先秦儒家普遍尚礼，他们视域下的道德则在于对礼的尊崇；唐代韩愈《原道》中认为道德在于仁义，他说："凡吾所谓道德云者，合仁与义言之也，天下之公言也。"⑤可见，道德一词的内涵并非一成不变，而是随着时代的发展而有所变化。古代被视为道德的行为，放在近现代，可能成为不道德的内容。由此可见，道德应放在不同时代的社会历史当中，只有与当时社会相适应的道德才是进步的。所以有学者指出，若是将道德放在历史发展的长河中来看，总的来说是在进步的。⑥如此就有了"道德爬坡"的理论。

道德究竟在滑坡还是在爬坡，《光明日报》在1994年11月刊登了《道德爬坡论》一文，该文认为"人们的道德主体意识逐步觉醒"，"一系列社会道

---

① 罗竹风主编：《汉语大词典》，上海：汉语大词典出版社1986—1994年版，第10卷，第15051页。

② （魏）王弼注，楼宇烈校释：《老子道德经注校释》，北京：中华书局2008年版，第136页。

③ （魏）王弼注，楼宇烈校释：《老子道德经注校释》，北京：中华书局2008年版，第137页。

④ 梁启雄撰：《荀子简释》，北京：中华书局1983年版，第8页。

⑤ （唐）韩愈撰，马其昶注：《韩昌黎文集校注》，上海：上海古籍出版社1986年版，第13页。

⑥ 李承宗：《道德滑坡的再认识》，《湖南社会科学》1995年第2期。

德规范正发生引人注目的变化"。而事实情况确实如此，人们对于"道德滑坡"关注的背后，是人们对当下部分人群道德水平较低的批判以及对于当下社会道德的更高追求。由于经济的增长，生产力的提高，在物质水平的高速发展下，人们开始关注社会道德以及个人的精神世界的成长，当物质世界与精神世界发展不平衡，则会引发"道德滑坡"现象，但是分而论之，这种"道德滑坡"的现象的产生又反映出人们道德意识的觉醒。

若是整体而论，道德的滑坡与爬坡同样是一对辩证矛盾体，两者是并行发展的，在社会的某一时期，人们的道德在大的爬坡中伴随着小范围的滑坡，而滑坡的同时，又在继续的爬坡。我们需要结合中国社会的实际情况具体分析，不能脱离中国的现实社会境况一概而论。例如，每年央视所举办的《感动中国》节目中，我们看到了那些时代楷模和道德典范，他们都在新时代诠释着道德二字，他们通过自身的行为引领着时代文明风尚。又如2008年的汶川地震，我们看到了一方有难八方支援的感人场景，这个时候，我们又怎能说我们的道德是在经历滑坡。让我们再次回到"小悦悦事件"，有些后续的事情仍值得大家关注：首先，在小悦悦事件发生后不久，280名来自佛山各地的人聚集在一起，以"拒绝冷漠、传递温暖"抱抱团的名义，宣誓"不做冷漠佛山人"，并呼吁"全社会都来向冷漠宣战，都来将温暖传递"；其次，拾荒老人陈贤妹受到当地政府邀请在养老院里生活，每月领取2500元补贴，免去了在外打工的劳累。这一个案引起了多米诺骨牌效应，关注事件的人开始反思，若躺在冰冷的马路上得不到援助的是自己的亲人，那么自己面对那些冷漠的路人又会作何感想，这种同理心有助于人们建立公共道德观念，让人们在面对他人的危难时，更多地是考虑如何开展救助，而不是冷漠的旁观或漠视。拾荒老人陈贤妹的处境，又使得人们相信善行会惠及自身，这也让人们免除了人与人之间的那些戒备之心。

因此，我们应当有信心面对社会发展中的那些短期困境，并将这种困境看成一种必经的磨砺，在社会中的每个人也要增强主人翁意识，增强社会责任感，通过大家的共同努力而构筑起整个中国社会的道德风范，将中华美德发扬光大。

二、"善""德"的文字解构与特点

无论中国社会处于"道德滑坡"还是"道德爬坡"中，我们始终需要向往和追求善与德的境界，也就是积善行德。

（一）关于中华优秀传统文化

习近平主席 2013 年在山东曲阜考察孔府和孔子研究院时指出：国无德不兴，人无德不立。必须加强全社会的思想道德建设，激发人们形成善良的道德意愿、道德情感，培育正确的道德判断和道德责任，提高道德实践能力尤其是自觉践行能力，引导人们向往和追求讲道德、尊道德、守道德的生活，形成向上的力量、向善的力量。从中可见党中央对于公民道德培养的重视。除了依据现代社会的实际情况出发，我们还可以在中华传统文化中寻求相应的养料，也就是在广义上的国学中探索与中国社会主义社会发展相适应的路径。

中华文化自古有一种传统，这种传统与西方向外探求的路径不同，中华文化持续的向内探求人自身的和谐与发展，并将这种内向的探求与天地自然合一，无论是儒家对于仁爱的追求，还是道家对于大道的认同，以及宋明理学对于理的向往，这种内向的探求并不伴随历史的变迁、社会的变革而有所不同。正如梁启超在启发青年人读书的时候说："依我看，著述有带时代性的，有不带时代性的。不带时代性的书，无论何时都有用。"[1] 这也是为何我们依然要继承与发扬传统精神。同时，传统文化也是组成我们中华民族特性的基本内容，那些世代相传的风俗、道德、制度、艺术等文化因素共同构成了今日的中华民族，继承优秀传统文化有助于让我们了解自己从何而来，结合当下进而思考该

---

[1] 梁启超：《读书指南》，北京：中华书局 2010 年版，第 34 页。

向何处去。

中华优秀传统文化包含甚广，其中就有对积善行德的推崇，这也可以看作中华传统美德。这四字又代表着什么呢？积可以理解为积累，行可以理解为意志所趋，关键是善与德。

（二）何为"善"

甲骨文"善"写作"𦎫"，"𦎫"象征羊，"ﹾ"象征眼睛，羊的眼睛常给人以平和之感，故"𦎫"表示温和与安详之义。《诗·邶风·凯风》有"母氏圣善"之句。金文的"善"写作"𧮫"，上半部象征羊，下面的"𧮫"为"言"，表示言语亲和。可见，金文的"善"字已与"言"相连，故《说文解字》说："善，吉也。从誩，从羊。此与义美同意。"同时，善象征着"祥"，因为羊与祥相通，祥甲骨文写作"𦎫"或"𦎫"，上半部的"𦎫"象征羊，下半部的"ꜱ"象征眼睛，古人用羊献祭，用眼睛观察上天的神迹，该字体现了古人祈求平安与幸福的愿景。可见，"善"字的象征意义中具有通俗性的吉祥与宗教性的祭祀的内涵。

"善"有几个特点：首先，"善"有外在表象的意味。无论是甲骨文中羊的眼睛还是金文中的"言"，都是人们通过身体器官向外传递信息，这些信息与外部世界产生联系与感应，从而获得吉祥。若将善字的内涵贯彻在日常生活中，我们应当懂得适当地控制自己的情绪，所谓喜怒形于色，面部的表情与口中的言语都是我们内在情绪的表达，只有准确地把握自己的情绪，在一定的环境中适当的表达，才可获得相应的善与吉祥。

其次，"善"需要积累所致。《易传》有"积善之家必有余庆，积不善之家必有余殃"①之语，又有"善不积，不足以成名；恶不积，不足以灭身。小人以

---

① （魏）王弼注，（唐）孔颖达疏：《周易正义》，北京：北京大学出版社2000年版，第36页。

小善为无益而弗为也，以小恶为无伤而弗去也。故恶积而不可掩，罪大而不可解"①的说辞。《易传》肯定了善行，并讲明"善"需要积累，积善对于自身和家庭都有益处。善行为什么一定要积累所致呢？《淮南子》说："能善小，斯能善大矣。"②意思是说能做出小善的人，才能成就大善，而大善同样是通过一个个小善慢慢积累而成。这样说是因为善行的大小是相对的，那些对于我们来说，看似是小小的善行，但是对于受助者来说，其所造成的影响将是巨大的。试想小悦悦在马路上被汽车第一次撞倒后，有人及时上前查看救助，那么一个鲜活的生命可能就不会消逝。对于第一个路人来说，停下脚步，简单查看与报警，并不是一件难事，这可以看作一件很小的善行，但是对于小悦悦来说，却是生与死之间的差别。

最后，不为小善，则很可能走向恶的一面。不为小善的结果则是沦为恶的一边，那些冷漠的态度所伤害的可能不仅是别人，更是自身。在一些国家，当路人见到需要救助的人而漠视，将会触犯法律并获得惩罚，如此也有效避免了"小悦悦事件"的悲剧。我们知道，世界是在普遍的联系中共生共存的，那些看似对于自身无关紧要的小事，却筑构起社会的各个方面，在链条上的每个人都有责任和义务维持整个社会的平稳运行，而这需要每个人的小善积累形成，如此才能营造出祥和的社会环境。

（三）何为"德"

我们再看"德"。甲骨文"德"写作"𢔗"，"彳"为彳，代表获取之义，"直"则为"直"，象征正而不邪，合而论之则为取之正直，获之坦荡。有的金文增加"心"，强调心中无愧之义。《说文解字》："德，升也。从彳，�℡声。"《周

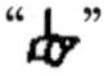

---

① （魏）王弼注，（唐）孔颖达疏：《周易正义》，北京：北京大学出版社 2000 年版，第 361 页。

② （汉）刘安等编著：《淮南子》，上海：上海古籍出版社 1989 年版，第 102 页。

易·乾》："君子进德修业。"孔颖达疏："德谓德行；业谓功业。"①《书·蔡仲之命》："皇天无亲，惟德是辅。"老子也特别强调"德"，"道生之，德蓄之"②，"道"若是形而上的最高追求，"德"则是人们可以在日常行为中所需遵守的规范。

"德"也有以下几个特点。

首先，德更多地代表着一种行动，是一种问心无愧的获取。人类自诞生以来，不断向自然索取以维持生存，随着社会的形成，又不断的向社会索取，现代社会亦然。因为工业革命所带来的生产力的大跳跃，让人类无休止地从自然与社会中获取我们需要的东西，由此也造成了自然环境的破坏和社会的不稳定因素，如何才能避免和化解这种矛盾呢？其实正在"德"字，中国古人告诉我们，"德"代表了心中无愧的正当性获取。

其次，当我们理解获取应当问心无愧，那么这种获取的正当性的标准又是什么呢？其一，获取应以"道"作为基准，老子说："孔德之容，惟道是从。"③《说文解字》："孔，通也。从乚，从子。乚，请子之候鸟也。乚至而得子，嘉美之也。古人名嘉字子孔。""孔德"又可理解为通彻之德或嘉美之德。"德""惟道是从"，故"德"应当依附于"道"。其二，获取应当顺应自然规律，也就是"法自然"，遵循自然与社会的发展规律，在适应规律的基础上，正当的获取相应的资源。其三，曾子说："慎终追远，民德归厚矣。"④也就是当我们在做事前，想一下做这件事情的初衷和后果，那么民风将会醇厚少错。其四，以"中庸"为德。孔子说："中庸之为德也，其至矣乎！"⑤也就是，中庸这种德行，

---

① （魏）王弼注，（唐）孔颖达疏：《周易正义》，北京：北京大学出版社 2000 年版，第 18 页。

② （魏）王弼注，楼宇烈校释：《老子道德经注校释》，北京：中华书局 2008 年版，第 136 页。

③ （魏）王弼注，楼宇烈校释：《老子道德经注校释》，北京：中华书局 2008 年版，第 52 页。

④ （宋）朱熹撰：《四书章句集注》，北京：中华书局 1983 年版，第 50 页。

⑤ （宋）朱熹撰：《四书章句集注》，北京：中华书局 1983 年版，第 91 页。

应该是最高。那么到底何谓中庸呢？中庸者，不偏不倚，无过不及而平常之理也。程子解释说："不偏之谓中，不易之谓庸。中者，天下之正道，庸者，天下之定理。"①不偏向任何一方叫作中，不改变叫作庸，能够达到不偏不倚不改变则为中庸，也就是持久之道，这是德性追求的最高境界。

除此之外，为了配合德，还需要修业。所谓的修业是希望人们在社会中都做一个对这个社会有用的人，这就是"功"字的内涵。《说文》："功，以劳定国也。""功"一方面是功绩之义，一方面代表事功，《小尔雅·训诂》："功，事也。""功"在一定程度上可以看作行德的结果，而"德"的高低也可以判定"功"的大小，中国古代就以道德水平的高低来判断统治者的政绩和民众的生活的好坏，《后汉书·种岱传》："臣闻仁义兴则道德昌，道德昌则政化明，政化明而万姓宁。"②生活在社会中的每一个人，都是社会的一分子，看似微小，却对整个社会的平稳运行起到了重要的作用，当每个人都可以在自己工作的领域作出有意义有价值的行为，那么社会也会向更好的方向发展，这也是"功"的体现。

总之，中华优秀传统文化中关于积善行德的论述，不仅架构起中国古代哲学的路径，对于当今社会仍具有广泛的指导意义。

三、老子"上善若水"发微

什么样的善行才值得我们宣扬呢？《道德经》中有这样一句话，即"上善若水"。老子说："上善若水。水善利万物而不争，处众人之所恶，故几于道。"③这句话是告诉人们，最高的善如同水一般，水利于万物而不争利，处在

---

① （宋）朱熹撰：《四书章句集注》，北京：中华书局1983年版，第17页。
② （南朝·宋）范晔撰：《后汉书》第7册，北京：中华书局1965年版，第1829页。
③ （魏）王弼注，楼宇烈校释：《老子道德经注校释》，北京：中华书局2008年版，第20页。

人们厌恶的地方，水的这些特性与道相似。

（一）"上善若水"的内涵

根据老子对于"上善若水"的表述，我们至少有以下几点可以借鉴。

第一，行善应有较高的追求，应以行上善为最终的目标。目标如同海中的灯塔，指引船只方向。目标也可引导人们日常的生活，虽然有的时候，目标看似虚无缥缈，如上善一般，但是上善并非人生的目的地，正如灯塔并非船只的目的地，而是为船只提供方向。上善也是为人们提供了行善的方向，有了方向，人生的大船方可平稳的向前航行。

第二，善行应当润物细无声。春雨自知时节的到来，在恰当的时候给予万物以滋润，万物得以生长。善行应当如春雨一般，在人们需要的时候出现，如同老子所讲的"无为"。老子口中的"无为"看似什么都没有干，却"无不为"，即什么都干了，而且"无为"的境界在于不宣扬自己的"有为"，如同大自然的空气、水等要素，一直维持着生命的存在，却从不宣扬，这是自然而然的无为境界。好的善行也应当如此，应是无私的给予，而不是为求回报。

第三，水是构成生命的最为重要的元素之一，可称为生命之源。人类在宇宙探索的过程中，也将一个星球有无水判别是否适合人类的生存和发展的要素。个体的善行对于社会来说看似微小，但是却是组成这个社会的必备因素，其作用如同水一般。老子"上善若水"同样是强调善对于社会的重要性。水还象征着无限的动能，老子说："天下莫柔弱于水，而攻坚强者莫之能胜，其无以易之。"① 水包含了阴阳两个方面，说其阴，因为其柔弱，如涓涓细流；说其阳，因其攻坚，如海啸翻涌。这种一阴一阳之谓道的特性正好在水的身上找到了两者的最好的融洽点。

_____

① （魏）王弼注，楼宇烈校释：《老子道德经注校释》，北京：中华书局 2008 年版，第 187 页。

第四，有些善行并非能够获得所有人的认同，甚至有可能处于部分人的对立面。例如在问题疫苗事件中，曝光和举报问题疫苗的人，对于生产疫苗的企业来说，是一种敌对的位置。一个由多人组成的团体为了达到目的而牺牲他人的利益时，勇于反抗这个利益链条的人，将成为链条上众人最为厌恶的人。这就是为何善行有时被众人所恶的原因，而施善人若面对困境还能坚持本心，这就是尊道贵德的表现。

第五，水不仅是人类的生命之泉，同样也可以成为人类的终结者。荀子曾说："水则载舟，水则覆舟。"[1]这也是说明，水不仅具有承载万物之用，也可倾覆万物。中国自古水患不断，造成了多少生命的流逝，而治水英雄成为人们歌功颂德的表率。可见，水不仅具有人们眼中善的一面，同样也有"恶"的一面，既然是恶的，那为何可成为"上善"呢？这正是基于老子对于"道"的发微，老子认为，"道"尊法于自然，自然是无所谓善恶之分的，善恶是人类社会依据我们自身生命的诉求而形成的理念，正所谓那些仁义礼智信，所以老子才说："天地不仁，以万物为刍狗。"[2]只有当我们认识到事物的两面性时，才能行上善之道。

（二）"上善"的实施路径

在老子看来，"上善"具体要怎么实施呢？他说："居善地；心善渊；与善仁；言善信；政善治；事善能；动善时。"[3]让我们分而论之。

居善地。河上公说："水性善喜于地，草木之上即流而下。"[4]地不仅代表了我们所居住的环境，还代表了我们的城市、国家，我们要善待自己所生活的地

---

[1] 梁启雄撰：《荀子简释》，北京：中华书局1983年版，第102页。

[2] （魏）王弼注，楼宇烈校释：《老子道德经注校释》，北京：中华书局2008年版，第13页。

[3] （魏）王弼注，楼宇烈校释：《老子道德经注校释》，北京：中华书局2008年版，第20页。

[4] 王卡点校：《老子道德经河上公章句》，北京：中华书局1993年版，第29页。

方。老子这一理念是告诉我们，善行并非是针对人类自身而言，对于我们所处的环境，也应该心存善意。

心善渊。渊为深之义。《小尔雅》："渊，深也。"心深似渊，代表心的容量要大，正如人们在行善时，面对他人的误解，要有容人之心。另外，河上公说："水深空虚，渊深清明。"①也就是人心应常存清明，只有心不被干扰，清晰明澈，如此才可辨明是非，知晓何为善何为恶。

与善仁。《说文解字》："仁，亲也。"仁代表仁爱，也代表一种广义的道德范畴，即与人相亲。当人们被给予恩惠时，心中应存爱人之心，即有仁心。

言善信。《说文解字》："信，诚也。"信为诚实、不欺，《礼记·礼运》："讲信修睦。"孔颖达疏："信，不欺也。"也就是开口向人许诺之事，要言而有信，不可食言，做到诚实不虚。

正善治。此处"正"也为"政"，《说文解字》："政，正也。"《管子·法法》："政者，正也。正也者，所以正定万物之命也。"一个国家、集体、个人，在面对各类事项的时候，要善于治。《玉篇·水部》："治，修治也。"《广韵·至韵》："治，理也。"治的内涵告诉人们在面对问题时，应采取疏导引流的方式处理。尤其在面对他人的困境时，要懂得适当的给予帮助，而不是强力行之。

事善能。《说文解字》："能，熊属……能兽坚中，故称贤能，而强壮称能杰也。"这是告诉我们做事要善能，希望人们做事以坚强的心争做社会的中坚力量，承担起应有的社会责任与义务。

动善时。《说文解字》："时，四时也。"时象征着事物运行的规律，人们在行动的时候，要善于发现事物的规律，顺应事物的发展脉络才能取得较好的成效；同时，善行也应当发现正确的时间，而不是依据自身的喜好决定，要通过受助者的具体的情况来决定行动。

以上可归为"七善"，詹石窗教授还依据身国共治的理念，提出了"七善"

---

① 王卡点校：《老子道德经河上公章句》，北京：中华书局1993年版，第29页。

滋养方，将老子"上善"运用在身心健康方面。他认为"从表面上来，'七善'均未言'药'，却处处蕴藏'大药'。因为行'七善'就是广积阴德，而积德本身就是最好的滋养良药……对比'三宝'再疗方补泻兼顾的法度，可以发现，'七善'滋养方乃是以循序渐进的方式蕴积身、国之正气，以达到阴阳气血之谐调。"① 这也可以看作对老子"上善若水"理念的现代发挥与运用。

四、荀子"积善成德"思想与价值

除了道家《老子》所讲的"上善若水"，儒家同样重视"善"的作用，孔子说过"尽善尽美"，"子谓韶，'尽美矣，又尽善也'。"② 孟子也提出了性善之说，"孟子有大功于世，以其言性善也"③。不同于孔孟，荀子提出了"积善成德"理念，在"善"的理解上又有所发展。

（一）"积善成德"的理论基础

荀子说："积土成山，风雨兴焉；积水成渊，蛟龙生焉；积善成德，而神明自得，圣心备焉。"④ 这是说高山由土石堆积而成，风雨在此兴起；深渊由水流汇集而成，蛟龙由此产生；高尚的道德也由积善而得，随着善行的积累，精神也会得到提升，圣人的心境正由此获得。

荀子为何提出"积善成德"呢？战国时期，烽烟四起，民众饱受战争之苦，在这种局势下，人性同样接受着严峻的考验，为了解决这一问题，孟子提出了"性善"之说，告子提出"人性之无分于善不善"⑤，荀子则认为人性

---

① 詹石窗、李冀：《道家人文医疗及其现实意义》，《河北学刊》2015 年第 6 期。
② （宋）朱熹撰：《四书章句集注》，北京：中华书局 1983 年版，第 68 页。
③ （宋）朱熹撰：《四书章句集注》，北京：中华书局 1983 年版，第 199 页。
④ （清）王先谦撰，沈啸寰、王星贤点校：《荀子集解》，北京：中华书局 1988 年版，第 7 页。
⑤ （宋）朱熹撰：《四书章句集注》，北京：中华书局 1983 年版，第 325 页。

为恶。

荀子认为人"生而有好利""生而有疾恶""生而有耳目之欲",人的善是"伪"善,他说:"人之性恶,其善者伪也。今人之性,生而有好利焉,顺是,故争夺生而辞让亡焉;生而有疾恶焉,顺是,故残贼生而忠信亡焉;生而有耳目之欲,有好声色焉,顺是,故淫乱生而礼义文理亡焉。然则从人之性,顺人之情,必出于争夺,合于犯分乱理而归于暴。故必将有师法之化,礼义之道,然后出于辞让,合于文理,而归于治。用此观之,然则人之性恶明矣,其善者伪也。"①荀子认为人的本性是恶的,人们若是顺性而为,则会相互争夺而致暴乱,"辞让""忠信""礼义文理"等也会随之消亡。

在战火纷飞的年代,荀子看到了人性不好的方面,若是不去适当约束这些恶的因素,则会造成暴乱丛生的局面,想要平和暴乱,则需要让民众懂得礼义之道,利用恰当的法律和刑罚规范人的行为,如此才能达到"善"的境界,由此他说:"故古者圣人以人之性恶,以为偏险而不正,悖乱而不治,故为之立君上之执以临之,明礼义以化之,起法正以治之,重刑罚以禁之,使天下皆出于治,合于善也。"②

人性是复杂与多样的。"性善论"将德性培养的重点放在自我的体认上,因为人性本善,只需要认识到自我的本来面目,就可归回德性,如此则带有一定的神秘主义倾向。而荀子认为德性并非是自我体认可以获得的,是需要一步步积累善行所致。这一说法更加重视社会教育与个人修养对人性的意义,可以充分调动人的主观能动性,使人明晰德性是可以通过后天的努力与社会的教育获得,在社会教育和自我的努力下,从而改变人性中"恶"的因素,彰显德性的光辉。这就是荀子所强调的"积善成德"。

---

① (清)王先谦撰,沈啸寰、王星贤点校:《荀子集解》,北京:中华书局1988年版,第434—435页。

② (清)王先谦撰,沈啸寰、王星贤点校:《荀子集解》,北京:中华书局1988年版,第440页。

（二）"积善成德"的实施途径

荀子所强调的"积善成德"的关键在于"积"字上，他说："故不积跬步，无以致千里；不积小流，无以成江海。骐骥一跃，不能十步；驽马十驾，功在不舍。锲而舍之，朽木不折；锲而不舍，金石可镂。"[1]千里的路程是由一步一步走出来的，广阔的江海是由细小的流水积累而成。骏马的一次跳跃也不足十步远，劣马坚持不懈连走十天，也可以走很远。雕刻一下就停下来了，即使腐朽的木头也刻不断。如果不停地刻下去，金石也能雕刻成功。

万事万物都由积累所致，德性的光辉同样由"积善"获得。除了"积"，他还说："今使涂之人伏术为学，专心一志，思索孰察，加日悬久，积善而不息，则通于神明，参于天地矣。故圣人者，人之所积而致矣。"[2]这里的"伏术为学"是让普通人懂得学习的重要性，若是没有学习则无法摆脱恶性。其次，学习过程要专心，强调一心一意。在此基础上，还需要懂"思索"和"孰察"，"思索"是仔细思考和逐步索求，并非盲目的接受；"孰察"则是辨别和考察，懂得辨别是非，考察虚实。最后，善行的积累要有持续性，行善并非一朝一夕的事情，而是要伴随人生的全部过程，让善行融入到自我的生命之中。如此则可达到"积善成德，而神明自得"的境界。

（三）"积善成德"的现实意义

"积善成德"是广义上的美德，不随时间的变化而有所不同。习近平主席在北京会见第四届全国道德模范及提名奖获得者时，就鼓励全社会要积善成德、明德惟馨。

---

① （清）王先谦撰，沈啸寰、王星贤点校：《荀子集解》，北京：中华书局 1988 年版，第 8 页。

② （清）王先谦撰，沈啸寰、王星贤点校：《荀子集解》，北京：中华书局 1988 年版，第 443 页。

以现代社会而言，提倡"积善成德"至少有以下几层意义。

首先，在普通人眼中，圣人是遥不可及的，但是荀子认为只要每个人都坚持"积善成德"，那么每个人都有可能成为"圣人"，即"尧、舜之与桀、跖，其性一也；君子之与小人，其性一也"[①]。好人与坏人、圣人与暴君，他们的"性"是一致的，既然两者在本质上没有区别，那么他们之间没有无法逾越的鸿沟。如何才能达到圣人境界，则需要"积善"，荀子说："故积土而为山，积水而为海，旦暮积谓之岁。至高谓之天，至下谓之地，宇中六指谓之极；涂之人百姓，积善而全尽谓之圣人。彼求之而后得，为之而后成，积之而后高，尽之而后圣。故圣人也者，人之所积也。"[②]土的积累可以成为山，水的积累可以成为海，普通的百姓若是不断地积累善行，则可成为圣人，圣人正是由普通人一点点积累善行而成。因为人们之间在本质上没有区别，所以普通人也可以成为禹这样的圣人。我们不必将圣人想得高高在上，唯有将每日的言行落在善处，将每日的善行落在实处，就可达到荀子所讲的"圣人"境界。

其次，强调"积善"的重要性。荀子说"不积跬步，无以至千里"。在现代社会，全国各地仍有"积善"的事例，如入选"感动中国 2018 年度人物"的万其珍一家，为了遵守祖上的承诺，万家四代人，前后 141 年，百年如一日在大沙河边为村民义务摆渡，不收一文钱。全村 1096 人几乎都坐过万其珍的船，现在 77 岁的他仍坚守在渡口。万其珍说："做一件好事不难，难的是一辈子做好事，何况是几代人。关键是贵在坚持，特别是要心中有念。"[③]由此可见，无论在古代社会，还是在现代社会，倡导和赞扬"积善"的行为，并不随着时代的发展而有所变化。

---

① （清）王先谦撰，沈啸寰、王星贤点校：《荀子集解》，北京：中华书局 1988 年版，第 441 页。

② （清）王先谦撰，沈啸寰、王星贤点校：《荀子集解》，北京：中华书局 1988 年版，第 144 页。

③ http://www.enshi.gov.cn/2019/0822/884001.shtml，2019 年 11 月 20 日。

最后，积善要懂得方式方法，并非盲目而为，学会"思索孰察"。在中国古代有很多弄巧成拙的例子，如揠苗助长、画蛇添足等。在没有经过思索与考察的情况下，盲目的行为可能不会造成好的结果。据《株洲晚报》报道，2015年9月13日，株洲市芦淞区一位学生遭遇溺水，其中一名学生为了救溺水同伴而同样遭遇溺水，最后两人被听到呼救的路人救起，避免了悲剧的发生。①在溺水时，施救者被落水者拉下水的事例并不少见。以溺水救助为例，一要懂得水性，二懂得正确的施救姿势，相关经验知识告诉我们，不要正面靠近溺水者，因为在本能下溺水者会死死抓住任何东西，所以，施救者应当从溺水者身后施救。这从侧面告诫我们，懂得恰当的方法是实施善行的必要条件。

五、劝善书的流行与功用

荀子认为积善可以成为圣人，在道教看来，积善可以"成仙"。在道教的内涵中，成仙是其始终追求的内容，而如何成仙也有多种多样的方法，"积善"是其中一条途径。基于积善成仙的思想，劝善书于宋代问世，并快速流行开来。劝善书以宗教神学体系为背景，吸纳了中国古代社会道德的多个方面，以引导人们向善为途径，以成仙为主要目的，在一定程度上对中国古代社会的伦理道德起到补充作用。

为何要"劝善"呢？孔子曾说："临之以庄则敬，孝慈则忠，举善而教不能，则劝。"②孔子强调民众之间相互学习的重要性，见到不善的行为则要劝其改正，久而久之，则人人"劝"善。劝善为何以书的形式出现呢？韩愈云："一时劝人以口，百世劝人以书。"③书籍可以流传万世，将人们所需要遵守的

---

① http://www.zzbtv.com/news/2015-09/19/cms110183article.shtml，2019 年 11 月 20 日。
② （宋）朱熹撰：《四书章句集注》，北京：中华书局 1983 年版，第 58 页。
③ （明）袁了凡撰，尚荣、徐敏评注：《了凡四训》，北京：中华书局 2008 年版，第 113 页。

善行和不应做的恶行记录成书，让人们习诵，进而改善社会整体风气，是劝善书的主要功用。

（一）经典劝善书简介

《太上感应篇》于宋代问世，作为第一部劝善书，仅 1200 余字的篇幅却在此后的中国古代社会产生了极其深远的影响。《道藏提要》认为《太上感应篇》"宣扬天人感应，劝善惩恶……其详列诸恶与众善，皆符合儒家封建伦理"①。《太上感应篇》作为道教戒律书籍与儒家伦理思想、佛教因果理论相结合的产物，就是这样一部短篇，利用神仙的口吻，劝戒人们应该做什么，不应该做什么，里面详细记载着人们各种生活的条目，例如里面说："不履邪径，不欺暗室；积德累功，慈心于物；忠孝友悌，正己化人；矜孤恤寡，敬老怀幼；昆虫草木，犹不可伤。"②从大的方面要忠孝友悌，小的方面要不伤昆虫草木，其内容含义既大且小，说其大，是因为内含各种高标准的行为规范，并给予成仙的期许；说其小，是因为一些生活的细节都包括在内，可谓落到细微之处。而其文字并非艰深晦涩，普通人也可懵懂行之，而其本子短小精干，方便人们随手拿出来查阅，这些特质都造成《太上感应篇》的快速流行。在清代，《太上感应篇》的注本就达到"数十百家"之多，于觉世说："今日从事此篇者，或诠释详细，或引据典瞻，或参以释道之言，或辅以功过之格，备体裁之变穷剞劂之工，流传海内数十百家外之者，以为邀名之习气知之者，亦视为乐善之具文而已。"③又据 20 世纪早期所做的一项估计，《太上感应篇》的版本数量与《圣经》或莎士比亚著作版本数量不相上下④，如此巨大的流通

---

① 任继愈主编：《道藏提要》，北京：中国社会科学出版社 1991 年版，第 923 页。

② 《道藏》，北京：文物出版社、天津：天津古籍出版社、上海：上海书店 1988 年版，第 27 册，第 13—16 页。

③ （清）于觉世撰：《太上感应篇赘言·元序》，光绪十七年豫恕堂刻本，第 3 页。

④ 杨联陞：《中国文化中"报"、"保"、"包"之意义》，香港：香港中文大学出版社 1987 年版，第 61 页。

规模简直无法想象。

《太上感应篇》作为善书之首，与其他劝善书一起深入至中国社会的各个阶层，起到共同维护我国社会伦理秩序的作用。游子安认为，"在《感应篇》的影响下，《阴骘文》《觉世经》等善书陆续出现"①。由此可见，《感应篇》直接促使诸多善书的出现与流通。在社会上流通较广的善书有《玉历钞传》《太微仙君功过格》《文昌帝君阴骘文》等，下面将对这三种劝善书进行简要的介绍。

《玉历钞传》在清代很流行，陈霞考证"《玉历》最早在宋代已经出现"②，段玉明认为"此书或非出于一人一时。极有可能的推测是，前一部分有淡痴所撰，而后一部分则是勿迷所补。最后定稿的日期或许就是绍圣五年（1098年）……定稿之后，勿迷又或作过一些修订，至建炎四年正式刊印传世"③，而吉冈义丰推断此书在天启二年（1622 年）写成。④《玉历》通过图文方式，描述地狱种种恶果，以此劝人为善，陈霞将其看作道教善书，因其与佛教之关系，段玉明将其看作佛教善书。

"功过格"是一个较为宽泛的概念，陈霞将其概括为："道教功过格就是道教回答何为正当、应该做什么以及用以衡量人们是非功过的方法。"⑤仅《藏外道书》第 12 册就记载了《十戒功过格》《警世功过格》《石音功过格》等多种功过格书籍。例如《太微仙君功过格》共记载功格 36 条和过格 39 条，功过各分四门，劝说修道之人以此功过条目为参照对象，方便知晓自身功过之多寡，进而远恶迁善。

---

① 游子安：《劝化金箴——清代善书研究》，天津：天津人民出版社 1999 年版，第 23 页。

② 陈霞：《道教劝善书研究》，成都：巴蜀书社 1999 年版，第 45 页。

③ 段玉明：《〈玉历至宝钞〉：究系谁家之善书》，《宗教学研究》2004 年第 2 期。

④ ［日］吉冈义丰：《中国民间的地狱十王信仰》，《吉冈义丰著作集》第 1 卷，东京：五月书房 1989 年版，第 346 页。

⑤ 陈霞：《〈十戒功过格〉及其伦理思想特色》，《宗教学研究》1994 年第 4 期。

《文昌帝君阴骘文》简称《阴骘文》，又称《丹桂籍》。是书假借文昌帝君之口劝说人们行善积德。"阴骘"一词源自《尚书·洪范》"惟天阴骘下民"，"冥冥之中不忘下民，求所以保全而安固之者"[1]，表示上天暗中保护人们；"文昌帝君"本为天上之"文曲星"，在宋元时，"文昌"与蜀地"梓潼神"合二为一。时间上来说，陈霞认为"该篇的创作不会早于元代"[2]，而李刚认为："(《阴骘文》)此文效仿《太上感应篇》并在内容上作了补充，是继《感应篇》产生后不太久问世的道教劝善书，至迟不会晚于元代，作者是道士。"[3]

(二) 劝善书的基本理论构成

劝善书主要思想包括天人感应、承负与积善成仙。

天与人的关系是中国古人看待这个世界的基础理念。古代中国以农耕为主，"天"的变化直接影响着人们的劳动果实。随着社会的发展，殷周时期，出现"昊天""皇天"等尊称。可见，"天"不仅是一种自然现象，它同样被赋予了人格化的神的象征。《尚书·洪范》说："曰肃，时雨若；曰乂，时旸若；曰哲，时燠若；曰谋，时寒若；曰圣，时风若。曰咎徵：曰狂，恒雨若；曰僭，恒旸若；曰豫，恒燠若；曰急，恒寒若；曰蒙，恒风若。"[4]大概意思是说君主施政态度可以影响"天"的变化。由此，天的变化与社会政治产生了联系，天与人之间的感应也成为社会运行的基准。至汉代，董仲舒吸收墨子天罚理论以及《公羊传》的灾异思想，将天人感应思想进一步理论化，他认为天创造万物，天所拥有的，人也同样拥有，天与人的关系是"天人一也"[5]。董仲舒极大丰富

---

① 《藏外道书》第 12 册，成都：巴蜀书社 1994 年版，第 628 页。

② 陈霞：《道教劝善书研究》，成都：巴蜀书社 1999 年版，第 60 页。

③ 李刚：《〈文昌帝君阴骘文〉试析》，《宗教学研究》1987 年 6 月。

④ (清) 皮锡瑞撰，盛冬铃、陈抗点校：《今文尚书考证》，北京：中华书局 1989 年版，第 268—271 页。

⑤ [汉] 董仲舒撰，钟肇鹏主编：《春秋繁露校释》(下)，石家庄：河北人民出版社 2005 年版，第 767 页。

了天人感应思想，谶纬神学将其充分吸收与运用，后一度成为东汉时期的主流思想。纬书所言的"司过之神""三尸神"也被劝善书所吸收。"天人感应"促使人们创造出一个与人间社会保持一致且更加美好的天堂社会，在天的理想社会中，人间的各种社会职能也被神化，劝善书中的"司过之神""三尸神""灶神"等监察之神正是在天人感应背景下社会职权在"天"上的映射，这些天上的职能神负责监督人们的日常道德行为。同时，"天人感应"还架构了天与人之间的通道。人在天面前并非完全低微，当人遵行天的意志行事时，可以与天合一，天人合一使得人与天的距离缩小，人可以成为神。黄帝御龙升天，老子被尊为太上老君正是由人至天的晋升。

《太平经》首先提出了"承负"的理念。何为"承负"？《太平经》说："承者为前，负者为后；承者，乃谓先人本承天心而行，小小失之，不自知，用日积久，相聚为多，今后生人反无辜蒙其过谪，连传被其灾，故前为承，后为负也。负者，流灾亦不由一人之治，比连不平，前后更相负，故名之为负。负者，乃先人负于后生者也；病更相承负也，言灾害未当能善绝也。"[1] 简言之："承"象征了先人过失的累积，这些过错由小积大，进而连累其子孙，所以称为"承"。"承"在前，"负"在后，"承"是子孙对于先人过错的承接，而"负"是今人的过错对后人的影响。"承负"说实际上解决了社会中所存在的一些现实问题，例如善人得到恶果，恶人反而得到善报，这类实例与古人所宣扬的行善积福的观点有所冲突，体现了社会的不公平性。《太平经》所提出的"承负"有效说明了善人得恶与恶人得善是因为先人的善行或恶行的累积才造成今人获得福禄或灾祸的不同结果。若是先人积累功德，那么今人行恶也有可能得到善果；若是先人积累了罪过，那么今人行善也有可能得到恶报，如《太平经》所说："凡人之行，或有力行善，反常得恶，或有力行恶，反得善，因自言为贤者非也。力行善反得恶者，是承负先人之过，流灾前后积来害此人也。其行恶

---

① 王明编：《太平经合校》，北京：中华书局 1960 年版，第 70 页。

反得善者，是先人深有积畜大功，来流及此人也。"①此后的《太上感应篇》为了确保"承负"的实施，设立了各类监察神，对人们的日常行为进行监督。

"积善成仙"是随着历史的发展而逐步形成的理论。先秦时期，善与仙尚未构成直接的因果关系，两者具有相对独立理论体系。老子认为"上善"接近于"道"，在老子眼中，善的象征意涵不仅是人们日常德性的提升，还是更高的形而上的价值趋向，人们可以通过行"善"进而与"道"相通，达到老子理想中的圣人的境界。随着神仙信仰与道家相结合，在《老子想尔注》中，"道"还成了"太上老君"，成为永恒的神仙的象征，这种串联为以后的道教开辟了一条修行成仙的道路，也就是积善成仙。署名为刘向撰的《列仙传》记载着很多凡人成仙的故事，《中国道教史》将凡人成仙概括出三种途径，分别是"服食""养身或兼服食"与"善报"。"善报，即行善事得到好的报应"②，如子英所养赤鲤成龙后，背负子英升天的故事，"子英者，舒乡人也。善入水捕鱼。得赤鲤，爱其色好，持归着池中，数以米谷食之。一年长丈余，遂生角，有翅翼。子英怪异，拜谢之。鱼言：'我来迎汝，汝上背，与汝俱升天。'即大雨。子英上其鱼背，腾升而去"③。以上故事说明一个道理，那就是心存善念的人终将得到善果，而故事中的善果就是飞升成仙。东汉末的《太平经》则进一步确定了积善成仙的路径。《太平经》作为道教早期经典，吸收了天人感应等汉代思想，以天下太平为理想追求。是书提出了"种民"的概念，种民可以通过积善而获得长生，"天地混薘，人物糜溃。唯积善者免之，长为种民。种民智识，尚有差降，未同浃一，犹须师君。君圣师明，教化不死，积炼成圣，故号种民。种民，圣贤长生之类也"④。至此，"积善成仙"理论已经确定。魏晋时期，《抱朴子内篇》将善行指标化，当人们达成一定数目的善行可以得到相应的仙

---

① 王明编：《太平经合校》，北京：中华书局1960年版，第22页。
② 卿希泰主编：《中国道教史》，成都：四川人民出版社1996年版，第75页。
③ 王叔岷撰：《列仙传校笺》，北京：中华书局2007年版，第134页。
④ 王明编：《太平经合校》，北京：中华书局1960年版，第1页。

位，这又是对《太平经》理论的扩展。

（三）劝善书的功用

第一，在维护社会的伦理道德方面，劝善书强调发挥自我能动性。《太上感应篇》说"祸福无门，惟人自召"①，郑清之说："福本自求，孽由自作。同出念虑，分为善恶。"②《诗经》也说："无念尔祖，聿修厥德。永言配命，自求多福。"③在劝善书看来，人生的福与祸，是我们自己修来的。如前文所说的救助小悦悦的拾荒阿姨陈贤妹得到了政府的帮助，也可以看成现代社会的"善有善报"；而那些为恶多端的人，也终将被法律所制裁。此外，善书还说"正己化人"，只有端正自身的言行，提高自我的道德修养，为人表率，才能够更好地帮助他人，引导他人，所谓"打铁还需自身硬"。

第二，劝善书所强调的伦理规定对现代社会的伦理道德建设仍有益处。例如《太上感应篇》说："忠孝友悌。"④以现代视角而言，"忠"并非古代所讲的忠君，而是忠于自己的内心，要明白自己的内心，持之以恒。"孝"则是"德"的基础，"有子曰：君子务本，本立而道生。孝悌也者，其为仁之本与。"⑤只有达到"忠孝"的基本要求，才能进一步教化他人。除此之外，例如"不履邪径，不欺暗室"⑥"敬老怀幼"⑦"济世之急，救人之危"⑧等，可以说是普遍的道德准则，对当前人们的思想道德建设仍有益处。2016年12月12日，习近平主席在会见第一届全国文明家庭代表时讲到："尊老爱幼、妻贤夫安，母慈

---

① 《道藏》，第 27 册，第 6 页。
② 《道藏》，第 27 册，第 6 页。
③ （清）王先谦撰，吴格点校：《诗三家义集疏》，北京：中华书局 1987 年版，第 826 页。
④ 《道藏》，第 27 册，第 15 页。
⑤ （宋）朱熹撰：《四书章句集注》，北京：中华书局 1983 年版，第 48 页。
⑥ 《道藏》，第 27 册，第 13 页。
⑦ 《道藏》，第 27 册，第 18 页。
⑧ 《道藏》，第 27 册，第 22 页。

子孝、兄友弟恭，耕读传家、勤俭持家，知书达礼、遵纪守法，家和万事兴等中华民族传统家庭美德，铭记在中国人的心灵中，融入中国人的血脉中，是支撑中华民族生生不息、薪火相传的重要精神力量。"① 由此可见，劝善书中的部分内容更是一种美德，是在任何时代都应该得到提倡的。

第三，劝善书所强调的生态伦理观念对当今社会仍有益处。《太上感应篇》认为要"慈心于物"②，这里的"物"不仅是我们身边的物品，更是有广泛的自然内涵，里面还说"昆虫草木，犹不可伤"③，不要"用药杀树"④"无故杀龟打蛇"⑤ 等。以道家思想而言，"道"是至高的哲学内涵，而道所尊崇的正是"自然"，所谓"道法自然"，道家强调人应该顺应自然的规律，不要人为地去破坏自然，在此后的道教的理念中，对于自然环境的保护也成为其中一个重要组成部分。从劝善书中发掘生态伦理思想将有利于进一步挖掘中华优秀传统文化，从中找出有益因素，进而完善现代生态文明建设。

六、积善行德与时代家风

家是最小国，国是千万家。孟子说："人有恒言，皆曰：天下国家。天下之本在国，国之本在家，家之本在身。"⑥ 中国是由千万个家庭共同组成，每个家庭家风的好坏在一定程度上决定着国家的风气。习近平主席说："家庭是社会的细胞。家庭和睦则社会安定，家庭幸福则社会祥和，家庭文明则社会文明。历史和现实告诉我们，家庭的前途命运同国家和民族的前途命运紧密相连。我

---

① http://www.xinhuanet.com/politics/2016-12/15/c_1120127183.htm，2019 年 11 月 20 日。
② 《道藏》，第 27 册，第 14 页。
③ 《道藏》，第 27 册，第 19 页。
④ 《道藏》，第 27 册，第 91 页。
⑤ 《道藏》，第 27 册，第 134 页。
⑥ （宋）朱熹撰：《四书章句集注》，北京：中华书局 1983 年版，第 278 页。

们要认识到，千家万户都好，国家才能好，民族才能好。"① 良好的家庭风气是构成社会健康发展的有益因素，而良好的家风离不开"积善行德"四字。

（一）积善安家

每个家庭都是独立单元，有着各自不同的家庭情况，也内含着不同的家庭风气，想要培育良好的家风，则需要善行的积累。

《易经》说："积善之家，必有余庆；积不善之家，必有余殃。"积累善行的家庭必将遗留福分给子孙，而积累恶行的家庭必将给后代遗留下灾祸。由此可见，积善与家风的形成以及家族的兴衰有着密切关系。习近平主席说："家风好，就能家道兴盛、和顺美满；家风差，难免殃及子孙、贻害社会。"②《易经》也说："臣弑其君，子弑其父，非一朝一夕之故，其所由来者渐矣。由辩之不早辩也。《易》曰：'履霜坚冰至宜，盖言顺二也。'"③ 臣子杀害他的君主，儿子杀害他的父亲，并不是一朝一夕之间的恩怨所致，这种情况是逐渐形成的，例如当我们的脚踩在冰霜上，就应该明白寒冬将要到来，这是告诉我们万事都是从小至大逐渐发展而成。善的积累与恶的积累，则会培养出不同的家庭风气，这些风气将影响家庭的未来走向。

中国古人十分重视积善的家风，甚至在婚姻嫁娶中也将积善看作重要的参考因素。《了凡四训》讲述了这样一个故事，当初颜氏要把女儿嫁给叔梁纥时，列举了叔梁纥家祖祖辈辈所做的善事，认为他家子孙必有光宗耀祖的人。可见，家族的善行在婚姻嫁娶中也发挥了重要的作用，而在这个故事中，叔梁纥正是孔子的父亲，颜氏的女儿徵是孔子母亲。孔子作为儒家最为重要的代表，发生在他身上的故事变得更有说服力，也成为"积善之家必有余庆"

---

① http://www.xinhuanet.com/politics/2016-12/15/c_1120127183.htm，2019 年 11 月 20 日。
② http://www.xinhuanet.com/politics/2016-12/15/c_1120127183.htm，2019 年 11 月 20 日。
③ （魏）王弼注，（唐）孔颖达疏：《周易正义》，北京：北京大学出版社 2000 年版，第 36 页。

的典范。

如何才能积累善行，"中国现代儿童教育之父"——陈鹤琴倡导教育学生"日行一善"，由"日行一善"进而"日日行善"，培养自身的德行。而"日行一善"出自清代的《德育古鉴》，里面记载葛繁每日所行善事，"某力行善事，日或四五条，或至一二十条。今四十年，并无虚日。'士问如何为善事？乃指坐间踏子曰：'如此物置之不正，则蹙人足，某为正之；若人渴，与之杯水，皆利人事也。几微言语动作，皆有可以利益于人者。自卿相至乞丐，皆可为之。惟行之攸久，乃有利益耳。'后葛以高寿坐化，子孙富贵不绝。"[1] 将歪斜的物品放正，给口渴的人倒水，一些很小的言语和动作，都可以利于他人。又如赵槩的黑豆和白豆的故事，"赵康靖公槩，尝置缾豆二物于几案间。每一念起，必随善恶以豆别之。善则投一白豆于白缾中，恶则投一黑豆于黑缾中。初则黑豆绝多，既而渐少"[2]。赵槩利用豆子记录自己每天的言行，若是有善行则将白豆放在白瓶中，若有恶念则黑豆放在黑瓶中，开始黑瓶的黑豆多，随着时间的推移，黑豆逐步减少。善恶的比重开始变化，善念也越来越多。

由此可见，积善不仅关乎个人的荣辱，还与家族的兴衰有着密切的关系，而积善最好落在日常生活的点点滴滴，时刻心存善念，如此才可形成良好的家庭风气。

（二）行德守家

人们常说，创业容易，守业难。小到一个个独立的家庭，大到国家，皆是如此。谏臣魏徵上书《谏太宗十思疏》中写道："有善始者实繁，能克终者盖寡。岂取之易而守之难乎？"[3]"行德"是守护家庭长久安泰的重要因素之一，

---

① （清）史洁程编：《德育古鉴》，苏州：古吴轩出版社 2015 年版，第 86 页。

② 《道藏》，第 27 册，第 6 页。

③ （清）吴楚材、吴调侯编，刘开举等译注：《古文观止译注下》，北京：三联书店 2017 年版，第 18 页。

也是良好家风形成的重要条件。孔子曰："君子之德风，小人之德草。草上之风，必偃。"①

行德守家具体有以下几点需要注意。

第一，要立德。"德"字拥有丰富的内涵，行德之前要明白什么是"德"，如《大学》所说："大学之道，在明明德，在亲民，在止于至善。"②所谓的"明明德"就是要彰显光明的德行，不要被私欲所蒙蔽，如此才能"齐家、治国、平天下"。除了古代所提倡的普遍道德规范，以今日而论，"核心价值观"是我们应当明白的"德"与应当立的"德"。习近平主席说："核心价值观，其实就是一种德，既是个人的德，也是一种大德，就是国家的德、社会的德。国无德不兴，人无德不立。如果一个民族、一个国家没有共同的核心价值观，莫衷一是，行无依归，那这个民族、这个国家就无法前进。这样的情形，在我国历史上，在当今世界上，都屡见不鲜。"③了解与学习"德"的丰富内涵，是行德的基础。

第二，要德才兼备。司马光对"德"与"才"的关系给出了较好的论述。他说："夫才与德异，而世俗莫之能辨，通谓之贤，此其所以失人也。夫聪察强毅之谓才，正直中和之谓德。才者，德之资也；德者，才之帅也……是故才德全尽谓之圣人，才德兼亡谓之愚人，德胜才谓之君子，才胜德谓之小人……自古昔以来，国之乱臣，家之败子，才有余而德不足，以至于颠覆者多矣。故为国为家者，苟能审于才德之分而知所先后，又何失人之足患哉！"④简言之，司马光认为"德"与"才"是不同的，聪慧、明察、坚强、刚毅可称为"才"，公正、刚直、中庸、和顺称为"德"。一个人德才兼备便是"圣人"，无才无

---

① （宋）朱熹撰：《四书章句集注》，北京：中华书局 1983 年版，第 138 页。
② （宋）朱熹撰：《四书章句集注》，北京：中华书局 1983 年版，第 3 页。
③ 《十八大以来重要文献选编》（中），中央文献出版社 2016 年版，第 3 页。
④ （宋）司马光编撰，邬国义校点：《资治通鉴》，上海：上海古籍出版社 2017 年版，第 5—6 页。

德便是"愚人"，德胜过才便是"君子"，才胜过德便是"小人"。历史上那些国之乱臣、家之败子，都是因为才有余而德不足。所以，人一定要仔细审察才与德的分别，重视修养自己的德行，如此才能消除祸患。一个家庭和一个国家所出现的"家之败子"和"国之乱臣"是因为才多而德不足造成的。以现在社会而言，部分家长过于重视孩子课程分数，而忽视了"德"的培养，使得孩子有"才"而无"德"，不利于家庭的长久发展和国家的和谐稳定，只有培养孩子德才兼备，才可守家护国。

第三，要"厚德载物"。《易经》中说："地势坤，君子以厚德载物。"[1]《易经》以"坤卦"作为类比，认为君子应如大地般包容万物。创立一个家庭，维护一个家庭，发展一个家庭，都需要"厚德"，拥有承载万物的胸怀，不因为对方与自己见解的不同而恼羞成怒，要懂得"厚德"，和而不同，在不同中寻找同样的德性，如此才能长久健康的发展。

第四，要有"恒德"。唐代陆龟蒙说："不为物迁，是有恒德。小人趋时，必变颜色。"[2]不因为外在环境的变化而改变德性。只有始终一致，才可守护家风。现代社会有太多的欲望干扰，这个时候才更需要守护内心的德性。家的内涵不仅是小家，更是我们生活的土地，我们赖以生存的自然环境。塞罕坝林场建设者则是现代社会守护家乡绿水青山的代表，57 年来，塞罕坝林场建设者将漫无边际的荒漠沙地变成了绿色的海洋，这一事迹荣获 2017 年联合国环保最高荣誉——"地球卫士奖"。在荒漠中造林，难度可想而知，但是塞罕坝林场三代人不为外部环境所动，为当地带来了良好的生态环境与可持续发展的绿色资源，可以说是行德守家的典范。

---

[1] （魏）王弼注，（唐）孔颖达疏：《周易正义》，北京：北京大学出版社 2000 年版，第 31—32 页。

[2] 任继愈主编：《中华传世文选·唐文粹》，长春：吉林人民出版社 1998 年版，第 49 页。

思考题：

（1）如何看待中国社会的"道德滑坡"与"道德爬坡"问题？

（2）如何理解"善"与"德"？

（3）如何理解"上善若水"与"积善成德"？

（4）劝善书的思想与功用有哪些？

（5）积善行德对时代家风有哪些补益？

参考文献：

（1）（魏）王弼注，楼宇烈校释：《老子道德经注校释》，北京：中华书局 2008 年版。

（2）（清）王先谦撰，沈啸寰、王星贤点校：《荀子集解》，北京：中华书局，1988 年版。

（3）（清）惠栋撰：《太上感应编注》，《粤雅堂丛书》第 12 集，咸丰五年刻本。

（4）（宋）朱熹撰：《四书章句集注》，北京：中华书局 1983 年版。

（5）游子安：《善与人同：明清以来的慈善与教化》，北京：中华书局 2005 年版。

（6）梁其姿：《施善与教化：明清的慈善组织》，石家庄：河北教育出版社 2001 年版。

第十二讲
经世安民

【学习目的】明了"经世安民"的由来，认识经世安民的终极目标、核心理路、根本要领、逻辑起点、天下胸襟、理想范式等主体内容。

"经世安民"首见于宋代胡安国《春秋传》。该书卷二谓："经世安民，视道之得失，不倚城郭沟池以为固也。"意思是讲：经纬社会、安顿百姓，最要紧的是看执政者是否按照常理办事，而不是依赖于坚固的城墙和沟渠险要。文中所谓"道"就是治道，也就是治理社会、国家的基本理论、法则。

众所周知，中国文化的特质之一便是民本思想，而民本又是治国的核心理念，所以说经世安民是中国文明之所以能够绵延五千年的关键因素所在。经世安民在中国文化的观念中是"配天"的实践，其实质乃"德配天地"；唯有如此，政治才有合法性基础。《尚书·大禹漠》有言"民之所欲，天地从之""民为邦本""德惟善政，政在养民"；天道无亲，惟德是辅。"德治天下"是中国治理文化的核心所在，国家与人民，社会与自然，都以"德"为尚。这个"德"本身是人的理性自觉，人通过对自己的有效约束与调适，来与人、与社会、与自然相和谐，如此才能天地人三才相安。《太平经》称："治国之道，乃以民为本也。无民，君与臣无可治，无可理也，是故古者大圣贤共治事，但旦夕专以民为大急，忧其民也。"①在《太平经》看来，治国的核心要务在于安民，因此君臣当勠力同心以为之。

经世安民，其意通于治国理政。"治"，在《说文解字》中是"治水"；而"理"在《说文解字》中是"治玉"。水为至柔之物，而玉乃刚硬之物，刚柔并济诚为治国理政之内在之义。治水与理玉都是一种创造性工作，治水乃得良田，百姓方可富庶；而理玉乃得娱神之效，玉乃通神之灵物，以精美之玉器敬献上天，以求国阜民安。如此可知，经世安民本质上乃是敬天保民之举，即天人合一的实践性操作，当慎重为之。

一、天下盛世：经世安民的终极目标

历史上的盛世非唐朝莫属，当时有位新罗王金真德写了首《太平诗》广为流传。诗曰：

> 大唐开鸿业，巍巍皇猷昌。
>
> 止戈戎衣定，修文继百王。
>
> 统天崇雨施，理物体含章。
>
> 深仁谐日月，抚运迈时康。
>
> 幡旗既赫赫，钲鼓何锽锽。
>
> 外夷违命者，翦覆被大殃。
>
> 和风凝宇宙，遐迩竞呈祥。
>
> 四时调玉烛，七曜巡万方。
>
> 维岳降宰辅，维帝用忠良。
>
> 三五咸一德，昭我皇家唐。②

---

① 王明：《太平经合校》，北京：中华书局 1960 年版，第 151 页。

② 王启兴主编：《校编全唐诗》上，武汉：湖北人民出版社 2001 年版，第 78 页。

诗中盛赞了大唐盛世气象，即不尚武力，而修文为要；和谐天地，国运昌明；声威赫赫，四海升平；天降吉祥，四时和序；臣民忠良，上下一心。太平社会历来是中国先民对理想社会的期待与想象。新时代的中国正以从未有过的气派走近世界舞台的中央。我国党和政府适时提出"构建人类命运共同体"理念，这在一定程度上是对中国传统太平理想的继承与提升。太平即"大平"。在太平社会里，没有压迫，只有自由、平等、民主、繁荣、富强的幸福生活。太平为何？太平何为？千百年来，仁人志士都在追问。早在《周易》的《乾卦·象》辞中便有精到的表述："乾道变化，各正性命，保合太和，乃利贞。首出庶物，万国咸宁。"这里的"太和"正是太平的价值判断，即最理想最圆融的和谐，而这种和谐的基础是顺应天道变化，从而天下万物都能各得性命的正常状态，进而彼此之间又能够保持合作共生的和谐状态，如此可谓是大吉大利。"保合太和"之论启示我们"太平""太和"之世是可以"致"的，"致"的过程便是"正性命"与"保合和"。前者，强调个体的主观努力，自己主动去顺应天道变化，来安身立命，防止私欲膨胀而妄图凌驾于天道之上而不得善终；后者，强调良好的开端需要持续保持，需要与他者和环境保持合作协同的姿态，不要忘乎所以，损人利己，而是要共生互助，方可久久为功而利贞。而"利贞"的状态便是万物繁庶、天下太平。后来的春秋公羊学提出"三世"说，认为人类社会是沿着据乱世、升平世、太平世顺次进化。据乱世是衰世，社会大乱，百姓疾苦；升平世是社会治乱参半，分分合合，总体上社会相对和平稳定，百姓对未来社会有了期盼；太平世则是永享太平，不再有苦难，属于理想社会。这一学说深刻影响了康有为。康有为将《春秋公羊传》"三世"说及《礼记·礼运》的"小康""大同"观相糅合，认为升平世乃小康社会，而太平世则如大同世界，同时又将二者相对应为君主专制、君民共主。

道家对"太平世"追求颇为深入且持久。在道家看来，"道"可以"安平"。《道德经》第三十五章有言："执大象，天下往；往而不害，安平太。"①这里老子将道与社会太平直接结合起来论述。他认为社会的管理者当操持大道，方能吸引天下百姓归附；百姓们在有道的明君指引下，能够不受天灾与人祸的伤害，从而过上安宁、和平、康泰的生活。只有社会安定了，才能实施"平"的方略，即下文所言的损益之道；经过"平"的调迁，最终实现太和。如此看来，"平"既是理想社会的应有状态，也是实现这种状态的方法，即平天下。老子认为圣人作为有道的管理者，能够顺应民心，对百姓的意见，无论对，还是不对，都能够倾听，并有父母对子女的关爱呵护之心来对待，这应当是民主最集中的表征了。就公平而言，老子反对弱肉强食，强调人道主义。追求以"三宝"作为政治伦理。《道德经》第七十七章曾经说：

> 天之道，其犹张弓与！高者抑之，下者举之；有余者损之，不足者补之。天之道，损有余而补不足。人之道则不然，损不足以奉有余。孰能有余以奉天下，唯有道者。是以圣人为而不恃，功成而不处，其不欲见贤。②

管理者能够心中装着百姓的利益，能够效法天道在追求均衡中运作，体现人性的光辉，即尽心作为而不恃己能，功业成就了却不去占有，因为他没有展示自己贤能的心意。一切都是自然而然罢了。其实，老子正是希望管理者能够抑与举、损与补的双向操作，以实现社会的太平，可见经世安民当以"太平"为念。

道教是以养生著称的宗教。她以"道"立学，以"道"立教，注重社会养生。在道教看来，社会是个体养生的环境。为了更好地养生，道家道教自然而然地提出自己的社会理想。《道德经》一书最早开创"小国寡民"式的社

---

① （魏）王弼注，楼宇烈校释：《老子道德经注校释》，北京：中华书局 2008 年版，第 87—88 页。

② （魏）王弼注，楼宇烈校释：《老子道德经注校释》，北京：中华书局 2008 年版，第 186 页。

会理想模式，其要旨在于指导为道者见素抱朴、道法自然、修持玄德，建构"无为而治"的社会运行模式。在这种社会里，人人以道德自觉来维护社会秩序，从而能过上"甘其食，美其服，乐其俗，安其居"的美好生活。这种生活的实质就是人与自然、人与人、人与社会的深度和谐。老庄道家的社会理想为道教所继承，发展成为对"太平世"的追求。早期道教经典《太平经》以"太平"来命名，目的在于实现理想的"太平"世界。《太平经》还论证了"太平世"存在的客观依据，那就是"太平气"。该书卷四十八《三合相通诀》借天师回答真人关于太平气的问题时说："太者，大也。乃言其积大行如天，凡事大也，无复大于天者也。平者，乃言其治平均，凡事悉理，无复奸私也；平者，比若地居下，主执平也。气者，乃言天气悦喜下生，地气悦喜上养；气之法行于天下地上，阴阳相得，交而为和，与中和气三合，共养凡物，三气相爱相通，无复有害。太者，正也；气者，主养以通和也；得此以治，太平而和且大大正也。"① 道门认为太平气具有治理平均、公正无私、相爱相通、无复有害的特征，进而由太平气派生的君、臣、民三者应该像日月星辰那样彼此相应，就能达到这样的效果："父慈，母爱，子孝，妻顺，兄良，弟慕，邻里悉思乐为善"，"民不知复为凶恶，家家人人，自敕自治，故可无刑罚而治也。上人中人下人共行之，天下立平不移时。"②《老子想尔注》也认为"治国之君务修道德，忠臣辅佐务在行道。道普德溢，太平至矣。吏民怀慕，则易治矣"③。由此可见，道门中人对"太平世"怀有强烈的感性期望与深刻的理性思索。

难能可贵的是，道教不仅倡导"太平世"的社会理想，而且切实地实践这一理想。早期道教教派——五斗米道就设立过"义舍"制度。在社会动荡年代，这种制度无疑是民众的避风港，适应了下层民众对思想社会的现实渴

---

① 王明：《太平经合校》，北京：中华书局 1960 年版，第 148 页。
② 王明：《太平经合校》，北京：中华书局 1960 年版，第 409 页。
③ 饶宗颐：《老子想尔注校证》，上海：上海古籍出版社 1991 年版，第 38 页。

求，具有广泛的社会基础。据《三国志·张鲁传》载："诸祭酒皆作义舍，如今之亭传。又置义米肉，县（悬）于义舍，行路者量腹取足。"令人惊讶的是，这一制度并不以层层的领导管理或法治制约，而是以神学信仰唤醒民众的内在的道德自觉。"若过多，鬼道辄病之。犯法者，三原，然后乃行刑。不置长吏。皆以祭酒为治，民夷便乐之。"[1] 如果有过或得病，则设立"净室，使病人处其中思过"。或者，"有过者，当治道百步，则罪除"[2]。这样的制度既有内心自省，又有现实的改过规范，在当时无疑有利于安顿生命，关怀性灵，使民众的物质生活和精神生活得到依托。因此五斗米道能保一方乐土达三十年之久。另外"贞观之治"的光辉业绩，也是道教社会思想实践的典范。这一成就的取得与宰相魏徵提倡的道教治国理念是分不开的。《贞观政要》卷八记载，道士魏徵上疏曰："伏愿取鉴于隋，去奢去约，亲忠远佞，以为当今无事，行畴昔之恭俭，则尽善尽美矣。"[3] 道家道教的治国理念的特色表现在"身国共治"的理论模式中，它依托于君民的道德自觉，认为如此则可政安民治。还有"一言止杀"的丘处机，不辞万里跋涉之苦，劝成吉思汗爱民为本。这种行为既是丘处机自身宗教信仰的必然举动，也是其社会理想的自觉践履。《元史·释老传》记载了丘处机与成吉思汗对话的核心内容："及问为治之门，则对以敬天爱民为本。问长生久视之道，则告以清心寡欲为要。太祖深契其言。"[4] 由此可见，道门中人试图建构并实践一种理想的社会模式，希望在这种社会下，人们不用担心生命的安顿问题，因为有"以百姓之心为心"的君王圣主实行"无为而治"施政理念，从而为实现"长生久视"营造了良好的社会环境。

---

① 陈寿：《三国志》卷八《张鲁传》，北京：中华书局1959年版，第1册，第263页。

② 陈寿：《三国志》卷八《张鲁传》注引《典略》，北京：中华书局1959年版，第1册第264页。

③ 吴兢：《贞观政要》，上海：上海古籍出版社1978年版，第249页。

④ （明）宋濂等撰：《元史》简体字本卷二二〇，北京：中华书局1999年版，第3026页。

二、身国共治：经世安民的核心理路

对于经世安民而言，身国共治既是一种理想境界，也是一种方法论。按照这种理路，不仅治理主体本身能够身体康健，而且社会百姓也能健康长寿，达到彼此良好互动效果，且这一效果直接体现在国家长治久安上。其实，如果我们稽考养生的原始意义，就不难发现中国养生学的发端与国家治理在源头上本就交融一体。

（一）端神靖身，乃治之本也，寿之征：个体养生与社会养生的统一

"养生"从词源角度看，起初并不单纯从"护养生命以健康长寿"这一现代意义上使用。"养生"一词最早出现在《庄子》一书中。《庄子》内篇专列《养生主》一节，足见庄子对"养生"的重视。不过，他是在较广含义上使用"养生"一词，侧重在生存智慧方面。书中说文惠君对庖丁解牛的高超技艺发出"道进乎技"的感叹，并自称"吾闻庖丁之言，得养生焉"[1]。这使人联想起《庄子·达生》中周威王向田开之问治国之道，"开之曰：'闻之夫子曰：善养生者，若牧羊然，视其后者而鞭之'"[2]。田开之认为养生与牧羊的道理是共通的，那就是于牧羊而言，鞭策落后的羊；于养生而言，就是要补足自己身心上的短板，克服不足，方可趋于康健。如此看来，我们不难理解庄子养生理想包含着治身理国双重含义。就国君而言，理国应当无为，无为方可治身。道家讲究"无为而治"不仅对治国而言，对养生亦然。《庄子·让王》第三次提到养生，其理国之意味就更浓厚了。所谓"道之真以治身，其

---

① 陈鼓应：《庄子今注今译》，北京：中华书局 1983 年版，第 96 页。
② 陈鼓应：《庄子今注今译》，北京：中华书局 1983 年版，第 475 页。

绪余以为国家，其土苴以治天下。由此观之，帝王之功，圣人之余事，非所以完身养生也。今世俗之君子，多危身弃生以殉物，岂不悲哉！"①道家并不是将养生与治国等量齐观，而是以养生为前提，认为道的真切入手处在于管理好自身，其次是治国，最后才是治天下。帝王治世之功勋在圣人看来是多余的事，并不能因此而使自我身心置于困境。然而现实社会的那些君子们，却在追名逐利中将自我身心置于危险之境地，真是可悲呀。在道家看来，不懂养生之道，就不懂治国之理，养生与治国道理是一致的。《吕氏春秋》发扬了这种"身国共治"的思想，以为"昔者先圣王，成其身而天下成，治其身而天下治"②，并明确提出"治身与治国，一理之术也"的思想。《淮南子·诠言训》以历史的眼光和否定的方式表达了同样的理念，那就是"未尝闻身治而国乱者也，未尝闻身乱而国治者也"。随后的《太平经》也承继了这一理念，认为"端神靖身，乃治之本也，寿之征也"。可见，治身是治国的根本与着力点。

（二）"身国共治"：社会治理与养生意蕴的美妙统一

"身国共治"不仅是养生范式，而且也是社会治理的最佳理念。养生可以治国，治国可以养生，是一体两面，不可分离。养生是治国的基础，治国是养生的合理延伸。养生为本，治国为末。这是因为社会（国家）治理的根本目的在于实现人民的安居乐业，尽其天年，这恰恰是养生的究竟。养生是目的，治国是手段。养生的实践必然引发对社会治理的思考，社会治理必然以养生为导向，两者乃良性互动关系。

1. 以身观身：将养生之理扩充为治国之道

其一，养生之理通于治国的思想由来已久。《道德经》第十三章云："贵

---

① 陈鼓应：《庄子今注今译》，北京：中华书局 1983 年版，第 751 页。

② 谷应声：《吕氏春秋白话今译》，北京：中国书店 1992 年版，第 33 页。

以身为天下，若可寄天下；爱以身为天下，若可托天下。"①意思是说，能够以"贵身"的态度去对待天下事，才可以把天下寄托给他；能够以"爱身"的态度推及天下，才可以将天下交付给他。老子认为，一个理想的社会治理者，首先应该懂得"贵身"和"爱身"，然后"以身观身"，感同身受，推己及人，社会安有不治之理？可见要达到这样的理想境地，就必须修养身心，使自己成为自己的主人，自己可以控制自己，做到平淡素朴、清静无为、无私不争。以此心境治世，身心可健，国家可理。仔细斟酌行文中的"为"字，我们发现它包含"治理"的意蕴；从另一个角度看，"以身为天下"也可理解为"把身体当作天下"，即身体与天下"齐同"。既然如此，能够贵身也就能够贵天下，以贵天下的精神来管理天下，天下自然可以谐和、兴盛、繁荣了。这就说明，《道德经》中确有"仿养生之理以治国"的含义。

其二，养生之理为何通于治国之道呢？一方面，治国是养生的应然延续。养生，通常又称修身，是治国的基础；身不修不养不足以治国。也就是说，由养生推而广之，就可以治国。老子提出"五修论"，即修之于身，修之于家，修之于乡，修之于邦，修之于天下；认为从修身开始，最终可以实现天下大治。《庄子》继承了这一思想，进而提出了"内圣外王之道"，这里的"内圣"着重指养生中的养性方面，"外王"则侧重于"治国"方面。老庄在身国共治思想方面都强调修身为本，养生为基。养生与治国的最高原则都是对道的遵循。明万历间道士王一清则称："古之圣王，道治天下，静以修身，动必顺理"；又说："若以其道举之于政，内以修身，外以治国。"②圣王之圣哲就体现在以道治天下，而道治天下的要义正在于对内静以修身，对外动以治国，其理一也。修身与治国是道行天下的一体两面。葛洪甚至因此认为养生胜过为王，

① （魏）王弼注，楼宇烈校释：《老子道德经注校释》，北京：中华书局2008年版，第29页。

② 王一清：《道德经释词·叙道德经旨意总论》，《道藏辑要》，台北：新文丰出版公司1986年版，第5册，第2030、2032页。

"尚我身之全，虽高官重权，金玉成山，娇艳万计，非我所有也"①。在他看来，高官厚禄、美色财富与身体的整全相比，都是外在的，并不是自我应当有的。这与老子"名与身孰多"的思想相一致，都认为生命高于一切外在事物，应当高扬生命自主意识，于是他倡导"我命在我不在天"的生命自主精神。究其实质，生命乃是出于道并归于道。人的能动性体现在对生命历程的把握。通过养生来治国，会产生四两拨千斤的功效。葛洪就是个既入世又出世的典型，他推崇身国共治，讲究长生与功业两不误。他还以黄老为例申明自己的学说立场："夫体道以匠物，宝德以长生者，黄老是也。黄帝既治世致太平，而又升仙，则未可谓之后于尧舜也。老子既兼综礼教，而又久视，则未可谓之为减于周礼也。"②黄帝老子既能经世济民，又能飞举升仙。他们相较于儒家尧舜之汲汲治世而言，显得更为高明。儒道兼修的葛洪，其理想目标在于，"内宝养身之道，外则和光于世。治身而身长修，治国而国太平"③。养生是生命长存于世的依托，是核心；但养生又不能仅仅只为延续生命，而应当发挥生命的价值，最核心的便是治国，也就是建功立业，服务苍生。

治身与治国之所以共通乃在于，尊道贵德是万物存在的根本依据。唐末杜光庭将"身国共治"思想表述为"经国理身"。他在《道德真经广圣义》一书中指出："夫此道德二字者，宣道德生畜之源，经国理身之妙，莫不尽此也。"④杜氏继承了唐代"身国共治"的治理原则——无为，总结指出："理国执无为之道，民复朴而还淳，理身执无为之行，则神全而气王，气王者延年，神全者升玄，理国修身之要也。"治国无为，则与民休息；理身无为，则精气自盈。在修身与理国的关系上，杜氏的认识是十分精辟的。他强调理国者应先理其

---

① 王明：《抱朴子内篇校释》，北京：中华书局1985年版，第254页。

② 王明：《抱朴子内篇校释》，北京：中华书局1985年版，第188页。

③ 王明：《抱朴子内篇校释》，北京：中华书局1985年版，第148页。

④ （唐）杜光庭：《道德真经广圣义》，《道藏》，北京：文物出版社；天津：天津古籍出版社；上海：上海书店1996年版，第14册，第314页。

身，而理身则应先理其心。"圣人之理，以身观身，身正则天下皆正，身理则天下皆理"；"理身之道，先理其心，心之理也，必在乎道。得道则心理，失道则心乱。心理则谦让，心乱则交争。"① 可见不管是修身，还是理国，要做到"无为"，就必须"理心"，"心"理了，就能身安国治。心是治身治国的关键，修身在于修心，修心在于自我管理，引导自我将道的原则与方法深切地贯彻于社会实践中。

另外，养生与治国又是生命护养的一体两面。养生的过程就是治国的过程。明清时期内丹心性学方面得到进一步拓展，道门"身国共治"思想表现出对养生主旨的复归。以闵一得为例，他就持"身治世宁"② 思想，认为治身可医世，这是对老庄道家"修身治国"思想的回归。他说："盖绝身气世气一气也，……故可即身以持世"。③ 他还认为身世共治才是道。"成己成物，皆道中之事。万物名正性命，而后道之量于是乎全。遗世独立，不可以言道。"④ 可见道教并非避世，相反却主张，如果社会及每一个体都能行大道，又何须治理。闵一得在此基础上进一步阐述了"治身可以医世"的理论。他说："惟愿学者纯以调心虚寂之门，调至四胸怀清静而天都泰安，调至坤腹能泰而间阎富庶，调至四肢通畅而四夷安靖。如是体调而身安，身安而世治，功效捷如响。"深信只要如此就可以"内则用以治身，外则用以治世"⑤。其实，《太平经》早就提出"天人互病"的思想："天地病之，故使人亦病之，人无病，即天无病

---

① （唐）杜光庭：《道德真经广圣义》，《道藏》，北京：文物出版社；天津：天津古籍出版社；上海：上海书店 1996 年版，第 14 册，第 314、380、491、404 页。

② 《持世陀罗尼经法》，《藏外道书》，成都：巴蜀书社 1992 年版，第 10 册，第 558 页。

③ 《持世陀罗尼经法》，《藏外道书》，成都：巴蜀书社 1992 年版，第 10 册，第 577 页。

④ 《吕祖师三尼医世说述》，《藏外道书》，成都：巴蜀书社 1992 年版，第 10 册，第 347 页。

⑤ 《吕祖师三尼医世说述》，《藏外道书》，成都：巴蜀书社 1992 年版，第 10 册，第 356 页。

也；人半病之，既天半病之，人悉大小有病，即天悉病之矣。"①闵氏发挥了这一思想，指出天人共治的途径："吾人一身之中，具五行之正气，应五方之分野，察其病之源，攻其病之方，合人世之全于一身，内不见我，外不见世。过者损之，不及者益之，郁者散之，顽者化之，逆者顺之。病不可悉数，医道亦不可殚述。消息盈虚，名视其症而理之。人或有病，以吾身之阴阳运化之；世或有病，亦以吾身之阴阳调摄之。"②闵氏以为经过个人身心的调理可以作用于世，以己身之正气化世之邪气。只要"用志不分，以之医世，出神入化。近则一家一村，远则一县一郡。推其极则四大部洲，无不调摄于此方寸之中。消其灾，则无水火，成兵、虫蝗、疫疬。正其趋向，则俗无不化，人无不新，发安物阜，熙熙然如登春台，小用之则小效，大用之则大效"③。这种观念相信人能感天动地，个体的修行，能够发挥宇宙整个场域的自调适机理。其实质无非是人间有正气，只要人人都发愿力，世上的问题，都能理顺。此种理想的现代意义在于，教人胸怀大格局，从自身修身着手，从而影响到整个社会；一个人的影响或许微小，但是更多人都努力了，这个影响就会越来越大，社会也就越来越充满着正能量，如此，人类共同的理想终有实现的一天。

2. 治国安民：以治国之道反哺养生之行

治国如同治身，而且治国的根本目标正在于安顿生命，为生命的活动提供一个良好的社会环境，而且治国之道也能启发养生之行，因为治国当慎重，牵一发而动全身，治国之无为，正是养生之清静。因此，从目的与方法上，治国实践与养生活动是共时性的，也是具有共通性的。

其一，治国之道可用于养生。行治国之道可以实现养生。这是因为治国之

---

① 王明：《太平经合校》，北京：中华书局 1960 年版，第 355 页。

② 《吕祖师三尼医世功诀》，《藏外道书》，成都：巴蜀书社 1992 年版，第 10 册，第 361 页。

③ 《吕祖师三尼医世说述管窥》，《藏外道书》，成都：巴蜀书社 1992 年版，第 10 册，第 356—357 页。

道与养生之道在基本原则上是共通的，而且治国是以养生为终极目的。一方面，治国当以养生为先。养生之道无它，自然无为而已；治国之道无它，清静无为而已。自然之道静，则天地万物生。治国之道静，则黎民百姓安。懂养生之道，则懂治国之道。正是从这个意义上说，治国应当养生。《老子河上公章句》是"身国共治"理念的典范，其主要内容是以汉代流行的黄老学派无为治国、清静养生的观点解释《道德经》，认为天道与人事相通，治国与治身之道相同，二者皆本于清虚无为的自然之道。认为可道之道是"经术政教之道也"；而常道是"自然长生之道也。常道当以无为养神，无事安民，含光藏晖，灭迹匿端，不可称道"。养生与治国皆统于道，是道的两个功用，但养生之道似乎是更内在的、更根本的。比如"人学治世，圣人学治身，守道真也"①。圣人比一般人高明的地方就在于能抓住根本，以治身为基，则治国自在其中。"圣人守大道，则下万民移心归往也，治身则天降神明，往来于己。万物归往而不伤害，则国家安宁而致太平矣。治身不害，神明，则身体安而长寿。"②

其二，治国当以养生为目的。《太平经》作为道教早期经典，以至太平为目标，广泛地运用"身国互喻"来为"身国共治"提供理论依据。《王者无忧法》曰："夫帝王，天下心也；群臣，股肱也；百姓，手足也。心愁，则股肱妄为，手足行运不休止，百姓流荡。"③含义在于治国治身不可烦，"治国烦则下乱，治身烦则精散"④。《太平经》的出现就是要解这个愁烦。"吾文以疗天地之病，解帝王之愁苦。"⑤它以治国致治身，治国为上，治身为次。"上士学道，辅佐帝王，当好生积功，乃久长。中士学道，欲度其家。下士学道，才脱其躯。"⑥追求长生是道教的基本目标，但在早期动荡时代，道教的社会责任意识

---

① 王卡点校：《老子道德经河上公章句》，北京：中华书局1993年版，第250页。

② 王卡点校：《老子道德经河上公章句》，北京：中华书局1993年版，第139页。

③ 王明：《太平经合校》，北京：中华书局1960年版，第659页。

④ 王卡点校：《老子道德经河上公章句》，北京：中华书局1993年版，第235页。

⑤ 王明：《太平经合校》，北京：中华书局1960年版，第726页。

⑥ 王明：《太平经合校》，北京：中华书局1960年版，第724页。

往往比自我意识更强烈。这种思想的时代情结在于"救世",核心目标在于救世致太平。"此三者(君臣民)常当腹心,不失铢分,使同一忧,合成一象,立致太平,延年不疑矣。"①此时道教如此重视治世,是因为当时社会正处于动荡,人们迫切希望社会安定以休养生息,因此有道之士应当以治国为任,辅佐帝王,实现社会的长治久安,而不拘泥于个人的长生。

历代的道士中不乏以道辅佐帝王之辈,他们期望帝王实践"身国共治"之道,如此不仅国可大治,而且自身可以长生。北宋道士苏澄隐,当宋太祖问他养生之道时,他回答道:"臣之养生,不过精思炼气尔,帝王则异于是。老子曰:'我无为而民自化,我无欲而民自正。'无为无欲,凝神太和。昔黄帝、唐尧享国永年,得此道也。"②他认为帝王应该无为凝神,才是治国之道。陈抟这位自认为"非仙即帝"的传奇式人物,在宋初的政治生活中扮演着帝王之师的角色。宋太宗曾问他"恳求济世安民之术",他写下了"远近轻重"四个字。并解释说:"远者,远招贤士;近者近去佞臣;轻者,轻赋万民;重者,重赏三军。"③宋太宗还曾问陈抟:"若昔尧舜之为天下,今可至否?"陈抟回答说:"土阶三尺,茅茨不剪,其迹似不可及,然能以清静为治,即今之尧舜也。"④

元朝时,丘处机不辞辛劳西行万里,以养生治国之道力劝成吉思汗切勿杀伐过多而成为千古美谈。他谈养生时强调要节欲,认为世人恣情于声、色、味、情,则散气伤身,而学道之士则"去声色,以清静为娱;屏滋味,以恬淡为美……去奢屏欲,固精守神,唯炼乎阳,是致阴消而阳全,则升乎天而为仙,如火炎上也"。他谈治国时,则以养生为基,他说:"陛下修行之法无他,当外修阴德,内固精神耳。恤民保众,使天下怀安则为外行,省欲保神为乎内行。"外行治国重修阴德,内行养生重固精神。内外兼修方可成就一代明主。

---

① 王明:《太平经合校》,北京:中华书局1960年版,第19页。
② 《宋史》卷四六一《方技上》,北京:中华书局1977年版,第39册,第13511页。
③ (元)张辂:《太华希夷志》,《道藏》,第5册,第738页。
④ 赵道一:《历世真仙体道通鉴》卷四七,《道藏》,第5册,第368—369页。

丘处机还以神仙诱饵，启发成吉思汗以"身国共治"为处事范式。他说："行善进道则升天为之仙；作恶背道，则入地为之鬼……帝王悉天人谪降人间，若行善修福，则升天之时位逾前职，不行善修福则反是。天人有功微行薄者，再令下世修福济民，方得高位。昔轩辕氏天命降世，一世为民，再世为臣，三世为君，济世安民，累功积德，数尽升天而位尊于昔。"① 可见道门中人相信治国者积德可以长生，当然国治，则更多人可以长生，这就是道门理身理国论的独特意境。

三、中庸德方：经世安民的根本要领

中庸思想是中国先贤对处理人与自然、人与社会、人自我身心关系最佳方式的理性认识结晶，也表现为一种中国人处理问题的世界观和方法论，就其运思程式而言，我们可称其为圣贤修身治世的道德境界与思维方法。从这个意义上讲，我们可以视其为经世安民主体实现自我完善和垂范世人的根本方法。借鉴社会学家米德的主我与客我理论，"中庸"的根本要领可以表述为，经世安民的主体在自我心灵世界中时时开展自我对话，即要求实然的我（主我）与应然的我（客我）在修身成圣的精神感召下，不断地反省，推动自我朝适应社会、完善自我的理想境界（"内圣外王"）前进的一种思维升华过程与方法的统称。而中庸正是管窥儒家修身成圣的一扇窗口。

（一）"致中和"展示了中庸在经世安民中的基本功能

理解中庸之为圣贤经世安民的根本方法，必须先理解"中庸"二字。"中"通常有两种含义：一个是中心；另一个是内，与外相对。"庸"也有两种含义：一个是用；一个是常，平常。汉代经学家郑玄《目录》有载："曰'中庸'者，

---

① （元）耶律楚材：《玄风庆会录》，《道藏》，第 3 册，第 388 页。

以其记中和之为用也。庸，用也。"又说："庸，常也。用中为常道也。""中"与"庸"结合起来的含义也有两种：一种是用中的道理；一种是内心的平常。综合起来，中庸是指用中的道理不在内心之外或刻意遵循，而是化为内心的平常。①

除了调节内心使之平常以外，中庸也是与外界环境互动的方式。《礼记·中庸》不但赋予"中"新的内容，即以"仁"为核心，以"礼"为外在形式的伦理道德观，更补充了"喜怒哀乐之未发谓之中"的含义，将"中"与人所固有的含而未发的内心状态联系起来。"中庸"贯通了圣贤所谓的"内外之道"，一方面"中"是内在的，指人内心的某种主观态度；另一方面"中庸"又是外在的，表现为外在行为的"中节"、合礼。②

中庸理念的核心是以人的内在要求为出发点和根本价值依据，符合中国传统经世安民内向性的主要特征；中庸也需要在外部环境中寻求"中节"，也就是使内在要求在现有的外在条件下，达到最适当的平衡点，也就是"致中和"的境界。由此可见，中庸体现了一切治理活动共有的社会性和互动性。内心的"中"、外在的"节"体现了人的社会性，而最后的结果"致中和"则是治理主体的自我互动和与社会互动的结果。

（二）天命、诚明、时机凸显中庸化解矛盾与冲突的方法论价值

中国传统社会的诸多冲突中，包含着两种对立的因素。中庸之道的要点就在于包含"度"的思想和对立面统一、转化的思想。作为经世安民的重要方式，中庸是人们对内调节个人情绪和认识、对外调整个人行动的重要方法，使

---

① 陈天林：《中庸：中国传统和谐文化的基本精神》，《社会主义研究》2006 年第 5 期。

② 王轶楠：《和谐心理学发微——中庸视角下的上下级共生之道》，北京：中国社会科学出版社 2009 年版，第 32—33 页。

冲突的对立面达到"致中和"的内外平和的状态。

中庸之道的本质在于用中和致和:"和也者,天下之达道也。致中和,天地位焉,万物育焉。"① 在儒家看来,中庸的本体论根据是宇宙对万物的包容与协和,明白了这一点就是"知命",就能自觉达到天人合一。②《中庸》中除了引用孔子及其《诗经》的言论,其余的内容有一半与"诚"有关:"诚者,天之道也;诚之者,人之道也。"③ 因此,《中庸》将其作为沟通天道、达于人道的环节。④ 除了"命"与"诚",孟子又指出中庸的核心在"中",而"中"之难点在于"时","时"又是时时刻刻在变化的,"时中"意味着因时制宜。正是在这个意义上,梁启超称中庸为"流动哲学"。⑤ 所以,我们将从中庸运作中"命""诚""时"的角度来解释中庸是如何能够解决冲突。

1. 用顺应天命来解决天道与人事的冲突

自有人类社会以来,人与自然的关系,即天道与人事的关系,始终是人们关注的焦点。在生产力发展的不同阶段,人们对天道认识也不同。通常,各民族发展的初期,都表达了对天(道)的敬畏。这种敬畏,在人类理性的发展过程中,逐渐地由畏天、敬天,发展到则天、制天,以致有人定胜天的观念产生,或者近代以来,中外都随着科技进步而滋生了征服自然的错误信念。历史殷鉴昭昭,几乎与中华文明同时出现的古巴比伦文明和玛雅文明,虽然曾经辉煌过,却都因无节制地滥用自然资源而导致其灰飞烟灭,只有一直存有"敬天保民"观念的中华文明延续至今。可以说,中华文明的绵延与儒家顺应天命、敬天法祖等观念有关联。我们的祖先特别注重根据自然规律来利用自然,讲究

① (宋)朱熹:《四书章句集注》,北京:中华书局2011年版,第20页。
② 晁乐红:《中庸与中道——先秦儒家与亚里士多德伦理思想比较研究》,北京:人民出版社2010年版,第31页。
③ (宋)朱熹:《四书章句集注》,北京:中华书局2011年版,第32页。
④ 晁乐红:《中庸与中道——先秦儒家与亚里士多德伦理思想比较研究》,北京:人民出版社2010年版,第38页。
⑤ 梁启超:《孔子》,北京:中华书局1963年版,第54页。

人与自然的和谐共处，讲究仁及万物。

首先，从对内的思想认识方面来说，中庸之道认为整个宇宙是一个圆融、有序的统一体。《中庸》曰："致中和，天地位焉，万物育焉。"① 即在中庸之道下，人类与天地万物能够共生共存，相互协调，"儒家心目中的物质世界主要的不是物理、化学意义上的物质世界，而是一个包括人在内的富有生命力的、生机盎然的、既有物质又有精神的世界"②。《中庸》曰："唯天下至诚，为能尽其性；能尽其性，则能尽人之性；能尽人之性，则能尽物之性；能尽物之性，则可以赞天地之化育；可以赞天地之化育，则可以与天地参矣。"③ 从这个角度看，人与物质是统一的，"人事"与"天道"也是相互融合、统一的。这种中庸内诚外和思想将人与自然统一起来，强调了两者的共同共生，超越了两者对立的冲突。

其次，从对外引导个人行动方面来说，中庸将保护自然与改造自然统一起来。据《论语·述而》记载，孔子"钓而不纲，弋不射宿"。钓鱼不用大网截流捕鱼，射鸟不射归巢的宿鸟，体现了孔子保护环境的意识。孟子主张"不违农时，谷不可胜食也；数罟不入洿池，鱼鳖不可胜食也；斧斤以时入山林，材木不可胜用也"④。荀子说："圣王之制也：草木荣华滋硕之时，则斧斤不入山林，不夭其生，不绝其长也。鼋鼍、鱼鳖、鳅鳝孕别之时，罔罟毒药不入泽，不夭其生，不绝其长也。春耕、夏耘、秋收、冬藏，四者不失时，故五谷不绝，而百姓有余食也。污池、渊沼、川泽，谨其时禁，故鱼鳖优多，而百姓有余用也。斩伐养长不失其时，故山林不童，而百姓有余材也。"⑤ 强调人首先要顺应自然，因应自然的节律来开展耕作渔猎活动，如此，就能有用不完的自然

---

① （宋）朱熹：《四书章句集注》，北京：中华书局 2011 年版，第 18 页。
② 徐儒宗：《中庸论》，杭州：浙江古籍出版社 2003 年版，第 481 页。
③ （宋）朱熹：《四书章句集注》，北京：中华书局 2011 年版，第 32 页。
④ （清）焦循：《孟子正义》，石家庄：河北人民出版社 1988 年版，第 32 页。
⑤ 王先谦：《荀子集解》，北京：中华书局 1988 年版，第 165 页。

资源。显然，这种饱含着中庸思想的天命观体现了利用自然资源的同时保护自然资源的原理，一方面保护自然"天道"，一方面满足"人事"需求，使这两方面冲突达到"致中和"的双赢状态。

2. 以"诚"来超越礼的形式与内容的冲突

古代中国是典型的宗法社会，而维持宗法社会运作的基本手段主要是礼乐，追根溯源，周公制礼作乐的目的便在于建立一整套适合宗法社会需要的社会规范。广义的礼仪包括内容和形式两部分，如《论语·卫灵公》谓"君子义以为质，礼以行之，孙以出之，信以成之"。君子以义为内在品质，以礼作为行动规范。可见，礼既包含"义"的实质，又有要用"礼"的形式来表达。春秋战国出现礼崩乐坏的情景，总体上表现为人们往往只在形式上拘泥于礼法，而在内心上则失去对礼法的敬畏，以致僭礼越制的情况经常出现，置"牺象不出门，嘉乐不野合"[①]，有时甚至连礼的形式都不当回事。总之，礼的形式与内容两方面都出现巨大冲突。

《中庸》说，"诚者，物之始终，不诚无物"。可见，"诚"是真实，[②]是物质存在的根本属性。"诚"即宇宙万物之实，要求人们从内在认识方面承认事物的客观性，承认礼的内容的真实存在。礼起源于祭祀，后来又为维护社会等级和规范而制定，所以"礼"的内容就是客观存在的自然规律和社会制度。《中庸》认为"诚则形，形则著，著则明，明则动，动则变，变则化"，即"诚"是从内向外、自律的过程。"诚"使人们从内在承认礼的内容，也就承认礼存在的合理性。

《中庸》认为"诚"是诚实，是一切德行之本。《说文解字》更是直接把"诚"解为"信"[③]。荀子则把"诚"看作实践仁义的手段，《荀子·不苟》提出"唯仁之为守，唯义之为行"，认为只要守住仁德，奉行道义就能帮助内心达

---

① 张宗友注译:《左传》，郑州:中州古籍出版社 2010 年版，第 360 页。

② 徐儒宗:《中庸论》，杭州:浙江古籍出版社 2003 年版，第 399 页。

③ (汉)许慎:《说文解字》，北京:中华书局 1963 年版，第 92 页。

到"诚"的状态;"诚"是由外向内的,他律的,需要将客观规范内化。"诚"这种由外向内的转换,就要求人们从外在行为方面奉行礼的形式,约束和规范自己的行为。形式是内容的载体和依托,因此才有这样的故事发生:当"子贡欲去告朔之饩羊"时,孔子《论语·八佾》却说:"赐也,尔爱其羊,我爱其礼",明确表态礼义重于礼物,礼的形式都维护不了,内容就可想而知了。

"诚"从内在思想方面承认了礼的内容存在的合理性,从外在行为方面遵循礼仪规范,调和了礼的形式与内容的冲突。正如《论语·八佾》强调"祭如在,祭神如神在"。这里的"如"字体现了用"诚"来超越礼的内容与形式冲突的中庸内向传播方法。一方面指出祭祀者要内心诚敬,想象真的有神明存在,承认礼的内容;另一方面依据外在礼仪规范进行祭祀,表达诚意。这样才既不失礼,又使内心平常,达到内外中和的状态。

3. 用时机来解决入世与出世的冲突

中庸之道自始至终包含"时中"的内容,使其本身具有可以随时变通的内在机制,这决定其蕴含的基本原理永远可以适应时代的变化发展而调整更新,指导人们的思想和行动。[①] 因此,从内在的思维来看,中庸包含"因时而变"的自我调适机制,要求人们根据外在境遇的改变而调整自己的认识,因时制宜。在仕隐冲突的问题上,孔子《论语·先进》主张"以道事君,不可则止"[②],《论语·卫灵公》称"邦有道则仕,邦无道,则可卷而怀之"[③],他主张政治家要据时势变化从内在调整策略。

《论语·阳货》记载,阳货责问孔子:"好从事而亟失时,可谓知乎?"[④] 意思是说不能把握时机而去做事,能称得上智慧吗?这个"时"的意思是"机会",指社会变化发展过程中显示的机遇。《中庸》载孔子曰:"君子之中庸也,

---

① 徐儒宗:《中庸论》,杭州:浙江古籍出版社 2003 年版,第 203 页。
② (宋)朱熹:《四书章句集注》,北京:中华书局 2011 年版,第 128 页。
③ (宋)朱熹:《四书章句集注》,北京:中华书局 2011 年版,第 163 页。
④ (宋)朱熹:《四书章句集注》,北京:中华书局 2011 年版,第 175 页。

君子而时中。"①孔子认为，君子能遵循中庸之道，并按照事物与时发展的实际情况把握与之相应的客观规律。可见，作为时机的"时"把社会发展的客观规律和人生的选择联系了起来，从外在给予人们把握时机转变境遇的可能性。《周易·系辞上》谓"君子之道，或出或处，或默或语"，意即选择出仕还是归隐，关键看时机，根据时变来选择外在的行为方式。

从孔子的人生际遇看，他是成功的教育家，但绝不是成功的政治家。在礼坏乐崩的春秋末世，孔子汲汲于恢复周初礼乐制度是不合时宜的，其政治主张也得不到认同和施展。因此，孔子在仕途上多有坎坷，长期颠沛流离，甚至被荷蓧丈人、长沮、桀溺、楚狂接舆等隐逸之人嘲讽、诘难。②面对个人理想和社会现实的冲突时，徐复观先生认为孔子解决仕与隐的方法是，有机会便积极地去改造它（达则兼善天下），没有机会便消极地保存自己（穷则独善其身），绝没有非与现实政治共存亡不可的意思。③"穷则独善其身"体现了在环境变化时从用"时"来调节内心思想、使之平和的修身养性方法，而"达则兼善天下"则是用"时"来把握机遇，以适当的方式转化外在的境遇。总之，《周易·大有·彖》"应乎天而时行"是中庸作为方法论表现之一的"时中"的内涵。

中庸是中国传统文化的核心思想方法。一方面调节内在的态度，使之平常；另一方面，又使外在行为的"中节"合于礼。诸多二律背反的冲突模式，如天人冲突、礼的内容形式冲突、仕隐冲突，这些冲突关系中实含有相互依存、彼此互动的内涵。而命、诚、时都是在中庸方法统摄的指导下，针对不同类型的冲突所选取的不同解决思路。不过，无论如何，中庸对矛盾冲突的化解都源于主体对天命的顺应思想取向，对诚明境界的不懈努力以及发挥主观能动性，实现对"时中"的充分运用，从而展示出中庸作为调节内心，实现身心、

---

① （宋）朱熹：《四书章句集注》，北京：中华书局2011年版，第19页。

② 桑东辉：《内在与超越——孔子中庸思想阐微》，《集美大学学报》2007年第2期。

③ 徐复观：《中国思想史论集》，上海：上海书店出版社2004年版，第98页。

人际、社会和谐的方法论价值。易中天曾简要地指出中庸本质在于"不走极端，不唱高调"，诚为不刊之论。

四、修真为本：经世安民的逻辑起点

修身是中华传统文化的基本价值取向。无论是鸿博大儒，还是普通儒生，古代儒家知识分子强调道德修养以及自我道德体系的建构。《大学》开宗明义："大学之道，在明明德，在亲民，在止于至善"[1]，明确提出教育的要旨在于光明自我德性，进而造就新民，并以"至善"为永不停竭的追求目标；而且还要将这样的目标推广到全社会。《大学》接着又说："自天子以至于庶人，壹是皆以修身为本。"[2] 儒家倡导无论是高高在上的天子，还是普罗大众，都要以修身为做人的根本要求，并以作为实现自己的人生目标和培育高尚情操的必由之路。

（一）修己安人："内圣外王"的本质要义

《论语·宪问》有言："修己以敬"，"修己以安人"，"修己以安百姓"。[3] 可见修己，亦即修身，是立身处事之本，有了修身方可以致远。那么何为"修身"？"修"，《说文解字》注："修，饰也……此云'修，饰也'者，合本义引申意而兼举之。不去其尘垢，不可谓之修。不加以缛采，不可谓之修。"[4]"修"的初始意义重在强调外在的修饰，并无关涉内在的精神境界的意涵。有学者亦指出："'修身'最初源于古代'礼'传统，是外在的修饰，但孔子之后已转化

---

① （宋）朱熹：《四书章句集注》，北京：中华书局 2011 年版，第 4 页。
② （宋）朱熹：《四书章句集注》，北京：中华书局 2011 年版，第 5 页。
③ 杨伯峻译注：《论语译注》，北京：中华书局 2006 年版，第 179 页。
④ （汉）许慎撰，（清）段玉裁注：《说文解字》（3）全注全译版，北京：中国戏剧出版社 2008 年版，第 1182—1183 页。

为一种内在的道德实践。"①由于礼具有的礼仪与礼义两个层面，并且追求这两层面的内在协调，因此，修身就自然具有内心与外在交往一致的意涵。君子正是以人格魅力作为影响和感召天下万民的重要手段，所以修身就成为儒家教民化俗的着手处和归结点。以至孟子、荀子直接强调了"修身"具有治国平天下的政治事功。孟子曰："修其身而天下平"②，而荀子曰："请问为国？曰：闻修身，未尝闻为国也。"③

杜维明指出："在儒家传统中最崇高的理想人格是圣王。在这个理想背后的信念是人必须自我修身，以成为一个为人楷模的道德导师。"④"内圣外王"是儒家的行为范式与价值追求，修身不过是"内圣外王"的缩略表达，为了实现修身，必先研读四书五经这些经典作品，从而确立起修身的信念，有了这个信仰，君子圣人的人格于其中涵养，事功不过就是外显的功夫了。修身的意义与价值，可以表达为《大学》所言："欲治其国者，先治其家。欲齐其家者，先修其身。欲修其身，先正其心。欲正其心者，先诚其意……身修而后家齐，家齐而后国治。国治而后天下平。"⑤可见，在以修身、齐家、治国为三大内容递进建构的华夏文化传播系统中，修身是基点，是核心。作为国学的基本概念，修身体现了应用国学的旨趣，即应用国学的出发点是自我修身，而其社会事功（安人，安百姓）又蕴含在其中，因此，修身就成为终身的任务。

修身何以是一种内圣外王追求的着力点，是因为修身本质上是主体自身自由自然地开展心灵的自我对话，是主体一方面将自我分别为主体与客体并进行类似于人际沟通的对话的过程，而且这一过程贯穿于我们生活的始终。只不过，修身更强调的是士人自觉地将圣贤的形象（包括口耳相传的有关圣贤的言

---

① 余英时：《士与中国文化》，上海：上海人民出版社 1987 年版，第 125 页。

② 杨伯峻：《孟子译注》，北京：中华书局 1962 年版，第 338 页。

③ 王先谦：《荀子集解》，北京：中华书局 1988 年版，第 234 页。

④ 杜维明：《一阳来复》，上海：上海文艺出版社 1997 年版，第 144 页。

⑤ （宋）朱熹：《四书章句集注》，北京：中华书局 2011 年版，第 5 页。

行举止的全方面的记忆）作为理想自我的榜样加以省思，以反省当下的自我，从而不断地改善自己，升华自己。其实，修身，也就是德润其身之意，它以尧、舜、禹等圣贤为榜样，以"修己"的道德自律为基本模式，以"仁"为核心，以"礼"为社会交往的判断标准，以"博学""正己""尚义""中和""多思""慎独""重节""重行"为立身处世的主要内容，以立"圣人之德"为最高精神境界作为人生价值最高的思想追求，是一个完善的修身成圣的思想体系。

（二）修齐治平：内圣外王的进身阶梯

国学"修身"为本的旨趣具有深厚的人性论基础，也形成了德润其身的下手处，强调了从自省到自悟的升华过程，并注重"仁""礼"并行的圣功之路。下面就应用国学的实践层面，强调修身的操作意向性，因为"政者，正也；子率以正，孰敢不正？"孔子坚信，"其身正，无令则行，其身不正，有令不行"。这也就是为什么修身是经世安民根本的原因所在。

1."为仁由己"：修身讲究自觉自主

应用国学的修身取向强调自主性与自觉性。孔子曾强调："为仁由己，而由人乎哉？"[①]"我欲仁，斯仁至矣。"[②]"人能弘道，非道弘人。"[③]孔子希望世人能够发挥主观能动性来挖掘自己的德性，并相信只要努力追求，持之以恒，"仁"就能在点滴进步中达到理想目标。"仁"作为修身的指向与落脚点，是儒家的核心信仰。孔子强调"仁"是"为"出来的，是需要自我去开发的。也就是说，主体要努力地向自己内心深处追问，为什么圣贤可以做的而我做不到呢？圣贤是为人之楷模，作为士人，自己必当效法之。效法的做法就是有了铁肩担道义的愿望，以弘道为指向，在弘道的过程中发扬自己的"仁"心。而这个发

---

① 杨伯竣译注：《论语译注》，北京：中华书局 2006 年版，第 138 页。
② 杨伯竣译注：《论语译注》，北京：中华书局 2006 年版，第 85 页。
③ 杨伯竣译注：《论语译注》，北京：中华书局 2006 年版，第 190 页。

扬"仁"的修身过程，是自我内心千百次的对话而成就的，这体现了修身内向传播的持续性特点。此外，儒家也明了在修身的进程中，肯定会遇到挑战，面对此情景当如何呢？孟子说，"有人于此，其待我以横逆，则君子必自反也"①，就是说别人对我不好，关键不是追究他人的问题，而是要通过反观内省，充分调动自我的主体性，在增强自己德性中逐渐提高人格的感染力与亲和力，以消解一切的不愉快。修身的要旨正在于时刻注重自身，把解决问题的着力点放在自我身上，以自我修身的深层涵化效应而生成的亲和力去感召他人，自然而然发挥出修身的社会功能；也体现出修身作为自我品格的生成之路必当会产生外在的社会效应。这也是为何将"修身"作为齐家治国平天下的起点并始终坚持的原因所在。

2."克己复礼"：修身彰显自我约束

修身的核心在于修正，即克服自己知性、德性上的不足，简言之，即是"克己"，而本质上是要清心寡欲，以做自己的主人，不为欲望所主宰。在克己的过程中，当主动"约之以礼"，在礼的标准中端正自己。孔子就强调"仁"不是抽象的，而在于尊礼的日常生活实践中。他说，"克己复礼为仁"。孟子提出"养心莫善于寡欲"的思想。修身核心是纯正自我的心灵意志，确立起匡扶社会道义的雄心壮志，而不为五斗米折腰。进而，"克己""寡欲"在宋明理学家那里受到极大关注。南宋朱熹就曾极力强调"克之克之而又克之，以至于一旦豁然欲尽而理纯"②，如此看来，克己是明理的基本路径。同样地，王阳明也认为"若不用克己工夫，终日只是说话而已，天理终不自见，私欲亦终不自见"③，可见，他以反面论证的方式，以达从正面肯定克己方可去欲见天理的

---

① 杨伯峻：《孟子译注》，北京：中华书局1962年版，第197页。

② （宋）朱熹：《克斋记》，《朱熹文集》，台北：德富文教基金会2000年版，第8册，第3868页。

③ 陈荣捷：《王阳明传习录详注集评》，上海：华东师范大学出版社2009年版，第57页。

观点。概言之，克己是修身的起点，而现天理是修身的归宿。儒家的修身是不断扩充与超越的过程，即不断地扬弃不同于禽兽的自为性，克服本能欲望，超越小我的得失，以理性引导感性，在道义与诱惑面前，甚至不惜舍生取义。可见，儒家修身的内向性操持也是非常重视社会性与群体性，甚至先人后己，哪怕牺牲自己也在所不惜。

3. 慎独尽性：修身涵养"清静至诚"的内在超越

儒家的修身意向后来在传扬中出现了"饿死事小，失节事大"的极端思想，漠视人的基本生存需求，从而显现了其内向传播的保守性的一面。修身诚然是为了提升人的自觉与主体完善，即通过"自省""慎独"来实现"尽性""至诚"。明代理学家吴与弼提出的"静观涵养"与此意涵相通。他说："习静日同禅""静观万物生生意""无穷身外事，逐一静中思"……可见，他主张在静中体味蓄养心性，亦即通过涵养清静的功夫修持来感通天地的盎然生意，来消解世事对内心的干扰，从而于平常心中觉知事理。[1] 这种注重自身化解一切不合道义的事项的努力，显然是可贵的，体现了坚韧的意志，然而过分强调容易导致整个民族的深闭固拒、抱残守缺，反而最终影响了修身内在取向的事功开显。总之，应当将修身要旨做到可信、可行、可爱三者的统一，儒家修身实践的魅力才能更好地传承。

儒家修身的意向是在得大自由、大解脱，即"随心所欲不逾矩"的潇洒之境。而后世对"存天理，灭人欲"的误读与误解，使修身蒙上一层阴影。其实，"存天理"彰显了士人高远追求，以理来惩忿制欲的精神自主，而"灭人欲"指的是过分地深迷声色犬马的生活，放纵自己的欲望，终将害人害己。但一旦将这一高远的思想进行庸俗化理解，就成为束缚普通百姓基本生活追求的欲望，反而出现了以理杀人的悲剧。那些所谓的贞洁牌坊，扼制了多少人对幸福生活的向往，制造了无数的人间悲剧。因此，光大阐扬儒家尤其是先秦儒家

---

[1]　张俊相：《吴与弼的人格修养论》，《求是学刊》1994 年第 2 期。

的修身尽性的基本指向，突出释放人之自由天性，才能使天人合一在实践中成为可能。儒家"修身"为特色的内向操持，其实质是要成人成己，成为圣贤君子，成为一个快乐幸福的人。

五、共生交往：经世安民的天下胸襟

卢德之先生认为："中国发展的本质是中国共享文明的发展，中国崛起的本质是中国共享文明的崛起。"[①] 共享文明是人类共同的文明观。中国共享文明观是其中突出的组成部分。中国的"道通天下"与"天下一家"等观念都包含着共享精神。究其实质，中华共享文明观当源于共生意识。中华文明有着强烈的生命关怀意识，且强调守一、抱一，以强调整体的重要性；强调个体当融入集体才能获得永存。中国人的家国情怀、天下体系正是集体、整体意识的体现。共生即生生，使每一个生命都有其生存的权利与价值，而且生命与生命之间既竞争又合作，竞合本是生命的本真状态。

（一）共生：人类文明交往范式的应然选择

"共生"概念于 1879 年由德国真菌学家德贝里（Anton De Bary）提出后，现代生物学家将这一概念表述为两种不同的生物密切地、专性地生活在一起的生存方式。20 世纪中叶以来，共生观念在经济学、社会学、政治学、哲学等领域获得长足探讨。就哲学视域而言，共生被阐述为事物间或单元之间形成的一种和谐统一、相互促进、共生共荣的命运关系。表现为多元共存、异类同生、互利共生等现象，呈现本原性、自组织性、共进性、开放性、可塑性等特征。[②]

---

① 卢德之：《论共享文明——兼论人类文明协同发展的新形态》，北京：东方出版社 2017 年版，第 188 页。

② 参阅李思强：《共生构建说》，北京：中国社会科学出版社 2004 年版，第 134—136 页。

换言之，共生是事物存在的终极方式。事物经过自然演进最终达到共生为最佳生存方式，而无法共生的事物将逐渐消亡。而这一进程是自组织的适应过程，不应人为干预，人力的作用当遵循"辅万物之自然而不敢为"的原则，充当了事物共生方式建构的促进力量。共生讲究的是事物的共同进展，是相关方在协同中各自获得了更好地发展，而不是丛林法则。同时，有活力的共生系统应当是开放的，是可以不断增加共生的程度，而不只是世外桃源般的周而复始运作。正因为开放，所以共生系统是可塑的，是可以不断跃升的。就像人类当前面临的问题，任何一个国家都不能自外于其中，应是在共生的原则下，共同面对，人类才能有光明的未来。从这个意义上讲，共生正是人类相处的最优方式，自然也是交往（传播）的理想样态。日本学者尾关周二在 20 世纪 90 年代就从"交往"（communication）角度反省当时日本社会面临的校园"欺侮"问题、信息时代的电子共同体影响问题、日本的国际化问题以及人与自然的关系问题，从而倡导"共生的理想"。其著作专设"共生与共同的理论——超越'自由主义'"一章。他认同井上达夫的共生观："'共生'，是走向异质者开放的社会结合方式。它不是限于内部和睦的共存共荣，而是相互承认不同生活方式的人们之自由活动和参与的机会，积极地建立起相互关系的一种社会结合。"① 作为共生是一种竞赛关系，而不是竞争关系，因为后者容易产生过激倾向。他着重区别了共同与共生的差异，认为共同强调的是当事者共同具有某些价值、规范和目标；而共生则是以肯定异质为前提，认为即便价值、规范和目标有差异，当事方也能建立"相互生存"的关系。当然，这两者并不矛盾，反而是相互协调的，或者说一定程度上也是共生关系："对于约束共同体内部的人际关系，必须用'共生的共同'理念加以积极的解释，而对于不同共同体之间的人际关系，则有必要用'共同的共生'理

---

① ［日］尾关周二著，卞崇道等译：《共生的理想：现代交往与共生、共同的思想》，北京：中国编译出版社 1996 年版，第 120 页。

念加以解释。"①

（二）从"生生之德"到"生生之厚"：儒道对人类永续行为的省思

作为群经之首的《周易》提出了"日新之谓盛德，生生之谓易""天地之大德曰生"的观念。《易》虽有"变易""简易""不易"三意，但其精神内核应该落实在"生"上，也就是说，"变易"强调"变"是为了更好地"生"；"简易"表明"易"之趋向在于去繁就简，为"生"减负；而"不易"则是说明《易》内在的"生"有其一以贯之的原则，一切都应当以尊生为最高原则，此为"生生"之要义。《辞海》中"生生"是"指变化和新事物的产生"。"生生"将生字复用，直接含义当是强调"生生不息"之意，而这个生生不息的本体是易。直观而言，万物生于天地之间，易道（天地）是万有生命创生之源。易道之广大在于"生生"，亦即从起源而言是不断地创造生命，从过程而言，使生者生，即是赋予万有以自己的生命活力，从而使宇宙间充溢着蓬勃生机。后世直接提出"生生之谓德"即生生之德。因为日新体现为盛德，朱熹称"德者，得也。得其道于心而不失之谓也"。有得于易道而为生，即为德。因此，德的基本义正是"生生"，能使生命成其为生命的力量。从引申义而言，战国时期"德"字形为上"直"下"心"，故直道而行为德。从而将自然哲学意义上的德衍生出伦理意义上和价值意义上的"德"。从而为人生天地间立了规范。周敦颐在《太极图说》中阐述了阴阳、动静、五行之意后，指出"圣人定之以中正仁义，而主静，（自注云：无欲故静。）立人极焉。故圣人与天地合其德，日月合其明，四时合其序，鬼神合其凶吉。君子修之吉，小人悖之凶"。圣人的高明之处在于能够法天象地，以其德与天地之德交相辉映，从而为人间确立了共生共存之道，即"立人极"。从这个角度讲，《周易》乃至整个中华文化元

---

① ［日］尾关周二著，卞崇道等译：《共生的理想：现代交往与共生、共同的思想》，北京：中国编译出版社1996年版，第133页。

典都在探讨人类社会的共生之道。无论是儒家之仁义，道家之自然，佛家之慈悲，都为人类确立起"共生法则"，笔者称之为"共生交往观"。雷蒙·威廉斯曾明确认为："关于传播的任何真实理论都是关于共同体的理论（theoty of community）。大众传播的技术，只要我们判定它缺乏共同体的条件，或者以不完整的共同体为条件，那么这些条件就与真正的传播理论互不相干。"①以此观之，中国先人提出的以"生生"为思想特质的共生交往观可以称得上是真正的人类交往理论的胚胎，并具有发展成为人类文明和谐共生理论的势能。这是因为中国人在先秦的轴心时代就确立了自己"配天"的立身处事意识，换句话说，他们在自己编织的"意义之网"中以自己的方式生活。格尔茨认同韦伯的观点："文化就是这样一些由人自己编织的意义之网"②；认为不同民族、不同国度的人在自己经营的文化即意义之网中进行着信息的传递，意义的建构与解释及其基于此而展开交往过程。中国人就在"生生"（共生）为核心的意义之网中，将中和、共享建构为自己的社会规范，并因此延续至今。这或许正是华夏文明能够绵延 5000 年而不中断的内在文化基因，即以维护共生作为行事的最高准则。

老子继承了《周易》的"生生"思想，并加以发挥，指出了"生生"过程应当避免"生生之厚"的现象出现。王弼本《道德经》第五十章云：

> 出生入死。生之徒十有三，死之徒十有三。人之生动之死地，亦十有三。夫何故？以其生生之厚。盖闻善摄生者，陆行不遇兕虎，入军不被甲兵，兕无所投其角，虎无所措其爪，兵无所容其刃。夫何故？以其无死地。③

---

① [英] 雷蒙·威廉斯著，高晓玲译：《文化与社会》，长春：吉林出版集团有限责任公司 2011 年版，第 327 页。

② [美] 克利福德·格尔茨著，韩莉译：《文化的解释》，南京：译林出版社 2008 年版，第 5 页。

③ （魏）王弼注，楼宇烈校释：《老子道德经注校释》，北京：中华书局 2008 年版，第 134 页。

根据高明先生的《帛书老子校注》，帛书甲乙本当作"出生入死。生之徒十有三，死之徒十有三，而民生生，动皆之死之十有三。夫何故？以其生生也"。傅奕本不同处有"而民之生生而动，动皆之死地，亦十有三"。河上公本不同处有"以其求生之厚也"。高明先生认为帛书语义为上。此章"生生"是"表达厚自奉养之义"。因为如韩非子所解："凡民之生，生而生者固动，动尽则损也；而动不止，是损而不止也；损而不止则生尽，生尽之谓死。"①

王弼注此句曰：

> 取其生道，全生之极，十分有三耳；取死之道，全死之极，亦十分有三耳。而民生生之厚，更之无生之地焉。善摄生者，无以生为生，故无死地也。②

河上公注此句：

> 言生死之类各有十三，谓九窍四关也。其生也，目不妄视，耳不妄听，鼻不妄嗅，口不妄言，（舌不妄）味，手不妄持，足不妄行，精不妄施。其死也反是。人之求生，动作反之十三死（地）也。问何故？动之死地也。（言人）所以动之死地者，以其求生活之事太厚，违道忤天，妄行失纪。③

此两注释虽然对"十有三"的理解有异，但对"生生"的理解是一致的。这是因为"生"本自然，而"生生"当是以生为生，亦即时时把"生"放在心中，无法忘"生"，自然就执着于"生"，本欲养生反而害生，就不美了。因此，后世文本中加上"之厚"，乃是突出了"生生"之过。生命本是天成自然，人当辅之自然而"不敢为"。如果"生生"了，太着意于"生"却因此而采取的行动，则易陷于死地。老子常警示后人："勇于敢则杀，勇于不敢则活。

① 赵沛注说：《韩非子》，开封：河南大学出版社 2008 年版，第 186 页。

② （魏）王弼注，楼宇烈校释：《老子道德经注校释》，北京：中华书局 2008 年版，第 135 页。

③ 王卡点校：《老子道德经河上公章句》，北京：中华书局 1993 年版，第 192 页。

此两者，或利或害。天之所恶，孰知其故？是以圣人犹难之。"（《道德经》第七十三章）"勇于敢"者，即"生生"之谓。那么人当何以为"生"呢？（《道德经》第七章）明言："天长地久。天地之所以能长且久者，以其不自生，故能长生。是以圣人后其身而身先，外其身而身存。非以其无私邪？故能成其私。"人的长生在于效法天地的"不自生"，只有无私（我），才能从根本上"成私"，成就自我。而在《道德经》第十三章中，老子更是从反面来启发世人："吾所以有大患者，为吾有身，及吾无身，吾有何患！故贵以身为天下，若可寄天下；爱以身为天下，若可托天下。"一个人所以有"大患"，乃是因为私心自用，或师心自用，困于一己之私，见利忘义，以自我一利害为标准，反而是为自己当下最大的后患。只有赢得天下者，才能藏己于天下。一我一天下，一天下即一我。不分彼此，则共生无碍。以至天下太平了，老百姓也没有想起"我"的存在。《道德经》第十七章曰："功成事遂，百姓皆谓我自然。"这样的"我"才是真正的成功。这样的成功之道，用《道德经》第十六章的话说是，"知常容，容乃公，公乃王，王乃天，天乃道，道乃久，没身不殆"。这种"没身不殆"的效果，其实是"为无为"的结果。因为"知常"，因为合道。具体做法是：懂得人与道是母子关系，人源于道，当尊道而行。守道不失，方能"没身不殆"。对此，在《道德经》第五十二章中老子指出："塞其兑，闭其门，终身不勤。开其兑，济其事，终身不救。见小曰明，守柔曰强。用其光，复归其明，无遗身殃，是为习常。"①这里的"习常"可以理解为"因习常道"。

当然，《道德经》所提的"生生"与易经的"生生"其基本含义应当是一致的。将"生生"完全理解为厚养自身，可能正是受后世"生生之厚"的表述而反推的结果。根据相近时代的话语含义相近的道理，老子的"生生"也应当

---

① （魏）王弼注，楼宇烈校释：《老子道德经注校释》，北京：中华书局 2008 年版，第 139—140 页。

是在"使生以生"这一指向上运用。对此，我们还可以从《庄子》书中找到佐证。《庄子·大宗师》："杀生者不死，生生者不生。"其意涵是"道能使万物死灭而自己却不死，能使万物生息而自己却不生"①。庄子学派从历时性和发生学的角度强调的是使生者生的这本原性意义上论述"道"的创生功能。而老子更强调的是共时性意义上生与生都能保有生命的尊严，实现共生。同时，老子在"反者道之动"的思路下，发扬以往相对忽视的另一方面，那就是"生生"并非只有一个结果，即生生不息，也可能出现过犹不及的情况，那就是"动"而使"生"陷于"死地"的情况。老子强调以静制动，且以静为根本，因此对"动"保持敬畏，因为动而可能不懂重"复"，而不复归其根，即静，那就会陷于死地。因此，老子的"生生"更关注的是"生生"的负面作用。所以，不能直接将"生生"等同于"生生之厚"，其实，"生生之薄"又何尝不是一种危生之径。让生命能够如其内在禀性地延续，关系到生命主体是能够明道，知道，体道，悟道，并与道合真。这又何其艰难。

值得一提的是，《道德经》第七十五章王弼本作"民之轻死，以其求生之厚，是以轻死。"帛书甲乙本与之相同。但景龙碑本、敦煌辛本、遂州碑本、苏辙本、吴澄、彭耜本却是"人（民）之轻死，以其生生之厚"。易顺鼎认为原文当为"生生之厚"，因为"生生之厚"是谓"通生生之情以自厚也"。而高明先生引劳健所言："此章'生'字，义皆如生聚之'生'。旧说或解如生死、生命之'生'，非也。"并认为"民为求其厚生，虽死而逐利不厌"。因为老子的本意当是"保持清静恬淡之生活，胜过于富贵豪华的厚生"。不过，后文略有差别。王本为："夫唯无以生为者，是贤于贵生。"而帛书是："夫唯无以生为者，是贤贵生。"②众所周知，老子反对有为，追求无为。在养生语境下，无以生为即是不以生为意，才是胜于"贵生"。老子是贵生的，而实践上却是

---

① 方勇：《庄子》，北京：商务印书馆 2018 年版，第 115 页。
② 高明：《帛书老子校注》，北京：中华书局 1996 年版，第 195—196 页。

以不执念于"生"的方式来体现"生"的尊贵。因为在老子看来"生"都派生于"道",因此,在"道"的视角与胸襟之下,生与生都是反映"道"的光辉,是应当和谐共生于"道"之中。但是,老子也知道,人作为物,也不必然会自觉自然自足地以"道"的方式来共生,而往往是会因"生生之厚"的诱惑而损人利己,从而导致社会关系的异化,导致如同春秋战国时期的相互残杀的害生之邪路上。因此,老子《道德经》第五十九章呼吁从圣人至百姓都能够"无为",都能够以"治人事天莫若啬"的方式来自我约束,让自身走在大道上。此外,李零在《人往低处走》一书中解释"生生"说:"生生,即从生到死的过渡期,经常是介于二者之间,动不动就会死掉,也占三分之一。"①在李零看来,新生与走向死亡,也就是孩童与老人各占三分之一,青年壮年占三分之一。老子更关心的是这部分人,因为这部分人的作为是社会的中坚力量,他们如何处理"生生"关系,不仅关系到自身的"生",也影响他人的"生",更长远地影响社会和世界的"生",正所谓少年强而国强。另外,尹振环先生认为"死地"是战争之险境,而"人民绝无此等条件维持生命,只有极少数的王公、圣人才有资格讲究不进入'死地'。所以,这是老子向侯王献上的'执生术'。"并认为"生生"是为了生存下去,或为了谋生,而不得不当兵打仗而进入死地。②《孙子兵法·九地》说:"投之亡地而后存,陷入死地而后生。"尹先生将"生生"进行了日常生活化的理解,就局部章节而言,有其道理,但整本《道德经》,老子显然强调的是保生安身之道,是希望侯王与百姓都皆尊道而行,如此方可安身,即"生生"。且观乎本章前后并不是谈战争,因此,应当是从哲理上谈"善摄生(执生)"问题。

如此看来,求生或生生在《道德经》的语境中表达的是人对"生"的过于执着而导致的对生的自我残害。因为"执者失之,为者败之"。养生当以顺自

---

① 李零:《我们的经典·人往低处走》,北京:生活·读书·新知三联书店 2014 年版,第 160 页。

② 尹振环:《帛书老子再疏义》,北京:商务印书馆 2007 年版,第 80—84 页。

然为要。而且老子的养生是广义的养生，即"善摄生"，体现出来的是人与自然的和谐，我无伤物心，物无伤我意；人与社会的和谐，人际关系不起冲突，自然用不着兵器，也挨不到兵刃。

如此看来，儒道两家都盛赞天地化育之功，都珍惜"生"之宝贵。只不过，儒家强调"自强不息"的"生生"观，让生命在奉献社会中，闪耀出生命的光芒。而道家强调的是"厚德载物"的"生生"观，强调的是忘我以载物，更重视生命的内在质量，不以功业为怀地效法自然之道，不把人间的功名利禄当成衡量成就的标准，而是把作为道的化身而真心实意地享受人生作为幸福人生的根本要求。享受作为生命的荣耀，即将人能够参悟道尊德贵的要旨，以含德之厚为根本路径，以生为道路，将出生入死的生命流转当成日出日落那么自然，从而哪怕当生命结束的时候，能够含笑九泉。因为生命的元素必将以另外的方式存在，"通天下一气耳！"

儒道互补，诚良有以也。同一个"生生"，儒家看到的是"生生"的不息气象；道家看到的是"生生"的"大患"所在。人类作为生命的存在，不仅需要儒家奋发有为地进取精神，而且也需要道家清虚自守的守中精神。进退有度，时中为法，共生为念，诚为大道。

综上所述，笔者将"生生"理解为"共生"，是从关联性思维出发，将人类的个体与集体，本国与外国都致于"道"这一共通的想象的理想性的和谐之境。其精神实质是坚持人类与万物一样是多元一体的，是多样性的统一。尤其在当今全球化的时代，个体、组织、国家都不可能独善其身，只有追求"共生"，追求全球共同治理，从而治身与治世有机地统一起来。共生强调的是主体间性，强调间性传播，强调的是相关方的彼此依赖，从而将公与私保持一种必要的张力。如同太极一般在阴中有阳，阳中有阴地动态流转中维护着阴与阳的相辅相生的关系。"共生"内在意味着竞合，竞争与合作同在。不合作的竞争会打破平衡，而打破了的平衡也威胁着双方的安全。因此，反映在双方或多方关系上，体现为共同安全。"共生"可以从其字面理解为"共同生存"。所以，"共生"交往观当是人类最为理想的思想与行动的选择方案。不共生，即共亡。

总而言之，笔者认同方勇教授所认为的那样，诸子学"其根本问题在于文明重建的依据与路向之争，涉及如何评价周文、文明建构的基本原则及路径、对精英群体的定位等等。对这些问题链的不同解答，就构成了诸子不同的思想谱系"[1]。道家正是与法儒墨这一周文影响系统之外的南方不同文明形态。道家的"思想家们围绕'道'设想了一种新的文明秩序，就是无序列的序列，无名义的名义，无造作的操作，这是一种最朴素的文明形态，提倡最弱的政治运作与最稀薄的价值体系，指向一种反文明建构的思路。与建构不同，强调"无为"；与教化不同，强调"无言"。无为与无言都是"无"的一种实现，其中心已不在执政者，而在作为文明主体的社会本身。

笔者认为应用国学的提出乃是在继承发扬传统国学涵养心性，着眼探索华夏文明长存之道，因应新时代的新问题，为培养时代新人而应运而生的一门注重文化养生的学问。应用国学本质上是对传统国学的创造性转化与创新性发展。因此应用国学，是基于国学的当代应用，为此必须强调以"道法自然"的总原则实现天人和谐，既继承传统，吸收往来，又开辟未来。因此，只有从根本上发扬"尊道贵德"的文明生活方式，人类的文明才能行稳致远，人类的文明交往才能和谐共生。而应用国学下的新儒道学说是在当今世界面临脱序危险的背景下提出的新学说，旨意启发世人，如果人类不能尊重"生生之德"，且各国都强调"生生之厚"的话，那人类文明交流就必然处处充满冲突，也就必将会给人类文明带来毁灭性打击。因此，应用国学应当追求发扬老学的"生生之厚"的忧患意识再出发，努力发扬华夏文明在5000年进程中积淀的文明共存之道即"共生交往观"，为世界的和平安宁，贡献自己的智慧。

---

① 方勇：《四论"新子学"》，《光明日报》2018年10月13日。

六、德配天地：经世安民的理想范式

《道德经》曾被朱元璋称为"王者之上师，臣民之极宝"，其书中蕴藏着"君人南面之术"，亦即治国安邦的道理与方法。这种理法，从根本上说是尊道贵德，而从操作性层面而言，可以表述为"德配天地"，或者浓缩为《道德经》中所说的"配天"思想。

（一）配天，古之极：老子对上古治国安邦智慧的扬弃

《道德经》第六十八章提出立命处事、化解冲突、克敌制胜的根本法宝，并认为"配天"的方法正是"古之极"，亦即古代经世安民的终极表达：

> 善为士者不武，善战者不怒，善胜敌者不与，善用人者为之下。是谓不争之德，是谓用人之力，是谓配天古之极。[1]

帛书甲乙本均无"之力"，高明先生认为，当以帛书为佳。"配天"，即"合于天道"。许永璋也认为："极力赞扬不争之德，顺乎自然与天道合一，故能配天。配天是人道之最高准则。"王弼本"配天，古之极"句，帛书本"极"后有"也"，甲本脱一"配"字。俞樾以韵为由，"疑'古'字为衍文。是'古谓配天之极'六字为句，与上文'是谓不争之德，是谓用人之力'文法一律。其衍'古'字者，'古'即'天'也。"而马其昶甚至认为此句为"是谓配天极"。高明以帛书为据认为"当读作'是谓配天，古之极也'。"[2]徐志钧先生认为第二处"用人"指古时杀人以祭，而"配天"则指祭祀时以祖先配享。[3]《篇海类编》："配，侑也。"配享之意，为祭祀的次要对象。金文

---

① （魏）王弼注，楼宇烈校释：《老子道德经注校释》，北京：中华书局 2008 年版，第 171—172 页。

② 高明：《帛书老子校注》，北京：中华书局 1996 年版，第 167—168 页。

③ 徐志钧：《老子帛书校注》，南京：凤凰出版社 2016 年版，第 236—237 页。

《害夫篇》："用配皇天"，正是此意。徐先生把用人解为杀人以牲，虽然在那个时代有这种做法，但老子有慈心济世情怀，本章既然讲"善"，讲"不争"，自然断不会赞成这种惨绝人寰的做法。笔者以为"用人"，不是以人祭天，故然老子的时代遗存某些上古思想，但总体上，老子都做了哲学的升华。此外，君王无为而让臣有为，此方为用人之道。为君之道在于选贤任能，以求能够"用人之力"。如此说来，后世加上"之力"并非没有道理。刘笑敢接受高明的观点，指出"此处帛书本作'用人'是一般的用人、待人之道，但传世本作'用人之力'则意狭窄，变成了仅借用别人之力，又会产生用计谋利用别人的歧义"①。

"配天"在《道德经》中只有一处；纵览其思想的语境，强调的是人的系列"善行"，即"善行无辙迹"之意。盛赞人的"不争"即能"用人"；实现关系的协调，这是"配天"之举，此种举动是上古修身治世的极致，也可以说是保和太和之意。从《道德经》角度看，主要是要配合天道，符合天道；强调"君王之行政施教符合于客观自然的运行规律"②。宋徽宗注曰："无为为之之谓天，不争而用人，故可以配天则至矣，不可以有加矣。故曰：古之极，极至也。"③此种解释体现了道家顺天，辅自然不敢为的谨慎心态。董思靖《道德真经集解》云："惟其不争而为下，则去智与故，循天之理，乃与天同德。"④

赵汀阳先生注意到"配天"对于中华文明的意义，认为"配天的观念是中国思想的基本原则之一"⑤；并认为这正是中国人的信仰形式，"即人道与天道

① 刘笑敢：《老子古今》，北京：中国社会科学出版社 2006 年版，第 661 页。

② 辛战军：《老子译注》，北京：中华书局 2008 年版，第 266 页。

③ 赵佶：《宋徽宗御解道德真经》，熊铁基、陈红星：《老子集成》第三卷，北京：宗教文化出版社 2011 年版，第 299 页。

④ 董思靖：《道德真经集解》，熊铁基、陈红星：《老子集成》第三卷，北京：宗教文化出版社 2011 年版，第 388 页。

⑤ 赵汀阳：《惠此中国：作为一个神性概念的中国》，北京：中信出版社 2016 年版，第 12 页。

的相配,所谓配天,凡是达到配天的存在皆为神圣存在,也就成为信仰。中国的精神信仰之所以隐而不显,是因为被默认而不知……以配天为存在原则的中国就是中国的神圣信念"①。

对于"配",我国第一部按部首分门别类的汉字字典《玉篇》指出:"配,匹也,对也,合也。"本章配天之"配"当为"合"之意。在《道德经》语境中,还可有"法"之意。这一点与《尚书·君奭》"故殷礼陟配天,多历年所"意思相近。蔡沉集传:"故殷先王终以德配天,而享国长久也。"配天意涵是以德配天,要求君王行德政以顺天。那为什么要配"天"呢?这是因为这里的"天"并不只是自然的"天",而且是道德的"天",精神境界的"天"。一定意义上讲,"配天"从完整性而言,当是"配天地"的缩写。对此《中庸》讲得明白:"博厚配地,高明配天,悠久无疆。"孔颖达疏:"言圣人功业高明,配偶于天,与天同功,能覆物也。"②地之载物,与天之覆物,两者匹配,久久为功。只不过,由于天之高,之远,之明为世人所景仰,相对于地之低,之近,之平相比,天无疑更具神圣性,因此,日常中常极言天而隐去地。对此,《中庸》接下来就明确指出"天地之道:博也,厚也,高也,明也,悠也,久也"。而朱熹亦解之曰:"言天地之道,诚一不贰,故能各极所盛,而有下物之功。"③正所谓孤阴不生,独阳不长,阴阳和合,天地交泰,万物生焉。因此,"配天"从整体上讲,当是法地、法天、法道、法自然思想的表征,其实质乃人与自然的和谐共处。人唯有"配天"才能长治久安。苏轼《兴龙节功德疏文》言:"伏愿皇帝陛下,配天而治,如日之中,安乐延年。"

值得注意的是,《庄子·天地》:"啮缺可以配天乎?"郭象注曰:"谓为天

---

① 赵汀阳:《惠此中国:作为一个神性概念的中国》,北京:中信出版社2016年版,第17页。

② (汉)郑玄注,(唐)孔颖达疏:《礼记疏》卷五十三,清嘉庆二十年南昌府学重刊宋本《十三经注疏》本。

③ (宋)朱熹:《四书章句集注》,北京:中华书局2011年版,第35、第35—36页。

子。"当代庄学专家方勇教授注"配天"为"王天下"①。后世还有以祖配祭天的做法。如《汉书·郊祀志下》："王者尊其考，欲以配天，缘考之意，欲尊祖，推而上之，遂及始祖。是以周公郊祀后稷以配天。"如此配天，乃是以自己的先祖与天帝同在而获得天帝垂怜的良苦用心。唐玄宗注《道德经》第六十八章曰："善胜是不争之德，为下是用人之力，能如此者，可以配天称帝，是古之极要道也。"显然唐玄宗也是从做天子的角度阐述了天子当具备尚德理事，有善胜以慈，善用人以下，这是自古以来有天下的"要道"。因为"配天"思想的核心意涵是要求君王能够体天道民心，以道治国，而不以智治国，社会才能富强安康。而要做到这一点，就亟须君王体道，将"惟道是从"作为自己的信仰，同时在实践中做到"唯施是畏"，以敦促自己始终走在康庄大道上。

（二）配天，德之及：儒家对德治天下的追求

《中庸》第三十一章重在阐述了"配天"的内涵：

> 唯天下至圣，为能聪明睿知，足以有临也；宽裕温柔，足以有容也；发强刚毅，足以有执也；齐庄中正，足以有敬也；文理密察，足以有别也。溥博渊泉，而时出之。溥博如天，渊泉如渊。见而民莫不敬，言而民莫不信，行而民莫不说。是以声名洋溢乎中国，施及蛮貊。舟车所至，人力所通，天之所覆，地之所载，日月所照，霜露所队，凡有血气者莫不尊亲，故曰配天。②

朱熹认为聪明睿知的至圣方能君临天下，这样的至圣具备仁（宽裕温柔）义（发强刚毅）礼（齐庄中正）知（文理密察）四德。而这四德含蓄充积于内

---

① 方勇译注：《庄子》，北京：商务印书馆 2018 年版，第 202 页。
② （宋）朱熹：《四书章句集注》，北京：中华书局 2011 年版，第 39 页。

必发之于外，从而产生了民敬，民信，民悦的政治传播效果，这种效果不仅泽被中国，而且延及四夷，乃至天下一切万有，莫不与之"尊亲"，呈现一派天下和谐的气象。如此气象称为"配天"——"配天"总体上是一种施政理念。朱熹释之曰："配天，言其德之及，广大如天也。"强调集道统与政统于一身的君王，注重自己行为之谨信，注意施政理念之顺天应人，唯有如此，自身才能获得天命所归。

另外值得注意的是，范阳张九成对配天的解释："……凡有血气，无不尊亲，是与天地并立于两间，而造化天下矣，故曰'配天'。配，非比也，并也。"① 张氏将"配"理解为"并"，突出了一切有情，尤其是人，能与天一同创造了天下。此理解贵于突出中华文化心物相合的观念，并未因道或理的存在而忽视人的能动性与创造性，而是强调人在遵循道与理的前提下，能够创造性地发挥自己的才能，从而与天共创天下。自从有了人以后，这个天下就是人与天共同创造的天下，这正是"天人合一"最可宝贵的精神信仰。唯有如此，方能行"中庸"，至大治。

总的看来，"配天"是儒道两家共同的观念，尤其在强调政权的合法性与永续性上，只有与天相配才能获得存在依据，相反则必败。配天的"配"凸显人的能动性——人要主动去配，而不是天去配人。正所谓"人能弘道，非道弘人"。天作为道的显在者，亦是如此；人则可以如《阴符经》所言，"观天之道，执天之行"，进而运用自然规律以养生治世。

值注意的是，儒家更强调天命，而道家更强调天道。换个表述来说，儒家注重人文理性，突出主观取向，而道家更倾向自然理性，突出客观取向。如《毛公鼎》："丕显文武……配我有周，膺受天命。"文与武都强调其文治武功，建立道德模范与丰功伟业；周公制礼作乐而形成的礼乐制度，彰显了人伦

---

① （宋）卫湜撰，杨少涵校理：《中庸集说》，桂林：漓江出版社2011年版，第320—321页。

精义，从而产生了影响中国文化数千年的礼教文明："礼者别贵贱序尊卑者也"以及"礼之用，和为贵"。从而将"天命"逐渐转向"人文化之"。而道家努力将"天命"转向"天道"——"天命"之"命"的本意是令，强调的是以外在的威严而产生的逼迫，欲使人顺服。"天道"则强调的是道通为一，万物背后皆有"道"，在人身上都是"性"。人应当保持自己的天性，效法自然之无为自在，人自身也就获得了最大的解放与自由。老子将天与人并举，突出人的尊严。刘绪义说："老子所言之天比孔子要进步得多，不再是春秋观念中的最高范畴，而是实指自然界的广大天空，剔除了天的观念中的神学内涵，具有了科学意味。"[①] 对天的本来面目的敬畏，是人自己尊严的体现。《庄子》于此有更彻底的表达。其《大宗师》倡导的"不以人助天"以及《秋水》的"无以人灭天"，对人自身作为可能给天带来的伤害，终会伤害到人自身，做出清醒的认识。

总之，"德配天地"是中华先贤探索华夏文明长存之道的思想结晶，它既强调以"道法自然"总原则实现天人和谐，又关注人类文明实践中产生的"文明之恶"——失道，即以人道的有为代替天道的无为所埋下的祸根。因此，只有从根本上发扬"尊道贵德"的文明生活方式，人类的文明才能行稳致远。而"德配天地"的再次提出有其深刻的时代意义。当今世界面临脱序的危险，如果人类不能复归"配天"的轨道，若个人或各国皆一味"损不足以奉有余"，那必将会给人类文明带来毁灭性打击。因此，应用国学坚持儒道倡导的"行于大道"的精神旗帜，努力阐扬传统文化中的文明共存之道——用《道德经》第八十一章的表述是，"既以为人，己愈有；既以与人，己愈多"；用孔子《论语·雍也》的表述是，"己欲立而立人，己欲达而达人"——为世界的和平安宁，贡献自己的智慧。

---

① 刘绪义：《天人视界：先秦诸子发生学研究》，北京：人民出版社 2009 年版，第100 页。

思考题：

（1）道门如何理解"太平"？又是如何构建其"太平世"理想的？

（2）"身国共治"作为经世安民的核心观念，是如何将治身与治国统一起来的？

（3）中庸既是道德境界，也是实践方法，它是如何贯彻到经世安民之中去的？

（4）修齐治平是传统士人的人生价值观，何以经世安民须从修身做起呢？

（5）从《周易》的"生生之德"至《道德经》的"生生之厚"，体现了中华文明共生交往的独特气质，你的看法呢？

（6）"配天"是中国治道的传统，这一传统的基本内涵是什么？

参考文献：

（1）陈赟：《中庸的思想》，杭州：浙江大学出版社 2017 年版。

（2）杨少涵：《中庸原论：儒家情感形上学之创发与潜变》，社会科学文献出版社 2015 年版。

（3）詹石窗主编：《身国共治——政治与中国传统文化》，厦门：厦门大学出版社 2003 年版。

（4）程梅花：《内圣外王：儒家的社会哲学》，济南：泰山出版社 1998 年版。

（5）蔡德贵：《修身之道》，桂林：广西师范大学出版社 1997 年版。

（6）杨儒宾、祝平次：《儒学的气论与工夫论》，台北：台湾大学出版中心 2005 年版。

（7）郭齐勇：《中国儒学之精神》，上海：复旦大学出版社 2009

年版。

（8）詹石窗、谢清果:《中国道家之精神》,上海:复旦大学出版社 2009 年版。

（9）陈来:《中华文明的核心价值:国学流变与传统价值观》,北京:生活·读书·新知三联书店 2015 年版。

第十三讲
革故鼎新

【学习目的】从历史与现实、传统与现代以及中国与世界等多重视角，深入剖析"革故鼎新"的思想内涵和文化底蕴，正确认识理解国学经典的独特魅力和精神境界，传承优秀传统文化，建设共有精神家园，更好地凝聚起实现"中国梦"的强大正能量。

中华传统文化以其海纳百川的博大胸襟和开放包容的品格，成就了5000年一脉相承的文化特质。"革故鼎新""与时偕行"的精神深深熔铸于中华民族的灵魂之中，是中华民族的文化基因，也是中华民族生生不息的重要精神密码。准确理解"革故鼎新"的文化底蕴和思想内涵，是继承中华文明优秀文化传统、树立文化自信、培养文化自尊的重要基础和前提。

不同于西方文化中关于人类"原罪"的拷问，中华民族薪火相传的文明之火包含了德性与智慧的双重属性，充满了对人性高度自觉的深刻反思；"革故鼎新"需要我们顺应自然历史过程，"勿忘勿助"，既要把握历史机遇，又要避免"拔苗助长"的过度倾向；"革故鼎新"需要我们推陈出新，趋利避害，为人类命运共同体建设贡献中国智慧，提供中国方案。

一、历史的拐点

人类的文明起源于火。在人类文明的进步过程中，火发挥了极为重要的作用。毫不夸张地说，火的使用改变了人类的命运。因此，火的出现被认为是人类历史上的一个重要转折点。

（一）文明的肇始：燧人氏钻木取火与普罗米修斯"盗取天火"

人工取火的发明结束了人类茹毛饮血的时代，开创了人类文明的新纪元。对于火种的来源，东西方都有着自己的传说，典型的有中国燧人氏钻木取火的传说和古希腊神话中普罗米修斯"盗取天火"的故事。东西方有关火的神话传说通过不同的象征隐喻，表达了不同的文化内涵。

燧人氏钻木取火的神话历史上流传久远，分别记载于《韩非子》《太平御览》等古籍。《韩非子·五蠹》谓：

> 上古之世，人民少而禽兽众，人民不胜禽兽虫蛇；……民食果蓏蚌蛤，腥臊恶臭而伤害腹胃，民多疾病；有圣人作，钻燧取火，以化腥臊，而民说之，使王天下，号之曰燧人氏。①

另据《太平御览》卷八六九引《王子年拾遗记》：

> 有燧明国，不识四时昼夜。其人不死，厌世则升天。国有火树，名燧木，屈盘万丈，云雾出于中间，折枝相钻，则火出矣。后世圣人，变腥臊之味，游日月之外，以食救万物，乃至南垂，目此树表，有鸟若鸮，以口啄树，粲然火出。圣人感焉，因取小

---

① （清）王先慎撰，钟哲点校：《韩非子集解》，北京：中华书局1998年版，第442页。

枝以钻火，号燧人氏。①

传说中的燧明国，那里的人从来不知道什么叫春夏秋冬和昼夜之别。国中有棵名叫燧木的火树，屈盘起来，有万丈之高。在这棵大树下看见许多像鸮一样的鸟，在大树的枝叶间用嘴啄木，每啄一下，就有火星儿迸发出来。于是，后世有聪明的人因此感悟到了"钻木生火"的道理，就尝试着用燧木的小树枝来钻火，果然钻出火来，他也因此被称为"燧人氏"。

"有鸟若鸮，以口啄树，粲然火出"，按照中国古籍的记载，燧人氏是从自然现象当中得到启发，取法天地万物之象，从而悟出了钻木取火的道理。燧人氏以钻木取火的方法，为人们带来了永远不会熄灭的火种，从此人们再也不用生活在寒冷和恐惧当中。燧人氏作为人工取火的发明者，教人熟食，被后世奉为"火祖"，位列三皇之一，尊称"燧皇"。

普罗米修斯是古希腊神话中的一个人物，他从太阳神阿波罗那里盗走火种送给人类，给人类带来了光明，"盗火者"普罗米修斯也被马克思称誉为"哲学历书上最高尚的圣者和殉道者"②。普罗米修斯神话为古希腊人的信仰体系打下了基础，为我们理解人类文明起源提供了另外一种不同的珍贵视角。

与燧人氏不同的是，在西方神话中，火不被认为是一个完全仁慈的礼物，而是时时处处隐藏着危险，所以盗火者普罗米修斯后来被天神宙斯锁在悬崖之上，让他接受日夜遭受风吹雨淋的惩罚。鲁迅在《南腔北调集·火》中说："普洛美修斯偷火给人类，总算是犯了天条，贬入地狱。但是，钻木取火的燧人氏却似乎没有犯盗窃罪，没有破坏神圣的私有财产。"③如果说燧人氏钻木所取的是中华民族的文明智慧之火，那么普罗米修斯所盗取的天火则可以称为力量之火，因此，在鲁迅看来，中国的燧人氏并没有"盗火者"普罗米修斯的

---

① （宋）李昉等撰：《太平御览》，北京：中华书局1960年版，第3851页。

② 《马克思恩格斯全集》第1卷，北京：人民出版社1995年版，第12页。

③ 鲁迅：《鲁迅全集》第4卷，《南腔北调集》，北京：人民文学出版社1981年版，第597页。

"原罪"。

（二）德性与智慧：《周易》离卦的文明之火

在早期中国，关于"火"的由来不仅存在于"燧人氏"的故事中，而且通过独特的符号系统得到表征。其中，最具代表性的符号是《离》卦。

《离》卦是《周易》上经的最后一卦，"离"代表太阳、光明、文明之意，离卦《象》曰："明两作，离；大人以继明照于四方。"[①]意思是太阳的光明连续照耀，有作为的人也应该效仿这一现象，以太阳般的美德普照四方，这样人类的文明才能薪火相传、绵延不绝。

我们再看一下《离》卦《彖》辞的解释："离，丽也；日月丽乎天，百谷草木丽乎土。重明以丽乎正，乃化成天下；柔丽乎中正，故亨，是以畜牝牛吉也。"[②]《离》卦所代表的人类的文明与天地自然这个大环境是一个互相依存、不可分割的整体，就好比日月依附在天上、百谷草木都依附在大地之上一样。文明教化的首要任务就是要心存大爱，笃行正道，这样才能促成天下昌盛。此外，《贲》卦《彖》辞也说："观乎天文，以察时变；观乎人文，以化成天下。"[③]《周易》所揭示的这种化育世道人心的人文教化之功，包含了中华文明对于人生幸福和社会价值的深刻理解。

值得深思的是，西方与东方文化之间关于火的神话传说具有各自鲜明的文化特征和寓意内涵。人既是人类社会和自己的创造者，也是革新者，人一旦充当上帝的角色，徒有盗火者之力而失却文明之正，这种扮演造物者的自豪和骄傲可能会导致使人类走向自我毁灭的危险境地。柏拉图继承了苏格拉底关于幸福的观点，在他的《理想国》一书中虽然也提出"德性和智慧是人生的真幸福"的幸福观，但是在西方神话里却以"盗火者"普罗米修斯的"原罪"表达

---

① 黄寿祺，张善文：《周易译注》，上海：上海古籍出版社 2001 年版，第 250 页。
② 黄寿祺，张善文：《周易译注》，上海：上海古籍出版社 2001 年版，第 249 页。
③ 黄寿祺，张善文：《周易译注》，上海：上海古籍出版社 2001 年版，第 188 页。

了隐藏于潜意识中的对于人类文明的恐惧和担忧。

中国燧人氏钻木取火的神话传说，一方面充分体现了先民自强不息的精神，另一方面，在中国古代哲人的眼里，人类的文明之火包含了"智慧之明"与"德性之正"两个方面的内容。可以说，中国人的价值观的起点，是德性与智慧的完美结合，充分体现了天人合一的文化信仰和哲学理念。《道德经》第三十九章曰：

> 昔之得一者，天得一以清，地得一以宁，神得一以灵，谷得一以盈，万物得一以生，侯王得一以为天下贞。①

中华文化中的"一"，既是人与自然的和谐相处，也是人与人之间"和而不同""求同存异"的相处之道，更是整个世界"美美与共""天下大同"的人文追求。

（三）福兮祸兮：人类科技发展的"双刃剑"效应

原始社会最早出现的两次社会大分工，第一次是原始种植业和原始养殖业的分离，第二次是手工业和原始农业的分离。两次社会大分工促进了商品的生产和交换，加速了原始社会公有制的瓦解和私有制的产生。随着私有制的出现，造成了财富占有的不均和贫富差别的扩大，从而促成和加速了社会阶层的分化。两次社会大分工后，出现了以交换为目的的商品生产，商品生产者之间的交换满足了社会不同层次的需求，于是专门从事交换的行业开始出现，商业逐渐从手工业中分离出来。至此，人类完成了第三次社会大分工。

每一次社会大分工的出现都是人类社会文明进程的重大跃进和转折，标志着人类社会重大的结构调整。特别是近代以来，随着资本主义的兴起和工业革命的巨大影响，人类科技的每一次重大进展都使生产力发生巨大的飞跃，对世

---

① （魏）王弼注，楼宇烈校释：《老子道德经注校释》，北京：中华书局2008年版，第105—106页。

界经济发展和人们的生产、生活方式的变革产生了极其深刻的影响。

培根曾说:"在所有的能为人类造福的财富中,我发觉,再没有什么能比改善人类生活的新技术、新贡献和新发明更加伟大的了。"[①]科学技术为我们带来了较高的劳动生产率和更加舒适的生活环境,把我们从茹毛饮血的蒙昧时代带到了今天的现代社会。科技带来了物质财富的增加和经济的发展,于是,人们开始认为科技的发展进步必然能带来更加美好的生活。

以往一种发展观认为,发展就一定是合理的,而且是没有限度约束的。然而这种不受约束的发展所带来的不仅仅是自然生态环境的不断恶化,而且引发了人类内心欲望的无限膨胀。特别是工业革命之后,现代科技发展给人们的生活带来了便利的同时,也带来了大量的能源消耗、环境污染以及人口和社会问题等,继续下去,可能会从根本上威胁到了人类自身的生存,甚至会给人类、给地球带来灭顶之灾。

任何美好的事物,用之过度,走向极端,便会出现"双刃剑"效应。科学也是如此,在发挥进步功能的同时也表现出负面性。《道德经》第五十八章:"祸兮福之所倚,福兮祸之所伏。"[②]祸与福互相依存,一定条件下可以互相转化,所谓"物极必反""否极泰来",意思是事物发展到了极点,就会向事物的对立面转化。《道德经》第五十五章有言:"物壮则老,谓之不道,不道早已。"[③]意思是说事物壮盛到了极点就会衰朽,知道了这个道理就应该适可而止。此外,《吕氏春秋·博志》有"全则必缺,极则必反,盈则必亏"的说法,《鹖冠子·环流》也有"物极则反,命曰环流"等类似的思想阐释。

《周易》是借助"否"与"泰"这两卦来形象地演绎"否极泰来"的思想。

---

① 转引自〔英〕M.戈德史密斯等主编:《科学的科学——技术时代的社会》,北京:科学出版社 1985 年版,第 220 页。

② (魏)王弼注,楼宇烈校释:《老子道德经注校释》,北京:中华书局 2008 年版,第 151 页。

③ (魏)王弼注,楼宇烈校释:《老子道德经注校释》,北京:中华书局 2008 年版,第 146 页。

天地相交谓之泰，天地不交谓之否。泰卦是阴柔向外而往，阳刚向内而来，故曰"小往大来"；否卦恰好相反，阳往阴来，故谓之曰"大往小来"。阳刚与阴柔往来作用，相反相生，周行而不殆，终而复始。否卦与泰卦不仅揭示事物之通畅与闭塞的变化过程，而且更能鼓舞身处逆境者明察时势，掌握机宜，自强不息，奋发有为，只有这样才能转危为安，扭转乾坤。

《易传》有言："穷则变，变则通，通则久。"① 苏轼在《通其变使民不倦赋》一文中也提到："物不可久，势将自穷。欲民生而无倦，在世变以能通。"② 从司马迁著《史记》旨在彰显"通古今之变"的历史智慧，到王安石变法推崇"通变"精神，提出要根据现实制定革新策略，反对"谨守祖宗之成法"的迂腐教条，乃至清末的资产阶级维新派提出"变法维新"的思想，阐述救亡图存的道理，无不体现出中华民族厚德载物、自强不息的民族精神和中国智慧。

虽然科技这把"双刃剑"的负面作用不可小觑，但是我们不应把科技发展所带来的负面性简单化归咎于科技本身。当今社会出现的生态危机、能源危机并不是单纯的自然生态系统的破坏，实际也是人与自然关系的失衡。人类如何面对社会生活环境和赖以生存的自然环境，人类在追求自身的发展中究竟应该怎样与自然和谐共处，如何从人类命运共同体的角度深刻认识传统发展观的局限性，革故鼎新，兴利除弊，需要新的全球伦理和价值观的重塑与引导。在这一方面，中华传统文化为世界难题的解决所提供的中国智慧和发挥的独特贡献不可或缺。

从《周易》至《道德经》所蕴含的丰富思想为中华文明的延续发展提供了不尽的文化滋养，并将随着中华民族的伟大复兴展现出前所未有的活力。虽然我们不能期待从古人那里寻找到现成的答案，但是不妨碍静下心来，阅读经典，理解经典，与古人产生精神共鸣，从而更好地构建现代人的精神家园，在

---

① 黄寿祺、张善文：《周易译注》，上海：上海古籍出版社 2001 年版，第 572 页。
② （清）陈元龙辑：《历代赋汇》卷四十三《治道》，《文渊阁四库全书》本。

纷繁的追名逐利的物欲世界中反思警醒，追寻人与社会、自然和谐共处的真谛，感悟国学带给我们深厚的历史积淀与文化底蕴，感受国学带给人们的普世价值与现代意义。

二、当代社会需要"革故鼎新"精神

中国的先哲们认为一切事物都是变化发展的。《易传》有"亢龙有悔，盈不可久也"①，老子《道德经》也说："故飘风不终朝，骤雨不终日。孰为此者？天地。天地尚不能久，而况于人乎？"②狂风不会强劲地刮一整天，急骤的瓢泼大雨也不会持续不断地下个不停。是谁使它们按照这样的规律运行的呢？只有天地才具有这样大的功用。然而，天地的力量尚且不能长久，更何况是人力之所为呢？

（一）机不可失：世界潮流浩浩荡荡

《周易》以"一阴一阳之谓道"的简洁论述告诉我们，万事万物通行的法则就是"穷则变，变则通，通则久"。天地间没有不变的事情，天地间的一切事物，随时随地都在变化当中。古希腊哲学家赫拉克利特也说过："人不能两次踏进同一条河流。"世间万物总是处在新陈代谢不断变化的过程之中，其中所蕴含的道理无穷无尽，苟日新，日日新，世间万物都是在交臂非故中流逝。《金刚经》也说，"一切有为法，如梦幻泡影，如露亦如电，应作如是观"，人们明白了这个道理，方能在无用之用中成就有用之事。

历史经验告诉我们，转折点所提供的机遇期是短暂而有限的，甚至瞬息即逝。"机不可失，时不再来"，这是人们面对失机误事经常发出的叹息。在变

---

① 黄寿祺，张善文：《周易译注》，上海：上海古籍出版社 2004 年版，第 8 页。

② （魏）王弼注，楼宇烈校释：《老子道德经注校释》，北京：中华书局 2008 年版，第 57 页。

化多端、扑朔迷离的战场，战机仿佛是来无影、去无踪、稍纵即逝的幽灵，难以发现和掌握，而且又极易失去。战场有战机，人生有机遇，而且对任何人都是一视同仁，问题是看谁能率先发现、捕捉、驾驭机遇。如何抓住机遇？这就需要当事者的智慧和决断，要善于观察、捕捉、利用和制造机会，有机则乘，见机而作，无机造机。

所谓"机"即为变化之时机，是决定事物在转折时期发展方向的关键因素。在这种转折的关键点，常常是危机和机遇伴生的。如果抓住了这种"机遇"，就会促使事物向有利的方面转化发展，否则就可能产生"危机"而面临危险的境地。《易传》曰："君子藏器于身，待时而动，何不利之有？"惟有君子才能"知几其神""举事应机"，"待时而动"方可获得成功。唐代张果《黄帝阴符经注》说，"《阴符》自黄帝有之，盖圣人体天用道之机也。《经》曰：得机者万变而愈盛，以至于王；失机者万变而愈衰，以至于亡"①。

《天机经》则会通易老之学，阐发了《阴符经》把握机遇的重要性，认为"有机而无其人者败，有其人而无其道者败"②，并且引用《周易·屯卦》爻辞："即鹿无虞，惟入于林中；君子几，不如舍，往吝。"③以说明人的重要性，"故圣人观其时而用其符，应其机而制其事，故能运生杀于掌内，成功业于天下者也"④。

1916年民主革命的先驱孙中山先生于钱塘观潮之后，有感于当时的革命形势风起云涌，时不我待，于是写下了"世界潮流，浩浩荡荡，顺之则昌，逆之则亡！"以警醒国人要把握住历史发展大势，抓住历史变革时机，实现中华民族的伟大复兴。20世纪80年代，改革开放的总设计师邓小平审时度势，以战略家的胸怀、胆略和历史眼光，烛幽知著，当机立断，正式开启了中国的改革开放之路，从此，中华民族伟大复兴的"中国梦"的宏伟蓝图才开始一步步

---

① （宋）张君房：《云笈七籤》卷十五，《四部丛刊》影印本。
② （宋）张君房：《云笈七籤》卷十五，《四部丛刊》影印本。
③ 黄寿祺、张善文：《周易译注》，上海：上海古籍出版社2001年版，第44页。
④ （宋）张君房：《云笈七籤》卷十五，《四部丛刊》影印本。

变成为美好的现实。

（二）丰衣足食："马尔萨斯陷阱"与最后的"蓝色梦想号"

历史上，人口与土地的矛盾一直困扰着人类社会。"春种一粒粟，秋收万颗子。四海无闲田，农夫犹饿死"，唐代诗人李绅的这首《悯农》诗，常常让我们兴起对古代农人生活艰辛的慨叹。能吃饱饭一直是农耕时代普通百姓向往的重要生活目标。

两百多年前，英国政治经济学家马尔萨斯在《人口原理》一书中正式提出了自己的人口理论，指出人口增长是按照几何级数增长而生存资料仅仅是按照算术级数增长的规律。按照马尔萨斯的学说，多增加的人口总是要以某种方式被消灭掉，所以人口不能超出相应的农业发展水平，这个理论也因此被人称为"马尔萨斯陷阱"，又称"马尔萨斯灾难""马尔萨斯停滞"。

按照西方的历史经验和学术研究结论，在工业革命之前的人口增长必然要受到"马尔萨斯陷阱"的制约，而工业革命之后的英国则通过开拓殖民地以及开展全球化的对外贸易，成功绕过了"马尔萨斯陷阱"。

在中国历史上，清朝前期随着社会经济的恢复和发展进入了升平盛世时代，加之"盛世滋丁，永不加赋""摊丁入亩"等政策的颁布实施，客观上极大地刺激了人口的增殖，人口的增长速度和绝对量都远远超过了前代，人口增长与有限的土地资源逐渐开始成为一对不可调和的矛盾，也成为当时大多数人还没有认识到的一大社会问题。

与马尔萨斯同时代的洪亮吉（1746—1809 年）敏锐地洞见到了人口问题的严重性，针对当时人口增长大大超过耕地和一般生活资料增长的情况指出，"田与屋之数常处其不足，而户与口之数常处其有余也"[1]，"为农者十倍于前而

---

[1] （清）洪亮吉撰，刘德权点校：《洪亮吉集卷一·卷施阁文甲集卷第一》之《治平篇》，北京：中华书局 2001 年版，第 15 页。

田不加增，为商贾者十倍于前而货不加增"，即使"终岁勤动，毕生皇皇，而自好者居然有沟壑之忧"，更何况"游手好闲者更数十倍于前"等大量失业人口的存在，这些人一旦"遇水旱疾疫，其不能束手以待毙"者，往往铤而走险，"生攘夺之患"①，严重危害社会稳定。

直到 1949 年，时任美国国务卿的艾奇逊还在《美国与中国之关系》白皮书中提出，"在十八及十九两世纪期间，中国人口增加两倍，造成土地不堪负担人口之现象。历代中国政府之第一难题，厥维如何使民足食，任何中国政府从未就此问题，获有成功"②，断言中国无法解决自身的温饱问题，必然要陷入各种形式的内乱。

20 世纪 80 年代，在"改革开放"政策的指引下，中国完成了从计划经济向市场经济的转变，社会面貌发生了翻天覆地的变化，"联产承包责任制"的施行更是给粮食生产注入了新的活力。从 1949 年美国国务院发布《美国与中国之关系》白皮书到 2005 年的"蓝色梦想号"，中国共产党人经过半个多世纪的艰辛探索，在较短的时间内实现了物质生活条件发生根本性的变化，终于用事实向世界宣告中国人有能力养活自己。不仅如此，今天，我们比历史上任何时期都更接近、更有信心和能力实现中华民族伟大复兴的目标。

三、什么是"革故鼎新"

"革故鼎新"一词是从《周易》革卦和鼎卦演化而来，其意为除旧布新。《周易·序卦》讲到《革》卦时说"井道不可不革，故受之以革"③。《井》卦

---

① （清）洪亮吉撰，刘德权点校：《洪亮吉集卷一·卷施阁文甲集卷第一》之《生计篇》，北京：中华书局 2001 年版，第 16 页。

② 《国务卿艾契逊上总统函》，见于美国国务院根据档案馆资料编辑之《美国与中国之关系——特别着重一九四四年至一九四九年之一时期》，美国国务院编：《美国与中国之关系》，台北：文海出版社，1982 年版，第 2 页。

③ 黄寿祺、张善文：《周易译注》，上海：上海古籍出版社 2001 年版，第 647 页。

《彖》辞有"井养而不穷也"的卦义，意思是井虽然有养育的功用，但是井道时间久了就会堵塞，所以需要疏通改变，因此从卦序上看，井卦之后自然就是革卦。《革》卦《彖》辞讲"天地革而四时成"，对此《周易注疏》解释说，"天地之道，阴阳升降，温暑凉寒迭相变革，然后四时之序皆有成也"[1]。

鼎器在古代中国既是一种重要的祭祀礼器，同时也有烹饪的作用。鼎卦下巽上离，象征有木燃烧以助火势、烹煮鼎中食物的意思，所以《鼎》卦《彖》辞有"以木巽火，亨饪也"。《鼎》卦蕴含了丰富的象征含义，君子观鼎以正位凝命，足食致礼，奉养圣贤。《周易·杂卦》有"革，去故也；鼎，取新也"[2]。《革》卦和《鼎》卦都有变易的意思，《革》卦的"去故"与《鼎》卦的"取新"二者相辅相成，不可分割。

（一）革故鼎新：社会发展的耗散结构

20 世纪 60 年代，以伊利亚·普利高津为首的比利时布鲁塞尔学派在研究非平衡态热力学和统计物理学的过程中，找到了开放系统由无序状态转变为有序状态的途径，提出了耗散结构理论。耗散结构理论提出后，在自然科学和社会科学的很多领域都产生了巨大影响，深刻地影响了如物理学、天文学、生物学、经济学、哲学等学科的发展。

耗散结构理论认为，系统依其存在的形式可分为封闭系统和开放系统两大类。封闭系统即与周围环境基本上不发生物质、能量的交换与转化的系统，其内部的自组织能力差，新陈代谢不旺盛，所以总是处于一种类似"死平衡"的状态。

一个远离"死平衡"的开放系统要保持动态有序的状态，不论其是物理的、化学的、生物的系统，还是社会的、经济的系统，首先必须通过不断地与

---

① （魏）王弼，（晋）韩康伯注，（唐）孔颖达正义：《宋本周易注疏》，北京：中华书局 1988 年版，第 515 页。

② 黄寿祺、张善文：《周易译注》，上海：上海古籍出版社 2001 年版，第 657 页。

外界交换物质和能量，同时，系统内各要素通过非线性相互作用而产生涨落，并影响整个系统。

《周易参同契》提出"御政之首，鼎新革故"，以政治上的变革更新说明内外丹修炼的道理。《韩非子·五蠹》中通过一系列的事例阐发了"不期修古""不法常可"的治世思想：

> 今有构木钻燧于夏后氏之世者，必为鲧、禹笑矣；有决渎于殷、周之世者，必为汤、武笑矣；然则今有美尧、舜、汤、武、禹之道于当今之世者，必为新圣笑矣。是以圣人不期修古，不法常可，论世之事，因为之备。①

在韩非子看来，如果到了夏朝，还有人用在树上搭窝棚居住和钻木取火的办法生活，那一定会被鲧、禹耻笑了；如果到了殷周时代，还有人要把仿照大禹治水那样挖河排洪的话，那就一定会被商汤、武王所耻笑。"今欲以先王之政，治当世之民，皆守株之类也"，想照搬古法治理当今世界的，都像守株待兔的人一样迂腐固执，必然被天下人所耻笑。韩非子批评了当时有人推崇尧、舜、禹、汤、武王的治世之道，认为泥古不化定然要被当今的圣人所耻笑。

社会作为一个开放的系统，同样只有在与外界进行能量、物质和信息交流的过程中不断地吐故纳新，才能不断增强整体的活力。因此，革故鼎新，就不能盲目因循守旧，也不能因袭成规惯例，而是要根据当前社会的实际情况，敏锐洞察社会发展趋势和变迁过程，进而制定相应的政治措施，只有这样才能顺应"适者生存，优胜劣汰"的社会历史潮流。

（二）天人合一：生命与环境的互动

古人很早就认识到了生命活动随着自然生态环境、社会环境和心理环境

---

① （清）王先慎撰，钟哲点校：《韩非子集解》，北京：中华书局1998年版，第442页。

等变化而出现相应反应的现象。按照《黄帝内经》等中医学的观点，"人与天地相参也"①，"与日月相应也"②，"人以天地之气生，四时之法成"③，"春生、夏长、秋收、冬藏，是气之常也，人亦应之"④，"法于阴阳、和于术数、饮食有节、起居有常、不妄作劳。故能形与神俱，而终其天年，度百岁乃去"⑤。这就是说，人与自然息息相通，各项活动要适应四时的变化规律，才能与外界环境保持协调平衡。人们在养生中，要合于规则法度，饮食有节制，作息有规律，劳逸要适度，按社会和自然规律注意养生保健，达到形体与精神的功能平衡，这样才能尽享天年。

1977 年美国医学家恩格尔指出，导致疾病的原因包含了生物、心理以及社会等诸多方面的因素。因此，应该以系统论为指导原则，从生物、心理、社会等因素出发，对健康和疾病进行综合研究，寻找对抗和治疗疾病的方法和医学模式。现代医学发展到今天，已由生物医学模式转变为社会——心理——生物医学模式，而这一新的医学模式与中国传统医学经典《黄帝内经》的医学模式在观点上是相通的。

以《黄帝内经》为代表的中国传统医学并不仅局限于个人，而是着眼于"天人相应"的整体观来认识健康与疾病，中医学这种独特的理论体系和诊治方法对于推动中医诊病治病效果的提高和促进现代医学模式的发展无疑都具有重要的价值和深远的指导意义。

（三）闭关锁国：片帆不得下海的历史教训

从中国发展的历史脉络中，我们能清晰地看到"革故鼎新"的开放政策对

---

① （清）张志聪：《黄帝内经素问集注》卷五，清康熙刻本。
② （清）张志聪：《灵枢经集注》卷九，清康熙刻本。
③ （清）张志聪：《黄帝内经素问集注》卷四，清康熙刻本。
④ （清）张志聪：《黄帝内经素问集注》卷五，清康熙刻本。
⑤ （清）张志聪：《黄帝内经素问集注》卷一，清康熙刻本。

中国社会发展所产生的几乎决定性的影响。

事实上，中国历代一直不乏"走出去"吸收异域优秀文化和传播中华文明的文化使者。历史上，唐朝声誉曾经远扬海外，与西域、中亚诸国、日本、新罗等周边民族、国家之间有着频繁的经济文化往来。唐朝奉行对外开放睦邻友好的政策，"贞观之治"为邻近列国所仰慕，许多外国的官员使臣、留学生、商人、僧侣都来到唐朝；当时的长安既是各民族交往的中心，同时又是一座国际性的大都市，众多国家纷派使节，朝廷专门设立了鸿胪寺等外事机构，此外，还设有"互市监"和"市舶司"专管对外贸易，"万国遣使来朝"已成为长安城里一道平常的风景。

到了明代虽然还曾出现郑和下西洋的壮举，可是封建社会末期的统治者们已经失去了汉唐时期那种开放的观念和博大的胸襟，开始实行可悲的闭关锁国政策。

朱元璋对于"海禁"的热爱超过了中国历史上的任何一位皇帝。据《明太祖实录》记载，他每两三年就要重申一遍海禁。15世纪末，哥伦布发现了新大陆，欧洲各国开启了大航海时代，而朱明王朝却鼠目寸光，出于当时国内政治的考虑，早于洪武十四年（1381年）即颁发"禁濒海民私通海外诸国"的诏令，不准造船下海，不准将船租给下海之人，凡有违抗者或私运番货的都加以严惩。

郑和下西洋与哥伦布发现新大陆虽然发生在一个相近的年代，但是大航海时代的发展机遇却与这个民族擦身而过。后世关于郑和下西洋的目的众说纷纭。据《明史·列传第一百九十二》载："成祖疑惠帝亡海外，欲踪迹之，且欲耀兵异域，示中国富强。"[1] 明成祖朱棣怀疑连同玉玺一同失踪的建文帝可能亡命海外，所以派遣郑和下西洋，其目的一是寻找于靖难之役后下落不明的建文帝朱允炆的踪迹；二是顺便宣扬国力，向异域外邦炫耀本朝的兵强

---

[1] （清）张廷玉等撰：《明史》卷三〇四，北京：中华书局1974年版，第7766页。

国富。

郑和下西洋航行海上28年，证实明朝掌握着当时世界最先进的航海技术，而且前后延续时间之长、船队规模之大、航行范围之广都是空前的。但是，郑和掌控的这只世界上最庞大的舰队从诸番国带回来的只是供少数统治阶级猎奇享受的所谓"奇珍异宝"和奢侈品等。缺少以追求商业利益为目的的经济活动的支撑，所谓的"下西洋"实际上只能是一场豪华的中华帝国海上炫耀性外交表演，于国计民生等方面则基本上毫无贡献和建树。

明清两朝的禁海政策，不约而同地都是出于巩固政权的政治需要。明亡后，一批忠于明朝的遗民逃到沿海一带成立南明政权，在海上活动，为了封锁南明与大陆的联系，清代同样开始实施禁海政策，中断了明末以来中国同西方国家有限的文化交流活动，即使是开明的康熙帝对外洋之国也是深怀戒心。康熙帝于1716年以"海外如西洋等国，千百年后中国恐受其累"为由下令"禁海"，此后的清政府更是变本加厉，逐步强化其限制与禁止海外贸易的"闭关"政策。在欧洲千帆竞发的大航海时代，中国却开始了可悲的闭关锁国，仍然沉湎于"天朝上国"的梦幻和自我安慰之中不能自拔。

15世纪末，哥伦布和麦哲伦的地理大发现为欧洲提供了发展的强大动力，西班牙和葡萄牙等国纷纷通过海洋冒险和扩张，扩大市场和贸易，攫取了大量的财富，由此把欧洲带人了一个新的发展时期，而当时的中国统治者不仅将无穷无尽的海洋利益拱手相让留给了西方的冒险者，更为可悲的是，闭关锁国的政策在扼杀了可能发展起来的海外贸易的同时，严重地禁锢了国人思想，迟滞了中国海洋经济发展的步伐，使中国失去了这次难得的历史发展机遇。

18世纪从英国发起的技术革命开创了以机器化大生产代替手工工具的时代，这不仅是一次技术改革，更是一场深刻的社会变革。1840年，在英国船舰的炮火硝烟中，中国紧闭的国门轰然洞开，清政府尝到了西洋船坚炮利的厉害，苦头吃尽，直到鸦片战争以后，才不得不放下天朝上国的架子，开始了

"师夷长技以制夷"的艰辛探索。

四、"革故鼎新"是自然历史过程

中华文明具有 5000 多年的悠久历史，之所以能够薪火相传、生生不息，其根本原因在于中华传统文化秉承自强不息、厚德载物的优秀传统和开放包容、和而不同的博大胸怀和恢弘气度，因此才保持了强大的生命力和独特的文明特质，成为世界古老文明中唯一没有中断而传承至今的文明。

（一）从《老子化胡经》说起：佛教进入后的中国化过程

从古代的"丝绸之路"到今天的"一带一路"，时代的变迁为世界的互融共通提供了更为广阔的空间，让我们更加深刻地感受到不同国家和不同民族的灿烂文明。在中华传统文化与外来文化相互碰撞相互融合的过程中，曾经出现过众多的观点和理论，并且都不同程度上对中国社会的发展产生了影响。中华文明既是我国各族人民植根于中国大地上共同创造产生的文明，也是同世界其他文明不断交流互鉴而形成的文明。

初期的佛教来中原传教不易，佛教的思想常依附于黄老之学而行。《后汉书》载汉桓帝延熹九年（166 年）襄楷所上奏章中有"或言老子入夷狄为浮屠"的说法，记载明帝时楚王英说其"晚节更喜黄老，学为浮屠斋戒祭祀"。《三国志·魏书·乌丸鲜卑东夷传第三十》裴松之注曰：

> 临儿国，《浮屠经》云其国王生浮屠。浮屠，太子也。父曰屑头邪，母云莫邪。浮屠身服色黄，发青如青丝，乳青毛，蛉赤如铜。……浮屠所载与中国《老子经》相出入，盖以为老子西出关，过西域之天竺，教胡。浮屠属弟子别号，合有二十九，不能

详载，故略之如此。①

老子化胡的传说及史书的记载反映了汉代佛教传入中国的过程以及引发的本土回应。传入后的佛教与中国本土的儒、道等诸子百家的思想观念相互接触、碰撞融合，逐渐形成天台宗、华严宗、禅宗等具有中国特色的佛学体系，深刻地影响了中国的哲学、文学、艺术和民俗等诸多方面。佛教中国化的过程是异质文化之间相互融合包容发展的自然历史过程，检验和印证了中华文化的巨大包容性和融合性，展现了中华文明强大而旺盛的生命力。

习近平总书记在党的十九大报告中指出："没有高度的文化自信，没有文化的繁荣兴盛，就没有中华民族伟大复兴。"如何坚持文化自信、自觉，如何从文化自觉走向文化自信，是需要我们深入探讨的重大问题。弘扬优秀传统文化，必须坚持文明互鉴、开放包容的方针，既要处理好继承和发展的关系，又要积极吸收借鉴古今中外的优秀文明成果和文化精髓，坚持创造性转化、创新性发展，赋予传统文化新的时代内涵和现代表达形式，革故鼎新，推陈出新，取长补短、择善而从，在当代文化语境下实现传统文化与时代精神的高度有机融合，既不简单拿来，又不盲目排外，我们千万不能"邯郸学步，失其故行"，只有这样才能不断丰富和发展中华文化。正如费孝通先生所倡导的那样，"各美其美、美人之美、美美与共、天下大同"，这既是中华文化在同世界各种文化融合的过程中应该秉持的态度，也是树立中华民族"文化自觉"观的典范。

（二）衣钵承续："勿忘勿助"与"无住生心"

"拔苗助长"的寓言故事大家可谓耳熟能详。《孟子·公孙丑上》：

> 宋人有闵其苗之不长而揠之者，芒芒然归，谓其人曰："今日病矣，予助苗长矣！"其子趋而往视之，苗则槁矣。天下之不助

---

① （晋）陈寿撰，（宋）裴松之注，陈乃乾点校：《三国志》，北京：中华书局1959年版，第859—860页。

苗长者寡矣。以为无益而舍之者，不耘苗者也。助之长者，揠苗者也。非徒无益，而又害之。①

在生活中，类似这种担忧禾苗长不高而把禾苗往上拔的宋人形象虽然甚为少见，但是急于求成，单凭自己的主观愿望和美好的动机，结果"欲速则不达"，甚至适得其反的事情倒是时有所闻。

孟子在传授公孙丑如何"善养浩然之气"时提到"必有事焉而勿正，心勿忘勿助长也"，意思是对于一定要发生的事情，先不要有所预期，同时又要做到心里时时不忘，又不刻意强求拔苗助长，而是任其自然生发。"勿忘勿助"作为孟子心性论中的重要理论，后来被为宋明理学的心学派所重视，并且在阳明心学中被赋予了非常丰富的修养内涵。

"勿忘勿助"不仅是儒家修养的境界，也是道教修行重要的功夫。黄元吉《乐育堂语录》卷二中指出，"学者下手兴工，必将双目微闭，了照内外二丹田之间，不即不离，勿忘勿助"②。说来容易践行难，如何做到"勿忘勿助"不是几句话的简单事，这是一门大学问。

据《坛经》所载，禅宗五祖弘忍为慧能说《金刚经》，至"应无所住而生其心"，慧能言下大悟，明晓了"一切万法不离自性"的佛法道理，因此得以承续五祖的衣钵。《金刚经》所言"应无所住而生其心"，这里的"住"，指的是人对世俗物质世界的执着留恋，而"心"则指的是人对佛法的深刻领悟，心能无所执着则自然生起，任运自在，如实体悟真理，只有在不执着于任何表相时，事物的本质真相才会呈现出来。可以说，无论是佛家的"无住生心"，还是儒、道两家所倡导的"勿忘勿助"，二者在理念上交相辉映，尽显异曲同工之妙。

---

① （清）焦循撰，沈文倬点校：《孟子正义》，北京：中华书局 1987 年版，第 204—206 页。

② （清）黄元吉著，蒋门马注：《道德经讲义·乐育堂语录》，北京：宗教文化出版社 2003 年版，第 270 页。

（三）自发秩序：哈耶克的"林间小径"与老子的"无为而治"

一个关于"林间小径"形成的譬喻可以用来生动地阐明哈耶克的"自发秩序"概念：某个村落的村民们每次去汲水的时候，都要穿过一片树林，来到不远处的一个池塘。虽然村民们都是从各自的家中出发，相互之间并没有事先的约定，可是经过一段时间之后，人们就会发现在树林之间自然形成了一两条主要的林间小径。没有出现无数条混乱的林间小径，也没有人强制规定非走这一两条林间小径不可，小径一旦形成，大家都会自然而然的循径而行①。

在哈耶克的自发秩序理论体系中，最初的社会秩序便是自发秩序，秩序性由芸芸众生在自我调适的过程中形成，自愿生成和实施，没有任何强制性。哈耶克认为，在人们经济活动和社会交往的领域里，类似"林间小径"的现象也一样成立——毋须政府管制或指挥，人们会在自发的互动与磨合过程当中，逐渐摸索出一些自然形成的秩序。根据哈耶克的解释，"自发秩序"的形成是众人共同行动的结果，而非人为设计的产物。"林间小径"所体现的自发秩序，就是这种无数参与其中的人共同行动的自然产物。尽管它与很多人的理性行为有关，但是不能为单个人的理性所把握与控制，这就是哈耶克所讲的"理性不及"（non-rational）现象。

1966 年 9 月哈耶克在东京会议上作了题为《自由主义社会秩序诸原则》的著名演讲，当谈到他的自发社会秩序理论时，他引用了老子《道德经》第五十七章的内容："我无为而民自化，我好静而民自正。"②他认为，老子的这句话代表了他整个深邃繁复的"自发社会秩序"理论的精髓。

---

① 参见熊秉元：《自然形成的秩序》，《书城》2000 年第 2 期。

② （魏）王弼注，楼宇烈校释：《老子道德经注校释》，北京：中华书局 2008 年版，第 150 页。

已故经济学前辈许涤新先生认为，道家从自然哲学出发，主张经济活动应顺从自然法则运行，"道法自然"的思想也是道家的经济思想。朱谦之先生在《中国哲学对欧洲的影响》一书中曾经提出，西方启蒙运动的思想根源之一就是中国传统思想和传统治理之道①。

《道德经》第二章提出："是以圣人处无为之事，行不言之教，万物作焉而不辞，生而不有，为而弗恃，功成而弗居。夫唯弗居，是以不去。"②老子所说的"道"既是自然界的法则，也是人类社会所应遵循的法则。我们不难看出，老子在《道德经》中所倡导的"处无为之事""行不言之教"的"无为而治"思想与哈耶克的"自发社会秩序"的经济学第一原则有着惊人的一致性。老子的民之"自化"和"自正"就是一种自发秩序，而圣人之"无为"和"好静"则是自发秩序得以实现的前提条件和重要保障。

五、天下神器不可执之

"革故鼎新"既然是一种自然历史过程，这就意味着国家、天下并不是可以随便由某个个人或者小集团来操控的。关于这一点，老子《道德经》尤其有精辟的论述。

（一）取舍之间："为者败之"与"执者失之"的困惑

老子在《道德经》第二十九章指出：

> 将欲取天下而为之，吾见其不得已。天下神器，不可为也。为者败之，执者失之。故物或行或随，或歔或吹，或强或羸，或

---

① 参见朱谦之：《中国哲学对欧洲的影响》，上海：上海人民出版社 2006 年版。
② （魏）王弼注，楼宇烈校释：《老子道德经注校释》，北京：中华书局 2008 年版，第 6—7 页。

挫或隳。是以圣人去甚、去奢、去泰。①

老子认为，将自己的主观意志强加在客观事物之上的做法是一种不得已而为之的做法。天下的万事万物都有自己的运行法则，不能以自己的主观意志去做违背客观规律的事情。事实上，老子所提倡的"无为"，并不是无所作为，也不是在客观现实面前无能为力，而是不可妄为。肆意妄为，就会遭受失败；强行把持，就会导致最终失去的后果。因此，圣人不妄为，所以不会失败；不把持，所以不会失去。万物秉性不一，有的前行引导有的在后追随，有的轻嘘微叹有的用力急吹，有的刚强，有的羸弱，有的负重担当，有的怠惰自毁。因此，圣人要除去那种极端、奢侈的、过度的措施法度。

老子提出"天下神器不可执之"的思想与"生而不有，为而不恃，长而不宰"的主张是一脉相承、一以贯之的，其共同的根基就是老子所强调的"无为而无不为"之道。在这里，老子的"无为"就是要消解过多的人为控制与外部干涉，恢复并保持"无不为"的自然状态与和谐秩序，而"道"的含义则是在"为败""执失"的对立中揭示出的，那种"甚""奢""泰"等极端或多余的部分在道家看来正是应该予以摒弃的。

《庄子·天道》说：

> 无为也，则用天下而有余；有为也，则为天下用而不足。……
> 上必无为而用天下，下必有为为天下用，此不易之道也。②

庄子继承并发展了老子的思想，指出了由"无为"达致"无不为"的实现路径，明确提出了处于上位之君必须无为，而处于下位之臣则必须有为的"有所为有所不为"治世之道。

---

① （魏）王弼注，楼宇烈校释：《老子道德经注校释》，北京：中华书局 2008 年版，第 76 页。

② （清）郭庆藩撰，王孝鱼点校：《庄子集释》，北京：中华书局 1961 年版，第 465 页。

（二）基因编辑：被打开的"潘多拉魔盒"

在古希腊神话中，普罗米修斯盗取天火送给了人类，人类从此学会了使用火。主神宙斯十分恼火，决定要让灾难也降临人间。为了惩罚人类，宙斯令其子用泥土和水造出世上第一个女人潘多拉，并且派人把她送给普罗米修斯之弟伊皮米修斯为妻，同时带去一只密封的盒子，让她送给娶她的男人。

有一天，为好奇心所驱使的潘多拉忍不住打开了盒子偷看，结果盒中所囚之"疾病""瘟疫"等各种各样的灾难以及"妒忌""怨恨""报复"等纷纷冲了出来。慌乱之中，潘多拉想设法盖住盒子，但一切都已经太迟了。幸好，盒子内还剩下了最后的"希望"。从此，无论人类遭受多少艰辛，经历多少苦难，但是能在一切不幸中还能带给人类一丝安慰，激励人类顽强生活下去的动力还有最后的"希望"，因为有了它，人生才不会陷入真正的"绝境"。

凡事有一利必有一弊。历史上疫苗、抗生素的出现，曾经造成了一种人们似乎可以消灭一切有害病菌的错觉，但是几乎与此同时，许多新生或再生性传染疾病、超级细菌等正在世界各个角落出现。科学技术的进步开创了人类历史的新纪元，科技的发展造成了人类无所不能的假象，但是另一个隐形的"潘多拉魔盒"也在不经意间被打开了。

我们知道，人类基因组含有约 30 亿个 DNA 碱基对，人类所有的遗传秘密都蕴藏其中。一旦掌握了基因编辑技术，理论上就可以利用修改基因治疗疾病，特别是以前被称为"不治之症"的各种先天的遗传疾病。事实上，利用基因技术治疗疾病，已经不仅仅是理论上的可能性，它已经开始出现在我们的现实生活当中。

可以想象，如果我们可以利用基因技术实现人类基因的"私人订制"，那么总会有一天我们将不得不面对"超级人类"的出现。例如，如果发现了长寿基因，那么人类如何面对人口与资源的新矛盾？如何应对"超级人类"的竞争优势与基因不平等？此外，除了基因技术本身的风险，我们可能还不得不面临基因技术的滥用、基因武器所带来的"生物恐怖主义"等一系列严重后果。

人类在科技领域已经不止一次打开"潘多拉的盒子",随着生物技术和人工智能领域取得的重大进展,一系列的始料未及的社会、伦理与法律等诸多问题也在持续的探讨之中。现代技术究竟会给人类带来什么样的未来,如何兴利除弊,构建新技术条件下的生物伦理和技术伦理,如何评估新生物体的安全性以及新技术所带来的新的社会问题等等,老子"天下神器不可执之"的智慧也许会给我们提供有益的借鉴和参照。

（三）见素抱朴：抱瓮老人的机心之论

老子关于"天下神器不可执之"的思想后来被庄子学派所继承和发挥。《庄子·天地》中记载了这样一个故事：

> 子贡南游于楚,返于晋,过汉阴,见一丈人方将为圃畦,凿隧而入井,抱瓮而出灌,搰搰然用力甚多而见功寡。子贡曰："有械于此,一日浸百畦,用力甚寡而见功多,夫子不欲乎？"为圃者仰而视之曰："奈何？"曰："凿木为机,后重前轻,挈水若抽,数如泆汤,其名为槔。"为圃者忿然作色而笑曰："吾闻之吾师：有机械者必有机事,有机事者必有机心。机心存于胸中,则纯白不备；纯白不备,则神生不定；神生不定者,道之所不载也。吾非不知,羞而不为也。"子贡瞒然惭,俯而不对。[1]

孔子的学生子贡路经汉阴时,见一老人"凿隧而入井,抱瓮而出灌",很辛苦费力地取水浇灌田圃,无奈成效不佳,便以质疑的态度询问他为什么不使用省力高效的工具提水浇灌呢？不想这位"抱瓮老人"听了之后很严肃但是

---

① （清）郭庆藩撰,王孝鱼点校：《庄子集释》,北京：中华书局 1961 年版,第 433—434 页。

又很和善地说："我是从我师父那里知道了这样的道理：有了机械，必有机巧之事；有了机巧之事，必有机巧之心；有了机巧之心，人心就不纯了。我不是不知道有这种提水机械，而是耻于使用这些机巧的器械工具的。"

在很多人的眼中，"抱瓮老人"所代表的是拒绝进步、反对变革的极端保守的形象，后人对于"抱瓮老人"的批评也基本集中在因循守旧、蹈常袭故的僵化层面，而往往忽视了其中所传达的"吾非不知，羞而不为也"的深层内涵。李白在《赠张公洲革处士》一诗中用"抱瓮老人"的典故来形容一位隐士极为简朴的衣、食、住、行等日常生活，来表达自己渴望心游天外，亲近自然远离浮华的人生态度：

> 抱瓮灌秋蔬，心闲游天云。每将瓜田叟，耕种汉水濆。时登张公洲，入兽不乱群。井无桔槔事，门绝刺绣文。长揖二千石，远辞百里君。斯为真隐者，吾党慕清芬。[①]

由"抱瓮老人"之"忿然作色"可知其所讨论的问题严肃而非戏论。很明显，庄子是试图通过"抱瓮老人"这样一位隐于民间的智者形象向后世之人传达自己关于宇宙人生豁达开朗的大智慧。素朴到极致就是大道。这位守其本真纯朴，不为外物所牵的抱瓮老人形象，完美地诠释了《道德经》"见素抱朴，少思寡欲，绝学无忧"的思想内涵，传达了古圣先贤大道至简、返璞归真的人生至境。

（四）乘物游心：庄子的逍遥游

《庄子·山木》里有一句话："物物而不物于物，则胡可得而累邪！"[②]"不物于物"自然是不为物而易其性，在庄子看来，人做到了驾驭外物（物欲），而

---

① （唐）李白撰、（清）王琦注：《李太白诗集注》卷十《古近体诗共二十四首》，《文渊阁四库全书》本。

② （清）郭庆藩撰，王孝鱼点校：《庄子集释》，北京：中华书局1961年版，第668页。

不为外物（物欲）所驱使，利用物而不受制于物，这样才不会受外物（物欲）的牵累。由此不难看出，庄子所倡导的是一种超然世外，欲乘物以游心的深邃之境界。

"乘物游心"，就是既要驾驭自然规律和法则，同时更要顺应自然，只有做到心不为外物所役，人才能成为自己心灵的主人，如此方能守得住心神，抗得住各种诱惑，方可实现精神的自由和解放，达至人生的大境界。《庄子·天下》篇宣称"独与天地精神往来而不敖倪于万物"的精神，这里的"不敖倪"意为不卑视万物，顺物自然，与物"成和"，这才是庄子心中人与自然万物之间关系的最高境地。

庄子的"逍遥游"所表达的就是这样一种彻底解放的自由精神，逍遥驰骋，随遇而安，了悟宇宙万物之真谛，利万物而不争。庄子在《齐物论》里更是把这种真正的自由精神，变成了一种普遍性的平等精神。《庄子·齐物论》中有一段妙语：

> 昔者庄周梦为蝴蝶，栩栩然蝴蝶也，自喻适志与！不知周也。俄然觉，则蘧蘧然周也。不知周之梦为蝴蝶与，蝴蝶之梦为周与？周与蝴蝶，则必有分矣。此之谓物化。[1]

在庄周与蝴蝶的翩然自适中，人与自然同声相应，各得其真，万物齐同，遂性"逍遥"。庄子所倡导的自由和平等的精神为人类摆脱内心最深处的心灵困境提供了一种可能。

随着社会生产力的快速发展，直接从事农业生产的人数大幅度减少，越来越多省时省力的大型机械被投入到农业生产当中。然而，机械化农业的发达并没有减少我们对于天然而质朴的自然劳作的兴趣，而是让我们有更多闲暇时间去享受手工采摘与大自然亲密接触的乐趣。正如马克思在《哥达纲领批判》中

---

[1] （清）郭庆藩撰，王孝鱼点校：《庄子集释》，北京：中华书局1961年版，第112页。

论述共产主义时所说，"劳动已经不仅仅是谋生的手段，而且本身成了生活的第一需要"①。

"人为物役"的现象在庄子生活的时代大概已经成了一种社会现象而普遍存在，但是人们又没有能自觉认识到这种作为异己之物的巨大危害性，庄子显然意识到了这一点，所以才提出了"抱瓮老人"的机心之论和"乘物以游心"的逍遥之游。当庄子提出"物物而不物于物"的思想之时，应该是不希望看到有一天"物欲横流"的物质崇拜使人迷失了心灵的方向，大概更没有想到这种异己之物的发展甚至开始威胁到了人类自身的生存。

六、顺应民心才有出路

《庄子》"抱瓮老人"的故事以及"逍遥游"的境界描述不仅为个人生活提供了健康路向，而且对于社会治理也具有启迪意义。

"社会"是什么？向来有不同的解释。然而，不论如何解释，一个不可回避的事实是：社会是由人组成的。民心所向最终决定了社会发展方向。从这个意义上说，民心就是一种精神自然、文化方向。决策者唯有顺应民心，才能把握历史发展的脉搏。

（一）民心与民主：由君权神授到民主赋权的历史转变

论及"民心"，必然要关涉"民主"的问题。"民主"一词的《辞源》释义为："民之主宰者。旧指帝王或官吏。"这个词最早是指"人民之主，或人民的主人"，并非指"人民当家作主"。目前的"民主"一词，早已不是"为民作主"，而是"Democracy"的意译，源于希腊字"demos"，意为人民，并借鉴了日本学者的翻译。

---

① 《马克思恩格斯选集》第 3 卷，北京：人民出版社 2012 年版，第 364 页。

《尚书·多方》记载了"天惟时求民主,乃大降显休命于成汤"①,"乃惟成汤克以尔多方简代夏作民主"。②大意是讲上天在某个适当的时机会为民求主,天降大任于斯人,此时惟有成汤符合条件,才代替夏舜作了人民的统治者。成汤受命于天,这种"天降大任"君权神授的神话构建了政权合法性的意识形态话语,不过,这套话语体系的前提仍然离不开"民心"——成汤之所以能取代夏桀做了君主,正是由于有当时各国邦主的选择。

马克斯·韦伯曾提出现代化就是"祛魅",旨在通过对于神秘性、神圣性的消解,使世界由超验神秘返归自然世界和世俗生活本身,体现在政治方面就是要祛除神性,张扬人性,完成政权的合法性重构,即从古代的君权神授转变为现代的民主赋权。

孟德斯鸠将政体分为三种:共和政体、君主政体和专制政体。共和政体以品德为原则,君主政体以荣誉为原则,专制政体则以恐怖为原则。孟德斯鸠认为,中华帝国的构成是以治家的思想为其统治基础的,统治者将原本于家庭的孝悌观念应用于国家政治领域,所谓"治国必先齐其家者"。因此,在孟德斯鸠看来,中国的专制制度要比其他专制国家显得宽和些。

《诗经》曰:"乐之君子,民之父母。"③《论语》颜渊篇记载了齐景公问政于孔子,孔子强调要以等级名分教化社会,认为为政首先要"正名",做到"君君、臣臣、父父、子子",要人民尊君为父,而君主也待民如子,整个国家从上到下象是在一个大家庭中生活的亲人。以孝悌为主要内容的伦理观念在中国根深蒂固,深入人心,这种伦理观念被贯彻于社会政治生活,统治者与被统治者的关系之中就减少了一些对立性。

---

① (清)孙星衍撰,陈抗、盛冬铃点校:《尚书今古文注疏》,北京:中华书局1986年版,第462页。
② (清)孙星衍撰,陈抗、盛冬铃点校:《尚书今古文注疏》,北京:中华书局1986年版,第463页。
③ 程俊英、蒋见元:《诗经注析》,北京:中华书局1991年版,第484页。

当然，无论是封建统治阶级的"爱民如子"，还是资产阶级标榜的所谓"民主自由"，都只不过是维护其统治的一种手段与工具，它并不能从根本上保障人民的权利。但是不可否认的是，在中国春秋战国时代许多思想家提出了关于民主的最朴素的成分——民本思想。如儒家的重要代表人物孟子就提出了自己独特的政治见解："民为贵，社稷次之，君为轻。是故得乎丘民而为天子，得乎天子为诸侯，得乎诸侯为大夫。"[①]

党的十八大以来，以习近平同志为核心的党中央坚持以人民为中心的发展思想，顺应人民群众对美好生活的向往，坚持把实现好、维护好、发展好最广大人民根本利益，把增进人民福祉、促进人的全面发展作为一切工作的出发点和落脚点，提出了"民心是最大的政治"和"老百姓对美好生活的追求，就是我们的努力方向"的执政理念，制定了夺取全面建成小康社会决胜阶段的伟大胜利和实现"两个一百年"奋斗目标，不忘初心，砥砺前行，努力实现中华民族伟大复兴的"中国梦"。

（二）小国寡民：老子眼中的理想世界

"顺应民心"，不可避免要涉及大众生活的社会理想问题。关于这一点，老子曾经勾画了一个模式，其《道德经》第八十章说：

> 小国寡民，使有什伯之器而不用，使民重死而不远徙。虽有舟舆，无所乘之；虽有甲兵，无所陈之；使人复结绳而用之。甘其食，美其服，安其居，乐其俗。邻国相望，鸡犬之声相闻，民至老死不相往来。[②]

"小国寡民"作为老子思想中极具有代表性的一面，自然会引起人们的关

---

① （清）焦循撰，沈文倬点校：《孟子正义》，北京：中华书局1987年版，第973—974页。

② （魏）王弼注，楼宇烈校释：《老子道德经注校释》，北京：中华书局2008年版，第190页。

注与讨论。当人们一再诟病老子的"小国寡民"之"消极避世""退缩保守"等消极意义时，往往忽略了其中所言"甘其食，美其服，安其居，乐其俗"甚至"民至老死不相往来"等话语所蕴含的超越性智慧。老子之所以向往和提倡"小国寡民"的理想之境，盖源自对当时"天下无道"现状的不满，所以才要求返归于自然质朴之俗，因此，老子描述的"小国寡民"既包含了对当时现实社会状态的失望和批判，更表达了对未来"至治社会"的一种合理展望与期待。

事实上，老子《道德经》一书中所推崇的"小国寡民"，不是简单的"乌托邦"式的"理想国"，而是饱含了老子对人类的文明形态进行的深刻批判与反思精神。如果从人类"农业文明""工业文明"乃至"生态文明"的发展视角来看，"小国寡民"隐含的"省思""寡欲"思想更是与当下"生态文明"的理念不谋而合，其中所蕴含的更多是古圣先贤们对于人与人、人与社会以及人与自然之间三大关系的深刻思考。

老子的智慧哲学包含了对宇宙万物人生社会的深刻体悟和对人类前途命运的终极关怀，体现出对现实世界的超越和对终极价值的追求。老子思想中所体现出的智慧更是对人类文明发展有着极为深刻的意义，对于解决人类在追求幸福过程中所陷入的"文明困境"，具有极为重要的参考和借鉴意义。

如何正确面对人的欲望以及欲望的满足，如何抵挡人类社会对于大自然的无限制的贪婪攫取？我们虽然不能期望千年之前的老子能够针对当今的社会现实提出现成的答案，但是毫无疑问，千年之后我们依然能够从《道德经》一书中感受到老子深沉的人生思考和深刻的思想智慧。

（三）人类命运共同体：天下大同的社会构想与实践

什么样的社会才是理想美好的社会？人类社会未来的命运是什么？在中国儒家经典《礼记》中，我们的先哲早已描画了人类社会的美好蓝图：

大道之行也，天下为公，选贤与能，讲信修睦。故人不独亲其亲，不独子其子，使老有所终，壮有所用，幼有所长，矜、寡、孤、独、废、疾者皆有所养，男有分，女有归。货恶其弃于地也，不必藏于己；力恶其不出于身也，不必为己。是故谋闭而不兴，盗窃乱贼而不作，故外户而不闭。是谓大同。①

《礼记·礼运》大同篇所描述的孔子心目中的理想世界，阐明了儒家思想中"大同"社会的基本特征和古人追求的"天下为公"的理想社会模式。古希腊哲学家柏拉图在建构理想国的时候，采用虚拟的对话形式借苏格拉底之口展现了自己的幸福观。他提出了国家的目标并不是为了某一阶级的单独突出的幸福，而是为了全体公民的最大幸福。可以说，柏拉图心目中的理想国就是充分实现人类幸福的大同世界。

英国诗人约翰·多恩说："没有人是一座孤岛，可以自全，每个人都是大陆的一片，整体的一部分。"鲁迅先生也曾说过，"无穷的远方，无数的人们，都和我有关"②，这句曾经让无数的人们为之感动的深情表白，既包含了他忧国忧民的疾呼呐喊，也传达了人类社会是一个相互依存的共同体的人文理念。

从《尚书》的"协和万邦"，《周易》的"万国咸宁"，《论语》"四海之内皆兄弟"，《礼记》的"天下为公"，到康有为的"大同世界"，中国人很早就已经逐渐形成了自己的天下观和世界观，一直到习近平总书记所倡导的"人类命运共同体"，中国人对于人类命运的探索一脉相承，赓续不断。

当下，构建人类命运共同体的战略思想的提出，既承继着中华优秀传统文化当中关于"天下"的思想精髓，凝聚了传统国学厚重的文化底蕴和治世安邦的大智慧，同时又进行了创造性转化和创新性发展，是习近平总书记着眼人类发展和世界前途提出的中国理念、中国方案，符合世界历史发展规律，受到国际社会的广泛赞誉和热烈响应，是新时代的中国贡献给世界的具有中国智慧的

---

① （清）孙希旦撰，沈啸寰、王星贤点校：《礼记集解》，北京：中华书局1989年版，第582页。

② 《鲁迅全集》第4卷，北京：人民文学出版社1981年版，第608页。

全球治理方案，更是中华优秀传统文化对于全球伦理和天下共治的卓越贡献。

思考题：

（1）有人说中国文化缺少"原罪观念"和"忏悔意识"，如何正确理解这种说法？

（2）哈耶克的"自发秩序"学说与老子"无为而治"的思想有何异同？

（3）庄子借助于"抱瓮老人"所要表达的主要观念是什么？

（4）老子所提出的"小国寡民"的理想世界对于互联网时代的社会生活有何启示？

（5）"天下为公"的大同理念对于当今世界构建平等互利的国际协商与合作机制有何现实意义？

参考文献：

（1）黄寿祺、张善文：《周易译注》，上海：上海古籍出版社 2004 年版。

（2）王弼注，楼宇烈校释：《老子道德经注校释》，北京：中华书局 2008 年版。

（3）[德]施瓦布著，张晓林译：《古希腊神话》，哈尔滨：北方文艺出版社 2012 年版。

（4）[古希腊]柏拉图著，郭斌和、张竹明译：《理想国》，北京：商务印书馆 1986 年版。

（5）[英]马尔萨斯著，朱泱、胡企林、朱和中译：《人口原理》，北京：商务印书馆 1992 年版。

（6）[英]弗里德利希·冯·哈耶克著，邓正来译：《自由秩序原理》，北京：生活·读书·新知三联书店 1997 年版。

第十四讲
道法自然

【学习目的】了解"道法自然"的生命内涵，熟悉"道法自然"的精神旨趣，学会将"顺其自然"应用于社会治理、顺逆应对、生死教育、生态文明、人格塑造诸多维度，体会"道法自然"的多维价值意涵与多重实践方法，增强对"道"—"人"—"法"三维关系的立体理解，提高何以效法"道"之"自然"的理论水平与实践能力。

道家道教文化是生命的学问与功夫，是中华传统文化的中流砥柱。《道德经》《庄子》是中国道家道教之学（简称"道学"）重要的传世经典，其中蕴含深邃的生命哲思与丰富的实践睿智，是可传之千古的文化瑰宝。"道法自然"便属道学文化宝库的思想荟萃。道学绝非玄虚空洞的理论教条，反倒内具敏锐的问题意识，并且对探究世人生命困顿、化解其"倒悬之苦"，可提供针对性的策略方案。在物欲膨胀、世界躁动、生命异化、人心难安的当今社会，更需我们重温老庄生命哲学的精神要旨，研习静思"道法自然"这一核心价值理念。这是因为，道法自然极具普适性——它不仅道出宇宙运行的生命律则，而且启迪我们应然的生存方式。重新诠释其深刻内涵，借鉴其方式方法，并付诸社会治理、顺逆应对、生死教育、人格塑造诸多维度，为当代社会经济政治道德生态文明建设减负助力、提质增效，这不仅很有必要，而且成为必需。

一、躁动的世界与不安的人心

当今世界经济风云变幻，科技日新月异，国人的生活方式随之而变：生活节奏越来越快，知识学习越分越细，职场竞争越演越烈，工作业绩越来越实证量化，人们在渐次享受现代文明带来的丰硕物质成果的同时，也饱受身心俱疲、不得安宁的苦痛，问及人们的生活感受，得到的流行主题词，除了"忙碌""疲惫"，便是"郁闷""纠结"。一般而言，与繁忙相伴的，应该是充实的喜悦，然而人们反倒抱怨郁闷难遣、幸福难觅，这种现象不得不引起人们的重视与反思。

客观地说，改革开放 40 年来，中国发生了翻天覆地的变化，其中最为显著的便是经济的发展、物质的丰富。中国逐步摆脱了物资匮乏短缺的困境，却再遭白眼挨骂的窘况——几十年的经济传奇，客观上造就了些许富豪，但富裕起来的某些人，一旦走出国门，在境外得到的评价却是："中国很可爱，中国人不可爱"——如果说这属于极端例证的话，那就不妨审视一下普通人群：即便不属富豪，同样算作富起来的国人，纵使是外在表现无伤大雅，但内心深处却五味杂陈——"原以为等有了钱，问题也就解决了，但真有了钱，却发现情况更复杂了、烦恼更多了。"——由此可见，没钱时有没钱的苦恼，有了钱也不见得就没有了烦恼，换言之，财富的增加也不见得带来更多的心安。这或许是不少富起来的国人共同的心声。前些年，白岩松对此作过状态描述及相关分析：

> 中国三十余年的改革，最初的二十多年，目标很物化，小康、温饱、翻两番，解决人与物之间的问题，是生存的需求；而每一个个体，也把幸福寄托到物化的未来身上。
>
> 这些物化的目标陆续实现，但中国人也逐渐发现，幸福并没有伴随着物质如约而来，整个人群中，充满着抱怨之声，官高的

抱怨，位卑的抱怨，穷的抱怨，富的也抱怨。人们似乎更加焦虑，而且不知因何而存在的不安全感，像传染病，交叉感染。上面不安，怕下面闹事；下面也不安，怕上面总闹些大事，不顾小民感受；富人不安，怕财富有一天就不算数了；穷人也不安，自己与孩子的境遇会改变吗？就在这抱怨、焦虑和不安之中，暴力因子也在人群中快速增长，让人更加不安。幸福，终于成了一个大问题。

这个时候，和谐社会的目标提了出来。其实，这是想解决人与人之间的问题，力图让人们更靠近幸福的举动。不过，就在为此而努力的同时，一个更大的挑战随之而来。

在一个13亿多人的国度里，我们该如何解决与自己内心之间的问题？我们人群中的核心价值观到底是什么？精神家园在哪里？我们的信仰是什么？

都信人民币吗？

我们的痛苦与焦虑，社会上的乱象与功利，是不是都与此有关？

而我们除了幸福似乎什么都有，是不是也与此有关？

幸福，成了眼下最大问题的同时，也成了未来最重要的目标。[①]

在某种意义上，"我们除了幸福似乎什么都有"这一句，道出了某段时间内国人的生存焦虑。客观地说，又经过一段时间的努力，上述有些问题获得了一定程度的解决，人们对改革开放释放的利好也有了更多的获得感，貌似幸福感有所提升，然而，不少人内心深处仍然难以安宁，他们也不知道如何让自己安宁。

窃以为，这不仅仅是当下国人的生活图景，更是一种文化现象；看似是人

---

① 白岩松：《幸福了吗》，武汉：长江文艺出版社2016年版，第5—6页。

们的生活状态出了问题，其实是人们的生活意义出现了危机、生命价值失去了适当标的。因为幸福是一种心理感受，是一种获得自己生命所属本有的一种愉悦状态。这种愉悦包括物质与精神两个层面的内容。这两者都与文化密切关联。文化具有民族性、区域性，文化需要传承与创新，才可以更好地为人服务，尤其是为人的安身立命服务，但改革开放起初顶层设计的"以经济建设为中心"，在现实社会却演绎成了"以经济生活为唯一"，国人在穷怕了心理阴影驱使下，便直奔经济指标这一主题，且不管不顾于其他，貌似解决了财富问题，其他都不成问题……结果呢？亦不尽然——如此说来，社会生活的问题，归咎起来，不只是经济一个面向，而是个综合性的问题——人们行走太快，灵魂没跟上，才是诸多问题产生的根源所在——灵魂的事情，关涉文化传承与生命涵养，这正是我们应用国学所要解决的重点问题之一。

所谓"中国很可爱"，这里的"中国"，恐怕不在于其"地大物博""物产丰富""气候宜人"，因为世界上有不少国家在这些方面比中国更具优势；这里的"中国"，或许着重于其悠久的历史、灿烂的文化，也可以说这里的"中国"所指实乃"文化中国"概念，因为从文化与文明意义上看，毋庸置疑，"中国"是四大文明古国中唯一的文脉相续、至今犹存的礼仪之邦。这一点不仅让国人引以自豪，也令国际友人赞叹不已，这或许才是"中国很可爱"所礼赞之"中国"的内涵所在。

一般而言，生活在礼仪之邦的国民，由于接受传统文化的洗礼与浸染，其人格素养、行为方式，理当会被人认可、接纳，然而，面对"中国人不可爱"的尴尬，亟须国人冷静分析问题产生的原因。——撇开"淮南为橘，淮北为枳"的地理环境因素，因为就人格素养的内在稳定性而言，迈出国门与否，并不太影响到人的外在表现——人实乃"人文化成"的鲜活生命存在——那么，从文化意义上，进行检视反思这一现象，就显得很有必要。

大致而言，文化可分为两类：物质与精神。前者以自然科学为代表，以科技力量为标示；后者以人文社科为场域，以规范意志为导向，以心灵安顿为依归。二者平衡协同，方有人的幸福感受。遗憾的是，这种平衡不易保持，甚至很难协同，也极易失衡。

众所周知，科技的价值是中性的，但对科技的使用却往往因人而异。科技是一把"双刃剑"，使用得当，可以造福人类，反之，便会贻害无穷。利害之别，全然取决于人。回眸近三百多年的工业文明，人类凭借技术的进步，"极大地增加了人类的财富和力量，人类作恶的物质力量与对付这种力量的精神能力之间的'道德鸿沟'，像神话中敞开着的地狱之门那样不断地扩大着裂痕。在过去的 5000 年间，这种巨大的'道德鸿沟'，使人类为其自身种下了极为惨重的灾难"①。历史学家以全球视域，检视近代工业文明的社会问题。客观地说，改革开放的中国，也不可能置身于全球工业文明之外。在某种意义上，在较短时间内，就从农耕文明快速过渡到工业文明的中国，有可能、更容易滋生社会转型带来的类似"灾难"性问题。

笔者认为上述"灾难"产生的原因固然很多——从个体生命而言——其中最为基本的就有信仰的偏差与精神的匮乏。这些皆属于人文精神层面的问题。在西方，理性精神与人文关怀，一并迈入现代社会生活，二者有张力地并存于世人的生命世界；而在中国，随着激进情绪的催化，剑锋走偏，科学衍化为科学主义——将科学视为既定的正确理论，无视科学本身是一种探究未知真理的方法；把科学当成判定所有是非、对错、善恶的唯一标准，让科学僭越了应有的边界——伴随着科学主义的流布畅行，在诸如"知识就是力量"、所谓"人定胜天"等大旗之下，人文信仰被渐次"解魅"而束之高阁，国学本有的人文精神被嗤之以鼻，于是乎，传统被视为老土，平和被看作无能，谦卑受到嘲讽，争夺渐成"常态"，就连生活、工作与学习中基本的思维方式也发生了巨变，那种非此即彼、主客对立的逻辑作派，被现时代的中国人演绎得比西方人

---

① [英] 阿诺德·汤因比著，徐波等译：《人类与大地母亲：一部叙事体世界历史》，上海：上海人民出版社 2001 年版，第 526 页。

还西方——长期的二元对立之下的社会生活与实践活动，引发或隐或现的诸多紧张与冲突。加之国人的"实用理性"①的惯性使然，于是乎，世人少有敬畏与同情，更多执着于拥有与较量，少有辞让与关爱，极力争夺与算计；人们在乎的大多是当下的物质利益，少有对俗世功利之外的终极关怀。

中华国学的文化传统被肢解，人文精神遭阉割，甚至出现某种程度的断代；他人的文明成果被片面介绍引入，还被视为人家全部的思想精华。当某些国人对后者顶礼膜拜之际，西方有识之士，却在反思西方文明，尤其是根植其中的思维模式及其负面影响。如美国著名伦理学家雅克·蒂洛指出："即使是我们今天的关注重点，也往往在于对自然的破坏是否会影响我们自己的生活，而不是自然本身也具有独立的价值。"②反映在"人类与自然的关系"，"对于大多数现代的、'文明的'人而言，这是一个新的范畴，但实际上它是原始人类的一个古老理念，他们往往将自身与自然的密切联系看得比我们重得多。"蒂洛坚持认为，"我们对自然及其所包含的一切，特别是在自然秩序中与我们切近的那些动物，负有明确的道德义务"③。一些敏锐的西方学者，开始把目光转向东方，寻求东方智慧来诊治西方文明之病。中华文化的整体思维让他们眼前一亮。遗憾的是，为数不少的国人，还在盲目地"唯（西方）马首是瞻"。真可谓，"抛却自家无尽藏，沿门托钵效贫儿"。

客观地说，中华传统文化之"三才之道"论，无疑属于蒂洛所言"古老理念"，而这一古老理念，内在地包含了人对自然万物的道德义务。作为国学主干的儒道二家，其思想虽各有侧重，但皆从整体生命出发，"究天人之际"，"通古今之变"，旨在"为天地立心""为生民立命"。由此建构的学问，将人置身

---

① 李泽厚：《中国古代思想史论》，天津：天津社会科学院出版社2004年版，第288页。

② 参见［美］雅克·蒂洛、基思·克拉斯曼著，程立显、刘建等译，周辅成审阅：《伦理学与生活》，北京：世界图书出版公司2008年版。

③ 参见［美］雅克·蒂洛、基思·克拉斯曼著，程立显、刘建等译，周辅成审阅：《伦理学与生活》，北京：世界图书出版公司2008年版。

于宇宙生命的大视野，视"人"为宇宙天地之子，确立其人文使命乃"协和万有"，其道德义务在于辅助天地长养万物，促使天地人物平衡和谐，顺遂宇宙洪流而生生不息。

在儒家伦理思想中，自然界是人类赖以生存的生命系统。人类不能通过知性的方法穷尽对自然界的认识，更不可肆无忌惮地掠夺自然资源，而应以感激之情报答自然界的生养化育之恩，以敬畏之心时时反省自身的日常行为，以诚敬工夫完成潜在懿德，以辅佐万物践履天职己任，以"天地万物一体"之"仁"为最高境界，在人文关怀中实现人与自然的高度统一。《礼记·礼运》于此，有清晰的表述：

> 故人者，其天地之德，阴阳之交，鬼神之会，五行之秀气也。①

> 故人者，天地之心也，五行之端也，食味、别声、被色而生者也。故圣人作，则必以天地为本，以阴阳为端，以四时为柄……②

意思是说，人汇聚了天地的德性，阴阳五行的灵气，形体精神的会合，所以是万物中最为杰出的生命存在。"以天地为本"的人，秉承"天地之德"，自誉"天地之心"。那么，人何以为"天地之心"？在儒家看来，人以其文化创造而能"为天地立心"，成为"与天地合其德"的德性主体，但这个所谓的主体，是以实现人与自然和谐统一为目的的德性主体，而非以控制、征服自然为能事的知性主体，也不是以"自我"为中心、以自然为"他者"的价值主体。这便是儒家道德担当的理论前提，也是儒家道德实践的内在引擎。在儒家思想中，人的道德法则源于自然天成的道理——儒家认为人因其道德理性而优

---

① （清）朱彬撰，饶钦农点校：《礼记训纂》上，北京：中华书局1996年版，第345页。

② （清）朱彬撰，饶钦农点校：《礼记训纂》上，北京：中华书局1996年版，第348页。

越于动植物，表现为人所特有的道德关切尤其是将这种关切付诸实践的努力，也一般是由人类推及其他生命，甚至到山川瓦石这些在今天看来没有生命的存在者；但这并不意味着人的价值就绝对高于其他生命，人就可以为自己的目的和利益对其他生命为所欲为。作为道德的主体，人与天地的关系是融洽无间的，而不能以世界万物的主宰而自居，也不能视大自然为奴仆；相反，应视天地为父母，视所有生命都与自己精神相通。于是，替天施仁，体恤万物，帮助它们实现各自的价值，从而，也实现人之为人的内在价值，这就是儒家肩负的道德使命，也是儒家一以贯之的人文精神。这一精神可以为现代处在生态危机严重困扰中的人们提供深厚的价值参考。

现代社会最大的顽疾，就是不断刺激人的欲望，蛊惑人们不断向外观望，怂恿人们相互攀比，驱使人们去不断获取更多的财富、权力、名声等，去追求所谓的"优越感"……其直接结果是，世界变得更为躁动，人心亦不得安宁：不少人陷入"欲而不得""欲罢不能"的陷阱与怪圈——所谓"欲而不得"是说欲求得不到满足，"欲罢不能"是说即便想要终止却又无能为力。对于身处如此旋涡与怪圈的人而言，幸福又从何谈起？

经济学家巴特拉博士曾指出：许多人在谋求幸福时犯了大错，他们把幸福的基准放在一些有限而不断变化的事物上，如财富、名声，或者一时的快乐。这些事物不管如何追求，都无法得到满足。……人如果不能与无限的存在成为一体，就没有真正的幸福。基于此，人们应该反思自己的观念与行为，尤其是对待欲望的态度与方式。

一般而言，欲望本身没有错，适度的欲望使人上进；正因为有欲望，人类文明才发展到现在的程度。问题在于，人类易于成为欲望的奴隶；尤为可悲的是，现代工商文明就是靠煽动人们的欲望才得以成立。生活在现时代的人，已经习惯了当下的潮流风气。"渗透在现行制度和生活时尚中的物质主义在某种意义上受到主流哲学的支持，而主流哲学是物理主义自然观、科学主义认识论和经济主义社会观。物质主义声称，人生的根本意义和幸福就在于创造、占有、消费物质财富。它也体现为消费主义，而消费主义声称，人生的意义和幸福就在于赚钱和花钱，就在于收入的增加和消费档次（或品位）的提高。显而易见，这是荒谬、浅薄而又庸俗的。"[1] 即便明知其浅薄与庸俗，或者已觉其谬且欲解脱出来，却深感无奈与无助，因为他们缺乏相应的精神文化资粮。其实，中华国学于此有发人深省的开示：

> 越聪明的人，越容易有欲望，越不知应在哪个地方搁下那个心。心实在应该搁在当下的。可是聪明的人，老是搁不在当下，老往远处跑，烦躁而不宁。所以没有志气的固不用说，就是自以为有志气的，往往不是志气而是欲望。仿佛他期望自己能有成就，要成功怎么个样子，这样不很好吗？无奈在这里常藏着不合适的地方，自己不知道。自己越不宽松，越不能耐，病就越大。[2]

借用梁漱溟先生的说法就是，"年轻人的焦虑，在于把欲望当作志气"。在梁先生看来，化解焦虑的方案在于合志于道："必须不是从躯壳动念，而念头真切，才是真志气"。在这"最后一位儒家"那里，"从躯壳动（的）念（头）"，便是非正常的欲望，不属于"真切"的"念头"；而"真切"的"念头"，才可谓"真志气"，因为那是合乎"道"的；也只有后者，才是值得肯定的；人也只能借由"道"，才能变得健康、快乐，并走向光明与崇高。

"道"是国学的核心概念，"文以载道"是中国思想的一贯传统。刘勰（约465—520 年）《文心雕龙·原道》，通过对"文"与"道"的关系的论述，表述其鲜明的人文观："文本于道"的本原论、"与道并生"的形成论、人乃"天地之心"的主体论和"文法自然"的创作论。《原道》昭示了人文本原及其发展规律，并启迪人们：文学创作只有遵循人文之道，崇尚自然之美，展现自然之趣，摹写自然之态，穷究自然之理，文学才会有生命力。作为文学理论家、

---

① 卢风：《学哲学就是学做人》，《社会科学报》2014 年 4 月 17 日。
② 梁漱溟：《朝话》，上海：上海人民出版社 2017 年版，第 15 页。

文学批评家的刘勰，其所论"文"与"道"的关联，又何尝不是谈"人"与"道"的联系。其实，中国传统文化，诸子百家，基本上都是从这种联系中，围绕人的生存发展议题，展开学术思想探求与理想人格建构，而"道法自然"便是道家提出的核心观念与实践方式。

二、"道法自然"与"缘督为经"

"道法自然"语出《道德经》。《道德经》第二十五章云：

> 有物混成，先天地生，寂兮寥兮，独立不改，周行而不殆，可以为天下母。吾不知其名，字之曰道，强为之名曰大。……故道大，天大，地大，王亦大。域中有四大，而王居其一焉。人法地，地法天，天法道，道法自然。①

王弼对上文"人法地，地法天，天法道，道法自然"作如下注解：

> 法，谓法则也。人不违地，乃得全安，法地也。地不违天，乃得全载，法天也。天不违道，乃得全覆，法道也。道不违自然，乃得其性，[法自然也]。法自然者，在方而法方，在圆而法圆，于自然无所违也。自然者，无称之言，穷极之辞也。②

王弼这里将"自然"说成是"无称之言，穷极之辞"，一般人看起来仍觉一头雾水，不知其"无称""穷极"为何。《道德经》"自然"究竟何指？"道法自然"作何理解？这是把握与应用道家生命哲学的关键枢机。

我们知道，"道法自然"中的"自然"，不同于现代语境中的"大自然""自然界"，后者对应的英语单词是 nature，《道德经》表达此意，常用"天""地"

---

① （魏）王弼注，楼宇烈校释：《老子道德经注校释》，北京：中华书局 2008 年版，第 62—64 页。

② （魏）王弼注，楼宇烈校释：《老子道德经注校释》，北京：中华书局 2008 年版，第 64 页。

之类的概念。笔者倾向于将"自然"先分后合进行释义，认为"自"即"自己"；"然"即"这样"；统合而言，"自然"亦即"自己如此""自身这样""本来样子"，用英语表达即 itself。再者，"道法自然"中的"法"，作"效法"讲，而"道法自然"，就是"道效法其本来自性"。这样释义，也符合老子时代一词一意的惯例。

如果说"道法自然"是《道德经》提出的重要论题的话，那么可以说，这一论题并非孤立的一个结论；相反，它是根植于人们的生存与生活，为人们所感知与体悟，并被哲人归纳提炼为一套宇宙生命逻辑的重要论断。

众所周知，中华文明源自农耕实践。在传统国人眼中，人居地而生，地依天而存，天据道而在，此乃生活经验与生存共识。基于农耕社会的时代视域，就人而言，其生活起居、农事劳作，不得不根据大地时节及其运行变化之律则来进行，于是就有了"人（效）法地（而生）"之说——农人需要从土里刨食，解决生存问题，就得了解土地的属性，熟悉土壤的特征，并根据土壤的固有特性，安排种植适宜生长的农作物，这样，才有可能获得想要的收成。也就是说，农人需要效法土地的特性，才有可能得到想要的食材，也才有可能较好地生存下来——简言之，"人法地"。进言之，通过类似的体验与推理，人们也不难得出"人的活动效法地，地的运动效法天，天的运转效法'道'"[1]之论。老子将此以哲理诗表述出来，亦即《道德经》"人法地，地法天，天法道"的生命逻辑系列。[2] 所谓"道法自然"，既是对前三个"效法"的顺承递推，也是一个价值归总，意思是说，"道效法它自己""道的运行是自己使然"，或者说，"道的法则就在自身""道的运行就是效法自身——实乃自己使然"。"道"的运行就是自然而然，是自性本然，是排除他物、外力等干预的自身使然，从

---

① 赵建永：《道法自然的智慧》，《光明日报》2016 年 12 月 14 日。

② 歌曲《酒干倘卖无》中"没有天哪有地／没有地哪有家／没有家哪有你／没有你哪有我"这段歌词，便是传统国人对天、地、家、我等生命序列的现代体认，也是"人法地，地法天，天法道"逻辑路数的类似体现。

这层意义上讲，"道"的基本属性就是"自然"；易言之，"道性自然"①。

道家之"道"，除了上述作为世界万物（含人）的总法则之外，道家还从本体、本根、本源层面立意，认为"道"是宇宙世界之大本大宗，有"道生万物"之论。"老子认为，道就是万物之所由来。万物在生成过程之中，都有'道'在其中。在万物之中'道'就是'德'，'德'的含义就是'能力'或'品德'，它可以解释为万物本有的品质，也可以解释为在人伦关系中的德行。因此，'德'就是事物的本性。"②就是说，天、地、人都是"道"的产物，"道"隐含在天、地、人之中；而下贯天、地、人中之"道"，凝聚成万物各自之禀性，使他们获得自己有别于他物之性分，此即为"德"（"性德"）。由此可见，"道""德"与宇宙世界、社会人生并不隔膜，相反，宇宙万物（含人）都有各自的"性德"——《庄子·天地》之"物得以生，谓之德"③——简言之，宇宙万物（含人）既同秉一道，又各具性德；其生存发展实乃共性之道与个性之德双重使然。尤为重要的是，此性德乃万物（含人）"是其所是"的本质规定，也是其天生之自然本性。正如《道德经》第五十一章所言：

> 道生之，德畜之，物形之，势成之。是以万物莫不尊道而贵德。道之尊，德之贵，夫莫之命而常自然。④

就是说，"道"使万物得到滋生，"德"使万物得到繁殖，形体使万物得到具体显现，环境使万物得到一一成熟。因此万物没有不尊崇"道"而珍贵"德"的。"道"之所以被尊崇，"德"之所以被重视，并没有谁来勉强或强迫，

---

① 河上公注为"道性自然，无所法也"，见王卡点校：《老子道德经河上公章句》，北京：中华书局1993年版，第103页。

② 冯友兰著，赵复三译：《中国哲学简史》，天津：天津社会科学院出版社2007年版，第163页。

③ （清）郭庆藩撰，郭象注：《庄子集释》，北京：中华书局2004年版，第424页。类似的说法，譬如道教《自然经》称："德言得者，谓得于道果"；宋徽宗御注《西升经》则称："道之在我者为德。"

④ （魏）王弼注，楼宇烈校释：《老子道德经注校释》，北京：中华书局2008年版，第136—137页。

它是自然而然的。

道化生万物，人乃万物之一；"道不可见，因生以明之"①——"道"与"生"，类似于"母"与"子"的关系；一般的生命体只是自在的存在，被动地表现"道"的部分功能与规律（"法"），而"人"不仅是自在之一物，而且是自为之存在：人具有主观能动性，可以悟"道"、揭示法则、会效"法"、能"辅万物之自然，而不敢为"②；也只有人才会自设目标，筹划方案，自觉行动，求道合真。这样，"道""生""法"，无一例外地与"人"关联起来，"人"也成为联通"道""生""法"的枢纽——道学于此，确立了人在宇宙生命中的地位，也明确了其人生使命。

从语法上讲，"道法自然"之"道"为主词，"法自然"是谓词，"道法自然"貌似给出"道效法自己"的这样一个结论，然而，在笔者看来，这一结论与其说是对纯粹事实的规律总结，不如说是可给人精神指导的价值法则。因为国人有"推天道以明人事"的传统，在他们眼中，生成论中蕴含价值论，实然规律与应然法则相即不离，正是在此意义上，有人直接将上文作如此句读："人法地，法天，法道，法自然"；或"人法地地，法天天，法道道，法自然"。前者意即，人应效法天、地、道及自然；后者大意是说，人法地则与地同德，法天则与天同德，法道则与道同德，都是法自然。③ 可见，两种句读之主词皆

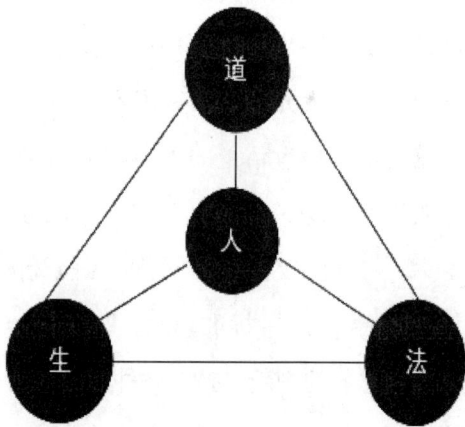

---

① 《太上老君内观经》，《道藏》，三家本，第 11 册，第 397 页。

② （魏）王弼注，楼宇烈校释：《老子道德经注校释》，北京：中华书局 2008 年版，第 166 页。

③ 高亨：《老子注译》，北京：清华大学出版社 2010 年版，第 47 页。

为"人"，旨在表达人的应然作为。此可备为一解，但在笔者看来，此解实乃转义，引申为人们的价值指南，便于指导人们的生活实践，却与上下文行文风格相较显得有些突兀。而"人法地，地法天，天法道，道法自然"更合乎整部《道德经》的语言风格，也更能表达《道德经》本义。

如果说《道德经》"以自然为宗"，"道法自然"是其根本法则的话，那么可以说《庄子》传承老学，并以"缘督为经"作为人生之安心立命的行为准则。《庄子·养生主》曰：

> 吾生也有涯，而知也无涯。以有涯随无涯，殆矣；已而为知者，殆而已矣。为善无近名，为恶无近刑。缘督以为经，可以保身，可以全生，可以养亲，可以尽年。①

"督"本指人体奇经八脉中的"督脉"，郭象将其引申为"中"，并把"缘督以为经"解释为"顺中以为常"；陈鼓应则以"顺着自然之道"诠释"缘督"，将上段译作："我们的生命是有限度的，而智识是没有限度的，以有限度的生命去追求没有限度的智识，就会弄得很疲困；既然这样还要去汲汲追求智识，就会弄得更加疲困不堪了！做世俗上的人所认为的'善'事不要有求名之心，做世俗上的人所认为的'恶'事不要遭到刑戮之害。顺着自然的理路以为常法，就可以保护生命，可以保全天性，可以养护身体，可以享尽寿命。"② 可以断言，《庄子》无意让人行"善"从"恶"，只是告诫人们：与世俗"善""恶"标准相较，"生命"与"道"才是更为本真的存在，因为对"善""恶"的判断，是有条件的，具有相对性，其标准也是多变的——比如儒家之所"是"往往是墨家之所"非"，这是由于衡量是非善恶的标准并不统一，也难一致，更非恒常，因为它因时、因地、因人而置设，随时代、社群、地域、文化传统的变迁而不同——而"道"则是"自然而然"的，是绝对无条件

---

① （清）郭庆藩撰，郭象注：《庄子集释》，北京：中华书局 2004 年版，第 115 页。
② 陈鼓应：《庄子今注今译》，北京：中华书局 1983 年版，第 95 页。

的，是超越"善""恶"对立的，因此，以"道"观照"生命"，更优胜于以"善""恶"比照"生命"。

《庄子》以"督"之"中"言"自然之道"，意在关注生命，尤其是个体生命之"养护与保存"，强调养生的要义之一就在于持守中空之常道，凸显"养存"之道在于自然而然。在《庄子》看来，无论为善还是为恶其实都是"名"的运作而已，而"无为"的核心却在于"顾反无名"；倘若拘牵于"名"，比如名教与刑政，施行起来，不是偏于"左"就是失之"右"，未免偏离"正中"；相反，倘能"顾反无名，从事无事"，则可以"以无法为法"，"若左若右，正中而已矣。"如此看来，"圣人无心"说法本身隐含了某种"超道德论"的意味，即通过精神层面的内在转换超越世俗性伦理价值。

三、"无为""不争"与"顺其自然"

《道德经》"道法自然"的生命意涵十分丰富。除了河上公从"道"自身的属性，将其诠释为"道性自然"之外，王弼从人之应然当为视域，尤其是对执道而行的治世圣人，提出了效法大道的规范性要求，这就是：圣人治世应效法大道，"无违""自然"，具体来说，"法自然者，在方而法方，在圆而法圆，于自然无所违也"。这种"无违"其实是《道德经》"无为"的引申用法。圣人的"无违"法式源自"道"之"无为"，圣人治世依循大道"无为而无不为"的治理智慧。究其质，圣人是"抱一为天下式"[①]的政治人格典范，此"一"即"道"；易言之，圣人是生道合一的理想政治人格。这一理想政治人格治理天下人、事、物等，秉"道"而行，循"道"而为，于人、事、物等，皆"顺其自然"。

一般说来，汉初的河上公与曹魏时代的王弼，在诠释"道法自然"的意

---

① 王卡点校：《老子道德经河上公章句》，北京：中华书局 1993 年版，第 90 页。

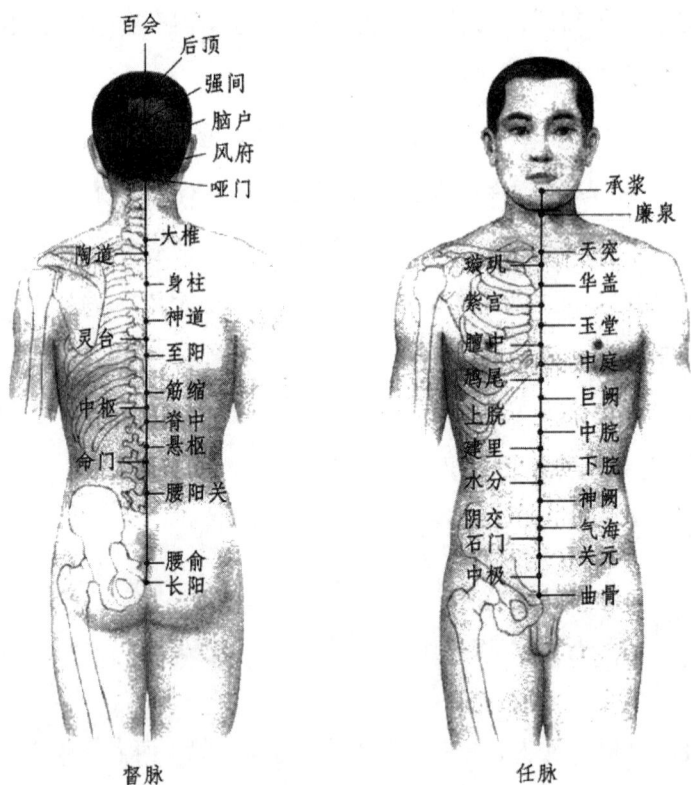

说明：任督二脉是 12 经络的总管，主渠道通畅，真气旺盛，人体这部主机才能正常运行。

涵上，代表了两种致思路径，前者侧重于"道在养生"，后者注重于"道在治世"，也被划分为道教修炼养生与哲学玄思治世之殊途，然而，在笔者看来，二者皆"无违"《道德经》"身国同构""身国同治"的生命旨趣。诚如徐复观所言："老学的动机与目的，并不在于宇宙论的建立，而依然是由人生的要求，逐步向上面推求，推求到宇宙根源的地方来发现人的根源；并且要在宇宙根源的地方决定人生与自己根源相应的生活态度，以取得人生的安全立足点。"① 如果说以"道"观"人"，以"生"合"道"，乃道家生命哲学的一大特色的话，

---

① 徐复观：《中国人性论史》先秦篇，上海：上海三联书店 2001 年版，第 288 页。

那么也可以说，以"道"治世，可谓道学理想的"道"治人格的行为方式。

所谓"道治""圣人"，就是说社会治理者以"道"为榜样，以行"道"为要务，以"道性（自然）"为治身理国的原则，通过以"道"修己安人处事理国，将个人之"生"与本体之"道"相契合，实现政治人格的生命升华。

至于社会治理者如何治世，毋庸置疑，"为无为""事无事"① 是其秉"道"而行的必然要求，因为"无为"乃"道"的基本特性，这一特性可以"法自然"来体现，河上公所谓"道性自然"，就有这层意思。可见，治理社会国家乃至天下，皆可以行"无为"之事——这种行事风格，强调治理者以其治理对象为重，应遵循对象本身自然本性以及事物本身内在规律，且不可夹杂个人主观意志，不可任意妄为——说到底，此时的"法自然"，就是取法于社会、国家、天下之类的对象的自然本性，遵循各自运动、变化、发展的固有规律。这种"为无为""事无事"的治理原则与方法途径，体现了本原之"道"的行为要求，属于德行规范范畴的事情。用现代政治术语，便是"不干预"，用日常用语中否定的说法，便是"别折腾"。这种以退为进、以客为本的治理策略，充满高超的政治智慧。

如果说，"为无为""事无事"侧重于治理者以"道"规范治理行为，属于对治理圣人的德行要求的话，那么在治理活动中，道学也还有对治理者的德性品质的主张，而这种德性品质常常体现在日常接人待物的事务上，集中反映在对于名利得失的态度与方式上。《道德经》于此提出"若水""几道"的"至善""不争"说："上善若水。水善利万物而不争，处众人之所恶，故几于道。"② 指出最好的治理者就像"水"一样，滋润万物，扶持万物生长，而不去争名、争利、争功、争大；似"水"总是处在众人所厌恶的卑下地方，这就是它最接

---

① （魏）王弼注，楼宇烈校释：《老子道德经注校释》，北京：中华书局 2008 年版，第 164 页。

② （魏）王弼注，楼宇烈校释：《老子道德经注校释》，北京：中华书局 2008 年版，第 20 页。

近"道"的习性了。

《道德经》主张与人相处应谦和不争,认为"夫唯不争,故天下莫能与之争"①。在老子眼中,不争的品行就是上善,不争名夺利的人,其品性属于上善。《道德经》以"水利万物"而不与万物争名夺利之实然图景,指向一种不与他者竞争资源的治世方式与超迈境界;"为而不恃,功成而不居",就会成为社会生活中高尚的品行操守。如此谦让之道,并非退避三舍,亦非消极待物。因为事物的发展是辩证的,虽居后处下,功而不争,但居后而反能身先,处下却有"海纳百川"之气象,收"万流皆归于海"之实效。这正是《道德经》主张的立身处世、待人接物、修道养德之功夫妙道;也是道学倡导的经由信道修道、行道合道的行为方式,达至"生道合一"的理想人格的学问旨趣。

《道德经》讲"上善若水",其"上善"就是最高的善,属于"大道"的品德;"上善若水"就是"大道"之德行与德性如水。引申到社会生活中来,"上善若水"蕴含着如何选择与人、事、物、理等相待的态度、方式与方法等问题。在《道德经》看来,有道之士就应效法大道"若水"的习性,练就"上善"的品德,而不是机械地区分是非、判别善恶,不去计较功利得失、名声远近,只是润物无声,踏雪无痕,从而超越世俗善恶。可以说,"上善"就是"至真至纯的善",是最为完满的善,超越了善恶对立的善;类似于柏拉图的"绝对理念"、黑格尔的"绝对精神",表征着对生命最深沉、最真诚、最恒久的关切。

《庄子·天下》曾以"懦弱谦下为表"来概括《道德经》治理理论的特征,此论可谓切中肯綮。

> 圣人以必不必,故无兵;众人以不必必之,故多兵;顺于兵,故行有求。兵,恃之则亡。②

---

① (魏)王弼注,楼宇烈校释:《老子道德经注校释》,北京:中华书局2008年版,第56页。

② (清)郭庆藩撰,郭象注:《庄子集释》,北京:中华书局2004年版,第1046页。

意即，"圣人以必然的事而视为不必然，所以没有纷争；众人以不必然视为必然，所以多纷争；顺着这纷争，所以有贪求的行为。纷争，依恃着它就会丧亡"[①]。众人以名利为重，如《史记·货殖列传》所谓"天下熙熙皆为利来，天下攘攘皆为利往"，视自身名利为人生必然索求的内容，在有限的社会资源面前，彼此互不相让，天下纷争如影相随，由纷争走向大乱导致灭亡乃在所难免。为避免这类人间悲剧的发生，道家提出以"道"治世，设想与"道"同（品）质的治世"圣人"，倡导"圣人"以"无为""不争"为法式，以"若水""几道"为"上善"，导人向善向上，致力合"道"崇高，超越世俗名利。

诚然，守柔知足、谦下不争是《道德经》国际交往的重要智慧。《道德经》再次以水为喻，指出"江海所以能为百谷王者，以其善下之，故能为百谷王"[②]。——滔滔江海之所以能容纳涓涓细流、潺潺溪水，成为众多河川灌注的"百谷王"，不正是因为江海善于"处下"的缘故吗？同样，大国之所以能为小国所归附，不也是因为"大国者下流"，大国善于居下，和小国和睦相处吗？由于谦下能取得"处上"达不到的目的，所以，《道德经》把谦下不争，看作修己安人治世法宝：

> 我有三宝，持而保之。一曰慈，二曰俭，三曰不敢为天下先。[③]

"慈"者，柔弱慈爱也；"俭"者，吝啬节俭也；"不敢为天下先"，意为"让"，尤其表现为在名利面前的谦让不争。"慈"、"俭"和"不敢为天下先"，无不含有谦下不争之意，《道德经》把它看作处世的法宝、为人的良方，乃至经天纬地的上策。为什么谦下不争是为人治世、经天纬地的良方上策呢？这是因为：其一，人们只有以谦下不争来为人处世，才能消灾避祸，保持个体的

① 陈鼓应：《庄子今注今译》，北京：中华书局1983年版，第839页。
② （魏）王弼注，楼宇烈校释：《老子道德经注校释》，北京：中华书局2008年版，第169页。
③ （魏）王弼注，楼宇烈校释：《老子道德经注校释》，北京：中华书局2008年版，第170页。

身心自由，"夫唯不争，故无尤"①。因而，人皆取先，我独取后；人皆处上，我则处下；别人恃强凌弱，我则忍辱负重。由于我从不出人头地，不为天下先，所以能避免众人的嫉妒和非议，从而起到自我保护的作用。其二，人们以谦下不争应世，可以起到不争而胜的效果。在《道德经》看来，谦下并不是永远处下，而是甘心放下身段，乐于法道扎实于基础工作不与凡俗争名夺利，只是顺道遂性、乘势而为，此所谓"圣人抱一为天下式"。这种作派，出于对道的遵从，采取不争的策略，取得胜出的效果，整个行事过程呈现出如是的生活辩证法："曲则全，枉则直，洼则盈，敝则新，少则得，多则惑"②。《道德经》认为：人们并不是不要"全""直""盈""新""得""多"，但是，不能直截了当、急于求成，否则欲速则不达；应顺遂物性，放下妄念，乐于付出，成就他人；这是因为：委曲反能保全，屈枉才能伸直，卑下倒能充盈，敝旧才能新奇，少取反而多得，多得反而减少。因此，人们在行事处世时，应取"曲、枉、洼、敝、少、惑"的处世态度。"以其不争，故天下莫能与之争"③，犹如"道"不与物争，然而可以赢得无可匹敌的大格局，并获得恃强处上所达不到的效果，这正是老子处世方法的妙用所在，其中蕴含深刻的"道"意，可谓本体之道在社会人生、国际交往中的现实妙用。这也就是《周易·系辞上》倡导的"范围天地之化而不过，曲成万物而不遗"④之功夫，在经纬天下、曲成万物的过程中，也成就了无与伦比的以道治世的圣王品格。

如果说"道法自然"是宇宙万物的生命律则的话，那么，世人的生存发展也应该遵循这一律则，社会治理者之治理山川万物，应如大禹治水那样，顺遂

---

① （魏）王弼注，楼宇烈校释：《老子道德经注校释》，北京：中华书局 2008 年版，第 20 页。

② （魏）王弼注，楼宇烈校释：《老子道德经注校释》，北京：中华书局 2008 年版，第 55 页。

③ （魏）王弼注，楼宇烈校释：《老子道德经注校释》，北京：中华书局 2008 年版，第 169 页。

④ 黄寿祺、张善文：《周易译注》，北京：中华书局 2016 年版，第 614 页。

物之天然本性，亦即"效法物之自然"，管理国家事务应像"圣王"那般，"遵循'百姓的自然'"①，此即"效法人之自然"，个人自身的生活方式理当也是遂性而为、"顺其自然"。后者便构成人如何自处、如何与他人相处、如何对待自然万物等多维生命关系，关涉人应然的态度与方式，包括身国兼治的内容。诸如此类，正是《道德经》"道法自然"蕴含的价值内容与精神旨趣。这种效法天地人物事理之自然的"道法自然"，我们不妨一概简称为"顺其自然"。

同样是以人生作为思考的出发点，进而论及人的身心关系、人际关系、人与自然等的关系，《庄子》以寓言、重言、卮言等形式，与《道德经》言简意赅的哲理诗区别开来，其故事读起来妙趣横生；《庄子》以简短的故事阐扬老学深邃的哲理，并凸显个体自然性德的不可或缺。我们不妨摘录一二，稍作评析，以增强对"顺其自然"的理解：

> 西施病心而颦其里，其里之丑人见而美之，归亦捧心而颦其里。其里之富人见之，坚闭门而不出；贫人见之，挈妻子而去之走。彼知颦美，而不知颦之所以美。②

意思是说，西施心口痛，所以皱着眉头走在村子中，邻里一个丑女看见了（西施）觉得她很漂亮，回家后也捂着心、皱着眉，在村里行走。村中的富人见了她，紧闭着大门不出去；穷人见了东施，带着妻儿躲避（她）跑开。（东施）知道皱着眉头会很美，却不知道皱眉头为什么会美。

在很多人眼里，"东施效颦（矉）"简直就是一出活生生的"丑女多作怪"的古装情境剧；若换个角度，或许也可作另一解读：其一，貌似很美的存在，不见得就意味着完美，譬如心病发作捂胸皱眉，即便是美，充其量也是一种病态美；抑或是美若西施，如此之病态美，难道也值得称颂甚至还用去一味模仿吗？退一步说，即或是貌若东施的所谓丑女，其丑陋的外表恐怕并非为《庄

---

① 王中江：《道与事物的自然：老子"道法自然"实义考论》，《哲学研究》2010 年第 8 期。

② （清）郭庆藩撰，郭象注：《庄子集释》，北京：中华书局 2004 年版，第 515 页。

子》所在意，因为《庄子》作品极力盛赞不少形象奇丑、德行充足的人物角色，譬如《德充符》就有六位身残形畸人士，他们分别是被砍脚的兀者王骀、断足的申徒嘉、受过刖刑的叔山无趾、相貌天生奇丑的哀骀它，以及跛脚、驼背、缺唇的闉跂支离无脤和颈项长着盆大瘤子的瓮盎大瘿——尽管他们形体残畸，然而他们"德充其内"，不失为"真人"——"真人法自然而为无为，他的生命世界因其超越了万物的限制而真正属于自己"①，故而受到礼赞。在《庄子》眼中，形残不仅无损于德全，德全反倒更加凸显出一种更为深邃的精神力量。

其二，"东施效矉（颦）"的可笑之处，在于东施没有做到效"法自然"，却"有违自然"。按照前文提及王弼的说法，"道不违自然，乃得其性，[法自然也]。法自然者，在方而法方，在圆而法圆，于自然无所违也"。也就是说，个人应效法"道"，像"道"那样，"在方而法方，在圆而法圆"，应效法他（她）的自性本然。我们不妨追问：若论与西施相比，东施有必要吗？如何去比？有标准吗？那是谁制定的标准？这个标准是确定不易的吗？答案显然是否定的。其实《庄子》有言，"以道观之，物无贵贱；以物观之，自贵而相贱；以俗观之，贵贱不在己"②——世人学会"以道观之"，其实质就是效"法自然"——具体到东施，没必要效仿他人，更不必与他人攀比，因为你就是你自己，是举世无双的生命存在，你自己要做的，无非就是发挥内在潜质，做快乐真实的自己，其实也就是要效法自身的天然本性，简言之，"法自（己的本）然"，亦即"顺其自然"。反映在审美上，美即自然，自然即美。东施效颦的可笑，不仅在于丑女盲目效法，惹得乡邻鄙视，更在于她不懂世俗判断标准的局限性，误把相对的东西绝对化，在贻笑大方的同时，也丢失了自己，这其实是"失道""悖德"的"造作"，是有违"道法自然"的"矫情"。

---

① 张法：《中国美学史》，成都：四川人民出版社 2006 年版，第 52 页。
② （清）郭庆藩撰，郭象注：《庄子集释》，北京：中华书局 2004 年版，第 577 页。

人究竟该如何待己自处？常人习惯于向外追寻，与人比较，或觊觎他人的"长项"，或希望在比较中找到一种所谓的优越感。《庄子》却不以为然。在《庄子》看来，美若天仙的西施，不必成为人人效仿的模特，最多只能是他人眼里的风景；同样的道理，横空万里的鲲鹏神鸟与跃飞数丈的蓬间麻雀，不必相互比较，亦不必彼此羡慕，更不必对立仇视，相反，其生活只要"自适其性"，便是合乎生命大道的；"各得其宜"，便是最好的生存之道；推而广之，对人类每一生命个体而言，人们没有必要用外在的、刻板的标准，去区分优劣、妄加评判，因为"以道观之"，"物无不齐"，以"道论"观之，不齐之"物论"原本没有差异。对于每一鲜活的生命而言，与其成天眼观外物，心随境迁，还不如"内视反听"，回到自身，秉"道"持"德"守"性"，释放自身的内在潜能，过适合自己本性的、自然而然的生活。适合自己本性的，就是最好的，也是最有价值的。这就是顺应了自身的天性，是"顺其自然"在自身生命的体现；若把"顺其自然"用之于生命教育、养生保健等方面，亦复亦然。

脚需要穿鞋，犹如学生有待教育。如果我们用脚指代学生，用鞋子指代教育，那么我们是提供一个尺码、一款式样、相同材质的鞋子给所有的学生穿呢？还是根据不同的脚、不同的气色、不同的需求而提供不一样的鞋呢？常识告诉我们：给不同的脚配上不同的鞋。同样的道理，我们理当根据学生的不同个性特质，提供差异性的教育；给特质迥异的生命，配以不同的教育，才是以生命为本的教育。

美国著名心理学家加德纳提出多元智能理论。他认为每个人都有自己的长处，有的擅长语言表达，有的善于数理逻辑，有人长处在音乐感受，有的长在空间智慧，有的长在自然观察，有的长在自我反思，有的长在人际交往。由此可见，每个人都有自己的优势，而且各具特色。

加德纳是从生理、心理的角度着眼，思考个体生命的智能特征。人体是个极其复杂的生命存在，除智能多元向度差别外，生命本身也蕴含无限的可能性，这就为应用国学在教育中的开展提供了前提与要求。应用国学的核心在于人格生命的塑造，这种塑造就是要关注每一个体，充分尊重个性差异，尽力促进学生自由发展。结合加德纳的多元智能理论，人格生命教育在实施过程中，务必要根据学生个性特质，充分肯定差异价值，摒弃一元选拔模式，建立多元生成模式，鼓励百花齐放，让各类人才脱颖而出。[①] 具体说来，针对有语言天赋、善于表达的学生，鼓励其走写作、演说之路，挖掘其笔口言语潜质，练就语言能力，塑造写作、演讲型人才；针对有数理逻辑特长的学生，鼓励他们走科学研究之路；针对乐感较强、体能较佳的学生，鼓励其走艺术创作、体育竞技之路；针对善于观察、勤于动手（实验）的学生，鼓励其走科技发明之路；针对善于自我反思、勇于追根溯源的学生，鼓励其探究历史文化，思考人类大事，走思想开拓之路；针对长于人际交往的学生，鼓励其走斡旋协调及人力资源开发之路；针对心理情感体验丰富的学生，鼓励其走心理咨询与情感抚慰之路；等等。即使学生一无所长，人格生命教育老师也不必计较在意，更不能漠视或放弃，应将其与"特长生"平等相待，呵护其自尊心，培养其平常心，养成其做凡人凡事的生活习惯，鼓励其承担家庭与社会责任，让这些学生身体心灵也都得到发展。做到这些，才真是以人为本、以生命为本。诚如是，可谓功德无量。《庄子·大宗师》曰：

> 知天之所为，知人之所为者，至矣。知天之所为者，天而生也；知人之所为者，以其知之所知，以养其知之所不知，终其天年而不中道夭者，是知之盛也。[②]

认识天人的"所为"，这是认知的最高境界。天之所为在自然无为，人之所为在以其所知育养所不知，这不仅能最好维持人身心的自然平衡而实现生命的最大价值，而且就知而言，这是其旺盛的状态即"知之盛"。在养生问题上，

---

① 曾勇：《"道法自然"与生命教育》，《广东社会科学》2011 年第 1 期。
② 陈鼓应：《庄子今注今译》，北京：中华书局 1983 年版，第 168 页。

就是要效法人之自然，顺遂人身本性。

古希腊雅典学派的欧道克萨斯首先提出"黄金分割律"，简称"黄金律"，这就是神秘的 0.618。有研究表明：头顶至脐与脐至脚底之比、臀宽与躯干长度之比、下肢长度与上肢长度之比等，都符合黄金分割律；人类的消化道长约9 米，其中担负消化吸收任务的小肠的长度为 5.5 米，其比值接近 0.618。

众所周知，身体的结构、器官的功能，有其固有的规律。在国学视域，实然的存在之中，蕴含应然的方式方法。具体到饮食，养生家倡导吃东西应吃"七八分饱"，认为这符合"黄金律"。

客观地说，0.618 这个神秘的比例，是人类自然进化的结果，也是一种规律性的存在。换句话说，"黄金律"也是自然之法则，是人之生命密码。对人而言，遵循这一法则，便为"法道自然"即效法道之自然法则；对于人身，即为顺其自然，这对养生健体无疑会大有裨益。

四、天地大势与"安之若命"

道家以一种全息整体的思维方式，把宇宙世界视为由"道"彼此关联的生命共同体，是在"道"支配下相互依存的有机系统。此论可称之为宇宙生命统一论。人隶属于这一生命共同体。《道德经》认为，"道"之所以尊贵，在于它对事物不妄加干涉，任由人与万物各自自足，彼此共生共荣。《庄子·天运》提出"太和万物"的观点，认为万物天然处于和谐中，人是自然的一部分；生于其间的人，不应人为破坏这种天然和谐，而应"顺之以天理，行之以五德，应之以自然"[1]，即以天道整体来观照人生，以天理自然来规范人道，通过天地运行之大势来安顿现实人生之命运。

在传统国人眼中，天人并非对立的两极，而是一"道"相通的共在。从金

---

① （清）郭庆藩撰，郭象注：《庄子集释》，北京：中华书局 2004 年版，第 502 页。

鼎铭文的书写，我们不难看出其天人合一的生命旨趣。

金鼎铭文的"天"①，乍看起来犹如人形，并且突出了人体的头部、脊柱、经络，蕴含着人与天通的奥妙。

《道德经》第四十二章描绘了世界衍生图示："道生一，一生二，二生三，三生万物。万物负阴而抱阳，冲气以为和。"②

"'一'即整体、不分的形态，物质世界的最基本元素。""'一'象征着一体、整合、完整，以固定、静止形态，没有变化为特点。"③ 常识告诉我们，"一"也有"起始"之意，如《列子·天瑞》云："一者，形变之始也。轻清者上为天，浊重者下为地，中和气者为人。故天地含精，万物化生。"意思是说，从"一"开始形变，清而轻的元气升腾形成天，浊且重的元气沉凝成为地，阴阳二气交相激荡，形成中和之气，进而衍生出人。在某种意义上，"人类是天地之间的精气"。④

客观地说，对《道德经》所谓"一""二""三"等概念的具体内涵，不同的注家，其诠释虽有出入，但异中有同，这种同集中在两点：其一，以气化为基础的宇宙生成论；其二，人为万物之精华的主体地位。至于后者，《列子·天瑞》从人之形神构成上作出了说明：人乃精神与形骸的和合体，然"精神者，天之分；骨骸者，地之分。属天清而散，属地浊而聚。精神离形，各归其真；故谓之鬼。鬼，归也，归其真宅"⑤。人的精神乃阳性，是属于天的一部分，形骸为阴性，属于地的一部分；属于天的部分清澈而散开，属于地的部分浑浊而

---

① 此"天"字，乃詹石窗教授书写，曾勇转拍。

② （魏）王弼注，楼宇烈校释：《老子道德经注校释》，北京：中华书局 2008 年版，第 117 页。

③ 卓新平：《大道至简，春风化雨——纪念卿希泰先生》，《宗教学研究》2018 第 2 期。

④ 王扉：《破玄：老子的密码》（德经卷），桂林：广西师范大学出版社 2010 年版，第 60 页。

⑤ 杨伯峻：《列子集释》，北京：中华书局 1979 年版，第 20 页。

凝聚;(精神和形骸和合统一,即为
人;)精神与形骸分离,各自回复原
初状态,就不再是人,而称之为鬼。
鬼者,归也,意思是说,精神和形
骸各自回归到老家故居。人一旦死
去,精神返回至天,形骸归藏于地。
在一定意义上,天、地、人、物皆
为秉"道"受"气"的生命存在,
或者说是"道"生"气"化的物质
形态。宇宙万物乃有机的整体,其间有变化,而变化的内容不外是阴阳二气,
而支配阴阳变化的是"道"。《庄子》以宇宙天地为舞台,以生死出入为剧情,
以"游心"的圣人为主角,描述宏大的生命叙事:

> 出无本,入无窍。有实而无乎处,有长而无乎本剽,有所出
> 而无窍者有实。有实而无乎处者,宇也。有长而无本剽者,宙
> 也。有乎生,有乎死,有乎出,有乎入,入出而无见其形,是谓
> 天门。天门者,无有也,万物出乎无有。有不能以有为有,必出
> 乎无有,而无有一无有。圣人藏乎是。①

郭氏注曰:"宇者,有四方上下,而四方上下未有穷处";"宙者,有古今
之长,而古今之长无极"。可见,"宇"指的是由东、南、西、北、上、下等
构成的可无限延展的空间维度,"宙"为古往今来形成的单向延伸的时间维度,
统合而论,宇宙即时间和空间。在现代语境中,时间和空间是物质运动的存在
形式。易言之,宇宙天地乃人之生存与发展之时空场域;时空场域及其固有律
令,也构成人之生存与发展不可逃脱的人生律则。

陈鼓应先生将上段译作:"生来没有根底,消逝不见藏所。有实在而没有

---

① (清)郭庆藩撰,郭象注:《庄子集释》,北京:中华书局2004年版,第800页。

处所，有成长而没有始终，有所出而没有孔窍的，却真实存在。有实在而没有
处所的，便是宇。有成长而没有始终的，便是宙。有生，有死，有出，有入，
入出而不见其形，是为自然的总门。自然的总门，就是'无''有'，万物生
于'无''有'。'有'不能以'有'生出'有'，必定出于'无有'，而'无有'
全然是无有的。圣人游心于这种境界。"① 貌似"没有根底""不见藏所"，其实
是对凡俗肉眼感官而言，并非"实在""无本""无窍"，只是其本其窍需要体
悟，体悟的究竟结果，宇宙天地的根本是"道"——易言之，含人在内的存在
者，其出生源于"道"，其入死归于"道"，而其生死出入皆在宇宙时空中以
过程的方式而展开。

"游心"于"道"的圣人，宛如一个太空人，他跳出地球，反观地球上的
人与事，参透有形实体的局限，洞察精神生命的高远，向往"无何有之乡"。
这种"心"合于"道"的圣人，《庄子·列御寇》以"至人"代称。与合道的
"至人"相较，那些匹夫俗人的生命状态，确实是大相径庭，不可同日而语：

> 小夫之知，不离苞苴竿牍，敝精神乎蹇浅，而欲兼济道物，
> 太一形虚。若是者，迷惑于宇宙，形累不知太初。彼至人者，归
> 精神乎无始而甘冥乎无何有之乡。水流乎无形，发泄乎太清。悲
> 哉乎！汝为知在毫毛，而不知大宁。②

意思是说，"凡夫的心智，离不开应酬交际，劳弊精神于浅陋的事，还想
要普济群生引导众物，以达到太一形虚的境界。像这样，却是为宇宙形象所迷
惑，劳累形躯而不认识太初的境况。像那至人，精神归向于无始而沉湎于无何
有之乡。水流于无形，动作纯任自然。可悲啊！你的心智拘泥在毫毛的小事
上，而不知道大宁的境界"③。

毋庸置疑，"大宁境界"需要生命大智慧，这种智慧来自对生命究竟的不

---

①　陈鼓应：《庄子今注今译》，北京：中华书局1983年版，第612页。

②　（清）郭庆藩撰，郭象注：《庄子集释》，北京：中华书局2004年版，第1047页。

③　陈鼓应：《庄子今注今译》，北京：中华书局1983年版，第839页。

懈追求与对生命整体的根本把握，正像卡普拉在《转折点》中所说："在人类伟大的精神传统中，道家提出了最深刻而精彩的生态智慧：强调所有自然和社会现象既是一根本的整体，又具有动态的特性。"道家之"道"，代表了这一根本整体。

在道家看来，个人是伟大的，所谓"域中有四大，而人居其一焉"。人何以伟大？在于他是秉道持德的生命存在；个人又是如此渺小，他总会遇到自身难以改变的境遇，生活中的不顺与不幸，犹如命运之神手中的骰子一般反复无常，且时而不时地不约而至……那些不幸，有时甚至是致命的——面对如此绝境，人又如何面对？我们不妨学习领悟一下《庄子·人世间》的一个片段：

> 仲尼曰："天下有大戒二：其一，命也；其一，义也。子之爱亲，命也，不可解于心；臣之事君，义也，无适而非君也，无所逃于天地之间。是之谓大戒。是以夫事其亲者，不择地而安之，孝之至也；夫事其君者，不择事而安之，忠之盛也；自事其心者，哀乐不易施乎前，知其不可奈何而安之若命，德之至也。为人臣子者，固有所不得已。行事之情而忘其身，何暇至于悦生而恶死！夫子其行可矣！①

陈鼓应对上文作如是诠释：

> 孔子说："世间有两个足以为戒的大法：一个是'命'（自然的），一个是'义'（人为的）。子女爱父母，这是人的天性，无法解释的；臣子事君主，这是不得不然的，无论任何国家都不会没有君主，这是没法逃避得了的。这就是所谓足以为戒的大法。所以子女养父母，无论什么境地都要使他们安适，这是行孝的极点了；臣子事君主，无论什么事情都要安然处之，这是尽忠的极点了；从事内心修养的人，不受哀乐情绪的影响，知道事情的艰

---

① （清）郭庆藩撰，郭象注：《庄子集释》，北京：中华书局2004年版，第155页。

难无可奈何而能安心去做，这就是德性的极点了。为人臣子的，当然有不得已的事，但是遇事能如实地去做而忘记自己，这样哪里会有贪生怕死的念头呢？你这样去做就行了！"①

《庄子》借孔子之口，道出应对"无力改变"的事情与局面的策略方案，那就是"安之若命"。一个"若"字，实乃一副"心药"，意在告诫自己：面对遭受的横祸逆境，将其视为命中注定而甘心承受。这种"认命"观，不见得是完全消极的，相比那种逃避躲闪，"认命"其实需要直面的勇气；有了这种勇气，才可能真正接纳生活中的"不可奈何"，才会更加珍惜当下，砥砺前行。

在《庄子》那里，有形的躯体，其残或全，其美或丑，大可不必太过在意，因为那是先天的，也是偶然的，是与生俱来的，而且也是不可改变的——应有的心态是，得之为幸，失之亦不必过虑，这种态度犹如今人对外貌长相的说法，"那是父母给的"——一样的客观平实——这既是一种事实性的描述，也表明一种"认命"的态度；既然人们于此"无可奈何"，于此纠结纠缠也无甚意思，那么何不在更有意义的地方——譬如，文化学习、家庭生活、社会工作、心性修养、环境保护等方面，做些有益身心、家人、社会、人类未来的事情，做些有助于实现自身价值、推动增大社会总体价值的事情。

面对人生中的不如意，与《庄子》倡导的"安之若命"相异趣的是，常人往往表现为患得患失，身心不安；而过分的不安，导致大量的焦虑；焦虑的背后，是未被觉察的价值冲突或过分的内心愿望。

五、"功成身退"与了生达死

人生如同棋局，总在变动之中，潮起潮落、花开花谢无非生活的境遇与节律。老子在审视宇宙、社会和人生时，洞察到任何事物无不向自己的对立面转

---

① 陈鼓应：《庄子今注今译》，北京：中华书局 1983 年版，第 127 页。

化：有正就有反，有往定有复，有起即有落，有盛必有衰等，提出"反者道之动"这一著名命题。在老子看来，人们如果能透彻地理解这一宇宙原理，并把它作为处世的原则，那么，他必须采取这种人生态度：欲成先居败，欲福先处祸，欲得先受损。正如《道德经》第二十八章所说："知其雄，守其雌，为天下溪。为天下溪，常德不离，复归于婴儿。知其白，守其黑，为天下式。为天下式，常德不忒，复归于无极。知其荣，守其辱，为天下谷。为天下谷，常德乃足，复归于朴。"①

从本质上看，"反者道之动"揭示了事物运动的根本状态和基本法则，但是老子在论述"物极必反"时，由于其作品体裁属于哲理诗——出于诗的简洁，隐去了转化的前提和条件，这样就易于把事物转化被人纳入宗教命定论的范围，以致形成这样的印象：事物无须任何条件就必然自动地向对立面转化；既然如此，人生在世，就没有必要经由个人的主观努力，只需坐等天明。因为"祸兮福之所倚，福兮祸之所伏。孰知其极？其无正。正复为奇，善复为妖"②。也就是说，福与祸、正与奇、善与妖都是互蕴互换的；既然任何事物都是与其对立面互蕴互换，那么人们何必作为。如此解读，《道德经》就显得极其消极与颓废。

客观地说，解读诗文作品，应从整体着眼，切忌断章取义，更不能望文生义，否则会出现误读曲解，甚至会贻笑大方，徒增以"治理大国就像烹炒小鱼小虾那样简单、容易"来诠释《道德经》"治大国若烹小鲜"③之类的笑料。

"反者道之动"着力于对事态变化趋势的把握，告诫人们在遵循事物变化发展规律的前提下，在运动中把握好分寸与节点，做到乘势而为，绝非无所

---

① （魏）王弼注，楼宇烈校释：《老子道德经注校释》，北京：中华书局2008年版，第73—74页。

② （魏）王弼注，楼宇烈校释：《老子道德经注校释》，北京：中华书局2008年版，第151—152页。

③ 治理大的国家就应该像烹调小鱼，你不要老去翻腾（老百姓）；没完没了地翻腾老百姓就像在锅里老翻腾小鱼一样，那样会把小鱼翻腾得稀烂。

作为、消极坐等。《道德经》一方面倡导人们应按客观规律行事，"为无为"；另一方面又告诫世人，注意把握事态节奏脉动，做到"功成身退"。《道德经》认为：无论自然万物的生长运动，还是社会历史的发展变化，绝非人力妄想任意干预使然，而是天道自然无为的结果，所以人们根本就无功可居；另外，物壮则老，木强则折，刚强反而导致僵死，因此，个体要保全自己的身心性命就要尽量节制自己，保持柔性，别自至绝境。基于此，《道德经》指出人们应该"柔弱似水""持柔处下"。在《道德经》看来，"柔弱"表征弹性无限的生命活力，"卑下"直指海纳百川的博大胸怀。作为道德修养典范的圣人，应该像水那样：

> 是以圣人为而不恃，功成而不处，其不欲见贤。[1]
>
> 生而不有，为而不恃，功成而弗居。[2]
>
> 功遂身退，天之道。[3]

意思是说，"因此圣人体悟大道，培养万物却不自恃有功；他顺天而行，从来不会自以为是、高高在上。圣人不会夸耀自己的能力，他只是打算以自己的长处，去补助天下百姓的不足。这就是圣人所行的天道啊！"[4]圣人修道得道，具备大道的德行。大道生养万物，却不把它们据为己有，奉献己身成就万物，而不自恃其能，圣人以大道为参照，做了许多事情，可是他还是感到自己像没有做事一样，因为他从不想自居其功。他在成就大业之后就功成身退，不去占有这个荣誉。[5]"只有功成身退的人，才最合乎自然的天道"[6]。可见，顺应自然，

---

① （魏）王弼注，楼宇烈校释：《老子道德经注校释》，北京：中华书局 2008 年版，第 186 页。

② （魏）王弼注，楼宇烈校释：《老子道德经注校释》，北京：中华书局 2008 年版，第 6 页。

③ （魏）王弼注，楼宇烈校释：《老子道德经注校释》，北京：中华书局 2008 年版，第 21 页。

④ 詹石窗：《道德经通解》，北京：宗教文化出版社 2017 年版，第 128 页。

⑤ 詹石窗：《道德经通解》，北京：宗教文化出版社 2017 年版，第 7 页。

⑥ 詹石窗：《道德经通解》，北京：宗教文化出版社 2017 年版，第 17 页。

"为而不恃"，才是《道德经》的本意；一旦功成名就，同样应效法大道，及时隐退，切勿居功自傲。

"功遂身退"又被写作"功成身退"。"遂"是称心如意、心理得到满足的意思。那是什么让人称心如意呢？在什么状态下，人可以满足呢？一般而言，是实现了建功立业的目标。由此可见，《道德经》没有否定人的积极作为，反而鼓励人们应顺势而为，肯定人们去建立功勋。那些把《道德经》视为消极避世的滥觞的观点，实乃对其莫大的误解与误读。同时，我们也不能抛开《道德经》有关"身退"的论断。"功遂"与"身退"具有内在的关联。后者既是对一种生命状态的描述，也是对世人生活的一种告诫：那些功成名就的人，在该隐退的时候就应退出。

有功不居，功成身退，从积极方面来看，此举表现了圣人合于天道的博大心胸和急流勇退的生命智慧；从消极方面而言，也许有更深层的底线原因，这就是：如果居功自傲、肆意妄为，则可能导致灭顶之灾、自我毁灭。

在中国历史上，确有一些文臣武将在辅佐君王、战胜敌国、平定天下的过程中，立下了赫赫功勋，但在取得胜利以后，有些人却以功臣自居，利令智昏、居功自傲、目中无人、耀武扬威、飞扬跋扈，权势炙手可热，大有"功高盖主"之势，结果引起天怨人怒，最终落得身首异地的可悲下场。大臣文种命陨越王勾践剑下的故事便是一鲜活例证。

与之相对，也不乏有识之士，如范蠡、张良、刘基（字伯温）等，他们对君王的偏狭、自私、残忍有着清醒的认识，因而把胜利之日看作自己的归隐之时，毅然功成身退、匿迹销声，"永忆江湖归白发，欲回天地入扁舟"[1]，反而得以保全性命，颐养天年，乃至升华生命。——我们熟知的这些历史人物及其故事，既是《道德经》"功遂身退"的真切注脚，也是对名利人生的清醒警示。

---

[1] （唐）李商隐：《安定城楼》，（清）彭定求等编：《全唐诗》，北京：中华书局1999年版，第8册，第6243页。

道家注重人法天地、道法自然，视生死为一体，认为有生即有死，这是自然的大道、生命的律则，人们不可违逆，也无法逃脱。在道家看来，个体生命呈现为自然演化的过程，生与死都不过是自然造化的两端，人如果能够安心适时而顺应变化，哀死的情绪就不会侵入心中。《庄子·齐物论》云：

> 予恶乎知说生之非惑邪！予恶乎知恶死之非弱丧而不知归者邪！丽之姬，艾封人之子也。晋国之始得之也，涕泣沾襟。及其至于王所，与王同筐床，食刍豢，而后悔其泣也。予恶乎知夫死者不悔其始之蕲生乎！①

意思是说，"我怎么知道贪生不是迷惑呢？我怎么知道怕死不是像自幼流落在外而不知返回家乡那样呢？丽姬是艾地守封疆人的女儿，当晋国刚迎娶她的时候，哭得衣服都湿透了；等她到了晋王的宫里，和国王同睡一床，同吃美味的鱼肉，这才后悔当初不该哭泣。我怎么知道死了不后悔当初不该恋生呢？"②

"说（悦）生""恶死"，在常人那里，表现为对生与死两种事实所持的一种截然相反的价值态度，以及由此产生的完全相反的情绪波动。正如"丽之姬"由于生活境况的改变而从"泣"到"悔其泣"的转变一样，生者似乎都厌恶死亡，哪里知道死者不后悔其生前之求生呢？《庄子》的言外之意是，人们应该破除以生为喜为乐、以死为悲为哀的世俗观念。在《庄子》那里，生者即或以生为喜，死者亦能以死为安；以生为乐者亦不必厌恶死亡，更不必拒绝死亡。当然，最高境界还在于，能够"以道观之"：破除"悦生"之"悦"与"恶死"之"恶"之间的壁垒，放下"悦生""恶死"的执念，把生死都视为自然之化和当然之变，从而，敞开胸襟拥抱之接受之，以至消解二元对立的价值冲突与生死紧张。

道家"死而不亡"的观点就是这种生死智慧的典型表现。《道德经》第

---

① （清）郭庆藩撰，郭象注：《庄子集释》，北京：中华书局 2004 年版，第 103 页。
② 陈鼓应：《庄子今注今译》，北京：中华书局 1983 年版，第 87 页。

三十三章云："不失其所者久，死而不亡者寿。"①——当生命消失了它的个体特殊性，完全同一于宇宙大化，亦即回归到《道德经》所谓的"道"时，生命就做到了"不失其所者久"而能够"死而不亡"。从个体生命与本源本根之道的关联，来理解生之源头洞察死之去往，也是《庄子》常用的体悟生命之方法，其名篇《大宗师》讲述如是一幕生离死别的故事：

> 俄而子来有病，喘喘然将死。其妻子环而泣之。子犁往问之，曰："叱！避！无怛化！"倚其户与之语曰："伟哉造化！又将奚以汝为，将奚以汝适？以汝为鼠肝乎？以汝为虫臂乎？"
>
> 子来曰："父母于子，东西南北，唯命之从。阴阳于人，不翅于父母；彼近吾死而我不听，我则悍矣，彼何罪焉！夫大块载我以形，劳我以生，佚我以老，息我以死。故善吾生者，乃所以善吾死也。今之大冶铸金，金踊跃曰：'我且必为镆铘'，大冶必以为不祥之金。今一犯人之形，而曰'人耳人耳'，夫造化者必以为不祥之人。今一以天地为大炉，以造化为大冶，恶乎往而不可哉！成然寐，蘧然觉。"②

《庄子》在此通过子犁与子来的言行互动，演绎了一场如何"了生达死"的情景剧：

> 一会儿，子来生病了，喘气急促快要死了，他的妻儿眷属围着啼哭。子犁前去看他，见状，就对其妻儿说："去！走开！不要惊动将变化的人！"他靠着门向子来说："伟大啊！造化者，又要把你变成什么东西，要把你送到哪里去？要把你变成老鼠的肝吗？还是要把你变成小虫的翅膀呢？"
>
> 子来说："儿子对于父母，无论要到东西南北，都是听从吩咐的。大自然

---

① （魏）王弼注，楼宇烈校释：《老子道德经注校释》，北京：中华书局 2008 年版，第 84 页。

② （清）郭庆藩撰、郭象注：《庄子集释》，北京：中华书局 2004 年版，第 261—262 页。

对于人，无异于父母之于子女；它要我死，而我不听从，我就是悖违不顺。它有什么罪过呢？大自然给我形体，用生使我勤劳，用老使我清闲，用死使我安息。因此以生为安善的，也应该以死为安善了。譬如现在有一个铁匠正在铸造金属器物，那金属忽然从炉子里跳起来说：'一定要把我造成镆铘宝剑'，铁匠必然会认为这是不祥的金属。现在那锻造物偶然成了人的形状，就高喊着，'我是人，我是人'，造化者必然会认为这是不祥的人。现在就把天地当作大熔炉，把造化看作大铁匠，往哪里又不可呢！"子来说完，酣然睡去，又自在醒来。①

一般说来，人之将死，亲人们常如子来家眷会潸然泪下，而子犁告诫人们，无须惊恐于生死的变化，应该安于阴阳造化的安排，也就是我们现在常说的要"节哀顺变"！这是因为，参透生死者，会将个体生命视为大道委化，从而面对死亡事件，就会剔除一切恋生拒死的情绪情感，摒弃悦生恶死的价值评判。这就是《庄子·秋水》所谓："明乎坦途，故生而不说（悦），死而不祸，知终始之不可故也。"②——明白了死生是人所行走的平坦道路，所以活着不加喜悦，死亡也不以为祸害，这是因为知道终始是没有不变的。③郭氏注曰："死生者，日新之正道也"；"明终始之日新也，则知故之不可执而留矣，是以涉新而不愕，舍故而不惊，死生之化若一"。④认为死死生生，犹如日月之新旧变化，若没有旧的离去，也就没有新的产生，进而，历新生不必惊喜，舍故旧无须恐惧，因为死生转化实乃一体同根。在道家思想家那里，此体此根，即为道。

若能"以道观之"，自然可以了生达死；若能了生达死，不仅可以化解

---

① 陈鼓应：《庄子今注今译》，北京：中华书局1983年版，第192页。

② （清）郭庆藩撰、郭象注：《庄子集释》，北京：中华书局2004年版，第568页。

③ 陈鼓应：《庄子今注今译》，北京：中华书局1983年版，第418页。

④ （清）郭庆藩撰，郭象注：《庄子集释》，北京：中华书局2004年版，第570—571页。

个人对生死的执念，而且可以用之于临终关怀，帮人"解除倒悬之苦"。《庄子·养生主》中记载了一则秦失吊唁老聃的故事：

老聃死，秦失吊之，三号而出。

弟子曰："非夫子之友邪？"

曰："然。"

"然则吊焉若此可乎？"

曰："然。始也吾以为其人也，而今非也。向吾入而吊焉，有老者哭之，如哭其子；少者哭之，如哭其母。彼其所以会之，必有不蕲言而言，不蕲哭而哭者。是遁天倍情，忘其所受，古者谓之遁天之刑。适来，夫子时也；适去，夫子顺也。安时而处顺，哀乐不能入也，古者谓是帝之悬解。"①

老聃辞世，其生前故友秦失前往吊丧。起初，秦失把老子视为普通人，后来醒悟到，老子是悟道之人，不该像常人那样哀悼。他看到有老人哭丧像父亲哭儿子一样、有少年哭丧像儿子哭母亲那般，还有人本不想吊唁却去吊唁，并不想哭泣却在哭泣，其哭丧只是出于一种外在形式。秦失认为这些哭丧者已经失去自然天性，其行为违背天理应受到惩罚。人的生死，说到底，该生的时候，人便应时而生，该死的时候，人便应时而死；人能做的就是安心适时而顺应变化，这样，哀乐都不能侵扰心灵。果真如此，也就解除了固执于生死存亡的痛苦，古时候把这叫作自然地解除倒悬之苦。亲人离世，家属为之哭泣，为之悲痛，本为世之常理、人之常情，但有人哭泣或出于形式的需要，或迫于伦理纲常的压力，这些都是限囿于"理执"的表现；相反，有人悲痛过度，结果伤身害体，此为禁锢于"情执"的反映。两种情况皆失去天性，有违自然之道，本质上皆未参透生死，没有超越死亡。只有像秦失那样挣脱"生死之

---

① （清）郭庆藩撰，郭象注：《庄子集释》，北京：中华书局 2004 年版，第 127—128 页。

执""是非之障""情理之执"，安时而处顺，真正能够从"道"的高度、以"道"的视角、用辩证的方法来洞察生死，体悟生命自然，才有可能彻底实现对死亡的超越。

在道学的生命意识中，人之出生入死的过程，其或生或死，只要是自然而然的，都是可以接受的，也是值得肯定的，应该得到尊重的。这无疑是既不执着于生，也不畏惧于死，对生死表现出一种自然而然的态度。这种态度的背后，蕴藏着道家独特的生死洞见，可称之为"道法自然"的生死智慧。道家生死智慧在临终关怀中不失应用价值。临终关怀是人类社会特有的一项崇高的事业，它让"逝者魂安"，"存者心慰"，使阴阳两界"生死两安"。《庄子·至乐》所述"庄子妻死""鼓盆而歌"①的千古奇谈，诠释了道学之于临终关怀独到的超迈情怀，至今仍不乏借鉴意义。

庄子的妻子去世了，朋友惠子前去吊丧，却发现庄子盘腿而坐，举着瓦盆，边敲边歌，好不逍遥。惠子数落道，与你相依为命、感情至深的老婆死了，你不悲伤恸哭也就算了，却反倒"鼓盆而歌"，你这家伙也太过分了吧！庄子解释说，老婆刚死时，亦有一些悲痛之感，但进而他便思考生命之理，渐渐体悟到，这世间原来没有她，在她出生之前，这世间没有她，她辞世之后，又以什么形式存在呢？她只是回到了没有她时那个原来大化的状态，化到天地万物之间去了——其实啊，人的生与死，是"气"在不同状态下的变化形式：生即"气"之聚集；死即"气"之散佚。"气"聚，犹如白昼；"气"散，宛若夜晚。生死如同昼夜，周而复始，循环不已——夫人辞世，只是回归那个广袤无垠的空间里去了，我何必还要作小儿女状呢？

这是何等洒脱的情怀，又是多么究竟的解脱，对于沉浸在痛苦中不能自拔的丧亲家属来说，或许是一剂安魂定神的良药。以此心态直面人生，同样可以让"生死两无憾"，"阴阳皆相安"，真正"使生如夏花之绚烂，死如秋叶之静

---

① （清）郭庆藩撰，郭象注：《庄子集释》，北京：中华书局 2004 年版，第 614 页。

美"①。体会庄子"鼓盆而歌"，或许有助于人们消解对死亡的恐惧、对丧亲的悲痛。

六、生生不息与"逍遥""无待"

《周易·系辞下》曰："天地之大德曰生。"意即，"天地的弘大德泽是化生"②。《周易》所言"天地"，涵盖很广。从某种意义上看，天地差不多就代表了整个宇宙。天地有化生之德，又通过阴阳消长、和合交感，造就出一个万物竞生的大千世界，并使整个宇宙处于变动不居、生生日新的状态与过程之中。广泛创生万物可谓伟大功业，日日增新更善叫作盛美德行，阴阳转化生生不息叫作变易，这就是《周易·系辞上》所言，"富有之谓大业，日新之谓盛德，生生之谓易"③。其所谓"生生"，就是不断创生新的生命，让世间之生命保持延续而无止息，亦使万物流变不辍、层出不穷，如此推衍开来，便构成生生不息的盎然生命景象——"生生"的突出特征，在于生机盎然、永无止息。这种永无止息，便是"易"之第一要义。从哲学上说，《周易》体现了变易思想、不易法则和简易意识等三层意涵。其中，变易即为首义。正是生生之变易，才有新生命、新事物的不断产生；也正是新生命、新事物的不断产生，构成了宇宙、自然、社会和人生的新旧交替、永恒发展。

众所周知，《周易》乃群经之首，是中华文化的元典，奠定了国人的宇宙观、方法论、修养论等基础，在某种意义上可以说，中华传统文化乃《易》文化的传承与创新，国学在本质上，可谓生命的学问，今日之应用国学，更是生生之学。《庄子·养生主》于此有一形象说明："指穷于为薪，火传也，不知其

---

① [印度] 泰戈尔著，郑振铎、冰心译：《飞鸟集》，南京：译林出版社2016年版，第18页。

② 黄寿祺、张善文：《周易译注》下册，北京：中华书局2016年版，第651页。

③ 黄寿祺、张善文：《周易译注》下册，北京：中华书局2016年版，第617—618页。

尽也。"① 意即，烛薪的燃烧是有穷尽的，火却传续下去，没有穷尽的时候。后用"薪尽火传"，指前一根柴刚刚烧完，后一根柴已经燃着，火永远不熄；以此比喻通过师徒传授，使学问技艺得以一代代传承下去。这也就是对生生不息的直观描述。

"薪尽火传"与"养生主"的主旨是相通的。一般而言，"养生主"有两种理解：其一，作"养生""主"讲，意在阐发养生之主旨；其二，作"养""生主"讲，而"生之主"便为"神"而非"形"，这样，"养生主"即为精神的修养。在《庄子》的语境中，无论是"养生""主"，抑或是"养""生主"，其意原本一致，皆注重精神生命的代际传承，这正是"薪尽火传"生生不息的奥秘所在。

《庄子》以宇宙生命为大背景，探讨人的一生，其《知北游》说："人生天地之间，若白驹之过隙，忽然而已。……已化而生，又化而死，生物哀之，人类悲之。解其天韬，堕其天帙，纷乎宛乎，魂魄将往，乃身从之，乃大归乎！"② ——人生在天地之间，就像白色骏马（也比喻太阳）掠过空隙，时长不过刹那瞬间而已。……已经变化而生，又变化而死，生物为之哀伤，人类感到悲痛。解开自然的束缚，毁坏自然的囊裹，变移转化，精神消散，身体随着消逝，这是返归大本呢！③ 如此说来，人们所看到的生与死只是其生命形态的变化而已，其变化背后的本质——道——虽不可见、不可感，却是永恒不变、常存亘在的。问题在于，常人只知以凡俗的心智来辨是非、判名实、择荣辱，而不知超越其上的那种如如不动的绝对存在；倘若不知以超然绝对的存在统观形下相对的观念与行为，人们之间的诸多对立便不可避免，乃至势若水火，判若云泥，如《庄子·庚桑楚》所述：

> 请常言移是。是以生为本，以知为师，因以乘是非；果有名

---

① （清）郭庆藩撰，郭象注：《庄子集释》，北京：中华书局 2004 年版，第 129 页。
② （清）郭庆藩撰，郭象注：《庄子集释》，北京：中华书局 2004 年版，第 746 页。
③ 陈鼓应：《庄子今注今译》，北京：中华书局 1983 年版，第 574 页。

实，因以己为质；使人以为己节，因以死偿节。若然者，以用为

知，以不用为愚，以彻为名，以穷为辱。移是，今之人也，是蜩

与学鸠同于同也。①

意即：请让我说是非的不定。这是以个我生命为本位，以社群心智为标准，因
而造成是非不一；果真有名实的区分，便以自身为主；使人以自己为节操的
模范，而以死来报偿节操。像这样，便以炫耀为智，以隐晦为愚，以通达为
名誉，以穷困为耻辱。是非不定，如今的世人呀，是如同蝉与小鸠一般见识
呀！②郭象注曰："玄古之人，无是无非，何移之有"；他们"同共是其所同"。③
这种同共是其所同的存在，其实就是超越是非、荣辱、愚智等二元对立的本体
之道。只有站在本体本原的高度，俯察二元对立的世界，再参透对立的本质，
人才有可能走出偏执，走向通达。在凡俗生活中，万事万物都是相对的，人的
认识标准也难得统一，其价值判断也是五花八门。

物固有所然，物固有所可。无物不然，无物不可。故为是举

莛与楹，厉与西施，恢诡谲怪，道通为一。其分也，成也；其成

也，毁也。凡物无成与毁，复通为一。唯达者知通为一，为是不

用而寓诸庸；因是已。已而不知其然，谓之道。④

"一切事物本来都有它是的地方，一切事物本来都有它可的地方。没有什么东
西不是，没有什么东西不可。所以小草和大木，丑癞的女人和美貌的西施，以
及一切稀奇古怪的事情，从道理的观点都可通而为一。万事有所分，必有所
成；有所成，必有所毁。所以一切事物从通体来看就没有完成和毁坏，都是复
归于一个整体的。只有通达之士才能了解这个通而为一的道理，因此他不用

---

① （清）郭庆藩撰，郭象注：《庄子集释》，北京：中华书局2004年版，第807页。

② 陈鼓应：《庄子今注今译》，北京：中华书局1983年版，第616页。

③ （清）郭庆藩撰，郭象注：《庄子集释》，北京：中华书局2004年版，第808页。

④ （清）郭庆藩撰，郭象注：《庄子集释》，北京：中华书局2004年版，第69—
70页。

固执自己的成见而寄寓在各物的功分上；这就是因任自然的道理。顺着自然的路径行走而不知道它的所以然，这就叫作'道'。"①《庄子》此处肯定"物"之"固有"，这种"固有"在生成论视域，即为各物是其所是的内在本质，在修养论，亦即个人涵养功夫的对象与内容，在价值论，便是价值创生的起点与基础。需要说明的是，《庄子》论及的修养是修养自我"性德"，这与儒家修养德行的目的不同。《庄子》是以修养符合内在个性为基础，旨在让自我回归天性；而儒家侧重于以修养符合外在事功为取向，让德行符合社会伦理。道家之修养论与价值学，主张个人应立足于"德"，复归于"道"。

> 故从事于道者，道者同于道，德者同于德，失者同于失。同于道者，道亦乐得之；同于德者，德亦乐得之；同于失者，失亦乐得之。信不足焉，有不信焉。②

> 修之于身，其德乃真；修之于家，其德乃余；修之于乡，其德乃长；修之于国，其德乃丰；修之于天下，其德乃普。故以身观身，以家观家，以乡观乡，以国观国，以天下观天下。[吾]何以知天下之然哉？以此。③

在《道德经》看来，"想修行大道的人，如果面对的是一位有'道'的人，我们就以'道'来互相切磋讨论。如果面对的是一位有'德'的人，我们就以'德'来互相关怀勉励。如果面对的是一位'失意'的世俗人，我们就以'慈悲'的心，去安慰他。你跟有'道'的人在一起，有'道'的人感到很快乐。你跟有'德'的人在一起，有'德'的人感到很高兴。你跟失意的世俗人在一起，失意的人也感到很愉悦。因为无形的'道'，是很微妙深远的。可是有些人对'道'信心不足，有些人根本不信，所以无论你怎样善意劝导，也没有办

---

① 陈鼓应：《庄子今注今译》，北京：中华书局1983年版，第65—66页。
② 王卡点校：《老子道德经河上公章句》，北京：中华书局1993年版，第94—95页。
③ 王卡点校：《老子道德经河上公章句》，北京：中华书局1993年版，第207—209页。

法使他相信啊"①。《道德经》认为修养道德是"以生证道"的功夫，倡导从个人真实的道德感悟出发，向家庭、乡里、国家、世界寻求印证本原之道体。在他看来，如果个人所感受到的道德能够得到家庭或者家族的验证，那就表明这个道德还有余裕，不那么逼仄；如果放到乡里也能得到验证，那就表明这个道德可以延伸，不那么短促；如果放到一国里还能得到验证，那就表明这个道德是丰富的，不那么局碍；如果放之于全天下仍然能够得到验证，那就表明这个道德是普世的，与天下所指称的人类命运共同体具有适应性。正因为有这样一个普世适应性的德，所以才会有"天下"那样一个概念。反之，若过于强调人与人有许多不同，地域与地域有许多不同，每个人、每个地域都是自带着许多"特殊情况"的，而不能寻求普遍共同的本质，这样也就不会有"天下"，也不会有长久的未来。②可见，修养道德，表现为经由身、家、乡、国、天下等层层生命体的验证延展过程；此过程既蕴含一条由德及道的内在理路，也昭示了本体不离功夫的实践法式。《道德经》这种以道观照天下、人生、以人生契真合道的修养功夫，构成道学人生特有的生命涵化景观。

《庄子》接续《道德经》"以道观身""以生证道"的修道传统，更强调个体生命直接与宇宙道本的交互关联，并立足个体，聚焦心性，展开精神修养。即身证道是其修养方式，效"法"己性"自然"是其修养基点。如此立德树人，使修养活动既适合自然本性，又让人乐得自在逍遥。

在《庄子》看来，逍遥的评价标准是相对的，是因人随物而异的。《庄子·逍遥游》说：

> 穷发之北有冥海者，天池也。有鱼焉，其广数千里，未有知其修者，其名为鲲。有鸟焉，其名为鹏，背若泰山，翼若垂天之云，抟扶摇羊角而上者九万里，绝云气，负青天，然后图南，且

---

① 詹石窗：《道德经通解》，北京：宗教文化出版社2017年版，第41页。
② 参见陆文荣：《"以天下观天下"：守望"玄同"世界的到来》，《中国道教》2016年第5期。

适南冥也。斥鴳笑之曰："彼且奚适也？我腾跃而上，不过数仞而下，翱翔蓬蒿之间，此亦飞之至也。而彼且奚适也？"此小大之辩也。①

意即，不毛之地的北方，有一个广漠无涯的大海，其实就是一天然的大池。那里有一条鱼，它的宽度有几千里，没有人知道它有多长，它的名字叫作鲲。有只鸟，它的名字叫作鹏，鹏的背像泰山，翅膀像天边的云，乘着旋风而直上九万里的高空，超绝云气，背负青天，然后向南飞翔，而往南海。小泽里的麻雀讥笑它说："它要到哪里去呢？我腾跃而上，不过几丈就落下来，在蓬蒿丛中飞来飞去，这也是尽了飞跃的能事。而它究竟要飞到哪里去呢？"（展翅万里高空的鲲鹏，与攒动蓬蒿丛中的麻雀之间）这就有小和大的分别。

蜩与学鸠笑之曰："我决起而飞，抢榆枋而止，时则不至而控于地而已矣，奚以之九万里而南为？"适莽苍者，三餐而反，腹犹果然；适百里者，宿舂粮；适千里者，三月聚粮。之二虫又何知！②

蝉和小鸠讥笑大鹏说："我尽全力而飞，碰到榆树和枋树就停下来，有时飞不上去就落到地面就是了，何必要飞九万里而往南海呢？"到近郊去，就只需要带上三餐粮食就可以了，等你回来时肚子还是饱的；到百里之外去，一宿都要"舂粮"即准备粮食；到更远的千里之外去，准备粮食的时间要三个月。这两只虫鸟又怎么知道这种道理呢？

诚然，鲲鹏展翅一飞九万里，超绝云气，背负青天，然后向南翱翔，这就是鲲鹏的生活；可是，麻雀、蝉、小鸠等对鲲鹏一样的不解，也都对其感到非常好笑，因为它们自己飞程不过数米，也只能在蓬蒿草间盘旋，但这就是它们的真切生活，其实也是它们飞翔能力所限；限于自己的能力，它们根本无法想

---

① （清）郭庆藩撰，郭象注：《庄子集释》，北京：中华书局2004年版，第14页。

② （清）郭庆藩撰，郭象注：《庄子集释》，北京：中华书局2004年版，第9页。

象鲲鹏的生活样态。这里面存在着大小的道理，是麻雀、蝉、小鸠无法知道的，也是这则故事的寓意所在。《庄子》这里不是针对鹦雀等而发论，却是意指世俗之人而言说。貌似《庄子》在鹦雀等讥笑鲲鹏的问题上持否定态度，认为它们不知道大小的真正道理，但《庄子》对它们的"飞之至""决起而飞"并没有否定，这里包含着前面所分析的"性分"的运思，鲲鹏与鹦雀等的性分不一样，飞到不同的高度，只要是它们各自适性的表现，就应该给予充分的肯定，如《庄子·骈拇》所谓，"野鸭腿虽然短，若嫁接一段，则造成了它的痛苦；野鹤腿虽然长，若截掉一节，则造成了它的悲哀"，就是具体的说明。因此，在万物自身本性的范围里实现最适性的运作，就是逍遥，不存在逍遥的形下的统一标准。① 这种逍遥，本质上是自适其性；做到了自适其性，方得自在自由。这里的自由与物质、精神是怎样的关系，换言之，自由是否分层？是否有条件，这就需要探讨"有待""无待"的问题了。

《庄子》的逍遥视野是"有待"还是"无待"，这似乎存在一定的异议。这也是在讨论逍遥时无法回避的问题。而一般依据的资料就是：

> 夫知效一官，行比一乡，德合一君，而徵一国者，其自视也亦若此矣。而宋荣子犹然笑之。且举世而誉之而不加劝，举世而非之而不加沮，定乎内外之分，辩乎荣辱之境，斯已矣。彼其于世未数数然也。虽然，犹有未树也。夫列子御风而行，泠然善也，旬有五日而后反。彼于致福者，未数数然也。此虽免乎行，犹有所待者也。若夫乘天地之正，而御六气之辩，以游无穷者，彼且恶乎待哉。故曰：至人无己，神人无功，圣人无名。②

有人才智可以胜任一官的职守，行为可以顺应一乡的俗情，德性可以投合一君的心意而获得一国的信任，他们自鸣得意也就好像（前文的）小麻雀

---

① 许建良：《先秦哲学史》，上海：上海三联书店 2014 年版，第 61 页。

② （清）郭庆藩撰，郭象注：《庄子集释》，北京：中华书局 2004 年版，第 16—17 页。

一样。宋荣子嗤笑他们。宋荣子能够做到全世界都夸赞他却不感到兴奋，全世界都非议他也不觉得沮丧。他能认定内外分际，辨别荣辱疆界。他只是按照自己的方式去行为罢了。对于世俗的声誉，他并不去孜孜以求。虽然如此，但他还有未曾建树的。① 可见，宋荣子不为世俗毁誉而左右，保持自身性分，这虽然超过"知效一官"的行为，但仍有不尽之处。列子乘风轻松而行，不刻意追求幸福，15 天之后回来了，虽然免于自己步行，但仍有待于风。如果能因顺天地万物的性分，顺随六气的变化，以游于无穷的域境，他又有何依待呢？《庄子》这里采用递进推理的方法，得出逍遥无待的结论。但在现实性上，《庄子》似乎主张，"因顺万物本性而行为是最大的依待，此外就没有任何依待了"。② 这种有待，即为有条件的实存，乃立于自身性分，特立独行，养就天赋潜能，也就属于"立德明道"之"立德"层面的生命意涵。"立德"为生命的基础意义，"明道"为生命的终极价值。"立德"成就自己，乐得逍遥，自在自由，但仍有待；"明道"为方向，"合道"为目标，一旦生与道合，便心无挂碍，亦无所依待，只同造物者携游，"独与天地精神往来"③，从而逍遥无待，彻底解脱。

列子虽御风而行，然犹待于风，所以其逍遥是"有待"（有所待）的，即需要一定的外在条件，因此其自由也是不彻底的。在《庄子》看来，彻底的逍遥却是不假外求的，即排除（或超越）一切外在的条件，才有可能达到彻底的自由。在《庄子》那里，人如果能够依靠自己的精神力量，顺应自然，把握各种变化，超越外在条件限制，就可以说是"无所待"的。能够做到"无所待"的只有"至人""神人"和"圣人"，因为"至人无己"，"神人无功"，"圣人无名"。所谓"无己"，就是说让"真正的自我"（真我）从人己之别、个人成见乃至身躯局限中解脱出来；所谓"无功"，就是说要破除一切功利诉求，超

---

① 参见陈鼓应：《庄子今注今译》，北京：中华书局 1983 年版，第 17—18 页。

② 许建良：《先秦哲学史》，上海：上海三联书店 2014 年版，第 64 页。

③ （清）郭庆藩撰，郭象注：《庄子集释》，北京：中华书局 2004 年版，第 1098 页。

越所有世俗价值；所谓"无名"，就是说要突破名实疆界，臻于恬淡虚无。可见，"至人"、"神人"和"圣人"，皆有一共性，那就是无一例外地做足"无"的修养功夫，也就是老子倡导的"为道日损"①的修道功夫；易言之，他们的逍遥其实是得道之后的生命状态；也只有得道之后，方才有此绝对自由。

> 夫道，覆载万物者也，洋洋乎大哉！君子不可以不刳心焉。无为为之之谓天，无为言之之谓德，爱人利物之谓仁，不同同之之谓大，行不崖异之谓/宽，有万不同之谓富。故执德之谓纪，德成之谓立，循于道之谓备，不以物挫志之谓完。君子明于此十者，则韬乎其事心之大也，沛乎其为万物逝也。②

"道是覆载万物的，浩瀚广大啊！君子不可以不弃除成心去效法。以无为的态度去做就是道，以无为的方式去表达就是德，爱人利物就是仁，融合不同的就是大，行为不标显乖异就是宽，包罗万象就是富。所以执持德行就是纲纪，德行实践就是建立，依循于道就是全备，不受外物挫折心志就是完全。君子明了这十项，便是包容万物心地宽大广阔，滂沛为万物所归往。"③"德"乃生命之现实基础，"立德"是修养生命的起点与功夫，"明道"为修养生命之方向与途径，"王德之人"乃生命修养之理想人格：

> 夫王德之人，素逝而耻通于事，立之本原而知通于神。故其德广，其心之出，有物采之。故形非道不生，生非德不明。存形穷生，立德明道，非王德者邪！荡荡乎！忽然出，勃然动，而万物从之乎！此谓王德之人。视乎冥冥，听乎无声。冥冥之中，独见晓焉；无声之中，独闻和焉。故深之又深而能物焉，神之又神

---

① （魏）王弼注，楼宇烈校释：《老子道德经注校释》，北京：中华书局2008年版，第128页。

② （清）郭庆藩撰，郭象注：《庄子集释》，北京：中华书局2004年版，第406—407页。

③ 陈鼓应：《庄子今注今译》，北京：中华书局1983年版，第299页。

而能精焉；故其与万物接也，至无而供其求，时骋而要其宿。①

"王德"即"旺德""盛德"。"盛德的人，抱朴而行，不愿周旋于俗务，（他）立身于本原，智慧通达于不测的境地。因而他的德行广远，他的心思起作用，乃是由于外物的交感。因而形体非道不能产生，生命非德不能彰明。保存形体，充实生命，立德明道，岂不就是盛德吗！浩大啊！忽然出现，勃然而动，万物依从呀！这就是盛德的人。（道）视而深远，听而无声。深远之中，但见其象；无声之中，但闻和音。深而又深却能生物，玄妙又玄却能成精气；所以道和万物接应，道体虚寂却能供应万物的需求，驰骋不已却能为万物的归宿。"②

从自身本性出发，成就其本性就叫作立德，顺遂自己的性德亦即自适其性，自适其性的人（物）才会有逍遥快乐，这就是说，无论是人，抑或是物，皆应成为最为本真的自己。由此引申到人格养成上，就是要立足本性天然，保持本真独立人格，力避外在事物诱惑而导致的生命异化。这就是《庄子》所谓的"立德"。易言之，"立德"追求的是人格独立。在现实生活中，"立德"意味着做个真实的自己，但仅仅如此也是不够的，因为现实生活本身受很多条件的限制，有待超越；《庄子》设想通过"明道"而获得绝对自由，企图摆脱外在条件的限制而达到一种无上逍遥的精神境界。

"立德明道"旨在将自由舒展的人格养成与"与道合一"的人生意义追求结合起来，形成一种乐天的生活态度与豁达的精神状态。其意义在于，对天道的尊崇，使一个人可以摆脱那种单纯的物质金钱的追求，而对现世人生的热爱与乐天的态度，又使人不至于陷入社会人伦网结而不拔，为自我生命的立足与完善确立了性德这一生发点与发力点。"德"源自"道"，"道"显现于"德"；"立德"足以让人人格独立，"明道"可以促人向善向上，走向生命超越，臻

---

① （清）郭庆藩撰，郭象注：《庄子集释》，北京：中华书局2004年版，第411页。
② 陈鼓应：《庄子今注今译》，北京：中华书局1983年版，第301—302页。

于精神自由。"立德明道",可以促成一种真正意义上的人格独立与精神自由,而这种人格独立与精神自由是本体之道与功夫之德的绝佳体现,也是生生不息的宇宙社会的良性发展的应有之义。

思考题:

(1)"道法自然"的本意是什么?

(2)"无为""不争"在社会治理中如何应用?

(3)"安之若命"在人生逆境中有何积极意义?

(4)"逍遥""无待"在人格完善上有何参考价值?

参考文献:

(1)詹石窗:《道德经通解》,北京:宗教文化出版社 2017 年版。

(2)陈鼓应:《庄子今注今译》(上中下),北京:中华书局 1983 年版。

(3)詹石窗:《道教人格完善思想及其现代价值》,《哲学研究》2006 年第 4 期。

后　记

近年来，全国各地逐步形成"国学热"。无论是机关、高校，抑或是企业、社区，研修国学已然成为一种趋势。在此背景下，各种讲授"国学"的课程，也应运而生。这是很好的现象。然而，经过调查，我们发现，目前的国学教材基本停留于经典阐释，至于如何发掘其生命智慧，服务于现实生活，却着力甚少。有鉴于此，我们考虑编写《应用国学》这本教材。编写的初衷是，围绕生命诞生与成长而展开，旨在为当代人格完善、民族伟大复兴提供素质教育的一种参照。

本教材由詹石窗拟定写作大纲，并组织撰稿。具体分工是：绪论，詹石窗（四川大学老子研究院）；第一讲：王芳芳（四川文化艺术学院汤用彤国学院）；第二讲：杨燕（四川师范大学高研院哲学所）；第三讲：吴婷（四川文化艺术学院汤用彤国学院）；第四讲：宋野草（云南民族大学社会学院）；第五讲：邓星（四川文化艺术学院汤用彤国学院）；第六讲：张培高（西南石油大学马克思主义学院）；第七讲：屈燕飞（台州学院人文学院）；第八讲：郑小琼、钟凤（四川文化艺术学院汤用彤国学院）；第九讲：罗莉（四川文化艺术学院汤用彤国学院）；第十讲：胡瀚霆（四川大学道教与宗教文化研究所）；第十一讲：李冀（四川大学道教与宗教文化研究所）；第十二讲：谢清果（厦门大学新闻传播学院）；第十三讲：雷宝（大理大学民族文化研究院）；第十四讲：曾勇（江西师范大学马克思主义学院）。全书由詹石窗、曾勇负责统稿，萝莉负责部分内容的整合，最后由詹石窗整合、修改、润色和定稿。

需要说明的是，《应用国学》是生命的学问与功夫，其研究领域"致广大而尽精微",未来还有许多研究空间有待开发。由于水平有限,本书可能存在种种问题,甚至某些错误,真诚期盼得到专家学者和广大读者的批评指正。

《应用国学》编委会

2019 年 6 月 19 日

策划编辑：方国根

责任编辑：方国根　李之美　夏　青

图书在版编目（CIP）数据

应用国学／詹石窗　主编 . —北京：人民出版社，2020.9（2023.8
　重印）

ISBN 978－7－01－021872－4

I.①应…　II.①詹…　III.①国学－高等学校－教材　IV.① Z126

中国版本图书馆 CIP 数据核字（2020）第 024890 号

应用国学

YINGYONG GUOXUE

詹石窗　主编

人民出版社 出版发行

（100706　北京市东城区隆福寺街 99 号）

环球东方（北京）印务有限公司印刷　新华书店经销

2020 年 9 月第 1 版　2023 年 8 月北京第 2 次印刷

开本：710 毫米 ×1000 毫米 1/16　印张：36.75

字数：540 千字

ISBN 978－7－01－021872－4　定价：88.00 元

邮购地址 100706　北京市东城区隆福寺街 99 号

人民东方图书销售中心　电话：（010）65250042　65289539